Anne Sudrow
Der Schuh im Nationalsozialismus

Anne Sudrow

Der Schuh im Nationalsozialismus

Eine Produktgeschichte im deutsch-britisch-amerikanischen Vergleich

WALLSTEIN VERLAG

Anne Sudrow ist Historikerin und arbeitete nach Studien- und Forschungsaufenthalten in Großbritannien, Frankreich und den USA am Zentrum für Zeithistorische Forschung in Potsdam und an der Nationalen Akademie der Wissenschaften Leopoldina. Sie lehrte an der Humboldt-Universität, der Universität Göttingen sowie als Gastprofessorin an der Technischen Universität Berlin und der Universität Frankfurt am Main. Ihre Forschungsschwerpunkte sind die Geschichte und Nachgeschichte des Nationalsozialismus in Europa; die Geschichte der Dinge und der materiellen Kultur; alternative Ökonomien und demokratische Wirtschaftsformen in Westeuropa seit 1945 sowie der internationale Vergleich als Methode.

Für das Buch »Der Schuh im Nationalsozialismus« wurde sie mit dem Hedwig-Hintze-Preis des Historikerverbandes ausgezeichnet.

Weitere Veröffentlichungen: Heil Kräuter Kulturen. Die SS. die ökologische Landwirtschaft und die Naturheilkunde im KZ Dachau, Göttingen 2025; Unternehmen Sport. Die Geschichte von Adidas (1924-2000) (mit Ko-Autoren); Geheimreport Deutsches Design. Deutsche Konsumgüter im Visier des britischen Council of Design, Göttingen 2012.

For Dennis

Für Otto und Antje

Bibliografische Information der Deutschen Nationalbiliothek
Die Deutsche Nationalbibliothek verzeichnet diese Publikation in der Deutschen Nationalbibliografie; detaillierte bibliografische Daten sind im Internet über http://dnb.dnb.de abrufbar.

Neuausgabe 2025 von ISBN 978-3-8353-0793-3

www.wallstein-verlag.de
Wallstein Verlag GmbH
Geiststr. 11, 37073 Göttingen
info@wallstein-verlag.de
Vom Verlag gesetzt aus der Adobe Garamond und Frutiger
Umschlaggestaltung: Basta Werbeagentur, Steffi Riemann
Umschlagbilder: Zeichnung: Fuß, Leisten und gesunde Schuhform, in: SFZ v. 12.8.1936 (Hintergrund, Ausschnitt); Deutsche Damenschuhe mit Schaft aus Aluminiumgewebe, Entwurf 1938, in: SFZ v. 25.6.1938 (links); Radklebepresse (rechts, s. dazu S. 201); Miloš Volf: »Holzschuh und Hochstiefel« (Mitte, s. dazu S. 477).
Druck: Pustet, Regensburg
ISBN 978-3-8353-5996-3

Inhalt

Anhang

Einleitung

Sie kamen mit blutroten Flaggen
Und einem Kreuz daran
Das hat einen großen Haken
Für den armen Mann.

In einem Pappschuh kann
man nicht gehen, doch wenn man
Drüber eine braune Kappe gibt
Sieht womöglich diese Pappe
Sich im Ladenfenster wie'n Schuh an.

Sie geben uns kein Essen
Und nehmen den Teller weg
Sie sagen: baut ein Reich auf!
Und geben zum Bauen uns Dreck.

Doch auch ein Schuhmacher kann
Keinen Schuh machen aus
Zwei alten Postkarten; das
Kann man nicht von ihm erwarten, denn
Das hat er nicht gelernt, der Mann.

Bertolt Brecht, Das Lied vom Schuh[1]

In einem »Lied vom Schuh«, das er Mitte der 30er Jahre schrieb, kritisierte der Dichter Bertolt Brecht die Wirtschafts- und Sozialpolitik des neu ausgerufenen »Dritten Reichs«. Darin misst er den politischen Anspruch der Nationalsozialisten, ein »neues Reich zu bauen«, an der sozialen Wirklichkeit unter dem neuen Regime und den Lebensverhältnissen des gewöhnlichen »armen Manns«. Als metaphorisches Sinnbild und zugleich konkreter, dinglicher Ausdruck für den Nationalsozialismus steht in dem Gedicht ein Alltagsgegenstand – der Schuh. Bei näherer Betrachtung ist der »Pappschuh«, über den »man eine braune Kappe gibt«, ein Schuh aus Ersatzstoffen statt aus Leder. Er ist Ansatz der politischen Kritik. Brecht erkennt in dem Produkt als Folge der nationalsozialistischen Politik einen technischen Wandel. Diesen wertet er als negativ und versucht zu zeigen, dass er auf Kosten verschiedener sozialer Akteure ging. Für die Verbraucher ist der Ersatzstoff-Schuh bloße Gebrauchswert-Attrappe, die sich nur »im Ladenfenster wie'n Schuh ansieht«. Gehen kann man darin nicht. Er verkörpert eine drastische Verschlechterung der Produktqualität und des Lebensstandards. Aus der Perspektive seiner Hersteller wirft der Schuh »aus zwei alten Postkarten« ebenfalls Probleme auf. Den »Schuhmacher«, der das Arbeiten mit solchen Materialien »nicht gelernt hat«, nötigt er, altvertraute Produktionsroutinen aufzugeben. Er stellt kollektives und individuelles Erfahrungswissen und berufliche Qualifikationen in Frage. Auf vielschichtige Weise schlagen sich so für Brecht die sozialen und wirtschaftlichen Veränderungen materiell in dem Alltagsgegenstand nieder. Gleichzeitig definiert und schafft das Artefakt für ihn die neuen Strukturen mit, in denen sich das Handeln der sozialen Subjekte als Konsumenten und als Produzenten künftig bewegte.

1 Bertolt Brecht, Das Lied vom Schuh (undatiert), in: ders., Große kommentierte Berliner und Frankfurter Ausgabe, Bd. 14, Berlin u. a. 1993, S. 159f.

An dieser Beobachtung eines Zeitgenossen soll deutlich werden, dass auch ganz gewöhnliche Alltagsgegenstände eine politische Geschichte haben. Sie unterliegen der historischen Entwicklung und sind nicht nur ahistorische oder transhistorische »Objekte«. Als bloße »Überreste« sozialen Handelns sind sie in der historischen Forschung viel zu lange marginalisiert worden. Als zentrale Bestandteile der materiellen Kultur müssen sie aber, wie andere gesellschaftliche Institutionen und Strukturen auch, in die Untersuchung politischen, ökonomischen und sozialen Wandels einbezogen werden. Zur Analyse gesellschaftlicher Entwicklung und Auseinandersetzung kann die Geschichte der Dinge einen ganz eigenen Beitrag leisten und neue Perspektiven eröffnen.

Die vorliegende Studie unternimmt es, die Geschichte des Nationalsozialismus und seiner Auswirkungen auf die deutsche Gesellschaft aus einer neuen Perspektive zu betrachten: der materiellen Kultur. Dazu bedient sie sich der Geschichte eines Produkts – des Schuhs. Der hier untersuchte Gegenstand ist ein industrielles Massenprodukt, das im 20. Jahrhundert jeder Mann und jede Frau in Deutschland gebrauchte. An seinem Beispiel soll untersucht werden, ob und wie tiefgreifend es den Nationalsozialisten gelang, in den wenigen Jahren, die sie an der Macht waren, die deutsche Wirtschafts- und Technikentwicklung so zu beeinflussen dass sie den materiellen Alltag jeder einzelnen Konsumentin und jedes Konsumenten veränderte. Diese Untersuchung erfolgt aus einer internationalen Perspektive, indem die Entwicklung in Großbritannien und den USA zum Vergleich herangezogen wird.

Der historische Fokus auf ein einziges, wenn auch zentrales Konsumgut und die Praxisfelder, die sich um das Alltagsprodukt gruppierten, liegt quer zu den traditionellen, historiographischen Untersuchungsbereichen. Dieser methodische Zugriff ermöglicht eine punktuelle, synthetisierende Betrachtungsweise verschiedener gesellschaftlicher Teilbereiche wie Politik und Alltag, Wirtschaft, Technik und Wissenschaft sowie eine nähere Bestimmung der kulturellen Faktoren der gesellschaftlichen Entwicklung in diesen Bereichen im Nationalsozialismus. Entwicklungsprozesse, die die materielle Kultur in Deutschland prägten und konstituierten, lassen sich so auf verschiedenen Ebenen rekonstruieren. Die Strukturprinzipien des Handelns der zentralen Akteure und ihre Auswirkungen können auf diese Weise zur politischen Situation im Nationalsozialismus in Beziehung gesetzt werden.

Der Schuh ist ein besonders geeignetes Untersuchungsobjekt, da er sowohl den Rüstungsgütern (Soldatenstiefel) als auch den Konsumgütern (Zivilschuhe) zuzurechnen ist, darüber hinaus aber gleichzeitig ein Konsumgut des starren sowie des elastischen Bedarfs darstellt. Die Priorität der Aufrüstung definierte in Deutschland nach 1933 neue Hierarchien der Herstellung und des Verbrauchs von Produkten, in denen dem Militär grundsätzlich der höchste Rang eingeräumt wurde. Der Prozess der Hierarchisierung von Rüstung und Zivilkonsum und seine Auswirkungen auf die Produktionsverfahren, die Sortimente der Unternehmen und die Produkte selbst sowie der wirtschaftliche Bedeutungswandel der einzelnen Konsumfelder lassen sich am Schuh unmittelbar und gerade in ihrem wechselseitigen Verhältnis nachvollziehen. Hier ist nach dem Umgang mit dem existentiellen Bedarf nach Fußbekleidung einerseits und dem sozialen und ästhetischen Bedürfnis der Distinktion mit Hilfe an Moden orientierter Variationen des Schuhs andererseits zu fragen.

Für die Zeit von etwa Mitte der 1920er Jahre bis Ende der 1940er Jahre werden die Systeme der Bereitstellung und die sich wandelnden Kontexte seiner Herstellung und seines Verbrauchs ebenso untersucht wie die materielle, d. h. die stoffliche, gestalterische und konstruktive Veränderung, die das Produkt erfuhr. Diese Zeit war für die Geschichte des Schuhs in vieler Hinsicht eine entscheidende: Bei den Rohstoffen kam es erstmals zum Ersatz von Leder durch Kunststoffe. In der Produktion setzten sich neue Konstruktionen und Herstellungsverfahren durch. Im Handel und Vertrieb fanden die Unternehmen erste systematische Methoden, mit der Mode umzugehen. In der Produktgestaltung kam es zu einer Professionalisierung und Entstehung einer neuen Auffassung von der Formgebung der Produkte. Im Gebrauch bildeten sich neue Konsummuster heraus und nach dem Verbrauch kam es in bis dahin ungekanntem Ausmaß zur Wiederverwertung von Produkten. In allen Bereichen war ein Wandel der Wissensformen zu verzeichnen, die Herstellung, Verkauf und Gebrauch des Schuhs erforderten. In Frage steht, inwieweit diese Prozesse mit der Politik der NS-Regierung zusammenhingen.

Der synthetisierende Zugriff über das Produkt eröffnet neue Zugänge zu verschiedenen Fragen, die auf den einzelnen Feldern der historischen Erforschung des Nationalsozialismus – der Sozial- und Alltagsgeschichte, der Wirtschaftsgeschichte, der Technikgeschichte, der Wissenschaftsgeschichte und der Konsumgeschichte – in der jüngeren Forschung aufgeworfen wurden. So soll eine neue Einordnung der Auswirkungen des Nationalsozialismus auf die deutsche Gesellschaft nicht nur im Bereich der Alltagskultur gelingen. Über die sozialen, kulturellen und ökonomischen Wirkprinzipien des Nationalsozialismus, das ist hier die These, sind so andere und – im Sinne einer umfassend konzipierten Sozial- und Kulturgeschichte von Wirtschaft und Technik, die sowohl »harte« als auch »weiche« Faktoren der Entwicklung für die Erklärung historischer Prozesse heranzieht – zum Teil weitergehende Erkenntnisse zu gewinnen als in den sonst eng gefassten, historischen Einzeldisziplinen. Gleichzeitig will diese Studie helfen, eine bedeutende Forschungslücke zu schließen. Die Konsumgüterwirtschaft, die Konsumpolitik und der Konsum selbst im Nationalsozialismus wurden bislang trotz gegenteiliger Forderungen in der Wirtschafts-, Technik- und Wissenschaftsgeschichte immer vernachlässigt und in Gesamtdarstellungen zum Nationalsozialismus oft sogar ganz ausgeblendet.[2]

2 In der jüngsten Gesamtdarstellung über die Wirtschaft im Nationalsozialismus von Adam Tooze kommt die Konsumgüterindustrie kaum vor. Vgl. Tooze (2006); auch Herbst (1996). Das umfangreiche militärhistorische Werk »Das Deutsche Reich und der

Diese Produktgeschichte untersucht die materiellen und epistemologischen Bedingungen der Entwicklung des Schuhs von der Mitte der 1920er bis zum Ende der 1940er Jahre und setzt diese zum politischen Geschehen und den Konsummöglichkeiten der VerbraucherInnen in Beziehung. Die Entwicklung des Produkts folgte, wie besonders im Vergleich Deutschlands mit Großbritannien und den USA zu sehen sein wird,[3] keineswegs einer wirtschafts-, technik- oder wissenschaftsimmanenten Eigenlogik oder gar einem »Sachzwang«. Sie war das Ergebnis von politischen Prioritätssetzungen und ideologischen Zielen, von gesellschaftlichen Rahmenentscheidungen und von Aushandlungsprozessen unter sozialen Akteuren, aber auch von branchenspezifischen Strukturen und Eigenarten institutioneller Art. Der Wandel des Produkts als Teil der Materialkultur wird im Folgenden sozialgeschichtlich als ein Prozess untersucht, auf den unterschiedliche gesellschaftliche Akteure Einfluss nahmen, die verschiedene, oft gegensätzliche Interessen und Rationalitätsstandards vertraten. In meist asymmetrischen Machtverhältnissen und Strukturen sozialer Ungleichheit kämpften sie um die Durchsetzung ihrer jeweiligen Bedürfnisse und Forderungen, ihrer Wahrnehmungen der Wirklichkeit, Erfahrungen und Werte bei der Entwicklung, Bereitstellung und im Umgang mit dem fraglichen Produkt wie mit anderen Versorgungsgütern. Als Resultat und gleichzeitig Bedingung einer gesellschaftlichen Praxis unterlagen auch die handfesten, dinglichen Artefakte des Alltags einer eigenen Dynamik und veränderten sich in und mit ihr.[4] Ihre Entwicklung war weder von einzelnen Akteuren von vorneherein so intendiert oder gar bewusst gesteuert, noch verlief diese linear. Die Produkte waren, das soll hier gezeigt werden, somit selbst zutiefst historisch relativ.[5]

Das Produkt Schuh wurde nicht nur materiell, sondern auch sozial konstruiert.[6] Weder lässt sich auf der Produktionsseite die Position eines technischen Determinismus aufrechterhalten, der die Entwicklung von Artefakten letztlich durch ein einziges Kriterium, die Suche nach größtmöglicher Effizienz ihres Herstellungsprozesses, erklärt. Noch ist auf der Konsumseite das Bestreben nach Befriedigung eines als »natürlich« postulierten Bedürfnisses zur Erklärung der Gebrauchsweisen dieses Produkts ausreichend. Wie diese Studie zeigen wird,

Zweite Weltkrieg« (1979-2008) des Militärgeschichtlichen Forschungsamts in Potsdam, das mittlerweile mit zehn Bänden abgeschlossen vorliegt, spart die Konsumwirtschaft und die Versorgung der Bevölkerung im Krieg als Untersuchungsgegenstand ganz aus.

3 Auf den Vergleich wird in einem späteren Teil dieser Einleitung ausführlich eingegangen.

4 Zu dinglichen Artefakten, Geräten und technischen Systemen als Elementen der sozialen Strukturierung vgl. Schulz-Schaeffer (1999); Latour (1998); Rammert (1998b). Zur Theorie der Strukturierung allgemein vgl. Welskopp (2001); Giddens (1995).

5 Welskopp (2003); Rammert (1993); Bayerl/Meyer (1989/90), S. 9-36; Kocka (1986).

6 Für jüngere Zusammenfassungen der Diskussion um die Bedeutung der sozialen Aneignung und sozialen Konstruktion von Artefakten vgl. Verbeek (2005); Wengenroth (2004); Oudshoorn/Pinch (2003); Feenberg (1999); Bijker u. a. (1987).

gab es auf beiden Seiten meist rivalisierende Ansätze zur Definition der jeweiligen »Notwendigkeiten«, die sich in unterschiedlichem Maße realisieren ließen oder auch nicht. Vom individuellen Bedürfnis des einzelnen Bürgers oder der Bürgerin nach geeigneter Fußbekleidung bis zum wirtschaftsplanerisch formulierten und wirksamen Bedarf lag auf der Nachfrageseite ein ebenso weiter Weg wie auf der Angebotsseite von der Rohstoff-Bereitstellung aus Übersee bis zum fertigen Industrieprodukt, das in den jeweiligen Markt entlassen wurde. Die Bedingungen der Entwicklung in den beiden Sphären, der Konsumtion wie der Produktion, waren Mechanismen der Verknappung, Hierarchisierung und Privilegierung. Zudem beeinflussten sich beide Sphären gegenseitig. Diesen komplexen Zusammenhang zwischen politischer Entwicklung und materieller Kultur im Zusammenwirken von Konsum und Produktion am Beispiel eines Alltagsprodukts herauszuarbeiten ist Ziel dieser Arbeit.

Sowohl in der Wirtschafts- als auch in der Technikgeschichte werden die Sphären der Produktion und der Konsumtion von Konsumgütern bislang meist getrennt behandelt.[7] Die Betrachtung der Entwicklung einzelner Produkte im Kontext ihrer Entstehung und Verwendung bietet eine Möglichkeit, diese Spaltung zu überwinden und die beiden Bereiche zusammenzuführen. Dadurch geraten auch deren wechselseitige Einflüsse und Abhängigkeiten in den Blick. Auch in der Konsumgeschichte wurden in jüngster Zeit Stimmen laut, die die Zusammenführung von Erkenntnissen über den Konsum mit der Produktionsgeschichte fordern. Wie Frank Trentmann treffend feststellte, müssen statt der früheren oppositionellen Modelle von Konsum auf der einen und Produktion auf der anderen Seite und statt der sequentiellen Konzepte der Entwicklung (etwa einer Ablösung der Klassengesellschaft durch eine Konsumgesellschaft) analytische Modelle der Integration gefunden werden.[8] Nur eine Geschichte, die die Erkenntnisse beider Sphären gleichberechtigt einbezieht, kann zu einer fundierten Geschichte der Entwicklung und der Bedeutung des Konsums als historischer Kraft führen. Die Produktgeschichte bietet sich als solch ein integratives Modell an. Auch Michael Prinz stellte 2001 in einem Resümee zum Stand der Konsumgeschichte fest, dass die Geschichte einzelner Konsumgüter bislang kaum genutzt wurde.[9] Gerade solche Studien aber ermöglichen eine Vertiefung und sozial- und wirtschaftsgeschichtliche Kontextualisierung der Entwicklung des Konsums und können etwa der jüngsten Diskussion um die materielle Basis und Funktionsweise der »Volksgemeinschaft« neue Argumente liefern.[10]

7 Als Pioniere einer zusammengeführten Betrachtungsweise s. jedoch W. König (2000); Horowitz/Mohun (1998); Fine/Leopold (1993).

8 Trentmann (2004), S. 387.

9 Prinz (2001), S. 459f.

10 Die ersten Ergebnisse dieser Diskussion konnten in diese Studie leider nicht mehr aufgenommen werden. Vgl. Bajohr/Wildt (2009); Bauer u. a. (2007) u. a.

1 Fragestellung

Nationalsozialismus und Modernisierung

Das Interesse am Zusammenhang von Nationalsozialismus und Modernisierung bildete einen zentralen Ausgangspunkt für diese Unterschung.[11] Die Diskussion um die langfristigen Auswirkungen der nationalsozialistischen Politik auf verschiedene Bereiche der Gesellschaft hat, im Gegensatz zu anderen historischen Teilgebieten, in der Wirtschaftsgeschichte gerade erst begonnen.[12] In der Frage nach den Entwicklungen und Innovationen im technischen Bereich als einer Grundlage der wirtschaftlichen Entwicklung ist der Frage nach den modernisierenden Effekten bisher nur partiell und auf empirisch unzureichender Basis nachgegangen worden. Noch 1999 zog Hans Mommsen in einer zusammenfassenden Stellungnahme zur Entwicklung der Technik im Nationalsozialismus lediglich die Rüstungsindustrie als Beispiel heran.[13] Sein global ausgesprochener Befund, eine technische Modernisierung sei in der nationalsozialistischen Wirtschaft bis auf einige »Fortschritte« in Normung und Standardisierung gänzlich ausgeblieben und die Wirtschaftspolitik im Nationalsozialismus habe sich insgesamt eher innovationshemmend als stimulierend ausgewirkt, ist von neueren Forschungen zur Rüstungswirtschaft und zum deutschen Patentrecht relativiert worden.[14] Auch muß diese Frage für den gesamten zivilen und Konsumgütersektor noch überprüft werden. Hier gibt es bislang so gut wie keine Untersuchungen, mit Ausnahme jener zur Haushaltstechnisierung und zu einigen langlebigen technischen Gebrauchsgütern, den sogenannten Volksprodukten.[15]

Mommsens Urteil basiert vor allem auf den Studien zur Rationalisierung in der Rüstungsindustrie, d. h. zum Grad der Mechanisierung, Automatisierung und Organisation von Arbeitsabläufen.[16] Die Arbeitsproduktivität kann jedoch nicht als das einzige Kriterium technologischen Wandels in der Industrie herangezogen werden. Die Rohstoffverwendung und ihre Auswirkungen auf den Produktionsprozess sowie die industriellen Fertigprodukte selbst müssen dafür ebenso in Betracht gezogen werden. Hier vollzogen sich die Veränderungen eher

11 Zu einer Zusammenfassung und Auswertung der bisherigen Diskussion vgl. Bavaj (2003); Herbert (2007).

12 Buchheim (2008); Buchheim (2006); Abelshauser (2003); Buchheim (2001); Berghoff (2001b); Abelshauser (1999); Budraß (1998). In jüngster Zeit näherten sich Wirtschafts- und Militärhistoriker dem Thema wieder über die Figur Albert Speers und seine persönliche Rolle bei der Umstrukturierung und »Rationalisierung« der Kriegswirtschaft in den letzten Kriegsjahren und ihre Folgen für die Nachkriegswirtschaft. Vgl. Tooze (2006); Scherner/Streb (2006); Müller (1999).

13 Mommsen (1999).

14 Vgl. die Beiträge in Maier (2007a) und Maier (2002); Gispen (2002).

15 W. König (2004); Heßler (2001); Krausse (1984).

16 Zu einem resümierenden Forschungsbericht zur Rationalisierungsforschung: Hachtmann (1996).

graduell. Innovationen entstanden als die Summe kleiner, inkrementaler Veränderungen in den verarbeiteten Materialien, der Beschaffenheit der Produkte und dem Sortiment der Hersteller.[17] Dieser Wandel war eine Reaktion auf unvorhergesehene oder verteilungsstrategisch verursachte Verknappungen bestimmter Grundstoffe in der Autarkie- und der Kriegswirtschaft. Diese zogen Verarbeitungsprobleme nach sich, die durch Experimente mit neuen Konstruktionen und neuen Herstellungsverfahren gelöst wurden.

Auch die ausschließliche Betrachtung der Produktionsbedingungen verzerrt das Bild von der Wirtschafts- und Technikentwicklung im Nationalsozialismus, da hierdurch erstens die Konsumgüterindustrie und zweitens die Konsumentenperspektive fast völlig aus dem Blick gerieten. So ist zu fragen, ob bei der Vorbereitung eines neuen Krieges die Produktion der Konsumgüterindustrie und der Konsum der Bevölkerung eingeschränkt wurden. Beiträge der neuesten Forschung zeigen, dass eine generelle Konsumfeindlichkeit der NS-Regierung nicht zu erkennen ist.[18] Doch die Logik der Konsumpolitik in der Vorkriegszeit und in den Jahren des Zweiten Weltkriegs und ihre wirtschaftlichen und technischen Auswirkungen müssen noch genauer betrachtet werden. Wie hier gezeigt werden soll, brachte die NS-Politik massive Veränderungen in den Hierarchien des Konsums, der Produktion und der Produkte selbst, und auf Seiten des Konsums andere Verwendungsmöglichkeiten und Gebrauchspraktiken mit sich. Gerade im Gebrauchsgüterbereich sind die Auswirkungen der Autarkiepolitik kaum näher untersucht worden, obwohl dies in der Diskussion nunmehr seit Jahren immer wieder als Desiderat benannt wurde.[19]

Dezidiert technikhistorische Beiträge zur Modernisierungsdiskussion blieben jedoch bislang rar. Jeffrey Herf veröffentlichte Mitte der 1980er Jahre seine Studie über den vordergründig paradoxen *reactionary modernism* der deutschen Ingenieure, der sich modernster Technik bediente, aber gleichzeitig antidemokratische und antiaufklärerische Ziele verfolgte.[20] In enger Anlehnung an Herfs These untersuchte Michael Thad Allen jüngst das Selbstbild der technischen Fachleute im SS-Wirtschaftsverwaltungshauptamt als »Modernisierer« und ihre Organisation der nationalsozialistischen Vernichtungspolitik unter der Fragestellung, ob diese als »modern« zu bezeichnen seien.[21] Er sah, wie Herf, in Heinrich Himmler und seinen technischen Experten die »reaktionären Modernisten« *par excellence* und schrieb ihnen eine besondere Form von Technikorientierung (*productivism*) bei der Umsetzung des Massenmordes zu, die er der »Irratio-

17 Vgl. Braun (1995).

18 Vielmehr wird darin diskutiert, inwieweit der Nationalsozialismus in Deutschland den Weg in die Massenkonsumgesellschaft geebnet hat. Vgl. Tooze (2006); Baranowski (2004); W. König (2003); Berghoff (2001a).

19 Zuletzt Abelshauser/Hesse/Plumpe (2003), S. 14; Berghoff (1996); Ludwig (1995).

20 Die Diskussion um den »Reactionary Modernism« deutscher Ingenieure im Nationalsozialismus zusammenfassend und resümierend: Herf (2000); Herf (1984).

21 Allen (2002); Allen (2001).

nalität« der antisemitischen und genozidalen Zielsetzungen gegenüberstellt und trotzdem als »modern« bezeichnet. Hier folgt er Alan Beyerchens Argumentation – in der Tradition der Frankfurter Schule – von der Technik als rationalem Mittel zu irrationalen Zwecken.[22] Alle drei amerikanischen Historiker beschäftigten sich nicht mit der Technik selbst, die die Ingenieure und Technikgestalter im Nationalsozialismus produzierten und organisierten, sondern vor allem mit deren Ideen- und Mentalitätsgeschichte.

Während Historiker der Politikgeschichte des Nationalsozialismus sowie Wirtschafts- und Unternehmenshistoriker den »technischen Fortschritt« gern pauschal als Indikator einer Modernisierung heranziehen,[23] sind TechnikhistorikerInnen hier weit zurückhaltender. Das teleologische Modell eines linearen »technischen Fortschritts«, der einer innertechnischen »Sachzwang«-Logik folgt, ist in der technikhistorischen Disziplin schon seit ihrer sozialgeschichtlichen Wende Mitte der 1970er Jahre als Forschungskonzept grundsätzlich in Frage gestellt bzw. als eigener Untersuchungsgegenstand identifiziert worden. Anfang der 1980er Jahre formulierten die Gründermütter und -väter einer sozialgeschichtlich orientierten Technikgeschichtsschreibung in Deutschland als Programm: »Für eine zukünftige Technikgeschichte gilt es, den ›Technischen Fortschritt‹ als ›wichtigste Entwicklungskategorie‹ zu hinterfragen.«[24] Seither ist der »technische Fortschritt« das zentrale Objekt einer an soziologischen Modellen orientierten »Technikgenese«- und Innovationsforschung geworden, die die Bedingungen technischer Entwicklung als Ergebnis sozialer Aushandlungs- und wirtschaftlicher Durchsetzungsprozesse untersucht und dabei jüngst auch die kulturellen Wahrnehmungs- und Deutungsmuster der handelnden Akteure einbezieht.[25] Ziel war die »Ent-Mythologisierung des technischen Fortschritts« als politikfreier und wertneutraler Raum.[26] Voraussetzung hierfür war und ist der genaue Blick ins Innere der *black box* technischer und wissenschaftlicher Forschung und Entwicklung, den Wirtschaftshistoriker oft unterlassen.[27]

Die Frage nach den spezifisch nationalsozialistischen Bedingungen der Technikentwicklung wurde daher schon Mitte der 1990er Jahre differenzierter gestellt. Auf der historischen Jahrestagung des Vereins Deutscher Ingenieure 1995 sprach das programmatische Thema »Technische Innovation in Krisenzeiten« der NS-Technikpolitik von vornherein eine Einzigartigkeit ab und nahm stattdessen eine

22 Beyerchen (1997).

23 Vgl. etwa Berghoff (2004), S. 271ff.; Prinz/Zitelmann (1991), S. IX.

24 Wohlauf (1999), S. 14. Zur sozialgeschichtlichen Wende in der Technikgeschichte vgl. Wohlauf/Troitzsch (1980); sowie das Themenheft »Technik und Gesellschaft« der Zeitschrift Geschichte und Gesellschaft, Nr. 2, 1978, hg. v. Reinhard Rürup.

25 Zum Stand der Innovationsforschung vgl. Wengenroth/Hof (2007); Reith u. a. (2005); Wengenroth (2001). Zur Programmatik und einer Zusammenfassung erster Ergebnisse der Technikgeneseforschung vgl. Dierkes (1997); Rammert (1998a).

26 Dierkes (1997), S. 8.

27 Latour (2000a); Rosenberg (1994).

Kontextualisierung in andere Technikgeneseprozesse vor.[28] Karl-Heinz Ludwig stellte in seinem Beitrag fest, um zu einer Bewertung der spezifisch nationalsozialistischen Bedingungen der Technikentwicklung zu gelangen, sei zunächst »eine genauere historische Aufarbeitung technischer Innovationen, ihrer Hemmnisse, ihrer Förderung und ihrer Erzwingung« in dieser Zeit vonnöten.

Ludwig forderte eine »umfassende Bilanzierung« darüber, ob und wie sich im Nationalsozialismus die »politisch selbst verursachten ökonomischen Knappheiten mittels alternativ instrumentalisierter Technik [...] bewältigen ließen«. Er führte aus: »Im Blick auf die Zeit von 1933 bis 1945 klaffen gerade da Wissenslücken, wo seinerzeit unter Abkoppelung vom Weltmarkt [...] im zivilen oder scheinbar zivilen Bereich in einer Innovationsoffensive sondergleichen, Technik im Dienst des Dritten Reiches durchgesetzt wurde.«[29] In seinem Artikel »Technik« für die »Enzyklopädie des Nationalsozialismus« (1997) fügte Ludwig dem hinzu: »Sowohl was die zahlreichen Prozess- und Produktinnovationen im Dritten Reich als auch die Rationalisierungsmaßnahmen betrifft, fehlen fundierte Einschätzungen.« Wegen des unzureichenden Forschungsstandes könnten zu der Frage, ob der technische Wandel im Nationalsozialismus dem Nachkriegsdeutschland zugutekam, lediglich Mutmaßungen angestellt werden.[30] Um zu einer fundierten Beurteilung der Entwicklung von Produkten und Produktionsprozessen im Nationalsozialismus und deren langfristiger Bedeutung zu gelangen, sei »mühsame technikgeschichtliche Kärrnerarbeit« in den Quellen und den technischen und wissenschaftlichen Details der Entwicklungsarbeit in den Unternehmen und einzelnen Branchen erforderlich.[31]

Autarkiepolitik und Kunststoffe in Konsumgütern

Vor diesem Diskussionshintergrund wird hier gefragt, ob sich die autarkie- und wirtschaftspolitischen Maßnahmen des NS-Staates auf die »Lebensläufe« einzelner Produkte, auf ganze Produktgattungen und die Sortimente der Hersteller auswirkten oder diese gar grundlegend veränderten. Die Konsumgüterindustrie war von der nationalsozialistischen Autarkiepolitik ebenso, wenn nicht noch tiefgreifender betroffen als die Industriezweige, die unmittelbar Rüstungsgüter produzierten. Auch hier ist es an der Zeit, das Paradigma der »Geschichte großer Männer und ihrer Erfindungen« alltags- und konsumgeschichtlich aufzubrechen.[32] Nicht nur hatten die nationalsozialistischen Autarkiebestrebungen eine

28 Vgl. die Beiträge im Themenheft Nr. 4, Jg. 62 (1995) der Zeitschrift Technikgeschichte.
29 Ludwig (1995), S. 336.
30 Ludwig (1997), S. 273.
31 Ludwig (1995), S. 337; so auch Frei (1993), S. 379.
32 Zur Geschichte einzelner spektakulärer Rüstungsprojekte, etwa der Raketentechnik, der Nuklearwaffen oder etwa der Flugzeugkonstruktion: Karlsch (2005); Wagner (2001); Neufeld (1999); Trischler (1992); Walker (1989); Budraß (1998).

Umverteilung der wirtschaftlichen Ressourcen zugunsten der Rüstung und eine grundlegende Umstrukturierung der Rohstoffproduktion zur Folge.[33] Sie bewirkten vielmehr Änderungen im gesamten Stoffnutzungsprozess der Rohstoffe, im Fertigungsprozess industrieller Konsumgüter und in der Gestalt der Konsumgüter selbst, die bisher in der Forschung vernachlässigt worden waren.

Seit der immer noch grundlegenden Arbeit von Dietmar Petzina zur »Autarkiepolitik im Dritten Reich« von 1968 misst die historische Forschung die Auswirkungen der Autarkiepolitik an den Maßstäben der Nationalsozialisten selbst: an der Umorientierung des Rohstoffbezugs, der Quantität neuer Rohstoffe, dem Ausbau neuer Produktionsstandorte und der Steigerung der inländischen Rohstoffproduktion.[34] Zur qualitativen Seite der Produktion und Produkte, d. h. zum Einsatz der neuen Rohstoffe als Materialien in industriellen Fertigprodukten, vor allem in Konsumgütern, liegen nur wenige, kleinere Studien vor.[35] Fragen nach der Entwicklung neuer Produktionsverfahren und der Verarbeitung der neuen Rohstoffe innerhalb der Unternehmen sowie ihre Mediation an die Verbraucher wurden bislang kaum gestellt.[36]

Eine zentrale Entwicklungslinie ist in diesem Zusammenhang die Verwendung erster Kunststoffe als Resultat der Einführung von Ersatzstoffen, den sogenannten »deutschen Roh- und Werkstoffen«, die vormals aus dem Ausland eingeführte Rohstoffe substituieren sollten. Mit ihnen war eine regelrechte »Chemisierung« der Rohstoffbasis der verarbeitenden Industrie in Deutschland verbunden.[37] In vielen Produkten mussten ab 1936 neue Werkstoffe als Ersatzstoffe verarbeitet werden: in Kleidung und Schuhen, in Haushaltswaren, Möbeln usw. Diese synthetisch oder halbsynthetisch erzeugten Materialien aus Grundstoffen der chemischen Industrie wurden gerade in Gütern für den zivilen Bedarf eingesetzt, um die knappen, qualitativ hochwertigeren und aus dem Ausland bezogenen »Natur«-Rohstoffe für militärische Zwecke zur Verfügung zu halten. Diese Verwendung erster Kunststoffe hatte, wie am Beispiel des Schuhs gezeigt werden soll, nicht nur Auswirkungen auf die Produktionsprozesse. Von dort ausstrahlend bestimmten sie den gesamten Lebenslauf der Produkte und wirkten sich auch im Feld des Konsums auf verschiedene Nutzungspraktiken aus.

33 Diehl (2005); Abelshauser/Hesse/Plumpe (2003); Overy (2001); Deist u. a. (1989); Petzina (1968a); Teichmann (1984).

34 Petzina (1968a); zusammenfassend jüngst wieder Tooze (2006); Herbst (1996), bes. S. 163-177.

35 Erste Studien zur Technikentwicklung und zu synthetischen Stoffen in Konsumgütern liegen zum Nahrungseiweiß, Speisefett und zur Textilindustrie vor: Reith/Pelzer (2009); Reith/Pelzer (2002); Reith/Pelzer (2001); Höschle (2004); Scherner (2002); Blöcher (1999); Döpfner (1995).

36 Bluma (2004).

37 Begriff von Werner Abelshauser, der von einer »Chemisierung der deutschen Volkswirtschaft« zwischen 1933 und 1945 spricht, vgl. Abelshauser (1997), S. 155.

Die Geschichte der Herstellung synthetisch erzeugter Grundstoffe und Werkstoffe ist mittlerweile in einigen Studien im Zusammenhang mit der nationalsozialistischen Autarkiepolitik untersucht worden. Die Geschichte der I.G. Farbenindustrie als Zusammenschluss der wichtigsten Unternehmen der chemischen Industrie, ihrer wirtschaftlichen Entwicklung und ihres Einflusses auf die staatliche Wirtschaftspolitik wurden Gegenstand meist unternehmensgeschichtlicher Studien.[38] Unter dem Druck der Diskussion um die Zwangsarbeit in den Jahren des Zweiten Weltkriegs finanzierten einige der ehemals zur I.G. Farbenindustrie gehörigen Firmen eine Reihe von neuen Studien, für die sie ausgewählten Historikern ihre Unternehmensarchive öffneten.[39] Von den synthetischen Produkten wurde zunächst die Treibstoff-Synthese als militärisch-industrielles Projekt untersucht.[40] Auch die Produktion von *Buna*, dem synthetischen Kautschuk der I.G. Farbenindustrie, ist Gegenstand einiger unternehmens- und technikhistorischer Studien geworden.[41] In jüngerer Zeit sind zur Herstellung der halbsynthetischen Zellwolle und vollsynthetischer Kunstseide in der Zeit des Nationalsozialismus wirtschaftshistorische Studien erschienen, in denen technische Fragen jedoch kaum eine Rolle spielten.[42] Wenig Aufmerksamkeit hat vor allem die Diffusion all dieser chemischen Erzeugnisse in die Industrie und ihre Auswirkungen auf die nachgelagerten Erzeugungsprozesse in der verarbeitenden Industrie sowie auf den Konsum gefunden.[43]

Viele andere, synthetisch erzeugte, makromolekulare Kunststoffe wurden im Nationalsozialismus entwickelt bzw. in dieser Zeit erstmals industriell in größeren Mengen verarbeitet. Bisher gelten immer noch die 1950er Jahre als der Beginn des Kunststoffzeitalters in Deutschland.[44] Für den Bereich der Konsumgüter im Besonderen müssen jedoch die Auswirkungen der NS-Autarkiepolitik und damit bereits die 30er und frühen 40er Jahre in den Blick genommen werden. Eine verdienstvolle Geschichte des Polyvinylchlorids (PVC) von Andrea Westermann, die auch die verarbeitende Industrie als Akteur miteinbezieht, setzt erst in der Nachkriegszeit an. Sie stellt außerdem eher eine politische Diskursgeschichte dar und blendet wirtschaftliche und technische Prozesse aus.[45] Eine designgeschichtliche Studie von Eva Brachert zu Alltagsgegenständen aus Kunststoff in den 50er Jahren befasste sich ausführlicher auch mit dem Wandel der verschiedenen Kunststoffarten in der NS-Zeit sowie ihren jeweiligen Ver-

38 Schmaltz (2006); Hayes (2001); Plumpe (1990); Stokes (1988).

39 Lindner (2005); Hayes (2004); Stokes (2003); Lorentz/Erker (2003).

40 Plumpe (1990); Birkenfeld (1964).

41 Schmaltz (2006); Streb (2003); Lorentz/Erker (2003); Streb (2002); Streb (2001); Giersch/Kubisch (1995); Karlsch (1996); Morris (1994); Howard (1947).

42 Scherner (2008); Höschle (2004); Scherner (2002); Wicht (1992).

43 Für die Reifenindustrie als Verarbeiter von synthetischem Kautschuk vgl. Erker (2005).

44 Westermann (2007); Kleinschmidt (2001).

45 Westermann (2007).

arbeitungsprozessen. Sie untersuchte den Rohstoffwandel in einem kunststoffverarbeitenden Konsumgüterunternehmen (Max Richter/Vitri-Plastic in Nieder-Ramstadt/Odenwald) von den 20er bis in die 50er Jahre und seine Folgen für die Produktionsverfahren einerseits und die Formgebung der Produkte andererseits. Hier zeigte Brachert, dass die Firma Ende der 30er Jahre von der alten Celluloidwaren-Herstellung, die mit traditionellen, spanabhebenden Verarbeitungsverfahren arbeitete, auf den Spritzguss von neuen, thermoplastischen Kunststoffen umstellte und dass dies die technologisch wichtigste Weichenstellung in der Geschichte des Unternehmens bis weit in die Nachkriegszeit war.[46] Ihrer Ansicht nach begann daher »das Kunststoff-Zeitalter« bei diesem Unternehmen der Konsumgüterindustrie Ende der 30er Jahre.[47] Auch der Technikhistoriker Reiner Oelsner hat im Zusammenhang der Technikentwicklung in der Kunststoffverarbeitung auf die bahnbrechende Bedeutung einer neuen Generation von Kunststoffen und des neuen Spritzguss-Verfahrens in den 30er Jahren hingewiesen.[48] Für die Schuhindustrie kann ebenfalls gezeigt werden, dass wichtige technologische Weichenstellungen für die Nachkriegszeit in die Zeit zwischen 1933 und 1945 fallen, die im Rohstoffwandel ihren Ursprung hatten.

In der älteren Wirtschafts- und Unternehmensgeschichte sind die Kunststoffe in den 30er Jahren bislang strategisch ausgeblendet und in ihrer Bedeutung marginalisiert worden, um die These von den eher innovationshemmenden Impulsen der NS-Autarkiepolitik zu untermauern. Als Beispiel sei hier Gottfried Plumpes Studie zur I.G. Farbenindustrie genannt.[49] Er schätzte ihre wirtschaftliche Bedeutung in der NS-Zeit insgesamt als marginal ein, obwohl er gleichzeitig konstatierte: »Die moderne Kunststoffindustrie auf der Basis vollsynthetischer Kunststoffe enwickelte sich in Deutschland ab den 30er Jahren.«[50] Bei näherer Betrachtung erweist sich aber, dass Plumpe wichtige makromolekulare, synthetische Werkstoffe wie etwa den Synthesekautschuk *Buna* einfach definitorisch aus dem Bereich dessen entfernte, was er als »Kunststoff« in seiner Studie untersuchte.[51] Den Synthesekautschuk betrachtete er gesondert und orientierte sich damit offensichtlich an der Forschungsorganisation innerhalb der I.G. Farbenindustrie, in der dieser Kunststoff immer eine Sonderrolle spielte.[52] Außer-

46 Brachert (2002), bes. S. 205-279.
47 Ebd., S. 227.
48 Oelsner/Hess (1999); Oelsner (1997).
49 Plumpe (1990), S. 325-339.
50 Ebd., S. 327.
51 Plumpe (1990), S. 325-339.
52 Zum Synthesekautschuk *Buna* vgl. Plumpe (1990), S. 339ff. Auch Raymond Stokes übernimmt in seiner Darstellung der Geschichte von BASF diese in der I.G. Farbenindustrie übliche Ausklammerung des Synthesekautschuks aus dem Bereich der Kunststoffe, vgl. Stokes (2003), S. 236, 249ff u.a. Dies entspricht jedoch nicht der heute gängigen Begrifflichkeit; vgl. auch etwa Streb (2003). In den USA wird der Synthesekautschuk in der Forschung zu den Kunststoffen gezählt: Hounshell/Smith, bes. S. 474ff.; Meikle (1995).

dem klammerte er die makromolekularen, organischen Werkstoffe für zivile Anwendungen aus seinem Untersuchungsbereich aus, da diese »in der auf Investitionsgüter ausgerichteten Wirtschaftspolitik des Dritten Reiches nur begrenzte Vermarktungschancen« gehabt hätten. In der Rüstungsproduktion spielten seiner Ansicht nach andere Ersatzstoffe wie neue Leichtmetalle eine wichtigere Rolle.[53] Nur so konnte er 1990 vermuten, dass die Entwicklung der Polymerwerkstoffe »durch die politischen Verhältnisse wahrscheinlich stark behindert« wurde.[54]

Der amerikanische Wirtschaftshistoriker Raymond Stokes stellte jedoch jüngst in seiner Untersuchung zur BASF als Teil der I.G. Farbenindustrie in der NS-Zeit fest, dass die Produktion von Kunststoffen schon in den Jahren 1933 bis 1936 »einen dramatischen Zuwachs« erfahren hatte. In den Jahren 1936 bis 1940, so Stokes, expandierten die Stammwerke der I.G .Farbenindustrie im Kunststoffbereich »besonders stark« und »profitierten von dem Autarkie-Ziel und der Aufrüstung erheblich«. Die Gesamteinnahmen der I.G. Farbenindustrie im Kunststoffbereich stiegen im Vierjahresplan »rasant« von knapp 2 Mio (1936) auf 17 Mio RM (1940). Obgleich zu Beginn des Nationalsozialismus nur in geringen Mengen hergestellt, wurde die Produktion von Kunststoffen Stokes' Erkenntnissen zufolge für die deutsche Kriegsanstrengung entscheidend, und »die Erfahrungen, die man daraus gewann«, stellten ihre Bedeutung in der Nachkriegszeit und beim »Wiederaufstieg der BASF [...] unter Beweis«. Stokes hält die Kunststoffe für die »fortschrittlichsten Sektoren der Chemie« in den Vorkriegsjahren.[55] In der vorliegenden Studie wird am Beispiel des Produkts Schuh untersucht, welche dieser Syntheseprodukte der chemischen Industrie in die Konsumgüterindustrien als Werkstoff übernommen wurden und wie ihre Adaption verlief. In Frage steht, welche Voraussetzungen wirtschaftlicher, wissenschaftlicher, technischer, aber auch propagandistischer Art von Seiten der Hersteller und des Staates zu erfüllen waren und welche Maßnahmen sie ergriffen, um die gänzlich neuen Werkstoffe in der verarbeitenden Industrie zu verankern und sie auch den Verbrauchern schmackhaft zu machen.

Nationalsozialismus und Moderne

Vor allem nach Erscheinen der soziologischen Studien Zygmunt Baumans, *Modernity and the Holocaust* (1989) und *Modernity and Ambivalence* (1991), wurde die Frage nach der spezifisch deutschen Form der Moderne und der Rolle der

53 »Vor allem weil die größten Anwendungsmöglichkeiten für die modernen Kunststoffe im Bereich ziviler Konsumprodukte liegen, ergaben sich in der auf Investitionsgüter ausgerichteten Wirtschaftspolitik des Dritten Reichs nur begrenzte Vermarktungschancen.« Vgl. Plumpe (1990), S. 330.

54 Plumpe (1990), S. 329f.

55 Stokes (2003), S. 274, 291f.

modernen Technik im Kontext der NS-Vernichtungspolitik in anderer Form wieder aufgeworfen. Die soziologischen Untersuchungen Baumans waren weniger ein Versuch, den Nationalsozialismus langfristig in der deutschen Geschichte zu verorten und nach den Besonderheiten und dem »deutschen Sonderweg« zu suchen. Stattdessen stellte er umgekehrt die Frage, was aus dem Extremfall des Nationalsozialismus und aus der Organisation und Durchführung des Holocaust über die Verfasstheit moderner Gesellschaften und den Zivilisationsprozess im 20. Jahrhundert allgemein zu erfahren ist. Er reihte den Rassismus als Form der Heterophobie in Prozesse des modernen *Social Engineering* ein. Er untersuchte die Rolle der Bürokratie und Prozesse der Entmenschlichung am Beispiel des bürokratischen Objekts in modernen Verwaltungen und erklärte die Aufhebung von Moral und Gewissen sowie die Suspendierung von Verantwortung durch die arbeitsteilige Funktionalität als Voraussetzungen und Strukturbedingungen des Genozids im nationalsozialistischen Deutschland.[56] Damit stellten er und Historiker wie Detlev Peukert oder Götz Aly und Susanne Heim, die in konkreten historischen Studien ähnliche Ansätze vertraten, die Diskussion um die »modernen« Elemente des Nationalsozialismus auf eine neue Basis.[57] Sie entkoppelten das sozialwissenschaftliche Konzept der Modernisierung, d.h. der Entstehung und Entwicklung moderner Industriegesellschaften, von der Vorstellung einer untrennbar, ja notwendig damit verbundenen Demokratisierung, fortschreitender Aufklärung, Humanisierung und Zunahme zivilgesellschaftlicher Formen des Umgangs.[58] Dieser Wandel in der historischen Deutung des Nationalsozialismus und der soziologischen Theorie ging nicht zufällig einher mit einem Wandel in der gesellschaftlichen Selbstverständigung über das Wesen der Moderne hin zu einer erhöhten Selbstreflexivität.[59]

Diesem Ansatz folgt die vorliegende Studie insofern, als sie es unternimmt, die Aspekte der Geschichte des Schuhs, die untrennbar mit der expansionspolitischen, rassistischen und genozidalen Politik der Nationalsozialisten verbunden sind, im Kontext langfristiger sozialer, ökonomischer, wissenschaftlicher und technischer Entwicklungslinien zu verorten und, wo möglich, nicht nur die individuellen, sondern vor allem die strukturellen Rationalitäten hinter dem Handeln und den Entscheidungen der verantwortlichen Akteure offenzulegen. Gerade am Beispiel des vordergründig unspektakulären Alltagsgegenstands Schuh werden die Schattenseiten des Modernisierungsprozesses und seine Ambivalenz für unterschiedliche soziale Akteure deutlich. Bei näherer Betrachtung offenbart sich, dass es sich bei der Entwicklung des »modernen« Produkts Schuh nur unter Ausblendung zentraler Abschnitte und Dimensionen dieses Prozesses um eine hehre Fortschrittsgeschichte handelt. Es soll gezeigt werden, wo die Vorteile die-

56 Bauman (1992).
57 Aly/Heim (1991); Peukert (1989).
58 Vgl. dazu Mergel (1997); Rohkrämer (1999); Bavaj (2003); Herbert (2007).
59 Wengenroth (1998); Mergel (1997); Giddens (1995b); Latour (1995).

ses wirtschaftlichen und technischen Wandels lagen, wer davon Nutzen hatte, aber auch, wer die sozialen Kosten trug und welche unintendierten Folgen auftraten.

Nationalsozialismus, Moderne und Design

Ein weiterer disziplinärer Zugang zur Geschichte der Alltagskultur ist für die Geschichte des Schuhs relevant: die Geschichte des Industriedesign, die bislang hauptsächlich im Überschneidungsfeld von Sozial- und Kunstgeschichte Gegenstand der Forschung wurde. Auch hier verwenden Historikerinnen und Historiker das Konzept der »Moderne« im Hinblick auf den Nationalsozialismus, hier als kunstgeschichtliche Epoche der klassischen Moderne verstanden, und versuchten, ihre Einflüsse im Nationalsozialismus und umgekehrt seine Auswirkungen auf die Bewegung der »Moderne« zu ermitteln. Während in älteren Ansätzen immer der Bruch und die Diskontinuität zwischen Weimarer Republik und »Drittem Reich« betont wurde, die sich mit der Auflösung des Deutschen Werkbundes und der Schließung des Bauhauses in Dessau sowie der Emigration wichtiger Vertreter der gestalterischen Moderne verbanden, fragen jüngere Forschungen stärker nach den Kontinuitäten der Werkbund-Traditionen und Bauhaus-Ideen im nationalsozialistischen Deutschland.[60] Dieser Perspektivenwechsel ging auch in dieser Disziplin einher mit der stärkeren Berücksichtigung struktureller Prozesse, während früher eher die »großen Männer«, herausragende Werke oder einzelne Institutionen im Vordergrund gestanden hatten.

Die jüngere Forschung wandte sich auf diesem Gebiet jedoch noch nicht konsequent sozial- und kulturhistorischen Fragestellungen zu. Eine Berücksichtigung der Gestaltung zugrunde liegender Wertesysteme und branchenspezifischer Praktiken der Formgebung sowie eine systematische Analyse der Produkte selbst, die auch materielle Aspekte einbezieht, unterblieben bislang.[61] Der englische Historiker Paul Betts, der die Geschichte des Industriedesign als Beitrag zu einer Kulturgeschichte Westdeutschlands in der Nachkriegszeit in Bild- und Diskursanalysen untersuchte, griff die Frage auf, wie die Zeit des Nationalsozialismus hier in die »Moderne« einzuordnen ist.[62] Er kam, wie andere jüngere kunstgeschichtliche Darstellungen auch, zu dem Schluss, dass sich das Design von Gebrauchsgegenständen nach 1933 nicht wesentlich veränderte und es keinen wirklichen Bruch mit der Weimarer Moderne gab. Stattdessen, so Betts, habe sich lediglich eine andere Deutung der Dinge, als »völkische« Identifikationsobjekte, durchgesetzt.

60 Schäfers (2001); Nerdinger (1993); Weißler (1990).

61 Als Ausnahmen und Pionierstudien für die Gestaltung von Kunststoffgegenständen und Haushaltsglas: Brachert (2002); Scheiffele (1994).

62 Betts (2004), bes. S. 23-72; Betts (2002).

Durch eine spezifisch nationalsozialistische »Kommodifizierung von Politik«, die Teil der »Ästhetisierung der Politik« (Walter Benjamin) war, wurde den industriell gefertigten Dingen im Nationalsozialismus seiner Ansicht nach ein neuer Platz in der Gesellschaft zugewiesen. Dies geschah durchaus im Sinne der alten Werkbundideen und gerade durch die Tätigkeit von ehemaligen Werkbund-Mitgliedern und -Aktivisten und Bauhaus-Schülern in den neuen NS-Institutionen. Diese neue Deutung der Alltagsgegenstände versucht Betts anhand ihrer Repräsentation auf Fotos und Diskursen in Zeitschriften nachzuweisen. Die alles »Überflüssigen« und »Kommerziellen« entkleidete, moderne Gestalt der »Massenware« und des »Eintagsschunds« der Weimarer Zeit sollte zur völkisch »ewigen Form«, zum anonymen und klassenlosen »Kulturgut« und zu »deutscher Wertarbeit« werden. Im Denkmodell von der organischen Gemeinschaft, das die Klassengegensätze zu überwinden vorgab, waren sie Produkte nichtentfremdeter, möglichst handwerklicher Arbeit, ihrem Wesen nach gebrauchswertorientiert, nicht den Marktkräften als Spielball überlassen und Erzeugnisse rassisch und sozialhygienisch gereinigter »Betriebsgemeinschaften«.[63] Hier waren die Forderungen nach der »guten Form« des Werkbunds der Weimarer Zeit, wie Betts darlegt, auf sehr spezifische Weise aufgehoben.

Betts bleibt jedoch in seiner Argumentation zu sehr in bildanalytischen und stilgeschichtlichen Erklärungsmodellen verhaftet, um wirtschaftshistorisch oder technikhistorisch für eine Geschichte der materiellen Kultur im Nationalsozialismus methodisch neue Anknüpfungspunkte zu liefern. Ob diese neue Diskussion um die Produkte in der wirtschaftlichen Praxis tatsächlich ankam und ob und wie sie sich tatsächlich in der Produktion und Qualität der Industrieerzeugnisse niederschlug, ist eine zentrale Frage der vorliegenden Studie und soll hier am Beispiel des Schuhs untersucht werden. Die Formgebung als gestalterische Dimension des Produkts muss hierfür als eine neben anderen Dimensionen, der materiellen und der konstruktiven, untersucht und zu diesen in Beziehung gesetzt werden.

Daneben wird es in dieser Studie auch darum gehen, das Design von Schuhen als Teil der Produktentwicklung in den Unternehmen genauer zu analysieren und festzustellen, welche praktische Rolle es im Wirtschaftsprozess spielte. Dann wird zu fragen sein, ob sich dies strukturell im Verlauf des Nationalsozialismus änderte und auch auf die Produkte niederschlug. Dieser Prozess in Deutschland wird mit der Entwicklung des Industriedesign von Schuhen in Großbritannien und den USA im gleichen Zeitraum verglichen.[64] Von der englischen, stärker sozial- und wirtschaftsgeschichtlich ausgerichteten Designgeschichte um die

63 Vgl. dazu auch Lüdtke (2002a); Lüdtke (1993); Lüdtke (1991).

64 Auch hier gibt es zur Schuhindustrie noch keine historischen Studien. Zur US-amerikanischen und kanadischen Forschung zur Rolle des Design in wirtschaftlichen und technischen Prozessen, die hier bedeutend weiter ist, vgl. Bucciarelli (2001); Kingery (2001); Blaszczyk (2000); Parr (1999); Katz (1997); Meikle (1979).

Zeitschrift *Journal of Design History*, die außerdem aus einer bereits längeren, kulturwissenschaftlichen Tradition der *Material Culture Studies* in Großbritannien schöpfen kann, werden hier wichtige erste Erkenntnisse aufgegriffen.[65]

Die stilistische Modellgeschichte des Schuhs wird dabei nicht Gegenstand dieser Untersuchung sein. Trotzdem leistet sie einen Beitrag zur Geschichte der Mode in der Zwischenkriegszeit und im Zweiten Weltkrieg. Die Modegeschichte der Schuhmodelle ist für diese Studie insofern von Belang, als die Mode Gegenstand der wirtschaftlichen Planung, der Bedarfs- und Marktentwicklung und Gegenstand der Diskurse über die wesentlichen Funktionen dieses Bekleidungsstücks war. Die Schuhmode war außerdem ein internationales Phänomen, das auf transnationalen Austauschprozessen beruhte. Sie wird daher als Teil wirtschaftlicher Zirkulations- und kultureller Aneignungsprozesse untersucht. Die Form der Schuhe war eng geknüpft an ihre geplante Funktion und damit durchgehend Gegenstand der gesellschaftlichen Auseinandersetzung. Zum Teil sind die Formveränderungen und Spielräume bei der Formgebung von Schuhen aber auch aus dem hier zu analysierenden Wandel der technischen Gegebenheiten heraus erklärbar. Die Form war Voraussetzung und gleichzeitig Folge technischer Innovationen in der Schuhindustrie und der Vertriebsmethoden im Schuhhandel.

Moderne Wissenschaft im Nationalsozialismus

Auch in der Wissenschaftsgeschichte beschäftigen sich HistorikerInnen seit Anfang der 1990er Jahre mit den modernen Elementen des Nationalsozialismus. Hier stand bis in die jüngste Zeit die Behauptung im Raum, der Nationalsozialismus sei aufgrund seiner ideologischen Rückwärtsgewandtheit und antimodernen Elemente grundsätzlich wissenschafts- und technikfeindlich gewesen.[66] Die Polykratie und das »Ämterchaos« in der Wirtschafts- und Wissenschaftspolitik seien zudem Ursprünge einer eher ineffektiven Wissenschaftsorganisation in den Vorkriegs- und Kriegsjahren gewesen. Die Vertreibung und Emigration »nichtarischer« und politisch unliebsamer Spitzenkräfte der wissenschaftlichen Elite hätten zum »Aderlass« der wissenschaftlichen Expertise in Deutschland geführt und zu einer qualitativen Verschlechterung von Wissenschaft in der akademischen und industriellen Forschung beigetragen. Diese hätte im internationalen Vergleich vormals Spitzenpositionen eingenommen, verlor diese aber,

65 Um den theoretischen Anschluss der britischen Designgeschichte an die *Material Culture Studies* hat sich vor allem die Designtheoretikerin und -historikerin Judy Attfield verdient gemacht: Attfield (2000); Attfield (1999). Zu einer jüngeren Zusammenfassung der Theorien der *Material Culture Studies* in Bezug auf Alltagsgegenstände vgl. Lees-Maffei (2009); Highmore (2002).

66 Diese Position zusammenfassend: Grüttner (2001); Mommsen (1991).

so die Argumentation, im Verlauf der Jahre 1933 bis 1945 immer mehr.[67] Die Konzentration in der natur- und technikwissenschaftlichen Praxis auf den konkreten Anwendungsbezug und eine relative Vernachlässigung von »Grundlagenforschung« im Zuge der Aufrüstung für einen neuen Krieg habe als weiterer Faktor dazu geführt, dass die ehemals führende deutsche Wissenschaft im Nationalsozialismus immer mehr den Anschluss an die internationale wissenschaftliche Entwicklung verloren habe.[68] Zudem habe die Festlegung des gesamten nationalen Innovationssystems auf die Autarkie und die »Selbstisolation« der deutschen Wissenschaft vom internationalen Wissensaustausch in einen wissenschaftlichen »Käfig« geführt. Gerade bei der Entwicklung von Ersatzstoffen sei »aus ungeeigneten Ressourcen mit hohem Aufwand Zweitklassiges hergestellt« und damit letztlich im Weltmaßstab gesehen ein »Abschied aus der technikwissenschaftlichen Spitzengruppe« herbeigeführt worden.[69]

Dass diese Einschätzungen für bestimmte Technikgebiete und wissenschaftliche Disziplinen wohl relativiert werden müssen, haben vor allem umfassende Forschungen zur Wissenschaft im Nationalsozialismus der letzten Jahre seit der Jahrtausendwende erwiesen. Bei der Raketen-, Nuklearwaffen- und Flugzeugtechnik war dies bereits früher unbestritten. Die Ergebnisse mehrerer großer Forschungsprojekte zur Wissenschaftsgeschichte, vor allem der Max-Planck-Gesellschaft und der Deutschen Forschungsgemeinschaft zu ihrer eigenen Geschichte im Nationalsozialismus haben jüngst gezeigt, dass sich auch in anderen zentralen Bereichen der Rüstungstechnik (der chemischen Kampfstoffforschung, der Strömungsforschung, auf verschiedenen Feldern der Metallforschung, der Radarforschung), ja selbst der Baustoffe für den Straßenbau durchaus Beispiele für die »Funktionstüchtigkeit und Effektivität der Wissenschaftsorganisation und Forschungsplanung im ›Dritten Reich‹«[70] sowie deren internationale Anschlussfähigkeit nach 1945 finden lassen.[71] Dies gilt ebenso für medizinische und biowissenschaftliche Disziplinen.[72] Wie Studien zum Wissenschafts- und Technologietransfer aus dem besetzten Deutschland sowie die zahlreichen Anwerbungen von deutschen Wissenschaftlern durch die alliierten Siegermächte ab 1945 deutlich machten, waren sie auf manchen Gebieten gesuchte Experten. Die Forschungs- und Entwicklungsergebnisse deutscher Unterneh-

67 Grüttner (2001); Deichmann (2001).

68 Im Bereich der Lederforschung gibt Ute Deichmann an, die »ehemals blühende deutsche Gerbereichemie« habe »nach dem Krieg ihre internationale Bedeutung verloren« gehabt. Vgl. Deichmann (2004), Zitat S. 15.

69 Wengenroth (2002), S. 53.

70 Maier (2002c), S. 24f.

71 Flachowsky (2008); Hachtmann (2007b); Maier (2007b); die versch. Beiträge in: Maier (2007a); Schmaltz (2005); Flachowsky (2005); Szöllösi-Janze (2002); Maier (2002b).

72 Gausemeier (2005); Schieder/Trunk (2004); Roth (2001).

men galten nach Kriegsende als lohnenswerte Kriegsbeute und begehrte »intellektuelle Reparationen«.[73]

In diesem historisch kontrovers diskutierten Feld ist die Geschichte des Produkts Schuh ein besonders aufschlussreiches Fallbeispiel. Für den Konsumgütersektor sind historische Studien zur Rolle von Wissenschaft im Innovationsprozess während des Nationalsozialismus praktisch inexistent.[74] Hier wird gefragt, welche Wissensformen für die Entwicklung des Schuhs als Industrieprodukt relevant waren. Es wird untersucht, ob wissenschaftliche Forschung in den Jahren 1933 bis 1945 das Produkt veränderte und wie diese deutschen Forschungen und Entwicklungen im internationalen Vergleich einzuschätzen sind. Bereits Helmut Maier wies darauf hin, dass bei näherer Betrachtung je nach sektoraler Verortung und Branchenzugehörigkeit unterschiedliche Varianten der Entwicklung von Industrien und ihrer Forschungsleistungen im Nationalsozialismus sichtbar werden, die nicht unbedingt zu verallgemeinern sind. Wie am Beispiel der Schuhindustrie gezeigt werden kann, wurde hier während der NS-Zeit in einer vormals eher wissenschaftsfernen Branche wissenschaftliche Forschung und Entwicklung zu einem zentralen Wirtschaftsfaktor. Wissenschaft spielte in den 30er und 40er Jahren eine zentrale Rolle für die Produktentwicklung, und zwar weniger des Rüstungsguts als in viel größerem Maße des zivilen Konsumguts Schuh. Im Vergleich mit Großbritannien und den USA stellt sich die Frage, inwieweit dies direkt auf die NS-Wirtschaftspolitik und den autarkiepolitischen Wandel zurückzuführen ist. Diese Frage wird im Sinne Zygmunt Baumans besonders brisant, wenn sich deutsche Wissenschaftler, wie dies bei der Forschung am Schuh der Fall war, im Verlauf ihrer Forschungstätigkeit über ethische Grenzen der wissenschaftlichen Praxis hinwegsetzten und auch Methoden des Experimentierens am Menschen ergriffen, die unter anderen politischen Umständen schon aus juristischen Gründen undenkbar gewesen wären. So wird untersucht, auf welche spezifischen Ressourcen die Forschung in der deutschen Schuhwirtschaft zurückgreifen konnte, die sich aus der Expansions-, Rassen- und Vernichtungspolitik des NS-Regimes ergaben, und wie sich die wissenschaftliche Forschung zur Interaktion Mensch – Ding am Beispiel des Gebrauchsgegenstands Schuh im Vergleich dazu in anderen Ländern entwickelte.

73 Die Hunderte von BIOS-, CIOS- und FIAT-Geheimdienstberichten, die den wissenschaftlichen und technischen Transfer von Knowhow aus allen deutschen Industriezweigen, auch den Konsumgüterindustrien, dokumentieren, sind bislang nur zu einem Bruchteil ausgewertet worden. Zur Entstehungsgeschichte der Berichte vgl. Eckert (2004); Farquharson (1997); Gimbel (1990). Zum Technologietransfer aus Deutschland für einige zentrale Bereiche zuletzt zusammenfassend: Ciesla/Judt (1996). Zu deutschen Wissenschaftlern in den USA, Großbritannien und der Sowjetunion ab 1945: Mick (2000); Ciesla (1993); Hunt (1991); Bower (1988).

74 Zur Textilforschung vgl. Luxbacher (2004); zur Forschung bei der Züchtung von Nutzpflanzen vgl. Wieland (2004); Heim (2003); zur Ernährungsforschung: Alexander (2006); Neumann (2005).

2 Der Vergleich mit Großbritannien und den USA

Die Frage nach den spezifischen Impulsen der NS-Wirtschaftspolitik kann erst im Vergleich mit anderen Industrieländern beurteilt werden, in denen der Gebrauchsgegenstand Schuh unter anderen volkswirtschaftlichen und politischen Rahmenbedingungen produziert und konsumiert wurde. In Frage steht, ob die deutsche Schuhwirtschaft und ihr Produkt durch die NS-Wirtschaftspolitik im internationalen Vergleich hinter den in den Vergleichsländern erreichten Stand der Technik und Wissenschaft zurückfielen und »im Modernisierungswettlauf ausgebremst« wurden.[75] Paul Erker etwa, der die Reifenindustrie als Verarbeiter des Synthesekautschuks untersuchte, kam zu dem Schluss, dass diese Industrie aufgrund der deutschen Ersatzstoffpolitik »1945 technologisch weit abgeschlagen« dastand.[76] Ob eine deutsche Rückständigkeit zu Kriegsende auch für den Bereich der Gerbstoffe, des Leders, der Kunststoffe in Schuhen und der Forschungsmethoden für die technische Entwicklung von Konsumgütern zu verzeichnen ist, wird hier im direkten Vergleich mit Großbritannien und den USA untersucht.

Die USA, Großbritannien und das Deutsche Reich waren zu Beginn des Untersuchungszeitraums die drei größten Erzeugerländer von Schuhen der Welt. Sie brachten in der zweiten Hälfte der 1920er Jahre gemeinsam etwas über die Hälfte der Welt-Industrieproduktion an Schuhen hervor.[77] Großbritannien gilt gemeinhin wegen seines großen Kolonialreichs und eines weltweit verzweigten Handelsnetzes als das mit Rohstoffen am besten versorgte europäische Land.[78] Es steht außerdem für ein wirtschaftsliberales und – im Gegensatz zum autoritär regierten Deutschen Reich – in den 30er und 40er Jahren demokratisch verfasstes Land. Die britische Volkswirtschaft ging zwar in den 1930er Jahren auch zum Protektionismus über, schottete sich aber nicht mit der gleichen Intensität wie Deutschland vom Weltmarkt ab und behielt über den Sterling-Block und das Empire weiterhin Zugang zu den wichtigsten Rohstoffen. Großbritannien war zu Beginn des Untersuchungszeitraums die größte Schuhexportnation der Welt. Seit der Diskussion um den *British Decline*, den Niedergang Großbritanniens als führende Industrienation der Welt ab Ende des 19. Jahrhunderts, gilt die britische Wirtschaftsstruktur in der ersten Hälfte des 20. Jahrhunderts als von kleinen, hochspezialisierten Unternehmen dominiert. Sie waren überwiegend in Familienbesitz, bildeten kaum Großunternehmen oder unternehmerische Ko-

75 Wengenroth (2002), S. 54.

76 Erker (2000), S. 411. Dazu ausführlicher: Erker (2005), bes. S. 390ff.

77 Die drei Länder produzierten 483 Mio von weltweit insgesamt 896 Mio Paar Schuhen (1927), also ungefähr 54 Prozent. Vgl. Ausschuss Schuhindustrie (1930), S. 153. Zum Vergleich der Produktions- und Marktstrukturen der drei Länder, die er als die drei »weltweit führenden Industrienationen« zwischen 1870 und 1945 bezeichnet, vgl. Chandler (1990); aus technikhistorischer Perspektive: Landes (1973).

78 Youngson (1980); Landes (1973), bes. S. 305-332.

operationen aus und fanden sich nur zögerlich zu Investitionen in neue, technische Verfahren und wissenschaftliche Forschung bereit, die in den USA und in Deutschland seit der Jahrhundertwende zu der bahnbrechenden Entwicklung von Großunternehmen und den forschungsintensiven Industrien (*science-based industries*) geführt hatten. Im Konsumgütersektor zeichneten sich die englischen Märkte durch eine differenzierte Nachfrage nach qualitativ eher höherwertigen Produkten aus.[79]

Die USA standen Anfang der 1930er Jahre quantitativ an der Spitze der Schuhproduktion und des Schuhkonsums.[80] Der nordamerikanische Kontinent besaß einen unermesslichen Rohstoffreichtum, auf den sich die US-amerikanische Wirtschaft stützte. Sie war eher durch einen Mangel an qualifizierten Arbeitskräften und hohe Arbeitskosten gekennzeichnet. In der Wirtschafts- und Technikgeschichte gelten die Vereinigten Staaten als weltweit führend bei der Entwicklung mechanisierter Herstellungsverfahren für Konsumgüter, beim Austauschbau und der Massenproduktion im späten 19. und frühen 20. Jahrhundert. Die US-amerikanische Wirtschaft war bereits in den 20er Jahren auf einen Massenmarkt von Konsumgütern ausgerichtet. Die Produkte und Verfahren wiesen allgemein einen hohen Grad der Standardisierung und Rationalisierung auf.[81] Auch die deutsche und die britische Schuhindustrie orientierten sich nach dem Ersten Weltkrieg in der technischen Entwicklung an den USA. Ob und in welchem Ausmaß die Massenproduktion und arbeitssparende Fertigungsverfahren des *American System of Manufacture*[82] jeweils auch die Schuhindustrien in den USA, in Großbritannien und Deutschland erreichten und wie dies mit der Rohstoffversorgung und anderen, nicht zuletzt politischen Faktoren zusammenhing, wird hier im Vergleich der drei Länder zu untersuchen sein. Im ausgewählten Zeitraum von Mitte der 20er bis Ende der 40er Jahre beeinflussten politische Rahmenbedingungen infolge wirtschaftlicher Krisen, vor allem der Weltwirtschaftskrise und des Zweiten Weltkriegs, die wirtschaftlichen Verhältnisse in allen drei Ländern in besonderer Weise.

Verglichen wird in dieser Studie zunächst, wie sich die Vermittlung von Produktion und Konsum, die Distribution und der Umgang der Unternehmen mit der Mode als Wirtschaftsfaktor strukturell gesehen in den drei Ländern unterschieden. Es wird gefragt, ob die Produkte, die im Rahmen solch unterschiedlicher Industriestrukturen und für solch ungleiche Märkte hergestellt wurden, vor 1933 voneinander abwichen. Auf welchen wirtschaftlichen und technischen

79 Pollard (1989); Chandler u. a. (1997); Chandler (1990), bes. S. 235-395.

80 Vgl. Ausschuss Schuhindustrie (1930), S. 238ff; Schnitzer (1937).

81 Kap. Massenproduktion, in: W. König (2000), S. 46-90; Rosenberg (1994); Hounshell (1984).

82 Zum Begriff und den Prinzipien des *American System of Manufacture*, die spezifische Form der Massenproduktion, die sich in den USA im Verlauf des 19. Jahrhunderts herausbildete und vor allem durch Typisierung und Normierung, Präzisionsfertigung und Austauschbau gekennzeichnet war, vgl. Hounshell (1984).

Voraussetzungen basierten Produkt- und Verfahrensinnovationen in der deutschen Schuhindustrie im Vergleich zu den beiden Vergleichsländern? Darauf wird die Entwicklung zwischen 1933 und 1945 in den Blick genommen und gezeigt, welche Auswirkungen die unterschiedlichen politischen Rahmenbedingungen der 30er und 40er Jahre in Deutschland im Vergleich zu den beiden Vergleichsländern auf die Entwicklung des Produkts hatten.

Der Vergleich geschieht hier auch in Auseinandersetzung mit der konsumgeschichtlichen These, die jüngst Victoria de Grazia und andere US-amerikanische Historikerinnen in die Diskussion brachten, es habe im 20. Jahrhundert grundsätzlich verschiedene Modelle des Umgangs mit dem Konsum in Europa und den USA gegeben. De Grazia konstatiert bei einer Betrachtung der Handelsstrukturen in den größten europäischen Ländern seit den 20er Jahren im Vergleich zu den USA ein »neomerkantiles« Konsum-Modell in Europa, dem sie das »fordistische« Konsummodell in den USA gegenüberstellt.[83] Hier wird am Beispiel eines Konsumguts und der Praktiken des Umgangs mit ihm im System der Bereitstellung gefragt, ob sich die Strukturen der beiden untersuchten europäischen Länder Deutschland und Großbritannien wirklich so sehr glichen bzw. gemeinsam fundamental von den USA unterschieden, wie de Grazia unterstellt.

Wie in der Arbeit der Konsumhistorikerin wird auch in vielen wirtschafts- und technikhistorischen Studien, wenn sie vergleichend angelegt sind, mit »nationalen Innovationssystemen«, »Wirtschaftsstilen« oder »Produktionsregimen« argumentiert,[84] d.h. mit nationalen oder gar supranationalen Modellen und Vergleichskonzepten. Demgegenüber wird in dieser Studie mit Modellen mittlerer Reichweite, sozusagen unterhalb der nationalen Ebene, operiert. Die Schuhwirtschaft wird als (transnational vernetzte) Branche mit spezifischen wirtschaftlichen Problemen und Bedingungen, eigenen institutionellen Arrangements und wirtschaftspolitischen Organisationen untersucht. Schon für andere Konsumgüterindustrien lassen sich diese Muster und Besonderheiten nicht unbedingt verallgemeinern. Dafür werden strukturelle Ähnlichkeiten und Differenzen, aber auch das Gewicht politischer Faktoren zwischen den drei Ländern

83 De Grazia bezieht sich in ihrer Argumentation auf andere Studien, vor allem von Lizabeth Cohen, zur *social citizenship* in den USA. Diese stellen einen Zusammenhang von Konsum und Demokratie in den USA her und untersuchen den Ersatz politischer Partizipation, der in der politischen Diskussion in Europa im Vordergrund stand, durch erweiterte Konsummöglichkeiten und hohen Lebensstandard in den USA. Dabei überträgt de Grazia diese nicht vergleichend angelegten Untersuchungen für die USA der zweiten Hälfte des 20. Jahrhunderts auf die Zeit ab dem Ersten Weltkrieg in Europa und versucht zu zeigen, dass das amerikanische Modell seit den 20er Jahren europäischen Gesellschaften erfolgreich als Vorbild und Ziel des eigenen Weges in die »Konsummoderne« (*consumer modernity*) diente, dort aber auf unterschiedlich große Widerstände und alternative Gegenentwürfe traf: de Grazia (2005); ähnlich argumentieren Kroen (2004); Cohen (2003).

84 Abelshauser (2001).

deutlicher als bei der Kontrastierung von Nationalstaaten oder gar Kontinenten. Auch werden hierdurch, wie bereits Thomas Welskopp für die Unternehmensgeschichte und Ulrich Wengenroth und Thomas Wieland für die Innovationsforschung ausführten, »kulturelle« Faktoren und Unterschiede der Entwicklung in den drei Vergleichsländern präziser fassbar und in ihrer historischen Wirkmächtigkeit analysierbar.[85]

Der Vergleich mit Großbritannien und den USA ist in dieser Arbeit unterschiedlich stark gewichtet. Großbritannien wird als ebenfalls in Europa gelegenes, in der Größe annähernd vergleichbares und zum selben Zeitpunkt in den Krieg eingetretenes Land stärker für den diachronen Vergleich herangezogen als die Vereinigten Staaten von Amerika. Die USA eignen sich demgegenüber wegen der Größe ihres Binnenmarktes und der eigenen Rohstoffvorkommen sowie dem hohen Grad der Mechanisierung und Standardisierung der Produktion besonders für den Vergleich struktureller Faktoren und ihrer Auswirkung auf die Produkte. Die USA spielen auch für die wirtschaftlichen, technischen und wissenschaftlichen Transferprozesse zwischen den drei Ländern, die sozusagen quer zum Vergleich liegen und überwiegend asymmetrisch verliefen, eine wichtige Rolle. Im Zweiten Weltkrieg bildeten die Vereinigten Staaten als Rohstoff- und Fertigwaren-Lieferant für die britische Armee und Zivilwirtschaft einen wichtigen Nachschub-Faktor, der auch auf die Schuhentwicklung auf den Britischen Inseln Einfluss nahm.

Eine Besonderheit der Schuhbranche war, dass in der Zwischenkriegszeit sowohl der amerikanischen als auch der britischen und der deutschen Schuhindustrie ein tschechisches Unternehmen weltweit Konkurrenz machte und durch seinen außerordentlichen, wirtschaftlichen Erfolg dort jeweils Produkte und Produktionsweisen in Frage stellte. Die Firma Thomas Baťa in Zlín galt unter Schuhfachleuten in allen drei Ländern als führend auf dem Gebiet der Massenproduktion von Schuhen. Sie trat ab Mitte der 20er Jahre in allen drei Ländern als zentraler technischer und handelspolitscher Konkurrent in Erscheinung und wird daher in dieser Studie fallweise in den Strukturvergleich einbezogen. Das Unternehmen Baťa war auch deswegen für die vorliegende Untersuchung maßgeblich, da es seit der deutschen Annexion des »Protektorats Böhmen und Mähren« zu den größten Schuhherstellern im militärisch erweiterten Deutschen Reich gehörte und während des Zweiten Weltkriegs maßgeblich zur deutschen Schuhversorgung beitrug.

85 Wieland (2005); Welskopp (2004); Wengenroth (2001).

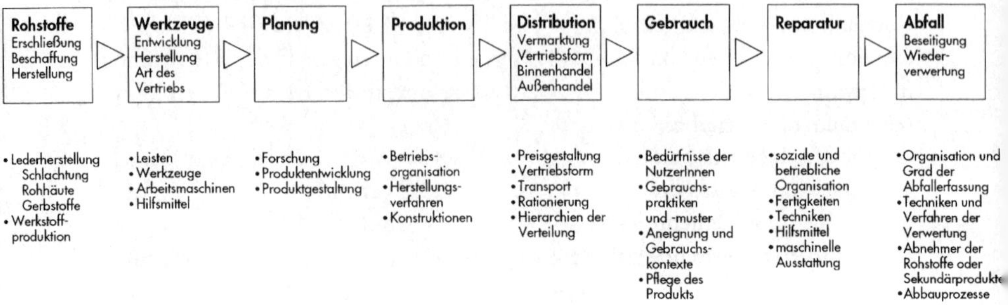

Abb. 1: Produktlinie des Schuhs und ihre Abschnitte

3 Methodik der Produktgeschichte: Produktlinienanalyse

Historische Produktlinienanalyse

Die Geschichte eines Produkts und seiner Veränderung in einem bestimmten Zeitraum zu schreiben mag auf den ersten Blick einfach erscheinen. Auf den zweiten erweist sich das Unterfangen als durchaus problematisch. Was heißt überhaupt »der Schuh«? Welches heuristische Konzept ist damit verbunden und welche konkreten historischen Phänomene umfasst diese Kategorie? Der Schuh ist hier als Idealtypus, als klassifikatorische Grundform, gedacht, die eine Vielzahl und Mannigfaltigkeit von Einzelerscheinungen in der realen historischen Entwicklung umfasst.[86] In dieser Studie wird der »normale« Schuh, das zeittypische Produkt, die Fußbekleidung des Durchschnittsbürgers, des »Otto [und der Anna] Normalverbraucher« – in der Terminologie der 40er Jahre – erforscht. Wenn hier von »dem Schuh« die Rede ist, so ist dabei immer die zu einem historischen Zeitpunkt quantitativ am häufigsten vorkommende Variante von Schuhmodellen gemeint. Zwar handelt es sich bei »dem Schuh« genau genommen um eine ganze Produktgattung und nicht um ein einzelnes, konkretes Produkt. Doch wird der Begriff »Produkt« hier synonym zur volkswirtschaftlichen Produktgattung »Schuh« in einem Land gesetzt. Alle Variationen von Schuhmodellen lassen sich auf drei Grundelemente zurückführen, unter denen sie hier gruppiert und analysiert werden. Dies sind erstens ihre Konstruktion, zweitens ihr Material und drittens ihre Form.

86 Vgl. Ay (2002); Gerhardt (2001).

Als Produkt wird hier – aus der Perspektive der Produktion – ein Ergebnis der Produktion und Sachziel einer Unternehmung und – aus der Perspektive der Konsumtion – ein Mittel der Bedürfnisbefriedigung verstanden.[87] Der Schuh entwickelte sich in dem hier untersuchten Zeitraum von einem weitgehend monomaterialen zu einem multimaterialen, komplexen Stückgut, das der Klasse der Gebrauchsgüter zugeordnet werden kann. Er war ein Gegenstand des täglichen Gebrauchs, der ebenso als Konsumgut, also für private Zwecke in der Sphäre der Reproduktion, wie als Produktionsgut gebraucht wurde: Als Arbeitsmittel stellten Schuhe auch Elemente von Produktionsprozessen dar. Speziell auf bestimmte Arbeitsprozesse zugeschnittenes Berufsschuhwerk machte im hier untersuchten Zeitraum einen wichtigen Teil der Schuhproduktion aus. Ebenso waren Schuhe Rüstungsgüter, die Gegenstand militärischer Planung und Beschaffung, Entwicklung und Forschung wurden.

Die vorliegende Studie orientiert sich an einer analytischen Methode, die in den 1980er Jahren in der ökologischen Wirtschaftsforschung entwickelt wurde: der Produktlinienanalyse.[88] Ziel der Entwickler dieser Methode, der Projektgruppe Ökologische Wirtschaft am Öko-Institut in Freiburg, war damals, eine »neue Warenkunde« zu begründen.[89] Diese sollte der Gewinnung von Informationen über Produkte dienen, die über den unmittelbaren Verwertungskontext und die herkömmliche wirtschaftswissenschaftliche Bilanzierung von Produktionsfaktoren hinausgingen. Ein neues wirtschaftliches »Informationssystem« für Produzenten und Verbraucher sollte den Betrachtungshorizont von Gütern erweitern und zu einer erweiterten Wirtschaftlichkeitsrechnung führen.[90] Dafür sollten auch Aspekte und Bereiche des Lebenslaufs eines Produkts in den Blick genommen werden, die von der klassischen ökonomischen Theorie und dem betrieblichen Rechnungswesen nach Kostenarten ausgespart werden. Die sozialen Kosten von Wirtschafts- und Rationalisierungsprozessen, die vergesellschafteten Kosten wie etwa Luftverschmutzung, Lärm, Ressourcenverbrauch, und der Umgang mit Abfall bzw. der Endlagerung von verbrauchten Produkten sollten in die Betrachtung einbezogen werden. Grundsätzlich zielte das Modell auf die Berücksichtigung auch nichtmonetarisierbarer Größen wie Lebens- und Arbeitsqualität und überhaupt qualitative Aspekte der Produktion und Konsumtion von Gütern.

Die Ergebnisse der naturwissenschaftlichen einerseits und der sozialwissenschaftlichen Forschung auf der anderen Seite sollten bei der Beurteilung von Produkten in Zusammenhang gebracht werden. Schließlich sollte die neue Methode die traditionelle Produktionszentriertheit des wirtschaftlichen Denkens aufbrechen, durch die eine systematische Ausblendung aller dieser Bereiche aus

87 Gablers Wirtschaftslexikon, 13. Auflage, Wiesbaden 1992, S. 2652.
88 Vgl. Projektgruppe Ökologisches Wirtschaften (1987).
89 Baumgartner (1991), S. 40.
90 Projektgruppe Ökologisches Wirtschaften (1987), S. 23-31.

der wirtschaftlichen Betrachtung überhaupt erst möglich sei.[91] Die Verantwortung des Produzenten und das Interesse der Ökonomen ende, so der Vorwurf der Produktlinienanalytiker, meist dort, wo das Produkt in den Besitz des Konsumenten übergehe. Die Konsum- und Reproduktionssphäre müsse aber, um zu einer angemessenen Analyse der gesamtwirtschaftlichen und gesellschaftlichen Bedeutung des Produkts zu kommen, in die wirtschaftswissenschaftliche Betrachtung miteinbezogen werden.

Mit der Produktlinienanalyse ist ein analytisches Instrumentarium gefunden, das es erlaubt, die Wirtschafts- und Technikgeschichte des Nationalsozialismus aus Produzenten- *und* KonsumentInnenperspektive zu betrachten, die verschiedenen Faktoren der Veränderung zu strukturieren und genauer zu lokalisieren. Dies schließt theoretisch nicht nur die in der klassischen Wirtschafts- und Technikgeschichte berücksichtigten Gruppen, vor allem Unternehmer, Beschäftigte in der Produktion und staatliche Stellen, mit ein, sondern auch die Interessen anderer Akteure: Seien es die Produktgestalter und Wissenschaftler, die an neuen Werkstoffen, Konstruktionen und Modellen arbeiteten, die Händler, die die Produkte vertrieben und an die KonsumentInnen brachten, oder die Verbraucherinnen und Verbraucher selbst bzw. die verhinderten Konsumenten, die auf der untersten Stufe der Verbrauchshierarchie standen und keine Produkte erhielten oder diese wieder abzugeben gezwungen waren. Als weitere wichtige Akteure, die in der Geschichte des Schuhs eine Rolle spielten, wird diese Studie sich mit den Häftlingen in verschiedenen Konzentrationslagern beschäftigen, die als Versuchskonsumenten für die Unternehmen der Schuhindustrie Schuhmodelle testeten, sowie weiteren ZwangsarbeiterInnen, die in einem umfangreichen, mit Hilfe der SS organisierten Apparat zu Hunderten alte Schuhe reparieren oder für eine industrielle Wiederverwertung aufbereiten mussten.

Die verschiedenen Stadien der Produktlinie lassen sich sowohl in einem Land zu verschiedenen Zeitpunkten (diachron) als auch in verschiedenen Ländern zum selben Zeitpunkt (synchron) in Vergleich setzen. Die Produktlinienanalyse des Schuhs umfasst die Rohstofferschließung (Schlachtung, Gerbstoff-Produktion), die Produktion der Rohstoffe (Lederherstellung, die Entwicklung und Verarbeitung alternativer Materialien zum Leder), die konzeptionelle und formale Planung des Gebrauchs (Produktentwicklung und -gestaltung), die Herstellung der Werkzeuge, Maschinen und Leisten, die eigentliche Produktion des Schuhs und ihre Verfahren, die Distribution, d. h. vor allem die Vertriebsformen und Unternehmensorganisation des Handels, den Gebrauch des Schuhs und seine Pflege, die Reparatur und schließlich die Wiederverwertung als Rohstoff-Lieferant für Sekundärprodukte.

91 Als Modelle dieser Art in der klassischen Wirtschaftstheorie beziehen sich die Produktlinienanalytiker auf die Nutzen-Kosten-Analyse und die Nutzwertanalyse, vgl. Projektgruppe Ökologisches Wirtschaften (1987), S. 23.

Nicht alle Abschnitte der Produktlinie sind für die Geschichte des Produkts im Nationalsozialismus und für die übergeordnete Fragestellung relevant. Sie wurden daher in der Darstellung ausgeklammert. Zu den Teilen der Produktlinie, die nicht in diese Studie aufgenommen wurden, gehören etwa die Arbeitsbeziehungen in der Produktion von Schuhen und das gesamte Marketing.[92] Die vorliegende Studie befasst sich auch nicht mit den Umweltfolgen der Produktion von Schuhen.[93] Insofern hat diese Arbeit nicht den Anspruch, eine vollständige Produktlinienanalyse im wirtschaftswissenschaftlichen Sinne vorzulegen. Sie nutzt die historischen Erklärungsmöglichkeiten dieses Ansatzes selektiv. Auch werden die verschiedenen Abschnitte in der historischen Darstellung nicht in ihrer schematischen Reihenfolge entlang der Produktlinie abgehandelt. Dies ist dem Umstand geschuldet, dass bestimmte Abschnitte der Produktlinie durch die historische Entwicklung im Nationalsozialismus stärker beeinflusst wurden als andere. Bestimmte Aspekte bieten sich eher zur Darstellung der strukturellen Ähnlichkeiten und Analyse der Unterschiede in den drei Ländern an und werden deshalb in den ersten beiden Teilen dieser Arbeit untersucht. Andere Abschnitte können aus der prozessualen Betrachtung der Entwicklung besser erklärt werden und werden daher in den beiden späteren Teilen der Studie behandelt.

Grundlinien der Untersuchung

Durch alle Abschnitte der Produktlinie verlaufen drei Entwicklungsfelder, auf denen sich die Produktgeschichte des Schuhs im Untersuchungszeitraum vollzog. Diese Felder waren (1.) die Standardisierung, (2.) die Qualität und ihre objektiven und subjektiven Parameter sowie (3.) die Verwissenschaftlichung. Die Verwissenschaftlichung spielte dabei eine Sonderrolle, da sie mitunter ein Mittel war, die Probleme der Standardisierung und der Qualität zu lösen.

Seit den 20er Jahren war die Standardisierung der Produkte ein Mittel der Unternehmen, die Produktion zu rationalisieren. Sie gründete sich auf drei Elemente: (1.) die Spezialisierung der Betriebe, (2.) die Normierung der Produktion und (3.) die Typisierung der Produkte. Unter *Spezialisierung* wird hier die Zer-

92 Zum Thema der Produktwerbung liegen für das Unternehmen Salamander bereits Studien vor, wenn auch nicht für den Zeitraum des Nationalsozialismus: vgl. Schmitt (1999); Lurchi (1994). Dass das Marketing von Produkten einen eigenen Untersuchungsbereich der Produktgeschichte darstellt, hat zuletzt Rainer Gries gezeigt: Gries (2003).

93 Die Chromgerberei, die seit Beginn des 20. Jahrhunderts mit hochtoxischen Rohstoffen arbeitet und bis heute zu verheerenden Umweltproblemen und Vergiftungserscheinungen bei den LederarbeiterInnen führt, sowie die Verwendung von PVC und anderen Kunststoffen in verschiedenen Teilen des Schuhs als Umwelt- und Entsorgungsproblem wäre eine eigene historische Untersuchung wert. Sie sind wichtige Gegenstände zeitgenössischer Produktlinienanalysen: Vgl. etwa Milà u. a. (1998).

legung eines industriellen Produktionsgebietes in Bestandteile und dementsprechende Arbeitsteilung der Unternehmen verstanden. Unter *Normierung* werden alle Bestrebungen zur Vereinheitlichung der Ausführungsformen und Abmessungen der Teile von Erzeugnissen und Werkzeugen gefasst. Auf das Produkt bezogen sorgte die *Spezialisierung* dafür, dass die Zahl der in einem Betrieb gefertigten Güter so klein wie möglich war. Die *Normierung* vereinheitlichte die Maße und Formen seiner Teile (Grundelemente), die gleichzeitig Teile von anderen Produkten sein konnten. Und die *Typisierung* schließlich vereinheitlichte die Fertigprodukte (Gesamtkonstruktion) und beschränkte die Produktion eines oder gar mehrerer Unternehmen eines Industriezweigs auf eine geringe Zahl solcher Produkte.[94] Die vorliegende Studie untersucht die Entwicklung der Schuhherstellung auf eine Massenproduktion hin als Prozess und setzt sie nicht als Zustand voraus, der sich mit Beginn der Mechanisierung und Serienproduktion von Schuhen gewissermaßen von selbst einstellte.[95] Die Typisierung ging jedoch über die Produktion hinaus, wie Karl Bücher (1847-1930), der Wirtschaftstheoretiker und Vertreter der jüngeren Historischen Schule der Nationalökonomie, bereits 1921 formulierte: Sie hatte seiner Ansicht nach die Tendenz, sogar den Konsum zu normieren, indem sie ihn an bestimmte »Gebrauchsgestaltungen« band, an *Typen*.[96] Wie im absatzwirtschaftlichen und werbetechnischen Bereich die Marke, so erwirke der Typus mit Mitteln der Fertigung eine »Zentralisierung des Geschmacks«, argumentierte auch der liberale Wirtschaftspolitiker Friedrich Naumann.[97] Typisierte Produkte bildeten für beide ein Scharnier von der Standardisierung der Produktion zu einer Standardisierung des Verbrauchs. Die Geschichte des Produkts Schuh in dem hier untersuchten Zeitraum ist auch eine Geschichte des Versuchs, dieses spezielle Potential von massenindustriell hergestellten Gegenständen in unterschiedlichen politischen Kontexten zu instrumentalisieren und für die Konsumpolitik nutzbar zu machen. Die Standardisierung von Produkten wurde zu einem Medium der Umsetzung normativer Maßnahmen in den Konsum und schließlich Mittel der direkten Konsumlenkung, nicht nur auf der Ebene der staatlichen Politik.[98]

Gerade die Befürchtung, dass die Typisierung der Produkte der Standardisierung Eingang in die Privatsphäre verschaffte, machte sie zum Gegenstand leidenschaftlicher gesellschaftlicher Debatten und Angriffe. Karl Bücher selbst beurteilte diese Möglichkeit des normativen Eingriffs in die Konsumsphäre Anfang der 20er Jahre sehr negativ. Er hielt sie für einen »Zwang« und eine »Bevormun-

94 Vgl. Bücher (1910); Bücher (1921).

95 Zu den Prinzipien und der Geschichte der Massenproduktion von Konsumgütern vgl. W. König (2000); Rosenberg (1994); Hounshell (1984).

96 Bücher (1921), S. 427ff.

97 Friedrich Naumann, Kunst und Industrie, in: Der Kunstwart 22 (1906), S. 70, zitiert in: Schwartz (1999), S. 198.

98 Vgl. dazu ausführlicher Sudrow (2009).

dung des Verbrauchs« im Interesse der billigstmöglichen Produktion. Negativbeispiel hierfür *par excellence* war für Bücher das System der Schuhgrößen:

> »Die mechanische Schuhfabrikation hat uns daran gewöhnen können, unser Fußbekleidungsbedürfnis einem Nummernsystem unterzuordnen, das sie geschaffen hat. Sollen wir künftig unseren ganzen so unendlich mannigfaltigen Bedarf von der Türe und Fensterscheibe bis zum Küchentisch und Kochtopf mit Rücksicht auf eine anerkannte Sortenzahl zuschneiden? Den Menschen der Zukunft, der typisch gekleidet ist, typisch wohnt und ißt und trinkt, wird man sich schwer als ein freies Wesen vorzustellen vermögen.«[99]

Dem Vertreter eines gehobenen Bürgertums erschien als notwendige Folge der Typisierung die Uniformität und Monotonie. Wie viele Zeit- und Standesgenossen sah er in ihr eine Gefahr für die individuelle Bedürfnisbefriedigung und für die konsumerische Freiheit.[100] Die individuelle Gestaltung des eigenen Bedarfs werde unter dem Diktat der Standardisierung »einem schematischen Einerlei Platz machen«. Dies war, wie noch zu sehen sein wird, in den kommenden Jahrzehnten ein häufig gegen die Typisierung von Konsumgütern angeführtes Argument.

In der berühmten Diskussion des Deutschen Werkbundes ab 1914 wurde die Typisierung von Konsumgütern auch als Gestaltungs- und Exportproblem aufgeworfen.[101] An ihrem Beispiel wird die enge Verquickung von Volkswirtschafts-, Kultur- und Konsumdiskurs im Deutschen Reich deutlich, die für den gesamten hier untersuchten Zeitraum prägend war. Die Befürworter einer Typisierung von Konsumgütern im Werkbund, allen voran Hermann Muthesius, Beamter im Preußischen Handelsministerium, verstanden den Typus als »die von allem Zufälligen befreite Lösung eines [gestalterischen] Problems«.[102] Er war – angelehnt an das Darwin'sche biologische Modell der Entwicklung der Arten – als das Ergebnis eines Evolutionsprozesses von Produkten gedacht, die nach den Prinzipien der Variation und Selektion entstanden und in einer Kultur über Jahrzehnte, ja Jahrhunderte hinweg optimiert wurden.[103] Der Typus galt darin als die leistungsfähigste und den menschlichen Bedürfnissen am besten angepasste Variante des Produkts, die sich gegenüber allen anderen durchgesetzt

99 Bücher (1921), S. 436.
100 Mentges (2005); Honeyman (2003).
101 Der 1907 gegründete Deutsche Werkbund war eine Vereinigung von Künstlern und Industriellen mit dem Anspruch, durch die künstlerische Gestaltung von industriellen Fertigerzeugnissen eine angemessene Formensprache für die Serienproduktion zu entwickeln und dadurch sowohl auf die Produktion als auch auf den Konsum geschmacksbildend zu wirken. Zur Typisierungsdiskussion im Werkbund vgl. Schwartz (1999), S. 187-225; Campbell (1989), S. 73-103; Zwischen Kunst und Industrie (1975), S. 85-115.
102 Meißner (1918), S. 3.
103 Meißner (1918), S. 11f.; Sudrow (2009).

hatte. Im Typus-Gedanken vereinigten sich so die Themen des technisch Rationellen, des wirtschaftlich Universellen und doch gleichzeitig auch des kulturell Traditionellen. Der Evolutionsgedanke nahm dem rationalisierten Produkt am Ende des traditionsverhafteten Kaiserreichs den negativen Beigeschmack der Innovation. Die Faszination so vieler Gestalter der Moderne für die einfachen und archaischen Formen der Gebrauchsgegenstände in Bauern- oder Arbeiterhaushalten speiste sich aus der Überzeugung, dass solche Gegenstände den optimierten, durch keinerlei Stilwillen des Entwerfers oder das Selbstdarstellungs- und Schmuckbedürfnis ihrer Nutzer »verunreinigten« Typus ihrer Gattung darstellten.[104]

Während Typenbildung in diesem Modell eine Form der Auslese darstellte, erschien Rationalisierung als eine Art züchterischer Tätigkeit. Auf Typen zuarbeiten hieß im Verständnis Hermann Muthesius': »die charakteristische Lösung eines Problems suchen, damit die Auslese beschleunigen, den Fortschritt fördern und die Leistungsfähigkeit erhöhen. In diesem Sinne wird Typenbildung, Typenerarbeitung [...] ein Mittel zur Steigerung der [wirtschaftlichen] Leistungsfähigkeit und damit eine nationale Notwendigkeit für uns.«[105] In Muthesius' Postulat zeigt sich ein nationalökonomischer Grundton der Werkbund-Diskussion um die Typisierung. Sie drehte sich vornehmlich um die »Veredlung« der deutschen Exportwaren.[106] Typisierung war für Muthesius, der die Diskussion 1914 auslöste, ein Mittel, um allen diesen Waren einen »überzeugenden Stilausdruck« zu verleihen und ihnen damit ein einheitliches Auftreten im Ausland zu ermöglichen.[107] Die deutsche Konsumgüterindustrie sollte dadurch das Image ihrer Produkte im Ausland überwinden, diese seien »billig und schlecht«.[108]

104 »Evolution der Kultur ist gleichbedeutend mit dem Entfernen des Ornamentes aus dem Gebrauchsgegenstande«, fasste der Wiener Architekt und Produktgestalter Adolf Loos diese Position zusammen. Auch wenn Loos in vieler Hinsicht ein Gegner des Werkbundes war, teilte er doch diese Auffassung von der Funktion und dem Wesen der Typen. Vgl. Ornament und Verbrechen (1908), in: Loos (1931), S. 78-88, hier S. 79.

105 Hermann Muthesius, Die Werkbundarbeit der Zukunft. Vortrag auf der Werkbund-Tagung Köln 1914, abgedruckt in: Zwischen Kunst und Industrie (1975), S. 85-97; vgl. auch Meißner (1918), S. 13.

106 Auf diese nationalökonomische Motivierung, wie sie im Werkbund vor allem durch Friedrich Naumann formuliert wurde, hingewiesen hat: Friemert (1975), S. 177-230.

107 Friemert (1975), S. 196f.

108 Der Reichskommissar und Direktor der Berliner Gewerbeakademie Franz Releaux hatte auf der Weltausstellung 1876 in Philadelphia festgestellt, dass die deutschen Waren im Ausland als »billig und schlecht« galten. 1887 hatte die englische Regierung auf deutsche Exporte mit der Erneuerung des *Merchandise Marks Act* regiert und eine Kennzeichnungspflicht aller aus dem Ausland importierten Waren mit dem Herstellungsland eingeführt, welche die Einführung der Bezeichnung *Made in Germany* zur Folge hatte. Sie sollte englische Verbraucher vor der geringen Qualität der Waren warnen. Vgl. W. Weber (1997), S. 245ff.; von Weiher (1987); Pollard (1987).

Nach dem Ersten Weltkrieg nahm die Diskussion um die Standardisierung der Produkte eine sozialreformerische Richtung. In den Augen ihrer Verfechter diente sie angesichts der Rohstoff- und Güterknappheit nach dem Krieg und, einige Jahre später, in der Weltwirtschaftskrise auch dazu, die typisierten Alltagsgegenstände für eine größtmögliche Anzahl von Konsumenten verfügbar zu machen.[109] Wie in den folgenden Kapiteln zu sehen sein wird, versprachen sich verschiedene soziale Akteure von einer Typisierung der Produkte oftmals eine Erhöhung des Lebensstandards. Die Erschwinglichkeit von Gebrauchsgegenständen, die einem Kanon von Mindestansprüchen genügten, war in Zeiten der Knappheit ein wichtiges und von verschiedenen Akteuren eingefordertes Konsumentenrecht, das zum Beispiel in den USA des *New Deal* als eine der vier Grundfreiheiten (*Freedom from Want*) der Bürger diskutiert wurde.[110] Auch in Deutschland und Großbritannien wurde, wie zu zeigen sein wird, die Entwicklung von Standardwaren in der Periode von der Weltwirtschaftskrise bis zur Rationierung im Zweiten Weltkrieg als Mittel der Sozialpolitik genutzt.

Das zweite Feld der historischen Entwicklung, das die gesamte Studie durchzieht, ist das Problem der Qualität und ihrer gesellschaftlichen und wissenschaftlichen Definition und Evaluation. Ganz unterschiedliche gesellschaftliche Akteure machten die Qualität der auf den Markt gelangenden Produkte zum Gegenstand gesellschaftlicher Auseinandersetzung. Dabei bedienten sie sich zweier grundsätzlich unterschiedlicher Konzepte der Interaktion von Nutzern und Gebrauchsgegenständen. Die eine Richtung beschäftigte sich mit den objektiven Eigenschaften der Artefakte und bediente sich dafür des ökonomischen Konzepts des »Gebrauchswerts«. Die andere Richtung setzte sich mit den subjektiven Nutzungsmotiven, der »Nützlichkeit« bzw. dem »Nutzen« der Dinge für ihre Ge- und Verbraucher, auseinander. Beide hatten in getrennten Traditionen ökonomischen Denkens ihren Ursprung.[111]

Der Begriff des Gebrauchswerts (*use-value*) wurde seit Adam Smith und David Ricardo von der klassischen Schule der Nationalökonomie in England im Zusammenhang der Diskussion um das Phänomen des Wertes verwendet, der Gebrauchsgegenständen in Gesellschaften zugeschrieben wird.[112] Das Konzept

109 Schliewiensky (1931), S. 56.

110 Foner (1998), S. 195-247; Jacobs (2005). Zum Lebensstandard als Programm in den USA und dessen Rezeption in Europa vgl. auch de Grazia (2005), S. 75-129.

111 Für einen Überblick über die dogmengeschichtliche Entwicklung der objektiven und der subjektiven Wertlehre vgl. Stavenhagen (1969), S. 52-106; 226-294; zur subjektiven Wertlehre vgl. a. Kolb (1997), S. 119-129; Art. »Utility«, in: The New Palgrave. A Dictionary of Economics, hg. v. John Eatwell, London 1987, Band 4, S. 776-779; Art. »Utility« und »Value«, in: Palgrave's Dictionary of Political Economy, hg. v. Henry Higgs, London 1926, Band 3, S. 602, 606-610.

112 Der (Tausch-)Wert galt den Nationalökonomen als die »gesellschaftliche Seite« der Gebrauchsgegenstände, der Gebrauchswert sozusagen als ihre »natürliche«. Der Gebrauchswert bildete in dieser Diskussion die Grundlage und die Motivation für die Produktion und den Austausch von Gegenständen, mithin die Grundlage wirtschaft-

des »Gebrauchswerts« von massenindustriell gefertigten Produkten ist gerade für technikgeschichtliche, auf die Materialität der Dinge zielende Fragestellungen interessant und fruchtbar, da die Suche nach dem Gebrauchswert den Dingen unterstellt, sie hätten eine vom Betrachter und Benutzer unabhängige Qualität, die diesen zur Benutzung einlädt. Die Suche nach einem Gebrauchswert setzt als gegeben voraus, dass die Gegenstände bestimmte, ihnen selbst inhärente, »objektive« Merkmale besitzen, die sich für bestimmte menschliche Zwecke eignen und eine Brücke zum Bedürfnis des Nutzers schlagen. Das Konzept des Gebrauchswerts ist offen, es fordert eine nähere Untersuchung und Bestimmung dieser spezifischen Eigenschaften heraus.[113] Es denkt einen Dualismus, eine Gegenseitigkeit von Gebrauchsgegenstand und Benutzer. Der Gebrauchswert verleiht dem Ding eine Spannung, die erst im Akt der Benutzung aufgehoben wird. Im Konzept des Gebrauchswerts sind im Gegenstand gewisse Rahmenbedingungen der Ausführung von Handlungen gegeben, gegenständlich angelegt, die aber erst durch den tatsächlichen Gebrauch des Dinges realisiert werden. Wie Anthony Giddens von solchen Handlungsbedingungen sagt, können diese *enabling and constraining properties* haben: Sie erlauben eine bestimmte Art des Gebrauchs, andere wiederum verhindern sie. Sie strukturieren Handlungen.[114] Auch für ihre Verwendung in gänzlich anderen Kontexten sind sie offen und werden von NutzerInnen – in bewusster Durchbrechung bisheriger Routinen – umgedeutet und umgenutzt.[115] Der Gebrauchswert ist also eine gedankliche Konstruktion, die einen Gegenstand in direkt praktischer Relation zu seinem Nutzer sieht. Er versucht einerseits, die Eigenschaften des Gebrauchsgegenstands zu objektivieren, andererseits aber mit Blick auf den Gebrauchsprozess, also praxeologisch, zu definieren und zu beurteilen.

Die subjektivistische Theorie des »Nutzens« geht auf Vertreter der Utilitaristischen Schule der Ökonomie, John Stuart Mill und Jeremy Bentham, zurück und wurde gegen Ende des 19. Jahrhunderts von den Theoretikern des sogenannten Grenznutzens weiterentwickelt.[116] Die »Brauchbarkeit« oder »Nützlichkeit« (*utility*) wurde zum Kernbegriff dieser Theorie. Die Theorie des Nutzens geht

lichen Handelns überhaupt. Zur Problematik der »Naturalisierung« des Gebrauchswerts in der Politischen Ökonomie vgl. Zachmann (2006); Fine (1995); Baudrillard, Jean, Au-delà de la valeur d'usage, in: Baudrillard (1982), S. 154-171; Sahlins (1981).

113 Latour (1998).

114 Vgl. Schulz-Schaeffer (1999). Stefan Beck spricht auch von festgelegten »Nutzungsbedingungen«, die er von diskursiv verhandelten »Nutzungsanweisungen« unterscheidet. Vgl. S. Beck (1996); Giddens (1995), S. 77-90; Welskopp (2001); Kießling (1988).

115 Dieser Vorgang wird von TechniksoziologInnen und KulturwissenschaftlerInnen als *de-scription* oder *re-coding* im Prozess der Aneignung (*appropriation*) bezeichnet. Vgl. Akrich (1994).

116 Von Carl Menger in Wien, William Stanley Jevons in Cambridge und Léon Walras in Lausanne in Ansätzen formuliert, wurde der Grenznutzenansatz von Alfred Marshall in seinem Buch »Principles of Economics« (1890) zur Theorie weiterentwickelt. Vgl. Marshall (1890).

davon aus, dass die Nützlichkeit eines Produkts ganz subjektiv bestimmt sei. Sie stehe mit den Bedürfnissen des jeweils urteilenden Wirtschaftssubjekts in Zusammenhang und zeige sich in dem Vorteil, den der Gegenstand einer Person in einer konkreten Situation verschaffe. Wert habe ein Gegenstand nur »in the eye of the beholder«. »For an object to have utility it must be desired, it need not be desirable«, fasste Alfred Marshall die subjektivistische Position zusammen.[117] Objektive Eigenschaften spielten hierfür keine Rolle.

Die Kategorie des »Nutzens« erlaubt es, auch den ideellen Verschleiß der Gebrauchsdinge zu thematisieren, der dem physischen Verschleiß der objektiven Eigenschaften oft vorausgeht oder auch nachbleibt. Die Aufmerksamkeit gilt bei dieser Konzeption der Mensch-Ding-Interaktion dem Subjekt, das den Gegenstand verwendet, dem Konsumenten, nicht so sehr dem Produzenten und seinen Intentionen für das Produkt. Die Qualität eines Produkts verlagert sich von einem objektiven Attribut des Produktionsprozesses hin zu einem subjektiven Attribut des Konsumtionsprozesses.[118] Der Fokus der Untersuchung der gesellschaftlichen Seite von Gebrauchsgegenständen verschob sich so von der Angebotsseite auf die Nachfrageseite. Die Nützlichkeit eines Gegenstands sei nichts einmal Gegebenes, das unveränderlich dem Produkt anhafte. Sie sei nicht einmal für jeden Konsumenten gleich und auch für dieselbe Konsumentin je nach ihrer momentanen Situation verschieden. Der Nutzen verändere sich auch im Verlauf des Prozesses der Nutzung, im »Lebenslauf« des Produkts in der Hand seines Nutzers. Er hing für die Theoretiker des Grenznutzens sowohl von der zeitlichen Länge seines »Genusses« als auch von der verfügbaren Menge von Einheiten des Gegenstandes ab. Mit zunehmender Beseitigung der anfänglichen Mangelempfindung und steigender Bedürfnisbefriedigung nehme der Genuß, den die Benutzung bereite, immer weiter ab, bis eine »Sättigung« eintrete. Mit zunehmender Sättigung sinke der Nutzen. So standen seit Beginn des Untersuchungszeitraums dieser Studie zwei rivalisierende Ansätze zur Erklärung der Mensch-Ding-Beziehung zur Verfügung. Wie zu sehen sein wird, bedienten sich sowohl Wissenschaftler und Konsumpolitiker als auch verschiedene andere gesellschaftliche Akteure in allen drei Ländern selektiv und mit unterschiedlichen Motiven jeweils der einen oder der anderen Konzeption, um ihre Bedürfnisse, Interessen oder Visionen geltend zu machen.

Als drittes Feld der Entwicklung, das fast alle Abschnitte der Produktlinie betrifft, ist ein Prozess der »Verwissenschaftlichung« des Schuhs im hier untersuchten Zeitraum zu erkennen. Mit Verwissenschaftlichung ist hier der Einsatz von exakten Messmethoden, der Entwicklung neuer quantitativer und qualitativer Forschungsmethoden und die Heranziehung von spezialisierten »Experten« in Bereichen entlang der Produktlinie gemeint, in denen vorher personen- und

117 Marshall (1890), Bd. 3, Kap. 6.

118 Die »Nützlichkeit« definierte Marshall als *the power to give satisfaction*. Marshall (1890), Bd. 3, Kap. 3, §1.

praxisgebundenes Wissen die vorherrschende Wissensform war.[119] Quantitative, formalisierte und aus Prozessen und Institutionen externalisierte Informationen wurden eine Basis von (unternehmerischen, politischen, wirtschaftsplanerischen und konsumerischen) Entscheidungsprozessen und der Forschung und Entwicklung am Konsumgut und am Rüstungsgut Schuh. Zu untersuchen ist hier, welche Maßnahmen getroffen wurden, um Wissen über den Schuh und seine Bestandteile, über die Konsumprozesse der Verbraucher und über die Funktionen des Gebrauchsgegenstands in der Mensch-Ding-Interaktion zu erhalten und zu vermitteln.[120]

Meist war Wissen an einen Machtanspruch gekoppelt. In Frage steht hier, wie die wissenschaftlich produzierten Fakten in gesellschaftliche Auseinandersetzungen eingebaut und zur Legitimierung von Machthandlungen herangezogen wurden.[121] Die Frage der gegenseitigen Beeinflussung von Politik und Wissenschaft spielt dabei im Kontext des Nationalsozialismus eine zentrale Rolle. Mitchell G. Ash sprach in diesem Zusammenhang von Wissenschaft und Politik als Ressourcen füreinander.[122] Wenn hier der Schuh als Objekt von wissenschaftlicher Forschung untersucht wird, dann geht es dabei immer auch um die gesellschaftlichen und politischen Kontexte, in denen die Ergebnisse der Forschung verwendet wurden. Andererseits wird die Frage gestellt, welche besonderen Ressourcen die NS-Politik den Leder- und Schuhforschern an die Hand gab und wie sie ihre disziplinären Fragestellungen, epistemischen Orientierungen und experimentellen Praktiken an den politischen und wirtschaftlichen Zielen der NS-Regierung ausrichteten.

4 Aufbau der Arbeit: Vergleich, Transfer und Beziehungsgeschichte

Die Arbeit ist in vier Teile gegliedert. Die Teile unterscheiden sich durch jeweils unterschiedliche Herangehensweisen an das Problem des Vergleichs und des Transfers, der strukturellen Momentaufnahme zu Vergleichszwecken auf der einen und der Analyse gesellschaftlichen Wandels als Prozess auf der anderen

119 Die Grundlagen für personengebundene Wissensformen in der Technik wurden formuliert von Herbert Simon (Konzept der *bounded rationality*), Michael Polanyi (Konzept der *tacit knowledge*) und Eugene Ferguson (Bedeutung des nonverbalen Denkens und der empirisch fundierten Intuition). Vgl. dazu Wengenroth (1998).

120 Szöllösi-Janze (2004), S. 281.

121 Zur grundlegenden Problematik der positivistischen Auffassung von der »wissenschaftlichen Tatsache« vgl. Latour (2000); Fleck (1935/1980).

122 Er wies darauf hin, dass Ressourcen nicht nur ökonomischer, sondern auch kognitiver, apparativer, personeller, institutioneller und rhetorischer Art sein können und in sich verändernden »Ressourcenensembles« gegenseitig mobilisierbar waren. Vgl. Ash (2002).

Seite. Die ersten beiden Teile repräsentieren eher eine synchrone Zustandsbeschreibung und die vergleichende Analyse struktureller Faktoren in den drei Ländern vor 1933 und ab 1933. Die letzten beiden Teile sind dagegen diachron angelegt und haben die jeweils spezifische, getrennte historische Entwicklung und Veränderung zwischen 1933 und 1945 im Deutschen Reich einerseits und in Großbritannien und den USA andererseits zum Gegenstand. Am Ende steht nochmals ein synchroner Vergleich zum Zeitpunkt des Kriegsendes 1945. Diesem folgt eine Darstellung der Transferprozesse und der Wiederaufnahme von Austauschbeziehungen zwischen Deutschland und den beiden Vergleichsländern.

Teil I beschäftigt sich mit einer gemeinsamen Darstellung der Strukturen von Konsum und Produktion und ihrer Vermittlung in den drei Ländern vor 1933. Die ersten drei Kapitel behandeln die Charakteristika der Nutzung des Schuhs als Alltagsgegenstand und die Strukturen des Bedarfs sowie den Konsum in Deutschland, wie er von zeitgenössischen Statistikern abgebildet wurde (Kapitel 1); den Handel und die Vertriebsstrukturen im Vergleich zu den beiden anderen Ländern, die hier im Zusammenhang der Mediation von Bedarf und Angebot untersucht werden (Kapitel 2); und die Rolle der Produktgestaltung und das Phänomen der Mode als Faktoren der Wirtschaftsentwicklung (Kapitel 3). Kapitel 4 stellt die Konstruktion von Schuhen als Analysekategorie vor. Die industrielle Produktion des Schuhs, die wichtigsten Herstellungsverfahren und ihre Entwicklung im Technologietransfer zwischen den drei Ländern bis 1933 werden untersucht. Zentrale Leitfragen des Vergleichs sind hier, wie nah vor 1933 die Schuhindustrien der drei Länder einer Massenproduktion ihres Produkts kamen und welche Rolle dabei Unterschiede in der Struktur der Industrie und im Stand der Produktionstechnik spielten. Es wird gezeigt, wie die Konsummuster und die Distributionsformen die Produktion von Schuhen und das Produkt selbst beeinflussten.

Die Grundstrukturen dieser in *Teil I* vorgestellten vier Bereiche gleichen sich in den drei Vergleichsländern in vielerlei Hinsicht. Diese standen in Austausch miteinander und werden daher in enger Beziehung zueinander analysiert. Gleichzeitig werden hier die wirtschaftlichen und technologischen Besonderheiten und Kernprobleme der Schuhindustrie als Branche um 1933 sichtbar. Vor diesem Hintergrund folgt in *Teil II* die mehr strukturell bzw. synchron und in *Teil III* und *IV* die mehr prozessual und diachron angelegte Darstellung der Entwicklung in den Jahren 1933 bis 1945 in den einzelnen Ländern. In *Teil II* werden weitere zentrale Abschnitte der Produktlinie des Schuhs, der Rohstoff Leder (Kapitel 5) und die Entwicklung von Ersatzstoffen für diesen Leitwerkstoff (Kapitel 6) sowie die Wissenschaft als Produktions- und Vermittlungsfaktor zwischen Konsum und Produktion (Kapitel 7), untersucht. In letzterem Kapitel geht es um die vier verschiedenen wissenschaftlichen Disziplinen, in denen in den 30er Jahren der Schuh zum Gegenstand der Forschung wurde. Da wichtige Entwicklungen auf diesen Feldern für das Deutsche Reich bereits untrennbar mit der nationalsozialistischen Politik verbunden waren, werden diese drei Abschnitte der Produktlinie schwerpunktmäßig für die Zeit nach 1933 untersucht. Der Entwicklung in den beiden anderen Ländern ist in jedem Kapitel ein vergleichendes Unterkapitel gewidmet.

Teil III setzt zum diachronen Vergleich an und nimmt dafür zunächst das Deutsche Reich in den Blick. Damit wird dem Umstand Rechnung getragen, dass sich Deutschland nach der Machtübernahme der Nationalsozialisten relativ schnell aus den internationalen Austauschbeziehungen entfernte und eine autarkiepolitische Neuorientierung vornahm. Auch in Großbritannien, vor allem aber in den USA ergriff der Staat als Reaktion auf die Weltwirtschaftskrise wirtschaftspolitische Maßnahmen, die die Entwicklung des Konsumguts und des Rüstungsguts Schuh maßgeblich prägten. Sie erfordern es, die Entwicklung ab den 30er Jahren für die einzelnen Länder getrennt zu untersuchen. In *Teil III* wird die spezielle Dynamik des Versuchs einer Lenkung des Schuhkonsums und der Schuhproduktion im Nationalsozialismus untersucht und die Verwissenschaftlichung und die materielle Entwicklung des Produktes Schuh im Deutschen Reich von 1933 bis 1945 in den Blick genommen. Kapitel 8 beschäftigt sich mit dem Wandel des Verbrauchs und der Einflussnahme verschiedener wirtschaftlicher Akteure auf den Schuhkonsum und die Schuhmode in Deutschland zwischen 1933 und 1945. Hier werden die allmähliche Hierarchisierung der Bedarfsgruppen mit ihren unterschiedlichen Konsummöglichkeiten im militärisch erweiterten Deutschen Reich und schließlich die Rationierung von Schuhen in den Kriegsjahren dargestellt.

In Kapitel 9 werden die wesentlichen Veränderungen der Produktion von Schuhen und die Auswirkungen der staatlichen Lenkungsmaßnahmen auf die Schuhindustrie zwischen 1933 und 1945 analysiert. Eine neue Richtung wissenschaftlicher Forschung, die »Gebrauchswertforschung«, wurde zentral für die weitere Entwicklung des Schuhs. Diese fand im Auftrag von Staat und Unternehmen zwischen 1940 und 1945 im Konzentrationslager Sachsenhausen statt und bediente sich der Arbeit von KZ-Häftlingen. Thema des 10. Kapitels ist die Wiederverwertung des verbrauchten Schuhs am Ende der Produktlinie. Hier wird gezeigt, dass die Sekundärnutzung bereits gebrauchter und verbrauchter Lederschuhe im nationalsozialistischen Deutschland einen wesentlichen Beitrag zur Versorgung der Bevölkerung mit Fußbekleidung leistete. Dies war nur mittels eines mächtigen, reichsweiten wirtschaftlichen Apparats der Wiederverwertung möglich, der in großer Zahl KZ-Häftlinge und andere Zwangsarbeiter für die Reparatur und Altledergewinnung nutzte. Dies wird mit den Maßnahmen zur Wiederverwertung von Schuhleder in Großbritannien und den USA im Zweiten Weltkrieg verglichen.

Der *Teil IV* verlässt Deutschland und analysiert die wirtschaftliche und technische Dynamik der britischen Schuhwirtschaft im Zweiten Weltkrieg. Untersucht werden der Grad der Verbrauchslenkung und der Produktionslenkung von Schuhen auf den Britischen Inseln. Die Methoden und Prioritäten der britischen Konsumpolitik und die Konsummöglichkeiten der Verbraucher sind ebenso Gegenstand wie die Entwicklung des Produkts Schuh selbst. Als Fokus des Vergleichs mit Deutschland dienen in Kapitel II die drei Fragen, ob es auch auf den Britischen Inseln zu einer Rohstoffknappheit und Entwicklung von Ersatzstoffen für Leder kam, welche Entwicklung die Mode und das Design von Schuhen als Produktionsfaktor nahmen und welche Rolle wissenschaftliche Forschung in diesen Prozessen spielte. In einem weiteren Abschnitt wird die US-amerikanische Kriegswirtschaft in die Betrachtung einbezogen, da gegen Kriegsende 1945 eine intensive Phase der Evaluation der industriellen Entwicklungen der deutschen Wirtschaft, Technik und Wissenschaft durch die beiden Siegermächte begann. Mit dem eigenen Verwertungsinteresse unmittelbar im Blick evaluierten Fachleute aus den beiden angelsächsischen Ländern die Schuhwirtschaft in Deutschland und kamen dabei zu einem differenzierten Urteil über die Unterschiede der deutschen Produkte, Produktionsverfahren und Forschungsmethoden zu ihren eigenen. Diese werden hier für den synchronen Vergleich des Produkts Schuh zum Zeitpunkt 1945 und den Transfer ab 1945 ausgewertet. Insbesondere wird gefragt, wie die britischen und amerikanischen Fachleute aus Industrie und Militär mit den Ergebnissen der deutschen Forschung im Konzentrationslager Sachsenhausen umgingen.

5 Literatur und Quellenlage

Literatur, Unternehmens- und Privatarchive

Historische Arbeiten zur Geschichte des Schuhs oder der Schuhindustrie in den Jahren 1920 bis 1950 liegen bislang kaum vor. Petra Bräutigam verfasste 1997 eine Studie über die wirtschaftliche Entwicklung von fünf Unternehmen der Leder- und Schuhindustrie in Baden und Württemberg während des Nationalsozialismus.[123] Mit den umfänglichen »Arisierungen« von Unternehmen der Leder- und Schuhindustrie in Österreich beschäftigten sich Ulrike Felber und Autoren der unabhängigen Expertenkommission »Zweiter Weltkrieg« der Schweiz.[124] Zu den »Arisierungen« und Aneignungen von Schuhfabriken und Schuhhandelsketten durch deutsche und französische Unternehmen im besetzten Frankreich liegt nun eine Studie von Florent Le Bot vor.[125] Für Deutschland bzw. das Altreich fehlt eine solche umfassende Untersuchung bislang noch. Über die Schuhindus-

123 Bräutigam (1997).
124 Felber (2004), S. 104-210. Für die »Arisierungen« durch die Schweizer Firma Bally in Österreich vgl. Spuhler u. a. (2002), S. 80-84; 143-149, 172-184.
125 Le Bot (2007).

trie als Konsumgüterbranche wurden zahlreiche wirtschaftswissenschaftliche Dissertationen aus der Zwischenkriegszeit ausgewertet.[126]

Die historische Literatur über die Entwicklung der Lederindustrie und der Wissensgeschichte des Werkstoffs Leder konzentrierte sich bislang auf das 19. Jahrhundert. Für die Zeit ab 1900 und besonders den Nationalsozialismus liegen kaum Studien vor. Den Übergang zur industriellen Lederherstellung auf der Basis vegetabiler Gerbstoffe im 19. Jahrhundert hat Klaus Schlottau untersucht.[127] Sibylle Hambloch lieferte eine aussagekräftige Regionalstudie des Siegerländer Gerbereigewerbes in der internationalen Verflechtung seiner Rohstoff-Versorgung bis in die Weimarer Republik.[128] Für die Lederindustrie vor 1933 wie auch für die Schuhindustrie und das Schuhmacherhandwerk wurden für diese Studie die Untersuchungsberichte der Enquetekomission des *Reichswirtschaftsministeriums* zur »Untersuchung der Erzeugungs- und Absatzbedingungen der deutschen Wirtschaft« von 1929 als zentrale Quelle herangezogen.[129]

Mit Teilaspekten der Institutsgeschichte des Kaiser-Wilhelm-Instituts für Lederforschung in Dresden beschäftigten sich mehrere wissenschaftshistorische Studien.[130] Sie verfolgten vor allem die Frage nach den personellen Veränderungen in diesem Forschungsinstitut um 1933, besonders die Vertreibung des Institutsdirektors Max Bergmann in diesem Jahr. Ulrich Marsch verglich zudem die Entwicklung des Kaiser-Wilhelm-Instituts von seiner Gründung 1921/22 bis 1933 mit dem englischen Lederforschungsinstitut, der *Leather Manufacturers' Research Association* in London.[131] Er stellte darin die Finanzierung und die Forschungsinhalte der beiden Institute gegenüber. Die Jahre ab Beginn des NS-Vierjahresplans und des Zweiten Weltkriegs und die Auswirkungen der Autarkie- und Rüstungspolitik auf die Forschungsinhalte des Instituts sind dagegen kaum untersucht.[132] Für die vorliegende Arbeit wurden die erhaltenen Unterlagen des 1945 vollständig zerstörten Kaiser-Wilhelm-Instituts für Lederforschung bei der Generalverwaltung der Kaiser-Wilhelm-Gesellschaft und auch der persönliche Nachlass des Institutsleiters ab 1934, Wolfgang Graßmann, im Archiv der Max-Planck-Gesellschaft in Berlin ausgewertet. Letzterer wurde durch das Projekt »Kaiser-Wilhelm-Gesellschaft im Nationalsozialismus« der Max-Planck-Gesellschaft ab dem Jahr 2001 für die historische Forschung zugänglich.

126 Diese werden in den jeweiligen Kapiteln genannt.
127 Schlottau (1993).
128 Hambloch (1997).
129 Ausschuss Lederindustrie (1930); Ausschuss Schuhindustrie (1930); Ausschuss Schuhmacherhandwerk (1930).
130 Schmaltz (2005), S. 291-325; Deichmann (2004); Reich (2003); Deichmann (2001); Engel (2000); Göbel (1996). Zur Etat-Entwicklung des KWI (1931-1942) vgl. Hachtmann (2007a), S. 584f.
131 Marsch (2000), S. 475-500.
132 Schmaltz (2005), S. 291-325.

Über die anderen beiden deutschen Lederforschungsinstitute, die Deutsche Versuchsanstalt für Lederindustrie in Freiberg/Sachsen und das Institut für Gerbereichemie der Technischen Hochschule Darmstadt, gibt es bislang keine historischen Untersuchungen. Dies ist umso erstaunlicher, als auch der Leiter des Instituts für Gerbereichemie an der TH Darmstadt, Edmund Stiasny, 1933 ins Exil gehen musste und er der wohl international renommierteste deutsche Forscher auf dem Gebiet der Lederforschung war. Die Geschichte und Tätigkeit beider Institutionen wurde hier vor allem aus Tätigkeitsberichten und wissenschaftlichen Veröffentlichungen der Mitarbeiter sowie ihrer Korrespondenz mit den staatlichen Stellen der Wirtschaftsorganisation rekonstruiert.[133] Zur Arbeit des zentralen britischen Lederforschungsinstituts und des Forschungsinstituts der britischen Schuhindustrie wurden Forschungsberichte bzw. kleinere Jubiläumsschriften sowie die Veröffentlichungen ihrer Mitarbeiter in verschiedenen Fachperiodika aus den Jahren 1925 bis 1950 herangezogen.[134] Auch zur amerikanischen Lederforschung und Lederherstellung fehlen historische Untersuchungen. Zur Entwicklung von Leder-Ersatzstoffen, vor allem nach Ende des Zweiten Weltkriegs, erschien jüngst die populärwissenschaftliche Studie »Faux Real« des amerikanischen Technikhistorikers Robert Kanigel.[135]

Auch an historischen Untersuchungen zur Geschichte des Produkts Schuh oder der Schuh- und Lederindustrie als Branche in den beiden Vergleichsländern Großbritannien und den USA im Zeitraum 1920 bis 1950 mangelt es.[136] Technikhistorisch wurde die Geschichte der industriellen Herstellungsverfahren von Schuhen in den USA von dem amerikanischen Wirtschaftshistoriker Ross Thomson untersucht, allerdings nur bis Ende des 19. Jahrhunderts.[137] Die Kos-

133 Stather (1939). Jährliche Tätigkeitsberichte der DVA (1932-1944) befinden sich zum einen Teil im MPG-Archiv, Berlin (Abt. I, Rep. IA, Nr. 1798) und zum anderen Teil im Bundesarchiv, Berlin (BA Berlin, R 13 XIII, Nr. 316). Für die Arbeit des Instituts für Gerbereichemie an der TH Darmstadt vgl. K. H. Gustavson, Stiasny-Festschrift. Edmund Stiasny zum 65. Geburtstag am 30. September 1937, Darmstadt 1937; und die Colloquiumsberichte des Instituts für Gerbereichemie der Technischen Hochschule Darmstadt, Heft 1 (1947) bis Heft 5 (1949) im Bestand der Library of Congress, Washington D. C.

134 Blackwell (1994); DSIR, The Work of the British Leather Manufacturers' Research Association for the Leather Industry, Milton Park/Surrey 1951; BLMRA (Hg.), Progress in Leather Science, 1920-1945, London 1948; Monthly Bulletin des britischen Schuhforschungsinstituts *British Boot, Shoe, and Allied Trades Research Association* in London/Kettering (1923 bis 1955) im Bestand der British Library, London, u. a. internationale Fachzeitschriften der Lederchemie.

135 Kanigel (2007).

136 An Unternehmensgeschichten liegen eine neuere Studie zu den Arbeitsbeziehungen beim zweitgrößten amerikanischen Schuhunternehmen Endicott Johnson im Staat New York und eine Geschichte des großen Filialhandelsunternehmens Kinney Shoe Corporation vor: McDermott (1994); Zahavi (1988).

137 Thomson (1989).

tümhistorikerin Nancy Rexford analysierte, vom Produkt ausgehend, neben der Form auch die Konstruktion amerikanischer Damenschuhe bis 1930.[138]

Wirtschaftshistorische Studien zur Schuhindustrie als Branche in Großbritannien konzentrierten sich bislang ausschließlich auf die Zeit vor 1900.[139] Kleinere Unternehmensgeschichten der Firmen C. & J. Clark in Street/Somerset und des amerikanischen Schuhmaschinenherstellers in Großbritannien, der United Shoe Machinery Company, konnten für den hier untersuchten Zeitraum herangezogen werden.[140] Eine Unternehmensgeschichte des amerikanischen Mutterkonzerns United Shoe Machinery Corporation in Boston, des größten amerikanischen Schuhmaschinenherstellers seit Beginn des 20. Jahrhunderts, für die technische Entwicklung in allen drei Ländern zentral, ist immer noch ein Desiderat.[141] Daher wurden für die vorliegende Arbeit das Unternehmensarchiv dieses Konzerns im Archive Center der Smithsonian Institution im National Museum of American History in Washington, D.C., sowie das Unternehmensarchiv der deutschen Tochterfirma, der Vereinigten Schuhmaschinen Gesellschaft, im Hessischen Wirtschaftsarchiv in Darmstadt konsultiert.

Neben zahlreichen wirtschaftswissenschaftlichen und handelspolitischen Studien über das Unternehmen Baťa, seinen Produktivitätsvorsprung und seinen Einfluss auf die deutsche, britische und amerikanische Schuhwirtschaft in der Zwischenkriegszeit wurden hier Bestände des Unternehmensarchivs der Firma Baťa für die Zeit bis 1945 herangezogen, das sich heute im Moravsky Zemský Archiv v Brne, Pracoviste Zlín (Mährisches Landesarchiv Brno, Außenstelle Zlín) in Tschechien befindet. An weiteren Unternehmensarchiven waren für diese Arbeit die Bestände der deutschen Schuhfirma Salamander AG im Wirtschaftsarchiv Baden-Württemberg in Stuttgart-Hohenheim und des amerikanischen Chemieunternehmens E. I. du Pont de Nemours sowie des Gewerbeverbandes der Kunststoffhersteller in den USA, der Society of Plastics Industry, beide im Hagley Archive, Wilmington/Delaware, in den USA wesentlich. Von der Firma Fagus im Bauhaus-Archiv, Berlin, waren nur Teilbestände des Firmenarchivs einsehbar, während andere Akten aus der NS-Zeit unter Verschluss der Archivleitung blieben. Auch das Unternehmensarchiv der Freudenberg & Co. KG in Weinheim wurde konsultiert, ergab aber keine aussagekräftigen Archivalien aus der Zeit 1933 bis 1945. Für Quellen und Literatur zum deutschen Schuh-

138 Rexford (2000).

139 Vgl. hierzu vor allem die Arbeiten von Roy Church für das 19. Jahrhundert und Giorgio Riello für die Zeit bis etwa 1850: Riello (2006); Church (1970); Church (1968); Church (1966).

140 Howie (1999); Lehane (1975); Hudson (1968).

141 Hierzu liegen nur kleinere historische und wirtschaftswissenschaftliche Studien vor: Miranda (2004); The Monopolies Commission (Hg.), Footwear Manufacture. A Report on the Supply and Exports of Machinery for the Manufacture of Footwear, London 1973; Kaysen (1956).

macherhandwerk wurde das Deutsche Handwerksarchiv des Zentralverbands des Deutschen Handwerks in Berlin benutzt.

Staatliche Quellen

Aufgrund fehlender historischer Studien zu den meisten der hier untersuchten Themenfelder beruht diese Arbeit in weiten Teilen und für alle drei Länder auf der Auswertung von Primärquellen. Zur staatlichen Wirtschaftsplanung und Bewirtschaftung der Schuhindustrie in Deutschland ab 1933 und zur Wirtschafts- und Konsumpolitik im Zweiten Weltkrieg wurden in allen drei Ländern Dokumente der wichtigsten Regierungs- und Militärbehörden in den jeweiligen Nationalarchiven ausgewertet. Dies waren für Deutschland vor allem die Bestände des *Reichswirtschaftsministeriums*, des *Reichsministeriums für Rüstung und Kriegsproduktion*, der *Reichsgruppe Industrie*, der *Überwachungs-* bzw. *Reichsstelle für Lederwirtschaft*, der *Wirtschaftsgruppen Lederindustrie* und *Bekleidungsindustrie*, der *Gemeinschaft Schuhe*, der Vierjahresplanbehörde *Amt für Deutsche Roh- und Werkstoffe* bzw. *Reichsstelle* und *Reichsamt für Wirtschaftsausbau*, des Persönlichen Stabs des *Reichsführers SS* Heinrich Himmler, des *SS-Wirtschaftsverwaltungshauptamts* und des ehemaligen Berlin Document Center im *Bundesarchiv* in Berlin und die Bestände des *Wehrwirtschafts- und Rüstungsamts* des Oberkommandos der Wehrmacht, des *Allgemeinen Heeresamts* und des *Heeresverwaltungsamts* des Oberkommandos des Heeres sowie des *Wirtschaftsstabs Ost* im Bundesarchiv-Militärarchiv in Freiburg. An Quellen zur Verbrauchs- und Produktionslenkung und zur staatlich geförderten Entwicklung von Ersatzstoffen in Deutschland wurden Gesetze, Verordnungen und Veröffentlichungen der staatlichen Bewirtschaftungsstellen ausgewertet.[142] Im Archiv der Gedenkstätte Sachsenhausen in Oranienburg wurden Erinnerungsberichte ehemaliger KZ-Häftlinge, Unterlagen der SS-Lagerleitung vor 1945 und Dokumente verschiedener deutscher Nachkriegsprozesse gegen das SS-Lagerpersonal aus westdeutschen Landesarchiven sowie Dokumente des sowjetischen Prozesses gegen den zweiten Leiter der »Schuhprüfstrecke« in Sachsenhausen, Ernst Brennscheidt, aus dem FSB-Archiv in Moskau ausgewertet. Mit fünf überlebenden Häftlingen und ehemaligen »Schuhläufern« des KZ Sachsenhausen – Björn Egge (Norwegen), Tadeusz Grodecki (Polen), Peter Josef Snep (Niederlande), Wladyslaw Szatkowski (Großbritannien), Marian Szlachcinski (Polen) – führte die Autorin in den Jahren 2003 bis 2010 Interviews über ihre Arbeit als »Schuhläufer«. Das Archiv der Mahn- und Gedenkstätte Ravensbrück und der Bestand KZ Flossenbürg (NS 4-FL) im Bundesarchiv sowie das Staatsarchiv Hamburg (KZ Neuengamme)

142 Fischer (1942); Schmidt-Lenssen, (1940); Kempke (1938); Vierjahresplan (1936); Lederwirtschaft (1934); Evers/Mohr (1933ff.)

ergaben Dokumente über die Wiederverwertung von Schuhen durch Häftlingsarbeitskommandos der drei Konzentrationslager.

In den National Archives, vormals Public Record Office, in London wurden für Großbritannien vor allem die Bestände des Wirtschafts- und Handelsministeriums *Board of Trade*, des *Ministry of Supply* und des *Department of Scientific and Industrial Research* und ihrer zum Teil interministeriellen Untergliederungen – darunter vor allem das *Advisory Council on Scientific Research and Technical Development*, das *Substitutes Committee*, das *Footwear Board* und die *Consumer Needs Section* –, des *Ministry of Defense/War Office* sowie der *Control Commission for Germany* des *Foreign Office* eingesehen und analysiert. In den National Archives der USA in Washington D. C. waren es die Unterlagen der zahlreichen Untergliederungen des *War Production Board*, die sich mit der Schuhversorgung und Leder-, Ersatzstoff- und Schuhproduktion für die amerikanische Zivilbevölkerung beschäftigten, sowie des *Office of the Quartermaster General* und der *Army Ground Forces/Headquarter*, die für die Neuentwicklung, Herstellung, Distribution und Reparatur von Militärschuhwerk zuständig waren. Die Unterlagen der *Military Intelligence Division* des *War Department* wurden zu Geheimdienstberichten über die deutsche Leder- und Schuhindustrie sowie wissenschaftliche Forschung auf diesem Gebiet in Deutschland untersucht.

Eine bedeutende, wirtschaftshistorische Quellengrundlage waren außerdem amerikanische Regierungspublikationen. Hier sind vor allem Wirtschaftsstudien des *US Department of Commerce* über Fragen der Leder- und Schuhproduktion in Deutschland, Großbritannien und den USA aus der Zwischenkriegszeit zu nennen sowie historische Überblicke über wichtige Gebiete der amerikanischen Kriegswirtschaft des Ersten und Zweiten Weltkriegs. Darüber hinaus waren die zahlreichen britischen und amerikanischen Militärgeheimdienst-Berichte von 1944 bis 1947 des *British Intelligence Objectives Sub-Committee* (BIOS), des *Combined Intelligence Objectives Sub-Committee* (CIOS) und der *Field Information Agency, Technical* (FIAT) wesentlich, die größtenteils in den Archiven des *Imperial War Museum* in London und Duxford eingesehen wurden.

Wirtschaftsstatistik, Gewerbe- und Fachzeitschriften

Die unterschiedlich gute wirtschaftsstatistische Datenlage in den drei Vergleichsländern stellt ein grundlegendes Problem des Vergleichs dar. Während die deutsche und die US-Regierung im hier untersuchen Zeitraum bei wirtschaftlichen Entscheidungen laufend auf statistische Werte zurückgriffen, liegen solche Informationen für die englische Wirtschaft von den 20er bis in die 40er Jahre kaum vor. Die Statistik spielte dort für politische und wirtschaftliche Entscheidungsprozesse eine weit geringere Rolle. Ein ausschlaggebender Grund dafür war das Verhältnis der Unternehmen zum Staat. Die Firmen ließen sich nicht, wie in Deutschland und in den USA, verpflichten, betriebswirtschaftliche Daten an staatliche Stellen abzugeben. Das britische Wirtschaftsministerium *Board of Trade* verstand sich lange vor allem als staatliche Institution, die den Außenhandel, nicht die Binnenwirtschaft, regelte.

In Deutschland begann die Schaffung eines staatlichen Apparats zur systematischen Erhebung von betriebswirtschaftlichen Daten aller Unternehmen zum Zwecke der Erstellung volkswirtschaftlicher Statistiken erst in der Zeit des Nationalsozialismus, auf der Basis von Vorarbeiten in der Weimarer Republik.[143] Während in den USA seit Beginn des 19. Jahrhunderts und in Großbritannien seit 1907 in regelmäßigen Abständen industriestatistische Daten erhoben wurden, fanden im Deutschen Reich die ersten produktionsstatistischen Erhebungen 1933 und 1936 statt.[144] Nach einem »nahtlosen Übergang« (so Adam Tooze)

143 Die deutsche Statistik des Kaiserreichs hatte betriebswirtschaftliche Fragen ausgeklammert, da im Verständnis der liberalen Staatsauffassung vom einzelnen Bürger und Unternehmer nicht erwartet werden konnte, über persönliche Finanzen oder Betriebsverhältnisse Auskunft zu geben. Die Betriebszählungen von 1882 und 1895 erbrachten nur Angaben über die Anzahl der Unternehmen, die Zahl der Beschäftigten und den Kraftantrieb der Maschinerie, jedoch keinerlei Angaben zum Geldwert oder der stofflichen Menge der Produktion. Nach der Jahrhundertwende stammten in der Schuhindustrie rudimentäre Angaben von den gewerblichen Organisationen: über die Anzahl der Betriebe von der Unternehmervereinigung (Reichsverband der Dt. Schuhindustrie) und über die Beschäftigten von der zentralen Gewerkschaftsorganisation (Zentralverband der Schuhmacher). Die ersten amtlichen Produktionsstatistiken wurden, nach Planungen, die bereits in der Weimarer Republik begannen, in Deutschland 1933 und – in bedeutend erweiterter Form – 1936 erstellt. Die Ergebnisse der ersten umfassenden Produktionsstatistik von 1936, die bedeutend mehr Daten abfragte als in den beiden anderen Ländern, wurden 1939 veröffentlicht. Vgl. Reichsamt für Wehrwirtschaftliche Planung, Die deutsche Industrie. Gesamtergebnisse der amtlichen Produktionsstatistik, Berlin 1939; Tooze (2001), S. 40-43 und 184ff.; Fremdling (2005); Ausschuss Schuhindustrie (1930), S. 3-13.

144 Das Land mit der gründlichsten, statistischen Erfassung wirtschaftlicher Daten waren vor 1933 die USA. Dort wurde seit 1809 eine regelmäßige, statistische Bestandsaufnahme der Industrien durch staatliche Stellen verfolgt. Diese hatte seit Einrichtung eines *Census Office* 1902 bereits eine hohe Rücklaufquote seitens der Unternehmen erreicht und erhob alle fünf Jahre betriebswirtschaftliche Richtwerte von den Unternehmen. Dies geschah allerdings mit der Auflage, diese nur kumulativ, nicht für einzelne Unternehmen, zu veröffentlichen. So sucht man heute oft vergeblich etwa nach Angaben über »die größten Unternehmen« einer Branche. Über die amerikanische Schuhindustrie liegen daher für die 1920er Jahre und folgende verlässliche, statistische Daten vor, wenn auch die Kleinbetriebe unter 10 Beschäftigten nicht als »Fabrik« zählten und daher seit 1902 nicht vom *Census* erfasst wurden. Ganz anders in Großbritannien, wo die Unternehmen die Erhebung betriebswirtschaftlicher Daten durch das *Board of Trade* als lästiges Eindringen des Staates in die »Privatsphäre« der Unternehmen empfanden und bis in den Zweiten Weltkrieg hinein erfolgreich abwehrten. Dort wurden die ab 1907 erhobenen Daten des 10-jährlichen *Census of Production* ursprünglich nur aus zollpolitischen Gründen erhoben, um die Zölle auf importierte Waren auf den Wert der einheimischen Produktion abstimmen zu können. Betriebswirtschaftliche Parameter, die über die Anzahl der Beschäftigten, den Gesamtwert der

vom Korporatismus der Weimarer Zeit zur gelenkten Wirtschaft des »Dritten Reichs« entwickelte sich die statistische Hilfswissenschaft hier allerdings in rasanter Weise. 1938 besaß Deutschland bereits das wahrscheinlich aufwendigste System der amtlichen Wirtschaftsstatistik in der westlichen Welt.[145] Dieser Umstand kommt der vorliegenden Untersuchung für die 30er Jahre sehr zugute. Über das Deutsche Reich und die USA stehen erheblich mehr statistische Daten zur Verfügung als für Großbritannien. In Großbritannien führten erst die Bedürfnisse der Kriegsplanung des Zweiten Weltkriegs zu der Einrichtung eines *Central Statistical Office* und damit zur landesweiten Erhebung wirtschaftsstatistischer Daten, die über die reinen Betriebs- und Beschäftigtenzählungen der *Census of Production* hinausgingen.[146] So hatten selbst die englischen Planer der Kriegswirtschaft bis 1941 keine genauen Zahlen über die Produktion von Schuhen in Großbritannien. Rudimentäre, jährliche Produktions- und Handelsstatistiken wurden regelmäßig erst ab 1946 erhoben. Statistische Arbeit wurde 1946 von einem Untersuchungsausschuss über die Entwicklungsmöglichkeiten der britischen Schuhindustrie als wichtiges Desiderat für die Nachkriegszeit angemahnt.[147]

Eine der wichtigsten und ergiebigsten Quellengattungen – nicht nur statistischer Art – waren für diese Studie die Gewerbe- und Fachzeitschriften. Als zentrale Quelle wurden die drei wichtigsten Gewerbezeitschriften der Schuhindustrie in den drei Vergleichsländern für die Jahre 1925 bis 1950 ausgewertet, die jeweils vierzehntägig erschienen. Dies waren die *Schuhfabrikanten-Zeitung* (Frankfurt a. M.) für das Deutsche Reich, *The Shoe and Leather News* (London) für Großbritannien und *The Shoe and Leather Reporter* (Boston, Mass.) für die USA. Darüber hinaus wurden für Deutschland, Großbritannien und die USA zahlreiche weitere Fachzeitschriften der Wirtschaft, der Natur- und Technikwissenschaften aus Beständen diverser deutscher Bibliotheken, der British Newspaper Library in London, der Library of Congress in Washington D.C. und der *Hagley Library* in Wilmington/Delaware systematisch auf Beiträge zu Schuhen und ihrer Herstellung, Leder und Leder-Ersatzstoffen durchgesehen.[148]

fertigen Produkte und die Art des Kraftantriebs der Maschinerie hinausgingen, gaben die Unternehmen bis nach dem Zweiten Weltkrieg (1948) nicht an staatliche Stellen weiter. Der *Census of Production* wurde in Großbritannien 1907, 1924, 1930 und 1935 abgehalten. Vgl. Micarelli (1998); Business Statistics Office: Historical Record of the Census of Production (1978), bes. S. V-IX; für die Schuhindustrie S. 58f.

145 Tooze (2004), S. 331; Tooze (2001), S. 184-282; Fremdling (2005).

146 Cairncross/Watts (1989).

147 Vgl. Extension and Co-Ordination of Statistics, in: Board of Trade, Working Party Reports: Boots and Shoes, London 1946, S. 11f.

148 Dies waren vor allem die Zeitschriften: Angewandte Chemie/Chemie, Business Week, Deutsches Handwerk, Foreign Commerce Weekly, Jahrbuch des Deutschen Handwerks, Der Holzschuh- und Pantoffelmacher, Kunststoffe, Modern Plastics, Monthly Bulletin of The British Boot, Shoe and Allied Trades' Research Association, The Rubber Age, Der Vierjahresplan.

Literatur und Quellen zum Konsum

Zur Konsumpolitik im Nationalsozialismus konnte auf erste Studien zur Werbung und Verbrauchslenkung von Hartmut Berghoff und zur Preislenkung von André Steiner zurückgegriffen werden.[149] Auch die »Geschichte der Konsumgesellschaft« von Wolfgang König, die sich vor allem mit den Verfahren der Produktion von Konsumgütern beschäftigt, und Königs Studie der »Volksprodukte« in »Dritten Reich« waren maßgebend.[150] Eine grundlegende Studie zur Konsumpolitik im Nationalsozialismus und darüber hinaus bleibt ein Desiderat der historischen Forschung. Über die Bekleidungsmode im Nationalsozialismus, in deren Darstellungen z. T. am Rande auch Schuhe thematisiert wurden, sowie über die Geschichte einzelner Modeämter im Nationalsozialismus geben die Studien von Irene Guenther, Gloria Sultano, Almut Junker und Gretel Wagner Auskunft.[151] Eine bemerkenswerte Untersuchung zur Produktgeschichte der gestreiften Häftlingkleidung in den Konzentrationslagern legte Bärbel Schmidt vor.[152] Zur Konsumpolitik und den Repräsentanten der Konsumenten selbst als politische Akteure in der ersten Hälfte des 20. Jahrhunderts bzw. in der Kriegswirtschaft des Zweiten Weltkriegs lagen für Großbritannien die Studien von Matthew Hilton und Ina Zweiniger-Bargielowska zugrunde.[153] Für die USA untersuchten vor allem Meg Jacobs und Charles McGovern die Konsumpolitik des Staates und anderer Akteure in diesem Zeitraum.[154]

An Quellen für die Lage der Verbraucher und ihre Sicht auf die Konsumpolitik im Nationalsozialismus wurden vor allem die Deutschlandberichte der Sozialdemokratischen Partei Deutschlands (SOPADE-Berichte) und die »Meldungen aus dem Reich« des SS-Sicherheitsdienstes verwendet.[155] Als weitere, ergiebige Quelle für die Verbraucherperspektive erwiesen sich die Veröffent-

149 Berghoff (2005); Steiner (2006a); Steiner (2006b).

150 W. König (2004); W. König (2000).

151 Guenther (2004); Junker (1999a); Wagner (1997); Sultano (1995). Für eine bemerkenswerte Untersuchung der Mode im deutsch besetzten Frankreich und die Auswirkungen der deutschen Besatzung auf die französische Modeindustrie: Veillon (1990 und 2002).

152 Sie verfasste damit eine die Verwaltung, Produktion und Distribution umfassende Geschichte des Systems der Bereitstellung der Lageruniform, die sie aus der Sträflingskleidung herleitet und in ihrer Entwicklung von 1933 bis 1945 nachvollzieht. Dies verbindet sie mit einer Untersuchung der individuellen und kollektiven Bekleidungspraxis in den Lagern sowie symbol- und erinnerungsgeschichtlichen Aspekten des Umgangs mit der gestreiften Häftlingskleidung bis 1945. Vgl. Schmidt (2000); Schmidt (2003).

153 Hilton (2003); Zweiniger-Bargielowska (2000).

154 McGovern (2008); Jacobs (2005).

155 Boberach, Heinz (Hg.), Meldungen aus dem Reich. Die geheimen Lageberichte des Sicherheitsdienstes der SS 1938-1945, Herrsching 1984; Deutschland-Berichte der Sozialdemokratischen Partei Deutschlands (SOPADE), Frankfurt a.M. 1980.

lichungen von Studien der Gesellschaft für Konsumforschung (GfK) aus den Jahren 1936 bis 1945 sowie ihrer Vorgängerinstitution, des Instituts für Wirtschaftsbeobachtung der deutschen Fertigware (IfW) in Nürnberg ab 1929, die bis 1945 vollständig ausgewertet wurden.[156]

Für Großbritannien wurden veröffentlichte und unveröffentlichte Studien der Konsumforschungsinstitution Mass-Observation in London/Bolton ab 1937 untersucht, die im Mass-Observation Archive der University of Sussex in Brighton, im Archiv des Imperial War Museum in London und in den National Archives/Public Record Office in London konsultiert wurden. Für die USA ließen sich vor allem die Veröffentlichungen der beiden großen Verbraucherschutzorganisationen *Consumers' Union* und *Consumers' Research* sowie Veröffentlichungen der staatlichen Institutionen des Verbraucherschutzes aus den Beständen der Library of Congress in Washington D. C. als Quellen heranziehen.[157]

Objektquellen (Artefakte)

Als Quellen für diese Untersuchung dienten schließlich neben den schriftlichen Dokumenten die Produkte selbst. Dafür wurden die Schuhbestände vor allem folgender Sammlungen in den drei Ländern ausgewertet: die Schuhsammlung des Deutschen Schuh- und Ledermuseums Offenbach/Main, die britische *Boot and Shoe Collection* des Northampton Museum in Northampton, die *Costume Collection* und die *Military Collection* des National Museum of American History in Washington D.C. und die Schuhsammlung der Firma DuPont im Hagley Archive in Wilmington/Delaware. Hier wurden Thesen, die sich aus den Dokumenten und der Literatur ergaben, am Objekt überprüft und die Entwicklung der Konstruktionen nachvollzogen.

156 Dies waren folgende Periodika: Mitteilungsblatt der GfK/IfW (1936-1938); Vertrauliche Nachrichten für Mitglieder der GfK Berlin, Geschäftsstelle Nürnberg (1937-1939); Der Markt der Fertigware (1929 bis 1932), Die deutsche Fertigware (1933 bis 1938); Markt und Verbrauch (1939 bis 1943); Die Stimme des Verbrauchers. Zeitschrift für denkende Käufer (1950-1951).

157 Seit 1933 erschien die Zeitschrift *Consumers' Research Bulletin* und seit 1936 die *Consumers' Union Reports* (später *Consumer Reports*).

Teil I

Der Konsum, die Produktion und ihre Mediation (1925-1933)

1. Bedürfnis und Produkt: Der Gebrauch von Schuhen

Die Formen des Gebrauchs von Schuhen sind mannigfaltig und für die Vergangenheit fast unüberschaubar. Wie aus dem Film *Gold Rush* (1925) von Charlie Chaplin bekannt ist, konnten Schuhe in den 1920er Jahren in den USA wegen ihres Nährwerts verspeist werden. George Orwell berichtet, dass Engländer ihren Brennwert schätzten und sie verheizten.[1] In Deutschland wurden Schuhe, wie dem *Handwörterbuch des deutschen Aberglaubens* von 1935 zu entnehmen ist, wegen ihrer magischen Eigenschaften als Abwehrmittel gegen böse Nachtgeister vor das Bett gestellt.[2] In allen drei Ländern überwog wohl allerdings im Alltag das Tragen von Schuhen als Fußbekleidung und ihre Verwendung zum Schutz der Füße beim Laufen.[3]

Mögen manche dieser Nutzungsarten heute eigenartig, ja gänzlich abwegig erscheinen, so ist dies ein Hinweis darauf, dass alle Funktionen von Gebrauchsgegenständen einem historischen Wandel unterliegen. Dies gilt nicht nur für die symbolischen und sozialen Eigenschaften, sondern ebenso für die physischen Funktionen, die Schuhen zugeschrieben wurden. Noch die Konsumforscher der 1930er Jahre vertraten die Vorstellung eines unveränderbaren, praktischen Gebrauchswerts von Alltagsdingen, dem ein hoch wandelbarer, semantischer Wert im gesellschaftlichen Bedeutungssystem gegenüberstehe. Demgegenüber haben jüngere, empirische Forschungen zum Konsum, vor allem von Ethnologen, Anthropologen und Volkskundlern sowie Soziologen,[4] gezeigt, dass die physischen Funktionen des Produkts ebenso einer Entwicklung, kulturellen Aushandlung und Interpretation unterliegen wie die Bedürfnisse der Nutzerinnen und Nutzer im Umgang mit ihm.[5]

1 George Orwell, The Road to Wigan Pier (1937), in: The Complete Works of George Orwell, Bd. 5, London 1997, S. 94-96.

2 Art. Schuhe, in: Handwörterbuch des deutschen Aberglaubens, Bd. 7, Berlin/Leipzig 1935f., Spalten 1292-1363, hier Sp. 1310f.

3 Zur Funktionsanalyse von Schuhwerk als Vermittler zwischen Mensch und Natur und d. Schuh als Quasi-Objekt im Sinne der Akteur-Netzwerk-Theorie vgl. Michael (2000).

4 Beispielhaft seien hier genannt: Fine (1995); Bourdieu (1987); Jean Baudrillard, Au-delà de la valeur d'usage, in: Baudrillard (1982), S. 154-171; Sahlins (1981).

5 Der Designtheoretiker Jan Kotik unterschied in den 1970er Jahren fünf Aspekte des physischen Gebrauchswerts von Produkten: die Brauchbarkeit, die Haltbarkeit, die Beherrschbarkeit, die Instandhaltung und die Sicherheit. Die Funktionen von Produkten, wie sie hier verstanden werden, erschöpfen sich jedoch nicht in ihrem praktischen Gebrauchswert, sie haben auch eine Mitteilungsfunktion: Sie übermitteln Sinn. So werden hier auch Gebrauchswert bzw. Nützlichkeit nicht als unvermittelt Gegebenes verstanden, sondern selbst als das Ergebnis kultureller Selektion und Konstruktion und auf der Basis von Bedeutungsstrukturen festgelegt. Dass mittels Produkten kollektiver Sinn generiert, verbindlich gemacht und damit soziale Integration gestiftet wird, wird in der

Abb. 2: Schuhkonsum: Charlie Chaplin im Film »Gold Rush« (1925)

Die Zuschreibung von Funktionen an das Produkt Schuh hing eng mit den wirtschaftlichen Rahmenbedingungen des Gebrauchs zusammen. In Phasen des extremen Mangels, wie etwa in dem hier untersuchten Zeitraum, änderten sie sich rasch. Manchmal schob sich tatsächlich, wie in Chaplins Film angedeutet, der Stoffwert von Schuhen in seiner Bedeutung vor den Formwert der Produkte.[6] Der Formwert hingegen entfaltete in Kontexten des Wohlstands ein immer dynamischeres Eigenleben und erlangte wirtschaftlich, kulturell und technisch gesehen beträchtliche Bedeutung. Wie dieser Wandel der Funktionen, ihre gesellschaftliche Wahrnehmung, Aushandlung und gegenseitige Gewichtung mit den wirtschaftlichen, politischen und kulturellen Rahmenbedingungen zusammenhing, in denen die Produkte hergestellt und gebraucht wurden, ist ein zentraler Gegenstand dieser Studie. In diesem Kapitel werden die Grundmuster des Gebrauchs von Schuhen in den späten 20er und frühen 30er Jahren untersucht.

Anthropologie seit Émile Durkheim als »totemistischer Charakter« der materiellen Kultur diskutiert. Auch dies gehört zu dem komplexen Geflecht von Funktionen von Produkten. Vgl. Hirdina (2001); Miklautz (2005); Miklautz (1996); G. König (2005); Kotik (1974).

6 Den Stoffwert und den Formwert von Produkten unterschied Reinhold Reith in Anlehnung an den Nationalökonomen Karl Bücher (1847-1930), in: Reith (2003b), S. 48; vgl. auch Bücher (1914), S. 18.

Es wird danach gefragt, was aus den zeitgenössischen Quellen über die Gebrauchsmuster von Schuhen zu erfahren ist und wie sich die Einstellung zu diesem Produkt in den sozialen Gruppen der Bevölkerung unterschied.

1.1 Der Schuhkonsum im Deutschen Reich

Das Problem der Quellen

Nach Berechnungen einer deutschen Untersuchungskommission zur Schuhwirtschaft Ende der 20er Jahre verbrauchten im Jahr 1927 deutsche Staatsbürger durchschnittlich 1,3 Paar Schuhe, Einwohner der Britischen Inseln 1,8 Paar und Bürger der Vereinigten Staaten von Amerika 2,6 Paar.[7] Im statistischen Durchschnitt kauften Deutsche also ungefähr alle neun Monate, Engländer alle sechseinhalb Monate und US-Amerikaner alle viereinhalb Monate ein Paar neue Schuhe. Auf den ersten Blick signalisieren diese Werte einen großen, quantitativen Unterschied im Konsum in den drei Ländern. Auf den zweiten Blick, der die zugrundeliegenden statistischen Zahlen auf ihre Herkunft überprüft, wird die Eindeutigkeit dieser »Fakten« zunehmend unschärfer. Basieren die Verbrauchszahlen doch für Deutschland und Großbritannien allein auf groben Schätzungen der Schuhproduktion, über die auf staatlicher Seite nur in den USA, nicht aber im Deutschen Reich oder Großbritannien genaue Zahlen vorlagen. Da die Gesamtproduktion von Schuhen – nach Abzug der exportierten und Aufschlag der importierten Paare – auf den einzelnen Kopf der Bevölkerung umgerechnet wurden, geben sie quantitativ vor allem Auskunft darüber, dass sowohl in den USA als auch in Großbritannien mehr Schuhe produziert wurden als im Deutschen Reich.[8] Über den tatsächlichen Konsum von Schuhen in den 20er Jahren können die nur lückenhaft verfügbaren volkswirtschaftlichen Statistiken kaum Aufschluss geben.

Über den Schuhverbrauch im Deutschen Reich in den 20er Jahren war selbst den Zeitgenossen nur wenig bekannt. Dies lag vor allem daran, dass die statistische Forschung auf volkswirtschaftlichem Gebiet noch in den Kinderschuhen steckte.[9] Der Konsum als Sonderbereich der Wirtschaftsforschung wurde in Ansätzen erst in den 30er Jahren entdeckt.[10] Die große Untersuchungskommission im Auftrag des Reichswirtschaftsministeriums zu allen Fragen der Schuhherstellung, des Handels und des Marktes für Schuhe, die von 1927 bis Ende 1929 tätig war (im Folgenden »Enquete-Kommission« genannt), stellte fest, dass sich über

7 Ausschuss Schuhindustrie (1930), S. 150.
8 Mit diesem Aspekt der Produktgeschichte wird sich das Kapitel 4 ausführlicher beschäftigen.
9 Vgl. Abschnitt »Quellenlage« in der Einleitung sowie Tooze (2004).
10 Vgl. dazu Kap. 7, 9 und 11 dieser Arbeit und Conrad (2004).

die »mengenmäßigen Veränderungen des Schuhkonsums« seit dem Ersten Weltkrieg »exakte Angaben [...] nicht machen lassen«. Noch weniger war über die Binnendifferenzierung des Bedarfs und den Bedarfswandel, etwa nach Art der verbrauchten Produkte, oder über die sozialen und regionalen Verbrauchsunterschiede zu erfahren.[11]

Selbst für die Produktion von Schuhen im Deutschen Reich gab es kaum aussagekräftige Berechnungen. Noch 1929 hielt der Vorsitzende der Enquete-Kommission fest, er »bedaure außerordentlich, dass wir in Deutschland keine exakte Schuhproduktionsstatistik haben, um in dieser Frage klar sehen zu können«.[12] So war etwa die Rubrik »Industrielle Produktion« im »Statistischen Jahrbuch für das Deutsche Reich« rein an den verarbeiteten Rohstoffen orientiert und erfasste bis 1929 lediglich die Lederproduktion. Über die Weiterverarbeitung des Materials bis zum Fertigprodukt Schuh und dessen Vermarktung war nichts zu erfahren.[13] Nach einer Neudefinition der Betriebsgrößen wurden im Jahr 1930 erstmals Daten zur Anzahl der Betriebe und Beschäftigten sowie zur Produktion in der Schuhindustrie in den Statistischen Jahrbüchern veröffentlicht. Eine eigene, jährlich aktualisierte Rubrik mit Angaben für die Schuhindustrie gab es erst ab dem Jahrbuch 1934. Erst die nationalsozialistische Wirtschaftsstatistik in Vorbereitung des Zweiten Weltkriegs und vor allem die zu diesem Zweck am 1. April 1938 eingeführte Buchführungspflicht aller Betriebe führte zu solchen auch von der Industrie geforderten Erhebungen in Industrie und Handwerk.

Über den Handel und den Verbrauch von Schuhen gab das Statistische Jahrbuch noch weniger Auskunft.[14] Unter »Verbrauch« wurde hier noch der produktive Konsum, d. h. der Verbrauch durch die Produktion von Waren, nicht der Verbrauch von Endprodukten, verstanden. Schuhe als Handelsgut waren in der Rubrik »Auswärtiger Handel« erfasst, allerdings nur mit einer Angabe ihres Gesamtwerts in Reichsmark, der darüber hinaus mit dem Wert von Leder- und Sattlerwaren zusammengefasst war.[15]

Lebenshaltung und Schuhkonsum

Über den quantitativen Verbrauch von Schuhen in der Weimarer Republik sind daher nur grobe Schätzungen möglich, und bei der Deutung der quantitativen Angaben ist das Wissen um die Lückenhaftigkeit der statistischen Daten mit zu bedenken. Dennoch können über die Richtung der allgemeinen Entwicklung

11 Ausschuss Schuhindustrie (1930), S. 109f.

12 Ebd., S. 3 und 111.

13 Statistisches Jahrbuch für das Deutsche Reich 1929, hg. v. Statistischen Reichsamt, Bd. 48, Berlin 1929, S. 103, 105, 121.

14 Ebd., S. 294-299.

15 Ebd., S. 193.

qualitative Aussagen der Zeitgenossen herangezogen werden. Auch einige frühe Untersuchungen zum Lebensstandard in Deutschland, damals noch »Lebenshaltung« genannt, die sich mit dem Budget von Haushalten für die wichtigsten Konsumgüter beschäftigten, geben Aufschluss über den Verbrauch von Schuhen. Diese waren meist regional und berufsspezifisch eingegrenzt.

Das Statistische Reichsamt führte 1927/28 eine stichprobenartige Studie zur Lebenshaltung von 2.000 Haushalten durch, die in die Einkommensgruppen der Arbeiter, Angestellten und Beamte unterteilt wurden.[16] Hieraus geht hervor, dass Arbeiter-, Angestellten- und Beamtenhaushalte zwischen 21 RM und 29 RM im Jahr für Schuhe ausgaben, bei einem Gesamtetat für Bekleidung und Wäsche zwischen 154 RM und 274 RM im Jahr. Von den Umsätzen des Einzelhandels und Schuhmacherhandwerks für Schuhe für das Jahr 1927/28 ausgehend, errechnete das Reichsamt Ausgaben für Schuhe von 19 RM pro Person.

Tabelle 1: Ausgaben für Bekleidung und Schuhe im Deutschen Reich 1927/28 pro Vollperson/Jahr[17]

	Arbeiterhaushalte	Angestelltenhaushalte	Beamtenhaushalte
Ausgaben für Bekleidung insgesamt	154,27 RM	235,84 RM	273,95RM
Bekleidung ohne Schuhwerk	65,21 RM	111,29 RM	132,71 RM
Schuhe	21,45 RM	26,34 RM	29,34 RM
Wäsche	32,45 RM	44,16 RM	52,06 RM

Ein bemerkenswertes Ergebnis dieser Studie ist, dass sich die Ausgaben für Schuhe zwischen den sozialen Schichten kaum unterschieden, obwohl die Gesamtausgaben der Beamten für Bekleidung fast das Doppelte von dem der Arbeiter betrugen, und auch die Ausgaben für Kleidung entsprechend anstiegen. Dies deutet darauf hin, dass Schuhe zu diesem Zeitpunkt Gegenstände des starren Bedarfs waren und als Konsumgüter noch nicht den Status eines Gegenstands des elastischen Bedarfs erlangt hatten. Auch wohlhabendere Leute besaßen im Durchschnitt nur ein oder wenige Paar Schuhe. Der höhere Verschleiß bei Arbeitsschuhen der weniger begüterten Verbraucher trug wohl ebenfalls zu der relativen Homogenität des Verbrauchs bei. Demonstrativer Konsum war eher bei Oberbekleidungstücken die Regel als bei Schuhen.

16 Statistisches Reichsamt, Die Lebenshaltung von 2.000 Arbeiter-, Angestellten- und Beamtenhaushaltungen. Erhebung von Wirtschaftsrechnungen im Dt. Reich vom Jahre 1927/28, Berlin 1932, S. 52-55.

17 Ebd.

Andererseits deutet dies darauf hin, dass die Bandbreite der Produkte, die als Fußbekleidung erhältlich waren, in Preis und in der Qualität relativ homogen war. Die Preispolitik der Schuhunternehmen war durch das Streben nach einem sogenannten Einheitspreis geprägt. Bei der Firma Salamander beispielsweise wurden in den 20er Jahren Schuhe nur in drei Preisklassen hergestellt: zu den Einheitspreisen von 12,50 RM, 14,50 RM und 16,50 RM. Der Standardpreis von 12,50 RM für ein Paar Schuhe galt bei Salamander von 1904 bis 1939. Das Erfurter Schuhunternehmen Lingel verkaufte in der eigenen Ladenkette reichsweit nur Herrenschuhe zu 16,50 RM. 10 bis 15 weitere große Schuhfirmen hielten sich 1929 ebenfalls an diesen Preis. Nur die beiden Billigschuh-Fabriken, Conrad Tack in Burg bei Magdeburg und Tomáš Baťa in Zlín in der Tschechoslowakei unterboten diese auf dem deutschen Markt mit Tiefstangeboten von 4,90 RM für Damenschuhe und 7,90 RM für Herrenschuhe. Doch auch diese Preise galten durchgehend in allen Filialen der firmeneigenen Ladenketten im Deutschen Reich.[18]

Der starre Bedarf und die relative Homogenität der Preise deckte sich mit der Analyse amerikanischer Wirtschaftsexperten des *US Department of Commerce*, die anlässlich einer Marktstudie 1929 bemerkten, dass in Deutschland verkaufte Schuhe außergewöhnlich robust gebaut sein mussten, da die Verbraucher erwarteten, dass diese mindestens zwei Jahre lang hielten. Der praktische Gebrauchswert der Schuhe stünde im Vordergrund des Interesses. Die Frage des Aussehens sei daneben sekundär. Diese Einstellung habe sich seit dem Ersten Weltkrieg kaum geändert.[19] Amerikanische Unternehmen, die auf dem deutschen Markt Produkte absetzen wollten, mussten dieser Anforderung Rechnung tragen: »The average German is very particular in purchasing shoes. His chief interest appears to be in the wearing quality of the shoe, in as much as he does not consider style important enough to pay a premium for it.«[20] In den USA spielten dagegen regelmäßige Modellwechsel bereits eine viel größere Rolle für den Schuhkonsum.[21] Während die sozialen Schichten in Deutschland sich in ihren Ansprüchen an die Produkte auch kaum voneinander unterschieden, gab es eher Differenzen in den regionalen Eigenheiten des Bedarfs:

> »In the Bavarian mountains sturdy footwear, often hobnailed, is required. Heavier working shoes have a greater sale in rural districts, such as are common to the Province of East Prussia. Throughout the smaller villages in

18 Hanspeter Sturm, Geschichte der Salamander AG, Manuskript 1958, WABW, Bestand Y 110, Salamander AG, S. 81; Cook (1929), S. 4.

19 Cook (1929), S. 1.

20 Von insgesamt 72 Millionen im Deutschen Reich verbrauchten Paar Schuhen im Jahr 1927 wurden nur 49.000 Paar, vor allem Herrenschuhe, aus den USA eingeführt. Cook (1929), S. 33-36.

21 US Federal Trade Commission, Report of the Federal Trade Commission on Shoe and Leather Costs and Prices, Washington 1921, bes. S. 22 und 137ff.

Germany a stout working shoe is preferred to the usual street shoe for ordinary wear.«[22]

Die meisten Menschen im Deutschen Reich besaßen noch in den frühen 30er Jahren nur ein Paar Schuhe für den Alltag und eventuell ein zweites Paar als Sonntagsschuhe.[23] In Hamburg war es Sitte, dass »die Kinder zu Weihnachten ein Paar Schuhe bekamen; zu Ostern erhielt die Mutter ein Paar und zu Pfingsten vielleicht der Vater«, so ein Hamburger Schuhhändler vor der Enquete-Kommission. Im Gegensatz zur Zeit vor dem Ersten Weltkrieg besitze nun selbst der Arbeiter »außer seinen Arbeitsstiefeln auch ein paar Sonntagsschuhe«.[24] Nach Aussagen eines Reparatur-Schuhmachermeisters trugen manche Leute auf dem Land ihre Sonntagsschuhe dreißig Jahre und länger.[25] Wenn die Alltagsschuhe verschlissen waren, wurden diese spätabends, wenn man von der Arbeit kam, noch beim Schuhmacher vorbeigebracht, der sie bis zum nächsten Morgen repariert haben musste.[26] Die Kosten für die Instandhaltung von Schuhen waren daher allgemein hoch. Sie betrugen in allen Einkommensgruppen etwa 40 Prozent der Gesamtausgaben für Schuhwerk.[27]

Im Durchschnitt gaben die Deutschen zu dieser Zeit 12 bis 14 Prozent ihrer Gesamtausgaben für Kleidung und Wäsche aus.[28] Während bei Bekleidung grundsätzlich in allen Einkommensgruppen für Männer- und Knabenkleidung mehr Geld aufgewendet wurde als für Frauen- und Mädchenkleidung, war dies bei Schuhwerk nicht der Fall. Hier lagen die Ausgaben für beide Geschlechter ungefähr gleich. Dies lag daran, dass Frauen allgemein einen Teil ihrer Oberbekleidung zu Hause selbst anfertigten.[29] Schuhe waren von dieser Art »Kleidungssubsistenz« ausgenommen.[30] Ihre Herstellung war bereits zu komplex geworden für die Eigenproduktion.

22 Cook (1929), S. 13.

23 Ausschuss Schuhindustrie (1930), S. 111; Grimm/Schäfer (1984), S. 117.

24 Aussage Gustav Elsner von der Schuhwarengesellschaft Elsner, Hamburg, in: Ebd., S. 111.

25 Grimm/Schäfer (1984), S. 117.

26 Ausschuss Schuhmacherhandwerk, S. 283; Grimm/Schäfer (1984), S. 122.

27 Statistisches Reichsamt, Die Lebenshaltung von 2.000 Arbeiter-, Angestellten- und Beamtenhaushaltungen. Erhebung von Wirtschaftsrechnungen im Dt. Reich vom Jahre 1927/28, Berlin 1932, S. 55.

28 Statistische Mitteilungen über den Hamburgischen Staat Nr. 26, Die Lebenshaltung der wirtschaftlich schwachen Bevölkerung in Hamburg in den Jahren 1925 bis 1929, Hamburg 1931, S. 15; Zimmermann (1932), S. 337; Breuer (1935), S. 52.

29 Statistisches Reichsamt, Die Lebenshaltung von 2.000 Arbeiter-, Angestellten- und Beamtenhaushaltungen. Erhebung von Wirtschaftsrechnungen im Dt. Reich vom Jahre 1927/28, Berlin 1932, S. 53f.

30 Da die Textilien zur Herstellung der Kleidung meist über einen Markt bezogen wurden, kann hier nicht im klassischen Sinne von Subsistenz als Eigenversorgung die Rede sein. Zur Problematik der Kleidungssubsistenz vgl. Steiner (2003b).

Studien zur Lebenshaltung einzelner Berufsgruppen, wie sie ab Ende der 20er Jahre von verschiedenen Berufsverbänden in Auftrag gegeben wurden, zeigen, dass die Ausgaben für Schuhe sich innerhalb der Arbeiterschaft im Deutschen Reich berufsspezifisch und auch regional stark unterschieden. In Landarbeiterfamilien, einer der ärmsten Berufsgruppen, bewegten sich die jährlichen Ausgaben für Neuanschaffungen und Reparaturen an Schuhen im Jahr 1929/30 durchschnittlich zwischen 12,31 RM pro Kopf in der Provinz Ostpreußen und 18,25 RM im Freistaat Württemberg.[31] Dies waren zwischen 1,8 und 4,6 Prozent der Gesamtausgaben eines Haushalts. Die »außerordentlich niedrigen« Pro-Kopf-Beträge für Schuhe, so heißt es in der Studie, ergaben sich daraus, »dass die meisten Familienangehörigen, ganz besonders die Kinder, Holzpantoffeln tragen und dass außerdem in der warmen Jahreszeit viel barfuß gegangen wird.« Die regionalen Unterschiede in den Kosten waren dem Autor zufolge vor allem eine Folge der Reparaturpraxis. In manchen Regionen nahmen die Landarbeiter die Ausbesserungen am Schuhzeug ihrer Angehörigen selbst vor, so dass keine Reparaturkosten für einen Schuhmacher anfielen.[32]

Über das Schuhwerk der Bergarbeiter des Ruhrgebiets, die zu den besser verdienenden Arbeitern gehörten, ist aus den Lebenshaltungsstudien zu erfahren, dass 2,1 Prozent der Gesamtausgaben eines Bergarbeiterhaushalts auf die Fußbekleidung entfielen. Ein Bergarbeiterhaushalt gab 61,30 RM im Jahr 1934 für neue Schuhe aus. Dies lag über dem Reichsdurchschnitt von 50,67 RM oder 1,7 Prozent der Gesamtausgaben in diesem Jahr.[33] Auf Schuhe entfielen 15 Prozent aller Ausgaben für Bekleidung, ein verhältnismäßig geringer Anteil. Auch hier fiel schon der Verfasserin der Bergarbeiter-Studie, Luise Breuer, auf, dass bei steigendem Einkommen von Bergarbeitern diese Ausgaben fast konstant blieben, während die Ausgaben für die übrigen Kleidungsstücke zunahmen. Dies ist ebenfalls ein Hinweis auf den bereits angeführten starren Bedarf an Schuhen. Die Autorin beobachtete, dass »auch bei minder bemittelten Familien ein Mindestbedarf an Schuhwerk befriedigt werden« müsse. Daher konnten die Ausgaben für Schuhwerk in der Not kaum je gesenkt werden. Stattdessen wurde in Notzeiten bei den übrigen Bekleidungstücken eingespart, um die Schuhversorgung sicherzustellen.[34] Von den Gesamtausgaben für Schuhe entfielen ein Drittel auf die Reparatur und zwei Drittel auf Neuanschaffungen. Und dies, obwohl auch hier die Familienväter schon möglichst viele Ausbesserungen selbst vornahmen. Gerade bei Bodenarbeiten war bei Schuhen aber die Reparatur durch einen Fachmann nötig. Der Anteil der Reparatur von einem Drittel der Gesamtkosten war so bei Schuhen bedeutend höher als bei der übrigen Bekleidung, bei der die

31 Bernier (1931), S. 84f., 88f.

32 Bernier (1931), S. 88; Schmitz (1992), S. 65.

33 Damit hatten sich die Ausgaben bzw. Preise für Schuhe wie auch der übrigen Bekleidung nach der Wirtschaftskrise gegenüber 1927/28 mehr als verdoppelt, vgl. Tabelle 1. Für die Gründe dieser Entwicklung vgl. Kap. 8.

34 Breuer (1935), S. 52-58.

Instandhaltung nur 13 Prozent aller Kosten beanspruchte und bei der die Hausfrau selbst Ausbesserungen vornahm.[35]

Auch für Hamburg finden wir Angaben über das Verhältnis der Kosten für die Neuanschaffung von Schuhen zu den Reparaturkosten. Hier lagen die Reparaturkosten sogar bei über 50 Prozent der Kosten für Neuanschaffungen. Dies deutet allgemein auf eine sehr geringe Anzahl von Neuanschaffungen hin. Für Herrenschuhwerk wurde in der Familie in allen Einkommensgruppen ungefähr gleich viel ausgegeben wie für Damenschuhe, während Kinderschuhe demgegenüber nur einen kleinen Betrag ausmachten.

Tabelle 2: Durchschnittliche Ausgaben für Schuhe je Vollperson/Jahr in RM (1925-1929)[36]

	Arbeiterhaushalt	Angestelltenhaushalt	Lehrerhaushalt
Neuanschaffung von Schuhwerk insgesamt	20,14	23,19	29,92
davon Männerschuhwerk	7,80	9,56	11,60
davon Frauenschuhwerk	7,36	9,86	10,82
davon Kinderschuhwerk	4,98	3,77	7,50
Reparaturen von Schuhwerk	13,90	17,48	23,13

1.2 Bedürfnis und Bedarf

Bedürfnisse: Beschuhtes und unbeschuhtes Laufen

Schuhe als Fortbewegungsmittel spielten in den 20er Jahren eine noch viel bedeutendere Rolle als heute. Schuhe waren Grundlage aller Mobilität. Der weit überwiegende Teil aller Fortbewegung, im ländlichen wie im urbanen Raum, fand auf »Schusters Rappen« statt. Alle anderen Formen der Mobilität bauten auf dieser auf. Je hundert Einwohner war im Reich nur weniger als ein Auto im Verkehr, die Zahl der Motorräder lag etwas darüber.[37] Weite Strecken wurden

35 Ebd.

36 Statistische Mitteilungen über den Hamburgischen Staat Nr. 26, Die Lebenshaltung der wirtschaftlich schwachen Bevölkerung in Hamburg in den Jahren 1925 bis 1929, Hamburg 1931, S. 15.

37 Für die anderen Verkehrsformen in dieser Zeit, wie die Fortbewegung zu Pferd oder mit Pferdewagen, das Bahn- und Fahrradfahren und die Fortbewegung auf dem Wasser, sind leider kaum quantitative Zahlen zu finden. Zum Fahrradfahren, das anfangs

täglich zu Fuß zurückgelegt. Kulturell und wirtschaftlich gesehen kann das Gehen in Schuhen daher in seiner Bedeutung kaum überschätzt werden. Es war das billigste Mittel des Reisens, der Lieferung von Waren, der Anreise zum Arbeitsort. Das Gehen war außerdem Bestandteil kontemplativer Arbeit und eine Basis vieler gesellschaftlicher und politischer Praktiken.[38] Bei all diesen gesellschaftlichen Tätigkeiten wurden Schuhe getragen. Sie dienten im Wesentlichen der Befriedigung dreier Grundbedürfnisse ihrer Träger. Sie boten dem menschlichen Fuß Schutz vor Verletzung und Schmutz, vor Kälte, Hitze und anderen Witterungseinflüssen. Sie gewährten dem Fuß aber auch, wie die Anthropologen sagen, Deckung vor dem »schamlosen Blick«.[39] Sie fungierten als zweite Haut für den menschlichen Körper, die eine materielle Grenze zwischen Leib und Raum definierte. Diese zweite Funktion nannte der englische Kleidungsforscher John Carl Flügel das Grundmotiv der »Bescheidenheit« (*modesty*).[40] Als dritte, gewissermaßen entgegengesetzte Funktion neben dem Schutz und der Verhüllung spielte das Bedürfnis nach Schmückung und Hervorhebung des Körpers eine Rolle.[41] Sie war ebenso grundlegend wie die beiden anderen und ist nicht von ihnen zu trennen.[42] Der starre Bedarf weist jedoch darauf hin, dass diese dritte Funktion gegenüber der ersten bei einem Großteil der Bevölkerung zu diesem Zeitpunkt weniger wichtig war.

Ein grundlegendes Problem der Quellen und der Literatur zur Konsumgeschichte ist die Ausblendung des Mangels. Auch die wirtschaftswissenschaftliche Annahme, dem Konsum läge einfach das Bedürfnis des Einzelnen zugrunde, das gestillt werden muss, und als Bedarf über einen Markt an die Produktion vermittelt wird, vereinfacht die gesellschaftlichen Mechanismen stark. Sie vernachlässigt vor allem die Tatsache, dass (1.) Bedürfnisse in der sozia-

vor allem als Sportart, weniger als Fortbewegunsmittel im Alltag galt, vgl. W. König (1997). Zum motorisierten Individualverkehr vgl. Institut für Konjunkturforschung (Hg.), Zwischen den Vierjahresplänen. Ein Rechenschaftsbericht, Berlin 1937, S. 10; W. König (2004), S. 189.

38 Viele Philosophen, Schriftsteller, Politiker, Wissenschaftler und auch Historiker, haben über das Verfertigen der Gedanken beim Gehen und über die Praxis des Spazierens in der diskursiven und politischen Auseinandersetzung geschrieben. Vgl. Samuel (1994), S. 297; Solnit (2000); Taylor (1997). Für Deutschland vgl. Günther (2003); G. König (1996). Zur »parasitären Intervention« der Stiefel bei der Praxis des Wanderns im Sinne der Akteur-Netzwerk-Theorie vgl. Michael (2000).

39 Bovenschen (1997), S. 231.

40 Flügel (1930), S. 15-24.

41 Diese drei Funktionen definierte der englische Kleidungsforscher, Kleidungsreformer und Assistent am Psychologischen Institut des University College London, John Flügel, in seiner bis heute vielbeachteten Studie über die Psychologie der Bekleidung. John Carl Flügel, The Psychology of Clothes, London 1930, S. 15-24. Kulturwissenschaftler definieren diese drei Funktionen heute ebenso, vgl. Bovenschen (1997), S. 231f.

42 Die These von der primären physischen Schutzfunktion des Schuhs und der Kleidung, der erst später oder sekundär die dekorative Funktion gefolgt sei, wird von Kleidungsforschern in der Anthropologie nicht mehr vertreten, vgl. Bovenschen (1997), S. 231f.

len Praxis immer hierarchisiert werden und als legitim durchgesetzt werden müssen, um gesellschaftlich anerkannt und für »natürlich« gehalten zu werden, und dass (2.) die Existenz und das Formulieren eines Bedürfnisses nicht automatisch mit seiner Befriedigung einhergeht. Vielmehr ist die Geschichte des Konsums grundlegend geprägt durch das Versagen der Bedürfnisbefriedigung und die situative Unmöglichkeit, ein Bedürfnis zu stillen.

Die Entbehrung gerade der »lebensnotwendigen« Güter ist bis heute die wohl prägendste Konsumerfahrung der unteren Schichten aller industrialisierten Gesellschaften.[43] Das Fehlen der Grundversorgung war der soziale Sprengstoff der Staaten im frühen 20. Jahrhundert: eines ihrer Grundprobleme, zugleich aber auch treibende Kraft der Veränderung, wie in Deutschland gerade in den Hungerwintern des Ersten Weltkriegs und der darauf folgenden revolutionären Phase von 1917 bis 1921 deutlich wurde. Der Versorgung stand immer eine partielle Unterversorgung gegenüber, der Befriedigung eines Bedürfnisses und der Deckung eines Bedarfs die Negation und Unterdrückung eines anderen. Welches Bedürfnis und welcher Bedarf leitend für die wirtschaftliche Planung, Produktion und Distribution wurde, war jeweils Gegenstand der gesellschaftlichen Auseinandersetzung und Aushandlung in der Versorgungspolitik. Die amerikanische Ökonomin Hazel Kyrk (1886-1957) unterschied in einer *Theory of Consumption* 1923 bereits drei Felder des Konsums, die hier konzeptionell übernommen werden sollen: 1. das Lebensnotwendige (*survival values*), 2. die konventionellen Notwendigkeiten (*conventional necessities*) und 3. den Luxusbedarf (*concepts of welfare*).[44] Die Aushandlungsprozesse und Diskussionen, die in den drei Ländern um die Schuhversorgung geführt wurden, spielten sich vor allem im zweiten Feld ab. Hier bildete sich der Prozess der gesellschaftlichen Festlegung von »Notwendigkeiten« ab. Denn das Notwendige war sozial, kulturell, geographisch und historisch gesehen relativ.[45] Seine Grenzen zum ersten und dritten Feld waren fließend. Kyrks Konzept erweiterte die herkömmliche Sichtweise der *Needs* und *Wants* konzeptionell um diesen Überschneidungbereich der gesellschaftlichen Standards und ihrer Veränderung und ist daher für die folgende Untersuchung besonders nützlich.[46]

Menschliche Bedürfnisse werden in dem Moment wirtschaftlich relevant, in dem sie sich zu einem Bedarf verdichten, d. h., wenn zu ihrer Befriedigung wirtschaftliche Mittel bereitgestellt werden. Die Formulierung eines Bedarfs ging einher mit der Definition eines gesellschaftlich legitimen Bedürfnisses.[47] Musste

43 Die Untersuchung des Mangels als theoretisches und historisches Phänomen ist ein chronisch vernachlässigtes Thema der Konsumgeschichte. Vgl. Miller (2002), S. 227f.

44 Kyrk (1923), S. 207-233, bes. S. 212; zur Einordnung von Hazel Kyrks Werk in die US-amerikanische Wirtschaftstheorie der 20er und 30er Jahre und ihrem Beitrag zur Wirtschaftspolitik des *New Deal* vgl. a. van Velzen (2001).

45 Vgl. dazu Reith (2003c).

46 Campbell (1998).

47 Vgl. dazu grundlegend: Szöllösi-Janze (1997).

ein Hirtenjunge im Allgäu in den 20er Jahren zur Arbeit Schuhe tragen? Offensichtlich nicht. Er ging barfuß. Wenn er in die Schule gehen sollte, war dieses Bedürfnis jedoch schon ein legitimes. Ob diese gesellschaftliche Übereinkunft tatsächlich einem individuellen Bedürfnis entsprach und ob der Hirtenjunge nicht vielleicht auch das Klassenzimmer lieber barfuß betreten hätte, war in diesem Fall nicht relevant. Wie in den meisten Fällen im frühen 20. Jahrhundert wurden die »konventionellen Notwendigkeiten« über die Köpfe der betroffenen Verbraucherinnen und Verbraucher hinweg von anderen Akteuren ausgehandelt und festgelegt.

Bestimmte Bedürfnisse wurden außerdem in historischer Perspektive nie oder selten per Tauschhandel oder durch Vermittlung eines Marktes befriedigt.[48] Dann gelangten sie nicht als quantitative, höchstens als qualitative Größe in den Blick der Ökonomen und Politiker. Auch der Bedarf an Schuhen wurde in den späten 20er Jahren noch teilweise in Subsistenzproduktion gedeckt. Die Versorgung mit Holzschuhen, die von Bauern oft im eigenen Haushalt hergestellt wurden, war ein Beispiel hierfür. Sie tauchten, obwohl sie wirtschaftlich gesehen große Bedeutung hatten, in den 20er Jahren in keiner Schuh-Verbrauchsstatistik auf. Tendenziell wurden in den 20er Jahren die über den Markt zu stillenden Bedürfnisse ausgeweitet, in dem Maße, in dem die Selbstversorgung zurückging, die Arbeitsteilung fortschritt und neue Dienstleistungen an die Stelle im Haushalt und Betrieb verrichteter Arbeiten traten. In Phasen der extremen gesellschaftlichen Unterversorgung, wie etwa zu Kriegs- oder in anderen Krisenzeiten, sank der Grad der über Märkte vermittelten Bedarfsbefriedigung aber wieder ab. So kam es etwa im Ersten und Zweiten Weltkrieg zur verstärkten Eigenherstellung von Schuhen in den Haushalten, die von den jeweiligen Regierungen besonders gefördert wurde. Zur Zeit der Weltwirtschaftskrise und in der Kriegswirtschaft nahm auch die eigene Reparatur der Schuhe in den Haushalten zu.

Die eingangs angeführten Angaben über den Schuhkonsum geben kaum über den unbefriedigten Bedarf an Schuhen oder dessen Alternative in der Praxis, das Barfußlaufen, Aufschluss. So erfahren wir im Allgemeinen nichts über das Verhältnis des beschuhten Laufens zum unbeschuhten. Die Anzahl der Menschen, die ein Bedürfnis nach Schuhen hatten, dieses aber aus sozialen, finanziellen oder sonstigen Gründen nicht oder nur in einer anderen Form als gewünscht befriedigen konnten, war selten Gegenstand statistischer Erhebungen. So müssen hier einige allgemeine Beobachtungen genügen.

In ländlichen Gebieten war das Barfußlaufen noch in den 20er Jahren weit verbreitet.[49] Aus qualitativen Quellen ist zu erfahren, dass der Schuhgebrauch situativ bestimmt war: Nur zu bestimmten Anlässen und unter formalisierten Rahmenbedingungen wurden Schuhe getragen. Der Schulbesuch und der Kirch-

48 W. König (2000), S. 132-264.

49 Vgl. die verschiedenen Studien zur Lebenshaltung in der Weimarer Republik, wie oben zitiert; Schmitz (1992), S. 65; Grimm/Schäfer (1984), S. 117.

gang waren etwa solche Situationen. Der Mangel an Schuhen wurde in der Weimarer Republik als materielles Problem thematisiert, da Lederschuhe für den Schulbesuch verpflichtend vorgeschrieben waren.[50] Wie die Sozialforscher Marie Jahoda, Paul Lazarsfeld und Hans Zeisel 1932 herausfanden, konnten viele Arbeitslose wegen mangelnden Schuhwerks ihre Kinder nicht in die Schule schicken.[51] Eine Studie über den Mangel an Bekleidung in Hamburg im Jahr 1921 zeigte, dass in der Hansestadt 12 Prozent der Gymnasiasten, 40 Prozent der Oberrealschüler und 42 Prozent aller Volksschüler keine Schuhe besaßen. Ein zweites Paar zum Wechseln fehlte 22 Prozent der Gymnasiasten, 50 Prozent der Oberrealschüler und 70 Prozent der Volksschüler.[52] Auch die Bibliothek gehörte zu solchen Orten, die gesellschaftlich mit der Konvention des Schuhgebrauchs belegt waren. Dies musste ein englischer Kleidungsreformer erfahren, als ihm der Zutritt zum *Reading Room* der British Library verweigert wurde, den er mit bloßen Füßen und Sandalen betreten wollte.[53] Bauernkinder trugen ihre Schuhe oft auf dem Rücken, bis sie die Stadt betraten. Noch Ende der 30er Jahre fand die Gesellschaft für Konsumforschung bei einer Untersuchung über den Verbrauch von Strümpfen heraus, dass der deutsche Bauer »gewohnheitsmäßig noch manche Berufsarbeiten barfüßig« verrichtete. Auch die städtische Jugend praktiziere das Barfußlaufen, mit der Begründung, dass dieses »abhärte und arbeits- und kostensparend« sei.[54]

Das Tragen von Schuhen war außerdem immer Ausdruck und Abbild des hohen sozialen Status und des wirtschaftlichen Wohlstands ihrer Nutzer. Kinder und Frauen liefen zu Gelegenheiten und zu Jahreszeiten barfuß, in denen Männer Schuhe trugen. Während früher Archäologen vom Fehlen von Frauen- und Kinderschuhen in Siedlungen auf die Abwesenheit dieser beiden sozialen Gruppen schlossen, geht man heute eher davon aus, dass diese einen so geringen sozialen Status innehatten, dass sie, auch im Winter, barfuß liefen.[55] Dass das Tragen von Schuhen am oberen Ende der sozialen Hierarchie geradezu eine ständische Verpflichtung darstellte, berichtete eine adlige Patientin des Pfarrers Sebastian Kneipp kurz nach der Jahrhundertwende: »Ich hatte als Kind einen ungewöhnlichen Drang zum Barfußgehen und beneidete jedes Kind, das ich barfußgehen sah. Allein die Mutter hatte der Erzieherin auf's Strengste befohlen, mich durchaus nicht barfuß gehen zu lassen, und ich bekam jedesmal eine strenge Strafe, wenn ich bei meinem heimlichen Barfußgehen ertappt wurde. [...] Meine Mut-

50 Vgl. Der Verband zur Mitarbeit bereit, in: Zentralblatt für die Holzschuh-, Pantoffel- und Filzschuhindustrie und das Deutsche Holzschuhmacher-Handwerk 45 (1934), Nr. 6 v. 15.3.1933, S. 1-6, hier S. 5.

51 Jahoda/Lazarsfeld/Zeisel (1975/1933), S. 51f., 96.

52 R. Scholz, Probleme der Wirtschafts- und Sozialgeschichte der deutschen Inflation 1914-1924, Berlin 1979, S. 156, zitiert in: Kuczynski (1983), S. 381.

53 Tsuzuki (1980), S. 115.

54 Proesler (1940), S. 77.

55 Goubitz/Driel-Murray/Groenman-van Waateringe (2001), S. 360.

Abb. 3: Barfüßige Jungen in der Großstadt Berlin (1919)

ter hielt es für entwürdigend, wenn ich als Herzogskind barfuß gehen würde.«[56] Die Erzählerin empfand also gerade das Verbot des Barfußgehens als Negation ihres individuellen Bedürfnisses. Als Kind gelang es ihr nicht, dieses Bedürfnis als legitimes durchzusetzen. Erst im Kontext der Wasserkuren des Wörishofener Lebensreformers konnte sie diesem Drang ohne Gewissensbisse und ständische Sanktionen nachgeben. Wie sich am Beispiel der adligen Barfußläuferin zeigt, ist die Grenze zwischen *Needs* und *Wants* für den Schuhgebrauch in den 20er Jahren nur schichtenspezifisch bestimmbar und im Rückblick oft allgemein schwer zu definieren. Die individuellen Bedürfnisse entsprachen nicht unbedingt den »konventionellen Notwendigkeiten«, und nur diese sind historisch in den Quellen wirklich fassbar. Gerade wenn erstere mit den letzteren kollidierten, wurden sie oft »aktenkundig« und damit, wie hier, in den Quellen überliefert.

Was bei den ärmeren Schichten in Land und Stadt zu kälteren Jahreszeiten ein Ausdruck des Mangels und der Entbehrung, im Sommer aber wohl auch lustvolle Alltagspraxis auf Wiesengrund und Weiden war, wurde in der künstlerischen und intellektuellen Avantgarde der Weimarer Republik und in der englischen bürgerlichen Kultur der Zwischenkriegszeit zur Weltanschauungsfrage.

56 Kneipp (1903), S. 338.

Das demonstrative Barfußlaufen aus weltanschaulichen und gesundheitlichen Gründen, im Gefolge der Lebensreformbewegung und der Naturheilkunde im Kaiserreich und später der Jugendbewegung in der Weimarer Republik, geriet hier stärker in den gesellschaftlichen Diskurs.[57] Das Barfußlaufen stand für eine Befreiung sowohl des Körpers von den Zwängen der städtischen Zivilisation als auch des Individuums von der bürgerlichen Ordnung. Als zivilisatorischer Ersatz für das Barfußlaufen war in den 1890er Jahren die Sandale als Fußbekleidung entdeckt worden.[58] Für die Vegetarier unter den Lebensreformern, z. B. einige Bewohner der deutschen Kolonie von Ascona am Lago Maggiore, waren bast- und seilgeflochtene Sandalen auch eine Möglichkeit, in der Fußbekleidung den ungeliebten, tierischen Werkstoff Leder durch pflanzliche Rohstoffe zu ersetzen.[59] Später bedeutende Schuhunternehmen, wie etwa die Augsburger Firma August Wessels, begannen um die Jahrhundertwende als Hersteller von Kneipp-Sandalen.[60] Auf dem Höhepunkt der Wandervogelbewegung kam es 1913, dem Jahr des Freideutschen Jugendtages, sogar zur Gründung eines süddeutschen »Sandalen-Syndikats«, in dem sich die sechs größten Hersteller im Deutschen Reich zusammenschlossen und Preisabsprachen trafen.[61] Dies war die einzige Kartellbildung oder Form der Syndizierung überhaupt im Bereich der Schuhproduktion.

Sandalen machten an der Gesamtproduktion von Schuhen in Deutschland 1924 knapp über 3 Prozent aus.[62] Gesamtgesellschaftlich gesehen war dies natürlich nur ein sehr geringer Anteil. Dies hinderte die Sparpropagandisten am Werkstoff Leder in den späten 30er Jahren jedoch nicht daran, die Bedeutung der Sandale rückblickend zu verklären und weiter zu fördern. Ab 1933 wurde in der Serie der neuen »Volksprodukte« neben dem »Volkswagen« und dem »Volksempfänger« aus fußgesundheitlichen Erwägungen heraus auch eine Reihe von »Volkssandalen« entwickelt.[63] Im NS-Vierjahresplan ließen sich durch die Sandale nicht nur Leder, sondern auch Strümpfe sparen, die aus dem knappen Rohstoff Baumwolle hergestellt waren.[64]

57 Mogge (1988).
58 Linse (1988).
59 Landmann (1979); Linse (1988).
60 Vgl. Firmengeschichte Schuhfabrik Wessels, in: Prill (1964), S. 155.
61 Der Sandalen-Syndikats-GmbH gehörten die Firmen Fränkische Schuhfabriken (Nürnberg), August Wessels Schuhfabrik (Augsburg), Gebr. Neuburger (Bamberg), Jakobowski (Berlin), J. Heimann (Schweinfurt) und Hohenzollerische Schuhindustrie (Hechingen) an. Das Kartell bestand bis 1923. Vgl. Rumpf (1929), S. 49-53; Siegel (1927), S. 38.
62 Cook (1929), S. 3.
63 Thomsen (1942), S. 234.
64 Verbraucherhaltung und Verbrauchergewohnheiten, in: Vertrauliche Nachrichten für Mitglieder der Gesellschaft für Konsumforschung, Nr 3, Juni 1937, S. 6-14, hier S. 12; Otto Suhr, Der Kleidungsetat, in: Die Wirtschaftskurve (1939), Nr. 3, S. 291-297, hier S. 296.

In England erreichte die Kleidungsreformbewegung nicht so weite Kreise der Bevölkerung wie im Deutschen Reich.[65] Aber auch hier gab es Stimmen, die einen »Kult der Einfachheit« propagierten und eine Rückkehr zur Natur und zur naturgemäßen Lebensweise forderten und praktizierten.[66] Sie gingen bis auf den Schriftsteller und Kulturkritiker John Ruskin (1819-1900) zurück.[67] Am bekanntesten für die Zwischenkriegszeit ist in dieser Hinsicht wohl der Lebensreformer und Sozialist Edward Carpenter (1844-1929), der Schuhe als »Ledersärge« bezeichnete und eine Befreiung des Fußes und das Barfußlaufen propagierte:

> »As to the feet, which have been condemned to their leather coffins so long that we are almost ashamed to look at them, there is surely a resurrection possible for them. There seems to be no reason except mere habit why, for a larger part of the year at least, we should not go barefoot. [...] (Democracy which redeems the lowest and most despised of the people, must redeem also the most menial and despised members and organs of the body.)«[68]

Bei Carpenters metaphorischer Parallelisierung der Füße am Körper mit den unteren Schichten in der Gesellschaft klingt bereits die starke Verbindung von Kleidungsreform und Sozialreform an, die für die 20er und 30er Jahre so grundlegend werden sollte. Barfußlaufen und Körpererfahrung lagen für die Lebensreformer eng beisammen. Carpenters Mitstreiter Robert Allen Nicoll, der durch einen indischen Freund Carpenters die Eigenherstellung von Sandalen erlernt hatte, schrieb über den emanzipatorischen Effekt des Sandalentragens: »One begins to own one's body at last.« Und: »There swept thro' me a power of mastery over my body [...] of self-realisation, something I have long known and believed but never up till now realised. [...] I want to realise my body and all its faculties.«[69] Die eigene, befreite Körpererfahrung war für ihn eine Voraussetzung der Solidarisierung mit unterprivilegierten Gruppen in der Gesellschaft und der politischen Arbeit überhaupt.

Diese Haltung war allerdings nicht unumstritten. Innerhalb der britischen Arbeiterbewegung geriet die lebensreformerische Richtung um Edward Carpenter auch in die Kritik. George Orwell überzog noch Mitte der 30er Jahre die »Fruchtsaftapostel, Nudisten und Sandalenträger« mit einer beißenden Satire, da diese in seinen Augen mit ihrer Exzentrik die Sache des Sozialismus alltagspolitisch diskreditierten und gerade die Arbeiter mit ihren konservativen Ins-

65 Zu einem Vergleich der deutschen mit der britischen Lebensreformbewegung, deren Kernelemente Wandervereine und Volkstanz- und Volksmusikgruppen waren und die zu Beginn der 30er Jahre etwa 100.000 aktive Mitglieder umfasste, bis zum Zweiten Weltkrieg, vgl. Trentmann (1994).

66 Honeyman (2003); Burman (1995); Bourke (1996); Bill (1993); Flügel (1930).

67 Ruskin (1900); Daunton/Hilton (2001), bes. S. 15f.

68 Edward Carpenter, Simplification of Life, in: England's Ideal (1886), reprinted London 1919, S. 113, zitiert in: Burman (1995), S. 284.

69 Rowbotham (1990), S. 207.

tinkten abstießen.[70] Auch Stimmen innerhalb der Reformbewegung riefen zur Vorsicht:

> »We have to be very careful not to frighten people or cause ridicule. We must not make people think that we want to see a lot of hairy men rushing about the streets in sandals.«[71]

An diesem Beispiel wird die semantische Kluft zwischen den »Klassen« und die unterschiedliche Bedeutung offenbar, die auch in Großbritannien die verschiedenen sozialen Gruppen dem Barfußlaufen beimaßen. Für die englischen Arbeiterinnen und Arbeiter war es wohl eher mit der Erfahrung des Mangels und der Entbehrung konnotiert, und das Sandalentragen ohnehin höchstens außerhalb der Arbeitssphäre praktikabel. Das Sandalenlaufen war das Privileg einer Schicht, die auf die Schutzfunktion des Schuhs im Alltag verzichten konnte. Das Barfußlaufen wurde auch hier zu einer Negativ-Form des demonstrativen Konsums der *leisure class*, wie er von Thorstein Veblen beschrieben wurde, jedoch durchaus mit universalem Anspruch.

Eine kleine Gruppe von Kleidungsreformern in England meldete sich 1929 in Form einer neuen Partei, der *Men's Dress Reform Party*, zu Wort, die enge Verbindungen zur Eugenik- und Sozialhygiene-Bewegung unterhielt.[72] Sie forderte allgemein die Verminderung der Anzahl der Kleidungsstücke für Männer der Oberschichten. Männer trugen zu dieser Zeit differenzierte Abstufungen von Modellen und Materialien, die mit vielen Konventionen belegt waren. Wie bei der Damenkleidung auch wurden je nach Verwendungszweck und Jahreszeit, auf dem Land und in der Stadt, zu Arbeit, Sport oder abendlichen Vergnügungen bestimmte Kleidungsstücke getragen. Die Männerkleidung, selbst für den Sommer, wog nach Berechnungen eines Reformers ungefähr drei- bis zehnmal so viel wie Frauenkleidung.[73] Die Reformer forderten die »Freiheit des Nackens« von gestärktem Kragen und Krawatte, die Befreiung der Beine durch ober- oder unterhalb des Knies endende Hosen, die Abschaffung des Hutes und den Übergang vom geschlossenen Schuh zur Sandale. »Ultimately«, so gab John Carl Flügel bekannt, »our principle points […], not to clothing, but to nakedness«.[74] Generell sollte Kleidung leichter und luftdurchlässiger werden. Freizeit- und Urlaubskleidung sollte in den Berufsalltag eingeführt, die Gestaltung von Kleidung und Sandalen, wie auch deren Herstellung, von den Trägern selbst individuell vorgenommen werden. Hier ging es also auch um eine Gegenbewegung zur zunehmenden Konfektionierung der Bekleidung in der Zwischenkriegs-

70 Orwell (1937/1966), S. 152.
71 Men's Wear Organizer, August 1929, zitiert in: Burman (1995), S. 286.
72 Zweiniger-Bargielowska (2007); Bourke (1996); Burman (1995), S. 286ff.
73 Flügel (1930), S. 204.
74 ebd., S. 237.

Abb. 4: Mitglieder der »Men's Dress Reform Party« in Sandalen, kniefreien Hosen und mit freiem Nacken, 3.6.1929 in London (John Carl Flügel mit Hut)

zeit.[75] Soweit bislang ersichtlich, blieb der Kreis der Londoner Intellektuellen, dem neben John Flügel vor allem Selbständige der freien Berufe angehörten, mit diesen Bestrebungen weitgehend unter sich. Die große Masse der Bevölkerung verlangte auch weiterhin von ihren Schuhen »vor allem Haltbarkeit und weniger Leichtigkeit oder Komfort« (*durability rather than flexibility and comfort*).[76] Die selbstkonstruierten Sandalen und die Reformkleidungsstücke gingen – naturgemäß – nicht in Serienfertigung.

Die Kleidungsreformer aus den Reihen der *Men's Dress Reform Party* gaben jedoch wichtige Impulse zur theoretischen Durchdringung des sozialen Phänomens der Bekleidung. Eine erste grundlegende und bis heute viel rezipierte Untersuchung der Bekleidung und Mode aus psychologischer Sicht legte der Dozent am University College London, John Flügel, vor.[77] Die Zeichenfunktion des Schuhs und die Rolle der Fußbekleidung, wie der übrigen Bekleidung, als Mittel der sozialen Distinktion wurde unter den Kleidungsreformern bereits

75 Ugolini (2003).

76 So die Feststellung der amerikanischen Fachleute des *US Department of Commerce* in einer Studie über die britische Schuhwirtschaft und ihre KonsumentInnen, vgl. Burch (1929), S. 2.

77 Diese Studie untersuchte Alltagskleidung und Mode als zwei Formen derselben »situierten körperlichen Praxis« (*situated bodily practice*), eine Herangehensweise, die bis heute – trotz gegenteiliger Forderungen – in der Kleidungs- und Modeforschung ungewöhnlich blieb. Vgl. Entwistle (2000), bes. S. 2-4 und Kap. 3; Bovenschen (1997).

Anfang der 30er Jahre diskutiert.[78] Die Bekleidung wurde hier mit der Sprache als Zeichensystem verglichen. Diese lasse, genau wie die Sprache, soziale Zugehörigkeiten und Abgrenzungen erkennen. Diese Diskussion unter englischen Psychologen wurde in Deutschland in der Zeitschrift »Industrielle Psychotechnik« rezipiert, übersetzt und in Ausschnitten einem deutschsprachigen Publikum zugänglich gemacht.[79] In den folgenden Jahren erschienen in der »Industriellen Psychotechnik« auch Beiträge deutscher Autorinnen zu diesem Thema, das in das neue Feld der »Persönlichkeitsforschung« fiel.[80] »Eine einfache Bedürfnisbefriedigung leiblicher Art ist die Bekleidung nicht mehr«, konstatierte die Berliner Psychologin Marga Baganz-Lehmann 1935. »So kauft man vielleicht noch Lebensmittel […], aber keinen Hut, kein Kleid, nicht […] ein Paar Schuhe.«[81] Kleider und Schuhe erfüllten stattdessen als Ausdrucksmittel und Mittel der Kommunikation viel komplexere soziale Funktionen, die nach Ansicht der Wissenschaftlerin in Zukunft noch erforscht werden mussten.

John Flügel ging außerdem in den politischen Forderungen noch weiter. Er forderte 1930, mit einer gehörigen Prise britischen Humors, eine »Rationalisierung« der Bekleidung durch eine staatliche Institution, einer Art Kleidungsamt (*Clothing Board*). Er schloss sich damit anderen Vorschlägen zur Schaffung eines *Ministry of Fashion* an, die 1929 bereits in der britischen Presse kursierten.[82] Dieses »Modeministerium«, so Flügel, sollte unter Berücksichtigung der Hygiene, des Komforts und der Schönheit die Gestaltung von Kleidung und Fußbekleidung für alle Bürgerinnen und Bürger regulieren und flächendeckend eine »Ethik der Bekleidung« durchsetzen. Es sollte die Vorteile der Uniform und der lokalen Trachten, des, allgemein gesprochen, »unveränderlichen Typs« der Bekleidung (*fixed type*), wie Flügel sie in seiner Klassifizierung der Bekleidungsformen nannte, nutzen. Diese hatten in Großbritannien eine lange Tradition, etwa im Sport, in den Schulen und in der Berufskleidung. Ihre Vorteile sollten mit denen des »modischen Typs« (*modish type*) von Bekleidung kombiniert werden.

In Modefragen werde sich das *Clothing Board* von Gremien von Fachleuten, wie etwa dem *Committee on Design* der *Men's Dress Reform Party* periodisch beraten lassen. Die Standardmodelle, die das Einverständnis des *Clothing Board* erhielten, würden erwartungsgemäß »praktisch angemessen, ästhetisch geschmack-

78 Flügel (1930), S. 85-102; Pear (1931).

79 Tom Pear, Parallelen zwischen Sprache und Kleidung, in: Industrielle Psychotechnik 9 (1932), Nr. 11/12, S. 379f. und andere Beiträge in diesem Heft.

80 Marga Baganz-Lehmann, Zur Charakterologie des Einkaufs, in: Industrielle Psychotechnik 12 (1935), Nr. 10, S. 289-298; Marga Baganz-Lehmann, Kleid und Persönlichkeit, in: Industrielle Psychotechnik 12 (1935), Nr. 7/8, S. 238-248; Maria Schorn, Der Mensch im Lichte der Typenlehre, in: Industrielle Psychotechnik 10 (1933), Nr. 8, S. 245-256.

81 Marga Baganz-Lehmann, Kleid und Persönlichkeit, in: Industrielle Psychotechnik 12 (1935), Nr. 7/8, S. 238-248, hier S. 240.

82 This and That, 16.11.1929, zitiert in Flügel (1930), S. 219.

voll, hygienisch einwandfrei und ökonomisch vernünftig« und zudem »auf dem Stand der modernen Wisssenschaft« sein. Dies würde, vom individuellen Standpunkt aus gesehen, »die äußerliche Erscheinung derer, die wenig persönlichen Geschmack haben«, verbessern und die Zeit für die Auswahl von Kleidungsstücken minimieren. Allgemein könne eine solche Rationalisierung der Kleidung dazu führen, das »sozial gesehen störende Element des Wettbewerbs« und dessen »kommerzielle Ausbeutung« durch die Unternehmen auszuschalten. Gleichzeitig helfe es, »unnötige Ausgaben« zu vermeiden, da modischer Wandel um seiner selbst willen abgeschafft werde. In der Textil- und Schuhindustrie könne man so die ökonomischen Verhältnisse stabilisieren, die durch die Mode in jüngster Zeit ins Ungleichgewicht gebracht worden waren. Modische Änderungen könnten so mit einem »Minimum an ökonomischem Aufwand« durchgeführt werden. Er hielt die Errichtung einer solchen Behörde für »in complete accordance with the general trend of the social and economic development of modern times«.[83] Sie würde »für beide Geschlechter und für alle Klassen eine relative Stabilität und Freiheit von Launenhaftigkeit und unwürdigem sozialen Konkurrenzneid« erreichen. Die Männerkleidung verlöre ihre derzeitige »Unbequemlichkeit, Häßlichkeit, Unsauberkeit, Düsterkeit und allgemeine Unfortschrittlichkeit« und die Frauenkleidung ihre »Hilflosigkeit angesichts jeder wankelmütigen Veränderung«.[84] Wie diese Vorschläge unmittelbar Anfang der 30er Jahre von der Bekleidungs- und der Schuhindustrie aufgenommen wurden, ist noch nicht genauer untersucht. Ab 1940 sind keine Hinweise auf eine weitere Aktivität der *Men's Dress Reform Party* erhalten.[85] Ihre Vorschläge wurden allerdings, unter dem Druck der Kriegswirtschaft des Zweiten Weltkriegs, vom *Board of Trade* in Form der sogenannten *Utility*-Programme für Kleidung und Schuhe aufgegriffen und ab 1942 mit großem Erfolg in die Tat umgesetzt.[86]

Lederschuh und Holzschuh

Doch kehren wir zur Ausgangsfrage des Konsums zurück: Wie viele und welche Schuhe wurden im Deutschen Reich Ende der 20er Jahre gebraucht? Auch hier sind die eingangs zitierten Konsumzahlen irreführend, beziehen sie sich doch ausschließlich auf den Verbrauch von Lederschuhen. Aller Schuhkonsum wurde bis Mitte der 30er Jahre weltweit in Lederschuhen gerechnet.[87] Eine wichtige Gattung von Schuhen, die in den 20er Jahren in großen Mengen verwendet

83 Flügel (1930), S. 216-226, hier 219f.
84 Ebd., S. 221f.
85 Burman (1995), S. 277.
86 Vgl. dazu Kap. 11.
87 Schnitzer (1937); Ausschuss Schuhindustrie (1930), S. 149; Hertz (1924), S. 8.

wurde, blieb damit ganz unberücksichtigt und ging nicht in die Berechnungen ein: der Holzschuh.

Der Holzschuh war im 19. Jahrhundert der traditionelle Schuh der Armen und blieb der Arbeitsschuh schlechthin, bis etwa um die Mitte des 20. Jahrhunderts.[88] Er kostete 1928 nur ungefähr ein Viertel eines Lederschuhs.[89] Er war in vier Produkttypen, vor allem auf dem Land, aber auch in der Stadt, weit verbreitet: (1.) in Form des Vollholzschuhs und (2.) in Form einer Holzsohle mit einem Vorderblatt aus Leder oder Textil, der sogenannten Pantine oder Pantoffel; oder mit einem ganzen Schaft aus Textil, Leder oder Fell, der entweder (3.) halbschuhartig als »Galosche« getragen wurde oder (4.) stiefelartig bis über den Knöchel reichte und vorne mit zwei Schnallen befestigt wurde (»Zweischnaller«) (Abb. 5). »Der Bauer liebt den Holzschuh nicht nur wegen seiner Billigkeit, sondern […] weil er auf nassen Wegen dichter hält als jedes andere Fußzeug, und er im Winter besonders, manchmal mit Unterstützung einer Stroheinlage, den Fuß angenehm warm hält.«[90] Gerade Kinder trugen in den 20er und 30er Jahren Holzpantinen, die oft mit Filz, Heu oder Stroh ausgekleidet waren.[91] Aus dem Verbot des Tragens von Pantinen mit Holzsohlen in Schulen im ganzen Deutschen Reich, das noch 1933 galt,

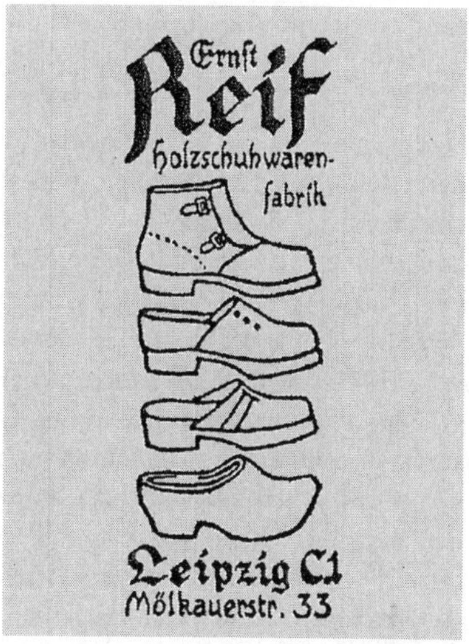

Abb. 5 (von oben nach unten): Die traditionellen vier Typen von Holzschuhen: 1. der Zweischnaller, 2. die Galosche, 3. die Pantine und 4. der Vollholzschuh

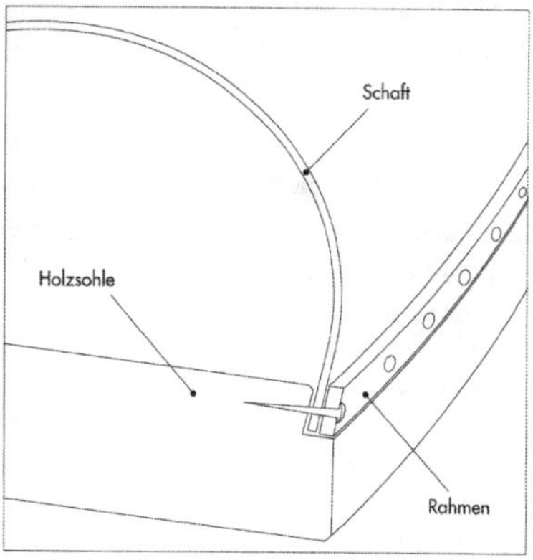

Abb. 6: Machart 1: Die Holzschuhkonstruktion

88 In den ärmeren Schichten war er oft die einzige Fußbekleidung. Für Holzschuhe in Deutschland vgl. Büld (1980).
89 Holzschuh und Holzpantoffel als Fußbekleidung, in: Zentral-Blatt für die Holzschuh-, Pantoffel- und Filzschuhindustrie und das deutsche Holzschuhmacher-Handwerk 40 (1928), Nr. 10, S. 1-6.
90 Bock (1926), S. 38.
91 Büld (1980); Grimm/Schäfer (1984), S. 117.

geht hervor, wie beliebt und geläufig sie auf dem Land zu diesem Zeitpunkt waren.[92]

Auf den niedersächsischen Dörfern wurden die sogenannten Holschen, Holländer oder Klumpen von wandernden Holzschuhmachern hergestellt, die in der kalten Jahreszeit ins Haus genommen wurden und dort den Bedarf für das kommende Jahr fertigten.[93] In manchen Regionen wurden Holzschuhe von den Bauern auch als Teil ihrer winterlichen Beschäftigung selbst für den gesamten Haushalt hergestellt.[94] Wegen ihrer ohnehin geringen Passform am Fuß wurden Holzschuhe oft auch heimgewerblich als Kaufschuhe produziert und über weite Entfernungen gehandelt.[95] Vollholzschuhe kamen Ende der 20er Jahre größtenteils aus dem Rheinland und Westfalen. Doch auch individuelle Maßanfertigungen durch geschickte Holzschuhmacher waren üblich. Als Werkstoff diente das Weichholz von Pappeln, Aspen und Weiden. Holzschuhsohlen wurden zum überwiegenden Teil aus Rotbuche gefertigt. Dieses Holz eignete sich besonders für die maschinelle Bearbeitung und Serienproduktion.[96] 1933 zählte der Verband Deutscher Holzschuh- und Holzpantoffel-Fabrikanten 6.000 Betriebe mit rund 20.000 Beschäftigten in der Holzschuhindustrie.[97] Die Leder- und Hausschuhindustrie beschäftigte zu diesem Zeitpunkt rund 94.000 Arbeitskräfte.[98]

Holzschuhe waren auch spezifisches Arbeitsschuhwerk. Nasse Füße waren der Ursprung vieler Krankheiten. Hier boten Holzschuhe bei Arbeiten in sumpfigem und nassem Gelände ebenso Schutz vor der Feuchtigkeit wie bei handwerk-

92 Eine der ersten Forderungen der Holzschuhhersteller nach der Machtübernahme der Nationalsozialisten war die Aufhebung dieses Verbots in Schulen, um den Absatz von Holzpantinen wieder zu fördern. Hier hieß es: »Das Verbot, welches den Kindern das Tragen von Holzpantoffeln in den Schulen verbietet, muss beseitigt werden. Zumindest auf dem flachen Lande.« Vgl. Offener Brief des Verbandes der Holzschuh- und Pantoffelfabrikanten Deutschlands an den Staatssekretär für den Mittelstand beim Reichswirtschaftsministerium, in: Zentral-Blatt für die Holzschuh-, Pantoffel- und Filzschuhindustrie und das deutsche Holzschuhmacher-Handwerk 45 (1933), Nr. 6 vom 15.3.1933, S. 1-6, hier S. 5.

93 Bock (1926), S. 37f.

94 Ausschuss Handwerk Generalbericht (1930), S. 145; Büld (1980), S. 31ff.

95 Grimm/Schäfer (1984), S. 117.

96 Vgl. Die gebräuchlichsten Holzarten zur Herstellung von Holzschuhen, Holzschuh- und Holzpantoffelsohlen, in: Zentral-Blatt für die Holzschuh-, Pantoffel- und Filzschuhindustrie und das deutsche Holzschuhmacher-Handwerk 40 (1928), Nr. 9 vom 1.5.1928, S. 5f.

97 Diese Zahl umfasst sowohl die rein handwerklichen als auch die mechanisierten Betriebe. Vgl. Der Verband zur Mitarbeit bereit, in: Zentral-Blatt für die Holzschuh-, Pantoffel- und Filzschuhindustrie und das deutsche Holzschuhmacher-Handwerk 45 (1933), Nr. 6 vom 15.3.1933, S. 1-6, hier S. 4.

98 Die Beschäftigten im Schuhmacherhandwerk sind hier nicht eingeschlossen. Vgl. Länderrat des Amerikanischen Besatzungsgebiets (Hg.), Statistisches Handbuch von Deutschland 1928-1944, München 1949, S. 319.

lichen Tätigkeiten, die in Nässe oder Säuren ausgeführt wurden. So trugen etwa Brauer, Fleischer, Fischer, Gerber, Färber und Arbeiter in der chemischen Industrie Holzschuhe bei der Arbeit (Abb. 27).[99] Vollholzschuhe wurden als Berufsschuhwerk auch wegen ihrer mechanischen Schutzfunktion für die Füße geschätzt. Sie fanden, ebenso wie die Holzpantinen, durchgehend auch in städtischen Handwerken und im Berg- und Straßenbau Verwendung.[100] »A considerable number of shoes with wooden soles, for use by the laboring classes, are manufactured in Germany«, fiel den amerikanischen Analytikern des deutschen Schuhmarktes im Jahr 1929 auf.[101]

Trotz ihrer Steifheit und relativen Klobigkeit waren Holzschuhe meist leichter als Lederstiefel. Die Nachteile des Holzschuhs waren die Unbeweglichkeit der Sohle und der Lärm, den sie beim Laufen verursachten, sowie der Schaden, den sie Fußbodenbelägen zufügten. »Ein großer Teil der Menschheit ist hochgradig nervös, ihre Nerven vertragen das Klappern der Holzsohlen nicht. Ihr Schönheitssinn wendet sich dagegen, der Fuß kommt bei dem Tragen von Holzschuhwerk nicht zur Geltung, er sieht dadurch plump und ungeschickt aus. Ein Holzschuh ist kein Ballschuh; […] jedoch ist er ein täglicher Gebrauchs- und Bedarfsartikel für viele Bevölkerungsschichten«, verteidigte ihn 1928 ein Autor in der Gewerbezeitschrift der Holzschuhmacher.[102] Die fußgesundheitliche Wirkung der unflexiblen Sohle auf den Fußkomfort und die Muskelbildung des Fußes war unter Fachleuten umstritten.[103]

Auch in England spielten Holzschuhe, die sogenannten *Clogs*, in der ersten Hälfte des 20. Jahrhunderts eine große Rolle für die Fußbekleidung. Im 19. Jahrhundert stellten sie den größten Teil der Schuhe der arbeitenden Bevölkerung.[104] Ihr Ursprung lag in den nördlichen und nordwestlichen Industriegebieten. Ob die Zeit ihrer weitesten Verbreitung die Jahre kurz nach 1900 waren oder ob ihr Gebrauch danach sogar noch zunahm, ist noch nicht genau bekannt. Die Zahl der Holzschuhmacher in England und Wales stieg bis 1900 kontinuierlich an und erreichte im Jahrzehnt nach der Jahrhundertwende ihren höchsten Stand. Danach nahm sie wieder leicht ab und fiel allmählich auf ein Drittel dieser Anzahl im Jahr 1931. Da just in diesem Zeitraum jedoch die Mechanisierung und Serienproduktion von Holzsohlen einsetzte und die Produktivität der Beschäftigten sich damit vervielfältigte, sagt die Zahl der Beschäftigten in diesem Ge-

99 Holzschuh und Holzpantoffel als Fußbekleidung, in: Zentral-Blatt für die Holzschuh-, Pantoffel- und Filzschuhindustrie und das deutsche Holzschuhmacher-Handwerk 40 (1928), Nr. 10 vom 15.5.1928, S. 3-5.

100 Ebd.

101 Cook (1929), S. 3.

102 Holzschuh und Holzpantoffel als Fußbekleidung, in: Zentralblatt für die Holzschuh-, Pantoffel- und Filzschuhindustrie und das Deutsche Holzschuhmacher-Handwerk 40 (1928), Nr. 10 v. 15.5.1928, S. 1.

103 Vgl. Kap. 7.

104 Alle Angaben im Folgenden, wenn nicht anders angegeben, aus: Vigeon (1977).

werbe kaum etwas über die Höhe der Produktion aus. Über diese fehlen bislang noch quantitative Untersuchungen. Auffällig ist auch der starke Rückgang der Beschäftigtenzahl in dem Jahrzehnt, als in der Lederschuhproduktion die Mechanisierung begann.

Tabelle 3: Anzahl der Holzschuhmacher in England und Wales (1841-1931)[105]

Jahr	Anzahl
1841	3.246
1851	3.683
1861	4.980
1871	1.194
1881 und 1891	k. A.
1901	6.276
1911	5.805
1921	3.088
1931	1.976

Holzsohlenschuhe bestanden oft aus wiederverwerteten Teilen von Lederschuhen. Noch brauchbare Schäfte von alten Lederschuhen wurden auf neue Holzsohlen aufgenagelt und so einer zweiten Verwendung zugeführt. Gebrauchte Armeeschuhe galten als für dieses *clogging* besonders geeignet. Auch Lederschuhe, die nicht gut passten, wurden oft kurzerhand dem Prozess der Neubesohlung mit Holz unterzogen.

Trotz ihrer Herstellung in ganz verschiedenen Regionen des Vereinigten Königreichs und marginalen Variationen bildeten sich auch hier einige wenige Grundformen von Schuhen mit Holzsohlen heraus, die man tatsächlich als *Typen* und als die Endergebnisse eines Evolutionsprozesses beschreiben könnte, wie in der Einleitung dargestellt.[106] Dies waren Standardformen, die sich über Jahrzehnte hinweg kaum veränderten. Der deutsche Zweischnaller, der später als Zwangsarbeiterschuh in der deutschen Kriegswirtschaft so traurige Berühmtheit erlangen sollte, glich vom Schaftschnitt her dem englischen Typus des »two buckle clog«. Die übrigen englischen Holzschuhmodelle zeichneten sich durch ihre eher hochgeschlossene und über den Knöchel reichende Form aus. Tanzschuhe waren stärker ornamentiert. Die Pantine war wohl für das nordenglische Klima zu kalt und wurde hier kaum verwendet. Besonderheiten der englischen Konstruktion von Holzschuhen im Gegensatz zur deutschen waren das charakteristische Beschlageisen, das hufeisenartig unter den vorderen Rand der Sohle gelegt wurde, um den Abrieb zu vermindern.Wie fließend die Übergänge von

105 Zahlen vor 1900 nach Betriebszählungen des BoT, ab 1901 nach dem britischen *Census of Production*, nach: Vigeon (1977), S. 14.

106 Vgl. Kap. 0.3.

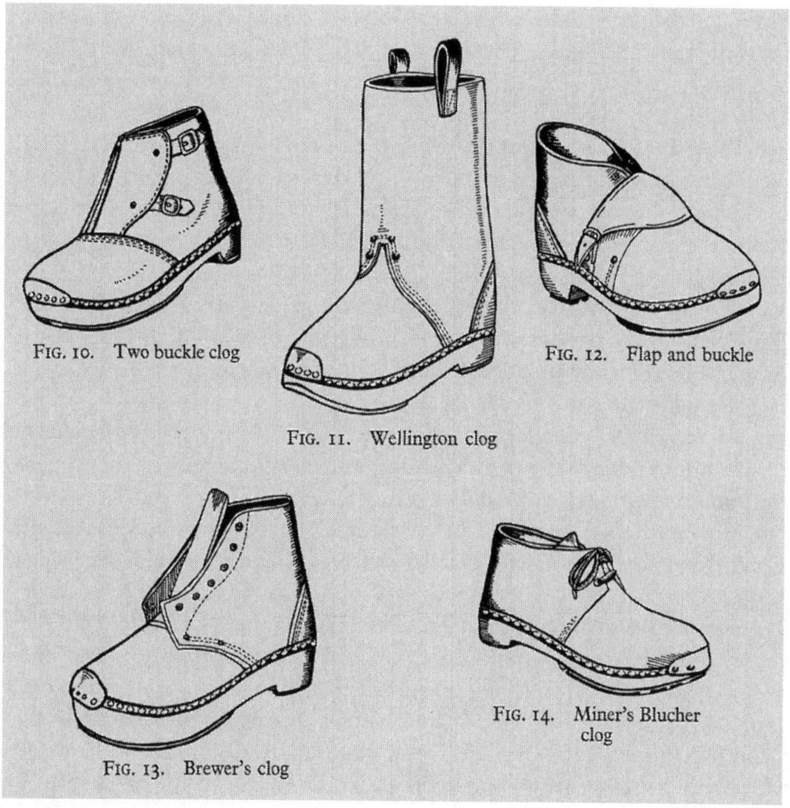

Abb. 7: Grundformen des englischen Arbeitsschuhs mit Holzsohle (um 1945)

der Arbeitskleidung zur Freizeitkleidung in England noch in der ersten Hälfte des 20. Jahrhunderts waren, zeigt die Bedeutung des Holzschuhs auch für eines der beliebtesten Freizeitvergnügen der nordenglischen Arbeiter: den Holzschuhtanz (*Morris Dance*). Der Holzschuhtanz war von der Mitte des 19. Jahrhunderts bis etwa Ende des Zweiten Weltkriegs als Unterhaltung weit verbreitet. Er wurde anfangs aktiv und ausschließlich von Männern in den großen Industriegebieten als Abend- und Festtagsvergnügen praktiziert. In einem Prozess der zunehmenden Professionalisierung und Kommerzialisierung wurde der Holzschuhtanz seit Beginn des 20. Jahrhunderts aber auch von professionellen Tänzerinnen und Tänzern in den *Music Halls* im ganzen Land auf der Bühne aufgeführt.[107] Eines der ersten professionellen Engagements von Charlie Chaplin war z. B. bei einer solchen Tanztruppe, den *Eight Lancashire Lads*.[108] Im 19. Jahrhundert entstand

107 McDowell (1989), S. 139f.
108 Chaplin (1977), S. 41-51.

diese Unterhaltungsform auch in den USA, wo sie als »Steptanz« (*tap dancing*) bekannt und weiterentwickelt wurde und in den 20er Jahren über Varietébühnen, Revuegirls und den Film große Verbreitung fand.[109] Im Zuge dieser Domestizierung wurden die Holzsohlen, für die früher besonders Eschenholz verwendet wurde, das eine spezielle Klangfarbe hat, durch Lackschuhe mit flexibler Ledersohle und kleinen, metallenen Step-Eisen ersetzt.[110] In den USA spielte der Holzschuh sonst gar keine Rolle. Er wurde dort in den 20er und 30er Jahren nicht in nennenswerten Mengen benutzt.[111]

In den Jahren des Zweiten Weltkriegs erlebten Holzschuhe in allen möglichen Variationen in Deutschland und Großbritannien einen letzten großen Boom.[112] Auf Darstellungen des *ordinary man* in Großbritannien wurden Arbeiter bei der Arbeit in der Rüstungsindustrie noch in den Kriegsjahren immer in Holzschuhen abgebildet. In einer Studie der *Amalgamated Society of Master Cloggers* und der *Wholesale Clog Manufacturers' Association* von ungefähr 1945 werden die Tätigkeiten aufgezählt, in denen Holzschuhe immer noch ein notwendiges Arbeitsmittel darstellten. Dies waren die meisten manuellen Tätigkeiten in Bergwerken und Steinbrüchen, in Fabriken, auf Docks und Werften sowie in der Landwirtschaft.[113] Im Deutschen Reich standen noch 1929 einer konsumierten Menge von 73 Mio Paar Lederschuhen geschätzte 7 Mio Paar Holzschuhe gegenüber.[114] Dies entsprach also knapp 10 Prozent der Lederschuhmenge. In den 1950er Jahren wurden Holzschuhe und Schuhe mit Holzsohle jedoch sehr schnell praktisch bedeutungslos. In der Bundesrepublik Deutschland wurden 1957 nur noch 160.000 Paar Schuhe mit Holzsohle hergestellt. Das waren 0,1 Prozent der Gesamtproduktion an Schuhen von 130,5 Mio.[115] Der Gummistiefel hatte den Holzschuh als Arbeitsschuh verdrängt.

Bedarfswandel: Vom Stiefel zum Halbschuh

Der wichtigste Wandel im Konsum von Lederschuhen in den 20er Jahren war die Ablösung des Stiefels als meistgebrauchter Schuhform durch den Schuh, der

109 McDowell (1989), S. 139f.

110 McDowell (1989), S. 139f.; Vigeon (1977), S. 2.

111 Vgl. Simon/Lex (1928), S. 84. Hier heißt es: »Holzschuhfabriken soll es in ganz Nordamerika nur zwei geben, wir konnten aber nicht genau erfahren, wo sich dieselben befinden. Der Verbrauch an Holzschuhwaren ist kaum ein nennenswerter.« Dies deckt sich mit den offiziellen Angaben zur Schuhproduktion in: Holt (1938).

112 Vgl. die Kap. 6 bis 9 und 11.

113 Vgl. The Clog Publicity Association, The Amalgamated Society of Master Cloggers and The Wholesale Clog Manufacturers' Association, Clogs. A Valuable Booklet for All Who Buy, Wear or Stock Clogs, o. D. [ca. 1945], zitiert in: Vigeon (1977), S. 24f.

114 Von 1929 insgesamt 6,8 Mio Paar wurden etwa 4,8 Mio handwerklich oder in Selbstversorgung gefertigt, vgl. Ausschuss Schuhmacherhandwerk, S. 261.

115 Woll (1958), S. 32.

nicht mehr den Knöchel bedeckte: den Halbschuh. Der Halbschuh umfasst als Kategorie eine große Gruppe von – stärker als vorher der Alltagsstiefel – nach Geschlechtern und Verwendungszwecken differenzierten Schuharten, die in den 20er Jahren entstanden. Während der Alltagsstiefel noch für eine auf Haltbarkeit und Solidität angelegte Fußbekleidung stand, die sich über Jahre hinweg kaum veränderte, wurde der Halbschuh zum Inbegriff aller Neuerungen, die die Produkte der Schuhwirtschaft in den späten 20er Jahren kennzeichneten: einer immer stärkeren Ausdifferenzierung nach Farben, Formen und Varianten und einem saisonalen Modell-Wechsel, der unter dem Begriff der »Mode« gefasst wurde.[116]

Die Mitte der 20er Jahre markieren den Wendepunkt dieser Entwicklung. Bis zum Ende des Ersten Weltkriegs trugen sowohl Männer als auch Frauen und Kinder im Alltag Stiefel, die knapp über den Knöchel reichten. Die Auswahl der Farben beschränkte sich auf Schwarz und Braun.[117] Die Variation der Modelle war sehr beschränkt. In den 20er Jahren begann der leichtere Halbschuh seinen Siegeszug durch die Straßen und Haushalte der großen Städte. Er ging einher mit der Verkürzung der Röcke und Hosen, die den Blick auf die Füße freigaben. Er kam bei jungen Leuten besser an als bei alten, bei Frauen eher als bei Männern, bei Besserbetuchten eher als bei Armen und war in der Stadt zunächst häufiger zu finden als auf dem Land. Zu Recht sah Werner Sombart die Durchsetzung des, wie er ihn nannte, »Niederschuhs« als einen Ausdruck der »Urbanisierung des Bedarfs« an Schuhen.[118] Auch John Flügel deutete die geringere Haltbarkeit des Halbschuhs im Zusammenhang seiner Abhängigkeit von einer immer weiter verbesserten, städtischen Infrastruktur, die geringere Anforderungen an das Schuhwerk stellte.[119]

Dieser Bedarfswandel erreichte viele ländliche Gegenden in Deutschland tatsächlich erst in den 50er Jahren.[120] Doch auch um 1930 wurde vereinzelt bereits berichtet, dass etwa Knechte und Mägde in der Landwirtschaft, die ihrem Vertrag nach Anspruch auf die Ausstattung mit Schuhwerk durch den lokalen Schuhmacher hatten, der auf den großen Gütern und Höfen ins Haus kam, auf diese Stiefel eher verzichteten. Sie ließen sich von ihrer Herrschaft lieber den Geldwert auszahlen und kauften sich dafür im Laden in der nächstgelegenen Stadt »billige Modeschuhe«.[121] Der ausschlaggebende Grund für die Abneigung der ländlichen Kunden gegen die handwerklich gefertigten Stiefel war weniger ihr Preis als vielmehr ihr Gewicht und ihre Klobigkeit. Die Schuhmacher hatten unter diesem Verlust ihrer Maß-Kundschaft Ende der 20er Jahre sehr zu leiden. Halbschuhe wurden weniger häufig repariert und stattdessen durch neue Schuhe

116 Vgl. Kap. 3.

117 Ausschuss Schuhmacherhandwerk, S. 282.

118 Kurz nach der Jahrhundertwende war dieser noch eine als kurios bestaunte Ausnahmeerscheinung, vgl. Sombart (1902), S. 6f.

119 Flügel (1930), S. 142f.

120 Grimm/Schäfer (1984), S. 119.

121 Ausschuss Schuhmacherhandwerk, S. 283.

ersetzt. In der Folge nahmen die Schuhmacher oft selbst den Handel mit den sogenannten Fabrikschuhen auf. Der Fabrikschuh kostete zu diesem Zeitpunkt etwa 60 Prozent des Preises eines handwerklich angepassten Schuhs.[122] Auch von den städtischen Unterschichten in Deutschland berichteten amerikanische Fachleute, dass in den 20er Jahren Schuhe, in stärkerem Maße als zuvor, Mittel der Selbstrepräsentation wurden: »After the war, even the poorest workers became more particular regarding the appearance of their shoes.«[123] Vor der Enquete-Kommission wurde z. B. auch die Beobachtung laut, dass neuerdings auf Arbeiterkongressen kaum noch Delegierte anzutreffen waren, die nicht neue Schuhe trugen. Dies änderte sich jedoch in den Jahren der Weltwirtschaftskrise.[124]

In den besser verdienenden sozialen Schichten differenzierte sich der Bedarf ebenfalls aus. Für verschiedene gesellschaftliche Anlässe wurden nun zunehmend unterschiedliche Schuhtypen getragen. Vor allem der Sportschuh entstand zu dieser Zeit. Einige der großen Sportschuhhersteller in England und Deutschland begannen Ende der 20er Jahre mit der Entwicklung ihrer Produkte. Die Firma der Gebrüder Rudolph und Adolf Dassler im fränkischen Herzogenaurach fabrizierte zuerst Hausschuhe und ging 1926 zur Produktion von leichten Turn- und Fußballschuhen aus Leder, mit Sohlen aus alten Reifen über. Diese wurden 1928 erstmals von deutschen Athleten bei den Olympischen Spielen getragen.[125] Die britischen Leichtathleten wurden seit 1924 von der englischen Firma J. W. Foster & Sons in Bolton bei Manchester mit Schuhen beliefert. J. W. Foster & Sons, 1958 in Reebok Ltd. umbenannt, war das weltweit erste Unternehmen, das sich ganz auf Sportschuhe spezialisierte. Bereits 1895 wurden hier Leder-Schuhe für Läufer mit Spikes in der Sohle hergestellt.[126]

Neben diesen Lederschuhen für Sportler gewann Mitte der 30er Jahre eine Gruppe von Produkten an Bedeutung, die ein gänzlich anderes Material als Leder verwendete. Diese Schuhe wurden von Gummiherstellern produziert und enthielten Naturgummi als Sohlenmaterial. Solche Sportschuhe wurden, bedingt durch das Sohlenmaterial, in einer völlig anderen Konstruktion als Lederschuhe hergestellt: An den Schaft aus Textil wurde die Gummisohle direkt angeformt.[127] Diese Sportschuhe wurden in England von beiden Geschlechtern vor allem zum Tennis- und Golfspielen und als Badeschuhe am Strand genutzt. Sie entwickelten sich seit Mitte der 30er Jahre zu einem billigen Freizeitschuh, der allerdings nicht wasser- oder kältefest war. Im Deutschen Reich war diese Schuhgattung weit weniger verbreitet als in Großbritannien.

122 Ebd., S. 287.

123 Cook (1929), S. 1.

124 Ausschuss Schuhindustrie (1930), S. 111.

125 1926 errichteten die Dasslers ihre erste Fabrik, die bereits im ersten Jahr 100 Paar am Tag produzierte. Vgl. Adidas-Salomon AG, in: Jay P. Peterson (Hg.), International Directory of Company Histories, Chicago/London 1988ff., Bd. 33, S. 7-11, hier S. 7.

126 Reebok International Ltd., in: ebd., Bd. 5, S. 375-377, hier S. 375.

127 Vgl. Kap. 6.2.

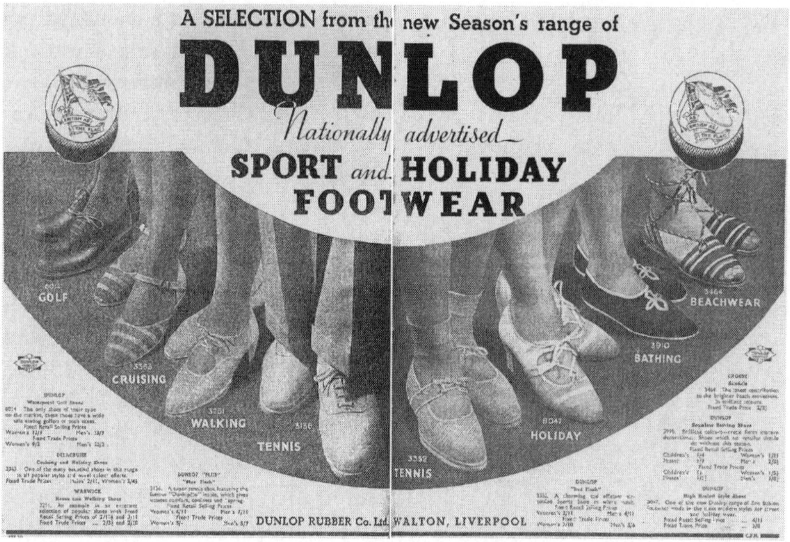

Abb. 8: Nichtleder-Schuhe: Sport- und Freizeitschuhe mit Naturkautschuksohle und Textilschaft. Werbeanzeige des Gummiverarbeiters Dunlop in Liverpool (1935)

Doch war der Sportschuh nicht nur zur aktiven Ausübung des Sports bedeutsam, sondern in einem mindestens ebenso großen Maße als Zuschauerschuh. Als Fußbekleidung zur passiven Teilnahme an Sportereignissen wurde der sogenannte *Spectator* ein wichtiges Produkt für das gehobene Bürgertum der späten 20er und frühen 30er Jahre. Der *Spectator*, der in Deutschland oft einfach »sportlicher Schuh« genannt wurde, war ein Halbschuh und stammte ursprünglich aus den USA, von wo aus er sich erst im sportbegeisterten Großbritannien und dann in Deutschland durchsetzte. Er zeichnete sich durch eine robuste Lederkonstruktion und ein Oberleder aus zwei farbigen Chromledern aus, unter denen Weiß den Grundbestandteil bildete. Er war ein Beispiel dafür, dass die Herrenmode in deutschen Schuhen im Allgemeinen aus Großbritannien und den USA übernommen wurde, während sich die Damenmode am französischen *Chic* orientierte.

1929 stellten die Fachleute vor dem Untersuchungsausschuss zur deutschen Schuhindustrie fest, dass die Fabrikation von Damenstiefeln gegenüber Damenhalbschuhen seit Mitte der 20er Jahre fast bedeutungslos geworden sei. Jene machten 1928 nur noch weniger als 1 Prozent der gesamten Schuhproduktion aus, diese dagegen über die Hälfte. Herrenstiefel wurden bis 1925 noch in größerem Umfang produziert als Herrenhalbschuhe. Ab 1926 hatte sich das Verhältnis jedoch ebenfalls umgekehrt.[128] Hier wird ein weiteres wichtiges Merkmal des Schuhkonsums deutlich: die ausgeprägten Geschlechter- und Altersunterschiede

128 Ausschuss Schuhindustrie (1930), S. 109f.

Abb. 9: Der Modeschuh für den Mann (1933). Zweifarbige Herrenschuhe mit Grundbestandteil Weiß nach dem Vorbild der US-amerikanischen »Spectators«

bei der Höhe des Verbrauchs und der Art der Produkte. 1927 waren von den in Deutschland konsumierten Lederschuhen 50 Prozent Damenschuhe, 25 Prozent Herrenschuhe, 25 Prozent Jünglings- und Knaben-, Mädchen und Babyschuhe. Auch in Großbritannien entwickelte sich in dieser Zeit die Dominanz des Damenschuhwerks. Hier standen 1924 43 Prozent Damenschuhen 39 Prozent Herrenschuhe und 18 Prozent Jünglings- und Knaben-, Mädchen und Babyschuhe gegenüber. In den USA waren es 1927 55 Prozent Damen- und Mädchenschuhe, 38 Prozent Herren- und Knabenschuhe und 7 Prozent Kinderschuhe.[129] Diese Zahlen zeigen, dass bei der breiten Masse der KonsumentInnen in den 20er Jahren bedeutende Unterschiede des Verbrauchs zwischen den Geschlechtern im Entstehen begriffen waren, die sich in den Folgejahren noch verstärkten. Männer konsumierten im Allgemeinen weniger und andere Arten von Lederschuhen als Frauen. Auch hier ist also eine Pro-Kopf-Quote des Konsums, die beide Geschlechter zusammenfasst, eher irreführend.

Der Mehrverbrauch an Frauenschuhen hing im Allgemeinen eng damit zusammen, dass diese in neuen Konstruktionen hergestellt wurden, die weniger stabil und dauerhaft waren.[130] »Die Konsumenten [hier sind vor allem Frauen gemeint] sind geneigt, an Stelle eines hochwertigen Paares Schuhe deren mehrere in niederer Preislage zu kaufen, um so den Ansprüchen der Mode folgen zu können«, war ein Ergebnis der Enquete-Kommission 1929.[131] Während Männer der Mittelschichten dazu tendierten, ein Paar Schuhe für alle Gelegenheiten zu tragen, trugen Frauen außerdem verschiedene Schuhe zu verschiedenen Anlässen. Oft benötigte man nun zu jedem Kleid die passenden Schuhe.[132] In den Jahren der Weltwirtschaftskrise führte die sinkende Kaufkraft dazu, dass, statt neue anzuschaffen auch Schuhe einfach umgefärbt wurden. Dies wurde durch

129 Zahlen für Deutschland und Großbritannien: Ebd., S. 228; für die USA: ebd., S. 239.
130 Vgl. Kap. 4.
131 Ausschuss Schuhindustrie (1930), S. 109f.
132 Ebd.

die größere Farbauswahl der Schäfte ermöglicht sowie durch die Tatsache, dass als Material zunehmend auch Textilien statt Leder verwendet wurde. So berichtete ein Schuhindustrieller aus Pirmasens: »Man sieht heute, was früher ganz unmöglich war, dass alte Schuhe gefärbt werden. [...] Früher wurden gelegentlich die braunen Schuhe schwarz gefärbt, wenn sie unansehnlich geworden waren; heute läßt man auch helle Damenschuhe auf andere helle Töne umfärben.«[133]

Der Schuh für Jugendliche wurde ebenfalls erst in den frühen 30er Jahren als eigene Produktsparte entdeckt. Die Firma Salamander beispielsweise begann 1932 mit der Produktion von sogenannten »Jünglingsschuhen« (männlich) und »Backfischschuhen« (weiblich), die zum selben Preis wie die Schuhe der Erwachsenen verkauft wurden und sich sofort zum Verkaufsschlager entwickelten.[134] Auch Kinderschuhe wurden in dieser Zeit zum Marktsegment spezialisierter Firmen. Sie waren in den 20er Jahren vor allem das Produkt eines großen Unternehmens, der Firma Gustav Hoffmann AG in Kleve am Niederrhein, die Kinderschuhe unter dem Markennamen »Elefanten« produzierte.[135] Sie galt Ende der 20er Jahre als die größte Kinderschuhfabrik in Europa.[136] Die amerikanischen Analytiker des deutschen Schuhmarktes rieten den US-Unternehmen vom Export von Kinderschuhen ab, da der Markt gänzlich von einheimischen Produzenten beherrscht werde.[137] In Großbritannien stellte vor allem die Firma C. & J. Clark Kinderschuhe her.

Alle Schichten der Bevölkerung trugen Ende der 20er Jahre auch importierte Schuhe. Bessergestellte Frauen leisteten sich ausländische Modelle, die aus Frankreich und Österreich kamen. Importierte Herrenschuhe stammten vor allem aus England und den USA.[138] Für die ärmeren Schichten, sowohl für Männer als auch für Frauen, kamen ausländische Schuhe zum überwiegenden Teil aus der Tschechoslowakei.[139] Doch während für die Konsumentinnen von französischen oder österreichischen Schuhen die Herkunft der Produkte aus dem Ausland zu ihrer Exklusivität beitrug, war die Tatsache, dass ihre Schuhe aus der Tschechoslowakei stammten, diesen Kundinnen meist gar nicht bewusst.[140]

133 Ebd.

134 Hanspeter Sturm, Geschichte der Salamander AG, Manuskript 1958, WABW, Bestand Y 110, Salamander AG, S. 81.

135 Vgl. Daute (2004); 150 Jahre Freudenberg (1999), S. 74.

136 Anlage zum Brief Carl Benscheidt an Jakob Sigle, Sonderbericht: Auskunft der Deutschen Auskunftei und Co. GmbH über die Firma Gustav Hoffmann, Kleve v. 9.10.1929, in: Bauhaus-Archiv Berlin, Fagus, Nr. 171.

137 Cook (1929), S. 19.

138 Ebd., S. 33.

139 Ebd., S. 34.

140 Ausschuss Schuhindustrie (1930), S. 237.

1.3 Die Verlängerung der Lebensdauer des Produkts

Die Pflege des Schuhs

Ein wichtiger Teil des Gebrauchs von Schuhen war ihre Pflege. Dadurch ließ sich das Aussehen der Schuhe verbessern oder verändern und ihre Lebensdauer erhöhen. Nach Schätzungen von Lederforschern in den frühen 40er Jahren konnte durch regelmäßige Pflege die Lebensdauer von Schuhen um das Fünf- bis Zwanzigfache gesteigert werden.[141] In den 20er Jahren wurden hierfür hauptsächlich vier Mittel verwendet: die Stiefelwichse, die Schuhcreme, das Lederfett und das Lederöl.[142]

Die Stiefelwichse war das älteste dieser Pflegemittel und bestand im Wesentlichen aus Zucker, Sirup oder Obstsäften und Kohle jedweder Abstammung. Die verflüssigte Wichse trocknete rasch und hinterließ auf dem Leder eine Glanzschicht. Der glanzgebende Bestandteil war der Zucker, der durch Schwefelsäure in Karamel überführt und verkohlt wurde. Bei der Stiefelwichse stand der ästhetische Aspekt der schwarzen Färbung und der Glanzschicht des Schuhwerks im Vordergrund. Eine konservierende Wirkung für das Leder hatte sie nicht. Ihr Einfluss war sogar ausgesprochen negativ: Wegen ihres Gehaltes an Säure und Eisenverbindungen entzog sie dem Leder Fett und führte häufig zu einem Brüchigwerden des Oberleders. Sie hatte außerdem den Nachteil, dass die Behandlung des zu putzenden Schuhes umständlich und langwierig war und dass der mit ihr erzielte Glanz außerordentlich empfindlich gegen Feuchtigkeit und Abrieb blieb. An dem mit Stiefelwichse behandelten Oberleder blieb der Straßenstaub leicht haften, und die Stiefel wurden in kürzester Zeit, besonders bei Feuchtigkeit, wieder unansehnlich. Auch färbten sie bei Berührung stark ab. Um den negativen Einfluss der Schuhwichse auf das Leder zu neutralisieren, war es unter VerbraucherInnen üblich, die Schuhe von Zeit zu Zeit abzuwaschen und durch die Behandlung mit einem Fett oder Öl wieder geschmeidig zu machen.

Wegen ihrer schädlichen Wirkung auf das behandelte Leder war das Schwärzen von Stiefeln im deutschen Reichsheer vor 1915 sogar ausdrücklich verboten worden.[143] Militärstiefel wurden zu Beginn des Ersten Weltkriegs nur in ihrer naturbraunen Farbe verwendet. Als Grund wurde 1910 in einem Handbuch der Militärhygiene angegeben, jede Farbe setze die Atmungsfähigkeit des Leders herab. Alles Schuhzeug dürfe nur eingefettet werden, z. B. mit Gewehröl.[144] Erst

141 Naegele (1944), S. 50.

142 Alle Angaben im Folgenden, wenn nicht anders angegeben, aus: Naegele (1944), bes. S. 9-21.

143 Kraus (1999), S. 177.

144 Bischoff/Hoffmann/Schwienig (1910), S.166.

als eine für das Leder weniger schädliche Zusammensetzung gefunden wurde, durfte ab 1915 das Schuhwerk wieder geschwärzt werden.[145]

Ein weiterer Nachteil der Schuhwichse war, dass diese nur für schwarze und nicht für farbige Oberleder, die bei Luxusschuhwerk bereits vor der Jahrhundertwende auftauchten, verwendet werden konnte. Für die Behandlung von andersfarbigen Ledern wurde eine wässerige Carnaubawachs- und Bienenwachsemulsion entwickelt und 1881 in Österreich patentiert, die als Paste auf den Markt kam: die sogenannte Schuhcreme. Sie war chemisch gesehen eine Wachsschmiere. Kurz nach der Jahrhundertwende begann die Schuhcreme die Schuhwichse allmählich vom Markt der Pflegemittel zu verdrängen. Ein wichtiger Grund für die Ablösung der Stiefelwichse durch die Schuhcreme war die Einführung des Chromleders als Oberleder, das infolge der Industrialisierung der Gerbung gegen Ende des 19. Jahrhunderts schnell an Bedeutung gewann.[146] Auf chromgegerbtem Leder war die Stiefelwichse nicht anwendbar, da Chromleder mit der Narbenseite nach außen verarbeitet wurde, während mit Wichse gemeinhin die rauhere Fleischseite des Leders versiegelt wurde. Etwa zeitgleich mit der Verbreitung des Chromleders tauchte zuerst in England und den USA und bald auch in Deutschland die sogenannte Everetts-Creme auf, die aus Wachsen, Terpentinöl, Wasser und Pottasche zusammengesetzt war und in Glasflaschen verkauft wurde. Sie kostete ein Vielfaches der alten Schuhwichse, die meist in ovalen Holzschachteln verpackt auf den Markt kam. Sie war Vorbild aller deutschen Fabrikate.[147]

Schuhcremes bestanden aus Pflanzenwachsen, vor allem dem aus Brasilien eingeführten Carnaubawachs, und Erdwachsen, d. h. natürlich vorkommenden, mineralischen Wachsen. Sie wurden mit Lösungsmitteln zu einer Paste verarbeitet und mit zusätzlichen Stoffen versetzt. Für die Färbung verwendete man von Anfang an synthetische Farbstoffe.[148] Der glanzgebende Bestandteil war das Wachs. Als Lösungsmittel wurde für die wertvolleren Schuhcremes Terpentinöl verwendet, das aus Erdöl gewonnen wurde. Im Ersten Weltkrieg ging man wegen des Terpentinölmangels dazu über, Schuhcremes mit Wasser als Lösungsmittel herzustellen. Die Wachse wurden durch Verseifung mit Soda oder Pottasche wasserlöslich gemacht. Die verseiften oder gemischt-verseiften Schuhcremes wurden aus mineralischen Wachsen (Paraffin), Wasser, Pottasche mit Zusätzen von Öl hergestellt und ergaben gegenüber der reinen »Ölware« ein minderwertiges Pflegemittel. Vor allem waren sie wegen ihres geringen Wachsanteils verhältnismäßig stark frostempfindlich.

145 Kraus (1999), S. 177.

146 Vgl. Kap. 5.

147 Das goldene Buch der deutschen Schuh- und Lederwirtschaft. Jubiläumsband der Gewerbezeitschrift »Schuh und Leder« zum 75jährigen Bestehen, Berlin 1932, S. 294.

148 Naegele (1944), S. 128-133.

Im Gegensatz zur Schuhwichse machte die Schuhcreme die Lederoberfläche nicht nur glänzend, sondern konservierte auch das Leder und schützte es vor Wasser und mechanischer Abnutzung. Die Schuhcreme ergab nach dem Auftragen bereits nach kurzem Polieren einen wasserfesten und trockenen Hochglanz, so dass der Staub nicht mehr haftete. Trotz ihres erheblich höheren Preises fand die Schuhcreme wegen ihrer überlegenen Eigenschaften bald reißenden Absatz. Sie war 1939 in den Farben Schwarz, Farblos, Hellbraun, Mittelbraun, Rotbraun, Dunkelbraun, Blau, Rot, Grün, Grau und Beige erhältlich. Das Verhältnis von schwarzer zu farbiger Schuhcreme lag zu diesem Zeitpunkt bei 70:30.[149]

Schuhcreme wurde nicht von den bisherigen Stiefelwichsefabriken hergestellt, sondern von Unternehmen der ölverarbeitenden Industrie. In Deutschland brachte die Firma A. Künkler aus Bensheim in Baden kurz nach der Jahrhundertwende die erste wasserfreie Lederpaste unter dem Markennamen *Guttalin* auf den Markt. Sie wurde in der heute noch für Schuhcremes charakteristischen Weißblechdose vertrieben und hatte auch in anderer Hinsicht für die Nachfolge-Produkte prägende Wirkung. Nach ihrem Vorbild wurde es üblich, die Präparate beim Patentamt anzumelden und mit einem Markennamen zu versehen, der sich an die Phantasienamen der chemischen Industrie für Farbstoffe oder Pharmazeutika anlehnte und meist auf -in endete.[150] Namen wie *Boxkalfin* wiesen auf ihre ursprüngliche Bestimmung als Chromlederpflegemittel (engl. *boxcalf* für schwarzes, chromgegerbtes Kalbsleder) hin. Auch die Marke *Salamander* war ursprünglich ein Name für Schuhpflegemittel und wurde erst 1904 auf Schuhwaren des Kornwestheimer Unternehmens Jakob Sigle & Cie. ausgedehnt.[151] 1920 wurde die Zahl der Firmen, die im Deutschen Reich Schuhcreme herstellten, auf 800 geschätzt. Die Marke *Erdal* der Firma Werner und Mertz in Mainz hatte sich in den 20er Jahren zum Marktführer entwickelt. 1928 stellte diese Firma mit 1.500 Beschäftigten allein 250 Mio Dosen Schuhcreme im Jahr her.[152]

Die übrigen geläufigen Pflegemittel für Lederschuhe waren Lederfette und -öle. Sie wurden auf pflanzlich gegerbten Ledern verwendet, die mit der Fleischseite nach außen verarbeitet waren. Sie bestanden ursprünglich ausschließlich aus pflanzlichen (Leinöl, Rizinusöl, Rüböl) oder tierischen Fetten (Talg, Schweinefett, Wollfett, Waltran).[153] Lederfette waren feste und Lederöle flüssige Schmiermittel, die die Eigenschaft hatten, in das Leder einzudringen, es zu kon-

149 Ebd., S. 23.

150 Die Produkte hatten so blumige Namen wie Amilin, Bottalin, Kerosin, Manfredin, Nigrin, Glanzolin, Putzalin, Othellin usw., aber auch Diabol, Kavalier, Radium, Sonnenglanz u. a.

151 Ruth Kappel, Die Marke »Salamander«, in: Auf Schritt und Tritt … Schuhe, Ausstellungskatalog, Kornwestheim 1999, S. 35-38, hier S. 35.

152 Erdal kauft Urbin. Deutscher Trust für Stiefelwichse, in: Berliner Morgenpost, Nr. 256, v. 26.10.1928, zitiert in: Naegele (1944), S. 15f.

153 Zu allen Angaben dieses Absatzes vgl. Naegele (1944), S. 27-30, 121-128.

servieren, es weich und biegsam zu erhalten und das Eindringen von Wasser zu verhüten. Noch in den frühen 30er Jahren wurden diese Fette unter Verwendung eines bedeutenden Anteils von Waltran und anderem Fischöl hergestellt. Der unangenehme, charakteristische Geruch des Rohstoffs war im Endprodukt durchaus erwünscht, da er den Konsumenten einen hohen Fettgehalt signalisierte. Lederöle bestanden bis zum Zweiten Weltkrieg zum ganz überwiegenden Teil aus Tran. Sie waren in Tuben, Blechflaschen und Kannen erhältlich.[154] Im Verhältnis aller vier Gruppen von Pflegemitteln war die Schuhcreme bereits in den 20er Jahren mengenmäßig dominant. 1938 wurden im Deutschen Reich 20.000 t Schuhcreme, 10.000 t Lederfett und 500 t Lederöl hergestellt. Schuhwichse war, bis auf den militärischen Konsum, praktisch bedeutungslos geworden.[155] Unter den Bedingungen des nationalsozialistischen Vierjahresplans änderte sich die Rohstoff-Zusammensetzung der Lederpflegemittel grundlegend. Ab 1933 wurden natürliche Wachse und Fette durch synthetisch erzeugte aus der chemischen Industrie ersetzt (Abb. 65).[156]

Die Reparatur des Schuhs

Wiesen Schuhe stärkere Schäden auf, konnten Verbraucher von verschiedenen Einrichtungen Reparaturen durchführen lassen. Dies war Ende der 20er Jahre durchschnittlich zwei- bis dreimal im Jahr der Fall.[157] Die wichtigsten Arten von Reparaturen waren das sogenannte Riestern,[158] d.h. Ausbesserungen durch Flicken am Oberleder, und diverse Bodenarbeiten, d.h. Reparaturen an der Sohle, der Verbindung von Sohle und Schaft und am Absatz. Die Reparaturen am Absatz, vor allem bei Damenschuhen, nahmen seit Einführung des Halbschuhs zu, was die Schuhmacher auf die »erhöhten Ansprüche an das modische Aussehen der Schuhwaren« zurückführten.[159] Der größte Teil der Reparaturen in Deutschland wurde im Handwerk, von Schuhmacherkleinbetrieben, durchgeführt. Während in den Städten die Kunden meist den Schuhmacher in seiner Werkstatt aufsuchten, war es auf dem Land in vielen Regionen der Schuhmacher, der zur Kundschaft ins Haus kam. Bei einer Beschäftigung oft über mehrere Tage verrichtete er vor Ort die Reparaturen des ganzen Hauses.[160]

154 Ebd., S. 135.
155 Ebd., S. 31.
156 Vgl. Kap. 9.3.
157 Ausschuss Schuhmacherhandwerk, S. 262.
158 Vgl. die Artikel *Riester* und *riestern*, aus der mittelhochdeutschen Wurzel *riuze* bzw. *altriuze* (Schuhflicker), Mittel zum Schuhflicken, gebildet, in: Deutsches Wörterbuch von Jacob und Wilhelm Grimm, Bd. 14, München 1984 (Originalausgabe 1893/94), Spalten 953f.
159 Ausschuss Schuhmacherhandwerk, S. 245-343, hier S. 262.
160 Schmitz (1992), S. 58.

Während das Schuhmacherhandwerk 1925 nur noch einen Anteil zwischen 3 und 6 Prozent der Neuproduktion von Lederschuhen bestritt – 1875 waren es noch 90 Prozent gewesen –,[161] führten Schuhmacher zu diesem Zeitpunkt zum überwiegenden Teil Reparaturen durch.[162] Generell wurde vom Schuhmacherhandwerk seit Einführung des Halbschuhs ein starker Rückgang der Reparaturtätigkeit verzeichnet.[163] »Die Reparaturmaßnahmen sind dadurch stark zurückgegangen, dass insbesondere Damenschuhwerk infolge der leichten Beschaffenheit der Fabrikerzeugnisse eine Reparatur in der Regel nicht lohnt.«[164] Scharfe Konkurrenz hatte das Schuhmacherhandwerk als Reparaturinstanz jedoch seit Beginn des Jahrhunderts von einigen neuartigen Betriebsformen erhalten. Hatte man Fabrik-Schuhe in der Filiale einer der großen Schuhhandelsketten gekauft, konnte man diese dort auch reparieren lassen. Reparaturen machten 1929 bis zu 8 Prozent des jährlichen Umsatzes dieser Filialen in den größeren Städten aus.[165] Ladenketten wie Baťa und Leiser in Berlin unterhielten seit dem Ersten Weltkrieg zentrale Reparaturbetriebe in den großen Städten und Konsumzentren.[166] Diese hatten den Vorteil, dass bei der Reparatur dieselben Leisten wie bei der Herstellung des Schuhs verwendet werden konnten. Die Gefahr, dass die Schuhe, meist handelte es sich um leichte Damenschuhe, durch eine unsachgemäße Aufleistung bei der Reparatur aus der Form gerieten, war dadurch geringer. Dies wussten die Kundinnen anscheinend zu schätzen.[167] Die Möglichkeit der hauseigenen Reparatur war Gegenstand der Werbekampagnen von Schuhhandelsketten, um sich von der Konkurrenz abzusetzen. Von einer Firma in Berlin wurde 1930 berichtet, dass sie für ihre Reparaturen Reklame »in großen Anzeigen in Tageszeitungen, in Anpreisungen in Schaufenstern der Firma, durch Kinoreklame und Wurfzettel« machte.[168] In den Baťa-Läden im Deutschen Reich wurden Reparaturen direkt in allen Verkaufsfilialen erledigt. Einfache Reparaturen persönlich ausführen zu können war eine Vorraussetzung

161 Angabe der 3 Prozent in: Grießinger (1991), S. 229, nach: Stade (1932). Der Ausschuss zur Untersuchung der Erzeugungs- und Absatzbedingungen der deutschen Wirtschaft schätzte 1929 eine Neu-Produktion von höchstens 4-5 Mio Paar Lederschuhe durch das Handwerk (bei Gesamtproduktion von 73 Mio Paar), vgl. Ausschuss Schuhmacherhandwerk, S. 260.

162 Meusch (1930), S. 448; Ausschuss Schuhmacherhandwerk, S. 249.

163 Ebd.

164 Meusch (1930), S. 448.

165 Cook (1929), S. 17.

166 In dem Reparaturbetrieb von Leiser in Berlin arbeiteten 1929 70 Beschäftigte, vgl. Ausschuss Schuhmacherhandwerk, S. 284ff., 341; Handwerkskammertag in der britischen Zone (1950), S. 121ff.

167 Ausschuss Schuhmacherhandwerk, S. 284ff.

168 Handwerkskammertag in der britischen Zone (1950), S. 126; Ausschuss Schuhmacherhandwerk, S. 263.

für die Einstellung von Geschäftsführern solcher Filialen, die diese vor der Einstellung in einer Prüfung nachweisen mussten.[169]

Eine zweite Alternative zur kleinbetrieblichen, handwerklichen Reparatur waren die »Schnellschuhsohlereien« oder »Schnellbesohlanstalten«, die in den Städten vor dem Ersten Weltkrieg entstanden. Hier wurden mit einer für das Handwerk zu dieser Zeit noch unüblich hohen Maschinenausstattung und in arbeitsteiliger Organisation gebrauchte Schuhe neu besohlt.[170] 3,2 Prozent aller Reparaturbetriebe in den Großstädten waren 1929 solche Schnellbesohlanstalten. In den Mittel- und Kleinstädten war ihre Zahl bedeutend geringer, da für einen rationellen Betrieb die Ausnutzung der teuren Maschinen hoch sein musste.[171] Den Schuh in einer der Schnellbesohlanstalten reparieren zu lassen kostete 20 bis 40 Prozent weniger als bei einem Handwerker.[172] »Trotz der minderwertigen Arbeit dieser Konkurrenz floriert sie weiter, weil die Bevölkerung bei uns derartig verarmt ist, dass sie nur auf den Preis, und nicht mehr auf die Qualität achtet«, berichtete ein Schuhmachermeister. Doch auch die Gestaltung der Annahmestellen spielte neben dem Preis anscheinend beim Publikum eine Rolle: »Sie werden meist von Kaufleuten gegründet, die von der Arbeit nichts verstehen, aber dafür elegante Läden eröffnen, teure Maschinen anschaffen, große Reklame machen und zu den niedrigsten Preisen arbeiten.«[173]

Die Angehörigen von Beschäftigten bestimmter großer Unternehmen konnten auch noch eine dritte Art von Instandsetzungsbetrieben in Anspruch nehmen. Vor allem Staatsbetriebe und städtische Versorgungsbetriebe unterhielten umfangreiche eigene Schuhreparaturanstalten, die sogenannten Regiebetriebe. Dies waren etwa die Deutsche Reichsbahn und Reichspost, kommunale Polizeien und Feuerwehren, Krankenhäuser, Gefängnisse, Konsumvereine, Gewerkschaften, Studentenwerke und Hafenbauämter. Aber auch Privatunternehmen besaßen solche Werkstätten, darunter große Industrieunternehmen und Bergwerks- und Hüttenbetriebe. Dort wurden Ausbesserungen für die Arbeiter und Angestellten, von der Firma bezuschusst, praktisch zum Selbstkostenpreis durchgeführt. In der Zeit der großen Arbeitslosigkeit wurden solche Großwerkstätten für die Schuhreparatur auch von Arbeitsämtern und Institutionen der städtischen Wohlfahrtspflege betrieben.[174] Auch die Reichswehr unterhielt eigene Werkstätten für die Reparatur. Der Reichsverband Deutscher Schuhmachermeister schätzte 1929 ihre Anzahl auf insgesamt 1.000 im Reich.[175] Das Schuhmacherhandwerk empfand die Regiebetriebe als schwere Konkurrenz und war

169 Betriebsorganisation. Leitgedanke der Organisation der Schuhfabrik Bata, Zlin, Tschechoslowakei, in: Industrielle Psychotechnik 3 (1926), S. 92.
170 Handwerkskammertag in der britischen Zone (1950), S. 113-129.
171 Ausschuss Schuhmacherhandwerk, S. 264.
172 Ebd., S. 341.
173 Ebd., S. 294.
174 Ebd., S. 295.
175 Ebd., S. 263 und 272.

in der Weimarer Zeit bestrebt, deren Angebot staatlich kontrollieren und begrenzen zu lassen. Ihr Vorwurf war, dass diese zu einer allgemeinen Senkung des Preisniveaus von Reparaturen maßgeblich beitrugen.

1.4 Zwischenfazit

In diesem Kapitel wurde nach den Grundmustern des Schuhgebrauchs in den 20er und frühen 30er Jahren gefragt. Bei der Schuhversorgung spielten nicht nur die Zugehörigkeit zu bestimmten Berufen und Einkommensklassen sowie der Wohnort im ländlichen oder städtischen Lebensraum eine Rolle, sondern auch das Alter und vor allem das Geschlecht der Konsumentinnen und Konsumenten. Die Reparatur spielte eine nicht zu unterschätzende Rolle bei der Schuhversorgung. Ein Drittel bis die Hälfte aller Ausgaben für die Fußbekleidung floss in die Instandsetzung gebrauchter Schuhe. Gleichzeitig bestand ein, nicht erst durch die Weltwirtschaftskrise erzeugter großer Mangel an Schuhwerk unter den ärmeren Bevölkerungsgruppen. Am unteren Ende der sozialen Hierarchie waren der Gebrauch von Holzschuhen und das Barfußlaufen gängige Alternativen zum Lederschuh-Konsum. Die Vollversorgung aller Teile der Bevölkerung mit Schuhen war noch keineswegs eine Selbstverständlichkeit. Am Barfußlaufen wurde deutlich, wie sich konkurrierende Deutungen des Gebrauchs oder Verzichts auf Schuhwerk im Alltag unterschiedlicher sozialer Gruppen überlagerten.

Bei diesen fundamentalen Differenzen in den Konsummustern ist in der Zeit der Weimarer Republik aber auch ein gemeinsamer Entwicklungstrend zu erkennen, der den Schuhkonsum aller sozialen Gruppen und die Produkte selbst wesentlich veränderte. In den 20er Jahren fand bei der Fußbekleidung ein bedeutender Bedarfswandel statt. Der modische Verbrauch gewann als Modus des Konsums an Bedeutung. Die moderne Verbrauchsstruktur von Schuhen des 20. Jahrhunderts bildete sich in diesem Jahrzehnt heraus: Seit Mitte der 20er Jahre erfolgte im Konsum von Lederschuhen eine immer ausgeprägtere Differenzierung nach gesellschaftlichen Funktionszusammenhängen und nach Geschlechtern. Dem entsprach eine Ausdifferenzierung der Produktmodelle vor allem des modischen Schuhs. Der neue »Halbschuh« verdrängte den über den Knöchel reichenden Stiefel als Alltagsschuhwerk. Die Vervielfachung des Verbrauchs bei gleichzeitig immer stärkerer Abkehr von der Praxis, die Schuhe bis zum physischen Verschleiß zu tragen, markierte den Beginn des Übergangs vom starren zum elastischen Bedarf von Schuhen. Die weibliche Kundschaft erschien dabei als die treibende Kraft und Zielgruppe neuer Produkte, während die männlichen Konsumenten eher konservativ an alten und bewährten Verbrauchsmustern festhielten. Junge und unverheiratete Leute, gleich welcher sozialen Schicht, waren eher für modische Produkte empfänglich als die älteren. Modeschuhe verbreiteten sich seit Mitte der 20er Jahre vor allem in den urbanen Zentren, während in anderen Lebensräumen und sozialen Gruppen der Alltagsstiefel für alle Gelegenheiten der Vorkriegszeit weiterhin vorherrschend blieb.

Die Pro-Kopf-Quote im Verbrauch von Schuhen ist daher nur sehr bedingt aussagekräftig. Zum einen ließ die ausschließliche Zählung in Lederschuhen den Holzschuhverbrauch außer Acht, und zum anderen verschwinden die starken geschlechts- und gruppenspezifischen Unterschiede des Schuhverbrauchs im Durchschnittswert. Während in Deutschland der durchschnittliche Verbrauch bei Männern unter einem Paar im Jahr lag, kauften Frauen dagegen mehrere Paare. Dieses quantitative Grundverhältnis zwischen den Geschlechtern galt auch in Großbritannien und den USA und verstärkte sich mit der Entstehung des Modeschuhs, der Gegenstand der folgenden Kapitel sein wird.

2. Krise und Konkurrenz: Kaufakt, Handel und Welthandel mit Schuhen

Der Weg des industriell hergestellten Schuhs von der Fabrik in die Hand der Konsumentin und des Konsumenten war in vieler Hinsicht weit und unterlag historisch einem tiefen Wandel. Überbrückt wurde er mit Hilfe des Handels, der als Mediator zwischen Produktion und Konsum eine wachsende Bedeutung in der Produktlinie erlangte. Vom Handel gingen wichtige Impulse für die Entwicklung des Schuhs aus. Unter anderem veranlasste er erste Maßnahmen zu einer Standardisierung des Industrieprodukts nach Schuhgrößen. Diese wirkte sich auf alle anderen Abschnitte der Produktlinie aus. Hierin manifestieren sich außerdem erste Unterschiede zwischen Deutschland, Großbritannien und den USA.

Die Frage, wie und warum die Wahl der Kundinnen im Laden auf einen bestimmten Schuh fiel, wurde in den späten 20er Jahren Ausgangspunkt erster wissenschaftlicher Studien im Auftrag von Schuhhandelsunternehmen. Diese waren ein wesentliches Element der Rationalisierung des Handels. Heute bilden sie eine wertvolle konsumgeschichtliche Quelle zur Analyse des eigentlichen Kaufakts von Schuhen und werden hier zu diesem Zweck ausgewertet. Gleichzeitig zeigen diese wissenschaftlichen Pionierstudien, dass Handel und Hersteller um 1930 den Vermittlungsvorgang des Produkts als Problem auffassten und dies auf neue Art zu lösen versuchten. Die neuen, wissenschaftlichen Disziplinen, die Mitte der 30er Jahre entstanden und sich mit dem Konsum von Schuhen beschäftigten, hatten hier ihre ersten Vorläufer.

Des Weiteren werden die spezifischen Vertriebsstrukturen des Schuhs in Deutschland untersucht und den britischen und amerikanischen gegenübergestellt. Als Leitfrage – auch für die kommenden Kapitel – liegt zugrunde, inwieweit der Handel als Auftraggeber die Produkte selbst prägte und ob die Stellung des Einzelhandels gegenüber den verschiedenen Großhandelsformen hierbei eine Rolle spielte. Dass Schuhe nicht nur binnenwirtschaftlichen, sondern auch weltweiten Austauschprozessen unterlagen, beeinflusste sowohl ihre Herstellungs- als auch ihre Verbrauchsbedingungen. In den 20er Jahren nahm die deutsche Schuhindustrie den Welthandel erstmals als Problem wahr. Dies war vor allem auf die Konkurrenz eines einzigen auf dem Weltmarkt an Einfluss gewinnenden Unternehmens zurückzuführen: des tschechischen Schuhkonzerns Baťa, der in den 20er Jahren zu einem globalen Akteur der Schuhwirtschaft aufstieg.

2.1 Körper und Schuhgrößen

Früheste Maßnahme der Standardisierung von Fußbekleidung überhaupt war die Einführung von Schuhgrößen. Diese war aus der Perspektive der Produzenten ein Mittel, Paare von Schuhen ohne direkten Auftrag für einen Markt und für eine undifferenzierte Menge anonymer Träger herzustellen. Aus Perspektive der SchuhkonsumentInnen stellte sie einen Zwang dar, individuelle körperliche Eigenheiten in ein festgelegtes Artefakte-System einzupassen. Alle Bedürfnisbefriedigung der Individuen war innerhalb des Größensystems nur noch im Rahmen des von der Produktion vorgegebenen Angebots möglich. Neben den individuellen Besonderheiten der Füße der zu beschuhenden Person blieb dabei eine grundlegende Eigenheit des menschlichen Körpers unberücksichtigt: die unterschiedlichen Größen des linken und des rechten Fußes der meisten Menschen.[1] Nach einem festen Größensystem standardisierte Schuhe wurden immer paarweise verkauft.

Die Massenausstattung von Wehrpflichtigen war für Verantwortliche der militärischen Beschaffung ein Anlass, sich systematisch mit der Frage der Fußgrößen auseinanderzusetzen. Erste repräsentative Untersuchungen fanden in Deutschland im militärischen Kontext, nach der Reichsgründung statt. Anlässlich einer solchen Studie an tausend Soldaten bemerkte der Offizier und Arzt Paul Starcke im Jahr 1880:

> »Untersucht man die Füße der Mannschaften eines Bataillons, so ist man erstaunt über die Verschiedenheit, die der Variation der Gesichter kaum nachsteht. Alle theoretischen Wünsche, gewissermaßen einen Durchschnittsfuß zu finden, verschwinden vor der faktischen Mannigfaltigkeit der Formen, die sich vorläufig in kein physiologisches Gesetz einzwängen lassen. […] Als Resultat aller Messungen […] ergab sich, dass bestimmte Proportionen zwischen Fußlänge und Breite, Spann- und Hackenweite *nicht* bestehen.«[2]

Wichtigstes Werkzeug bei der Schuhgestaltung war der Leisten. Er war die dem menschlichen Fuß nachgebildete Form aus Holz oder anderen Materialien, über die der Schuh als Hohlkörper geformt wird. Die Form des Leistens für die Serienproduktion stellte immer eine Repräsentation von Durchschnittsmaßen dar. Gleichzeitig war sie eine normative Entscheidung über die Gestalt der Schuhspitze, die Höhe des Absatzes und die Haltung des Fußes im Schuh. Frühe Maßsysteme von Fabrikleisten basierten nicht auf empirischen Vermessungen von menschlichen Füßen, sondern waren mehr oder weniger willkürlich geformt. Dementsprechend sprachen Kritiker der jungen, industriellen Schuhfabrikation in den 1880er Jahren von »Phantasieleisten«, die »höchstens annähernd«

1 Bischoff/Hoffmann/Schwienig (1910), S. 165.
2 Starcke (1880), S. 5.

dem menschlichen Fuß entsprachen.[3] Handwerker nannten die schuhindustriellen Produkte bis ins 20. Jahrhundert hinein abfällig »Fabrikgurken«.[4] Bis Ende des 19. Jahrhunderts war es, der Einfachheit der Herstellung halber, bei Fabrikware üblich, beide Schuhe eines Paares auf ein und demselben Leisten herzustellen. Es entstanden sogenannte zweibällige Schuhe, die erst vom Benutzer links und rechts eingelaufen werden mussten und entsprechend wenig passförmig für die Füße waren. Einbällige, d. h. asymmetrische Schuhe eines Paares setzten sich in der Industrieproduktion erst zu Beginn des 20. Jahrhunderts durch.

Die Standardisierung nach Schuhgrößen begann nicht erst mit der Mechanisierung der Schuhproduktion, die um 1860 einsetzte.[5] Der Prozess der Trennung von Bedarf und Angebot, der den Verbraucher für den Hersteller anonymisierte und den Hersteller vom Verbraucher räumlich entfernte und in den sich oft der Handel als Vermittler einschaltete, wurde dadurch nur verstärkt. Er begann bereits lange vorher. Im Jahr 1324 legte König Edward II. per Dekret die englische Schuhgrößen-Einheit von einem Drittel Zoll oder einem Gerstenkorn (*barleycorn*) (0,85 cm) fest, die bis heute gilt.[6] Die Vorrats- und Serienproduktion von Schuhen nach Größen begann in Großbritannien spätestens im englischen Bürgerkrieg in den 1640er Jahren. Der erste Massenbedarf an Stiefeln ging vom Militär der republikanischen Seite aus.[7] Wie überhaupt für die Geschichte von Bekleidungsgrößen war auch hier die Aushebung von Wehrpflichtigen, die von der Armeeführung kollektiv beschuht werden mussten, ausschlaggebend. Solche Massenversorgung unterschied sich von der individuellen Selbsteinkleidung von Söldnern und Berufssoldaten. Die zwiefache Einkleidungspraxis erhielt sich bis in die Armeen des Zweiten Weltkriegs: Während die Offiziere Selbsteinkleider waren und für Maßstiefel und Maßuniformen zusätzlich finanzielle Mittel erhielten, wurden die Scharen von Wehrpflichtigen durch die Bekleidungskammern des Heeres, der Marine und der Luftwaffe ausgestattet.[8]

In der zweiten Hälfte des 18. Jahrhunderts setzte sich das Konzept der Schuhgrößen in England auch im zivilen Bereich durch. In diesem Zeitraum entwickelte sich dort die Konfektionsware Schuh.[9] Etwa seit 1780 wurden Größenangaben auf die Schuhe aufgestempelt.[10] Schon 1848 wurden Schuhe in England vereinzelt in drei Weiten verkauft.[11] Seit 1885 gab es Bestrebungen, die Schuhgrö-

3 Putz (1883).
4 Grimm/Schäfer (1984), S. 123.
5 Vgl. dazu Kap. 4.
6 Swann (1986), S. 5; Beaumont (1945), S. 42.
7 Riello (2003), S. 132.
8 Für Deutschland vgl. Verbrauchsregelung für Spinnstoff-, Schuh- und Lederwaren. Erteilung von Bezugsscheinen für Wehrmachtsangehörige, BA-MA Freiburg, RW 19, Nr. 2480.
9 Riello (2006).
10 Swann (1982), S. 56f.
11 Ebd., S. 57.

ßen in ganz Großbritannien zu vereinheitlichen, die allerdings immer wieder an der mangelnden Einigung der Unternehmen scheiterte. Bis weit nach dem Zweiten Weltkrieg legte jeder Schuh- bzw. Leistenhersteller individuell seine eigenen Größenmaße fest, die untereinander bis zu anderthalb Größen differierten.[12] Dies lag auch daran, dass man keine repräsentativen Daten über die Fußmaße der Bevölkerung hatte. Die zunächst wichtigste Aufgabe der 1923 gegründeten Forschungsorganisation der Schuhindustrie in Großbritannien, der *British Boot, Shoe and Allied Trades Research Association*, war die wissenschaftliche Erfassung von Fußmaßen und ihre Umsetzung in Schuhgrößenstandards.[13] Doch scheiterten solche massenhaften, anthropometrischen Erhebungen immer wieder. Noch in den 40er Jahren gab es in England kaum statistisches Material über Fußgrößen. Es war lediglich bekannt, dass die Füße im Norden Englands durchschnittlich eine Schuhgröße kleiner waren als in Südengland.[14]

Für die deutschen Länder erfolgten wichtige, wenn nicht ausschlaggebende Impulse für die Produktion nach Schuhgrößen ebenso durch Bestellungen des Militärs. In Deutschland brachte die Einführung stehender Heere im 17. Jahrhundert einen entscheidenden Nachfrageschub.[15] Im zivilen Bereich verständigten sich etwa 1669 die Leipziger Schuhmachermeister auf unterschiedliche Lohnsätze für »Kaufschuhe«, d. h. auf Vorrat hergestellte Produkte, im Unterschied zu »bestellter Arbeit«, d. h. für einen konkreten Kunden gefertigte Maß-Schuhe. Für die Kaufschuhe wurde ein Viertel weniger Stücklohn pro Paar bezahlt als für bestellte Arbeit.[16] Im 18. Jahrhundert war die Arbeit auf Vorrat in der Schuhmacherei neben der Kundenarbeit offenbar bereits allgemein üblich. Dies war von der Betriebsgröße unabhängig, die damals üblicherweise beim Kleinbetrieb mit einem Gesellen lag.[17] Die Produktion von Kaufschuhen hing hier also nicht von der Seriengröße bei der Produktion ab. Sie waren eher Paare, die bei schlechter Auftragslage auf Vorrat produziert werden konnten. Kaufschuhe wurden durch das Werkstattfenster, auf Messen und Märkten vertrieben. Im frühen 19. Jahrhundert fertigten Manufakturen in französisch besetzten Gebieten, in denen der Zunftzwang aufgehoben war, große Mengen Militärschuhe. So verdankte etwa Erfurt seine spätere Stellung als einer der führenden Standorte der Herrenschuhproduktion in Deutschland Bestellungen der französischen

12 BoT, Working Party Reports: Boots and Shoes, London 1946, S. 150ff.

13 Vgl. die Forschungsprojekte der *Research Association* zum Thema (1924-1948) in: NA/PRO London, DSIR 36, Nr. 1271; Blackwell (1994), S. 7.

14 BoT, Working Party Reports: Boots and Shoes, London 1946, S. 156.

15 So bestellte im Jahr 1632 die Kaiserliche Armee bei Kölner Schuhmachern 20.000 Paar »Mannsschuhe« und 3.000 Paar Stiefel. Vgl. Bruno Kuske, Das soziale und wirtschaftliche Leben Westdeutschlands im Dreißigjährigen Krieg, in: Ders., Köln, der Rhein und das Reich, Köln/Graz 1956, S. 177-199, hier S. 193, zitiert in: Reith (1999), S. 185; Clasen (2003), S. 414.

16 Vgl. Reith (1999), S. 186.

17 Reith (1999), S. 187.

Armee von je 50.000 Paar Militärstiefeln an einzelne Firmen während dieser Zeit.[18]

In den USA begann der Großhandel mit Schuhen unmittelbar nach der Revolution Ende des 18. Jahrhunderts.[19] Sie markierte allgemein den Übergang von einer wirtschaftlichen Selbstversorgung der verstreuten Kolonialgemeinden der Ostküste hin zu einer Marktwirtschaft mit Schuhen, die über weite Strecken gehandelt wurden. Es entstand ein nationaler Markt, den vor allem die Schuhmacher aus Massachusetts, wo sich schon früh das Zentrum der Schuhherstellung herausbildete, und aus Philadelphia belieferten. Manche Großproduzenten (*shoe jobbers*) in Boston verschifften seit den 1790er Jahren regelmäßig große Mengen Schuhe in die Südstaaten und sogar in die Karibik.

Zwischen 1810 und 1850 verdreifachte sich die Bevölkerung der Vereinigten Staaten. Eine enorme Nachfrage entstand: Der Schuhverbrauch verdoppelte sich in diesem Zeitraum fast. Der Technikhistoriker Ross Thomson stellte daher die plausible These auf, dass die Mechanisierung der Schuhproduktion eine Folge der großen Nachfrage war, die mit handwerklichen Mitteln nicht mehr befriedigt werden konnte.[20] Im Zuge der Mechanisierung und damit der Vervielfachung der Produktion ab den 1860er Jahren gab es Bemühungen um eine Vereinheitlichung der Größen. Bis dahin hatten die Schuhe nur eine sehr geringe Uniformität. Die Bestrebungen gingen von den sich neu als Berufsstand formierenden Schuhhändlern und ihrem Berufsverband, der *Retail Boot and Shoe Dealers' National Association*, aus. 1886 erreichte man bereits auf dem ersten Kongress des Händlerverbands in Philadelphia eine Festlegung landesweiter Standard-Maße. Sie definierten den durchschnittlichen Umfang von Ballen (*ball*), zwei Stellen über dem Spann (*waist*, *instep*), Ferse (*heel*) und dem Knöchel (*ankle*) jeweils in konkreten Größenmaßen. Hierbei wurden bereits bestehende Leistenmaße der großen Hersteller berücksichtigt (Abb. 10).[21] Die Händler machten sie für alle Hersteller verbindlich, indem sie geschlossen nur bei den Unternehmen kauften, die diese Standards einhielten. So wurden die Maße in nur kurzer Zeit von den meisten Produzenten übernommen. Dies führte zu einem enormen Erfolg in der Standardisierung von Schuhgrößen in den USA. Sie war im Deutschen Reich und in Großbritannien lange Vorbild. Bemühungen um eine ähnliche Vereinheitlichung hatten hier jedoch nie Erfolg. Da diese Standards in den USA gleich in der ersten Phase der Mechanisierung und bereits

18 Rehe (1911), S. 207f.; Link (1913), S. 60.

19 Alle Angaben im Folgenden, wenn nicht anders angegeben, aus: Thomson (1989), S. 11-21; Hazard (1921), bes. S. 11-23.

20 Hier steht Thomson in einer längeren wirtschaftsgeschichtlichen Tradition, vgl. Mokyr (1977); Gilboy (1967).

21 Alle Angaben im Folgenden aus: Last Measurements Have Not Changed in Forty Years, in: SLR v. 29.4.1926, S. 33ff.; Resolutions Adopted by the Retail Boot and Shoe Dealers' National Convention, July 20 and 21, 1886, wiederabgedruckt in: SLR v. 29.4.1926, S. 35; Quimby (1946), S. 293.

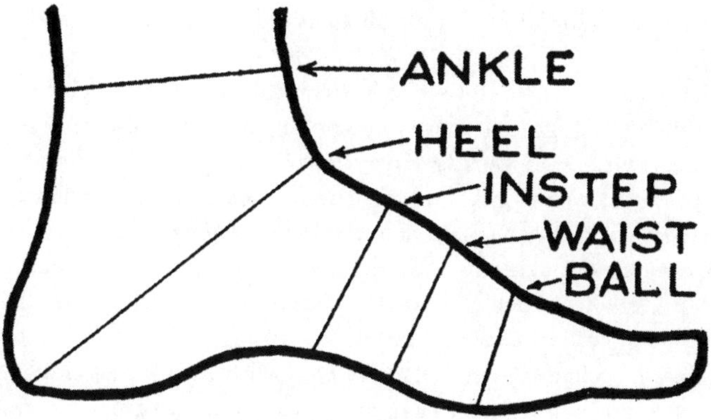

Abb. 10: Maße für eine Schuhgröße, die in den USA seit 1886 landesweit standardisiert waren (1927): Knöchelmaß, Fersenmaß, Spannmaß, Vorspannmaß und Ballenumfangsmaß

vor der großen Expansion der Schuhproduktion im 20. Jahrhundert festgelegt wurden, war die Einführung eines für alle verbindlichen Systems noch relativ einfach. Die damals festgelegten Standardmaße sind – mit einigen Modifikationen – vor allem im Zweiten Weltkrieg, bis heute gültig.[22]

Das angelsächsische Größensystem des englischen »Fuß« basierte auf dem menschlichen Körper als Maß aller Dinge. Das in Deutschland verwendete metrische System, basierend auf dem Pariser Normalmeter, hat bekanntlich ein willkürlich festgelegtes, geographisches Maß als Grundeinheit. Ab 1871 galt das metrische System im gesamten neu gegründeten Deutschen Reich. Für Schuhgrößen wurde in den deutschen Ländern der französische Einfluss ebenfalls dominant. In den 1880er Jahren wurde im Deutschen Reich das französische Schuhgrößensystem, das sogenannte Stichmaß (franz. *point de Paris*), eingeführt.[23] Dies hing wahrscheinlich auch hier mit der Entstehung eines spezialisierten Schuhhandels in der Gründerzeit zusammen. Der Handel bestand bis dahin aus einem »Konglomerat von kleinen […] Schuhmachermeistern, Gemischtwarengeschäften, Partiewarengeschäften, sich ansässig machenden Hausierern und einigen wenigen unternehmungslustigen Händlern in den

22 Carol Moffet, Shoe Sizing and Fitting. An Analysis of Practices and Trends, Washington 1941.

23 Das goldene Buch der deutschen Schuh- und Lederwirtschaft. Jubiläumsband der Gewerbezeitschrift »Schuh und Leder« zum 75jährigen Bestehen, Berlin o.J. [1932], S. 209f.; Ausschuss Schuhindustrie (1930), S. 72.

Großstädten«.[24] Die Einführung eines – zumindest nominell – einheitlichen Größensystems beförderte die Professionalisierung der Absatzorganisation von Schuhen.

Seit Übernahme des französischen Stichsystems unterschied sich das deutsche Schuhgrößensystem grundlegend von dem anglo-amerikanischen System. Die Maßeinheit wurde und wird in einer »Stichlänge« gemessen. Eine Stichlänge beträgt 0,66 cm, 3 Stich ergeben knapp 2 cm (1,98 cm).[25] In England und den USA basierte das Maßsystem auf dem englischen Zoll (2,54 cm). Ein Zoll ergab drei Nummern, die allerdings seit dem 20. Jahrhundert auch noch in halbe Größen unterteilt wurden. So ergaben sich pro Zoll sechs halbe Schuhgrößen.[26]

Während im Stichmaß der Längenunterschied von Größe zu Größe 0,66 cm beträgt, ist es im englisch-amerikanischen System nur 0,42 cm. Letzteres erlaubt somit eine bessere *Chaussierung*, d.h. genauere Anpassung an den Fuß. Es galt daher auch in Deutschland immer als vorbildlich.[27] Während das Stichmaß eine bestimmte Länge an nur jeweils eine festgelegte Weite in der Ballenpartie, Gelenkbreite und Fersenbasis des Schuhes bindet, bietet das angelsächsische System eine Wahlmöglichkeit zwischen verschiedenen Weiten, meist fünf oder sechs.[28] Die Einrichtung der Weiten im anglo-amerikanischen System war fuß- und konsumentengerechter. Dies führte allerdings dazu, dass im Handel von einem Schuhmodell bis zu 100 verschiedene Größen und Weiten auf Lager gehalten werden mussten, während man im Stichsystem mit ungefähr einem Zehntel der Menge auskam.[29] Als amerikanische Herrenschuhe ab der Jahrhundertwende erstmals auf dem deutschen und österreichischen Markt erschienen, fanden sie wegen ihrer guten Passform trotz ihres hohen Preises reißenden Absatz.

24 Das goldene Buch der deutschen Schuh- und Lederwirtschaft. Jubiläumsband der Gewerbezeitschrift »Schuh und Leder« zum 75jährigen Bestehen, Berlin o.J. [1932], S. 209.

25 Die Zählung beginnt bei der kleinsten Kindergröße von 15 Stich (= 10 cm) und zählt kontinuierlich durch bis zur längsten Herrengröße, früher 48 und heute 52. Das Stichmaß lässt sich verhältnismäßig leicht in Zentimeter umrechnen: es beträgt ³⁄₂ des Zentimetermaßes.

26 Die Nummerierung beginnt mit Größe 0 für Kinder (4 Zoll) und geht bis zu Größe 13 ½ (8,5 Zoll), um dann wieder mit Größe 1 der Erwachsenengrößen zu beginnen. Die englischen Leisten derselben Größe sind jeweils um ¹⁄₁₂ Zoll größer als die US-amerikanischen. Vgl. Veitch/Frey/Holman (1927), S. 9; Korn (1953), S. 98.

27 Englisches Längenmaß oder französisches Stichmaß?, in: SFZ v. 8.12.1929, S. 17f.

28 Die englischen Weiten werden in Buchstabenform von A (sehr schmal) bis G (sehr breit) gezählt und unterscheiden sich zu je einem Viertel Zoll im Umfang voneinander. Die Maße an Ballen, Spann und Ferse unterscheiden sich je voller Größe ebenfalls um ein Viertel Zoll. Auch das Stichsystem bot ursprünglich 4 Weiten. Carl Rehe erwähnte diese noch 1908, vgl. Rehe (1908), S. 46; Samsom (1930), S. 41.

29 Beaumont (1945), S. 5.

Die drei Größensysteme des englischen, des französischen und eines weiteren, des sogenannten metrischen Systems, existierten in Deutschland noch in den 1930er Jahren nebeneinander. Jeder Schuhhersteller entschied für sich, welche Größen er bevorzugte. Manche verwendeten auch mehrere Größensortimente gleichzeitig.[30] Die Reichswehr benutzte seit 1906 das »metrische« System.[31] Als Grund dafür, warum sich im Reich das französische System weitgehend als dominant durchgesetzt hatte, galt die Tatsache, dass dies für die Hersteller und für den Handel ökonomischer war.[32] Der besseren Passform halber diskutierte man Ende der 20er Jahre darüber, das angelsächsische Größensystem in Deutschland einzuführen. Dies scheiterte aber am Widerstand der Schuhhändler. Auch das Argument, dass bei verlässlicheren Größen der Anpassvorgang viel weniger Zeit erfordere und diese daher einen Rationalisierungsvorteil versprachen, überzeugte die Händler nicht.[33]

Amerikanische Herrenschuhe, die in Deutschland nur in der höchsten Preisklasse verkauft wurden, waren wegen ihrer guten Passform in der Weimarer Zeit sehr beliebt. Dies veranlasste Einzelhändler und deutsche Hersteller dazu, eigene Produkte mit dem Stempel »American Style« anzubieten. Im Schaufenster wurden diese mit kleinen amerikanischen Flaggen geschmückt. Sie wurden arglosen Kunden als amerikanische Schuhe zu dem hohen Preis von 24 RM verkauft, obwohl sie aus deutscher Produktion stammten.[34] Die Fachleute des *US Department of Commerce* rieten daher den amerikanischen Herstellern dringend, ihre Marken auf dem deutschen Markt schützen zu lassen, bevor sie nach Deutschland exportierten. Die Gefahr, dass skrupellose deutsche Unternehmen diese schlecht kopierten sei groß.[35] In der Passform waren die amerikanischen Produkte auch den britischen überlegen. Eine Delegation von britischen Schuhindustriellen, die im Frühjahr 1913 in die USA reiste, stellte überrascht fest, dass die amerikanischen Schuhe auch in halben Größen angeboten wurden, was in England zu diesem Zeitpunkt nicht der Fall war.[36]

Beim interregionalen und internationalen Handel mit Schuhwerk war ein grundsätzliches Problem, dass die Füße in verschiedenen Regionen der Länder und der Kontinente unterschiedliche Fußformen aufwiesen. Die größte Schwierigkeit bei der Anpassung amerikanischer Schuhe an deutsche Füße war der hohe und breite Spann der Deutschen. Normalerweise mussten deutsche Kun-

30 Ebert (1928), S. 42; Englisches Längenmaß oder französisches Stichmaß?, in: SFZ v. 8.12.1929, S. 17f.

31 In diesem Größensystem entsprach eine Größe einem halben Zentimeter. Es unterschied außerdem 9 Weiten. Vgl. Fagus-Werk, Maßtabelle für Militärleisten 1906, Bauhaus-Archiv, Fagus, Nr. 212.

32 Englisches Längenmaß oder französisches Stichmaß?, in: SFZ v. 8.12.1929, S. 17f.

33 Ebd.

34 Cook (1929), S. 18.

35 Ebd., S. 27.

36 The Economist v. 3.5.1913, zitiert in: Head (1968), S. 183.

den daher amerikanische Schuhe eine Nummer größer tragen, sonst warf der Schuh Beulen und Falten. Zur Förderung des amerikanischen Exports empfahlen die Experten des US-Handelsministeriums amerikanischen Herstellern, für Exportprodukte nach Deutschland die Leistenform zu ändern und den Spann zu verbreitern.[37] Auch innerhalb der USA gab es regionale Besonderheiten in der durchschnittlichen Anatomie der Füße. So wurde bei der Festlegung der Standardmaße für Leisten 1886 darüber diskutiert, in den Südstaaten den Umfang am Spann und in den westlichen Staaten am Ballen jeweils um 2/8 Zoll zu vergrößern als in den östlichen Nordstaaten, wo die Schuhe hergestellt wurden. Diese Überlegung galt vor allem den ländlichen und den afroamerikanischen Konsumenten.[38] Diese Regelung, die konsumentengerechtere Produkte für die verschiedenen Regionen zur Folge gehabt hätte, wurde aber zugunsten einer geringeren Komplexität der Produktion wieder verworfen. Die deutschen Produzenten stellten wiederum fest, dass »mit Schuhen, die nach deutschen Modellen hergestellt werden, [...] weder in Amerika noch in England ein Geschäft zu machen« war. Die deutschen Produkte wurden stattdessen auf sogenannten Exportleisten hergestellt.[39] Über die britische Schuhindustrie der Vorkriegszeit stellten Fachleute später fest:

> »The industry [...] did not cater for the various permutations of size demanded – in other words, the differences in heel to toe, heel to ball and width measurements were not all taken into account in shoe fittings produced. The relations between these three measurements vary considerably in the different export markets.«[40]

Auf den kolonialen Exportmärkten, in denen britische mit amerikanischen Produkten konkurrieren mussten, waren die britischen Schuhe daher für ihren schlechten Sitz bekannt.[41] Grundsätzlich galt für alle Größensysteme, dass sie nicht auf empirisch gewonnenen Durchschnittskörpermaßen basierten, sondern willkürlich festgelegt wurden. Die Interessenvertreter der Schuhkonsumentinnen und -konsumenten sowie Verbraucherschützer verlangten das ganze 20. Jahrhundert über die empirische Fundierung von Schuh- und Bekleidungsgrößen auf der Basis von anthropometrischen Massendaten verschiedener Be-

37 Cook (1929), S. 33.

38 Resolutions Adopted by the Retail Boot and Shoe Dealers' National Convention, July 20 and 21, 1886, wiederabgedruckt in: SLR v. 29.4.1926, S. 33-35, hier S. 33.

39 Amerikanische Leisten zeichneten sich durch eine allgemein breitere Schuhspitze und die fußgerechte, große Asymmetrie des Leistens zur Mittelachse aus. Vgl. Ausschuss Schuhindustrie (1930), S. 251; Karl Benscheidt, Welche Leistenformen werden heute bevorzugt?, in: SFZ v. 11.8.1934, S. 1; Burch (1929).

40 BoT, Working Party Reports: Boots and Shoes, London 1946, S. 156.

41 Head (1968), S. 170, 183.

völkerungsgruppen. Solche Projekte scheiterten aber durchgehend an der mangelnden Finanzierungsbereitschaft der Unternehmen oder staatlichen Stellen.[42]

2.2 Der Kaufakt

Bevor die konkreten Formen und nationalen Unterschiede im Schuhhandel der drei Vergleichsländer untersucht werden, ist an dieser Stelle zunächst das Augenmerk auf den eigentlichen Übergang des Schuhs in Konsumentinnen- und Konsumentenhand zu richten. Dieser Prozess an der Schnittstelle von Produktion und Konsum wurde in den späten 20er und frühen 30er Jahren erstmals Gegenstand wissenschaftlicher Forschung. Die Frage, wie der Schuh um etwa 1930 im Einzelhandelsgeschäft an die Verbraucherin und den Verbraucher gelangte und welche Überlegungen dem Kaufakt vorausgingen, war Thema zweier verschiedener Wissenschaftlergruppen. Im Auftrag von Schuhunternehmen untersuchten sie den Kaufakt in seinen wichtigsten Elementen und stellten Fragen nach den Motiven für Kaufentscheidungen. Ihre Studien geben Auskunft über die konkrete Praxis des Kaufens und die Rolle des Handels als Mediator des Kaufaktes. Sie werden hier als konsumgeschichtliche Quelle herangezogen, allerdings unter dem Vorbehalt, dass die von den Forschern verwendete sozialwissenschaftliche Methodik noch keineswegs ausgereift war.

Zunächst beschäftigten sich Vertreter einer wissenschaftlichen Richtung mit dem Phänomen des Schuhverkaufs, die als »Psychotechnik« bekannt wurde. Im Zusammenhang der wirtschaftlichen Rationalisierung in den 20er Jahren war ihr Ziel die Steigerung der Effizienz des Verkaufsvorgangs mit Hilfe von Zeit- und Bewegungsstudien. Das Institut für Industrielle Psychotechnik, das seit 1924 der Technischen Hochschule Berlin-Charlottenburg angegliedert war und von dem Experimental-Psychologen Walther Moede geleitet wurde, beschäftigte sich zu dieser Zeit mit Fragen der Rationalisierung in industriellen Großbetrieben. Darunter fielen die effektivere Produktion von Massenstückgütern und die Eignungsprüfung von Facharbeitern.[43] Durchaus typisch für die Zeit gingen die Rationalisierungsexperten von der Produktion von Massenstückgütern aus, bezogen aber schließlich auch die Distribution der Ware in ihre Untersuchungen mit ein, sofern diese vom gleichen Unternehmen getragen wurde. So führte 1927 Moedes Mitarbeiter, der Experimental-Psychologe Karl Heuler, im Auftrag einer großen, nicht namentlich genannten Berliner Schuhhandelskette eine Studie zum Verkauf von Schuhen in der Großstadt Berlin durch.[44] In drei verschiede-

42 In den USA des New Deal wurden diese Forderungen besonders prominent. Vgl. Carol Moffett, Shoe Sizing and Fitting. An Analysis of Practices and Trends, Washington 1941.

43 Vgl. Spur (2008); Weber (2001).

44 Karl M. Heuler, Zeitstudien beim Schuhverkauf, in: Industrielle Psychotechnik 4 (1927), Nr. 1, S. 1-6.

nen Läden des Handelshauses untersuchte der Rationalisierungsforscher die Zeit, die nötig war, um ein Paar Schuhe zu verkaufen. Die drei Läden wurden in verschiedenen Stadtteilen Berlins so ausgewählt, dass der eine ganz überwiegend von der »eleganten Welt und oberen Schichten«, der zweite vom »Mittelstand« und der dritte »von Arbeitern und ärmeren Bevölkerungsschichten« aufgesucht wurde. So wollte er Erkenntnisse über alle drei Käufergruppen im Vergleich gewinnen.

Der Wissenschaftler berichtet, dass der Verkaufsvorgang in vier Teilhandlungen zerfiel: das eigentliche Verkaufsgespräch, das Herbeischaffen der Ware aus dem Lager, eventuelle kleine Änderungsarbeiten und Reparaturen am Schuh und schließlich die Warenabgabe an den Kunden. Die Damen- und die Herrenschuhabteilung und deren jeweilige Lager lagen völlig getrennt, wiewohl in derselben Filiale unter einem Dach vereinigt. Diese waren wiederum nach Schuhfarben unterteilt: in ein »braunes« und ein »schwarzes Lager«. Hier wird deutlich, wie unüblich andere Farben zu diesem Zeitpunkt selbst in der Großstadt Berlin noch waren. Bei der Zeitnahme der Verkaufsvorgänge kam der Wissenschaftler zu folgenden Ergebnissen: Eine Frau brauchte in allen drei Läden bedeutend längere Zeit für einen Schuhkauf als ein Mann, und zwar durchschnittlich anderthalb Mal so lange. Vorausgesetzt, man akzeptiert die Repräsentativität der Studien-*Samples* für die sozialen Schichten durch die Ladenauswahl des Autors, differierte die durchschnittliche Gesamtverkaufszeit für ein Paar Schuhe weniger zwischen den sozialen Schichten als zwischen den Geschlechtern. Sie betrug bei den besonders gut betuchten Damen rund 24 Minuten, bei Kundinnen aus der Mittelschicht rund 19 Minuten und Frauen aus der Arbeiterschaft rund 28 Minuten. Die Männer benötigten für denselben Entscheidungsakt nur rund 13 Minuten, 19 Minuten und 10 Minuten.

Der Psychologe beobachtete den unterschiedlichen Habitus der Einkaufenden: Während im ersten Laden das »Publikum, das meist nicht auf den Pfennig zu sehen brauchte […] für sein Geld auch ›etwas sehen‹ wollte« und »sich durchaus nicht verpflichtet« fühlte, »schon den ersten, besten Schuh zu nehmen«, berührte es dagegen die »gut bürgerliche Dame« in der zweiten Filiale »vielleicht peinlich, wenn sie den Verkäufer immer wieder ›belästigen‹ sollte.« Bei den Arbeiterinnen verging stets einige Zeit, »bis bei diesen der bedauerliche Zwiespalt zwischen dem kleinen Geldbeutel und den schönen, aber leider teueren Schuhen zu einem für den Kunden annehmbaren Kompromiss führte.«[45] Für diese Deutung der unterschiedlichen Zeiträume sprach auch die durchschnittliche Anzahl der vorgelegten Paare bis zum Kauf. Diese lag bei Männern aus allen Schichten zwischen 4 und 5 Paaren, bei den Frauen dagegen in der obersten Schicht bei 17 Paaren, in der Mittelschicht bei rund 9 Paaren und bei den Arbeiterinnen bei 11 Paaren. Die Arbeiterfrauen ließen sich zwar weit weniger Paare

45 Karl M. Heuler, Zeitstudien beim Schuhverkauf, in: Industrielle Psychotechnik 4 (1927), Nr. 1, S. 1-6, hier S. 3.

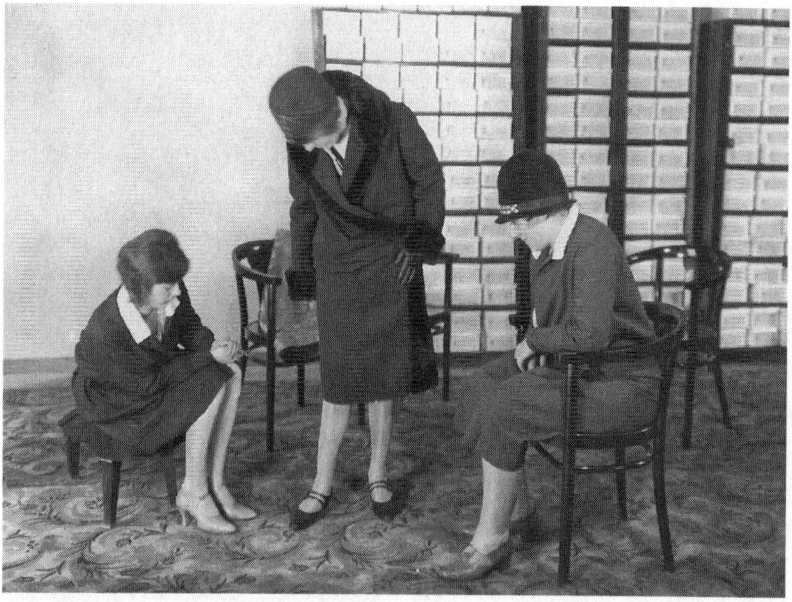

Abb. 11: Anprobe im Schuhgeschäft (späte 20er Jahre)

aus dem Lager kommen als die der Oberschicht, benötigten aber für die Entscheidung für ein Paar insgesamt wesentlich länger als ihre wohlhabenden Geschlechtsgenossinnen.

Aus der Studie geht außerdem hervor, dass es zu den Aufgaben der Verkäufer gehörte, kleinere Reparaturen am neuen Schuh, wie etwa das Versetzen eines Knopfes, eigenhändig noch vor dem Verkauf vorzunehmen. Da es dazu nötig war, in die dem Laden angegliederte Reparaturabteilung zu gehen, kam es mitunter zu Wartezeiten, wenn die benötigte Maschine gerade von einem anderen Verkäufer belegt war. Der Rationalisierungsexperte riet daher dem Unternehmen dringend, das Verkaufspersonal von der Verpflichtung, Reparaturen und Änderungen an der Ware auszuführen, zu befreien, diese Tätigkeiten auszulagern und einer Reparatur-Fachkraft zu übertragen.

Die junge »Wirtschaftspsychologische Forschungsstelle« in Wien, die vor allem mit den Namen Paul Lazarsfeld, Marie Jahoda und Hans Zeisel verknüpft ist, führte 1933 ebenfalls mehrere Studien zur Praxis des Schuhkaufs durch. Die Forschungsstelle war von Lehrenden, Doktoranden und Studierenden der Universität Wien gegründet worden, um eine neue Form der Sozialforschung zu erproben: die empirische Studie. Unter der Leitung der Psychologen Karl und Charlotte Bühler und vor allem ihres Assistenten, des Mathematikers und Sozialforschers Paul Lazarsfeld, führten die Wissenschaftler im Auftrag von Unternehmen und öffentlichen Institutionen erste Studien durch, anhand derer sie, für den deutschen Sprachraum erstmalig, empirische, statistische Methoden ausprobierten. Die Gegenstände der Untersuchung waren Studien zur Motivation von Kaufhandlungen, also Marktforschungen im Auftrag von Unternehmen, da diese eine Finanzierungsmöglichkeit für die innovative Forschungsmethode boten. Damit erweiterten die Mitarbeiter der Forschungsstelle die Sozialforschung um eine neue Datenquelle und erhoben gleichzeitig die Marktforschung zur akademischen Disziplin. Die Studien zum Schuhkauf gehörten zu den ersten empirischen Untersuchungen der Forschungsstelle.[46]

Abb. 12: »Backfisch« und »Jüngling« mit geschlechtsspezifischer Fußbekleidung: weiblicher Riemen-Lackschuh (Modeschuh) und männlicher, knöchelhoher Schnürstiefel (Standardschuh) (späte 20er Jahre)

Im Auftrag von Schuhunternehmen wurden zwischen 1931 und 1933 in den drei Städten Wien, Berlin und Zürich über 1.000 Schuhkäuferinnen und Schuhkäufer auf ihre Kaufpraktiken hin befragt. Die Studie wurde von der Schweizer Firma Bally, die zu diesem Zeitpunkt Schuhe in allen drei Städten vertrieb, und der Wiener Firma Del-Ka initiiert, deren Direktoren beide im Kuratorium der Forschungsstelle saßen.[47] Die Wiener arbeiteten vor allem mit qualitativen Interviews mit den Kundinnen und Kunden. Ihre Methoden und Ergebnisse waren schon etwas komplexer als die ihres Berliner Kollegen, der rein beobachtend forschte. Bei Befragungen zur Motivation für die Auswahl eines Schuhmodells gaben Männer wie Frauen die gute Passform als wichtigstes Kriterium an. An zweiter Stelle folgten Aussehen und Farbe, an dritter gute Materialien und Verarbeitung und an vierter der Preis.

46 Vgl. Kern (1982), S. 166; Zeisel (1988), S. 157-166.

47 Im Kuratorium der Forschungsstelle waren Schuhindustrielle mit Hugo Gänssler, dem Präsidenten der Bally Wiener Schuh AG, und Ludwig Klausner von der Wiener Schuhfirma Del-Ka überdurchschnittlich hoch vertreten. Vgl. Zeisel (1988), S. 161.

Tabelle 4: Eigenschaften des Schuhs, die Kunden als für den Kauf ausschlaggebend angaben[48]

Eigenschaften	Männer	Frauen
gute Passform	42 %	36 %
Erscheinung und Farbe	31 %	33 %
Materialien und Verarbeitung	16 %	14 %
Preis	7 %	9 %
Andere	4 %	8 %

Nun beließen es die Sozialforscher aber nicht bei den abstrakten Aussagen ihrer Gesprächspartner darüber, wie sie im Regelfall einkauften. Sie stellten diesen die tatsächliche Kaufpraxis gegenüber. Um etwas über ihre realen Kaufgewohnheiten herauszufinden, wurden die Kunden auch über eine konkrete Handlung befragt: ihren jüngsten Kauf von Schuhen. Hier stellte sich – für die Forscher überraschend – heraus, dass die Kunden, anstatt der eigenen Prognose gemäß den gut sitzenden Schuh zu kaufen, wie man nach der vorigen Aussage vermuten würde, sich für den vermeintlich gut aussehenden Schuh entschieden. Das Kriterium der guten Passform war bei beiden Geschlechtern auf den zweiten Platz gefallen und hatte gegenüber der vorigen Befragung ungefähr die Hälfte an Bedeutung eingebüßt.

Tabelle 5: Eigenschaften des Schuhs, die für einen Kauf tatsächlich ausschlaggebend waren[49]

Eigenschaften	Männer	Frauen
gute Passform	22 %	20 %
Erscheinung und Farbe	44 %	52 %
Materialien und Verarbeitung	15 %	13 %
Preis	12 %	10 %
Andere	7 %	5 %

Um dieses erstaunliche Abweichen von der vorher von den Kunden selbst proklamierten Regel zu erklären, fand Lazarsfeld folgende interessante Erklärung: Die meisten Käufer wussten nicht, wann ein Schuh richtig saß. Sie waren darin

48 Die psychologische Situation auf dem Wiener Schuhmarkt, Wien 1932; Schuhkauf in Zürich, Berlin und Wien. Eine Probeerhebung der Wirtschaftspsychologischen Forschungsstelle, Wien 1933; Nachlass Paul Lazarsfeld, Lazarsfeld Collection, Columbia University Library, New York, Series I, Box 33, Nr. 5 und Box 34, Nr. 22; vgl. dazu auch Fullerton (1990).

49 Nach: Fullerton (1990), S. 324.

von der Expertise der Verkäuferin abhängig.[50] Käufer, die die Bequemlichkeit und die richtige Passform des Schuhs für wesentlich hielten, erkannten, womöglich während des Beratungsgesprächs, dass es schwierig sein würde, diesen gut passenden Schuh zu finden. Also waren sie geneigt, das Aussehen nunmehr als ausschlaggebendes Kriterium ersatzweise in den Vordergrund zu stellen. Für die Beurteilung des richtigen Sitzes eines Schuhs fehlten den Konsumenten die Kriterien, etwa Wissen um den gesunden Fuß und seinen Bewegungsablauf.[51] Der durchschnittliche Kunde delegierte dieses Urteil implizit oder explizit an die Verkäuferin. Lazarsfeld diagnostizierte in dieser Situation eine Art »Spaltung der Autorität«: Die Käuferin oder der Käufer beschäftigte sich mit dem Aussehen des Schuhs, während die Verkäuferin für das korrekte Sitzen des Schuhs verantwortlich war. Die Not der fehlenden Urteilskraft brachte eine Schuhkäuferin auf den Begriff: »Ich wollte wissen, was mein Fuß braucht.«[52] Dass auch die Autorität des Verkäufers nicht unbedingt verlässlich war, zeigte sich daran, dass grundsätzlich die Hälfte aller von Frauen und ein gutes Drittel aller von Männern gekauften Schuhe später beim Tragen Beschwerden bereiteten.[53]

Eine weitere Form der Delegation von Entscheidungsmacht, die Lazarsfeld nicht analysierte, die aber zu dieser Zeit weit verbreitet war und auch in vielen Aussagen der Befragten Erwähnung fand, war die Röntgen-Maschine, das »Pedoskop«, wie es unter dem Markennamen einer britischen Firma auf europäischen Märkten bekannt wurde. Dieses Gerät wurde zeitgleich in Großbritannien und den USA entwickelt und war seit spätestens 1921 auch in Deutschland verbreitet.[54] Es war ursprünglich für die Behandlung von Kriegsverwundungen im Ersten Weltkrieg entwickelt worden. Mit dem Gerät konnte der Arzt diagnostizieren, ohne den Schuh des Opfers entfernen zu müssen. In Großbritannien wurde das *Pedoscope* seit 1920 von einer Firma in St. Albans hergestellt (X-Ray Limited, später The Pedoscope Company).[55] Mit dem Pedoskop wurde ein Anschein der Wissenschaftlichkeit beim Anpassvorgang erzeugt.[56] Der Kunde stellte sich mit angezogenen Schuhen in das Gerät, um dann zusammen mit dem Verkäufer das Röntgenbild in einem Sucher zu begutachten und zu sehen, ob

50 Da ein Befund der Untersuchung war, dass der überwiegende Teil des Verkaufspersonals in Schuhläden in Berlin und Wien weiblich war, wird im Folgenden immer von der »Verkäuferin«, nicht dem »Verkäufer« die Rede sein.

51 Vgl. dazu Kap. 7.

52 Schuhkauf in Zürich. Eine Probeerhebung der Wirtschaftspsychologischen Forschungsstelle, Wien 1933, Nachlass Paul Lazarsfeld, Lazarsfeld Collection, Columbia University Library, New York, Series I, Box 33, Nr. 5, S. 34.

53 Die psychologische Situation auf dem Wiener Schuhmarkt. Gutachten der Wirtschaftspsychologischen Forschungsstelle, Wien 1932, Nachlass Paul Lazarsfeld, Lazarsfeld Collection, Columbia University Library, New York, Series I, Box 34, Nr. 22, S. 35.

54 Vgl. Hermann Gocht, Handbuch der Röntgen-Lehre zum Gebrauche für Mediziner, Stuttgart 1921, S. 431f. Für GB und die USA vgl. Duffin/Hayter (2000).

55 Duffin/Hayter (2000).

56 Scientific Shoe Fitting. A New Model Pedoscope, in: SLN v. 10.5.1935, S. 27.

der Fuß darin genügend Spielraum besaß. In diesem Röntgenbild trat dem Schuhnutzer ein Hilfsmittel in wissenschaftlichem Gewand entgegen, das allerdings eines »Experten« (der Verkäuferin) bedurfte, um es zu deuten. Das Röntgen zu Anpassungszwecken beim Schuhverkauf wurde erst in den 1950er Jahren als gesundheitsschädlich erkannt, und 1971 in Großbritannien und 1976 in Deutschland ganz verboten.[57] Da das Bild meist vom unbelasteten Fuß im Schuh gemacht wurde, war seine Aussagekraft ohnehin begrenzt.

Für die Theoriebildung der Wirtschaftspsychologischen Forschungsstelle war die Schuhstudie ebenfalls von Bedeutung. Die Sozialforscher erkannten an Beispielen wie dem Schuhkauf die Grenzen der Selbsteinsicht der Handelnden, die sie befragten. Um eine effektive Theorie der Handlung zu entwickeln, mussten sie das Modell der bewussten Handlungsanalyse um die Beobachtung unwillkürlicher Handlungen und unbewusster Handlungsmotivationen erweitern. Dies war eine der Wurzeln der späteren sozialwissenschaftlichen Richtung der »Motivforschung« (*motivation research*), wie sie vor allem von Ernest Dichter für die Werbewirtschaft entwickelt wurde.[58] Unbewusste Reaktionen und äußere Faktoren, die nichts unmittelbar mit dem Verkaufsobjekt zu tun hatten, konnten die Kaufentscheidung maßgeblich beeinflussen. Lazarsfelds Mitarbeiter Hans Zeisel berichtete später:

> »Wir begegneten diesem Phänomen zum ersten Mal in unserer Untersuchung des Schuhkaufens. Wir bemerkten damals, dass der Schuhkäufer oder die Käuferin oft, nachdem der getragene Schuh vom Verkäufer abgenommen worden war, den Fuß zurück unter den Schemel steckte in einer gewissen Befangenheit, die oft damit zusammenhing, dass in jener Zeit die Strümpfe noch viel leichter zerrissen als heute. Gestützt durch die Bemerkungen aus dem Interview, kamen wir dann zu der Einsicht, dass der etwas entblößte Schuhkäufer ein Gefühl der Minderwertigkeit entwickelt, das ihn zugleich befangen und ein wenig reizbar macht. Dieser Zustand stellt außerordentliche Anforderungen an den Schuhverkäufer, für den wir dann auch aus unseren Studien wertvolle Einsichten bereitstellen konnten.«[59]

Der Gesinnungswandel beim Schuhkauf, bei dem der Kunde zwar einen Grund angab, aber nach einem anderen handelte, konnte also auch noch ganz andere Ursachen haben als die von Lazarsfeld genannten. Dass der Preis von den Kundinnen und Kunden an letzter Stelle der Wichtigkeit genannt wurde, hatte sicherlich auch mit Stolz oder Schamgefühl über einen kleinen Geldbeutel zu tun, den man dem Wissenschaftler nicht unbedingt offenbarte. Genauso ist wohl auch die Diskrepanz zwischen Theorie und Praxis des Kaufens zu verstehen: Als

57 Rosenbusch (1994), S. 432; Eason (1994), S. 9f.; X-Ray Shoe Fitting Devices, in: SATRA Bulletin 5 (1953), Nr. 21 (Sept. 1953), S. 174f.

58 Zeisel (1988), S. 164; Gries (2004), S. 353-375.

59 Zeisel (1988), S. 164.

vernunftgeleitete Norm hatten die Verbraucher den Vorsatz, einen gut sitzenden Schuh zu kaufen. In der Praxis der Auswahl siegten jedoch mitunter ästhetische Gesichtspunkte der Erscheinung. Doch die Grundbeobachtung Lazarsfelds und seiner Mitarbeiter soll hier festgehalten werden, dass die Verbraucher nur ein geringes Bewusstsein dafür hatten, wann ein Schuh gut saß oder wie sich, umgekehrt, ein schlecht sitzender Schuh auf den Fuß auswirken konnte.

2.3 Der Handel

Der Handel mit Schuhen im Deutschen Reich

Zum Verständnis des Verhältnisses von Konsum und Produktion ist ein Blick auf die Handelsstrukturen unerlässlich. Bis etwa 1860 war die Messe sowohl für den Großhandel als auch für den Detailverkauf von Kaufschuhen der zentrale Umschlagplatz.[60] Mit Beginn der Mechanisierung in den 1860er Jahren entstand etwa gleichzeitig auch der Absatz von Schuhen in Ladengeschäften. Das erste Einzelhandelsgeschäft nur für Schuhe in den deutschen Ländern wurde 1865 in Berlin eröffnet. Weitere Läden in anderen Städten folgten.[61] Der Verkauf auf Messen wurde seit den 1870er Jahren von ortsansässigen Großhändlern (»Schuhmagazinen«) verdrängt.[62] Mit der Verlagerung in Läden verbunden war auch ein Wandel in den Präsentationsformen des Produkts: »Die langen Stangen, an denen Stiefelpaare bis über das Trottoir hingen, verschwanden und die Verpackung der Schuhe in einzelnen Kartons begann sich mehr und mehr einzubürgern.«[63] Das Schaufenster als Präsentationsort und Werbeträger wurde entdeckt.[64] Seit der Einführung des Gasglühlichts und dann der elektrischen Beleuchtung gewann es als Gestaltungselement an Bedeutung.[65] Reklame für Schuhläden wurde in Form von Handzetteln auf der Straße verteilt. Auch Anschläge an Litfaßsäulen und Inserate in Zeitungen waren üblich. Nach den ersten spezialisierten Einzelhandelsgeschäften in den 1860er Jahren entstanden vor der Jahrhundertwende die ersten Einzelhandelsketten von Schuhunternehmen. Eine der ersten ihrer Art war die Fabrikdetailorganisation der Schuhfabrik Schmalzried in Leonberg, vermutlich um 1880.[66] Der Aufstieg der Firma Conrad Tack in Burg bei Magdeburg gründete sich auf den direkten, reichsweiten Vertrieb ihrer Produkte

60 Rehe (1908), S. 42.
61 Ebd., S. 43.
62 Vereinzelt gab es solche »Magazine« bereits früher, vgl. Spiekermann (1999), S. 218-236.
63 Rehe (1908), S. 43.
64 Vgl. dazu Spiekermann (1999), S. 573-585.
65 Rehe (1908), S. 43.
66 Das goldene Buch der deutschen Schuh- und Lederwirtschaft. Jubiläumsband der Gewerbezeitschrift »Schuh und Leder« zum 75jährigen Bestehen, Berlin o. J. [1932], S. 210.

in einer eigenen Einzelhandelskette ab 1892.[67] Andere Hersteller folgten diesem Beispiel.[68] Ein rapides Wachstum erfuhr der Schuhhandel ab Mitte der 1890er Jahre, als eine neue Machart, der rahmengenähte Schuh, die Qualität des Fabrikschuhs erheblich verbesserte und selbst die bessere Herrenkundschaft, die bisher ihren Bedarf ausschließlich beim Maßschuhmacher deckte, gelegentlich zu industriell gefertigten Produkten greifen ließ.[69] In den 1920er Jahren war der Verkauf von Schuhen in unabhängigen Einzelhandelsläden die dominante Form des Schuhvertriebs geworden.

Der durchschnittliche Schuhladen im Deutschen Reich machte 1930 seinen Umsatz zu 39 Prozent mit Damenschuhen, zu 24 Prozent mit Herrenschuhen und zu 12 Prozent mit Kinderschuhen. Außerdem verkaufte er zu 15 Prozent Haus- und Gummiüberschuhe und zu 8 Prozent Nebenprodukte wie Strümpfe und Schuhcreme, Schnürsenkel, Einlegesohlen und Schuhspanner.[70] Reparaturen machten bis zu 15 Prozent der Einzelhandelsumsätze (im Durchschnitt nur 2 Prozent) aus, wenn ein Geschäft grundsätzlich Reparaturen annahm.[71] Noch 1924 stellten die Schuhmacher etwa drei Viertel aller Schuhwarenhändler.[72] Dabei handelte es sich um Handwerker, die neben ihrer Schuhmacher-Werkstatt, in der sie Reparatur- und Maßarbeiten ausführten, einen kleinen Ladenverkauf betrieben. Gemessen am Gesamt-Umsatz mit Schuhen war ihre Bedeutung allerdings gering. Er betrug 1930 nur 6 Prozent, während über zwei Drittel des Umsatzes im selbständigen Schuheinzelhandel, etwa 14 Prozent in Filialbetrieben großer Handelsketten und 5 Prozent in Warenhäusern gemacht wurden.

Die Filialbetriebe oder Handelsketten waren einerseits unternehmenseigene Verkaufsstellen von Schuhherstellern, wie etwa Salamander oder Conrad Tack, daneben aber auch reine Handelsfilialen, wie vor allem die Firmen Carl Leiser und Carl Stiller in Berlin. Letztere, von Herstellern unabhängige Handelsketten vertrieben die Produkte mehrerer Unternehmen. Sie erstreckten sich jedoch meist räumlich nicht über die Grenzen ihrer jeweiligen Heimatstadt hinaus. Unter den fabrikeigenen Filialbetrieben war die Firma Conrad Tack führend, die

67 Vgl. Walter Heitz, Entstehung und Entwicklung unserer Firma (in 4 Teilen), in: Die Kameradschaft. Werkszeitschrift der Firma Conrad Tack & Cie., 2 (1936/37), Nr. 4 (25.2.1937) und folgende. Insofern stimmt die These Ulrich Pfisters für den Schuhhandel nicht, die herstellereigenen Filialketten seien in Deutschland erst nach 1900 entstanden und US-amerikanische Unternehmen seien hier Vorläufer gewesen. Vgl. Pfister (2000), bes. S. 50.

68 Das goldene Buch der deutschen Schuh- und Lederwirtschaft. Jubiläumsband der Gewerbezeitschrift »Schuh und Leder« zum 75jährigen Bestehen, Berlin o.J. [1932], S. 210.

69 Vgl. Kap. 4 und Rehe (1908), S. 43f.

70 Forschungsstelle für den Handel beim Reichskuratorium für Wirtschaftlichkeit, Lage und Leistungen des Einzelhandels mit Schuhwaren, Berlin 1936, S. 7.

71 Vgl. dazu ausführlich: Stade (1932).

72 Ausschuss Schuhindustrie (1930), S. 136; Ausschuss Schuhmacherhandwerk (1930), S. 264.

1929 ein Netz von 130 Filialen besaß und ihre Waren ausschließlich über diese vertrieb. Andere Schuhhersteller hatten an einzelnen Orten entweder eine eigene Filiale oder übertrugen dort einem selbständigen Händler den Alleinverkauf.[73] Letzteres war meist in kleineren Städten der Fall. Diese gemischte Variante des Vertriebs wurde z. B. von der Firma Salamander praktiziert, die 1929 93 eigene Geschäfte unterhielt, gleichzeitig aber noch etwa 1.000 Alleinverkäufer (selbständige Einzelhändler) im ganzen Reich belieferte.[74] Die Schweizer Firma Bally vertrieb ihre Produkte in Deutschland rein über das Alleinverkäufersystem.[75]

Um 1930 wurden etwa 15 Prozent und 1936 etwa 20 Prozent aller Schuhe in Deutschland über fabrikeigene Geschäfte der Hersteller abgesetzt.[76] Die »Fabrikdetaillierung« war eng mit der Markenentwicklung bei Schuhen verbunden.[77] Die Marke bürgerte sich bei den kleineren Qualitätsschuhherstellern gerade während der Weltwirtschaftskrise ein, als erstmals ausländische Konkurrenz auf dem deutschen Markt zu spüren war.

Die Filialbetriebe wurden Ende der 20er Jahre von den unabhängigen Einzelhändlern als Bedrohung empfunden, da sie die neuen Möglichkeiten der Produktwerbung in viel größerem Umfang nutzten und ihrem Wachstum und der Verdrängung des unabhängigen Einzelhandels keine Grenze gesetzt schien. Die 30er Jahre markierten jedoch den Höhepunkt des Filialsystems in Deutschland bis 1960.[78] Die Zahl der Salamander-Filialen beispielsweise nahm bis 1961 auf 89 ab, während die Zahl der Alleinverkäufer auf 1.500 stieg.[79] Die Warenhäuser spielten für den Verkauf von Schuhen fast keine Rolle. Während sie zu 50 und

73 Forschungsstelle für den Handel beim Reichskuratorium für Wirtschaftlichkeit, Lage und Leistungen des Einzelhandels mit Schuhwaren, Berlin 1936, S. 2; Ausschuss Schuhindustrie (1930), S. 140f.

74 Auch die Firmen Haueisen & Cie. (45 Filialen, 1.500 Alleinverkäufer), Dorndorf (16 Filialen) und Lingel (100 Filialen) operierten nach diesem System. Alle Angaben: Cook (1929), S. 16.

75 Prill (1964), S. 203.

76 Schnitzer (1937), S. 81.

77 Bekannt für ihre Marken waren außerdem vor allem die Schuhfirmen Tack (Burg), Rieker (Tuttlingen), Rheinberger (Pirmasens), Dorndorf (Breslau), Lingel (Erfurt) und die »Medicus«-Schuhfabrik (Nürnberg), deren Produkte unter dem Firmennamen verkauft wurden, sowie die Firmen Haueisen & Cie. in Stuttgart (»Mercedes«), Engelhardt & Co. in Kassel (»Chasalla«), Hoffmann in Kleve (»Elefant«) sowie Baťa in Othmuth (»Ota«), vgl. Ausschuss Schuhindustrie (1930), S. 140. Zur Entwicklung der Marke »Salamander« und ihrer Vermarktung, vgl. Schmitt (1999); zur Markenentwicklung der Firma Rheinberger vgl. Eduard Rheinberger AG, Das Buch vom Schuh, Mainz 1957.

78 Dass die Zahl der Filialen danach nicht weiter stieg, hing vermutlich mit dem Verbot der Neugründung von Filialen durch die nationalsozialistische Regierung im Mai 1933 zusammen. Vgl. Kap. 8 und Broszat (1969), S. 210ff.

79 Sturm (1999), S. 32.

Tabelle 6: Verteilung des Umsatzes mit Schuhen auf die verschiedenen Vertriebsformen im Deutschen Reich (1930)[80]

Vertriebsform	Umsatzanteil in % vom Gesamtumsatz
Selbständiger Schuheinzelhandel	70,4 %
Filialbetriebe (mit über 10 Filialen)	14,4 %
Schuhhandwerker	6,3 %
Warenhäuser	5,4 %
Konsumvereine	1,1 %
Abzahlungsgeschäfte	0,9 %
Sportartikelgeschäfte	0,7 %
Hausierhandel	0,2 %
Heeres- und Polizeibedarf	0,2 %
Werkskonsumanstalten	0,1 %
Insgesamt	100 %

60 Prozent Textilien und Bekleidung verkauften, bewegte sich ihr Umsatz mit Schuhen nur zwischen zwei und sechs Prozent. Dies änderte sich bis in die 1960er Jahre nicht.[81] Gründe hierfür waren einerseits die Notwendigkeit einer individuellen Kundenbetreuung bei der Schuhanpassung, die die Warenhäuser nicht leisteten. Ein anderer Grund lag in der Beschränkung der Warenhäuser auf einige wenige und verhältnismäßig einfache Standardmodelle von Schuhen, die »mit keinem Moderisiko behaftet« waren, während der Einzelhandel ein differenzierteres Sortiment unterhielt und flexibel auf Nachfrageströmungen und -änderungen reagierte.[82] Der Versandhandel begann in Deutschland erst nach 1945.[83]

Die Enquete-Kommission zur Schuhwirtschaft 1927 bis 1929 untersuchte auch die Vertriebswege von Schuhen und die Bedeutung des Handels für die Produktion. Sie wies darauf hin, dass die Produktion der deutschen Schuhindustrie fast durchweg nicht anonym für den Markt, sondern auf Bestellung des Handels erfolgte. Nur in Ausnahmefällen wurde von Produzenten ohne vorherigen Auftrag auf Lager gearbeitet. Nach den Erhebungen des Enquete-Ausschusses nahmen 15 bis 25 Prozent der Produktion die Grossisten, 60 bis 65 Prozent unmittelbar die Einzelhändler und 15 bis 20 Prozent die Handelsfilialen der Fabriken ab.[84] Die Einzelhändler spielten also eine wichtige Rolle bei der Formulierung des Bedarfs.

80 Richtzahlen für den Schuheinzelhandel, Schriftenreihe der Forschungsstelle für den Handel beim Reichskuratorium für Wirtschaftlichkeit, Nr. 10, Berlin 1932, S. 4, Tab. 2, zitiert in: Forschungsstelle für den Handel beim Reichskuratorium für Wirtschaftlichkeit, Lage und Leistungen des Einzelhandels mit Schuhwaren, Berlin 1936, S. 1.

81 Prill (1964), S. 208ff.

82 Ebd., S. 209; Ausschuss Schuhindustrie (1930), S. 144.

83 Prill (1964), S. 210.

84 Ausschuss Schuhindustrie (1930), S. 129.

Sie entschieden, welche Schuhe den Kunden angeboten wurden, und filterten und kanalisierten den Bedarf. Auf ihre Bestellung hin wurde erst in kleinen oder mittleren Serien produziert. Sie erwarteten normalerweise eine Lieferung innerhalb von vier Wochen nach der Bestellung und platzierten Aufträge in unregelmäßigen und saisonal bedingten Abständen. Die Saison-Höhepunkte waren vor allem die Monate Februar bis April und Oktober bis Dezember.[85]

Bei einem durchschnittlichen Paar deutscher Schuhe, das der Verbraucher im Laden zum Einheitspreis von 16,50 RM erstand, erhielt der Hersteller 9,90 RM, der Einzelhändler etwa 4,13 RM und der Großhändler 2,48 RM.[86] Dies entsprach in etwa der allgemeinen Preisgestaltung von Konsumgütern in Deutschland, bei denen durchschnittlich 40 Prozent des Endverbraucher-Preises auf die Distribution entfielen.[87] Bei Filialbetrieben fielen theoretisch auch die letzten beiden Margen der jeweiligen Schuhfabrik zu. In der Praxis wurde die Einsparung dort aber teilweise an die Konsumenten weitergegeben und der Schuh im Ganzen billiger verkauft.[88]

Der Handel mit Schuhen in Großbritannien und den USA

Im britischen Schuhhandel existierten alle diese Vertriebsformen ebenfalls. Hier war der unabhängige Einzelhandel jedoch bedeutend schwächer. Die Dominanz einer Reihe von Filialhandelsketten (*multiple shops*) zeichnete sich noch viel deutlicher ab als im Deutschen Reich. Sie hatten den Handel mit Schuhen Ende der 20er Jahre mehrheitlich in der Hand. Unter ihnen waren nicht nur fabrikeigene Ketten, sondern auch zahlreiche reine Handelsunternehmen. Eine Handelskette führte meist Fabrikate verschiedener Hersteller. Oft eröffnete sie mehrere Filialen in einer Stadt, wobei sie – je nach Kaufkraft im Bezirk – qualitativ hochwertige Schuhe in einem besseren Stadtteil, Schuhe der mittleren Preisklasse in einem anderen und billige Schuhe in einem ärmeren Stadtteil verkaufte, jeweils unter anderen Markennamen.[89] Bereits 1924 hatte die größte Kette, Freeman, Hardy & Willis aus Leicester mit 490 Filialen die zweieinhalbfache Menge an Läden des größten deutschen Filialbetriebes Ende der 20er Jahre. Auch drei weitere Unternehmen hatten zu diesem Zeitpunkt schon weit mehr Filialen als Conrad Tack in Deutschland.[90] Die Schuhwirtschaft war in Großbritannien der

85 Cook (1929), S. 4.
86 Dieser Rechnung liegt ein Großhandelsaufschlag von 25 Prozent und ein Einzelhandelsaufschlag von 33,3 Prozent zugrunde.
87 Angabe nach einer Studie der Gesellschaft für Konsumforschung von 1936. Vgl. Conrad (2004), S. 19.
88 Cook (1929), S. 12f.
89 Burch (1929), S. 8.
90 Dies waren Stead & Simpson (Leicester) mit 240, Greenless & Son (Leicester) mit 230 und Lennards (Bristol) mit 200 Filialen, vgl. Hertz (1924), S. 23.

erste Zweig der Konsumgüterindustrie neben den Nähmaschinen, in dem solch ein Vertriebsnetz entstand, und der beispielgebend für Handelsketten dieser Art wurde.[91] Der Anteil der Ladenketten mit über 25 Filialen, die einem Hersteller gehörten, wuchs von 50 Prozent im Jahr 1920 auf 65 Prozent im Jahr 1950.[92]

Die Idee des Filialbetriebes hatte sich in Großbritannien ursprünglich aus den Konsumgenossenschaften der Arbeiterbewegung heraus und früher als in Deutschland oder den USA entwickelt.[93] Bis zum Ersten Weltkrieg entwickelten sich die englische und die schottische Konsumgenossenschaft (Co-operative Wholesale Society) – gemessen an Beschäftigtenzahl und Umsatz – zum größten Handelsunternehmen in Großbritannien und sogar weltweit.[94] 1872 eröffnete die Co-operative Wholesale Society eine eigene Abteilung für Schuhwerk. Durch vertikale Integration der dem Handel vorgelagerten Abschnitte der Produktlinie befasste sich die Handelsgesellschaft bald selbst mit der Produktion. 1873 wurde sie Eigentümerin einer Schuhfabrik. Im Ersten Weltkrieg wurden Schuhe bereits in allen Konsumgenossenschaftsläden verkauft, und die Co-operative Wholesale Society besaß inzwischen sechs große Schuhfabriken in England und Schottland.

Dieses Handelsunternehmen arbeitete als Organisation *non-profit-making*, also nicht mit dem primären Ziel, einen Gewinn zu erwirtschaften, sondern die Erzeugnisse zu einem »moralisch vertretbaren Preis«, möglichst zu den Selbstkosten, an ihre Mitglieder abzugeben.[95] Die Ladenkette war für sie eine Möglichkeit, Produkte mit hohem Gebrauchswert für die Mitglieder überall im Land verfügbar zu machen. Dass diese starke Verwurzelung der ersten Handelsketten in der Arbeiterbewegung den Diskurs um die Produktqualität von Basisgütern in Großbritannien insgesamt prägte und dies einen großen Unterschied zu den mehr preisorientierten Vermarktungsmethoden der Handelsketten in den USA darstellte, hat die englische Historikerin Janice Winship gezeigt.[96] In den 20er Jahren nahmen Mitgliederstamm und Ausmaß der Produktion von Schuhen der Co-operative Society stark zu. 1938 gab es in Großbritannien über 1.000 Schuhläden der Co-operative Society, gegenüber insgesamt etwa 9.000 Schuhgeschäften anderer Filialbetriebe. Der genossenschaftliche Schuhhandel, gestützt auf eigene Herstellungsbetriebe, die gebrauchswertorientierte Produkte lieferten, war also für die britische Vertriebsstruktur von immenser Bedeutung.[97] Im Gegensatz zum Deutschen Reich, wo Ende des 19. Jahrhunderts ebenfalls einige

91 Jefferys (1954), S. 353-358.

92 Ebd., S. 363.

93 Ebd., S. 371; Winship (2000), S. 21; Chandler (1990), S. 255-261. Zur Geschichte der mächtigen Konsumgenossenschaften in ihrem Pionierland Großbritannien vgl. Bronner (1961).

94 Chandler (1990), S. 255-261.

95 Ebd., S. 261.

96 Winship (2000).

97 Der Aufstieg der Konsumgenossenschaften setzte sich bis in die 50er Jahre fort, als diese insgesamt 13 Mio Mitglieder zählten. Vgl. Faibairn (2003); Bronner (1961), S. 245-251.

Produktivgenossenschaften in der Schuhindustrie entstanden,[98] die allerdings nur wenige Jahre Bestand hatten, wurde genossenschaftlich produziertes und vertriebenes Schuhwerk ein wesentlicher Bestandteil der britischen Versorgungsstruktur.

Andere Schuhhersteller stiegen erst relativ spät in den Vertrieb mit eigenen Läden ein. Die Firma C. & J. Clark beispielsweise kaufte erst 1937 eine eigene Handelskette, die dann schnell expandierte.[99] Durch die große Verbreitung des Filialsystems profitierte der Schuhhandel in Großbritannien, im Gegensatz zum deutschen, voll von den Effekten von *Scale and Scope* – Skalenerträgen und Verbundvorteilen.[100] Der Umsatz aller Schuhe wurde in Großbritannien bereits 1920 zu etwa 40 Prozent in Ladenketten gemacht, worunter auch die Konsumgenossenschaften (*co-operatives*) fielen. Dieser Anteil stieg bis vor dem Zweiten Weltkrieg auf weit über 50 Prozent (Tabelle 7).[101] Die Warenhäuser spielten auch in Großbritannien für den Schuhvertrieb nur eine untergeordnete Rolle.[102]

Auch in den USA spielten Filialbetriebe (*chain stores*) gegenüber anderen Vertriebsformen von Schuhen die wichtigste Rolle. Sie entwickelten sich gegenüber England allerdings erst spät, ab dem Ersten Weltkrieg, aus dem Versandhandel heraus.[103] 58 Prozent aller Schuhe wurden in den USA durch spezialisierte Einzelhandelsgeschäfte vertrieben, 42 Prozent durch andere Handelsformen (Tabelle 8). Von den Einzelhandelsgeschäften machten Filialketten mit zwei oder mehr Geschäften 57 Prozent des Umsatzes im Vergleich zu 43 Prozent, die einzelne, unabhängige Einzelhändler erwirtschafteten (Tabelle 9). 60 Prozent aller Läden der Filialketten waren in der Gegend in und um New York und Chicago angesiedelt. Von den Produkten her wurden 1929 58 Prozent des Gesamtumsatzes mit Damen- und Kinderschuhen, 36 Prozent mit Herren- und Knabenschuhen und 6 Prozent mit anderem Schuhwerk gemacht.[104]

98 Im Dt. Reich wurden zwischen 1886 und 1895 Arbeiterproduktionsgenossenschaften für die Schuhproduktion in Frankfurt a. M., Erfurt, Offenbach, Barmstedt, Stadtilm, Burg, Hamburg, Leonberg und Münchenweiler gegründet. Alle entstanden im Anschluss an Streiks oder Aussperrungen in der lokalen Schuhindustrie. Alle gingen nach 1- bis 2-jährigem Bestehen wieder ein. Die erfolgreichste von ihnen, die Erfurter Genossenschaftsfabrik von 1890, bestand bis zu ihrer Auflösung und Umwandlung in eine Aktiengesellschaft im Jahr 1900. Sie besaß 1895 mit 11 Handelsfilialgeschäften in deutschen Großstädten ihre größte Ausdehnung. Vgl. Rehe (1908), S. 104. Zu den deutschen Konsumgenossenschaften allgemein vgl. Spiekermann (1999), S. 238-277, 732-5.

99 Hudson (1968), S. 52ff.

100 Vgl. dazu Kap. 4 und Chandler (1990).

101 Silverman (1946), S. 222.

102 Jefferys (1954), S. 357, 371f.; Winship (2000), S. 24.

103 Winship (2000), bes. S. 22; Chandler (1990), S. 255-261.

104 Angabe nach dem *Census of Distribution* von 1930 (Erhebung über 1929), in: US Department of Commerce, Bureau of the Census, Census of Distribution. Retail Distribution (Trade Series). Shoe Retailing, Washington 1933, S. 31.

Tabelle 7: Verteilung des Umsatzes mit Schuhen auf die verschiedenen Vertriebsformen in Großbritannien (1920-1950)[105]

Jahr	Co-operative Societies	Warenhäuser	Filialbetriebe	Andere Einzelhändler[106]
1920	7-8 %	3-4 %	31-35 %	53-59 %
1925	8-9 %	4-5 %	33-37 %	50-55 %
1930	8-9 %	4-6 %	35-40 %	46-54 %
1935	8-9 %	5-6 %	40-44 %	42-48 %
1939	8-10 %	5-6 %	44-49 %	35-44 %
1950	9-11 %	5-6 %	46-50 %	34-41 %

Tabelle 8: Verteilung des Umsatzes mit Schuhen auf die verschiedenen Vertriebsformen in den USA (1929)[107]

Vertriebsform	Umsatzanteil in % vom Gesamtumsatz
Spezialisierter Einzelhandel	58,0
Andere Vertriebsformen:	42,0
Städtische Warenhäuser (*Department Stores*)	16,5
Ländliche Kaufhäuser (*Country General Stores*)	9,1
Versandhandel (*Mail-order houses*)	2,8
Heeres- und Marinegeschäfte (*Army and Navy Goods Stores*)	0,2
Übrige	13,4
Insgesamt	100

Auf dem über weite Flächen verteilten Markt der USA hatte sich der Versandhandel als wichtiges Mittel der Überbrückung der großen Distanzen und der Versorgung der ländlichen Bevölkerung etabliert. Die größte Versandhandelsfirma war Sears Roebuck & Co. in Chicago, die in den 40er Jahre das größte Einzelhandelsunternehmen in den USA darstellte.[108] Gerade wegen der weiten

105 Schätzungen des Historikers James B. Jefferys, in: Jefferys (1954), S. 373.
106 Residual-Kategorie, die alle Gruppen umfasst, die nicht von den anderen abgedeckt sind, einschließlich Versandverkäufe.
107 Nach: US Dept. of Commerce, Census of Distribution. Retail Distribution. Shoe Retailing, Washington 1933, S. 45.
108 Winship (2000), S. 15-34; Boorstin (1973), S. 89-164, bes. S. 118.

Verbreitung der Versandbestellung bereits nach der Jahrhundertwende waren genau standardisierte Schuhgrößen in den USA so wichtig. Da der Anpassungsvorgang aus dem Ladengeschäft heraus in die Haushalte der Verbraucher verlegt wurde und mit vorgestreckten Versandkosten verbunden war, musste die Treffsicherheit der Passform hoch sein. Der Verbraucher sollte bereits vor dem Kauf eine Größe und Weite angeben können, die ihm voraussichtlich passte.

Tabelle 9: Verteilung des Umsatzes mit Schuhen im spezialisierten Einzelhandel in den USA (1929)[109]

Vertriebsform	Umsatzanteil in % vom Gesamtumsatz
Filialbetriebe (mit über 3 Filialen)	46
Unabhängiger Schuheinzelhandel (mit einem Geschäft)	43
Filialbetriebe (mit 2 oder 3 Filialen)	11
Insgesamt	100

Dieses Vertrauen in die Passform konnte hergestellt werden, indem die bereits erwähnten Standardgrößen festgelegt wurden. So war die Information für die Kundin maßgeblich, wenn Schuhhersteller in ihren Katalogen darauf aufmerksam machten: »Our last measurements all conform strictly to standard last measurements.«[110]

Ergänzend zum Versand waren in den großen Städten, vor allem der Ostküste, seit Ende des 19. Jahrhunderts die Warenhäuser prägend, die einen differenzierteren, städtischen Markt versorgten. Sie setzten 17 Prozent aller Schuhe ab. Ein weiterer großer Abnehmer und Mediator von Schuhen war der Staat, der keine eigenen Schuhfabriken für das Militär unterhielt, wie etwa das Deutsche Reich, sondern bei der Privatindustrie als Großkunde auftrat und wie die Einzelhändler Bestellungen bei Produzenten aufgab. Diese Aufträge wurden auf Auktionen an den bestbietenden Produzenten versteigert.[111] 1935 nahm der Bundesstaat auf diese Weise 6 Mio Paar Schuhe ab, die immerhin 1,6 Prozent der jährlichen Gesamtproduktion ausmachten.[112] Ein verschwindend geringes Prozent des Umsatzes wurde in Herrenschuhgeschäften mit Reparaturen gemacht. In Damenschuhgeschäften, ob-

109 Ebd., S. 12ff.
110 Katalog True Step. Shoes for Women, Robinson-Bynon Shoe Co., Auburn/New York, Spring/Summer 1933, in: NMAH, Warshaw Collection (60), Box 11, Folder Robinson Bynon Shoe Co., S. 26.
111 Vgl. z. B. Army Shoe Bids Opened, in: SLR v. 26.1.1928, S. 53.
112 Holt (1938), S. 17f.

wohl diese normalerweise mehr als das Doppelte an Einnahmen der Herrenschuhgeschäfte hatten, betrug dieser Anteil sogar nur 0,2 Prozent.[113]

2.4 Welthandel und Protektionismus: Der globale Konkurrent Bat'a

Wirtschaftskrise und ausländische Konkurrenz

Die Jahre 1927 und 1928 bildeten den wichtigsten Wendepunkt in der Geschichte des deutschen Schuhs vor 1936. Sie markierten den Beginn einer tiefen Krise der Schuhindustrie, die bis 1933 andauern sollte und eng mit der weltweiten Rezession, der Weltwirtschaftskrise, verbunden war. Diese Krise hatte verschiedene Gesichter. Die Arbeitslosigkeit unter den Beschäftigten der Schuhindustrie erreichte in dieser Zeit einen Höhepunkt. Der Zentralverband der Schuhmacher zählte bereits 1926 40 Prozent Arbeitslose. Diese Zahl war in Deutschland in keinem anderen Gewerkschaftsverband so groß. Auch die Anzahl der Kurzarbeiter lag bis in die frühen 30er Jahre sogar noch über dem allgemein hohen Durchschnitt.[114] Gleichzeitig war 1927 aber der Höhepunkt der Produktion von Schuhen im Deutschen Reich. Zu diesem Zeitpunkt wurden mehr Schuhe in Deutschland produziert als je zuvor. Dann verschlechterte sich die Lage drastisch. Die Produktion ging bis 1932, dem Jahr ihres Tiefststandes, kontinuierlich zurück, und erreichte erst 1937 wieder den Umfang von 1927 (Tabelle 39). Die Zahl der Insolvenzen von Schuhfabriken und Schuhgeschäften erreichte Rekordhöhen.[115] Der Pro-Kopf-Verbrauch von Schuhen im Reich ging von 1,3 Paar im Jahr 1927 auf 0,9 Paar 1932 zurück. Eine steigende Produktivität bei mangelnder und noch sinkender Kaufkraft, ruinöser Wettbewerb und Preiskrieg, der die Schuhpreise sinken ließ, und ein hoher Grad der Produktdifferenzierung waren weitere Symptome der Krise.[116] Der Umsatz des Einzelhandels mit Schuhwaren erreichte seinen Höhepunkt im Jahr 1928 mit etwa 900 Mio RM. Danach sank er bis 1932 um mehr als ein Drittel.[117]

Das Jahr 1927 markierte auch eine Wende im Außenhandel mit Schuhen: Während vor diesem Jahr die Exporte der deutschen Schuhwirtschaft größer waren als die Importe, drehte sich dieses Verhältnis in den folgenden Jahren um.

113 Angabe nach dem *Census of Distribution* von 1930 (Erhebung von 1929), in: US Department of Commerce, Bureau of the Census, Census of Distribution. Retail Distribution (Trade Series). Shoe Retailing, Washington 1933, S. 18.

114 Schuster (1997), S. 53.

115 Der Durchschnitt in den Jahren 1928-1931 lag bei 130 insolventen Schuhfabriken und 640 Schuhgeschäften im Jahr. Prill (1964), S. 82.

116 Vgl. dazu ausführlicher Bräutigam (1997), S. 33-40.

117 Forschungsstelle für den Handel beim Reichskuratorium für Wirtschaftlichkeit, Lage und Leistungen des Einzelhandels mit Schuhwaren, Berlin 1936, S. 2.

1927 entstand ein Einfuhrüberschuss in Höhe von 0,7 Mio Paar.[118] 1928 wurden bei insgesamt 71 Mio Paar in Deutschland produzierten Schuhen 2 Mio exportiert und 4,2 Mio importiert.[119] Im Vergleich zu heute, da etwa 65 Prozent der in Deutschland konsumierten Schuhe aus dem Ausland stammen, spielte somit der Außenhandel Ende der 20er Jahre noch eine sehr untergeordnete Rolle.[120] Doch Mitte der 20er Jahre erschien praktisch aus dem wirtschaftlichen Nichts ein neuer, weltwirtschaftlicher Konkurrent auf der Bildfläche, der die deutsche Schuhwirtschaft in ihren bereits wackligen Grundfesten erschüttern sollte: die Firma Baťa aus Zlín in der Tschechoslowakei.

Der tschechische Schuhmacher Tomáš Baťa (1876-1932) (in der anglisierten Version Thomas Baťa oder Bata) begann mit der industriellen Herstellung von Leinenschuhen, die er im Ersten Weltkrieg für Militäraufträge der österreichungarischen Monarchie in großen Mengen herstellte. 1904 wanderte Baťa in die USA aus, wo er, wie auch viele deutsche Fachkollegen, im traditionellen Zentrum der amerikanischen Schuhindustrie, Lynn in Massachusetts, einige Zeit in Schuhfabriken arbeitete. Nach seiner Rückkehr über Großbritannien und Deutschland, wo er ebenfalls in der Schuhproduktion tätig war, begann er, in seinem Heimatort Zlín amerikanische Fertigungsmethoden einzuführen.[121] Nach dem Ersten Weltkrieg organisierte Baťa die Schuhproduktion nach dem Vorbild der Massenproduktion Henry Fords.[122] Bald entfalteten die Schuhfabriken in Zlín eine enorme Produktivität. In den Jahren von 1923 bis 1926 stieg die Tagesproduktion von Schuhen in seinen Fabriken von 8.000 auf 55.000 Paar. Im selben Zeitraum versechsfachte die Schuhindustrie der Tschechoslowakei ihre Ausfuhren, am Wert der Produkte gemessen. Während die Importe aus ganz Österreich-Ungarn 1913 nur ein Viertel der deutschen Gesamteinfuhr in Paar darstellten, waren es 1928 allein aus der Tschechoslowakei drei Viertel. Diese Schuhe stammten fast ausschließlich von dem Unternehmen Baťa.[123]

Für die deutsche Schuhindustrie bedrohlich war weniger der Umfang der Einfuhren, die sich insgesamt auf niedrigem Niveau bewegten, als vielmehr der Preis der Baťa-Schuhe. Er entfaltete auf dem deutschen Markt eine ganz eigene Wirkung. Durch diverse Rationalisierungsmaßnahmen wurde er zwischen 1923 bis 1929 auf die Hälfte und bis 1932 auf 40 Prozent des Preises von 1923 ge-

118 Ausschuss Schuhmacherhandwerk (1930), S. 260; Cook (1929), S. 30.

119 Mit Schuhen sind hier, wie in allen Berechnungen dieser Zeit, Lederschuhe gemeint. Schnitzer (1937), S. 79.

120 Anteil des Schuhimports am Gesamtverbrauch in der Bundesrepublik Deutschland im Jahr 1998 vgl. Hauptverband der Deutschen Schuhindustrie, Modeausschuss Schuhe (SchuMo) (Hg.), Die Schuhwirtschaft in Zahlen, 12. Jahrgang (1998/99), Offenbach 1999, S, 91.

121 Für die Frühgeschichte Baťas vgl. Pokluda (2004); Lackner (1992), S. 61-67; Lackner (1993).

122 Vgl. dazu Kap. 4.

123 Ausschuss Schuhindustrie (1930), S. 161, 203.

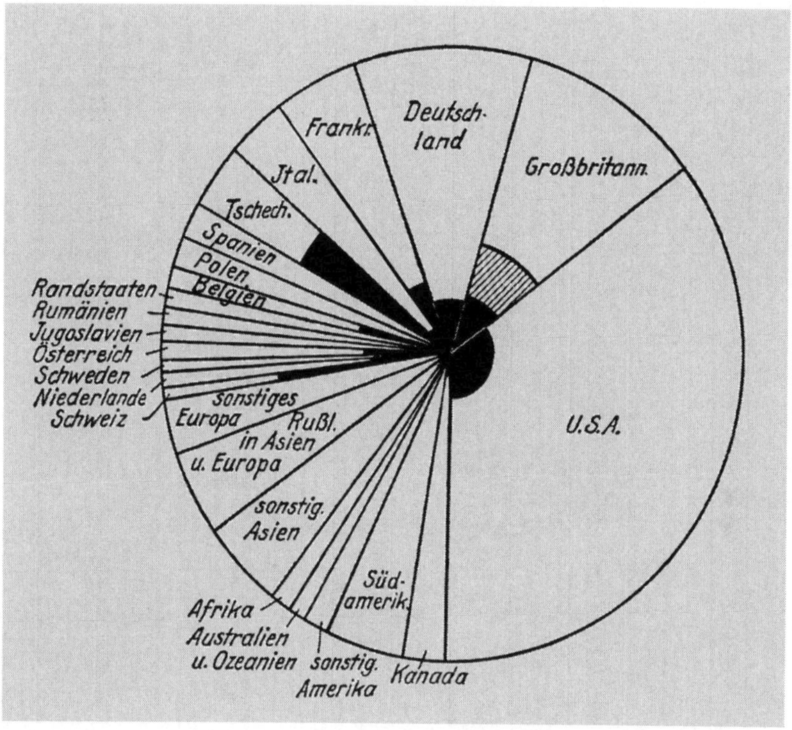

Abb. 13: Weltproduktion und Welthandel von Straßenschuhwerk (1929): Die Kreissektoren stellen den Anteil der einzelnen Länder an der industriellen Welterzeugung von Lederschuhen dar. Die schwarz eingezeichneten Teile geben die exportierten Mengen an. Bei Großbritannien ist die Ausfuhr nach Irland schraffiert dargestellt

senkt.[124] So kamen 1929 Baťa-Schuhe in Deutschland für 7,90 RM auf den Markt, während die meisten deutschen Fabrikate 12,50 RM oder 16,50 RM kosteten.[125] Dies setzte die deutsche Industrie unter enormen Preisdruck. Man sprach von einer durch Baťa ausgelösten »Preisanarchie«.[126]

1929 begann Baťa mit der Bildung eines Netzwerks von Einzelhandelsketten in anderen Ländern. Die erste Kette dieser Art war die Deutsche Schuh AG im Deutschen Reich mit anfangs 6 Filialen.[127] Im selben Jahr kaufte Baťa einen weiteren, bereits bestehenden Filialbetrieb in Deutschland, die Romeo AG, mit

124 Hennig (1949), S. 11.

125 Klage des Gross-Einkaufs-Bundes deutscher Schuhhändler gegen die Romeo-Schuh AG, Landgericht I, Berlin, Verhandlungstermin 29.1.1930, Mährisches Landesarchiv Brno-Zlín, Bestand Baťa, I/6 Rechtsabteilung, Nr. 47; Cook (1929), S. 30.

126 Brief der Rechtabteilung Baťa an Schachien, Rechtsanwalt, Berlin, vom 1.4.1930, Mährisches Landesarchiv Brno-Zlín, Bestand Baťa, I/6 Rechtsabteilung, Nr. 47.

127 Lehár (1963), S. 152.

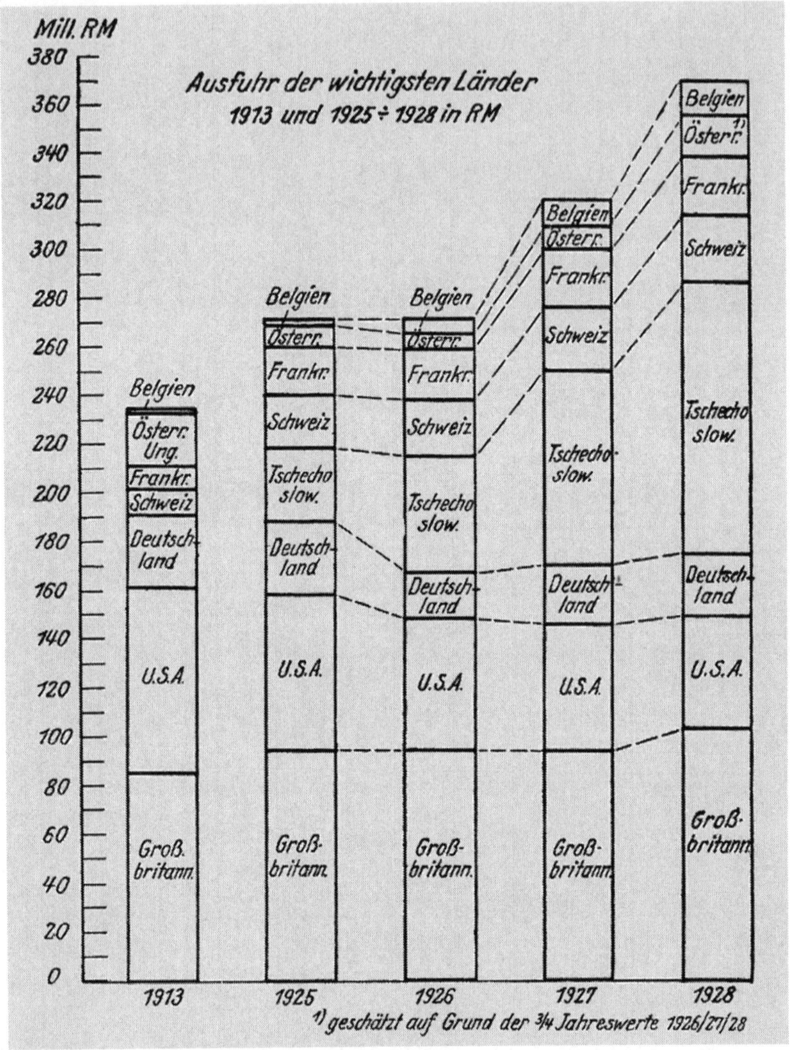

Abb. 14: Ausfuhr der weltweit wichtigsten Produktionsländer von Schuhen (1913-1928)

8 Filialen in Nord- und Ostdeutschland. Diese Unternehmen, die schnell expandierten, erhielten das exklusive Vertriebsrecht für Baťa-Schuhe.[128] 1931 gab es bereits 28 Filialen im Reich.[129] Den ungefähr 5.000 bis 6.000 Einzelhändlern,

128 Brief Rechtsabteilung Baťa an Rechtsanwalt Schachian, Berlin, v. 17.3.1930, Mährisches Landesarchiv Brno-Zlín, Bestand Baťa, I/6 Rechtsabteilung, Nr. 47.

129 Prager Tageblatt v. 20.6.1931, zitiert in: Bata in Germany, in: SLR v. 18.7.1931, S. 10.

die bislang schon Baťa-Schuhe verkauft hatten, wurde der Handel mit Baťa-Schuhen langsam entzogen.[130] Während Baťa so einerseits den Einheitspreis von Schuhen, auf den sich die deutschen Hersteller und Händler geeinigt hatten, unterbot, schaltete die Firma gleichzeitig die deutschen Einzelhändler aus der Vertriebskette von Baťa-Schuhen aus.[131] Dies brachte auch den deutschen Schuhhandel auf die Seite der Baťa-Gegner. Das firmeneigene Vertriebsnetz wuchs in den folgenden Jahren rapide. Ende 1932 besaß Baťa bereits 666 Einzelhandelsgeschäfte in 37 Ländern. Diese setzten etwa zwei Drittel aller Baťa-Schuhe um, die im Ausland vertrieben wurden.[132] 1937 gab es 150 Einzelhandelsläden von Baťa im Deutschen Reich, 4.000 waren es weltweit.[133] Zudem nutzte Baťa alle modernen Möglichkeiten der neu entstehenden Produktwerbung und machte ab 1929 massiv Reklame mit dem Slogan »Baťa-Preise sind Fabrikpreise«, um den Anschein zu erwecken, die niedrigen Preise seien auf eine Einsparung der Einzelhandelsmargen zurückzuführen. Die deutsche Schuhindustrie und der Schuhhandel nahmen das Erscheinen tschechischer Billigschuhe auf dem deutschen Markt als Ursache oder zumindest verschärfenden Faktor der Krise in der Schuhwirtschaft wahr.[134] Die bereits erwähnte staatliche Enquete-Kommission über die wirtschaftliche Lage der Schuhindustrie von 1927 bis 1929 beschäftigte sich sehr ausführlich mit der Konkurrenz von Baťa.[135] Baťa wurde mit einer Flut von Prozessen überzogen, die bis vor das Reichswirtschaftsgericht gingen und der Firma unredliche Geschäftsmethoden vorwarfen.[136] Publizistische Kampagnen gegen den »tschechoslowakischen Schuhkönig« wurden organisiert, die gezielt auch das patriarchalische Negativ-Bild des Unternehmers inszenierten. Vor allem führte die tschechische Konkurrenz zu Bestrebungen des Reichsverbands der Deutschen Schuhindustrie, im Deutschen Reich eine Anhebung der Zölle auf ausländische Schuhe zu erreichen. Zölle wurden in Deutschland nach dem Gewicht der Produkte bezahlt.[137] Die Tarife galten für alle Schuhe ohne Holz-

130 1929 belieferte Baťa 200 deutsche Schuhhändler direkt und 5.000 bis 6.000 Kleinhändler im Reich über 10 Grossisten. Baťa legte für die Produkte für alle Vertriebsarten verbindliche Einzelhandelspreise fest. Vgl. Ausschuss Schuhindustrie (1930), S. 207.

131 Ausschuss Schuhindustrie (1930), S. 207.

132 Lehár (1963), S. 153f.

133 Baťa out of Germany, in: Business Week v. 15.5.1937, S. 57f., hier S. 58; Baťa Has 40 Shoe Stores in US, in: Business Week v. 23.10.1937, S. 19f.

134 Boyer (1991).

135 Ausschuss Schuhindustrie (1930), S. 162-227.

136 Philipp (1928); Handwerkskammertag der britischen Zone (1950), S. 119-129; Klage des Gross-Einkaufs-Bundes deutscher Schuhhändler gegen die Romeo-Schuh AG, Landgericht I, Berlin, Verhandlungstermin 29.1.1930, Mährisches Landesarchiv Brno-Zlín, Bestand Baťa, Abt. I/6 (Rechtsabteilung), Nr. 47.

137 Das goldene Buch der deutschen Schuh- und Lederwirtschaft. Jubiläumsband der Gewerbezeitschrift »Schuh und Leder« zum 75jährigen Bestehen, Berlin o.J. [1932], S. 211; Cook (1929), S. 29, 35.

sohle und waren als Reaktion auf die ersten Schuh-Importe aus den USA eingeführt worden, die 1893 begannen.[138] Im Jahr 1928 forderte der Reichsverband vom Gesetzgeber, die Zölle auf ausländische Schuhe zu erhöhen. Außerdem sollte eine Anti-Dumping-Klausel für Einzelhandelspreise von Schuhen eingeführt werden.[139] Der Reichsverband Deutscher Schuhhändler schloss sich den Forderungen der Schuhhersteller an. Die Frage der Schutzzoll-Gesetzgebung wurde allgemein als Lex Baťa diskutiert.[140]

Die Schutzzölle sollten die Importe nach Deutschland verringern und vor allem die importierten Produkte auf dem deutschen Markt verteuern. Die Forderungen der beiden Reichsverbände wurden dem Reichstag unterbreitet und am 21. Dezember mit großer Mehrheit angenommen. Die Zölle auf Lederschuhwerk wurden auf mehr als das Doppelte erhöht. Die neuen Zollsätze traten zum 1. Januar 1930 in Kraft, mit vorübergehender Wirkung bis zum 1. Januar 1935.[141] Diese staatliche Maßnahme brachte schnellen Erfolg. Das Jahr 1928 blieb das Jahr mit der größten negativen Handelsbilanz in der Geschichte der deutschen Schuhwirtschaft. Im Jahr nach Einführung der neuen Zollsätze ging die Einfuhr von Schuhen nach Deutschland um zwei Drittel zurück und sank bis 1933 weiter. Der deutsche Export stieg sprunghaft um ein Drittel an und erreichte 1931 sogar wieder das Niveau von vor dem Ersten Weltkrieg (Tabellen 41 und 42). Die Einfuhren aus der Tschechoslowakei sanken von 3,1 Mio Paar (1928) auf 29.000 Paar (1935).[142] Während 1928 das Deutsche Reich das bedeutendste Exportland für die Firma Baťa war, war diese Rolle 1936 an die USA übergegangen.[143]

Bat'a als multinationales Unternehmen: Eine Bat'a-Fabrik im Deutschen Reich

Die Schutzzölle waren jedoch insofern nur kurzfristig wirksam, als sie eine Umorientierung in der Unternehmensstrategie der Firma Baťa mit sich brachten. Das Deutsche Reich war nicht das einzige europäische Land, das Ende der 20er Jahre Schutzzölle auf Schuhe erhob. Außer Deutschland waren dies noch Frankreich, Italien, Österreich, Dänemark, Norwegen, Finnland, Lettland, Litauen, Estland sowie Ägypten, Kanada und die USA. Sogar das traditionelle Freihan-

138 1893 begann allgemein die »Export-Invasion« amerikanischer Schuhhersteller auf europäische Märkte, vor allem Großbritannien und das Deutsche Reich, die die britische Industrie allerdings noch viel stärker als die deutsche zu spüren bekam. Vgl. Rehe (1908), S. 48ff.; Church (1968).

139 Ausschuss Schuhindustrie (1930), S. 311.

140 Boyer (1991), S. 575.

141 Prill (1964), S. 82.

142 Hansen (1936), S. 35f.

143 Baťa, Czechoslovak Shoe King, Plans New Factory in Germany, in: Business Week v. 8.10.1930, S. 26; Schnitzer (1937), S. 68.

delsland Großbritannien folgte 1931. Importquoten für Schuhe galten außerdem in der Schweiz, in Belgien und Holland. Ein System von Einfuhrbeschränkungen für Schuhe gab es in Ungarn und Polen.[144] Infolge der protektionistischen Zollpolitik sank der Absatz von Baťa-Schuhen in Europa von 83 Prozent aller Baťa-Exporte (1928) auf 40 Prozent (1933).[145]

Anstatt weiterhin fertige Schuhe einzuführen, ging die Firma dazu über, eigene Fertigungsstätten für Schuhe in den wichtigsten Exportländern zu errichten. Die erste Fabrik dieser Art waren die Baťa-Werke der Deutschen Schuh AG in Ottmuth in Oberschlesien. Es folgten Werke in Polen (Chelmek bei Krakau, 1932), der Schweiz (Möhlin, 1932), Frankreich (Hellocourt bei Straßburg, 1932), Jugoslawien (Borovo bei Osijek, 1932), Britisch-Indien (Batanagar bei Kalkutta, 1933), den Niederlanden (Best bei Eindhoven, 1934) und Großbritannien (East Tilbury bei London, 1934).[146] Die Idee war, die dort produzierten Schuhe jeweils als einheimische Produkte auf den Markt zu bringen. Die amerikanische Fachwelt, die das Vorhaben Baťas genau beobachtete und in der gewerblichen Fachpresse der Schuhindustrie laufend über die Aktivitäten Baťas berichtete, sah diese Maßnahme der Produktionsverlagerung als »amerikanische« Geschäftsmethode Baťas an.[147] Doch gab es in der US-amerikanischen Schuhwirtschaft zu diesem Zeitpunkt kein Unternehmen, außer dem Arbeitsmaschinen-Hersteller United Shoe Machinery Corporation, das Produktionsstätten in anderen Ländern unterhielt. Auch die britischen und deutschen Firmen produzierten Schuhe jeweils nur im eigenen Land. Die Werke der Deutschen Schuh AG in Ottmuth gingen 1931 in Betrieb. Im Juli 1931 verließen die ersten schlesischen Jugendlichen Ottmuth, um in Zlín angelernt zu werden.[148] 1937 hatte die Deutsche Schuh AG insgesamt 2.440 Arbeiter und Angestellte, davon 770 in den Einzelhandels-Verkaufsstellen der Firma.[149] Damit lag das Werk weit über der durchschnittlichen Betriebsgröße von Schuhunternehmen im Reich von unter 50 Beschäftigten und hatte ungefähr halb so viele Beschäftigte wie das größte deutsche

144 Ausschuss Schuhindustrie (1930), S. 158, 275, 256, 260f., 273, 280; Lehár (1963), S. 149f.

145 Lehár (1963), S. 154.

146 Vgl. Pokluda (2004), S. 38; Lehár (1960), S. 294-297.

147 Baťa, Czechoslovak Shoe King, Plans Factory in Germany, in: Business Week v. 8.10. 1930, S. 26.

148 Die Werke waren ursprünglich für 3.000 und später 10.000 Beschäftigte gedacht. Gemessen an diesen Plänen war die Zahl von anfangs 800 dort Beschäftigten gering. Vgl. Bata in Germany, in: SLR v. 18.7.1931, S. 10.

149 Geschäftsbericht der Bata Aktiengesellschaft Ottmuth über das Geschäftsjahr 1936, o. S. [S. 8]; Baťa, Czechoslovak Shoe King, Plans Factory in Germany, in: Business Week v. 8.10.1930, S. 26; Bata in Germany, in: SLR v. 18.7.1931, S. 10.

Schuhunternehmen, die Salamander AG.[150] So gehörte Baťa Mitte der 30er Jahre zu den größten Schuhherstellern im Reich.[151]

Der Kampf der deutschen Schuhwirtschaft gegen Baťa ging weiter. Auch die Gewerkschaften und die politischen Linksparteien agitierten gegen das mittlerweile multinationale Unternehmen. Dem »Diktator« und »Schuhkönig« Baťa wurden autoritäre und patriarchalische Herrschaftsmethoden in seinen Betrieben vorgeworfen sowie Lohndrückerei, Ausbeutung der Arbeiter und Angestellten mit erpresserischen Arbeits- und Entlohnungsmethoden, Knebelverträge, die sich durch die neue Methode der Gewinn-, aber auch der Verlustbeteiligung auszeichneten, und Vernichtung des Reparaturhandwerks durch werkseigene Reparaturwerkstätten.[152] Der Enquete-Ausschuss kam zu dem Ergebnis, dass das Erfolgsrezept der Firma Baťa in der Kombination von drei Faktoren bestand: erstens in einem extrem autoritären Führungsstil der Unternehmensleitung (»Fabrikabsolutismus«), zweitens der Abwälzung des Unternehmerrisikos auf die Arbeiter und drittens einem starken Schwitzsystem in der Produktion.[153] Zahlreiche Studien, darunter auch eine der Völkerbundsorganisation *I*nternationales Arbeitsamt in Genf, bestätigten die ausgefeilten und ungewöhnlich beschäftigtenfeindlichen Methoden der Rationalisierung in den Baťa-Fabriken.[154] Auch hinsichtlich der gesellschaftlichen Diskussion, die seine Methoden auslösten, war Tomáš Baťa somit mit Henry Ford in den USA vergleichbar.[155] Doch erlangte die Diskussion um Baťa eine multinationale, ja geradezu gesamteuropäische Bedeutung. Denn durch die Eröffnung von Fabriken gelangte das »System Baťa« nun auch in andere europäische Länder: Der »Lebensstandard wallachischer und hannakischer primitiver Landproleten« werde nun bald auch das Einkommen deutscher und englischer qualifizierter Arbeiter bestimmen, befürchtete man auf Seiten der jeweiligen Arbeiterbewegungen.[156]

Die Befürchtungen wurden bald Realität. Die Firma weigerte sich, nationale Standards wie Mindestlöhne, Tarifverträge und Gewerkschaften anzuerkennen. Im Deutschen Reich galten seit 1917 ein Militärtarifvertrag und seit 1918 ein Reichstarifvertrag für die Beschäftigten in der Schuhindustrie, der von allen

150 Die Salamander AG, beschäftigte zu diesem Zeitpunkt 6.300 Mitarbeiter, vgl. Hanspeter Sturm, Geschichte der Salamander AG, Manuskript 1958, WABW, Bestand Y 110, Salamander AG, S. 157.

151 Über 2.000 Beschäftigte hatten 1931 sonst nur noch die Firmen Eduard Rheinberger (Pirmasens), Gustav Hoffmann (Kleve), Haueisen & Cie. (Stuttgart-Bad Cannstatt) und Conrad Tack (Burg), vgl. Kölling (1933), S. 21-34; zu Betriebsgrößen nach der Zählung von 1925, vgl. Ausschuss Schuhindustrie (1930), S. 6.

152 Philipp (1928).

153 Ausschuss Schuhindustrie (1930), S. 168.

154 Devinat (1930a).

155 Nelson (1975).

156 Zitat: Philipp (1928), S. 38; National Union of Boot and Shoe Operatives‹ Dispute with Bata Shoe Co., NA/PRO London, LAB 10, Nr. 84.

Unternehmen anerkannt wurde.[157] Die deutschen Arbeiter waren gesetzlich vor Lohnabzügen für verdorbene Produkte geschützt, wie sie das Unternehmen Baťa praktizierte. Baťa setzte sich damit über einige der wichtigsten in Deutschland geltenden Arbeitnehmerrechte hinweg. Gewerkschaftsmitglieder wurden in Baťas Fabriken grundsätzlich nicht eingestellt. Gewerkschaftliche Aktivität in den Betrieben war verboten.[158] Als Arbeitskräfte wurden von Baťa von jeher ungelernte und jugendliche Arbeiter bevorzugt, die in der ländlichen Umgebung Zlíns sein großes Arbeitskräftereservoir darstellten. Wie auch in der linksgerichteten Presse, etwa der *Weltbühne*, nicht ohne Ironie festgestellt wurde, kam es daher zu einer »kuriosen Einheitsfront« der Schuhunternehmen, des Handels und der Arbeiterbewegung bis hin zur KPD gegen Baťa.[159] In der Presse und unzähligen Buch-Veröffentlichungen beschäftigten sich die Zeitgenossen mit dem »System Baťa«.[160] Auch wissenschaftliche Studien über Baťa waren zahlreich.[161] Dabei hielten sich bewundernde Stimmen, die vor allem aus betriebswirtschaftlicher Sicht argumentierten, und kritische Berichte über die Arbeits- und Lebensbedingungen der Beschäftigten ungefähr die Waage. In der Fachpresse der Schuhindustrie war Baťa ein Dauerthema. Sogar einige KonsumentInnen ließen sich in die Einheitsfront der Baťa-Gegner rekrutieren. Dies zeigt der Fall zweier Lehrerinnen in Hildesheim vom Januar 1932. Die Baťa-Firmenleitung fühlte sich bemüßigt, einen Brief an die Schulleitung einer dortigen Mittelschule für Mädchen zu schreiben. Darin heißt es:

> »Der [...] Firma wurde vom Leiter ihrer Verkaufsstelle in Hildesheim berichtet, dass die Schülerinnen Ihrer Anstalt von Seiten der Lehrkräfte Fräulein Sigger und Fräulein Wächter zum Boykott der Bata-Schuhe aufgefordert worden sind. Dieses Vorgehen ist offensichtlich durch die von unseren Konkurrenten über unsere Firma verbreiteten falschen Nachrichten veranlasst worden. Wir betonen, dass die Deutsche Schuh AG Bata eine Firma deutschen Rechtes ist, welche in Ottmuth in Oberschlesien vor kurzem eine neue große Fabrik fertiggestellt hat. [...] In diesem Betriebe werden ausschließlich deutsche Arbeiter an deutschen Maschinen mit deutschem Material arbeiten.

157 Ausschuss Schuhindustrie (1930), S. 169.

158 Ebd., S. 168f.

159 Vgl. »Morus«, Handel und Wandel. Soziales Dumping, in: Die Weltbühne v. 24.4.1928, und Boyer (1991), S. 575.

160 Devinat (1930b); Egon Erwin Kisch, Schuhwerk, in: ders., Gesammelte Werke, Bd. II/2, Berlin/Weimar 1969, S. 415f.; Ilja Ehrenburg, Der Schuhkönig Thomas Bata, in: Tage-Buch v. 7.11.1931; Philipp (1928). Thomas Baťa gab auch selbst positive Gegendarstellungen über Baťa in Auftrag und veröffentlichte seine gesammelten Reden: Antonín Cekota, Baťa. Neue Wege, Brno/Prag 1928; Eugen Erdely, Baťa. Ein Schuster erobert die Welt, Leipzig 1932; Tomáš Baťa, Wort und Tat, Zlín 1936. Über Baťa in der Literatur der Weimarer Republik vgl. a. Lackner (1992).

161 U.a. Roth (1932); Silbermann (1934); Kallai (1936); Hennig (1949), u. viele Darstellungen der deutschen Schuhindustrie.

> Diese Aufforderung zum Boykott gegen die Erzeugnisse unserer Firma richtet sich also gegen die Erzeugnisse einer deutschen Firma. Wir hoffen, dass unsere Aufklärung genügen wird, um in Zukunft neuerliche Angriffe gegen unsere Firma zu vermeiden.«[162]

Im Großen und Ganzen waren diese Boykotte jedoch Einzelfälle. Die überwiegende Mehrheit der ärmeren Bevölkerung stimmte mit dem schmalen Geldbeutel für Baťa-Schuhe. Der Absatz der Produkte entwickelte sich weiterhin expansiv.[163]

Bat'a und der Schuhhandel Großbritanniens

Auch die britische und die amerikanische Schuhindustrie bekamen den Einfluss ausländischen Schuhwerks zu spüren. Dies galt sowohl auf dem Weltmarkt für Schuhe als auch auf den beiden Binnenmärkten Großbritanniens und der USA. Die Bedeutung der Firma Baťa für den Welthandel von Schuhen wird in der Gesamtschau der Exporte erst wirklich deutlich. 1912 war Großbritannien der weltgrößte Schuhexporteur, dicht gefolgt von den USA, die zusammen etwa 80 Prozent des Welthandelsgutes Schuh ausführten.[164] Den Rest des Weltexports teilten sich Deutschland, die Schweiz und Frankreich. 1935 war der Anteil der amerikanischen Ausfuhr auf 5 Prozent gefallen. Großbritannien hielt einen Anteil von 27 Prozent. Die Tschechoslowakei war nun der führende Exporteur von Schuhen geworden, mit 30 Prozent aller internationalen Schuhlieferungen. Die Zahl der sonstigen *Global Players* des Schuhhandels war von drei Ländern auf zehn gestiegen. Das weltweite Gesamtvolumen der Exporte stieg jedoch zwischen 1912 und 1935 nur von 16 Mio auf 20 Mio Paar, war also, gemessen am jeweiligen Verbrauch der Länder, sehr gering.[165] Dieser lag 1935 in den USA bei 384 Mio, in Großbritannien bei etwa 124 Mio und im Deutschen Reich bei etwa 71 Mio Paar Lederschuhen.[166] Der ganz überwiegende Teil des Schuhwerks

162 Deutsche Schuh AG, Firma Bata, an die Direktion der Evangelischen Mädchen-Mittelschule in Hildesheim v. 18.1.1932, Mährisches Landesarchiv Brno-Zlín, Bestand Baťa, Abt. I/6 (Rechtsabteilung), Nr. 55.

163 Boyer (1991), S. 575.

164 Nach zeitgenössischen, amerikanischen Berechnungen lag der Export amerikanischer Hersteller in diesem einen Jahr sogar noch über dem der britischen und bei 55 Prozent des gesamten Welthandels. Doch neuere, voneinander unabhängige Forschungen zweier englischer Wirtschaftshistoriker, die sich auf Quellen des britischen *Board of Trade* der Zeit stützen, ergaben, dass die USA zwar stark aufholten, den Umfang des britischen Exports jedoch nur zu zwei Dritteln erreichten. Ab 1910 blieben sie wieder weit hinter den britischen zurück. Vgl. Tabelle 41 und Schnitzer (1937), S. 5f. und Head (1968), S. 159; Church (1968), S. 224.

165 Schnitzer (1937), S. 5f.

166 Vgl. Tabelle 41 im Anhang.

wurde weiterhin in allen drei Ländern von der einheimischen Industrie produziert und vor Ort konsumiert.

Die britische Schuhindustrie produzierte schon seit dem 19. Jahrhundert mehr, als der Binnenmarkt des Vereinigten Königreichs an Produkten aufnahm. Im 19. Jahrhundert war Großbritannien unbestritten das größte Schuhexportland der Welt. Britische Schuhe waren auf dem Weltmarkt praktisch ohne Konkurrenz.[167] Sie waren für ihre schwere, solide Machart und ihre Langlebigkeit berühmt. Sie verkauften sich hauptsächlich auf der Basis dieser Eigenschaften. Der britische Schuh war der Inbegriff des unmodischen Herrenschuhs.[168]

Auch für die Schuhindustrie Großbritanniens brachten die Jahre 1927/28 einen Wandel in den Außenhandelsbeziehungen. Vor dem Ersten Weltkrieg gingen 20 Prozent der britischen Produktion von Schuhen in den Export. Die Hauptabnehmer waren die Länder des Empire, vor allem Südafrika, Kanada, Australien und Indien.[169] Der Export-Anteil an der Produktion sank durch die zunehmende Konkurrenz anderer Länder und den Aufbau eigener Schuhindustrien in den ehemaligen britischen Kolonien ab Ende der 20er Jahren stark ab. Er betrug 1938 nur noch 5 Prozent.[170] Dies zwang die britische Schuhindustrie zu einer tiefgreifenden Umorientierung.

Mitte der 1890er Jahre begannen auch die USA, Schuhe auszuführen, und machten den Briten ihre Absatzmärkte in Übersee und Europa streitig. Amerikanische Hersteller produzierten billiger als britische und stiegen am unteren Ende des jeweiligen Marktes mit preisgünstigeren Schuhen ein.[171] Im Vergleich zu amerikanischen Schuhen galten die britischen etwa in Australien als haltbare, wenn auch unansehnliche Schuhe aus derbem Leder, das leicht Falten warf. Die Importeure beschwerten sich über den vergleichsweise schlechten Geschmack der britischen Schuhhersteller, den schlechten Sitz, das hässliche Aussehen und die nachlässige Verarbeitung der Produkte. Amerikanische Männerschuhe galten dagegen als bequemer und bestanden aus weicherem Leder. Frauenschuhe waren attraktiver gestaltet und mit besserem Ausputz versehen.[172]

Mehrere *Imperial Conferences* der Länder des neuen Commonwealth regelten die Einfuhr-Zölle der ehemaligen britischen Kolonien auf Produkte aus dem Mutterland. Darin wurden Produkte aus den Ländern des Empire entschieden bevorzugt, d.h. mit niedrigeren Zolltarifen belegt als Produkte aus anderen Ländern.[173] So erlangte das Land noch vor dem Ersten Weltkrieg wieder seine füh-

167 Head (1968).

168 Schnitzer (1937), S. 116; Why Foreign Shoes are Imported. A Fearless Criticism of British Methods, in: SLN v. 14.5.1936, S. 15.

169 Head (1968), S. 159.

170 BoT, Working Party Reports: Boots and Shoes, London 1946, S. 34, 115, 120.

171 Die ersten Länder, in denen englische Produkte von US-amerikanischen verdrängt wurden, waren Kanada und Australien. Head (1968), S. 169ff.; Church (1968).

172 The Economist v. 3.5.1913, zitiert in: Head (1968), S. 170, 183.

173 Schnitzer (1937), S. 9.

rende Stellung im Export zurück (Tabelle 41).[174] Hierzu trug auch die Kriegsproduktion des Ersten Weltkriegs bei, in dem britische Schuhproduzenten die Armeen von Frankreich, Italien, Russland, Serbien, Rumänien und der USA belieferten. In den Jahren 1914-1918 wurden in England 60 bis 66 Mio Paar Militärschuhe produziert, davon 15 Mio für verbündete Streitkräfte.[175] Mitte der 20er Jahre erschien jedoch die Tschechoslowakei als ernstzunehmender Konkurrent auf dem Weltmarkt. Binnen weniger Jahre überholte 1928 die Tschechoslowakei Großbritannien als größtes Schuhexportland der Welt. Dies gelang der Firma Baťa faktisch im Alleingang, obwohl Großbritannien seinen Ausfuhranteil, wie in den Jahren vorher, auch in diesem Jahr noch erhöhte.[176] Der Niedergang des britischen Exports von Schuhen blieb, auch infolge der protektionistischen Wirtschaftspolitik in vielen Ländern, dauerhaft. Zwischen 1929 und 1934 ging er auf die Hälfte zurück und fiel bis zum Zweiten Weltkrieg stetig weiter (Tabelle 41). Mit dem Niedergang des Kolonialreiches brachen der britischen Schuhindustrie die traditionellen Märkte weg. Als letzter, restkolonialer Großabnehmer von englischen Schuhen blieben die Republik Irland und Nordirland übrig.[177]

Auch auf dem Binnenmarkt war die ausländische Konkurrenz spürbar. Nach dem Deutschen Reich waren Großbritannien und die USA 1928 die wichtigsten Märkte für Baťa-Schuhe.[178] 90 Prozent der nach Großbritannien aus anderen Ländern eingeführten Schuhe waren 1928 Damenschuhe.[179] Sie stammten in diesem Jahr aus der Schweiz und aus der Tschechoslowakei. 1936 lag der Anteil der tschechoslowakischen Schuhe bereits bei der dreifachen Menge der Schuhe aus der Schweiz und bei der fünffachen Menge der amerikanischen Schuhe.[180] Die Einfuhr von Schuhen in Großbritannien war bis 1931 grundsätzlich zollfrei. Dies entsprach einer langen Tradition der britischen Freihandelspolitik, wie sie seit dem 19. Jahrhundert betrieben wurde.[181] Statt Schutzzöllen ergriff die britische Regierung anfangs andere Maßnahmen gegen die ausländische Konkurrenz, die bei der Wahl der Kunden ansetzten. Am 1. Januar 1929 trat ein neues Gesetz zur Markierung ausländischer Schuhe in Kraft. Gemäß dieser Novelle des *Merchandise Marks Act* von 1887 musste auf dem Produkt auf unablösbare Weise

174 Burch (1929), S. 1.

175 Ebd., S. 1f.

176 1931 exportierte die Tschechoslowakei 15,4 Mio Paar, während die englische Ausfuhr auf 9 Mio gefallen war, vgl. Schnitzer (1937), S. 68 und 121; Tabelle 41; Ausschuss Schuhindustrie (1930), S. 152f.

177 Press (1989).

178 Czechoslovakian Exports, in: SLR v. 8.11.1928, S. 18; Ausschuss Schuhindustrie (1930), S. 167.

179 BoT, Working Party Reports: Boots and Shoes, London 1946, S. 118; Ausschuss Schuhindustrie (1930), S. 235.

180 BoT, Working Party Reports: Boots and Shoes, London 1946, S. 116f.; Ausschuss Schuhindustrie (1930), S. 236.

181 Trentmann (2008); Gomes (2003).

sein Ursprungsland angegeben sein.[182] Diese Kennzeichnungspflicht war auf Antrag der Verbände der Schuhunternehmen und der Gewerkschaften, aber gegen den Widerstand der Schuhhändler eingeführt worden. Letztere waren gegen eine Herkunftsangabe, jedoch nicht etwa aus freihändlerischen Motiven, sondern mit der Begründung, diese könne den gegenteiligen Effekt haben und erst eine Nachfrage nach dem Produkt (*a goodwill*) schaffen. Hier machten sich die Erfahrungen mit der Kennzeichnung *Made in Germany* bemerkbar. Außer den Endverbrauchern sollte die Markierung auch die Einzelhändler informieren, die größtenteils ihre Ware über Großhändler bezogen und oft selbst nicht wussten, dass es sich um ausländische Erzeugnisse handelte.[183]

Bat'a-Schuhe wurden in Großbritannien an wenige große Filialbetriebe geliefert, und nicht, wie in Deutschland, direkt an Einzelhändler.[184] Doch auch im Vereinigten Königreich ging Bat'a zur Direktvermarktung in einer eigenen Ladenkette über, die Ende 1938 bereits 220 Einzelhandelsgeschäfte auf den Britischen Inseln umfasste. Ihre Zahl wuchs schnell.[185] Bald sahen sich selbst die vom Freihandel geprägten Engländer veranlasst, Schutzzoll-Maßnahmen gegen ausländische Schuhe zu ergreifen. 1931 wurde entgegen aller Tradition ein Zoll auf Schuhe aus allen Materialien eingeführt, der 10 Prozent des Eigenwertes der Produkte (10 % *ad valorem*) betrug. 1932 wurde er auf 20 Prozent erhöht.[186] Danach gingen die Importe innerhalb von zwei Jahren auf weniger als ein Drittel der Paarzahl zurück. Der Zoll galt bis lange nach dem Zweiten Weltkrieg. Eine Untersuchungskommission des *Board of Trade* zur Lage der Schuhindustrie 1946 empfahl nach einer gründlichen Bestandsaufnahme der Wirkungen des Schutzzolls in Großbritannien, diesen künftig aufrechtzuerhalten, auch wenn seine Wirkung nach ein paar Jahren nachließe.[187]

Doch auch in England ging Bat'a 1934 dazu über, eine Fabrik im Land selbst zu errichten. Das weltweit einzige Schuhunternehmen außer Bat'a, das in den 30er Jahren ebenfalls Produktionsstätten in anderen Ländern eröffnete, war die Schweizer Firma Bally, die größte ausländische Konkurrentin Bat'as in Großbritannien und den USA.[188] Sie besaß Ende der 30er Jahre neben einer Fabrik in Großbritannien (Norwich) Produktionsstätten in Frankreich (Lyon), Südafrika

182 Eine allgemeine Bezeichnung wie *foreign made*, wie sie vorher üblich war, genügte nicht mehr. Vgl. BoT, Merchandise Marks Act 1926. Report of the Standing Committee Respecting Boots, Shoes and Slippers (Other than Rubber), London 1928; Ausschuss Schuhindustrie (1930), S. 235.

183 BoT, Merchandise Marks Act 1926. Report of the Standing Committee Respecting Boots, Shoes and Slippers (Other than Rubber), London 1928, S. 4.

184 Ausschuss Schuhindustrie (1930), S. 209.

185 Note on the Meeting with Mr Colvin, 15.11.1938, in: NA/PRO London, LAB 10, Nr. 84.

186 BoT, Working Party Reports: Boots and Shoes, London 1946, S. 114-136.

187 Ebd., S. 119.

188 Walter Schmid, Die wirtschaftliche Entwicklung der C. F. Bally A. G. in Schönenwerd mit besonderer Berücksichtigung des Exportproblems, Schönenwerd 1939.

(Cape Town), Österreich (Wien) und den USA (Philadelphia).[189] Diese wurden ebenfalls als Reaktion auf die weltweite Einführung und Erhöhung von Schutzzöllen gegründet.[190] Bei der Errichtung der Bally-Fabrik in Norwich, dem Zentrum der Damenschuhindustrie in England, kam es nicht zu Protesten der Gewerkschaften oder anderer Schuhunternehmen.[191] Als Baťa jedoch ankündigte, in England eine Fabrik zu bauen, versuchten sowohl die britischen Schuhunternehmen als auch die Schuharbeiter-Gewerkschaften und Schuhhändler, dies zu verhindern. Doch ließ sich keine gesetzliche Handhabe hierfür finden. Das *Ministry of Labour* bestand schließlich darauf, dass die Firma sich verpflichtete, in England die Lohn- und Arbeitszeitvereinbarungen der Industrie einzuhalten. Baťa sicherte dies zwar zu, hielt sich jedoch nicht an die Abmachung.[192]

Baťa stellte nach alter Gewohnheit vor allem jugendliche und ungelernte Arbeiter ein. Ein anderer Schachzug war, Arbeiten von Frauen ausführen zu lassen, die in der britischen Schuhindustrie traditionell von qualifizierten Männern erledigt wurden.[193] Frauen, generell nach niedrigeren Tarifen bezahlt, waren billigere Arbeitskräfte als Männer. Da Baťa sich für die Fabrik eine Gegend mit hoher Arbeitslosigkeit und außerhalb der traditionellen Zentren der Schuhindustrie in Essex, südlich von London, ausgesucht hatte, waren ländliche Arbeitskräfte vorhanden. Vor der Einstellung mussten die Beschäftigten schriftlich erklären, keiner Gewerkschaft anzugehören. Gegenüber Gewerkschaftsvertretern erklärte die Geschäftsleitung, dass sie generell keine Arbeiterorganisation zulasse.[194] Als Vorarbeiter in den Fabriken wurden zwölf tschechische Mitarbeiter aus Zlín eingeführt. Als Baťa 1936 um staatliche Genehmigung ersuchte, den Betrieb noch zu erweitern, kam es zu Proteststürmen in der organisierten Arbeiterschaft. Auch hier wurden Gewerkschaften und die *British Employers' Association* sowie der Dachverband der Wirtschaftsverbände der Schuhindustrie, die *Incorporated Federated Associations of Boot and Shoe Manufacturers* gemeinsam beim *Minister of Labour* gegen Baťa vorstellig. Doch Baťa erhielt die gewünschte Genehmigung zur Kapitalaufstockung. Bei einem Termin von Repräsentanten des Verbandes der Schuhindustrie im Arbeitsministerium im November 1938 gaben die Unternehmer ihrer Besorgnis darüber Ausdruck, dass 55 Prozent aller Beschäftigten im Baťa-Werk in East Tilbury Jugendliche unter 19 Jahren und damit minderentlohnte Arbeitskräfte waren. In allen anderen englischen Schuhfabriken lag der Anteil nur bei etwa einem Viertel der männlichen und einem Drittel der weiblichen Beschäftigten. Nur 7 Prozent der Arbeitskräfte bei Baťa

189 Schnitzer (1937), S. 112.
190 Schmid (1939), S. 78-89.
191 Schnitzer (1937), S. 119.
192 Ebd., S. 119.
193 Dies waren vor allem das Zuschneiden von Ober- und Bodenleder (*clicking*, *pressing*), das Zwicken (*lasting*) und der Ausputz des Bodens (*finishing*). Zum Herstellungsprozess vgl. Kap. 4.
194 Schnitzer (1937), S. 119.

sei gewerkschaftlich organisiert, gegenüber zwischen 70 Prozent (nach Schätzungen der Unternehmer) und 85 Prozent (nach Schätzungen der Gewerkschaften) in allen anderen englischen Fabriken. Da Bata auch die von Gewerkschaften und Unternehmerverbänden ausgehandelten Akkordlohnsätze nicht einhielt, fertigte die Firma zu Gestehungskosten, die von den einheimischen Schuhfabriken nicht erreicht werden konnten. Alle diese Faktoren, so die Beschwerdeführer, verzerrten die Wettbewerbssituation zu ihren Ungunsten.[195]

Die Auseinandersetzung mit Bata, in der der Arbeitsminister als Schlichtungsinstanz wirkte, zog sich bis in den Zweiten Weltkrieg.[196] Nach einer Reihe von Streiks im Werk East Tilbury 1938 fand sich die Firma zu einigen Zugeständnissen, d.h. Anerkennung geltender Beschäftigungsstandards in der Schuhindustrie, bereit.[197] Doch zwei Jahre später wurden erneut dieselben Vorwürfe gegen die Firma laut. Die Arbeitsbedingungen im Betrieb hatten sich nicht grundlegend geändert.[198] Die Auseinandersetzung um den autoritären Herrschaftsstil der Firmenleitung gipfelte im März 1940 außerdem in dem Vorwurf, es herrschten bei Bata Arbeitsbedingungen »wie in einem [deutschen] Konzentrationslager« (*a kind of concentration camp*).[199] Doch trotz wiederholter Vorstöße und Unterhandlungen der Wirtschaftsverbände mit der Firma blieb Bata bis Kriegsbeginn bei seinen Beschäftigungspraktiken. Wie auch vor 1933 in Deutschland hatte Bata in der liberalen britischen Wirtschaftsverfassung Mittel und Wege gefunden, seine arbeitsorganisatorischen Methoden gegen den Widerstand von Unternehmern, Handel und Beschäftigten in der Schuhindustrie durchzusetzen.

Bat'a in den USA

Auch für die USA war das Jahr 1928 ein Wendepunkt im Außenhandel. Ganz wie in Deutschland war 1928 das letzte Jahr mit positiver Handelsbilanz an Schuhen. Ab 1929 und bis mindestens 1936 wies der Außenhandel eine negative Bilanz auf.[200] Die amerikanischen Exporte gingen aufgrund der protektionisti-

195 Note on the Meeting with Mr Colvin, 15.11.1938, in: NA/PRO London, LAB 10, Nr. 84.

196 National Union of Boot and Shoe Operatives' Dispute with Bata Shoe Co., Owing to the Refusal of the Company to Recognize the Trade Union, NA/PRO London, LAB 10, Nr. 84.

197 Vgl. Confidential for the Attention of Mr. Bevan [Minister of Labour]: The British Bata Shoe Company Limited. Agreed Interpretation of the National Agreement (May 1938) v. 15.6.1938, in: NA/PRO London, LAB 10, Nr. 84.

198 Brief J. J. Lawson, MP, an Ernest Brown, Minister of Labour, House of Commons, 12.3.1940, in: NA/PRO London, LAB 10, Nr. 84.

199 Ebd.

200 Schnitzer (1937), S. 36f.

schen Wirtschaftspolitik europäischer Staaten immer weniger nach Europa und zunehmend in benachbarte, amerikanische Länder.[201]Auf dem US-amerikanischen Markt begann Baťa 1924 Fuß zu fassen. Die ersten Importe tschechischer Schuhe von etwa 16.000 Paar (1924) stiegen rasch auf 4,5 Mio (1929).[202] 1928 eröffnete Baťa die ersten beiden eigenen Läden in Chicago. Vorher fanden Baťa-Schuhe schon großen Absatz in New York, wo sie allerdings nicht unter dem eigenen Markennamen verkauft wurden. 1937 besaß Baťa 40 Einzelhandelsläden in den USA. Daneben waren Baťa-Schuhe in 30 weiteren Städten, meist unter der jeweiligen Marke des Einzelhändlers, erhältlich.[203] Im April 1928 berichtete der *Shoe and Leather Reporter*, Damenschuhe aus der Tschechoslowakei würden in Warenhäusern in New York, Chicago, St. Louis und Boston zu einem viel geringeren Preis angeboten als einheimische Produkte. Sie erfreuten sich eines starken Absatzes. Manche Warenhäuser verkauften bis zu 1.500 Paar am Tag.[204]

Einer der Gründe des Erfolges der Baťa-Schuhe in den USA war ihre direkte und schnelle Umsetzung der Pariser Mode, verbunden mit einer Anpassung der Leisten an amerikanische Fußformen. Französische und andere europäische Schuhe bereiteten den Amerikanerinnen zu dieser Zeit erhebliche Unannehmlichkeiten beim Tragen, da die Füße der Amerikanerinnen, wie bereits erwähnt, anatomisch andere Besonderheiten aufwiesen als die der Europäerinnen und in Europa weniger ausdifferenzierte Leistenformen als in den USA verwendet wurden. Frauen, die Schuhe nach dem Pariser *Chic* begehrten, mussten beim Gehen gemeinhin schmerzhafte Fußprobleme in Kauf nehmen, da diese nicht besonders gut passten. Baťa-Schuhe für den amerikanischen Markt waren dagegen auf amerikanischen Leisten hergestellt. Baťa lieferte so bei einem niedrigeren Preis besser sitzende Schuhe.[205] 1936 waren die USA der weltweit größte Abnehmer von Baťa-Schuhen geworden. Während in diesem Jahr von allen importierten Herrenschuhen 58 Prozent aus Großbritannien, 30 Prozent aus der Tschechoslowakei und 12 Prozent aus Mexiko stammten, kamen bei den Damenschuhen 95 Prozent aus der Tschechoslowakei.[206]

Der Import von Lederschuhwerk in die USA war seit dem 19. Jahrhundert durch Zölle erschwert. Die Amerikaner galten gar als die Erfinder der Schutzzölle.[207] Im Jahr 1883 wurde erstmals ein Wert-Zoll von 30 % *ad valorem* auf Leder-

201 Ebd., S. 34.
202 US Imports of Leather Boots and Shoes, in: SLR v. 20.2.1930, S. 19.
203 Baťa Has 40 Shoe Stores in US, in: Business Week v. 23.10.1937, S. 19f.
204 Foreign Shoes in Our Market, in: SLR v. 26.4.1928, S. 11f.
205 Bata to Open Four Shoe Stores in Chicago, in: Shoe and Leather Reporter v. 27.2.1930, S. 43.
206 Schnitzer (1937), S. 33, 68.
207 BoT, Working Party Reports: Boots and Shoes, London 1946, S. 114; Torp (2004), S. 593.

schuhe eingeführt, der alle paar Jahre bestätigt wurde.[208] 1913 wurde dieser schließlich ganz abgeschafft, als eine Folge der Aufgabe des Zolles auf importierte Rohhäute und Leder.[209] Auch im Zollgesetz von 1922 wurden Lederschuhe wieder auf die sog. *Free List*, die Liste der zollfrei einführbaren Waren, gesetzt.[210] In der Folge erhöhte sich in den 20er Jahren die Zahl der Importe von Schuhen drastisch von etwa 400.000 auf 6,2 Mio Paar (1929).[211] Der weitaus größte Teil dieser Schuhe stammte aus der Tschechoslowakei, gefolgt von der Schweiz, wobei Erstere ausschließlich Damenschuhe und Letztere hauptsächlich Kinderschuhe lieferte. Herrenschuhe kamen vor allem aus Großbritannien, waren anteilsmäßig aber sehr gering.[212] Importierte Schuhe machten allerdings nur etwa 2 Prozent der gesamten konsumierten Schuhmenge in den USA aus.

In der Folge des enormen Anstieges der Einfuhren, vor allem aber der Preiskonkurrenz der tschechischen Schuhe, entbrannte im Frühjahr 1928 eine Diskussion um die Wiedereinführung von Schutzzöllen auf Schuhe. Die amerikanischen Schuhunternehmen bemerkten, dass die Preise von tschechischen Schuhen erheblich unter denen einheimischer Produkte lagen.[213] Im Juni 1928 einigten sich 120 Vertreter der Schuhindustrie von Massachusetts auf eine gemeinsame Forderung nach Schutzzöllen auf Schuhe.[214] Nach langer Lobbyarbeit und zähen Verhandlungen erreichten die Unternehmer der mächtigen *National Boot and Shoe Manufacturers' Association* im Februar 1929 eine Anhörung vor einem Komitee des Repräsentantenhauses in Washington D. C.[215] Über zwei

208 Tariff Hearings in Washington, in: SLR v. 28.2.1929, S. 29-33, hier S. 30. Alle weiteren Angaben zu Zolltarifen, wenn nicht anders angegeben, hieraus.

209 Tariff Hearings Before Finance Committee, in: SLR v. 4.7.1929, S. 13-15.

210 Die Zölle auf das Fertigprodukt Schuh waren in den USA in eigentümlicher Weise an die Zölle für den Rohstoff Leder und für Rohhäute für Leder gekoppelt. Von jeher waren Schutzzölle für Schuhe, von denen vor allem die in den Oststaaten angesiedelte Schuhindustrie profitierte, nur durch den Senat zu bringen, wenn die Senatoren der westlichen Agrarstaaten ihre Zustimmung gaben. Diese traten aber vor allem als Rohstofflieferanten von Häuten auf und vertraten diametral entgegengesetzte Interessen. Beide Seiten mussten in den Zollgesetzen in Einklang gebracht werden. Die Zustimmung der Agrarstaaten zu Schutzzöllen auf Schuhe war nur um die Kosten einer gleichzeitigen Erhebung von Zöllen auf Rohhäute aus dem Ausland zu »erkaufen«, von denen sich die Farmer der westlichen Staaten jeweils auch eine Erhöhung des inländischen Häutepreises erhofften. So war der Schuh-Zoll in den USA politisch nie ohne den Häute- und Lederzoll durchzusetzen.

211 US Tariff Commission, Boots and Shoes. Report to the President on the Differences in Costs of Production of Boots and Shoes in the United States and in the Principal Competing Country, as Ascertained Pursuant to the Provisions of Section 336 of Title III fo the Tariff Act of 1930, Washington 1932, S. 2.

212 Ebd., S. 2, 7.

213 Foreign Shoes in Our Market, in: SLR v. 26.4.1928, S. 11f.

214 Shoe Manufacturers Advocate Tariff, in: SLR v. 14.6.1928, S. 59.

215 Alle Angaben im Folgenden aus: Tariff Hearings in Washington, in: SLR v. 28.2.1929, S. 29-33.

Drittel der Importe stamme aus der Tschechoslowakei. Mit diesen Produkten würden einheimische Produzenten extrem im Preis unterboten. Dies war für die amerikanische Industrie besonders schmerzhaft, da hierdurch offenbar wurde, dass ihr technischer Vorsprung und damit Preisvorteil gegenüber europäischen Herstellern verloren gegangen war. Baťa schlug die amerikanische Industrie mit amerikanischen Produktions- und Organisationsmethoden.[216] Die Firma habe mittlerweile, so Franklin McElwain, der Präsident des Unternehmerverbandes, die gleiche Produktivität wie amerikanische Schuhunternehmen erreicht, und dies sogar mit Hilfe amerikanischer Arbeitsmaschinen. Im Wettbewerb mit den amerikanischen Konkurrenten besitze Baťa nun einen entscheidenden Vorteil: Die Lohnkosten in seinem Land betrügen vermutlich nur etwa ein Drittel der Lohnkosten in den USA.[217]

Ein weiteres Argument für Schuh-Zölle war, angesichts der Zölle der meisten anderen Länder und den ständig sinkenden amerikanischen Schuhexporten steige die Bedeutung des Binnenmarktes für den Absatz amerikanischer Hersteller. Dieser müsse daher besonders geschützt werden. Vertreter der Gewerkschaften schlossen sich dieser Argumentation an. Die amerikanische Industrie müsse vor der Konkurrenz mit der »Kinderarbeit« in der Tschechoslowakei geschützt werden.[218] Der einzige Gegner der Zölle bei der Anhörung im Kongress war die Schuhhändler-Vereinigung *National Council of American Importers and Traders*. Die Argumente für die Zölle überzeugten die Abgeordneten des Kongresses offenbar. Im April 1929 wurde ein Gesetz zur erneuten Einführung von Schutzzöllen auf Schuhe im Repräsentantenhaus und im Juni 1930 im Senat angenommen. Das neue Zollgesetz bestimmte einen Zoll von 20 Prozent des Eigenwertes auf Lederschuhe und weitere Zölle für Leder und Rohhäute.[219]

Die Frage der Produktionskosten von amerikanischen Schuhen im internationalen Vergleich, die durch die erstmals wahrnehmbare Präsenz ausländischer Produkte auf dem eigenen Binnenmarkt für Schuhe aufkam, blieb für die Unternehmen ein Thema und zog ein größeres Untersuchungsprojekt nach sich. Die Frage der unterschiedlichen Gestehungskosten von amerikanischen und

216 Tariff Hearings in Washington, in: SLR v. 28.2.1929, S. 29-33, hier S. 29.

217 Nach Erkundigungen der *National Boot and Shoe Manufacturers' Association* lag der Wochenlohn eines qualifizierten Schuharbeiters in der Tschechoslowakei bei umgerechnet $ 10,80 (männliche Hilfsarbeiter), $7,30 (qualifizierte Frauen) und $6,30 pro Woche (männliche Jugendliche). In den USA bekamen männliche Beschäftigte durchgehend $30,63 in der Woche und weibliche $19,53. In Großbritannien, das als europäisches Vergleichsland herangezogen wurde, lagen die festgesetzten Mindestlöhne bei qualifizierten männlichen Schuharbeitern bei $13,60 und $8,26 bei Frauen. Vgl. Tariff Hearings in Washington, in: SLR v. 28.2.1929, S. 29-33, hier S. 30.

218 Bei einem späteren Besuch in Zlín stellten Manager der Firma Endicott-Johnson, einer der größten US-Schuhunternehmen, fest, dass Baťa 14-jährige Jungen und Mädchen beschäftigte. Vgl. SLR v. 7.4.1934, S. 10f.

219 Tariff Hearings Before Finance Committee, in: SLR v. 4.7.1929, S. 13ff.; Tariff Act of 1930, und: At Last We Have Protective Duties, in: SLR v. 21.6.1930, S. 9f.

tschechischen Schuhen beschäftigte die *US Tariff Commission* noch einige Monate und gelangte schließlich bis vor den Präsidenten der Vereinigten Staaten. Im November 1931 legte die Zollkommission dem Präsidenten Herbert Hoover den ausführlichen Bericht einer Untersuchung vor, in dem die Produktionskosten von Schuhen in den USA mit denen in der Tschechoslowakei (Baťa) und in der Schweiz (Bally) verglichen wurden.[220] Die Kommission kam zu dem Ergebnis, dass die Gestehungskosten in der Tschechoslowakei sogar noch weiter unter denen ihrer US-amerikanischen Konkurrenten lagen, als bislang geschätzt. So wurden die Zolltarife ab Januar 1932 noch auf 30 Prozent *ad valorem* erhöht.[221] 1935 versuchte Baťa schließlich auch in den USA, eine Fabrik in Belcamp, Maryland, zwischen Baltimore und Washington D. C. zu errichten. Sie war für 5.000 Beschäftigte geplant.[222] Amerikanische Hersteller waren sportlich gespannt darauf, ob Baťa seine billigen Preise würde aufrechterhalten können, wenn er amerikanische Löhne und Gehälter zahlen musste. Doch im Oktober 1937 brach der Konflikt erneut mit aller Schärfe aus, als das *State Department* im Namen der amerikanischen Regierung Verhandlungen mit der Tschechoslowakei über einen bilateralen Handelsvertrag aufnahm. Zu den vehementesten Gegnern des Abbaus von Handelsschranken gehörten die amerikanischen Schuhhersteller, der Schuhhändler-Verband, die Schuharbeiter-Gewerkschaften und verschiedene Industrieverbände in Massachusetts. Bei ihrer dreitägigen Anhörung vor einem Ausschuss des Kongresses der Vereinigten Staaten wurde deutlich, dass die Firma Baťa in den Jahren 1936 und 1937 eine Methode gefunden hatte, die Schuh-Zölle zu unterlaufen und ihre Exporte von billigen Lederschuhen in die USA in den zwei Jahren noch weiter zu verdoppeln.[223]

Die Firma hatte sich die Tatsache zunutze gemacht, dass 1931 unterschiedliche Zölle auf die verschiedenen Konstruktionen von Schuhen eingeführt worden waren. Bei der Untersuchung von 1931 ergab sich, dass Baťa alle seine Damenschuhe in der durchgenähten Konstruktion produzierte.[224] Folglich wurden Schuhe dieser Herstellungsart mit dem 30-prozentigen Zoll belegt, während für Schuhe der gewendet-genähten und rahmengenähten Konstruktion, wie sie in der Schweiz und in Großbritannien hergestellt wurden, geringere Zölle festgesetzt wurden. Daraufhin ging Baťa zu einem gänzlich neuen Herstellungs-

220 US Tariff Commission, Boots and Shoes (1932).

221 Dies waren die Zölle auf Schuhe der durchgenähten Konstruktion, vgl. A Proclamation by the President of the USA, Decreasing the Rate of Duty on Turn Shoes, Increasing Rate of Duty on McKay Sewed Shoes, v. 2.12.1931; Higher Tariff Required, in: SLR v. 30.1.1932, S. 17.

222 Bata Interests Acquire Land in Maryland for Building Factory, in: SLR v. 7.12.1935, S. 5.

223 Trade Fears on Czech Pact Not Allayed By Secretary Hull's Statement, in: SLR v. 23.10.1937, S. 64ff.

224 US Tariff Commission, Boots and Shoes (1932), bes. S. 2-5.

verfahren, der geklebten Machart (Abb. 22), über.[225] Für die Produkte dieser Gattung galt ein weit geringerer Zoll.[226]

Baťa verkaufte seine Produkte in den USA mittlerweile durch die großen Versandhandelshäuser, große Filialunternehmen und seine eigene Filialkette mit 39 Läden, durch deren Preispolitik sich neben den Schuhherstellern auch die unabhängigen Einzelhändler in ihrer Existenz bedroht sahen.[227] Trotz der Proteste von Schuhherstellern, Einzelhändlern und Gewerkschaften und mehrmonatigen Verhandlungen wurden in einem bilateralen Handelsabkommen mit der ČSSR im Februar 1938 die Zollsätze für Schuhimporte in die USA gesenkt, die Schuhimporte insgesamt jedoch auf 1,25 Prozent der heimischen Gesamterzeugung in den USA beschränkt.[228] Diese Abmachung galt nach Annexion der Tschechoslowakei 1938 durch das Deutsche Reich bis zur offiziellen Proklamation des deutschen »Protektorats Böhmen und Mähren« im März 1939. Daraufhin wurde das Handelsabkommen ausgesetzt und tschechische Waren in den USA als deutsche Produkte behandelt, die bei der Einfuhr mit einem Strafzoll belegt wurden. Baťa-Schuhe wurden künftig in den USA als deutsche Schuhe eingestuft.[229] Der Import von Baťa-Schuhen ging in den nächsten Monaten des Jahres 1939 rapide zurück.[230] Im Mai 1939 begann das amerikanische Tochterunternehmen mit dem Bau der lange geplanten Baťa-Fabrik in den USA.[231]

Die Firma wurde von Schuhunternehmern, -händlern und Gewerkschaften ebenso erbittert bekämpft wie zehn Jahre vorher in Deutschland. Auch hier be-

225 Zur Entwicklung und Unterscheidung der verschiedenen Konstruktionen vgl. Kap. 4.

226 Characterizes Czecho Shoe Tariff Opposition »Unfortunate«, in: SLR v. 16.10.1937, S. 7; Trade Fears on Czech Pact Not Allayed By Secretary Hull's Statement, in: SLR v. 23.10.1937, S. 64ff.; National Shoe Retailers Oppose Czechoslovakia Reciprocal Trade Pact, in: SLR v. 23.10.1937, S. 66f.; Brockton Shoe Trade at Hearing, in: SLR v. 23.10. 1937, S. 67; Industry Registers Vigorous Protests Against Shoe Duty Changes, in: SLR v. 30.10.1937, S. 4-11; Shoe Manufacturers' Brief Calls for Protection of American Manufacturers, in: SLR v. 30.10.1937, S. 12ff.

227 Die Einzelhändler erreichten sogar eine Gesetzesinitiative im Repräsentantenhaus, die vorsah, die Eröffnung von Filialläden eines Handelsunternehmens in mehr als einem Staat der Vereinigten Staaten zu verbieten. Vgl. Further Chain Store Restictive Legislation, in: SLR v. 27.11.1937, S. 5; National Shoe Retailers Oppose Czechoslovakia Reciprocal Trade Pact, in: SLR v. 23.10.1937, S. 66f.; Industry Registers Vigorous Protests Against Duty Changes, in: SLR v. 30.10.1937, S. 4-11.

228 State Department Signs Reciprocal Trade Pact With Czechoslovakia, in: SLR v. 12.3.1938, S. 6ff.

229 State Department Suspends Czech Pact, in: SLR v. 25.3.1939, S. 5; Will Impose Countervailing Duties on Czech Products, in: SLR v. 25.3.1939, S. 5; Presidential Order Terminates Czecho Pact, in: SLR v. 29.4.1939, S. 41.

230 Im April 1939 betrugen die Schuhimporte aus der Tschechoslowakei nur noch ein Viertel der Menge des Vorjahresmonats, im Mai 1939 nur noch ein Fünftel. Vgl. Czechoslovakian Shoe Imports Recede, in: SLR v. 3.6.1939, S. 5; May Czechoslovakia Shoe Imports Decline Sharply, in: SLR v. 8.7.1939, S. 5.

231 Bata to Start American Factory in the Fall, in: SLR v. 13.5.1939, S. 13.

dienten sich die Baťa-Gegner vor allem des Mittels der gerichtlichen Klage und schließlich des offenen Boykotts. Dafür waren die im *New Deal* geschaffenen Arbeitsschutzrechte besonders hilfreich. Baťa wurde bereits in den ersten Monaten nach Aufnahme des Betriebes wegen mehrerer Verstöße gegen geltendes Recht und wegen »un-amerikanischer Geschäftspraktiken« verklagt und verurteilt. Verschiedene Kongressabgeordnete aus Massachusetts brachten das Thema im Repräsentantenhaus zur Sprache und versuchten, parlamentarische Ausschüsse zur Untersuchung der Unternehmensführung der Firma zu erwirken.[232] 1940 unterhielt Baťa insgesamt 43 eigene Läden in den USA. Das Verkaufspersonal erhielt lange Zeit nicht den gesetzlich vorgeschriebenen Mindestlohn. Nach einer Klage wurde Baťa zur Nachzahlung von Gehältern verurteilt.[233] Als die lange geplante Baťa-Fabrik in Belcamp, Maryland, im Frühjahr 1940 ihren Betrieb aufnahm, wurde die Tätigkeit des Unternehmens vom Arbeitsministerium und der Einwanderungsbehörde streng auf die Einhaltung amerikanischer Beschäftigungsstandards kontrolliert. Anfangs versuchte Baťa, 700 tschechische Arbeiter und ihre Familien als billige Arbeitskräfte in die USA zu bringen. Die Begründung, diese Arbeiter würden benötigt, um die tschechischen Spezialmaschinen zu bedienen, wurde jedoch vom Gericht nach eingehender Untersuchung zurückgewiesen. Nach seiner Auffassung konnten diese auch amerikanische Arbeiter handhaben.[234]

Gewerkschaftlich organisierte Beschäftigte der Schuhfabrik in Belcamp verklagten Baťa im Frühjahr 1940 bei der aufsichtführenden Behörde des Ministeriums für Arbeit, wegen Verstößen gegen den *Fair Labor Standards Act*. Bei einer dreimonatigen Untersuchung der Justizbehörden ergab sich, dass Baťa zu einem großen Teil jugendliche Jungen und Mädchen beschäftigte, die im Unternehmen in Schlafsälen untergebracht waren, kollektiv verköstigt wurden und auch dort zur Schule gingen. Hierfür wurden Teile ihres Mindestlohns einbehalten. Ende Mai 1940 wurde Baťa zur Nachzahlung von Löhnen an 600 Beschäftigte der Fabrik und einer zusätzlichen Geldstrafe verurteilt. Die Unternehmensleitung von Baťa in Belcamp hatte den Beschäftigten weniger als den gesetzlich festgesetzten Mindestlohn bezahlt. Statt der üblichen 42 Stunden Wochenarbeitszeit an fünf Tagen wurde bei Baťa 67,5 Stunden an sieben Tagen gearbeitet und die Überstunden nicht bezahlt. Darüber hinaus hatte die Firmenleitung nachweislich die Buchführung und die Beschäftigungsnachweise gefälscht, um der Strafverfolgung zu entgehen.[235]

232 Congressional Action Probable in Bata Shoe Case, in: SLR v. 23.3.1940, S. 5; Recommends Justice Department Action on Bata Wage Complaints, in: SLR v. 23.3.1940, S. 6.

233 Charges Bata With Disrupting United States Shoe Industry, in: SLR v. 3.2.1940, S. 11.

234 Bata Interests Receive Set-Back, in: SLR v. 6.1.1940, S. 4.

235 Charges Baťa With Disrupting United States Shoe Industry, in: SLR v. 3.2.1940, S. 11; Recommends Justice Department Action on Bata Wage Complaints, in: SLR v. 23.3.

Im Januar 1941 wurde die Firmenleitung gar verdächtigt, ihre Fabrik aus militärstrategischen Gründen in Maryland, zwischen Washington D. C. und New York gebaut zu haben. Angesichts der guten Zusammenarbeit Jan Baťas, des Stiefbruders des Firmengründers und Miteigentümers, mit der deutschen Regierung äußerte ein Kongressabgeordneter den Verdacht, »that the Bata organisation in this country is part of the Nazi economic plan for trade expansion and that the Bata Company and its affiliates serve as a source for foreign exchange for Germany«.[236] Tatsächlich stellte die Firmenleitung von Baťa in Zlín im Oktober 1939 gegenüber dem deutschen *Reichsprotektor von Böhmen und Mähren* fest: »Der Absatz in den USA ist immer das Rückgrat des Baťa-Exportes gewesen und die finanzielle Grundlage für den Einkauf überseeischer Rohstoffe.«[237] Baťa erhielt im Protektorat einen ökonomischen Sonderstatus, da die Firma durch ihre Auslandsgeschäfte Rohstoffe wie Rohhäute für ihre Gerbereien, Baumwolle und Kautschuk in großem Ausmaß direkt im Austausch gegen Fertigwaren bezog und hierfür keine zusätzlichen Devisen benötigte.[238] Die Baťa-Exporte hatten auch für die deutschen Besatzer oberste Priorität.

2.5 Zwischenfazit

In den 20er Jahren trat erstmals der Welthandel als wahrnehmbare Größe auf dem deutschen, britischen und amerikanischen Binnenmarkt von Schuhen in Erscheinung. Dieser ließ sich für die zeitgenössischen Unternehmer, personifiziert und institutionalisiert, in Form eines einzigen Unternehmens wahrnehmen: des tschechischen Unternehmens Tomáš Baťas. Die tschechische Firma revolutionierte praktisch die Produktion von Schuhen und veranlasste die Hersteller der drei Vergleichsländer zu extremen wirtschaftspolitischen Abwehrmaßnahmen. Deutschland und die USA führten, ihrer Tradition gemäß, 1929 und 1930 Schutzzölle ein. Selbst das traditionelle Freihandelsland Großbritannien reagierte 1931 mit protektionistischen Maßnahmen. In allen drei Ländern waren die Schutzzollgesetze für Schuhe im Wesentlichen eine Lex Baťa.

1940, S. 6; Bata Shoe Company, Inc., Fined For Violation of Wage-Hour-Act, in: SLR v. 25.5.1940, S. 48.

236 Congressman Challenges Bata Claim of Being Refugee, in: SLR v. 25.1.1941, S. 7.

237 Bericht der Unternehmensleitung Baťa an Reichsprotektor für Böhmen und Mähren, Prag (Dr. Maximilian Bernhuber), Das Programm der Reise des Herrn Jan A. Baťa, Oktober 1939, Mährisches Landesarchiv Brno-Zlín, Bestand Baťa, I/4 Geschäftsführung, Box 137, Nr. 505.

238 Vgl. Korrespondenz der Unternehmensleitung Baťa mit dem Reichsprotektor für Böhmen und Mähren, Prag (Dr. Maximilian Bernhuber), 1939-1940, Mährisches Landesarchiv Brno-Zlín, Bestand Baťa, I/4 Geschäftsführung, Box 138, Nr. 506; Brief Reichsprotektor Böhmen und Mähren, Prag (Dr. Maximilian Bernhuber) an die Direktion der Baťawerke, Zlín, 21.10.1939, Mährisches Landesarchiv Brno-Zlín, Bestand Baťa, I/4 Geschäftsführung, Box 137, Nr. 505.

In der Weltwirtschaftskrise musste sich die deutsche Schuhwirtschaft, ebenso wie die britische und die US-amerikanische, bei schwindenden Exportmärkten stärker auf den eigenen Binnenhandel umorientieren. Dies gelang allerdings, angesichts des großen Kaufkraftverfalls in allen drei Ländern in der Weltwirtschaftskrise, nur bedingt. Bei Großbritannien, dem bis dahin weltweit größten Schuhexporteur, war der eigene Exportschwund, der in den 20er Jahren einsetzte und ab den 30er Jahren mit dem politischen Niedergang des Kolonialreiches zusammenfiel, besonders schwerwiegend. Für die jeweiligen Schuhindustrien fiel die Expansion der tschechischen Exporte mit der allgemeinen Absatzkrise der eigenen Exportgüter zusammen.

Als direkte Reaktion auf die Schutzzollpolitik wurden Baťa und das Schweizer Unternehmen Bally im Laufe der 30er Jahre zu den ersten multinationalen Konzernen in der Schuhindustrie. Sie gründeten eigene Produktionsbetriebe in den Ländern, in die sie vorher exportiert hatten. Nicht amerikanische Firmen entwickelten solche weltweit tätigen Konzerne in der Schuhbranche, sondern die europäischen Firmen aus dem kleinen, in der Folge des Ersten Weltkriegs neu entstandenen Land, der Tschechoslowakei, und aus der Schweiz. Durch Baťa waren Unternehmer und Gewerkschaften auf dem Höhepunkt der Weltwirtschaftskrise mit einem gänzlich anderen Produktions-, Beschäftigungs- und auch Produktstandard konfrontiert. Beim Absatz des Produktes Schuh begann Ende der 20er Jahre eine Preisspirale nach unten. Welche Strategien die Hersteller entwickelten, um den Preisverfall durch Kostensenkungen zu kompensieren, wird Gegenstand der folgenden Kapitel sein.

In der Binnenstruktur des Handels mit Schuhen sind in den drei Vergleichsländern um 1930 bedeutende Unterschiede zu erkennen. Im Deutschen Reich wurde der durchschnittliche Schuh in einem unabhängigen Einzelhandelsgeschäft gekauft. Auf dem Land traten meist Schuhmacher als Händler von Schuhen auf, die neben ihrer eigenen, handwerklichen Produktion Kaufschuhe aus den Fabriken anboten. Der Vertrieb der wenigen großen Schuhhersteller tendierte zu konzerneigenen Ladenketten, die vor dem Ersten Weltkrieg entstanden und in den 20er Jahren sehr an Bedeutung gewannen. In Großbritannien und den USA waren um 1930 solche Handelsketten bereits die dominante Vertriebsform von Schuhen. Sie unterhielten Filialen in allen Teilen des Landes. So bestätigt dieser Befund einerseits jüngere Studien zum Handel in Deutschland und den beiden Vergleichsländern, die die dominante Stellung des Einzelhandels in Deutschland als Besonderheit konstatierten.[239] In Großbritannien hatten große Filialhandelsketten den Schuhhandel bereits mehrheitlich in der Hand. Die britischen Vertriebsstrukturen unterschieden sich – bis auf die große Bedeutung der *Co-operative Societies* und die geringere Rolle der Warenhäuser – nicht wesentlich vom Handel in den USA.

239 Spiekermann (2006); de Grazia (2001); Pfister (2000).

In England und Schottland gelangte allerdings Anfang der 30er Jahre jedes elfte Paar Schuhe über eine Produktions- und Konsumgenossenschaft direkt vom Erzeuger zur Konsumentin und zum Konsumenten. Diese Genossenschaften betrieben eine besonders gebrauchswertorientierte und nicht in erster Linie von Verwertungsinteressen geleitete Produktpolitik. In den beiden anderen Ländern war diese Handelsform marginal. In Deutschland wurde nur jedes hundertste Paar Schuhe von einem Konsumverein vertrieben, der zudem keine eigene Produktion besaß. In den USA spielten in den urbanen Zentren die Warenhäuser und auf dem Land der Versandhandel eine entscheidende Rolle.

Auch die vom Handel in unterschiedlichem Maße in der Produktion durchgesetzte Standardisierung der Schuhgrößen hatte für die Erzeuger und für die Verbraucherinnen und Verbraucher von Schuhen in den Vergleichsländern Konsequenzen. Sie war eine wichtige Organisationsleistung der jeweiligen Schuhwirtschaften. Die Auswahl der Größen, zwischen denen die Kunden wählen konnten, war im Deutschen Reich viel geringer als in den beiden angelsächsischen Ländern und in Großbritannien wiederum kleiner als in den USA. Die Wahrscheinlichkeit, als Kunde einen von der Passform her fußgerechten Schuh zu erhalten, war in den USA am größten. Die amerikanischen Herrenschuhe galten auch unter europäischen Konsumenten als die weitaus bequemsten.

Durch Absprachen des Handels war es einzig in den USA zu einer landesweiten Standardisierung von Schuhgrößen gekommen, die für jede Größe konkrete Maße an fünf Stellen des Fußes festlegte. Die Händler setzten dies gemeinsam den Produzenten gegenüber als unternehmensübergreifendes und für alle Hersteller und die meisten Produkte verbindliches System durch. In Deutschland und in Großbritannien kam es nie zu einem solchen allgemein gültigen System. Das Ergebnis war eine große Zersplitterung und Parallel-Existenz vieler differierender Größensysteme in den beiden europäischen Ländern. Welche Auswirkungen dies auf die Produktion von Schuhen und ihre Rationalisierung hatte, wird Gegenstand des Kapitels 4 sein.

Der Anpassvorgang war der Hauptakt jeden Schuhkaufs im Laden. Er rückte ins Zentrum des Forschungsinteresses der Rationalisierungsexperten und Sozialforscher, die den Kaufvorgang seit Mitte der 20er Jahre zum wissenschaftlichen Studienobjekt erhoben. Dabei fanden sie heraus, dass Frauen aus allen sozialen Schichten bedeutend mehr Zeit für den Anpassvorgang benötigten als Männer und dass bei der Auswahl von Schuhen geschlechtsspezifisch unterschiedliche Kriterien eine Rolle spielten. Unter anderem trat ein Phänomen ins Blickfeld der Forscher, das hier als modischer Verbrauchsmodus von Schuhen bezeichnet werden soll. Dieser war Ausdruck eines seit Ende der 20er Jahre zunehmend erkennbaren Wandels in den Strukturen des Gebrauchs. Die sozioökonomischen, geschlechter- und altersspezifischen Unterschiede im Umgang mit dem Produkt Schuh waren von nun an in der Kauf- und Gebrauchspraxis immer enger mit der Mode verknüpft.

3. Form und Modellvielfalt: Die Rolle der Mode als Wirtschaftsfaktor und die Gestaltung des Schuhs

»Der Konsum ist anarchisch«, stellte Wilhelm Vershofen 1929 fest.[1] Der spätere Gründer der deutschen Gesellschaft für Konsumforschung brachte damit eine Grunderfahrung von Konsumgüterherstellern auf den Punkt, die auch Schuhindustrielle machten. Diese Erfahrung wurde fast durchweg negativ gedeutet. Den Konsum empfanden die Unternehmen als eine weitgehend unbekannte und unberechenbare Größe. Zudem wurde er seit Mitte der 20er Jahre zunehmend durch Einflüsse der Mode, d.h. durch die Permanenz des Wechsels von Modellen, geprägt.[2] Die Mode trat den Herstellern als ein auf kuriose Weise einheitlich auftretender, sich aber ständig wandelnder »Geschmack« der Schuhnutzer entgegen.[3] Im historischen Ablauf ist eine lange Phase erkennbar, in der Schuhhersteller und Händler den wechselnden Vorlieben der Verbraucher nur mit großer Irritation begegneten. Sie nahmen sie als eine gefährliche, ja mitunter ruinöse Fehlentwicklung im Absatz wahr. Die Mode brachte ihrer Ansicht nach hohe Risiken, Reibungen und Hemmnisse in den Vertrieb des Schuhs. Seit Ende der 20er Jahre trat sie verstärkt durch das Phänomen des »Ladenhüters« ins Bewusstsein des Handels und der Produzenten.[4]

Den Herstellern und Händlern mangelte es anfangs an Kenntnissen über die Funktionsmechanismen der Mode und an Konzepten, ihr angemessen zu begegnen. Daher versuchten sie, den Einfluss der Mode, wo es ging, zu begrenzen. Nur langsam entwickelten die Unternehmen Methoden, um den vermeintlich unvorhergesehenen Wechseln in der Nachfrage nicht mehr einfach »ausgesetzt« zu sein, wie sie es nannten.[5] In die Jahre 1930 bis 1950 fiel die Entstehung und Ausdifferenzierung erster bewusster wirtschaftlicher Mechanismen, die es den Unternehmen im System der Bereitstellung ermöglichten, die modischen Wechsel ansatzweise zu kontrollieren und zu steuern. Erst relativ spät lernten die

1 1929 war Vershofen Leiter der wissenschaftlichen Vorläuferorganisation der Gesellschaft für Konsumforschung: des Instituts für Wirtschaftsbeobachtung der deutschen Fertigware in Nürnberg. Zitat in: Erich Schäfer, Bericht des Gemeinwirtschaftlichen Seminars an der Hochschule für Wirtschafts- und Sozialwissenschaften, Nürnberg 1929, S. 9.

2 Zu dieser Definition der »Mode« vgl. Bovenschen (1997), S. 237.

3 Zum Konzept des Geschmacks als Aushandlungsfeld zwischen Norm, Gewohnheit und »angestrengt kalkulierender Phantasie« auf der Anbieterseite und den Momenten der Freiheit und Willkür auf KonsumentInnenseite vgl. Cleve (1996); Cleve (1997).

4 Ein Ausdruck der Brisanz dieses Problems war die Gründung der Fachzeitschrift »Der Markt der Fertigware: Zweimonatsschrift für Markt- und Betriebsbeobachtung« im Jahr 1929 unter der Schriftleitung von Wilhelm Vershofen in Nürnberg. Vgl. die Artikel dieser Zeitschrift und Bergler (1959), bes. S. 44-80.

5 Ausschuss Schuhindustrie (1930), S. 113.

unternehmerischen Akteure, die Mode als »Konsumverstärker« zu nutzen,[6] d. h. die Entstehung von Moden vorsätzlich als Mittel einzusetzen, die Produkte vor ihrem physischen Verschleiß veralten zu lassen und dadurch ihren Absatz zu potenzieren.

Die Massen-Mode in der späten Weimarer Republik begründete den allmählichen Übergang vom starren zum elastischen Bedarf an Schuhen. Während er sich bis dahin vermeintlich hinter ihrem Rücken vollzog, betrieben ab den 30er Jahren die Unternehmen schließlich selbst den Prozess der stetigen Entfernung des Konsums vom physischen Gebrauchswert des Produkts – mit Hilfe immer ausdifferenzierterer Mittel der Warenästhetik und, wie zu sehen sein wird, mittels wissenschaftlicher Forschung.[7] Dies war ein langsamer und mühevoller Weg mit vielen Rückschlägen für die Hersteller. Gemessen an der Wirksamkeit der Methoden war der Prozess auch 1950 noch lange nicht abgeschlossen.

Ob die Konsumentinnen und Konsumenten letztlich die treibende Kraft hinter der Modeentwicklung waren, wie die deutschen Unternehmer im hier behandelten Zeitraum mehrheitlich vorgaben, bedarf näherer Untersuchung. Dabei wird im Folgenden nicht das Entstehen von Schuhmoden aus Verbrauchersicht interessieren, obwohl auch hier noch grundlegende Studien fehlen,[8] sondern ausschließlich das Phänomen Mode aus Sicht der Anbieter von Schuhen. Ein vergleichender Blick auf den Umgang der Unternehmen mit dem modischen Gebrauchsmodus in Großbritannien und den USA wird weiteren Aufschluss über das Problem geben. Die Frage nach den wirtschaftlichen Ursprüngen der Mode beschäftigte auch die Wirtschaftsfachleute dieser beiden Länder.

3.1 »Standardware« versus »Modeschuh«: Produktformate und ihre Gebrauchsweisen

In den späten 20er und frühen 30er Jahren standen sich zwei Haltungen des Schuhkonsums gegenüber. Der englische Bekleidungsforscher John Flügel hat diese 1930 als *fixed type* und *modish type* der Bekleidung unterschieden.[9] Auf der einen Seite stand die traditionelle Gebrauchspraxis, in der die physischen Eigenschaften des Produkts im Vordergrund standen und die praktische Gebrauchsdauer von Schuhen bis aufs Äußerste genutzt wurde.[10] Schuhe wurden »aufgetragen«, solange sie noch ihren Zweck erfüllen konnten. »Schuhe und Strümpfe

6 W. König (2000), S. 387-393.
7 Zum Entwicklungsprozess und den Mechanismen der Warenästhetik vgl. Haug (1971).
8 Vgl. aber zur Bekleidungsmode der 20er Jahre allgemein (für Deutschland): Bertschik (2005), S. 180-273. Zur Modetheorie: Entwistle (2000); König (1988); Bovenschen (1997). Zur Schuhmode in Deutschland: Durian-Ress (1991); in Großbritannien: Swann (1991); in USA: Rexford (2000); Schoeffler/Gale (1973).
9 Flügel (1930). Vgl. dazu Kap. 1.
10 Fine (1995); Kotik (1974), S. 105f.

wurden nach der Zweckbestimmung, zu schützen und zu wärmen, gekauft [...] nicht aber als Schmuck- und Reizmittel«, hieß es z. B. 1932 von der Gebrauchspraxis der verheirateten Arbeiterinnen.[11] Auch Kinderschuhe wurden Jahr für Jahr vererbt und an die nächste Generation weitergegeben, mangels eigenen Nachwuchses auch an die Verwandtschaft.[12] Auf der anderen Seite stand eine – als Massenphänomen neue – Praxis des Verbrauchs, die »modische« Praxis: Modelle wurden entsorgt, obwohl sie noch gebrauchstauglich waren und ihr physischer Gebrauchswert noch nicht verschlissen war. Stattdessen ließen ihre Form oder andere, semantische Eigenschaften sie vorzeitig »altern«. Der Schuh wurde »unmodern« oder »altmodisch«, wie die Zeitgenossen sagten.[13] Den dauerhaften Gebrauchsgegenstand ersetzte das »Saisonschuhwerk«.[14]

Für die Standardkleidung verwendeten deutsche Volkskundler in den 30er Jahren noch allgemein den Begriff der *Tracht*.[15] In der Ausgabe des Grimm'schen »Deutschen Wörterbuchs« von 1935 unterschied der Autor des Artikels »Tracht« zwei Kleidungsarten: die *Tracht* und die *Mode*. Die Tracht bezeichnete alle am Körper getragenen Produkte, die »ohne das Moment des Zeitgemäßen« gebraucht wurden. Hier beobachtete der Autor:

> »Die Verwendung von Tracht als Synonym zu *Kleider* und *Kleidungsweise* hat sich in jüngster Zeit verengt. Tracht bezeichnet jetzt das Gegenteil der Mode(kleidung). [...] Unterscheidet man genauer, so tut man gut, unter dem ersteren Wort (*Tracht*) einen *Typus* zu verstehen, [...] unter Mode den raschen, fast halbjährlichen Wechsel der Formen innerhalb dieses Typus. In der Tracht, im Typus, herrscht mehr das bezeichnete Gesetz, in der Mode die freie Laune.«[16]

Diese beiden Gebrauchsweisen von Schuhen waren, wie bereits gezeigt, geschlechter-, schichten-, alters- und regionenspezifisch unterschiedlich verbreitet. Ihnen entsprachen im System der Bereitstellung zwei unterschiedliche Arten von Produkten, die im Folgenden als *Produktformate* bezeichnet werden: die von den Zeitgenossen als »Standardschuhe« oder »Stapelware« bezeichneten und die so-

11 Zimmermann (1932), S. 336.

12 Grimm/Schäfer (1984), S. 117.

13 Ausschuss Schuhmacherhandwerk (1930), S. 282; Otto Bickel, Über Modebeobachtung für die Textilindustrie, in: Der Markt der Fertigware 1 (1929), Nr. 4/5, S. 244-251, hier S. 249.

14 Otto Suhr, Die Struktur der deutschen Schuhindustrie, in: Der deutsche Volkswirt 9 (1934/35), S. 1810-1813, hier S. 1811.

15 Dass Trachten selbst bereits in die Mode einbezogen und Gegenstand gesellschaftlichen und funktionalen Wandels, mithin keineswegs statisch, waren, wie Volkskundler in der zweiten Hälfte des 20. Jahrhunderts herausfanden, wurde in der damaligen Diskussion noch nicht reflektiert. Vgl. Böth (1994).

16 Art. Tracht, in: Deutsches Wörterbuch von Jacob und Wilhelm Grimm, Bd. 11, hg. v. Matthias Lexer und Dietrich Kralik, Leipzig 1935, Sp. 977-994, hier 989-991.

genannten »Modeschuhe«.[17] Im angelsächsischen Sprachraum wurde in den 20er Jahren der *staple shoe* oder *plain shoe* vom *style shoe*, *fashion shoe* oder *fancy shoe* unterschieden.[18]

In der modischen Gebrauchsweise dominierten die sozialen Eigenschaften des Produkts, d.h. ihre gesellschaftlich und geschlechtlich distinktiven Funktionen. Diese konnten entweder materiell im Produkt angelegt sein, wie zum Beispiel durch die Form, die Farbe oder das Material, die bestimmte gesellschaftliche Bedeutungen konnotierten. Jean Baudrillard nannte diese Eigenschaften »Stimmungswerte«.[19] Sie konnten aber auch gestaltunabhängiger entstehen, durch kontextuelle Zuschreibungen im ständig sich wandelnden Prozess der »Signifizierung« der Produkte, der gesellschaftlichen Produktion ihrer Bedeutungen. Semiotiker der Dingwelt haben darauf aufmerksam gemacht, dass die Gebrauchsgegenstände als kommunikative Elemente in einem System funktionieren. Sie erlauben es, soziale Zugehörigkeiten zu zeigen und auch andere Sinnzusammenhänge herzustellen.[20] Wie in der Sprache die Wörter ihre genaue Bedeutung nur in Kontext, Beziehung zu und Absetzung von anderen Wörtern annehmen, erhielten Produkte wie Schuhe erst im Kontext anderer Produkte und in der Praxis ihrer Benutzung – im Ensemble von Menschen und Dingen – ihren eigentlichen, konkreten Sinn.[21] Mit der Höhe des Absatzes im Schuh beispielsweise, die in den 20er Jahren auch bei billigeren Frauenschuhen anstieg, signalisierte die Nutzerin ihrer Umgebung die Zugehörigkeit zu einer sozialen Gruppe, etwa der »Bürofräuleins«, und grenzte sich gleichzeitig von anderen sozialen Gruppen, z.B. der Bäuerinnen oder Marktfrauen, ab, die meist flache Schuhe trugen. Dabei war nicht nur der Schuh selbst wichtig für die Unterscheidung, sondern auch die Art, sich in ihm zu bewegen, der körperliche Ausdruck seiner Trägerin beim Laufen. Ein anderes Beispiel ist die modische und erstmalige Verwendung der Farbe Weiß als Grundbestandteil in den *Spectator*-Sportschuhen für Herren. Auch diese stellte eine explizite, symbolische Distanzierung gleichzeitig vom »Staub der Straße« und von der Grundfunktion des Schuhs, dem Schutz vor Verschmutzung der Füße, dar. Der weiße Schuh entsprach dabei dem weißen Kragen der *white collar workers*, der Angestellten, bei denen ein »angenehmes Aussehen« zum Berufsbild gehörte.[22] Der »sportliche« Schuh signalisierte zudem einen weltmännischen Habitus und eine spezifische Art der Freizeitgestaltung, etwa die Teilnahme an Zuschauer-Sportereignissen,

17 Samsom (1930); Ausschuss Schuhindustrie (1930), S. 109-119.

18 US Federal Trade Commission, Report of the Federal Trade Commission on Shoe and Leather Costs and Prices, Washington 1921, S. 137ff.; Silverman (1942).

19 Seiner Auffassung nach transportierten sie Werte wie Wärme oder Kälte, Künstlichkeit oder Natürlichkeit usw. Vgl. Baudrillard (1968/2001), S. 42-85.

20 Miklautz (2005).

21 Baudrillard (1968/2001), S. 42-85; Zachmann (2006).

22 Kracauer (1929/1971), S. 24f.

die nach britischem und amerikanischem Vorbild in der Weimarer Zeit Mode wurde (Abb. 9).[23]

Damenschuhe galten um 1930 bereits großenteils als modische Produkte, Herrenschuhe dagegen noch allgemein als Standardware. Dies fand unter anderem in den unterschiedlichen Farbskalen von Herren- und Damenschuhen seinen Ausdruck. Damenschuhe wurden neuerdings in verschiedenen Farben wie Blau, Grün und Gelb angeboten.[24] Herrenschuhe gab es dagegen weiterhin nur in Braun und Schwarz, im modischen Extremfall mit Weiß durchsetzt. Auch das Schuhwerk für ältere Frauen und Kinder sowie besonders zweckgebundene Produkte, wie etwa Sport-, Wander- und orthopädische Schuhe, blieben von den Modeströmungen weitgehend unabhängig.[25] Alles Arbeitsschuhwerk war und blieb Standardware. Die Schuhmode erfasste also weiterhin nur einen Teil der Gesamtheit aller Produkte.

Die Funktionalität von Schuhen bewegte sich somit zwischen den Polen der materiellen Zweckdienlichkeit und der sozialen Kommunikation. Daran waren, je nach Geschlecht und sozialer Gruppenzugehörigkeit der Nutzer, verschiedene Fertigkeiten im Gebrauch geknüpft. Während zum Beispiel beide Geschlechter, sofern sie keine Holzschuhe trugen, in der Kindheit lernten, sich die Schuhe zuzubinden, eigneten sich später nur die Frauen bestimmter sozialer Gruppen die Fähigkeit an, in hohen Absätzen zu gehen. Absatzschuhe zu tragen erforderte einige Übung und wurde von den Männern im frühen 20. Jahrhundert, ganz im Unterschied zu ihren Geschlechtsgenossen im 17. und 18. Jahrhundert, nur noch selten beherrscht.[26]

Wie der Soziologe Pierre Bourdieu treffend festgestellt hat, wuchs die Distanz zur »Notwendigkeit« des physischen Gebrauchswerts eines Produkts mit der wirtschaftlichen Macht seines Nutzers.[27] Die »Ästhetik des Zweckfreien«, auch in der Schuhmode, war lange Zeit Ausdruck wirtschaftlicher Unabhängigkeit und des Reichtums. Sie äußerte sich in der Möglichkeit, der Not und dem Zwang des Ökonomischen gegenüber ostentativ einen Abstand zu schaffen. Dies geschah, indem man etwa Produkte kaufte, die nicht möglichst universal dienstbar waren, sondern nur einem sehr begrenzten Zweck dienten und sich physisch oder semantisch schnell verbrauchten. Der von Zweckdenken und materieller Gebrauchswertorientierung befreite, »ungebundene Geschmack« (Bourdieu) war im Alltag bis in die 1920er Jahre das Privileg einer kleinen Schicht von SchuhkonsumentInnen.

23 Vgl. Kap. 1.

24 Ausschuss Schuhmacherhandwerk (1930), S. 282.

25 Ausschuss Schuhindustrie (1930), S. 115.

26 Entwistle (2000), S. 14.

27 Bourdieu (1987), bes. S. 100-104. Bourdieu entwickelte hier die Entdeckung des demonstrativen Konsums (*conspicuous consumption*) von Thorstein Veblen weiter, vgl. Veblen (1899).

Die sozialen und symbolischen Eigenschaften der Produkte spielten jedoch auch in den ärmeren und ländlichen Bevölkerungsgruppen eine Rolle. In der Festtagskultur fanden sich Ansätze zu einer Ästhetik des Zweckfreien. Regionale Trachten unterschieden beispielsweise zwischen Alltags- und Sonntagsschuhen und fungierten hier räumlich und zeitlich als ästhetische Abgrenzung und soziales Regulativ. Vor allem aber war das Alltagshandeln der Unterschichten – und damit auch ihre Bekleidungspraxis – immer Ort und Ausdruck einer sowohl materiellen als auch symbolischen Kreativität.[28] Paul Willis unterschied dabei die symbolische Kreativität in drei Unterarten: der konsumtiven, der produktiven und der kommunikativen Kreativität.[29] Die Differenzierung des Geschmacks war bei weitem nicht auf die »Hochkultur« der Oberschichten beschränkt. Unter den städtischen Arbeiterinnen beobachteten Sozialforscher zu Beginn der 30er Jahre eine Hinwendung zur Mode, die allerdings altersabhängig war: »Die Jugend neigte schon stark zum Modischen, wenn auch meist zu den billigsten Qualitäten. […] Die verheirateten Arbeiterfrauen trugen wenig modische Kleidung, die bei sorgsamer Pflege lange Bestand haben sollte.«[30] Auch der Familienstand und die Familienform, d. h. die Anzahl der Kinder, spielte somit bei der Aneignung des modischen Verbrauchsmodus im Arbeitermilieu eine Rolle.[31] Allgemein stellte ein Wirtschaftsanalytiker der Zeit fest, dass Schuhe in allen sozialen Schichten zunehmend »nicht nur Gebrauchs-, sondern auch Schmuckgegenstände« wurden.[32] Sie konnten darüber hinaus auch noch ganz andere Funktionen erfüllen. Der Hochzeitsschuh beispielsweise, den Trägerinnen und Träger oft nur an einem einzigen Tag im Leben trugen, oder der erste Kinderschuh wurden als Symbol oft jahrelang aufbewahrt, aber nicht mehr physisch gebraucht. Ihre Funktion als Mnemorat, als Erinnerungshilfe für bedeutende lebensgeschichtliche Ereignisse, stand bei dieser Gebrauchsweise der Produkte im Vordergrund.[33]

28 Hierauf haben der englische Sozialhistoriker, die Sozialforscher der *Cultural Studies* und empirische Kulturwissenschaftler hingewiesen. Vgl. dazu Warneken (2006), bes. S. 91-205; Breward (1999), bes. S. 39 und 93; Thompson (1980).

29 Willis (1990), bes. S. 84-97.

30 Zimmermann (1932), S. 336.

31 Vgl. dazu Haupt (1999).

32 Ebert (1928), S. 46f.

33 In den Artefakte-Sammlungen von Museen sind solche Schuhe daher überdurchschnittlich oft vertreten. Vgl. etwa die Sammlungen des Schuhmuseums in Offenbach oder der Northampton Boot & Shoe Collection. Zur Funktionsweise der Dinge als Mnemorate vgl. Habermas (1999); zum Kinderschuh als Mnemorat: Breyer (2008).

3.2 Die deutsche Schuhwirtschaft und die Mode

Die Mode als kollektiver »Eigen-Sinn« der Nutzer

Der modische Verbrauchsmodus als Massenphänomen nahm in der Weimarer Republik einen ungeheuren Aufschwung. Die zeitgenössischen Fachleute der Schuhwirtschaft datierten die Mitte der 20er Jahre als einen entscheidenden Wendepunkt in der Modeentwicklung von Schuhen. Vor der Enquete-Kommission zur Schuhwirtschaft Ende der 20er Jahre wurde der neuartige Wechsel in den nachgefragten Produkten ausführlich thematisiert. Hierin waren sich alle Sachverständigen, Schuhunternehmer, Schuhhändler, Gewerkschafter der Schuhindustrie und Handwerker einig:

> »Die wichtigste Strukturwandlung des deutschen Straßenschuhgewerbes ist darin zu erblicken, dass der Schuh [nach dem Ersten Weltkrieg] mehr und mehr zu einem Modeartikel geworden ist. [...] Weite Kreise sind von den einfachen schwarzen Stiefeln [...] der Vorkriegszeit zu farbigen, vielfach aus mehreren Ledersorten kombinierten Artikeln übergegangen. Bestimmte Formen und Farben erregen plötzlich das Wohlgefallen der Käufer, ohne dass die Fabrikanten oder die Händler diese Entwicklung voraussehen können; ebenso plötzlich pflegt die Nachfrage nach den soeben noch stark begehrten Artikeln zu sinken. Diese Erscheinungen erstrecken sich heute auf eine viel breitere Käuferschicht als vor dem Kriege, und die Wandlungen der Mode gehen weit häufiger vor sich, als es früher der Fall war.«[34]

Auch der Untersuchungsausschuss über das Schuhmacherhandwerk im selben Jahr und wirtschaftswissenschaftliche Studien kamen zu dem Ergebnis, der Schuh sei in der Nachkriegszeit zu einem Modeartikel geworden.[35] Ein Absatzforscher am Nürnberger Institut für Wirtschaftsbeobachtung der deutschen Fertigware bezeichnete Schuhe 1931 als einen »jungen Modeartikel«, im Vergleich zur Mode in der Kleidungskonfektion, die als Massenphänomen bereits seit der Gründerzeit existierte.[36]

Natürlich gab es Variationen der Form des Schuhs schon zu früheren Zeiten. Über Kleiderordnungen versuchten gesellschaftliche Eliten über Jahrhunderte, diese Modephänomene zu kontrollieren und bestimmten Ständen vorzubehalten. Es variierten vor allem die Gestalt und Länge der Schuhspitze, die Verschlussmethoden, die Materialien und auch die Farben von Nichtleder-Werk-

34 Aussagen hier und im Folgenden, falls nicht anders angegeben: Ausschuss Schuhindustrie (1930), S. 109-119, 322.

35 Ausschuss Schuhmacherhandwerk (1930), S. 249; Samsom (1930), S. 9f.

36 Otto Bickel, Neuere betriebswirtschaftliche Literatur zum Modeproblem, in: Der Markt der Fertigware 3 (1931), Nr. 2, S. 91-97. Zur bereits älteren Kleider-und Textilmode seit etwa 1900: Vgl. Fitch (1930); zur Modediskussion in der Gründerzeit: Bertschik (2005), S. 85-179.

stoffen. Auch die Form, Farbe und Höhe des Absatzes, der im absolutistischen 17. Jahrhundert entstand und anfangs vor allem als Mittel der männlichen Selbstdarstellung bei Hofe diente, blieb konstanter Gegenstand des Wandels.[37] Luxusschuhe waren bereits vor der Jahrhundertwende ein Modeartikel.[38] Die Mode als ein die wirtschaftliche Entwicklung maßgeblich beeinflussendes Massenphänomen entstand beim Produkt Schuh jedoch erst in den 1920er Jahren. Die billigsten Lederschuhe für die breite Masse wurden erst mit dem Übergang von Stiefel zu Halbschuh Gegenstand von saisonalen modischen Modellwechseln.[39] Nachahmungen der Schuhmodelle der Luxusgeschäfte, jedoch in billigeren Qualitäten, führten zu einer »proletarisierten Schuhmode«, wie sie die Fachpresse bezeichnete.[40] Die Form- und Farbgebung lief in Abhängigkeit zur modischen Bekleidung als Mengenkonfektionsware, die schon früher entstand, jedoch in der Weimarer Republik ebenfalls eine neue Stufe der Verbreitung erreichte.[41] Der Schuh stand in der Hierarchie der Bekleidungsstücke buchstäblich ganz unten. Sogar die Strumpfmode war der Schuhmode übergeordnet und war als Impulsgeber für Farben oft noch wichtiger als die Kleidung.[42] Das niedrigste Preissegment von Schuhen überhaupt, die Holzschuhe, blieb bis in die Kriegswirtschaft des Zweiten Weltkriegs vom modischen Wandel ausgespart. Erst in der Mangelwirtschaft der 40er Jahre begann in Deutschland die Einbeziehung des Holzschuhs in die Schuhmode-Entwicklung.

»Man weiß nicht, woher die Mode kommt; aber leider ist sie da«, fasste der Schuhfabrikant Georg Heß aus Erfurt 1929 die Haltung der Unternehmer zum modischen Konsum zusammen. Die Fabrikanten und Händler sahen sich geradezu als Opfer der Konsumentinnen und ihres scheinbar willkürlichen Verbraucher-Verhaltens, das sich nach *Peer Groups*, sozial bessergestellten Modepionierinnen, richtete. »Die Mode ist nichts Greifbares. [...] Wenn wir heute Beige propagieren, so ist das in wenigen Wochen durch irgendeine elegante Dame aus Paris, die auf einem Rennen etwas Neues trägt, über den Haufen geworfen.« Auch der Generaldirektor der Firma Jakob Sigle & Cie. (Salamander), Alex Haffner, stellte fest: »Noch niemand hat ergründet, woher das Publikum plötzlich informiert wird. Tatsache aber ist, dass [es] oft, ganz unerwartet, einen

37 Die höfischen Männer im 17. und 18. Jahrhundert trugen Schuhe mit hohen Absätzen zur unterm Knie gebundenen Hose und zu Kniestrümpfen, die Waden und Gesäßmuskeln hervorhoben, während Frauenfüße und -schuhe noch keusch unter dem Rocksaum verschwanden. Vgl. Gall (1971); Swann (1991), S. 7-14; Goubitz/Driel-Murray/Groenman-van Waateringe (2001), S. 98.

38 Sedler (1999), S. 49-61; Swann (1991), S. 51-60.

39 Samsom (1930), S. 8ff.; Ausschuss Schuhmacherhandwerk (1930), S. 109-119, 249; Schnitzer (1937), S. 80.

40 Zitiert in: Samsom (1930), S. 111.

41 Westphal (1992), S. 42, 58-66; Döring (1992), S. 136-143.

42 Samsom (1930), S. 13; Ausschuss Schuhindustrie (1930), S. 113.

einheitlichen Geschmack entwickelt.«[43] Das modische Konsumentenhandeln erschien den Anbietern der Produkte als »unvernünftig«, affektbestimmt und mit ihren rudimentären Kategorien der wirtschaftlichen »Rationalität« nicht erklärbar.[44] In ihr traten den Herstellern und Händlern die Konsumenten als Kollektiv mit einem »Eigen-Sinn«[45] entgegen, der sich ihren traditionellen mechanistischen Erkenntnismodellen entzog.

Ausdruck der veränderten Verbrauchspraktiken der Konsumentinnen und Konsumenten war, dass viele Käufer sich zwei Paar Schuhe im gleichen Zeitraum anschafften, in dem sie früher ein Paar zu kaufen pflegten. Dabei stellten sie an die Haltbarkeit nicht immer die gleichen Anforderungen wie vor dem Ersten Weltkrieg. Die Fachleute vor der Enquete-Kommission zur deutschen Schuhwirtschaft schätzten, dass früher ein Qualitätsstiefel zwei bis drei Jahre gehalten hatte, ein moderner Modeschuh dagegen nur mehr zwei bis drei Monate.[46] Die ästhetischen Anforderungen an die Produkte stiegen dagegen: »Alle Schuhfabriken leiden heute darunter, dass das Publikum an Mode, reiche Auswahl und faltenlosen Sitz des Schuhes immer höhere Ansprüche stellt, die Preise aber immer mehr sinken«, legte der Leistenhersteller Karl Benscheidt 1933 dar.[47] Die Verkaufspreise von Schuhen im Einzelhandel fielen zwischen 1928 und 1932 um 30 Prozent.[48]

43 Alle drei Zitate vgl. Ausschuss Schuhindustrie (1930), S. 118.

44 Vgl. dazu Otto Bickel, Über Modebeobachtung für die Textilindustrie, in: Der Markt der Fertigware 1 (1929), Nr. 4/5, S. 244-251; Otto Bickel, Neuere betriebswirtschaftliche Literatur zum Modeproblem, in: Der Markt der Fertigware 3 (1931), Nr. 2, S. 91-97.

45 Der alltagsgeschichtliche Begriff und das Konzept des »Eigen-Sinns« bezeichnet gemäß Alf Lüdtke seit den 1980er Jahren eine Haltung der unteren Schichten der Gesellschaft und ihre spezifische Art und Weise, sich in der Grundsituation des Beherrschtwerdens Handlungsspielräume zu ertrotzen und sich widerständig zu zeigen, ohne die klassischen Voraussetzungen des voll ausgereiften »Klassenhandelns«, wie sie die Sozialgeschichte definiert, zu erfüllen. Der Begriff kann auch in der Konsumgeschichte verwendet werden. Der Eigen-Sinn, von Hegel definiert als »eine Freiheit, welche noch innerhalb der Knechtschaft stehen bleibt«, fasst treffend auch die beschränkten Handlungsmöglichkeiten bei Auswahl und Nutzung von durch die Industrie vorgegebenen Produkten durch die KonsumentInnen. Vgl. Georg W.F. Hegel, Phänomenologie des Geistes, 1807, zitiert in: Lüdtke (2002b).

46 Ausschuss Schuhmacherhandwerk (1930), S. 282.

47 Karl Benscheidt, Vortrag des Fabrikanten Carl Benscheidt des Jüngeren aus Alfeld an der Leine (Fagus-Werk) bei dem vom Reichswehr-Ministerium einberufenen Lehrgang in der Schuhherstellung in München am 22.8.1933, Alfeld 1933, S. 3.

48 Vgl. Forschungsstelle für den Handel beim Reichskuratorium für Wirtschaftlichkeit, Lage und Leistungen des Einzelhandels mit Schuhwaren, Berlin 1936, S. 3.

Probleme mit der Mode in Produktion und Handel

In der Produktion stellte der modische Modellwechsel eine Herausforderung dar. Die Herstellung der modischen Schuhe war, was das Oberleder betraf, meist aufwendiger als die der Stapelware. Die Schaftarbeit vervielfältigte sich durch das Anbringen von Verzierungen, das Lochen usw.[49] Für die Zierelemente am Modeschuh wurden ab Ende der 20er Jahre eigene Spezialmaschinen entwickelt.[50] Außerdem ergaben sich durch den »außerordentlich schnellen« Modewechsel starke Schwankungen im Beschäftigungsgrad der Schuhfabriken.[51] Dies galt nicht nur für Aufträge zu den Verbrauchspitzen der Saison im Frühjahr und Herbst, sondern das ganze Jahr hindurch. Normalerweise hielten deutsche Schuhunternehmen keine Vorräte von Produkten. Diese Aufgabe übernahm der Handel. Nur in Zeiten der Auftragsflaute arbeiteten Schuhfabriken auf Lager. Dabei stellten sie nur Stapelware her, deren Absatz gleichbleibend stabil war. Der »revolutionäre Wechsel zur Mode« seit dem Ersten Weltkrieg, so ein amerikanischer Beobachter, führte nun dazu, der Praxis der Produktion auf Lager immer engere Grenzen zu setzen, und damit die Beschäftigung noch prekärer werden zu lassen.[52]

Jeder Wechsel von Modellen erforderte in der Produktion die Neuanschaffung von Werkzeugen, Leisten und Material und war für die Hersteller ein kostspieliges Unterfangen. Der Kapitalbedarf erhöhte sich, da auch die Lagerhaltung von einzelnen Ledersorten bedeutend ausgeweitet werden musste.[53] Die Breite des Sortiments setzte der Typisierung und Rationalisierung in der Produktion Grenzen. Auch dem Handel bereitete die Mode große Probleme. Vor dem Ersten Weltkrieg hatten die Einzelhandelsgeschäfte ihren größten Umsatz mit Herrenschuhen gemacht. Am Ende der 20er Jahre waren es Damenschuhe, d. h. modische Schuhe.[54] Mit diesem Strukturwandel vom Standard- zum Modeschuh stiegen die Kosten und Lagerrisiken im Handel. In ländlichen Gegenden, die noch für einen modeunabhängigen Bedarf standen, kamen die Schuhhändler mit einem kleinen Lager gängiger Ware aus, während das Sortiment der Filialunternehmen in Großstädten an Schuhen bis zu 2.000 Artikel umfasste.[55] Hierfür war ein erheblicher Kapitalbedarf erforderlich. Wegen der Modewechsel bestellten Einzelhändler kaum noch dieselbe Ware nach. Nach Ansicht der Händler und Hersteller führte die Nachfrage eines »viel zu differenzierten Geschmacks in Deutschland«[56] dazu, dass sich seit Mitte der 20er Jahre die Auswahl

49 Ausschuss Schuhindustrie (1930), S. 112.
50 Zu diesen Maschinen im Einzelnen vgl. Stade (1932), S. 162.
51 Ausschuss Schuhindustrie (1930), S. 119.
52 Cook (1929), S. 11.
53 Ausschuss Schuhindustrie (1930), S. 102ff.
54 Samsom (1930), S. 53.
55 Ausschuss Schuhmacherhandwerk (1930), S. 265.
56 Ausschuss Schuhindustrie (1930), S. 72.

von Modellen geradezu explosionsartig vermehrte. Die Firma Baťa beispielsweise stellte 1925 80 verschiedene Artikel her. 1927 waren es bereits 185 Artikel, 1928 480 Artikel, 1929 570 und 1937 mehr als 6.000 Artikel.[57] Bei der Firma Salamander wuchs die Produktpalette von insgesamt 80 Artikeln (1910) auf 804 Damen- und 137 Herren-Artikel (1950).[58]

So wird deutlich, dass die Schuhindustrie einen Aspekt der Mode bislang nur unzureichend für sich zu nutzen verstand, auf den der Nationalökonom Werner Sombart anhand empirischen Materials aus der Bekleidungsindustrie bereits kurz nach der Jahrhundertwende hingewiesen hatte. Grundsätzlich, so Sombart, hatte die Mode zwei Gesichter. Das eine war die Wechselhaftigkeit, die sie in den Produkten erzeugte. Das andere aber war eine eigentümliche Vereinheitlichung des Bedarfs, die auch schon in einigen Aussagen der Schuhindustriellen vor dem Enquete-Ausschuss anklang. »Jede Mode zwingt immer eine große Anzahl von Personen, ihren Bedarf zu unificieren, ebenso wie sie sie nöthigt, ihn früher zu ändern, als es der einzelne Consument, wäre er unabhängig, für erforderlich halten würde.«[59] Die Mode enthielt somit immer auch ein uniformierendes Element. Sie stand daher einer Standardisierung nicht grundsätzlich im Wege. Unter den richtigen Umständen konnte sie eine Vereinheitlichung des Bedarfs bewirken.[60] Um diese Seite der Mode für sich nutzen zu können, bedurfte es freilich ausgefeilter Mechanismen und Kenntnisse über den Konsum auf Seiten der Unternehmen.

Dass also gerade mit Hilfe der Mode eine Vereinfachung des Angebots möglich war, entdeckte man in der deutschen Schuhindustrie allgemein erst ein Jahrzehnt später. Die 1934 gegründete Gesellschaft für Konsumforschung (GfK), auf die später noch eingegangen wird, beschäftigte sich von Anfang an intensiv mit dem Phänomen der Mode als Absatzproblem. Man erklärte die Mode einerseits mit dem Gesetz des abnehmenden Grenznutzens und andererseits mit dem Distinktionsbedürfnis der Verbraucher.[61] Beide Erklärungsansätze rückten den Verbraucher und seine Verbrauchsgewohnheiten ins Zentrum der Aufmerksamkeit. Die Forscher definierten die Typisierung nicht so sehr als ein zur Produktion gehöriges Phänomen, sondern siedelten sie in der »Sphäre des Marktes, des Verkaufs« an. Dies war für den Umgang mit der Mode eine wichtige Erkenntnis. Ab Mitte der 30er Jahre ging die Industrie daran, angebotsseitig eine Vereinheitlichung der Produkte zu erreichen, indem man an der »Herausbildung eines ›Stils‹« arbeitete, der auf Seiten des Verbrauchs »gleichzeitig geschmacksfördernd

57 Valentin-Smith (1937), S. 79.

58 Klass (1961), S. 135f.

59 Sombart (1902), S. 11. Zur kulturkritischen Haltung Sombarts vgl. Lenger (1994), S. 162-170.

60 Link (2005), S. 43-56.

61 Wilhelm Vershofen, Einführung in die Volkswirtschaftslehre, Teil XIV, in: Mitteilungsblatt der GfK Nr. 11, März 1938, S. 193-198, und Teil XV, in: Mitteilungsblatt der GfK Nr. 12, Mai 1938, S. 219-223. Vgl. hierzu ausführlich Kap. 7.

und -führend wirkt«.[62] Eine Gleichrichtung der Bedürfnisse an den sozialen Eigenschaften der Produkte, des in der Sprache der GfK »Zusatznutzens« der Produkte für die NutzerInnen, und damit eine bewusste Beeinflussung der Mode, versprach in der Vorkriegswirtschaft gleich zwei Vorteile: betriebswirtschaftlich eine »Bereinigung« der »Unordnung in der Typenlage« und volkswirtschaftlich eine verbrauchslenkende Wirkung.[63]

Maßnahmen gegen die Mode und ihre Wirksamkeit

»Das Drängen der Bevölkerung nach modischem Schuhwerk soll eingedämmt werden.«[64] So formulierte 1929 der Vorsitzende des Verbandes Deutscher Schuhwarengroßhändler, Paul Schröter aus Berlin, die Perspektive der Unternehmen auf die Mode. Die »schädlichen Einflüsse der Mode« und die »Vielheit der Modelle und Farben« müssten begrenzt werden. Man ziele dringend »auf eine gewisse Uniformierung« des Konsums hin.[65] Das größte Problem aller Unternehmen war die Koordination von Farben und Formen entlang der Produktlinie. Denn die einzelnen Phasen der Ledererzeugung, der Leistenproduktion, der Schuherzeugung, und schließlich des Einzelhandels waren einander zeitlich nachgeordnet. Ein Einzelhändler rechnete vor:

> »Der Kleinhandel möchte die Farben der Frühjahrsmode [1930] etwa im November [1929] kennen [...]. Wenn aber die Industrie ihre Kollektion im Oktober [1929] fertig haben soll, muß sie sich bereits im Juni [1929] [...] über die Modeentwicklung im klaren sein, und die Lederindustrie hat sich *noch* früher ein Bild von der Mode zu machen, sonst kann sie die richtig gefärbten Leder nicht rechtzeitig herstellen.«[66]

Der Versuch eines rationelleren Umgangs mit der Nachfrage fand zuerst im Handel statt. Er begann mit dem Zusammenschluss von Einzelhändlern zu Einkaufsvereinigungen. Schließlich fanden sich die Schuheinzel- und Großhändler sogar mit den Leder- und Schuherstellern zu gemeinschaftlichen Maßnahmen zusammen. Am 19. Januar 1927 wurde als gemeinsames Gremium der sogenannte Modeausschuss für die deutsche Schuhwirtschaft gegründet.[67] Er sollte durch bewusste Absprache und Koordination der Unternehmen die Modellwechsel in

62 Fritz Pöhlmann, Die Typisierung in der deutschen Fertigwarenindustrie, in: Markt und Verbrauch 12 (1940), Nr. 3/4, S. 60-66, hier S. 62.

63 Vgl. dazu ausführlich Kap. 8.2; Fritz Pöhlmann, Die Typisierung in der deutschen Fertigwarenindustrie, in: Markt und Verbrauch 12 (1940), Nr. 3/4, S. 60-66, bes. S. 60ff.

64 Ausschuss Schuhindustrie (1930), S. 115.

65 Ebd., S. 118.

66 Ebd.

67 Zur Geschichte des Modeausschusses im Folgenden, vgl. Samsom (1930), S. 116-127.

der Schuhindustrie kontrollieren, vor allem auf den Gebieten der Farben und der Leistenformen der kommenden Saison. Eine Verminderung der Farben wollte der Modeausschuss halbjährlich durch die Aufstellung einer Farbkarte erreichen. Die darauf abgebildeten Farben sollten für alle Hersteller für die Modelle der kommenden Saison verbindlich sein. Von den weit über 100 Farben, die die Lederfabriken anboten, wurden für die erste Farbenkarte im Herbst 1927 28 Farben ausgewählt. Doch hielten sich viele Schuhhersteller nicht einmal an diese Vorgaben. Sie wiesen darauf hin, dass die Anzahl der Farben noch viel zu groß sei. Man hielt dies für keine effektive Verminderung.[68] Die Karte für die Herbstmode 1928, ein halbes Jahr später, wies nur noch 14 Farben auf, die nächste 11. Wie sich vor dem Enquete-Ausschuss ergab, wurde die zweite Karte allerdings erst so spät herausgebracht, dass in den Schuhfabriken die Produktion bereits lief und sie diese schon nicht mehr berücksichtigen konnten. Auch musste sich der Modeausschuss den Vorwurf gefallen lassen, einzelne Lederhersteller zu bevorzugen: Der Ausschuss habe zweimal fast ausschließlich Farben einer bestimmten Lederfirma ausgewählt, deren Leiter selbst im Ausschuss saß. Darüber waren die anderen Lederfabrikanten »natürlich entrüstet«. Zuweilen lag der Modeausschuss mit seinen Prognosen auch völlig falsch:

> »Bei der Mode kommt es gewöhnlich anders als man denkt. Es ist verblüffend und gar nicht einzusehen, warum kürzlich Grau die Modefarbe in Deutschland war, während in Paris Blau in allen Tönen als Mode galt. Man glaubte, dass Blau von Deutschland übernommen werden würde, dann aber kam plötzlich die rote Farbe [...]. Der Modeausschuss hat[te] 28 Farben getippt. Rot war nicht dabei.«

Auch ein Einzelhändler aus Hamburg berichtete:

> »Wir Kleinhändler hatten gehofft, der Modeausschuss würde das Allheilmittel. Leider ist es anders geworden. Was die Modekommission für gut befunden hatte, mochte in dem betreffenden Augenblick richtig getippt sein. Wenn die Schuhe aber eintrafen, war die Mode bereits über den Haufen geworfen.«[69]

Eine Beschränkung der Leistenformen, die sich der Modeausschuss ebenfalls zum Ziel gesetzt hatte, scheiterte von Anfang an daran, dass die einzelnen Schuhfabrikanten sich weigerten, ihre Leisten einer zentralen Begutachtung oder gar Bewertung zu unterziehen und diese gegebenenfalls austauschen zu müssen. Sie stellten einen wesentlichen Kostenfaktor in der Fabrikation dar.

In beiden Bereichen spielte die starke Konkurrenz der Unternehmen untereinander eine ausschlaggebende Rolle für den Misserfolg der Maßnahmen. So-

68 Umfrage der Schuhfabrikanten-Zeitung und der Schuhhändler-Zeitung vom Januar 1928, Ergebnisse zusammengefasst in: Samsom (1930), S. 124.

69 Alle drei Zitate in: Ausschuss Schuhindustrie (1930), S. 116-119.

lange einzelne Unternehmen aus den Vereinbarungen ausscherten, war keine wirkungsvolle Begrenzung des Angebots zu erreichen. Manche Hersteller nutzten die Gleichfarbigkeit der Konkurrenzprodukte, um sich mit den eigenen Erzeugnissen in ganz anderen Farben abzuheben. Bei der Arbeit des Modeausschusses wurde zudem offenbar, dass »die Beschaffung brauchbarer Unterlagen über die Verkaufsbewegung der modetypischen Artikel und der Geschmacksbewegung« unter den KonsumentInnen »mangels genügender, statistischer Erziehung« der Hersteller und Händler praktisch unmöglich war. Selbst Fragebögen, die der Modeausschuss verschickte, wurden von einzelnen Unternehmen kaum beantwortet.[70] So war die Mode auch ein statistisches Problem.

Der Modeausschuss geriet immer stärker in die Kritik. Er wurde im September 1928, nur anderthalb Jahre nach seiner Gründung, wegen mangelnder Durchsetzungskraft wieder aufgelöst. Die Schuh- und Lederhersteller hatten sich aus Protest daraus zurückgezogen. Ein nur auf den Handel begrenzter Nachfolgeausschuss wurde im Oktober 1928 vom Reichsverband Deutscher Schuhhändler ins Leben gerufen. Dieser versuchte Modetrends in den internationalen Modezentren möglichst früh zu erfassen und die Händler zu informieren.[71] Seine Beschlüsse hatten jedoch keine normative Verbindlichkeit in der Schuhwirtschaft. Vor dem Enquete-Ausschuss 1929 zogen die Unternehmer daher das Fazit, dass die Bemühungen um eine Lenkung der Mode bislang weitgehend versagt hatten. Die Mode erwies sich als ein Problem der Koordination zwischen den Unternehmen. »Eine wirksame Organisation zur Beeinflussung der Mode fehlt in Deutschland«, war der allgemeine Befund der Kommission. Im Hinblick auf die »Möglichkeit einer ›Modepolitik‹ überhaupt« äußerten sich die Sachverständigen aus der Industrie skeptisch: »Im ganzen dürfte die deutsche Schuhindustrie der Modewillkür auch fernerhin ausgesetzt sein.«[72]

3.3 Mechanismen der Mode

Triebkräfte der Mode: Die Frage der Akteursmacht von Unternehmen und Konsumenten

Die Tatsache, dass erst der starke Wettbewerb der Unternehmen untereinander zu dem großen Angebot an Artikeln führte, wurde von den deutschen Fabrikanten gern verdrängt. Der Nationalökonom Werner Sombart vermutete, dass die Produzenten gerne die Konsumentinnen und Konsumenten als Triebkraft der Modeentwicklung in den Vordergrund stellten. Tatsächlich sah er jedoch vor allem »die Produzenten selbst am Werke«, die durch ihren Wettbewerb, sich in

70 Samsom (1930), S. 122f.
71 Ebd., S. 125ff.
72 Ausschuss Schuhindustrie (1930), S. 113.

der Produktion von Neuheiten ständig zu übertreffen und voneinander abzusetzen, den Wechsel von Modellen beförderten. Er kam für die Bekleidungsindustrie der Jahrhundertwende zu dem Ergebnis, dass im Modebildungsprozess »die Mitwirkung des Konsumenten auf ein Minimum beschränkt bleibt, dass vielmehr [...] die treibende Kraft bei der Schaffung der modernen Mode der kapitalistische Unternehmer ist«.[73] Doch wird hier die Akteursmacht der Hersteller von Sombart eher idealtypisch überhöht, vergleicht man seine Wahrnehmung mit dem tatsächlichen historischen Geschehen und der Unfähigkeit der Schuhunternehmen, sich auch nur auf gemeinsame Richtlinien der Produktgestaltung zu einigen. Die Beherrschung der Mode durch die Unternehmen war eher eine normative Zielvorstellung. In der Praxis war es in der Schuhwirtschaft noch ein weiter Weg dorthin. Zur Frage, welche Motive auf Seiten der Unternehmen für die Diversifizierung von Modellen ausschlaggebend waren, ist ein Blick nach Großbritannien und in die USA aufschlussreich.

Mode und Qualität in der britischen Schuhindustrie

In Großbritannien machte sich die Mode, *the fashion element*, in der Schuhindustrie besonders in den 30er Jahren bemerkbar. In einer wirtschaftswissenschaftlichen Studie über die Schuhwirtschaft unmittelbar vor dem Zweiten Weltkrieg hieß es:

> »A generation or so ago boots and shoes could be manufactured many months or even a year in advance of retail sales, for styles, apart from seasonal changes, varied little from one period to another, and manufacturers and dealers could afford to make and carry large stocks without fear of undue depreciation. In recent years the fashion factor has grown so as largely to dominate the market.«[74]

Man sah das neue Konsummuster bei Schuhen in Relation zu der Entwicklung der anderen Kleidungsstücke:

> »When the short skirt came in the first call upon the shoemaker was for a neater, better fitting shoe. Next came the demand for a better line, a graceful arch, and a beautiful heel. Distinction of style, achieved by fancy uppers and other ornamentation followed. Then came colour; where once there was nothing to choose between black and tan arrived all the colours of the rainbow. And finally the tanning and preparation of leathers in a vast variety of ways has given the wearer a choice of materials such as no shoemaker ever dreamed of in the ›dark ages‹ of our grandparents.«[75]

73 Sombart (1902), S. 18-23, hier S. 19.
74 Aussage bezogen auf die Vorkriegszeit, vgl. Silverman (1946), S. 200.
75 Quality or Price. Useful Propaganda, in: SLN v. 30.4.1936, S. 31

Dass die Forderung nach einer direkten Lenkung und Rationalisierung der Mode in Großbritannien 1929/30 von der Verbraucherseite kam und diese dafür ein »Modeministerium« (*Ministry of Fashion*) oder »Kleidungsamt« (*Clothing Board*) forderte, ist bereits ausgeführt worden.[76] Von den britischen Schuhherstellern wurde der Aufschwung der Modeschuhe im Zusammenhang mit der steigenden Zahl ausländischer Produkte – aus den USA, der Tschechoslowakei und der Schweiz – auf dem britischen Markt und vor allem als Einbruch der Preise und der Qualität der Produkte wahrgenommen. Um dieser Tendenz entgegenzusteuern, gründeten einige Unternehmen im Oktober 1935 eine Vereinigung mit dem Namen *British Quality Shoe Association*.[77] Ihr Ziel war es, den »Geschmack der Frauen in Schuhen zu verbessern« und »im Publikumsgeschmack einen Grad an Schuh-Bewusstsein zu verankern, das die Qualität in den Vordergrund stellt«. Außerdem wollte man das Interesse der Einzelhändler am Qualitätsschuh fördern.[78] Zu diesem Zweck ergriff der Verband allerlei »erzieherische« Maßnahmen. Ab 1935 wurde in London jährlich im Oktober eine große Ausstellung (*Style Exhibition*) von vorbildlichen britischen Produkten gezeigt. 1936 rief der Verband eine *National Quality Shoe Week* aus, zu der Einzelhändler auf Kriterien der Qualität von Schuhen hinwiesen.[79] Öffentliche Vorträge wurden organisiert. Wichtiges Kriterium der Qualität war für die britischen Hersteller auch ein einheitliches Größensystem: »The Association was fully alive to the advantage the American shoe manufacturer had, owing to their uniform system of fitting«, hieß es in einem Bericht der jährlichen Sitzung des Verbandes. Die »Uniformierung« des englischen Schuhgrößensystems wurde wieder in Angriff genommen.[80]

In Großbritannien veränderte der modische Schuh auch andere Formen der Nutzung des Produkts: z. B. seine Verpfändung beim Pfandleiher. Dieser Wandel betraf vor allem die städtischen Unterschichten. Die Verpfändung von gebrauchten Schuhen wie anderen Alltagsgegenständen war hier ein gängiges Kreditwerkzeug und Mittel, um kurzfristige Engpässe im Einkommen zu überbrücken.[81] Auf einer Konferenz der Pfandleiher des Industriebezirks East Lan-

76 Vgl. Kap. 1.

77 Im Februar 1936 hatte die Organisation bereits 125 Mitglieder, darunter 28 Schuhhersteller. Vgl. Quality Shoe Association, in: SLN v. 28.2.1936, S. 11.

78 Quality Footwear. Improving Public Taste, in: SLN v. 4.6.1936, S. 10.

79 The National Quality Shoe Week, in: SLN v. 24.9.1936, S. 31.

80 Vgl. Kap. 2 und 11.5. Zu den 30er Jahren vgl. Standardising Shoe Sizes. First Step Towards Uniformity, in: SLN v. 5.11. 1936, S. 13f.; Standardisation of Shoe Sizes. A Representative Conference, in: SLR v. 5.11.1936, S. 23f.

81 Zur Verpfändung als Praxis der Wiederverwertung von gebrauchten Dingen in den englischen Unterschichten und zur Entwicklung des Tauschwert-Konzepts bei Karl Marx, das der Autor auf dessen persönlichen Umgang mit Pfandleihern zurückführt, vgl. Stallybrass (1998). Zur Verpfändung von Kleidung in Großbritannien vor dem Ersten Weltkrieg und der Tatsache, dass Männerkleidung leichter zu beleihen war als Frauenkleidung, vgl. Breward (1999), S. 91, 125.

cashire beschlossen diese im September 1936, künftig keine Schuhe als Pfand mehr anzunehmen. Die rapide Qualitätsverschlechterung des Schuhwerks der armen Leute führte die Pfandleiher zu der Ansicht, »that it is unsafe today to make any reasonable advance on footwear because of its quality«. Zu viele NutzerInnen hatten diese nicht mehr eingelöst, vielleicht auch, weil ihnen die Form nicht mehr gefiel. Der Übergang der Nutzer von Standardschuhwerk zu modischem Schuhwerk in diesem traditionellen nordenglischen Arbeiterbezirk »evidently deprived the East Lancashire pawnbrokers of a steady and profitable income«.[82]

Zu der These, dass die Konsumentinnen und Konsumenten die treibende Kraft hinter der Modeentwicklung waren, gelangten, wie ihre deutschen Zeitgenossen, auch englische Wirtschaftswissenschaftler. Ein Forscher der *British Boot, Shoe and Allied Trades Research Association* in London warb im Bulletin des Instituts um Verständnis für die negative Auffassung der Industriellen der Mode gegenüber: »The fashion trade is held responsible for many of the shoe manufacturer's grey hairs and he may be forgiven for the sighs for the days when a boot was a boot and no nonsense.«[83] Ein Mitarbeiter der *Economics Research Section* in Manchester, H. C. Hillmann, der Mitte der 20er Jahre die Struktur der britischen Schuhindustrie untersuchte, hinterfragte jedoch den Topos von den unkontrollierbaren, modeversessenen Konsumentinnen, die die Hersteller und Händler ständig zu Neuheiten in den Schuhmodellen zwangen, und befasste sich auch mit den unternehmerischen Vermarktungsstrategien ihrer Produkte.[84] In Großbritannien war für die modischen Nachfragewechsel in den 30er Jahren der kuriose wirtschaftswissenschaftliche Begriff der »Unvollkommenheit des Marktes« (*market imperfection*) geprägt worden. Je stärker die Konsumenten im Marktgeschehen »eigen-sinnig« spürbar waren, desto »unvollkommener« war der Markt im Sinne der Unternehmen. Allein dieser Begriff zeigt das erhebliche Maß an Irritation, das das Kaufverhalten der KonsumentInnen auch bei den britischen Herstellern des Konsumgutes hervorrief. Implizit mitgedacht ist dabei eine ideale »Vollkommenheit« des Marktes, in der der Bedarf genau dem Angebot von Produkten entsprach.

Hillmann beobachtete, dass die Unternehmen in England, die modisches Schuhwerk herstellten, im Verlauf der 30er Jahre bis zu vier Modellwechsel im Jahr vornahmen. Er identifizierte das Verhalten der Modeschuhhersteller als eine Unternehmensstrategie, die er *variety manufacture* nannte und von der *standard line production* anderer Hersteller unterschied. Er fand heraus, dass die Initiative des Modewechsels einerseits von Produzenten, die meist Kleinunternehmen waren, andererseits aber auch von Schuhhändlern ausging, die beide

82 Pawnbrokers and Shoes, in: SLN v. 1.10.1936, S. 39.

83 Science and Fashion, in: Monthly Bulletin of the BBSATRA 1 (1938), Nr 36 (August 1938), S. 145f.

84 Alle Angaben dieses Abschnitts: Hillmann (1939).

dadurch eine »halbgeschützte Marktnische« für ihr Unternehmen zu schaffen suchten. Diese Strategie sei durchaus erfolgreich. Diese kleinen Unternehmen seien durch diese »Herstellung von Vielfalt« fast genauso effizient wie die Großunternehmen, die fast ausschließlich Standardware verkauften. In Hillmanns Studie erwies sich außerdem, dass die Unternehmen mit modischen Schuhen größere Gewinnspannen erwirtschaften konnten. Obwohl die Arbeitskosten hier höher lagen, wurde am Material gespart, das in dieser Zeit den größten Kostenfaktor in der Produktion darstellte.[85] Hillmann wies also darauf hin, dass mit den zwei Arten von Produkten zwei grundsätzlich unterschiedliche Vermarktungsstrategien verbunden waren, die wiederum in der Produktion unterschiedliche »Produktionsformate« (Philip Scranton) bedingten.[86]

Umgang mit der modischen Modellvielfalt in den USA

In den USA, wo die Mengenproduktion und der Konsum von Schuhen im Vergleich der drei Länder am höchsten lag, wurde das Phänomen einer Schuhmode bereits Anfang der 20er Jahre evident. Im Jahr 1921 leitete die *Federal Trade Commission* der Vereinigten Staaten eine Untersuchung über die Ursachen des schnellen Anstiegs der Schuhpreise in der Nachkriegszeit ein. Die Studie kam zu dem Ergebnis, dass einer der wichtigsten Gründe hierfür die wachsende Bedeutung der Mode für die Schuhwirtschaft war.[87] Die Studie wurde dadurch zu einer Untersuchung über die Auswirkungen der Mode auf die amerikanische Schuhindustrie.[88] Die amerikanischen Fachleute der *Federal Trade Commission* meinten zu beobachten, dass die Entstehung der Schuhmode und die Vervielfachung der Modelle in den USA eine Reaktion auf die Nachfrage sei: »The development of style is in response to a legitimate public demand«. Die Wirtschaftsfachleute betonten auch, kaum ein Modell könne durch Hersteller oder Händler »willentlich« zur Mode gemacht werden. (»Probably few, if any, styles are arbitrarily ›legislated‹ into vogue by manufacturers or distributors.«) Die Anbieter waren bei ihrem Angebot eng an den jeweiligen »Verbrauchergeschmack« (*public taste*) gebunden. Aus der Studie geht jedoch hervor, dass der modische Modellwechsel von Schuhen in den USA von den Herstellern in den Monaten nach dem Ersten Weltkrieg begonnen wurde. Obwohl, wie die Studie ergab, beim modischen Schuh die Materialkosten, die Arbeitskosten und die *Overhead*-Kosten bei der

85 Vgl. dazu Kap. 5.

86 Vgl. dazu Kap. 4.6.

87 Alle Angaben im Folgenden aus: US Federal Trade Commission, Report of the Federal Trade Commission on Shoe and Leather Costs and Prices, Washington 1921, S. 137ff.

88 Zur Polarität von Mode- und Standardware vgl. ebd., S. 137ff.; What's Wrong With the Shoe and Leather Industry: Styles versus Staples, in: SLR v. 12.3.1925, S. 21; zum Wechsel vom Standardschuh zum Modeschuh nach dem Ersten Weltkrieg vgl. Control of Shoe Styling, in: SLR v. 13.10.1934, S. 3.

Produktion deutlich höher lagen, setzten die Hersteller den modischen Wechsel bewusst ein. Er entstand als ein Mittel, mit dem sich die Schuhindustrie aus der Konsumflaute des Krieges herauszuhelfen und den Absatz anzukurbeln gedachte. Dies war bis 1920 eine erfolgreiche Strategie. Bald wuchs den Firmen die Modeentwicklung jedoch über den Kopf. Die Firmen übertrafen sich gegenseitig bei der Ausdifferenzierung und dem schnellen Wechsel von Modellen. Dadurch kam es zu einer »absurden Vielzahl« von Artikeln.[89] In dieser Situation musste auch ein Leitartikler des *Shoe and Leather Reporter* die Unternehmen daran erinnern:

> »Styles are not an evil, but a benefit. […] It will be our fault if we let the style situation get out of bounds […]. It must be managed, like a temperamental prima donna perhaps, but managed.«[90]

Die Hersteller und Händler gingen auch hier dazu über, in den Enstehungsprozess der Schuhmode regelnd einzugreifen, um die »economic evils of multiplicity of styles« zu bekämpfen. Mittel hierzu war der im Juni 1919 gegründete Modeausschuss (*Joint Style Committee*) des *Allied Council of the American Shoe and Leather Industries and Trades*. Er legte erstmals für die Frühjahrssaison 1920 Richtlinien fest, indem die Einführung neuer Leistenformen vorerst verbot und die Anzahl der zu verwendenden Farben und Materialien beschränkte. Einige Unternehmen wollten die rigiden Lenkungsmaßnahmen für die Schuhproduktion aus dem Ersten Weltkrieg in der Nachkriegswirtschaft freiwillig beibehalten.[91]

Auch der amerikanische Modeausschuss war zunächst nicht erfolgreich.[92] Die Lederindustrie zog sich bald daraus zurück. In den folgenden Jahren entwickelte sich der Ausschuss zu einem Beratungsgremium der Industrie ohne normative Kompetenzen. Erst als sich die wirtschaftliche Situation verbesserte, gelang eine Koordination der Unternehmen untereinander. Im Januar 1927 hielten bereits Hunderte von Teilnehmern die mittlerweile halbjährlich stattfindende *Style Conference* für »one of the most constructive conferences ever held«. »It is felt that [it is] becoming more and more a factor in connection with the forecasting of styles in footwear.«[93] Wie die Wettervorhersage der Metereologen war also die Modellvorhersage die Aufgabe des Modeausschusses geworden. Je mehr Unter-

89 US Federal Trade Commission, Report of the Federal Trade Commission on Shoe and Leather Costs and Prices, Washington 1921, S. 22; What's Wrong With the Shoe and Leather Industry: Styles versus Staples, in: SLR v. 12.3.1925, S. 21.

90 What's Wrong With the Shoe and Leather Industry: Styles versus Staples, in: SLR v. 12.3.1925, S. 21.

91 US Federal Trade Commission, Report of the Federal Trade Commission on Shoe and Leather Costs and Prices, Washington 1921, S. 139.

92 General Shoe Style Conference, in: SLR v. 15.1.1925, S. 24.

93 Style Conferences, in: SLR v. 26.1.1928, S. 25.

nehmen sich an die vereinbarten Modelle hielten, desto mehr wurde der Modeausschuss selbst zum Mittel normativer Festlegung solcher Modellrichtlinien.

Um 1930 war die halbjährliche *Style Conference* zur »wichtigsten und bestbesuchten Zusammenkunft« der Schuhwirtschaft in den USA geworden.[94] Sie fungierte gleichzeitig als Messe für die Leder-Hersteller und andere Zulieferer und als allgemeine Kontaktbörse für die Branche. Auch in den USA hatte es somit eines Jahrzehnts und einer mehrjährigen wirtschaftlichen Konsolidierungsphase bedurft, bis die Unternehmen mit dem Phänomen der Schuhmode umzugehen lernten.[95] In den USA galten der häufige Modellwechsel, die drastische Senkung der Preise und der Qualität der Produkte ab den 20er Jahren als ein legitimes und effektives Mittel, den Konsum anzukurbeln. Er wurde sowohl nach dem Ersten Weltkrieg als auch in der Weltwirtschaftkrise bewusst eingesetzt, um der Schuhwirtschaft aus der wirtschaftlichen Flaute herauszuhelfen. Auch nach dem Zweiten Weltkrieg verfuhr die Branche nach diesem Muster.[96]

Die deutschen Schuhfabrikanten nahmen sich diesen fortgeschrittenen, amerikanischen Modeausschuss zum Vorbild, auch wenn sie Unterschiede zum deutschen Ausschuss wahrnahmen. Verwundert stellten deutsche Schuhfabrikanten vor dem Enquete-Ausschuss 1928 fest: »Im allgemeinen streben die Fabrikanten [in den USA] danach, die Modebewegungen zu beherrschen, nicht aber, sie zu unterdrücken.«[97] Ein Vorstandsmitglied des Reichsverbandes der Deutschen Schuhindustrie bemerkte:

> »Die Freunde des Modeausschusses weisen häufig auf Amerika hin, wo ebenfalls ein solcher Modeausschuss mit angeblich großem Erfolge arbeitet. Die Aufgabe dieses Ausschusses ist aber gerade umgekehrt: Er will [...] einen häufigeren Modewechsel in das Herrenschuhwerk hineinbringen, um das Geschäft zu beleben. In Deutschland erstrebt man genau das Umgekehrte.«[98]

Was hier den Zeitgenossen als fundamentaler Unterschied erschien, war tatsächlich das Ergebnis der gleichen historischen Entwicklung, die in den USA zeitversetzt ein Jahrzehnt früher begonnen hatte und um 1930 schon in eine nächste Phase eingetreten war. Hier begannen die Unternehmen bereits, erste Mechanismen zu entwickeln, um die Mode zu lenken und den Bedarf der Konsumentinnen und Konsumenten von der Nachfrageseite aus zu »uniformieren«.

94 The Big Style Conference, in: SLR v. 16.5.1929, S. 21f.

95 Control of Shoe Styling, in: SLR v. 13.10.1934, S. 3.

96 Vgl. US Federal Trade Commission, Report of the Federal Trade Commission on Shoe and Leather Costs and Prices, Washington 1921, S. 22ff.; Quality vs. Price, in: SLR v. 21.11.1931, S. 1; The New Deal and the New Era, in: SLR v. 8.7.1933, S. 9-20, hier S. 19; America Plans Production, in: SLN v. 9.8.1945, S. 24.

97 Ausschuss Schuhindustrie (1930), S. 242.

98 Ebd., S. 117.

3.4 Formgeber: Die Produktgestaltung von Schuhen

Nimmt man die Unternehmen als Entstehungsort der Mode näher in den Blick, so stellt sich die Frage, wer eigentlich die große Bandbreite an ständig wechselnden Schuhmodellen schuf, die so großen Anklang unter den Verbraucherinnen fanden. Dazu muss ein weiterer Abschnitt der Produktlinie analysiert werden: die Formgebung von Schuhen als Teil der Produktentwicklung in den Unternehmen. Über die Produktgestaltung von Schuhen in den 20er und 30er Jahren ist bislang nur wenig bekannt. Als Teil der Produktgenese im Unternehmen wurde die frühe Design-Geschichte des Schuhs, wie auch die anderer Konsumgüter, noch kaum untersucht.[99] Dies ist besonders erstaunlich, da gerade dieser Abschnitt der Produktlinie näheren Aufschluss über die Vermittlung von Konsum und Produktion geben kann.

Die Praxis der Produktgestaltung Ende der 20er Jahre

Die Produktgestaltung fungierte als materielle Schnittstelle zwischen der Welt der Produktion und der des Konsums.[100] Die Formgebung war eine planerische Vorwegnahme des Gebrauchs und gleichzeitig seine normative Durchdringung. Im Prozess der Gestaltung wurden wesentliche Vorentscheidungen über die physischen Verwendungsmöglichkeiten des künftigen Produkts und Bestimmungen über die potentiellen sozialen Kontexte getroffen, in denen es verwendbar sein sollte. Doch war diese Festlegung in den 20er Jahren nur sehr bedingt ein bewusster, reflektierter und gesteuerter Prozess. Die Produktgestaltung war noch kein anerkanntes eigenes Tätigkeitsfeld im Betrieb. Auch gab es keine professionellen Designer mit klar umrissenem Berufsbild, die eigens hierfür ausgebildet waren. So muss im Folgenden zunächst geklärt werden, wie die Produktgestaltung in den Unternehmen überhaupt vonstatten ging und welche personalen Ressourcen, praktische Fertigkeiten und Wissensbestände hierfür mobilisiert werden konnten.

Anfang der 30er Jahre hatte kaum eine Schuhfabrik in Deutschland eine eigene »Modellabteilung«, d. h. professionelle Entwurfsabteilung.[101] Der Prozess des Schuh-Design, wie wir ihn heute kennen, in dem ein von der Firma angestellter Gestalter den Schuh konzeptionell und zeichnerisch vorwegnahm, ein erstes Modell, den Prototyp, hier »Grundmodell« genannt, anfertigte und des-

99 Zur Geschichte der Produktgestaltung im Deutschen Reich vgl. Sudrow (2009); Buchholz/Theinter (2007); Betts (2004), S. 204-211; Selle (1987). Die drei letzteren untersuchen die industrielle Formgebung jedoch nicht als Teil des Herstellungsprozesses in den Unternehmen.

100 Kingery (2001); Barry (1997).

101 Samsom (1930), S. 12-15; Der Werdegang der modernen Modellabteilung, in: SFZ v. 8.2.1933, S. 10, 13f.

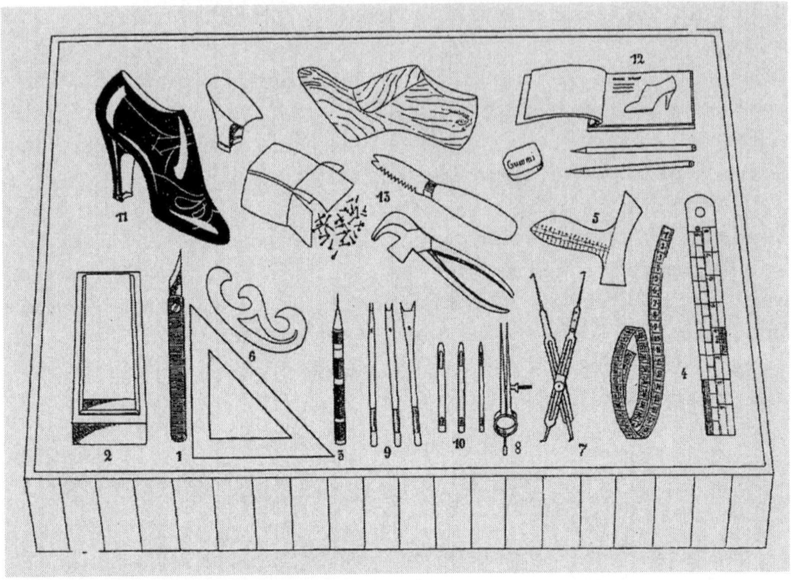

Abb. 15: Arbeitsgerät des Entwurfsmodelleurs in der deutschen Schuhindustrie (1940er Jahre)

sen Serienproduktion in Konsultation mit der Materialbeschaffung und den Fertigungsabteilungen durch die Produktion begleitete, bestand in Deutschland in den frühen 30er Jahren nicht. Erst um 1950 hatte der Schuhgestalter im deutschen Betrieb bereits ein klar umrissenes Profil. Er arbeitete in einer eigenen Abteilung, die meist mehrere Gestalter und »Hilfsmodelleure« beschäftigte, und wurde »Entwurfsmodelleur« genannt.[102] Er war sowohl für den Schaftschnitt und für die Leistenform zuständig als auch für die Auswahl der Konstruktion und des Materials.

Der Begriff des »Entwurfsmodelleurs« verweist darauf, dass die Gestaltungstätigkeit sich in zwei Phasen gliederte: erstens den Entwurf, d. h. die gedankliche Konzeption von der Gestalt und dem Schaftschnitt, dessen Ergebnis eine Zeichnung war; und zweitens die Modellierung, d. h. die konkrete handwerkliche Fertigung der Leistenform und der Einzelteile des Oberleders auf dem Leisten, die in den Prototyp mündeten. Bei der Formgebung von Schuhen unterschied man in der Schuhindustrie Modelle von Artikeln. Das *Modell* war die Schuhgrundform (Type). Diese Grundformen konnten verschieden ausgeschmückt und durch Ornamente, Schnallen, Zierleisten, Nähte, Material und Farben variiert

102 Besching/Ebert/Fleischmann (1949); Männer mit Phantasie und Ideen, in: Salamander-Umschau, Dezember 1962, S. 4f.; Klass (1961), S. 134ff.

werden. Aus der Anzahl dieser Variationen der Type ergab sich die Zahl der *Artikel*.[103]

Vor der Ausbildung spezialisierter Modelleure enwickelten vor allem die Werkmeister in den Betrieben die Modelle. Die Zuschneidemeister, die den Zuschnitt der Oberlederteile des Schuhs durchführten und beaufsichtigten, leisteten Entwurfsarbeit. Sie setzten neue Formen in konkrete Schnittmuster und Schablonen für den Serienzuschnitt um und »gradierten« diese anschließend für alle Größen.[104] Dies war anfangs ein erheblicher rechnerischer und zeichnerischer Aufwand und wurde erst in den 30er Jahren mit Maschinen ausgeführt.[105] Die technische Anfertigung der Schablonen war ein getrennter Arbeitsgang, den kleinere Fabriken meist bei Spezialfabriken in Auftrag gaben.[106] Nur die größten Unternehmen besaßen Ende der 20er Jahre bereits eigene Modellabteilungen, die die Gradierung der Schnittschablonen in verschiedene Größen vornahmen.[107] Für die Sohlenteile wurden, ebenfalls nach Größen gradiert, Stanzmesser hergestellt. Mit dem Entwurfsmodelleur eng zusammen arbeitete der »Leistenmodelleur«. Er war für die Grundform des Leistens, der dem menschlichen Fuß nachgestalteten Form aus Holz, über die der Schuh als Hohlkörper geformt wurde, zuständig. Dieser wurde dem technisch-handwerklichen Personal zugerechnet. Den Aufzeichnungen des Haus-Historikers der Firma Salamander ist zu entnehmen, dass die Neuentwicklung der Leistenformen bei der Firma Sigle in der Zeit kurz vor und nach dem Ersten Weltkrieg zu den vornehmen Aufgaben des Firmenbesitzers selbst, Jakob Sigle, gehörte. Dies war wohl auch in anderen mittelständischen Unternehmen üblich. »Als engsten Mitarbeiter holte sich Jakob Sigle den Leistenmodelleur Künstner in das Werk. […] Jakob Sigle entwarf stets vorher die Brandsohle, ehe er gemeinsam mit Künstner die Leisten in Handarbeit als Muster fertigte und erst nach sorgfältigster Überprüfung und Versuchen die Erlaubnis zur Gesamtfertigung gab. […] Kein Leisten fand Gnade vor den Augen von Jakob Sigle, wenn er seinen täglichen Kontrollgang hielt […], wenn die neue Kollektion zusammengestellt wurde.«[108] Der Aufbau einer eigenen Modellabteilung ging bei dem entstehenden Großunternehmen Salamander mit der Einrichtung einer hauseigenen Leistenproduktion einher.[109] Als Antwort auf den neuen Bedarf an Gestaltungsfachkräften für die Schuhindustrie wurde 1927 in Pirmasens eine erste Ausbildungsstätte, die »Modellierfachschule«, gegründet, die jedoch in den ersten Jahren wegen mangelnder Ausstattung, Platz und geeignetem Lehrpersonal kaum Absolventen hervorbrachte. Die

103 Klass (1961), S. 134ff.
104 Groll (1926), S. 11; Besching/Ebert/Fleischmann (1949), S. 250-255.
105 Der Werdegang der modernen Modellabteilung, in: SFZ v. 8.2.1933, S. 10, 13f.
106 Ebert (1928), S. 35.
107 Der Werdegang der modernen Modellabteilung, in: SFZ v. 8.2.1933, S. 10, 13f.
108 Hanspeter Sturm, Geschichte der Salamander AG, Manuskript 1958, WABW, Bestand Y 110, Salamander AG, S. 33.
109 Ebd.

Ausbildungssituation änderte sich erst 1936, unter gewandelten wirtschaftspolitischen Voraussetzungen, als in Pirmasens die »Deutsche Schuhfachschule« ins Leben gerufen wurde.[110]

Das Kopieren von Modellen

Die wichtigste Methode der Schuhunternehmen, an neue Entwürfe zu gelangen, war nicht etwa die eigene Entwicklung, sondern das Kopieren von Modellen. Kaum Fabriken beschäftigten selbständige deutsche Gestalter oder erwarben deren Modelle käuflich. Die große Masse der Hersteller bediente sich der preisgünstigeren Kopisten.[111] Die Schuhbranche lebte von einem kaum verhohlenen Modelldiebstahl, meist ausländischer Modelle. Gegen die Imitation von Modellen gab es in Deutschland keinen wirksamen rechtlichen Schutz, da der ohnehin schwach ausgebildete Geschmacksmusterschutz auf Muster und Modelle leicht durch geringe Veränderungen im Beiwerk oder den Verzierungen umgangen werden konnte.[112] »Sobald es im Schaufenster steht, kann es jeder nachmachen«, beschrieb ein Schuhfabrikant die Situation realistisch.[113]

Die ursprünglichen Schöpfer dieser Entwürfe waren die *grands bottiers* in Paris, die führenden Maßschuhmacher der französischen Damenmode.[114] Sie gestalteten die Hochmode für die wichtigen Pariser Modehäuser und setzten so die neuen Trends der Damenmode. Ihre neuen Schuhmodelle wurden noch an der Quelle, auf den Modeschauen, die jährlich im Frühjahr und im Herbst in Paris stattfanden, auf Ausstellungen und Messen nachgeahmt. Aus dem Kopieren von Neuheiten war in Paris eine regelrechte Entwurfsindustrie entstanden. Zahlreiche Modeateliers in der Stadt beobachteten alle neuen Kreationen der *grands bottiers* und Modebewegungen und setzten diese in konkrete Modellentwürfe für die Serienproduktion der Schuhfabriken sowie neue Farbkombinationen um. In regelmäßig herausgebrachten sogenannten Korrespondenzen konnten diese von Schuhfabriken in ganz Europa und den USA erworben werden. »Sie verkaufen ihre Modelle zu horrenden Preisen. […] Angeblich wird jedes Modell nur einmal verkauft; aber es genügen ganz kleine Änderungen im Schnitt, um sagen zu können, dies ist ein ganz anderes Modell«, erklärten Schuhindustrielle vor der Enquete-Kommission. »So erleben es die *grands bottiers* jetzt, dass die

110 Vgl. dazu ausführlich Kap. 8.2 und Prill (1964), S. 266f.

111 Samsom (1930), S. 12f.; Ausschuss Schuhindustrie (1930), S. 113-119.

112 Es galt das Urheberrecht v. 11.1.1876, vgl. Samsom (1930), S. 12; Ein Prozess um das Kopieren von Schuhmodellen in Wien, in: SFZ v. 24.6.1933, S. 10.

113 Ausschuss Schuhindustrie (1930), S. 114.

114 Die Betriebe der *grands bottiers* waren, wie die übrige Haute Couture, handwerklich verfasst, auch wenn sie zum Teil viele Beschäftigte hatten. Ein solcher *bottier* war der Italiener Greco mit seinem Betrieb in der Rue de Capucines. Sein Unternehmen beschäftigte 1934 an die hundert Handwerkerinnen und Handwerker. Vgl. Greco über die Schuhmode, in: SFZ v. 26.12.1934, S. 4.

billigen Läden auf dem Boulevard dieselben Modelle in Massen herausbringen, die sie selbst erst kurze Zeit vorher gezeigt haben.« Die gewerbliche Fachpresse aller drei Länder unterhielt Korrespondenten in Paris und spielte ebenfalls eine wichtige Rolle bei der Verbreitung von französischen Modellen.[115]

Bei der Herrenschuhmode konnten amerikanische Hersteller ein Lied von der deutschen Kopierpraxis singen: Innerhalb von drei Monaten würden aus den USA importierte Modelle kopiert, produziert und auf den Markt gebracht. Die Produkte hätten sowohl formal als auch vom Material her eine viel schlechtere Qualität.[116] Mit ihren Praktiken der billigeren und schlechteren Kopie bewegten sich die deutschen Hersteller allerdings ganz im Rahmen des Üblichen im internationalen Schuhgewerbe. Dass Modelle kopiert wurden, war auch in den USA und in Großbritannien eine gängige und keineswegs verhüllte Tatsache. »Paris piracy à la mode: The seasonal parade of pirates is passing through Paris«, titelte etwa eine amerikanische Gewerbezeitschrift vergnügt von den Pariser Herbstschauen 1930.[117] Amerikanische Damenschuh-Hersteller kopierten Modelle aus Paris, aber auch aus Wien. Im schnellen Kopieren waren die Amerikaner Meister: »An American agent in Paris buys a last with a pullover [d. h. einen Protoyp]; it arrives in New York a week later. The lasts and pullover [Leistenform und Schaftschnitt] are modified as circumstances require. I know for a solid fact that they are in retailers' shops abroad well within six weeks from the day the model was bought«, berichtete der Korrespondent einer englischen Gewerbezeitschrift 1936 neidvoll den Schuhindustriellen zu Hause.[118] In den Verhandlungen um die Schutzzölle auf Schuhe in den Vereinigten Staaten forderten einige Hersteller daher auch eine Ausnahmeregelung für »model shoes brought in for copying«.[119]

Von Baťa-Schuhen hieß es wiederum in den USA: »Our styles have been exactly copied.«[120] Baťa begann jedoch als eines der ersten Unternehmen systematisch mit der eigenen Modellentwicklung. Diese Produktentwicklung neuer Modelle fand bei Baťa ebenfalls in enger Rückkopplung mit Modellen anderer Hersteller statt. Die Leiter der Verkaufsstellen im In- und Ausland waren vertraglich verpflichtet, der Zentrale in Zlín die Modelle der Konkurrenz, die vor Ort erfolgreich verkauft wurden, einzusenden und genaue Angaben über den lokalen Bedarf und die Absatzmöglichkeiten zu machen. Nach diesen Angaben und den eingesandten Schuhen von überall auf der Welt ließ Tomáš Baťa von seinen Entwurfszeichnern in Zlín die Vorentwürfe neuer Modelle herstellen. Auf einer Generalkonferenz der Vertreter, Verkäufer und Abteilungsleiter der Handelsfilialen, die zweimal im Jahr nach Zlín kamen, wurde jedes Modell dann besprochen und

115 Ebd.
116 Cook (1929), S. 34.
117 Paris Piracy à la Mode, in: SLR v. 27.9.1930, S. 37.
118 Centres of Shoe Designing, in: SLN v. 4.6.1936, S. 20.
119 Tariff Hearings in Washington, in: SLR v. 28.2.1929, S. 33.
120 Men's Shoes from Czechoslovakia, in: SLR v. 17.4.1930, S. 10.

kritisiert. Diejenigen Modelle, von denen sich die Händler den größten Absatz versprachen, wurden ausgewählt und gingen schließlich in die Produktion.[121]

Auch in Großbritannien beklagten Schuhfachleute, dass die meisten originellen Modellentwürfe aus dem Ausland stammten. 1936 gab die Gewerbezeitschrift *Shoe and Leather News* zu bedenken:

> »The only centres of original shoe designing in Europe are Paris, Rome and Vienna. […] But why is not some town in England a centre for fashion shoes?«[122]

Die Schuhindustrie war dort, wie in Deutschland auch, in von den Modemärkten weit abgelegenen, eher ländlichen Gegenden und Kleinstädten angesiedelt. Selbst die Schuhunternehmer waren der Auffassung: »Leicester, Northampton […] etc. cannot in themselves provide the right environment for the production of good designs.«[123] Dies sahen sie zunehmend als Problem. Große Unternehmen wie etwa die südenglische Firma C. & J. Clark gingen daher vereinzelt dazu über, auswärtige Designer anzustellen. Clark unternahmen 1928 den »gewagten Schritt«, so ein Firmenhistoriker, eine Londoner Gestalterin von modischer Damenbekleidung mit Entwürfen für Damenschuhe zu beauftragen.[124]

Die bereits erwähnte *British Quality Shoe Association* hatte neben der Verbraucher- und Händleraufklärung den Zweck, Schuhentwürfe vor dem Kopieren zu schützen. Schuhdesigner und Unternehmen konnten durch den Verband Entwürfe registrieren lassen. Sie erhielten rechtliche Unterstützung, »should they be copied by an unscrupulous rival, a state of affairs all too common until quite recently. This copying does great harm not only to the designer of the original shoe, but to the purchaser of the copy, for the latter is invariably a cheaper imitation that, looking smart and stylish when new, has no quality manufacture behind it.«[125] Hier, ebenso wie in Deutschland, wurden Mitte der 30er Jahre erstmals gesetzliche Handhaben geschaffen, um Schuhmodelle urheberrechtlich wirksam unter Schutz zu stellen.[126]

Aus Großbritannien ist die genaueste Bestandsaufnahme der Design-Praktiken in der Schuhindustrie vor dem Zweiten Weltkrieg erhalten. Auch hierin wird die immense Bedeutung des Kopierens für die britische Schuhindustrie

121 Devinat (1930a), S. 240-243; Roth (1932), S. 17ff.

122 Centres of Shoe Designing, in: SLN v. 4.6.1936, S. 20.

123 Design and Fashion. Evidence Submitted by the *Council of Industrial Design*, in: Board of Trade, Working Party Reports: Boots and Shoes, London 1946, S. 152-157, hier S. 155.

124 Die Gestalterin hieß Christina Walshe. Vgl. Hudson (1968), S. 36.

125 The British Quality Shoe Association Ltd., in: SLN v. 24.9.1936, S. 31.

126 Für Großbritannien: Protection of Shoe Designs, in: SLN v. 21.2.1936, S. 25f.; für Deutschland: Die Schuhfabrikation im neuen Patentgesetz, in: SFZ v. 22.7.1936, S. 1f.; Schutz des Schuhmodells, in: SFZ v. 3.10.1936, S. 1f.; Allgemein-Interesse und Erfindungsschutz. Nachahmung von Modellen, in: SFZ v. 26.5.1937, S. 1ff.

deutlich. Nach Erkenntnissen einer staatlichen Untersuchungskommission gelangten Schuhfabriken dort Ende der 30er Jahre mit folgenden Methoden an neue Produktentwürfe:[127] Einige wenige hochklassige Firmen beschäftigten einen Produktgestalter (*a designer in the true sense of the word*). Dieser verdiente bis zu £ 2.000 im Jahr. Solche Firmen belieferten nur Marktsegmente, in denen der Preisfaktor der Produkte keine Rolle spielte. Nur eine einzige Firma unterhielt eine eigene Modellabteilung (*design department*), die eigene Entwürfe machte, diese in Konsultation mit der Verkaufsabteilung entwickelte und ausländische Modelle kopierte. Diese Firma zahlte ihrem besten Gestalter (*top-line designer*) etwa £ 2.500 im Jahr. Firmen der mittleren Qualitätsstufe beschäftigten Gestalter, die £ 8 bis £ 10 die Woche verdienten. Ein *designer* dieses Typs war mit der Erstellung von Modell-Zuschnitten (*pattern cutting*), dem sogenannten Ausmodellieren, beschäftigt: Er stellte Schablonen für den Zuschnitt von Oberlederteilen her. Dafür kopierte er so schnell wie möglich neue Modelle und Produkt-Ideen, die in den vornehmen Modegeschäften in London erschienen, und imitierte und übernahm, was er in französischen Korrespondenzen und amerikanischen Schuhgewerbezeitschriften fand. Andere Firmen stellten für die Gestaltung vorübergehend einen Musterzeichner mit künstlerischer Ausbildung an, bis er genügend neue Entwurfszeichnungen produziert hatte, um die Produktion am Laufen zu halten. Entwürfe für Damenschuhe wurden von freiberuflichen Gestaltern (*free-lance designers*) und reisenden Ausländern (*itinerant foreigners*), oft aus Wien, zu absurd niedrigen Preisen (10 Shilling pro Entwurf) angekauft. Diese freiberuflichen Gestalter waren rein zeichnerische Kopisten (*mere copyists*) und hatten keinerlei technische Kenntnisse von der Schuhproduktion oder der Schuhkonstruktion. In anderen Firmen kamen Entwürfe direkt von Produktionsleitern oder Vorarbeitern in der Produktion. »In this single fact the poverty of the British design position stands revealed«, kritisierte die britische Kommission.

3.5 Zwischenfazit

In den 20er Jahren gewann der modische Verbrauchsmodus von Bekleidungsstücken, vor allem unter weiblichen Verbrauchern, wesentlich an Bedeutung. Während textile Konfektionskleidung bereits vor dem Ersten Weltkrieg einem halbjährlichen modischen Modellwechsel unterlag, blieb der Schuh als Mengenprodukt zunächst überwiegend Standardware. In den 20er Jahren wurde er zum modischen Produkt. Vorher orientierten sich Konsummuster überwiegend an der materiellen Bedarfsdeckung und dem physischen Gebrauchswert des Pro-

127 Alle Angaben im Folgenden aus: Design and Fashion. Evidence Submitted by the *Council of Industrial Design*, in: Board of Trade, Working Party Reports: Boots and Shoes, London 1946, S. 44f., 152-157.

dukts. Im modischen Schuh traten die sozialen Funktionen und Eigenschaften des Gebrauchsgegenstands in den Vordergrund, die ihn zum Zeichen, zum kommunikativen Element im gesellschaftlichen Prozess der Signifizierung machten. Das Produkt wurde Mittel der Herstellung und Zuweisung von Bedeutungen im semantischen System und somit Medium der sozialen Distinktion und Repräsentation. Der Standardschuh war – trotz seiner funktionalen Vielseitigkeit – in seiner sozialen Zugehörigkeit meist relativ eindeutig zu verorten – etwa der Holzschuh des Landarbeiters oder der Reitstiefel eines Gutsbesitzers. Der Modeschuh wurde dagegen zum Utensil der Durchbrechung der alten Standesgrenzen und Mittel überlagernder, alternativer und differenzierterer Identitäts-Konstruktionen und sozialer Zugehörigkeiten. Mit den Konsummustern änderten sich die Produkte. Ab den 20er Jahren unterschied man in der Schuhwirtschaft zwei Kategorien von Produkten, die hier, in Anlehnung an Philip Scrantons Konzept der »Produktionsformate«, *Produktformate* genannt werden: der Standardschuh bzw. die »Dauerware« und der Modeschuh bzw. das »Saisonschuhwerk«. Beide Produktkategorien existierten künftig parallel, ergänzten sich aber meist in der Praxis des Konsums und in der Produktion. Im System der Bereitstellung verbanden sich mit ihnen unterschiedliche Absatz- und Produktionsstrategien, wie sich in den folgenden Kapiteln zeigen wird.

Die zunehmende Dichotomisierung von Standard- und Modebekleidung seit den 20er Jahren hatte auch eine nationalpolitische Dimension. Die Standardkleidung galt als regional-, nationen- und standesspezifisch, die Mode dagegen als kosmopolitisch und grenzüberschreitend. Die europäische Mode orientierte sich seit Jahrhunderten an Frankreich. Nationalistisch gesinnten, deutschen Wirtschaftspolitikern und Teilen der Unternehmerschaft waren der gegenüber Standardwaren deutlich gestiegene Anteil modischer Produkte in der Schuhwirtschaft und die neue Abhängigkeit von modischen Vorbildern aus dem Ausland seit Ende der 20er Jahre zunehmend ein Dorn im Auge. Die Produktentwürfe stammten meist aus weltweit nur wenigen Zentren der Mode und zirkulierten über Musterzeichnungen, Mode-Korrespondenzen, Fachzeitschriften und reisende Kopisten. Der Prozess der modischen Produktgestaltung im Betrieb war somit vor und in der Weltwirtschaftskrise eng an transnationale Austausch- und Zirkulationsprozesse gebunden.

Die Diskussion um die Mode war Ende der 20er Jahre eine Auseinandersetzung mit den Konsumenten als »eigen-sinnigen« Akteuren im Marktgeschehen. Der »Geschmack« der Verbraucher als eigenständige Kraft auf dem Markt für Schuhe gewann durch die massenhafte Herstellung von Modeschuhen wirtschaftlich an Bedeutung. Die Mode stellte für die deutschen Unternehmen im System der Bereitstellung von Schuhen ein zentrales Vermittlungsproblem dar. Sie schrieben einen großen Teil der allgemeinen Krisenphänomene der Wirtschaft ab 1928 nicht nur der Konkurrenz der Firma Bat'a, sondern auch dem Phänomen der Mode zu. Die Erklärung für die Auftrags- und Absatzmisere und die große Differenzierung des Produktangebots suchten viele Unternehmer erstens beim Import ausländischer Produkte und zweitens bei den Konsumentinnen und Konsumenten und ihrem »willkürlichen« Verbrauch. Wie wir heute wissen, war der mangelnde Verbrauch und Kaufkraftschwund nicht der Grund für die Krise, sondern eine ihrer Auswirkungen. Doch für die Zeitgenossen mussten die Mode und die Konkurrenz der Firma Baťa als Sündenbock herhalten.

Die Mode war also um 1930 noch nicht »des Kapitalismus liebstes Kind«, wie Werner Sombart schon an der Jahrhundertwende behauptet hatte.[128] Eher war sie für die Unternehmen noch das ungeliebte Stiefkind, der »Bastard«, der sich am Katzentisch der heilen Familie von Herstellern, Händlern und Verbrauchern eingefunden hatte und mit schmeichlerischen und »vulgären« Methoden um Aufmerksamkeit und Status buhlte.[129] Wenn der Gründer der Gesellschaft für Konsumforschung, Wilhelm Vershofen, die Unternehmen Mitte der 30er Jahre daran erinnerte, »der Zweck alles Wirtschaftens ist der Konsum«,[130] dann bezog er gegen die produktionszentrierte Sichtweise der Industriellen Position, die im Konsum der Güter nur ein notwendiges, aber mehr oder weniger lästiges Anhängsel ihrer Herstellung sahen. Der Übergang vom starren, aber verlässlichen, zum elastischen, risikoreichen und von den unbekannten Verbrauchern beeinflussten Bedarf war, wie hier zu sehen ist, ein Lernprozess für die Anbieter im System der Bereitstellung von Schuhen. Wissen um die Konsumprozesse war eine wesentliche Voraussetzung der Bewältigung dieses Übergangs. Ein Mittel, um der Mode Herr zu werden, war, mehr über die Konsumenteninteressen und Handlungslogiken von Verbrauchern in Erfahrung zu bringen.

128 Sombart (1902), S. 23.

129 Vor dem Enquete-Ausschuss wurde die Damenschuhmode auch als »vulgär« bezeichnet, vgl. Ausschuss Schuhindustrie (1930), S. 113.

130 Wilhelm Vershofen, Wirtschaftliche Großmächte. IV. Die Konsumfertigwarenindustrie, in: Die deutsche Fertigware 6 (1934), S. 105-109, hier S. 105.

4. Konstruktionen: Der Produktionsprozess und seine Rationalisierung

Es ist deutlich geworden, dass die Mode für die deutschen Unternehmen im System der Bereitstellung von Schuhen ein zentrales Vermittlungsproblem darstellte. Vor welche Schwierigkeiten der neue Modeschuh die Produktion im Gegensatz zum traditionellen Produktformat der Standardware stellte und wie sich beide mit dem verfahrenstechnischen Streben nach Rationalisierung vereinbaren ließen, wird Gegenstand dieses Kapitels sein.

In den zeitgenössischen Quellen ist in den 20er Jahren oft von einer »Massenproduktion« von Schuhen die Rede. Doch soll hier untersucht werden, ob die Schuhindustrie in Deutschland und in den beiden anderen untersuchten Ländern tatsächlich eine Massenproduktion praktizierte. Dafür wird an Philip Scrantons Konzept der »Produktionsformate« angeknüpft, das alternative und flexiblere Formen der Produktion vorstellt. Dieses bietet ein analytisches Raster, um verschiedene Stadien der Annäherung an die Massenproduktion zu unterscheiden und diese mit der Betriebsgröße und -struktur von Unternehmen und ihrer lokalen Vernetzung in Verbindung zu bringen.[1] In Frage steht, mit welchen Mitteln und bis zu welchem Grad die deutschen Unternehmen eine Standardisierung ihres Produktes Schuh und seiner Verfahren erreichten. Wie unterschieden sie sich dabei von den Unternehmen in Großbritannien und vor allem in den USA, dem Mutterland des *American System of Manufacture*?[2] Auch ein vergleichender Blick in die Tschechoslowakei, in die Fabrikation von Tomáš Baťa in Zlín, ist hier nötig, der unter den deutschen, englischen und sogar den amerikanischen Schuhfabrikanten als Pionier der Massenproduktion galt. Um die produktionstechnischen Fragen in der gebührenden Tiefe behandeln zu können, ist vorab die Klärung einiger Fachbegriffe nötig, die in der Schuhproduktion verwendet wurden. Danach sind die wichtigsten Herstellungsverfahren von Schuhen vorzustellen, die um 1930 in deutschen Schuhfabriken dominierten. Diese erlauben eine Klassifikation der Endprodukte nach ihrer jeweiligen Konstruktion, der sogenannten »Machart«.

Zu untersuchen ist auch die technische Ausstattung der Betriebe in den drei Vergleichsländern. Bei den Arbeitsmaschinen werden wesentliche Austauschprozesse zwischen den USA, Deutschland und Großbritannien sichtbar. Die industrielle Schuhherstellung in Deutschland war von Anfang an wesentlich an der amerikanischen Technik orientiert. Wie in vielen anderen Konsumgüter-Branchen kamen mechanisierte Herstellungsverfahren im späten 19. Jahrhun-

1 Zum Konzept der Produktionsformate vgl. Kap. 4.6.

2 Zum spezifischen System der Serienproduktion, das sich in den USA vor allem in der zweiten Hälfte des 19. Jahrhunderts herausbildete und seit den 1880er Jahren auch in Europa unter dem Begriff des *American System of Manufacture* bekannt wurde, vgl. Hounshell (1984); Rosenberg (1994); W. König (2000), S. 47-90.

dert aus den USA nach Deutschland und beförderten hier den Übergang von der handwerklichen und Verlagsarbeit zur Herstellung der Produkte in industriellen Fabrikbetrieben.[3] Die Geschichte der Produktionsprozesse in der deutschen Schuhindustrie lässt sich am besten als Transferverhältnis mit den USA in zwei Phasen beschreiben. Die frühen mechanisierten Verfahren stammten alle aus den USA und setzten sich mit der Übernahme amerikanischer Arbeitsmaschinen auch in Deutschland durch. In dieser frühen Phase der Aneignung amerikanischer Schuhtechnik, die bis zum Ersten Weltkrieg währte, war der direkte und einseitige Technologietransfer aus den USA nach Deutschland wesentlich.

Im Jahrzehnt nach dem Ersten Weltkrieg änderte sich das Verhältnis allmählich. Ende der 20er Jahre unterhielten deutsche Fabrikanten bereits enge persönliche und geschäftliche Kontakte in die USA und oft nach England. Sie unternahmen regelmäßig Reisen über den Atlantik, zu Messen, Gewerbeausstellungen und persönlichen Betriebsbesichtigungen.[4] Ebenso lud man amerikanische Schuhindustrielle nach Deutschland ein und zeigte ihnen stolz die eigenen Produkte und Prozesse.[5] Auch die deutschen Gewerkschaften entsandten Delegationen in die USA, um die dortigen Arbeitsbedingungen in der Schuhindustrie in Augenschein zu nehmen.[6] Deutsche Industrielle und Schuhtechniker fühlten sich nun bereits annähernd auf dem gleichen Stand der Technik und schätzten den technischen Vorsprung der USA nicht mehr als bedeutend ein. Man sah sich als dem Pionierland der Schuhtechnik ebenbürtig.[7]

Diese Auffassung teilten amerikanische Schuhfachleute aus dem US-Handelsministerium, die in einer Studie 1929 zu dem Ergebnis kamen, dass die meisten Schuhfabriken in Deutschland »als modern bezeichnet werden« könnten. Diese seien maschinell ebenso gut ausgestattet wie die amerikanischen. In den letzten drei Jahren seien hier außerdem verstärkt Maßnahmen zur Rationalisierung der Produktion eingeleitet und bei der Organisation der Arbeit große Erfolge erzielt worden. Dabei habe das Fließband jedoch, obwohl es von manchen Unternehmern als »das einzige Geheimnis der Rationalisierung« angesehen

3 Zur selektiven Aneignung amerikanischer Technologie und gewerblicher Organisationsmethoden in Deutschland und dem ambivalenten Verhältnis der deutschen Industriellen zum technologischen und wirtschaftlichen Leitbild USA, das im späten 19. Jahrhundert das britische Modell ablöste, vgl. Schröter (2005); Wengenroth (1997b); Nolan (1994); Blaich (1984).

4 Vgl. German Shoe Man a Visitor, in: SLR v. 6.5.1927, S. 41; German Visitor, in: SLR v. 15.11.1930, S. 34; German Tanner Here, in: SLR v. 11.6.1932, S. 31; German Manufacturers Pay Visit to New York Factories, in: SLR v. 6.4.1935, S. 7.

5 Discusses European Business Conditions, in: SLR v. 10.2.1934, S. 9; Detailed Report of Visit to Bata Factories, in: SLR v. 7.4.1934, S. 10; British Shoemen Visit Germany, in: SLN v. 13.9.1935, S. 30ff. (Teil I) und SLN v. 20.9.1935, S. 38, 42 (Teil 2). Zu einem Besuch von Fachleuten der englischen Firma C. & J. Clark in deutschen Schuhfabriken 1930 vgl. Hudson (1968), S. 50.

6 Simon/Lex (1928); Simon (1985), S. 86-9.

7 Ausschuss Schuhindustrie (1930), S. 43-73; Simon/Lex (1928), S. 82f.

wurde, keine allgemeine Durchsetzung erfahren.[8] Die deutschen Schuhunternehmer seien allgemein »fortschrittlich eingestellt« (*progressive*).[9] Dies betonten die Amerikaner besonders im Gegensatz zu den britischen Schuhunternehmern, die von ihnen, in einer Zwillingsstudie zur deutschen, als sehr konservativ eingeschätzt wurden.[10] Wie es zu diesem Wandel der Verhältnisse, der deutlichen Verringerung des technischen Vorsprungs der Amerikaner und dem Bewusstseins-Wandel im Transferverhältnis zwischen den USA und Deutschland, kam, wird Gegenstand dieses Kapitels sein.

4.1 Der Schuh: Bestandteile und Herstellungsprozess

Ein Schuh ist aus zwei Teilen aufgebaut: dem Schaft, bestehend aus Oberleder und Futter, und dem sogenannten Boden, zu dem alle Sohlen- und Absatzteile gehören (Abb. 16). Zum Schaft eines Halbschuhs zählt man gemeinhin ein Vor-

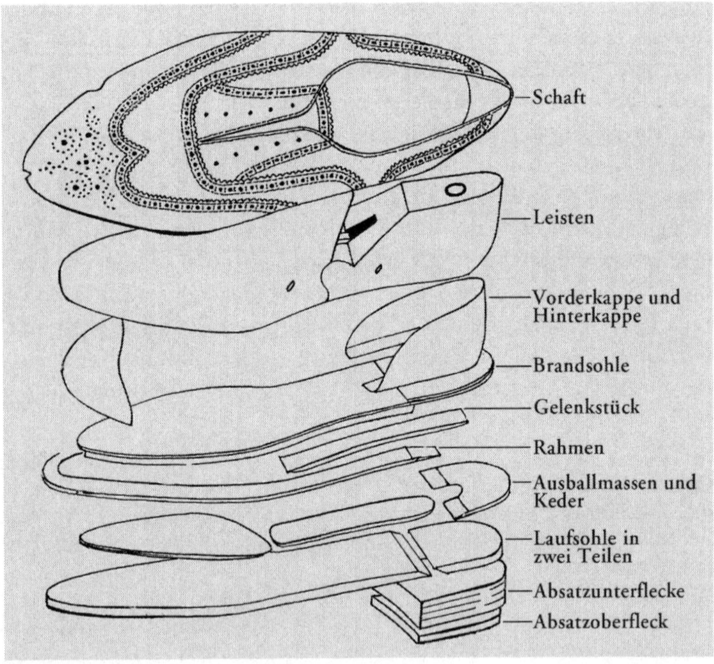

Abb. 16: Aufbau des Schuhs und Bezeichnung seiner Teile (rahmengenähte Machart)

8 Cook (1929), S. 4.
9 Ebd.
10 Burch (1929), S. 4.

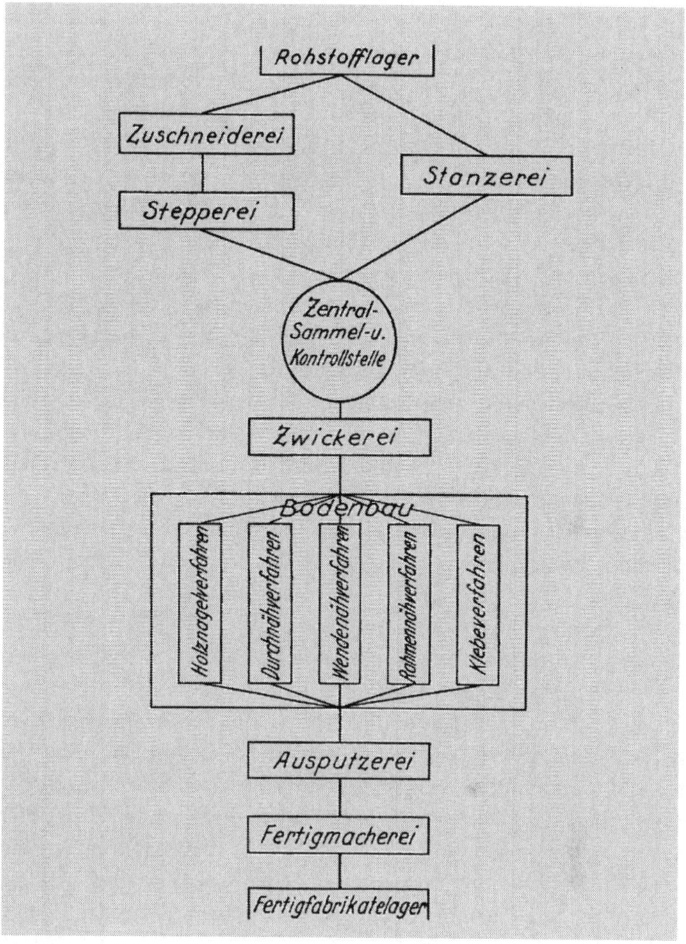

Abb. 17: Arbeitsablauf in der industriellen Schuhproduktion (alle Macharten) (um 1930)

derblatt, zwei Quartiere, Zunge, Hinterriemen oder Außenkappe und diverse Futterteile. An der Schuhspitze und an der Ferse sind zwischen Oberleder- und Futterteilen als Versteifung zusätzlich eine Vorder- und Hinterkappe aus Bodenleder eingelassen, die den Fuß stützen und die Form des Schuhs erhalten. Der Boden besteht aus Sohle, Brandsohle, Absatzunterflecken, Absatzoberfleck, Gelenkversteifung und Ausballmasse (Füllung). Die Brandsohle ist der Teil des Bodens, auf dem die Fußsohle des Trägers ruht. Die Sohle oder Laufsohle ist der Teil, der mit dem Laufgrund in Berührung kommt. Bei schwereren Schuhen sind diese in der Mitte durch eine dritte Lage, die Zwischensohle, verstärkt.

Entsprechend der Zweiteilung des Produkts in Schaft und Boden war auch die Produktion in den Schuhfabriken aufgebaut (Abb. 17).[11] Die Verfertigung des Schaftes geschah in der Zuschneiderei, in der die Oberleder- und Futterteile aus Leder zugeschnitten wurden, sowie der Vorrichterei und der Stepperei, in der die Schaftteile vorbereitet und schließlich vernäht wurden. Während die Zuschneiderei nur von Männern ausgeführt wurde, war die Stepperei und ihre Vorbereitung um 1930 Frauenarbeit. Wenn der Schaft fertig war, kam er in die Bodenabteilung. Alle Bodenarbeiten führten männliche Beschäftigte aus. Dort wurden Sohlen und Absatzteile ausgestanzt, Vorder- und Hinterkappen zugeschnitten und für die Montage vorbereitet. In der Zwickerei wurde der Schaft auf einen Leisten gebracht (»übergeholt«) und mit wenigen metallenen Zwickstiften an der Brandsohle befestigt, die der Unterseite des Leistens unterlegt war. Beim anschließenden »Zwicken« wurde der Schaft so eng wie möglich über den Leisten gezogen und somit in Form gebracht. Je nach Machart wurde er dabei ganz oder teilweise mit Zwickstiften provisorisch auf der Brandsohle arretiert.

Daran schloss die Bodenbefestigung in einer der Macharten an, in denen die Sohle mit dem Schaft und der Brandsohle vernäht oder vernagelt wurde. Vor der Sohlenlegung erfolgte die Ausballung der Hohlräume zwischen Brandsohle und Sohle mit einer Füllmasse (Teerfilz oder Kork). Im hinteren Teil, zur Ferse hin, wurde außerdem zur Versteifung der Sohle ein schmales Stück Holz oder auch Metall, das sogenannte Gelenkstück, eingelegt. Der Bau des Absatzes bestand aus mehreren Lederflecken bis zum Oberfleck, die miteinander vernagelt wurden. Es folgte der sogenannte Bodenausputz in der Ausputzerei. Hier wurden Sohlen- und Absatzschnittkanten abgefräst und anschließend die rohen Flächen und Kanten mit heißem Wachs oder anderen Imprägniermitteln versiegelt und verziert. Die Fertigmacherei schließlich umfasste alle Tätigkeiten von der Reinigung und Appretur des fertigen Schuhs über das Stempeln mit der Fabrikmarke, die Endkontrolle bis zur Kartonnierung. Hier arbeiteten überwiegend Frauen. Dazu kamen meist ein Lederlager und ein Fertiglager, von wo aus die Produkte zum Versand kamen.

4.2 Die Konstruktion: Die Macharten von Schuhen

Genähte Macharten

Die Macharten sind eines der wichtigsten analytischen Unterscheidungsmerkmale aller Schuhsorten. An ihnen lässt sich die technische Entwicklung des Herstellungsprozesses von Schuhen seit den 20er Jahren unmittelbar am Produkt

11 Für eine Darstellung des Arbeitsablaufs in der Schuhfabrik und der Qualifikationsanforderungen an die Schuharbeiterinnen und -arbeiter, die die Literatur bis 1930 auswertet, vgl. Schröder (1978), S. 175-192.

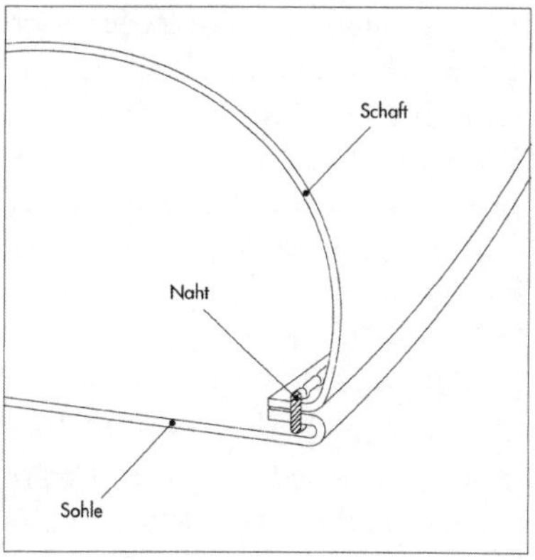

Abb. 18: Machart 2:
Die wendegenähte Machart

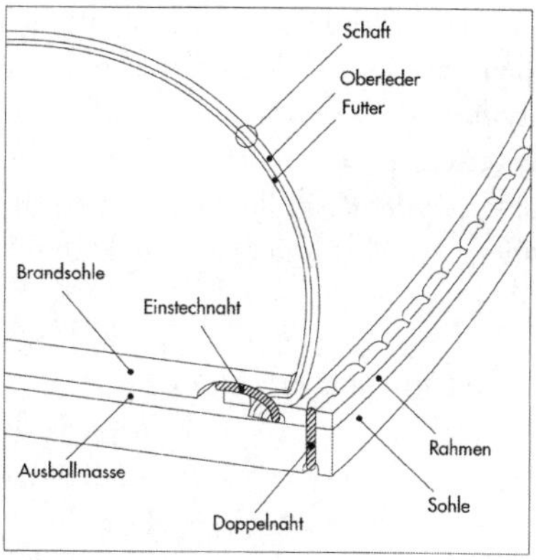

Abb. 19: Machart 3:
Die rahmengenähte Machart

nachverfolgen. Bis ins 6. Jahrhundert bestanden Schuhe aus einem Stück Leder, das anfangs mit Riemen um den Fuß gewickelt und mit einer Naht an der Ferse in Form gebracht wurde.[12] Um 700 fand eine Trennung von Schaft und Sohle statt. Damit einher ging die Entstehung der ältesten Machart, der gewendet-genähten Schuhkonstruktion (Abb. 18).[13] Nachdem etwa vier Jahrtausende lang nur eine einzige Sohle verwendet wurde, entstanden um 1550 eine zweite und dritte Sohlenlage, die sogenannte Brandsohle und die Zwischensohle. Zur gewendet-genähten Machart trat die rahmengenähte Machart hinzu, die Schaft, Brandsohle und Sohle mit Hilfe eines zusätzlichen, schmalen Lederstreifens, des Rahmens, verband. Die Sohle wurde in dieser Konstruktion anstatt vorher mit einer nun mittels zweier Nähte befestigt, von denen die eine den Schaft mit der Brandsohle und dem Rahmen verband (die sogenannte Einstechnaht), die zweite den Rahmen mit der Sohle (die sogenannte Doppelnaht) (Abb. 19). Gegen Ende des 16. Jahrhunderts entstand schließlich noch ein völlig neues Bodenelement: der Absatz. Die Bodenkonstruktion wurde dadurch noch um einiges komplizierter, da hierdurch eine Verformung des Fußes und Sprengung des Schuhs, d. h. unterschiedliche Höhen von Ferse und Ballen, entstanden. Die Konstruktion des Vorderteils des Schuhs konnte fortan von der Konstruktion des Hinterteils abweichen.

Ein wesentlicher konstruktiver Aspekt war außerdem die Paarigkeit von Schuhen. Im späten 17. und 18. Jahrhundert wurden Schuhe *zweibällig* hergestellt.

12 Die etwas komplexere, mehrteilige Konstruktion der römischen Schuhe setzte sich in Nordeuropa nicht langfristig durch, vgl. Carol van Driel-Murray, Footwear in the North-Western Provinces of the Roman Empire, in: Goubitz/Driel-Murray/Groenman-van Waateringe (2001), S. 337-376.

13 In Form der mittelalterlichen Schnabelschuhe oder der Moccassins indigener Völker der Amerikas ist diese Urform der gewendet-genähten Machart bekannt.

Das heißt, beide Schuhe eines Paars hatten gerade Sohlen, waren in der Form identisch und zur Mittelachse symmetrisch. Die sogenannte Einbälligkeit, d.h. asymmetrische Form der Schuhe, die einen rechten und einen linken Schuh unterschied, setzte sich im Fabrikschuh erst nach 1900 endgültig durch.[14] Dies hing mit der Erfindung von Leistendrehbänken zusammen, die Holzwerkstücke spiegelverkehrt und größenverändert kopierdrehen konnten.[15]

Die holzgenagelte Machart

Bis zu Beginn des 19. Jahrhunderts wurden alle Schuhe genäht konstruiert, in der gewendet-genähten und der rahmengenähten Machart. Um 1830 kam eine neue Machart hinzu, die holzgenagelte (Abb. 20).[16] Auch diese wurde in rein handwerklicher Arbeit gefertigt, ohne die Unterstützung von Maschinen. Voraussetzung hierfür war allerdings die massenhafte Herstellung von Holzstiften, die ab 1820 maschinell geschah. In dieser Machart wurden, nach dem Zwicken des Schaftes auf den Leisten, die Sohle, die Brandsohle und der Schaft mittels einer oder mehrerer Reihen Holzstifte aus Ahorn oder Buche zusammengefügt. Diese wurden trocken in jeweils mit der Ahle vorgestochene Löcher in das Bodenleder eingetrieben, dehnten sich bei Feuchtigkeit aus und erzielten damit den Effekt einer im Gebrauch äußerst wasserdichten Konstruktion. Bei großer Trockenheit hingegen fielen die Stifte oft auch wieder heraus. Das Stiften ersparte den langwierigen, mehrteiligen Nähprozess am Boden sowie das Vorschneiden des Risses in der Sohle für die Naht und seine anschließende Schließung und Zementierung. Nach Deutschland gelangte die neue Methode durch Ende der 1830er Jahre aus den USA nach Dresden zurückkehrende Auswanderer.[17]

Die Holznagelei der Böden, die in den USA um 1810 und in Deutschland zweieinhalb Jahrzehnte später begann, verkürzte die Produktionszeit eines Paars Schuhe ganz erheblich. Ein Holznagler konnte in derselben Zeit die drei- bis zehnfache Bodenarbeit eines Sohlennähers (Wendenähen, Einstechen oder Doppeln) ausführen.[18] Die Nachteile des holzgenagelten Schuhs lagen in der Rigidität seiner Sohle und der direkten Verbindung von Sohle und Brandsohle.

14 Karl Benscheidt, Fuß und Schuhleisten, in: Zeitschrift für Krüppelfürsorge 31 (1938), Nr. 1/2, S. 16-28; Goubitz/Driel-Murray/Groenman-van Waateringe (2001), S. 12.

15 Vgl. Besching (1948), S. 15; Karl Benscheidt, Fuß und Schuhleisten, in: Zeitschrift für Krüppelfürsorge 31 (1938), Nr. 1/2, S. 16-28, hier S. 16.

16 Alle Angeben im Folgenden für das *Pegging* in den USA vgl. Thomson (1989), S. 34-36; für die Holznagelei in Deutschland vgl. Rehe (1911), S. 188-190; Weigl (1958), S. 34ff.

17 Nübling (1895), S. 231.

18 Das Vorbereiten und Nähen der Sohlen von 100 Paar dauerte 1860 etwa 298 Stunden, ihr Holznageln dagegen nur etwa 22 Stunden. Vgl. US Bureau of Labor, 13th Annual Report of the Commissioner of Labor: Hand and Machine Labor, Bd. 2, Washington D. C. 1898, S. 526-577, zitiert in: Thomson (1989), S. 35.

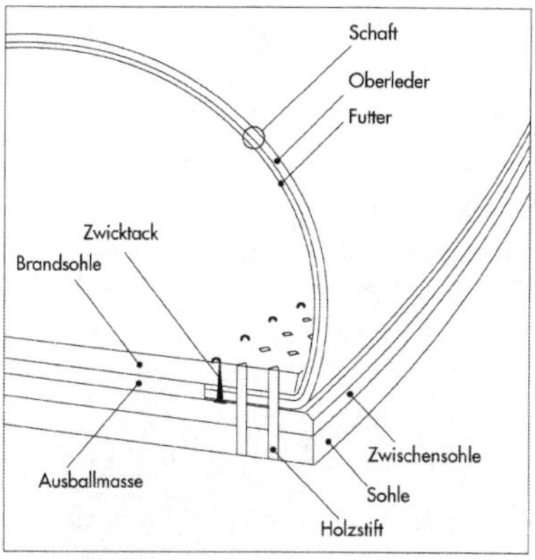

Abb. 20: Machart 4:
Die holzgenagelte Machart

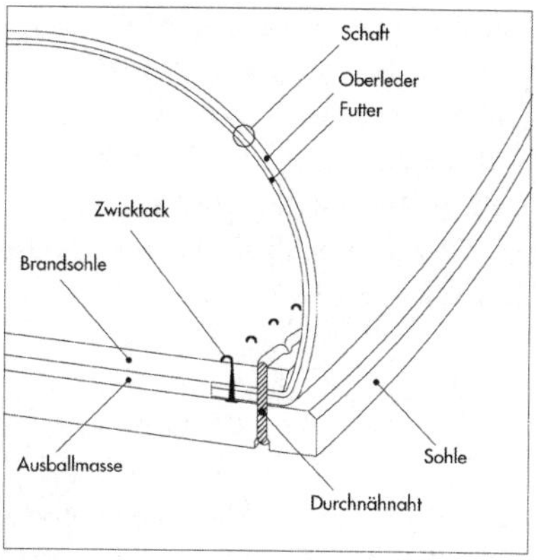

Abb. 21: Machart 5:
Die durchgenähte Machart

Die Sohle war daher steif und weniger komfortabel als beim rahmengenähten Schuh, dessen Konstruktion eine Verschiebung der Sohle gegen die Brandsohle beim Laufen erlaubte. Wegen seines geringen Preises eroberte der holzgenagelte Schuh trotzdem die Märkte. Er setzte sich rasch auf dem Markt für billige Schuhe und Schuhe der mittleren Qualität durch, während der rahmengenähte Schuh das Feld der qualitativ hochwertigen Schuhe beherrschte. Die holzgenagelte Konstruktion, die technisch gesehen ohne Vorgänger war,[19] setzte sich innerhalb weniger Jahrzehnte als wichtigstes manuelles Herstellungsverfahren von Schuhen durch.

1860, also ganz zu Beginn der Mechanisierung der Schuhproduktion, wurden in den USA bereits drei Viertel aller Schuhe in holzgenagelter Konstruktion hergestellt.[20] Mit der Einführung erster Maschinen, mit denen die älteren Nähvorgänge mechanisiert wurden, verschob sich die Produktion jedoch wieder hin zu den genähten Konstruktionen, die Anfang des 20. Jahrhunderts, beim vorläufigen Abschluss der Mechanisierung, in den Produkten wieder dominierten.[21] Vor allem, als es in den 1890er Jahren schließlich gelang, auch die rahmengenähte Konstruktion zu mechanisieren, und die Herstellung von Militärschuhen zu Beginn des 20. Jahrhunderts auf dieses Verfahren umgestellt wurde, war das

19 Dies galt sowohl für die genagelte Konstruktion der Sohle als auch für die Befestigung des Schaftes an der Brandsohle beim Zwicken mittels vernietender metallener Täckse. Die Sohlenbefestigung kam also ganz ohne Naht aus.

20 Angabe nach dem *Census of Production* der USA von 1860 (US Census Office, 8th Census, Manufactures of the United States in 1860, Washington D. C. 1865, S. LXXI), zitiert in: Thomson (1989), S. 35.

21 Auch für das Holznageln von Böden wurden seit den 1850er Jahren diverse Maschinen entwickelt, die aber noch vor dem Ersten Weltkrieg gegenüber den Nähmaschinen an Bedeutung verloren.

Schicksal der holzgenagelten Konstruktion in den USA besiegelt. Sie wurde dort bereits zu Beginn des 20. Jahrhunderts in der Neuherstellung quantitativ bedeutungslos. Im Deutschen Reich hielt sich die Machart länger. 1924 wurden im Reich noch 16 Prozent aller Schuhe, vor allem schwere Arbeitsschuhe, in dieser Machart hergestellt.[22] Das Holznageln überlebte außerdem bis nach dem Zweiten Weltkrieg noch als billige Reparaturmethode, die allerdings mehr und mehr durch das Kleben ersetzt wurde.

Mechanisierung des Schaftnähens

Ausgangspunkt der Mechanisierung der Schuhproduktion war die Entwicklung der Nähmaschine. Diese wurde unmittelbar nach ihrer Einführung aus der Textilverarbeitung übernommen und in den 1850er Jahren für Leder adaptiert.[23] Die Nachahmung der von Hand gefertigen, zweifädigen Naht der Schuhmacher mit mechanischen Mitteln war eine sehr komplexe Aufgabe, die jahrzehntelang experimentell weiterentwickelt wurde. Die zweifädige, doppelte Steppstichnaht (*lockstitch*) kam dieser Handnaht am nächsten. Sie wurde für die Schaftstepperei bereits mit der ersten industriell verwendbaren Nähmaschine Anfang der 1850er Jahre eingeführt. Für die Sohlenbefestigung in schwererem Leder dauerte es allerdings ein halbes Jahrhundert länger und konnte erst im Goodyear-Verfahren für die rahmengenähte Konstruktion ab den 1890er Jahren umgesetzt werden. Davor arbeiteten Nähmaschinen in der Bodenarbeit mit einem gänzlich anderen Stich, dem Kettenstich (*chain stitch*). Er verwendete nur einen einzigen Faden, der beim Einstich zu einer Schleife geworfen und mit dem nächsten Stich wieder aufgenommen wurde. Er stellte eine bewusste Abweichung von der handgefertigten Reihnaht dar. Die Kettenstichnaht war technisch gesehen relativ einfach. Ihr Nachteil bestand allerdings darin, dass beim Durchtrennen des Fadens an einer Stelle sofort die ganze Naht aufging. Sie wurde durch die Benutzung leicht beschädigt. Die Schlaufen der Kette lagen außerdem dick auf der Unterseite des genähten Werkstücks auf und stellten in der weiteren Bearbeitung der Sohle ein Problem dar.

Die 1850er Jahre waren in den USA das »transitorische Jahrzehnt« (Ross Thomson), in dem die Basisinnovationen für eine Mechanisierung der Schuhindustrie entstanden. Alle diese Verfahren wurden in den amerikanischen Schuhmacherstädten von Massachusetts entwickelt. Die erste Nähmaschine, die in der Schuhindustrie in großem Umfang Verwendung fand, war die Entwicklung von Elias Howe von 1846, die von verschiedenen Maschinenherstellern in Massachusetts, darunter Isaak M. Singer, weiterentwickelt und ständig in ver-

22 Ausschuss Schuhindustrie (1930), S. 12.

23 Zur Mechanisierung und Geschichte der Nähmaschinen in der deutschen Textilindustrie vgl. Döring (1992).

besserter Form auf den Markt gebracht wurde. Auf ihr wurden Schuhschäfte genäht.[24]

Wie alle in dieser Zeit entstehenden amerikanischen Schuhmaschinenhersteller begannen die frühen Nähmaschinenfirmen von Boston, Lowell und Lynn unmittelbar nach der Patentierung mit der Vermarktung ihrer Maschine nicht nur in den USA, sondern auch in England, Frankreich und Deutschland.[25] Als die Maschine von Howe im Jahr 1850 auch Deutschland erreichte, wurde sie zuerst als Sehenswürdigkeit auf Jahrmärkten gezeigt, um sich dann schnell in der Schaft-Stepperei von Schuhen durchzusetzen.[26] Zwischen 1850 und 1860 kamen schon verschiedene amerikanische Leder-Nähmaschinen für Schäfte auf den deutschen Markt. Singer vertrieb seine Produkte in Deutschland seit 1861.[27] Die ersten deutschen Fabrikate, die allesamt Kopien von amerikanischen waren, brachten 1853 die Firmen Mansfeld in Leipzig und 1862 die Pfaff AG in Kaiserslautern heraus.[28] 1864 wurden in der Schuhproduktion von Pirmasens bereits 22 Schaftnähmaschinen verwendet.[29] Ab den 1890er Jahren bekamen amerikanische Hersteller verstärkt Konkurrenz durch von deutschen Schuhmaschinenherstellern gefertigte Kopien.[30]

Mechanisierung der Bodenarbeit: Die durchgenähte und die rahmengenähte Machart

Zwar war es leicht, die Textil-Nähmaschine für leichte Oberleder-Näharbeiten zu adaptieren, viel schwieriger erwies es sich jedoch, die schweren Bodenleder maschinell zu verarbeiten. Erst der *Blake-Sewer* konnte eine solche Naht – eine Kettenstichnaht – leisten und stellte die zweite Basisinnovation für die Mechanisierung der Schuhproduktion dar.[31] Er begründete eine völlig neue Schuhkonstruktion, die sogenannte durchgenähte Machart oder auch McKay-Machart (Abb. 21).[32] Diese hatte keine handgenähte Vorgängerin und sollte bis zur Mitte des 20. Jahrhunderts die Produktion von Schuhen dominieren.

24 Zur Erfindung, Entwicklung und Diffusion dieser Schaft-Nähmaschine in den USA vgl. Thomson (1989), S. 73ff.

25 Thomson (1989), S. 139, 163; zur globalen Vermarktung der Singer-Nähmaschine vgl. Godley (2001), S. 1-45.

26 Prill (1964), S. 52f.

27 Blaich (1984), S. 24.

28 Besching (1948), S. 7. Die These Andrew Godleys, dies sei erst ab den 1890er Jahren der Fall gewesen, kann hier also nicht bestätigt werden. Vgl. Godley (2001), S. 34, Fn. 24.

29 Nach einem Pirmasenser Handelskammerbericht über die maschinelle Ausrüstung der Schuhfirmen, zitiert in: Prill (1964), S. 80.

30 Prill (1964), S. 52f.; Blaich (1984), S. 24-40.

31 Zur Geschichte der Maschine von Blake und McKay vgl. Thomson (1989), S. 156-165.

32 Der Erfinder der Maschine, Lyman Reed Blake, ließ sie 1858 patentieren und musste sie wegen Kapitalmangels an den Offizier Gordon McKay verkaufen, der ihre Konstruk-

Technisch gesehen orientierte sich die durchgenähte Machart nicht an den genähten, handwerklichen Schuhkonstruktionen. Vielmehr hatte sie den holzgenagelten Schuh zum Vorbild, indem sie den Schaft, die Brandsohle und die Sohle mit einer einzigen Naht auf der Brandsohle verband, wie vorher der Holzstift.[33] Im Durchnäh-Verfahren wurde der Schaft mittels metallener Täckse auf einen mit Brandsohle unterlegten Leisten gezwickt, der zunächst ganz aus Eisen, später aus Holz mit einer metallenen Platte auf der Sohlenfläche hergestellt war. Dadurch konnten die Spitzen der Täckse nicht in den Leisten eindringen, sondern vernieteten nach dem Durchdringen des Schaftes und der Brandsohle die beiden Komponenten miteinander. Der Leisten wurde dann – ebenfalls ganz entgegen der handwerklichen Tradition – entfernt und der Schuh von innen, auf der Brandsohle entlang, mit der Sohle vernäht. Hierbei kam das bewegliche Horn der McKay-Maschine zum Einsatz, das es ermöglichte, bis in die Schuhspitze hinein zu nähen. Von Hand war dies so gar nicht mehr möglich.

Der Fuß des Trägers ruhte im durchgenähten Schuh direkt auf der Durchnähnaht und den aus der Brandsohle ragenden, vernieteten Enden der Täckse. Dies stellte den größten Nachteil der durchgenähten Schuhkonstruktion dar. Sie führte, selbst bei guter Verarbeitung, zu einiger Unbequemlichkeit beim Tragen. Das Verfahren wurde erst nach dem Ersten Weltkrieg mit der Littleway-Methode (im Deutschen auch »Klammerzwicken« genannt) bedeutend verbessert, bei der der Schaft mittels ringförmiger Klammern (statt gerader, vernietender Metalltäckse) auf den Leisten gezwickt wurde.[34] Dadurch lag nur noch die Kettenstichnaht auf der Brandsohle auf. Das Littleway-Zwickverfahren kam 1929 nach Deutschland.[35]

Der durchgenähte Schuh war der erste maschinell produzierte Schuh.[36] Die McKay-Machart wurde zwischen 1860 und 1900 Grundlage der Mechanisierung der Schuhproduktion, bewirkte eine enorme Erhöhung der Produktivität der Industrie und eine starke Senkung der Preise für Lederschuhe. Die Produktion von Schuhen in den USA wurde infolge der Mechanisierung von jährlich 39 Mio

tion noch modifizierte. Sie wurde fortan unter dem Namen *McKay sole-sewing machine* vermarktet.

33 Die bislang bekannten, handwerklichen Verfahren der Schuhherstellung arbeiteten entweder gänzlich ohne Brandsohle, wie die gewendete Konstruktion, oder mit den zwei Nähten der rahmengenähten Konstruktion (Abb. 18,19).

34 Quimby (1946), S. 301.

35 Das Verfahren war nach seinem Erfinder Little benannt und wurde 1914 in den USA entwickelt und von der Littleway Process Company vermarktet. Dabei wurden aus Drahtrollen geschnittene, u-förmige Klammern kreisförmig in die Brandsohle getrieben, ohne diese jedoch an der Oberfläche zu durchbohren wie vorher die Täckse. Vgl. Meyer (1951), S. 49, 61.

36 Im Englischen heißt diese Konstruktion bis heute einfach *machine sewn construction*, ein Begriff, der an diesen Pionierstatus erinnert.

(1859) auf 217 Mio Paar (1899) gesteigert.[37] Die durchgenähte Machart blieb bis zur endgültigen Durchsetzung der geklebten Konstruktion in den 50er Jahren das billigste Verfahren zur massenhaften Herstellung von Schuhen. Ihre Durchsetzung war mit der Entwicklung des Militärschuhs eng verknüpft. Den Durchbruch für sein neues Herstellungsverfahren erzielte McKay durch staatliche Aufträge im Sezessionskrieg (1861-1865).[38]

Im Gegensatz zur Schaftnähmaschine war die McKay-Sohlendurchnähmaschine das Produkt einer einzelnen Firma. Sie wurde 1867 auf der Pariser Weltausstellung gezeigt und kam 1868 auch nach Deutschland. Dort wurde sie zuerst bei zwei Schuhfirmen in Mainz und in Groitzsch in Sachsen verwendet. Vier Jahre später wurde die erste McKay-Maschine in Pirmasens in Betrieb genommen. Bezogen wurde sie von ihren deutschen Kunden über die in London ansässige Dependance der amerikanischen Schuhmaschinenhersteller, die Foreign Sole Sewing Machine Company.[39] Ein halbes Jahrhundert später, im Jahr 1924, bildete durchgenähtes Schuhwerk im Deutschen Reich mit 41 Prozent aller hergestellten Schuhe die häufigste industrielle Machart.[40]

Der durchgenähte Schuh war bei den amerikanischen Soldaten wegen seiner unbequemen Konstruktion auf der Brandsohle sehr unbeliebt. Seine Sohle war zudem relativ steif. Er wurde daher vom *War Department* nach dem Sezessionskrieg kurzerhand wieder durch eine von Hand rahmengenähte Alternative ersetzt.[41] In den 1870er Jahren gelang es schließlich Charles Goodyear jr., dem Sohn des Erfinders des Vulkanisierens und Gummiproduzenten, ein Verfahren zu entwickeln, das die beiden Nähte des Rahmennähverfahrens maschinell ausführen konnte. Es bestand maßgeblich aus zwei Maschinen: der Einstechmaschine (1874 patentiert) und der Doppelmaschine (1875 patentiert).[42] Nach noch etwa fünfzehnjähriger Entwicklungsarbeit waren die Goodyear-Maschinen ab 1890 im größeren Umfang industriell einsetzbar. Das System verbreitete sich rasch.[43]

37 Für Deutschland liegen leider noch keine vergleichbaren Zahlen vor. Thomson (1989), S. 179-181.

38 Mehr als die Hälfte aller während des Krieges von der Armee der Nordstaaten gekauften Schuhe wurde schließlich im McKay-Verfahren hergestellt. Vgl. Thomson (1989), S. 163.

39 Prill (1964), S. 80; Weigl (1958), S. 28ff.

40 Ausschuss Schuhindustrie (1930), S. 12.

41 Keene (1921), S. 5f.; US Quartermaster General of the Army, Notes on the Purchase, Manufacture, and Inspection of United States Army Shoes and Shoe Lasts, Washington 1921, S. 5.

42 Beide Goodyear-Maschinen arbeiteten mit gepichtem Faden.

43 Wurden 1880 etwa 3 Mio Paare im Goodyear-Verfahren hergestellt, so waren es 1890 bereits 12 Mio, 1895 25 Mio und 1899 50 Mio. Vor dem 1. Weltkrieg war der Goodyear-rahmengenähte Schuh zeitweise der am meisten verkaufte Schuh in den USA. Thomson (1989), S. 167.

Nach der Goodyear-Welt-Methode befand sich die Sohlennaht, ebenso wie in der handwerklichen, rahmengenähten Konstruktion, außerhalb des Schuhinnern, auf dem Rahmen (*welt*).[44] Die Brandsohle war daher ganz eben (Abb. 19). Um den Rahmen zu befestigen, war allerdings zuerst eine zweite Naht, die Einstechnaht, nötig, die den Schaft mit dem Rahmen und der Brandsohle verband. Der relativ komplexe Vorgang des halbkreisförmigen Einstechens konnte nur im Kettenstich ausgeführt werden.[45] Die Doppelmaschine, die schließlich Rahmen und Sohle vernähte, arbeitete hingegen, wie die Schaftnähmaschinen, in einer einfachen, vertikalen Bewegung (Auf- und Absenken einer geraden Nadel) und konnte einen doppelten Steppstich ausführen.

Der rahmengenähte Schuh setzte sich langfristig als Konstruktion von Militärschuhen durch, da er langlebig, bequem und beliebig oft zu reparieren war. Im Ersten Weltkrieg wurden die Stiefel der amerikanischen Soldaten in der rahmengenähten Machart hergestellt.[46] Im zivilen Bereich wurde die rahmengenähte Machart zur Grundkonstruktion von qualitativ hochwertigen Herrenschuhen. Der Goodyear-genähte Schuh war der erste Fabrikschuh, der in der Qualität annähernd mit dem handgenähten Produkt vergleichbar war. In der Feinheit und Regelmäßigkeit der Stiche übertraf er sogar manches handwerkliche Produkt. Zugleich war er die bei weitem komplexeste Machart. Zur Herstellung eines Goodyear-genähten Schuhs waren 185 verschiedene Arbeitsschritte nötig. Davon waren 175 mechanisiert. Nur wenige Arbeitsmaschinen konnten mehr als einen Arbeitsschritt ausführen.[47] Zu Beginn des Ersten Weltkriegs wurden 90 Prozent aller amerikanischen Schuhe entweder in der durchgenähten oder rahmengenähten Machart hergestellt.[48]

In Deutschland wurden erste Goodyear-Maschinen ab 1885 verwendet. Von Pirmasens und Erfurt aus verbreitete sich das Goodyear-Verfahren auch hier rasant.[49] Ein Grund dafür war die enorme Verkürzung der Arbeitszeit an einem rahmengenähten Schuh. 1908 dauerte in einem deutschen Schuhbetrieb das Vorbereiten und Einstechen des Rahmens von einem Paar Herrenschuhe von

44 Die Doppelmaschine führte, für die Bodenarbeit erstmalig, einen doppelten Steppstich aus. Er war die Lösung des Problems der dicken Säume, die auf der genähten Oberfläche lagen. Beim doppelten Steppstich verschwand die Verschlingung der Fäden in der genähten Fläche.

45 Dazu wurde die Brandsohle mit einem Riß versehen. Die so entstehende »Lippe« wurde geöffnet und mit dem Schaft und dem Rahmen, der ebenfalls mit einer Vertiefung für die Naht versehen war, vernäht. Die Ahle, die das Nadelloch vorstach, und die Nadel der Maschine waren gekrümmt und bewegten sich in einem Halbkreisbogen.

46 Für die USA: US Quartermaster General of the Army, Notes on the Purchase, Manufacture, and Inspection of United States Army Shoes and Shoe Lasts, Washington 1921; für Großbritannien: The Footwear of Soldiers. An International Collection of Boots and Shoes of Authorized Issue, Boston o.J. [ca. 1914-1918], S. 13, 17.

47 Roe (1913), S. 941.

48 Thomson (1989), S. 167.

49 Rehe (1911), S. 213.

Hand etwa 80 Minuten, während die Einstech-Maschine diese Arbeit in 3 Minuten verrichtete. Dasselbe Zeitverhältnis ergab sich für das Doppeln der Sohlen.[50] Neben den Nähmaschinen entstanden, verstärkt ab den 1890er Jahren, diverse Maschinen und Hilfsapparate für weitere Arbeitsgänge im Produktionsprozess. Um 1900 kamen Stanzen für den Zuschnitt der Oberleder- und Bodenteile zum Einsatz. Der letzte der mechanisierten Arbeitsgänge war das Zwicken. Ein Ensemble von Zwickmaschinen (bestehend aus sechs Einzelmaschinen: Schaftschnür-, Vorheft-, Überhol-, Zwick-, Anklopf- und Spitzenabschneidemaschine) ahmte, nachdem dies lange für unmöglich gehalten worden war, die einzelnen Operationen der Handarbeit beim Zwicken maschinell nach und war – ebenfalls um die Jahrhundertwende – für die industrielle Produktion ausgereift. Es kam in Deutschland durch die Consolidated Hand Lasting Machine Company in den Handel.[51] Die Leistungsfähigkeit eines Arbeiters an der ersten Zwickmaschine (*bed laster* oder Bettzwickmaschine) lag in Deutschland bei zehnstündiger Arbeitszeit täglich bei etwa 300 Paar. Dies kam der Arbeit von 30 eingearbeiteten Hand-Zwickern gleich.[52] Ab 1900 galt die Schuhproduktion als »voll mechanisierte« Industrie.[53] Fabrikschuhe beherrschten in Deutschland schon zu etwa 80 Prozent den Markt.[54] Kurz vor dem Ersten Weltkrieg wurden in deutschen Betrieben für die Herstellung eines Schuhs durchschnittlich 58 verschiedene Maschinen verwendet.[55]

In den 20er Jahren differenzierten sich die Macharten weiter aus und erfuhren eine geschlechterspezifische Funktionsteilung der Produkte: Die rahmengenähte, hochwertigere Konstruktion wurde für den Herrenschuh wesentlich, die durchgenähte, weniger langlebige und billigere Konstruktion setzte sich allgemein für den Damenschuh durch. Die alte, gewendete Machart wurde in den 20er und 30er Jahren nur noch in Baby- und leichtem Kinderschuhwerk angewandt. 1924 wurden im Deutschen Reich 73 Prozent aller industriell gefertigten Schuhe in den genähten Macharten hergestellt. Davon waren 41 Prozent durchgenäht, 25 Prozent rahmengenäht und 2 Prozent gewendet-genäht. 16 Prozent wurden holzgenagelt.[56]

50 Rehe (1908), S. 30.

51 Übersicht über die Verwendung der wichtigsten Arbeits- und Kraftmaschinen in deutschen Schuhbetrieben, vgl. Rehe (1911), S. 185-214, hier S. 213; Schröder (1978), S. 163ff.

52 Das goldene Buch der deutschen Schuh- und Lederwirtschaft. Jubiläumsband der Gewerbezeitschrift »Schuh und Leder« zum 75jährigen Bestehen, Berlin o.J. [1932], S. 263.

53 Prill (1964), S. 59, 80.

54 Angabe für 1904, vgl. Schröder (1978), S. 173.

55 Blaich (1984), S. 58.

56 Diese Erhebung zu den Macharten blieb bis 1935 die einzige. Vgl. Ausschuss Schuhindustrie (1930), S. 12.

4.3 Schuhmaschinen: Amerikanische Technik in deutschen Betrieben

Die Schuhindustrie war von einer besonderen Art des Vertriebs von Arbeitsmaschinen geprägt. Bereits die erste Sohlennähmaschine, der Blake-Sohlennäher, war für die Schuhfabrikanten nicht käuflich, sondern nur im sogenannten Mietsystem zu erwerben.[57] Im 20. Jahrhundert bestand die Miete in einem festen jährlichen Satz und einem flexiblen Mietpreis, der sich nach 1.000 Umdrehungen der Hauptwelle der Maschine bemaß.[58] Gordon McKay hatte das Mietsystem entwickelt, um seinen frühen Maschinen einen kontinuierlichen Absatz zu verschaffen. Vielen Schuhherstellern fehlte anfangs das Kapital, um die Anschaffung eines Maschinenparks zu finanzieren. Außerdem war die »Schuhmaschine« noch kein ausgereiftes Produkt und blieb vorerst raschen technischen Neuerungen unterworfen. Dieses Mietsystem (*leasing*) wurde von Goodyear und auch allen späteren Arbeitsmaschinenherstellern der Schuhindustrie in den USA übernommen. Als das Produkt, das sie verkauften, verstanden sie nicht die Maschine selbst, sondern deren Benutzung. So lieferten die Firmen nicht nur die Ausrüstung, sondern auch gleich das nötige Wissen zu ihrer Benutzung. Das Mietsystem wurde auch für die deutsche Schuhindustrie im 20. Jahrhundert prägend.[59] Ausgenommen waren hiervon nur die Nähmaschinen für die Stepperei des Schuhschaftes. Sie wurden gemeinhin gekauft.

United Shoe Machinery Corporation und Deutsche Vereinigte Schuhmaschinen Gesellschaft

Im Jahr 1899 schlossen sich in den USA die drei größten und zwei kleinere Maschinenhersteller für die Schuhindustrie zu einem Trust zusammen.[60] Er nannte sich United Shoe Machinery Company (USMC), mit Sitz in Boston, Massachusetts. Er war und blieb das gesamte 20. Jahrhundert hindurch nicht nur der weltweit wichtigste Schuhmaschinenhersteller. Er nahm zeit seines Wirtschaftens eine nahezu monopolartige Stellung auf dem Schuhmaschinenmarkt ein.[61]

57 Thomson (1989), S. 163ff.

58 Schreiber (1904), S. 10f.; Ebert (1928), S. 29; Ausschuss Schuhindustrie (1930), S. 30, 41.

59 Zur Durchsetzung des Mietsystems durch amerikanische Schuhmaschinenhersteller in Deutschland vgl. Blaich (1984), S. 58-66; Ebert (1928), S. 24-32.

60 Dies waren die McKay Shoe Machinery Company, die Consolidated & McKay Lasting Machine Company, die Goodyear Shoe Machinery Company, die Davey Pegging Machine Company und die Eppler Welt Machine Company.

61 Es fehlt immer noch eine Unternehmensgeschichte des wichtigen globalen Konzerns im 20. Jahrhundert. Ansätze hierzu lieferte, vom Fall Spanien ausgehend: Miranda (2004); zur frühen Geschichte der USMC vgl. Roe (1913), und Roe (1914); Kaysen (1956).

Bereits bei seiner Gründung kontrollierte der Trust etwa 70 bis 80 Prozent der an die amerikanische Schuhindustrie vermieteten Maschinen. Darunter waren alle Zwick-, McKay- und Goodyear-Maschinen. In den kommenden Jahren baute er seine Machtposition noch aus. In Alfred Chandlers und Takashi Hikinos Liste der 200 größten US-amerikanischen Unternehmen rangierte die USMC 1917 an 61. Stelle und war die drittgrößte Maschinenbaufirma überhaupt, gleich hinter dem Landmaschinenhersteller International Harvester Co. und der Singer Manufacturing Co. Nachdem mit der Firma Deere and Co. noch ein weiterer Landmaschinenhersteller hinzugetreten war, nahm die USMC 1930 den vierten Platz im Maschinenbau ein und den 85. Rang unter allen Firmen. 1948 hielt sie noch den 9. Platz in ihrer Branche, war allerdings im Ganzen auf Rang 133 zurückgefallen.[62]

Bereits vom Tag ihrer Gründung an verstand sich die USMC, wie ihre Vorgängerfirmen, als multinationales Unternehmen. Eine Holdinggesellschaft, die United Shoe Machinery Corporation, trat sofort mit Direktinvestitionen in Australien, Kanada, Frankreich, Großbritannien und Deutschland in Erscheinung.[63] In Deutschland gründete sie im Jahr 1900 in Frankfurt am Main die Deutsche Vereinigte Schuhmaschinen Gesellschaft mbH (DVSG). Diese nahm 1903 in Rödelheim bei Frankfurt die Produktion von Maschinen auf.[64] Dank der erworbenen Reichspatente genoss die DVSG in Deutschland für eine Anlaufzeit Schutz vor Imitationen ihrer deutschen Konkurrenten. Sie vermietete anfangs ihre Maschinen unter den Bedingungen des sogenannten »gebundenen Systems«. Ein Schuhfabrikant, der sich entschloss, die Maschinen der DVSG zu nutzen, verpflichtete sich zum Bezug von Ersatzteilen und Hilfsmaterialien ausschließlich von der Vermieterin und musste die Maschinen auch von ihr warten lassen. Er durfte außerdem keine Arbeitsmaschinen von anderen Herstellern verwenden. In der Praxis bedeutete dies, dass er auch in Zukunft bei der Neuanschaffung von Maschinen Miet-Produkte der DVSG wählen musste. Die Mietverträge liefen aufgrund ihrer Verkettung und wechselseitigen Verlängerung praktisch auf eine unübersehbare Dauer.[65] Diese ursprünglichen Binde-Klauseln wurden in den Jahrzehnten bis 1930, vor allem infolge gerichtlicher Klagen von Kunden in den USA, etwas modifiziert, so dass sie den Kunden mehr Flexibilität erlaubten.[66]

62 Chandler (1990), S. 638-657.

63 Blaich (1984), S. 60.

64 25 Jahre Deutsche Vereinigte Schuhmaschinen Gesellschaft GmbH, 1900-1925. Jubiläumsfestschrift, Frankfurt a. M. 1925, in: HWA, Abt. 135 (Deutsche Vereinigte Schuhmaschinen Gesellschaft GmbH).

65 Ebert (1928), S. 27-29; Ausschuss Schuhindustrie (1930), S. 29-43.

66 1915 kam es zu einer Klage sechs prominenter Mitglieder des Reichsverbandes der Deutschen Schuhindustrie gegen die DVSG. Sie warfen der Firma vor, dass die Mietverträge, die den Mieter in ein solches Abhängigkeitsverhältnis brachten, gegen die guten Sitten verstießen. Die Klage hatte keinen Erfolg. Doch in den USA wurde gegen die Firma drastischer vorgegangen. Auch hier, wo diese durchgehend zu etwa 85 Pro-

Die DSVG und ihre Muttergesellschaft in den USA investierten neben dem Maschinenbau in weitere Produktionsanlagen von Hilfsmitteln für die Schuhproduktion. So wurde 1903 in Oberursel die Boston Blacking Company gegründet, die anfangs Ausputzmittel für die Schuhherstellung lieferte. Später produzierte sie auch Klebstoffe. Eine Firma zur Herstellung von Haken, Ösen und Druckknöpfen für die Schaftherstellung und ein Zwirnproduzent erhielten vor dem Ersten Weltkrieg eine Kapitaleinlage.[67] 1911 beteiligte sich die USMC an der Gründung eines später wichtigen deutschen Zulieferunternehmens der Schuhindustrie: der Firma Fagus GmbH in Alfeld bei Hannover. Diese produzierte Holzleisten, Stanzmesser, Stanzklötze und später eigens entwickelte Leistendrehbänke. Sie verhalf außerdem in Alfeld dem jungen Architekten Walter Gropius zu seinem ersten Auftrag für einen Werksbau, der als Pionier der Industriearchitektur in die Geschichte der Moderne eingehen sollte.[68]

Mietsystem und technische Innovation

Das Mietsystem für Arbeitsmaschinen war für eine sehr spezifische Art der Durchsetzung technischer Innovationen verantwortlich. Für die Konsumgüterindustrien war es sehr ungewöhnlich. Die Vermietung von Kraftmaschinen wie etwa dem Elektromotor wurde von Energieerzeugern wie der AEG seit den 1890er Jahren als Vermarktungsstrategie genutzt. Sie war hier ein beliebtes indirektes Mittel, wenig finanzkräftige Betriebe an die Erzeuger des neuen, elektrischen Kraftstroms zu binden.[69] Bei Arbeitsmaschinen und langlebigen Konsumgütern war die Vermietung jedoch nicht sehr verbreitet. Sowohl in den USA als

zent den Schuhmaschinenmarkt beherrschte, musste sich die Firma für ihre besonderen Vermarktungspraktiken verantworten. Unter dem Sherman-Anti-Trustgesetz wurde die Firma 1911, 1915 und 1947 vor dem Obersten Gericht angeklagt. Im zweiten Prozess wurde der Klage stattgegeben, so dass das anfängliche, »gebundene« Mietsystem (*tied lease system*) der USMC gelockert werden musste. Dies betraf vor allem das Verbot, auch Maschinen von anderen Herstellern in den Betrieben zu verwenden. Auch die deutschen Schuhindustriellen profitierten von diesem US-Urteil. Vgl. Blaich (1984), S. 66; Bancroft Clark, Rezension des Buches von Kaysen (1957), in: Economic Journal 67 (1957), Nr. 268, S. 727-729; Roe (1913); Roe (1914); Kaysen (1956).

67 Blaich (1984), S. 61; Jaeggi (1998).

68 Gropius sprach in seinen Aufzeichnungen von einem »Entwurf zu einer amerikanischen Schuhleistenfabrik«, auch wenn die Leitung des Unternehmens in den Händen des deutschen Gründers Carl Benscheidt lag, der über ein Viertel des Gründungskapitals selbst beibrachte. 1918 erwarb Benscheidt die früheren Anteile der USMC selbst, nachdem die Firma als ausländische Gesellschaft im Ersten Weltkrieg unter staatliche Zwangsverwaltung gestellt worden war. Vgl. Klageschrift der USMC: Memorial Nr. 193 v. 28.7.1923, The United States of America on Behalf of the United Shoe Machinery Corporation versus Germany, Bauhaus-Archiv-Berlin, Fagus-Bestand, Akte 136; zu Gropius' Aufzeichnungen vgl. Weber (1961), S. 28.

69 Vgl. Wengenroth (1989), bes. S. 196ff.

auch im Deutschen Reich wurde es nur in der Verpackungsbranche (Glas und Dosen), der Tabakindustrie und bei Büromaschinen praktiziert, aber in keiner vergleichbaren Fertigwaren-Industrie.[70] Der Massenabsatz der Nähmaschine für den Haushalt und für die dezentrale Verlagsarbeit wurde in Deutschland, wie in den USA, von der Firma Singer nicht über ein Mietsystem, sondern durch eine Raten-Abzahlung der Produkte ermöglicht.[71]

Die Vorteile des Mietsystems waren groß.[72] Die DVSG bot komplette Maschinensätze (*teams*) an. Darin wurden die Hauptmaschinen durch Hilfsapparate und Maschinen für die Vor- und Nachbereitung der Hauptarbeitsgänge ergänzt, die dieser »kostenlos« beigegeben wurden. Da die Firma am reibungslosen Fertigungsablauf interessiert war, zeichneten sich die DVSG-Maschinen durch einen zuverlässigen Betrieb, solide Bauart und lange Gebrauchsdauer aus. Bei Betriebsstörungen trat der Kundendienst der DVSG in Aktion. Jederzeit einsatzbereite und geschulte Mechaniker behoben den Schaden umgehend im Betrieb des Mieters. Sie konnten dafür auf ein gut sortiertes Lager genormter Ersatzteile zurückgreifen, die in den Niederlassungen bereit lagen. Ende der 20er Jahre waren 75 Monteure der Gesellschaft im Deutschen Reich unterwegs. Während die Eigentümer von Maschinen deutscher Hersteller oft tagelang auf Ersatzteile warten mussten, die einzeln von den Herstellern angefertigt und an die individuelle Maschine im Betrieb angepasst wurden, waren die etwa 100.000 lieferbaren, standardisierten Maschinenteile der USMC im Austauschbau einsetzbar. Neben den vergleichsweise niedrigen Reparaturkosten ließen sich also zusätzlich größere Produktionsstockungen vermeiden.

Die DVSG-Monteure lernten außerdem fachgerecht neue Arbeiter an den Maschinen an. Sie erschienen regelmäßig alle paar Wochen in den Kundenbetrieben, um die Zählerstände der Maschinen abzulesen, nach denen die monatliche Abrechnung der Miete erfolgte. Durch die große Kundennähe konnte die DVSG auch unmittelbar auf Kundenwünsche eingehen und erhielt direkte Rückkopplung aus der Praxis der Produktion für die weitere Entwicklung der Maschinen. Der wahrscheinlich wichtigste Vorteil des Mietsystems bestand allerdings darin, dass es Unternehmen auch mit geringem Kapital eine Maschinenausstattung ermöglichte. Auch den kleinsten Betrieben war es somit möglich, die neueste Schuhtechnik zu erwerben und in ihren Produktionsverfahren auf dem gleichen technologischen Stand zu sein wie die größten und kapitalstärksten Unternehmen der Branche. Die DVSG gab keinen Rabatt auf große Stückzahlen: Der Mietpreis der Maschinen pro Paar Schuhe war einheitlich, und auch die Dienstleistungen bei der Wartung der Maschinen blieben gleich.[73] Über die Arbeitsmaschinen ließ sich also, und dies war für die Rationalisierung

70 Für Deutschland: Blaich (1984), S. 58-66; für die USA: Engelbourg (1966).
71 Döring (1992), S. 100.
72 Alle Angaben im Folgenden vgl. Blaich (1984), S. 58-66; Ebert (1928), S. 24-32.
73 Roe (1914), S. 49.

der Schuhproduktion von größter Wichtigkeit, keine Stückkostendegression erreichen. Auch die kleinbetriebliche Produktion war dadurch wettbewerbsfähig. Sie wurde in Deutschland in großem Ausmaß praktiziert.

Die DVSG stand eindeutig an der Spitze der technischen Entwicklung.[74] Sie pflegte im Falle eines Modellwechsels die technisch überholten Maschinen auszutauschen. Alle Innovationen der USMC auf dem amerikanischen Markt gelangten so mit nur geringer Verzögerung auch in deutsche Betriebe.[75] Das Mietsystem der USMC funktionierte wie ein »hybrides Diffusionssystem für Innovationen« (José Miranda) aus den USA nach Europa. Es fungierte einerseits als zentralisiertes System der Verbreitung von Innovationen, deren Quelle das Forschungs- und Entwickungszentrum der USMC in den USA war. Andererseits wirkte das Netz von Tochterfirmen wie etwa der DVSG aber auch als *two-way link* zwischen dem Zentrum in den USA und den Schuhherstellern in Deutschland und anderen europäischen Ländern, in denen die USMC Tochterfirmen unterhielt. Diese Tochterunternehmen wirkten als Mediatoren. Sie ermöglichten mit ihrer größeren kulturellen Nähe zu den Kunden eine Adaption der Technik für die Bedürfnisse der Nutzer-Unternehmen. Insgesamt leistete die USMC in dem Transferprozess mehr als nur die Lieferung einzelner Investitionsgüter. Sie versorgte die Kunden-Unternehmen in Deutschland auch mit dem nötigen Wissen über eine angemessene Organisation der Produktionsprozesse und technischen Innovationen in den USA.[76]

Kritiker merkten jedoch auch an, dass seit der Gründung des Trustes einschneidende Neuerungen auf dem Gebiet der Verfahren und Konstruktionen unterblieben waren. Tatsächlich entstanden die wichtigen Innovationen der 20er und 30er Jahre, das Littleway-Zwickverfahren und das Klebeverfahren, außerhalb der USMC, durch unabhängige Firmen. Das Monopol führte also auch zu einer gewissen »Trägheit« der Entwicklung. Wie stark dieses »technologische Momentum« (Thomas Hughes)[77] des Systems tatsächlich ins Gewicht fallen konnte, wird später noch am Beispiel der geklebten Machart deutlich, die außerhalb und gegen den Widerstand der USMC/DVSG in Deutschland entstand und von ihr lange behindert wurde.

Deutsche Schuhmaschinen

Bis zum Ersten Weltkrieg waren die amerikanischen Hersteller im Schuhmaschinenbau uneingeschränkt führend. Sie hatten kaum deutsche Konkurrenz.[78] Den

74 Ausschuss Schuhindustrie (1930), S. 29, 33.
75 Ebd., S. 33.
76 Vgl. Miranda (2004).
77 Zum Konzept des technologischen Momentums vgl. Hughes (1987), S. 76ff.
78 Butman (1912a), S. 8f.; Besching (1948), S. 13.

amerikanischen Schuhmaschinenfabrikanten standen durch die Vermietung hohe Einnahmen zur Verfügung. Die USMC besaß große Forschungs- und Entwicklungsabteilungen in ihren Werken in Beverly, Massachusetts, und Leicester in Großbritannien.[79] Seit den 1890er Jahren begannen auch deutsche Maschinenhersteller, bodenverarbeitende Schuhmaschinen anzubieten. Diese waren jedoch mehr oder weniger exakte Kopien der amerikanischen.[80] Wenn ein Patent der DVSG abgelaufen war, erschien der betreffende Maschinentyp bald im Fertigungsprogramm deutscher Produzenten.[81] Fritz Blaich sprach von einer »sklavischen Nachahmung amerikanischer Vorbilder«.[82]

In den 20er Jahren hatte sich das Bild zugunsten der deutschen Hersteller verschoben. Die DVSG hielt immer noch bei weitem den größten Marktanteil. Der Geschäftsführer der DVSG schätzte diesen 1928 jedoch nur noch auf 60 Prozent. Die anderen Sachverständigen der Enquete-Kommission teilten diese Einschätzung.[83] Der technische Vorsprung der Amerikaner bei den Hauptmaschinen hatte sich verringert. Die deutschen Konkurrenzprodukte galten als gleichwertig.[84] Alle wichtigen Schuhmaschinen für die Kernoperationen konnten nun auch von deutschen Herstellern bezogen werden. Die deutschen Maschinenbauer konzentrierten sich jedoch auf Einzelmaschinen, die Amerikaner dachten in ganzen Maschinensätzen. So kam es, dass die Nebenmaschinen nur von der USMC entwickelt und perfektioniert wurden. Die deutschen Hersteller konnten hier nicht mithalten.[85] Auf die etwa 60 verschiedenen von der DVSG hergestellten Schuhmaschinen kamen etwa 200 Nebenmaschinen.[86] Sie vereinfachten den Produktionsfluss enorm. Ein deutscher Schuhhersteller, der stellvertretend für alle Firmen sprach, die das Mietsystem ablehnten, musste dabei zugeben: »Wir bevorzugen grundsätzlich deutsche Maschinen, selbst wenn wir uns mehr plagen müssen. […] Eine gewisse Unbequemlichkeit bringen die deutschen Maschinen mit sich.«[87] Die von der DVSG gelieferten Hilfsstoffe waren ebenfalls so hochwertig und ausgereift, dass sie auch von Schuhfabrikanten, die ausschließlich auf deutschen Maschinen fertigten, eingesetzt wurden. Sie waren so erfolgreich, dass sie sich vor 1930 zur größten Einnahmequelle der DVSG entwickelt hatten.[88]

79 Vgl. Howie (1999), S. 43; Vernehmung des Geschäftsführers der DVSG 1928, in: Ausschuss Schuhindustrie (1930), S. 35-42.
80 Rehe (1908), S. 32; Butman (1912a), S. 8f.
81 Besching (1948), S. 13; Blaich (1984), S. 58-66.
82 Blaich (1984), S. 65, 93.
83 Ausschuss Schuhindustrie (1930), S. 37; Ebert (1928), S. 27.
84 Ausschuss Schuhindustrie (1930), S. 29-43.
85 Ebd., S. 31-41.
86 Lambeck (1923), S. 132.
87 Der Schuhunternehmer Georg Heß aus Erfurt, in: Ausschuss Schuhindustrie (1930), S. 34.
88 Ausschuss Schuhindustrie (1930), S. 39; Vernehmung des Geschäftsführers der DVSG 1928, in: Ausschuss Schuhindustrie (1930), S. 35-42.

Von den deutschen Maschinenfabriken wurde das Mietsystem nicht angewandt.[89] Sie verkauften ihre Produkte. Ob das Mietsystem dem Kunden auf Dauer höhere Kosten verursachte als der einmalige Kauf der Maschinen, war umstritten. Genaue vergleichende Kalkulationen, die auch die Enquete-Kommission wieder in Angriff nahm, wurden durch die zusätzlichen Serviceleistungen der Firma und die verschachtelten Verträge für die einzelnen Maschinen und Nebenmaschinen sehr erschwert und kamen bis 1929 zu keinem verlässlichen Ergebnis.

Im Mietsystem galt weiterhin die Regelung, dass zwar nicht mehr im ganzen Betrieb, so doch im gleichen Raum keine anderen Maschinen als die der DVSG aufgestellt werden durften. Die Monteure der Firma überwachten dies bei ihren Besuchen. Gegen Zahlung einer 20 Prozent höheren Miete konnten sich Fabrikanten von dieser Vorgabe befreien. Besonders die Firma Bat'a machte davon Gebrauch, wie der Geschäftsführer der DVSG berichtete. Der Bat'a-Konzern unterhielt eine ganz eigene Maschinenbau-Abteilung. Andere große Firmen wie Salamander gingen dazu über, einen Maschinensaal mit DVSG-Maschinen und einen weiteren mit deutschen Maschinen auszustatten.[90] Die Regel-Mietdauer betrug 20 Jahre. Da die durchschnittliche Gebrauchsdauer einer Bodenbearbeitungsmaschine bei 8-12 Jahren lag, wurde sie allerdings meist vorher ausgetauscht.[91] Das amerikanische Handelsministerium schätzte 1929, dass in Deutschland etwa 50 Prozent aller Arbeitsmaschinen von den Schuhfabriken gemietet, die andere Hälfte gekauft wurde.[92]

Im Jahr ihres 25-jährigen Bestehens, 1925, unterhielt die DVSG Niederlassungen in Berlin, Erfurt, Köln, Pirmasens, Stuttgart und Weißenfels. Die wichtigsten deutschen Konkurrenzfirmen waren Ende der 20er Jahre die Nolle'schen Werke in Weißenfels, die Atlas-Werke Pöhler & Co. in Leipzig, Maier & Remshardt in Heilbronn, die Firmen C. Mansfeld und Robert Kiehle, beide in Leipzig, die Erste Deutsche Schuhpflöckmaschinenfabrik Rudolf Ley in Arnstadt und Adrian & Busch in Oberursel sowie die Maschinenfabrik Moenus AG in Frankfurt am Main. Die Firma Moenus war selbst aus einem Zusammenschluss mehrerer Produzenten und Importeure amerikanischer Maschinen hervorgegangen. In den 20er und 30er Jahren stellte sie sich dagegen, in Abgrenzung zur DVSG, durchgehend als deutsche Firma dar.[93] Sie betätigte sich von Anfang an erfolgreich im Behördengeschäft, das der DVSG weitgehend verschlossen blieb. Staatliche Beschaffungsstellen durften den öffentlichen Haushalt nicht auf

89 Ebd., S. 31.

90 Lambeck (1923), S. 80; Hanspeter Sturm, Geschichte der Salamander AG, Manuskript 1958, WABW, Bestand Y 110, Salamander AG, S. 81.

91 Vernehmung des Geschäftsführers der DVSG 1928, in: Ausschuss Schuhindustrie (1930), S. 30, 35-42; Kunze (1939), S. 21f.

92 Cook (1929), S. 4.

93 Vgl. Blaich (1984), S. 63f.

längere Zeit durch exklusive Mietverträge binden. Die Moenus AG wurde so ein wichtiger Heereslieferant.[94]

4.4 Die geklebte Machart

Das einzige Herstellungsverfahren von Schuhen, das seinen Ursprung nicht in den USA hatte, war das Klebeverfahren. Es wurde im Ersten Weltkrieg erstmals versuchsweise angewendet. Die Geschichte der geklebten Machart wurde in der wirtschafts- und technikhistorischen Forschung immer vernachlässigt, wohl wegen der allgemeinen Fokussierung der Untersuchungen auf die USA und wegen der Verwendung chemischer Substanzen, vor allem des Klebstoffs, dessen Geschichte in ihrer fertigungstechnischen Bedeutung historisch ebenfalls kaum aufgearbeitet ist. Doch stellt die geklebte Machart einen interessanten Sonderfall in der Technikentwicklung und der deutsch-amerikanischen Transfergeschichte technischer Innovationen dar.

Ihr Dasein verdankte sie der Entwicklung eines frühen Kunststoffs: des Celluloids.[95] Die Verwendung von weiteren Kunststoffen, den Ersatzstoffen für Leder als Werkstoff in der Konstruktion von Schuhen, war eine zweite Voraussetzung ihres Erfolges. Die Geschichte dieses technischen Verfahrens folgt einem Muster, auf das der Wirtschaftshistoriker Adam Tooze aufmerksam gemacht hat: Nach einer Auswertung von Maschinenbestandserhebungen in Deutschland aus den Jahren 1935 bis 1945 kam er zu dem Ergebnis, dass in diesen Jahren eine »punktuelle Modernisierung« im Werkzeugmaschinenbau und bei der Durchsetzung neuer Maschinentypen stattfand. Dabei lag die Bedeutung der NS-Zeit weniger in der Generierung grundsätzlicher Innovationen als in der großflächigen Durchsetzung und Entfaltung der neuen Technologien.[96] Mit seiner Innovationsgeschichte in den Phasen erstens der Erfindung kurz vor und im Ersten Weltkrieg (Invention), zweitens der Entwicklung in den 20er und 30er Jahren (Innovation) und drittens der endgültigen Durchsetzung seit Mitte der 30er Jahre (Diffusion) ist das Klebeverfahren in der Schuhindustrie hierfür ein Beispiel.

Entwicklung einer neuen Machart

Der geklebte Schuh zeichnete sich dadurch aus, dass die Verbindung von Schaft und Sohle mittels zweier Lagen Klebstoff und hohem Druck hergestellt wurde.

94 Ebd.; Butman (1912a), S. 8f.

95 Zur Produktgeschichte des Celluloids in den USA vgl. Meikle (1995); Friedel (1983); für Deutschland: Oelsner (1997).

96 Tooze (2003), S. 93.

Sowohl die Befestigung des Zwickeinschlags auf der Brandsohle als auch der Sohle am Schaft wurden dabei mittels eines Klebstoffs bewerkstelligt (Abb. 22). Nach dem Überholen des Schafts und seiner provisorischen Befestigung am Leisten mit metallenen Täcksen wurde die Bindestelle, an der Schaft und Brandsohle aufeinandertrafen, mit Klebstoff bestrichen. Nach dem Aufzwicken des Schafts und Trocknen wurden die Täckse wieder entfernt. Zur Befestigung der Sohle wurden nun die obere Fläche der Sohle und die Unterfläche des Zwickeinschlags des Schaftes aufgerauht, um ein möglichst tiefes Eindringen des Klebstoffs zu ermöglichen. Dann wurden sie mit Klebstoff bestrichen und zum Trocknen ausgelegt. Nachdem sich so der Klebstoff fest mit der Lederfaser vermengt hatte, wurde er durch eine geeignete Flüssigkeit wieder angelöst, die beiden Schuhteile zusammengebracht und in eine Presse eingespannt. Hier musste der Schuh etwa eine Stunde unter Druck liegen bleiben.[97] Eine Kernerfindung des Verfahrens war ein Klebstoff, der stark genug war, eine dauerhafte Verbindung zweier Lederteile herzustellen. Die andere war die Presse, mit der ein notwendig hoher Druck auf die Klebfläche erzeugt werden konnte.[98]

Ein schwäbischer Werkmeister aus der Schuhmacherstadt Tuttlingen, Martin Haller, gilt als Pionier des Klebeverfahrens.[99] Er löste Celluloid-Abfälle in Azeton. Die mit dieser Lösung geklebten Schuhe waren allerdings sehr schwer und steif. Eine ledergerechtere Lösung fand der Mailänder Gerbereichemiker Francesco Rampichini, der durch Zusätze eine größere Geschmeidigkeit und Biegsamkeit der Celluloidlösung erzielte. Die Firma Lustig & Rednarz in Triest stellte den von Rampichini erfundenen Klebstoff schließlich unter dem Markennamen *Ago* her. Nach ihm wurde seither das Klebeverfahren in Deutschland auch »Ago-Verfahren« genannt.

1912 trat Rampichini an mehrere deutsche Schuhmaschinenfabriken heran, um Versuche mit geeigneten Maschinen einzuleiten. Martin Haller hatte bereits in Zusammenarbeit mit einer sächsischen Maschinenfabrik erste Schuhklebepressen patentieren lassen. Die Atlas-Werke Pöhler & Co. in Leipzig-Stötteritz bauten im Jahre 1912 die ersten Maschinen für das »Ago-System«. Der Maschinensatz bestand damals aus einer Oberleder-Aufrauhmaschine, einer Sohlen-Aufrauhmaschine, einer einfachen Spindelpresse und einer vierfachen Karussellpresse. Diese Konfiguration sollte sich auch in der Folgezeit nicht grundlegend ändern. 1914 wurden die gesamten Patente und Rezepte des italienischen *Ago*-Verfahrens von der deutschen Schuhmaschinenfabrik Atlas-Werke Pöhler & Co. übernommen. Rampichini und seine Firma zogen sich ganz aus

97 Groll (1926), S. 16ff.

98 Zur Geschichte des Ago-Verfahrens hier und im Folgenden, wenn nicht anders angegeben, in: Groll (1926), S. 16ff.; Besching (1948), S. 16ff.; Prill (1964), S. 59ff.; Atlas-Ago Chemische Fabrik AG, Mölkau bei Leipzig, in: SFZ v. 24.3.1929, S. 11-14.

99 Als erstes in einer langen Reihe von deutschen Patenten für Klebepressen in der Schuhproduktion (Klasse 71c) im Namen Martin Hallers gilt das Reichspatent Nr. 245965 v. 20.7.1910.

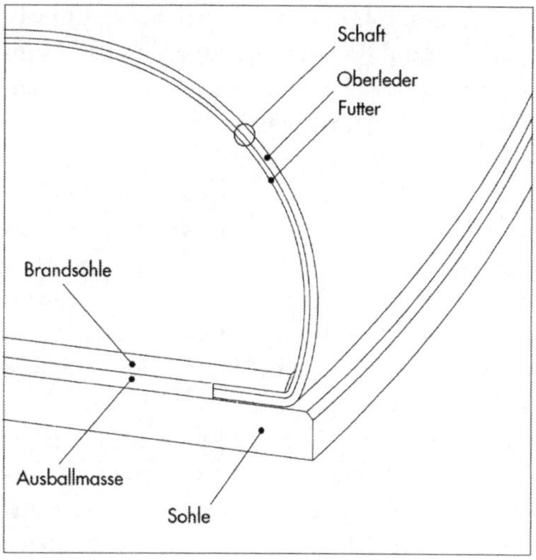

Abb. 22: Machart 6:
Die geklebte Machart

der weiteren Entwicklung zurück. Auch Haller trat 1917 alle seine Patente an die Leipziger Firma ab.

Im Ersten Weltkrieg wurden in der Schuhfabrik Otto Herz in Frankfurt am Main die ersten Versuche mit dem Klebeverfahren im Großbetrieb gemacht. Vor allem die Konstruktion der Presskissen war noch stark verbesserungsbedürftig, um industriell einsetzbar zu werden. 1916 wurde eine eigene Fabrik für den Klebstoff und andere Hilfsmittel, die Atlas-Ago Chemische Fabrik in Leipzig, errichtet. Daran erwarb 1921 die HIAG (Holzverkohlungs-Industrie AG, Konstanz) eine bedeutende Aktien-Beteiligung und stellte so die Finanzierung sicher.[100] Anfang der 20er Jahre begann in kleinem Rahmen die Serienproduktion von Pantoffeln, leichten Ballschuhen für Damen und einigen Kinderartikeln im Klebeverfahren. Seriell herstellbar waren durch die neue Machart anfangs nur sehr leichte Schuhtypen. Diese konnten wegen der geringen Bodenarbeit eleganter ausgeführt werden als genähte Konstruktionen. 1924 wurden in Deutschland schon 7 Prozent aller Schuhe in der geklebten Konstruktion hergestellt. Dies waren in erster Linie Hausschuhe, keine Straßenschuhe.

Die geklebten Schuhe waren anfangs grundsätzlich steifer als die genähten.[101] Vor allem aber konnten lange keine Klebstoffe gefunden werden, die, der Naht auch nur annähernd vergleichbar, schwereres Schuhwerk dauerhaft haltbar machten. Schon die leichten *Ago*-Schuhe mussten eine Stunde lang in der Presse liegen. Dadurch war die Produktivität der Pressstellen stark eingeschränkt. Erst

100 Atlas-Ago Chemische Fabrik AG, Mölkau bei Leipzig, in: SFZ v. 24.3.1929, S. 11-14, hier S. 14.

101 Ausschuss Schuhindustrie (1930), S. 12, 52.

in den 30er Jahren stellte die chemische Industrie Klebstoffe von höherer Qualität zur Verfügung, als sie neue Kunststoffe als Grundstoffe für Klebstoff-Lösungen entwickelt hatte. Erst ab Beginn der 40er Jahre konnte normales Straßenschuhwerk, vor allem Herrenschuhe und Arbeitsschuhe, in dieser Konstruktion produziert werden.[102]

Ein großer prozesstechnischer Vorteil der geklebten Machart war, dass Elemente anderer, bereits bestehender Herstellungsverfahren in sie integriert werden konnten. So konnten Leisten jeglicher Beschaffenheit, d. h. mit und ohne Metallbeschlag, verwendet werden. Als Zwickmethode kam jede im Betrieb vorhandene Zwickeinrichtung (Mackay-, Goodyear- oder Littleway-Maschine) in Frage. Die geklebte Machart war sehr flexibel anwendbar und machte sozusagen im Nachhinein die amerikanischen Einzweckmaschinen zu variablen Mehrzweckmaschinen. Die Klebepresse selbst wurde in den 30er Jahren nicht nur zur Neuherstellung, sondern auch im großen Umfang für Reparaturprozesse verwendet. Ein weiterer Vorteil war, dass in ihr andere Werkstoffe als Leder verarbeitet werden konnten. An die Material-Eigenschaften der verwendeten Brandsohle zum Beispiel wurden im Klebeverfahren, anders als bei den genähten Macharten, sehr geringe Anforderungen gestellt. Sie musste in ihrer Dicke nicht egalisiert werden und konnte, von der Konstruktion her, sogar aus Pappe oder einem anderen Ersatzstoff sein, während die Brandsohlen der genähten Konstruktionen eine der Hauptnähte der Sohlenbefestigung tragen und daher aus hochwertigem Leder sein mussten.[103]

Als sich die deutsche Schuhindustrie allmählich für die neue Bodenbefestigungsmethode zu interessieren begann, widmeten sich bald auch andere deutsche Schuhmaschinenfabriken der Konstruktion und dem Bau von Klebemaschinen. Wesentlich zur Verbesserung und Verbreitung des geklebten Schuhs trugen die Maschinen von Michalk-Atlas, der Firma H. Walther & Co. in Frankfurt am Main und Moenus, ebenfalls in Frankfurt am Main, bei. Die Firma Atlas-Ago blieb aber weiterhin führend. Die Schwachstellen des Verfahrens lagen neben der Qualität des Klebstoffs in der langen Pressdauer und den mehrfachen Stillständen im Arbeitsfluss. Die Schuhe mussten sowohl vor als auch nach dem eigentlichen Klebevorgang für eine längere Zeitspanne zum Trocknen ausgelegt werden, nahmen viel Platz ein und hielten die Produktion auf. Eine Prozessverbesserung wurde daher in den 30er Jahren durch eine Vervielfachung der Pressen und eine Beschleunigung des Klebevorgangs erreicht. Aus den kleinen Einzelpressen im Ersten Weltkrieg wurden gewaltige Radpressen, Trommelpressen und Reihenpressen mit jeweils einer Vielzahl von luft- oder wassergefüllten Presskissen. Eine Verkürzung der Pressdauer wurde vor allem dadurch erreicht, dass man eine Beheizung der Pressstellen einführte, die die Verdunstung des

102 Groll (1926), S. 4; Ausschuss Schuhindustrie (1930), S. 12; Besching (1948), S. 16ff.

103 Schuhindustrielle Technik: Die Praxis des Klebeverfahrens, in: SFZ v. 25.1.1933, S. 12ff.

Abb. 23: Arbeit an der Rad-Klebepresse, Firma Conrad Tack, Burg (1937)

Lösungsmittels beschleunigte. Neben den pneumatischen kamen mit der Zeit auch hydraulische Pressen zum Einsatz. Mit dem Einsatz von Klebstoffen sahen sich die Fabriken plötzlich auch mit dem Problem der Entlüftung der feuergefährlichen Lösungsmitteldämpfe konfrontiert, für das ebenfalls maschinelle Lösungen gefunden werden mussten.[104]

Die DVSG, so wurde ihr von deutschen Schuhfabrikanten und Maschinenherstellern vorgeworfen, ignorierte lange die Verfahrensinnovation der geklebten Machart. Sie habe sich nicht nur konstant geweigert, das Klebeverfahren einzuführen, da man sich davon keinen praktischen Erfolg versprach.[105] Sie habe die Entwicklung des Verfahrens sogar regelrecht behindert. Noch 1928 gab der Geschäftsführer der DVSG, Gustav Schröder, in der Vernehmung durch den Enquete-Ausschuss an: »Dem Ago-Verfahren stehe ich sehr skeptisch gegenüber.«[106] Die DVSG bot zu diesem Zeitpunkt keine Maschinen für das Klebeverfahren an. Auch ein Blick über den Atlantik zeigt, dass die geklebte Konstruktion in den USA erst ungefähr anderthalb Jahrzehnte später entstand. Deutsche Unternehmen und Maschinen waren dort für ihre Einführung maßgebend.

104 Use of Heat in Cellulose Cemented Shoes, in: SLR v. 29.10.1932, S. 10.
105 Ausschuss Schuhindustrie (1930), S. 12.
106 Vgl. Ausschuss Schuhindustrie (1930), S. 41f.

Die geklebte Machart in den USA

In den USA begann die Geschichte des geklebten Schuhs 1927.[107] In diesem Jahr fuhr der Damenschuhhersteller und gelernte Entwurfsmodelleur William Bresnahan aus Boston auf der Suche nach neuen Produkten und gestalterischen Ideen nach Europa und kaufte dort einige Damenschuhe.[108] Zu seiner Überraschung bemerkte er bei der Analyse der Produkte, dass diese in einer ihm unbekannten Konstruktion hergestellt waren. Er stellte weitere Erkundigungen an und brachte bei seiner Rückkehr in die USA schließlich außer den geklebten Schuhen auch noch einen Satz deutscher Maschinen für das *Ago*-Verfahren mit nach Hause. Seine Firma, die Bresnahan Shoe Company in Boston, begann daraufhin nicht nur mit der Produktion von geklebten Schuhen, sondern auch mit der Weiterentwicklung der Maschinen und ihrer Adaptation für die amerikanische Produktion. Diese bestand vor allem in der Anordnung der Arbeitsgänge in einem Fließprozess.[109] Eine eigene Firma, die Compo Shoe Machinery Corporation, wurde 1929 gegründet und belieferte bald auch andere Schuhunternehmen mit den Maschinen, die in steter Rückkopplung mit der hauseigenen Schuhproduktion weiterentwickelt wurden. Der Markenname *Compo* (kurz für *composition*) wurde gleich im Februar 1928 geschützt.[110] Er entwickelte sich in den nächsten Jahren zum Synonym für das geklebte Verfahren, so wie in Deutschland der Name *Ago*. Als Gattungsbegriff setzte sich, nachdem die Gegner des Verfahrens lange abfällig vom »gekitteten« Schuh (*pasted shoe*) gesprochen hatten, die Bezeichnung *cemented construction* durch.

Das Verfahren verbreitete sich rasch, zumal auch andere amerikanische Schuhunternehmen dazu übergingen, direkt deutsche Klebemaschinen einzuführen und zu verwenden. Darunter befand sich 1928 das damals zweitgrößte Schuhunternehmen der USA, die Endicott-Johnson Corporation in Endicott, New York.[111] In Rochester, ebenfalls im Staat New York, arbeiteten die ersten zwei

107 Die Überlieferung der zeitgenössischen Quellen folgt einer stark personen- und unternehmenszentrierten Sichtweise. Eine eingehendere Untersuchung der Durchsetzung der geklebten Machart in den USA und des Techniktransfers aus Deutschland müßte auch andere Unternehmen und Akteure in den Blick nehmen.

108 Alle Angaben im Folgenden zur Geschichte der Compo Shoe Machinery Corp. aus: Compo Shoe Machinery Corporation, in: SLR v. 19.11.1932, S. 18; Compo Machinery. Building Progress in Making Cemented Shoes, in: SLR v. 27.12.1947, S. 119-123.

109 Weigl (1958), S. 57.

110 Eine Auseinandersetzung um die Frage, ob der Begriff *Compo* ein Gattungsbegriff oder ein Markenname sei, entbrannte im Frühjahr 1931, als die USMC in Werbeanzeigen ihren ersten eigenen Satz von Klebemaschinen mit diesem eingeführten Begriff anpries (August 1930). Dies wurde ihr gerichtlich untersagt. Vgl. The Trade-Mark Compo, in: SLR v. 25.4.1931, S. 68; Compo Shoe Machinery Corporation, in: SLR v. 19.11.1932, S. 18.

111 1934 ließen es sich acht Manager der Endicott-Johnson Corp. nicht nehmen, anlässlich eines Besuches bei der Firma Baťa in Zlín auf dem Rückweg in Frankfurt am

Unternehmen mit Maschinen der Firma H. Walther in Frankfurt am Main.[112] Im November 1932 wurden die Maschinen der Compo Shoe Machinery Corporation bereits in 125 Betrieben in den USA verwendet.[113] Die Zahl der übrigen Fabrikate ist noch nicht bekannt. Wie die USMC vermietete die Compo Corporation ihre Maschinen. Auch in den USA konnte die geklebte Konstruktion zu diesem Zeitpunkt nur für die leichtesten Damenschuhe verwendet werden. Diese waren aber, wie bereits in den vorigen Kapiteln erwähnt, der am schnellsten wachsende Sektor der Produktion und den schnellen Modewechseln am stärksten unterworfen. Mit der geklebten Konstruktion war eine weitere Machart für den weiblichen Modeschuh gefunden. Sie machte auf diesem Gebiet dem durchgenähten Schuh bald starke Konkurrenz.

Klebstoffe aus der chemischen Industrie waren eine wesentliche Voraussetzung des Erfolges des Klebeverfahrens. Anfangs bezog die Compo Shoe Machinery Corporation ihren Klebstoff aus Deutschland. Da sie mit dem Produkt jedoch nicht zufrieden war, holte sie sich 1928 bei dem damals größten Chemie-Unternehmen der USA Rat: der E. I. Du Pont de Nemours Company in Wilmington, Delaware. DuPont entwickelte in ihrem Auftrag einen Klebstoff für Schuhe, der sich an den Klebstoffen orientierte, die bereits seit einiger Zeit in der Produktion von Treibriemen in Gebrauch waren. Er erhielt den Markennamen *Pyroxylin* und wurde künftig gebunden an die Compo-Maschinen vertrieben. Beide Firmen arbeiteten eng zusammen und entwickelten Klebstoff und Maschinerie parallel, als zwei Grundkomponenten ein und desselben Prozesses.[114] Die Verflechtung wurde auch personell sehr eng. Im März 1935 übernahm der ehemalige Verkaufsleiter der Schuh-Klebstoff-Abteilung von DuPont die Direktion der Compo Shoe Machinery Corporation.[115]

Ein weiteres erfolgreiches Tandem von Chemie- und Maschinenbauunternehmen entstand in den 30er Jahren im Staat New York. Dort produzierte die Eastman Kodak Company in Rochester Klebstoff und Lösungsmittel für die Schuhproduktion.[116] 1932 erhielt eine gerade neu gegründete Firma das exklusive Vertriebsrecht der Eastman Kodak-Klebstoffe: die Electric Shoe Machinery and Cement Company. Diese Firma war eine Gründung des deutschen Maschinenbauunternehmens H. Walther aus Frankfurt am Main, das in den USA bereits mehrere Kunden hatte und seine Maschinen für das Klebeverfahren nun direkt dort vermarktete. Sie hatte ihren Hauptsitz in Rochester und sollte bald in den Schuhindustrie-Zentren Boston, New York, St. Louis, Chicago und in der Werk-

Main Station zu machen, wo sie sich bei den Firmen Walther und Moenus die neuesten Klebemaschinen vorführen ließen. Vgl. Detailed Report of Visit to Bata Factories, in: SLR v. 7.4.1934, S. 10; Besching (1948), S. 17.

112 German Cement Shoe Machines in American Market, in: SLR v. 16.1.1932, S. 11f.

113 Compo Shoe Machinery Corporation, in: SLR v. 19.11.1932, S. 18.

114 New Compo General Manager, in: SLR v. 2.3.1935, S. 5.

115 Ebd.

116 Interest in Cemented Shoe Controversy, in: SLR v. 24.10.1931, S. 33.

zeugmaschinenstadt Cincinnati Niederlassungen eröffnen. Die amerikanische Schuhindustrie, die nun bereits an dem Verfahren interessiert war, schenkte der neuen Firma große Aufmerksamkeit.[117]

Der geklebte Schuh setzte sich in den USA rasant durch. Im dritten Jahr nach seiner Einführung wurden bereits 10 Mio der insgesamt 315,5 Mio Paar amerikanischer Schuhe in dieser Machart hergestellt. Nach weiteren vier Jahren hatte sich diese Zahl verdreifacht.[118] Doch noch immer wurden in der geklebten Konstruktion ausschließlich leichte Damenschuhe hergestellt. Ihr Preis lag lange Zeit sogar noch über dem vergleichbarer, durchgenähter Schuhe (Tabelle 10). Eventuell war die durch die Verklebung feinere Konstruktion sogar für den höheren Preis verantwortlich. Obwohl die Qualität der Verklebung noch lange nicht ausgereift war und das Verfahren der Herstellung noch Probleme bereitete, wurde in den Augen der Konsumentinnen die geringere Haltbarkeit des geklebten Schuhs offenbar durch ästhetische Vorteile kompensiert, etwa durch die fragilere und elegantere Erscheinungsform. Hier deutete sich eine erweiterte Konzeption der Beurteilung der Qualität von Schuhen an, die mit dem physischen Gebrauchswertkonzept allein nicht mehr zu erklären war.

Der geklebte Schuh wurde in kurzer Zeit für elegante Modeschuhe so erfolgreich, dass sich im September 1931 eines der führenden Modehäuser New Yorks, der exklusive Damen- und Herrenausstatter Saks auf der Fifth Avenue, gemüßigt fühlte, die Öffentlichkeit über die Existenz der neuen Schuhkonstruktion aufzuklären und unter dem Motto *Beware of Pasted Shoes* eine Werbekampagne gegen geklebte Schuhe eröffnete. Diese Kampagne des Handelsunternehmens wurde unter den Schuhunternehmen kontrovers diskutiert.[119] Sie war der Auftakt zu einer lange währenden Diskussion in der amerikanischen Öffentlichkeit um die Qualität von Schuhen und die Leistungsfähigkeit der einzelnen Macharten im Vergleich. In der Ära des *New Deal* unter dem Präsidenten Franklin D. Roosevelt und seiner Verbraucherschutzpolitik gewann das Thema ab 1933 auch für andere gesellschaftliche Akteure neben den Herstellern und Händlern an Brisanz. Um objektive Maßstäbe und Vergleichskriterien der Evaluation der verschiedenen Konstruktionen zu finden, wurde schließlich Mitte der 30er Jahre das *National Bureau of Standards* als Forschungsinstitution eingeschaltet, das sich des Problems wissenschaftlich annahm. Es veröffentlichte nach eingehender Untersuchung 1938 eine Studie zu dem Thema, die als Ratgeber an Konsumentinnen und Konsumenten verkauft wurde (Abb. 24, 25). Ziel war es, den Verbraucherinnen, die den Unterschied als Laien nicht auf den ersten Blick erken-

117 German Cement Shoe Machines in American Market, in: SLR v. 16.1.1932, S. 11f.

118 Anzeige der Compo Shoe Machinery Corporation: The Volume of Compo Shoes Has Reached 200 Mio Pairs, in: SLR v. 12.6.1937.

119 Fifth Avenue Retailer Attacks Cemented Shoes, in: SLR v. 12.9.1931, S. 9; Sewn Sole Shoes versus Stuck Sole Shoes, in: SLR v. 17.10.1931, S. 38; Interest in Cemented Shoe Controversy, in: SLR v. 24.10.1931, S. 33; Quality vs. Price, in: SLR v. 21.11.1931, S. 1.

nen konnten, die Vor- und Nachteile der einzelnen Konstruktionen zu erklären und Kriterien der Unterscheidung der Macharten zu liefern.

Tabelle 10: Produktion von Lederschuhen in den USA nach Macharten (in Prozent) (1935)[120]

	Machart					
Schuhart	**rahmengenäht**	**durchgenäht**	**gewendetgenäht**	**metallgenagelt oder geschraubt**	**flexibelgenäht**	**geklebt**
Herren-Straßenschuh	87,0	9,8	0,1	0,1	2,8	0,2
Herren-Arbeitsschuh	24,5	5,9	0,0	67,5	2,1	0,0
Knabenschuh	38,1	20,4	0,3	32,7	8,5	0,0
Damenschuh	19,1	37,3	3,5	0,1	7,2	32,8
Mädchenschuh	15,8	19,3	3,7	0,0	59,0	2,2
Kleinkindschuh	30,0	6,0	24,6	0,0	38,2	1,2
insgesamt	35,1	23,5	3,1	7,8	14,7	15,8
Anzahl der Paare	113,7 Mio	76,2 Mio	11,5 Mio	25,4 Mio	47,9 Mio	49,4 Mio
durchschnittlicher Preis pro Paar	$ 2,36	$ 1,51	$ 1,83	$ 1,59	$ 0,94	$ 1,86

Die USMC und das Klebeverfahren

1928 trat William Bresnahan, der spätere Gründer der Compo Shoe Machinery Corporation, an die USMC heran, um seine Weiterentwicklung der deutschen Klebemaschinen an sie zu verkaufen. Als Schuhfabrikant sah er sich nicht in der Lage, das neue Verfahren technisch und kaufmännisch effektiv zu entwickeln. Die USMC war entweder von den Erfolgsaussichten des Verfahrens nicht überzeugt oder spielte ihre monopolistische Stellung auf dem Arbeitsmaschinenmarkt aus. Sie bot dem jungen Unternehmer nur $ 50.000 für das Verfahren. Zu Recht hielt Bresnahan diese Summe für viel zu gering. Als er und sein Geschäftspartner daraufhin die Entscheidung trafen, die Produktion und Vermarktung

120 Nach: Bowker (1938), S. 2.

der neuen Technologie selbst zu übernehmen, brachte ihre neue Firma im zweiten Jahr bereits $ 33.000, 1931 $ 70.000 und 1932 $ 124.000 Gewinn ein.[121]

Ein Gerichtsverfahren gegen die USMC vor dem District Court von Massachusetts im Jahr 1947 untersuchte die wirtschaftliche Entwicklung des Klebeverfahrens. Dies geschah anlässlich des dritten Prozesses gegen die Firma wegen Verstoßes gegen das Monopolbildungsverbot. Die Anklage warf der Firma unter anderem vor, potentielle Wettbewerber auf dem Schuhmaschinenmarkt mit unlauteren Methoden vom Markt verdrängt zu haben. Als Beispiele führte sie sowohl Alexander E. Little und die Littleway Process Company als auch die Compo Shoe Machinery Company an. Bei Letzterer wurde der USMC vorgeworfen, die Einführung des innovativen Klebeverfahrens massiv behindert zu haben.[122] Im Urteil des Gerichts hieß es, die wichtigste Neuerung in der Schuhindustrie seit dem Ersten Weltkrieg sei die Einführung der geklebten Machart und ihr Herstellungsverfahren gewesen. Um zu verhindern, dass ihre eigenen Verfahren dadurch ersetzt würden (*for fear of displacing other machinery manufactured by it*), lehnte die Firma die Einführung des deutschen Verfahrens lange Zeit ab. Nachdem sie ein erstes Angebot für den Klebeschuh-Maschinensatz von der Compo Shoe Machinery Company abgelehnt hatte, änderte die USMC ihre Strategie und begann selbst mit der Entwicklung ähnlicher Maschinen. 1931 brachte sie einen eigenen Maschinensatz für das Klebeverfahren auf den Markt und steigerte seit dieser Zeit die Produktion

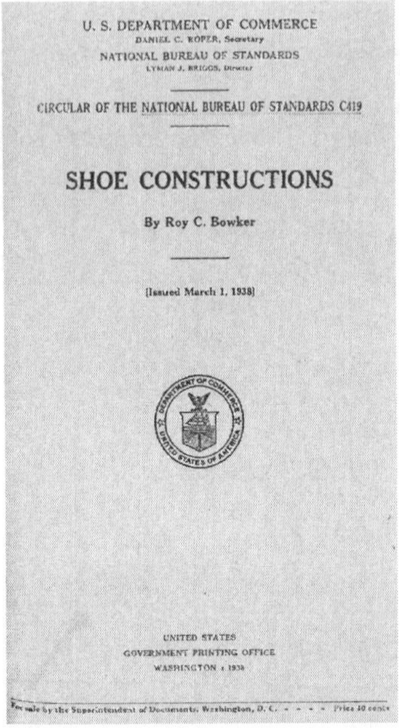
U. S. DEPARTMENT OF COMMERCE
DANIEL C. ROPER, Secretary
NATIONAL BUREAU OF STANDARDS
LYMAN J. BRIGGS, Director

CIRCULAR OF THE NATIONAL BUREAU OF STANDARDS C419

SHOE CONSTRUCTIONS

By Roy C. Bowker

[Issued March 1, 1938]

UNITED STATES
GOVERNMENT PRINTING OFFICE
WASHINGTON : 1938

For sale by the Superintendent of Documents, Washington, D. C. - - - - Price 10 cents

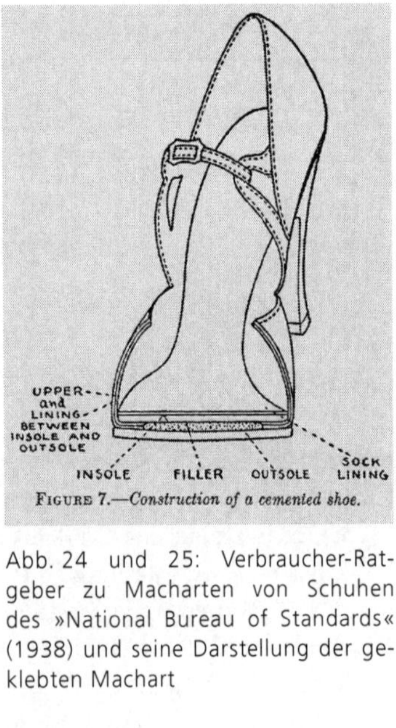

FIGURE 7.—*Construction of a cemented shoe.*

Abb. 24 und 25: Verbraucher-Ratgeber zu Macharten von Schuhen des »National Bureau of Standards« (1938) und seine Darstellung der geklebten Machart

121 Steve Lynch, Compo Machinery. Building Progress In Making Cemented Shoes, in: SLR v. 27.12.1947, S. 119-123.

122 Alle Angaben im Folgenden in: Kaysen (1956), S. 366f.

der Maschinen kontinuierlich. Die Klebstoffe für das Verfahren wurden von der USMC-eigenen Firma Boston Blacking entwickelt. Die Compo Shoe Machinery Corporation entwickelte sich schnell zur größten Konkurrentin der USMC auf dem amerikanischen Markt für Schuhmaschinen.[123] 1947 hatte die Compo Shoe Machinery Corporation 340 Kunden-Firmen in den USA. Nach eigenen Schätzungen wurden etwa 65 Prozent aller geklebt konstruierten amerikanischen Schuhe auf ihren Maschinen hergestellt.[124] Die USMC ihrerseits ging im selben Jahr von einem eigenen Marktanteil von 52 Prozent aus.[125]

4.5 Betriebsgrößen und Struktur der Schuhindustrie im Deutschen Reich

Betriebsgrößen

Neben dem Stand der technischen Verfahren wird in der Wirtschaftsgeschichte gemeinhin ein weiterer Faktor herangezogen, um die Möglichkeiten der Standardisierung von Produkten und Produktionsverfahren und die Produktivität der Unternehmen und Industriezweige zu unterscheiden und zu erklären: die Unternehmensgröße. Daher sollen hier die durchschnittliche Betriebsgröße in der Schuhindustrie und die Frage untersucht werden, welche gemeinsamen Eigenschaften die Unternehmen in der Schuhbranche aufwiesen bzw. welche Unterschiede in den Strukturbedingungen der Schuhindustrien der drei hier untersuchten Länder zu identifizieren sind. Immer steht dabei die Frage im Hintergrund, welche Produkte sich aus diesen Strukturen ergaben und bis zu welchem Grad sich ihre Herstellung standardisieren ließ.

Ein Schuh wurde in Deutschland Ende der 20er Jahre üblicherweise in einem mittleren Betrieb in kleinen Serien von 20 bis 30 Paar hergestellt. Ein Betrieb der Schuhindustrie hatte 1925 im Durchschnitt 78 Beschäftigte.[126] Nach einer kurzen Phase der Rationalisierung, der Weltwirtschaftskrise und einer Reihe von Jahren des wirtschaftlichen Aufschwungs nach 1933 war er 1938 auf 117 Beschäftigte gewachsen. Beide Betriebsgrößen bewegten sich eindeutig im Feld der mittelgroßen Unternehmen.[127] An dieser Industriestruktur änderte sich, die Jahre

123 Kaysen (1956), S. 53.

124 Steve Lynch, Compo Machinery. Building Progress In Making Cemented Shoes, in: SLR v. 27.12.1947, S. 119-123.

125 Kaysen (1956), S. 367.

126 Um hier den Median zu bilden, reichte die Datenbasis nicht aus. Alle Angaben im Folgenden, wenn nicht anders angegeben, vgl. Ausschuss Schuhindustrie (1930), S. 6-22; Harth (1940), S. 137; Kölling (1933).

127 Die gängige zeitgenössische Definition legte bis zu 50 Beschäftigte für Kleinbetriebe, 50-200 Beschäftigte für Mittel- und über 200 Beschäftigte für Großbetriebe fest, vgl. Kölling (1933), Tabelle 4.

des Zweiten Weltkriegs ausgenommen, bis in die 60er Jahre hinein kaum etwas. Nach dem Zweiten Weltkrieg erreichte die durchschnittliche Betriebsgröße 1953 wieder das Niveau von 1938. Sie stieg bis 1960 nur auf 144 Beschäftigte an.[128]

Tabelle 11: Betriebsgrößen der deutschen Straßenschuhindustrie (1928)[129]

Größenordnung nach Anzahl der Beschäftigten	Zahl der Betriebe
Unter 10	321
11-20	147
21-30	91
31-50	118
51-100	168
101-200	106
201-300	36
301-400	15
401-500	16
501-1.000	19
Über 1.000	7
Insgesamt	1044

Die Enquete-Kommission kam 1929 auf eine Gesamtzahl aller industriellen Schuhunternehmen von etwas über 1.000. Es gab allerdings große Unterschiede in den Betriebsgrößen in den verschiedenen Regionen im Deutschen Reich.[130] Ende der 20er Jahre hatten sich einige wenige Großunternehmen in der Branche gebildet. Diese Unternehmensform war, aufs Ganze der Unternehmen gesehen, aber eher untypisch. Insgesamt gab es nur 8 Firmen mit über 1.000 Beschäftigten. Die größten dieser Firmen, das Unternehmen Jakob Sigle & Cie. AG (ab 1930 »Salamander AG«) und die Conrad Tack & Cie. AG, waren beide außer-

128 Prill (1964), S. 85.

129 Nach Zählungen des Zentralverbandes der Schuhmacher am 1.10.1928, Ausschuss Schuhindustrie (1930), S. 7.

130 Werte von 1938, vgl. Harth (1940), S. 137.

halb der traditionellen Schuhindustriezentren, in Kornwestheim bei Stuttgart und in Burg bei Magdeburg, angesiedelt.[131]

Tabelle 12: Die größten deutschen Schuhunternehmen (nach Zahl der Beschäftigten) (1928)[132]

Firma	Ort	Zahl der Beschäftigten
Jakob Sigle & Cie. AG	Stuttgart-Kornwestheim	5.100
Haueisen & Cie. AG	Stuttgart	2.600
Conrad Tack & Cie AG	Burg bei Magdeburg	2.000
Berneis-Wessels AG	Nürnberg, Augsburg und Herzogenaurach	1.900
Gustav Hoffman AG	Kleve	1.900
Eduard Rheinberger AG	Pirmasens	1.600
M. u. L. Heß KG	Erfurt	1.200
Adolf Flöring	Wermelskirchen	1.000
Wolf & Co.	Sontheim bei Heilbronn	900
Rieker & Co.	Tuttlingen	900
A. Trommler	Zwönitz in Sachsen	800

Die Struktur des Schuhgewerbes verschiebt sich perspektivisch noch weiter, wenn man auch noch die kleinsten Betriebe in den Blick nimmt. Neben den knapp über tausend Industriebetrieben, der Definition nach Betriebe mit über 10 Beschäftigten, gab es im Deutschen Reich 1926 etwa 147.000 Kleinbetriebe, die als Handwerksbetriebe galten. In den handwerklichen Kleinbetrieben waren Ende der 20er Jahre immer noch weit mehr Arbeitskräfte beschäftigt (ca. 220.000) als in der gesamten Schuhindustrie (ca. 130.000).[133]

131 Die Firma Haueisen, von der Beschäftigtenzahl an zweiter Stelle, hatte zwei Werke und lag daher von der Werksgröße her an dritter Stelle.

132 Die Hausschuh-Unternehmen sind hier nicht berücksichtigt. Zahlen wurden auf 100 gerundet. Nach: Rumpf (1929), S. 23, und Kölling (1933).

133 Alle Angaben im Folgenden, wenn nicht anders angegeben: Ausschuss Schuhmacherhandwerk (1930), S. 245-343; Ausschuss Handwerk Grundlagen (1930), S. 304-307.

Tabelle 13: Handwerksbetriebe im deutschen Schuhgewerbe und ihre Beschäftigten (1926)[134]

Betriebe insgesamt	**147.377**
Mit 0 Gesellen	121.016
Mit 1 Gesellen	20.573
Mit 2-3 Gesellen	4.784
Mit 4-5 Gesellen	603
Mit 6-10 Gesellen	292
Mit 11-20 Gesellen	79
Mit 21-30 Gesellen	17
Mit über 30 Gesellen	13

Beschäftigte insgesamt	**221.225**
Selbständige Betriebsinhaber	147.646
Gesellen und Arbeiter	38.803
Lehrlinge	33.688
Angestellte und sonstige Hilfskräfte	1.088

Die Kleinbetriebe stellten nur noch zu einem sehr geringen Teil Neuschuhe her. Die meisten Kleinbetriebe lebten daher von Reparaturen.[135] Schon 1904 soll der Marktanteil der Fabrikware gegenüber den Produkten des Handwerks 80 Prozent betragen haben.[136] Das Ausmaß der Maßanfertigung von Schuhen wurde vom Enquete-Ausschuss zum Schuhmacherhandwerk 1930 ganz grob auf 3 bis 6 Prozent geschätzt.[137] Zu diesem Zeitpunkt gab es noch ungefähr 20 reine

134 Nach: Ausschuss Handwerk Grundlagen (1930), S. 306f.
135 Meusch (1930), S. 448; Ausschuss Schuhmacherhandwerk (1930), S. 249.
136 Schröder (1978), S. 173. Schröder bezieht sich hier auf DionysZinner, Geschichte der deutschen Schuhmacherbewegung, Gotha 1904.
137 Andreas Grießinger kommt auf den gleichen Wert. Er bleibt leider ohne Quellenangabe. Vgl. Grießinger (1991), S. 229.

Maßarbeitsbetriebe mit über fünf Beschäftigten im Reich, die vor allem Luxusschuhwerk und hochwertige Straßenschuhe herstellten. Darüber hinaus fertigten sie Arbeitsschuhe wie Reitstiefel für Offiziere und Gutsleute, Bergstiefel in Bayern, Wasserstiefel in den Küstengebieten und Bergarbeiterstiefel in Bergbaurevieren sowie orthopädisches Schuhwerk.[138]

Der überwiegende Teil der Kleinbetriebe waren Alleinbetriebe eines selbständigen Inhabers. Anders ausgedrückt war der typische Reparaturbetrieb im statistischen Durchschnitt gesehen ein Einmannunternehmen (Tabelle 13). Viele dieser Betriebsinhaber konnten ihren Lebensunterhalt nicht mehr allein aus den Einnahmen ihres Handwerks bestreiten. Sie waren nur teilgewerblich mit dem Schuhmacherhandwerk beschäftigt. Ein Viertel aller selbständigen Schuhmachermeister war 1925 nebenberuflich in der Landwirtschaft tätig. 8 Prozent waren hauptberuflich Landwirte.[139] Der Reichsverband des Deutschen Schuhmacherhandwerks ging 1929 von einem Durchschnittsbedarf an 2 bis 3 »Hauptreparaturen« an Schuhen je Kopf und Jahr der Bevölkerung aus. Bei den insgesamt 100 bis 150 Mio Hauptreparaturen entfielen damit auf den einzelnen Betrieb etwa 700 bis 900 Reparaturen im Jahr oder nur 2 bis 3 am Tag.[140]

Agglomerationen: Struktur der Industrie

Die große Mehrzahl der Unternehmen war in Formationen angesiedelt, die seit Alfred Marshall als »Industriedistrikte« bezeichnet werden: regionalen Ballungsräumen kleiner und mittlerer Unternehmen, meist in ländlichen Gegenden mit einem kleinstädtischen Kern, in denen vorwiegend eine Produktart hergestellt wird.[141] Deutsche Raumforscher bezeichneten diese Distrikte in den 30er Jahren als »monoindustrielle Agglomeration«.[142] Heute sprechen Wirtschaftshistoriker auch von industriellen »Clustern«.[143] Diese Struktur hatte die deutsche Schuhindustrie mit der amerikanischen und der britischen gemein.

Die regionalen Ballungsräume der Schuhindustrie waren in Deutschland vor allem die Saarpfalz mit Pirmasens als urbanem Zentrum. In dieser Gegend lagen Mitte der 30er Jahre über 40 Prozent aller deutschen Schuhunternehmen.[144] Darauf folgten mit einigem Abstand, in der Reihenfolge ihrer Beschäftigtenzahlen, die Städte Erfurt und Berlin, die Maingegend (Mainz, Frankfurt am Main und Offenbach), die Region um Weißenfels an der Saale, die Städte Nürn-

138 Ausschuss Schuhmacherhandwerk (1930), S. 261.
139 Ebd., S. 256.
140 Ebd., S. 262.
141 Alfred Marshall entwickelte den Begriff seinerzeit für die nordenglischen Regionen Lancashire und Sheffield. Vgl. Marshall (1919), S. 283-288.
142 Schuster (1940), S. 1-30.
143 Scranton (1994), S. 492; Richter (2005).
144 Angabe von April 1938, vgl. Harth (1940), S. 137.

berg und Fürth, Südwürttemberg (um Tuttlingen und Balingen) und der Niederrhein (vor allem um die Kinderschuhfabriken in Kleve). Die einzelnen Regionen hatten sich meist auf bestimmte Produktsparten spezialisiert: Pirmasens und Umgebung stellte vor allem durchgenähtes Damenschuhwerk der mittleren und unteren Preisklassen her. Die Nürnberger Firmen und die Betriebe auf der Schwäbischen Alb stellten festes und derbes Schuhwerk her. Offenbach und Frankfurt waren bekannt für ihr hochwertiges, modisches Schuhwerk, Weißenfels vor allem für unmodische Stapelware. In Erfurt waren fast nur größere Betriebe angesiedelt, die rahmengenähte Herrenschuhe in hoher Qualität produzierten. Die niederrheinische Industrie in Kleve fertigte ausschließlich Kinder- und Jugendschuhe. Berlin war das Zentrum der Tanzschuhindustrie (Ballschuhe).[145]

Viele der Schuhzentren verdankten ihre Entstehung der protoindustriellen Nutzung billiger, ländlicher Arbeitskräfte und dem Standortfaktor der Rohstoffnähe. Die Hausindustrie und die Arbeit im Verlagssystem, die noch Ende des 19. Jahrhunderts die Schuhproduktion im Deutschen Reich dominierte, war jedoch bereits in den ersten Jahren des 20. Jahrhunderts durch die zentralisierte Fabrikarbeit verdrängt worden. In Pirmasens machten die Heimarbeiterinnen und Heimarbeiter 1893 noch 66 Prozent aller Beschäftigten in der Schuhproduktion aus. 1908 war diese Zahl auf 34 Prozent und im gesamten Reich auf 24 Prozent gesunken.[146] 1928 betrug sie nur noch 6,4 Prozent.[147]

Die protoindustriellen Standortfaktoren waren in den 20er Jahren den Vorzügen der bestehenden Agglomeration gewichen.[148] Zulieferer wie die Leistenindustrie, Maschinenbaufirmen und die Produzenten von Hilfsstoffen hatten sich dort angesiedelt. Qualifizierte Arbeitskräfte waren in hohem Maße vorhanden. Wie Michael Piore, Charles Sabel und Philip Scranton gezeigt haben, ersetzte die räumliche Nachbarschaft und regionale Vernetzung von vielen kleinen Einzelunternehmen, in vieler Hinsicht die *economies of scale and scope*, die in der Massenproduktion durch die Bildung von Großunternehmen und die vertikale Konzentration von Funktionen unter einem Dach zu erreichen waren. In Anlehnung an den Chandler'schen Begriff und in Absetzung von dem eindimensionalen Modell der Massenproduktion nannten die Theoretiker der kleinbetrieblichen Produktion und der flexiblen Spezialisierung dieses Phänomen

145 Alfred Weber (Hg.), Über den Standort der Industrien, Teil 2, Heft 3: Link (1913), S. 56-63; Ausschuss Schuhindustrie (1930), S. 13-17.

146 Carl Rehe kam 1908 auf einen durchschnittlichen Anteil der Heimarbeiter in der gesamten deutschen Schuhindustrie von 24 Prozent, darunter 34 Prozent in Pirmasens, 29 Prozent in Weißenfels, 10 Prozent in Frankfurt a.M. und 9 Prozent in Burg bei Madgeburg: Rehe (1908), S. 100-103.

147 Da dies die gesamte Hausschuhindustrie einschloss, lag der Anteil in der Lederschuhindustrie tatsächlich noch viel geringer, und zwar bei insgesamt höchstens 2 Prozent. Nach den Ergebnissen der jährlichen Zählungen des *Zentralverbands der Schuhmacher* vgl. Ausschuss Schuhindustrie (1930), S. 17.

148 Vgl. Rumpf (1929), S. 19.

»Agglomerationsvorteile« (*economics of agglomeration*).[149] Diese konnten neben der Herausbildung von Facharbeitskräftereservoirs und der Ausgründung von Hilfsindustriebetrieben vor allem in der Entwicklung von zwischenbetrieblichen Unterstützungsnetzwerken bestehen, die zu einem gut ausgebildeten Kommunikationsfluss zwischen den Unternehmen führten und auch Möglichkeiten der Mobilisierung von Investitionskapital eröffneten. Sie führten außerdem zu industriespezifisch sehr unterschiedlich ausgebildeten Innovationsstrukturen, wie oben bereits zu sehen war.[150]

Diese Agglomerationsvorteile werden bei der Schuhindustrie etwa an der Organisation wissenschaftlicher Forschung im Dienst der Unternehmen deutlich, die nur in den wenigsten Fällen innerbetrieblich stattfand. Vielmehr kam es auf mehreren Gebieten der Industrieforschung an Schuhen und ihren Rohstoffen zu der Bildung von sogenannten Gemeinschaftsforschungsinstituten in den Industriedistrikten, die sich über Beiträge der Wirtschaftsverbände der Schuh- und Lederindustrie, über Aufträge von Einzelunternehmen und staatliche Zuschüsse finanzierten.[151] Für das Schuhmacherhandwerk gründete sich das Deutsche Handwerksinstituts in Hannover. Die Ausbildung von Fachkräften für die Industrie wurde durch Gründung von regionalen Fachschulen ebenso gemeinschaftlich organisiert wie die Veranstaltung von gewerblichen Messen und Ausstellungen.

4.6 Die engen Grenzen der Rationalisierung im Deutschen Reich und in den USA

Produktionsformate in der Schuhindustrie

Der amerikanische Wirtschafts- und Technikhistoriker Philip Scranton definiert vier unterschiedliche Formen der Produktion von Gütern, die er Herstellungsformate (*production formats*) oder Produktionssysteme (*production systems*) nennt. Sie stellen einerseits Stadien der Annäherung an die Massenproduktion dar, andererseits lässt sich an ihnen zeigen, dass für die Herstellung von Konsumgütern andere Organisationsformen als die der Massenproduktion prägend waren. Auch wird deutlich, aus welchen Gründen diese als Alternative über lange Zeit erfolgreich praktiziert wurden. Scrantons Produktionsformate sollen hier als analytisches Raster den folgenden Überlegungen zugrunde gelegt werden. An ihnen lassen sich auch die Eigenheiten und Unterschiede im Produktionsvolumen der Länder Deutschland, Großbritannien und USA erklären.

149 Piore/Sabel (1989), S. 38, 294ff.; Scranton (1994).
150 Richter (2005), S. 119-132, bes. S. 121f.; Scranton (1997).
151 Vgl. dazu Kap. 7.

Scranton unterscheidet die einzelne Maßanfertigung (*custom production*), die Kleinserienproduktion (*batch production*), die Mengen- bzw. Großserienproduktion (*bulk production*) und die eigentliche Massenproduktion (*mass production*).[152] Das Produktionsformat der Maßarbeit (*custom production*) definierte er als Anfertigung nach individuellen Vorgaben eines Endabnehmers oder Herstellers oder in Kollaboration der beiden, vorwiegend unter Verwendung handwerklicher Techniken. Die Produkte waren meist Einzelstücke oder wurden nur auf Wunsch des Kunden dupliziert. Die in Kleinserie (*batch production*) gefertigten Produkte wurden bereits für anonyme Kunden entworfen und meist in flexiblen, gemischt handwerklich-mechanisierten Verfahren hergestellt. Die Hersteller dieser Serien traten nicht direkt mit den Endkunden in Kontakt, sondern schalteten Zwischenhändler in den Vertrieb ein. Wie die Maßanfertiger arbeiteten sie nur auf Bestellung und ließen dafür saisonale Mustermodelle unter den Mediatoren des Bedarfs zirkulieren. Die Mengenproduktion (*bulk production*) ergab Stapelware in größeren Volumen, die in schnellen und vergleichsweise einfach mechanisierten Verfahren und mit geringer qualifizierten Arbeitskräften hergestellt wurden. Sie beruhte gegenüber den ersten beiden Produktionsformaten auf kostensparenden Maßnahmen und belieferte Märkte, die sich durch eine relativ gleichförmige Nachfrage auszeichneten, sowohl in der Variabilität der Produkte als auch ihrer Stabilität über längere Zeiträume hinweg. Gerade wegen der Gleichförmigkeit der Produkte waren ihre Produzenten ständig auf der Suche nach Mitteln der Kosteneinsparung und Effizienzsteigerung in den Verfahren.[153] Die eigentliche Massenproduktion (*mass production*) schließlich war eine Großserienfertigung von standardisierten, d.h. in hohem Maße genormten und typisierten Produkten für einen anonymen Markt in kapitalintensiven, hochspezialisierten und standardisierten Verfahren. Deren große Kapazitäten waren nur wirtschaftlich nutzbar, wenn die Stückzahl der Serien entsprechend hoch war.

Während die ersten beiden Produktionsformate sich durch ihre Flexibilität auszeichneten und auf eine ständig sich ändernde und sehr differenzierte Nachfrage reagieren konnten, beruhten die letzten beiden auf routinisierten Produktionsabläufen und waren vor allem durch das Bestreben, das Durchlaufvolumen zu erhöhen und die Prozesse zu systematisieren, gekennzeichnet. Wie Scranton hervorhebt, verlief die Grenze der Produktionssysteme nicht zwischen Firmen oder gar Industrien. Oft existierten diese Produktionsformate nebeneinander in den gleichen Industriezweigen. Und auch einzelne Firmen wechselten innerhalb der Produktionssysteme. Die Herstellungsformate waren auch nicht an die

152 Vgl. Scranton (1994); Scranton (1997), S. 3-22.

153 Auch wenn Scranton den Begriff der Mengenproduktion (*bulk production*) hauptsächlich auf einfache Produkte wie Schüttgüter anwendet, soll er hier für die Unterscheidung von Großserien zu Kleinserien vewendet werden. Auch die Komplexität der Güter unterschied sich bei Modeprodukten und Standardprodukten.

Größe von Unternehmen gebunden. Als Beispiele nennt Scranton Schiffswerften oder die Hersteller von Lokomotiven, die individuelle Maßanfertigungen vornahmen, aber in großen, kapitalintensiven Unternehmen organisiert waren. Ebenso waren Mengenproduzenten wie etwa Sägemühlen, Brauereien oder Brennereien oftmals kleinbetrieblich verfasst. Wie nun für die Schuhindustrie gezeigt werden kann, bewegte sich die Produktion Anfang der 30er Jahre in Deutschland, Großbritannien und den USA zwischen den ersten dreien dieser Produktionsformate. Eine Massenproduktion setzte sich vor dem Zweiten Weltkrieg in allen drei Ländern nicht durch.

Von der Maßanfertigung war bereits die Rede. Sie war mit 3 bis 6 Prozent gegenüber den anderen Systemen eher unbedeutend. Die beiden Produktionsformate der Kleinserienfertigung und der Mengenproduktion waren wirtschaftlich gesehen viel wichtiger. Der Modeschuh entsprach als Produktformat der Kleinserienfertigung, die Dauerform der Standard- oder Stapelware dagegen der Mengenproduktion. Die meisten deutschen Unternehmen der Branche fertigten in Kleinserien. Die Seriengröße der Partien, die die einzelnen Abteilungen der Schuhfabriken durchliefen, lag normalerweise bei 20 bis 40 Paaren (1926). Als große Serien galten schon 60 Paar.[154] Selbst innerhalb einer Partie waren nur wenige Werkstücke wirklich identisch, da diese zwar meist Exemplare desselben Modells und uniform, in sich jedoch noch nach Größen differenziert waren. Eine Mengenproduktion wurde vor 1933 auf vier Arten erreicht. Eine erste Strategie war die Spezialisierung des Unternehmens auf einzelne Produktgattungen. Spezialisierung bedeutete in der Schuhindustrie vor allem eine Beschränkung der Produktion auf eine Machart und innerhalb dieser Machart eventuell noch auf Herren-, Damen- oder Kinderschuhe. Die Spezialisierung in der deutschen Schuhindustrie war sehr gering. Die Gründe hierfür werden weiter unten deutlich.[155] Die meisten Unternehmen stellten Schuhe in mehreren Macharten und für beide Geschlechter her.

Eine zweite Möglichkeit, eine Mengenproduktion zu erreichen, war die Typisierung von Modellen. Diese war in Deutschland bis auf zwei Ausnahmen noch nicht gelungen. Das einzige Schuhwerk, bei dem bis dahin eine Typisierung erfolgte, war das Militärschuhwerk. In den 20er Jahren wurden für die Reichswehr vier Typen von Schuhen hergestellt.[156] Diese waren in den genauen Herstellungsvorschriften des Allgemeinen Heeresamts festgelegt.[157] Soldatenstiefel konnten daher über längere Zeit in größeren Serien hergestellt werden. Da der gesamte Bedarf an diesen Stiefeln allerdings durch heereseigene Fabriken gedeckt wurde, hatte die Privatwirtschaft keinen Vorteil von dieser Typisierung. Dies sollte sich erst im Zweiten Weltkrieg ändern. Die Heereswerkstätten galten als die am ra-

154 Groll (1926), S. 39.
155 Groll (1926), S. 54.
156 Vgl. dazu ausführlich Kap. 7 und folgende.
157 Vgl. Kap. 4, 7.2 und Ebert (1928), S. 46.

tionellsten produzierenden Schuh-Betriebe in der Weimarer Republik.[158] Sie waren jeweils mit den modernsten Kaufmaschinen ausgestattet.[159] Ein zweites Gebiet, auf dem von Typisierung gesprochen werden kann, waren die vier verschiedenen Dauerformen von Holzschuhen, von denen ebenfalls bereits die Rede war. Da die Holzschuhe jedoch in ganz anderen Betrieben hergestellt wurden als Lederschuhe, hatte dies ebenfalls keine Auswirkung auf die Lederschuhfabrikation.

Eine dritte Möglichkeit des Übergangs zur Mengenproduktion wurde ansatzweise bereits in vielen Unternehmen praktiziert: In Zeiten der saisonalen Auftragsflaute an Modeschuhen verlegten sich viele Fabriken auf die Produktion von Stapelware auf Lager. Hier ist der Wechsel zwischen den Produktionsformaten innerhalb derselben Betriebe ersichtlich. Die meisten Schuhfabriken hatten solche dauerhaft produzierbaren Modelle in ihrer Produktpalette. Darunter fielen um 1930 immer noch ein Großteil des Herrenschuhwerks und der Arbeitsschuhe. Auch Sandalen galten als Standardschuhe, die nicht der Mode unterlagen.[160] Die nur in geringer Variationsbreite erhältlichen Stiefel für beide Geschlechter, vor der massenhaften Durchsetzung des Halbschuhs als Alltagsschuhwerk üblich, waren ebenfalls von der Kategorie her Stapelware.

Die Entstehung des Modeschuhs war dagegen, produktionssystematisch gesehen, ein »Rückfall« in die Kleinserienfertigung. Seit dem Ersten Weltkrieg waren dadurch die Seriengrößen kleiner geworden als vorher.[161] Ein Sachverständiger berichtete vor der Enquete-Kommission über die Auftragsvolumen des Einzelhandels: »Der eine bestellt 6 Paar Damenschuhe; er will sie aber zu einer bestimmten Zeit haben; der andere bestellt 12 Paar Herrenschuhe, oder […] 6 Paar Schuhe von der einen, 6 oder 12 Paar von der anderen Sorte usw. Natürlich ist auch die Ausführung im Einzelnen ganz verschieden.« Faktoren der Differenzierung waren nicht nur die Vielzahl der Artikel, sondern auch die Parallelexistenz verschiedener Größensortimente in denselben Unternehmen. Dies erschwerte die Mengenproduktion. Eine Typisierung, so die einhellige Meinung, war auch in Zukunft nur durchführbar, falls »auf der Seite der Nachfrage und zwar insbesondere der Nachfrage seitens der letzten Verbraucher eine völlige Umstellung in Richtung einer stärkeren Uniformierung des Bedarfs« erfolgte.[162] Der Vorsitzende der Untersuchungskommission fasste zusammen: »Wenn man das Schuhwerk normen könnte, so dass es nur noch etwa 12 Typen gäbe, würde die Leistungsfähigkeit pro Kopf und Tag wahrscheinlich größer werden. […] Aber Sie sehen das im Augenblick als hoffnungslos an.«[163]

158 Ebert (1928), S. 46.
159 Schreiber (1904), S. 4f.
160 Vgl. Kap. 1 und 3 und Siegel (1927), S. 38.
161 Ausschuss Schuhindustrie (1930), S. 46, 50, 54.
162 Ebert (1928), S. 46f.
163 Ausschuss Schuhindustrie (1930), S. 66.

Eine Mengenproduktion war aber, viertens, auch bei Modeschuhwerk möglich, wenn die Absatzmöglichkeiten groß genug waren. Hier kamen die fabrikeigenen Filialbetriebe der Schuhfabriken ins Spiel.[164] Durch sie konnte ein und dasselbe Modell eines Modeschuhs in großen Stückzahlen und auf Vorrat hergestellt werden, ohne auf Kommissionen von Einzelhändlern warten und reagieren zu müssen. Anders ausgedrückt war die Möglichkeit des synchronen Absatzes großer Stückzahlen die wichtigste Voraussetzung einer Mengenproduktion des Modeschuhs. Dies machte die Attraktivität der Filialketten für die Fabrikanten aus. Ein Schuhfabrikant aus Offenbach führte aus:

> »Firmen, die nicht nach den Bestellungen ihrer einzelnen Abnehmer fabrizieren, sondern auf Lager arbeiten und die Fabrikate an einzelne Verkaufsstellen verteilen, erzielen selbstredend viel größere Durchschnittsleistungen pro Kopf und Tag als eine Fabrik, die gleichzeitig 30, 50 oder 60 Artikel durch den Betrieb laufen lassen muss. [...] Ein solcher Unternehmer kann ein Produktionsprogramm für längere Zeit entwerfen, während das Gros der Schuhfabriken nach den jeweiligen Aufträgen arbeiten muss.«[165]

Um idealtypisch von einer Massenproduktion von Schuhen sprechen zu können, hätte der gesamte Produktionsprozess mechanisiert und der Anteil der Handarbeit stark reduziert werden müssen. Das komplexe Stückgut Schuh musste aus möglichst genormten, austauschbaren und, zumindest vom Material her, homogenen Einzelteilen bestehen. Schuhe hätten in nur wenigen Typen in großen Serien über lange Zeit hinweg, auf hochspezialisierten, allerdings kapitalintensiven Maschinen und von praktisch ungelernten Arbeitern herstellbar sein müssen. Die menschliche Fertigkeit hätte für die Produktion in einem Maße bedeutungslos werden müssen, dass Teilprozesse sogar automatisiert werden konnten. Der Produktionsfluss musste in hohem Maße optimiert und systematisiert werden. Ein Beitrag dazu war die Mechanisierung des Teiletransports, etwa in Form eines Fließbands.[166] Eine hohe Durchsatzgeschwindigkeit der Produkte hätte einen hohen Ausstoß mit einer kleinen Zahl von Arbeitskräften ermöglichen müssen.[167] Als Unternehmenstyp war hier das Großunternehmen, möglichst ein vertikal integrierter Konzern, Voraussetzung für eine drastische Senkung der Stückkosten des einzelnen Produkts.[168] Dieses Produktionsformat erreichte die Schuhindustrie vor dem Zweiten Weltkrieg weder in Deutschland noch in Großbritannien und auch nicht in den USA. Neben den externen Fak-

164 Vgl. Kap. 2.

165 Aussage Eugen Wallersteins, Schuhfabrikant in Offenbach und Ehrenvorsitzender des Reichsverbandes der Deutschen Schuhindustrie. Ausschuss Schuhindustrie (1930), S. 63, 66.

166 Vgl. W. König (2000), S. 47-90; Scranton (1994); Scranton (1997); Schmidt (1993); Rosenberg (1994); Hounshell (1984).

167 Chandler (1977), S. 241-244.

168 Chandler (1990).

toren der Mode und des Absatzes, auf die bereits eingegangen wurde, waren hierfür auch interne, betriebswirtschaftliche und verfahrenstechnische Faktoren verantwortlich.

Maschinenarbeit und Qualifikation

In ganz großen und mit modernster Maschinerie ausgerüsteten deutschen Betrieben war um 1930 der gesamte Fabrikationsprozess eines Schuhs in 170 bis 200 Teilarbeiten zerlegt; in Durchschnittsbetrieben in etwa 100.[169] Die Arbeitsteilung war in den verschiedenen Abteilungen der Schuhproduktion unterschiedlich weit gediehen. Am wenigsten fortgeschritten war diese bei der Rohstoffzerlegung: beim Zuschneiden der Oberlederteile und beim Ausstanzen der Bodenlederteile. Der Zuschnitt erfolgte nicht arbeitsteilig. Vielmehr war ein einziger Zuschneider für alle Komponenten von Schaft oder Sohle zuständig. Ein zeitgenössischer Wirtschaftswissenschaftler stellte daher zu Recht fest, dass in diesen ersten beiden Fabrikationsstadien nicht nur keine Arbeitsteilung, sondern geradezu eine »Arbeitshäufung« festzustellen sei.[170]

Dies lag einerseits an der Eigenart des Rohmaterials Leder, das als Naturprodukt nicht überall die gleiche Stärke und Qualität aufweist. Beim Tragen des Schuhs wurden nicht alle Schaft- und Bodenteile gleich stark beansprucht. Die Güte und Stärke des Leders variierten in ihnen. Das *tacit knowledge* der erfahrenen Zuschneider bestand darin, bei jeder einzelnen Partie der jeweiligen Haut zu erkennen, welche Eigenschaften sie aufwies und für welchen Teil des Schuhs sie daher geeignet war.[171] Die organisch gewachsene Haut wies, je nach Lage am Tierkörper, unterschiedliche Wachstumsstrukturen auf. Zum Beispiel war die Zugfestigkeit des Leders jeweils in der Längs- und in der Querrichtung unterschiedlich.

Narbenfehler und Verletzungen, die auch in den hochwertigen Fellen vorkamen, galt es zu umschneiden. Der Rohstoff Leder stellte also höchste Anforderungen an die Fachkräfte. Ihre hohe Qualifizierung und die Heterogenität des wichtigsten Rohstoffs stellten das größte Rationalisierungshindernis in der Produktion von Schuhen um 1930 dar. Der Zuschnitt des Oberleders geschah wegen der großen Individualität jeder einzelnen Haut ganz manuell, ohne maschinelle Unterstützung. Zum schwereren Bodenlederzuschnitt wurden Stanzen und Stanzmesser verwendet.

169 In diesen bedienten einzelne Arbeiter mehrere Maschinen. Ebert (1928), S. 32; Ausschuss Schuhindustrie (1930), S. 20.

170 Ebert (1928), S. 33.

171 Zum optimalen Auslegen von Fellen (Oberleder) und Häuten (Bodenleder) vgl. Sahm (1953), S. 150ff.

Ein zweiter Grund für die geringe Arbeitsteilung beim Zuschnitt war der hohe Wert, den der Rohstoff Leder darstellte.[172] Beim »Auslegen« einer Haut oder eines Fells mussten alle Partien, auch die schlechten, genutzt werden. Ein guter Zuschneider sparte Rohstoff, indem er die Häute optimal verwertete. Die Zuschneider waren die bestbezahlten Arbeitskräfte in der Schuhproduktion. Gemäß ihrer großen Verantwortung für den wertvollen Rohstoff wurde ihre Tätigkeit als einziger produktiver Arbeitsschritt im Zeitlohn bezahlt, während bei allen übrigen Tätigkeiten der Akkordlohn üblich war.[173] Die optimale Verwertung wurde durch die Variabilität der Produkte gefördert. So konnten kleine Reststücke von Häuten noch mit Teilen für Kinderschuhe oder geringerwertigen Modellen ausgelegt werden. Die stark ornamentierten Schäfte von modischen Schuhen bestanden oft aus kleinteiliger zerlegten Flächen und konnten solche Reststücke unauffällig aufnehmen, die in hochwertigen Produkten nicht mehr eingesetzt werden konnten. Diese Strategie der vollständigen Rohstoffverwertung ist eine Erklärung für die geringe Spezialisierung der Betriebe und die Attraktivität von Modeschuhen für die Produzenten.

Im Gegensatz zur Zuschneiderei war das Steppen in starkem Maße arbeitsteilig organisiert. Eine Stepperin nähte nicht etwa einen ganzen Schaft zusammen, sondern nur einzelne Nähte. Dem Nähen waren vorbereitende manuelle Arbeitsschritte vorgelagert. Diese übernahmen weniger geschulte Arbeitskräfte. Für jeden der mechanisierten Arbeitsschritte kamen unterschiedliche Nähmaschinen zum Einsatz. Auch die Bodenarbeit war stark in mechanisierte Einzelschritte zerlegt. In fester Reihenfolge nahm jeder Arbeiter an dem Werkstück eine bestimmte Verrichtung vor und gab es dann an seinen Nachfolger weiter. Doch auch die Arbeit an diesen Maschinen war qualifizierte Arbeit. Zu Recht wiesen sowohl Historiker als auch Wirtschaftswissenschaftler darauf hin, dass die in der Schuhproduktion eingesetzten Maschinen eine eigentümliche Zwischenstellung zwischen Werkzeug und Maschine einnahmen.[174]

Im herkömmlichen Unterscheidungsraster von flexiblen Universalmaschinen, die von hochqualifizierten Arbeitern benutzt wurden, und Spezialmaschinen, die von Ungelernten bedient wurden, sind sie nicht eindeutig verortbar. Die Maschinen in der Stepperei und Ausputzerei waren Universalmaschinen, die Maschinen im Bodenbau der einzelnen Macharten tendierten mehr zur Einzweckmaschine.[175] Doch obwohl die Maschinen für die genähten Macharten den Charakter reiner Spezialmaschinen hatten, erforderte auch ihre Betätigung Arbeitskräfte von hoher handwerklicher Qualifikation. 1928 wies Friedrich Ebert darauf hin, dass die Arbeit an den Schuhmaschinen »keineswegs als reine mechanische Arbeit« oder als »Bedienung der Maschine« bezeichnet werden könne.

172 Vgl. dazu Kap. 5.
173 Groll (1926), S. 47-51.
174 Schröder (1978), S. 165; Ebert (1928), S. 36f.
175 Schröder (1978), S. 165.

Stattdessen sei die Bearbeitung des Werkstücks auf ihnen eine Tätigkeit, »deren Erfolg in hohem Grade von der Geschicklichkeit und dem Können des Arbeitenden selbst abhängt«. Der Schuhfabrikarbeiter sei »nicht der Handlanger, sondern mehr der Beherrscher der Maschine«.

In einem amerikanischen Gutachten von 1935 über die Zeit, die eine Firma zum Anlernen neuer Arbeitskräfte in nur einer Tätigkeit benötigte, war das Ergebnis in großen Firmen durchschnittlich drei Monate. Bei einigen Arbeitsschritten war diese Zeit allerdings auch bedeutend länger. Die zweitgrößte US-Firma, Endicott-Johnson, ging generell von einer Anlernzeit von mindestens sechs Monaten aus. Schuharbeiter galten in den USA als *semi-skilled workers*.[176] Dies entsprach einer Einschätzung als vorwiegend »angelernte« Arbeiter im Deutschen Reich. Im Zuschnitt stellte man in Deutschland allerdings, »ihrer Lederkenntnis« wegen, hauptsächlich handwerklich ausgebildete Schuhmacher ein.[177]

Produktionsfluss: Der Misserfolg des Fließbands

Ein weiterer Aspekt der Rationalisierung war die Organisation und Geschwindigkeit des Produktionsflusses. Diese versuchten die Unternehmen Mitte der 20er Jahre einerseits durch die effizientere Anordnung der Arbeitsschritte (Fließfertigung) und andererseits durch die Einführung mechanischer Transportmittel (Fließband) zu verbessern.[178] Die Enquete-Kommission errechnete 1929 – bei beträchtlichen Unterschieden in den einzelnen Macharten und bei den einzelnen Firmen – eine durchschnittliche Dauer des Fabrikationsprozesses eines Paars Schuhe von drei Wochen. Während einfache Straßenschuhe der durchgenähten Machart kaum sieben Tage benötigten, nahm die Herstellung von hochwertigen, rahmengenähten Schuhen oft vier bis fünf Wochen in Anspruch.[179] Bei der Firma Salamander betrug die Herstellungsdauer eines Schuhs 4 bis 5 Wochen, bevor sie in einer Phase der Rationalisierung hin auf eine Fließfertigung 1927 auf 15 bis 17 Tage verkürzt wurde.[180] Dadurch konnten im Fabrikationsprozess neben der Verringerung von Werkstücken in der Produktion enorme Mengen von Leisten und anderen Werkzeugen eingespart werden.[181] Ein Wirtschaftswissenschaftler rechnete vor, dass bei einer täglichen Produktion von 500 Paar einer mittelgroßen Fabrik sich immer mindestens 9.000 Paar Schuhe in der Fabri-

176 Davis (1940), S. 101. Zuschneider wurden ganze zwei Jahre ausgebildet. Sie erhielten um 1930 das Doppelte des durchschnittlichen Fabriklohns bei Endicott Johnson und arbeiteten in weißem Hemd und Krawatte. Vgl. Zahavi (1988), S. 66.

177 Ausschuss Schuhindustrie (1930), S. 74-78.

178 Benad-Wagenhoff (1993); Bönig (1993); Mäckbach/Kienzle (1926).

179 Ausschuss Schuhindustrie (1930), S. 22, 102.

180 Brief Jakob Sigle an Carl Benscheidt v. 21.5.1927, in: Bauhaus-Archiv Berlin, Fagus, Nr. 171.

181 Ebd.

kation befanden. Verringerte man die durchschnittliche Umlaufzeit eines Paars von 18 auf 6 Tage, so senkte sich der Bestand der Halbfabrikate im Betrieb auf 3.000 Paar.[182] Dies zeigt, welche enormen Einsparungen an Kapital, Raum, Werkzeugen und Material eine Einführung der Fließfertigung versprach.

Doch auch hier erwies sich der Rohstoff Leder als Hemmnis der Rationalisierung.[183] Die Produktionszeit von Schuhen konnte nicht willkürlich verkürzt werden. Um dem Leder seine dreidimensionale Form zu geben und diese möglichst haltbar zu machen, mussten die Schäfte nach dem Zwicken mehrere Wochen auf dem Leisten bleiben. Je länger, desto höher war die Qualität des Schuhs. Vor dem Zwicken wurden Teile der Schäfte gewässert. Die Trocknung auf dem Leisten war ein wichtiger Bestandteil der Formgebung des Leders. Billige Schuhe zeichneten sich vor allem dadurch aus, dass sie beim Tragen schnell ihre Form verloren, Falten warfen und ausbeulten. Die Notwendigkeit, den Feuchtigkeitsgehalt des Leders im Produktionsvorgang langsam zu vermindern, hatte zur Folge, dass der Fabrikationsgang oft unterbrochen wurde und die Partien auf ihren Holzgestellen in den Bodenarbeitsabteilungen herumstanden. Als normal angesehen wurde eine jeweilige Aufenthaltsdauer der Werkstücke von 2 bis 5 Tagen in der Zuschneiderei, 6 bis 12 Tagen in der Stepperei und 6 bis 15 Tagen von der Zwickerei bis zur Fertigmacherei. Von Mustermodellen, die prioritär an allen Arbeitsplätzen bearbeitet wurden, war jedoch bekannt, dass ein Schuh eigentlich auch innerhalb eines einzigen Tages durch die Fabrik geschleust werden konnte.[184]

Bei Versuchen ergab sich daher, dass eine Verkürzung der Produktionsdauer nicht so sehr durch eine schnellere Arbeitsleistung der Arbeiter an den einzelnen Maschinen als vielmehr zuerst durch die Beschleunigung der Transportwege erreicht werden konnte. Mitte der 20er Jahre wurde in Deutschland erstmals über die Möglichkeit nachgedacht, zusätzlich zur fließenden Organisation des Arbeitsprozesses eine Mechanisierung des Teiletransports in die Schuhproduktion einzuführen. Die zu dieser Zeit in deutschen wie auch in britischen und amerikanischen Betrieben übliche Form des Transports der Werkstücke war das hölzerne Fahrgestell, das manuell von Arbeitern in der Fabrik hin und her geschoben wurde.[185]

1926 gab es noch kein einziges Fließband in der deutschen Schuhindustrie.[186] Drei Jahre später, zum Zeitpunkt der Untersuchungen der Enquete-Kommission, hatten 19 Betriebe ein solches Transportsystem eingerichtet. Die große

182 Groll (1926), S. 40f.

183 Alle Angaben dieses Abschnitts vgl. Ebert (1928), S. 39f.; Groll (1926), S. 56f.; Bönig (1993), S. 654-680.

184 Nur da diese Mustermodelle später auf ihrem Leisten verblieben und nicht getragen wurden, konnte die Nettobearbeitungszeit solcherart verkürzt werden. Vgl. Ebert (1928), S. 38.

185 Ebert (1928), S. 38ff.

186 Groll (1926), S. 56.

Abb. 26: Blick in die Abteilung Bodenbau der »Süddeutschen Schuhfabrik« in Hauenstein/Pfalz (1924): Werkstücke auf hölzernen Fahrgestellen warten auf ihre Bearbeitung

Mehrzahl der Unternehmen lehnte diese Rationalisierungsmaßnahme jedoch entweder von vorneherein als unökonomisch ab oder hatte sie nach einer experimentellen Einführungsphase als unzweckmäßig befunden und wieder abgeschafft.[187] Unter den Gegnern des Fließbands waren einige der größten Unternehmen wie die Firma Salamander in Stuttgart, die Firma Gustav Hoffmann in Kleve, die Eduard Rheinberger AG in Pirmasens und die Produktionsfirma Leiser in Berlin.[188] Nur wenige Firmen, wie Haueisen in Stuttgart und M. und L. Heß in Erfurt, dagegen hatten das Fließband eingeführt und dadurch nach eigener Aussage die Umlaufzeit der Paare auf etwa 10 Tage verkürzt und die Pro-Kopf-Leistung der Arbeiter um 10 bis 25 Prozent erhöht. In den Unternehmen, in denen das Fließband erfolgreich eingeführt wurde, erfasste es jedoch nur we-

187 Die Angaben Bönigs sind allerdings in vielen prozesstechnischen Details unzuverlässig. Auch seine Einschätzung der Fertigung Baťas sowie sein Ergebnis, der »Schock der Konkurrenz von Baťa« habe bei den deutschen Unternehmen schließlich dazu geführt, »Fließanlagen in einem rasanten Tempo einzuführen«, kann empirisch nicht belegt werden. Alle Ausführungen im Folgenden, wenn nicht anders angegeben, vgl. Ausschuss Schuhindustrie (1930), S. 43-73.

188 Jubiläumsschrift 50 Jahre Eduard Rheinberger AG, 1882-1932, Pirmasens 1932; Ausschuss Schuhindustrie (1930), S. 43-73.

nige Bereiche der Produktion. Meist waren dies nur die Arbeitsschritte der Bodenarbeit, also der Endmontage von Schaft und Sohle.

In einem einzigen Betrieb, der Erfurter Mechanischen Schuhfabrik, die der Firma Eduard Lingel gehörte, war der gesamte Produktionsprozess auf Bandarbeit umgestellt worden. Hier war die Produktionsdauer eines Schuhs nach eigenen Angaben auf nur 257 Minuten verkürzt worden. Der Betriebsleiter prahlte bei seinen Kunden: »Bleiben Sie bis morgen oder heute nachmittag hier, dann können Sie Ihre Ware gleich mitnehmen.« Der Vorsitzende des Reichsverbandes Deutscher Schuhhändler zeigte sich vor der Enquete-Kommission begeistert. Das Problem der Lagerhaltung wäre auf diese Weise für den Schuhhandel gänzlich gelöst. Der Vertreter der Gewerkschaften gab daraufhin zu bedenken, dass, wenn alle Schuhfabriken so arbeiteten, die Betriebe die Hälfte des Jahres stillstehen würden, wenn die saisonalen Aufträge des Handels im Frühjahr und Herbst produziert und ausgeliefert wären. Doch die Qualität der in 257 Minuten hergestellten Produkte muss verheerend gewesen sein, da sie ihre Form wahrscheinlich innerhalb kürzester Zeit wieder ganz verloren. Eine wirksame Verkürzung dieses Abschnitts des Herstellungsprozesses ließ sich erst mit einem anderen Material als Leder erreichen. Mit dem sogenannten *heat setting* wurde ein solches Verfahren in den 50er Jahren entwickelt. Bei diesem Prozess durchlief der auf den Leisten gezwickte Schuh eine erhitzte Kammer, die den Formgebungsvorgang des Schaftes durch Hitze und synthetische Hilfsmittel beschleunigte. Durch die hohe Temparatur aktiviert, nahmen diese die Form des Leistens an. Voraussetzung hierfür war allerdings ein Kunststoff als Schaftwerkstoff, der durch die Hitze nicht in seiner Struktur zerstört wurde wie das Leder.[189]

Die Gründe für den geringen Grad der Spezialisierung und Mengenproduktion wurden von Wirtschaftsanalytikern der Zeit deutlich in absatzwirtschaftlichen Überlegungen gesehen. Dass die deutsche Schuhindustrie auch auf diesem Gebiet »noch keine größeren Fortschritte gemacht« habe, sei auf die »bei der Mehrzahl der Schuhfabrikanten vorhandenen Bedenken« zurückzuführen, dass durch die Umstellung der Fabrikation auf die Herstellung einiger weniger Artikel das Absatzrisiko größer werde. Mit der Verringerung der angebotenen Modelle erhöhte sich das Risiko ihrer Verkäuflichkeit.[190] Voraussetzung für alle rationalisierenden Maßnahmen und die Amortisation ihrer hohen Kosten sei daher ein »bestimmtes, unbedingt gesichertes Absatzvolumen« und eine »Absatzerweiterung«.

Allgemein ergab sich, dass die Fließbandarbeit umso weniger zweckmäßig wurde, je kleiner die Serien waren. In der Schuhproduktion erwies sich jedoch gerade die Verkleinerung, nicht die Vergrößerung, der Partien, die durch die

189 Zur Entwicklung des *Heat Setting*-Verfahrens für geklebte Schuhe in den USA in den 50er Jahren vgl. Weigl (1958), S. 56ff.; Arbeitsbericht Joseph B. Leavy, 12.-16.11.1962, Hagley Archive Wilmington, DuPont, Joseph B. Leavy Collection, Box 2 (Corfam).

190 Ebert (1928), S. 44f., 58ff.

Fabrikation liefen, als effizient. Man ging zu Partien über, die auf Zehn-Paar-Holzgestellen durch die Fabrikation liefen, und erzielte dadurch eine Beschleunigung. Manche Betriebe fanden andere Methoden der Bündelung von Kommissionen: So ging etwa die Firma Eduard Rheinberger in Pirmasens dazu über, die Paare statt nach Modellen (in verschiedenen Größen) nach Größen (in verschiedenen Modellen) in die Fabrikation zu geben.[191] Die Enquete-Kommission kam schließlich zu dem Ergebnis, dass sich das Fließband nur für die Fabrikation größerer Mengen gleichartiger Schuhe eigne, die jedoch bei der Mehrzahl der deutschen Unternehmen nicht die Mehrzahl der Produkte darstellte.

Schuhproduktion und Rationalisierung in den USA

Die deutsche Art zu produzieren ließ sich, technisch gesehen, unmittelbar mit der amerikanischen vergleichen. Auch in den USA gab es zu diesem Zeitpunkt keine Massenproduktion von Schuhen.[192] Auch dort war man nach einer kurzen Experimentalphase mit dem Fließband zu den alten, bewährten Produktionsmethoden, z. T. von Hand, und dem Holzgestell als Transportsystem zurückgekehrt. 1929 arbeitete überhaupt nur eine Firma mit dem mechanischen Fließbandsystem.[193] Die Arbeitsschritte wurden allerdings oft nach dem Prinzip der fließenden Fertigung und Effizienzkriterien neu angeordnet.

Wichtige Abschnitte der Produktion waren auch in den USA nach wie vor nicht mechanisiert. Als eine deutsche Gewerkschaftsdelegation im Jahr 1926 in fünf Wochen insgesamt 13 amerikanische Schuhfabriken in allen wichtigen Zentren der Industrie besichtigte, fiel ihr auf, dass der Zuschnitt des Oberleders ausschließlich von Hand vorgenommen wurde. Die in großer Zahl einmal angeschafften Oberlederstanzen in den Betrieben waren fast alle wieder außer Betrieb gesetzt worden. Nur ganz einfache Artikel für große Partien wurden noch auf der Maschine geschnitten. Grund hierfür war die große Bedeutung der Modeartikel. Wegen des schnellen Modewechsels war es viel zu teuer, für jedes Modell immer wieder neue Stanzmesser anzuschaffen. Die Zuschneider verwendeten stattdessen wieder die wesentlich billigeren, traditionellen Pappschablonen von Hand, die auch in Deutschland üblich waren.[194] Das Erstaunen über die wider Erwarten traditionellen Produktionsmethoden der amerikanischen Kollegen teilten auch englische Manager des großen Schuhkonzerns C. & J. Clark. Sie

191 Jubiläumsschrift 50 Jahre Eduard Rheinberger AG, 1882-1932, Pirmasens 1932; Eduard Rheinberger AG, Das Buch vom Schuh, Mainz 1957, S. 144f.

192 Am Beispiel des um 1930 zweitgrößten US-amerikanischen Schuhunternehmens vgl. Zahavi (1988), S. 85f.

193 Ausschuss Schuhindustrie (1930), S. 50ff.

194 Die Ergebnisse der Reise des Zentralverbands der Schuhmacher zum Zweck der Untersuchung der Fließbandarbeit in der amerikanischen Schuhindustrie sind veröffentlicht in: Simon/Lex (1928).

bereisten Anfang der 30er Jahre mehrfach die Schuhfabriken der USA und stellten in ihren Berichten erstaunt fest: »Surprisingly, there was very little mass-production.«[195] Gleichwohl lag die Arbeitsproduktivität der amerikanischen Schuhindustrie weit über dem Niveau der deutschen und auch der britischen Industrie.

Auch in den USA war die Schuhherstellung in bestimmten Industriedistrikten angesiedelt. Die wichtigste dieser Agglomerationen lag in Massachusetts. Das Pirmasens der amerikanischen Schuhindustrie war die Stadt Lynn mit den kleineren Schuhzentren Lowell, Brockton und Haverhill in ihrer Umgebung. In Massachusetts wurden vor 1900 fast 50 Prozent aller amerikanischen Schuhe produziert. Dieser Anteil sank allerdings bis 1927 auf 24 Prozent ab. In den ersten Jahrzehnten des 20. Jahrhunderts entstanden weitere schuhindustrielle Agglomerationen, von denen die größte im Staat New York um Rochester, eine Stadt nahe des Ontario-Sees, lag. Auch in der Stadt New York siedelte sich eine bedeutende Anzahl von Schuhunternehmen an. Dies weist darauf hin, dass die Absatznähe als Standortfaktor für die Schuhindustrie mit Durchsetzung des Modeschuhs immer bedeutender wurde. Im Jahr 1933 überholte die Schuhindustrie von New York quantitativ die Traditionsindustrie von Massachusetts, und auch in den folgenden Jahren wuchs ihre Bedeutung stetig. Dies lag vor allem an der Art der Produkte, die in den beiden Regionen hergestellt wurden. In Lynn und Umgebung war von jeher die traditionelle Herren- und rahmengenähte Schuhproduktion beheimatet, während New York mit der Herstellung von Damen- und Modeschuhen groß wurde und mit diesen Produkten immer weiter an Bedeutung gewann. Mitte der 30er Jahre machten Damenschuhe mengenmäßig bereits 40 Prozent der gesamten Schuhproduktion aus, während Herrenschuhe auf einen Anteil von 25 Prozent gesunken waren. New York City war außerdem neben Chicago eine der beiden Modemetropolen und wichtigster Absatzmarkt für Schuhe.[196] Ein weiterer Siedlungskern von Schuhunternehmen lag in der Stadt St. Louis an der Mündung des Missouri in den Mississippi. Hier waren zwei der drei größten Unternehmen angesiedelt. Ähnlich Kornwestheim und Burg in Deutschland wurde St. Louis dadurch zu einem Schuhindustriezentrum, ohne zu den traditionellen Agglomerationspunkten der Industrie zu gehören. Massachusetts, New York State und Missouri lieferten Anfang der 30er Jahre etwa 60 Prozent aller amerikanischen Schuhe.[197]

Die größten Schuhunternehmen in den USA waren 1930 (nach Aktienkapital) die International Shoe Company in St. Louis, und die Endicott Johnson Corpo-

195 Hudson (1968), S. 38f.

196 US Tariff Commission, Boots and Shoes. Report to the President, Washington 1932, S. 3.

197 Der Rest der Unternehmen verteilte sich hauptsächlich auf weitere Ostküstenstaaten und den Mittleren Westen, vor allem New Hampshire, Illinois, Pennsylvania, Maine, Ohio und Wisconsin. Vgl. Schnitzer (1937), S. 31f.; Holt (1938), S. 11.

ration in Endicott, New York.[198] Die International Shoe Company war ein Zusammenschluss mehrerer Schuhunternehmen mit zusammen 32 Fabriken, die 1925 70.000 Paar Schuhe am Tag produzierten, sowie zweier Gerbereien und einer Gummiabsatzfabrik.[199] Dies war 1925 der siebenfache Ausstoß der größten deutschen Firma Jakob Sigle (ab 1930 Salamander AG) mit 3.200 Beschäftigten.[200] Endicott Johnson hatte 1930 15.000 Beschäftigte. Sie arbeiteten in 13 Schuhfabriken, die jeweils in einer Machart nur Damen-, Herren-, Backfisch- und Jünglingsschuhe oder Kinderschuhe herstellten, sowie einer Rahmenfabrik, einer Absatzfabrik, einer Vorderkappenproduktion, je einer Sohlleder-, Kalbsleder-, Schafsleder- und Chromledergerberei, einer Faserpappenfabrik, einer Kartonfabrik, und einer Gummiverarbeitung.[201] Das drittgrößte Unternehmen in der Schuhbranche war die Brown Shoe Company, wie die International Shoe Co. in St. Louis angesiedelt.[202]

Die amerikanische Schuhindustrie stellte 1929 im Vergleich zur deutschen für die etwa doppelt so große Bevölkerung des Landes in nur ungefähr einem Drittel mehr Industrieunternehmen (1.341 Unternehmen) mit doppelt so vielen Beschäftigten die fünffache Menge an Produkten her (Tabellen 14, 38, 39). Ein wichtiger Grund für den großen Produktivitätsvorsprung der amerikanischen Unternehmen bestand in der starken Spezialisierung in den Produkten und der Auslagerung von Teilen der Produktion in Spezialfabriken. Bereits vorgefertigte und standardisierte Komponenten wurden von den einzelnen Schuhfabriken eingekauft und weiterverarbeitet. Dies waren vor allem alle Teile des Bodens, also Sohlen, Brandsohlen und fertige Absätze, aber auch die dazugehörigen Gelenkversteifungen und Vorder- und Hinterkappen. Hieraus war eine eigene Hilfsindustrie, die sogenannte *Cut Stock Industry,* in den schuhindustriellen Distrikten entstanden. Etwa 50 Fabriken, von denen die meisten in einem Radius von 40 km um die Stadt Boston herum angesiedelt waren, schnitten ausschließlich Sohlenkomponenten zu und belieferten damit selbst die Damenschuhfabriken in den westlichsten Staaten. Auf der Fachkenntnis der hochqualifizierten

198 Informationen über die Größe und Kapazität einzelner Schuhunternehmen sind für die USA schwer zu erhalten, da die Informationen, die die Unternehmen den staatlichen Stellen regelmäßig zur Verfügung stellten, nur unter der Auflage gegeben wurden, dass diese nur aggregiert veröffentlich wurden, so dass die Leistungsfähigkeit der individuellen Firmen im Vergleich nicht erkenntlich war. Vgl. Micarelli (1998); zu den größten Unternehmen vgl. Chandler (1990), S. 647.

199 Final Argument on McElwain-International, in: SLR v. 9.4.1925, S. 23; History of International Shoe Company. The Nation's Biggest Shoe Producer, in: SLR v. 28.7. 1945, S. 15-27.

200 Produktionszahl für die Firma Sigle (ab 1930 »Salamander AG«) 1925: Hanspeter Sturm, Geschichte der Salamander AG, Manuskript 1958, WABW, Bestand Y 110, Salamander AG, S. 157-9.

201 Zahavi (1988), S. 218-224.

202 Vgl. Brown Shoe Company, in: SLR v. 25.12.1937, Anniversary Edition, o.S.; The Origin of the Brown Shoe Co., in: SLR v. 25.5.1940, S. 15ff.; Davis (1940), S. 54-59.

Arbeitskräfte, *sorters* genannt, beruhte das ganze System. Sie konnten bis zu 35 verschiedene Gewichte und Qualitäten des Leders in einer einzigen Haut unterscheiden.[203] Eine solche Standardisierung der Komponenten des Schuhbodens wurde stark erleichtert durch die bereits erwähnte Standardisierung der Schuhgrößen in den USA. Durch sie erlangten die Fabrikanten einen Vorteil in Form einer unternehmensübergreifenden Teilstandardisierung aller Produkte, um die die deutschen Hersteller sie beneideten. Bei der Teilefertigung für Bodenleder kam es also in den USA zu einer branchenweiten Normierung. Die Auslagerung und Zulieferung von vorgefertigten Schuhteilen war so weit gediehen, dass man in den USA statt von Schuhproduktion auch von *assembly of shoes*, also einer Montage von Schuhen, in den eigentlichen Schuhfabriken sprach.[204]

Die meisten amerikanischen Fabriken beschränkten ihre Produktion auf Damen- oder auf Herrenschuhe nur einer Machart und auf sehr wenige Modelle. Große Unternehmen unterhielten mehrere Werke, die jeweils für einen Verwendungszweck und in einer Machart produzierten. Welche Erfolge allein diese Maßnahmen mit sich brachten, zeigt sich anschaulich am Fall einer großen, in einem Bericht des *US Department of Commerce* angeführten, aber nicht namentlich genannten Schuhfabrik. Mitte der 20er Jahre wurde die Produktion, die vorher 2.500 Modelle in 3 Macharten umfasste, auf nur 100 Modelle in einer einzigen Machart umgestellt. Dadurch erreichte der Betrieb eine Verminderung der Herstellungskosten um 31 Prozent, der Verwaltungskosten um 28 Prozent und der Entwurfsarbeit um 26 Prozent. Der Verkaufspreis wurde daraufhin um 27 Prozent gesenkt und trotzdem eine Umsatzsteigerung von durchschnittlich 50 Prozent (22 Prozent bei Damen- und 80 Prozent bei Herrenschuhen) erreicht.[205]

Die Arbeitsteilung war in den USA weiter fortgeschritten als in Deutschland. Die Produktion eines Schuhs war in bis zu 300 Teilarbeiten zerlegt, gegenüber den 100 bis 170 in Deutschland. Die durchschnittliche Betriebsgröße war 1929 mit 153 Beschäftigten etwa doppelt so groß wie im Deutschen Reich.[206] Die Seriengröße der Fabrikate lag, wie in Deutschland, zwischen 20 und 60 Paar. Diese divergierte jedoch stark zwischen den Herren- und Damenschuhen. Normalerweise lag sie bei 24 Paar für Herrenschuhe und 60 Paar für Damenschuhe.[207] Bei Damenschuhen, und nur dort, erreichten sie also Größenordnungen der Mengenproduktion. Dies ist ein deutliches Anzeichen dafür, dass

203 New England the Center of the Shoe Industry, in: SLR v. 26.3.1925, S. 42a.

204 Ebd.

205 US Department of Commerce, Elimination of Waste, Simplified Practice. What It Is and What It Offers, Washington 1924, S. 12.

206 Angabe nach dem Census of Manufactures, in dem jedoch nur Firmen mit über $ 5.000 Jahresumsatz berücksichtigt wurden. Vgl. Davis (1940), S. 55; Schnitzer (1937), S. 30.

207 Singer Sewing Machine Company, The Singer Sewing Machine in the Shoe Industry, o. O. 1931, S. 7.

hier eine Mengenproduktion weniger durch diachrone Produktion von Stapelware als vielmehr durch synchrone Standardisierung des Modeschuhwerks erreicht wurde. Alle Anzeichen deuten darauf hin, dass in den USA die Mengenproduktion das vorherrschende Produktionsformat war. Ermöglicht wurde eine solche Mengenproduktion trotz des enormen Einflusses der Mode durch den großen Binnenmarkt für Schuhe, der sich vor allem in beträchtlichen Auftragsvolumen der Filialketten, Warenhäuser und Versandhändler ausdrückte. Die auch in den USA erkennbaren saisonalen Schwankungen des Handels hatten dadurch einen viel geringeren Einfluss auf die Produktion. Der Handel hatte in den USA außerdem vier Saisonhöhepunkte, statt zwei wie in Deutschland. Auffallend für deutsche Beobachter war vor allem das starke Weihnachtsgeschäft.[208] Dadurch hatte die Industrie eine bessere Auslastung über das Jahr erreicht.

Massenproduktion bei Bat'a

Weltweit war wohl das einzige Unternehmen, das sich bereits Anfang der 30er Jahre konsequent dem Herstellungsformat der Massenproduktion angenähert hatte, die tschechische Firma Baťa. Das Unternehmen in dem kleinen, neuen europäischen Staat der Tschechoslowakei war die weltweite Avantgarde der Massenproduktion von Schuhen. Tomáš Baťa war ein großer Verehrer Henry Fords. Er griff in seinen Fabriken in Zlín verschiedene Ford'sche Maßnahmen auf. In den USA galt er gar als »Henry Ford der Tschechoslowakei«.[209] Fließbänder im Innern und noch dazu Drahtseilbahnen an der Außenseite der 32 standardisierten Fabrikgebäude waren in Zlín seit 1927 in Betrieb.[210] Sie transportierten in Kästen jeweils 5 Paar Schuhe von einer Fabrik zur nächsten. Auch die konsequent betriebene vertikale Einbindung vieler rohstoffproduzierender Zulieferer und Hilfsbetriebe in den Baťa-Konzern war ein wichtiges Kennzeichen für den Übergang von der Mengen- zur Massenproduktion. Baťa verfügte 1929 über eigene Gerbereien, Gerbstofffabriken und eine Färberei, eine chemische Fabrik, eine Maschinenbauproduktion, eine Ziegelei und andere Baubetriebe, eine Leistenproduktion mit Sägewerk, eine Druckerei, eine Gummi-Absatzfabrik und eine Gummi-Regenerationsanlage, eine Papier- und Kartonnagenfabrik und ein eigenes Kraftwerk sowie ein verzweigtes Schienennetz, auf dem die Produkte direkt vom Werk per Eisenbahn abtransportiert wurden.[211] Baťa war produktionstechnisch nicht nur für die europäischen Konkurrenten, sondern auch für amerikanische Schuhunternehmen von größtem Interesse. Alle pilgerten sie

208 Ausschuss Schuhindustrie (1930), S. 245.

209 Baťa, Czechoslovak Shoe King Plans New Factory in Germany, in: Business Week v. 8.10.1930, S. 26.

210 Nur die Steppereien arbeiteten nicht mit Fließband. Vgl. Devinat (1930a), S. 247; Pokluda (2009), S. 24.

211 Philipp (1928), S. 186ff.

nach Zlín – Deutsche, Engländer und Amerikaner –, um dort die Massenproduktion in Augenschein zu nehmen, die ihnen selbst zu Hause noch nicht gelungen war.[212]

Welche immense Rolle die Art der Produkte und die Absatzstrategie für die Produktionsformate in der Schuhindustrie spielten, wird auch am Beispiel Baťa deutlich. Bezeichnenderweise begann bei Baťa die Produktion eines Schuhs mit dem Abschluss von Verkaufsbestellungen der einzelnen Filialen und selbständigen Händler für dieses Modell. Die Vorentwürfe neuer Modelle wurden auf einer Generalkonferenz, die zweimal jährlich in Zlín stattfand, allen Vertretern, Verkäufern und Abteilungsleitern vorgeführt. Diejenigen Modelle, von denen man den größten Absatz erwartete, wurden ausgewählt. Daraufhin begann eine »Börse« um die Bestellungen der einzelnen Modelle, die von Tomáš Baťa selbst kontrolliert wurde. Die einzelnen Filialen und unabhängigen Großhändler verhandelten um die Bestellmengen der einzelnen Modelle. Mitunter zwang Baťa die Verkaufsleiter auch, Modelle zu bestellen, die sie eigentlich nicht haben wollten. Dies geschah unter dem Gesichtspunkt, »ein regelmäßiges Arbeiten der Fabrikation zu sichern« und »einen Ausgleich zwischen den Bedürfnissen der Fabrikation und der Möglichkeit des Absatzes zu schaffen«. Da die Leiter der abhängigen Verkaufsstellen auf eigenes Risiko arbeiteten und Verluste selbst tragen mussten, fungierten diese Bestellungen wie gebündelte unabhängige Einzelhändlerkommissionen. Erst nachdem so der Verkauf jedes einzelnen Paares für die nächsten sechs Monate sichergestellt war, wurde mit der Fabrikation der Schuhe begonnen. Auf Basis der Liste der bestellten Modelle wurde der Produktionsplan für das kommende Halbjahr festgelegt. Daneben wurden bestimmte Modelle, die immer gefragt waren, während des ganzen Jahres produziert. Auch bei Baťa gab es eine gewisse Anzahl von Dauerformen.[213]

1929 produzierte Baťa mit 12.200 Beschäftigten in Zlín durchschnittlich 80.000 Paar Schuhe am Tag.[214] Dies war also in etwa so viel wie die Produktion des größten US-amerikanischen Unternehmens. Wenn man die enorme Beschäftigtenzahl jedoch differenziert und sich die Schuhproduktion genauer anschaut, so ergibt sich auch bei Baťa ein eher mittelbetriebliches Bild der Produktion. In 36 spezialisierten Produktionseinheiten (Fabriken), die jeweils die Stepperei und die Montage von Schäften und Sohlen leisteten, waren je 148 Arbeiterinnen und Arbeiter beschäftigt und erreichten eine Tagesproduktion von durchschnittlich 2.000 Paar.[215] Die Betriebsgröße der einzelnen Einheiten lag also genau bei der amerikanischer Schuhunternehmen. Das Gesamtunternehmen bestand aus einer Addition solcher kleinen, in sich wesentlich spezialisier-

212 Zum Besuch der Manager der englischen Firma C. & J. Clark bei Baťa 1929 vgl. Hudson (1968), S. 39; für die amerikanischen Manager der Firma Endicott Johnson: Detailed Report of Visit to Bata Factories, in: SLR v. 7.4.1934, S. 10.

213 Devinat (1930a), 240-243; Roth (1932), S. 17ff.

214 Hennig (1949), S. 11.

215 Devinat (1930a), S. 247; Steinführer (2002), S. 46.

ten Einheiten, die nur eines oder einige wenige Modelle herstellten. Rohstoffbeschaffung, Zuschneiderei, Bodenlederstanzerei und Vertrieb waren allerdings zentralisiert und die Anzahl der produzierten Modelle stark reduziert. Der Zuschnitt des Oberleders fand mechanisiert, auf Stanzen, statt. Vermutlich wurden auch hier die am höchsten qualifizierten Fachkräfte eingesetzt. Durch die eigene Maschinenherstellung war Baťa auch in vielen Fällen zur Verwendung von reinen Spezialmaschinen übergegangen.[216] 1928 hatte Baťa begonnen, die Produktion auf deutsche Kaufmaschinen umzustellen, um sich aus dem Mietsystem der USMC zu befreien. Bereits ein Jahr später stammte der überwiegende Teil der maschinellen Ausstattung von deutschen Herstellern.[217] Seit 1927 besaßen alle Baťa-Maschinen elektrischen Einzelantrieb. Im Oktober 1930 führte Baťa nach dem Vorbild der Ford'schen Werke auch die Fünf-Tage-Woche ein. In Deutschland arbeitete man zu dieser Zeit nach Tarifvertrag 48 Stunden, in England ebenfalls 48 Stunden und in den USA 44 bis 48 Stunden.[218] Baťa war nach Aussage der Wirtschaftszeitschrift *Business Week* die erste Fabrik in Europa und die Schuhindustrie die erste größere Industrie dieses Kontinents, die auf eigene Initiative die Arbeitszeit auf 45 Stunden die Woche verkürzte. »All Europe, but particularly Germany, is watching Bata's experiment«, berichtete die Zeitschrift anlässlich dieser Nachricht. Auch die amerikanischen Wirtschaftsfachleute interpretierten diesen Schachzug Baťas als »Test fordistischer Methoden in Europa«.[219] Dass die Arbeiter in der Folge in den Betrieben enorme Überstunden leisten mussten, um das Arbeitspensum trotzdem zu erreichen, wurde in der unternehmerischen Berichterstattung selten erwähnt.[220]

Interessanterweise brachte jedoch nach Einschätzung amerikanischer und deutscher Schuhindustrieller auch bei Baťa das Fließband keinen entscheidenden Vorteil für den Produktionsfluss. 1934 besuchten acht Manager des amerikanischen Schuhkonzerns Endicott-Johnson die Baťa-Fabriken in Zlín. Dabei begutachteten sie das so berühmte Fließbandsystem, mit dem alle Schuhe durch die jeweiligen Produktionseinheiten transportiert wurden, und verglichen dies mit ihrem eigenen Transportsystem, das immer noch auf dem altmodischen Holzgestell, das von Hand bewegt wurde, beruhte. Dabei stellten sie fest: »Bei der Zeitnahme von bestimmten Arbeitsgängen und der gründlichen Analyse der Produktion der verschiedenen Einheiten konnten wir nicht feststellen, dass das Fließbandsystem [...] mehr Paare pro Tag und Arbeiter ergab als in unseren

216 Hennig (1949), S. 21; am Beispiel der Leistendrehbänke vgl. Brief Kopp an Benscheidt v. 4.11.1937, in: Bauhaus-Archiv Berlin, Fagus, Nr. 225.

217 Bönig (1993), S. 663; Aussage des Generalvertreters für Baťa im Deutschen Reich, Walter Löwendahl, vor dem Enquete-Ausschuss, vgl. Ausschuss Schuhindustrie (1930), S. 182.

218 Ausschuss Schuhindustrie (1930), S. 87; Simon/Lex (1928); Eason (1994), S. 12.

219 Baťa's 5-Day Week Is Test Of Ford Methods in Europe, in: Business Week v. 29.10. 1930, S. 8f.

220 Devinat (1930a) u. v. a.

Fabriken die Verwendung von Holzgestellen.«[221] Auch deutsche Beobachter kamen zu dem Schluss, dass der Produktivitätsvorsprung Baťas weniger durch technische Anlagen als durch organisatorische Maßnahmen erreicht wurde, deren Bezeichnung als »skrupelloseste Ausbeutung« der Beschäftigten in Deutschland gerichtlich sogar bestätigt worden war.[222] Durch das besondere Organisations-»System Baťa« wurden zugleich eine hohe Ausnutzung der vorhandenen Betriebsanlagen und sehr geringe Lohnkosten erreicht.[223]

4.7 Schuhproduktion in Großbritannien

Struktur und Produktionsformate in der britischen Schuhindustrie

In Großbritannien lag die durchschnittliche Betriebsgröße bei 115 (1930) und 144 Beschäftigten (1935), gegenüber 83 (1930) und 117 (1938) im Deutschen Reich (Tabelle 15).[224] Die britische Schuhindustrie produzierte mit ungefähr der gleichen Anzahl Betriebe und einem Drittel mehr Beschäftigten als im Deutschen Reich für eine Bevölkerung, die nur bei etwa 70 Prozent der deutschen lag, etwa 65 Prozent mehr Lederschuhe (117 Mio Paar gegenüber 71 Mio). Auch hier war die Produktivität also höher als im Deutschen Reich. Sie lag allerdings nur bei etwa zwei Drittel der amerikanischen.[225]

In der Gesamtstruktur der Schuhindustrie herrschten die kleinen Betriebe mit bis zu 50 Beschäftigten vor. Die meisten Beschäftigten waren in Unternehmen mit 100 bis 200 Arbeiterinnen und Arbeitern tätig. Wirtschaftswissenschaftler, die später im Zuge der Betriebsstilllegungen in der Kriegswirtschaft die »optimale Größe« einer Schuhfabrik errechnen sollten, wiesen zu Recht darauf hin, dass die wenigen Großunternehmen sich von den kleinen lediglich durch eine Multiplikation der Anzahl der Produktionseinheiten unterschieden, die jedoch

221 Detailed Report of Visit to Bata Factories, in: SLR v. 7.4.1934, S. 10.

222 Philipp (1928); Das Urteil im Prozess Bata contra Philipp. Eine vernichtende Kritik der Arbeits- und Entlohnungbedinungen im Bata'schen Betriebe, in: SFZ v. 14.8.1929, S. 5ff.; Ausschuss Schuhindustrie (1930), S. 162-227.

223 Für eine Zusammenfassung der wirtschaftlichen Erfolgsfaktoren auf Basis tschechischer und deutscher Quellen vgl. Steinführer (2002), S. 46f.; Philipp (1928), S. 198ff.; Baťa Has 40 Shoe Stores in US, in: Business Week v. 23.10.1937, S. 20.

224 Die etwas höhere Größe ist jedoch unter anderem darauf zurückzuführen, dass die Berechnungen in Großbritannien, anders als in Deutschland, die Größenklasse der Betriebe unter 10 Personen nicht mit einbezogen. Zahlen für Deutsches Reich aus: Harth (1940), S. 137; für Großbritannien nach dem *Census of Production*, aus: Silverman (1946), S. 210; ebenso BoT, Working Party Reports: Boots and Shoes, London 1946, S. 63.

225 Wert für 1935, als die Produktion von Herrenschuhen pro Beschäftigtem im Jahr in den USA bei 152 Prozent der britischen lag. Vgl. BoT, Working Party Reports: Boots and Shoes, London 1946, S. 21.

in sich von mittlerer Größe waren: »The main difference between large and medium concerns is one of size rather than of scale.« Sie errechneten 1939 eine optimale Betriebsgröße von 275 bis 375 Beschäftigten.[226]

Tabelle 14: Zahl der Betriebe und der Beschäftigten in der Schuhindustrie, durchschnittliche Betriebsgröße und jährliche Produktion an Lederschuhen im Deutschen Reich, in Großbritannien und den USA (um 1930)[227]

	Deutsches Reich	**Großbritannien**	**USA**
Zahl der Beschäftigten	92.000	121.000	181.000
Zahl der Betriebe	1.044	1.057	1.341
Durchschnittliche Betriebsgröße (in Zahl der Beschäftigten)	83	115	153
Produktion an Schuhen (in Mio. Paar)	71	117	304
Vergleichende Produktivität pro Beschäftigter (Index: Deutsches Reich = 1)	1	1,3	2,2

Die höhere Produktivität als im Deutschen Reich war vor allem eine Folge der besonderen Absatzmöglichkeiten der englischen Unternehmen. Bereits im 17. Jahrhundert produzierten Schuhmacher in Northampton für überregionale und überseeische Märkte. Ihre Produkte wurden seit Beginn des 19. Jahrhunderts auf dem Grand Junction Canal nach Manchester und andere Industriestädte sowie nach London und von dort nach Übersee verschifft.[228] Aufgrund der ausgeprägten Exportorientierung der britischen Schuhindustrie, die die gesamten britischen Kolonialmärkte belieferte, war in England Ende der 1920er Jahre in großen Teilen eine Mengenproduktion von Schuhen möglich. Und dies, obwohl auch hier als Unternehmensgröße die Klein- und Mittelbetriebe vorherrschten. Manche Hersteller produzierten bis zur Weltwirtschaftskrise und der

226 Silverman (1942), S. 95; Hillmann (1939).

227 Beschäftigte auf Tausend gerundet, Schuhproduktion auf Mio gerundet; Zahl der Beschäftigten: für Dt. Reich einschl. Hausschuhen; für USA Angabe für 1931. Zahl der Betriebe: für Dt. Reich Angabe für 1928; für USA: Angabe für 1929.

228 Greenall (1979); Hatley (1960-1965).

Konkurrenz von Baťa überhaupt nicht für den Binnenmarkt, sondern allein für überseeische Märkte.[229]

Tabelle 15: Betriebsgrößen der britischen Lederschuhindustrie (1930)[230]

Größenordnung nach Anzahl der Beschäftigten	Zahl der Betriebe	Zahl der Beschäftigten
11-24	295	4.947
25-49	216	7.663
50-99	223	15.613
100-199	161	22.927
200-299	69	16.889
300-399	33	11.319
400-499	23	10.348
500-749	17	10.156
750-999	8	6.705
Über 1.000	12	14.744
Insgesamt	1.057	121.311

Die Export-Produkte waren ausschließlich Stapelware. Gerade britische Herrenschuhe, die daher bis heute den Ruf der verlässlichen und unwandelbaren Standardprodukte haben, waren hochwertige Dauerformen und wurden über lange Zeiträume hinweg kontinuierlich in denselben Formen und Ausführungen produziert. Die Kolonialmärkte galten, nicht allein wegen der langen Transportwege, allgemein als nicht besonders modeorientiert. Als sich die britischen Unternehmen in den 30er Jahren vom Export auf den Binnenmarkt umstellen mussten, gewann das Element der Mode dadurch an Bedeutung. Die Mengenproduktion als Produktionsformat wurde in der Folge, wie im Deutschen Reich, auch in Großbritannien zurückgedrängt. Der Anteil der Herrenschuhe, und damit eines Großteils der Stapelware an der Gesamtproduktion, lag 1935 noch bei

229 Eason (1994).
230 Nach: Census of Production, BOT 1930, in: Silverman (1946).

35 Prozent und damit deutlich höher als in Deutschland.[231] Er sank jedoch in den 30er Jahren beträchtlich. Der Anteil der Damenschuhe, und damit vieler Modeschuhe, an der Produktion wuchs in den 30er Jahren um 50 Prozent an.[232]

Doch auch auf dem britischen Binnenmarkt unterschied sich der Absatz der Waren von den Vertriebsweisen im Deutschen Reich. Für die englische Schuhindustrie spielte nicht nur das Filialsystem, wie bereits zu sehen war, eine viel bedeutendere Rolle als in Deutschland. Schuhe für den Binnenmarkt wurden vorwiegend für große Handelsketten hergestellt. Die beiden größten Unternehmen der Branche, das Handelsunternehmen Freeman, Hardy & Willis Ltd. und der Schuhhersteller J. Sears & Co. Ltd., fusionierten 1928. Es entstand eine Großproduktion mit 722 Handelsfilialen im Vereinigten Königreich.[233] Dies war die fünfeinhalbfache Menge der größten deutschen Filialkette Conrad Tack. Auch die *Co-operatives* und andere vertikal integrierte Handelsunternehmen lagen in der Größe weit über vergleichbaren Firmen in Deutschland. Die fortgeschrittene Ausprägung der Filialketten trug wesentlich zur Mengenproduktion bei.

Die Agglomerationen der Schuhindustrie lagen in Großbritannien hauptsächlich in den südlichen Midlands, in den Gegenden um die Städte Leicester und Northampton. Während in Leicestershire vor allem mittlere und hochwertige Damenschuhe produziert wurden, war Northamptonshire das Zentrum der Herrenschuhproduktion. Daneben gab es eine bedeutende Zahl von kleineren Schuhbetrieben in der Hauptstadt London. Hier wurden alle Arten von Schuhwerk in modischen und auch billigeren Ausführungen hergestellt. Die Stadt Norwich an der Ostküste war ein Zentrum der Damenschuhindustrie. Einzelne Großunternehmen lagen, wie in Deutschland und in den USA, außerhalb der traditionellen Industriedistrikte. Dies war vor allem die Firma C. & J. Clark in Street in der südwestenglischen Grafschaft Somerset, die Damen- und Kinderschuhe herstellte, und mehrere Firmen in Kendall und dem Rossendale Valley in Lancashire, die sich aus der Herstellung von Hausschuhen heraus zu Produzenten von billigeren Damenschuhen entwickelt hatten.[234] Die größten Unternehmen lagen jedoch, anders als in den Vergleichsländern, innerhalb der Schuhdistrikte.

231 1935 waren 55 Prozent aller Schuhe Damenschuhe, 35 Prozent Herrenschuhe, 10 Prozent Kinder- und Babyschuhe, vgl. Schnitzer (1937), S. 116f.

232 Silverman (1942), S. 96; Schnitzer (1937), S. 116f.

233 Ausschuss Schuhindustrie (1930), S. 230f.

234 Silverman (1946), S. 204-209.

Tabelle 16: Die größten britischen Schuhunternehmen (nach Wochenproduktion in Paar) (1923)[235]

Firma	Ort	Wochenproduktion in Paar
J. Sears & Co.	Northampton	24.000
Co-operative Wholesale Society Ltd.	2 Werke in Leicester	18.000 9.600
Lotus Ltd.	3 Werke in Stafford, Stone und Northampton	17.000 10.000 6.000
Edwards & Holmes Ltd.	Norwich	20.000
Howlett & White Ltd.	Norwich	20.000
C. & E. Lewis	Northampton	18.000
Southall & Co. Ltd.	Norwich	15.500
Crockett & Jones	Northampton	15.000
Weber & Philips Ltd.	London	15.000
Scottish Co-operative Wholesale Society Ltd.	Shieldhall und Parkview bei Glasgow	14.000
Manfield & Sons	Northampton	13.600
Haldinstein & Sons	Norwich	12.000

Großunternehmen der Fabrikation waren auch in Großbritannien die Ausnahme. Das größte Einzelunternehmen 1930 war die bereits erwähnte Firma J. Sears & Co. Ltd (nach ihrer Marke auch True-form Boot Company) in Northampton. Dem Produktionsvolumen nach noch größer waren jedoch zusammengenommen die Betriebe der Konsumgenossenschaft Co-operative Wholesale Society. Ihre von jeher dezentrale Unternehmensform und die Arbeitsteilung ihrer Produktionsstätten unter den räumlich verstreuten Einzelbetrieben entsprach von vorneherein den Erfordernissen der Spezialisierung und

235 Vgl. Hertz (1924), S. 158-178. Die Haus- und Gummischuhhersteller sind hier nicht berücksichtigt.

ersetzte, wie im deutschen und amerikanischen Vergleich deutlich wird, diese Rationalisierungsmaßnahme. Die Wirtschaftswissenschaftler, die zu Beginn des Zweiten Weltkriegs die Struktur der britischen Schuhindustrie untersuchten, machten die Beobachtung, dass die größten 25 Unternehmen fast ausschließlich Standardware herstellten. Dies entsprach der Produktphilosophie der Konsumgenossenschaften.[236] Modeschuhe wurden dagegen hauptsächlich in kleineren Unternehmen hergestellt.[237]

So ist die hohe Produktivität der Firmen heute nicht mehr so erstaunlich, wie dies noch für die amerikanischen Fachleute des *US Department of Commerce* der Fall war, die über den Weltmarkt-Konkurrenten Großbritannien in den Jahren 1912, 1924 und 1929 Wirtschaftsstudien verfassten.[238] Sie stellten 1929 fest, dass die immerhin weltweit größte Exportindustrie für Schuhe in Betrieben arbeitete, die mit durchschnittlich 450 bis 600 Paar am Tag einen wesentlich kleineren Ausstoß hatten als die amerikanischen. In englischen Fabriken würden Teiloperationen noch von Hand durchgeführt, die in den USA bereits mechanisiert waren. Das Interesse für die Rationalisierung der Produktion sei sehr gering ausgebildet. In manchen Unternehmen ermangele es, im Gegensatz zu Deutschland, sogar gänzlich eines *system of management*, also einer Planung der Produktion nach Effizienzkriterien.[239] Die britischen Unternehmer seien in dieser Hinsicht sehr konservativ. Die vertikale Integration beschränkte sich auf die Vereinigung von Produktions- und Handelsbetrieben. Auch in der britischen Schuhindustrie hatte sich das Fließband nicht durchsetzen können.[240]

236 Vgl. Kap. 2.

237 »The twenty-five large-scale firms […] produce almost exclusively standard lines of shoes.« Hillmann (1939), S. 293.

238 Die Verfasser dieser Studien führten auch die Analysen der deutschen Schuhwirtschaft durch, so dass sie oft direkte Vergleiche anstellten. Vgl. Burch (1929); Hertz (1924); Butman (1912b).

239 »In some instances […] the system of management necessary to the best results of up-to-date plants is considered to be lacking.« Burch (1929), S. 4.

240 Über die Einführung des Fließbands in die Bodenarbeit berichtete ein britischer Wirtschaftswissenschaftler: »In a few parts of the country mechanical conveyors are employed […], but in most of the established centres this system is unpopular. Economies in manufacture have been obtained in general without resort to such practices.« 1934 beschäftigte sich die *British Boot, Shoe and Allied Trades Research Association* in London mit der Verbesserung des Transportsystems in den Fabriken: Der wichtigste Hinderungsgrund für die Einführung eines schnelleren Transportsystems sei die »extreme Heterogenität der Produkte«. Vgl. Silverman (1946), S. 202f. Vgl. Harold Bradley, BBSATRA Laboratory Circular Nr. 11, Systems of Work Transportation in Boot and Shoe Factories, April 1934, NA/PRO London, DSIR 36, Nr. 1285.

Die British United Shoe Machinery Company und das Klebeverfahren

Auch in Großbritannien wurde die Differenz in der Produktivität zu den deutschen Firmen grundsätzlich nicht durch die technische Ausstattung der Unternehmen bestimmt. Diese war sowohl mit der amerikanischen als auch mit der deutschen direkt vergleichbar. Auch im Inselstaat hatte die United Shoe Machinery Corporation 1899 eine Tochterfirma gegründet, die monopolartig den Schuhmaschinen-Markt beherrschte.[241] Bereits ihre Vorgängerunternehmen hatten von England aus Europa beliefert. Die Firma verlieh in Großbritannien unter den gleichen Bedingungen wie in Deutschland und den USA ihre Maschinen. Die Abhängigkeit der britischen Unternehmen vom amerikanischen Arbeitsmaschinenmonopol war sogar noch bedeutend größer als die der deutschen. Der Marktanteil der British United Shoe Machinery Company (BUSMC) lag in Großbritannien 1912 bei etwa 80 Prozent. Ende der 30er Jahre hatte er sich, anders als in Deutschland, wo er stark zurückging, auf über 90 Prozent erhöht und lag damit auf gleicher Höhe wie in den USA. Nennenswerte Konkurrenz durch einheimische Maschinenbau-Unternehmen gab es nicht. Einen kleinen Rest der technischen Ausstattung lieferte die Standard Engineering Company, die Kaufmaschinen anbot und auch kontinentaleuropäische – besonders deutsche – Maschinen importierte. Die Co-operative Wholesale Society und ihre Fabrikbetriebe arbeiteten ausdrücklich mit dieser »freien« Maschinerie. Die Bat'a-Betriebe in Tilbury stellten ihre eigenen Maschinen her bzw. bezogen sie vom Mutterwerk in Zlín. Vor 1939 gab es in Großbritannien kein einziges Unternehmen, das Leistendrehbänke produzierte. Diese wurden aus Deutschland und den USA importiert. Die Maschinen für die Oberlederstepperei, die von der BUSMC, wie von ihren Schwesterfirmen in Deutschland und den USA, grundsätzlich nicht hergestellt wurden, stammten fast ausschließlich aus der Produktion der amerikanischen Firma Singer. Sie besaß seit 1869 ein Tochterunternehmen in Glasgow, das die britischen Schuhunternehmen belieferte. Ein kleiner Teil der Steppmaschinen wurde auch von der deutschen Firma Pfaff aus Kaiserslautern bereitgestellt.[242]

In Großbritannien spielte die BUSMC als Maschinenbau-Unternehmen generell eine viel bedeutendere Rolle als die Deutsche Vereinigte Schuhmaschinen Gesellschaft in Deutschland. Dies lag einerseits an der allgemein schwachen Stellung des Maschinenbaus in Großbritannien gegenüber Deutschland.[243] Zweitens hatte die Schuhindustrie in England unter den übrigen Industrien einen viel höheren Status inne. Hierfür war vor allem ihre große Bedeutung als

241 Zur Geschichte der British United Shoe Machinery Company vgl. Howie (1999); The Monopolies Commission (1973).

242 BoT, Working Party Reports: Boots and Shoes, London 1946, S. 15-20, 99-103; Silverman (1946), S. 218ff.; Roe (1914), S. 50; Butman (1912b), S. 8; Godley (2001).

243 Chandler (1990), S. 274ff.

Exportindustrie ausschlaggebend. Drittens war dies aber auch auf die enorme Größe zurückzuführen, zu der sich die britische Tochtergesellschaft der USMC in Leicester entwickelte. Sie war bereits kurz nach der Jahrhundertwende für die Belieferung des gesamten britischen Empire zuständig.[244] Die britische Tochtergesellschaft wurde daher nach der amerikanischen zur wichtigsten von den weltweit etwa 40 Unternehmen der United Shoe Machinery Corporation. Die USMC beschäftigte Ende der 20er Jahre in den USA etwa 3.000 Arbeiter und die britische Tochter BUSMC in Leicester ebenso viele. Bei der DVSG arbeiteten dagegen nur 675 Beschäftigte. Das Werk in England stellte ganz andere Seriengrößen von Maschinen her als das deutsche. Wenn in Deutschland von einem Modell 50 Exemplare angefertigt wurden, so ließ die englische Fabrik 100 und die amerikanische 400 bis 500 Stück herstellen. Die BUSMC besaß außerdem seit 1906 eine eigene Forschungs- und Entwicklungsabteilung, die neue Maschinen für den britischen und europäischen Markt adaptierte. Dadurch kam der britischen Schuhindustrie ein gewisser Grad an – für den europäischen Kontext einmaliger – Eigenständigkeit in der Entwicklung zu. Der technische Leiter des deutschen Werks in Rödelheim reiste um 1930 mindestens alle zwei Monate nach England, um sich über die Neuentwicklungen dort auf dem Laufenden zu halten.[245]

Nach den Berechnungen von Alfred Chandler und Takashi Hikino in ihrem Buch *Scale and Scope* nahm die BUSMC unter den größten Unternehmen in Großbritannien 1919 den 135. Rang ein, davon den 7. Platz unter allen Maschinenherstellern.[246] 1930 war sie zum zweitgrößten Maschinenbau-Unternehmen aufgestiegen. Unter allen Firmen stand sie auf Platz 42. Doch der Aufstieg ging weiter. Nach dem Zweiten Weltkrieg, 1948, war die BUSMC das größte Maschinenbau-Unternehmen in Großbritannien überhaupt. Mit ihrem Aktienwert von 17,5 Mio Pfund stand sie im Gesamtvergleich aller britischen Unternehmen an 41. Stelle.[247] Den Höhepunkt ihrer Marktmacht erreichte die BUSMC in den

244 Grund dafür waren die britischen Patentgesetze von 1907, die festlegten, dass in Großbritannien patentierte Produkte, die ausländische Patent-Inhaber besaßen, im Vereinigten Königreich produziert werden mussten. So wurden der entstehende australische, neuseeländische und südafrikanische Markt für Schuhmaschinen von der USMC von Leicester aus beliefert. Die BUSMC unterhielt in diesen Ländern ihrerseits Subunternehmen. Vgl. Howie (1999), S. 45.

245 Howie (1999), S. 43, 51; Vernehmung des Geschäftsführers der DVSG 1928, in: Ausschuss Schuhindustrie (1930), S. 35-42.

246 Die Autoren erstellten eine Liste der 200 größten Unternehmen in den USA, Großbritannien und Deutschland zu den drei Zeitpunkten 1913 bzw. 1919, 1929 bzw. 1930 und kurz nach dem Zweiten Weltkrieg (1948). Chandler und Hikino untersuchten nur die Aktiengesellschaften als Unternehmensform. Doch waren die USMC und die anderen hier konkurrierenden Firmen zum größten Teil Unternehmen dieser Kategorie.

247 Die Einordnung der Firma unter die Rubrik der »Household appliances« und »Sewing machines« (S. 671, 685, 693) signalisiert, dass Chandler die Fima fälschlicherweise für einen Hersteller von Haushaltsnähmaschinen hielt. Wahrscheinlich konnte er sich

1960er Jahren.[248] Danach ging es mit ihr, wie mit der britischen Schuhindustrie, steil bergab. Im Deutschen Reich zählte die Firma DVSG nie zu den 200 größten Unternehmen. Weder 1913 noch 1929 tauchte die DVSG oder ein anderer Schuhmaschinenhersteller in der Liste von Chandler und Hikino auf. 1953 war allerdings ihre deutsche Konkurrentin, die Atlas-Werke AG, die das Klebeverfahren für Schuhe entwickelt hatte, als einziger Schuhmaschinenhersteller in die Spitzenliga vorgerückt.[249]

Wie noch ausführlicher behandelt wird, führte diese noch stärkere Abhängigkeit der britischen Schuhindustrie von der Technik der amerikanischen USMC unter anderen Gründen zu einer ganz erstaunlichen Tatsache: Die geklebte Machart wurde in Großbritannien bis zu Beginn des Zweiten Weltkriegs gänzlich ignoriert. Sie fand als Verfahren in der Vorkriegszeit in kein britisches Unternehmen Eingang. Geklebte Schuhe wurden in Großbritannien nicht hergestellt.[250] Auch als Reparaturmethode wurde das Kleben nicht praktiziert.[251] In Großbritannien dominierte Anfang der 30er Jahre das durchgenähte Schuhwerk die Produktion, dicht gefolgt von den rahmengenähten Schuhen. Die BUSMC begann erst 1936, sich überhaupt mit dem Klebeverfahren zu beschäftigen. Zu diesem Zweck richtete sie, unter dem Druck der deutschen und amerikanischen Konkurrenz, eine kleine Abteilung in ihrer Forschungs- und Entwicklungsabteilung in Leicester ein, die jedoch lange nur halbherzig betrieben wurde.[252]

nur so ihre immense Bedeutung erklären. Eine ähnlich falsche Kategorisierung liegt mit der Einordnung des deutschen Schuhunternehmens Conrad Tack in die Rubrik *Apparel* (textile Kleidung), nicht aber unter *Leather and its products* vor (S. 697). Vgl. Chandler (1990), S. 666-686, 693, 697.

248 Auch hier musste sich die Firma dem Vorwurf der Monopolbildung und der unlauteren Vermarktungsmethoden durch das Mietsystem stellen. 1971 ordnete das britische Unterhaus eine Untersuchung der BUSMC an. Sie kam zu dem Ergebnis, dass die Firma ein Monopol auf Schuhmaschinen in Großbritannien innehatte. Dieses Monopol und die Unternehmenspraktiken seien jedoch nicht gegen das öffentliche Wohl gerichtet (*against the public interest*). Vgl. The Monopolies Commission (1973).

249 Die Atlas-Werke standen 1953 an 145. Stelle aller deutschen Unternehmen. Vgl. Chandler (1990), S. 696-721.

250 Burch (1929), S. 2; Das Klebeverfahren ist außerdem kurios abwesend in allen wichtigen technischen Fachbüchern und wirtschaftswissenschaftlichen Darstellungen und Studien der Produktionsverfahren in Großbritannien bis in die 50er Jahre. Vgl. Korn (1953); Silverman (1946), S. 199-284; Thornton (1958).

251 Vgl. die beiden Auflagen von Merryfield (1934) und Merryfield (1949) und Kap. 11.

252 Howie (1999), S. 81.

4.8 Zwischenfazit

Die materielle Entwicklung des Produkts Schuh spiegelt die technische Entwicklung seiner Produktionsverfahren in den industriellen Betrieben wider. Neben der gewendet-genähten und der rahmengenähten Machart, die die alten, von Hand genähten Vorgänger maschinell rekonstruierten, entstanden im 19. Jahrhundert die durchgenähte und im 20. Jahrhundert die geklebte Machart. Diese industriellen Verfahren ermöglichten eine Vervielfachung der Produktion. Bis auf die geklebte Machart stammten alle Herstellungsverfahren aus dem technischen Pionierland USA. Sie wurden sowohl in Deutschland als auch in England über die Arbeitsmaschinen adaptiert und kopiert, die von ihren amerikanischen Herstellern auch in Europa vermarktet wurden. Die Konstruktionen von Schuhen entwickelten sich geschlechterspezifisch unterschiedlich weiter: Die wichtigste Konstruktion für Frauenschuhe wurde im frühen 20. Jahrhundert die kostengünstige durchgenähte Machart, für Männerschuhe blieb es die qualitativ höherwertige rahmengenähte Machart. Für schwere Arbeitsschuhe war in Deutschland, im Gegensatz zu den beiden anderen Ländern, lange auch noch die holzgenagelte Machart in Gebrauch.

Durch das weltweite Monopol auf Arbeitsmaschinen einer einzigen Firma, der United Shoe Machinery Corporation in Boston, die sowohl in Deutschland als auch in Großbritannien Tochtergesellschaften unterhielt, gelangte die amerikanische Technik in der ersten Hälfte des 20. Jahrhunderts schnell in deutsche und britische Schuhfabriken. Technische Innovationen waren unmittelbar nach ihrer Einführung in den USA auch in den beiden europäischen Ländern verfügbar. Durch die besondere Vermarktung der Maschinen, das Mietsystem, gelangten die technischen Verfahren nicht nur in die organisatorisch bestausgestatteten und kapitalstarken Unternehmen, sondern standen gleichwertig allen Unternehmensformen und Produktionsformaten, auch den Kleinserienherstellern, zur Verfügung. Trotz der geringen Größe der deutschen Schuhunternehmen, überwiegend kleinen und mittelständischen Betrieben, war so eine laufende technische Modernisierung der Betriebe möglich und gängig. Klein- und mittelbetriebliche Unternehmensformen wurden begünstigt.

Der Stand der technischen Verfahren in den Betrieben war damit, und das mag hier überraschen, kein bedeutender Wettbewerbsvorteil und keine Erklärung für die Unterschiede in der Produktivität einzelner Unternehmen und der Schuhindustrien insgesamt in den drei Ländern. Die technische Ausstattung der Betriebe und die Produktionsverfahren waren durch die monopolartige Stellung der United Shoe Machinery Corporation in allen drei Ländern vergleichbar. Das Deutsche Reich unterschied sich jedoch von Großbritannien in einer verhältnismäßig geringeren Abhängigkeit vom amerikanischen Maschinenmonopol. Dank einer in den 20er Jahren erstarkenden und immer eigenständiger werdenden Schuhmaschinenindustrie und der besonderen Bedeutung der Chemie in diesem Verfahren kam es in Deutschland sogar zu einer unabhängigen Basisinnovation in der Schuhkonstruktion, die sich von dort aus ab 1929 auch nach Amerika ausbreitete: die geklebte Machart. In Großbritannien blieb diese Machart vorerst unbekannt.

Ein Direktor des drittgrößten US-amerikanischen Schuhunternehmens, der Brown Shoe Company in St. Louis, kam 1934 bei einer Besichtigungsreise durch Europa zu dem Schluss:

> »The most advanced factory organization is now outstanding in Germany. They are equipped for quantity production along modern lines and prepared to go into mass production under the best of conditions, both from the shoemaking standpoint, and from that of the workers. Their machinery is of the newest and best type.«[253]

Der amerikanische Manager nahm hier aus zeitgenössischer Sicht die Scranton'sche Unterscheidung von Mengenproduktion (*quantity production*) und Massenproduktion (*mass production*) vor und wies darauf hin, dass die deutsche Industrie, genau wie die amerikanische, an der Schwelle zur Massenproduktion stand, diese aber noch nicht überschritten habe.

Die überwältigende Mehrzahl aller Schuhe wurde zu diesem Zeitpunkt in allen drei Ländern in den genähten Konstruktionen hergestellt. Die von den Zeitgenossen in Europa immer wieder geäußerte Einschätzung, die amerikanischen Schuhe seien im Vergleich zu Produkten aus den beiden anderen Ländern besonders hochwertig, lässt sich tatsächlich an den Macharten der Schuhe belegen: In den USA machten rahmengenähte Schuhe Anfang der 30er Jahre den größten Teil der Produktion aus, während es im Deutschen Reich und Großbritannien die unbequemeren, aber billigeren durchgenähten Schuhe waren.

Trotz der vergleichbaren technischen Ausstattung wies die Produktivität der Schuhindustrien in Deutschland, Großbritannien und den USA große Unterschiede auf. Während in Deutschland bis in die 30er Jahre die Kleinserienproduktion vorherrschend war, auch wenn einige wenige Unternehmen eine Großserienproduktion praktizierten, produzierten große Teile der Industrie sowohl in den USA als auch in Großbritannien bereits im Format der Mengenproduktion. In den USA und in Großbritannien hatten die Filialbetriebe bzw. der Export eine viel größere Bedeutung erlangt, während in Deutschland individuelle Einzelhändler die Größe der Aufträge bestimmten. Als Großbritannien seit den 30er Jahren allmählich die kolonialen Märkte zu schwinden begannen, hatte dies auch unmittelbar Auswirkungen auf das Produktionsformat der betroffenen Schuhbetriebe und das Produktformat ihrer Erzeugnisse.

Eine annähernde Massenproduktion wie bei der tschechischen Firma Baťa, die ebenfalls mit einer gebündelten Auftragserteilung durch die Händler begann, wurde weder in Großbritannien noch in den USA praktiziert. Bei Baťa sorgten die vertikale Integration und hohe Spezialisierung von Betriebseinhei-

253 Discusses European Business Conditions, in: SLR v. 10.2.1934, S. 9.

ten, die Standardisierung von Prozessen und Produkten, der Einsatz von kapitalintensiven Spezialmaschinen, vor allem aber die sukzessive Dequalifikation, Verbilligung und Austauschbarkeit der Arbeitskräfte und der weltweite Vertrieb der in hohem Maße typisierten Produkte dafür, dass das osteuropäische Unternehmen die weltweite Avantgarde der Massenproduktion in Schuhen wurde. Mit diesem Organisationsvorsprung hatte das Unternehmen auf allen Märkten der westlichen Welt einen für die einheimischen Firmen bis zum Zweiten Weltkrieg nicht aufholbaren Wettbewerbsvorteil erlangt.

Entscheidend für die unterschiedliche Produktivität der Schuhindustrie der drei Länder war also erstens die Tiefe der Arbeitsteilung, zweitens der Spezialisierungsgrad der Produktionseinheiten, drittens der Grad der unternehmensübergreifenden Normierung von Schuhteilen, die mit der landesweiten Festlegung von Schuhgrößenmaßen nur in den USA nennenswerte Erfolge erzielt hatte, und viertens das Produktformat der hergestellten Produkte, d.h. der Anteil der Standardprodukte im Sortiment gegenüber den Modeprodukten, die saisonal wechselten. Ein fünfter Faktor waren die Struktur des Handels und die Absatzmöglichkeiten der Hersteller, d.h. die Größe der Binnen- und Exportmärkte.

Doch beherrschten in allen drei Ländern technische Grundprobleme die Herstellung und beeinträchtigten die Effizienz des Gesamtprozesses. So erwies sich Anfang der 30er Jahre sowohl in Deutschland und Großbritannien als auch in den USA vor allem das Material als ein beträchtliches Hindernis für eine weitere Rationalisierung der Schuhproduktion. So wie die wechselnde Mode als das größte absatzwirtschaftliche Hindernis für die Produkte galt, stellte das Leder als äußerst heterogener und variabler Rohstoff das größte Problem in der Verfahrenstechnik dar. Der Wirtschaftswissenschaftler Edgar Hoover, der 1933 in Harvard nach der Standorttheorie Alfred Webers die amerikanische Schuhindustrie und ihre Produktion untersuchte, kam in seiner gründlichen Studie zu dem Schluss:

> »Further standardization of the actual processes of manufacture could not go much farther unless styles were to be controlled or a homogenous substitute material […] were to be discovered.«[254]

Dieser Befund, neben einer wie auch immer gearteten Kontrolle der Mode sei ein homogener Ersatzstoff für Leder aus betriebswirtschaftlicher Sicht und als prozesstechnischer Faktor in der Produktion wünschenswert, galt gleichermaßen auch für Deutschland und Großbritannien. In den folgenden Jahren sollten diese beiden Forderungen erfüllt werden.

254 Hoover (1933), S. 274. Vgl. auch die ausführliche Studie: Hoover (1937).

Teil II

Kernbereiche des Wandels im Nationalsozialismus (1933-1945)

5. Material I: Der Rohstoff Leder

In den folgenden zwei Kapiteln soll ein wesentlicher Abschnitt der Produktlinie in den Blick genommen werden, der eigentlich ganz an ihrem Anfang steht: die Beschaffung und Herstellung der Roh- und Werkstoffe für Schuhe. Da dieser Abschnitt in Deutschland aber bereits wesentlich von den wirtschaftspolitischen Rahmenbedingungen des Nationalsozialismus geprägt wurde und die Entwicklung der Rohstoffversorgung in der Schuhproduktion untrennbar mit der Autarkiepolitik nach 1933 verbunden ist, beginnt an dieser Stelle ein gesonderter, zweiter Teil dieser Studie.

Angesichts der großen Bedeutung aller Rohstoff-Fragen und der bedeutenden Veränderungen während der NS-Zeit wird das Material für Schuhe in zwei Kapiteln behandelt. Davon beschäftigt sich das erste mit den Rohstoffen, die in das Material Leder einflossen, und das zweite mit den Bemühungen um die Entwicklung und Durchsetzung von Werkstoff-Alternativen zum Leder. Wirft man einen Blick auf die Kostenstruktur des Produkts Schuh im Deutschen Reich Anfang der 1930er Jahre, so erweist sich, dass das Material darin eine herausragende Bedeutung hatte. Über die Hälfte der gesamten Gestehungkosten eines Schuhs entfiel allein auf das Leder. Nimmt man die übrigen Rohstoffe noch hinzu, so ergibt sich ein Materialanteil von über 60 Prozent.[1] Dies war, etwa im Vergleich zu heute, da die Arbeitskosten den entscheidenden Kostenfaktor darstellen, eine enorme Menge.

Bei der Firma Baťa, bei der die Arbeitskosten vermutlich am niedrigsten in ganz Europa waren, errechnete die Firmenleitung 1929 sogar einen Anteil der Rohstoffe von 80 Prozent an den Gestehungskosten.[2] In England lag der Materialanteil etwas niedriger. Aber auch hier setzte sich der Fabrikpreis eines Schuhs zu 52 Prozent aus dem Material und zu 29 Prozent aus Löhnen und Gehältern zusammen. 19 Prozent machten *Overhead*-Kosten und Profit aus. Sogar in den USA, wo bekanntlich die Arbeitskosten am höchsten waren, lag bei den Produktionskosten eines Schuhs das Material mit 45 Prozent vor den Arbeitskosten mit

1 Nach Berechnungen der Fachleute vor dem deutschen Enquete-Ausschuss 1929 entfielen über 50 Prozent der Gestehungskosten eines Schuhs allein auf das Leder, auf die Hilfsstoffe wie etwa Zwirn, Nägel und Täckse, Pech, Fett und Füllmaterialien weitere 9 bis 15 Prozent. Löhne und Gehälter schlugen nur mit 20 bis 25 Prozent zu Buche. Vgl. Ebert (1928), S. 74-76; Ausschuss Schuhindustrie (1930), S. 9, 29; Zur Lage der deutschen Schuhwirtschaft, in: Wochenbericht des Instituts für Konjunkturforschung 8 (1935), Nr. 47 v. 27.11.1935, S. 193f. 1939 ging man in der Fachgruppe Schuhindustrie sogar von einem Kostenanteil von etwa 40 Prozent für Oberleder, 30 Prozent für Bodenleder, 20 Prozent für Arbeitslohn und bis zu 10 Prozent für Zutaten aus. Der Rohstoff-Anteil an den Kosten hatte sich offenbar im Verlauf der 30er Jahre noch vergrößert. Vgl. Speidel (1939), S. 39.

2 Devinat (1930a), S. 238.

42 Prozent.[3] Das Material, fast ausschließlich aus dem Werkstoff Leder bestehend, war bei der Schuhherstellung in allen drei Ländern der Kostenfaktor Nummer eins.

Die Autarkiepolitik der Nationalsozialisten setzte daher mit der Lenkung der Rohstoffversorgung an der für die deutschen Schuhunternehmen empfindlichsten Stelle an. Das Material war die zentrale Achse, um die sich die technische und wirtschaftliche Entwicklung des Schuhs drehte. Die Rohstoffe und ihre Lenkung brachten in der nationalsozialistischen Wirtschaftspolitik die Unternehmen auf den neuen ökonomischen Kurs. Erst viel später kamen noch andere Produktionsfaktoren wie die menschliche Arbeitskraft, Maschinen usw. als Verteilungsproblem und Hierarchisierungsmittel der Wirtschaft hinzu. Um diesen Prozess zu verdeutlichen, werden zunächst die wichtigsten Lederarten und ihre Herstellungsverfahren vorgestellt, die Anfang der 30er Jahre dominierten. Der Rohstoff Leder wird dabei bis in seine ersten Entstehungszusammenhänge, die Herstellung von Gerbstoffen für die Lederherstellung bzw. die Viehzucht und Schlachtung der Rinder, zurückverfolgt.

Maßnahmen, die beim eingeschränkten Blick auf Deutschland als rein autarkiepolitisch motiviert, spezifisch nationalsozialistisch und mitunter ökonomisch widersprüchlich erscheinen, erhalten im internationalen Vergleich überraschend neue Aspekte wirtschaftlicher Rationalität. Zudem wird im Vergleich mit dem Rohstoffbezug Großbritanniens die enorme Bedeutung der Kolonien für die Rohstoffversorgung auf den Britischen Inseln deutlich. Dies wirft neue Fragen zu den kolonialen Ambitionen und dem späteren Umgang der NS-Regierung und der deutschen Lederfachleute mit der Sowjetunion auf. Die Jahre des Zweiten Weltkriegs waren eine Zeit, in der die Rohstoffbeschaffung für die deutsche Lederwirtschaft die Form von regelrechten Raubzügen in der besetzten Sowjetunion, in den anderen »Ostgebieten« und in den westlichen besetzten Ländern Europas annahm. Hier sollen erstmals quantitative Angaben für das Ausmaß dieser Plünderungen und ihre Bedeutung für die Lederversorgung der deutschen Wirtschaft bis 1945 gegeben werden.

3 US Department of Labor, Bureau of Labor Statistics, Time and Labor Costs in Manufacturing 100 Pairs of Shoes 1923, Washington 1924, S. 35.

5.1 Rohstoffwirtschaft und nationalsozialistische Autarkiepolitik

Die nationalsozialistische Autarkiepolitik

Die NSDAP verfolgte seit 1933 ein wirtschaftspolitisches Programm, das auf die »Wiederwehrhaftmachung« Deutschlands für einen neuen Krieg abzielte.[4] Dafür griff sie auf ein Konzept zurück, das in Militärkreisen unter dem Begriff der »Wehrwirtschaft« kursierte. Darunter verstand das NS-Regime »die Gestaltung der Volkswirtschaft im Frieden für den Krieg unter militärischen Gesichtspunkten«.[5] Im Nationalsozialismus sollte »die Wirtschaftspolitik Werkzeug der Rüstungspolitik«[6] sein. Dieses neue Wirtschaftsprinzip resultierte aus den Erfahrungen des Militärs aus dem Ersten Weltkrieg. Es machte u. a. die durch die alliierte Blockade verursachten Versorgungsschwierigkeiten im Reich für die deutsche Niederlage von 1918 verantwortlich. Der Krieg im Zeitalter der Materialschlachten sei von deutscher Seite aus auf zu schmaler ökonomischer Basis geführt worden. Zukünftige wirtschaftliche Kriegsvorbereitungen durften sich also nicht allein auf die Ausstattung der Armee beschränken. Sie mussten die gesamte Rohstoffgrundlage der Industrie und die Bedarfsdeckung der Zivilbevölkerung in die Planung miteinbeziehen. Die Schaffung einer autarken, d. h. »blockadefesten« Wirtschaft schon in Friedenszeiten wurde neben dem Streben nach einer von Deutschland beherrschten europäischen Großraumwirtschaft zum Leitgedanken der Wirtschaftspolitik im Nationalsozialismus.[7]

Diese Autarkiepolitik wurde nach dem Machtantritt der Nationalsozialisten durch zweierlei wirtschaftspolitische »Maßnahmenbündel« (Werner Abelshauser) in die Tat umgesetzt: durch den »Neuen Plan« des Wirtschaftsministers und Reichsbankpräsidenten Hjalmar Schacht (September 1934) und den »Vierjahresplan« (Oktober 1936), der im Juli 1938 vom »Wehrwirtschaftlichen Neuen Erzeugungsplan« abgelöst wurde. Beide zielten darauf ab, die Abhängigkeit der deutschen Wirtschaft von ausländischen Rohstofflieferungen zu verringern. Das

4 Die Aufrüstung Deutschlands als oberstes Primat der NS-Wirtschaftspolitik – auch über die Arbeitsbeschaffungsmaßnahmen der ersten Jahre nach dem Machtantritt – ist in der Forschung nunmehr unumstritten. Die Höhe der Rüstungsausgaben ist weiterhin Gegenstand von Kontroversen. Vgl. Tooze (2006); Abelshauser/Hesse/Plumpe (2003); Herbst (1996); Buchheim (1995). Zur Rolle der Wissenschaften in diesem Prozess ab 1933 vgl. Maier (2002); Schmaltz (2005).

5 Alexander Graf Brockdorf, Weltwirtschaft und Weltrüstung, in: Wehrtechnische Monatshefte 39 (1935), zitiert in: Volkmann (1989), S. 248; zum System der Wehrwirtschaft vgl. ebd. S. 248-254.

6 Ebd., S. 248.

7 Petzina (1968a); K. Hesse, Die Ersatzstoffwirtschaft als wesentliches Problem der Friedens- und Kriegswirtschaft. Ein Beitrag zur Theorie der Kriegswirtschaft, in: Abhandlungen der Deutschen Gesellschaft für Wehrpolitik und Wehrwissenschaften, 2. Folge, 1935, S. 43-46; Volkmann (1989).

Privateigentum an den Produktionsmitteln und die marktwirtschaftliche Grundstruktur der deutschen Wirtschaft wurden dabei zwischen 1933 und 1945 nicht angetastet. Auch die Entscheidungsautonomie der Unternehmensleitungen blieb formal erhalten und wurde sogar noch ausgeweitet.[8] Die alte Erklärung der »Wirtschaft unter Zwang«, die Unternehmer und Wirtschaftshistoriker in der Nachkriegszeit oft auch als legitimatorisches Deutungs- und Erinnerungsmuster für das unternehmerische Handeln in der Zeit des Nationalsozialismus verwendeten, ist von zahlreichen wirtschafts- und unternehmenshistorischen Studien der letzten Jahre relativiert worden.[9] Es zeigte sich, dass die Vertragsfreiheit und die Verfügungsrechte der Unternehmen in den Jahren 1933 bis 1945 kaum so sehr eingeschränkt wurden, dass die an wirtschaftlichen Kriterien orientierte unternehmerische Entscheidungsautonomie aufgehoben und durch einen staatlichen Dirigismus ersetzt wurde. Bis auf sehr wenige Ausnahmen handelten Unternehmer nicht auf Befehl und unter Sanktionen eines autoritären Staates.[10] Stattdessen schufen die NS-Wirtschaftspolitiker ein komplexes Lenkungssystem, d.h. einen institutionellen und rechtlichen Rahmen, innerhalb dessen langfristig die Priorität der Rüstung im gesamtwirtschaftlichen Geschehen – vor allem gegenüber dem privaten Verbrauch –[11] mittels der Verknappung und Kontingentierung von Produktionsfaktoren und Ressourcen durchgesetzt werden konnte. Bei der Ausgestaltung der Institutionen und den Maßnahmen zu ihrer eigenen Lenkung hatten die Unternehmen jeweils entscheidende Einfluss- und Gestaltungs-

8 Durch die Abschaffung der Gewerkschaften und des kollektiven Arbeitsrechts vergrößerte sich etwa die Entscheidungsautonomie der Unternehmensleitungen. Vgl. hierzu: Plumpe (2003); Ambrosius (2001), S. 129-139; 167-170. Zum Ergebnis, dass autonomes, ökonomisch rationales, gewinnorientiertes unternehmerisches Handeln auch im Nationalsozialismus die Produktions- und Investitionsentscheidungen von Unternehmern dominierte und die Gesetze unternehmerischen Handelns nicht primär von der Politik definiert wurden, kommen auch jüngst: Buchheim (2006); Buchheim/Scherner (2006).

9 Vgl. hierzu die zusammenfassenden Referate von Christoph Buchheim, Werner Plumpe, Albrecht Ritschl, Hansjörg Siegenthaler, Reinhard Spree und Mark Spoerer vor dem Wirtschaftshistorischen Ausschuss des Vereins für Socialpolitik im März 2004, abgedruckt als »Beiträge der Wirtschaftsgeschichte zum Verständnis des Nationalsozialismus« in: JfW 2004/2, S. 225-248. Als Fallbeispiel für die Studie einer Konsumgüterbranche vgl. Höschle (2004). Stellvertretend für viele andere, die hingegen die alte Auffassung der »Wirtschaft unter Zwang« vertraten: Barkai (1988); Blaich (1987) und zuletzt wieder Prollius (2003).

10 Dies gilt allerdings nicht für die Unternehmen, die in »jüdischer« Hand waren. Die Diskriminierung von Unternehmen nach rassischen Kriterien hatten nur wenig mit den allgemeinen Beziehungen zwischen Staat und Wirtschaft zu tun. Vgl. Buchheim (2006), S. 356.

11 Der Aspekt des durch die Konjunkturpolitik nach 1933 noch gesteigerten privaten Verbrauchs als Konkurrent der Rüstung um die volkswirtschaftlichen Investitionen wird erst in der neuesten Forschung hervorgehoben, vgl. Abelshauser (1999), S. 518.

möglichkeiten. Am Beispiel der Schuhproduktion und ihrer Produktionsfaktoren wird dies zu zeigen sein.[12]

Der »Neue Plan« begann diese Aufgabe auf dem Gebiet der Außenwirtschaft. Mittels Devisenkontrollen und verschiedener Methoden der gezielten Ausfuhrförderung gelang es Hjalmar Schacht, ein staatliches Außenhandelsmonopol zu errichten.[13] Der Staat eignete sich das Recht an, über die Verteilung der Devisen und damit die importierten Rohstoffe an Branchen und Unternehmen zu bestimmen. Der Import wurde auf volkswirtschaftlich als »wichtig« definierte, d. h. rüstungs- und ernährungswirtschaftlich notwendige Einfuhren beschränkt. Die Exportförderung war dabei Voraussetzung für einen größeren Spielraum bei der Einfuhr. Wichtiges Instrument der Schacht'schen Politik waren bilaterale Handelsverträge. Zur Schonung der knappen Devisenreserven sollten importierte Agrar- und Rohstoffe in einem System des Warenclearing direkt gegen fertige Industrieprodukte eingetauscht werden. Ein langfristiges Ziel war die Umlagerung des deutschen Außenhandels von Westeuropa und Nordamerika nach Südosteuropa, dem Nahen Osten, Lateinamerika und Nordeuropa. Wie zu sehen sein wird, war diese Umverlagerungspolitik auch für die Rohstoffbeschaffung der Lederwirtschaft von einiger Bedeutung.

Mitte der 30er Jahre nahm der Weltmarkt deutsche Produkte jedoch nicht in einem Maße auf, das es ermöglichte, genügend Devisen für die immensen Rohstoffeinkäufe zu erwirtschaften.[14] Das Devisendefizit belief sich von 1936 an jährlich auf rund eine Milliarde Reichsmark.[15] Der durch die Aufrüstung angekurbelten Industrie fehlte es an wichtigen Grundstoffen. Vor die Wahl gestellt, entweder das Tempo der Aufrüstung zu verlangsamen, das Exportvolumen erheblich zu steigern, den Konsum drastisch zu beschränken oder im Inland industrielle Kapazitäten für synthetischen Ersatz für ausländische Rohstoffe zu schaffen, wählten die nationalsozialistischen Wirtschaftsplaner die letztere Möglichkeit.[16] Vor allem Treib- und Brennstoffe, Gummi, Eisen und Textilrohstoffe sollten durch die Nutzung bisher als unwirtschaftlich angesehener Vorkommen oder Produktionsverfahren in Deutschland selbst erzeugt werden. Der »Vierjah-

12 Diese »Mischung aus Steuerung und Autonomie« mündete, so Werner Plumpe, in einen bis zum Kriegsende andauernden »Experimentierprozess« mit »institutionellen Arrangements« und eine »Praxis des Improvisierens«, die »sowohl für die Steuerungsinstitutionen als auch für deren Programme typisch wurde«. Vgl. Plumpe (2004), S. 242.

13 Die Ausdehnung der Lenkung des Außenhandels von nur wenigen Rohstoffen auf alle Waren unterschied die nationalsozialistische Wirtschaftspolitik von der bisherigen Politik Brünings, dessen Regierung bereits im Juli 1931 mit der Devisenbewirtschaftung begonnen hatte. Vgl. Diehl (2005), S. 39-53.

14 Petzina (1968a), S. 17; Diehl (2005), S. 47ff.

15 Eichholtz (1971), Bd. 1, S. 15. Diehl gibt, unter Berufung auf Berechnungen A. Ritschls, eine Clearingschuld des Deutschen Reiches von 953 Mio RM Ende Dez. 1940, die bis Dez. 1941 auf 3,25 Milliarden RM und auf 30,7 Milliarden RM bei Kriegsende anwuchs, vgl. Diehl (2005), S. 50.

16 Buchheim (2001); Abelshauser (1999), S. 131ff.; Eichholtz (1971), Bd. 1, S. 15.

resplan« leitete den systematischen Aufbau einer »großen deutschen Rohstoffindustrie«[17] ein und weitete gleichzeitig die staatliche Wirtschaftslenkung auch auf den binnenwirtschaftlichen Bereich aus. Ziel war die Steigerung der landwirtschaftlichen und industriellen Eigenproduktion, um, nach Hitlers Worten, die »Armee in vier Jahren einsatzfähig« und »die deutsche Wirtschaft in vier Jahren kriegsfähig« zu machen.[18] Mit der Vierjahresplanbehörde baute das NS-Regime unter der Leitung Hermann Görings und mit maßgeblicher Beteiligung und orientiert an den Plänen der Unternehmen der Großchemie (I.G. Farbenindustrie) ein »Führungsorgan der Gesamtwirtschaft« auf, dem sich die herkömmliche staatliche Wirtschaftsverwaltung – wie etwa das Reichswirtschaftsministerium und die Landeswirtschaftsämter – unterzuordnen hatte.[19] Das wichtigste Organ der Vierjahresplanbehörde war das *Amt für deutsche Roh- und Werkstoffe*, später *Reichsstelle* und ab Dezember 1939 *Reichsamt für Wirtschaftsausbau*. Seine Aufgabe war die organisatorische und technische Durchführung des industriellen Ausbaus der heimischen Rohstoffbasis, die sich in der überwiegenden Zahl der Bereiche auf den Einsatz chemo-technischer Prozesse der Hochdrucksynthese stützte.[20]

Die Weltmarktabhängigkeit der deutschen Lederindustrie

Nach einer Studie des amerikanischen Handelsministeriums aus dem Jahr 1935 lag die Weltproduktion von industriell hergestelltem Leder bis 1925 in den Händen von nur vier Ländern. Dies waren, in der Reihenfolge ihrer wirtschaftlichen Bedeutung, die USA, Deutschland, Großbritannien und Frankreich. Diese vier Länder brachten 70 Prozent der weltweiten Industrieproduktion an Leder hervor.[21] Vor 1925 machten ihre Exporte außerdem 80 Prozent des Welthandelsgutes Leder aus. Die meisten anderen Länder besaßen noch keine eigene Industrieproduktion an Leder. Erst in den 20er Jahren begannen vor allem die Länder, die vorher Häute und Gerbstoffe ausgeführt hatten, erfolgreich mit der eigenen Lederherstellung. 1934 war der Anteil der vier genannten Industrieländer an der Weltproduktion von Leder auf etwas mehr als die Hälfte zurückgegangen.[22] Die

17 Proklamation Hitlers auf dem Reichsparteitag zur Verkündung des Vierjahresplans am 9. September 1936, in: Treue (1955), S. 201.

18 Treue (1955), S. 210.

19 Zur chemischen Industrie als treibende Kraft hinter den Autarkiebestrebungen und der Denkschrift des I.G.-Farbenindustrie-Direktors Carl Krauch 1933 zur Erweiterung der deutschen Rohstoffbasis vgl. Petzina (1968a), S. 27ff.; zum Begriff des »Führungsorgans der Gesamtwirtschaft« vgl. Petzina (1968a), S. 114.

20 Marsch (2002); Plumpe (1990).

21 Diese Berechnungen blendeten alle subsistenzwirtschaftlich, handwerklich und kleingewerblich produzierten und verwendeten Lederarten aus. Vgl. Schnitzer (1935).

22 Schnitzer (1935), S. 3.

Weltwirtschaftskrise und der zunehmende Protektionismus erschwerten die Exporte. 1929 wurden 20 Prozent der gesamten Weltproduktion an Leder auf dem Weltmarkt gehandelt. 1934 waren es noch ungefähr 15 Prozent.[23]

Vor der Weltwirtschaftskrise war das Deutsche Reich der weltgrößte Lederhändler, sowohl beim Export als auch beim Import. Während in der Trias der drei Länder die USA in der Schuhtechnik führend waren und Großbritannien die meisten Schuhe exportierte, führte das Deutsche Reich die Lederausfuhr an. Zu den größten Unternehmen im Deutschen Reich zählten im Jahr 1930 kaum ein Schuhunternehmen oder Schuhmaschinenhersteller, dafür aber vier Gerbereien.[24] Dies war weder in den USA noch in Großbritannien der Fall. Die kapitalintensive deutsche Lederindustrie war, im Gegensatz zur Schuhindustrie, bereits hauptsächlich in Großbetrieben mit über 200 Beschäftigten organisiert. Die 39 größten Betriebe vereinigten 1933 die Hälfte aller in der Lederindustrie Beschäftigten auf sich.[25]

Die deutschen Gerbereien exportierten Leder hauptsächlich nach Großbritannien und in andere europäische Länder.[26] In Großbritannien kam der überwiegende Teil der Lederimporte aus Deutschland.[27] Auch in den Vereinigten Staaten machten deutsche Produkte den größten Teil des importierten Leders aus, gefolgt von englischen und französischen.[28] Das wichtigste Handelsgut waren dabei Oberleder für Schuhe. Sie waren vom Gewicht her leichter und stellten trotz ihrer meist geringeren Herstellungsdauer ungleich größere Werte dar als die Unterleder.[29] Die schweren Sohlenleder und andere Lederarten wurden weit weniger global gehandelt und in allen Ländern meist für den Eigenbedarf produziert. Auch für die Lederindustrie waren 1927 und 1928 die goldenen Jahre. Die Produktion war so hoch wie nie zuvor. In der Weltwirtschaftskrise erlitt die Handelstätigkeit jedoch große Einbußen. In vielen Ländern wurden

23 Ab 1929 wurden weltweit keine genauen Zahlenwerte mehr veröffentlicht. Vgl. Schnitzer (1935), S. 4.

24 Die Firmen Adler & Oppenheimer AG in Berlin, die Cornelius Heyl AG in Worms, die Lederfabrik Hirschberg (vormals Heinrich Knoch & Co.) in Hirschberg/Saale und die Julius Mayer & Sohn Lederfabrik AG in Offenbach waren, gemessen am Aktienkapital, die größten Gerbereien im Reich. Familienunternehmen wie Carl Freudenberg in Weinheim, eine GmbH, und Doerr und Reinhart in Worms, eine Kommanditgesellschaft, die nicht die Unternehmensform einer Aktiengesellschaft hatten, sind in dieser Liste nicht erfasst. Vgl. Chandler (1990), S. 709. Diese Firmen waren, am Aktienkapitel gemessen, auch 1938 noch die größten Lederfirmen, vgl. Die Lederwirtschaft in 1938, in: Der Vierjahresplan 3 (1939), S. 1301ff.

25 Hoffmann (1938), S. 21.

26 Vgl. Ausschuss Lederindustrie (1930), S. 258-261. Zu Exporten deutscher Lederunternehmen nach Lederarten und Ländern (1934) vgl. Schnitzer (1935), S. 118f.

27 Ausschuss Lederindustrie (1930), S. 271.

28 Schnitzer (1935), S. 45.

29 Vgl. Erzeugung an Leder in den Jahren 1910, 1925, 1927, 1931, 1933 und 1935, in: Hoffmann (1938), S. 10a; Ausschuss Lederindustrie (1930), S. 100f.

auch für Leder Importquoten eingeführt und Schutzzölle erhoben. Die Menge des aus Deutschland exportierten Leders ging von 1929 bis 1932 um etwa 40 Prozent zurück.[30] Es wurde nur noch etwa ein Fünftel der gesamten deutschen Ledererzeugung exportiert.

Die Erzeugung von Leder und seine Verwendung

Noch stärker als beim Export der Fertigware war die Weltmarktabhängigkeit der deutschen Lederindustrie beim Import der Rohstoffe. Die Lederindustrie war – und ist – eine Sekundärindustrie der Fleischerzeugung (Abb. 70). Sie verarbeitete die Rohhäute, die bei der Fleischerzeugung anfielen, und war vom Umfang der Schlachtungen abhängig. Eine Steigerung der heimischen Rohstoffe in der Autarkiewirtschaft war deswegen nicht ohne eine Ausweitung der Viehhaltung auf Kosten anderer landwirtschaftlicher Versorgungszweige möglich.

Die deutsche Lederindustrie war in besonders hohem Maße von überseeischen Importen abhängig. Dies galt für die beiden wichtigsten Rohstoffgruppen der Lederherstellung: die Rohhäute und die Gerbstoffe. Der Anfall von Rohhäuten in Deutschland konnte nur zu etwa 40 Prozent den Häutebedarf der deutschen Lederindustrie decken. Über die Hälfte aller in Deutschland verarbeiteten Rohhäute wurden Anfang der 30er Jahre aus dem Ausland importiert.[31] Bei den Gerbstoffen war die Abhängigkeit vom Import noch ausgeprägter. 85 Prozent der pflanzlichen Gerbstoffe und die gesamten Chrom-Gerbstoffe wurden aus dem Ausland eingeführt.[32] Der Anteil der synthetischen Gerbstoffe an der Gesamtmenge des erzeugten Leders betrug zu Beginn des Vierjahresplans erst 1-2 Prozent.[33]

Die Menge des in Deutschland produzierten Leders erreichte 1927 mit über 150.700 t den höchsten Stand überhaupt in der Geschichte der deutschen Lederindustrie.[34] Durch die Weltwirtschaftskrise fiel die Produktion rapide ab auf 104.000 t im Jahr 1932. 1934 erreichte sie einen neuen Höchststand von 141.000 t. Unter dem Neuen Plan fiel sie wegen mangelnder Rohhauteinfuhr stark ab, um im Vierjahresplan wieder leicht anzusteigen, und erreichte 127.200 t im letzten Vorkriegsjahr.[35] In diesem Jahr wurden außerdem bereits 40.000 t Leder-Ersatzstoffe produziert. Nach einem starken Einbruch in den ersten beiden Kriegsjahren stieg die Lederproduktion in den Jahren 1942 und 1943 wieder stark an.

30 Geschäftsbericht des Centralvereins der Deutschen Lederindustrie für das Vereinsjahr 1932, Berlin 1933, S. 7, MPG-Archiv, Abt. I, Rep. IA, Nr. 1807/4.
31 Hoffmann (1938), S. 40, 64.
32 Stather/Herfeld, (1945), S. 68.
33 Hoffmann (1938), S. 174.
34 Ebd., S. 7.
35 Länderrat des Amerikanischen Besatzungsgebiets (Hg.), Statistisches Handbuch von Deutschland 1928-1944, München 1949, S. 318.

Dies war auf die Verarbeitung sowjetischer Rohhäute nach dem Überfall auf die Sowjetunion und, zu einem geringeren Teil, auf Rohhäute aus den besetzten Westgebieten zurückzuführen. Beim Rückzug der deutschen Truppen fiel die Lederproduktion 1944 schließlich bis auf 70.900 t.

Ziel der Lederplanung im Zeitraum 1936 bis 1945 war es, den gestiegenen Bedarf der Wehrmacht an Leder voll zu decken und den zivilen Lederbedarf auf Ersatzstoffe umzulenken. Durch die im Folgenden beschriebenen Maßnahmen und die Ausplünderung der besetzten Gebiete konnte die ersten viereinhalb Kriegsjahre hindurch trotz des tendenziell immer weiter sinkenden Inlandsaufkommens an Leder die für die Wehrmacht zur Verfügung stehende Ledermenge annähernd auf gleicher Höhe gehalten werden.[36] Erst im Verlauf des Jahres 1944 wurde der Ledermangel auch hier spürbar.[37] Die Leder-Ersatzstoffproduktion erreichte im selben Jahr jedoch ungefähr ein Volumen von 100.000 t Salzgewicht (Sg). Zusammen mit den Importen standen der deutschen Kriegswirtschaft damit noch 1944 etwa 270.000 t Sg an Leder und Ledersatz zur Verfügung.[38] In den zwölf Jahren der nationalsozialistischen Herrschaft erhöhte sich damit trotz ständig sinkender Ledererzeugung die Menge des in Deutschland verarbeiteten Materials im Ledersektor sogar noch (Tabelle 18). Rein quantitativ wurde mit der Einführung von Ersatzstoffen die durch die Autarkiepolitik, Aufrüstung und Kriegsführung entstehende »Lederlücke« geschlossen. Qualitativ gesehen stellten die neuen Werkstoffe jedoch sowohl Produzenten und Verarbeiter als auch Verbraucher vor völlig neue Probleme.

36 Lederversorgung der Wehrmacht für die Zeit vom 1.4.1944 bis 31.12.1944 v. 16.3.1944, BA-MA Freiburg, RH 9, Nr. 75.

37 Bericht des Heeresverwaltungsamts, Die Rohstofflage in der Spinnstoff- und Lederwirtschaft, o. D. [Januar 1944], BA-MA Freiburg, RH 9, Nr. 75.

38 Die Gewichtsangabe ist hier von der RfL in Tonnen Salzgewicht, d. h. dem Gewicht der Häute im Rohzustand, angegeben. Auch das Gewicht der Lederaustauschstoffe ist nach einem Umrechnungsfaktor dieser Mengenangabe angeglichen worden. Ziel dieser Maßnahme war eine Vereinheitlichung der Mengenangaben für Leder, die bislang bei Oberleder in Quadratdezimeter, bei Unterleder in Kilogramm, bei Rohhäuten in Kilogramm Salzgewicht und bei Schuhen in Paar angegeben wurde. RfL, Aufkommen und Verwendung von Leder und Lederaustauschstoffen vor dem Kriege und heute (1944), BA Berlin, R 8 VI, Nr. 32; das United States Strategic Bombing Survey kam ebenfalls zu diesem Ergebnis vgl. United States Strategic Bombing Survey (1976), Vol. 1, S. 135.

Tabelle 17: Gesamterzeugung von Leder im Deutschen Reich (1929-1944) (in 1.000t)[39]

Jahr	Erzeugung	Einfuhr	Ausfuhr	zur Verfügung stehende Menge
1929	117,5	16,8	11,7	122,6
1930	111,8	16,5	11,5	116,8
1931	103,8	15,0	10,2	108,6
1932	104,0	5,1	9,7	99,4
1933	126,0	6,6	9,8	122,8
1934	141,0	6,1	6,7	140,4
1935	140,0	4,3	8,8	135,5
1936	126,6	5,4	6,5	125,5
1937	127,1	6,4	3,6	129,9
1938	131,7	10,5	4,6	137,6
1939	127,2	7,5	6,7	128,0
1940	82,1	3,0	3,8	81,3
1941	83,0	7,6	3,4	87,2
1942	93,8	15,0	2,7	106,1
1943	106,4	9,0	2,5	112,9
1944	70,9	4,0	0,0	74,9

39 Nach: Länderrat des Amerikanischen Besatzungsgebiets (Hg.), Statistisches Handbuch von Deutschland 1928-1944, München 1949, S. 318.

Tabelle 18: Aufkommen von Leder und Leder-Ersatzstoffen (1938, 1943) (in 1.000 t Salzgewicht)[40]

	1938	1943
Inlandsanfall	115	115
Einfuhr	105	40
Bestandsentnahme	0	15
Leder zusammen	220	170
Leder-Austauschstoffe	40	100
Insgesamt	**260**	**270**

Lederarten und Gerbverfahren im 20. Jahrhundert

Der überwiegende Teil des insgesamt Anfang der 30er Jahre im Deutschen Reich verbrauchten Leders entfiel auf die Schuhproduktion. Wie aus Tabelle 19 ersichtlich ist, nahmen die drei Lederarten, die in die Schuhproduktion eingingen (Unterleder, Oberleder und Futterleder), zusammen etwa 70 Prozent der gesamten Lederproduktion in Anspruch.[41]

Die Lederarten wurden zu diesem Zeitpunkt entweder, wie hier, nach ihren späteren Verwendungszwecken unterteilt; sie konnten aber auch nach den verarbeiteten Rohhäuten (Rinds-, Kalbs-, Ziegenleder usw.) oder nach ihren Herstellungsverfahren (vegetabil gegerbtes, chromgegerbtes, sämischgegerbtes Leder usw.) unterschieden werden. Das bei weitem wichtigste Gerbverfahren war Anfang der 30er Jahre die pflanzliche Gerbung oder Lohgerbung, auch vegetabile Gerbung genannt. Mit einigem Abstand folgte die mineralische Gerbung (Salzgerbung), darunter besonders die Chromgerbung. Die pflanzlichen Rohstoffe für die Lohgerbung waren Baumrinden und Hölzer, vor allem Eichenrinde. Die vegetabile Gerbung beruhte auf der Verwendung von anfangs in die Erde eingelassenen und später künstlich angelegten »Gruben«. Darin wurden mehrere Rohhäute (»Blößen«) mit Wasser und zu »Lohe« gemahlenen Gerbmitteln aufgeschichtet und so bis zur Durchdringung der Haut mit dem Gerbstoff eingelegt. Wenn nach 2 bis 3 Monaten die Lohe weitgehend erschöpft, d. h. ihre Gerbsäure ganz extrahiert war, wurde der »Versatz« von Häuten erneut mit frischer Lohe angesetzt. Dies geschah mehrfach, bis das Leder ganz ausgegerbt war. Je

40 Die Lederaustauschstoffe beinhalten LFWS, Kunstleder auf Vlies- und Gewebegrundlage, Gummi- und P-Sohlenmaterial (PVC). Vgl. RfL, Aufkommen und Verwendung von Leder und Lederaustauschstoffen vor dem Kriege und heute (1944), BA Berlin, R 8 VI, Nr. 32. Zu den Umrechnungsfaktoren von Rohhaut zu den einzelnen Lederarten und umgekehrt vgl. Heeresverwaltungsamt, Jahresbedarf der Wehrmacht an Leder und Häuten, 10.12.1937, BA-MA Freiburg, RW 19, Nr. 2478.

41 Der Materialbedarf an Futterleder nahm mit Einführung des Halbschuhs in den 20er Jahren stark zu, da dieser, anders als der Stiefel, mit Leder gefüttert wurde. Vgl. Ausschuss Schuhindustrie (1930), S. 27.

fester das Leder werden sollte, desto »saurer«, d.h. konzentrierter, wurden die Gerbbrühen angesetzt. Wegen ihrer langen Gerbdauer wurde die Grubengerbung auch langsame Gerbung genannt. Die Qualität des fertigen Leders war dabei proportional zur Dauer seines Herstellungsprozesses. Die Herstellung von hochwertigem Sohlenleder dauerte oft über ein Jahr. Die Mindestgerbdauer von Sohlleder für die Wehrmacht war 12 Monate. Der Durchschnitt der Gerbdauer von Ober- und Unterleder lag Ende der 30er Jahre bei sechs Monaten.[42]

Tabelle 19: Anteil der Lederarten (nach Verwendungszwecken) an der Gesamtproduktion von Leder im Deutschen Reich (1932)[43]

Lederart	Menge	Wert
Unterleder	52,7 %	35,1 %
Oberleder	16,4 %	35,5 %
Gegerbte Abfälle[44]	13,8 %	6,4 %
Sattler-, Möbel- und Feinleder	6,0 %	8,0 %
Gegerbte Spalte	4,3 %	2,6 %
Technisches Leder	3,0 %	3,2 %
Lackleder	2,1 %	6,1 %
Futterleder	0,8 %	0,9 %
Handschuhleder	0,6 %	2,1 %
Schafleder (Halbfabrikat)	0,3 %	0,2 %
Pergament- und Trommelleder	0,0 %	0,0 %

Ende des 19. Jahrhunderts entstand neben der langsamen Grubengerbung ein neues Verfahren der Lederherstellung: die Fassgerbung. Sie wurde die Grundlage der Industrialisierung der Gerberei und einer starken Beschleunigung des Herstellungsprozesses. Sie erhielt auch den Namen Schnellgerbung. Dabei wurden die Blößen in einem rotierenden Walkfass mit allmählich in der Konzentration ansteigenden Gerblösungen, unter mechanischer Bewegung und oft bei erhöhter Temperatur gegerbt. Anstelle des Rindenmaterials, von dem man zur Erzielung einer Gerbwirkung große Volumen benötigte, wurde in den 1870er Jahren mit Hilfe erster wissenschaftlicher Forschungen die Herstellung von Extrakten pflanzlicher Gerbstoffe begonnen.[45] In der Fassgerbung konnten dadurch hochkonzentrierte Gerbbrühen eingesetzt werden. Die Dauer des Gerbprozesses und seiner Nachbereitung (»Zurichtung« des Leders) wurde durch das

42 RfL, Lederplan für das dritte Kriegshalbjahr v. 24.7.1940, BA Berlin, R 8 VI, Nr. 32; Stather (1937b).

43 Nach: Das Statistische Reichsamt über die Lederindustrie im Jahre 1932, in: SFZ v. 6.12.1933, S. 18.

44 Hälse, Bäuche und sonstiges.

45 Stather (1939); Link (1913), S. 24.

Abb. 27: Gerberei-Arbeiter beim Einlegen (»Einstoßen«) der »grünen« Blößen in die mit Wasser gefüllte Gerbgrube (Grubengerbung). Links im Hintergrund ein Haufen Lohe, mit der die Blößen bedeckt werden (späte 1940er Jahre)

neue Verfahren auf nur wenige Wochen verkürzt. Der Einsatz von Gerbextrakten war Voraussetzung für die Verwendung des Drehfasses. Denn die noch faserigen Brocken des Rindenmaterials im rotierenden Fass hätten die Haut beschädigt.[46] Die Fassgerbung war außerdem wegen des hohen Gewichts der Blößen, die bewegt werden mussten – eine einzelne rohe Ochsenhaut wog bis zu 40 kg –, und der Beheizung der Fässer sehr energieaufwendig. Es waren teure Arbeits- und Kraftmaschinen erforderlich. Dies beförderte die Bildung von kapitalintensiven Großbetrieben, die die Struktur der Lederindustrie, anders als in der Schuhindustrie, in der ersten Hälfte des 20. Jahrhunderts prägten.[47]

Während die Eichenrinde für die Lohgerbung in den Schälwäldern der deutschen Gerbregionen noch selbst angebaut wurde, kamen mit der Gewinnung von Gerbextrakten auch neue, überseeische Rohstoffe zum Einsatz.[48] Immer

46 Schlottau (2000), S. 31-58.

47 Die Firma Julius Mayer & Sohn in Offenbach am Main beispielsweise hatte 1907 bei einer Beschäftigung von 750 Arbeitern bereits 8 Dampfkessel mit 800 Quadratmeter Heizfläche, 6 Dampfmaschinen und 9 Elektromotoren von insgesamt 900 PS in Betrieb. Vgl. Jäger (1992), S. 45.

48 Zur Gerbstoffgewinnung in der Haubergswirtschaft der Eichenschälwälder und zur forstwirtschaftlichen Betriebsform des Niederwaldes für die Rindengewinnung vgl. Hambloch (1997); Hoffmann (1938), S. 70-75, 155-160.

neue pflanzliche Gerbmittel wurden, meist noch im Heimatland, zu Extrakten verarbeitet: Mimosen- und Mangrovenrinde aus Südafrika, Hemlockrinde aus Kanada, die Blätter des Sumach aus Sizilien und Dalmatien sowie zahlreiche Früchte, die Gerbstoffe enthielten, aus den Mittelmeerländern, Süd- und Mittelamerika und Ostindien. Als wichtigstes pflanzliches Gerbmittel für Extrakte setzte sich um die Jahrhundertwende das argentinische Quebrachoholz durch. Quebracho hatte gegenüber der Eichenrinde einen höheren Gerbstoffgehalt (20 Prozent gegenüber 10 Prozent Gerbstoff). Der Gerbstoff war außerdem leichter extrahierbar und der Rohstoff daher insgesamt nur etwa halb so teuer.[49] Die Gerbmittel wurden über den Hamburger Hafen eingeführt.

Seit den 1890er Jahren wurde in der Fassgerbung neben den vegetabilen auch ein neuer mineralischer Gerbstoff, das Chromsalz, verwendet.[50] Wie die Grundstoffe für die exotischen Gerbextrakte stammte auch dieser Gerbstoff aus dem Ausland und wurde per Schiff nach Deutschland importiert. Chromsalze gewann man aus dem Mineral Chromeisenstein, das in Südafrika, Neukaledonien, Indien, Russland und den Vereinigten Staaten montan abgebaut wurde. Die Chromgerbung entwickelte der Amerikaner Martin Dennis – nach langjährigen Versuchen auch europäischer Gerber seit den 1850er Jahren – als Verfahren der sogenannten Einbadgerbung (1893). Sie beherrschte die Chromgerbung bis ins 20. Jahrhundert.[51] Pioniere der Chromgerbung im Deutschen Reich waren die Firmen Carl Freudenberg in Weinheim an der Bergstraße und Julius Mayer & Sohn in Offenbach am Main. Beide nahmen später für sich in Anspruch, um 1900 die ersten Chromleder auf den deutschen Markt gebracht zu haben. Beide Familienunternehmen hatten Angehörige in die USA geschickt, die nach ihrer Rückkehr das neue Verfahren im heimischen Betrieb einführten.[52]

Während man durch die Lohgerbung schweres, dickes, hartes, festes und wenig biegsames Leder erhielt, wurden die Häute durch die Chromgerbung weich und geschmeidig. Chromgare Leder waren leichter, da die Chromsalze die Faserzwischenräume der Haut nicht ganz ausfüllen. Der Gerbstoffgehalt betrug daher bei fertigem Chromleder 3 bis 6 Prozent, bei pflanzlich gegerbtem Leder dagegen 20 bis 40 Prozent.[53] Chromleder waren außerdem weniger wasserempfindlich, hatten einen gleichmäßigeren »Narben« (Oberfläche) und waren leichter zu

49 Berechnung für 1894 bei Hambloch (1997), S. 225-228.

50 In der handwerklichen Gerbung war seit Jahrhunderten das Alaun (Aluminiumsalz) der gebräuchlichste mineralische Gerbstoff (Alaungerbung oder auch Weißgerbung). Vgl. Reith (2000).

51 Zur Geschichte der Chromgerbung vgl. Bravo/Trupke (1970), S. 293ff.; 150 Jahre Freudenberg (1999), S. 27-35.

52 Vgl. 150 Jahre Freudenberg (1999), S. 27-35; Jäger (1992), S. 45f.

53 Vgl. Hans Herfeld, Austauschmöglichkeiten auf dem Gerbstoffgebiet, in: Chemische Berichte des RWA, August 1942, S. 843; Gustav Mauthe, Chemische, technische und wirtschaftliche Entwicklung der synthetischen Gerbstoffe und ihre Bedeutung für die Gerbstoffversorgung, in: Chemische Berichte des RWA, August 1942, S. 819.

pflegen. Sie eigneten sich daher vor allem für die Schäfte von Schuhen (»Oberleder«), während die »lohgaren« Leder vor allem für Bodenleder (»Unterleder«) verwendet wurden. In geringerem Umfang kamen die festen, vegetabilen Leder in den 30er und 40er Jahren auch noch in Schuhschäften zum Einsatz. Dies waren die sogenannten Fahlleder, vor allem in Militärschuhwerk und schweren Arbeitsschuhen. Auch als Futterleder fanden pflanzlich gegerbte Leder Verwendung. So stellten Chromleder bis Mitte der 30er Jahre mengenmäßig durchgehend nur etwa ein Fünftel aller Leder, die vegetabil gegerbten dagegen vier Fünftel.[54] Zu besonderen Zwecken kam auch eine Kombination beider Gerbverfahren, der Chrom- und der pflanzlichen Gerbung, die sogenannte Kombinationsgerbung, zum Einsatz. Hieraus ergaben sich Zwitterprodukte mit den positiven Eigenschaften beider Lederarten. Mengenmäßig war ihre Herstellung aber marginal. Vegetabil gegerbte Leder waren grundsätzlich naturfarben. Chromleder konnten dagegen auch in Schwarz und seit den 1920er Jahren in verschiedenen anderen Farben hergestellt werden. Zur Färbung wurden in Deutschland Anilinfarben, also synthetische Farbstoffe aus der chemischen Industrie, verwendet, die als erste Leder-Färbemittel bei Sonneneinstrahlung kaum verblassten.

Die lange Gerbdauer der lohgaren Leder, die für die hohe Qualität und Abriebfestigkeit des Sohlenleders sorgte, war Ansatzpunkt der Bestrebungen um eine Rationalisierung der Produktion. Die Produktionsdauer sollte verkürzt werden, ohne an Qualität des Leders zu verlieren. Dies war die Ausgangsfrage aller wissenschaftlichen Forschung und Entwicklung in der Lederindustrie.[55] So kam es bald zu einer Herstellung schnellgegerbter Unterleder. Die Fassgerbung galt als die moderne Form der Lederproduktion. Chromleder waren der Inbegriff des industrialisierten Produkts Leder. Grubenleder hatten dagegen buchstäblich den Geruch des Handwerklichen und Traditionellen. Vegetabile, schnellgegerbte Unterleder waren durch die verkürzte Produktionsdauer um ein Vielfaches billiger als die grubengegerbten Leder. Durch ihre relative Weichheit und Nachgiebigkeit hatten sie in der Schuhproduktion den Vorteil, dass sie maschinell leichter zu verarbeiten waren. Die Schuhfabrikanten setzten sie deshalb in der Frühzeit des Fabrikschuhs gern ein, während die handwerklichen Schuhmacher sie meist vehement ablehnten. Die Militärbehörden des Reiches verwendeten schnellgegerbtes Unterleder bis zum Ende des Zweiten Weltkriegs ausdrücklich nicht und sicherten so den traditionell arbeitenden Sohllederproduzenten einen gewissen Absatz ihrer Produkte. Die mit schnellgegerbten Unterledern hergestellten Schuhe waren von minderer Qualität und nicht besonders haltbar. Sie waren für den schlechten Ruf der Fabrikschuhe vor dem Ersten Weltkrieg mit verantwortlich.[56]

54 Erzeugung an Leder in den Jahren 1910, 1925, 1927, 1931, 1933 und 1935, in: Hoffmann (1938), S. 10a; Ausschuss Lederindustrie (1930), S. 100f.

55 Stather (1939).

56 Sibylle Hambloch hat diese Entwicklung aus Sicht der Hersteller von grubengegerbtem Sohlleder, den Gegnern der Schnellgerbung, für die Jahre 1880 bis 1913 dokumentiert. Vgl. Hambloch (1997), S. 228-255.

In der ersten Hälfte des 20. Jahrhunderts waren die Lederproduzenten vor allem bestrebt, die Qualität der schnellgegerbten Leder zu verbessern. Bis 1933 war ihnen dies für Unterleder kaum gelungen. Die Schnellgerbung setzte sich für Bodenleder daher nicht durch. Anders verhielt es sich bei den Oberledern. Hier hatte die Chromgerbung in der Verarbeitung noch den entscheidenden Vorteil, dass in diesem Verfahren auch von Natur aus »schüttere« Rohhäute, z. B. Schaf- und Lammfelle, zu verarbeiten waren, die mittels der vegetabilen Gerbung gar nicht in Leder umgewandelt werden konnten. Diesen Häuten konnte durch die Chromgerbung eine größere Dichtigkeit des Hautgewebes verliehen werden. Schafshäute und später auch Fischhäute wurden daher vorwiegend im Chromverfahren gegerbt. Auch Schweinshäute konnten wegen ihres hohen natürlichen Fettgehalts anfangs nur mit Chrom gegerbt werden. In der Autarkiewirtschaft half die Chromgerbung daher dazu, Häute nutzbar zu machen, die vorher außerhalb der Rohstoffverwertung standen.

Die Reichswehr und Wehrmacht verwendeten Chromleder überhaupt nicht. Sie blieben weiterhin beim pflanzengegerbten Oberleder (»Fahlleder«). Dies begründeten sie damit, dass Fahlleder mehr Fett aufnehmen konnte als Chromleder und als Oberleder in Schuhen durch Fetten fast wasserdicht gemacht werden konnte. Chromleder dagegen wurde durch Fetten schmierig und lappig. Fahlleder hatte außerdem die zehn- bis hundertfach größere Luftdurchlässigkeit und trug damit positiv zum Fußklima bei. Chromleder dagegen bewirkte bei Hitze oft ein Brennen der Füße und hielt bei Kälte nicht warm. Die Ausdünstungsmöglichkeit des Fußes beim Marsch war herabgesetzt.[57]

5.2 Gerbstoffautarkie

Die deutsche Lederindustrie hatte sich in Gebieten mit natürlichen Gerbstoffvorkommen entwickelt. Noch in den 30er Jahren benötigte man für die Gerbung eines Pfundes Rohhaut etwa das neunfache Gewicht an Eichenrinde. Es galt daher die alte Gerberregel, dass »die Häute an die Lohe gebracht werden« mussten.[58] Als Zentren der deutschen Lederindustrie hatten sich im 20. Jahrhundert drei Regionen herausgebildet. Ein erstes, älteres Zentrum erstreckte sich von Württemberg, den Untermain und Rhein entlang bis zur niederländischen Grenze. Als Standortfaktoren in diesen Gebieten waren einerseits die großen Eichenwaldungen und andererseits die schiffbaren Ströme entscheidend – für

57 Ein weiteres Kriterium war die Flächenänderung der Werkstoffe in feuchter Luft. Das Chromleder vergrößerte seine Flächenausdehnung bei 100 Prozent relativer Feuchtigkeit um rund 18 Prozent gegenüber nur 6 Prozent bei Fahlleder. Dies hatte Folgen für die Passform von Stiefeln. Vgl. Stather (1937b).

58 Vgl. Hoffmann (1938), S. 22. Für die Frühe Neuzeit gibt Reinhold Reith ein Gewichtsverhältnis von Haut zu Gerbrinde von 4 bis 5:1 an. Vgl. Reith (2000), S. 9-30, hier S. 25.

Wasserversorgung und Transport. Ein zweiter Gürtel der Lederindustrie zog sich die deutschen Mittelgebirge entlang, vom Harz, dem Thüringer Wald, durch das Erzgebirge bis nach Schlesien. Auch dort konnten die Lederhersteller vor allem auf große Vorkommen von Gerbrinden zurückgreifen.[59] Die dritte und jüngste Region, um Hamburg herum und in Schleswig-Holstein, hatte sich erst nach 1880, mit der allmählichen Internationalisierung des Rohstoffbezugs, zu einem bedeutenden Lederindustrie-Zentrum entwickelt. Über den Hamburger Hafen, den wichtigsten Häuteimporthafen Europas, noch vor Rotterdam, Antwerpen und Le Havre, gelangten sowohl Rohhäute als auch überseeische Gerbstoffe, pflanzlichen und mineralischen Ursprungs, nach Deutschland. Viele wurden vor Ort gleich verarbeitet. In der norddeutschen Lederindustrie überwog als Verfahren die Chromgerbung, während in den beiden anderen, traditionellen Gegenden die Lohgerbung vorherrschend war.[60]

In der NS-Autarkiepolitik ging es, was die Gerbstoffe betraf, erstens um eine Steigerung der Produktion einheimischer, vegetabiler Gerbstoffe, die vor allem das Quebrachoholz aus Südamerika ersetzen sollten, und zweitens um den Ersatz von Chrom in der mineralischen Gerbung. Ein dritter Bereich war die Entwicklung von synthetischen Gerbstoffen durch die chemische Industrie.

Der Bedarf an pflanzlichen Gerbstoffen konnte zu Beginn des Vierjahresplans nur zu 15 Prozent durch heimische Vorkommen gedeckt werden.[61] Dieser Anteil wurde bis 1938 auf 21 Prozent gesteigert. 1941 waren es beachtliche 69 Prozent. Dies geschah vor allem mit Hilfe eines neuen Verfahrens, die Fichtenrinde als Gerbstofflieferanten zu erschließen.[62] Fichtenrinde, die bei der Holzgewinnung abfiel, wurde vorher kaum als Gerbmittel verwendet, da der Gerbstoffgehalt viel geringer war als bei der Eichenrinde. Ihr hoher Zuckergehalt führte außerdem zu einer Vergärung während des Gerbprozesses. Die seit März 1937 am Kaiser-Wilhelm-Institut für Lederforschung (KWI) in Dresden entwickelte »sulfitierende Extraktion« des Gerbstoffs der Fichtenrinde erhöhte jedoch die Gerbstoff-Ausbeute um 35 Prozent.[63] Dadurch erfuhr die Fichtenrindenextraktion eine

59 Zur Geschichte der Lederindustrie in Deutschland allgemein und in den einzelnen Regionen vgl. Schlottau (1993); Hambloch (1997); Groß (2000); Tidow (1984); Jäger (1992); Gessner (1980).

60 Ausschuss Lederindustrie (1930), S. 8-12.

61 1934 bezogen deutsche Gerber Quebrachoholz aus Argentinien, die Mimosarinde aus Südafrika, Trillo, Valonea und Galläpfel aus der Türkei, Eichenrinde aus Ungarn und der Tschechoslowakei, Myrobalanen und Katechu aus Britisch-Indien und Sumach und Kastanie aus Italien, vgl. Graßmann (1942a), S. 780.

62 Andere Forschungen zu pflanzlichen Gerbstoffen, vor allem zum Hirschkolbensumach und der Weidenrinde, erbrachten keine wirtschaftlich nennenswerten Erträge.

63 Mit der Aufgabe, »die Konstitution des Fichtenrindengerbstoffs zu klären und festzustellen, wie ein hochwertiger Fichtenrindenextrakt gewonnen und verarbeitet werden« konnte, wurde das KWI vom AdRW am 11.3.1937 beauftragt. Pionier der industriellen Fichtenrindenextraktion war die Lederfabrik C. F. Roser in Stuttgart. Sie begann zum selben Zeitpunkt eigeninitiativ, ein Extraktionsverfahren für Fichtenrinde zu entwi-

enorme Ausweitung.[64] Die Fichte wurde zum wichtigsten pflanzlichen Gerbstoff der Kriegsjahre.[65]

Im Bereich der mineralischen Gerbstoffe lag das Augenmerk auf der Verwendung von Eisensalzen als Gerbstoff, die die zu 100 Prozent aus dem Ausland eingeführten Chromsalze ersetzen sollten. Dieses Forschungsgebiet war sehr umstritten und wurde vom Leiter der Deutschen Versuchsanstalt für Lederindustrie (DVA), Friedrich Stather, als aussichtslos abgelehnt.[66] Wolfgang Graßmann vom Kaiser-Wilhelm-Institut für Lederforschung in Dresden hingegen war der Auffassung, dass sich ein wirtschaftliches Verfahren für die Eisengerbung finden lasse.[67] Das Forschungsthema beschäftigte bis 1945 die Lederforscher des KWI, in enger Kooperation mit der I.G. Farbenindustrie. Ein Eisengerbstoff wurde Ende 1942 von der I.G. Farbenindustrie Ludwigshafen unter dem Markennamen *Ferrigan* auf den Markt gebracht. 1943 begannen verschiedene Lederfirmen auf Veranlassung des *Reichsamts für Wirtschaftsausbau* mit Versuchsgerbungen mit *Ferrigan*. Insgesamt wurden experimentell etwa 34 Tonnen Eisenleder hergestellt. Ein Verfahren, mit dem sich Eisen als Gerbstoff erfolgreich industriell anwenden ließ, wurde allerdings nicht gefunden.[68]

ckeln. Es war 1938 ausgereift und wurde auf Anforderung der Wehrmacht als »Verfahren Roser« auch in anderen Unternehmen verwendet. Vgl. Heeresverwaltungsamt an versch. Wehrmachtsbehörden, Gerbstoffe für Wehrmachtleder, 7.2.1938, BA-MA Freiburg, RW 19, Nr. 2478; OKH/Heeresverwaltungsamt an das Beschaffungsamt für Heer und Marine, Betr.: Gerbstoffsicherung für Wehrmachtleder, 30.8.1938, BA-MA Freiburg, RW 19, Nr. 2477.

64 Zwischen 1938 und 1941 wurde die Produktion pflanzlichen Reingerbstoffs in Deutschland von 10.000 t auf 20.000 t gesteigert. Vgl. Bericht des Heeresverwaltungsamts, Die Rohstofflage in der Spinnstoff- und Lederwirtschaft, o. D. [Januar 1944], BA-MA Freiburg, RH 9, Nr. 75, S. 9. Vgl. OKH/Heeresverwaltungsamt an das Beschaffungsamt für Heer und Marine, Betr.: Gerbstoffsicherung für Wehrmachtleder, 30.8.1938, BA-MA Freiburg, RW 19, Nr. 2477.

65 Die Schließung der Lederlücke (1942), S. 1409ff.; Stather/Herfeld (1945), S. 8-10; Graßmann (1962), S. 271.

66 Vgl. Wolfgang Graßmann, Kurzer Überblick über die wissenschaftlichen und wissenschaftlich-technischen Arbeiten des KWI für Lederforschung 1934-1940, III. Technische Entwicklungsarbeiten: Eisengerbung, MPG-Archiv, Abt. I, Rep. IA, Nr. 1797.

67 Versuche zur Eisengerbung waren bereits im Ersten Weltkrieg und am KWI für Lederforschung auch in den 20er Jahren durchgeführt worden, jedoch mit geringem Erfolg. Die Leder verrotteten.

68 Gerbversuche mit *Ferrigan* führten 13 Lederfirmen, darunter die Altmannsdorfer Lederfabrik, Carl Freudenberg, die Heyl'schen Lederwerke und die Norddeutschen Lederwerke durch. Vgl. Die Schließung der Lederlücke (1942), S. 1411; British Intelligence Objectives Sub-Committee (BIOS), Survey Report Nr. 27, The Leather Manufacturing and Related Industries in Germany during the Period 1939-1945, London 1950, S. 42ff.; Colloquiumsberichte des Instituts für Gerbereichemie der TH Darmstadt 3 (1948), darunter besonders die Vorträge von Arthur Miekeley, Adolf Küntzel und G. Otto.

Die Lederindustrie war daher nach wie vor auf Auslandsimporte von Chromsalzen angewiesen.[69] Hier fand während der Vorkriegsjahre eine Umlagerung des Imports von Südafrika und Australien nach Europa und Kleinasien statt. Griechenland und Jugoslawien wurden als Chromlieferanten entdeckt.[70] Ab Mitte der 30er Jahre wurde die neutrale Türkei zum wichtigsten Chromlieferanten des Deutschen Reichs. Der Rohstoff wurde im Krieg gegen Maschinen, Pharmazeutika und Raubgold aus den besetzten Gebieten eingetauscht. Nach Kriegseintritt der Türkei auf Seiten der Alliierten endeten die Chromlieferungen an Deutschland schließlich im April 1944.[71] Ab November 1944 beschäftigten sich die Lederforscher am KWI auch mit Methoden der Rückgewinnung von Chromsalzlösungen aus Lederabfällen und verbrauchten Gerbbrühen.[72] Als Ersatzstoff für Chrom kamen in den letzten beiden Kriegsjahren vor allem synthetische Gerbstoffe zum Einsatz.[73]

Ein letzter Bereich der Gerbstoff-Ersatzstoffe, der sich langfristig als sehr erfolgreich erwies, waren die synthetischen Gerbstoffe, die bei der I.G. Farbenindustrie, in Ludwigshafen und Leverkusen, entwickelt wurden. Hierbei arbeiteten die Industriechemiker zunächst mit dem Institut für Gerbereichemie der Technischen Hochschule in Darmstadt zusammen. Im Dezember 1937 und verstärkt im Mai 1941 kam im Auftrag des *Amts für Deutsche Roh- und Werkstoffe* bzw. des *Reichsamts für Wirtschaftsausbau* auch das KWI für Lederforschung als Forschungspartner hinzu.[74]

Die synthetischen Gerbstoffe waren ein Forschungsgebiet, auf dem der deutsche Chemiker Edmund Stiasny (1872-1965) bereits 1911 weltweit Aufsehen erregt hatte. Stiasny galt als der Erfinder der synthetischen Gerbstoffe (»Syntane«) und Pionier dieses neuen Chemieprodukts.[75] Stiasny war der angesehenste deut-

69 Chrom für die Lederherstellung stellte allerdings nur einen Bruchteil des Chromverbrauchs für Metall-Legierungen dar.

70 RWA, Notizen für die Besprechung mit Herrn Staatssekretär Körner, 16.5.1939, und Möglichkeiten einer Großraumwehrwirtschaft unter deutscher Führung, Aug. 1939, beide abgedruckt in: Eichholtz (1986), S. 84, 92f.

71 Schwanitz (2002), S. 103, 289f., 402f.

72 Vgl. Projekt Wolfgang Graßmann, Gerbstoff aus Leder, BA Berlin, R 26 III, Nr. 279.

73 BIOS Final Report Nr. 150, Some Aspects of the German Leather Industry, London 1945, S. 7.

74 Vgl. Bericht über die Tätigkeit des KWI für Lederforschung in der Zeit vom Nov. 1937 bis Okt. 1938, 19.10.1938, S. 10ff., BA Berlin, R 13 XIII, Nr. 154. Vgl. Aktennotiz Graßmann über eine Besprechung mit Siebert im RWA, 19.2.1941; Aktenvermerk RWA, Besprechung im Reichsamt am 15. Mai 1941, Betr: Aufgabenteilung der auf dem Ledergebiet arbeitenden Institute, 22.5.1941, MPG-Archiv, Abt. I, Rep. IA, Nr. 1797/3 und 5.

75 Die BASF in Ludwigshafen griff diese Erfindung auf und brachte einen ersten synthetischen Gerbstoff, das *Neradol D* in den Handel. Im Ersten Weltkrieg hatte die Gerbung mit diesem Gerbstoff jedoch verheerende Folgen. Es wurde offenbar, dass er keine gerbende Wirkung hatte und nur in Kombination mit pflanzlichen Gerbstoffen verwendet werden konnte. Vgl. Mauthe (1942), S. 819-833.

sche Lederforscher in den 30er Jahren. Er war auch international weitaus bekannter als seine Kollegen Max Bergmann, Wolfgang Graßmann oder Friedrich Stather.[76] Die frühen von Stiasny in Darmstadt entwickelten und von der I.G. Farbenindustrie produzierten Gerbstoffe auf der Basis freier Sulfosäuren mit dem Markennamen *Neradol* und ab 1931 *Tanigan* waren, wie sich in der Praxis der Gerbung herausstellte, keine eigentlichen Gerbstoffe. Sie verstärkten und unterstützten nur die Wirkung der zusätzlich verwendeten pflanzlichen Gerbstoffe und galten daher – ihrem gerberischen Wert nach – nur als »Hilfsgerbstoffe«.[77] Sie fanden vor dem Vierjahresplan praktisch keinen Eingang in die Industrie. Erst mit der gezielten Entwicklung leistungsstärkerer Produkte und der künstlichen Verknappung aller übrigen Gerbstoffe im Nationalsozialismus nahm die Lederindustrie die neuen Syntheseprodukte in Gebrauch. Die neuen »Alleingerbstoffe«, auch »Austauschgerbstoffe« genannt, die unter anderem Polymerisationsprodukte waren, kamen ab 1937 in den Handel. Sie wurden in den I.G.-Farbenindustrie-Werken Hoechst, Leverkusen und Ludwigshafen hergestellt.[78] Ihr Markenname war *Tanigan Extra*. Sie fanden ebenfalls in Kombination mit pflanzlichen oder mineralischen Gerbmitteln Verwendung, hatten aber auch selbst eine gerbende Wirkung.[79] Seit 1936 wuchs der Anteil der synthetischen Gerbstoffe am Gesamtverbrauch in Deutschland von kaum einem Prozent auf 14 Prozent (1941) und 28 Prozent (1943).[80] Grundlegend für den plötzlichen Erfolg der synthetischen Gerbstoffe war die stufenweise, verpflichtende Einführung durch staatliche Stellen. Die *Überwachungsstelle für Lederwirt-*

76 Edmund Stiasny wurde unmittelbar nach Inkrafttreten des Gesetzes zur »Wiederherstellung des Berufsbeamtentums« aus dem Direktorenposten seines Instituts und als Professor an der TH Darmstadt entlassen und ging noch 1933 nach Schweden ins Exil. Die Gründe und Umstände seiner Emigration sind noch nicht genauer bekannt. Die Leitung des Instituts in Darmstadt übernahm Stiasnys Schüler Adolf Küntzel. Stiasny ging 1948 in Schweden in den Ruhestand. 1937 erschien für den bereits in Hälsingborg Lebenden in Darmstadt noch eine Festschrift zu seinem 65. Geburtstag, in der alle Wissenschaftler, die in der internationalen Lederforschung Rang und Namen hatten, einen Beitrag leisteten. Vgl. Gustavson (1937); Edmund Stiasny zum 80. Geburtstag, in: Leder 3 (1952), Nr. 9, S. 193; American Leather Chemists Meeting, in: SLR v. 17.6.1933, S. 17f.; Authors Dedicate Original Leather Chemistry Treatise to Doctor Stiasny, in: SLR v. 2.10. 1937, S. 5.

77 Herfeld (1942), S. 847.

78 BIOS Final Report Nr. 762, The Manufacture and Practical Application of German Synthetic Tanning Materials and Related Substances, London 1945, S. 7-11.

79 Außer den I.G.-Farbenindustrie-Produkten wurden auch die synthetischen Gerbstoffe der Baseler Firma I. R. Geigy AG, der J. Seidel KG, der Oranienburger Chemischen Fabrik und der Schliemann'schen Teerchemie- und Zellstoff-Fabrik Waldhof von der RfL als »Austauschgerbstoff« zugelassen. Vgl. Mauthe (1942); zu einer Liste aller bis 1945 zugelassenen synthetischen Gerbstoffe vgl. Stather/Herfeld (1945), S. 11, 18-21; zu einer Systematik der bis 1945 entwickelten Syntane vgl. Küntzel (1949).

80 BIOS Final Report Nr. 861, The Stratton Mission to Germany (1945), S. 88.

schaft[81] ordnete im Februar 1939 an, dass Unternehmen, die Leder herstellten, bis zum Ende einer Übergangsphase ihren Verbrauch von synthetischen Gerbstoffen auf mindestens ein Viertel ihres Bedarfs an ausländischen Gerbstoffen steigern mussten.[82] Firmen, die bereits überwiegend einheimische Gerbstoffe verwendeten, waren von dieser Bestimmung ausgenommen.[83]

In den folgenden Jahren durfte dieser Mindestanteil an synthetischen Gerbstoffen nicht mehr unterschritten werden. Gleichzeitig mussten die Unternehmen den Nachweis erbringen, dass ihre mit den neuen Gerbstoffen hergestellten Leder bestimmten Mindestanforderungen an Qualität entsprachen.[84] Als Gutachter der Produkte war die Deutsche Versuchsanstalt für Lederindustrie zugelassen. Anfang des Jahres 1944 wurde der »zwangsweise Mindesteinsatz« der synthetischen »Austauschgerbstoffe«, je nach Lederart, auf bis zu 50 Prozent, und bei Schaf-, Ziegen- und Fischleder sogar auf 85 Prozent erhöht.[85] Nach Schätzungen der britischen Fachleute einer BIOS-Kommission wurden im letzten Kriegsjahr schließlich mehr synthetische als natürliche Gerbstoffe im Reich verwendet.[86]

Insgesamt wurde die Auslandsabhängigkeit von 85 Prozent bei pflanzlichen Gerbmitteln und 100 Prozent bei Chrom zwischen 1936 und 1941 auf zusammen 38 Prozent gesenkt.[87] Dies war eine beachtliche Umstrukturierung des Rohstoffbezugs in den Jahren des Vierjahresplans und der Kriegswirtschaft, die vor allem auf die erfolgreichen Beiträge der Wissenschaftler in der Lederforschung und der chemischen Industrie zurückzuführen war. In den kommenden Kriegsjahren ging dieser Trend noch verstärkt weiter, auch wenn nicht mit Sicherheit gesagt werden kann, wie viele Gerbstoffe 1944/45 insgesamt noch produziert und verarbeitet wurden. Für die synthetischen Gerbstoffe, vor allem der I.G. Farbenindustrie, brachten diese Jahre in Deutschland den wirtschaftlichen Durchbruch.

81 Die Überwachungsstelle war eine staatliche Behörde des Reichswirtschaftsministeriums mit Weisungsbefugnis gegenüber den Unternehmen. Zur ihrer Geschichte und Funktion vgl. Kap. 9.1.

82 Gerbstoffvorschriften, Anordnung 47 der ÜfL v. 21.2.1939, in Kraft getreten am 23.2. 1939, Dt. RA Nr. 45 v. 22.2.1939.

83 Dies waren Firmen, die über 80 Prozent ihres Bedarfes durch einheimische Gerbstoffe deckten. Eichen- und Fichtenrinde galten dabei grundsätzlich als inländischer Gerbstoff, egal woher sie bezogen wurden. Vgl. § 1.

84 Die beiden Kriterien der Qualität waren der Anteil an stark wirkenden freien Säuren, die das Leder abgab, und ihr organischer Auswaschverlust. Vgl. Gerbstoffvorschriften, Anordnung 47 der ÜfL v. 21.2.1939, in Kraft getreten am 23.2.1939, Dt. RA Nr. 45 v. 22.2.1939, § 8.

85 Stather/Herfeld (1945), S. 17.

86 BIOS Final Report Nr. 150, Some Aspects of the German Leather Industry, London 1945, S. 7.

87 Die Schließung der Lederlücke (1942), S. 1409ff.; Graßmann (1962), S. 271.

5.3 Rohhäute

Der zweite große Bereich, in dem die deutsche Lederwirtschaft von ausländischen Rohstoffen abhängig war, waren die Rohhäute. Durch die große Bedeutung der Lederindustrie war das Deutsche Reich bereits Ende der 20er Jahre der größte Rindshaut-Importeur der Welt und zu Beginn der 30er Jahre der größte Rohhäuteverbraucher Europas.[88] Der Inlandsanfall von Häuten im Reich deckte den deutschen Bedarf nur etwa zur Hälfte.[89] Die Rohhäute kamen aus fast jedem Land Europas, der weitaus größte Teil jedoch von außereuropäischem Großvieh.[90] Gegenüber den Zahmhäuten aus der europäischen Stallhaltung besaßen diese Wildhäute eine dickere und festere Hautstruktur, die ein höherwertiges Leder ergab.[91] Die Wildhäute wurden vor allem aus Südamerika importiert. Sie gelangten über den Hamburger Hafen und per Eisenbahn in die deutschen Gerbereien.

Argentinien war der wichtigste Häutelieferant des Deutschen Reiches. Von dort stammte etwa ein Viertel aller Rohhäute, die in Deutschland zu Leder verarbeitet wurden. Da jedoch Argentinien auf die nationalsozialistische Handelspolitik des Tauschhandels von Rohstoffen gegen deutsche Fertigware im Neuen Plan nicht einging und nicht genügend deutsche Waren abnahm, ging der Bezug von argentinischen Rohhäuten ab 1934 stark zurück. Dafür wurde kurzzeitig die Einfuhr aus Brasilien und Uruguay gesteigert, die der neuen Handelspolitik des Warenclearing aufgeschlossener gegenüberstanden. Die Häuteverluste konnten aber bis 1941 nie ganz ausgeglichen werden und rissen eine große Lücke in die Rohstoffversorgung der deutschen Lederunternehmen.

Ein weiteres Bezugsland von Bedeutung war Indien. Der Subkontinent unter britischer und niederländischer Herrschaft war das viehreichste Land der Welt. Vor dem Ersten Weltkrieg hatten deutsche Häutehändler den Handel mit indischen Rindshäuten, den sogenannten Kipsen, nach Europa ganz dominiert. Indien war damals das zweitwichtigste Bezugsland von Häuten für das Deutsche Reich. Seit dem Ersten Weltkrieg hatte sich das Verhältnis jedoch zugunsten britischer Firmen verschoben, und die Einfuhr nach Deutschland war stark zurückgegangen. Unter dem Neuen Plan war die deutsche Handelsbilanz auch mit Indien stark passiv, und die Einfuhr von Rohhäuten ließ sich nur leicht wieder

88 Vgl. Ausschuss Lederindustrie (1930), S. 43; Schnitzer (1935), S. 3f.; Hoffmann (1938), S. 48.

89 Der Anteil des Inlandsanfalls von Häuten am Gesamtverbrauch betrug 1933 44 Prozent und 1939 52 Prozent, vgl. Bericht des Heeresverwaltungsamts, Die Rohstofflage in der Spinnstoff- und Lederwirtschaft, o. D. [Januar 1944], BA-MA Freiburg, RH 9, Nr. 75, S. 23.

90 Hoffmann (1938), S. 86f.

91 »Wildhäute« waren Häute von Rindern, die im Freien lebten, und nicht etwa von Wildtieren.

steigern.[92] Das bei weitem wichtigste europäische Bezugsland von Rohhäuten war Frankreich. Frankreich führte diese Rohhäute seinerseits aus seinen Kolonien, vor allem aus Madagaskar, ein. Frankreich besaß selbst eine bedeutende Lederindustrie, die bis zur Weltwirtschaftskrise die drittwichtigste der Welt nach den USA und Deutschland war und danach auf den vierten Rang hinter Großbritannien zurückfiel.[93] Mit der Teileroberung Frankreichs gelangten damit zu Beginn des Zweiten Weltkriegs große Häute- und Ledervorkommen in deutsche Hände.

Tabelle 20: Die wichtigsten Bezugsländer von Rohhäuten des Deutschen Reichs (Rindshäute und Kalbsfelle) (1927-1936) (Einfuhr-Menge in Tonnen)[94]

Land	1927	1930	1932	1933	1934	1935	1936
Argentinien	52.385	37.114	38.741	34.480	36.836	30.186	14.606
Brasilien	14.544	11.660	10.262	12.295	13.388	15.807	16.449
Britisch-Indien	9.891	5.373	3.042	4.572	5.164	5.104	4.791
Frankreich	8.575	9.582	8.802	11.087	17.768	12.980	6.690
Uruguay	6.882	6.937	7.748	12.253	11.157	9.603	4.768
Gesamtverbrauch	**224.471[95]**		**205.684**	**241.927**	**273.528**	**257.851**	**219.870**

Die Ausweitung der heimischen Rohhautbasis

Angesichts der immer weiteren Verknappung des traditionellen Rohhäutebezugs bei steigendem Verbrauch sah sich die deutsche Lederindustrie vor das Problem gestellt, den heimischen Anfall zu erhöhen und nach alternativen Rohstoffen zu suchen. Mit Hilfe ihrer Gemeinschaftsforschungsinstitute ergriff die Lederindustrie ab 1933 sowohl Maßnahmen zur Erhöhung des einheimischen Rohhäuteanfalls und zur Erweiterung der für die Ledererzeugung nutzbaren Tierarten als auch zur Umlagerung und Erweiterung des Rohstoffbezugs aus dem Ausland.

92 Hoffmann (1938), S. 43f. und 98f.
93 Schnitzer (1935), S. 104-111.
94 Nach Hoffmann (1938), S. 85-100; Angaben zum Gesamtverbrauch: Länderrat des Amerikanischen Besatzungsgebiets (Hg.), Statistisches Handbuch von Deutschland 1928-1944, München 1949, S. 318.
95 Angabe für 1928.

Zum Bereich der Ausweitung der einheimischen Rohstoffbasis für die Ledererzeugung gehörten Maßnahmen wie die Verhinderung von Häuteschäden beim Schlachten der Tiere und bei der Konservierung, Lagerung und dem Transport der Rohhäute in die Gerbereien. Lederforscher untersuchten die Produktlinie des Leders und erkannten, dass durchschnittlich ein Viertel aller Rohhäute durch Fleischerschnitte und ein weiteres Viertel durch Einwirkung von Parasiten vor der Schlachtung beschädigt und damit minderwertig wurden.[96] Die meisten Schäden der zweiten Art wurden durch ein Insekt, die Dasselfliege, verursacht. Bereits im Dezember 1933 wurde daher ein schon lange geplantes Gesetz zur Bekämpfung der Dasselfliege im Reichstag durchgesetzt, das jeden Landwirt dazu verpflichtete, das Vieh vor dem Weideaustrieb »abzudasseln« und damit bis spätestens Ende Mai jeden Jahres alle an den lebenden Tieren auftretenden Larven des Parasiten zu beseitigen.[97] Die amerikanische Fachöffentlichkeit sah diese Maßnahme als vorbildlich an und berichtete ausführlich über das Gesetz.[98] Die Landwirte nahmen die Maßnahmen nur ungern und zögernd vor, da die Dasselfliegenbekämpfung für sie zeitraubend und umständlich war.[99] So wurden 1936 die Vorschriften verschärft. In jedem Kreis und jeder Gemeinde waren amtliche »Abdasseler« und Beratungsstellen für Landwirte einzustellen. Die Erfolge blieben jedoch gering. Bis 1938 war kaum ein Rückgang der Dasselschäden zu verzeichnen. In den Kriegsjahren wurde wegen des Arbeitskräftemangels die Abdasselung zunehmend zum Problem.[100]

Wolfgang Graßmann, Leiter des Kaiser-Wilhelm-Instituts für Lederforschung in Dresden, wies 1935 darauf hin, dass viele Schäden der Haut am lebenden Rind durch reine Nachlässigkeit der Landwirte zugefügt wurden. Stacheldraht und Dornenhecken als Weidenumzäunung, falsches Striegeln, Schläge mit der Mistgabel, mit zu spitzen Treiberstöcken und der Peitsche sowie Flecken auf der Haut, die durch Liegen in Mist und Urin entstanden, verletzten und schädigten die Rohhaut bereits vor der Schlachtung. Sie seien unnötig und auch durch erhöhte Reinhaltung in den Ställen vermeidbar. Die Umzäunung mit Stacheldraht müsse, im Interesse der Lederindustrie, durch elektrisch geladenen Glattdraht ersetzt werden.[101] Er und seine Mitarbeiter wiesen die Bauern auf Tagungen und

96 Hoffmann (1938), S. 149ff.

97 Vgl. Gesetz zur Bekämpfung der Dasselfliege v. 7.12.1933, RGBl. I, S. 139 v. 8.12.1933. Vorbild dieser Maßnahme war Dänemark, wo bereits in den 20er Jahren durch staatlich vorgeschriebene Abdasselung die Häuteschäden bedeutend vermindert worden waren.

98 German Government Enacts Warble Fly Law, in: SLR v. 17.3.1934, S. 14.

99 Ein Biologe am KWI für Lederforschung berichtete daher 1942 rückblickend, dass das Gesetz erst 1933 verabschiedet wurde, da es »im liberalistischen Deutschland einfach nicht zu erzwingen war«. Vgl. Hausam (1942), S. 731.

100 Die Schließung der Lederlücke (1942), S. 1403.

101 Graßmann (1935).

Messen der Bauernverbände, im Radio und anderen Medien auf ihre wirtschaftliche Verantwortung als Rohstofflieferanten hin.[102]

Maßnahmen gegen die Beschädigung der Rohhäute durch unsachgemäßes Abhäuten der Fleischer wurden ebenfalls bereits kurz nach der Machtübernahme der Nationalsozialisten ergriffen. Die Schlachthofverwaltungen wurden zu mehr Sorgfalt bei der Behandlung der Häute und Felle angehalten. Als vorbildlich galt die Schlachthofverwaltung in Köln, die im Januar 1935 damit begann, allmonatlich eine Aufstellung über Häuteschäden und die Namen der schlechtesten und der besten Ausschlachter zu veröffentlichen. Die Arbeiter, die einen hohen Prozentsatz beschädigter Häute ablieferten, wurden verwarnt. Angeblich ging daraufhin der Anteil der beschädigten Häute und Felle von 24 Prozent auf 14 Prozent zurück.[103] Bis zum NS-Vierjahresplan war es im Ledergewerbe üblich, für die Lieferung besonders guter Rohhäute Prämien zu zahlen. Ab 1936 wurden von der Überwachungsstelle für Lederwirtschaft umgekehrt die Schäden mit Sanktionen belegt. Die Überwachungsstelle führte einen »Schadensvergütungssatz« von 3 bis 12 Prozent ein.[104]

Bis 1942 wurde der Anteil der unbeschädigt abgelieferten Großviehhäute insgesamt auf beachtliche drei Viertel gesteigert.[105] Die Schlachtschäden beliefen sich mittlerweile nur noch auf 15 Prozent, die Naturschäden auf 9 Prozent. In den letzten Kriegsjahren nahmen die Schnittverletzungen an Rohhäuten jedoch durch unsachgemäße Abhäutung wieder zu. Grund dafür war die Verknappung von Arbeitskräften in den Schlachthöfen. Diese führte zum Einsatz weniger routinierter Schlachter und zu stärkerer Ermüdung durch längere Arbeitszeiten. Auch die Dasselfliegenschäden an den Häuten stiegen in den letzten Kriegsjahren wieder an.[106]

102 Bericht über die Tätigkeit des KWI für Lederforschung in der Zeit vom Nov. 1937 bis Okt. 1938, erstattet von W. Graßmann in der Kuratoriumssitzung in Dresden am 19.10.1938, BA Berlin, R 13 XIII, Nr. 154.

103 Hoffmann (1938), S. 150ff.

104 Anordnung 20 der Überwachungsstelle v. 10.1.1936, die zum 1.7.1936 in Kraft trat. Dt. RA Nr. 8 v. 10.1.1936.

105 Diese Angabe ist glaubhaft, da nach unveröffentlichten Zahlen der Fachgruppe Häuteverwertung in einem internen Bericht des RWA zitiert in: Hausam (1942), S. 729, 737.

106 Hausam (1942), S. 737.

Neue Lederarten I: Fisch

Als Material für Schuhe wurden bis ins 20. Jahrhundert vorwiegend Rinds- und Kalbshäute verwendet.[107] Unter der Autarkiepolitik im Nationalsozialismus griffen Lederhersteller und Schuhfabrikanten auf neue Arten von Häuten und Fellen zurück, die vorher entweder überhaupt nicht zu Leder verarbeitet worden waren oder nicht in Schuhen Verwendung gefunden hatten. Dies waren vor allem die Häute von Fischen und Schweinen.[108]

Fischhäute waren ein Nebenprodukt der Nahrungsmittelproduktion. Sie fielen bei der industriellen Fischverarbeitung an. Mitte der 30er Jahre wurde fast die Hälfte der deutschen Seefischfänge filetiert.[109] Dabei blieben jährlich etwa 7.000 t Häute übrig.[110] Während diese anfangs zu Fischmehl (Kraftfutter), Dünger oder Leim verarbeitet wurden, ging man im Vierjahresplan dazu über, Verfahren zu entwickeln, um diese als Rohstoff für die Lederindustrie zu nutzen. Anfangs waren hiermit hochgesteckte Erwartungen verknüpft. Man träumte von einer »Kolonie im Meer«.[111] 1938 begann das Kaiser-Wilhelm-Institut für Lederforschung im Auftrag des Centralvereins der deutschen Lederindustrie, die Möglichkeiten der Verarbeitung von Fischhäuten zu Leder zu untersuchen. Bei einer Anfrage des *Amts für Deutsche Roh- und Werkstoffe*, welche Werkstoffe künftig als Leder-Ersatzstoffe in Frage kämen, hatte Wolfgang Graßmann bereits im März 1937 auf die Möglichkeit der Gerbung von Fischhäuten hingewiesen.[112] In Zusammenarbeit mit Offenbacher und Wormser Gerbereien arbeiteten die Lederforscher in Dresden Gerbverfahren für die Häute verschiedener Fischarten aus.[113] Diese sollten als Besätze in Luxuslederwaren das rare Reptilleder ersetzen.[114] Dabei kamen sie auch als Oberleder-Ersatzstoff zum Einsatz.

107 Ziegenleder war in den 20er Jahren ein beliebtes, aber kostspieliges Oberledermaterial für Damenschuhe geworden. Es wurde nur in feineren Gesellschaftsschuhen verarbeitet.

108 Kleintierfelle wie Kaninleder wurden nur als Futterleder in Straßenschuhen, leichten Hausschuhen und Kleinkindschuhen eingesetzt. Hauptsächlich wurde es zu Lederwaren verarbeitet. Hundehäute wurden 1941 in Ungarn in etwa 100.000 Damenstiefeln als Oberleder verwendet. Auch aus Herzbeuteln von Schlachtvieh wurden in baltischen Gebereien Leder hergestellt, die auf den deutschen Markt kamen. Alle diese waren im Vergleich aber quantitativ zu vernachlässigen. Vgl. Schubert (1942), S. 1401.

109 Zum Fisch als Eiweißlieferant und gefördertem Ersatznahrungsmittel für Fleisch in der NS-Wirtschaft vgl. Reith/Pelzer (2009); Voß (1939), S. 65f.

110 Die Schließung der Lederlücke (1942), S. 1401f.

111 Offenbachs Verbindung mit dem Meer, in: Offenbacher Zeitung v. 7.2.1940.

112 Vgl. Graßmann an das Amt für Dt. Roh- und Werkstoffe, Gewinnung von Leder aus Fischhäuten, 3.3.1937, BA Berlin, R 13 XIII, Nr. 510; Bericht des RWA: Die Lederwirtschaft im Vierjahresplan, o. D. [1938], BA Berlin, R 3112, Nr. 169.

113 Vgl. Offenbachs Verbindung mit dem Meer, Offenbacher Zeitung v. 7.2.1940.

114 Das exotische Schlangen- und Krokodilleder war in Deutschland Ende der 20er Jahre in Mode gekommen und wurde 1934 von etwa 10 deutschen Firmen hergestellt. Diese Unternehmen waren es auch, die während des Vierjahresplans zur Fischlederproduk-

Abb. 28: Damenschuh mit Schaft aus zweierlei Arten Fischleder. Tragsohle aus Lederfaserwerkstoff. Absatz und dreiteilige Sohle aus Holz. Absatzoberfleck und Laufsohle aus Gummi (Synthesekautschuk). Futter aus beschichtetem Textil

1939 erreichte das Fischleder für Schuhe Produktionsreife.[115] Das Frankfurter städtische Modeamt übernahm den Entwurf erster Kollektionen von Kleidungsstücken und Damenschuhen aus Fischleder (Seelachs) (Abb. 29). Sie wurden im Januar 1940 mit großem publizistischen Aufwand der Öffentlichkeit vorgestellt.[116] »Man trägt Fisch!«, berichtete der Illustrierte Beobachter in München. »Von Kopf bis Fuß in Seelachshaut«, titelte das Stadtblatt der Frankfurter Zeitung.[117] Fischoberleder wurde bis Kriegsende grundsätzlich nur in Produkten für Frauen eingesetzt. Dies ist vorwiegend auf das modische Image des Werkstoffs als Reptil- und Luxusleder-Ersatz zurückzuführen. Auch in seiner Brüchigkeit, geringen Reißfestigkeit und anderen Eigenschaften glich das Funktionssurrogat eher diesem Leitwerkstoff.[118] Die schließlich in größeren Serien produzierten

tion übergingen. Vgl. Schnitzer (1935), S. 117; Large Fishskin Tannery In Germany, in: SLR v. 26.3.1938, S. 65; BIOS Final Report Nr. 1425, The German Light Leather Industry, London 1946.

115 Gute Erfolge mit Fischleder, in: Rundschau Deutscher Technik, Nr. 13 v. 30.3.1939, S. 7.

116 Vgl. Presseberichte zu Fischleder in der Pressesammlung des Frankfurter Modeamts, Archiv Historisches Museum Frankfurt. Über die selbstgestellte Aufgabe des Frankfurter Modeamts, die »neuen Werkstoffe« in eine neue »deutsche Mode« einzuführen, vgl. Junker (1999).

117 Man trägt Fisch!, in: Illustrierter Beobachter v. 9.4.1940; Von Kopf bis Fuß in Seelachshaut, in: Stadtblatt Frankfurter Zeitung v. 10.2.1940.

118 Hans Klawitter, Der Schönheitsfehler des Fischleders, in: Textilwoche v. 1.3.1941; Schubert (1942), S. 744-751, hier S. 749f.

Abb. 29: Entwurf des Frankfurter Modeamts: Arbeitsanzug für Frauen in der Rüstungsindustrie. Grau-grüner Overall mit brauner Bluse und Fischlederschuhe (1939)

Fischleder-Modelle waren Arbeits- und Freizeitschuhe mit niedrigem Absatz und Holzsohlen für Frauen (Abb. 28).

Zur Fischlederherstellung eigneten sich vor allem Haifischarten und verschiedene Speisefische – Kabeljau, Scholle und Seelachs.[119] Auch Walhäute wurden in den Vorkriegsjahren im KWI versuchsweise gegerbt. Sie stellten sich jedoch wegen ihrer starken Verfettung als nicht verwendungsfähig heraus. Sie glichen von der Textur her eher einem Filz. Reißfestes Leder war nur aus Därmen und Magen des Großsäugers zu gewinnen.[120]

Die Fischhäute wurden anfangs staatlich nicht kontingentiert und konnten von den Unternehmen frei und in beliebigen Mengen eingekauft werden. Die daraus gefertigten Schuhe konnten ohne Bezugsschein gekauft werden.[121] Sie

119 Außerdem wurden die Häute von Lengfisch, Katfisch, Aal, Seehase und Seekatz zu Leder gegerbt. Hersteller von Fischleder bis 1945 werden hier die Firmen Feinlederwerke Niederrad, Frankfurt a.M. (Hai, Lachs und Kabeljau), Johannes Knecht & Söhne, Elmshorn bei Hamburg (versch. Arten), Oswald Rügner, Offenbach a. M. (Hai), Hermann Schmid, Neumünster (Scholle, Kabeljau und Schellfisch) und die Vibo Lederwerke, Schwanheim bei Frankfurt a. M. (Kabeljau). Alle diese Firmen produzierten auch im April 1946 noch Fischleder. Für genauere Angaben zum Gerbprozess der Fischarten vgl. BIOS Final Report Nr. 1425, The German Light Leather Industry, London 1946.

120 Carl Christiansen, Die Wiedergeburt des deutschen Walfanges im Dritten Reich, in: Der Vierjahresplan 1 (1937), Nr. 10, S. 588ff.; R. Dietrich, Walfang und Walverarbeitung, in: Angewandte Chemie 51 (1938), Nr. 42, S. 715-718; Carl Christiansen, Rohstoffquelle Walfang, in: Der Vierjahresplan 3 (1939), Nr. 1, S. 128ff.; Bericht des RWA: Die Lederwirtschaft im Vierjahresplan, o. D. (1938), in: BA Berlin, R 3112, Nr. 169; Die Häutegewinnung Europas (1944), S. 1526.

121 Hans Klawitter, Fischleder und seine volkswirtschaftliche Bedeutung, in: Der Vierjahresplan 4 (1940), Nr. 22, S. 994ff.

erhielten dadurch eine künstliche Attraktivität sowohl für Produzenten als auch Konsumenten. In den ersten Kriegsjahren wurde Fischleder als Schuhoberleder eingesetzt, erwies sich aber wegen seiner kleinteiligen Flächen schließlich als zu arbeitaufwendig sowohl in der Herstellung als auch in der Verarbeitung. Wie sich mit der Zeit erwies, musste das Fischleder auf Leinen oder anderes Fischleder aufgeklebt werden, um als Oberleder im Gebrauch wenigstens eine minimale Festigkeit zu erreichen. Da Leinen aber ebenfalls ein knapper Rohstoff war, wurde die Verarbeitung von Fischleder zu Schuhschäften zunehmend fragwürdig.[122] Auch der Preis der Fischhaut stieg in wenigen Jahren auf das Zehnfache: Kosteten 100 kg rohe Fischhaut 1936 noch 4 RM, waren es 1939 bereits 9,50 RM, 1942 17,70 RM und 1944 schließlich 46,75 RM.[123] Ab Januar 1944 wurde Fischleder als Oberleder in Schuhen sogar ausdrücklich verboten.[124]

Das Kaiser-Wilhelm-Institut für Lederforschung fand noch eine weitere Verwendungsmöglichkeit von Fischhäuten im Schuh. Sie wurden zermahlen und mit Hilfe eines neuen Verfahrens des KWI zu Lederfaserwerkstoff, einem Ersatzstoff für Bodenleder, verarbeitet.[125] Dies ermöglichte eine billigere und effektivere Massenverwertung der Häute. Das neue Verfahren wurde 1944 von drei Unternehmen gekauft. Der Werkstoff ging aber wegen Arbeitskräftemangels nicht mehr in Produktion.[126] Doch bereits im August 1946 meldeten zwei führende Lederhersteller wieder Interesse an der Herstellung an.[127] Obwohl das

122 Schuhe aus Fischleder wurden eher Gegenstand von Verlagerungsaufträgen deutscher Firmen in die skandinavischen Länder. Die Firma Staudt und Co., Berlin, ließ etwa mit Genehmigung der RfL ab August 1942 40.000 Paar Damenschuhe aus Schollenleder mit geteilter Holzsohle in zwei Schuhfabriken in Kopenhagen herstellen. Vgl. Briefwechsel der Firma Staudt mit der RfL vom Juli/August 1942, BA Berlin, R XIII 13, Nr. 380.

123 Ludwig Cornelius Freiherr von Heyl, Die Fischhautfaser bei der Herstellung von LFWS und ihre Bezugsmöglichkeit im Krieg v. 12.7.1944, in: BA Berlin, R 13 XIII, Nr. 283.

124 Erste Durchführungsbestimmung zur Anweisung 1/43 der GS v. Nov. 1943, gültig ab 1.1.1944, BA Berlin, R 13 XIII, Nr. 49, S. 13.

125 Die Fischhautfaser eignete sich hierfür wegen ihrer hohen Verfilzbarkeit besser als andere Hauttypen. Vgl. Bericht Graßmanns über kriegswirtschaftlich wichtige Aufgaben des Kaiser-Wilhelm-Instituts für Lederforschung, 10.10.1941 in Dresden, MPG-Archiv, Abt 1, 1A, Nr. 1798; Ludwig Cornelius Freiherr von Heyl, Die Fischhautfaser bei der Herstellung von LFWS und ihre Bezugsmöglichkeit im Krieg v. 12.7.1944, BA Berlin, R 13 XIII, Nr. 283.

126 Vgl. Akte Fischhäute zu LFWS (April bis August 1944), BA Berlin, R 13 XIII, Nr. 283; Bericht Graßmanns über kriegswirtschaftlich wichtige Aufgaben des Kaiser-Wilhelm-Instituts für Lederforschung, 10.10.1941 in Dresden, MPG-Archiv, Abt 1, 1A, Nr. 1798; Brief Miekeleys an Graßmann v. 17.8.1946, in: MPG-Archiv, Abt. III, Rep. 39, Nr. 59.

127 Dies waren die Heyl'schen Lederwerke in Worms und die G. Möhlenbeck & Co. AG in Mühlheim a. d. Ruhr, vgl. Brief Miekeleys an Graßmann v. 17.8.1946, in: MPG-Archiv, Abt. III, Rep. 39, Nr. 59.

Fischleder also in den letzten Kriegsjahren eher einen Ab- als einen Aufstieg erfuhr, deckte es auf dem Höhepunkt seiner Produktion, 1943, immerhin 2 Prozent des deutschen Gesamtverbrauchs an Leder und leistete damit seinen Beitrag, die »Lederlücke« zu verkleinern.[128]

Neue Lederarten II: Schwein

Schweinsleder war ebenfalls ein echtes Autarkie-Produkt aus der NS-Zeit. Schweinshäute wurden in Deutschland erst im Zweiten Weltkrieg zu Leder für Schuhe verarbeitet. Sie konnten wegen ihres hohen Fettgehalts (2,3 Prozent gegenüber 1 Prozent in der Rinderhaut) nicht mit pflanzlichen Gerbmitteln bearbeitet werden und waren deshalb als Rohstoff für Leder unüblich. Sie wurden vor Beginn des Zweiten Weltkriegs kaum gegerbt, da sie als Nahrungsmittel in Wurst und Schinken wertvoller waren.[129] Erst nach intensiver wissenschaftlicher Forschungstätigkeit im Vierjahresplan und nach Entwicklung eines effektiven Abhäutungsverfahrens und geeigneten Gerbprozesses durch das KWI für Lederforschung in Dresden konnten sie seit Beginn des Jahres 1940 in Chrom- und pflanzlichen Gerbverfahren zu Schuhleder verarbeitet werden.

Schweinsleder war ein naheliegender Ersatzstoff für Rindsleder. Schweinefleisch wurde in Deutschland vor dem Zweiten Weltkrieg in doppelt so hoher Menge konsumiert wie Rindfleisch, der Viehbestand an Schweinen war etwas höher als der an Rindern.[130] Mit Kriegsbeginn begann man in den deutschen Schlachthöfen damit, auch Schweine zu enthäuten. In den Untersuchungen des KWI für Lederforschung erwies sich, dass nur das Kernstück der Schweinshaut für die Lederherstellung hinreichend geeignet war. So ging man im April 1940 zur Methode der »Crouponierung«, der Entnahme eines Kernstücks der Haut an Kruppe und Rücken (»Croupon«), über, wie sie auch bei Pferden üblich war.[131] Den hohen Fettanteil versuchte man dabei durch Entspecken für die Nahrungsmittelversorgung zu gewinnen. Der Rest der Haut, die Kopf- und Bauchteile, wurden weiterhin zu Wurst und Sülze verarbeitet.

Da das Verfahren der Schweineenthäutung den deutschen Fleischern bislang weitgehend unbekannt war, wurden die beteiligten Berufsgruppen auf Einladung des *Reichsministers für Ernährung und Landwirtschaft* auf einer Arbeitstagung am KWI in Dresden in die neue Methode eingeführt. Danach schickte man »Fachkräfte zum Zwecke der Vorführung des Enthäutungsverfahrens in

128 Die Häutegewinnung Europas (1944), bes. S. 1527.

129 Als Sattlerleder hatten Schweinsleder schon eine längere Tradition. Hierzu wurden Wildhäute aus Österreich und Jugoslawien importiert. Deutsche Schweinshäute galten ursprünglich als minderwertig, da sie Zahmhäute waren. Zuerst wurden Schweinsleder zu Handschuhen und Geldbeuteln verarbeitet. Vgl. Schnitzer (1935), S. 116.

130 Hoffmann (1938), S. 58-62; Die Schließung der Lederlücke (1942), S. 1397.

131 Hausam (1942), S. 738; Graßmann (1942b), S. 718.

alle deutschen Gaue«. In einer zweimonatigen Einarbeitungsphase wurden die Schlachter in den Schlachthöfen und Fleischerinnungen in das Enthäutungsverfahren und seine hygienischen Bedingungen eingewiesen.[132] Um die Ablieferung der Schweinshäute auch bei Hausschlachtungen zu fördern, die noch etwa die Hälfte aller Schlachtungen bei Schweinen ausmachten, entwickelte die *Reichsstelle für Lederwirtschaft* im Januar 1943 das Mittel des Warentauschs. Dabei erhielten Ablieferer einer Schweinshaut bei der Häuteverwertung eine Belohnung in Form von fertigem Schweinsleder oder Bezugsscheinen für Schuhe.[133] Dies führte, vor allem in Südbayern, zu einer vermehrten Abgabe der Häute von hausgeschlachteten Schweinen.[134]

Bei der Technik der Enthäutung konnte man auch auf handwerkliche Wissensbestände in den besetzten Gebieten und Österreich zurückgreifen. Sowohl in der Steiermark als auch in Ungarn, Jugoslawien und der Sowjetunion war die Verarbeitung von Schweinshäuten zu Leder bereits länger üblich. So berichteten die Rohstoff-Experten der Deutschen Arbeitsfront (DAF) im August 1942, dass in der Sowjetunion etwa ein Drittel aller geschlachteten Schweine »nach genau vorgeschriebenen Methoden seit einigen Jahren tadellos enthäutet« wurden. Nach dem deutschen Einmarsch wurden »Lager von mehreren 100.000 Stück Schweinshäuten […] an verschiedenen Stellen von unseren Truppen vorgefunden«[135] und direkt einer Verwertung im Reich zugeführt. Der Endbericht des *Wirtschaftsstabes Ost* listete 1,2 Mio Schweinshäute, die von den Wehrmachtserfassungskommandos zwischen Juni 1941 und Februar 1944 in den besetzten Ostgebieten aufgefunden und für deutsche Zwecke weiterverwendet wurden.[136]

Ein Hauptproblem der Lederwirtschaft war, dass ihre Rohstoffe mit den Rohstoffen der Ernährungswirtschaft teilweise in Konkurrenz standen. Letztere wurde meist in der Dringlichkeit von den Behörden als wichtiger eingeschätzt. Die Ernährung stand unter den kriegswichtigen Prioritäten an erster Stelle. Die Schweinshaut wurde vorher zu Bindemittel in der Wurstherstellung und zur Rinde von Speck und Schinken verarbeitet. Die Wissenschaftler des Arbeitswissenschaftlichen Instituts der DAF (AwI) in Berlin berechneten, durch die Abhäutung für Leder bei einer jährlichen Schlachtung von 2 Mio Schweinen gingen der Wurst- und Sülzefabrikation durchschnittlich 3,75 kg pro Kernstück verloren. Dies entsprach bei 12,5 Mio deutschen »Volksgenossen« einer ganzen

132 Rohstoffe für Käse, Öl, Leder und Medizin aus der Fleischwirtschaft, in: Der Vierjahresplan 4 (1940), S. 992f.

133 Rundschreiben Nr. 2 der FG Ledererzeugende Industrie v. 20.1.1943, in: BA Berlin, R 13 XIII, Nr. 316.

134 Die Schließung der Lederlücke (1942), S. 1400.

135 Ebd.

136 Wirtschaftsstab Ost/Chefgruppe W/Führungsgruppe, Sammelmeldung über erkundete, abtransportierte, zurückgelassene und im Lande verbrauchte Rohstoffe und Materialien in der Zeit vom Juni 1941 bis 29.2.1944, [o. D.], in: BA-MA Freiburg, RW 31, Nr. 83, abgedruckt in: Müller (1991), S. 485.

Wochenration von 300 g Wurst pro Person. Gewonnen wurden dadurch jedoch 3.000 t Leder, die immerhin 2,3 Prozent des deutschen Gesamtbedarfs entsprachen.[137] Diese Berechnungen sind ein gutes Beispiel dafür, welche Blüten die Statistik der Wirtschaftsplaner in der Kriegswirtschaft trieb. Sie zeigen aber auch, welche Möglichkeiten die neue Erhebung genauer wirtschaftlicher Daten für die Hierarchisierung des Konsums eröffnete. An dieser Stelle wurde zugunsten der Ledererzeugung entschieden. Ab April 1940 wurden die Schlachtbetriebe verpflichtet, Schweinshäute abzuliefern und der Lederherstellung zur Verfügung zu stellen.[138] Die Produktion von Schweinsleder wuchs rasant von 65.000 qm (1940) auf 529.000 qm (1941) bis 960.000 qm (1942).[139]

Über die qualitative Beurteilung der Schweinsleder gibt ihre weitere Verwendung in Fertigprodukten Aufschluss. Verarbeitet wurden Schweinsleder grundsätzlich nur zu Zivilschuhen. Ein Ausschuss unter dem Wirtschaftsgruppenleiter Heinrich Krumm, der sich 1943 mit den Sparmöglichkeiten von Leder in Schuhen und Ausrüstungsgegenständen der Wehrmacht beschäftigte,[140] prüfte auch ihren Einsatz zu Militärzwecken. 21.000 t Leder für Schnürriemen konnten nach Ansicht Krumms künftig aus Schweinsleder hergestellt werden.[141] Doch die Wehrmacht lehnte dies ab.[142]

In Zivilschuhen wurden Schweinsleder vor allem als Oberleder eingesetzt.[143] Die staatlichen Herstellungsvorschriften für Schuhe definierten seit 1942 Schweinsleder als hochwertiges Oberleder der obersten Güteklasse wie Kalbsleder, Rindsleder und Rossleder.[144] Mit zunehmender Lederknappheit wurde Schweinsleder ab 1943 auch in normalen Straßenschuhen verarbeitet. Solche Schuhe tauchen z. B. in den Artikel- und Sortimentslisten der Firma Salamander in den letzten beiden Kriegsjahren auf.[145] Dass das Schweinsleder trotzdem ge-

137 Die Schließung der Lederlücke (1942), S. 1399-1401; Hausam (1942), S. 738ff.; Schubert (1942).

138 Erlass des Reichsministers für Ernährung und Landwirtschaft v. 27.4.1940, zitiert in: Rohstoffe für Käse, Öl, Leder und Medizin aus der Fleischwirtschaft, in: Der Vierjahresplan 4 (1940), S. 992f.

139 OKW/Wehrwirtschafts- und Rüstungsamt, Verbrauch an Leder, Lederabfällen und Halbfabrikaten aus Leder (1938-1942), 1944, BA-MA Freiburg, RW 19, Nr. 2474, Bl. 11. 1942 erreichte die Schweinslederproduktion mit 14.400 t Sg ihren Höchststand und ging 1944 auf 12.900 t Sg zurück, vgl. BIOS Final Report Nr. 861, The Stratton Mission to Germany (1945), S. 79.

140 Vgl. dazu ausführlich Kap. 9.

141 Vgl. Bericht des Krumm-Ausschusses an das Reichswirtschaftsministerium v. 30.7. 1943, BA Berlin, R 3, Nr. 311.

142 Vgl. dazu Kap. 9.6.

143 Als Bodenleder erwiesen sie sich in den ersten Monaten ihrer Verwendung und in Versuchen der Deutschen Versuchsanstalt für Lederindustrie als nicht hinreichend wasserdicht. Vgl. Stather/Herfeld (1941).

144 Herstellungsvorschriften für Schuhe der RfL v. 1942, in: BA Berlin, R 8 VI, Nr. 37.

145 Artikellisten Salamander für 1943-1945, WABW, Bestand Y 110, Salamander AG.

Abb. 30: Arbeitsschuh (Zweischnaller) mit Schweinslederschaft und Holzsohle der Firma Behrens, Alfeld (1941-1945)

genüber Rindsledern als geringerwertig eingestuft wurde, zeigt sich daran, dass es in erster Linie als Oberleder in Arbeitsschuhen mit Holzsohle eingesetzt wurde (Abb. 30). Seit Beginn der Schweinslederproduktion im Frühjahr 1940 wurden vor allem die geschlossenen Holzschuhtypen, Zweischnaller und Galoschen, mit Schweinslederschaft hergestellt. Diese Arbeitsschuhe erhielten in großer Zahl Zwangsarbeiter und KZ-Häftlinge, die in der Industrie eingesetzt wurden. Schweinsleder war für diesen Zweck als Werkstoff hochwertiger als Textilien, aber weniger leistungsfähig als Rindsleder. Auch für Schuhe der Bewohner der Ghettos in den besetzten Ostgebieten, die in der Versorgungshierarchie im Großdeutschen Reich ganz unten standen, gab die *Reichsstelle für Lederwirtschaft* Schweinsleder frei. [146]

5.4 Lederrohstoffe in Großbritannien und den USA

Wie hier zu sehen ist, waren die Autarkiebestrebungen der NS-Regierung Anlass, die bisherigen weltweiten Austauschprozesse des deutschen Rohstoffbezugs umzustrukturieren. Sie veränderten die Produktion des Materials Leder im Deutschen Reich wesentlich. Ein vergleichender Blick auf die Rohstoffbeschaf-

146 RfL an die GS v. 21.10.1944 und GS an RfL, Betr.: Materialabzug aus dem Ghetto Litzmannstadt v. 21.2.1945, in: BA Berlin, R 10 VI, Nr. 71.

fung in den beiden anderen Ländern soll nun klären helfen, wie dort die Rohstofflage die Lederproduktion beeinflusste und prägte.

Die Kolonien und die Leder-Rohstoffe Großbritanniens

Im Fall Großbritanniens wird deutlich, welche immense Rolle die Kolonien und die kolonialen Austauschprozesse in den 30er Jahren für die Rohstoffversorgung in Europa spielten. Nach amerikanischen Berechnungen des US-Handelsministeriums war 1933 Britisch-Indien der weltweit größte Häuteproduzent.[147] 19 Prozent des weltweiten Häuteanfalls stammten von dort.[148] 1933 hatte Großbritannien, nach Schätzungen der amerikanischen Fachleute, Deutschland als zweitgrößten Häuteimporteur hinter den USA abgelöst. Während die USA 1933 15,5 Mio Häute einführten, was 22 Prozent der Weltproduktion entsprach, verbrauchte Großbritannien 15 Prozent und das Deutsche Reich etwas unter 15 Prozent.[149] Aufgrund des üppigeren und billigeren Rohstoffbezugs gab es in Großbritannien im Vergleich zu Deutschland einige Unterschiede in der Lederproduktion.

Das kapital- und wissenschaftsintensive Chromgerbverfahren war in Deutschland in den 20er Jahren schon viel weiter verbreitet als in Großbritannien. Die britischen Unternehmen konzentrierten sich hauptsächlich auf die traditionelle und gerbstoffintensive vegetabile Grubengerbung.[150] Nur ein Drittel des in der britischen Schuhindustrie verbrauchten Oberleders für Schuhe wurde in Großbritannien hergestellt.[151] Chromgegerbtes Kalbsleder galt in Großbritannien und

147 Vgl. World Production and Consumption of Hides Rise in 1933, in: SLR v. 8.9.1934, S. 9; British Empire Most Important Source for Raw Hides and Skins, in: SLR v. 14.5.1932, S. 12-17.

148 Gleichzeitig war Indien aus religiösen Gründen der einzige Weltteil, in dem Rinder nicht wegen ihres Fleisches geschlachtet wurden. Entsprechend problematisch war es für die britische Kolonialverwaltung in Indien, die Inder zur Verwertung und Ablieferung von Häuten zu bewegen. Vgl. Official Report, United States Footwear, Leather and Hides Mission to the United Kingdom, 1.11.1943, NA Washington, RG 179, War Production Board, Box 1806, Nr. 545.028, Leather and Shoes. Requirements. Foreign, S. 12.

149 Frankreich importierte als viertgrößter Abnehmer etwa 11 Prozent (8,2 Mio). Vgl. World Production and Consumption of Hides Rise in 1933, in: SLR v. 8.9.1934, S. 9; British Empire Most Important Source for Raw Hides and Skins, in: SLR v. 14.5.1932, S. 12-17.

150 1924 wurden noch drei Viertel allen Leders in Grubengerbung hergestellt. Vgl. Hertz (1924), S. 52f.

151 Bis ins 20. Jahrhundert wurden die Gerbung und Zurichtung des Leders nicht in ein und demselben Betrieb ausgeführt. Die Arbeitsteilung zwischen Gerbern und Zurichtern hing auch damit zusammen, dass Rohhäute aus den Kolonien großenteils bereits in vorgegerbtem Zustand (*undressed leather*) eingeführt und hier nur »ausgegerbt« wurden. Diese Praxis erschwert die quantitative Berechnung der Einfuhr von Häuten

den USA als deutsche Spezialität.[152] Kurz vor Kriegsbeginn beauftragte das britische Wirtschaftsministerium *Board of Trade* einige Gerbereien damit, die Herstellung von Chromledern aufzunehmen, und die Produktion konnte mit Hilfe staatlicher Investitionshilfen etwas ausgeweitet werden. 1943 stellten amerikanische Beobachter fest, dass diese neuen Werksteile der englischen Gerber ausschließlich von deutschen Emigranten geleitet wurden, die hierfür ihr Erfahrungswissen (*refugee talent*) zur Verfügung stellten.[153] Oberleder blieb jedoch den ganzen Zweiten Weltkrieg hindurch ein besonderer Knappheitsfaktor der britischen Schuhindustrie.[154]

Rohhäute mussten von Großbritannien in den 30er Jahren zu zwei Dritteln eingeführt werden. Die Rohhäute stammten größtenteils aus den Kolonien und Dominions des Commonwealth, vor allem Indien, Südafrika und Irland, zu einem Drittel aus Südamerika.[155] Neben Rindshäuten wurden auf den Britischen Inseln zu einem verschwindend geringen Teil auch einheimische Schweinshäute zu Leder gegerbt. Dies war eine regionale Besonderheit in Teilen Schottlands, die sich in anderen Regionen des Landes nie durchsetzte.[156] Zu Schuhen wurde Schweinsleder in Großbritannien jedoch nicht verarbeitet.

Bei den Gerbstoffen spielten in Großbritannien die einheimische Eichenrinde und das Quebrachoholz aus Südamerika, die in Deutschland so wichtig waren, nur eine sehr untergeordnete Rolle.[157] Vegetabile Gerbstoffe erhielten die englischen und schottischen Gerber stattdessen vor allem aus Natal in Südafrika und aus Indien. Der wichtigste Gerbstoff, die Mimosarinde, die ursprünglich in Australien heimisch war, wurde von den Briten nach Südafrika verpflanzt und dort im großen Maßstab auf Plantagen angebaut. In einem US-amerikanischen Bericht hieß es 1924 über die Mimosarinde in Südafrika: »The black native labor has made it possible to produce it so cheaply that Australia now imports it from South Africa.«[158] Das britische Mutterland war Hauptabnehmer des billigen und ergiebigen Gerbmittels. Gegenüber europäischer Eichenrinde (8 Prozent) hatte

und Leder nach Großbritannien bis in den Zweiten Weltkrieg. Vgl. J. Hurstfield, The Leather Control. An Account of the Work of the Control during the War 1939-1945, 1948, NA/PRO London, BT 131, Nr. 102; Ausschuss Lederindustrie (1930), S. 267ff.; Hertz (1924), S. 50ff.

152 Hertz (1924), S. 61f.; Marsch (2000), S. 492-500.

153 Official Report, United States Footwear, Leather and Hides Mission to the United Kingdom, 1.11.1943, NA Washington, RG 179, War Production Board, Box 1806, Nr. 545.028, Leather and Shoes. Requirements. Foreign, S. 9.

154 Vgl. dazu Kap. 11.

155 Vgl. dazu Kap. 11.1.

156 Mitte der 20er Jahre wurden in Schottland etwa 100.000 Schweinshäute im Jahr zu Leder verarbeitet und in Lederwaren eingesetzt. 1949 gab es in Schottland 25 Gerbereien, die Schweinshäute gerbten. Vgl. Hertz (1924), S. 103; DSIR, Work of the British Leather Manufacturers' Research Association (1951), S. 45.

157 Hertz (1924), S. 125ff.

158 Ebd.

die afrikanische Mimosarinde einen Gerbstoffgehalt von 30 Prozent.[159] Der zweitwichtigste vegetabile Gerbstoff waren die Myrobalanen, mit einem Gerbstoffgehalt von 50 Prozent. Sie waren die getrocknete Frucht eines Baumes, der in Indien wuchs, und wurden von dort eingeführt. In den Jahren 1936 bis 1938 wurde der Gerbmittelbedarf in Großbritannien zu 60 Prozent durch Mimosarinde und Myrobalanen, zu 15 Prozent durch Quebracho und zu 25 Prozent durch andere Gerbstoffe gedeckt.[160] Synthetische Gerbstoffe wurden bis 1945 nicht verwendet und fanden erst durch die Adaption deutscher Entwicklungen und chemischer Produkte unmittelbar nach Kriegsende in die britische Lederproduktion Eingang.

Angesichts der Leder- und Gerbstoff-Knappheit und der hohen Preise für vegetabile Gerbstoffe und Gerbextrakte zeigte die sonst sehr traditionell arbeitende britische Lederindustrie unmittelbar nach Kriegsende großes Interesse an den deutschen Forschungen an synthetischen Gerbstoffen.[161] Als 1949 ein *Imports Substitute Panel* des *Committee on Industrial Productivity* des *Board of Trade* eine Untersuchung zur Adaption der deutschen Synthesegerbstoffe in Großbritannien nach dem Krieg durchführte, stellte sich heraus, dass in den vier Jahren nach dem Krieg sechs britische Firmen mit der Produktion von synthetischen Gerbstoffen nach deutschem Vorbild (*of the type developed by Germany before and during the war*) begannen. Sie produzierten, bei einem Gesamtbedarf von etwa 50.000 lt Gerbstoffen der britischen Industrie im Jahr bereits 5.000 lt Synthesegerbstoffe. Davon wurden 40 Prozent exportiert. Die noch verbleibenden 3.000 lt, die in Großbritannien verbraucht wurden, deckten also 1949 sechs Prozent des Gesamtbedarfs an Gerbstoffen. Die britischen Wirtschaftsforscher wiesen allerdings darauf hin, dass der große Erfolg der Syntane sich relativieren könnte, wenn der Preis der natürlichen Gerbstoffe auf dem Weltmarkt wieder sinke. Dies war zu diesem Zeitpunkt jedoch nicht absehbar.[162]

Rohhäute in der amerikanischen Lederwirtschaft

Die US-amerikanische Lederindustrie, in den 30er Jahren die größte der Welt, konnte ihren Rohhautbedarf zum ganz überwiegenden Teil aus dem einheimischen Anfall decken.[163] Dies unterschied die USA von Deutschland und

159 Hegenauer (1992), S. 46.

160 J. Hurstfield, The Leather Control. An Account of the Work of the Control during the War 1939-1945, 1948, NA/PRO London, BT 131, Nr. 102.

161 Zur Rohstoffentwicklung in der britischen Kriegswirtschaft vgl. Kap. 11.

162 DSIR, Work of the British Leather Manufacturers' Research Association (1951), S. 18ff.

163 Nach Berechnungen des US-Handelsministeriums waren die USA 1934 der weltweit zweitgrößte Häuteproduzent nach Indien. Etwa 45 Prozent aller verbrauchten Rindshäute wurden Mitte der 30er Jahre in den USA zu Unterleder für die Schuhproduktion

Großbritannien. Die Fleischindustrie und Schlachthöfe, die als Schalt- und Schnittstelle zwischen den agrarisch orientierten westlichen Staaten und den industrialisierten östlichen Staaten fungierten, waren in den USA stark konzentriert.[164] In den 40er Jahren stammten über zwei Drittel aller einheimischen Häute von nur vier Firmen, den sogenannten *Big Four* der *Packer Hide Industry.*[165] Diese Häute waren von sehr hoher Qualität. Nur ein Viertel der Rindshäute und weniger als ein Drittel der Kalbsfelle, die von amerikanischen Gerbern verarbeitet wurden, kamen Mitte der 30er Jahre aus dem Ausland. Der größte ausländische Häutelieferant war, wie für Deutschland, Argentinien.[166] Im Verlauf der 30er Jahre erhöhte sich allerdings stetig der Importanteil. Ein bedeutender Abnehmer des Leders war neben der Schuhindustrie die Automobilindustrie, deren Bedarf an Polsterleder ständig wuchs.

Als es in den USA im Zweiten Weltkrieg aus Gründen, auf die in Kapitel 11 noch eingegangen wird, ebenfalls zu einer starken Verknappung von Rohhäuten kam, begannen Lederforscher auch dort wegen des Rohstoffmangels mit Untersuchungen über die Verarbeitungsmöglichkeiten von Fischhaut und Schweinshaut zu Schuhleder. Bei Fischleder knüpften diese Forschungen an eigene, bereits ältere Erfahrungen auf diesem Gebiet an. Fischhäute waren gegen Ende des Ersten Weltkriegs bereits in den USA gegerbt und in durchaus »dienstbares Leder« verwandelt worden, wie eine amerikanische Ingenieursfachzeitschrift im Januar 1918 berichtete.[167] Nach dem Ersten Weltkrieg erlahmte das Interesse an dem neuen Rohstoff. Doch nachdem 1943 der Höhepunkt der Lederknappheit im Zweiten Weltkrieg erreicht war, berichtete im Oktober 1944 die Wirtschaftszeitschrift *Business Week*, dass an der Engineering Experimental Station der Universität von New Hampshire, Neuengland, mit der Gerbung von Fischleder ex-

verarbeitet, weitere 45 Prozent zu Oberleder. Die restlichen 10 Prozent flossen in Treibriemen und den Koffer-, Sattler- und Polstereibedarf. Vgl. Armour's Live Stock Bureau, Cattle Hides. Production and Trade, in: SLR v. 28.5.1925, S. 41ff.; World Production and Consumption of Hides Rise in 1933, in: SLR v. 8.9.1934, S. 9; Merrill Watson, Planning in the American Leather Industry, in: SLR v. 23.3.1935, S. 9.

164 Vgl. dazu Cronon (1991).

165 Dies waren die Unternehmen Swift & Company, Armour & Company, Cudahy Packing Company und Wilson & Company im Mittleren Westen. Vgl. Merrill Watson, The History and Economics of Cattlehide Leather Tanning (in mehreren Teilen), ab: SLR v. 20.11.1943, S. 13-15, hier S. 14.

166 Effects of the War on United States Imports of Leather, in: SLR v. 27.11.1943, S. 13f.; World Leather Markets, in: SLR v. 11.3.1944, S. 8ff.; British Empire Most Important Source for Raw Hides and Skins, in: SLR v. 14.5.1932, S. 12-17.

167 Das Fischleder war allerdings nur für Besätze in Lederwaren verwendbar. Haifischhaut wurde in geringem Maße auch zu Kinderschuhen verarbeitet. Vgl. Leather Conservation, in: Metallurgical and Chemical Engineering 18 (1918), Nr. 2, S. 97f.; der Scientific American hatte schon 1879 oder 1880 berichtet, dass in Gloucester, Massachusetts, Fischleder gegerbt wurde, das für Lederwaren verwendet wurde. Der Artikel wurde zitiert in: The Industrial Uses of Fish Skins, in: The Boot and Shoe Trades Journal v. 17.1.1880, S. 187.

perimentiert werde. Man wertete dafür im Auftrag des US-Handelsministeriums die Erfahrungen deutscher und italienischer Gerber mit der Fischlederproduktion und ihrer Verarbeitung zu Damenschuhen aus.[168]

Schweinshäute gerieten auf Grund der Häuteknappheit seit 1943 ebenfalls als Lederrohstoff in den Blick.[169] Hierbei leisteten die wissenschaftlichen und praktischen Erkenntnisse der deutschen Lederforscher des Kaiser-Wilhelm-Instituts seit 1938 Hilfestellung, deren Publikationen als die bislang umfassendsten wissenschaftlichen Ergebnisse zu dem Thema als Erstes von den amerikanischen Lederfachleuten ausgewertet wurden.[170] Die Leder- und Schuhplaner im *War Production Board* sowie die zur Beratung herangezogenen Unternehmer waren sich einig, dass Schweinshaut die einzige mengenmäßig nennenswerte, bislang ungenutzte Ressource sei, die die drohende Lederknappheit der kommenden Jahre wirkungsvoll beheben könnte. Wie in Deutschland war die aufwendige Häutung und ihre alternative Verarbeitung zu Schinken dabei das größte Problem.[171]

Anfang 1943 schätzten Fachleute des *Department of Agriculture* auf der Basis amtlicher Statistiken, dass 1943 etwa 115 Mio Schweinshäute einer Verwertung zugeführt werden konnten.[172] Pro Schweinshaut rechneten Lederindustrielle, die vom *War Production Board* als Sachverständige herangezogen wurden, mit einer Fläche von 14 Quadratfuß Leder. So konnten sich in einem Jahr 1,6 Milliarden Quadratfuß an Leder ergeben, das nach Ansicht der Lederfachleute, sofern es von älteren Schweinen (*hogs*) stammte, sogar als Sohlleder verwendbar sein sollte. Im Vergleich zu der bereits in Deutschland schwierigen Schweinshautverwertung, die sich die Amerikaner zum Vorbild nahmen,[173] stießen die Lederfachleute in den USA auf zwei zusätzliche Probleme: In den USA waren andere Schweinerassen als in Deutschland verbreitet, die eine noch dickere Fett-

168 Fish Leather, in: Business Week v. 7.10.1944, S. 79.

169 New Era Developments in Tanning and Laboratory Research, in: SLR v. 30.12.1944, S. 89-91; Shoes Tighter? – Pigskin Promising, in: Business Week v. 19.2.1944, S. 84.

170 Vgl. War Production Board, New Sources Section (Emile Rumpp) an Textile, Clothing & Leather Division (Ralph Loper), Subject: Pigskin, 9.9.1943, NA Washington, RG 179, War Production Board, Box 382, File: Hides. Hog & Pigskin; George Laemmle, Leather Consultant, Report on the Subject of Hogskins Prepared at the Request of Emile Rumpp, War Production Board, o. D. [Jan. 1943], NA Washington, RG 179, War Production Board, Box 382, File: Hides. Hog & Pigskin.

171 Pigskin Promising, in: Business Week v. 19.2.1944, S. 84; NA Washington, RG 179, War Production Board, Box 382, File: Hides. Hog & Pigskin (1943-1945).

172 1942 waren in den USA 80 Mio Schweine in den Schlachthäusern verwertet worden. Dabei wurden die Schweine unmittelbar nach der Tötung in siedend heißes Wasser getaucht, um die Borsten zu entfernen. Dies machte die Haut für Leder unbrauchbar.

173 Die amerikanischen Lederfachleute sahen es dabei als Vorteil der deutschen und österreichischen Schlachtereien, dass die Produktion dort nicht nach dem Prinzip der Fließfertigung organisiert war. Vgl. War Production Board, Report on WPB Efforts to Utilize Pigskin for Shoe Leather in Wartime, 22.6.1945, NA Washington, RG 179, War Production Board, Box 382, File: Hides. Hog & Pigskin.

schicht unter der Haut bildeten. Dies erschwerte die Abhäutung. Zweitens war die hoch industrialisierte Form des Tötens und der Verwertung von Vieh in den amerikanischen Schlachthöfen für Schweine ungeeignet.[174] In dem industrialisierten Verfahren wurden Anfang der 40er Jahre normalerweise 600 bis 1.000 Stück Vieh in einer Stunde verarbeitet.[175] Um ein Schwein vorschriftsmäßig zu enthäuten, waren höher qualifizierte Arbeitskräfte erforderlich als bei Rindern. Schweine konnten von der doppelten Zahl an Arbeitskräften nur im Takt von 20 Tieren in sieben Stunden gehäutet werden. Die Unternehmensleitungen der *Packer Hide Industry* lehnten die Häutung von Schweinen daher ab.[176]

Die Schweinshäute konnten so nicht in dem von den staatlichen Stellen gewünschten Ausmaß als Rohstoff gewonnen werden. Ein Problem war in Verhandlungen mit den Privatfirmen in der Kriegswirtschaft auch immer das Preisniveau der Rohstoffe. Bei der bloßen Möglichkeit, dass in Zukunft eine große Anzahl Schweinshäute auf den Markt kamen, hatten sowohl die Häuteverwerter als auch die Gerber Bedenken, dass dadurch die Preise für ihre Produkte sinken würden. Als Problem erwies sich auch die Vermarktung der Fleischprodukte ohne Haut. Die Beschaffungsämter der Armee weigerten sich zum Beispiel, Schinken ohne die »Rinde« zu akzeptieren, da diese bei der Konservierung des Fleisches eine entscheidende Rolle spielte.

Trotz all dieser Schwierigkeiten wurden jedoch Schweinshäute auch in den USA ab Anfang 1944 massenhaft der Ledererzeugung zugeführt. Die Enthäutung der Schweine fand am Ende nur in den kleineren, regionalen und ländlichen Schlachtbetrieben statt. Die Ablieferung an Schweinshäuten war jedoch so konsequent und gut organisiert, dass 1944 die Produktion an Schweinsleder um 30 Prozent gegenüber dem Vorjahr erhöht werden konnte.[177] Nach dem Zweiten Weltkrieg war Schweinsleder auch in den USA zum festen Bestandteil des Materialrepertoires von Oberleder in Zivilschuhen geworden.[178]

174 Anders als bei Rindern, deren Haut sich leicht und in einem Stück vom Körper löste, sorgte die Fettschicht der Schweine dafür, dass beim Enthäuten Teile des Fleisches haften blieben und dadurch Fleischsubstanz verloren ging. Sobald die Haut entfernt wurde, war der Tierkörper glitschig und schwer zu handhaben, anfällig für Verunreinigungen und teuer in der Verarbeitung.

175 Für die Produktion in deutschen und österreichischen Schlachthöfen vgl. Lackner (2004). Für das Töten am Fließband in den USA vgl. Giedion (1948/1982), S. 238-277.

176 War Production Board, Information Division, Report on War Production Board Efforts to Utilize Pigskin for Shoe Leather in Wartime, 22.6.1945, NA Washington, RG 179, War Production Board, Box 382, File: Hides. Hog & Pigskin.

177 War Production Board, New Sources Section (Emile Rumpp) an Textile, Clothing & Leather Division (Ralph Loper), Subject: Pigskin, 9.9.1943; War Production Board, Information Division, Report on War Production Board Efforts to Utilize Pigskin for Shoe Leather in Wartime, 22.6.1945, NA Washington, RG 179, War Production Board, Box 382, File: Hides. Hog & Pigskin.

178 Vgl. den Abschnitt zu Schweinsleder in Schuhen in der 4. Ausgabe (1948) des 1938 erstmals erschienenen Verbrauchsratgebers, worin ein solcher Abschnitt noch fehlte:

5.5 Erweiterung der Rohstoffbasis: Häuteraub und europäische Großraumplanungen

Der koloniale Blick auf die Häutevorkommen Afrikas und Osteuropas

Vor der Zeit des Nationalsozialismus bezogen die wichtigsten europäischen Lieferanten von Rohhäuten des Deutschen Reichs diese aus ihren Kolonien. Nicht nur Großbritannien, sondern auch Frankreich und die Niederlande waren nicht nur selbst bedeutende Lederproduzenten, sondern auch Lieferanten von Rohhäuten an das Deutsche Reich. Neidisch blickten deutsche Rohstoffplaner auf die weltgrößten Rinderbestände in Britisch- und Niederländisch-Indien, im britischen Südafrika und in Australien, im italienischen Abessinien, im niederländischen Java und französischen Madagaskar. Das Augenmerk künftiger Rohstoffversorgung lag daher bei den deutschen Wirtschaftsplanern auch im Lederbereich auf der Möglichkeit, Deutschlands ehemalige Kolonien für die Rohstoffbeschaffung wiederzugewinnen. Außerdem wollte man neue, überseeische und europäische Gebiete und Rohstoffvorkommen für die deutsche Industrie verfügbar machen. So begannen deutsche Rohstoff-Experten der *Wirtschaftsgruppe Lederindustrie* und des Arbeitswissenschaftlichen Instituts der DAF in der Vorkriegszeit mit der möglichst genauen Erfassung des Viehbestandes und der Gerbstoffvorkommen vieler europäischer und außereuropäischer Länder. Ein räuberisches Auge warfen sie dabei vor allem auf die Sowjetunion als Rohstoffland.[179]

Russland gehörte bereits vor dem Ersten Weltkrieg zu den wichtigsten Rohhäutelieferanten des Deutschen Reichs. Im Ersten Weltkrieg verbot die russische Regierung, wie alle anderen kriegsführenden Mächte, die Ausfuhr von Häuten.[180] Als auf der Genfer Weltwirtschaftskonferenz 1927 die Ein- und Ausfuhr von Rohhäuten im Nachkriegs-Europa neu geregelt wurde, verpflichteten sich 17 europäische Staaten, ab Oktober 1929 alle geltenden Beschränkungen des Häute-Handels zu beseitigen.[181] Die junge Sowjetunion unterzeichnete dieses Abkommen

Household Finance Corporation (Hg.), Better Buymanship. Use and Care of Shoes, 4. Auflage, Chicago 1948, S. 19, im Vergleich zu den früheren Ausgaben 1938ff., Library of Congress, Washington D. C., TX335.A1.

179 Um die kolonialen Absichten in der deutschen Öffentlichkeit zu verschleiern, erging am 21.12.1941 die Weisung des Propagandaministeriums an die Presse: »Über die Endabsichten in der Gestaltung des Ostraumes soll vorläufig nicht gesprochen werden. Insbesondere ist es unzweckmäßig, den Begriff ›Kolonien‹ oder ›Kolonialmethoden‹ in der Auseinandersetzung mit den Problemen des Ostens anzuwenden.« Vgl. Besprechung v. 17.11.1941, in: Boelcke (1967), S. 194. Zu Kolonisierungsplänen und -Praxis vgl. Rolf-Dieter Müller, Von der Wirtschaftsallianz zum kolonialen Ausbeutungskrieg, in: Boog u.a. (1991), S. 141-245; Aly/Heim (1991), S. 331-342; Overy u.a. (1997).

180 Hoffmann (1938), S. 106.

181 Vgl. die Internationalen Vereinbarungen betreffend die Ein- und Ausfuhr von Häuten, RGBl. v. Juli 1929, Nr. 35.

nicht. Sie arbeitete am Aufbau einer eigenen Leder- und Schuhindustrie. Der Export von schweren Häuten blieb weiterhin verboten.[182] Genaue Zahlen über Viehbestand und Rohhautanfall in der Sowjetunion gelangten seit der Revolution nicht mehr ins Ausland. In den Jahren 1930 bis 1933 gab es einige vereinzelte Rohhautlieferungen nach Deutschland, die aber 1933 eingestellt wurden.[183]

Spätestens im Vierjahresplan begannen deutsche Lederfachleute die künftige Nutzung russischer Rohstoff-Vorkommen durch die deutsche Lederindustrie vorzubereiten. Mitarbeiter des Arbeitswissenschaftlichen Instituts der DAF verschafften sich im Vierjahresplan einen Überblick über den »Weltrinderbestand«. Sie wiesen 1938 darauf hin, dass allein im europäischen Teil Russlands das Aufkommen von Rindern vermutlich höher lag als das des für Deutschland größten Häuteproduzenten Argentinien. Sie hoben außerdem hervor, dass die Sowjetunion mit ihrem Viehbestand im internationalen Vergleich weit an der Spitze stand, übertroffen nur noch von den USA und Indien.[184] Amerikanische Wirtschaftsexperten waren 1927 und 1934 zu dem gleichen Befund gekommen.[185]

Das 1938 gegründete Statistische Referat der *Wirtschaftsgruppe Lederindustrie* führte im Auftrag der deutschen Unternehmen ebenfalls Lederplanungen für den künftigen, deutsch zu dominierenden europäischen Großwirtschaftsraum aus. Es entstanden Industrieanalysen über die Lederwirtschaft in 16 europäischen Ländern.[186] Auch die Leder- und Kunststoffforscher der I.G. Farbenindustrie beschäftigten sich in diesem Zusammenhang mit dem Lederbedarf der übrigen Länder Europas.[187] Die Länderberichte der Wirtschaftgruppe erfassten Häute-, Fell- und Gerbstoffvorkommen in den Ländern ebenso wie auf Seiten des Verbrauchs den Schuhbedarf der jeweiligen Bevölkerung. Gleichzeitig erinnerte man sich der ehemaligen deutschen Kolonien in Afrika und berechnete den Rohhautanfall und die Gerbstoffvorkommen, die sich bei einer Wiedergewinnung für das Deutsche Reich erschließen ließen.[188] Die *Wirtschaftsgruppe Lederindustrie* ging von einer Menge aus, die etwa 9 Prozent des deutschen Einfuhrüberschusses an Rohhäuten von 1936 entsprach.[189] Nach Kriegsbeginn kamen weitere Studien über »Afrika als Rohstoffquelle der europäischen Lederwirtschaft« hinzu. Auch sie zählten zu den »schon vorbereitenden Maßnahmen«

182 Hoffmann (1938), S. 106f.

183 Ebd., S. 86f.

184 Ebd., S. 85; Die Häutegewinnung Europas (1944).

185 Die Experten des *Department of Commerce* schätzen 1927, dass etwa 27 Prozent aller Rinder Europas im europäischen Teil der Sowjetunion lebten, 12 Prozent im Deutschen Reich und 10 Prozent in Frankreich. Vgl. Schnitzer (1927), S. 7, 14, 123; World Production and Consumption of Hides Rise in 1933, in: SLR v. 8.9.1934, S. 9.

186 BA Berlin, R 10 VI, Nr. 56.

187 Der Unterlederverbrauch der Länder Europas und seine Deckung vor dem Kriege. Gutachten der I.G. Farbenindustrie, BA Berlin, R 10 VI, Nr. 57.

188 Zischka (1939), S. 365f.; Hoffmann (1938), S. 114-122. Zu den Rohstoffplänen der deutschen Wirtschaftsexperten in Afrika vgl. Linne (2008).

189 Kempke (1939), S. 19.

der »Lederwirtschaft im europäischen Großraum« nach siegreicher Beendigung des geplanten Krieges. »Diese [statistische] Arbeit gilt vorzüglich dem Frieden, für den wir den Krieg ja nur führen«, stellte der rheinische Lederindustrielle Ludwig Cornelius Freiherr von Heyl bei seiner Ernennung zum Leiter der *Wirtschaftsgruppe Lederindustrie* im Januar 1942 fest.[190]

Rohhäute aus der Sowjetunion

Die Rohhautvorkommen der Sowjetunion und anderer europäischer Staaten erschloss sich das Deutsche Reich schließlich, wie geplant, mit militärischen Mitteln. Nach dem Überfall auf die Sowjetunion nahm die Rohstoffbeschaffung in den dortigen Gebieten die Form von regelrechten Raub- und Beutezügen an.[191] Von dem sogenannten *Wirtschaftsstab Ost*, den das Oberkommando des Heeres bereits im Februar 1941 einrichtete und der von Juni 1941 bis Oktober 1944 tätig war,[192] wurde die Rohstofferfassung in den besetzten Ostgebieten mit Hilfe der deutschen Lederunternehmen organisiert.

Der *Wirtschaftsstab Ost* war der Vierjahresplanorganisation weisungsgebunden. Er richtete ein »Rohstoff-Meldewesen« aller Wehrmachtseinheiten auf dem Vormarsch auf sowjetisches Gebiet ein. Die Unternehmen der *Wirtschaftsgruppe Lederindustrie* stellten unmittelbar für den Einmarsch der deutschen Truppen »Sachverständige aus der Praxis für den Einsatz im besetzten russischen Gebiet« zur Verfügung. Diese halfen bei der Erfassung, Identifizierung und dem Abtransport von Rohhäuten und anderen, für die Leder- und Schuhunternehmen brauchbaren Rohstoffen.[193] Nach einer von ihnen vorgegebenen »Rohstoffliste« durchkämmten eigens gebildete »Erfassungskommandos« der Wehrmacht die neu besetzten Siedlungen und requirierten alle Rohstoffbestände, die für die deutsche Wirtschaft zu gebrauchen waren. Hierzu wurde mit Hilfe der Fachleute aus den deutschen Industrien eine »Erfassungsfibel« erstellt, die den zuständigen Offizieren bei den Rohstoffraubzügen als »Handbuch für den täglichen Gebrauch« diente und den Charakter einer Warenkunde hatte. Das

190 Beiratssitzung der WG Lederindustrie am 21.1.1942, in: MPG-Archiv, Abt. I, Rep. IA, Nr. 1798, S. 7f., 18f.

191 Gesetzliche Grundlage war der Erlass des Reichsmarschalls des Großdeutschen Reiches und Beauftragten für den Vierjahresplan über Erfassung und Verwertung von gewerblichen Rohstoffen und anderen kriegswichtigen Materialien in den neubesetzten Ostgebieten vom 28.10.1941.

192 Grundlage für seine Tätigkeit war der Führererlass über die Wirtschaft in den neubesetzten Ostgebieten vom 29.6.1941, der auch festlegte, dass der Wirtschaftsstab seine Weisungen vom Reichsmarschall Göring und den Vierjahresplanbehörden erhielt. Müller (1991), S. 1-19.

193 Einsatz von Fachleuten als Sonderführer in besetzten Gebieten, Bd. 2 (1941-1942), Lederwirtschaft, Okt. 1941, BA-MA Freiburg, RW 31, Nr. 1031; Beiratssitzung der WG Lederindustrie am 21.1.1942, MPG-Archiv, Abt. I, Rep. IA, Nr. 1798, S. 6.

Handbuch wurde erstmals im April 1942 ausgegeben. Eine zweite, erweiterte Auflage folgte im Mai 1943.[194]

In der »Erfassungsfibel« wurden die gesuchten Rohstoffe in ihren sinnlichen Eigenschaften genau beschrieben, um auch »dem Nichtfachmann [...] eine sachgemäße Erkundung von Rohstoffen [zu] ermöglichen«. Außerdem gab die Wehrmachtsführung genaue Anweisungen zur Sicherung und zum Abtransport der erbeuteten Rohstoffe oder ihrer sonstigen Verwendung für Truppenzwecke. Schließlich ermahnte man den Soldaten noch:

> »Kein Material vergeuden und nichts verderben lassen. Auch die kleinste Menge ist wichtig.«[195]

Zu den gesuchten Rohstoffen gehörten alle im Deutschen Reich knappen Roh- und Werkstoffe (»Mangelrohstoffe«). Neben Metallen jeglicher Art, Basischemikalien, Ölen und Fetten, Spinnstoffen, Natur- und Synthesekautschuk waren dies auch Häute, Felle, Gerbstoffe und Leder. Häute, so die Rohstoff-Fachleute des *Wirtschaftsstabes Ost*, seien in den besetzten Gebieten vorwiegend »auf Kreishäutelagern, in Schlachthäusern und Fleischfabriken, in kleinen Sammellagern auf dem Lande und in Lederfabriken und Gerbereien« zu finden.[196] Frische Häute sollten durch Trocknung oder Salzung vor dem Abtransport konserviert werden.

Zur »Erfassung, Verwaltung und Verwertung« der vom *Wirtschaftsstab Ost* erkundeten Rohhäute und der während der Besatzung anfallenden Häute wurde im August 1941 die Ost-Erfassungsgesellschaft für Häute und Felle, eine GmbH, gegründet. Gründer und Gesellschafter waren zu einem Viertel die *Wirtschaftsgruppe Lederindustrie*, also die Organisation aller lederherstellenden und -verarbeitenden Unternehmen im Reich, und zu drei Vierteln die *Wirtschaftsgruppe Groß- und Außenhandel*. Zum Leiter wurde der *Reichsbeauftragte für Lederwirtschaft* bestimmt, der die oberste Verteilungsmacht für das Leder und seine Rohstoffe im Reich darstellte.[197] Im Verwaltungsrat der Gesellschaft saßen Wilhelm Möhlenbeck, Gerberei-Unternehmer aus Mühlheim an der Ruhr und Vorsitzender des Centralvereins der deutschen Lederindustrie sowie Leiter der *Fachgruppe Ledererzeugende Industrie*, und Alfred Sauer, Hauptgeschäftsführer der *Wirtschaftsgruppe Lederindustrie*, neben den Vertretern des Handels.[198] Ein Drittel der erfassten Rohhautmenge wurde unter deutscher Kontrolle in den Betrieben

194 Vgl. Wirtschaftsstab Ost, Chefgruppe W, Führungsgruppe (Hg.), Merkblätter für Erkundung, Erfassung und Abtransport von Rohstoffen in den besetzten Ostgebieten, April 1942 und Mai 1943, BA-MA Freiburg, RW 31, Nr. 87.

195 Ebd.

196 Ebd. Alle Zitate im Folgenden hieraus.

197 Zum System der Bewirtschaftung und seinen Organisationen vgl. Kap. 9.1.

198 Beiratssitzung der WG Lederindustrie am 21.1.1942, MPG-Archiv, Abt. Abt. I, Rep. IA, Nr. 1798; Bericht über die Tätigkeit der Ost-Erfassungsgesellschaft für Häute, Felle und verwandte Gebiete v. 2.5.1944, BA Berlin, R 10 VI, Nr. 50.

der besetzten Gebiete zu Leder gegerbt und für den deutschen Bedarf weiterverarbeitet, zwei Drittel wurden ins Reich abtransportiert.[199]

Als wichtigste Lederarten galten bei der Suche pflanzlich gegerbtes oder chromgares Oberleder und Sohlenleder für Schuhe, in zweiter Linie auch Geschirrleder, Riemenleder und Blankleder. Das Leder sollte in kühlen, aber trockenen Räumen gelagert und nicht der Sonne ausgesetzt werden. Die zum Abtransport ins Reich geforderten Mindestmengen lagen bei einer Tonne Leder oder Gerbstoffen und bei 100 Stück Rohhäuten.[200] Auch der Kautschuk stand auf der Liste der gesuchten Rohstoffe. Unter den Naturkautschukarten waren neben den verschiedenen Formen des Plantagenkautschuks (Crepe, Scraps und Cuttings, Kautschukmilch) auch der russische Pflanzenkautschuk Kok-Sagis und andere Sagis-Arten gefragt, in Form »ziemlich dünne[r], leicht zerreissbare[r] Felle, bräunlich bis schwarz, teils klebrig« mit einem »muffigen, erdigen Geruch«.[201] Diese seien in Form von Ballen oder Matten zu finden. Bei den Synthesekautschukarten wurden die Soldaten nicht nur nach dem deutschen I.G.-Farbenindustrie-Produkt *Buna* (»rötlich-bräunliche dünne bis mitteldicke Felle, zu Rollen aufgewickelt, ziemlich geruchlos«) ausgeschickt, sondern ebenso nach dem sowjetischen *Lebedjew*-Kautschuk (»grünlich-gelbe, elastische Fladen und Kuchen, im Schnitt silbrig glänzend, ziemlich geruchlos«) und dem *Sowpren*-Kautschuk (»grünlich-gelbe elastische Masse mit unangenehmem, strengem Geruch«). Über die Basisrohstoffe hinaus wurden sogar Altstoffe wie Knochen, Tierhaare, Altgummi, Altpapier und Schrott über die Raubfibel erfasst und für eine Verwertung durch die Wehrmacht oder die deutsche Wirtschaft gesammelt.[202]

Zu den Plünderungen gehörte außerdem die Schlachtung von lebendem Vieh für den Nahrungsbedarf der deutschen Truppen. Vor dem Einmarsch hatte die Wehrmachtsführung die Parole ausgegeben, dass die gesamte Wehrmacht »aus Russland ernährt« werden müsse.[203] Von den folgenden »Grenzschlachtungen« waren wöchentlich bis zu 15.000 Rinder betroffen.[204] Die Häute des geschlachteten Viehs wurden auf »Heereshäutesammelstellen« der Ost-Erfassunggesellschaft für Häute und Felle abgeliefert und nach Deutschland verschickt. Die Lieferungen entsprachen wöchentlich einem Gewicht von 2.700 t Rohhäuten.[205]

199 Bericht Wirtschaftsstab Ost, Chefgruppe W, Über die Wiedererrichtung der Lederwirtschaft in den besetzten Gebieten v. 28.9.1944, BA-MA Freiburg, RW 31, Nr. 982.

200 Rohstoff-Meldewesen v. 1.4.1942, BA-MA Freiburg, RW 31, Nr. 87.

201 Zur Geschichte des Pflanzenkautschuks Kok Sagis vgl. Heim (2003), bes. S. 125-198.

202 Zu den Sammelergebnissen vgl. Müller (1991), S. 290ff.

203 Besprechung der Staatssekretäre und Generale am 2.5.1941, Dok. 2718-PS, in: Der Prozess gegen die Hauptkriegsverbrecher vor dem Internat. Militärtribunal, Nürnberg 1947-1949, Bd. 31, S. 84, zitiert in: Müller (1991), S. 1.

204 RfL an RWiMin, Betr.: Lederaustausch-Plan für das 5. und 6. Kriegshalbjahr, 25.11.1941, BA Berlin, R 8 VI, Nr. 33.

205 Bericht über die Tätigkeit der Ost-Erfassungsgesellschaft für Häute, Felle und verwandte Gebiete v. 2.5.1944, BA Berlin, R 10 VI, Nr. 50.

Die *Reichsstelle für Lederwirtschaft* bezog die sowjetischen Rohhäute in ihre Rohstoffplanungen ein und verteilte sie mit den übrigen Rohhaut-Kontingenten an deutsche Unternehmen zur Verarbeitung.[206]

In den Jahren 1941 bis 1944 requirierte die Ost-Erfassungsgesellschaft für Häute und Felle insgesamt die immense Menge von 105.100 t Sg Rohhäuten, vor allem von Rindshäuten, aus dem »Reichskommissariat Ostland« (also Lettland, Litauen, Weißrussland und später Estland) und dem »Reichskommissariat Ukraine« (also der Zentralukraine, Teilen von Polen und Weißrussland).[207] Diese Menge entsprach einem halben Jahresbedarf der gesamten deutschen Wirtschaft an Leder.[208] Die Fachleute des *Wirtschaftsstabes Ost* rechneten diese Menge Rohhäute bei der Berichterstattung gleich in Schuhe um und schätzten, dass sie »für die Herstellung von 30 Millionen Paar Militärschuhen« ausreichte.[209] Schon der Abschlussbericht des *Wirtschaftsstabes Ost* resümierte Ende 1944, dass »die Erfassungsarbeit im Osten entscheidend zur Überbrückung des Rohhautengpasses im Reich beigetragen hat«.[210] Der enorme Anstieg der deutschen Lederproduktion in den Jahren 1942 und 1943 (Tabelle 17) ist auf die Verarbeitung dieser Rohhäute aus den besetzten Ostgebieten zurückzuführen. Wenn daher etwa Petra Bräutigam in ihrer Studie über die Lederindustrie in Baden und Württemberg in der NS-Zeit lediglich erwähnt, dass »1944 eine Heeressammelstelle errichtet wurde, die Rohhäute von Kaninchen oder Katzen von der Zivilbevölkerung erfasste und aus den frontnahen Gebieten abtransportierte«, so ist dies nicht nur eine Verzerrung der tatsächlichen Bedeutung der »Beutehäute«, sondern geradezu eine Verharmlosung der Formen, die die kriegerische Rohstoffbeschaffung für die deutsche Wirtschaft annahm.[211]

206 Der RfL an das RWiMin, Betr.: Lederplan für das 5. u. 6. Kriegshalbjahr, 25.11.1941, BA Berlin, R 8 VI, Nr. 33.

207 Bericht über die Tätigkeit der Ost-Erfassungsgesellschaft für Häute, Felle und verwandte Gebiete v. 2.5.1944, BA Berlin, R 10 VI, Nr. 50.

208 Die hier zitierten Mengenangaben für die Lederproduktion (t Sg = Tonnen Salzgewicht) geben allgemein nicht die Menge des fertig produzierten Leders an, sondern die Menge des verarbeiteten Ausgangsrohstoffs (der Rohhäute in konserviertem (gesalzenem) Zustand). Das Gewichtsverhältnis von Rohhaut zu fertig gegerbtem Leder (»Rendement«) betrug 1940 ungefähr 2:1. Die 105.100 t Sg Rohhäute ergaben also ungefähr 52.550 t Leder. Die Sachbearbeiter des *Wirtschaftsstabes Ost* berechneten außerdem, dass die geraubte Menge fast dem gesamten jährlichen Inlandsanfall an Rohhäuten im Reich von 125.000 t Sg entsprach. Siehe Beitrag zur Geschichte des Wirtschaftsstabes Ost nach Unterlagen der Fachgruppen bearbeitet von Generalmajor Hans Nagel v. Jan. 1945, in: Müller (1991), S. 258.

209 Bericht Wirtschaftsstab Ost, Chefgruppe W, Über die Wiedererrichtung der Lederwirtschaft in den besetzten Gebieten durch den Wirtschaftsstab Ost v. 28.9.1944, BA-MA Freiburg, RW 31, Nr. 982.

210 Ebd.

211 Bräutigam (1997), S. 123.

Auch in den besetzten Westgebieten, in Frankreich, Holland, Belgien und Luxemburg, wurden in den Wochen und Monaten nach dem deutschen Einmarsch Rohhäute und Leder beschlagnahmt. Im ersten Kriegsjahr fiel die reguläre Einfuhr von Rohhäuten aus dem Ausland im Reich auf nur ein Drittel des Vorjahres. Die Häutevorräte im Reich bei Kriegsbeginn reichten nur für elf Monate.[212] Die Rohstofflage auf dem Ledergebiet erreichte daher nach Ansicht der Wehrwirtschaftsexperten einen »bedenklichen Tiefstand«. Eine erste Wende brachte die Besetzung Frankreichs und der Niederlande, die sich »bezüglich Leder besonders ergiebig zeigten«. Die Rohstoffexperten des Heeresverwaltungsamts schwärmten von der »reichlichen Einfuhr aus dem Westen« in den Jahren 1940 bis Anfang 1942, durch die die deutschen Ledervorräte »wieder aufgefrischt« werden konnten. Insgesamt wurden aus den besetzten Westgebieten von Juli 1940 bis Juni 1942 58.924 t Sg Rindshäute erbeutet. Diese Menge deckte nach Berechnungen des Heeresverwaltungsamts einen ganzen Jahresbedarf der Wehrmacht an Leder.[213] Im Februar 1941 stellte die *Reichsstelle für Lederwirtschaft* fest, dass die deutsche Industrie 1940 von der Beute aus den besetzten Gebieten »zu einem wesentlichen Teil gelebt« habe.[214] Die Häute stammten vor allem aus den Einfuhr- und Handelsvorräten dieser Länder. Der Anteil von Häuten aus nicht besetzten Ländern machte dagegen 1942 nur noch 4 Prozent der gesamten deutschen Häute-Einfuhr aus. Bis Februar 1941 wurden neben den Rohhäuten außerdem allein aus Frankreich zwischen 8.000 und 18.000 t fertige Leder »eingeführt«.[215] Aus Holland, Belgien und Luxemburg waren es etwa 10.000 t.[216] Da durch die deutschen Plünderungen rasch eine »Erschöpfung« der Bestände an Rohhäuten und Leder in den Westgebieten eintrat, waren sie als Rohstofflieferanten für die deutsche Wirtschaft nach 1942 nur noch von geringem Nutzen. Die Niederlande blieben allerdings ein bedeutender Holzschuhproduzent für das Reich.[217]

212 Bericht des Heeresverwaltungsamts, Die Rohstofflage in der Spinnstoff- und Lederwirtschaft, o. D. [Januar 1944], BA-MA Freiburg, RH 9, Nr. 75, S. 11f., 15.

213 Alle angeführten Zitate im Folgenden, wenn nicht anders angegeben: Ebd.

214 RfL, Die Folgen der Einsparung von Buna in der Lederwirtschaft, 15.2.1941, BA Berlin R 10 VI, Nr. 31.

215 Unter dem sogenannten Kehrl-Plan musste Frankreich während der Besatzungszeit einen Großteil seiner textilen Rohstoffe an Deutschland ausliefern. Für den Rohstoff Leder gab es ein ähnliches Projekt, den »Grünberg-Plan«. Vgl. Veillon (2002), S. 173.

216 Die Mitarbeiter der Reichsstelle rechneten grundsätzlich alle Mengen des Raubgutes Leder und seiner Rohstoffe in Tonnen Salzgewicht um. Leder-Ersatzstoffe wurden nach einem Schlüssel ebenfalls auf t Sg umgerechnet. Vgl. RfL, Lederplan für das 3. Kriegshalbjahr, 24.7.1940, BA Berlin, R 8 VI, Nr. 32; RfL, Rohhaut- und Lederplan für das 4. Kriegshalbjahr, 6.3.1941, BA Berlin, R 8 VI, Nr. 32.

217 Vgl. Kap. 9.1.

Die deutsche Lederforschung und die Vergrößerung der Rohhautbasis in der Sowjetunion

Auch die Wissenschaftler der Gemeinschaftsforschungsinstitute der deutschen Lederindustrie waren bestrebt, ihren Beitrag zur Erweiterung der Rohhautbasis für die deutsche Lederwirtschaft in Osteuropa zu leisten. Unmittelbar nach der Ausweitung der Kampfhandlungen auf das Gebiet der Sowjetunion 1941 beschäftigten sich Wolfgang Graßmann und seine Mitarbeiter am KWI für Lederforschung in Dresden mit dem »rassenmäßigen Aufbau unserer Rinderbestände für die Rohstoffversorgung der Lederwirtschaft«.[218] Dies war eine Initiative Wolfgang Graßmanns. Kurz zuvor war der Leiter der Geschäftsgruppe Ernährung im Vierjahresplan und Staatssekretär im *Reichsministerium für Ernährung und Landwirtschaft*, Herbert Backe, ins Präsidium der KWG geholt und zum Vizepräsidenten der Kaiser-Wilhelm-Gesellschaft ernannt worden.[219] Nun sah Graßmann die Zeit für gekommen, mit diesem »über die Möglichkeit« zu sprechen, »durch entsprechende Planung im osteuropäischen Wirtschaftsraum eine sichere und ausreichende Rohhaut-Basis für die gesamte europäische Lederindustrie zu schaffen«. Er hielt dies für »ein Problem, das auf lange Sicht gesehen weitaus wichtiger ist als alle unsere derzeitigen Bestrebungen auf dem Gebiete der Lederwerkstoffe«, d.h. der Ersatzstoffe für Leder.[220] Nun sah Graßmann zusätzliche Möglichkeiten für eine Nutzung der Sowjetunion als Rohhautlieferant im »deutschen« Großwirtschaftsraum: »Ich habe [...] alle mir erreichbaren Unterlagen bezüglich der Balkanstaaten gesammelt [...] und möchte gern diese Untersuchungen auch auf das Gebiet des europäischen Russland ausdehnen.« So berichtete er im August 1941 in einem Brief an die Generalverwaltung der Kaiser-Wilhelm-Gesellschaft.[221]

In den kommenden Monaten beschäftigte sich Graßmann anscheinend intensiv mit dem Thema und tauschte sich darüber mit Jonas Schmidt, dem

218 Graßmann (1942c).

219 Zur Agrarforschung und zur Umstellung von der nationalen auf eine kontinentale Wirtschaftsplanung in der Forschungspolitik der KWG unter dem Einfluss Backes als Wissenschaftspolitiker vgl. Heim (2003), bes. S. 23-33.

220 Diese Einschätzung lag vermutlich zu einem nicht unbeträchtlichen Teil darin begründet, dass das Forschungsgebiet der Leder-Ersatzstoffe kurz zuvor vom RWA zum Zuständigkeitsbereich des Instituts seines Konkurrenten Friedrich Stather in Freiberg erklärt worden war. Vgl. Aktenvermerk RWA, Besprechung im Reichsamt am 15.5.1941, Betr: Aufgabenteilung der auf dem Ledergebiet arbeitenden Institute, 22.5.1941, MPG-Archiv, Abt. I, Rep. IA, Nr. 1797/5.

221 Diese Initiative entstand außerdem anlässlich Graßmanns eigener Aufnahme in das Kuratorium und den wissenschaftlichen Beirat des soeben gegründeten Instituts für landwirtschaftliche Arbeitswissenschaft der KWG. Siehe Brief Graßmanns an Forstmann, Generalverwaltung der KWG, v. 20.8.1941, MPG-Archiv, Abt. I, Rep. IA, Nr. 1797/4.

Direktor des Kaiser-Wilhelm-Instituts für Tierzuchtforschung, aus.[222] Erste Forschungsergebnisse stellte er im Mai 1942 auf einer geheimen Tagung der »Arbeitsgemeinschaft Leder« des *Reichsamts für Wirtschaftsausbau* vor. Dort präsentierte Graßmann seine Ideen für einen »rassischen Aufbau« der Rinderrassen in den eroberten Ostgebieten.[223]

Da laut Graßmann »in absehbarer Zeit eine Wiederherstellung normaler Austauschbeziehungen« mit den südamerikanischen Lieferländern nicht zu erwarten war, sei »auf lange Sicht eine grundsätzliche Neugestaltung unserer Rohhautversorgung anzustreben«. Graßmann sah eine »Versorgungslücke Europas« an Rindshäuten von etwa 10 bis 12 Mio Häuten und Fellen im Jahr und berechnete, dass eine »zusätzliche Fläche von etwa 9 Mio Hektar Land nötig wäre, um den Gesamteinfuhrbedarf Deutschlands an Häuten und Fellen hervorzubringen«. Hierfür kämen »nur die weiträumigen, extensiv genützten Flächen des Ostens, also vor allem Russlands, in Frage«. Ganz konkret hatte Graßmann dabei »die ukrainischen Schwarzerdegebiete, das Mittelwolgagebiet, die Posener und westpolnischen Distrikte« und den »Karpatenrand« im Auge. Der Viehbestand in diesen Gebieten liege mit 9,4 Rindern pro Quadratkilometer bisher weit unter dem Möglichen und für die deutsche Großraumwirtschaft Wünschenswerten. Im Altreich war die Rinderdichte mit 42 Stück pro Quadratkilometer beträchtlich höher. Daher müsse nun systematisch an den »großzügigen Aufbau der Viehbestände« des »europäischen Ostens« herangegangen werden.

Der Rindviehbestand sollte dort nach Graßmanns Ansicht annähernd verdoppelt werden. Dabei musste man auch die Rinderbestände wieder aufziehen, die durch die deutschen »Grenzschlachtungen« in diesen Gebieten seit 1941 stark dezimiert worden waren: »Geht man davon aus, dass etwa 80 % der geforderten Erhöhung [des Häuteanfalls] auf die ehemals russischen Gebiete entfällt, so wäre deren Rinderbestand um rund 40 Millionen, das ist um 80 % der […] inzwischen allerdings vermutlich noch weiter gesunkenen Bestandshöhe, zu steigern und zugleich rassisch entscheidend zu verbessern. Man würde dabei eine Rinderdichte von 18 Stück pro qkm, also auf etwa zwei Fünftel der Rinderdichte Deutschlands gelangen.« Mit anderen Worten sollte jedem Rind, das vor dem deutschen Einmarsch in Russland auf der Weide stand, ein weiteres hinzugefügt werden. »Die Aufgabe«, so Graßmann, »durch Erhöhung der gesamteuropäischen Rinderbestände die Rohstofflücke zu schließen«, sei »eine Zukunftsaufgabe größten Ausmaßes«, die »mit dem Einsatz deutscher Energie, deutschen Könnens und deutscher Organisationsfähigkeit lösbar« sei.

Für die »rassische Verbesserung« verglichen Graßmann und seine Mitarbeiter deutsche und in den jeweiligen Gebieten einheimische Rinderrassen auf ihre

222 Briefe Graßmanns an Forstmann, Generalverwaltung der KWG, Betr.: Planung für ausreichende Rohhautbasis im osteuropäischen Wirtschaftsraum, v. 20.8.1941 und 24.9.1941, MPG-Archiv, Abt. I, Rep. IA, Nr. 1797/4.

223 Graßmann (1942b). Hieraus alle Zitate des folgenden Abschnitts.

Verwertbarkeit zu Leder. Die deutschen Rinderrassen, die sogenannten Niederungsschläge, die auf ihre Milch- und Fettleistung hin gezüchtet worden waren, wiesen eine sehr schwache Hautstruktur auf, während die im Freien lebenden sogenannten Höhenschläge eine vergleichsweise schwache Milchleistung erbrachten, dafür aber eine hochwertige und für die Erzeugung von schwerem Sohlenleder geeignete Haut lieferten. Beim züchterischen »Neuaufbau der Bestände« im Osten musste nach Graßmanns Ansicht dem industriellen Bedarf gegenüber dem ernährungswirtschaftlichen mehr Gewicht verschafft werden. Die Lederforscher prüften, »wieweit [...] als leistungsfähig erkannte Rinderrassen neu eingesetzt werden« konnten. Die Gefahr bestehe allerdings, dass bei der »Verpflanzung einer Rasse in neue Gebiete« mit völlig veränderten Umweltbedingungen »Degenerationserscheinungen des Rassebildes« aufträten. Die Dauer und Härte der winterlichen Frostperiode und die dortigen »primitiven Stallverhältnisse« schüfen »für unsere [deutschen] Viehrassen ungewohnte und nicht ungefährliche Bedingungen«. Er schlug daher die Kreuzung der deutschen Rinderrassen mit Rindern aus dem Balkanraum vor.

Dies alles waren Fragen der weiteren Forschung des KWI, für die Graßmann einen Antrag beim *Reichsforschungsrat* stellte und bewilligt bekam.[224] In einem Rückblick auf die Arbeit des Instituts 1955 berichtete Graßmann, inzwischen Direktor des neu gegründeten Max-Planck-Instituts für Leder- und Eiweißforschung in Regensburg, dass die umfassenden Ergebnisse der Züchtungsforschung am KWI erst nach dem Krieg vom Leiter der biologischen Abteilung, Wilhelm Hausam, veröffentlicht werden konnten. Aus dieser Studie geht hervor, dass sich die biologische Abteilung des KWI bis unmittelbar zu Kriegsende mit dem Thema beschäftigte. Auch für die Lederwirtschaft nach dem Krieg erzielten die KWI-Wissenschaftler wichtige Ergebnisse zu der Frage, welche Rinderrassen für die Ledererzeugung besonders geeignet waren.[225] Unmittelbar vor Kriegsende wurden noch vergleichende Trageversuche mit Schuhen aus den Ledern der einzelnen Rinderrassen vom KWI für Lederforschung in Auftrag gegeben, in denen das Leder jeder einzelnen Rasse als Werkstoff systematisch mit denen der anderen Rassen verglichen wurde. Wie Hausam 1952 berichtete, konnten von geplanten 71 Tests dieser Trageversuchsreihe vor Kriegsende nur noch 24 durchgeführt werden.[226]

Der Lederindustrielle und Mitinhaber der Firma Carl Freudenberg in Weinheim, Walter Freudenberg, veröffentlichte 1951 und 1954 zwei Schriften über die »Wandlung im russischen Häutemarkt« in der Zeit während und seit der deut-

224 Das Projekt wurde vom Reichsforschungsrat bis mindestens 1944 gefördert. Vgl. Forschungsprojekt Untersuchungen zur Rohstoffversorgung auf dem Gebiete der Rohhaut, BA Berlin, R 26 III, Nr. 6, Bl. 33; Graßmann (1942b).

225 Hausam (1952); Graßmann (1955), S. 42.

226 Ob diese Trageversuche auf der »Schuhprüfstrecke« im Konzentrationslager Sachsenhausen stattfanden, geht aus den vorliegenden Dokumenten nicht hervor (vgl. Kap. 9). Vgl. Hausam (1952), S. 136ff.

schen Besatzung. Er hob darin Wolfgang Graßmanns züchterische Forschungen als besondere Leistung hervor, die »zum erstenmal in der Welt bei der Rinderzucht nicht nur Milch und Fleisch, sondern auch die Haut« als industriellen Rohstoff für die Ledererzeugung berücksichtigt habe. Die Aufzucht von süddeutschem Höhenvieh in der Sowjetunion sei »durch deutsche landwirtschaftliche Sachverständige während des Krieges gefördert« worden, indem die Viehschläge »durch Einfuhr reichsdeutscher Rinder vermehrt« und »zur Nachzucht herangezogen« wurden.[227] Ob sich der Viehbestand nun Mitte der 50er Jahre wesentlich von dem unterscheide, »was wir zur Zeit der Besetzung Russlands durch unsere Truppen vorfanden«, könne er derzeit nicht mehr beurteilen, da »ich Russland seit dem letzten Krieg nicht mehr bereist habe«.[228]

Auch das Arbeitswissenschaftliche Institut der Deutschen Arbeitsfront untersuchte weiterhin die Rohhautversorgung der deutschen Wirtschaft und ihre europäischen Dimensionen. Die zweieinhalb Jahre deutscher Besatzung von Teilen der Sowjetunion hatten die deutschen Wirtschaftsstatistiker zur Informationsbeschaffung genutzt. Sie besaßen nun einen guten Überblick über die tatsächlichen Rinderbestände der einzelnen sowjetischen Gebiete und der baltischen Länder sowie über die länderspezifische Zusammensetzung des Viehbestandes, über die Schlachtung und Rohhautzubereitung.[229] Die Viehbestände in der Sowjetunion lagen weit unter dem, was die deutschen Planer vorher angenommen hatten. Dies lag ihrer Meinung nach an der sowjetischen Kollektivierung in der Landwirtschaft, die ein Absinken des Viehbestandes zur Folge hatte.[230] Vor allem die Rinderbestände der Ukraine hätten außerdem in den Jahren der deutschen Besatzung »stark gelitten«: »Der Viehbestand ist dort weitgehend vernichtet.« Er werde Jahre brauchen, bis er die Vorkriegshöhe wieder erreicht habe.[231] Ein 1952 von Walter Freudenberg zitierter deutscher Ledersachverständiger, der

227 Freudenberg (1952), S. 4.

228 Freudenberg (1954), S. 30f.

229 Im März 1944 widmete der DAF-Rohstoffdienst des AwI den europäischen Dimensionen des Rohhäute-Problems ein ganzes Heft unter dem Titel »Die Häutegewinnung Europas. Der Viehbestand als Rohstoffquelle der Lederwirtschaft«.

230 So hatte man herausgefunden, dass unter dem Ersten Fünfjahrplan zwischen 1928 und 1931 der Rindviehbestand in der Sowjetunion von 70,5 Mio auf 40,7 Mio Stück zurückgegangen war, während der Plan eine Steigerung auf 80,9 Mio vorgesehen hatte. Nach Ansicht der Wissenschaftler des AwI hatte die Kollektivierungspolitik die Bauern dazu veranlasst, ihr Spann- und Nutzvieh abzuschlachten. Erst 1935, als die Behörden eine private Viehhaltung der Kolchosbauern wieder in gewissem Umfang erlaubten, wuchs der Viehbestand an und hatte 1937 etwa 80 Prozent des Zustands vor der Kollektivierung erreicht. Die Regierung der Sowjetunion war vor dem Zweiten Weltkrieg selbst dringend auf die Erhöhung des Rinderbestandes bedacht und führte zu diesem Zweck bedeutende Mengen von Zuchttieren ein. Zwei Drittel des gesamten Viehbestandes der Sowjetunion entfielen auf ihren europäischen Teil. Vgl. Die Häutegewinnung Europas (1944), S. 1516, 1519f.

231 Die Häutegewinnung Europas (1944), S. 1531.

1941 bis 1944 in Russland tätig war, berichtete, dass nach einer von den deutschen Besatzern vorgefundenen sowjetischen Zählung in der Ukraine im Januar 1941 7,7 Mio Rinder lebten. Beim deutschen Einmarsch seien davon die Hälfte bis zwei Drittel abgeschlachtet worden.[232]

Auch von den Schweinen wusste man inzwischen, dass in der Sowjetunion 60 Prozent enthäutet worden waren, gegenüber 20 Prozent in Deutschland. Das Land fiel also auch bei den Planungen für die künftige Erzeugung von Schweinshäuten in einer europäischen Lederwirtschaft unter deutscher Herrschaft stark ins Gewicht.[233] Durch eine Aufstockung der Bestände an Schweinen war schneller ein Mehraufkommen an Rohhäuten zu erwarten als durch die Rinder. Das KWI für Lederforschung beschäftigte sich daher im letzten Kriegsjahr 1944/5 noch mit Untersuchungen zu der züchterischen Frage, welche Schweinsarten für die Ledergewinnung am günstigsten waren.[234]

5.6 Zwischenfazit

Die Wirtschaftslenkung der Nationalsozialisten begann beim Produkt Schuh 1934 mit dem Werkstoff Leder, der bei der Schuhherstellung den wichtigsten Kostenfaktor darstellte. Damit gewann in der Autarkiepolitik das Material als zentrale Achse der weiteren technischen Entwicklung eine noch stärkere Bedeutung, als dies bereits Anfang der 30er Jahre der Fall war. Damals hatte sich das Leder bereits als das größte Rationalisierungshindernis für die Produktion erwiesen.[235] Die Rohstoffkontingentierung im Nationalsozialismus veranlasste die Unternehmen der Leder- und Schuhbranche, sich in ihren Bezugsquellen und in der Produktion ihrer Erzeugnisse drastisch umzustellen. Sorgfältigere Schlachttechniken, die Bekämpfung von Parasiten und die Nutzung neuer Tierarten für die Häutegewinnung, wie verschiedene Fischarten und Schweine, trugen zur Vermehrung des einheimischen Rohhautanfalls seit Beginn des Vierjahresplanes bei. Doch waren die neuen Lederarten nicht so hochwertig wie das alte Rinds- und Kalbsleder und wurden in der Verbraucherhierarchie ganz unten, vor allem bei Produkten für Frauen und später für Zwangsarbeiter, eingesetzt. Eine Deckung des Rohhäutebedarfs durch inländische Ressourcen gelang bei weitem nicht. Der NS-Vierjahresplan erreichte in diesem Bereich nicht sein Ziel. Die deutsche Leder- und Schuhwirtschaft war weiterhin auf ausländische Lieferungen angewiesen.

Beim Vergleich der deutschen Lederindustrie mit der britischen wird deutlich, dass dort durch den billigen und üppigen Rohstoffbezug der englischen

232 Freudenberg (1952), S. 22f.
233 Die Häutegewinnung Europas (1944), S. 1535ff.
234 Ebd.
235 Vgl. Kap. 4.6 bis 4.8.

Gerber aus den Ländern des britischen *Empire* die traditionelle pflanzliche Grubengerbung einen noch größeren Raum einnahm als in Deutschland. Die kapital- und wissenschaftsintensive Chromgerbung war dagegen so gering ausgeprägt, dass die britische Regierung zu Kriegsbeginn staatliche Investitionshilfen bereitstellen musste, um die Gerber zu verlassen, auch chromgares Oberleder herzustellen. Dies bezog die britische Schuhindustrie bis dahin größtenteils aus Deutschland. Im Gegensatz zu den beiden europäischen Ländern versorgten sich die Gerbereien in den USA vor allem aus inländischen Ressourcen. Auch hier wurden ab 1943 Fische und Schweine herangezogen, um in den Kriegsjahren den heimischen Häuteanfall zu erhöhen und das knappe Rindsleder zu ersetzen. Wie selbstverständlich adaptierten dabei die amerikanischen Lederfachleute die deutschen Methoden der Verwertung und Gerbung dieser Häute, die im Vierjahresplan am KWI für Lederforschung entwickelt worden waren und von den Amerikanern über Fachveröffentlichungen rezipiert wurden. Sie stießen dabei aber bald auf US-spezifische Probleme, und die Maßnahmen erlangten nicht die wirtschaftliche Bedeutung wie im Deutschen Reich.

Von einer wirksamen Autarkisierung bei den Rohhäuten kann in Deutschland nur im Zusammenhang mit der militärischen Eroberungspolitik gesprochen werden. Seit Kriegsbeginn wurden die Unternehmen der deutschen Leder- und Schuhwirtschaft zu einem bedeutenden Teil durch rücksichtslose Aneignung, Raub und Plünderung in den besetzten Gebieten mit Rohhäuten und Leder versorgt. Zunächst durch Vorräte aus den Westgebieten hielt die deutsche Wirtschaft ihre Produktion aufrecht. Dann wurden aus der Sowjetunion in den Jahren 1941 bis 1944 Rohhautmengen ins Altreich transportiert, die einen halben Jahresbedarf der gesamten deutschen Wirtschaft an Leder deckten. 1943 lag die im Reich zur Verfügung stehende Ledermenge dadurch nur 18 Prozent unter dem Höchstwert von 1938. Danach ging die Erzeugung von Leder jedoch stark zurück. Deutsche Lederforscher und führende deutsche Gerberei-Unternehmer waren ab Sommer 1941 bestrebt, im Rahmen der nationalsozialistischen »Neuordnung« des »deutschen Großwirtschaftsraums« im Osten Teile der Ukraine, Westpolens und der Karpaten langfristig zu Rohstofflieferanten für die Lederindustrie in Deutschland zu machen. Das Forschungsprojekt erbrachte für die deutschen Lederunternehmen in der Nachkriegszeit wichtige grundlegende Erkenntnisse über den Zusammenhang von Rinderrasse, Rohhautqualität und ihrer industriellen Verwertbarkeit.

Bei den Gerbstoffen war die Autarkiepolitik sehr erfolgreich. Hier wurde die Auslandsabhängigkeit bis Kriegsende von vorher 85 bzw. 100 Prozent auf zusammen 38 Prozent gesenkt. Dies gelang einerseits mit Hilfe der Verwertung von Fichtenrinde als pflanzlichem Gerbstoff und andererseits durch synthetisch erzeugte Gerbstoffe der I.G. Farbenindustrie, die per Anordnung der staatlichen *Überwachungsstelle für Lederwirtschaft* schon vor Kriegsbeginn in die Lederproduktion eingeführt wurden. Ihr Anteil am Gesamtverbrauch an Gerbstoffen erhöhte sich bis 1944, je nach Lederart, auf über 50 Prozent. Dies bedeutete für die Synthesegerbstoff-Produkte in Deutschland den wirtschaftlichen Durchbruch. Wie die NS-Wehrwirtschafts- und Autarkiepolitiker dies in der Rüstungsplanung bereits Mitte der 30er Jahre voraussahen, drohten in den Jahren 1940 bis 1942 und ab 1944 trotz der Autarkiemaßnahmen Knappheiten an Leder in der deutschen Kriegswirtschaft. Zu ihrer Überwindung und Steuerung ergriffen die Wirtschaftsplaner und Unternehmen bereits viele Jahre vor Beginn des Zweiten Weltkriegs Maßnahmen zur Entwicklung von alternativen Werkstoffen, den Leder-Ersatzstoffen.

6. Material II: Werkstoffe, Ersatzstoffe und Kunststoffe

In der Geschichte der Materialien in deutschen Schuhen bildet das Jahr 1936 eine klare Zäsur. Der Vierjahresplan markierte in Deutschland den Beginn der Entwicklung und des planmäßigen Einsatzes von alternativen Werkstoffen zu Leder. Durch den großen Einfluss der chemischen Industrie in der Rüstungswirtschaft kam es in Deutschland ab 1937 erstmals zur Verwendung von Kunststoffen in Schuhen. Zu klären ist hier, wie diese Einführung von Kunststoffen und anderen Leder-Ersatzstoffen in Schuhe mit der staatlichen Aufrüstungspolitik zusammenhing und wie der Staat und die Unternehmen der chemischen Industrie, der Schuhindustrie und ihre Zulieferer gemeinsam die Kunststoffverarbeitung und ihre Verbreitung ins Werk setzten.

Zunächst ist eine genauere Abgrenzung vonnöten, welche Werkstoffe hier als »Ersatzstoffe« und welche als »Kunststoffe« bezeichnet werden und wie diese zueinander und zum Leder in Beziehung standen. Nach einem kurzen Rückblick auf den Ersten Weltkrieg, der noch Anfang der 30er Jahre den Erfahrungshorizont der deutschen Bevölkerung mit Ersatzstoffen bildete, werden die im Vierjahresplan neu entwickelten Leder-Ersatzstoffe für Schuhe vorgestellt. Die umfangreichen propagandistischen Bemühungen der NS-Wirtschaftspolitiker und einiger Akteure aus der Industrie sind in den Blick zu nehmen, die das Ziel verfolgten, das sehr negative Bild der Ersatzstoffe aus dem Ersten Weltkrieg und den semantischen Deutungsrahmen der neuen Werkstoffe und Produkte umzuformen. Ob und inwieweit diese Maßnahmen der NS-Wirtschaftsplaner und Unternehmen Erfolg hatten, lässt sich an den Reaktionen dreier weiterer wirtschaftlicher Akteure auf die Ersatzstoffe ermessen: der Schuhhändler, des Schuhmacherhandwerks und nicht zuletzt der Verbraucherinnen und Verbraucher. Diese setzten der Verwendung von Ersatzstoffen zum Teil einen vehementen Widerstand entgegen.

Die Entwicklung von Ersatzstoffen in Konsumgütern war jedoch keine deutsche Besonderheit oder etwa ausschließlich rüstungswirtschaftlich bedingt. Wie hier zu zeigen ist, muss sie in einem umfassenderen betriebs- und volkswirtschaftlichen Kontext betrachtet werden. Hier hilft ein vergleichender Blick in die USA unter der *New Deal*-Regierung Franklin D. Roosevelts. Unter ganz unterschiedlichen politischen Rahmenbedingungen gelangte die Frage der Leder-Ersatzstoffe in Schuhen in den USA um die Mitte der 30er Jahre auf die wirtschaftliche Tagesordnung und in die öffentliche Diskussion. Hier wurden Ersatzstoffe von den Unternehmen unter marktwirtschaftlichen Bedingungen entwickelt und eingesetzt. Der Staat spielte dabei eine andere Rolle als in Deutschland. Einerseits werden hier die strukturellen Ähnlichkeiten in der Entwicklung des Produkts Schuh, aber andererseits auch die Unterschiede hinsichtlich der unternehmerischen und staatlichen Motivation und der wirtschaftspolitischen Rahmenbedingungen bei der Einführung von Leder-Ersatzstoffen deutlich.

6.1 Kunststoffe in Konsumgütern und NS-Vierjahresplan

Kunststoffe im Vierjahresplan

Im Vierjahresplan kam es zu einem massiven Eindringen der Chemie in alle industriellen Rohstoffbereiche. Der Wirtschaftshistoriker Werner Abelshauser spricht von einer regelrechten »Chemisierung der deutschen Volkswirtschaft« zwischen 1936 und 1945.[1] Besonders für die konsumnahen Industrien wurden chemische Grundstoffe seit dieser Zeit zur Voraussetzung einer Mindestversorgung mit Rohstoffen. Der deutsche Staat übernahm die Aufgabe, die frühen Kunststoffe bei den Verarbeitern durchzusetzen und bei den Verbrauchern zu popularisieren. Eine solch massive staatliche Unterstützung erhielt die chemische Industrie weder in den USA noch in Großbritannien und wohl auch in keinem anderen westlichen Land.

In der offiziellen Verkündung des Vierjahresplans auf dem »Parteitag der Ehre« im September 1936 ließ Hitler zur Frage der künftigen Rohstoffversorgung der deutschen Wirtschaft als Programm verlautbaren:

> »In vier Jahren muss Deutschland in allen jenen Stoffen vom Ausland gänzlich unabhängig sein, die irgendwie durch die deutsche Fähigkeit, durch unsere Chemie und Maschinenindustrie, sowie durch unseren Bergbau selbst beschafft werden können.«[2]

Die chemische Industrie sollte eine Schlüsselrolle für die neuen Grundstoffindustrien einnehmen. Beliefert von der Montanindustrie mit der zur »Mutter aller Rohstoffe«[3] stilisierten Kohle, sollten mit Hilfe des Erfindergeistes deutscher Techniker alle nur erdenklichen »Neustoffe« künstlich geschaffen werden.

Dieser Glaube an die universale Anwendbarkeit der Chemie hatte in Deutschland eine lange Tradition.[4] Er basierte auf den wirtschaftlichen Erfolgen der Farbsynthese in der zweiten Hälfte des 19. Jahrhunderts und den technischen Möglichkeiten der Hochdrucksynthese seit dem Ersten Weltkrieg.[5] Die Farbstoffe setzten ein Beispiel dafür, dass aus den wichtigsten Elementen der organischen Chemie, vor allem Kohlenstoff, Wasserstoff, Sauerstoff, Stickstoff und

1 Abelshauser (1997), S. 155ff.
2 Treue (1955), S. 201.
3 Lübke (1939), S. 27ff.
4 Radkau (1990), S. 155-171.
5 Marsch (2000); Szöllösi-Janze (1998).

Schwefel, naturidentische Stoffe künstlich reproduziert werden konnten. Langkettige Verbindungen (Makromoleküle), so die Vorstellung, konnten praktisch aus diesen Grundbausteinen in jeder gewünschten Form neu hergestellt (»synthetisiert«) werden. Voraussetzung war eine Kenntnis des »Bauplans« dieser Moleküle und die geeignete technische Ausstattung für den Synthese-Prozess.[6]

Die chemische Industrie hatte in Deutschland seit Ende des 19. Jahrhunderts ein einzigartiges Forschungs- und Wissenssystem entwickelt, in dem die Strukturen von Naturstoffen mit großem Aufwand untersucht wurden.[7] Die Zahl der bekannten organischen Verbindungen wuchs von ungefähr 3.000 (1865) auf ca. 150.000 (1910).[8] Im Ersten Weltkrieg wurden erstmals großtechnische Hochdruckverfahren für die Gewinnung von Salpeter aus Luftstickstoff für Sprengstoffe und Dünger eingesetzt. Die dabei gewonnenen Erfahrungen fanden in den 20er Jahren für die Großproduktion von kohlebasierten Basischemikalien (wie Methanol, Ethanol, Acetaldehyd, Aceton und Essigsäure) als »Bausteine« für komplexere organische Verbindungen Anwendung. Die Chemie der Makromoleküle setzten der deutsche Chemiker Hermann Staudinger (1881-1965) und seine Schüler seit 1920 international auf die wissenschaftliche Tagesordnung. Auch amerikanische Polymerforscher, wie etwa Wallace H. Carothers, der bei der Konkurrenzfirma der I.G. Farbenindustrie, E. I. du Pont de Nemours in Wilmington/Delaware, Ende der 30er Jahre das *Nylon* und den Synthesekautschuk *Neopren* entwickelte, bauten später auf den grundlegenden Erkenntnissen ihrer deutschen Kollegen auf.[9] Die Lederforschung als Grundlagenforschung beschäftigte sich ebenfalls mit der Struktur der Makromoleküle. In Deutschland hatten die Forschungen Karl Freudenbergs Pionierstatus. Der Sohn des Gerbers Hermann Freudenberg in Weinheim und Schüler von Emil Fischer war ab 1926 Professor für Chemie in Heidelberg. Seine frühen Arbeiten zur Strukturaufklärung der Zellulose führten 1921 zur ersten richtigen Strukturformel eines makromolekularen Naturstoffs überhaupt.[10] Bei der Frage des Aufbaus der Makromoleküle und ihrer künstlichen Herstellung überschnitten sich Fragestellungen der Leder-, Eiweiß- und Kunststoff-Forschung.

Im Vierjahresplan gewann der Glaube an die Möglichkeiten der Stoffsynthese eine geradezu alchimistische Qualität. »Kohle, Salz und Holz, sowie Luft, Wasser und Kalk« sollten durch die chemische Industrie in »Roh- und Werkstoffe,

6 Die Entwicklung synthetischer Farbstoffe aus Teer, einem Abfallprodukt der Koksherstellung, machte die deutsche Textilindustrie vom französischen Krapp und britischen Indigo unabhängig und schuf zugleich einen Produktzweig, in dem die deutsche Industrie bald eine weltmarktbeherrschende Stellung erlangte. Vgl. Reinhardt (1997).

7 Marsch (2000), S. 13-48.

8 Andersen (1999), S. 97.

9 Furukawa (1998); Hounshell/Smith (1988), S. 231ff.; Meikle (1995), S. 129f.

10 Vgl. Weinges/Plieninger (1999).

die teuer und selten sind«, »verwandelt« werden.[11] Das »Wertlose« in Form geringwertiger Ausgangsstoffe oder in anderen Produktionsverfahren anfallender Abfallstoffe zu »verwerten« hielt Claus Ungewitter, der spätere Reichsbeauftragte für Chemie, für die volkswirtschaftliche Aufgabe der Chemieindustrie.[12] Ungewitter prognostizierte den großflächigen Einsatz von Kunststoffen in der Produktion von Industriegütern:

> »Hier wird man an Stelle der bisher gebräuchlichen Universalwerkstoffe Stahl und Holz für jeden Verwendungszweck Spezialwerkstoffe entwickeln. Auf dem Gebiet der nichtmetallischen Werkstoffe werden die Kunststoffe das Feld erobern.«[13]

Tatsächlich wurden im Vierjahresplan eine ganze Reihe vollsynthetischer und teilweise synthetischer Rohstoffe und Halbzeuge weiterentwickelt und unter der Bezeichnung »Deutsche Roh- und Werkstoffe« vermarktet.[14] Die von der chemischen Industrie hergestellten Grundsubstanzen wurden anfangs von Unternehmen auf eigene Initiative zu Werkstoffen weiterentwickelt und zu Fertigprodukten verarbeitet, und schließlich per staatlicher Verordnung zwangsweise in die Konsumgüterproduktion eingeführt. Verschiedene organische Verbindungen wurden so als duroplaste, thermoplaste oder elastomere Grundstoffe zu industriellen Halbzeugen und Konsumgütern verarbeitet. Die künstlichen Werkstoffe erhielten mehr oder weniger phantasievolle Markennamen, wie sie bereits in der Farbstoff- und Arzneimittelvermarktung üblich waren: *Dorein*, *Viledon*, *Ledergon*, *Guttasyn*, *Robus* usw., um nur einige aus der Palette der Leder-Ersatzstoffe zu nennen. Viele, wenn auch bei weitem nicht alle der im Rahmen der Autarkiepolitik entwickelten Ersatzstoffe für Leder waren Kunststoffe.

Die prominentesten Ergebnisse der Zusammenarbeit der chemischen Industrie, namentlich der in der Interessengemeinschaft Farben zusammengeschlossenen sechs größten deutschen Chemie-Unternehmen, mit dem nationalsozialistischen Regime sind der synthetische Treibstoff und der synthetische Kautschuk mit dem Markennamen *Buna*.[15] Als zwischen 1922 und 1928 der Stevenson-Plan und die enorme Nachfrage die Weltmarktpreise für Kautschuk stark in die Höhe

11 Ungewitter (1938b), S. 7.

12 Ungewitter (1938a), S. 18.

13 Ungewitter (1938b), S. 56f.

14 Vgl. Karl Mienes, Die deutschen Kunststoffe und ihre wirtschaftspolitische Bedeutung, in: Angewandte Chemie 51 (1938), Nr. 39, S. 673-681. In der Fachzeitschrift »Der Vierjahresplan« wurden viele dieser Stoffe und diverse Verarbeitungsvorschläge vorgestellt.

15 Zur engen Verflechtung der wirtschaftlichen Interessen der I.G. Farbenindustrie mit der Autarkiepolitik, Aufrüstung und Kriegswirtschaft der Nationalsozialisten und ihren Planungen zu einem von Deutschland dominierten Großwirtschaftsraum: Birkenfeld (1964); Petzina (1968a); Petzina (1968b); Eichholtz (1969); Hayes (1987); Plumpe (1990); die Beiträge von Hayes, Barkai und Nicholls in: Gall/Pohl (1998), S. 107-123; Stokes (2003); Lorentz/Erker (2003); Lindner (2005); Schmaltz (2006).

trieben und auch die Preise anderer Rohstoffe wie etwa Rohhäute anstiegen, nahmen die Firmen der I.G. Farbenindustrie ihre Entwicklung von synthetischen Alternativen wieder auf, die bereits vor und im Ersten Weltkrieg begonnen wurde. Nach dem Einbruch der Rohstoffpreise in der Weltwirtschaftskrise stellten sie die Arbeit 1930 weitgehend wieder ein und ließen sich nach 1933 von staatlicher Seite zunächst Reichsdarlehen, Absatz- und Preisgarantien für die Errichtung der ersten großtechnischen Produktionsanlagen für Hydrierbenzin und Synthesekautschuk geben. Schon beim zweiten Bunawerk verzichtete die I.G. Farbenindustrie jedoch auf Absatz- und Preisgarantien, da hiermit die Auflage verbunden war, überschüssige Gewinne an das Reich abzuführen.[16] Bereits in den ersten Jahren nach 1933 stiegen die Gesamterlöse des Chemie-Konzerns von 891 Mio (1933) auf 1,3 Milliarden RM (1936).[17] Ob ein Viertel oder zwei Drittel aller Vierjahresplansubventionen, die zwischen 1938 und 1942 ein Volumen von 11 Milliarden Reichsmark erreichten, schließlich an die I.G. Farbenindustrie und damit in verschiedene chemische Projekte flossen, ist wirtschaftshistorisch umstritten.[18] Die Diffusion ihrer Produkte, des Synthesekautschuks und auch anderer Polymere, Polykondensate und Kunstharze als Grundstoffe für die verarbeitenden Industrien soll hier am Beispiel des Produkts Schuh untersucht werden.[19]

Entscheidenden Einfluss auf die Wirtschaftspolitik nahm die chemische Industrie über die Vierjahresplanbehörde. Mit der Aufgabe, den Vierjahresplan von 1936 umzusetzen, wurde das *Amt für deutsche Roh- und Werkstoffe* betraut. Später zur *Reichsstelle für Wirtschaftsausbau* und im Dezember 1939 schließlich zum Reichsamt umbenannt, war es das »Herzstück der gesamten Vierjahresplanorganisation«.[20] Mit dem ersten Erlass über die Durchführung des Vierjahresplans wurden ihm drei zentrale Ziele vorgegeben: Erstens die Steigerung der

16 Zu den verschiedenen Formen der staatlichen Begünstigung von unternehmerischen Investitionen in Syntheseprodukte vgl. Buchheim/Scherner (2006); Buchheim/Scherner (2003); Plumpe (1990), S. 356-396.

17 Stokes (2003), S. 272.

18 Bekannt ist, dass der Umsatzerlös der I.G. Farbenindustrie in den Jahren 1936 bis 1939 in den fünf wichtigsten Produktbereichen (Benzin, Stickstoff für Sprengstoffe, Metalle, Synthesekautschuk und sonstige Kunststoffe) um 40 Prozent anstieg. Vgl. Stokes (2003); Hayes (2001); Petzina (1968b), S. 251; Ludwig (1974), S. 223ff.

19 Vgl. dazu jedoch jüngst zur Geschichte des Polyvinylchlorids: Westermann (2007). Zur Textilindustrie: Höschle (2004). Zur Reifenindustrie als Verarbeiter von *Buna* vgl. Erker (2005). Zu den Verwendungsgebieten der Kunststoffe in Konsumgütern vgl. Fritz Loeb, Die Kunststoffe im Vierjahresplan. Vortrag gehalten am 16.2.1938 im Haus der Flieger, Manuskript Staatsbibliothek Berlin 50 MB 3263; Carl Krauch, Aufgaben und Ziele der weiteren Entwicklung der Kunststoffe, Vortrag gehalten im VDI, 25.4.1940, BA Berlin, R 3112, Nr. 172.

20 Vgl. Petzina (1968a), S. 61; zur Umstrukturierung der Reichsstelle in ein Reichsamt zum 10.12.1939 vgl. Göring, Neuordnung der RWA, 5.12.1939, BA-MA Freiburg, RW 31, Nr. 264.

Produktion deutscher industrieller Rohstoffe, zweitens die Planung neuer Standorte der Fabrikation deutscher Werkstoffe sowie drittens die Förderung der hierfür nötigen Forschungs- und Entwicklungsaufgaben.[21] Das *Reichsamt für Wirtschaftsausbau* (RWA) war damit die Behörde, die die Verantwortung für die Planung und Fabrikation »inländischer« Ersatzstoffe trug. Es übernahm auch die Koordination und Förderung der Ersatzstoff-Forschung und -Entwicklung der Unternehmen und wissenschaftlichen Institute. Die Finanzierung trug das Reichswirtschaftsministerium.[22] Der *Wirtschaftsgruppe Lederindustrie* und ihren Nachfolgeorganisationen, in denen alle ledererzeugenden und -verarbeitenden Unternehmen organisiert waren, war das RWA als Vierjahresplanbehörde in der Befehlshierarchie übergeordnet und weisungsberechtigt.[23]

Carl Krauch, Chemiker und Mitglied des Vorstands und Zentralausschusses der I.G. Farbenindustrie, übernahm im Oktober 1936 die Leitung der Abteilung Forschung und Entwicklung im *Amt für deutsche Roh- und Werkstoffe*. In seiner Funktion als »Generalbevollmächtigter für Sonderfragen der chemischen Erzeugung« (*GB Chemie*) wurde er im Dezember 1939 auch Leiter des *Reichsamts für Wirtschaftsausbau*. Er und seine Mitarbeiter sahen die Aufgabe des Reichsamts vornehmlich im »Ausbau der Buna-Erzeugung und -verarbeitung« sowie in der Förderung und dem Ausbau der »Betriebe zur Kunststoff-Erzeugung und -verarbeitung«.[24] Im Rahmen seiner relativ allgemein gehaltenen Zielvorgabe, die Produktion deutscher Ersatzstoffe auszubauen, galt die ganz konkrete Arbeit des Reichsamts der Planung und Errichtung von Produktionsanlagen der I.G. Farbenindustrie als »Ausbau der Vorstufen« für die Fabrikation von Ersatzstoffen aller Art. Der Leder-Ersatz war ein wichtiges Absatzgebiet für *Buna* und andere Kunststoffe der I.G. Farbenindustrie und wurde vom Reichsamt kräftig gefördert. Denn *Buna* und Kunstharze wurden zu Halbzeugen für die Schuhindustrie verarbeitet, also zu Gummisohlen aus *Buna* und Lederfaserwerkstoffen mit *Buna* oder Kunstharzdispersionen als Bindemittel.[25]

Neben der Grundstoffproduktion galt die Aufmerksamkeit des Amtes der sogenannten »*Buna*-Einschleusung« in die verarbeitende Industrie.[26] Dort sollten die I.G.-Farbenindustrie-Produkte *Buna S* und *Buna N* als Werkstoffe etabliert werden. Diese Aufgabe stellte ein wichtiges wirtschaftspolitisches und propagandistisches Projekt dar, denn nach Aussage des Amtes hatten sich »bei der bekannten Abneigung und dem Konservatismus der Konstrukteure und Ingenieure […] außerordentlich schwer die Türen öffnen lassen, um die neuen Werkstoffe

21 Vgl. Erster Erlass über die Durchführung des Vierjahresplans v. 23.10.1936, in: Vierjahresplan (1936).

22 Petzina (1968a), S. 67.

23 ebd., S. 57-67.

24 Tätigkeitsbericht des RWA, 1939, BA Berlin, R 3112, Nr. 16.

25 Fischer (1942), S. 156.

26 Tätigkeitsbericht des RWA, 1939, BA Berlin, R 3112, Nr. 16.

entsprechend in die Wirtschaft einfließen zu lassen«.[27] Einen Verbündeten in der Lederindustrie hatte die I.G. Farbenindustrie bereits gefunden. Die Weinheimer Gerberei Carl Freudenberg war einer der frühesten und wichtigsten Partner der I.G. Farbenindustrie bei der Entwicklung des Synthesekautschuks *Buna* und seiner Verarbeitung zu industriellen Fertigprodukten. Bei ihrer Suche nach einem hitze- und ölbeständigeren Material als Leder war die Firma für die Herstellung von Dichtungsringen für die Maschinen- und Automobilindustrie (*Simmerringen*) im Spätherbst 1935 auf das Kunstgummi *Buna* gestoßen. Freudenberg wurde der erste industrielle Verarbeiter des Synthesekautschuks *Buna* in Deutschland.[28] Im Mai 1937 begann das Unternehmen Carl Freudenberg, auch Schuhsohlen aus dem neuen Material *Buna* der I.G. Farbenindustrie herzustellen.[29] Es kamen Lederfaserprodukte hinzu, deren synthetische Grundstoffe, d. h. Bindemittel und Weichmacher, ebenfalls aus der I.G.-Farbenindustrie-Produktion stammten. Über das *Reichsamt für Wirtschaftsausbau* wurde die Entwicklung dieser neuen Produkte staatlich gefördert.[30]

Das Familienunternehmen Freudenberg stand der wissenschaftlichen Forschung als Mittel zur Verbesserung seiner Produkte ungewöhnlich aufgeschlossen gegenüber. Mitglieder der Geschäftsführung engagierten sich sowohl seit seiner Gründung im Kuratorium des Kaiser-Wilhelm-Instituts für Lederforschung in Dresden als auch im Kuratorium der Deutschen Versuchsanstalt für Lederindustrie in Freiberg.[31] Das Chemische Institut an der Universität Heidelberg unter dem bereits erwähnten Professor Karl Freudenberg, Bruder und Vetter der beiden Geschäftsführer Richard und Walter Freudenberg, wurde ebenso in den 30er Jahren finanziell von der väterlichen Firma im nur wenige Kilometer entfernten Weinheim und von der BASF in Ludwigshafen unterstützt. 1938 wurde sein Institut Vierjahresplaninstitut für Chemie des Holzes und der Polysaccharide.[32]

Im Apparat der Vierjahresplanbehörde nahm Richard Freudenberg eine zunehmend bedeutendere Position ein.[33] Anfang 1943 wurde er als einer von zwei »ehrenamtlichen Mitarbeitern« der Abteilung »Leder und Lederaustauschstoffe«

27 Ebd.

28 Merz (2000), S. 98f.

29 Nach Angaben der Firma enthielt die Nora-Sohle 23 Prozent *Buna*, während andere Sachverständige der FG Schuhindustrie den Anteil auf 35 bis 40 Prozent schätzten. Ihr Preis lag über dem Lederpreis. Vgl. Sitzung des Sachverständigen-Ausschusses für deutsche Werkstoffe der FG Schuhindustrie am 14.1.1938, 24.1.1938, BA Berlin, R 13 XIII, Nr. 510, S. 7; 150 Jahre Freudenberg (1999), S. 59.

30 150 Jahre Freudenberg (1999), S. 70.

31 Die Kuratoriumsposten bekleidete der Geschäftsführer Walter Freudenberg (1879-1957). Vgl. Liste der Kuratoriumsmitglieder des KWI für Lederforschung (1920ff.), MPG-Archiv, Abt. I, Rep. IA, Nr. 1801. Zum Kuratorium der DVA in Freiberg vgl. Stather (1939), S. 66; Tätigkeitsberichte der DVA (1939-1943), BA Berlin, R 13 XIII, Nr. 316.

32 Vgl. Weinges/Plieninger (1999).

33 Zu den kriegswirtschaftlichen Posten des Wehrwirtschaftsführers vgl. Kap. 9.4.

im Geschäftsverteilungsplan des *Reichsamts für Wirtschaftsausbau* geführt.[34] Der andere Mitarbeiter war Wolfgang Graßmann, der Leiter des KWI für Lederforschung, der als Assistent von Richard Willstätter 1924/25 die Doktorarbeit von Otto Ambros, der ab 1933 Vorstandsmitglied der I.G. Farbenindustrie war, an der Universität München betreut hatte und mit diesem befreundet blieb.[35] Die Zusammenarbeit der Firma Freudenberg mit der I.G. Farbenindustrie war auch durch die persönliche Bindung von Richard und Hans Freudenberg zu Otto Ambros so eng, dass die I.G. Farbenindustrie Ludwigshafen 1944 einen Teil ihres Testlabors für »Kunstrohstoffe« in ein Werk der Firma Freudenberg in Weinheim auslagerte. Selbst Teile der Fabrikation von Kunststoffen der I.G. Farbenindustrie wurden im letzten Kriegsjahr von Ludwigshafen nach Weinheim verlegt.[36]

In Ermangelung von Rohhäuten, die bereits seit 1934 kontingentiert wurden, hatten viele der Lederhersteller Lederabfälle als Rohstoffquelle entdeckt. Sie begannen, die bei der Ledererzeugung anfallenden Stanz- und Spaltabfälle zu sogenannten Lederfaserstoffen zu verarbeiten. Dazu wurden die Lederstücke zermahlen und mit Bindemitteln und Weichmachern zu einem Faserbrei vermengt, auf Sieben entwässert und gepresst. Dieses relativ einfache Verfahren war aus der Pappenindustrie übernommen und weiterentwickelt worden. Da weder die Lederabfälle noch die Hilfsstoffe aus der chemischen Industrie von staatlicher Seite kontrolliert oder zugeteilt wurden, waren die Lederfaserwerkstoffe ein Produktzweig, in dem vor dem Krieg ungehindert produziert werden konnte. Die Produktion von und mit Leder-Ersatzstoffen wurde eine Methode der Unternehmen, die Kapazitäten der Betriebe trotz fehlender Rohhäute, fehlenden Leders und anderer knapper Rohstoffe auszulasten.[37] Alle Lederunternehmen erhielten seit Juni 1937 nur noch jeweils einen halbjährlich neu festgelegten Prozentsatz ihres »Normalbedarfs« an Rohhäuten, der sich am Verbrauch des Unternehmens

34 Geschäftsverteilungsplan des RWA o. D. [Jan. 1943], BA Berlin, R 3112, Nr. 304. Freudenbergs Tätigkeit in verschiedenen technischen Ausschüssen und Bewirtschaftungsgremien der Leder- und Schuhwirtschaft in den Jahren des Zweiten Weltkriegs wird noch Gegenstand von Kap. 9 sein.

35 K. Hannig, Nachruf auf Wolfgang Graßmann (1898-1978), in: Chemische Berichte 115 (1982), Nr. 1, S. I-XXV, hier S. III. In einem Brief an Graßmann 1978 nennt Ambros ihn sogar seinen »verehrten Doktorvater«. Vgl. Brief Otto Ambros an Wolfgang Graßmann, 17.2.1978, MPG-Archiv, Abt. II, Rep. 39 (Nachlass Graßmann), Nr. 16 (Korrespondenz mit Otto Ambros 1947-1978).

36 FIAT, Enemy Personnel Exploitation Section, Special Report on Relations Between I.G. Farbenindustrie and the Leather Works of Carl Freudenberg, Interview mit Richard Freudenberg am 18.7.1946, NA/PRO London, FO 1031, Nr. 93. Zum freundschaftlichen Verhältnis der Freudenbergs zu Otto Ambros vgl. auch Westermann (2007), S. 90-95.

37 Vgl. dazu FG Ledererzeugende Industrie (Möhlenbeck) an RWiMin, Betr.: Lederindustrie und Vierjahresplan, 10.2.1938, BA Berlin, R 13 XIII, Nr. 370.

1933 und im ersten Vierteljahr 1934 bemaß.[38] So erhielt beispielsweise die Firma Carl Freudenberg 1939 nur noch etwa die Hälfte der Rohhäute zugeteilt, die sie noch 1933 verarbeitet hatte. Seit 1936, als der Anteil bei 70 Prozent lag, waren Kurzarbeit und Entlassungen in der Lederproduktion die Folge.[39] Gleichzeitig wurde demgegenüber die Ersatzstoff-Produktion derart intensiviert, dass die Mitarbeiterzahl insgesamt bis 1944 stetig anstieg.[40] Seit Beginn des Zweiten Weltkriegs überstieg bei Freudenberg die Zahl der Beschäftigten in der Herstellung von neuen Werkstoffen die der Beschäftigten in der alten Gerberei. Der Umsatz mit Ersatzstoff-Produkten überflügelte 1942 erstmals den der Lederproduktion.[41] Die Firma selbst sieht diese Umorientierung während der nationalsozialistischen Autarkiewirtschaft heute als den großen Wendepunkt in ihrer Firmengeschichte.[42]

Ein weiterer Pionier der Ersatzstoffentwicklung war die Firma Salamander, die bereits 1917 begonnen hatte, in Deutschland einen Lederfaserwerkstoff zu produzieren. Der Werkstoff war eine amerikanische Entwicklung der Firma McElwain in Boston von 1912 und wurde bis zum Ersten Weltkrieg von deutschen Firmen aus den USA eingeführt.[43] 1913 nahm der größte deutsche Schuhproduzent, die Firma Salamander, damals noch Jakob Sigle & Cie., Verhandlungen mit McElwain auf, um den Werkstoff in Lizenz selbst herzustellen. 1917 begann die Produktion von Absätzen aus *Melvo* in einem eigens dafür eingerich-

38 Anordnung 34 der ÜfL, Verkehr mit Fellen und Häuten, 7.6.1937, Dt. RA Nr. 128 v. 8.6.1937. Die Grundlage für die Einkaufsgenehmigung jedes Unternehmens bildete seit Juni 1937 der »Normalbedarf« des Betriebes, der auf Basis der im 1. Viertelahr 1934 verarbeiteten Mengen berechnet wurde. Halbjährlich wurde von der ÜfL ein Prozentsatz des Normalbedarfs bekanntgegeben, den jede Firma an Rohhäuten erwerben durfte. Dies waren 1937 bei Rinds- und Kalbshäuten 70 Prozent. Vgl. Anordnungen 35ff. der ÜfL.

39 Bräutigam, Mittelständische Unternehmer, S. 84, 150-154.

40 Die Zahl der Beschäftigten bei Freudenberg betrug 3.200 (1930), 3.400 (1935), 3.500 (1938), 3.600 (1940) und 4.000 (1944). Vgl. BIOS Final Report Nr. 861, The Stratton Mission to Germany (1945), S. 196.

41 Merz (2000), S. 93.

42 Vgl. 150 Jahre Freudenberg (1999), S. 62 und 104; vgl. auch Streb (2001). Streb betrachtet diese Entwicklung allerdings völlig losgelöst von ihrem autarkiepolitischen Kontext.

43 Die Firma J. F. McElwain war ursprünglich in Boston, Massachusetts, später in Nashua und Manchester in New Hampshire angesiedelt und gehörte zu den größten Schuhunternehmen der USA. 1935 besaß sie neun Fabriken. Der Inhaber J. Franklin McElwain war ab 1920 Vorsitzender der *National Boot and Shoe Manufacturers' Association*. Im Mai 1921 wurde die Firma von der International Shoe Company in St. Louis aufgekauft. Der Vertrieb ihrer Schuhe lief über eine Filialkette mit 1935 590 Filialen unter dem Namen Thom McAn Company. Die International Shoe Co. musste sich für diesen Kauf bis 1925 wegen Monopolbildung vor der *Federal Trade Commission* in den USA verantworten. Vgl. Celebrates Manufacture of Fifty Millionth Pair, in: SLR v. 21.9.1935, S. 5f.; SLR v. 1.1.1920, S. 53; Final Arguments of McElwain-International, in: SLR v. 9.4.1925, S. 23; History of International Shoe Company. The Nation's Biggest Shoe Producer, in: SLR v. 28.7.1945, S. 15-27.

teten Werk der Firma Sigle in Türkheim in Bayern, nachdem die ausländischen Lieferungen des Werkstoffs im Krieg eingestellt worden waren.[44] Nach dem Krieg setzte Salamander die Produktion fort. Im Vierjahresplan wurden die Kapazitäten bedeutend erweitert. Ende der 30er Jahre war Salamander der bedeutendste Hersteller von Lederfaserwerkstoffen im Reich.[45]

Viele weitere Hersteller begannen erst im Vierjahresplan mit der Entwicklung von Werkstoffalternativen. Es setzte ein regelrechter Boom von Ersatzstoffen ein. Diese entstanden somit unter dem Druck staatlicher Bewirtschaftungsmaßnahmen und aus unternehmerischer Initiative. In mehreren Stufen verstanden es die staatlichen Stellen, die unternehmerische Investition und Produktion in politisch gewünschte Bahnen zu lenken, ohne die privatwirtschaftliche Grundstruktur der Wirtschaft anzutasten. Es entstand eine ganze Leder-Ersatzstoffindustrie, zu der Unternehmen verschiedener Wirtschaftsgruppen gehörten. Vor allem Firmen der *Wirtschaftsgruppe Lederindustrie* und der *Fachgruppe Kautschukindustrie* arbeiteten an neuen Werkstoffen für die Schuhindustrie. Im Verlauf des Krieges kamen noch holz- und textilverarbeitende Betriebe hinzu.[46]

1938 sagte der Leiter des *Amts für deutsche Roh- und Werkstoffe* voraus, dass die für die Kriegsanstrengung »erforderliche Umstellung bei der Bodenlederindustrie […] gewaltig« sein werde,

> »denn sie bedeutet nichts anderes, als dass in wenigen Jahren die […] Sohllederfabriken nahezu auf die Hälfte ihrer Kapazität schwinden werden. Da hiermit die Wirtschaftlichkeit der Betriebe auf das schwerste getroffen ist, werden Umstellungen von den z. Zt. bestehenden Sohllederfabriken auf die Herstellung der neuen Werkstoffe notwendig.«[47]

1942 konnte die *Reichsstelle für Lederwirtschaft* für das Gebiet der Leder-Ersatzstoffe schließlich resümieren:

> »Die behördlichen Stellen haben […] die Gründung von Betrieben, die sich mit der Herstellung hochwertiger Lederaustauschstoffe befassen, gefördert. Sie sind bei diesen Maßnahmen in erfreulicher Weise […] durch die Initiative einer großen Zahl tatkräftiger Unternehmer unterstützt worden. Das Zusammenspiel von behördlicher Planung und privater Initiative war so vorzüglich, dass die Errichtung staatlicher […] Betriebe [wie etwa in der Montanindustrie, A.S.] auf dem Gebiet der Lederaustauschstoffe nicht erforderlich war.«[48]

44 Sturm (1999), S. 29; Grossmann (1923), S. 119.

45 Vgl. die Korrespondenz der Firmen zu Ersatzstoffen mit dem AdRW 1937 und Folgende: BA Berlin, R 13 XIII, Nr. 510, darin bes. Salamander AG/Türkheim an die WG Lederindustrie, Betr.: Neue Werkstoffe, 17.6.1937.

46 Vgl. Kap. 8 und 9.

47 AdRW/RWA, Die Lederwirtschaft im Vierjahresplan, 1938, BA Berlin, R 3112, Nr. 169.

48 Fischer (1942), S. 156.

Werkstoff – Ersatzstoff – Kunststoff: Begriffsklärung

Das ausschlaggebende Kriterium, das alle Materialien, sei es das Leder oder seine Ersatzstoffe, vereinte, war die Funktion, die sie im Ensemble des fertigen Produkts zu erfüllen hatten. An diesem Kriterium wurden alle Werkstoffgruppen gemessen. Der Ersatzstoff stand in einer funktionalen Abhängigkeit von seinem »natürlichen« Vorbild. Als Leder-Ersatzstoff werden daher in dieser Studie alle Werkstoffe bezeichnet, die als Funktionssurrogate[49] in gewerblichen Produkten Leder ersetzten. An den verschiedenen Stellen im Schuh erfüllte Leder ganz unterschiedliche Funktionen. Ein Ersatzstoff für Bodenleder musste andere Eigenschaften aufweisen als ein Ersatzstoff für Oberleder: im Schaft waren Flexibilität und Knickresistenz gefragt, an der Sohle musste ein Leder vor allem abriebfest und stabil sein. Ein Brandsohlen-Werkstoff sollte möglichst wasseraufnahmefähig sein, große Mengen Fußschweiß absorbieren und wieder ausdunsten, ein Laufsohlen-Werkstoff dagegen vor allem wasserundurchlässig. Die Kernaufgabe der Ersatzstoff-Forschung im Nationalsozialismus war es, zu ermitteln, welche Anforderungen in den verschiedenen Teilen des Schuhs an das Leder gestellt wurden, und Werkstoffe zu entwickeln, die, jeweils für diesen Verwendungszweck, die Eigenschaften des Leders imitierten.

Als die Nationalsozialisten in den 30er Jahren das Problem des Ersatzes von Leder politisch auf die Tagesordnung setzten, wurde gleichzeitig auch die systematische, wissenschaftliche Beschäftigung mit dem Werkstoff Leder selbst intensiviert. Im Prozess der künstlichen Reproduktion des Leders wurde erstmals interessant, welche Eigenschaften der Leitwerkstoff überhaupt besaß. Materialforscher erkannten die ganze Bandbreite seiner Funktionen und leisteten genaue Definitionsarbeit. Die wünschenswerten Charakteristika im Fertigprodukt wurden allmählich mit der chemischen und physikalischen Struktur des Werkstoffs in Verbindung gebracht. Man könnte sagen, die Konstruktion seiner Ersatzstoffe brachte auch eine grundsätzliche, kognitive »Neu-Konstruktion« des Roh- und Werkstoffs Leder selbst hervor.[50] Der »Natur«-Rohstoff Leder gewann in Abgrenzung vom Nicht-Leder eine andere Bedeutung, als sie der mehr oder weniger selbstreferentielle Werkstoff vorher besessen hatte. Er wurde erst zum Leder durch die Abgrenzung zu seinen Ersatzstoffen. Er wurde in starkem Maße aufgewertet, indem er plötzlich als oberster Fixpunkt in einer Werkstoff-Hierarchie galt, auf deren unteren Rängen Neuzugänge unterschiedlichster Art und generischer Herkunft zu verzeichnen waren. Die Schuhplaner nannten das Leder auch »Leitrohstoff«, dem der »Deckungsplan« der NS-Schuhwirtschaft an-

49 Oelsner (1997), S. 9-12.

50 Walter Otto, Wissenschaft und Forschung in der Lederwirtschaft, in: Der Vierjahresplan 8 (1944), S. 177-179, hier S. 178; am Beispiel des Zuckers und der künstlichen Süße hat auch Christoph Merki auf diesen Zusammenhang hingewiesen: Merki (1993).

dere Werkstoffe an die Seite stellte.[51] Neben den materiellen Eigenschaften des Leders und seiner Ersatzstoffe erweiterte sich so in erkenntnispraktischer Auseinandersetzung zwischen »Urstoff« und Ersatzstoff auch die Bandbreite ihres gesellschaftlichen Bedeutungsfeldes. Entlang der Produktlinie des Schuhs traten dabei unterschiedliche Interessen zu Tage: Grundsätzlich wurden die verarbeitungsbezogenen Eigenschaften des Leders von den gebrauchsbezogenen Eigenschaften unterschieden, die zum Teil sogar in Widerspruch gerieten.

Ein weiteres Ergebnis im Prozess der Erkenntnis des »Leitrohstoffs« war, dass es sich auch beim Leder nicht um einen »Naturrohstoff« handelte, als der er bis dahin galt. Leder wurde in der Wahrnehmung immer mehr zu einem zutiefst künstlichen, technischen Produkt. Es war nicht mehr einfach »Materie«, es war bereits »Material«.[52] Wie sich immer deutlicher zeigte, ließen sich sowohl die chemischen als auch die physikalischen Eigenschaften des Leders durch die Zurichtung der Haut im Gerbprozess systematisch beeinflussen.[53] Die Wissenschaft vom Leder machte das praktische Erfahrungswissen um diese Vorgänge bei der Gerbung nun allmählich explizit. Als Ergebnis dieses damals angestoßenen Prozesses definieren Lederforscher den Werkstoff heute folgendermaßen:

> »Leder ist ein Flächenwerkstoff aus tierischer Haut, die durch chemische Behandlung und mechanische Bearbeitung, unter Erhalt der natürlichen Faserstruktur, gezielt neue Eigenschaften erhalten hat. [...] Leder wird gemacht, es ist kein Naturprodukt. Es ist weitaus länger nutzbar als die tierische Haut. Es kann für die verschiedenen Nutzungsbereiche in ganz besonderer Weise bearbeitet und ausgerüstet werden.«[54]

Materialforscher sprechen in diesem Zusammenhang von »Werkstoffen nach Maß«,[55] einer technischen Möglichkeit, die bei Kunststoffen im höchsten Maße perfektioniert wurde, doch in Maßen auch schon auf das Leder selbst zutraf. Wie der Leiter der *Wirtschaftsgruppe Lederindustrie* 1939 treffend bemerkte, traten an die Stelle des »Universalwerkstoffs Leder« nun für verschiedene Verwendungszwecke entwickelte »Spezialwerkstoffe«.[56]

Das Ergebnis der Forschungs- und Entwicklungsarbeit von Ersatzstoffen für Leder waren, wie bereits zu sehen war, auch neue Lederarten auf der Basis natürlicher Häute, vor allem aber verschiedene Kunststoffe. Als »Kunststoff« werden hier alle Werkstoffe bezeichnet, die auf synthetischem Wege hergestellt wurden

51 Otto Steitz, Gelenkte Schuhwirtschaft, in: Der Vierjahresplan 7 (1943), S. 108ff.

52 Wie Ulrich Wengenroth auf der Technikhistorischen Jahrestagung des Vereins Deutscher Ingenieure 2001 ausführte, bezeichnet »von der Materie zum Material« den Weg, den natürliche Stoffe nehmen, ehe sie zum Kern technischer Lösungen werden. Zitiert in: Reith (2001), S. 301.

53 Vgl. dazu Graßmann (1950); Graßmann (1954).

54 Moog (2000).

55 Oelsner (1997), S. 15ff.

56 Kempke (1939), S. 41.

oder Bestandteile synthetisch hergestellter Stoffe aufwiesen. Sie sind makromolekulare, organische Stoffe, die technisch synthetisiert oder aus niedermolekularen, biogenen Stoffen durch chemische Umwandlung gewonnen wurden. Die bei den Herstellungsverfahren ablaufenden Reaktionen werden unterschieden in Polymerisations-, Polyadditions- und Polykondensationsreaktionen. Kunststoffe bestehen im Allgemeinen zum überwiegenden Anteil aus solchen hochmolekularen Verbindungen, enthalten aber in den meisten Fällen noch Zusätze (z. B. Weichmacher, Vernetzer, Füllstoffe und Farbstoffe). Die Materialeigenschaften und damit die Einsatzgebiete werden einerseits durch die chemische Struktur der Makromoleküle, andererseits durch ihre Zusätze in der Verarbeitung bestimmt.

Viele Werkstoff-Halbzeuge wurden aus Mischungen von Stoffen synthetischer und natürlicher Herkunft hergestellt. Lederfaserwerkstoffe wurden im Vierjahresplan beispielsweise aus gegerbten Lederfasern und synthetischen Bindemitteln (Kunstharzdispersionen oder synthetischer Kautschuk), synthetischen Weichmachern und Fällungsmitteln hergestellt. Sie besaßen also einen Anteil Leder, das in seiner Hautstruktur weitgehend zerstört war, und mehrere Anteile Kunststoffe. Auch Gummisohlen bestanden aus einem Gemisch aus Kautschuk, Schwefel und den Füllstoffen Ruß oder Weißruß (Tonerdegel), Talkum, Kaolin oder Kieselkreide. Das Gemisch wurde unter großer Hitze in speziellen technischen Anlagen »vulkanisiert« und änderte dadurch seine Werkstoffeigenschaften.[57] Der Kautschukbestandteil konnte dabei aus Naturkautschuk, Synthesekautschuk oder Kautschuk-Regenerat, d. h. aus Abfällen wiedergewonnener Kautschuksubstanz, bestehen. Der Begriff »Ersatzstoff«, wie er hier verwendet wird, weist also auf die Funktion eines Werkstoffs hin, der Begriff »Kunststoff« dagegen auf seine Herstellungsart und Zusammensetzung. Viele, aber bei weitem nicht alle der im Nationalsozialismus entwickelten Ersatzstoffe für Leder waren Kunststoffe.

Kunststoffe waren, von ihrer Funktion her, einerseits Ersatzstoffe, andererseits aber qualitativ etwas völlig Neues. Sie erfüllten nicht nur die einzelnen Funktionen, die man im Prozess der Ersatzstoff-Entwicklung als Eigenschaften des Leders definiert hatte. Sie erhielten darüber hinaus ganz neue Eigenschaften, die ihren Vorgängern fehlten. Der Kunststoff stellte in Wahrheit einen großen Mangel dar: Die Summe aller Eigenschaften des Leders konnte kein Ersatzstoff und kein Kunststoff je ersetzen.[58] Das Leder besitzt gleichzeitig eine große Elastizität bei hoher Abriebfestigkeit, die sich bei Nässe sogar noch erhöht, eine Luftdurchlässigkeit und Atmungsfähigkeit, eine Wasseraufnahme- und -abgabefähigkeit, hervorragende Isolationseigenschaften und ein vergleichsweise geringes Gewicht. Das Wesen des Ersatzstoffs war es indessen, eine einzige oder nur

57 Fischer (1942), S. 61-70.

58 Vgl. Sitzung des Unterausschusses III »Kunststoffe an Stelle von Leder« am 11.6.1940 in Berlin, in: Angewandte Chemie 53 (1940), Nr. 35/6, S. 414ff.

einige sehr wenige dieser Eigenschaften zu imitieren. Sein Ersatzcharakter war und ist immer nur partieller Natur.[59] Der Ersatzstoff konnte sich als Werkstoff langfristig nur durchsetzen, wenn er wenigstens in dieser einen Funktion das Leder übertraf. Im Kunststoff wurde in der Forschung daher meist eine einzige Eigenschaft herausgehoben und auf Kosten all der übrigen Dimensionen seines Vorbilds bevorzugt entwickelt. Bei Sohlenwerkstoffen war dies zum Beispiel die Abriebfestigkeit.

Ersatzstoffe im Ersten Weltkrieg und der Begriff des »Ersatzstoffs« im Nationalsozialismus

Als eine Folge der Rohstoffknappheit durch die britische Seeblockade wurden Ersatzstoffe für industrielle Rohstoffe bereits im Ersten Weltkrieg entwickelt. Im Ausland galten die Deutschen geradezu als Erfinder des Ersatzstoffs. Der französische Spitzname für die Deutschen, *les Ersatz*, blieb auch nach dem Ersten Weltkrieg noch lange diesem Image der Mangelgesellschaft verhaftet. Die deutsche Konsumkultur wurde geradezu Inbegriff eines Lebens mit dem Surrogat. Der sowjetische Journalist Ilja Ehrenburg (1891-1967), der von 1921 bis 1924 in Berlin wohnte, berichtete 1922:

> »Imitation war früher Imitation. Jetzt ist sie Lebensinhalt geworden. In Berlin ist alles *Ersatz*. Tabak aus Kohlblättern, Kaffee aus Eicheln, Gebäck aus Kartoffeln. Statt ganzer Hemden nur Brettchen. Nimmt man das einfachste Ding in die Hand, so weiß man nie, woraus es hergestellt ist. [...] Wenn man mir hier ein Butterbrot gäbe, so wäre ich verlegen und hielte die Butter für eine Imitation der ehrwürdigen Margarine.«[60]

Ende der 30er Jahre lebte dieses Bild auch im Ausland wieder auf. George Orwell, der 1939 mit *Coming Up for Air* einen Roman über die Einflüsse der Moderne auf das tägliche Leben veröffentlichte, sah in Deutschland das negative Vorbild einer Ersatzstoffkultur:

> »Ich erinnere mich dunkel, in einer Zeitung etwas über diese Lebensmittelfabriken in Deutschland gelesen zu haben, in denen alles aus irgendetwas anderem gemacht wird. *Ersatz* [im engl. Original deutsch] nennen sie es. Dort, hieß es, machen sie Wurst aus Fisch – und den Fisch zweifellos aus sonst etwas. Ich hatte das Gefühl, als ob ich in die moderne Welt hineingebissen und

59 Die Überlegenheit des Leders als Werkstoff über alle Kunststoffe wird bis heute etwa bei der Weiterentwicklung des Kampfstiefels für Bundeswehrsoldaten berücksichtigt, vgl. Moog (2000).

60 Ilja Ehrenburg, Briefe aus dem Café. Deutschland im Jahre 1922, in: ders., Visum der Zeit, Leipzig 1982, S. 44-69, hier 53.

dabei entdeckt hätte, aus was sie wirklich gemacht war. […] Alles glatt und stromlinienförmig, alles aus etwas anderem gemacht.«[61]

Auch im englischen Sprachschatz blieb das deutsche Wort *Ersatz* kaum übersetzbarer Eigenname und Synonym für eine gesamtnationale Konsumhaltung.

Auch im Bereich der Schuhe wurde den deutschen Verbrauchern im Ersten Weltkrieg und in der unmittelbaren Nachkriegszeit einiges zugemutet. Die Lederknappheit, die bereits 1915 eintrat, hatte die Schuhunternehmen veranlasst, Textilien anstatt Oberleder, und Pappen, Holz und Filz an Stelle von Bodenleder zu verwenden. Die Schuhhändlerverbände beschwerten sich schließlich bei den Behörden über die ständige Qualitätsminderung aller Schuh- und Stiefelerzeugnisse. Sie stellten fest, »dass Pappendeckel, und wenn noch so schöne Phantasienamen dafür erfunden und angewendet werden, niemals Ledererersatz sein kann«.[62] Der Druck des Schuhhandels führte im Juni 1916 zu einer »Bekanntmachung über untaugliches Schuhwerk« des Bundesrates des Deutschen Reichs, die erstmals behördlich definierte, welche Ersatzstoffe »geeignet« waren, Leder zu ersetzen. Tatsächlich handelte es sich jedoch auch hier nur um primitive Holz- und Sperrholzsohlen.[63]

Als die Versorgungsschwierigkeiten mit Schuhwerk gegen Ende des Krieges noch zunahmen, wurde im Mai 1918 eine *Reichsstelle für Schuhversorgung* eingerichtet, die bis Oktober 1919 tätig war.[64] Diese staatliche Behörde regelte unter anderem die Zulassung von neuen Sohlenwerkstoffen.[65] Dabei stützte sie sich auf eine im Oktober 1916 gegründete Ersatzsohlen GmbH, die als gemeinnütziges Unternehmen mit Beteiligung des Reiches 1917 mit amtlichen Befugnissen ausgestattet wurde. Die Reichsstelle ließ verschiedene Arten Holzsohlen zur Produktion zu, die mit Drahtstiften oder Metall-Täcksen am Schaft befestigt wurden. Daneben waren auch Sohlen aus Sperrholz und aus mehreren aufeinandergenagelten Lagen Segeltuch und Filz erlaubt.[66] Die Qualität all dieser Werkstoffe war verheerend. Keiner war auch nur annähernd mit Leder vergleichbar. So bekannte selbst die Reichsstelle, »dass die Verwendung von Ersatz-

61 George Orwell, Coming Up For Air, Harmondsworth 1978 (Originalausgabe 1939), S. 27.

62 Jahresgeschäftsbericht des Verbandes Deutscher Schuhhändler 1915/16, zitiert in: Grossmann (1923), S. 45.

63 Bekanntmachung über untaugliches Schuhwerk v. 21.6.1916, und ihre Ausführungsbestimmungen, zitiert in: Grossmann (1923), S. 69.

64 Bekanntmachung über die Errichtung einer Reichsstelle für Schuhversorgung, RGBl. 1918, Nr. 6256, S. 100. Über ihre Tätigkeit vgl. ihr Mitteilungsblatt: Mitteilungen der Reichsstelle für Schuhversorgung, 1. und 2. Jg. Nr. 1-9, 18.5.1918-25.10.1919.

65 Weitere Funktionen waren die Distribution von Neuschuhen auf Bezugschein und die Reparatur von gebrauchten Schuhen für die deutsche Zivilbevölkerung.

66 Vgl. Liste der zugelassenen Ersatzsohlen: Art und Bezeichnung der Ersatzsohlen, Mitteilungen der Reichsstelle für Schuhversorgung 2 (1919), Nr. 6, v. 26.6.1919, S. 91.

sohlen bei der Bevölkerung einer gewissen Abneigung begegnet«.[67] Dies war noch gelinde ausgedrückt. Die Verbraucher ärgerten sich außer über das plumpe Aussehen der Schuhe beim Tragen vor allem über »das Drücken der Schrauben und Nägel in der Sohle unter dem Fuß, das Scheuern der starren Kappe an den Fersen [und] das vermehrte Zerreißen der Strümpfe«.[68] Die Imprägnierung der Sohlen zur längeren Haltbarkeit »umkleidete« die Träger außerdem oft »mit einer charakteristischen ›Duft‹hülle«.[69] Der Ledermangel war in den späteren Kriegsjahren so groß, dass selbst das Militär zu Ersatzstoffen in Schuhen überging.[70] So hatten sowohl Soldaten als auch die Zivilbevölkerung im Ersten Weltkrieg schlechte Erfahrung mit Ersatzstoff-Schuhen gemacht.

Als die NS-Wirtschaftsplaner Mitte der 30er Jahre begannen, Deutschland für einen neuen Krieg aufzurüsten, unternahmen sie es zunächst, den Ersatzstoffen auf diskursiver Ebene wieder das Feld zu bereiten. In der nationalsozialistischen Sprachregelung wurde das Wort »Ersatzstoff« im April/Mai 1937 durch die positiveren Begriffe »Austauschstoffe«[71], »neue Werkstoffe«, »Neustoffe« oder »deutsche Roh- und Werkstoffe« ersetzt.[72] »Sparstoffe« und »Mangelrohstoffe« enthielten schon begrifflich einen wirtschaftspolitischen Imperativ und wurden in verschiedene »Stufen der Wertigkeit« eingeteilt.[73] Bestimmte Materialien galten als »devisenmäßig hochbelastet«.[74] Im Dienste der »Sachwerterhaltung« der Produkte wurden eigens neue »Schutzstoffe« entwickelt.[75] Bei Schuhen spielten

67 Betreff: Verwertung der Sohlenbestände der Ersatzsohlengesellschaft m.b.H., Mitteilungen der Reichsstelle für Schuhversorgung 2 (1919), Nr. 6, v. 26.6.1919, S. 90.

68 Vgl. Schuhnot, in: Sächsisch-Thüringische Hausfrau 15 (1918), Nr. 758 v. 1.9.1918, S. 1.

69 Zimmermann (1932), S. 423.

70 Ab 1916 trugen sogar die Truppen an der Front Absätze aus verleimtem Sperrholz. Die Schnürstiefel des Marschgepäcks waren aus zunehmend dünnerem Oberleder und ab 1918 mit Papierfutter. Der Schaft eines »Ersatzschnürschuhs« für den Garnisonsdienst wurde ab Ende 1917 ganz aus Tuch gefertigt. Sohlen und Absatz waren aus Holz. Schäfte aus Papierstoff und starre Holzsohlen hatten auch die Schuhe für Kriegsgefangene. Vgl. Kraus (1999), S. 177-186, unter Verweis auf die jeweiligen Anordnungen der deutschen Kriegsministerien von Preußen, Bayern, Sachsen und Württemberg.

71 Poser (1942).

72 In der Korrespondenz des AdRW, der WG Lederindustrie und den Unternehmen tauchte das Wort »Austauschstoff« zuerst Anfang Mai 1937 auf und wurde von da an ausschließlich verwendet. Noch im Januar 1937 sprachen sowohl die Unternehmen als auch die staatlichen Stellen von »Ersatzstoffen«. Vgl. Schriftwechsel der WG Lederindustrie mit den Unternehmen über Leder-Ersatzstoffe, von Dezember 1936 bis Dezember 1937. Darunter besonders: WG Lederindustrie an versch. Wirtschaftsgruppen, Betr.: Ersatz für Leder, 8.12.1936; WG Lederindustrie an FG Leder und Schuhbedarf in der WG Einzelhandel, Betr.: Ablehnung von Schuhwaren mit deutschen Werkstoffen, 14.5.1937, BA Berlin, R 13 XIII, Nr. 510; Lübke (1939); Werner Jäkel, Neues Werkstoffdenken, in: Der Vierjahresplan 4 (1940), S. 988f.

73 Für die Metalle s. dazu ausführlich Maier (2002d).

74 Werner Jäkel, Neues Werkstoffdenken, in: Der Vierjahresplan 4 (1940), S. 988f.

75 Zur Werbung für »Schutzstoffe« vgl. Oetker (1938), S. 75-87.

diese in Form von Imprägnierungen für Sohlenwerkstoffe und zusätzlichen Beschlägen eine große Rolle. Beispiele für die nationalsozialistischen Bestrebungen, das »Sprachgut der Technik zu verdeutschen«, waren außerdem die Verwendung des Wortes »Werkstoff« statt »Material«, »Instandsetzung« statt »Reparatur« und »Versuchsanstalt« statt »Laboratorium«.[76]

Es zeigt sich, dass mit der sprachlichen »Bereinigung« der Diskurs über die neuen Werkstoffe von allem Erfahrungswissen der Nutzer gelöst werden sollte, vor allem vom Qualitätsaspekt der Produkte. Gerade ihre Herkunft aus der chemischen Industrie erhebe die Kunststoffe über die bloßen Surrogate der Zeit des Ersten Weltkriegs und danach.[77] Auch Wissenschaftler versuchten, dem schlechten Image der Ersatzstoffe auf die Beine zu helfen. Im Juli 1934 erklärte etwa der gerade neu ernannte Leiter des Kaiser-Wilhelm-Instituts, Wolfgang Graßmann: »Die Wissenschaft hat Ersatz zu schaffen für die Rohstoffe, die wir nicht importieren können. Ich glaube, dass wir, dem Sinne des Führers entsprechend, diese Aufgabe anders und etwas schärfer formulieren sollten: Die Wissenschaft hat im Zusammenwirken mit der Industrie daran zu arbeiten, dass sich nicht aus den gegenwärtigen Verhältnissen eine Ersatzstoffwirtschaft in dem uns allen bekannten, üblen Sinne entwickelt.«[78] In den folgenden Jahren stellte er die Arbeit seines Instituts ganz in den Dienst dieser Aufgabe.

Ab Beginn des Vierjahresplans behaupteten Werkstoff-Propagandisten, Unternehmer und Wissenschaftler, mit den »Austauschstoffen« des Vierjahresplans sei nun eine neue Ära des Naturstoffe-Ersatzes angebrochen, die mit ihren Gebrauchseigenschaften die Leitwerkstoffe teilweise sogar überträfen.[79] Die Schuhunternehmen und Hersteller von Ersatzstoffen, wie etwa die Firma Salamander, forderten mit diesem Argument bereits im Juni 1937, das Wort »Ersatz« für ihre Materialien nicht mehr zu verwenden.[80] 1941 proklamierte der Werkstoff-Propagandist und Ingenieur Joachim Böhmer in der Zeitschrift *Der Vierjahresplan*, wer heute noch von Ersatzstoffen in pejorativer Absicht spreche, gefährde »den Erfolg einer jahrelangen Bemühung, Wirtschafts- und Verbraucherkreise

76 Werner Jäkel, Neues Werkstoffdenken, in: Der Vierjahresplan 4 (1940), S. 988f.; Joachim Böhmer, Bewährung der Werkstoffe, in: Der Vierjahresplan 5 (1941), S. 869f.; Klemperer (1946/1975).

77 Zur Werbestrategie für die neuen Werkstoffe vgl. Oetker (1938).

78 Bericht über die Tätigkeit des KWI für Lederforschung in den Geschäftsjahren 1932/33 und 1933/34 und seine weiteren Aufgaben, erstattet von Wolfgang Graßmann in der Kuratoriumssitzung [des KWI] am 26.7.1934, in: MPG-Archiv, Gesammelte Abhandlungen des KWI für Lederforschung in Dresden, Bd. 5, 1933-1936, S. I-XI, zuerst abgedruckt in: Ledertechnische Rundschau Jg. 1934. Graßmann bezog sich mit seiner Forderung auf eine Rede Adolf Hitlers im Reichstag am 13.7.1934.

79 Als Beispiel wurde hier immer der Nitrilkautschuk genannt, der öl- und benzinbeständig war und sich dadurch für Dichtungen im Automobilbau besser eignete als das bisher verwendete Leder.

80 Salamander AG Türkheim an die WG Lederindustrie, Betr.: Neue Werkstoffe für die Schuhindustrie, 17.6.1937, BA Berlin, R 13 XIII, Nr. 510.

mit dem Gedankengut des Vierjahresplanes vertraut zu machen«. Die »Gepflogenheit, in dem Werkstoff einen Ersatzstoff zu erblicken«, stelle eine »Entwürdigung der Leistungen unserer [...] Technik und Chemie« dar. Diese »Auswüchse« der »Kritiker und gedankenlosen Zauderer unserer Tage« gelte es »restlos zu beseitigen«, damit sich weiterhin »Zellwolle, Buna, Kunststoff und andere Produkte deutscher Werkstoff-Forschung den Weg durch alle Wirtschaften der Welt bahnen« könnten.[81]

Ungeachtet dieser Propaganda wurden auch im Zweiten Weltkrieg wieder imprägnierte Textilien sowie Holz, Strohgeflechte und andere unveredelte Rohprodukte land- und forstwirtschaftlicher Herkunft als Ersatzstoffe für Leder verwendet. Daher kann keineswegs davon die Rede sein, die vor dem und im Zweiten Weltkrieg entwickelten Ersatzstoffe für Leder seien durchgehend höherwertiger gewesen als der »Natur«-Stoff, den sie ersetzten. Wenn überhaupt, trifft dies allein auf die größtenteils vollsynthetischen Werkstoffe, die Gummisohle aus Synthesekautschuk, die Polyvinylchloride und Polyamide zu. Doch auch sie übertrafen den Naturstoff, den sie ersetzen sollten, nur in einer einzigen oder einigen wenigen Eigenschaften: in der höheren Abriebfestigkeit als Leder. In allen anderen Eigenschaften kamen sie dem Leder nicht einmal annähernd gleich. Ihre Qualität litt außerdem ebenfalls unter den Rohstoff-Verknappungen der Kriegsjahre.

Praktiken der Sparsamkeit und Propaganda für »Deutsche Roh- und Werkstoffe«

Im Vierjahresplan begann eine umfassende, staatlich geförderte Werbekampagne für Kunststoffe in Konsumgütern. »Wir müssen lernen, in Kunststoff zu denken«, verkündete Oberst Fritz Loeb, Leiter des *Amts für deutsche Roh- und Werkstoffe* im Vierjahresplan, im Februar 1938 bei einem Vortrag vor Industriellen in Berlin.[82] Ziel der chemischen Industrie und des Staates war es, »die heranwachsende Generation« zu lehren, »im Kunststoff zu denken, so wie man bisher gewohnt war, in Stahl und Eisen zu denken. Wer so den Kunststoff als etwas Neues und Gleichwertiges begriffen hat, dem werden die [...] mannigfaltigen Gestaltungsmöglichkeiten in allen Zweigen der Technik unerschöpfliche neuartige Lösungen für alte und neue Aufgaben bieten.«[83] Adressaten der Propaganda waren einerseits die Produzenten und Verarbeiter der Werkstoffe und andererseits »das Publikum«, die Endverbraucher der Konsumgüter.

Die Verarbeiter rief bereits im Juli 1934 Rüdiger Graf von der Goltz – provisorisch mit dem Posten eines »Führers der Wirtschaft« betraut – zum »100-Tage-

81 Joachim Böhmer, Bewährung der Werkstoffe, in: Der Vierjahresplan 5 (1941), S. 870.
82 Fritz Loeb, Die Kunststoffe im Vierjahresplan. Vortrag, gehalten am 16.2.1938 im Haus der Flieger, Manuskript Staatsbibliothek Berlin, 50 MB 3263, S. 18.
83 Oetker (1938), S. 67.

kampf gegen die Materialvergeudung« auf. Er arbeitete an der »Verbreitung der Erkenntnis, dass Sparsamkeit in der Verwendung insbesondere ausländischer Rohstoffe allgemeine Pflicht ist«.[84] Im September 1934 wies man in der Schuhfabrikantenzeitung auf den »von der Regierung angeordneten Kampf gegen die Materialvergeudung« hin. Die strengste Ausnützung des Materials und die Vermeidung von Abfall sei nunmehr unternehmerische Pflicht.[85] Im Vierjahresplan sollte eine »Verbrauchslenkung« durch die »Erziehung« der Verbraucher erreicht werden, »die ja heute nicht mehr nur durch die Schule, sondern namentlich auch durch die Parteigliederungen und nicht mehr nur in der Jugend stattfindet, sondern das ganze Leben hindurch jeden einzelnen erfasst«.[86] Die privatwirtschaftliche Werbung der einzelnen Unternehmen für die eigenen Produkte wurde durch die neue Form der »Gemeinschaftswerbung« ganzer Branchen und Industriezweige ersetzt, die der *Werberat der deutschen Wirtschaft* lenkte und unterstützte.[87] Auf diese Weise gelang es der NS-Regierung, die Unternehmen selbst und ihre gewerblichen Organisationen maßgeblich an der Finanzierung der Werbekampagnen für den Vierjahresplan zu beteiligen. Die gemeinschaftliche Werbung der Unternehmen sollte im Sinne der Verbrauchslenkung wirken. Sie richtete sich nicht mehr »auf die Propagierung einer einzelnen Ware, sondern auf den gesamten Lebensbedarf«. Die neuen Produkte sollten »durch Mittel der Verbrauchserziehung [...], in Verbindung mit gesetzgeberischem Zwang, in einem der Versorgungslage entsprechenden Umfange an den Verbraucher« herangeführt werden. Ziel war es, im Sinne der Unternehmen und des Staates, »den Verbraucher für eine erhöhte Aufnahmebereitschaft gegenüber den [...] dargebotenen Gütern [...] zu gewinnen«.[88]

Das *Amt für Deutsche Roh- und Werkstoffe* bzw. später die *Reichsstelle für Wirtschaftsausbau* besaßen ein eigenes Dezernat nur für »Ausstellungen, Schulung und Veröffentlichung«.[89] Neben der Gemeinschaftswerbung der Unternehmen wurden Ausstellungen als Bildungsangebot und Propagandamittel genutzt. Sie entwickelten sich zu einem der wichtigsten Massenmedien in der NS-Zeit.[90] Das Fach- und Gewerbe-Ausstellungswesen, das sich bereits in der Weimarer Republik bei einem bildungsbürgerlichen Publikum großer Beliebtheit erfreute,

84 Graf von Goltz zum 100-Tagekampf gegen die Materialvergeudung, in: SFZ 59, v. 25.7. 1934, S. 1.

85 Zur Frage der Material-Ersparnis im Schuhfabrikbetrieb, in: SFZ v. 1.9.1934, S. 7ff.

86 Giegold (1939), S. 58.

87 Rücker (2000); Berghoff (1999).

88 Verbrauchsforschung als Aufgabe der Wirtschaftsplanung und Wirtschaftstheorie. Erster Tätigkeitsbericht der Verbrauchspolitischen Arbeitsgemeinschaft am Inst. für Wirtschaftswissenschaft der Universität Berlin 1940, S. 40.

89 Dieses arbeitete für Kampagnen eng mit dem Reichsausschuss für volkswirtschaftliche Aufklärung des Werberats der Deutschen Wirtschaft zusammen. Vgl. Geschäftsverteilungsplan der RWA v. 21.3.1938, in: MPG-Archiv, Abt. I, Rep. IA, Nr. 229; Oetker (1938).

90 Thamer (1998).

erfuhr eine enorme Ausdehnung und einen populären Bedeutungszuwachs. So wurde etwa 1937, parallel zur gleichzeitig stattfindenden Weltausstellung in Paris, in Düsseldorf die große Gewerbeschau »Schaffendes Volk« gezeigt. Im Kern war sie eine Präsentation der Aufgaben und Ziele des Vierjahresplans und eine autarkiepolitische Darstellung der Rohstofflage in Deutschland. In sechs Monaten lockte das Großereignis fast sieben Millionen Besucher an.[91] Eine andere Präsentation im selben Jahr war die Ausstellung »Gebt mir vier Jahre Zeit!« in Berlin.[92] Auch die Leipziger Messe wurde ab 1937 zum Medium der Propagierung neuer Verwendungsmöglichkeiten und Verarbeitungsmethoden der »Neustoffe« bei in- und ausländischen Besuchern.[93] Daneben wiesen gewerbliche Fachverbände, Schulen und der Einzelhandel in reichsweit ausgerufenen Kampagnen auf die Roh- und Werkstoff-Umstellung hin. Sogenannte »Lehr-Schauen« wurden zu ständigen Begleitern von Werkstoff-Innovationen in den Vorkriegsjahren.[94] Zeitungen und populäre Zeitschriften widmeten den »Deutschen Roh- und Werkstoffen« über Jahre hinweg ihre Aufmerksamkeit. Die ab 1937 veröffentlichte, reich illustrierte Zeitschrift *Der Vierjahresplan*, die sich mit technischen und wissenschaftlichen Themen an ein breiteres Publikum wandte, ist in diesem Zusammenhang zu nennen.[95] Sachbücher zu wirtschaftlichen und technischen Themen erlebten eine Blütezeit.[96] Darunter bildete das neue Genre der Rohstoff-Biografie eine der erfolgreichsten Sparten.[97] Diese frühe Form einer Produktgeschichte grenzte die deutschen Ersatzstoffe von negativen Aspekten der Kolonialgeschichte der Naturrohstoffe ab und stilisierte die deutschen Bemühungen um deren Ersatz geschickt zu einer Emanzipation von kolonialen Wirtschaftspraktiken der europäischen Kolonialmächte um. Gleichzeitig sprachen die Autoren deutschen Wissenschaftlern und Technikern den Status von »Blockadebrechern« und Pionieren der »Rohstoff-Freiheit« zu.[98]

91 Schäfers (2001).

92 Gebt mir vier Jahre Zeit. Amtlicher Katalog für die Ausstellung, Berlin 1937.

93 Raimund Köhler, Leipziger Messe im Vierjahresplan, in: Der Vierjahresplan 1 (1937), S. 160.

94 Joachim Böhmer, Bewährung der Werkstoffe, in: Der Vierjahresplan 5 (1941), S. 869f.

95 Vgl. »Der Vierjahresplan. Zeitschrift für nationalsozialistische Wirtschaftspolitik. Amtliche Mitteilungen des Beauftragten für den Vierjahresplan Ministerpräsident Generaloberst Göring«, erschienen 1937 bis 1944, im letzten Jahr allerdings in kriegsbedingt stark eingeschränktem Umfang.

96 Weber (1999); Troitzsch (1980), S. 215-242.

97 Bestseller dieser frühen, populären Form der Produktgeschichte synthetischer Ersatzstoffe, mit Auflagen z. T. in Millionenhöhe, waren z. B.: Karl-Aloys Schenzinger, Anilin (1936) (natürliche und synthetische Farbstoffe); Hans Dominik, Vistra. Das weiße Gold Deutschlands (1937) (Baumwolle, Zellwolle und Vollsynthesefasern); Karl Fischer, Blutgummi. Roman eines Rohstoffs (1938) (Plantagen- und Synthesekautschuk). Zu den »Textilbiografien« vgl auch Bertschik (2005), S. 335-341.

98 Anton Zischka, Wissenschaft bricht Monopole, Leipzig 1936; ders., Erfinder brechen die Blockade, Berlin 1940.

6.2 Leder-Ersatzstoffe und Kunststoffe in Schuhen

Bevor im Folgenden nach der Wirksamkeit der Propaganda bei den Adressaten gefragt wird, sollen hier kurz die Ersatzstoffe vorgestellt werden, die für das Produkt Schuh seit dem Vierjahresplan zur Verfügung standen. Die Entwicklung von lederähnlichen Werkstoffen gliederte sich in fünf Bereiche: die Kunstleder, Textilien, Holz, die Pappen und das Gummi.

Der große Bereich der Ersatzstoffe auf textiler Grundlage, der heute als »Kunstleder« bezeichnet wird, entwickelte sich schon im 19. Jahrhundert zu einer Teilindustrie der Textilveredelung.[99] Dabei wurde ein Nitrocellulosefilm auf eine Gewebefläche aufgebracht, um eine Lederoberfläche vorzutäuschen. Diese »Ledertuche« imitierten nur das Aussehen des Leders, jedoch nicht seine charakteristischen Eigenschaften und waren somit keine auch nur annähernd vollwertigen Funktionssurrogate für Leder in Schuhen. Sie wurden vor allem in der Koffer- und Lederwarenindustrie und als Polstermaterial verwendet, da sie in großen Flächen hergestellt werden konnten. Im Vierjahresplan gelang es, die hoch feuergefährliche Beschichtung durch synthetische Polymerisate zu ersetzen, die ungefährlichere Filmbildner waren.[100] Die Kunstleder wurden zu verschiedenen Zeitpunkten als Oberleder-Ersatzstoff in Erwägung gezogen. Wegen ihrer völlig unzureichenden Gebrauchseigenschaften spielten sie jedoch bis ganz gegen Ende des Zweiten Weltkriegs in der Schuhindustrie keine Rolle, während sie in verschiedenen Lederwaren weit verbreitet waren.[101] Ein zweiter Bereich der Ersatzstoffe für Leder, die allerdings nur in Damenschuhen eingesetzt wurden, waren die Textilien. Im Modeschuh wurden das Oberleder und Futter manchmal durch Leinen ersetzt. Sie waren jedoch nur für Abend- und Gesellschaftsschuhe geeignet.[102] Als dritter Bereich des Leder-Ersatzes waren seit Ende der 20er Jahre in Damenschuhen Blockabsätze aus Holz. Diese wurden mit Deckwerkstoffen verkleidet, meist einem Oberleder oder Textil, die dem Schaftmaterial glichen. Auf den Holzschuh als Produktgattung, bei dem die Sohle oder der ganze Schuh aus Holz bestanden, wurde bereits eingegangen.

Ein vierter großer Bereich der Leder-Ersatzstoffe waren die Pappen. Seit dem Ersten Weltkrieg wurden erstens Vorder- und Hinterkappen aus Pappe in nennenswertem Umfang produziert. Kappen waren die dem Auge des Nutzers »verborgenen« Teile des Schuhs und wurden an der Schuhspitze und an der Ferse des Schafts zwischen Oberleder und Futter eingefügt. Sie waren im herkömmlichen Schuh aus stabilem Bodenleder. Zur Einsparung von Leder wurden diese wäh-

99 Schlottau (1993), S. 285f.; Münzinger (1940), S. 1-6.

100 Münzinger (1940), S. 3, 10-37.

101 Ab Juli 1944 wurden Kunstleder als Schuhfutter im Schaft von Frauenschuhen verwendet. Vgl. Herstellungvorschriften und Durchführungsbestimmungen für die Schuhproduktion, BA Berlin, R 8 VI, Nr. 37.

102 Ausschuss Schuhindustrie (1930), S. 29.

rend des Ersten Weltkrieges durch Pappen ersetzt, die mit einer Zelluloidlösung als Versteifungsmittel imprägniert waren.[103] Das staatliche Monopol zu ihrer Herstellung erhielt 1916 die Kötitzer Ledertuch- und Wachstuchwerke AG in Coswig bei Dresden.[104] Dieses Unternehmen wurde auch im Vierjahresplan wieder staatlich gefördert. Ab Mitte der 30er Jahre ging man dazu über, die Zellulosefasern in den Pappen durch zermahlene Lederfasern zu ersetzen und dadurch ihre Qualität zu erhöhen.[105]

Schon vor dem Ersten Weltkrieg hatte außerdem der bereits erwähnte »Lederfaserwerkstoff« aus den USA in die deutsche Schuhproduktion Einzug gehalten. Er wurde von der Firma Salamander unter dem Markennamen *Melvo* vertrieben. Der Werkstoff bestand aus zu Fasern zermahlenen, gegerbten Lederabfällen aus der Schuh- und Lederproduktion, Zellulose und Bindemitteln. Wie bereits oben beschrieben, wurden diese zu Fasern zermahlen, mit Zellulose und dem Bindemittel Harzleim, später auch Latex, zu einem Brei vermengt, auf Sieben entwässert und gepresst. Der fertige Werkstoff war in Platten erhältlich, aus denen in der Schuhherstellung in mehreren Schichten der Absatz aufgebaut wurde, wie vormals aus Leder. Die Absatzflecke aus dem Lederfasermaterial wurden jeweils oben und unten von einem Fleck aus Leder eingefasst. Die Absatzflecken aus Lederfaserwerkstoffen kosteten nur etwa ein Drittel des Leders.[106] Sie ließen sich wie Leder an Fräsen bearbeiten.[107]

Diese beiden pappenartigen Werkstoffe überlebten die Mangelwirtschaft des Ersten Weltkrieges und die Weltwirtschaftskrise. Sie ersetzten die Teile im Schuh, in denen traditionell die geringstwertigen Leder eingesetzt wurden und die weder mit dem Laufgrund noch mit dem Fuß des Trägers direkt in Berührung kamen. Die Steifkappen und der *Melvo*-Absatz bestanden, bis auf die Celluloid-Imprägnierung der Kappen, ganz aus natürlichen Rohstoffen. Aus diesen beiden Werkstoffen entwickelte sich im Vierjahresplan der große Bereich der sogenannten Lederfaserwerkstoffe (*Lefa*).[108] Diese waren für die Ersatzstoff-Entwicklung bis Ende des Zweiten Weltkriegs entscheidend. Ab 1936 wurden diese Werkstoffe erstmals mit Kunststoffen durchsetzt, die den Naturlatex und Harzleim als Bindemittel ersetzten. Durch ihre Herstellung mit Synthesekautschuk und später Kunstharzen wurden ihre Einsatzmöglichkeiten im Schuh noch er-

103 Da Schuhe mit diesen Kappen durch das gehärtete Zelluloid selbst bei spitzen Formen lange ihr unverändertes Aussehen bewahrten, während Schuhe mit Lederkappen im Gebrauch mit der Zeit ihre Form verloren, setzte sich ihre Verwendung nach dem Krieg in Modeschuhwerk durch. Vgl. Grossmann (1923), S. 116.

104 Vgl. »Ausführungsbestimmungen zur Verordnung über untaugliches Schuhwerk« v. 22.6.1916, zitiert in: Grossmann (1923), S. 69.

105 Anzeige Kötitzer Ledertuch- und Wachstuchwerke AG, in: SFZ v. 1.9.1934, S. 8.

106 Vgl. Werbung für Melvo der Salamander-Tochterfirma Lehne in Türkheim/Bayern, in: SFZ v. 15.1.1930, S. 2.

107 Absatzbau-Kunstleder, in: SFZ v. 22.3.1933, S. 14.

108 Vg. Kap 9.

weitert.[109] Durch den Einsatz der Kunstharze erhielten die deutschen Schuhfabriken höherwertige Lederfaserwerkstoffe, und die Entwicklung nahm in Deutschland eine andere Richtung als in den USA, wo Kunststoffe in Lederfaserwerkstoffen bis 1945 nicht verwendet wurden.[110] Dadurch stieg der Preis der Werkstoffe sogar noch über den des Leders. 1933 gab es erst drei Lederfaserstoff-Hersteller in Deutschland.[111] 1940 waren es bereits 31, und die Palette ihrer Verwendungszwecke im Schuh hatte sich bedeutend ausdifferenziert.[112]

Ein fünfter und letzter Bereich der Ersatzstoffe für Leder in Schuhen war das Gummi. Gummischuhe wurden nach demselben technischen Prinzip wie Gewebe-Kunstleder hergestellt: Ihre Ausgangsbasis waren Baumwoll- oder Leinen-Gewebe, die mit Naturkautschuklösung bestrichen wurden.[113] Durch die Erfindung der Vulkanisation Mitte des 19. Jahrhunderts konnten so ganze Schuhe aus mit Naturlatex bestrichenen Geweben hergestellt werden. Die Gewebe wurden über einen Leisten gespannt und zusammen mit einem Stück Kautschukplatte als Sohle mit Kautschuklösung provisorisch befestigt. Das gesamte Ensemble wurde dann mit Kautschuklösung mehrfach überstrichen und in einer geheizten Kammer zu Gummi vulkanisiert.[114] Damit war das Befestigungsproblem der Sohle durch die Vulkanisation gelöst. Auf diese Art wurden vor allem Überschuhe (»Galoschen«) und Gummistiefel hergestellt.

Für leichteres Schuhwerk wurde die Vulkanisation seit Mitte der 20er Jahre auch für Turnschuhe angewendet. Vor der Vulkanisation wurden Teile des Tex-

109 Fritz Loeb, Die Kunststoffe im Vierjahresplan. Vortrag gehalten am 16.2.1938 im Haus der Flieger, Manuskript Staatsbibliothek Berlin, 50 MB 3263, S. 30ff.; Fischer (1942), S. 15-38; Kempke (1939), S. 28-50.

110 Die in den letzten Kriegsjahren verwendeten Kunstharze in deutschen Lederfaserwerkstoffen waren ein Polyvinylsäureesther mit dem Markennamen *Acronal* der I.G. Farbenindustrie sowie Polyvinylacetat mit dem Markennamen *Mowolith* der I.G. Farbenindustrie. Vgl. Plumpe (1990), S. 331; BIOS Surveys Report No. 27, The Leather Manufacturing and Related Industries in Germany during the period 1939-1945, London 1950, S. 63ff.; BA Berlin, R 8 VI, Nr. 38; R 13 XIII, Nr. 285.

111 1933 waren diese drei Hersteller die Tochterfirma von Salamander, die Firma A. Lehne in Türkheim, Bayern, das Melvo-Lederwerk Heinrich Wagner in Hofheim am Taunus und die Firma Delta Chemische Fabrik in Worms. Vgl. Absatzbau-Kunstleder, in: SFZ v. 22.3.1933, S. 14.

112 Diese Zahl umfasst nur die Hersteller von hochwertigen Lederfaserstoffen der Gütekategorie I. Hersteller von Pappen sind hier nicht einbezogen. BA Berlin, R 13 XIII, Nr. 66, Tabelle Produktionsaufgaben für LFWS I im Monat Mai 1940.

113 Für den Ansatz zu einer Technikgeschichte des frühen Gummischuhs im 19. Jahrhundert vgl. Rexford (2000), S. 279-286; Regen, wo ist dein Schrecken? Von der Gummigalosche zum Modestiefel, in: Giersch/Kubisch (1995), S. 234-9.

114 Die »Vulkanisation«, d. h. das Erhitzen von Naturkautschuk mit Schwefel, bei dem die Makromoleküle des Naturkautschuks durch die Bildung von Schwefelbrücken zwischen freien Kohlenstoffatomen vernetzt werden, war von Charles Goodyear 1839 entdeckt worden. Dazu und zum Vulkanisationsprozess Anfang der 1940er Jahre vgl. Kluckow (1941), S. 108-140.

til-Schaftes als Rohling belassen. So entstand der Turnschuh mit Textiloberteil und Gummisohle, in England *plimsoll* und in Deutschland »Weißleinenschuh« genannt (Abb. 8).[115] Als Schaftmaterial konnte hierfür nur Leinen oder Baumwolle verwendet werden, da Leder den hohen Temperaturen des Verfahrens nicht standhielt. Die Methode der Turnschuhherstellung stammte aus Großbritannien, wo Gummiverarbeiter Ende des 19. Jahrhunderts nach zusätzlichen Verwendungsmöglichkeiten ihres Materials in Konsumgütern suchten.[116] Gummischuhe wurden meist im Verbund mit anderen Gummiwaren hergestellt. Kautschuk war aber das erste Material, das eine andere Konstruktion als das Nähen erlaubte. Der Gummischuh zeigte, welche Vorteile ein homogenes und plastisch verformbares Material bei der Fabrikation hatte. Das Naturgummi war daher Vorbild für die kommenden Kunststoffe. Gummischuhe waren die ersten Schuhe, die mit ungelernten Arbeitskräften, meist Frauen, und in kapitalintensiven Verfahren in Massenproduktion hergestellt werden konnten.[117] 1933 gab es in Deutschland 5 Gummischuhfabriken.[118]

In normalem Lederschuhwerk konnte der Werkstoff Gummi anfangs nicht verarbeitet werden. Er wurde auf bereits fertiges Schuhwerk zusätzlich aufgeschraubt oder aufgenagelt. Durch das Materialgewicht und die Art der Befestigung wurde der Absatz jedoch sehr schwer und hart.[119] Nachdem man nach dem Ersten Weltkrieg den Ruß als Füllmittel eingeführt hatte, der dem Gummi die

115 Der Turnschuh mit Canvas-Schaft und Gummisohle wurde 1876 von der Liverpool Rubber Company, einem Gummiverarbeiter, entwickelt und 1885 patentiert. Er war anfangs als Schuh zum Croquet-Spielen gedacht. Er setzte sich aber vor allem in den sportbegeisterten 1920er und 30er Jahren als Tennis-Schuh durch. In den USA erhielt er den Namen *sneaker* bzw. *sand shoe*, ein Begriff, der auf seine ebenfalls beliebte Verwendung als Freizeitschuh hinweist. Der Schuh war nicht wetterfest. In den 30er Jahren setzte er sich auch in Kolonialländern durch, in denen wegen ihres tropischen und subtropischen Klimas Lederschuhe schnell verrotteten. Wegen seines geringen Preises war er bald gesuchtes Schuhwerk für Menschen, die vorher barfuß liefen. Vgl. Boydell (1996), S. 121-132, hier S. 122; Holt (1926); The Markets of the World for Canvas Rubber-Soled Shoes, in: The Rubber Age 27 (1930), 25.4.1930, S. 85f.

116 Großbritanniens herausgehobene Stellung im Kautschukhandel basierte auf der Tatsache, dass fast zwei Drittel allen Naturkautschuks der Welt auf britischen Plantagen in den Kolonien angebaut wurde. Die großen Gummiverarbeiter in England waren in den Hafenstädten Liverpool und London angesiedelt. Vgl. Macatee (1929).

117 Mitte der 20er Jahre war das Deutsche Reich bereits weltweit der zweitgrößte Gummischuh-Exporteur nach den USA und noch vor Großbritannien. Dies änderte sich jedoch in der Weltwirtschaftskrise, als die Tschechoslowakei und Japan als globale Konkurrenten auf den Weltmarkt traten. Vgl. Holt (1926); Prill (1964), S. 29ff.; BIOS Final Report No. 966, German Rubber Footwear and Various General Rubber Goods Plants, London 1946.

118 In Deutschland wurden vor allem Gummistiefel hergestellt. Der größte Produzent war die Continental Caoutchuc & Guttapercha Compagnie in Hannover. Vgl. Holt (1926), S. 24; BIOS Final Report No. 966, German Rubber Footwear and Various General Rubber Goods Plants, London 1946.

119 Anderson (1968), S. 59.

charakteristische schwarze Farbe gab, stellten das Gewicht, der üble Geruch und die Schmierspuren, die die Absätze hinterließen, ein bleibendes Problem dar. Sie setzten ihrer Attraktivität für die Kundschaft enge Grenzen.[120] In den frühen 30er Jahren kamen in Deutschland auch Gummisohlen in den Handel, die auf die fertige Ledersohle aufzunähen waren.

Vor 1936 wurden die Gummiwaren aus Naturkautschuk hergestellt. Mit der spürbaren Verknappung von Latex und Kautschuk nach 1936 mussten die Herstellerfirmen sowohl von Lederfaserwerkstoffen als auch von Gummiwaren auf die Verwendung von Synthesekautschuk aus der Produktion der I.G. Farbenindustrie umstellen. Neben der Herstellung von Synthesekautschuk wurden auch die Kapazitäten der Wiedergewinnung von gebrauchtem Gummi, sogenanntem Regeneratgummi, im Vierjahresplan ausgebaut. Es fand zunehmend in Gummiabsätzen Verwendung.[121] So kann für die Entwicklung der Ersatzstoffe im Vierjahresplan resümiert werden, dass neue Herstellerfirmen, neue Produktionsverfahren und neue Werkstoffe in den Jahren vor Kriegsbeginn nur so aus dem Boden sprossen. Was vorher Nischenprodukte einer vom Rohstoff Leder dominierten Branche gewesen waren, entwickelte sich im Vierjahresplan zu einer ganz neuen Zulieferer-Industrie für die Schuhhersteller.

6.3 Die Wirksamkeit der Werkstoff-Propaganda

Unternehmen der Schuhindustrie und Leder-Ersatzstoffe

Wie im vorigen Abschnitt zu sehen war, gingen einige Großunternehmen in Deutschland bereits von sich aus zur Herstellung von Ersatzstoffen für Leder und ihrer Verarbeitung in Schuhen über, da sie eine Verbilligung des Materialfaktors versprachen. Nur einige hochwertiger arbeitende Schuhunternehmen standen den neuen Werkstoffen skeptisch gegenüber. Die großflächig im Vierjahresplan entwickelten Ersatzstoffe waren wegen der hohen Kosten der Grundstoffe aus der chemischen Industrie preislich nicht mehr billiger, sondern meist sogar noch teurer als Leder, und dies bei eindeutig schlechterer Qualität.[122] Doch versprachen, wie im Kapitel 4 zu sehen war, die neuen Materialien, die Leder im Produktionsprozess ersetzten, langfristig eine aus betriebswirtschaftlicher und prozesstechnischer Sicht wünschenswerte Rationalisierung der Produktion. Durch die Homogenisierung des Materials von Schuhen konnten höchstqualifizierte Facharbeitskräfte im Zuschnitt der Lederteile gespart und durch angelernte Arbeiter ersetzt werden. Das auf Millimeter genau produzierbare Material

120 Auf leisen Sohlen. Der Reifen für den Schuh, in: Giersch/Kubisch (1995), S. 243-8.
121 Vgl. Kap. 9.5.
122 Brief WG Lederindustrie an Firma Max Murr, München, 2.11.1938, BA Berlin, R 13 XIII, Nr. 510; Fischer (1942), S. 155f.

sorgte außerdem für größere Präzision bei der Verarbeitung und Gleichförmigkeit der Produkte. Die Schuhunternehmen arrangierten sich daher sehr bald mit den neuen Werkstoffen. Die allmähliche Lederverknappung und die Möglichkeit der Leder erzeugenden und verarbeitenden Unternehmen, selbst zu Werkstoff-Herstellern zu werden, ließ sie ihre Produktpalette diversifizieren und über diese Diversifizierung Ausfälle in den Leder-Produktsparten kompensieren.

Der Behauptung Petra Bräutigams, die Schuhunternehmen hätten die Verwendung von Ersatzstoffen »einmütig abgelehnt«, muss hier deutlich widersprochen werden.[123] Für die Jahre 1936 und folgende ergibt sich aus den Quellen der *Wirtschaftsgruppe Lederindustrie* und *Fachgruppe Schuhindustrie*, dass die Schuhunternehmen in den Jahren 1937 und 1938 mit Elan an die Entwicklung und den Einsatz der Ersatzstoffe gingen.[124] Sie wiesen gegenüber der *Wirtschaftsgruppe Lederindustrie* auf diverse Verarbeitungs- und Absatzschwierigkeiten mit den neuen Werkstoffen hin und versuchten in den kommenden Jahren, diese zu lösen. Bei Kappen, Brandsohlen und Absatzflecken forderten ihre Repräsentanten in der *Fachgruppe Schuhindustrie* im Januar 1938 sogar eine Erhöhung der Produktion der Ersatzstoffe, da diese sich bewährt hätten und die Unternehmen

123 Als Beleg für ihre Aussage zitiert Bräutigam allein eine Stellungnahme der Firma Salamander von Juni 1937, in der die Firma jedoch keinerlei Opposition gegen Ersatzstoffe formulierte. Stattdessen preist Salamander darin seine eigenen Ersatzstoffe als herausragend an und macht Angaben über deren chemische Zusammensetzung. Die Stellungnahme der Firma gipfelt in der Feststellung: »Infolge der hervorragenden Eigenschaften dieser neuen Werkstoffe […] werden sie nicht nur als ›Ersatz‹ in Notfällen, sondern auch für Zeiten normaler Rohstoff-Versorgung verwendet. […] Ihre Verwendung im Inlande [ist] dringend geboten.« (Vgl. Salamander AG, Neue Werkstoffe für die Schuhindustrie, 17.6.1937, BA Berlin, R 13 XIII, Nr. 510) 1940 richtete sich Salamander gegen einen Gummiwerkstoff für Sohlen auf *Buna*-Basis der Firma Freudenberg. Wie in Kapitel 9 deutlich wird, standen die Gummisohlenhersteller mit den Herstellern von LFWS, zu denen Salamander gehörte, in scharfer Konkurrenz. Der Ersatzstoff-Hersteller Salamander stellte hier gegenüber der WG Lederindustrie die Qualität eines Produktes des Konkurrenzunternehmens in Frage und weigerte sich auch später, dies zu verarbeiten. Der Fall kam bis vor das Reichswirtschaftsgericht. Bräutigam vermischt außerdem unzulässig Quellen von 1937 mit 1940 und Folgende, ohne die unterschiedlichen Kontexte der Ersatzstoff-Entwicklung zum jeweiligen Zeitpunkt und die Konkurrenz innerhalb der Unternehmerschaft zu beachten. Ab Kriegsbeginn mussten die Firmen wegen Rohstoffknappheiten z. B. den Bunagehalt in Gummisohlen verringern, was eine Qualitätsverschlechterung der Werkstoffe zur Folge hatte und die Situation änderte (vgl. Kap. 9.2. ff). Vgl. Bräutigam (1997), S. 90-98, 193-5.

124 Vgl. Salamander AG, Neue Werkstoffe für die Schuhindustrie, 17.6.1937; FG Ledererzeugende Industrie an das Amt für Deutsche Roh- und Werkstoffe, 1.9.1937, BA Berlin, R 13 XIII, Nr. 510; WG Lederindustrie, Mitgliederrundschreiben: Neue Werkstoffe, o. D. [Sept./Okt. 1937]; Sitzung des Sachverständigenausschusses für deutsche Werkstoffe der FG Schuhindustrie, 14.1.1938, in Berlin, 24.1.1938, BA Berlin, R 13 XIII, Nr. 510; u. v. a. Dokumente aus den Jahren 1937 und 1938 in dieser Akte.

diese gern in größerem Umfang als bisher verwenden würden.[125] Für Sohlenwerkstoffe wurde von der *Fachgruppe Schuhindustrie* 1937 ein Evaluationsverfahren eingerichtet, durch das die Unternehmen selbst die Möglichkeit erhielten, die Qualität und Verwendungsmöglichkeiten von Ersatzstoffen zu beurteilen. Auf Basis dieser Urteile der Unternehmen wurden zahlreiche Ersatzstoffe von der *Überwachungsstelle für Lederwirtschaft* zugelassen.[126]

Aber auch direkte staatliche Maßnahmen beförderten den Übergang der Unternehmen zu Leder-Ersatzstoffen. Mittels Herstellungsbeschränkungen der *Überwachungsstelle für Lederwirtschaft*, einer Behörde des Reichswirtschaftsministeriums, wurde bereits ab Juni 1937 der Werkstoff Leder in bestimmten Produkten staatlich verboten. Rindsleder durfte in Damenstiefeln und diversen Lederwaren nicht mehr verwendet werden. Auch Leder als Polsterung, etwa in Automobilen, durfte nur noch mit ausdrücklicher Genehmigung der Überwachungsstelle eingesetzt werden.[127] Die Produktion von Turnschuhen mit Gummisohle stieg demgegenüber allein 1938 um 37 Prozent.[128]Ab 1. Januar 1939 bzw. April 1939 durften einzelne Teile des Schaftes, der Sohle und des Absatzes in Zivilschuhen künftig nur noch aus Leder-Ersatzstoffen bestehen.[129] Ledersohlen in Kinderschuhen wurden grundsätzlich verboten und in Freizeitschuhen, d.h. Turn- und Radschuhen, Sandalen und Schuhen mit Stoffoberteil, eingeschränkt. Hierdurch wurden enorme Mengen Unterleder eingespart. Von den Anweisungen ausgenommen waren Lederwaren für die NSDAP, ihre Gliederungen und Verbände, die Wehrmacht, den Reichsarbeitsdienst und die Polizei.[130] Auch Exportschuhe durften weiterhin aus Leder hergestellt werden.[131] Die

125 Dieser Befund für die Schuhindustrie deckt sich mit den Erkenntnissen Gerd Höschles und Jonas Scherners für die Textil- und Bekleidungsindustrie: Auch hier setzte die Industrie von sich aus bei der Beimischung von Zellwolle zu herkömmlichen textilen Rohstoffen bald weit mehr Ersatzstoffe ein, als die staatlichen Bestimmungen seit 1936 dies festlegten. Auch dort waren dies autonome, auf den betrieblichen Interessen beruhende Entscheidungen der einzelnen Unternehmen, die offenbar profitabel waren. Vgl. dazu Höschle 2004, S. 121f., 172; Scherner (2008); auch Buchheim (2006), S. 358.

126 Vgl. die umfangreiche Korrespondenz von WG Lederindustrie und Schuh- und Werkstoffherstellern 1937-1938, BA Berlin, R 13 XIII, Nr. 510.

127 Anordnung 33 der ÜfL (Verwendung von Leder als Werkstoff) v. 14.5.1937, Dt. RA und Preuß. Staatsanzeiger Nr. 303 v. 30.12.1936, in Kraft getreten am 1.6.1937. Diese und alle folgenden Anordnungen in: Lederwirtschaft (1933ff.).

128 The German Leather Sole Industry. 1938 and First Half of 1939, 4.10. 1939, NA Washington, RG 165, Military Intelligence Division Regional Files, Box 1149, Nr. 4350, Germany: Manufactured Leather Products.

129 Vgl. Anordnung 45 der ÜfL (Verwendung von Leder bei der Herstellung von Schuhwerk, einschließlich Hausschuhen) v. 8.12.1938; Kempke (1939), S. 47.

130 Anordnung 51 der ÜfL (Verwendung von Leder als Werkstoff) v. 27.5.1939, in Kraft getreten am 1.6.1939.

131 Anordnung 45 der ÜfL (Verwendung von Leder bei der Herstellung von Schuhwerk, einschl. Hausschuhen) v. 8.12.1938; Anordnung 49 der ÜfL v. 28.3.1939.

Verarbeitung von Leder zu Reparaturzwecken war vor dem Krieg nicht eingeschränkt.

Ein Erfolg der Vierjahresplanpolitik war, so ein Verantwortlicher der *Reichsstelle für Lederwirtschaft* später, dass »die Schuhindustrie sich schon vor dem Kriege beim Innenausbau des Schuhs weitgehend auf Lederfaserstoffe eingestellt« hatte.[132] Mit Kriegsbeginn im September 1939 wurden die bisherigen Anordnungen zu Lederaustauschstoffen in eine vollständige Bewirtschaftung des Leders in der Kriegswirtschaft überführt.[133] Die Zuteilung von Rohstoffkontingenten war künftig direkt gebunden an die Erteilung einer Erzeugungsgenehmigung für bestimmte Schuharten an die Schuhunternehmen. Ab Anfang 1940 erließ die *Reichsstelle für Lederwirtschaft* Herstellungsvorschriften für Lederschuhe, die, in steter Rücksprache mit den Unternehmen, Anweisungen darüber enthielten, für welches Schuhwerk, für welche Schuhteile und in welcher Qualität und Stärke Lederaustauschstoffe verwendet werden mussten.[134]

Handel, Qualitätssicherung und Güterichtlinien

Welch starke Kraft hinter der Einführung von Ersatzstoffen für Leder in Schuhen gerade einige Schuhhersteller waren, wird auch an ihrer Auseinandersetzung mit dem Handel deutlich. Im Schuhhandel hatte die Diskussion um die Qualität von im Schuh verarbeiteten Materialien bereits eine längere Geschichte. In den Jahren der Weltwirtschaftskrise war es zu einer drastischen Qualitätsverschlechterung von Schuhen gekommen. Der absatzwirtschaftliche Preiskampf der Schuhunternehmen und die staatlich verordneten Preissenkungen unter der Regierung Heinrich Brünings seit 1930 führten zur Verwendung billigerer Materialien in Schuhen. Dies waren vor allem gewöhnliche Pappen in Absätzen, schlechtere Lederarten und die Verwendung von sogenannten Spaltledern als Oberleder.[135] Wie es ein Autor der *Schuhfabrikantenzeitung* formulierte, hatten sich in dieser Zeit selbst die »Hochburgen der Qualität« unter den Schuhunternehmen veranlasst gesehen, neben ihren hochwertigen Schuhen »eine Ware mittlerer Güte« einzuführen, um sich die ihrer Ansicht nach »durch die Schleuderangebote irre gewordenen Käuferkreise« zu erhalten.[136]

Bereits im September 1932 hatte der Schuhhändler-Verband beim Reichswirtschaftsministerium die Forderung nach Güterichtlinien für Materialien in

132 Fischer (1942), S. 121.
133 Vgl. dazu ausführlich Kap. 9 und Fischer (1942), S. 169.
134 Auf die Art der Werkstoffe und ihre Entwicklung bis 1945 wird in Kap. 9 eingegangen.
135 Dabei wurde das Leder ganzflächig halbiert. Spaltleder wurde zu billigen Schuhschäften verarbeitet, mit der entsprechend geringen Haltbarkeit, Formbeständigkeit und Knickresistenz.
136 Preisverordnung und Schuhindustrie, in: SFZ v. 12.5.1934, S. 1-3, hier S. 1.

Schuhen eingereicht. Das Ersuchen wurde aber mit der Begründung abgewiesen, dass solche Bestimmungen die Wirtschaft hemmten und die industrielle Entwicklung behinderten. Auch den Verbrauchern könne und solle nicht »durch eine staatliche Maßnahme die Sorge um den richtigen Einkauf abgenommen« werden. Die Gütesicherung der Produkte, so die doch recht überraschende Haltung der Fachleute im Reichswirtschaftsministerium, sei Aufgabe des Handels und seiner Verhandlungen mit den Herstellern.[137] Damit stellte sich das Reichswirtschaftsministerium auf die Seite der Schuhindustrie, die grundsätzlich gegen eine Festsetzung von Qualitätsstandards bei ihren Produkten und Materialien war.[138] Der Durchbruch für eine Festsetzung von Mindeststandards für Materialien in Schuhen gelang erst unter der neuen, nationalsozialistischen Regierung.

Schuhe waren nicht das einzige Produkt, das in der Weltwirtschaftskrise unter Qualitätsverfall litt. In anderen Konsumgütern waren Qualitätsverschlechterungen aufgrund minderwertigen Materials und der Verarbeitung ebenfalls akut. In den Jahren 1934 bis 1936 kam es daher zu einer regelrechten Gütezeichen-Bewegung in allen Bereichen der Konsumgüterindustrie.[139] Mit der Organisation des *Reichsausschusses für Lieferbedingungen* (RAL) versuchte der Handel, die »unkontrollierbaren Qualitätsherabsetzungen« durch die Hersteller zu begrenzen. Der RAL brachte als freiwilliges Gremium Groß- und Einzelhändler, Behörden, gesetzliche Berufsvertretungen und Prüf- und Forschungsanstalten mit den Herstellern an einen Tisch, die sich in »Gemeinschaftsarbeit« der jeweiligen Branchen auf »Qualitätsuntergrenzen (Standardmarken)« in Werkstoffen für Konsumgüter einigen sollten. Dabei verstand sich der Handel auch als Repräsentant der Verbraucherinteressen gegenüber der Industrie. Die Verbraucher selbst waren nicht an den Verhandlungen beteiligt.[140]

Auf dem »Wunschzettel« des Schuhhandels, den der Reichsverband Deutscher Schuhhändler im Februar 1933 der neuen Regierung zukommen ließ, stand daher unter anderem das »gesetzliche Verbot minderwertiger Stoffe wie Pappe« in Schuhen und die Festlegung von Richtlinien für die Schuhqualität.[141] Staatlicherseits wurde nach der Regierungsübernahme durch die NSDAP ebenfalls über die Produktqualität von Konsumgütern nachgedacht. Im neu gegründeten Propagandaministerium wurde im August 1933 die Schaffung einer »deutschen

137 Normung der Schuhqualitäten?, in: SFZ v. 28.1.1933, S. 1ff.

138 Qualitätsgarantie für Schuhwerk?, in: SFZ v. 18.2.1933, S. 10f.

139 In der absatzwirtschaftlich orientierten Zeitschrift *Die deutsche Fertigware* begann die Diskussion um Gütezeichen und Qualitätssicherung im Juni 1934 und dauerte bis Dezember 1936 an. Vgl. den ersten Artikel dieses Inhalts: Georg Bergler, Qualitätssicherung, Markenartikel und Leipziger Messe, in: Die deutsche Fertigware 6 (1934), Nr. 2, S. 21-27.

140 Normung der Schuhqualitäten?, in: SFZ v. 28.1.1933, S. 1ff.; Was ist Kunstleder, in: SFZ v. 27.2.1935, S. 2f.

141 Der Wunschzettel des Schuhhändler-Verbandes, in: SFZ v. 18.2.1933, S. 1ff.

Nationalmarke« und Gütezeichen für einzelne Warengruppen diskutiert.[142] Ziel dieser Kennzeichnung war die Exportförderung deutscher Waren.[143]

Die Forderung des Staates nach »Qualitätsehrlichkeit« in den Produkten war vor allem export- und handelspolitisch motiviert und besaß kaum eine verbraucherschützerische Dimension.[144] Selbst aus den Reihen der Schuhunternehmer wurden Stimmen laut, die einen »Aufbau der inneren Warenqualität« der Produkte forderten und sich dadurch eine allgemeine Erhöhung der Preise und eine Beseitigung der »konjunkturell spekulativen Basis« der Preisbildung der letzten Jahre, also eine Konsolidierung der Preisstruktur, versprachen.[145] Unter dem Neuen Plan kam ab Herbst 1934 die volkswirtschaftliche Problematik der knappen Rohstoffversorgung hinzu. Fortan galt die Produktion von Qualitätsprodukten, die länger haltbar waren, von Seiten der Wirtschaftspolitiker als Dienst am Volk in der bereits auf die Aufrüstung gerichteten und von Einfuhrproblemen gezeichneten Volkswirtschaft. Die sparsame Rohstoffbewirtschaftung dürfe nicht »zum Freibrief für Verschleierungen« in den Produkten werden.[146]

Erst jetzt, durch die zusätzliche rohstoffpolitische Legitimation und zunehmende staatliche Kontrolle, begann auch allmählich eine Begriffsklärung für die Kennzeichnung von Werkstoffen in der Schuhproduktion. Im Oktober 1934 verabschiedete der *Reichsausschuss für Lieferbedingungen* Bezeichnungsvorschriften für Leder-Ersatzstoffe, die grundlegend für die künftige Entwicklung von Ersatzstoffen im Lederbereich werden sollten.[147] Noch war sehr unscharf definiert, welche Eigenschaften solche Werkstoffe haben sollten. Mit dem Wort »Kunstleder« legitimierte man nur alle zu diesem Zeitpunkt in der Industrie geläufigen Werkstoffe. Das Jahr 1936 markierte wieder eine Wende in der staat-

142 Vgl. Eine Nationalmarke für deutsche Erzeugnisse, in: SFZ v. 23.8.1933, S. 14.

143 Vgl. die Artikel Rudolf Wittlich, Exportförderung durch gemeinschaftliche Qualitätsgarantie; Georg Bergler, Ausfuhrförderung durch ein deutsches Gütezeichen; Kurt Pröpper, Der Erfolg der Auslandswerbung wird durch ein deutsches Gütezeichen gesteigert; Ludwig Erhard, Der ökonomische Standort des Markenartikels; Georg Bergler, Götterdämmerung des Markenartikels, in: Die deutsche Fertigware 6 (1934) (Mai bis Dezember 1934).

144 Vgl. Qualitätsehrlichkeit. Waren- und Gütebezeichnungen während der Rohstoffbewirtschaftung, in: SFZ v. 3.10.1934, S. 7.

145 Preisverordnung und Schuhindustrie, in: SFZ v. 12.5.1934, S. 1-3, hier S. 1.

146 Qualitätsehrlichkeit. Waren- und Gütebezeichnungen während der Rohstoffbewirtschaftung, in: SFZ v. 3.10.1934, S. 7.

147 Dies waren die »Bezeichnungsvorschriften des Begriffes Leder gegenüber Ledererersatzstoffen RAL Nr. 060 A« und »Bezeichnungsvorschriften für Kunstleder RAL Nr. 060 B«. Danach durfte als Leder nur noch ein Werkstoff bezeichnet werden, »der aus der ungespaltenen oder gespaltenen tierischen Haut […] unter Erhaltung der gewachsenen Fasern in ihrer natürlichen Verflechtung hergestellt« war. Alle anderen Werkstoffe sollten als »Lederersatzstoff« bzw. »Kunstleder« bezeichnet werden. Vgl. Neue Definition des Begriffes »Lederersatz«, in: SFZ v. 23.8.1933, S. 3f.; Was ist Kunstleder, in: SFZ v. 27.2.1935, S. 2f. Wortlaut der RAL-Normen abgedruckt in: Kempke (1939), S. 59-71.

lichen Politik. Mit der systematischen Aufrüstung für den Krieg und zunehmendem Rohstoffmangel, der auf die Konsumgüter abgewälzt wurde, wurde der Staat fortan zum Akteur, der sich gerade für die Verwendung anderer Materialien einsetzte. Die RAL-Gütebestimmungen, die im Vierjahresplan erstmals eine Klassifikation der verschiedenen Leder-Ersatzstoffe ermöglichten, wurden nun Grundlage der Entwicklung und »Einschleusung« von neuen Werkstoffen in die Schuhproduktion. Zu einer genaueren Definition gelangten Materialwissenschaftler und RAL-Ausschuss schließlich mit der Ausdifferenzierung der verschiedenen Werkstoffe im Vierjahresplan und durch die Normungsaktivitäten seit 1940. In den Kriegsjahren wurden die RAL-Bestimmungen Grundlage der Herstellungsvorschriften und damit verbindlich für die Industrie.[148]

Der Einzelhandel trat jedoch auch 1937 wieder als ernstzunehmender Gegner der Ersatzstoffe in Schuhen in Erscheinung und nutzte in den beiden Vorkriegsjahren seine Marktmacht als Mediator des Konsumguts zum Boykott von Waren aus Ersatzstoffen. Die Schuhhändler in der *Wirtschaftsgruppe Einzelhandel* entschieden im April/Mai 1937 geschlossen, keine »Sendungen mit Beigaben von Ersatzartikeln« von den Schuhherstellern anzunehmen. Auch einige große Einkaufsvereinigungen der Händler versuchten, bei den Fabrikanten ihre Forderungen nach hochwertigeren Produkten durchzusetzen, und nahmen zunächst nur Artikel mit Ledersohle ab. Daraufhin entbrannte eine mehrmonatige Auseinandersetzung der beiden *Wirtschaftsgruppen Lederindustrie*, die die Schuhhersteller vertrat, und *Einzelhandel*.[149] Im Handel bestand, wie die Mitarbeiter der *Wirtschaftsgruppe Lederindustrie* feststellten, »eine starke Animosität gegen Artikel mit Werkstoffen«. Die Schuhhersteller beschwerten sich dort, »dass es den Schuhhändlern noch gar nicht einfällt, die Bestrebungen unserer Industrie durch Abnahme von Fabrikaten aus Werkstoffen zu unterstützen, wodurch die Einführung der deutschen Werkstoffe außerordentlich schwierig wird.«[150] Auch mit gesetzlichen Zwangsmaßnahmen und gleichzeitig massiver »Austauschstoff«-Propaganda war dem Widerstand der Händler in der Vorkriegszeit nie ganz bei-

148 Vgl. Kap. 9 und H. Ruelberg, Gütesicherung durch RAL-Vereinbarungen; Der RAL in seiner neuen Gestalt, beide in: RKW-Nachrichten 14 (1940), Nr. 1/2, S. 2ff. Der RAL änderte im Februar 1940 seine Satzung und erweiterte seinen Namen um den Zusatz »und Gütesicherung«. Er sah sich als »Pionier der modernen Gütesicherung« und »Künder und Träger des Gütegedankens«.

149 Vgl. WG Lederindustrie an die FG Leder und Schuhbedarf in der WG Einzelhandel, Ablehnung von Schuhwaren mit deutschen Werkstoffen, 14.5.1937; FG Hausschuhindustrie an die WG Lederindustrie, Betr.: Ablehnung von Schuhwaren aus deutschen Werkstoffen, 24.6.1937, BA Berlin, R 13 XIII, Nr. 510.

150 Die WG Lederindustrie forderte daraufhin im November 1937 von der WG Einzelhandel, die Schuhhändler »auf das Erfordernis der Abnahme auch von gummisohligen Artikeln im Interesse des Vierjahresplanes eindringlich aufmerksam zu machen«. Vgl. Brief FG Hausschuhindustrie an die WG Lederindustrie, Betr.: Deutsche Werkstoffe, 9.11.1937; 25.11.1937; WG Lederindustrie an Firma Moll in Zeitz, Betr.: Deutsche Werkstoffe, BA Berlin, R 13 XIII, Nr. 510.

zukommen. Vom Selbstverständnis her sprachen die Händler auch im Namen der Verbraucher, die selbst keinerlei Repräsentation in der Vierjahresplanbehörde, im RAL oder den übrigen wirtschaftlichen Institutionen besaßen und in der NS-Wirtschaft ganz ohne Interessenvertretung dastanden.

Ersatzstoffe und Schuhmacherhandwerk

Auch am hinteren Ende der Produktlinie, bei der Reparatur von Schuhen, brachte die Einführung von Ersatzstoffen eine Neuorientierung mit sich. Beim Handwerk stießen die Maßnahmen der Durchsetzung der neuen Werkstoffe ebenfalls auf Probleme. Für das Reparaturhandwerk bedeutete ihre Verarbeitung eine Abkehr von den Routinen und des über Jahre angeeigneten Erfahrungswissens des jeweiligen Gewerbes: »Während es bei der Verarbeitung der bisherigen Werkstoffe größtenteils auf die eigene Arbeitsleistung des Handwerkers ankam und er auch die Güte des von ihm verarbeiteten Materials selbst weitestgehend beurteilen konnte, fehlt ihm bei den Kunststoffen [...] die Erfahrung«, bemerkte der Leiter des *Amts für Deutsche Roh- und Werkstoffe*, Fritz Loeb, im Februar 1938.[151] Hier bot die chemische Industrie den »Rat und die Erfahrung ihrer Ingenieure« an, und das Amt entwickelte diverse »Aufklärungs«-Kampagnen.[152]

Im Mai 1937 eröffnete Generalmajor Fritz Loeb die Wanderschau »Deutsche Werkstoffe im Handwerk« im Haus des deutschen Handwerks in Berlin, die in den folgenden Monaten in fünf Versionen durch das Reich reiste.[153] Der Besuch der Ausstellung war jeweils Pflichtveranstaltung der örtlichen Handwerkerinnungen. Unterstützt und großenteils finanziert vom *Amt für deutsche Roh- und Werkstoffe* bzw. seit Februar 1938 von der *Reichsstelle für Wirtschaftsausbau*, wurden besondere Lehrgänge für die Handwerker, auf denen die Vierjahresplanziele erläutert und die Umstellung auf neue Werkstoffe, Methoden der Werkstoffersparnis und die Erfassung von Altstoffen gelehrt wurden.[154] In 16 Handwerken, darunter auch dem Schuhmacherhandwerk, fanden im Wirtschaftsjahr 1937/38

151 Fritz Loeb, Die Kunststoffe im Vierjahresplan. Vortrag, gehalten am 16.2.1938 im Haus der Flieger, Manuskript Staatsbibliothek Berlin, 50 MB 3263, S. 35f.

152 Oetker (1938), S. 2 und 65.

153 Zu Organisation, Inhalt und Itinerar der Ausstellung von 1937 bis 1940 vgl. Jahrbuch des deutschen Handwerks 1937/38, Berlin 1938, S. 159-164, und im folgenden Jahrbuch.

154 Auf Grund des Erlasses des RWiMin v. 12.11.1936 war von den Reichsinnungsverbänden ein Rahmenplan für die Durchführung des Vierjahresplans im Handwerk aufgestellt worden. Die »Schulungsaktion« war wichtigster Bestandteil dieser Maßnahmen, vgl. Werkstoff-Umstellung des Handwerks, in: Jahrbuch des deutschen Handwerks 1937/38, Berlin 1938, S. 156.

20.000 solcher Kurse statt, an denen 500.000 Handwerker teilnahmen.[155] Die Kosten beliefen sich bis 1938 auf 3 Mio Reichsmark.[156] In einem zweiten Schulungsdurchgang lernten die Schuhmacher, welche Werkstoffe von der *Reichsstelle für Lederwirtschaft* genehmigt worden waren und wie man diese am besten verarbeitete.[157]

Doch die Qualität der Produkte überzeugte die Verarbeiter und Verbraucher oft nicht. Ein SOPADE-Bericht teilte im Januar 1938 mit: »Die Ersatzstoffe sind aller Propaganda zum Trotz schlecht. […] Gruben- und Arbeitsschuhe halten nicht mehr halb so lange wie früher, weil das gute Leder für Militärschuhe verwendet wird. […] Die Schuster klagen, dass sie kein richtiges Leder bekommen, und die Kundschaft schimpft gleichfalls, weil die Sohlen nicht halten.«[158] Die Reparaturhandwerker waren die Instanz, die den Wert der Werkstoffe, die Schwächen und Mängel des abgelaufenen Schuhwerks wohl am besten beurteilen konnte, und waren, besonders wegen ihrer Funktion als Vermittler und Ansprechpartner für die Verbraucher, gefürchtete Kritiker. Minderwertige Materialien bedeuteten für sie eine Vervielfachung der Arbeit, die die Reparateure, bei zunehmendem Arbeitskräftemangel seit 1936, stark belastete. Oft wurden Reparaturen auch gänzlich unmöglich. Die Schuhmacher äußerten massive Kritik gegenüber den staatlichen Stellen.

Im Februar 1940 meldete ein interner Bericht des Sicherheitsdienstes der SS (SD) aus Zwickau, in einer Versammlung der dortigen Schuhmacherinnung habe ein Teilnehmer das jetzt verwendete Material als »einen Betrug am Volke« bezeichnet. »Arbeiterschuhe und Bauernstiefel könnten oft nicht mehr besohlt werden, weil die Brandsohlen aus Papier und die Absätze aus Pappe seien.« Seine Ausführungen wurden von den Fachkollegen »mit großem Beifall aufgenommen«.[159] Das Reichsamt begegnete dieser Kritik nur mit dem Hinweis, die Qualitätsbeanstandungen seitens des Schuhmacherhandwerks seien »in den Umstellungsschwierigkeiten der Werkstofferzeugung und in der Unkenntnis der Bearbeitung« begründet. Man beeilte sich aber zu versichern: »Für eine laufende Qualitätskontrolle der Werkstoffe ist in der Zwischenzeit Sorge getragen.«[160] Gemeint war hiermit die Prüfung der Werkstoffe ab Juni 1940 auf der »Schuhprüfstrecke« im KZ Sachsenhausen, auf die an anderer Stelle noch eingegangen wird.

155 Jahrbuch des deutschen Handwerks 1938/39, Berlin 1939, S. 83ff.

156 Werkstoff-Umstellung des Handwerks, in: Jahrbuch des deutschen Handwerks 1937/38, Berlin 1938, S. 157.

157 Jahrbuch des deutschen Handwerks 1938/39, Berlin 1939, S. 87.

158 Deutschland-Berichte der Sozialdemokratischen Partei Deutschlands (SOPADE), Frankfurt a. M. 1980, Bd. 5/1, S. 60.

159 SD-Berichte Nr. 41 von 17. Januar und Februar 1940, in: Boberach (1984), Bd. 3, S. 660f und 763f.

160 RWA, Die deutsche Rohstoffversorgung durch den Vierjahresplan: 6. Leder, 20.6.1940, BA Berlin, R 3112, Nr. 38.

Ersatzstoffe und Verbraucherinnen und Verbraucher

Auch der Endverbraucher von Schuhen, die deutsche Zivilbevölkerung, sollte für die neuen Kunststoffe in Schuhen gewonnen werden. Die Produktkommunikation der Unternehmen änderte im Vierjahresplan ihren Charakter.[161] Für die Gemeinschaftswerbung im Vierjahresplan galt: »Werbung muss im Dienst einer erweiterten Warenkenntnis und Warenkunde stehen, muss verbrauchslenkend wirken.«[162] Tatsächlich schufen die Propagandamaßnahmen wohl zumindest rudimentär ein Bewusstsein des volkswirtschaftlichen Problems der Weltmarktabhängigkeit der deutschen Industrie. Darüber hinaus zielten sie auf eine Moralisierung des Dinggebrauchs, besonders der Stofflichkeit der Gebrauchsgegenstände und des eigenen Konsumverhaltens. 1940 sah der Konsumforscher Wilhelm Vershofen in der Verbrauchslenkung das Bestreben, einen speziellen Gebrauchsmodus der Produkte, »den Nutzen aus ethischer Wertung soweit als möglich dominant zu machen«.[163] Für die Verbrauchsentscheidung des einzelnen Konsumenten sollten weitergehende, semantische Dimensionen eines Produkts, und umfassendere Informationen mobilisiert werden. Auf die Ersatzstoffe und ihren Qualitätsaspekt bezogen hieß dies auch: »Der Verbraucherschaft muss beigebracht und eingehämmert werden, dass die neuen Stoffe keine Ersatzstoffe, [...] sondern ausgereifte, geprüfte und erprobte Werkstoffe sind.«[164]

Wie die Vierjahresplanpropaganda bei den Verbrauchern ankam und mit wie viel Zwang und Furcht vor Sanktionen diese in der Praxis verbunden war, wird deutlich an der ersten deutschlandweiten Untersuchung der Gesellschaft für Konsumforschung (GfK) zu Kunststoffen in Konsumgütern.[165] Im Auftrag von Unternehmen der chemischen Industrie beschäftigte sich die GfK im Herbst 1938 mit der Frage der Ersatzstoffe und der Beurteilung von Fertigprodukten aus Kunststoffen durch die Konsumentinnen und Konsumenten. Untersucht wurde von den Nürnberger Wissenschaftlern, ob und in welchem Ausmaß der Begriff *Kunststoff* »in das Bewusstsein des letzten Verbrauchers eingedrungen« sei. Als Gegenstand der Befragung hatte man synthetische Kunstharze gewählt, die zu diesem Zeitpunkt die größte Gruppe der Kunststoffe im Haushalt darstellten.[166]

161 Zum Prinzip der Gemeinschaftswerbung im Nationalsozialismus vgl. Rücker (2000); Berghoff (1999).

162 Oetker (1938), S. 26.

163 Vershofen (1940), S. 165.

164 Oetker (1938), S. 128.

165 Zur Geschichte und Methodik der Gesellschaft für Konsumforschung seit ihrer Gründung 1934 vgl. ausführlich Kap. 7.4.

166 Fritz Loeb, Die Kunststoffe im Vierjahresplan. Vortrag, gehalten am 16.2.1938 im Haus der Flieger, Manuskript Staatsbibliothek Berlin, 50 MB 3263, S. 12; Zu unserer Kunstharzerhebung, in: Mitteilungsblatt der GfK, Nr. 14, Oktober 1938, S. 278-295. Alle Angaben im Folgenden hieraus.

Bei der Studie wurde vor allem offenbar, wie sehr die Angst vor direkten Zwangsmaßnahmen bei den Verbraucherinnen und Verbrauchern grundsätzlich die Botschaften der Vierjahresplanpropaganda überlagerten. Die unabhängigen Konsumforscher stellten fest, dass die Teilnehmer der Befragung »nur ängstlich« und sehr zögernd überhaupt ihre Meinung äußerten. Die Befragten »vermuteten, es sei für die Ausführung des Vierjahresplanes schädlich und eine wahrheitsgemäße Schilderung ihrer Auffassung über Kunststoffprodukte sei eventuell strafbar. Auch glaubten sie, parteipolitisch zu verstoßen, wenn sie ihre Meinung über Kunstharz äußerten.« Eines der wichtigsten Ergebnisse der Studie war, dass viele Leute Gegenstände aus Kunststoff bereits verwendeten, diesen Werkstoff aber nicht als solchen identifizierten. Nach zweijähriger Anlaufzeit des Vierjahresplans fehlten ihnen Begriffe und ein Bewusstsein für die neuen Werkstoffe. Ein »Korrespondent« der GfK musste die Feststellung machen, »dass Kunstharz als alles andere angesehen wurde, als was es in Wirklichkeit ist«. Die Verbrauchsforscher bemerkten, dass »die einzelnen Stoffarten [...] überhaupt nicht unterschieden werden können«. Als eine der Ursachen für die schwere Einprägsamkeit der Kunststoffe ergab sich aus der Untersuchung die »Fremdartigkeit« der meisten Namen und Bezeichnungen, die die Hersteller ihnen gaben. Diese »Phantasienamen« hätten die »unangenehme Eigenschaft, unverständlich zu sein«, und wurden von vielen VerbraucherInnen nur schwer im Gedächtnis behalten.

Ebenso deutlich wurde die negative Haltung allen Materialien gegenüber, die als Ersatzstoffe identifiziert wurden: »Man sagt *Ersatz* für das und das, und das rote Tuch für den Käufer ist gefunden.« »Mit dem Wort ›Ersatzstoff‹ ist für viele Verbraucher der Begriff der ›Minderwertigkeit‹ verbunden.« Die Reaktionen der Befragten waren in dieser Hinsicht eindeutig und durchgehend negativ. Nur sehr »wenig Verbraucher [konnten] wirklich Positives zu diesem Problem aussagen.« Dieser Befund war den Wissenschaftlern der GfK deutlich unangenehm gegenüber ihren Auftraggebern.

In vielen der Antworten der Korrespondenten klang jedoch auch direkt die Vierjahresplanrhetorik an. Hier hatte die Propaganda und »Aufklärung« der Kampagnen tatsächlich ihren Weg in die Aussagen der Befragten gefunden. Ein Korrespondent aus Heidenheim an der Brenz berichtete zum Beispiel: »Ich konnte dann feststellen, dass beinahe alle Befragten sich darüber einig sind, dass das Ersatzstoff ist, der für bestimmte Gegenstände durchaus am Platze sei, und vor allem nicht den sonstigen Ersatzstoffen anhaftenden *Ersatz*-Geschmack habe. [...] Es handelt sich [...] um einen neuen Werkstoff, mit ganz neuen Eigenschaften und Verwendungsmöglichkeiten.« Ein anderer Korrespondent fasste zusammen: »Zweifellos hat das Kunstharz noch unbegrenzte Verwendungsmöglichkeiten und im Interesse des Vierjahresplanes und des ganzen deutschen Volkes ist nur zu hoffen, dass es wesentlich dazu beiträgt, uns von der Einfuhr ausländischer Rohstoffe unabhängig zu machen«.

Im Bereich der Schuhe berichteten Mitarbeiter der *Wirtschaftsgruppe Lederindustrie* im Mai 1940, dass die Aufnahme der Ersatzstoffe »anfänglich nicht immer glücklich gewesen ist«. Sie führten dies auf den »gewissen Konservatismus der letzten Verbraucherschaft« zurück, aber vor allem auf die »alles beherrschende Qualitätsfrage«.[167] Das Wort Ersatzstoff war zwar seit Frühjahr 1937 aus allen offiziellen Verlautbarungen entfernt worden, 1938 hatte sich diese Begriffsregelung jedoch, wie oben zu sehen ist, an der Verbraucherbasis noch lange nicht durchgesetzt. Auch später fanden in der Praxis die Verbraucher untereinander und im Handel weiterhin Möglichkeiten, qualitative Aspekte der neuen Materialien zur Sprache zu bringen. Es fand eine eigen-sinnige Bedeutungsverschiebung im Umgang mit den neu eingeführten Begriffen statt, die den Autarkie-Propagandisten gar nicht lieb war. Mit erstaunlicher Offenheit wurde hierüber 1941 in der Zeitschrift *Der Vierjahresplan* berichtet. Hier klagte Joachim Böhmer, Ingenieur und Fachmann für Werkstoff-Fragen beim Verband Deutscher Ingenieure und beim *Reichskuratorium für Wirtschaftlichkeit*:

> »Die erfolgreiche Aufklärungsarbeit droht in jüngster Zeit durch eine völlige Verschiebung des Begriffes *Werkstoff* gestört zu werden. Besonders in Verbraucherkreisen beginnt sich die Unsitte herauszubilden, das umfassende Gebiet des Werkstoffes durch eine missbräuchliche Auslegung des Wortes [...] einzuengen. Wer die Auslagen in gewissen großstädtischen Fachgeschäften betrachtet, gleichviel ob in der Leipziger Straße in Berlin oder in der Kärntner Straße in Wien, findet neben einigen Auslagen wie [...] Schuhen kleine Schilder mit der Aufschrift: *›Aus Werkstoff‹*. Ebenso hört man in den Gesprächen zwischen Verkäufer und Kunden mitunter Bemerkungen darüber, dass nur Gegenstände, die *›nicht aus Werkstoff‹* gefertigt sind, gekauft zu werden wünschen. Diese Beispiele lassen schon erkennen, in welcher Weise eine Verschiebung des Werkstoffbegriffes sich breitzumachen beginnt und welchen Sinn der Verbraucher dem Wort *Werkstoff* beizulegen im Begriff ist. [...] Die an vielen Stellen erkennbare Wandlung des Werkstoffbegriffs droht das Wort *Werkstoff* zu diffamieren und ihm keinen geringeren Sinn beizulegen als den des Begriffes *Ersatzstoff*!«

Der Propaganda-Fachmann war alarmiert. Der Erfolg einer »jahrelangen Bemühung, Wirtschafts- und Verbraucherkreise mit dem Gedankengut des Vierjahresplanes vertraut zu machen«, war damit ganz in Frage gestellt.[168]

167 WG Lederindustrie, Bericht über die Aussprache der FA LFWS v. 8.5.1940, BA Berlin, R 13 XIII, Nr. 66.

168 Joachim Boehmer, Bewährung der Werkstoffe, in: Der Vierjahresplan 5 (1941), S. 869f.

6.4 Die Leder-Ersatzstoff-Frage in den USA des New Deal

Wie zu sehen war, wurde die Entwicklung von Ersatzstoffen für Leder durch die staatliche Wirtschaftspolitik in Deutschland ab Mitte der 30er Jahre intensiv gefördert. Sie machte daher große Fortschritte, auch gegen die Bedenken und die Ablehnung der meisten Schuhhändler, des Reparaturhandwerks, der Verbraucherinnen und Verbraucher. Fast ergibt sich der Eindruck, als seien die Ersatzstoffe eine deutsche Besonderheit in der Wirtschaftsgeschichte oder ein Phänomen, das rein den kriegswirtschaftlichen Erfordernissen und Rohstoff-Knappheiten entsprang.[169] Auch eine gesamtheitlich autarkiepolitische Ausrichtung des nationalen Innovationssystems in Deutschland, schon seit dem Ersten Weltkrieg, wurde als Grund für die Ersatzstoff-Orientierung der deutschen Industrie im »Dritten Reich« angeführt.[170] Ein Blick über den Atlantik, auf die Entwicklung im führenden Land der Schuhtechnik zeigt aber, dass Leder-Ersatzstoffe ebenso unter marktwirtschaftlichen Bedingungen von den Unternehmen angestrebt und entwickelt wurden und diese sich langfristig auch in anderen Ländern in der Schuhwirtschaft behaupteten. Hier war nicht die strategische Rohstoff-Knappheit Grund für die Werkstoff- und Produktinnovationen. Die eigene Initiative der Unternehmen zur Rationalisierung der Herstellungsverfahren von Schuhen und die Verbilligung der Produktion standen hier als Motivation im Vordergrund.

Unternehmen, Staat und Verbraucher im New Deal

Als im März 1933 der neue Präsident Franklin D. Roosevelt sein Amt antrat, bedeutete dies auch in den USA eine Zäsur in der Wirtschaftspolitik. Roosevelts neue, demokratische Regierung trat mit dem *New Deal*-Programm an, die extreme Wirtschaftskrise und Arbeitslosigkeit im Land zu bekämpfen. Das Programm bestand neben direkten Arbeitsbeschaffungsmaßnahmen des Staates für nahezu alle Berufe in einer Reihe von Maßnahmen zur »Ermächtigung« von Personengruppen in der Wirtschaft, deren Interessen bislang in den gewerblichen und staatlichen Organisationen und Institutionen nur sehr schwach bzw. gar nicht vertreten waren. Sie sollten in der Wirtschaft die Interessen der Allgemeinheit repräsentieren und sie in ihrem Sinne verbessern helfen.[171] Auch hier sollte so die Wirtschaft reformiert werden, ohne ihre marktwirtschaftlich ausgerichtete Grundstruktur zu verändern oder in Eigentumsverhältnisse einzugreifen.

169 Vertreter dieser Position zuletzt wieder: Guenther (2004), S. 203-252; Buchheim (2001).
170 Marsch (2002).
171 Cohen (1998); McGovern (1998); Couch/Shughart (1998).

Die freie Marktwirtschaft war auch in den USA zur Zeit der Weltwirtschaftskrise in die Kritik geraten. Viele Wirtschaftsexperten des *New Deal* führten die Krise und die elende Situation großer Teile der Bevölkerung auf die Macht der großen Konzerne zurück, die einerseits die Löhne drückten und andererseits durch Marktabsprachen die Preise kontrollierten, und damit die Kaufkraft schwächten.[172] Das Ziel, die monopolbildenden Tendenzen in der kapitalistischen Wirtschaft zu bekämpfen und damit zur Aufrechterhaltung eines freien Marktes und funktionierenden Wettbewerbs beizutragen, bildete seit Beginn des 20. Jahrhunderts eines der wichtigsten Aufgabenfelder der bundesstaatlichen Wirtschaftspolitik. Dies schlug sich seit Beginn des 20. Jahrhunderts in einer Reihe von *Anti-Trust Laws* nieder.

Die Regierung Roosevelt nahm diese Tradition auf und versuchte, den Kreis der Akteure, die auf die staatliche Wirtschaftspolitik direkt Einfluss nehmen konnten, zu erweitern. Im deutlichen Gegensatz zu Deutschland kam es in den Jahren 1933 bis 1938 zu einer Stärkung der Rechte der organisierten Arbeiterschaft gegen den heftigen Widerstand der Unternehmen.[173] Die ländlichen Farmer, die etwa ein Drittel der Beschäftigten in den USA stellten und von der Großen Depression besonders schwer betroffen waren, stellten ebenfalls eine Bevölkerungsgruppe dar, die durch Notmaßnahmen der Regierung ab 1933 unterstützt wurde.

Auch die Konsumentinnen und Konsumenten sollten zu einem neuen Machtfaktor in der Wirtschaft erhoben werden. In der Ankurbelung des Konsums sah die *New Deal*-Administration, ganz anders als die deutsche NS-Regierung, eines der wichtigsten Mittel zur Überwindung der Wirtschaftskrise und Behebung des »nationalen Notstands«, in denen sich das Land befand. Gesetzliche Grundlage der staatlichen Maßnahmen in der Wirtschaft war der *National Recovery Act* vom 16. Juni 1933 und in der Landwirtschaft eine Reihe von *Agricultural Adjustment Acts*, die zwischen 1933 und 1938 verabschiedet wurden.[174] Zur Durchsetzung der Interessen der Verbraucher wurde 1933 von der *New Deal*-Regierung ein eigener

172 Vgl. Jacobs (2005), bes. S. 100ff.

173 Den Unternehmen gelang es jedoch schnell, Gegenkräfte zu mobilisieren. Bereits im Mai 1935 erklärte der Oberste Gerichtshof der Vereinigten Staaten die Gesetzgebung über den industriellen Wiederaufbau (*National Industrial Recovery Act*) im Wesentlichen als verfassungswidrig. Der Kongress sei nicht befugt, das lokale und regionale Wirtschaftsleben durch nationale Gesetze zu regeln. Doch gelang es der Roosevelt-Regierung mit Hilfe des Kongresses, die Errungenschaften der organisierten Arbeiterschaft in den Jahren 1935 bis 1938 durch eine Reihe neuer Gesetze zu sichern. Die Bekämpfung von wirtschaftlichen Monopolen und Kartellen bildete bis Eintritt der USA in den Zweiten Weltkrieg einen Schwerpunkt der Wirtschaftspolitik der Regierung. Vgl. Heideking (1999), S. 254-261; Couch/Shughart (1998).

174 Neben der Verpflichtung der Industrie auf selbstgesetzte *Codes of Fair Competition* war die Einrichtung einer Organisation öffentlicher Aufträge für Großbauprojekte Inhalt des Gesetzes. Es bildete auch die Grundlage für die Einrichtung des amerikanischen Arbeitsdienstes, des *Civilian Conservation Corps*. Vgl. Couch/Shughart (1998), S. 74;

Apparat von Institutionen geschaffen: das *Consumers' Advisory Board* der *National Recovery Administration* in Washington D. C.[175] Auch Regierungsorgane der Einzelstaaten, bis hinunter auf die Kommunalebene der Gemeinden, richteten KonsumentInnen-Räte ein, die bei der staatlichen Entscheidungsfindung beteiligt waren.[176] Der *New Deal* unternahm damit erstmals in den USA den Versuch, die Konsumenten als eigenständige politische Kraft in wirtschaftspolitische Entscheidungen einzubeziehen. Auch wenn dies nur bedingt gelang, bezog der Staat in den USA eindeutig auf Seiten der Verbraucher Position und nahm, ähnlich wie in der Frage der Arbeitnehmerrechte, auch Stellung gegen wirtschaftliche Interessen der Industrie und des Handels im eigenen Land. In den frühen Jahren der Präsidentschaft Franklin D. Roosevelts (1933-1945) standen die Förderung der landwirtschaftlichen Eigenproduktion, der Arbeitnehmer- und der Verbraucherinteressen ganz im Vordergrund der Wirtschaftspolitik.

Die »Pure Shoe Bill«, ihre Unterstützer und Gegner

Im Kontext der *New Deal*-Politik wurde die Frage der Ersatzstoffe für Leder in den USA in den Jahren 1935 und 1936 ebenfalls zu einem Thema der Auseinandersetzung zwischen Unternehmen und Staat. Zwischen der Schuhindustrie, den Handelsunternehmen, den Herstellern von Leder-Ersatzstoffen, den Unternehmen der Lederindustrie und verschiedenen staatlichen Behörden entbrannte eine Auseinandersetzung um die Frage der Verwendungsmöglichkeiten und des derzeitigen Einsatzes von Ersatzstoffen für Leder in Schuhen. Im Mittelpunkt stand dabei die Frage der Verschlechterung der Produktqualität infolge der Weltwirtschaftskrise und deren Folgen für den Lebensstandard der Verbraucher. Die Diskussion entzündete sich zunächst anlässlich der Vergabe staatlicher Aufträge für Schuhlieferungen der neuen Regierung von Franklin D. Roosevelt im Juni 1934 und März 1935 und zog danach immer weitere Kreise. Sie erreichte ihren Höhepunkt in einem Gesetzesvorschlag im Kongress der Vereinigten Staaten, der die Kennzeichnung von Nichtleder-Werkstoffen in Schuhen im Handel forderte.

zu den Maßnahmen des National Recovery Act vgl. ebd. S. 74ff.; zu den Agricultural Adjustment Acts vgl. ebd. S. 37-65.

175 Das Board hatte ursprünglich die Aufgabe, bei der Verfassung der neuen *Codes* zur Selbstverpflichtung der jeweiligen Industrien sicherzustellen, dass diese keine Regelungen enthielten, »that boost prices unfairly, subsidize monoplies or lower the quality standards of consumer goods«. Zur Geschichte und Funktion des Consumers' Advisory Board vgl. Jacobs (2005), S. 114ff. (Zitat S. 114); McKellar (2002); Cohen, (1998); McGovern (1998), S. 37-58.

176 Zu den effektivsten Interessenvertretungen der Konsumenten gehörte das *Office of the Consumer Council* der *Agricultural Adjustment Administration*. Vgl. Cohen (1998), S. 119.

Der von der Lederindustrie initiierte Gesetzesvorschlag zur Kennzeichnung von Ersatzstoffen in Schuhen erhielt von der Presse den Spitznamen *Pure Shoe Bill*.[177] Er wurde in zwei Sitzungen im Mai 1935 und Februar 1936 in Ausschüssen des Senats und des Repräsentantenhauses der Vereinigten Staaten in Washington D. C. debattiert, in der alle von den Leder-Ersatzstoffen betroffenen gesellschaftlichen Akteure ihre Positionen vortrugen. Dies waren vor allem die Lederindustrie, die Schuhindustrie, die Hersteller der Ersatzstoffe, verschiedene staatliche Stellen und der Handel.[178] Im Unterschied zu Deutschland wurden in den USA aber auch die Verbraucher in diese Diskussion mit einbezogen. Sie erhielten eine Stimme in den Verhandlungen um den wirtschaftspolitischen Umgang mit neuen Materialien in Gebrauchsgegenständen und ihre versorgungspolitische Dimension.

Urheber der Bemühungen um die *Pure Shoe Bill* waren Vertreter der Lederindustrie, die sich schon seit Ende der 20er Jahre von einer »Ersatzstoff-Bewegung« in Schuhen bedroht sah. In der Weltwirtschaftskrise kam es auch in den USA zu einer tendenziellen Verschlechterung und Verbilligung von Schuhen, bei der die Schuhhersteller zu neuen, billigeren Werkstoffe griffen.[179] Unmittelbarer Anlass war aber erst die Vergabe von staatlichen Aufträgen für Schuhe im Juni 1934 und März 1935, deren Herstellungsvorschriften – erstmals überhaupt in der Geschichte der Staatsaufträge – die Verwendung von Ersatzstoffen für Leder vorsahen.[180] Die bisher vom Staat eingekauften Schuhe, ausschließlich Armeeschuhe, waren ganz aus Leder hergestellt. Die neu in Auftrag gegebenen Schuhe waren sogenannte *Relief Shoes*, d. h. als Notschuhwerk für die bedürftigen Familien von Arbeitslosen bestimmt, sowie Stiefel für den im April 1933 neu eingerichteten staatlichen Arbeitsdienst, das *Civilian Conservation Corps* (CCC).[181]

177 Sole Leather Group in Washington Discussing Rubber Sole Army Specifications, in: SLR v. 2.3.1935, S. 25, u. v. a.

178 Die Sitzungen der beiden handelspolitischen Kommissionen des Senats und Kongresses und die zugehörigen Dokumente sind abgedruckt als: Labeling, Marking, and Tagging of All Boots and Shoes. Hearing Before a Subcommittee of the Committee on Interstate Commerce, United States Senate, on S. 2255, a Bill Providing for the Labelling, Marking and Tagging of All Boots and Shoes, 23.5.1935, Washington 1935; Boots and Shoes. Hearing Before a Subcommittee of the Committee on Interstate and Foreign Commerce, House of Representatives on H. R. 5735, a Bill Providing for the Labelling, Marking and Tagging of All Boots and Shoes, 14.2.1936, Washington 1936.

179 Vgl. Leather Group Discusses Substitutes, in: SLR v. 16.6.1934, S. 23; Tanners in Meeting Discuss Leather Substitute Threat, in: SLR v. 24.11.1934, S. 10; Hearing on Leather Substitute Bill, in: SLR v. 30.3.1935, S. 7; Tanners File Brief on Rubber and Composition Soles for CCC, in: SLR v. 10.8.1935, S. 4-7, 14; Fechner for Reducing CCC Costs by Use of Substitutes, in: SLR v. 24.8.1935, S. 5ff..

180 Protest Rubber Soles in Relief Shoes, in: SLR v. 9.6.1934, S. 8f.; Army Specifying Rubber Soles, in: SLR v. 2.3.1935, S. 27.

181 Zur Geschichte des amerikanischen Arbeitsdienstes und seiner wirtschaftspolitischen Funktion im Vergleich zum deutschen vgl. Patel (2003).

Die 1,5 Mio Paar *Relief Shoes* sollten mit Gummisohle hergestellt werden, um ihren Preis zu senken.[182] Die jungen Männer im Arbeitsdienst erhielten die regulären ledernen Marschstiefel der U.S. Army, von denen das CCC bis Ende 1935 insgesamt 7,1 Mio Paar herstellen ließ.[183] Ein Bruchteil von ihnen, die fraglichen 187.000 Paar Schuhe, waren jedoch Sicherheitsschuhe, die ebenfalls mit Gummisohle in Auftrag gegeben wurden.[184] Die Lederindustrie befürchtete nun aber, dass künftig auch die regulären Armeeschuhe aus Ersatzstoffen hergestellt würden und das Beschaffungsamt der Armee seine Herstellungsvorschriften zugunsten einer Gummisohle änderte.

Da die staatlichen Aufträge für Schuhe nicht nur als Mittel der Versorgungspolitik, sondern auch als Arbeitsbeschaffung zur Überwindung der Wirtschaftskrise für die örtlichen Industrien angesehen wurden, protestierten die Lederhersteller gegen diesen Verdienstausfall, der auf die Beschäftigung ihrer Arbeitskräfte zurückfiele. Geschickt wiesen die Repräsentanten des *Tanners' Council*, der Gewerbe-Organisation der Lederindustrie, darauf hin, dass die Farmer als Häuteproduzenten ebenfalls von dieser Maßnahme betroffen waren, und stellten so ihre Interessen in den größeren Zusammenhang der Landwirtschaftspolitik. So konstruierten sie erfolgreich eine Koalition der durch die Ersatzstoffe Geschädigten aus Lederindustrie, den Farmern und den Verbrauchern der Schuhe. Mit den letzten beiden Gruppen, die sich tatsächlich für den Kampf gegen die Ersatzstoffe mobilisieren ließen, hatten sie im frühen *New Deal* mächtige Verbündete.[185] Das »heimische Leder« sei »das Produkt gemeinsamer Leistungen amerikanischer Arbeitskraft, Landwirtschaft und Industrie«, angefangen bei den Farmern über die Schlachthof-Arbeiter und Gerber bis hin zu den Sohlenzuschneidern, die in Massachusetts eine eigene Zulieferer-Industrie bildeten.[186] Gummi, der Ersatzstoff, gegen den sich die Bestrebungen anfangs hauptsächlich richteten, sei dagegen ein Produkt aus ausländischen Rohstoffen (Naturkautschuk), der importiert wurde und von dessen Produktion und Verarbeitung, so die Argumentation, kaum ein amerikanischer Arbeiter profitiere.

Unter den neuen politischen Rahmenbedingungen des National Recovery Act forderten die Lederhersteller nun die Kennzeichnungspflicht für alle Materialien

182 Bei einem Paar mit Gummisohle statt Leder sparte der staatliche Auftraggeber 13 Prozent des Fabrikpreises. Vgl. Additional Rubber Sole Shoes, in: SLR v. 9.11.1935, S. 9; Army Shoe Prices Higher, in: SLR v. 23.11.1935, S. 9.

183 Dies war der Service Boot der U.S. Army. Die Versorgung des Arbeitsdienstes übernahm das Beschaffungsamt der Armee, das U.S. Army Quartermaster Depot in Boston, das als Auftraggeber für alle Schuhlieferungen in Erscheinung trat. Vgl. Army Specifying Rubber Soles, in: SLR v. 2.3.1935, S. 27.

184 Vgl. Additional Rubber Sole Shoes, in: SLR v. 9.11.1935, S. 9.

185 Dairy and Cattle Men Urge Use of Leather in CCC Shoe Soles, in: SLR v. 7.9.1935, S. 6; Labeling, Marking, and Tagging (1935), S. 10ff.; Boots and Shoes. Hearing (1936), S. 50.

186 Tanners' File Brief on Rubber and Composition Soles for CCC, in: SLR v. 10.8.1935, S. 4ff., hier S. 4.

in Schuhen, sowohl des Leders als auch der Nichtleder-Materialien.[187] Die Verbraucher sollten bei ihrer Kaufentscheidung das Wissen um die Materialien in den Produkten einbeziehen können und vor »Verfälschung« (*adulteration*) und der Verschleierung minderwertiger Werkstoffe in den Produkten, die sie für Leder hielten, geschützt werden. Den Ersatzstoffen in amerikanischen Schuhen wurde durch Färbung und Oberflächenbehandlung der äußere Anschein von Leder gegeben, so dass sie für Laien nicht von Leder zu unterscheiden waren.[188] Lederschuhe hatten, nach Ansicht der Repräsentanten der Lederindustrie, einen höheren Gebrauchswert. Sie besaßen hygienische Vorteile, da sie den Fußschweiß aufnahmen und die Wasser- und Wärmeregulation des Leders von den Trägern als angenehmer empfunden wurde. Leder war außerdem bis zu 30 Prozent leichter als Gummi. Es bot die Möglichkeit, die Schuhe reparieren zu lassen, was bei Gummisohlen nicht der Fall war.[189]

Tatsächlich forderte auch das *Consumers' Advisory Board* der *National Recovery Administration* in Washington D. C. die Kennzeichnung von Materialien in Schuhen und unterstützte die Gesetzesinitiative der Gerber.[190] Regionale und lokale Verbraucherschutzvereinigungen, die im NRA-Programm als Beratungsgremien eingerichtet worden waren, wie etwa das *Consumers' Council of Massachusetts* in Boston, setzten sich ebenso für eine durchsichtigere Informationspolitik im Handel von Schuhen ein.[191] Selbst Stimmen aus den Reihen der Schuhunternehmer gaben zu Bedenken, dass in den Jahren der Wirtschaftskrise seit 1929 eine »schäbige Phase« (*shoddy period*) in der Schuhherstellung begonnen hatte, in der Schuhe »nur dazu gemacht« würden, »damit zu täuschen« (*shoddy footwear made only to cheat with*). Sie führten dies auf den großen Preisdruck der Krisenjahre zurück. Die Schuhe der Krisenzeit galten als *poverty products* und *cheap trash*.[192] Die reformbereiten Unternehmer forderten eine Umorientierung in der Firmenethik. Der angestrebte Aufschwung und die Überwindung der Krise seien nur möglich, wenn die Firmen den unfairen Wettbewerb, ihre skrupellosen Vermarktungsstrategien und die »Unehrlichkeit der Unternehmen« in der Produktpolitik bekämpften. Eine Rückbesinnung auf die Qualität der Produkte sei dringend nötig.[193] Doch wollte die Schuhindustrie die

187 Der Vorsitzende der NRA überwies die Angelegenheit jedoch in den Verantwortungsbereich der Handelsausschüsse der beiden Häuser des Kongresses. Vgl. Labeling, Marking, and Tagging (1935), S. 3.

188 Labeling, Marking, and Tagging (1935), S. 9.

189 Tanners' File Brief on Rubber and Composition Soles for CCC, in: SLR v. 10.8.1935, S. 4ff.

190 Tanners in Meeting Discuss Leather Substitute Threat, in: SLR v. 24.11.1934, S. 10.

191 Discusses Ways and Means of Determining Shoe Values, in: SLR v. 12.10.1935, S. 6ff.

192 Good Quality in Shoes, in: SLR v. 20.5.1933, S. 5.

193 The New Deal and the »New Era«, in: SLR v. 8.7.1933, S. 7f.

Qualitätsverbesserung lieber in das Ermessen der einzelnen Unternehmen gestellt wissen, als gesetzliche Vorschriften hierzu einhalten zu müssen.

Von bundesstaatlicher Seite trat als Unterstützer des Gesetzes vor allem das Landwirtschaftsministerium in Erscheinung. Das *Department of Agriculture* sah sich als Interessenvertretung der Farmer sowohl als Produzenten als auch als Konsumenten. Es war einer der Vorreiter der Einbindung von Verbrauchern in die eigenen Entscheidungsprozesse.[194] Um das Preisniveau für landwirtschaftliche Produkte und damit das Einkommen der Farmer-Familien zu erhöhen, kaufte das Ministerium ab September 1934 2 Mio Rindshäute an und lagerte diese über Jahre hinweg ein.[195] Mit dem *Bureau of Chemistry and Soils* unterhielt das *Department of Agriculture* eine mächtige Forschungsinstitution, die sich im Verlauf der Auseinandersetzung 1935 anbot, als Prüfungseinrichtung für die Qualität von Leder-Ersatzstoffen zu fungieren.[196]

Die zahlreichen Berufsverbände der Farmer, vor allem die Vereinigung *American Farm Bureau Federation*, kämpften seit Jahren in einer Kampagne *Truth in Products* um die Kennzeichnung von landwirtschaftlich erzeugten Naturprodukten gegenüber industriellen Syntheseprodukten. Als richtungsweisend für die Ersatzstoff-Diskussion in den USA hatten sie bereits die Kennzeichnungspflicht von Margarine gegenüber Butter und von Inhaltsstoffen in Arzneimitteln durchgesetzt.[197] Bei Kunstfasern in Textilien gab es ebenfalls Auseinandersetzungen um eine Kennzeichnungspflicht. In der Auseinandersetzung um die *Pure Shoe Bill* trat die Federation als Befürworterin des Gesetzes auf. Von ihm versprach sich die Organisation hohe Häutepreise und Produkte mit hohem Gebrauchswert für die Farmerfamilien als Konsumenten.[198]

Das Handelsministerium der USA unterstützte durch seine *Federal Trade Commission* das Gesetz ebenfalls. Die Kommission war ermächtigt, den »unfairen Wettbewerb« im Wirtschaftsleben zu verfolgen. Sie hatte bereits die Bezeichnung von Gesundheitsschuhen als »Doktor-Schuhe« verboten, wenn sie nicht tatsächlich in Zusammenarbeit mit einem ärztlichen Berater entwickelt worden

194 Mit dem *Bureau of Home Economics* hatte das *Department of Agriculture* schon 1923 die erste Institution gegründet, die die Pionierrolle einer Interessenvertretung von Konsumenten gegenüber den mächtigen Herstellern und in der Erforschung des Konsumentenverhaltens in der politischen Landschaft der USA innehatte. Vgl. Goldstein (2006), S. 73-88.

195 Dies waren die sogenannten *Drought Hides*. Im Anschluss entspann sich eine Diskussion darum, was mit den Häuten geschehen solle, um sie möglichst effizient in den Dienst der Arbeitsbeschaffung zu stellen, ohne gleichzeitig die Privatindustrie zu schädigen. Vgl. Government to Take Over Drought Hides, in: SLR v. 18.8.1934, S. 4; Government Abandons Manufacturing Plans, in: SLR v. 22.9.1934, S. 5, 52.

196 Labeling, Marking, and Tagging (1935), S. 8ff.

197 Vgl. Labeling, Marking, and Tagging (1935), S. 10ff.

198 Ebd., S. 10f.

waren. Das Gesetz sollte im Verantwortungsbereich und Strafverfolgungsapparat des Handelsministeriums angesiedelt werden.[199]

Ersatzstoffe in Schuhen in den USA (1935/36)

Im Verlauf der beiden Anhörungen für das Gesetz im Kongress der Vereinigten Staaten wurde offenbar, welche Ersatzstoffe zu diesem Zeitpunkt in den USA in Schuhen zum Einsatz kamen. Dies waren, wie in Deutschland, Textilien als Oberleder-Ersatz und Pappen, Holz und Gummi als Unterleder-Ersatzstoffe. Kunststoffe wurden Mitte der 30er Jahre in amerikanischen Schuhen nicht verarbeitet.[200]

Pappen (*fiber board*) fanden, wie in Deutschland, als Vorder- und Hinterkappen und in Absätzen Verwendung. Darüber hinaus stellten amerikanische Schuhhersteller auch Brandsohlen in Damenschuhen aus Pappen her, die sie anschließend mit einer dünnen Schicht Leder überzogen, so dass dies für die Käuferin nicht erkennbar war.[201] In Pappen für Absätze waren, wie in Deutschland, in den letzten Jahren Teile der Zellulosefasern durch Lederfasern ersetzt worden.[202] Die kommerzielle Produktion solcher Lederfaserwerkstoffe (*leather board*) begann in den Jahren der Wirtschaftskrise, in denen die Schuhhersteller nach billigeren Alternativen zum teuren Leder suchten.[203] Auch in den USA galt Anfang der 30er Jahre die Lederfaserwerkstoff-Herstellung als zukunftsträchtiges Gebiet der Forschung und Entwicklung, das gerade erst erschlossen wurde. Vorher wurden Lederabfälle verbrannt oder zu Dünger verarbeitet.[204] 1932 wurden in den USA bereits 8.500 bis 12.000 t Lederfaserwerkstoff hergestellt.[205] 1938

199 Ebd., S. 11ff.

200 Eine Ausnahme bildete ein Deckwerkstoff für Damenabsätze aus Holz. Das Chemie-Unternehmen DuPont brachte 1932 das Material *Pyralin* auf den Markt, das als *scuffless heel*, mit dem Vorteil, im Gebrauch keine Kratzer davonzutragen, große Verbreitung fand. Vgl. Pyraheel. Made by Men for Women, in: Plastics and Molded Products 8 (1932), Nr. 6, S. 245ff.; Shoes – Today and Tomorrow, in: Modern Plastics 22 (1945), Nr 11, S. 93-99.

201 Vgl. Labeling, Marking, and Tagging (1935), S. 42-45.

202 Der amerikanische LFWS für Absatzunterflecken bestand zu 50 bis 80 Prozent aus gegerbten Lederfasern und aus Zellulosefasern, die pappenartig gepresst wurden. Vgl. ebd., S. 42-45; Chandler Ingersoll, Leatherboard May Absorb All Leather Scrap, in: Chemical and Metallurgical Engineering 39 (1932), Nr. 11, S. 614f.

203 Versuche mit Lederfaserwerkstoffen gab es bereits seit dem Ersten Weltkrieg. Vgl. Utilization of Waste Boots, in: Journal of Industrial and Engineering Chemistry 10 (1918), S. 230; Chandler Ingersoll, Leatherboard May Absorb All Leather Scrap, in: Chemical and Metallurgical Engineering 39 (1932), Nr. 11, S. 614f.

204 Ebd.

205 Die Lederfaserwerkstoff-Hersteller bemühten sich in den frühen 30er Jahren, eine kaufmännische Unterscheidung von *fiber board* (Zellstoff-Fasern) und *leatherboard* (50-80 Prozent Lederfasern und zum Rest Zellstoff-Fasern) durchzusetzen. Als Füll-

berichtete eine britische Chemie-Fachzeitschrift über die Verwendung von Kunstharzen in Lederfaserwerkstoffen in Deutschland, durch die man den Werkstoffen gezielter unterschiedliche Eigenschaften geben könne. Solche synthetischen Zutaten waren, wie aus diesem und vielen anderen Artikeln in technischen und gewerblichen Fachzeitschriften sowie den CIOS und BIOS Reports in den Jahren 1945 und folgende hervorgeht, in den USA und Großbritannien bis Ende des Zweiten Weltkriegs nicht in Gebrauch.[206]

Textilien wurden seit Beginn der Weltwirtschaftskrise als Oberleder-Ersatz in billigen Damenschuhen verwendet.[207] Holz wurde in Gelenkstücken, aber vor allem als massive Blöcke in Damenabsätzen eingesetzt.[208] Für die Blockabsätze aus Holz hatte sich mit dem Aufstieg des Modeschuhs eine ganze Zulieferer-Industrie in Neuengland entwickelt, die 1925 aus 40 Unternehmen bestand.[209] 1933 wurde fast ein Drittel aller neuen Schuhe mit Holzabsatz hergestellt.[210] Dies waren ausschließlich modische Damenschuhe.

Das in Schuhen verarbeitete Gummi bestand aus Naturkautschuk und diversen Zusatzstoffen. Die ersten Gummiabsätze kamen in den USA 1886 auf den Markt.[211] Ihre Verwendung war aber bis zum Ersten Weltkrieg so marginal, dass die Hersteller bis 1914 überhaupt nicht im *Census of Production* der USA berücksichtigt wurden.[212] In den 20er Jahren stieg die Produktion bis zur Weltwirtschaftskrise an.[213] Gummisohlen, ab 1925 erhältlich, aber weit weniger populär als die Absätze, wurden auf die fertige Ledersohle aufgenäht.[214] Um die uner-

stoffe wurden Glukose, Glaubersalz, sulfurierte Öle und Gerbstoffe zugesetzt. Als Bindemittel fungierte Teerseife.

206 Artificial Leather Manufacture. A German Product, in: The Chemical Age 38 (1938), Nr. 967, S. 28; zum Vergleich mit Deutschland bei Kriegsende vgl. Kap. 11.8.

207 Vgl. Helen Haney, The Onward March of Fabric Footwear, in: Textile World, Nr. 1221, 22.2.1930, S. 29-44.

208 Der Vorteil des Holzes war die Formbarkeit in einem Stück. Holz war daher bedeutend billiger als Leder. Die massiven Holzabsätze wurden mit einem Deck-Werkstoff ummantelt.

209 Wood Heels a New England Industry, in: SLR v. 26.3.1925, S. 35f.; Wood Heel Manufacturers Adopt Code of Ethics, in: SLR v. 16.8.1930, S. 12.

210 Wood Heels, in: SLR v. 27.1.1934, S. 22.

211 Quimby (1946), S. 292; Anderson (1968), S. 59.

212 The Story of Rubber, in: SLR v. 20.9.1928, S. 26f.

213 Die Zahl der produzierten Gummiabsätze stieg von 15 Mio Paar monatlich (1923) auf knapp 19,5 Mio Paar im Monat (1928). Danach sank sie wieder auf 15 Mio Paar monatlich (1930). Jeweils ungefähr ein Drittel der Absätze floss in die Reparatur von Schuhen, etwa zwei Drittel in die Neuherstellung. Vgl. US Dept. of Commerce, Survey of Current Business, Annual Supplement 1931, Washington 1931, S. 118f.

214 Zur Produktion von Gummisohlen (1925-1930), die 1928 die Höchstmarke von 3 Mio Paar monatlich erreichte: US Dept. of Commerce, Survey of Current Business, Annual Supplement 1931, Washington 1931, S. 118f. Zu ihrer Verarbeitung: More Army Shoe Orders, in: SLR v. 2.3.1935, S. 3; The Story of Rubber, in: SLR v. 20.9.1928, S. 26f.

wünschten Nebeneffekte des Gummis, das beim Laufen Spuren hinterließ und außerdem sehr schwer war, zu beheben, experimentierten die Gummiverarbeiter mit verschiedenen Mischungen des Naturkautschuks mit anderen Zutaten zu sogenannten *composition soles*. Dabei verwendeten sie – ähnlich wie in der Reifenproduktion – Ruß, Baumwolle und andere Füllstoffe.[215]

Neben den Gummiabsätzen und -sohlen auf Lederschuhen, die in den USA insgesamt viel weiter verbreitet waren als in Deutschland, hatte sich das Gummi auch als Werkstoff in Gummistiefeln und Sportschuhen mit anvulkanisierter Gummisohle durchgesetzt. Im Jahr 1932 erreichte die Zahl der Vollgummischuhe und Sportschuhe mit Textilschaft fast ein Fünftel der Lederschuhproduktion und lag damit weit höher als in Deutschland.[216] Sie wurden in insgesamt 14 Unternehmen produziert.[217]

Der Misserfolg der »Pure Shoe Bill«: Vom Verbraucherrecht auf Information zur Wissenschaft

Die *Pure Shoe Bill* schaffte es nicht durch den Kongress der Vereinigten Staaten. Die Gegner einer Kennzeichnung von Materialien in Schuhen – die Schuhhersteller, die Lederfaserwerkstoff- und Gummiwarenproduzenten sowie die Schuhhändlervereinigungen, die hier ganz auf Seiten der Hersteller standen – erreichten ihr Scheitern. Sie argumentierten erfolgreich, die Ersatzstoffe sorgten vor allem für eine Verbilligung der Produkte.[218] Diese gereiche auch den Verbrauchern zum Vorteil. Bei der Diskussion um die Qualität der Produkte bedienten sich die Befürworter der Ersatzstoffe in den USA überraschend fast der identischen Argumentationskette wie die Vierjahresplanpropagandisten und Ersatzstoff-Unternehmen in Deutschland: Die neuen Werkstoffe dürften ohnehin gar nicht mehr als »Ersatzstoffe« (*substitutes*) für Leder bezeichnet werden, da sie ihrem Leitwerkstoff in der Erfüllung ihres Zweckes überlegen seien. Vor

215 1922 kamen in den USA auch Schuhsohlen aus Crepe-Gummi, d. h. rohem Plantagenkautschuk, auf den Markt. Sie erwiesen sich allerdings als Flop, da das Problem ihrer Befestigung nicht gelöst war. Vgl. Facts about Crepe Rubber, in: SLR v. 20.12.1928, S. 64; The Story of Rubber, in: SLR v. 20.9.1928, S. 26f.

216 1931 lag die Produktion bei insgesamt 56,1 Mio Paar, gegenüber 313,3 Mio Paar Lederschuhen. Vgl. US Tariff Commission, Rubber-Soled and Rubber Footwear. Report to the President. With Appendix Proclamation by the President, Washington 1933.

217 Die Gummischuhherstellung lag, wie in Deutschland, ganz in der Hand von Gummiverarbeitern. Die 14 Unternehmen (1932) waren in Neuengland angesiedelt, vor allem in Massachusetts und Connecticut. Vgl. US Tariff Commission, Rubber-Soled and Rubber Footwear. Report to the President. With Appendix Proclamation by the President, Washington 1933, S. 8f.

218 Schuh-Komponenten aus Lederfaserwerkstoffen kosteten beispielsweise nur ein Drittel bis die Hälfte der vergleichbaren Komponenten aus Leder. Vgl. Labeling, Marking, and Tagging (1935), S. 34.

dem Untersuchungsausschuss brachte der Repräsentant der Schuhhersteller vor, die eindeutig negativen Konnotationen des Begriffs *substitute* im allgemeinen Sprachgebrauch würden den neuen Materialien nicht gerecht:

> »A definite concept of inferiority is associated in the public mind with the word substitute. […] The meaning of the word generally accepted by the consuming public is of particular importance […]; for there are many materials used in the manufacture of shoes that provide definitely advantages over leather. [They] should therefore not be considered as substitutes for something to which they are superior. [They are] materials […] which are […] offering greater value or wearing quality at the same or lower cost.«[219]

Die Ersatzstoffe waren hier allerdings, im Gegensatz zu Deutschland, billiger als Leder. Die Ersatzstoff-Befürworter gingen sogar so weit zu behaupten, die Verwendung von Leder sei der Qualität von Schuhen geradezu abträglich, da das organische Material in seinen Eigenschaften stark variierte und kaum standardisierbar war. Vom technischen Standpunkt aus könnten Qualitätsgarantien gegenüber den Verbrauchern viel eher mit den homogenen Ersatzstoffen gegeben werden.[220] Die Präzision der Herstellung nehme mit dem Einsatz der Austauschstoffe zu. Dies komme sowohl der Mechanisierung der Produktionsverfahren als auch dem Aussehen und der Gefälligkeit des Fertigprodukts zugute. Die Gummischuhhersteller wiesen darauf hin, dass ein uniformes Material wie das Gummi enorme Einsparungen bei den Arbeitskosten und *Overhead*-Kosten bewirke, die an die Verbraucher in Form von niedrigeren Preisen weitergereicht werden könnten.[221]

Auch in der amerikanischen Diskussion wird deutlich, dass die Verbraucherinnen und Verbraucher Leder-Ersatzstoffen in Schuhen gegenüber negativ eingestellt waren und, vor allem wenn sie Frauen waren, bereits schlechte Erfahrungen mit ihrer Haltbarkeit und anderen Eigenschaften gemacht hatten. Obwohl an diese mit Durchsetzung des Modeschuhs keine so großen Anforderungen mehr gestellt wurden: wenn sie die Wahl hatten – das wussten sowohl Schuhhersteller als auch Händler –, kauften KonsumentInnen lieber Lederschuhe. Anscheinend waren jedoch die Unternehmensinteressen der Schuh- und Ersatzstoffindustrien im Parlament und Senat besser repräsentiert als die der Gerbereien und ihrer Verbündeten. Die Gegner der Kennzeichnung stellten offenbar erfolgreich die Behauptung in Frage, Leder sei durchgehend der qualitativ überlegene Werkstoff in Schuhen. Auch der billigere Preis der Schuhe spielte in der noch

219 Brief of the National Boot and Shoe Manufacturers Association in Opposition, in: ebd., S. 60-66.

220 Ebd.

221 US Tariff Commission, Rubber-Soled and Rubber Footwear. Report to the President. With Appendix Proclamation by the President, Washington 1933, S. 32; Statement of W. Finger, Assistant to the General Manager of the Rubber Manufactuers' Association of New York, in: Labeling, Marking, and Tagging (1935), S. 32.

krisengeschüttelten US-Wirtschaft wohl eine ausschlaggebende Rolle. Das Gesetz über die Kennzeichnung von Materialien in Schuhen wurde nicht verabschiedet. Die Entscheidung des Gesetzgebers wurde schließlich auf unbestimmte Zeit vertagt, mit der Begründung, dass das Thema der Qualität von Schuhen vorher einer »eingehenden Erforschung« bedürfe.[222] Diese Entscheidung spiegelt im Kleinen auch den allgemeinen Misserfolg der »Ermächtigung« der Verbraucher im *New Deal* gegenüber den mächtigen korporativen Interessen der Hersteller und des Handels wider.[223]

Ein Aspekt der Diskussion der Jahre 1935/36 wurde zentral für die weitere Entwicklung des Produkts Schuh und seine gesellschaftliche Konstruktion. Die Kennzeichnungsgegner argumentierten erfolgreich, dass die Qualität eines Schuhs nicht nur von seinem Material abhinge, sondern gleichermaßen von seiner Machart und seiner Passform. Dabei nahmen sie Elemente der Diskussion um die Konstruktion von Schuhen auf, die ab 1931 um die neue Machart des geklebten Schuhs in den USA entstanden war. Um zu einem Urteil über den objektiven »Gebrauchswert« (*use-value*) eines Schuhs zu gelangen und verschiedene Produkte vergleichen zu können, mussten ihrer Auffassung nach mehr Kriterien als nur der Werkstoff in die Untersuchung miteinbezogen werden.

Als Forderung aller Beteiligten, sowohl der Unternehmen, vor allem aber auch der Verbraucher, kristallisierte sich als Ergebnis dieser Auseinandersetzung der Bedarf nach objektiven Maßstäben heraus, die es ermöglichen sollten, die Eigenschaften von Werkstoffen und letztendlich die Qualität des Fertigprodukts vergleichend zu bewerten. Im amerikanischen Fall waren es vor allem die Verbraucherräte und -verbände und die staatlichen Behörden, die, nachdem sie die Schlacht um die Kennzeichnungspflicht gegen die Industrie und den Handel verloren hatten, auf andere Weise versuchten, »objektives« Erfahrungswissen über die Gebrauchstauglichkeit von Produkten zu erhalten und den Konsumentinnen und Konsumenten zur Verfügung zu stellen. Ein Materialforscher des *National Bureau of Standards* sah hier im Dezember 1937 geradezu ein neues Wissensfeld, das sich für die Forschung eröffnete:

> »There is a real lack of definite information on what the shoe, as a whole, will do in service. Performance, of course, is influenced by […] the type of construction, the quality of materials used, and the standard of workmanship used in manufacture. […] The behavior of shoes in service apparently offers a virgin field for research.«[224]

Die Leistungsfähigkeit der Produkte im Gebrauch sollte künftig wissenschaftlich evaluiert werden. Nachdem die Kennzeichnungspflicht der Ersatzstoffe im

222 Expect Pure Shoe Bill Legislation Will Be Sidetracked, in: SLR v. 14.3.1936, S. 5.

223 Zum relativen Misserfolg der staatlichen Verbraucherschutzpolitik Mitte der 30er Jahre vgl. Jacobs (2005), S. 122-135; McGovern (1998).

224 Bowker (1938), S. 13.

Handel gegen die Unternehmen nicht durchgesetzt werden konnte, suchten die staatlichen Stellen, die Lederindustrie und die Verbraucherschutz-Akteure nach alternativen Möglichkeiten der Erhebung von »objektiven« Informationen über die Qualität von Schuhen. Wissenschaftliche Forschung sollte dabei eine zentrale Rolle spielen.

6.5 Zwischenfazit

Mit dem Einsatz von neuen Werkstoffen im Schuh, die das Leder ersetzen sollten, wurde die Qualität von Produkten zum zentralen Gegenstand der gesellschaftlichen Auseinandersetzung zwischen verschiedenen wirtschaftlichen Akteuren. In Deutschland begann diese Diskussion bereits in der Weltwirtschaftskrise. Hier trat auf der einen Seite der Handel, vor allem der Einzelhandel, in Aktion, der sich seit 1932 um Güterichtlinien für Leder und lederähnliche Werkstoffe bemühte, und auf der anderen Seite die Schuhindustrie, die solche Qualitätsrichtlinien ablehnte und den Staat in Gestalt des *Reichswirtschaftministeriums* auf ihre Seite brachte. Nach einer kurzen Phase der Konsolidierung der Qualität von Schuhen in den Jahren 1934 bis 1936, wodurch vor allem ihr Export erhöht und die Preise stabilisiert werden sollten, begann unter dem NS-Vierjahresplan die breite Durchsetzung von Ersatzstoffen für Leder in Schuhen, und damit eine stufenweise weitere Qualitätsverschlechterung der Produkte.

Ganz entgegen der Darstellung früherer historischer Studien und anderer Branchen wird hier für die Schuhindustrie deutlich, dass die Unternehmen die Verarbeitung von Ersatzstoffen nicht etwa generell ablehnten, sondern eher befürworteten und aus eigenem Antrieb an ihrer Einführung arbeiteten. Mit ihren Entwicklungen im NS-Vierjahresplan knüpften die großen Unternehmen an Bestrebungen während der Zeit der Weltwirtschaftskrise zur Verbilligung der Produkte an. In den Gremien der *Fachgruppe Schuhindustrie* forderten die Schuhhersteller 1938 sogar die Ausweitung der Herstellung bestimmter Ersatzstoffe, die sich bei der Produktion bewährt hatten, obwohl diese aufgrund ihrer chemischen Grundstoffe oft teurer waren als das Leder selbst. Die Großunternehmen unter den Schuhherstellern setzten sich von Anfang an besonders aktiv für die Ersatzstoffe ein. Die meisten großen Mengenproduzenten, die vertikal integrierte Werksteile speziell für die Ersatzstoff-Produktion gründeten, gingen im Vierjahresplan dazu über, Teile im Schuh durch schlechtere Materialien zu ersetzen, wie sie dies bereits vorher mit Pappe, Spaltleder und Holz getan hatten. Durch die Vierjahresplanbehörden wurden diese Pionierunternehmen finanziell und organisatorisch unterstützt. Eine Gütekontrolle der Werkstoffe fand bis nach Kriegsbeginn nicht statt, obwohl der Handel diese über Jahre hinweg forderte. In vielen Unternehmen leitete der Vierjahresplan eine breite und langfristig wirksame Produktdiversifizierung ein, bei der die neuen Werkstoffe eine zentrale Rolle spielten. Unter den Lederproduzenten und unter Firmen anderer

Branchen entstand ab 1936 eine ganz neue Industrie von Zulieferern für die Schuhherstellung.

Die deutschen Schuhunternehmen standen den volkswirtschaftlichen Bestrebungen der NS-Wirtschaftspolitiker, Leder im Produktionsprozess zu ersetzen, also eher aufgeschlossen gegenüber, da sie sich aus betriebswirtschaftlicher und prozesstechnischer Sicht von den neuen Materialien langfristig eine Verbilligung des Materialeinsatzes und neue Rationalisierungsmöglichkeiten der Produktionsverfahren versprachen. Die Verbraucher lehnten Schuhe aus Ersatzstoffen jedoch ab, wenn sie die Wahl hatten. Auch die Reparatur-Schuhmacher überzeugte die Qualität der neuen Werkstoffe nicht, deren negative Folgen am Ende der Produktlinie sie zu tragen hatten. Der Handel stand in Deutschland ebenfalls auf der Seite der Ersatzstoff-Gegner und löste in den Jahren 1937/38 eine Auseinandersetzung mit den Herstellern und der *Wirtschaftsgruppe Lederindustrie* aus, indem er sich weigerte, Produkte aus Ersatzstoffen zu verkaufen. Der deutsche Staat ergriff in diesem Konflikt, wie auch schon vor 1933, Partei für die Industrie und gegen den Handel, das Handwerk und die Verbraucher. Hier erhielten die Verbraucherinnen und Verbraucher nicht nur keine Informationen über Produkte, mit deren Hilfe sie eine informierte Kaufentscheidung hätten treffen können. Sie verloren durch den Verarbeitungszwang von Ersatzstoffen auch immer mehr die Wahl, überhaupt noch Schuhe aus Leder zu kaufen. Gleichzeitig waren sie Adressaten einer beispiellosen staatlichen und unternehmerischen Propaganda-Kampagne, die ihnen die Überlegenheit der neuen Materialien über das gewohnte Leder »einzuhämmern« suchte. Bereits in den Vorkriegsjahren gelangte dadurch jedoch auch das Qualitätsproblem der neuen Erzeugnisse, das in den folgenden Jahren für die Versorgungspolitik zentral werden sollte, in den Diskurs zwischen staatlichen Stellen, den Lenkungsorganen der Wirtschaft, den Produktionsunternehmen, dem Handel und den VerbraucherInnen.

Die Auseinandersetzung um die Ersatzstoffe in Deutschland hatte enge Parallelen in der amerikanischen Schuhwirtschaft. Auch hier waren Schuhunternehmen in den frühen 30er Jahren – eigeninitiativ, ohne Anreiz des Staates und unter marktwirtschaftlichen Bedingungen – dazu übergegangen, Ersatzstoffe für Leder zu entwickeln und in Schuhen zu verarbeiten. Unter dem Druck hoher Lederpreise und der ruinösen Preiskonkurrenz in der Weltwirtschaftskrise suchten die Hersteller Letztere durch Kostensenkungen zu kompensieren. Ersatzstoffe in Lederschuhen lassen sich also nicht allein auf die nationalsozialistische Autarkiepolitik zurückführen und traten auch nicht ausschließlich im Kontext der spezifisch deutschen Technikentwicklung in Erscheinung.

Unter den politischen Rahmenbedingungen des *New Deal* war die Konstellation der Gegner eine andere als in Deutschland: Der Handel hatte sich hier auf die Seite der Ersatzstoff-Befürworter geschlagen. Dies hing damit zusammen, dass der Handel, anders als die Einzelhändler in Deutschland, als *volume buyer* in Form von Großfilialketten und Warenhäusern an den durch die Prozessoptimierung in der Produktion erwirtschafteten Skalenerträgen direkten Anteil und Nutzen von der Verbilligung der Produkte hatte. Zudem trat er, wie noch in Kapitel 11 deutlich werden wird, in den USA oft selbst als direkter Auftraggeber von Schuh-Modellreihen in Erscheinung und war dadurch viel stärker in die Produktentwicklung und den Herstellungsprozess von Schuhen einbezogen.

Bemerkenswert ist, dass die amerikanischen Unternehmen bei ihrer Suche nach billigeren Surrogaten für Leder fast dieselben Werkstoffe entwickelten wie die deutschen Firmen. Die Lederfaserwerkstoffe und das Gummi, die im Vierjahresplan und in der Kriegswirtschaft einen solch enormen Aufschwung erlebten, wurden in den USA gleichermaßen verwendet. Nur kamen hier, im Gegensatz zu Deutschland, wo seit 1936 verschiedene synthetische Kunstharze und der Synthesekautschuk *Buna* verarbeitet wurden, bis zur Mitte des Zweiten Weltkriegs keine Kunststoffe zum Einsatz.

Auch die amerikanischen Verbraucher lehnten Ersatzstoffe in gewöhnlichen Straßenschuhen eher ab und kauften lieber Leder. Die vorsätzliche »Tarnung« der Funktionssurrogate für Leder in Schuhen, derer sich die Schuhhersteller und der Handel bedienten, führte zur Gesetzesintitiative der *Pure Shoe Bill*, die allerdings 1936 an der geballten Wirtschafts- und Durchsetzungsmacht der Schuh- und Gummiindustrie scheiterte. Im großen Unterschied zu Deutschland konnte dieser Interessenkonflikt zwischen Produzenten und Verbrauchern der Ersatzstoff-Produkte in den USA öffentlich ausgetragen werden. Als die Qualität der Produkte infolge der Weltwirtschaftskrise Mitte der 30er Jahre einen Tiefpunkt erreichte, wurde dies von verschiedenen Akteuren wirtschafts- und konsumpolitisch kontrovers diskutiert. In den USA stellte sich dabei der Staat, anders als in Deutschland, nicht auf die Seite der Schuhindustrie, der chemischen Industrie und anderer Erzeuger von Ersatzstoffen, sondern erstens auf die Seite der Häute- und Lederindustrie als wesentliche Produzenten und Verarbeiter landwirtschaftlicher Rohstoffe; und zweitens auf die Seite der Verbraucher, die im *New Deal* erstmals wirtschaftspolitische Repräsentationsgremien erhielten. Dass sich in der Auseinandersetzung trotzdem eine Niederlage dieser neuen politischen Akteure in der Arena der staatlichen Konsum- und Wirtschaftspolitik abzeichnete, spiegelte im Kleinen die allmähliche Auszehrung und den relativen Misserfolg der sozialpolitischen Maßnahmen der *New Deal*-Regierung im Großen durch den mächtigen Widerstand der Industrie. In beiden Ländern setzten sich letztlich der Produzentenstandpunkt und die unternehmerischen Interessen der Schuhindustrie und der Ersatzstoff-Hersteller durch.

7. Wissen und Macht: Die Verwissenschaftlichung des Schuhs

Über das Problem, wie Menschen Schuhe nutzten und welche Auswirkungen der Gebrauch auf sie und auf das Produkt hatte, gab es Anfang der 30er Jahre kaum gesicherte Erkenntnisse. Mit solchen qualitativen Fragen des Konsums betraten die Konsumgüterunternehmen in allen drei Vergleichsländern Neuland. Der gesellschaftliche Akteur, der hier als Erster einen Bedarf an neuem Wissen formulierte, war der Handel. Wie zu sehen war, beauftragten Filialunternehmen des Schuhhandels in Deutschland und Österreich in den Jahren 1927 bis 1933 Sozialwissenschaftler und Fachleute für »wissenschaftliche Betriebsführung« damit, den Verkaufsvorgang zu rationalisieren.[1] Dabei erarbeiteten diese sozialwissenschaftliche Methoden, um die Kaufentscheidung im Schuhgeschäft besser zu verstehen. Die von Unternehmen initiierte wissenschaftliche Forschung begann also in der Sphäre der Mediation von Produktion und Konsum, wo die NutzerInnen seit den 20er Jahren als »eigen-sinnige« Kraft in Erscheinung traten.

Mitte der 30er Jahre entstanden neue Forschungsrichtungen, die sich eigens dem Gebrauch von Konsumgütern widmeten. Nicht nur die frühe Konsumforschung, sondern auch medizinische, natur- und technikwissenschaftliche Disziplinen machten Produkte und den Nutzungsprozess zum Gegenstand wissenschaftlicher Studien.[2] Vergleichbare wissenschaftliche Forschungsrichtungen entstanden zum selben Zeitpunkt auch in Großbritannien und den USA. Hier soll gefragt werden, welche gesellschaftlichen Akteure jeweils die Entstehung bzw. Weiterentwicklung dieser wissenschaftlichen Forschungsrichtungen beförderten und welche Interesen sie damit verfolgten. Am Beispiel der Studien zum Schuh wird deutlich, dass die Rahmenbedingungen für Forschung, aber auch die spezifischen Ressourcen, die Wissenschaftler und Unternehmen durch die Politik des neuen Regimes mobilisieren konnten, sich im Nationalsozialismus veränderten.[3] Als Experten nutzten Wissenschaftler die neuen Verhältnisse und die sich verändernde finanzielle Grundlage ihrer Wissenschaft im NS-System bewusst, um innerdisziplinäre Fragestellungen voranzutreiben, fachliche Konkurrenz auszutragen und sich karrierestrategisch zu positionieren.

Seit Beginn des 20. Jahrhunderts nahm in Deutschland die natur- und technikwissenschaftliche Forschung als wesentlicher Bestandteil des nationalen industriellen Innovationssystems eine dynamische Entwicklung. Gleiches galt für

1 Vgl. Kap. 2.2.

2 Der Schuh steht hier beispielhaft auch für andere Konsumgüter, die auf dem Körper getragen wurden. Dies gilt für die militärphysiologische, die Gebrauchswertforschung und für die Verbrauchsforschung. Die orthopädische Passformforschung galt der Fußbekleidung allein.

3 Ash (2002).

die Sozialwissenschaften infolge des entstehenden sozialstaatlichen Politikmodells. Wissenschaftliches, d. h. formalisiertes, experimentell reproduzierbares, allgemein als gesichert geltendes Wissen mit Anspruch auf universale Gültigkeit,[4] sowie Experten, die vorhandenes Wissen einer nachfragenden Klientel in Politik, Bürokratie, Industrie und einer breiteren Öffentlichkeit zur Verfügung stellten,[5] erlangten in Deutschland zunehmende Bedeutung.[6] Mit dem Aufstieg der sogenannten *science-based industries* wie der Chemie- und der Elektroindustrie seit Beginn des 20. Jahrhunderts gewann wissenschaftliche Forschung eine völlig neuartige Bedeutung für den Produktionsprozess, für die Struktur von Unternehmen und ihr wirtschaftliches Wachstum. Durch die Einrichtung von großen Industrielaboratorien wurde der Erfindungsprozess institutionalisiert. Auch die Einbindung von universitären Forschungsinstituten durch die Unternehmen wurde zum wesentlichen Bestandteil des industriellen Innovationssystems in Deutschland.

Gleichzeitig bot Wissenschaft auch für die Wirtschafts- und Sozialpolitik zunehmend Orientierungswissen. Lutz Raphael spricht von einer »Verwissenschaftlichung des Sozialen«, als deren Kennzeichen er die dauerhafte Präsenz sozialwissenschaftlicher Experten in sozialen Handlungsfeldern ausmacht. Dies ging mit einer Professionalisierung sozialwissenschaftlicher Disziplinen einher.[7] Die 30er Jahre bildeten nach Raphael eine Zäsur, da hier der Bereich des sozialwissenschaftlich »Messbaren und damit Verfüg- bzw. Prognostizierbaren« erheblich ausgeweitet und als »sozialtechnisches Herrschaftswissen« in den Dienst der staatlichen Sozialplanung gestellt wurde.[8] Auch die frühe Marktforschung der Unternehmen bediente sich einerseits der neuen, sozialwissenschaftlichen Methoden und entwickelte diese andererseits mit weiter, wie dies bereits am Beispiel der Forschungen zum Schuhkauf der Wirtschaftspsychologische Forschungsstelle in Wien unter Paul Lazarsfeld 1933 deutlich wurde.[9]

Im Nationalsozialismus waren Wissenschaftler schließlich nicht mehr nur beratende, sondern handlungsanleitende Experten,[10] »Vordenker der Vernichtung« wie Susanne Heim und Götz Aly die Demographen, Statistiker, Geographen, Historiker und Volkskundler genannt haben, die Bevölkerungsverschiebungen

4 Wie fragwürdig dieser Anspruch ist und wie gesellschaftlich umkämpft und kontextabhängig »wissenschaftliche Fakten« sind und in der Geschichte waren, haben ganze Generationen der jüngeren Wissenschaftsgeschichte herausgestellt. Vgl. dazu: Rheinberger (2006); Latour (2000); Wengenroth (1998); Fleck (1935/1980).

5 Hitzler (1994).

6 Hier bezieht sich diese Arbeit vor allem auf das Konzept der »Wissensgeschichte«, das die Funktion von Wissen in gesellschaftlichen Macht- und Handlungskontexten thematisiert und »wissenschaftliches« Wissen als eine Spezialform unter anderen Wissensformen sieht. Vgl. Szöllösi-Janze (2004); Stehr (2003); Weingart (2001).

7 Raphael (1996).

8 Raphael (1996), S. 176f.

9 Vgl. Kap. 2.2.

10 Vgl. dazu Kaufmann (2000), S. 11ff.

und Völkermord in ihren Großraumordnungen für den Osten planten.[11] Ärzte und Biowissenschaftler nutzten die NS-Rassenpolitik und die »entmoralisierenden Konzepte« (Detlev Peukert) der sozialen Unterscheidung des angeblich »minderwertigen« und »unwerten« Lebens, um Forschungen am Menschen durchzuführen, die außerhalb der moralischen Grenzen üblicher wissenschaftlicher Praxis lagen.[12] Dass auch eine auf den ersten Blick so harmlos erscheinende Reihe von Forschungsrichtungen wie diejenigen, die sich mit dem Produkt Schuh beschäftigten, eng und untrennbar mit der nationalsozialistischen Expansions-, Rassen- und Vernichtungspolitik verbunden waren bzw. in diesem Kontext erst neu entstanden, wird in diesem und den kommenden Kapiteln zu zeigen sein.

Im Nationalsozialismus wurde der Schuh in Deutschland zum Gegenstand wissenschaftlicher Forschung auf vier Wissensfeldern: Eine erste, medizinische Forschungsrichtung, die Orthopädie, beschäftigte sich mit den Auswirkungen der »Passform« von Schuhen auf die Fußgesundheit. Sie stand in einer bereits längeren Forschungstradition. Eine zweite, ebenfalls medizinische Forschungsrichtung, die Militärphysiologie, versuchte, die »Zweckmäßigkeit« des militärischen Ausrüstungsgegenstands des Marschstiefels zu optimieren. Ihr Ziel war es, die Leistungsfähigkeit der Soldaten zu erhöhen. Auch ihre Wurzeln gingen bis ins späte 19. Jahrhundert zurück. Eine dritte, im Nationalsozialismus neu entstehende Forschungsrichtung mit dem programmatischen Namen »Gebrauchswertforschung« war eine Form der naturwissenschaftlich-technischen Industrieforschung. Hier beschäftigten sich Wissenschaftler mit der Entwicklung neuer Materialien und Konstruktionen für Schuhe und untersuchten dafür die Auswirkungen des menschlichen Körpers auf die Produkte während des Gebrauchsvorgangs. Eine vierte Richtung schließlich bestand in der neu entstehenden Marktforschung, die in Deutschland den Namen »Verbrauchsforschung« erhielt. Sie fragte nach den subjektiven Nutzungserwartungen und -motiven von Schuhverbrauchern sowie danach, wie diese von Hersteller- und Händlerunternehmen beeinflusst werden konnten.

Im Folgenden sollen die jeweiligen Experimentalformen der Wissenschaftler in diesen vier Forschungsfeldern rekonstruiert werden. Zudem werden die Erkenntnisse aufgezeigt, die auf diese Weise über den Gesamtkomplex der Gebrauchspraktiken und Nutzungsprozesse von Schuhen zu gewinnen waren und wie die gesellschaftlichen Akteure diese Erkenntnisse verwendeten. Welche spezifischen Auswirkungen die NS-Wirtschaftspolitik auf die Entwicklung von Wissenschaft im Konsumgüterbereich hatte, zeigt sich besonders an den beiden wissenschaftlichen Disziplinen, die im Nationalsozialismus neu begründet wurden: der »Gebrauchswertforschung« und der »Verbrauchsforschung«. Verwandte Forschungsrichtungen entstanden Mitte der 30er Jahre auch in den beiden Vergleichsländern Großbritannien und den USA, jedoch nicht jeweils auf beiden Gebieten.

11 Aly/Heim (1991); Fahlbusch (1999).
12 Peukert (1989), S. 102-121; Neumann (2005); Schmuhl (2005); Sachse (2003).

7.1 Die »Passform«: Der Schuh in der orthopädischen Forschung

Medizinische Forschung und Schuhreform

Die orthopädische Beschäftigung mit dem Schuh hatte von allen Wissenschaften die längste Tradition. Sie geht bis auf den holländischen Arzt und Anatom Petrus Camper (1722-1789) zurück, der 1781 eine vielbeachtete und seither von Generationen von Gesundheitsreformern und Ärzten rezipierte »Abhandlung von der besten Form der Schuhe« verfasste.[13] In ihr untersuchte er die Wirkung schlecht sitzenden Schuhwerks auf den menschlichen Fuß. Er stellte die Krankheiten dar, die Schuhe verursachen konnten, und formulierte Regeln über die aus medizinischer Sicht »beste Form« der Schuhe.

Die Ursachen des schlechten Schuhwerks waren für Camper sowohl epistemischer, technischer als auch soziokultureller Art. Einen Grund sah Camper in der »Unwissenheit der Handwerker« über die Anatomie des menschlichen Fußes, so dass viele Produkte die Zehen verunstalteten und Fuß-Krankheiten und Deformationen hervorbrachten.[14] Grundsätzlich lasse der Schuh dem Fuß oft zu wenig Raum für die Bewegung. Eine zweite, technische Ursache sei die Verwendung eines einzigen, symmetrischen Leistens für den linken und für den rechten Schuh. Füße seien nicht symmetrisch, sondern an der Außenseite der Mittelachse voluminöser. So verursachten die falsch geformten Schuhe für die Zehen Enge, Zwang und Druck, die langfristig zu Deformationen führten.[15]

Den dritten Grund für die Verkrüppelung der Füße sah Camper aber auch in der Mode und in dem ästhetischen Bestreben, den eigenen Fuß den jeweils vorherrschenden Schönheitsidealen anzupassen. Die Gewohnheit der Damen der feinen Gesellschaft, hohe Absätze zu tragen, »damit der Fuß kleiner und artiger erscheinen möge«, sei einer »lächerlichen Eitelkeit« geschuldet. Die Bäuerinnen, die sich ihre Schuhe vornehmlich nach praktischen Gesichtspunkten aussuchten, hätten gesündere Füße. Camper erkannte, dass sich der hohe Absatz bei Damenschuhen negativ auf die Fußknochen auswirkt. Er verlagert das gesamte Körpergewicht auf den »Rücken des Fußes« (Spann) und belastet dadurch die Fußwurzel und den Ballen über Gebühr. So hatte er Auswirkungen auf die gesamte Körperhaltung und verursachte bei Frauen oft dauerhafte Haltungsschäd-

13 Die erste deutsche Übersetzung erschien 1781. Wiederabdruck in einer Gesamtausgabe von Campers Gesammelten Schriften: Petrus Camper, Abhandlung von der besten Form der Schuhe, in: Sämtliche kleinere Schriften die Arzney-Wundarztkunst und Naturgeschichte betreffend, Band 1, Leipzig 1784, S. 121-184. Zu den andern Autoren dieser Zeit, die sich mit dem Absatz als medizinisches Problem beschäftigten, vgl. Thomann (1992).

14 Camper (1784), S. 123.

15 Ebd., S. 134f., 152.

en.[16] Bei Männern waren Absätze außerdem oft Ursache schwerer Stürze und Kniescheibenbrüche ihrer Träger.[17]

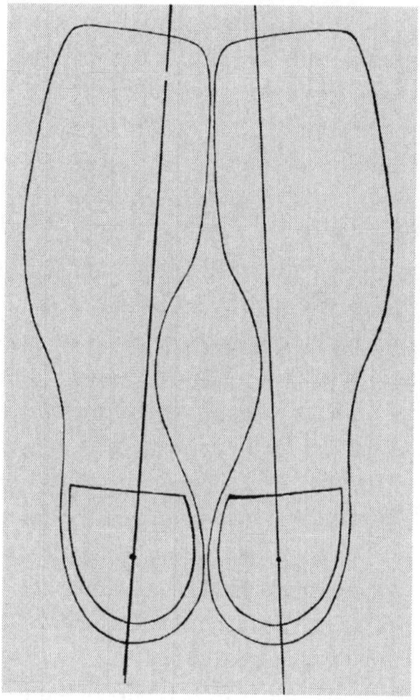

Abb. 31: Die fußrichtige Schuhform nach Hermann von Meyer, mit eingezeichneter Meyer'scher Linie

In seiner Analyse brachte Camper somit viele Krankheiten und Fehlstellungen des Fußes erstmals mit der Form des Leistens, auf dem der Schuh gefertigt wurde, und mit der Konstruktion des Schuhs in Verbindung.[18] Er erfasste bereits alle wesentlichen Beschwerdepunkte, die noch Ärzte und Mediziner im 20. Jahrhundert gegen falsches und »modisches« Schuhwerk vorbrachten: ihre symmetrisch angelegte Struktur; die spitz zulaufende Form des vorderen Schuhteils, die die Zehenknochen in Fehlstellungen zwingt (Knickfuß, Spreizfuß, Ballenbildung) und oft eine Absenkung der Fußgewölbe (Plattfuß) zur Folge hat; das Problem des mangelnden Raums für die Muskelbewegung der Zehen beim Gehen und schließlich die Höhe des Absatzes, die sich nicht nur auf den Fuß, sondern auf die gesamte Körperhaltung auswirkten. Camper unterschied, sehr vereinfacht, zwei Fußbekleidungskulturen, die in seiner Gesellschaft parallel existierten: die ländliche, in der Schuhe vor allem nach praktischen Erwägungen, und die städtische, in der Schuhe vor allem nach modisch-distinktiven Gesichtspunkten getragen wurden.

In den 1850er Jahren entwickelte ein zweiter wichtiger Theoretiker die Erkenntnisse Campers über die Fußgesundheit weiter. Dies war der Frankfurter Hermann von Meyer (1815-1892), der als Anatomieprofessor in Zürich wirkte. Auch er strebte die Prävention von Fußdeformationen durch einen anderen Schuhbau an, der den Funktionsmechanismus des Fußes berücksichtigte. Sein Werk »Die richtige Gestalt der Schuhe« erschien 1858. Darin forderte er für Schuhe eine weitgehend gerade innere Sohlenkante, die von der Zehenlage unverbildeter Füße ausgeht. Die freie Bewegungsmöglichkeit des Fußes im Schuh war von Meyers höchstes Schuhreformziel. Über die sogenannte »Meyer'sche Linie«, die die Längsachse eines »rationellen« Schuhes durch den Mittelpunkt

16 Camper sah vor allem Schädigungen der Wirbelsäule. Camper (1784), S. 128-172.
17 Ebd., S. 145.
18 Ebd., S. 164 und 172.

der Ferse und die Spitze der zweiten Zehe legte, sollte die Großzehe für ihre natürliche Bewegung genug Platz im Schuh erhalten. Dafür musste die Asymmetrie der Leisten beträchtlich vergrößert werden.

Obwohl von Meyers Annahme, die Haupttragelinie des Fußes liefe durch ein Gewölbe, das sich entlang einer Achse von der Mitte der Ferse durch die Große Zehe erstreckt, später so nicht mehr vertreten wurde, hatte sie für die fußrichtige Gestaltung von Schuhen erhebliche Wirkung. Von Meyer lieferte erstmals eine wissenschaftliche Begründung für die Notwendigkeit einer physiologischen Schuhreform.[19] Den Gedanken des »rationellen Schuhs« übernahmen ab den späten 1870er Jahren verschiedene Militäradministrationen bei der Ausstattung von Soldaten. Darunter waren die Schweizer Militärbehörden und 1877 das preußische Kriegsministerium.[20] Der Soldatenstiefel und der erste Standardleisten des Deutschen Reichsheeres von 1906 waren allerdings weit davon entfernt, den Forderungen von Meyers tatsächlich zu entsprechen.[21]

Die neuen orthopädischen Erkenntnisse setzte am konsequentesten das amerikanische Militär um. Das US-amerikanische Kriegsministerium richtete 1908 eine Kommission zur systematischen Untersuchung fußgesundheitlicher Fragen bei der militärischen Fußbekleidung (*Army Shoe Board*) ein. Innerhalb von vier Jahren inspizierte die Kommission die Füße von über zweitausend Soldaten, studierte die vorherrschenden Methoden der Verpassung von Schuhen und reformierte auf Basis der Befunde das gesamte Schuhwerk und die Verpassungspraxis der Stiefel. Teil dieser großen Reform des Militärschuhwerks war eine gründliche Neugestaltung des Standard-Militärleistens gemäß den von Meyer'schen Erkenntnissen, mit denen sich die Kommission eingehend beschäftigt hatte. Der neue Munson-Leisten (*Munson last*), benannt nach seinem Entwickler, dem Militärphysiologen und Leiter der Untersuchungskommission, Major Edward Munson, der die gerade, innere Sohlenkante in geradezu »reiner« Form den von Meyer'schen Vorschlägen entsprechend umsetzte, wurde zur Grundform, auf der künftig äußerst fußgerechte und bequeme Marschstiefel hergestellt wurden. Er wurde bis in den Zweiten Weltkrieg verwendet und machte den amerikanischen Stiefel sehr beliebt, nicht nur unter US-Soldaten.[22]

19 Vgl. dazu Thomann (1992), S. 272ff.; Wilhelm Thomsen, Die Geschichte der Schuhreform Hermann von Meyer's und ihre Beziehungen zur Gegenwart. 1. Teil: Die Ideen Hermann von Meyer's über die Schuhfrage auf Grund seiner Originalschriften, Stuttgart 1940.

20 Fischer/Scheele (1969); Lindau (1883); Putz (1883); Starcke (1881).

21 Vgl. dazu das nächste Unterkapitel 7.2.

22 Vgl. Munson (1917); US Quartermaster General of the Army, Notes on the Purchase, Manufacture, and Inspection of United States Army Shoes and Shoe Lasts, Washington 1921; Herstellungsvorschriften (*specifications*) des U.S. Army Quartermaster Corps für den *Service Shoe* und *Garrison Shoe* (1927-1945), NA Washington, RG 92, Quartermaster Corps, Boxes 322 und 323.

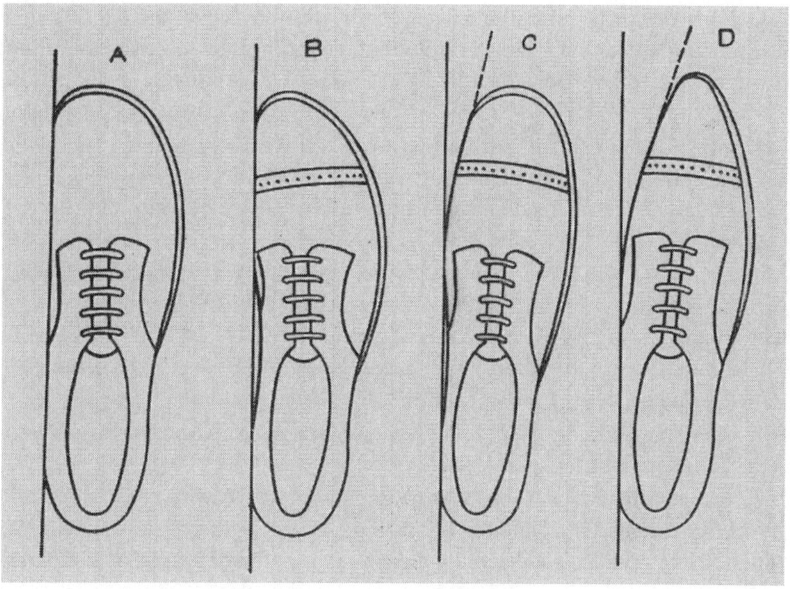

Abb. 32: Erklärung der Umsetzung der Meyer'schen Linie in Schuhe für männliche Verbraucher mit vorbildlichen (A und B) und negativen Beispielen (C und D) der Schuhgestaltung in einem Verbraucherratgeber für Farmer des US Dept. of Agriculture (1927)

Über das Militär fand die neue Leistenform in den USA ab den 1920er Jahren auch Eingang in die Gestaltung von zivilen Männerschuhen. Dies galt vor allem für Arbeitsschuhe und sonstiges schweres Schuhwerk für Industrie und Landwirtschaft, die sich oft am Militärschuh orientierten. Doch war im zivilen Bereich die Durchsetzung gesunder Formen bei der Industrie um ein Vielfaches schwieriger als beim Militär, wo ein zentrales Gremium die Reform beschloss und durchführte. Die Schuhreform stieß besonders bei Damenschuhen oft auf die Ablehnung der Verbraucherinnen, da ihre ungewöhnliche Form ästhetischen Traditionen und modischen Vorbildern widersprach.

Im frühen Fabrikschuh waren die Leisten vorwiegend an den Erfordernissen der Produktion ausgerichtet. Die Leisten wurden im Allgemeinen danach gestaltet, dass sich leicht auf ihnen arbeiten ließ. Diese Produktionszentriertheit führte dazu, dass der Spann der Schuhe meist sehr hoch und die Sohle, ganz entgegen den Bedürfnissen der Nutzer beim Laufen, schmal gearbeitet waren.[23] Die Passförmigkeit der Produkte auf dem menschlichen Fuß spielte eine untergeordnete

23 Vgl. Karl Benscheidt, Fuß und Schuhleisten, in: Zeitschrift für Krüppelfürsorge 31 (1938), Nr. 1/2, S. 16-28, hier S. 16.

Rolle. Erst mit dem Aufkommen lebensreformerischer Ideen und der orthopädisch-anatomischen Forschung begann in den 1890er Jahren die Fachdiskussion um den fußgerechten Schuhbau in der deutschen Schuhindustrie.[24]

Zwischen 1896 und 1898 brachte die Firma Engelhardt & Co in Kassel erste sogenannte orthopädische Ausführungen von Fabrikschuhen auf den Markt, die ab 1903 unter dem Markennamen »Chasalla« verkauft wurden. Nach der Jahrhundertwende folgten andere Firmen mit solchen Stiefel-Sortimenten, mit Namen wie »Fußwohl« oder »Samtgang«. Manche Hersteller benannten die Modelle nach – wirklichen oder imaginären – medizinischen Beratern, wie etwa den »Dr. Diehl«-Stiefel (1908), den »Universal Doktorstiefel, System Dr. Bauer« (1910) und »Dr. Koch's Normalschuh« (1910). Um 1920 expandierte die amerikanische Firma »Dr. Scholl« mit ihrem aus mehreren Komponenten bestehenden Fußpflegesystem nach Deutschland und errichtete 1922 in Frankfurt am Main eine eigene Produktion.[25] Auch der bekannte englische »Doc Martens«-Stiefel steht in dieser Tradition.[26]

In den 20er Jahren begannen vereinzelte Unternehmen, sich systematisch mit der Fußgesundheit von Schuhen zu beschäftigen. In Deutschland war Fagus in Alfeld an der Leine eine dieser Pionierfirmen. Die beiden Leistenfabrikanten Carl Benscheidt senior (1858-1947) und Karl Benscheidt junior (1888-1975) machten die Sache des fußgerechten Schuhs zu ihrer Geschäftsmaxime.[27] Ihr Unternehmen hatten sie 1911 mit Hilfe amerikanischen Kapitals der United Shoe Machinery Corporation in Boston und deren englischer Tochterfirmen in Northampton, Joseph Hooley und O. A. Miller Last Company, gegründet. Mit Hilfe wissenschaftlicher Erkenntnisse sollte eine fußgerechtere »Passform« der Schuhe erreicht werden.[28] Die beiden Benscheidts setzten sich über Jahrzehnte hinweg für die Entwicklung von unternehmensübergreifenden, standardisierten

24 Das goldene Buch der deutschen Schuh- und Lederwirtschaft. Jubiläumsband der Gewerbezeitschrift »Schuh und Leder« zum 75jährigen Bestehen, Berlin o. J. [1932], S. 295ff.

25 Ebd.

26 Er erhielt seinen Namen vom bayerischen Arzt Dr. Klaus Maertens, der 1945 nach einem Skiunfall einen neuartigen Gesundheitsschuh mit luftgepolsterter Sohle entwickelte. Dieser wurde erst in Deutschland und dann ab 1960 in Lizenz von den englischen Unternehmen Griggs & Co. und G. T. Hawkins in Northamptonshire hergestellt und anfangs vor allem von älteren Frauen getragen. Später schätzten ihn vor allem Werftarbeiter, Briefträger und Polizisten. Vgl. Hurton (1995), S. 270f.

27 Carl Benscheidt, Unsere Fußbekleidung, deren Fehler und die daraus entstehenden allgemeinen Fußleiden nebst Anleitung zur Herstellung einer rationellen Fußbekleidung für Leien [sic!] und Fachleute, Lemgo 1883; Karl Benscheidt, Der gesunde Fuß und sein Leben, Alfeld 1957.

28 Zur Gründungsgeschichte von Fagus vgl. Memorial Nr. 193, The United States of America on behalf of the United Shoe Machinery Corporation versus Germany, Bauhaus-Archiv Berlin, Fagus-Bestand, Akte 136; zur Baugeschichte des von Walter Gropius errichteten Fagus-Werks vgl. Jaeggi (1998).

Längen- und Weitenmaßen von Schuhen auf der Basis anthropometrischer Durchschnittsmaße von Füßen ein. Dabei stießen sie bis in die 30er Jahre bei anderen Leistenfabrikanten wie auch Schuhunternehmen eher auf Ablehnung, die eine kostenintensive Vermessung von menschlichen Körpern nicht für notwendig hielten.

Bereits früh musste Carl Benscheidt feststellen, dass es für eine effektive Reform der Schuhe an medizinischer Grundlagenforschung mangelte. Von 1921 bis 1938 unterstützte er daher mit erheblichen Geld- und Sachmitteln die Arbeit des Orthopäden Dr. med. August Weinert in Berlin, der an der Definition eines »Normalfußes« und einer Analyse der Fußbewegung beim Gehen arbeitete. Weinert definierte – orientiert an der naturgemäßen Bewegung des Fußes in aufrechter Haltung – eine »Optimalstellung« des Fußes im Schuh, die seiner Ansicht nach in die Schuhform zu übernehmen war.[29] Diese »Optimalstellung« glaubte er in unverbildeter Form nur noch auf antiken Statuen und bei Naturvölkern zu finden.

Weinert entdeckte, dass die meisten der im Deutschen Reich hergestellten Leisten auf einer bereits deformierten Fußform beruhten: dem Knickfuß. Dadurch erhielten alle Fabrik-Schuhe eine Form der »Verwringung«, die verschiedene Fußkrankheiten hervorbrachte.[30] Mit dem »Normalschuh« forderte Weinert eine Rückkehr zum unverbildeten Fuß als Grundmaß für Schuhe. Dazu bedurfte es seiner Ansicht nach einer »Aufrichtung« des Leistens. Mit den Begriffen des »Normalfußes« und »Normalschuhs« bediente sich der Arzt der Terminologie der Rationalisierungsdiskussion seiner Zeit. »Normalisierung« stand hier für die unternehmensübergreifende Vereinheitlichung von Maßen und Formen in der Produktionstechnik. Auch der Begriff der »Passförmigkeit« übernahm Vorstellungen aus dem Maschinenbau in die Umsetzung menschlicher Körpermaße in Produkte.[31]

Mit dieser auf eigener medizinischer Forschung basierenden Produktentwicklung ging Fagus einen dezidiert anderen Weg als die Konkurrenz, die mit den traditionellen Methoden des Leistenkopierens arbeitete. Trotz einiger Schwierigkeiten ging Fagus aus der Weltwirtschaftskrise als einer der drei großen Leistenhersteller in Deutschland von insgesamt nur noch neun hervor.[32] Schon vor dem Zweiten Weltkrieg war das Werk schließlich größter und wichtigster Hersteller

29 Karl Benscheidt, Fuß und Schuhleisten, in: Zeitschrift für Krüppelfürsorge 31 (1938), Nr. 1/2, S. 16-28, hier S. 20ff.

30 August Weinert, Die Verhütung des Knickfußes und des Knickplattfußes, München/Berlin 1923.

31 Zur Passgenauigkeit und Passarbeit im Maschinenbau vgl. Benad-Wagenhoff (1989).

32 Brief Carl Benscheidt Sr. (Firma Fagus) an Jakob Sigle (Firma Salamander) v. 29.8.1931, S. 6, Bauhaus-Archiv Berlin, Fagus, Nr. 171. In dem Brief berichtet Benscheidt über die Verhandlungen zur Gründung eines Leisten-Syndikats mit den Firmen Behrens (Alfeld) und Winkle (Erfurt). Zu diesem Zwecke habe man die Bilanzen der drei Firmen von 1929 verglichen: Der Umsatz mit Leisten war bei Fagus etwa 25 Prozent höher als bei

von Leisten im Deutschen Reich. Hierzu trug auch seine weiterhin enge Zusammenarbeit mit der amerikanischen United Shoe Machinery Corporation bei. Die Schuhmaschinenfirma mit ihren vielen Tochtergesellschaften übernahm den Vertrieb von Fagus-Leisten in ganz Westeuropa.[33]

Deformierter Fuß und Sozialhygiene

Die Jugendbewegung, die seit Beginn der 20er Jahre die erste Phase des Vorkriegs-Wandervogels ablöste, verband die Gesundheit des Fußes mit Vorstellungen von der Schönheit des unverbildeten Leibes und einer neuen »Körperkultur«. Körperbezogene Praktiken wie das Turnen und das Wandern in der freien Natur waren schon im Kaiserreich zum bedeutenden Teil einer neuen Alltagskultur geworden.[34] Das »Barfüßlertum« wurde zum Inbegriff der Befreiung von den Zwängen bürgerlichen Lebens und zum idealen Modus der gesunden Fortbewegung, das Sandalenlaufen zu seinem zivilisatorischen Ersatz.[35] In der Weimarer Republik gelangten nun zunehmend lebensreformerische Ideen aus den Nischen der jugendlichen, kulturkritischen Subkultur in das Zentrum der öffentlichen Debatte. Die Forderung nach individueller Kleidungsreform erhielt mit der Sozialhygiene-Bewegung zusätzlich eine völkische Note: Der Ruf nach gesunder Erneuerung bezog sich zunehmend auf den gesamten »Volkskörper«. Die »Volksgesundheit« wurde zur nationalen Aufgabe, ihre Verbesserung zur Angelegenheit der Politik. Der Erste Weltkrieg brachte in seinem Gefolge das Problem der Kriegsversehrten, die einen ernstzunehmenden neuen Kundenkreis für medizinisch fachgerechte Fußbekleidung bildeten.

Die Nachfrage nach fußgerechtem Schuhwerk entwuchs bald dem spezialisierten Sortiment der Reformwaren-Versandhäuser[36] und entwickelte sich zu einem eigenständigen Marktsegment. Gegen Ende der 20er Jahre besaß fast jedes größere Schuhunternehmen in Deutschland eine Sparte »passförmiger« oder »orthopädischer« Modelle, so z. B. die Kollektion »Fußarzt« von Salamander (seit 1924), »Heilfuß« der Firma Rieker und der »Normalstiefel« von Haueisen & Sauer.[37] Das Pirmasenser Unternehmen Eduard Rheinberger setzte nach eigenen Angaben zwischen 1922 und 1932 5 Millionen Paar »orthopädischer«

Behrens und etwa 35 Prozent höher als bei Winkle. Zur wirtschaftlichen Entwicklung des Unternehmens vor 1933 vgl. a. Jaeggi (1998), S. 62.

33 BIOS Final Report Nr. 861, The Stratton Mission to Germany (1945), S. 298.

34 Hau (2002), S. 131; Buchholz (2001).

35 Vgl. Kap. 1.

36 Winfried Mogge nennt als die wichtigsten dieser Händler von Reformschuhwerk die Firmen »Dürerhaus«, »Reformhaus«, »Jungbrunnen«, »Haus Eklöh – Deutsche Wertarbeit« und »Deutsche Tracht GmbH«, vgl. Mogge (1988), S. 88.

37 Sturm (1999), S. 29.

Schuhe ab.[38] Salamander produzierte im Jahr 1927 700.000 Paar »Fußarzt«-Schuhe, die einem Anteil von etwa einem Fünftel der Gesamtproduktion entsprachen.[39] Manche Unternehmen, wie die Firmen Engelhardt & Co. in Kassel und Medicus in Nürnberg, spezialisierten sich vollständig auf diese Sparte. Die Tagesproduktion bei Medicus lag 1938 bei 3.500 Paar.[40] Englische Schuhhändler stellten bei einem Deutschlandbesuch im September 1935 fest, dass in Berlin und Hamburg alle Schuhläden eine »Orthopädie-Abteilung« führten. In Berlin hatte die große Schuhhandelskette Carl Stiller, die nur sehr hochwertige Schuhe vertrieb, Ärzte angestellt, die dreimal die Woche in den Läden bei der Schuhanpassung berieten.[41]

Die orthopädischen Schuhe waren für Gesundheitsbewusste und Kunden mit bereits bestehenden Fußproblemen konzipiert. Doch waren diese industriellen Serienprodukte nur bedingt der Fußgesundheit zuträglich. Sie waren vielmehr nach einem unter Fachärzten umstrittenen orthopädischen Prinzip ausgerüstet, das der Arzt und Schuhreformer der 1930er und 40er Jahre, Wilhelm Thomsen, als »Stützprinzip« bezeichnete. Die Schuhe waren mit diversen ebenfalls als Stapelware hergestellten und ohne ärztliche Konsultation beliebig von den Kunden selbst kombinierbaren Stützkomponenten erhältlich, die den Fuß an der Ferse und am Gelenk »wie eine Zange« umgriffen und den geschädigten, »zusammensinkenden Fuß von unten her« stützten. Allerlei Einbauten wurden auf die Brandsohle aufgesetzt, um die Fußwölbungen zu tragen. Thomsen kritisierte diese Konstruktionen als »schwere, starre Fußkorsette«, die dazu beitrügen, dass alle aktiven und beweglichen Elemente des Fußes verkümmerten.[42]

Thomsen geißelte 1939 diese Art von »Kaufschuhen« die den Namen »orthopädisch« eigentlich nicht verdienten, da sie mit den neuesten wissenschaftlichen Erkenntnissen nicht mehr übereinstimmten. Oft liefen diese Schuhe, um den modischen Wünschen der Trägerin dennoch Rechnung zu tragen, vorne an den Zehen spitz zu und förderten so die Spreizfußbildung. Dies war ein weiterer Grund, warum die Schuhe Thomsens Ansicht – und auch heutigen Erkenntnissen – nach orthopädisch nicht angemessen und sogar schädlich waren. Er und seine ärztlichen Mitstreiter forderten als Alternative die individuelle Behandlung eines jeden geschädigten Fußes durch einen Facharzt und einen Orthopädie-Maßschuhmacher. Dies war ein handwerklicher Beruf, der 1934 bis 1938 mit maßgeblicher Unterstützung Thomsens erst geschaffen wurde.[43]

38 50 Jahre Rheinberger, 1882-1932. Eduard Rheinberger AG, Schuhfabrik, Pirmasens 1932.

39 Hanspeter Sturm, Geschichte der Salamander AG, Kornwestheim, Manuskript 1958, Wirtschaftsarchiv Baden-Württemberg, Stuttgart-Hohenheim, Bestand Y 110, S. 58.

40 Prill (1964), S. 102.

41 German Trading Conditions, in: SLN v. 20.9.1935, S. 11f.

42 Thomsen (1940b), S. 162.

43 Im September 1937 wurde gesetzlich festgelegt, dass »orthopädische Maßschuhe nur im Handwerksbetriebe eines Schuhmachermeisters angefertigt werden [dürfen], der eine

Die heute so selbstverständlich erscheinende Erkenntnis, dass vor allem schlecht sitzendes Schuhwerk die Füße seiner Träger verkrüppelt, gehörte in den frühen 30er Jahren noch keineswegs zum gesicherten Stand des Wissens in der Orthopädie. Diese Auffassung vertraten nur einige wenige Ärzte. Vorherrschende Lehrmeinung der Orthopäden war nach wie vor, dass die Deformierungen nicht durch äußere, sondern durch innere, mechanische Vorgänge im Fuß und Skelett, etwa Übermüdung, hervorgerufen wurden.[44] Auch war die junge Orthopädie allgemein noch weniger präventiv als vielmehr operativ-technisch tätig.[45] Die reformunwilligen Schuh- und Leistenindustriellen beriefen sich gern auf diese wissenschaftliche Richtung in der Orthopädie, da sie ihnen eine Legitimation lieferte, an den alten Routinen der Herstellung festzuhalten.

Die »orthopädischen« Schuhe deckten aber offenbar einen steigenden Bedarf in der Bevölkerung. Seit Ende der 20er Jahre stieg das Bewusstsein für Fußerkrankungen rapide an. Ob die Zahl der Fußkranken tatsächlich zugenommen hatte, wie alarmierende Berichte in der medizinischen Fachpresse angaben, oder ob sie ein Effekt der größeren Aufmerksamkeit war, ist mangels quantitativer Quellen und langfristig angelegter Untersuchungen aus dieser Zeit schwer einzuschätzen. Auch die in ihrer wirtschaftlichen Lage bedrängten Maßschuhmacher und Stimmen aus den Reihen der reformorientierten Schuhindustrie und der Leistenindustrie führten die große Zahl der Fußerkrankungen auf die schlechte Form der Fabrikschuhe zurück.[46] Die relative Unwissenheit der Formgeber von der Anatomie des menschlichen Fußes und deren völlige Vernachlässigung bei der Entwicklung von Modellformen für Fabrikschuhe sowie die vor-

Zusatzprüfung [für Orthopädie] bestanden hat«. (Gesetz zur Änderung der Gewerbeordnung für das Dt. Reich vom 9.9.1937, RGBl. I, S. 970, §30b) Diese Zusatzprüfung konnte von Schuhmachermeistern in der Schule des Reichsinnungsverbandes des Schuhmacherhandwerks in Bischofswerder bei Berlin und in der Berufsfachschule V in Frankfurt/M. nach einem mehrwöchigen Kurs, u. a. in der Anatomie des Fußes, abgelegt werden. Im März 1938 entstand eine eigene Reichsfachgruppe der Orthopädie-Schuhmachermeister (vgl. Tradition und Fortschritt in der Orthopädie, Stuttgart 1985, S. 88-91; Thomsen (1944), S. 253). Im November 1938 wurde vom Gesetzgeber eine »Verordnung über die Herstellung orthopädischer Maßschuhe« verabschiedet, in welcher der orthopädische Maßschuh als »handwerksmäßig hergestellter Schuh« definiert wird, der »in der Gesamtform oder im Bau von Einzelteilen vom sogenannten *Normalschuh* abweicht«. (Vgl. Verordnung über die Herstellung orthopädischer Maßschuhe, RGBl. I, S. 1572) Im April 1940 erschien schließlich die »Prüfungsordnung für die Zusatzprüfung für Orthopädieschuhmachermeister« des Deutschen Handwerks- und Gewerbekammertags. (Vgl. »Prüfungsordnung für die Zusatzprüfung für Orthopädieschuhmachermeister«, Zentralverband des Dt. Handwerks, Deutsches Handwerksarchiv Berlin, Bibliothek.)

44 Schanz (1916); Thomsen (1940), S. 1-4.

45 Vgl. dazu Thomann (1992), S. 283.

46 Ausschuss Schuhindustrie (1930), S. 20; Ausschuss Schuhmacherhandwerk (1930), S. 261; Wenn Halbschuhe nicht passen, in: SFZ v. 25.1.1933, S. 14.

herrschende Praxis des Kopierens in den Unternehmen war Ursache extrem fußfeindlicher Formen von Schuhen.[47]

Die wichtigste Gewerbezeitschrift der deutschen Schuhindustrie nahm 1929 eine eigene Rubrik für »Fußanatomie und Schuhtechnik« auf, in der regelmäßig über fußgesundheitliche Themen berichtet und auf die Bewegungsabläufe des menschlichen Fußes beim Laufen hingewiesen wurde.[48] Diese Rubrik hatte ihre Entsprechung in den jeweils beginnenden Diskussionen um *hygenic footwear*[49] seit Januar 1927 in der amerikanischen Fachzeitschrift *Shoe and Leather Reporter* und um *foot health* und *welfare of the feet* seit Januar 1935 in der britischen Fachzeitschrift *Shoe and Leather News*.[50]

Mit zunehmender Militarisierung der Gesellschaft trat das Thema des »fußrichtigen« Schuhs ab 1933 deutlich in den Vordergrund.[51] Schulärztliche Untersuchungen und die Musterungskommissionen der Reichswehr und später Wehrmacht belegten ein hohes Vorkommen an Deformierungen der Füße.[52] Nach Wiedereinführung der Wehrpflicht ergaben die Musterungen der Wehrmacht in den Jahren 1935 und 1936, dass fast 40 Prozent aller Dienstpflichtigen bedenkliche Formveränderungen der Füße (Platt-, Senk- oder Knickfüße) aufwiesen.[53] Bei männlichen Schulabgängern in Berlin lag der Anteil der Fußgeschädigten

47 Zur geringen Professionalisierung der Produktgestaltung in den Unternehmen in den 30er Jahren vgl. Kap. 3.4. und 8.1 und 8.2.

48 Vgl. Fußanatomie und Schuhtechnik, SFZ v. 21.7.1929, S. 7f.

49 Serie *Hygenic Footwear* mit den Teilen: 1. Corrective shoes, 2. The functions of »Arch« style footwear, 3. Why Foot Education is desirable, 4. The cause of foot troubles, 5. The shoe with a cushion (orthopäd. Einsätze). Vgl. SLR v. 6.1.1927, 20.1.1927 und 27.1.1927. Zur Orthopädie des Fußes als neuer medizinischer Disziplin in den USA seit dem Ersten Weltkrieg vgl. Linker (2007).

50 Serie *Welfare of the Feet*, in: SLN v. 11.1.1935 und 25.1.1935; vgl. in Großbritannien auch die *cheap footwear controversy* im Winter 1935, bei der als das hervorstechende Merkmal der geringen Qualität, vor allem von Kinderschuhen, die schlechte Passform angesprochen wurde: Cheap Footwear Controversy, in: SLN v. 18.1.1935 bis 22.2.1935.

51 Reichsarbeitsgemeinschaft zur Bekämpfung des Krüppeltums (Hg.), Kampf gegen die Fußschwächen und ihre Folgen, Berlin 1936; Gustav Kreglinger, Sportärztliche Winke für den Truppenarzt zur Verbesserung der Marschleistung und Haltung der Truppe, in: Münchner Medizinische Wochenschrift 83 (1936), S. 181-182; C. Frenssen, Warum soviel Fußkranke?, in: Medizinische Klinik 33 (1937), S. 867-870; Fred Oxenius, Was ist die Ursache des Fußübels in der Gegenwart?, in: Deutsche medizinische Wochenschrift 63 (1937), S. 1947-1948; Wilhelm Thomsen, Über Kinderschuhwerk, in: Zeitschrift für Orthopädie und ihre Grenzgebiete 66 (1937), Nr. 1, S. 25-35; Dornedden/Schulz, Über Fußbekleidung, in: Reichsgesundheitsblatt Nr. 32, 1939, S. 670-672; Erhard Möhler, Das Widerstandsvermögen des Fußes. Eine qualitative Untersuchung unter besonderer Berücksichtigung der Fußbekleidung, Berlin 1939; Hellmut Heim/Heinz Wunderlich, Fußschäden und Kriegstauglichkeit. Wehrmachtsärztliche Erfahrungen und praktische Richtlinien zur Behandlung, Leipzig 1943.

52 Dornedden/Schulz, Über Fußbekleidung, in: Reichsgesundheitsblatt Nr. 32, 1939, S. 670-672.

53 Ebd., S. 671.

1936 bei 20 Prozent. In den Lagern des Reichsarbeitsdienstes wiesen sogar 50 bis 90 Prozent der Verpflichteten Fußverbildungen auf.[54]

1939 konstatierten die Ärzte Dornedden und Schulz aus der Humanmedizinischen Abteilung des Reichsgesundheitsamts, dass »Fußleiden in Deutschland heute so häufig« seien, »dass sie eine Gefahr für die Volksgesundheit« darstellten. Die Ärzte befürchteten, dass »die Wehr- und Arbeitsfähigkeit des deutschen Volkes« durch diese »Massenerscheinungen der Fußschäden« wesentlich geschwächt werde. Ursache dieser Schäden waren für sie das vermehrte Laufen auf Straßenpflaster, das bestimmte Muskeln und Knochenteile des Fußes einseitig verkümmern lasse, vor allem aber schlechtes Schuhwerk: »Der wichtigste Grund für die zunehmende Verbreitung von Fußkrankheiten aber ist die mangelnde funktionelle Beanspruchung unserer Füße im festen Schuh, der nicht immer zweckentsprechend konstruiert ist, sondern eine für die Fußgesundheit schädliche Bauart aufweist.« Um Abhilfe zu schaffen, müsse man »dem dynamischen Prinzip bei der Gestaltung der Schuhe mehr Geltung verschaffen«. Nach Ansicht der Fachleute vom Reichsgesundheitsamt tat hier »Volksbelehrung« not, zusammen mit einem dringenden Ausbau der wissenschaftlichen Erkenntnisse über die fußgerechte Passform von Schuhen.[55] »Der orthopädischen Wissenschaft«, so Wilhelm Thomsen, fiele dabei »die große und schöne Aufgabe zu, […] das Fundament der Kenntnis des komplizierten Baues des Fußes und seiner Erkrankungen auszubauen und die im Werden begriffene Wissenschaft vom Fuß und Schuh, die reichen Wechselbeziehungen zwischen beiden, zu erforschen und zu klären.«[56]

Nachdem die Nationalsozialisten an die Macht gekommen waren, versprachen sich viele der Schuhreformer Unterstützung für ihre Ziele durch das sich in Gesundheitsfragen so radikal gebende neue Regime. Der Unternehmer und Schuhleistenfabrikant Karl Benscheidt wünschte sich im August 1933,

> »dass eine staatliche Überwachungsstelle sich endlich einmal des zum Himmel schreienden Unfugs, der oft in der Fußbekleidung getrieben wird, annähme, genau so, wie sich der Staat bei der Bekämpfung anderer verheerender Volkskrankheiten (Tuberkulose, Geschlechtskrankheiten usw.) einschaltet. […] Die heute noch freie Schuhwirtschaft begünstigt diejenigen Fabrikanten, die es verstehen, der Kundschaft Sand in die Augen zu streuen. Hier sind na-

54 Wilhelm Thomsen gibt den Anteil mit Fußdeformation als 50 bis 70 Prozent an. Vgl. Thomsen (1940b), S. 18. Der Orthopäde und Schuhreformer Gustav Kreglinger kam bei den Reihenuntersuchungen in Arbeitsdienst und Heer sogar auf 80 bis 90 Prozent mit Fehlstellungen der Füße. Vgl. Gustav Kreglinger, Haltung und Marschleistung. Sportärztliche Winke zur Jugendertüchtigung für Truppenführer und Truppenärzte, München 1937, S. 9.

55 Alle Angaben s. Dornedden/Schulz, Über Fußbekleidung, in: Reichsgesundheitsblatt Nr. 32, 1939, S. 670-672, hier S. 671.

56 Thomsen (1940b), S. 221.

tionalsozialistische Reformen dringend erforderlich. Die Schuhwirtschaft muss […] unter Staatsaufsicht gestellt werden.«[57]

Von der Zentralisierung der Entscheidungsstrukturen im autoritären Staat und der massenhaften Erfassung der Individuen erhofften sich einige Ärzte und Orthopäden eine effektivere Umsetzung fußgesundheitlicher Erkenntnisse und Praktiken. Durch eine Mitarbeit bei den sportlichen Aktivitäten der nationalsozialistischen Massenorganisationen erwirkten sie eine Reihe von praktischen Fuß-Übungen beim Sport, um die »Füße abzuhärten« und sie »dadurch formschön und leistungsfähig zu erhalten«.[58] Ziel war nicht mehr nur die Gesundheit um ihrer selbst willen, sondern die »Stärkung der Kampfkraft unseres Volkes, seiner Standsicherheit und Marschfestigkeit«.[59] Durch die Beratung bei der Ausrüstung in den paramilitärischen Organisationen und bei der Wehrmacht versprachen sich die Orthopäden eine neue Chance zur Durchsetzung einer »gründlichen Reform des Gebrauchsschuhwerks« in Deutschland.[60] So setzte der Sportarzt Gustav Kreglinger auf regionaler Ebene durch, dass in Teilen des Reichsarbeitsdienstes ab 1936 ein von ihm entwickelter Stiefel mit besonders breitem und flachem Absatz getragen wurde.[61]

Wilhelm Thomsen war der wohl wichtigste und einflussreichste Schuhreformer im nationalsozialistischen Deutschland. Er stützte sich auf Vorarbeiten seines Lehrers und Vorgängers an der Frankfurter Orthopädischen Universitätsklinik, Prof. Dr. med. Georg Hohmann, und des Orthopäden Prof. Dr. med. Franz Schede, der in den 20er Jahren an der Entwicklung von künstlichen Gliedmaßen für Kriegsinvaliden gearbeitet hatte.[62] Anfang der 40er Jahre trat Thomsen selbst das Amt des Oberarztes der Frankfurter Klinik an und erhielt eine Professur an der Medizinischen Fakultät der Universität Frankfurt am Main. Im Januar 1944 wurde er schließlich als wissenschaftlicher Berater von der Gewerbeorganisation der Schuhindustrie, der *Gemeinschaft Schuhe*, angestellt und erhielt für seine Forschung auf dem Gebiet der »Entwicklung orthopädisch einwandfreier Leisten-

57 Benscheidt (1933), S. 5.

58 Fritz Gerstung/Gustav Kreglinger, Körper-Ertüchtigung im Dritten Reich, Koblenz 1933; Gustav Kreglinger, Haltung und Marschleistung. Sportärztliche Winke zur Jugendertüchtigung für Truppenführer und Truppenärzte, München 1937.

59 Beide Zitate aus: Thomsen (1940b), S. 16.

60 Dornedden/Schulz, Über Fußbekleidung, in: Reichsgesundheitsblatt Nr. 32, 1939, S. 672; Thomsen (1942), S. 9.

61 Kreglinger war bis 1939 Leiter des Gauamtes für Volksgesundheit Koblenz-Trier, der DAF-Abteilung Gesundheit und der NSV-Abteilung Volksgesundheit. Zu dem von ihm fußärztlich reformierten Arbeitsdienststiefel mit einer Absatzhöhe von nur 2,5 cm vgl. Gustav Kreglinger, Haltung und Marschleistung. Sportärztliche Winke zur Jugendertüchtigung für Truppenführer und Truppenärzte, München 1937, S. 19f und Thomsen (1940b), S. 186.

62 Vgl. die bis dahin wichtigsten Werke zur orthopädischen Schuhforschung: Hohmann (1923); Schede (1933).

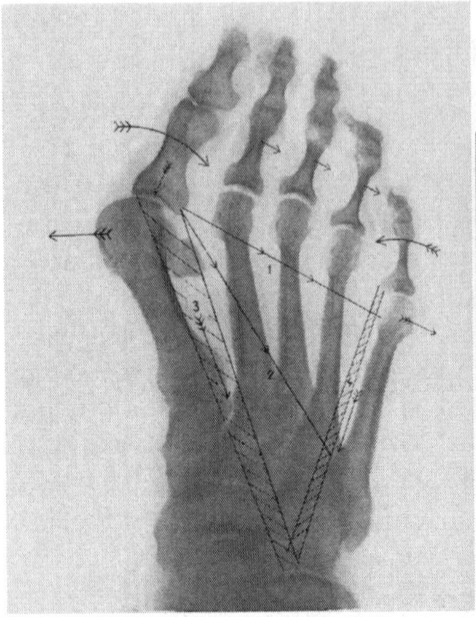

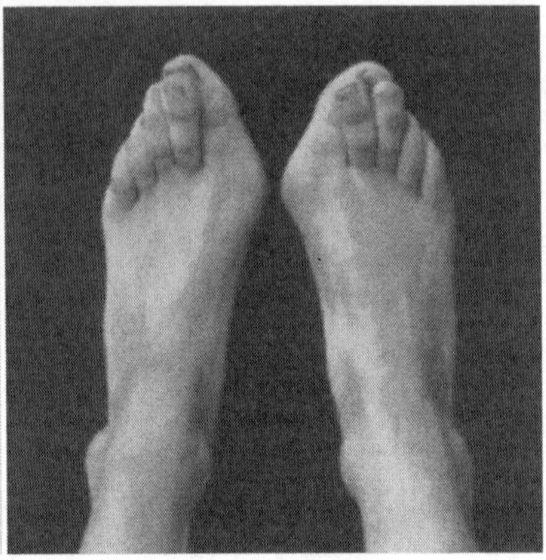

Abb. 33: Röntgenbild eines Spreizfußes mit eingezeichnetem Kräftediagramm (1944)

Abb. 34: Hochgradig deformierte Frauenfüße (Spreizfuß mit Hallux Valgus, Ballenbildung an den Grundgelenken der Großzehe, leichte Krallenzehe mit Hühneraugen) (1944)

und Schuhformen« ein jährliches Honorar.[63] Er war außerdem »Hauptgefolgschaftsführer« der Hitlerjugend und wissenschaftlicher Mitarbeiter im Hauptamt für Volksgesundheit der NSDAP, der er seit Mai 1933 angehörte.[64]

Thomsen verbreitete seine orthopädischen Erkenntnisse unter anderem in Beiträgen in der gewerblichen Fachpresse von Schuhindustrie und Schuhhandel, durch Vorträge vor HJ-Führern, dem Mütterdienst, dem NS-Frauenwerk, vor Masseuren, Orthopädiemechanikern und Krankengymnastinnen.[65] In einer Kampfschrift wies Thomsen die Zeitgenossen auf die Auswirkungen falsch gestalteter Schuhe hin. Seine Schrift »Kampf der Fußschwäche!« (1940) erschien innerhalb von fünf Jahren in drei Auflagen und fand eine enorme Verbreitung über das engere Fachpublikum hinaus, da sie auch für Laien geschrieben war. Bereits im Jahr ihres Erscheinens wurde sie außerdem in die Sprachen der anderen Achsenmächte, ins Italienische, Portugiesische, Spanische und Japanische, übersetzt.[66]

63 Honorarvertrag über jährlich RM 12.000 vom 29.2.1944, Akte W. Thomsen, Wissenschaftliche Mitarbeiter der GS, BA Berlin, R 10 VI, Nr. 13.

64 Thomsen (1944), Titelblatt; Antrag zur Bearbeitung durch die Reichsschrifttumskammer vom 20.6.1941, Akte W. Thomsen, Reichsschrifttumskammer, BA Berlin, BDC, RK/RKS II; Personal- und Sachakten, Film 1575, Bilder 65ff.

65 Ebd., S. 4.

66 Thomsen (1940), ^{2}(1942)und ^{3}(1944).

»Gestaltung nach Forschung«: Die Prüf- und Forschungsstelle für Leisten und Schuhbau (1938)

Um die wissenschaftliche Arbeit verschiedener Personen und Institutionen auf dem Gebiet der Fußgesundheit und der »fußrichtigen« Schuhgestaltung zu vernetzen und zu koordinieren, wurde im November 1938 die »Prüf- und Forschungsstelle für Leisten- und Schuhbau« gegründet.[67] Den Anstoß dazu gaben Mitglieder der Deutschen Orthopädischen Gesellschaft, namentlich ihr Vorsitzender Prof. Georg Hohmann und ihr Vorstandsmitglied Prof. Franz Schede. Dieser hatte schon 1936 im Auftrag der Heeres-Sanitätsinspektion die militärische »Fuß- und Schuhfrage« untersucht und hierfür mit anderen Experten der Orthopädie eine Arbeitsgemeinschaft gegründet.[68] Weitere Impulse kamen von den an Fragen der Passförmigkeit interessierten Schuh- und Leistenfabrikanten Gustav Rheinberger (Pirmasens), Karl Benscheidt (Alfeld an der Leine) und Armin Winkle (Altenstadt an der Iller). Mit Hilfe der Deutschen Orthopädischen Gesellschaft wurde die neue Forschungsstelle als eine Abteilung der *Reichsarbeitsgemeinschaft zur Bekämpfung des Krüppeltums* dem *Reichsausschuss für Volksgesundheitsdienst* (Reichsministerium des Innern) unterstellt.[69] Die Forschungsstelle hatte nominell ihren Geschäftssitz in Berlin, bestand aber eigentlich aus ihren drei »wissenschaftlichen Außenstellen« an der Orthopädischen Universitätsklinik Leipzig, der Wirkungsstätte Franz Schedes, an der Universitätsklinik Frankfurt am Main, wo Hohmann und Thomsen arbeiteten, und am Institut für Arbeitsphysiologie der Universität Breslau unter Professor Adolf Basler.[70] Getagt wurde fast ausnahmslos im Fagus-Werk in Alfeld an der Leine.

67 Prüf- und Forschungsstelle für Leisten- und Schuhbau, in: SFZ v. 16.11.1938, S. 8-10.

68 Vgl. Vorwort Franz Schedes in Karl Benscheidt, Der gesunde Fuß und sein Leben, Alfeld/Leine 1957, S. 8.

69 In den Vorstand wurden außer Hohmann und Schede die Leistenfabrikanten Benscheidt und Winkle, je zwei Vertreter der Schuhindustrie und des Schuhhandels sowie der Reichsinnungsmeister des Schuhmacherhandwerks und Leiter der »Reichsfachschule und Versuchsanstalt des Schuhmacherhandwerks« in Bischofswerder/Brandenburg, SA-Gruppenführer Arthur Heß sowie Wilhelm Thomsen als Forschungsleiter berufen. Im Arbeitsausschuss der Forschungsstelle saßen Vertreter des Reichsarbeitsministeriums, der Reichsführung der Hitlerjugend, des Sanitätsamts der SS und SA, der Deutschen Arbeitsfront, der Heeres-Sanitätsinspektion, des Reichspatentamts, des Reichsforschungsrats, des Reichsverbands der Ortskrankenkassen, des Propagandaministeriums und des Werberats der Deutschen Wirtschaft.

70 Adolf Basler hatte an der Universität Tübingen promoviert und habilitiert und 1924 das Rassebiologische Institut der Universität Tübingen gegründet. Nach fünfjähriger Lehrtätigkeit in China übernahm er 1933 die Leitung des Laboratoriums für Arbeitsphysiologie (ab 1935 Arbeitsphysiologisches Institut) der Universität Breslau. Der Arbeitsphysiologe beschäftigte sich mit fußrichtigen Schuhformen und den Auswirkungen der Fußbekleidung auf das Gehen. Vgl. Art. Adolf Basler, in: Hermann Wegener (Hg.) Wer ist's?, Berlin [10]1935, S. 345; Adolf Basler, Richtige und falsche Fußbekleidung, physiologisch betrachtet, in: Medizinische Klinik 46 (1936); ders. u. a., Über die Physiolo-

Obwohl sich die Gründer der Forschungsstelle sehr um eine Akzeptanz und Mitarbeit der Schuhindustrie bemühten, gelang es ihnen in den nächsten Jahren kaum, die Schuhindustrie für die Forschungsprojekte zu interessieren.[71] 1940 stellte Thomsen fest, dass die Industrie alles in allem der Umstellung der Produktion auf fußgerechte Schuhformen in den letzten Jahren »sehr skeptisch gegenüber«stand und sich Reformen verweigerte. Dies sei der Tatsache geschuldet, dass dabei »große Kapitaleinlagen« an Produktionsmitteln (Leisten und Werkzeuge) zur Debatte stünden.

Nach Beginn des Krieges hatte der Arzt die Hoffnung, dass sich die Lage »erheblich geändert« habe. Mit dem Einfluss mächtiger Partner im *Hauptamt für Volksgesundheit* der NSDAP und dem Gesundheitswesen der DAF im Rücken drohte er den Industriellen, sie seien nun entweder freiwillig bereit, die ärztlichen Forderungen zu verwirklichen »und dabei im Interesse der Volksgesundheit auch einige Opfer zu bringen«, oder es werde nichts anderes übrigbleiben, als durch die staatliche Gesundheitsführung »Bestimmungen und Verfügungen« zu erwirken, um den »schädlichen Einfluss« schlechter Schuhformen »zwangsweise« zu beseitigen. Jede Schuhfabrik müsse mindestens ein oder zwei Schuhmodelle herstellen, welche den Forderungen der Prüfstelle für Leisten- und Schuhbau ganz entsprachen. Tatsächlich äußerte Ende 1941 auch der Reichsgesundheitsführer Leonardo Conti in Berlin diese Drohung an die Industrie, allerdings nur vor einer Reihe von Ärzten der Berliner Medizinischen Gesellschaft. Die nötigen Maßnahmen verschob Conti jedoch auf die Nachkriegszeit:

> »Wenn wir heute um besseres Schuhwerk ringen, so stehen uns noch Unverstand, wirtschaftliche Interessen und […] augenblicklich die Kriegsverhältnisse entgegen. Aber die wissenschaftlichen Grundlagen sind dafür gelegt. […] Das Wissen und die Erfahrungen der Orthopäden, Chirurgen und Physiologen werden auch die Wirtschaft auf unseren Nenner bringen. Ich versichere, auf diesem Gebiete […] werden wir die Wirtschaft nötigenfalls zwingen. Hier wird in Friedenszeit nicht mehr wirtschaftliches Interesse oder törichte Mode entscheidend sein dürfen.«[72]

Ein Grund für die Reformunwilligkeit der Industrie lag einerseits darin, dass jede Schuhfabrik über Jahre hinweg mit einer sehr begrenzten Anzahl von Leistenformen operierte, die sich nur unter erheblichen finanziellen Belastungen austauschen ließ. Dazu kamen noch Stanzmesser für Brandsohlen, Sohlen und Absatzflecken, die ebenfalls im Fall eines Leistenwechsels neu angeschafft wer-

gie und zweckmäßige Bekleidung des Fußes, in: Arbeitsphysiologie 10 (1938), Nr. 2, S. 188-204; ders., Über eine altbewährte Form von Arbeitsschuhen mit Holzsohlen, in: Arbeitsphysiologie 11 (1941), Nr. 5, S. 453-461.

71 Alle Ausführungen im Folgenden vgl. die drei Auflagen von Thomsen (1940), S. 215f.; [2](1942), S. 240-244; [3](1944), S. 246-251.

72 Rede Leonardo Contis, abgedruckt in: Gesundheitsführung, Heft 1, Januar 1942.

den mussten. Ein weiterer, in der Kriegswirtschaft schwerwiegender Einwand gegen die Reformschuhe war ihr höherer Materialaufwand. Nach eigenen Berechnungen der Prüf- und Forschungsstelle benötigte man in der Produktion von fußgerechten Kinderschuhen mit mehr Raum für die Zehen ungefähr 13 Prozent mehr Ober- und Sohlenleder.[73] Andererseits wurden auch 1944 im Deutschen Reich noch 40.000 Paar neue Leisten im Jahr, davon 20.000 Zivilleisten, produziert und ein gewisser Austausch des Leistenbestandes fand also durchaus statt.[74]

Im Jahr der dritten Auflage von Thomsens Buch, 1944, hatte sich die Situation wiederum geändert. Die *Gemeinschaft Schuhe* begann 1943 mit den Vorbereitungen von Herstellungsvorschriften für Einheitsmodelle von zivilen Schuhen, die für alle Unternehmen bindend werden sollten.[75] Die Prüf- und Forschungsstelle erarbeitete aus diesem Anlass konkrete Kriterien für die Schuhgestaltung.[76] Die *Gemeinschaft Schuhe*, deren Präsidium fast ausschließlich mit Vertretern der Schuhindustrie besetzt war, übernahm jedoch in ihre provisorischen Herstellungsvorschriften für ziviles Schuhwerk nur das ungefähre Gebot »Modische Leisten sind verboten« (Februar 1943).[77] Im Juli 1944 wurde dies abgeändert in die ebenso vage Bestimmung: »Bequeme Formen sind zu verwenden.« Wie genau diese Formen aussahen, blieb jedoch ganz den Herstellern überlassen. Diese Bestimmung ermöglichte es den Schuhfabriken, ihre schon vorhandenen Leistenbestände weiter zu verwenden. Die Höhe der Absätze von Frauenarbeitsschuhen wurde im Januar 1944 allerdings auf 3 cm, von Frauenberufsschuhen auf 4 cm begrenzt.[78] Wie bereits erwähnt, wurde Thomsen von der *Gemeinschaft Schuhe* im Januar 1944 schließlich als wissenschaftlicher Berater engagiert. Doch begann seine Tätigkeit erst, nachdem die maßgeblichen Herstellungsvorschriften für Schuhe der *Gemeinschaft Schuhe* bereits erarbeitet und

73 Thomsen (1942), S. 252.

74 Bericht des Leistenfabrikanten Karl Benscheidt Jr. über die Tagung der GS in Frankfurt a. M. am 5./6.1.1944, Bauhaus-Archiv Berlin, Fagus-Bestand, Akte 212, S. 3.

75 Zur Gemeinschaft Schuhe vgl. Kap. 9; Erlass zur Neuordnung der Bewirtschaftung vom 25. November 1942, RWMBl 1942, S. 636.

76 Danach sollte (1.) die Längsachse von Leisten (und Schuhen) durch die zweite Zehe verlaufen (gemäß der Meyer'schen Linie). (2.) Der Schuh durfte randständige Zehen nicht aus der natürlichen Lage bringen: der Schuhinnenrand sollte sich einer geraden Linie annähern und der Außenrand der kleinen Zehe genügend Raum geben. (3.) Die Absatzhöhe für Erwachsene (Männer und Frauen gleichermaßen) durfte 4 cm nicht überschreiten. (4.) Schuhe von Größe 28 an sollten in zwei verschiedenen Breiten hergestellt werden. Vgl. Franz Schede, Zehenfreiheit im Schuh als ärztliche Forderung zur Verhütung von Fußfehlern. Arbeitsergebnis der Prüf- und Forschungsstelle für Leisten- und Schuhbau, in: Der deutsche Schuhhandel Nr. 3 v. 20.6.1943.

77 Vgl. Herstellungsvorschriften und Durchführungsbestimmungen für Schuhe 1942-1945 der Reichsstelle für Lederwirtschaft, BA Berlin, R 8 VI, Nr. 37.

78 Ebd.

zum 1. Januar 1944 in Kraft getreten waren. Seine Mitarbeit galt ausschließlich der Entwicklung eines neuen Wehrmachtsleistens.[79]

Anstatt also die Industrie per Vorschrift dazu zu zwingen, fußfreundliche Produkte herzustellen, ging die Prüf- und Forschungsstelle 1943 dazu über, ein Gütezeichen für vorbildliche Produkte zu verleihen. In der Praxis wurde jedoch auch dieses mangels Beteiligung der Industrie nur an einige wenige Kinderschuhe und Sandalen vergeben.[80] 1944 bekannte Thomsen schließlich, dass »die Kriegsereignisse die Arbeit der Forschungsstelle insofern gehemmt [haben], als ihre Mitglieder mit anderen wichtigen Aufgaben überlastet waren«.[81] Insgesamt bestand ihre Tätigkeit zwischen 1938 und 1945 neben den genannten Forderungen an die Form von Gebrauchsschuhwerk und der Auszeichnung von vorbildlichen Schuhen mit der »Reichsgesundheitsmarke« vor allem in Projekten zur populären Verbreitung der Erkenntnisse zur Fußgesundheit. So wurden zusammen mit dem Reichsausschuss für Volksgesundheitsdienst diverse Ausstellungen und Plakate zur Aufklärung über Fußhygiene und der Propagierung von gesunden Schuhen bei den Verbrauchern entwickelt.[82]

Selbst die Versuche, passförmige Stiefel in der SA, SS und anderen NS-»Wehrformationen« durchzusetzen, verliefen größtenteils erfolglos. Und dies, obwohl man einen solchen Schritt relativ einfach per Vorschriften und Nachfrage durch staatliche und Parteistellen der NSDAP hätte durchsetzen können. In den Organisationen der NSDAP wurden jedoch weiterhin Stiefel verwendet, die nach Form und Schaftzuschnitt Reitstiefel zum Vorbild hatten. Zum Marschieren waren diese Stiefel nicht geeignet. So berichtete Thomsen noch 1944:

> »[Es] werden in den Wehrformationen noch heute teilweise Stiefel getragen, welche nach Form und Schaftschnitt den Offiziersreitstiefeln ähneln und besonders in ihren Fußteilen der natürlichen Fußform wenig entsprechen. Sie sind vorn oft viel zu spitz, und es ist kein Wunder, dass bei längeren Märschen in solchen Stiefeln unangenehme Beschwerden entstehen. Die langen und zum Teil recht festen Schäfte behindern erfahrungsgemäß die Blutzirkulation in den Unterschenkeln und Füßen und verursachen vielfach Blutstauungen.«[83]

Auch hier behielten modische Überlegungen offenbar meist Vorrang vor laufpraktischen Erwägungen.

Obwohl die Fachärzte wie Wilhelm Thomsen, Gustav Kreglinger, Georg Hohmann und Franz Schede den Reichsleitungen von SA und SS wiederholt vorschlugen, das Schuhwerk der NS-Wehrformationen nach den neuesten Erkenntnissen der Schuhforschung zu überarbeiten, kam es bis Kriegsende nicht

79 Vgl. dazu das nächste Unterkapitel und Kap. 9.6.
80 Thomsen (1944), S. 269.
81 Ebd., S. 260.
82 Ebd., S. 258-269.
83 Ebd., S. 158ff.

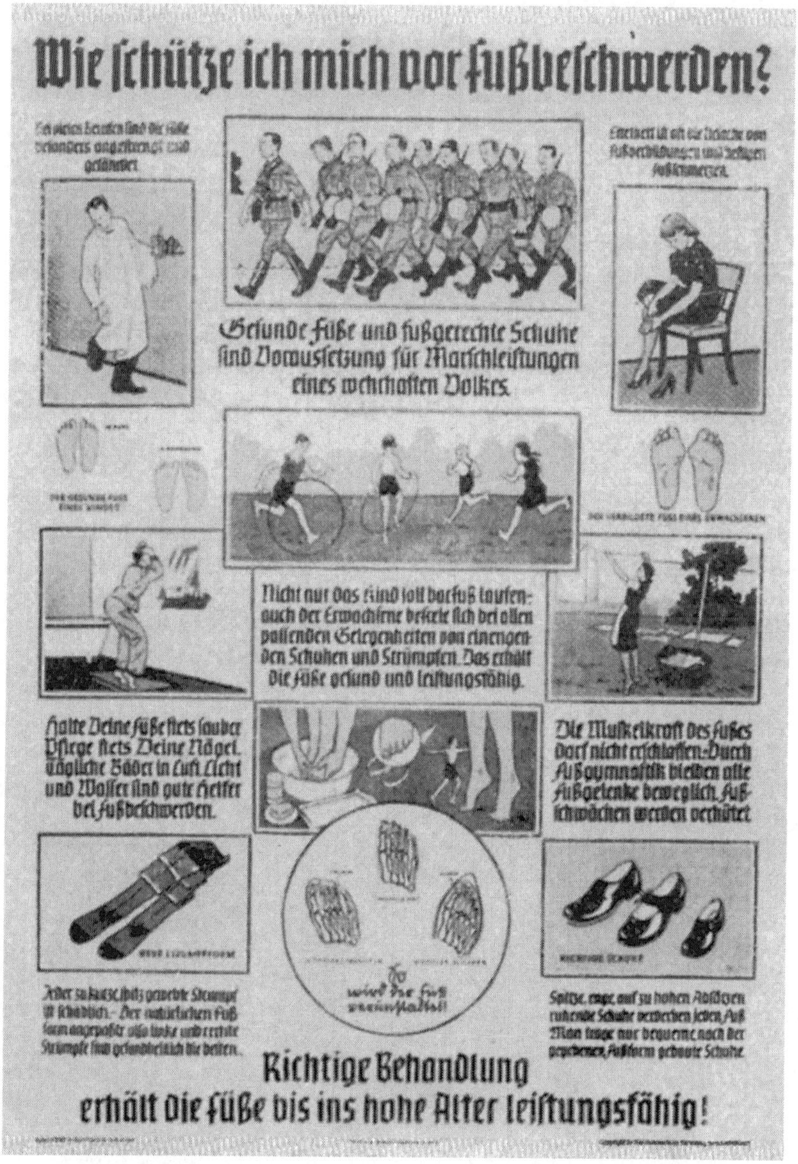

Abb. 35: Plakat des Reichsausschusses für Volksgesundheitsdienst zur Aufklärung über fußgesundheitliche Fragen (1941)

dazu. Auf einer Tagung der Obersten SA-Führung Ende September 1939 wollten die Ärzte Hohmann, Schede und Thomsen Vorschläge zur Verbesserung des SA-Schuhwerks machen. Wegen des Kriegsbeginns wurde die Tagung jedoch abgesagt. Der »große Plan«, mit der Neugestaltung der Dienstschuhe für die Hitlerjugend und den Bund Deutscher Mädel fußrichtige Schuhe für alle deutschen Jugendlichen einzuführen, endete ebenfalls in einem Misserfolg.[84] Trotz erheblichen Forschungsaufwands wurde auch ihre Produktion immer wieder verschoben. So müssen die Bestrebungen der orthopädischen Ärzte, mit Hilfe des nationalsozialistischen Staates eine große Reform des zivilen Lederschuhwerks in Deutschland durchzuführen, als größtenteils gescheitert betrachtet werden. Dies ist umso auffälliger, als etwa in den USA eine solche Reform des staatlich in Auftrag gegebenen Schuhwerks längst stattgefunden hatte.

Holzschuhreform

Bei der Durchsetzung ihrer Forderungen war die Forschungsstelle eng an die Mitarbeit der Industrie und vor allem die Akzeptanz der Produkte durch die Verbraucher gebunden. Dies zeigte sich, als in einem Bereich die Industrie die gesundheitsreformerischen Bestrebungen zu ihrer eigenen Sache machte: bei einer neuen Generation von Holzschuhen. Hier wurden die Forschungen der Prüf- und Forschungsstelle tatsächlich in die Praxis umgesetzt. Wichtigste Voraussetzung für die Zustimmung der Industrie war eine weitestgehende Ausschaltung der Wahlmöglichkeit für die KonsumentInnen bei der Nutzung dieser Produkte. Vorgesehen zunächst als Ersatz für Damenlederschuhe und später als Arbeitsschuh in der Kriegswirtschaft nahm der Holzschuh seit den Vorkriegsjahren einen gewaltigen Aufstieg. Damit erhielt die fußgerechte Neugestaltung der Sohle aus Holz große Bedeutung.[85] Sie wurde ein zentraler Forschungsgegenstand der Prüf- und Forschungsstelle ab 1940.[86]

Das Unternehmen Fagus und viele Schuhhersteller engagierten sich bei der Entwicklung neuer Arten von Holzschuhsohlen, die einerseits bequemer und für die deutsche Zivilbevölkerung ansehnlicher sein sollten als die Holzsohlen des Ersten Weltkriegs. Andererseits erhielten Millionen ausländischer Zwangsarbeiter solche Ersatzstoffschuhe, deren Leistungsfähigkeit in der deutschen Kriegswirtschaft durch ihr Schuhwerk beeinflusst wurde. Bei der Firma Fagus etwa, die vor dem Krieg noch überhaupt keine Holzsohlen hergestellt hatte, machten diese in den letzten Kriegsjahren ein Drittel des Gesamtumsatzes aus.[87]

84 Ebd., S. 154.

85 Vgl. dazu Kap. 8.3, 8.4. und 9.3.

86 Adolf Basler, Über eine altbewährte Form von Arbeitsschuhen mit Holzsohlen, in: Arbeitsphysiologie 11 (1941), Nr. 5, S. 453-461; Thomsen (1944), S. 226-242.

87 Fagus begann unmittelbar nach Kriegsbeginn mit der Entwicklung von fußgerechten Holzsohlen. Im Januar 1944 lieferte die Firma täglich 2.500 Paar Holzsohlen, von de-

Die Entwicklung von neuen Holzsohlen führte zu diversen technischen und gestalterischen Innovationen (Abb. 49, 50).[88] Chinesische, japanische, oberitalienische und Schweizer Erfahrungen mit dem Laufen auf Holzschuhen wurden ausgewertet.[89] Bei Einführung der Bezugscheinpflicht für Straßenschuhe mit Holzsohlen als Alltagsschuhwerk für Frauen zum 1. April 1940 behauptete das Hamburger Tageblatt: »Der Fuß ermüdet nicht. Man hat das erreicht durch die plastische Ausarbeitung der Sohle und die Form des Absatzes, die sich der Form des Fußes und dem natürlichen Gang vollkommen anpasst.«[90]

Im Sommer 1943 gründeten rund 80 deutsche Schuhunternehmen und die Baťa AG in Zlín gemeinschaftlich die Ostschuh GmbH.[91] Ihr Zweck war die Organisation der massenhaften Produktion von Schuhen für die Bevölkerung der besetzten Gebiete im Osten. Für ihr Hauptprodukt, die Holzarbeitsschuhe, sollten nach Beschluss der führenden Unternehmer die neuen fußgesundheitlichen Erkenntnisse der Prüf- und Forschungsstelle maßgebend sein.[92] Fagus und andere an der Fußgesundheit interessierte Leistenhersteller, die riesige Mengen solcher Holzsohlen lieferten, konnten damit endlich ihre Reformideen in die Serienproduktion von Schuhen umsetzen. Im Januar 1944 berichtete Harry Lindner, Leisten- und Holzsohlenfabrikant in Erfurt und Leiter der Ostschuh GmbH, dass ein »Einheitsschuh« mit Holzsohle für die Bevölkerung der besetzten Ostgebiete nach Vorgaben der Forschungsstelle eingeführt worden war. Die fußgesunden Schuhe wurden hier den Konsumenten, in Gestalt der bis aufs Äußerste unterversorgten Bevölkerung der besetzten Gebiete Polens, der baltischen Länder und der Sowjetunion, autoritär verordnet. Die Unternehmer der *Gemeinschaft Schuhe* feierten dies im Januar 1944 als »Gemeinschaftsleistung«.[93]

nen »90 % in der neuen, gesundheitlich einwandfreien Form ausgeführt« wurden. Vgl. Bericht Karl Benscheidts über die Tagung der GS in Frankfurt, 5./6.1.1944, Bauhaus-Archiv Berlin, Fagus, Nr. 212; Report of the custodian W. Beuschhausen [...] about the supervision of the property of the manufacturer Karl Benscheidt Jr [...], 20.2.1946, Bauhaus-Archiv Berlin, Fagus, Box »Diverse Akten und Zeitungsausschnitte«, nicht nummerierte Akte.

88 Thomsen (1944), S. 226-242.

89 Adolf Basler, Über eine altbewährte Form von Arbeitsschuhen mit Holzsohlen, in: Arbeitsphysiologie 11 (1941), Nr. 5, S. 453-461; Thomsen (1944), S. 226-242.

90 Frauen tragen im Sommer bezugsscheinfreie Schuhe, in: Hamburger Tageblatt v. 13.3.1940.

91 Zur Ostschuh GmbH als »Gemeinschaftsgründung« der deutschen Schuhindustrie vgl. Ostschuh GmbH, in: SFZ v. 20.6.1943, S. 11. Zur Versorgungspolitik mit Schuhen in den besetzten Gebieten vgl. Kap. 5.5, 8.4 und 9.1.

92 Thomsen (1942), S. 268.

93 Teilnehmer der Sitzung waren die Direktoren der vier größten Leistenhersteller Armin Winkle in Altenstadt, Carl Behrens in Alfeld, Fagus in Alfeld, Schollenberger & Lindner in Erfurt sowie die Schuhfabrikanten Ernst Sigle von der Firma Salamander, Theodor Röder, Schuhfabrikant in Stuttgart (Firma Mercedes) und Leiter der GS, Emil Keil, Direktor der Firma Oswald Wenzel in Weißenfels/Saale, Adolf Gabi, Schuhfabrikant in Erfurt, und der Kaufmann Wilhelm Heim, Berlin. Vgl. Bericht Karl Ben-

Bei der Entwicklung eines neuen Wehrmachtsschnürschuhs berichtete Lindner auf einer Sitzung der *Gemeinschaft Schuhe* im September 1944, bei der Ostschuh GmbH habe man »nur gute Erfahrungen mit der ›Gestaltung nach Forschung‹« gemacht.[94] In den Jahren 1943/44 stellten die Betriebe der Ostschuh GmbH in den Reichskommissariaten Ostland und Ukraine etwas über eine Million Paar Holzschuhe her.[95] Am Beispiel ihrer Produkte wird deutlich, dass die effektive Durchsetzung fußgerechter Formen in der Mengenproduktion eng an die Beseitigung der Wahlmöglichkeiten der Verbraucher von Produkten geknüpft war. Die Kaufgewohnheiten der Verbraucher, die Reformunwilligkeit und vor allem die große Durchsetzungsmacht der Lederschuhhersteller, deren Wirtschaftsinteressen in der NS-Wirtschaft nach dem Militär immer oberste Priorität hatten,[96] stellten sonst die wichtigsten Hindernisse für die ärztlichen Reformbemühungen und Initiativen der reformwilligen Leistenhersteller dar.

7.2 Die »Zweckmäßigkeit«: Der Schuh als Gegenstand der Militärphysiologie

Der Schuh als Faktor einer Physiologie des Marsches

Die Militärphysiologie stellt das zweite Wissensfeld dar, auf dem die Gebrauchsprozesse des Schuhs untersucht und Erkenntnisse über die Auswirkungen des Produkts auf den Körper und den Bewegungsablauf seiner Nutzer gewonnen wurden. Außerdem leistete diese militärische Wissenschaft einen wichtigen Beitrag zum Methodenrepertoire der Forschung an Konsumgütern, auf den in den 1930er Jahren auch zivile Industrieforscher zurückgriffen. So wird hier auch auf die Entstehungsgeschichte einer neuen wissenschaftlichen Methode – des menschlichen Trageversuchs als Experimentalform – einzugehen sein.

Die Militärphysiologie betrachtete es als ihre Aufgabe, die Faktoren, die die Leistungsfähigkeit von Soldaten beeinflussten, zu erkennen und zu optimieren. Das Armee-Schuhwerk war unter diesen einer der bedeutendsten. Auch die Militärhygiene, der militärische Zweig des Gesundheitswesens, beschäftigte sich mit der Alltagskleidung von Soldaten. Dieses besondere Interesse gründete sich auf die empirische Erfahrung, dass in den Kriegen bis 1870/71 die deutschen Verluste durch Krankheiten sechsmal größer waren als durch Waffenein-

scheidts über die Tagung der GS in Frankfurt, 5./6.1.1944, Bauhaus-Archiv Berlin, Fagus, Nr. 212; Ostschuh GmbH, in: SFZ v. 20.6. 1943, S. 11.

94 Bericht Karl Benscheidt, Wehrmachtschnürschuh 1944. Bericht über die Sitzung der GS am 19.9.1944 in Magdeburg, 20.9.1944, Bauhaus-Archiv Berlin, Fagus, Nr. 212.

95 Vgl. dazu ausführlich Kap. 8.4, Abschnitt »Arbeitsschuh«.

96 Zur Frage der Machtverteilung zwischen Staat und Unternehmen während der NS-Zeit und besonders in der Kriegswirtschaft vgl. ausführlich Kap. 9.

wirkung.[97] Bis zum Ersten Weltkrieg galt in europäischen Armeen der Richtwert, dass bei Kampfeinsätzen ein Viertel bis ein Drittel aller Soldaten in den ersten Tagen von Fußkrankheiten heimgesucht wurde. Ein Zehntel der Truppe fiel durchschnittlich auf Grund dieser Verletzungen ganz aus dem Kampfgeschehen aus.[98] Mit diesem Problem hatten alle Armeen auch im Zweiten Weltkrieg zu kämpfen.[99]

Der Schuh als Ausrüstungsgegenstand des Soldaten geriet um die Wende zum 20. Jahrhundert in das Blickfeld militärischer Organisatoren. Im Deutschen Reich kam es Ende der 1880er Jahre unter Fachärzten und Offizieren der Militärhygiene zu einer Diskussion über die Frage, welche Gepäckbelastung dem durchschnittlichen Infanteristen zumutbar war.[100] Dies führte zu einer Untersuchung, die als die erste wissenschaftlich-empirische Studie zur Wirkung der Ausrüstung auf die Marschleistung des Soldaten in die Annalen der deutschen Militärphysiologie eingehen sollte.[101] Im Jahr 1894 beauftragte die Medicinalabteilung des kaiserlichen Kriegsministeriums den Berliner Professor für Tierphysiologie, Nathan Zuntz, mit einer Untersuchung über den Einfluss des Marschierens auf den Soldatenkörper: auf den Stoffwechsel, die Atmung und den Energieverbrauch. Im Mittelpunkt stand dabei die Frage, wie sich die Kleidung und Gepäckbelastung auswirkten. Dazu führte Zuntz von April bis Juli 1894 eine Serie von Experimenten durch, deren Ergebnisse er 1901 unter dem Titel »Studien zu einer Physiologie des Marsches« veröffentlichte.[102]

In Zusammenarbeit mit dem Militärarzt Wilhelm August Schumburg ließ Zuntz von einer kleinen Anzahl Freiwilliger, die den »Durchschnitts-Infanteristen« repräsentieren sollten, über 4 Monate hinweg an warmen Tagen eine »mittlere Marschleistung« vollbringen. Dafür legten die Versuchspersonen zu Fuß immer die gleiche Strecke von knapp 25 km pro Tag zurück.[103] Die Teilnehmer trugen die üblichen Kleidungs- und Ausrüstungsgegenstände des Garde-Füsilier-Regiments. Dazu gehörten auch je ein Paar der seit 1887 vorgeschriebenen

97 Pilster (1981), S. 1; Lindau (1883).

98 Vgl. Lindau (1883); Bischoff/Hoffmann/Schwienig (1910), S. 161ff.; Munson (1917), bes. S. 3.

99 Noch im Winter 1944/45 waren 40 Prozent aller Krankheitsfälle in der U.S. Army nach Landung in der Normandie nicht auf Feindeinwirkung zurückzuführen. Allein 20 Prozent aller kranken US-Soldaten fielen wegen Fußkrankheiten aus. Vgl. Risch (1953), S. 104ff.

100 Die damalige Gepäckbelastung des Infanteristen lag bei 33 kg. Zuntz/Schumburg (1901), S. 22f.

101 Vgl. Waldmann/Hoffmann (1936), S. 31, 310 u.v.a.; Handloser (1944), S. 390f.; Loscher/Schumann (1987), S. 22.

102 Zuntz/Schumburg (1901). Folgende Ausführungen basieren besonders auf S. 25-34.

103 Die Strecke führte von Zuntz' tierphysiologischem Institut an der Invalidenstraße in Berlin-Mitte, das den Beginn und Endpunkt des Marschs markierte, über den Königsdamm nach Saatwinkel und am Spandauer Kanal zurück.

langschäftigen Marschstiefel und ein Paar Schnürstiefel zum Wechseln.[104] Ein Teil des Gepäcks wurde ersatzweise als Sandsack auf dem Rücken getragen, der im Gewicht variierte. So ließ sich der Einfluss dreier verschiedener Belastungsgrade von 22 kg, 27 kg und 31 kg erproben. Jeweils vor und nach dem Versuchsmarsch wurden alle Organe, von denen man annahm, ihre Tätigkeit werde durch das Marschieren und die Belastung beeinflusst (Atmung, Kreislauf, Wärmeregulation (d.h. Schweißabsonderung), Muskel- und Nerventätigkeit), im tierphysiologischen Labor des Instituts untersucht und allgemein der Energieverbrauch gemessen. Insgesamt fanden 28 Märsche statt.

Da die Versuchspersonen »durch Selbstbeobachtung im Stande« sein sollten, an den Untersuchungen mitzuwirken und ihre subjektiven Eindrücke zu verbalisieren, verzichtete Zuntz darauf, tatsächlich Soldaten für die Experimente heranzuziehen. Stattdessen entschied er sich für fünf Studenten seines Instituts als Probanden.[105] Bei den Experimentalbedingungen problematisierte Zuntz, dass die wechselnden äußeren Einflüsse die Repräsentativität der Ergebnisse verzerren konnten. Um etwa eine »vorübergehende individuelle Indisposition« der Personen auszugleichen, führte er eine möglichst große Zahl von Märschen durch und ließ diese nur bei annähernd gleicher Witterung stattfinden. Außerdem berücksichtigte er die körperlichen Eigenheiten jeder einzelnen Versuchsperson.

Über die Respiration stellte Zuntz neben den Trageversuchen außerdem Laborversuche am Institut an. Sie bestanden darin, dass die Versuchspersonen während des Marschierens bei geschlossener Nase durch ein Mundstück atmeten, das durch ein Ventilpaar Ein- und Ausatmungsluft voneinander trennte und die ausgeatmete Luft einem Gasmesser zuführte. Für diese Versuche wurde eine mechanische Gehstrecke entwickelt, die sogenannte Tretbahn, die auf dem Hof des Instituts stand. Sie konnte in ihrer Neigung verstellt werden, um so verschiedene Steigungen beim Marschieren zu simulieren und ihre Auswirkung auf das Luftvolumen und seine Zusammensetzung nach dem Ausatmen zu untersuchen.[106]

Zu den umfangreichen Ergebnissen der Versuche, die bis in den Zweiten Weltkrieg eine der umfassendsten empirischen Grundlagen für die Theorie der Militärhygiene bildeten, gehörte die Erkenntnis, dass der wichtigste Störfaktor beim Marschieren die »auffallend häufigen Fußleiden« waren. Außerdem erkannten die Physiologen, dass schon kleinste Unbequemlichkeiten des Schuhwerks und kleine Störungen im Bereich der Sehnen und Bänder des Fußes erhebliche Auswirkungen auf den Kräftehaushalt beim Gehen hatten: Infolge

104 Zu Umfang und Gewicht des üblichen Gepäcks vgl. die Bekleidungs- und Ausrüstungsanordnungen der kaiserlich-deutschen Armee: Beschreibung der Infanterieausrüstung M 87, Berlin 1887; Fischer/Scheele (1969), S. 317/8.

105 Alle Versuchspersonen waren männlich, im 5. Semester ihres Studiums und hatten im 1. Semester eine militärische Ausbildung durchlaufen.

106 Zuntz/Schumburg (1901), S. 213f.

einer schmerzhaften Reizung des Fußes marschierten Soldaten mit erheblich höherem Kraftaufwand als sonst. Der Energieverbrauch eines durchschnittlichen Probanden erhöhte sich dadurch um knapp ein Fünftel.[107] Auswirkungen auf den Energieverbrauch beim Laufen hatten grundsätzlich die Faktoren der Marschgeschwindigkeit, des Körpergewichts, der Steigung der Strecke, der Bodenbeschaffenheit und der Gepäckbelastung.[108]

Die Zuntz'schen Forschungen waren in zweierlei Hinsicht für die Geschichte der weiteren Forschung am Schuh wichtig: Erstens wurden in allen darauffolgenden Lehrbüchern der Militärhygiene die Erkenntnisse von Zuntz und Schumburg in praktische Anweisungen übersetzt und diese bei der Neuentwicklung von Kleidungsstücken und Schuhen berücksichtigt.[109] Zweitens brachten sie für die Geschichte der Wissenschaften, die sich mit Gebrauchsgütern beschäftigen, eine entscheidende methodische Errungenschaft: die Einführung des Trageversuchs als Experimentalform. Dieser war bei Zuntz noch ganz auf die Beeinträchtigung von Körperfunktionen der Träger konzentriert und selbst in dieser Hinsicht, wie Zuntz zugeben musste, bislang noch vergleichsweise unsystematisch. Der frühe, militärphysiologische Trageversuch beschäftigte sich kaum mit dem Gebrauchsgegenstand, seinen Eigenschaften oder genauen Wirkungsweisen auf seinen Träger. Zuntz sah den neuen Forschungsansatz aber zu Recht als eine der wichtigsten Errungenschaften seiner Arbeit. Er appellierte an die Offiziere und Truppenärzte, »auf dem beschrittenen Wege weiter zu streben«. Gebrauchsgegenstände seien in Zukunft »an Hunderten von Soldaten, in Tausenden von Einzelversuchen nach allen von uns angedeuteten Richtungen zu studieren, unter den verschiedensten Belastungen, bei jedem Dienstzweig, in ebenem und hügeligem Gelände«.[110] Der Trageversuch bei den Truppen wurde in der Folgezeit in zunehmendem Maße eingesetzt, wenn es um die Verbesserung der bestehenden Kleidungsstücke der Truppenteile ging.[111]

107 Ebd., S. 29; 249f.; 298-301; Waldmann/Hoffmann (1936), S. 31.
108 Zuntz/Schumburg (1901), S. 332.
109 Bischoff/Hoffmann/Schwienig (1910).
110 Zuntz/Schumburg (1901), S. 333.
111 Trageversuche bei den Truppen wurden in der kaiserlich-deutschen Armee im Zusammenhang der Einführung neuer Stiefeltypen von Januar 1908 bis Februar 1912, von Juni 1910 bis Juli 1914 und von April bis Nov. 1918 durchgeführt. Zur Frage der Einführung eines von der Firma Fagus entwickelten, fußgerechten Leistens organisierte die Marine Mitte der 30er Jahre unter Ministerialdirigent Dr. Meyer Trageversuche. Vgl. Kraus (1999), S. 181-186; Preuß KM Nr. 2418.3.18 B 3 Cb. Ebd. Prod. 251 und Preuß KM Nr. 517.9.18 B 3 Cb. Ebd. Prod. 85; Brief Karl Benscheidts an Theodor Röder v. 27.1.1944, S. 6, Bauhaus-Archiv Berlin, Fagus Bestand, Akte 212.

Der Schuh des einfachen Soldaten bis 1944

Es mag überraschen, dass auch bei der militärischen Fußbekleidung bis Ende des 19. Jahrhunderts oft nicht die physische Funktionalität der Schuhe im Vordergrund stand. Stattdessen dominierten oft ästhetische und repräsentative Motive die Formgebung. Diese Tradition setzte sich im deutschen Militär bis in den Zweiten Weltkrieg fort, so dass bei der Gestaltung und der Konstruktion von Soldatenstiefeln häufig nicht Gründe der Zweckmäßigkeit im Vordergrund standen. Noch bis Mitte des 19. Jahrhunderts war es in den meisten deutschen Heeren Privatangelegenheit jedes Soldaten oder seines Kompaniechefs, für Uniform und Fußbekleidung zu sorgen.[112] Oft waren diese mehr nach modischen als nach praktischen Gesichtspunkten gestaltet: »Die Mode hat auch hier den Sinn für das natürlich Zweckmäßige vielfach alterirt«, stellte der Militärphysiologe Carl Kirchner noch 1869 in Bezug auf das deutsche Militärschuhwerk fest.[113] Nach der Reichsgründung änderte sich dies ansatzweise. Fortan wurden Marschstiefel von der Heeresleitung gestellt und somit vereinheitlicht. Damit einher gingen auch erste Überlegungen zur physiologischen »Zweckmäßigkeit« dieser Bekleidungsstücke.

Die Entwicklung des militärischen Schuhwerks vollzog sich langfristig auf zwei Gebieten: in der Schaftform und in der Leistenform. Im Verlauf der beiden Weltkriege kam jeweils noch die Frage des Materials hinzu. Im Deutschen Reich entwickelte sich der Schuh auf beiden Gebieten in vergleichweise geringem Maße weiter, während andere europäische Armeen, allen voran die britische, reformfreudiger waren und ihren Fußtruppen dadurch viel Leid ersparten. Auch die Konstruktion des deutschen Stiefels, der am Vorderfuß durchgenäht und im Gelenk holzgenagelt war, blieb vom Ersten Weltkrieg bis Ende des Zweiten Weltkriegs in Deutschland dieselbe. Britische und amerikanische Soldaten trugen stattdessen sowohl im Ersten als auch im Zweiten Weltkrieg einen viel bequemeren, rahmengenähten Stiefel.[114]

Hinsichtlich der Schaftform ging die Entwicklung im Deutschen Reich vom geschlossenen, hohen Schaftstiefel zum variableren und niedrigen Schnürstiefel. Seit 1887 waren im deutschen Militär zwei Arten von Schuhwerk vorgeschrieben: ein lederner Schaftstiefel als Marschstiefel und ein Paar »Schnürschuhe« zum Wechseln. Ob der wadenhohe Schaftstiefel (der sogenannte »Knobel-

112 Fischer/Scheele (1969), S. 290f.

113 Kirchner (1869), S. 333.

114 Für die USA: War Department, Quartermaster Corps, Specifications for Shoes, adopted 30.4.1913, NMAH, Military Collection, UC 493.A5 1914; zu den Herstellungsvorschriften des U.S. Army Quartermaster Corps für den *Service Shoe* und *Garrison Shoe* (1927-1945) vgl. NA Washington, RG 92, Quartermaster Corps, Boxes 322, 323. Für GB: Variations in Army Boot Specifications, in: SLN v. 27.4.1939, S. 11.

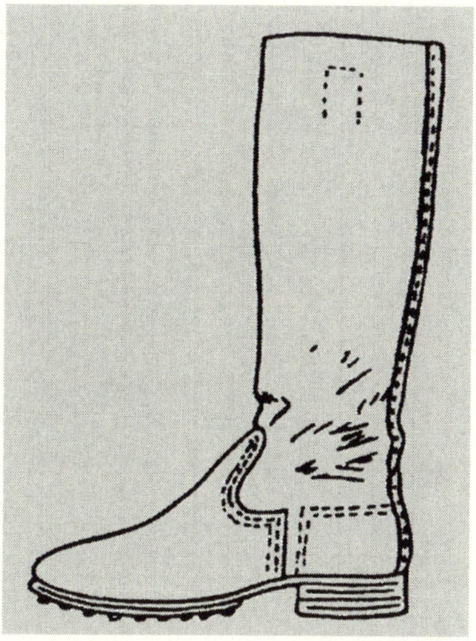

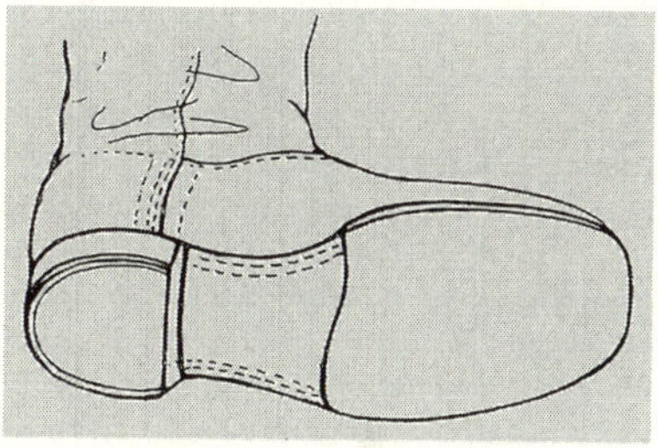

Abb. 36: Der Marschstiefel der Wehrmacht (»Knobelbecher«) und seine Bodenausführung

becher«)[115] (Abb. 36) oder der »Schnürschuh« (ein kürzerer Stiefel, im Folgenden Schnürstiefel genannt)[116] (Abb. 37) die zweckmäßigere Fußbekleidung für den Infanteristen darstellte, war unter Militärärzten und Offizieren umstritten. Kriterium des Vergleichs war, welche der beiden Schaftformen besser das Eindringen von Fremdkörpern, Wasser und Schnee verhinderte.[117] Der hohe Schaftstie-

115 Der Marschstiefel war ab 1915 wie folgt konstruiert: Er hatte eine Schafthöhe von 31-35 cm. Die Sohle war doppelt durchgenäht, im Gelenk zusätzlich zweireihig holzgenagelt sowie mit 35-45 verzinkten Nägeln beschlagen. Der Absatz war etwa 3 cm hoch und am äußeren Rand hufeisenförmig mit versenktem Eisen aus verzinktem Stahl verstärkt. Der Stiefel kam in seiner naturbraunen Farbe aus der Fabrikation und wurde vor dem ersten Gebrauch von den Soldaten selbst mit »Schuhwichse«, später »Lederschwärze« schwarz gefärbt. Vgl. Heeresdienstvorschriften: Vorschriften über die Bekleidungswirtschaft der Truppen 1929, 1934 und 1935, BA-MA Freiburg, Bestand Heeresdienstvorschriften, RHD 4, Nr. 121, 122 und 122A; Kraus (1999), S. 177ff.

116 Der Schnürschuh hatte eine Schafthöhe von 14-16 cm. Seine Sohle und sein Absatz waren gleich konstruiert wie beim Marschstiefel.

117 Der Schaftstiefel hatte den Vorteil, dass er den Unterschenkel vor mechanischer Einwirkung bewahrte und sich rasch anziehen ließ. Bei längerem Gebrauch wurde der hohe Schaft jedoch faltig, sackte in sich zusammen, wurde unbequemer. In nassem Zustand ließ er sich schwer an- und ausziehen. Der Schnürstiefel dagegen bot außer dem leichteren Gewicht auch eine bessere Durchlüftung des Fußes und wirkte daher der Schweißbildung entgegen. Außerdem gestattete er eine präzisere Anpassung an die variierende Ausdehnung des Fußes im Tagesablauf, ließ unterschiedlich dicke Strümpfe und Fußlappen zu. Er veränderte bei längerem Gebrauch weniger seine Form und trocknete schneller aus. Um den Unterschenkel zu schützen, musste er al-

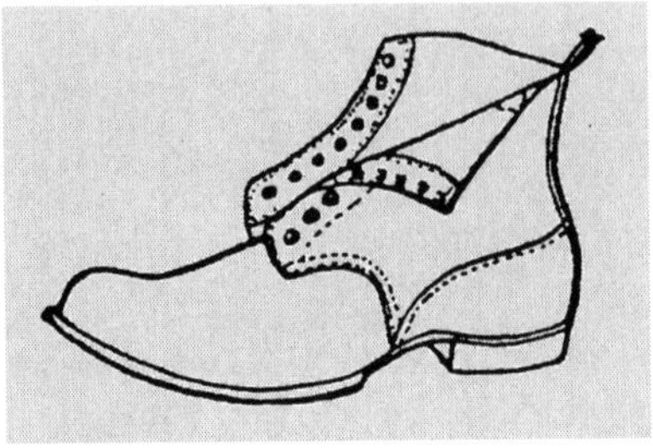

Abb. 37: Der Schnürstiefel der Wehrmacht (»Schnürschuh«)

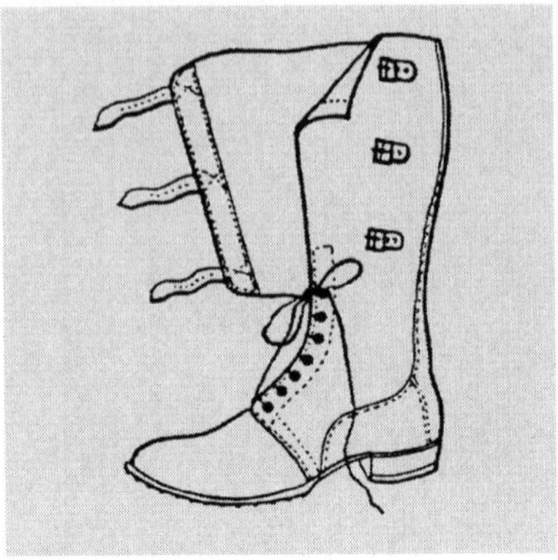

Abb. 38: Der neue Marschstiefel der Wehrmacht (»Gamaschenstiefel«) (1935)

fel war die traditionelle Fußbekleidung der preußischen Armee, während der kurze Schnürstiefel zuerst in der britischen Armee eingeführt und nach deren Vorbild auch vom Deutschen Reichsheer übernommen wurde.[118]

Die Diskussion um die beste Schaftform entbrannte im Ersten Weltkrieg, als es bei deutschen Soldaten und Offizieren im Feld immer beliebter wurde, statt der Infanteriestiefel die Schnürstiefel und zugehörigen Wickelgamaschen anzulegen.[119] Im ersten Kriegswinter 1914/15 forderten die Fronttruppen in enormer Höhe Wickelgamaschen an. In den Schützengräben kam es so zu einem von der Heeresverwaltung nicht gewollten, eigenmächtigen Wandel der Fußbekleidung hin zum Schnürschuh. Man versuchte, diesen durch Verbote zu unterbinden.[120] Dennoch blieben Schnürschuh und Wickelgamasche charakteristische Bekleidungsstücke der Fronttruppen. Deren umstrittene, von den Truppen immer wieder geforderte allgemeine Einführung als Erstausstattung scheiterte jedoch im Januar 1918 an der angespannten Rohstofflage im Textilsektor.[121]

Obwohl die Fußsoldaten den Schnürstiefel eindeutig bevorzugten, blieb der preußische Schaftstiefel auch nach dem Ersten Weltkrieg Standardschuhwerk der Heeresbekleidungskammern. In der Frühphase des Nationalsozialismus

lerdings durch eine Gamasche ergänzt werden. Dadurch erforderte das Anziehen eine längere Zeit, zumal wenn die geschnallte Ledergamasche, die bei Offizieren üblich war, bei einfachen Soldaten durch eine wollene Wickelgamasche ersetzt wurde. Vgl. Waldmann/Hoffmann (1936), S. 50ff.; Bischoff/Hoffmann/Schwienig (1910), S. 167ff.

118 Waldmann/Hoffmann (1936), S. 167f.

119 Kraus (1999), S. 182.

120 Ebd., S. 183.

121 Chef des Generalstabs des Feldheeres Ic. Nr. 70 919 op. VBl. der 4. Armee 1918 Nr. 156, S. 50, und Kraus (1999), S. 183.

zeigte sich die Reichswehrführung reformfreudiger. Ein neues Schaftmodell wurde entwickelt. 1935, in den ersten Bekleidungsvorschriften zur neuen »Wehrmacht«, waren als Grundausstattung wieder ein Paar Marschstiefel, ein Paar Schnürstiefel und zusätzlich ein Paar Filzschuhe (Hausschuhe) als Ausrüstung des Infanteristen festgelegt.[122] Der hierin vorgeschriebene Marschstiefel war eine Zwitterkonstruktion aus Schaft- und Schnürstiefel, bei der der untere Teil des Schaftes neuerdings geschnürt, der obere Teil aber wie eine Gamasche mit drei Riemen um die Wade geschnallt wurde. Er hieß daher auch »Gamaschenstiefel« (Abb. 38). Der neue Stiefel erlaubte eine bessere Anpassung an den individuellen Fuß. Er konnte mit Fußlappen und doppelten Strümpfen getragen werden, ohne durch zu engen Sitz am Spann die Blutzirkulation zu behindern. In der Herstellung aber war er mit seinen vielen Schaftteilen weit aufwendiger als das alte Modell.[123] Die Schnallen für die Riemenbefestigung am Oberteil erwiesen sich außerdem als Gefahr, im Gestrüpp oder Drahtverhau hängen zu bleiben und den Träger am Fortkommen zu hindern oder gar abzureißen. Die Schnallendorne führten außerdem in der Praxis zum Durchscheuern und Schleißen der langen Wehrmachtsmäntel.[124] Daher kam es trotz seiner überlegenen Schaftform nur wenige Monate nach der Einführung wieder zur Abschaffung der neuen Stiefelform.[125] Die Wehrmacht kehrte wieder ganz zum alten »Röhrenstiefel« (»Knobelbecher«) der Reichswehr zurück.[126] Im November 1939 wurde aus Gründen der Rohstoffversorgung der Schaft des Stiefels um 4 cm gekürzt, so dass er auch wieder dieselbe Höhe hatte wie 1915.[127] In den langschäftigen und schweren »Knobelbechern« marschierten deutsche Soldaten schließlich in Polen und Frankreich ein, während die Soldaten aller gegnerischen Armeen (außer der Sowjetunion) im Zweiten Weltkrieg längst Schnürstiefel trugen.

Der Leisten war das zweite wesentliche Element der militärischen Schuhgestaltung. Wie im Bereich der Zivilschuhe ließen sich auch hier wissenschaftliche Erkenntnisse nicht immer in die Praxis umsetzen. Im preußischen Heer war bis zum Krieg von 1870/71 noch der sogenannte zweibällige Leisten erlaubt. Viele Soldaten erhielten also zwei symmetrische Schuhe.[128] Ab 1906 wurde im

122 Das Paar Marschstiefel wog diesmal 1,9 kg, die Schnürstiefel 1,1 kg. Vgl. BA-MA Freiburg, RHD 4, Heeres-Druckvorschrift 121: Vorschrift über die Bekleidungswirtschaft der Truppen im Frieden, 1.4.1935, S. 4f.

123 Der neue Militärstiefel im Fabrikationsgang der Stepperei, in: SFZ v. 22.11.1933, S. 1f.

124 H. Wurmnest, Fachmännische Erwägungen: »Knobelbecher«, Reichswehrstiefel, Reitstiefel, Marschstiefel, in: SFZ v. 3.10.1934, S. 1f.

125 Waldmann/Hoffmann (1936), S. 601.

126 Der Stiefelschaft bestand nun allerdings nicht mehr aus zwei Teilen, die an beiden Seiten mit je einer Naht zusammengefügt wurden, sondern aus einem Teil, das hinten durch zwei Nähte und einen Deckriemen verbunden wurde.

127 Vgl. Heeres-Mitteilungen 1939, Nr. 814, BA-MA Freiburg, Bestand Allg. Heeres-Mitteilungen, RHD 2.

128 Kirchner (1869), S. 336.

Zuge der Einführung eines neuen Militärleistens »1906« der einballige Leisten eingeführt und das Größensystem beträchtlich erweitert.[129]

Der Reichswehrleisten von 1906 wurde bis 1944 verwendet.[130] Er besaß eine nach vorne relativ spitz zulaufende Form und eine Schweifung der Bodenfläche am Außengelenk (Abb. 69). Er entsprach daher nicht den von Meyer'schen Forderungen des fußgerechten Schuhs. Dies führte dazu, wie spätere Forschungen der Prüfstelle für Leisten- und Schuhbau ergaben, dass sowohl die Großzehe als auch die kleinen Zehen eingeengt wurden und der Außenballen des Schuhes leer blieb.[131] Verschiedene Versuche in den folgenden Jahrzehnten, diesen Leisten fußgerechter zu gestalten, scheiterten. In den späten 20er Jahren und 1936 verliefen Reformversuche im Sand.[132] Ein auf Initiative der Firma Fagus 1928 für die Reichswehr entwickelter, fußgerechterer Leisten wurde von der Reichswehrführung nicht angenommen. Stattdessen führte ihn die polnische Armee ein.[133]

1931 nahm das preußische Innenministerium Kontakt mit Fagus auf. Nach zwölfmonatigen Trageversuchen mit mehreren Tausend Paar Schnürstiefeln übernahm die preußische Polizei den Fagus-Leisten für die Produktion aller Dienststiefel. Die Polizeiverwaltungen anderer Länder folgten. Ab Oktober 1932 ließ reichsweit die gesamte deutsche Schutzpolizei ihre Stiefel auf dem Leisten fertigen.[134] Diese Reform fand noch in der Weimarer Republik, nicht im nationalsozialistischen Deutschland statt. Der Polizeileisten und der auf ihm basierende, bereits erwähnte NS-Arbeitsdienststiefel, der allerdings nur punktuell in einem Gau eingeführt wurde, waren der einzige große Erfolg in der Durchsetzung physiologischer und orthopädischer Erkenntnisse in die von staatlicher Seite in Auftrag gegebenen Produkte.

129 Schuhwerk war nun nicht nur in 23 verschiedenen Längen, sondern auch in 3 Breiten und 3 Weiten erhältlich. Insgesamt gab es also 207 Größen desselben Stiefelmodells. Vgl. Bischoff/Hoffmann/Schwienig (1910), S. 164.

130 Vgl. Maßtabelle Nr. 45 für Militärleisten 1906, Bauhaus-Archiv Berlin, Fagus Bestand, Akte 212. Eine explizite Rückkehr zum alten Originalleisten von 1906 beschloss das Wehrmachtbeschaffungsamt 1936. In den Jahren davor hatte jeder Reichswehr- bzw. Wehrmachtsteil den Leisten nach eigenen Vorstellungen modifiziert. Alle diese Abwandlungen wurden 1936 verboten. Vgl. Bericht Fagus an WG Holzverarbeitende Industrie, 23.7.1937, Bauhaus-Archiv Berlin, Fagus, Nr. 213.

131 Karl Benscheidt, Bericht über die Tagung der GS in Frankfurt am 5./6.1.1944, Bauhaus-Archiv Berlin, Fagus Bestand, Akte 212.

132 Karl Benscheidt, Fuß und Schuhleisten, in: Zeitschrift für Krüppelfürsorge 31 (1938), Nr. 1/2, S. 16-28.

133 Die meisten polnischen Schuhfabriken arbeiteten zu dieser Zeit mit Leisten von deutschen Unternehmen. Vgl. Briefwechsel Karl Benscheidts mit dem Vertreter der Firma Fagus, Zygmunt Danziger, in Warschau (Sept. 1931-Jan. 1935), Bauhaus-Archiv Berlin, Fagus Bestand, Akte 66, 68, 76.

134 Vgl. Bauhaus-Archiv Berlin, Fagus Bestand, Nr. 202, Polizeileisten Preußen 1931 Modell 26 151.

Der zweite, allerdings in letzter Sekunde noch verhinderte Erfolg sollte die Entwicklung des neuen Wehrmachtsleistens »1944« werden. Die Wehrmacht beauftragte erst 1943/44 eine Neugestaltung des Militärleistens von 1906. Als 1943 die deutschen Soldaten an der Ostfront in den Knobelbechern, die die Verwendung von dicken Fußlappen sehr einschränkten, massive Erfrierungen erlitten, entschloss sich die Wehrmachtführung zu einer Änderung des Schuhwerks für Fußsoldaten in allen Truppengattungen. Zugrunde lag die physiologische Erkenntnis, dass ein gut sitzender Schuh den Fuß auch besser wärmeisolierte. Im Zuge dieser geplanten Umstellung vom hohen Marschstiefel auf den Schnürstiefel als Schaftmodell gab das Heeresbekleidungsamt auch Untersuchungen zu einer neuen Leistenform in Auftrag. Diese Forschungen, die mit umfangreichen Trageversuchen im Konzentrationslager Sachsenhausen verbunden waren, werden Gegenstand des Kapitels 9.6 sein. Auch diese Schuhreform scheiterte jedoch am Ende.

So muss auch für die militärphysiologische Forschung am Schuh festgestellt werden, dass im Zuge der Militarisierung der Gesellschaft ab 1933 ein verstärktes Interesse staatlicher und halbstaatlicher Institutionen an Fragen der Fußgesundheit zu verzeichnen war. Dies löste einen Aufschwung der Forschung und eine Vielzahl wissenschaftlicher Projekte über die richtige Schuhgestaltung aus. Doch obwohl die Forschungen wichtige neue Erkenntnisse zur Fußgesundheit hervorbrachten, wurden diese kaum in die Praxis der Schuhherstellung umgesetzt.

7.3 Der »Gebrauchswert«: Der Schuh als Gegenstand der Industrieforschung

Industrieforschung, Materialprüfung und Materialentwicklung

Ein drittes Feld der wissenschaftlichen Beschäftigung mit dem Gebrauchsprozess des Schuhs, die zeitlich nach der orthopädischen und der militärphysiologischen entstand, war die naturwissenschaftlich-technische Industrieforschung der Schuh-, Leder- und Ersatzstoff-Unternehmen. Hier flossen Methoden und Erkenntnisse der oben beschriebenen militärischen Forschung am Schuh in eine neue Art der technischen Entwicklung von Konstruktion und Material ein, die im Nationalsozialismus erst entstand. Mit Industrieforschung ist hier die wissenschaftliche Tätigkeit gemeint, deren Gegenstand das kommerzielle Produkt Schuh und seine Vorprodukte waren, oder die wissenschaftliche Tätigkeit, die Wissen hervorbrachte, das der Herstellung oder Verbesserung dieser kommerziellen Produkte im Herstellungsprozess der Unternehmen diente.[135] Die Industrieforschung beinhaltete wissenschaftliche und technologische Untersuchungen, die von Unternehmen initiiert, finanziert und ausgewertet wurden. Sie umfasste sowohl die individuelle, innerbetriebliche als auch die industrieweite, gemeinschaftliche Forschung und

135 Marsch (2000), bes. S. 13-48.

Entwicklung in den sogenannten »Gemeinschaftsforschungsinstituten«. Diese Wissenschaftsstruktur war in der deutschen Leder- und Schuhindustrie in Deutschland ebenso zu finden wie in Großbritannien und sogar, in eingeschränktem Maße, in den USA. In den drei Ländern unterschieden sich allerdings die Forschungsgegenstände, und der Staat nahm bei der Finanzierung eine unterschiedliche Position ein. Wegen der meist nur kleingewerblichen und mittelständischen Unternehmensstruktur der Firmen in den Leder- und Schuhbranchen war die Gemeinschaftsforschung in den europäischen Ländern besonders ausgeprägt.

In dem neu entstehenden Unternehmenstypus des Großunternehmens, wie Alfred Chandler ihn in *Scale and Scope* beschrieben hat, begannen seit dem Ende des 19. Jahrhunderts kontinuierliche wissenschaftliche Untersuchungen im Prozess der Güterproduktion zu Routinetätigkeiten der Firmenarbeit zu werden.[136] In dem Prozess der Integration von Marktfunktionen in das Unternehmen war die Einbeziehung der Wissenschaft zu Beginn des 20. Jahrhunderts eine der spektakulärsten Veränderungen. Mit der Industrieforschung wurde Wissenschaft Teil des Produktionsprozesses selbst. Produktions- und produktrelevantes Erfahrungswissen, das vorher an Personen wie Facharbeiter, Techniker und Erfinder-Unternehmer gebunden war, wurde in den Forschungslaboratorien und verfahrenstechnischen Abteilungen institutionalisiert. Sie etablierten sich als selbständige Bestandteile der Firmenorganisation. So entstanden völlig neue Innovationsstrukturen für Produkte. Die Labors der Grundstoffindustrien sammelten systematisch Erkenntnisse über physikalische oder chemische Strukturen der bearbeiteten Stoffe, um sie billiger in Masse herstellen zu können, um bestimmte Eigenschaften mit ihrer Struktur in Verbindung zu bringen oder auf dieser Struktur aufbauend neue Eigenschaften zu entwickeln.[137]

Die chemische Industrie hatte, wie der Historiker Ulrich Marsch gezeigt hat, mit ihrem verwissenschaftlichten Innovationssystem in Deutschland Vorbildcharakter für andere Industrien. Mit der zunehmenden Chemisierung der Wirtschaft wurde diese Wissenschaftsabhängigkeit prägend für das großindustrielle Innovationssystem in Deutschland überhaupt.[138] Dies zeigt sich im Nationalsozialismus auch an der Durchsetzung chemischer Grundstoffe als Rohstoffe für die Schuhproduktion. Mit zunehmendem Anteil chemischer Grundstoffe und Halbzeuge im Schuh setzte sich das neue Wissenssystem auch für die Produktentwicklung von Schuhen durch. Größere Unternehmen wie Salamander und Freudenberg richteten eigene Entwicklungslabors ein, wo Material- und Verarbeitungsfragen systematisch untersucht wurden. Das Hauptlabor bei Freudenberg entstand mit der Umstellung von Leder auf Leder-Ersatzstoffe Mitte der 30er Jahre.[139] Salamander richtete nach dem Ersten Weltkrieg eine chemische

136 Chandler (1990).
137 Marsch (2000), S. 26.
138 Ebd., S. 49-94.
139 Hempel (2000), S. 107-112.

Abteilung ein, die anfangs die Ausputzmittel für die eigene Fabrikation entwickelte und mit dem Aufbau einer Serie von Schuhpflegemitteln begann.[140] Zum regelrechten »Werkstoff-Laboratorium«, dessen Mitarbeiter sich auch mit Methoden der Materialprüfung beschäftigten, entwickelte sich diese Abteilung unter dem NS-Vierjahresplan.[141] Auch die Firmen der I.G. Farbenindustrie unterhielten Forschungslaboratorien mit diversen Versuchsanlagen für Leder-Ersatzstoffe. Sie konzentrierten sich bei BASF in Ludwigshafen, wo unter der Leitung des Chemikers Carl Craemer neue Einsatzgebiete für die Kunststoffe der I.G. Farbenindustrie als Leder-Ersatz in industriellen Massenprodukten gesucht und getestet wurden.[142] Die Gerbstoff-Forschung der I.G. Farbenindustrie fand vor allem in Ludwigshafen, Leverkusen und Hoechst statt.[143] Die Forscher der I.G. Farbenindustrie arbeiteten, wie bereits bei der Gerbstoff-Forschung zu sehen war, eng mit Unternehmen der ledererzeugenden Industrie und mit den Gemeinschaftsforschungsinstituten der Lederindustrie in Deutschland zusammen.

Zu dem System der Industrieforschung gehörten neben den innerbetrieblichen Labors der Großunternehmen und Auftragsarbeiten, die sie etwa an universitäre Einrichtungen vergaben, ebenso wesentlich die Gemeinschaftsinstitute, die von der gesamten Branche unterhalten wurden und zu deren Forschungsergebnissen mehrere Unternehmen gleichberechtigten Zugang erhielten.[144] Hier konnten langfristige und kostspielige Forschungen in Auftrag gegeben werden, die die finanziellen und organisatorischen Möglichkeiten der Einzelfirmen überforderten. Die einzelnen Unternehmen übernahmen nur einen Teil der Gesamtkosten, hatten aber auch kein alleiniges Verwertungsrecht für das neue Wissen und die neu entwickelten Technologien. Für das Gebiet der Ersatzstoffe in Konsumgütern, auf dem fast alle Unternehmen der Konsumgüterindustrien im

140 Hanspeter Sturm, Geschichte der Salamander AG, Kornwestheim, Manuskript 1958, Wirtschaftsarchiv Baden-Württemberg, Stuttgart-Hohenheim, Bestand Y 110, S. 45.

141 Hans Dietmann, Fragen der Faserkunstleder-Herstellung. Mitteilungen aus dem Werkstoff-Laboratorium der Salamander AG Türkheim, in: Kunststoffe 31 (1941), S. 183-8.

142 Reisebericht über die Fahrt von Herrn Dr. Fischer und Frl. Daesler nach Frankfurt am Main und Ludwigshafen (I.G. Farbenindustrie) vom 6. bis 10.10.1940, 21.10.1940; Aktenvermerk RfL, Vortrag von Dr. Krämer von der I.G. Farbenindustrie am 9.10.1940 über Kunstharzemulsionen im Allgemeinen und ihren Einsatz v. 17.10.1940, BA Berlin, R 10 VI, Nr. 31; Sitzung des Unterausschusses III: Kunststoffe an Stelle von Leder, am 4.12.1940 in Berlin, in: Angewandte Chemie 54(1941), S. 176ff.; Stokes (2003), S. 243ff., 274.

143 Gustav Mauthe, Chemische, technische und wirtschaftliche Entwicklung der synthetischen Gerbstoffe und ihre Bedeutung für die Gerbstoffversorgung, in: Chemische Berichte des Reichsamts für Wirtschaftsausbau, August 1942, S. 819-833; BIOS Miscellaneous Report Nr. 2, George Schultz/Adolf Schubert (US Quartermaster Consultants), An Investigation of the German Leather Industry, London 1946.

144 Marsch (1996), Marsch (2000), S. 25ff.

Nationalsozialismus gleichermaßen produktions- und produkttechnisches Neuland betraten, bot sich die Form der Gemeinschaftsforschung besonders an.

Beim Leder waren es die Gerbmittel, die der wissenschaftlichen Forschung Eingang in die Industrieproduktion verschafften. Die wissenschaftliche Beschäftigung mit dem Leder begann, als Ende des 19. Jahrhunderts die Extraktion von Gerbmitteln zu Pulver oder Flüssigkeiten ihre Verarbeitung in der natürlichen Rinden- oder Fruchtform ergänzte.[145] Die Einführung der Fassgerbung verkürzte und intensivierte die Gerbdauer. Sie schloss auch thermische Prozesse mit ein, während die Gerbbrühen in ihrer Konzentration gezielt variiert wurden. So mussten die Prozesse neuerdings ständig von einem Chemiker überwacht und kontrolliert werden. Dies führte zur strukturellen Einbindung von Wissenschaftlern und betrieblichen Laboratorien in die Unternehmen. Sie erforschten systematisch den Zusammenhang von Zusammensetzung der Brühen, Temperatur der Gerbung und physikalischen und chemischen Eigenschaften des fertigen Leders.[146]

Im Deutschen Reich entstanden vor 1933 zwei Gemeinschaftsinstitute der Lederindustrie: Die »Deutsche Versuchsanstalt für Lederindustrie« in Freiberg/Sachsen (1897 gegründet) und das »Kaiser-Wilhelm-Institut für Lederforschung« in Dresden (1922 eröffnet). Beide wurden auf Initiative des Wirtschaftsverbands der ledererzeugenden Unternehmen im Reich, des Centralvereins der Deutschen Lederindustrie, gegründet. Während sich Ersteres Ende der 30er Jahre allein aus Gebühren für die eigene Untersuchungs- und Gutachtertätigkeit finanzierte,[147] erhielt das zweite als Kaiser-Wilhelm-Institut neben Geldern der Lederindustrie auch staatliche Zuschüsse. Daneben bestand ein drittes Forschungsinstitut, das Institut für Gerbereichemie in Darmstadt (1920 gegründet), das als universitäres Lehr- und Forschungsinstitut der Technischen Hochschule angegliedert war. Das Institut in Darmstadt besaß keine industriellen Versuchsgerbereien wie die beiden anderen Einrichtungen und beschränkte seine Tätigkeit in den Jahren 1933 bis 1945 fast vollständig auf die Entwicklung von synthetischen Gerbstoffen. Auf die Forschungsinhalte der ersten beiden wissenschaftlichen Institute soll hier kurz eingegangen werden, da sie seit Beginn des NS-Vierjahresplans deutlich ihr Forschungsprofil änderten. Beide spielten für die weitere Geschichte des Produkts Schuh in der Zeit des Nationalsozialismus eine entscheidende Rolle.

Die älteste wissenschaftliche Einrichtung der Lederindustrie in Deutschland war die Deutsche Versuchsanstalt für Lederindustrie (DVA) in Freiberg (1897). 1938 wurde sie mit der am selben Ort ansässigen »Deutschen Gerberschule« vereinigt.[148] Das Gesamtinstitut führte den Namen »Deutsche Versuchsanstalt und

145 Vgl. Kap. 5.1.
146 Vgl. Stather (1939); Marsch (2000), S. 475-500.
147 Stather (1939), S. 45.
148 Zur Geschichte der DVA bis 1939 vgl. Stather (1939). Zur Geschichte 1939 bis 1948 vgl. Stather (1948), S. 7ff. und die jährlichen Tätigkeitsberichte der DVA: MPG-Archiv, Abt. I, Rep. IA, Nr. 1798, und BA Berlin, R 13 XIII, Nr. 316.

Fachschule für Lederindustrie Freiberg« und wurde von dem Chemiker und Professor an der TH Dresden, Friedrich Stather, geleitet.[149] Die Deutsche Versuchsanstalt war hauptsächlich für die technische Beratung der Lederindustrie und die Verbesserung der Produktionsverfahren zuständig. Bis zum NS-Vierjahresplan bestand diese Tätigkeit ausschließlich in gerbereianalytischen Arbeiten.[150] Die Versuchsanstalt fungierte als Untersuchungs-, Beratungs- und Gutachterstelle für die im Centralverein organisierten Lederunternehmen und für staatliche Stellen. Sie finanzierte sich in den 30er und 40er Jahren vor allem aus Gebühren für Gutachten und direkten Einzelaufträgen für die Industrie. Mit der Entwicklung von Leder-Ersatzstoffen begann seit 1936 auch die Begutachtung dieser neuen Werkstoffe. Die Umstellung der Lederindustrie auf neue Werkstoffe und auf neue pflanzliche und synthetische Gerbstoffe ließ den Umfang der Versuchs- und Entwicklungstätigkeiten des Instituts um ein Vielfaches anschwellen. Zwischen 1934 und 1942 stieg ihre Untersuchungstätigkeit von Materialien nach eigenen Angaben auf das 21-fache.[151] Die Einnahmen der Anstalt aus dieser Tätigkeit nahmen in den Jahren nach 1936 derart zu, dass der *Reichskommissar für die Preisbildung* sich 1943 genötigt sah, die DVA zu veranlassen, die Gebühren pro Untersuchungseinheit zu senken.[152]

Die DVA diente auch den »lederverbrauchenden Behörden« als Beratungs- und Begutachtungsstelle für Materialien, darunter der Wehrmacht. Die Beschaffungsstellen von Wehrmacht und Schutzpolizei, die eigene Fertigungs-

149 Der Chemiker Friedrich Stather (1901-1974) promovierte 1924 an der Universität Berlin und wurde im selben Jahr Assistent bei Max Bergmann am KWI für Lederforschung in Dresden. 1930 wurde er zum Direktor der Deutschen Versuchsanstalt in Freiberg berufen, die er bis 1966 leitete. 1935 erhielt er eine Professur für Gerbereichemie an der TH Dresden, die er ebenfalls bis 1966 ausübte. 1939 begann seine enge Einbindung in die wirtschaftlichen Organisationsstrukturen der Wehrmacht, als er Referent für Leder und Rauchwaren im Oberkommando der Wehrmacht und Wehrwirtschaftsführer, später Kriegsverwaltungsrat im OKH und Dozent an der Akademie für den höheren Intendanturdienst des OKW wurde. 1940 und 1942 erhielt er das Kriegsverdienstkreuz für seine Verdienste um den Leder-Ersatz. 1933 trat Stather dem »Stahlhelm« bei und wurde daraus im Februar 1934 in die SA übernommen, aus der er im Mai 1935 austrat. Im Januar 1942 stellte Stather einen Antrag auf Aufnahme in die NSDAP. Dieser wurde mit Verweis auf die Mitgliedersperre von Feb. 1942 abgelehnt. Vgl. Akte NSDAP-Partei-Kanzlei-Korrespondenz Stather (10798) (Jan.-Sept. 1942), BA Berlin, BDC; Korrespondenz im Nachlass Wolfgang Graßmann, MPG-Archiv, Abt. III, Rep. 39, Nr. 54; Deutsche Versuchsanstalt und Fachschule für Lederindustrie Freiberg/Sa., Tätigkeitsbericht über das Jahr 1942/43, MPG-Archiv, Abt. I, Rep. IA, Nr. 1798.

150 Vgl. den Geschäftsbericht des Centralvereins für das Vereinsjahr 1932, MPG-Archiv, Abt. I, Rep. 1A, Nr. 1807.

151 Vgl. die Tätigkeitsberichte der DVA (1939-1943), MPG-Archiv, Abt. I, Rep. IA, Nr. 1798, und BA Berlin, R 13 XIII, Nr. 316.

152 Brief DVA (Herfeld) an den Reichskommissar für die Preisbildung (Eschke), Berlin, 22.5.1943, BA Berlin, R 13 XIII, Nr. 316.

werkstätten für Schuhe besaßen, schickten regelmäßig ihre Offiziere und Beamten auf werkstoffkundliche Kurse der DVA. Die DVA führte die offiziellen Abnahme-Kontrollen für Leder, Lederersatzstoffe (außer Gummi und gummiähnlichen Werkstoffen) und Lederpflegemittel der Wehrmachts- und NSDAP-Beschaffungsstellen durch.[153] 1938 hatte die Deutsche Versuchsanstalt 27 Mitarbeiter.[154] Zwischen 1939 und 1943 stieg ihre Mitarbeiterzahl auf 38 (1939/40), 51 (1940/41), 61 (1941/42) und schließlich 71 (1942/43) an. Die Beschäftigtenzahl der Gesamtanstalt (zusammen mit der Gerberschule und der Lehr- und Versuchsgerberei) wuchs in diesem Zeitraum von 98 auf 137 Beschäftigte.[155]

Der Umfang der Forschung an der Deutschen Versuchsanstalt expandierte seit dem Vierjahresplan und in den Kriegsjahren quantitativ geradezu exponentiell. Anfang Januar 1942 wurde Friedrich Stather zum kommissarischen *Reichsbeauftragten für Lederwirtschaft* ernannt, eine Funktion, die er bis Frühjahr 1943 bekleidete. Damit besaß er eine in der Kriegswirtschaft ungewöhnlich mächtige Position für einen Wissenschaftler: die höchste wirtschaftliche Verteilungsgewalt über den Rohstoff Leder.[156] Diese Funktion verlor allerdings ab November 1942 an Bedeutung, als die *Gemeinschaft Schuhe* die wichtigsten Bewirtschaftungsfunktionen des Rohstoffs Leder und seiner Ersatzstoffe übernahm und der Reichsstelle nur noch die Informationsbeschaffung und Gesamtplanung verblieb.[157]

Das zweite Gemeinschaftsinstitut der Lederwirtschaft war das Kaiser-Wilhelm-Institut für Lederforschung (KWI) in Dresden.[158] Während vor 1933 die Deutsche Versuchsanstalt von Unternehmen für die praktischen Probleme in der Produktion und Weiterentwicklung der Produktionsverfahren von Leder herangezogen wurde, beschäftigte sich das Kaiser-Wilhelm-Institut vor allem damit, die Struktur der Haut und die chemische Wirkungsweise der Gerbstoffe zu erforschen. Die Lederforschung war hier ein Teilgebiet der Proteinforschung, die international auf der wissenschaftlichen Tagesordnung stand. Noch 1930 waren der Aufbau der Haut und ihre organische Struktur, die zum überwiegenden Teil aus Eiweißen besteht, nicht bekannt.[159] So betrieben die Wissenschaftler am Kaiser-Wilhelm-Institut vor 1933 vor allem Grundlagenforschung in Fragen der

153 Dazu gehörten die Beschaffungsstellen des Heereswaffenamts, des Marineverwaltungsamts, des Reichsluftfahrtministeriums sowie der Reichsarbeitsdienst, die Reichsleitung der SS und der Reichszeugmeisterei der NSDAP.

154 Stather (1939), S. 40.

155 Hiervon waren 1940 19 und 1942/43 39 Mitarbeiter zum Wehrdienst eingezogen worden. Tätigkeitsberichte der DVA für die Jahre 1939 bis 1943, MPG-Archiv, Abt. I, Rep. IA, Nr. 1798, und BA Berlin, R 13 XIII, Nr. 316.

156 Tätigkeitsbericht der DVA über das Jahr 1942/3, MPG-Archiv, Abt. I, Rep. IA, Nr. 1798.

157 Vgl. dazu ausführlich Kap. 9.1.

158 Zur Geschichte des KWI für Lederforschung vgl. Schmaltz (2005), S. 291-325; Deichmann (2004); Reich (2003); Deichmann (2001), S. 286-288; Engel (2000); Marsch (2000), S. 475-492; Göbel (1996).

159 Deichmann (2004); Deichmann (2001), S. 256ff.; Graßmann (1956).

Kollagene der Haut. Doch parallel dazu führte das Institut auch technisch orientierte Arbeiten aus. Die praktischen Arbeiten des Instituts nahmen im nationalsozialistischen Vierjahresplan und schließlich in der Kriegswirtschaft bedeutend zu. Die Suche nach neuen pflanzlichen und mineralischen Gerbstoffen, die vor allem die früher importierten Quebrachohölzer und das Chrom ersetzen sollten, wurde 1935 in das Forschungsprogramm aufgenommen. Auch Teile der Forschung an synthetischen Gerbstoffen übernahm das Kaiser-Wilhelm-Institut ab 1936.[160]

Sowohl das Institut für Gerbereichemie der TH Darmstadt als auch das KWI für Lederforschung gehörten zu den wissenschaftlichen Einrichtungen, in denen es ab 1933 als Folge der antisemitischen Politik der Nationalsozialisten zu Entlassungen »jüdischer« Wissenschaftler kam. Die deutsche Lederindustrie verlor damit auf einen Schlag ihre beiden international bedeutendsten Wissenschaftler. Der Leiter des Darmstädter Instituts, Edmund Stiasny, erhielt nach dem Erlass des »Gesetzes zur Wiederherstellung des Berufsbeamtentums« im April 1933 seine Entlassung als Professor der TH. Er emigrierte im Sommer 1933 nach Schweden, wo er das Institut für Gerbereichemie der Universität Hälsingborg übernahm. Die Leitung des IfG in Darmstadt erhielt 1936 Adolf Küntzel (*1898). Dem ersten Leiter des KWI, Max Bergmann (1886-1944), wurde von der Generalverwaltung der Kaiser-Wilhelm-Gesellschaft mit Verweis auf das Berufsbeamten-Gesetz ebenfalls seine bevorstehende Entlassung angekündigt. Trotz der Intervention des Centralvereins, der sich für seinen Verbleib einsetzte, entschloss sich die Generalverwaltung nicht, Bergmann weiterhin als Leiter des Instituts zu behalten. Bergmann emigrierte noch im selben Jahr nach New York, wo er bis zu seinem Tod zunächst als Mitarbeiter, ab 1939 als Leiter einer Abteilung für Proteinchemie am Rockefeller Institute for Medical Research tätig war. Er wurde dort zum Begründer der für Jahrzehnte führenden Schule der Eiweißchemie in den USA.[161] An seiner Stelle wurde 1934 der Chemiker Wolfgang Graßmann (1898-1978) zum Leiter des Kaiser-Wilhelm-Instituts berufen.[162]

160 Zu den Gegenständen der Forschung des KWI vgl ausführlich Kap. 5.2 und 3; Kap. 9.

161 Obwohl sich sowohl der Centralverein der deutschen Lederindustrie als auch der Vorsitzende der Betriebszellenorganisation der NSDAP am KWI für einen Verbleib Bergmanns am Institut einsetzten, unternahm die Generalverwaltung der KWG keine Anstrengungen, um Bergmann als Leiter zu halten, und dies, obgleich das Berufsbeamtengesetz von 1933 auf nicht überwiegend staatlich finanzierte Institute der KWG nicht zwangsläufig Anwendung fand. Vgl. dazu Schmaltz (2005), S. 293-5; Deichmann (2004), S. 9f; Deichmann (2001), S. 55ff.; Engel (2000), S. 75-92.

162 Wolfgang Graßmann hatte in München studiert und 1924 bei dem Nobelpreisträger Richard Willstätter promoviert. Von 1919 bis 1923 war er Mitglied des rechtsnationalen Münchener Freikorps Epp und trat im Dez. 1933 in die SA ein, die er aber im Nov. 1935 nach ihrem Prestigeverlust infolge der Röhm-Krise wieder verließ. 1943 beantragte Graßmann erfolglos die Mitgliedschaft in der NSDAP. Im Juni 1934 wurde Graßmann Leiter des KWI für Lederforschung. 1935 bis 1945 hatte er eine Honorarprofessur an der TH Dresden inne. Während sein größter Konkurrent, Friedrich

Das Kaiser-Wilhelm-Institut erhielt in Mischfinanzierung Mittel von der Industrie, vor allem aus regelmäßigen Abgaben der Unternehmen in einen sogenannten Häuteverbesserungsfonds, und staatliche Beihilfen. Bis 1933 bestritt die Lederindustrie (Centralverein der deutschen Lederindustrie) über die Hälfte bis knapp drei Viertel des Institutshaushalts, etwas unter ein Viertel übernahm die Kaiser-Wilhelm-Gesellschaft und einen kleinen Anteil der Staat Sachsen.[163] Ab 1938 erhielt das KWI bedeutende Forschungsaufträge der *Reichstelle*, später des *Reichsamts für Wirtschaftsausbau*. Ab 1940 wurde es offiziell »Vierjahresplaninstitut für Eiweiß- und Lederforschung«.[164] Das KWI für Lederforschung gehörte zu den Instituten innerhalb der Kaiser-Wilhelm-Gesellschaft, die durch die Aufnahme autarkie- und rüstungsbezogener Projekte in der NS-Zeit ein überproportionales Etatwachstum erfuhren.[165] Die Einnahmen stiegen zwischen 1936 und 1944 auf über das Doppelte.[166] Die Staatsquote wuchs insgesamt von 28 Prozent (1937) auf 60 Prozent (1942), während der Beitrag der Industrie von 66 Prozent auf 39 Prozent fiel.[167] Aus Mitteln der Vierjahresplanbehörde wurde das Institut außerdem zwischen 1938 und 1942 durch einen Neubau mit neuen Versuchsanlagen bedeutend erweitert.[168] Die eiweißwissenschaftlichen Arbeiten wurden nach Kriegsbeginn fast ganz eingestellt.[169]

Äußere Anzeichen dafür, dass die Lederforschung sich spätestens ab Frühjahr 1935 auf die Aufrüstung orientierte, waren die Studien zu Ersatzstoffen, die neuen Kooperationsverhältnisse der beiden Institute DVA und KWI mit Wehrmacht und Vierjahresplanbehörde, aber auch direkt die Repräsentation der Reichswehr bzw. Wehrmacht in den Kuratorien der Institute. Auf Einladung und Initiative des Centralvereins der Deutschen Lederindustrie ernannte im März 1935 die Reichswehrführung einen Vertreter, der künftig sowohl dem

Stather, und seine DVA in den 30er Jahren vor allem mit der Wehrmacht kooperierten, setzte Graßmann strategisch auf Zusammenarbeit mit der Vierjahresplanbehörde. BA Berlin, BDC, ZA VI, Nr. 1018, Bl. 137, 137 a und b; BA Berlin, BDC, Research Wi: Diverses Wolfgang Graßmann, A 0487; Nachlass Graßmann (1935-1978), MPG-Archiv, Abt. II, Rep. IA, Bd. 1-4.

163 Vgl. Haushaltspläne und Jahresrechnungen des KWI für Lederforschung 1930 bis 1933, MPG-Archiv, Abt. I, Rep. IA, Nr. 1807 und 1808.

164 Vgl. dazu die Akte MPG-Archiv, Abt. I, Rep. IA, Nr. 1799.

165 Hachtmann (2007a), S. 563.

166 Die Einnahmen aus Gebühren für Gutachten waren am KWI durchgehend marginal. Vgl. die Haushaltspläne und Jahresrechnungen des KWI für Lederforschung 1933 bis 1943, MPG-Archiv, Abt. I, Rep. IA, Nr. 1808-1810.

167 Vgl. Tabelle 7 zum KWI für Lederforschung in: Hachtmann (2007a).

168 MPG-Archiv, Abt. I, Rep. IA, Nr. 1812; Ernst Ammer, Eröffnungsrede auf der Mitgliederversammlung des Centralvereins der Deutschen Lederindustrie am 29.11.1940, BA Berlin, R 13 XIII, Nr. 154.

169 Kurzer Überblick über die wissenschaftlichen und wissenschaftlich-technischen Arbeiten des KWI für Lederforschung 1934-1940, MPG-Archiv, Abt. I, Rep. IA, Nr. 1797; Graßmann (1962), S. 273.

Kuratorium des KWI in Dresden als auch der DVA in Freiberg angehörte. Dieser Repräsentant war der Ministerialdirigent und Geheime Regierungsrat Dr. Pieszczek, Leiter der Beschaffungsabteilung des Heeresverwaltungsamts.[170] 1942 wurde Pieszczek in seiner Funktion als Vertreter des OKW in den Kuratorien von Ministerialdirigent Dr. Heufer, seinerseits Leiter der Beschaffungsabteilung des Heeresverwaltungsamts, abgelöst. Pieszczek und Heufer waren die Schlüsselfiguren der Vermittlung aller militärischen Interessen am Schuh in die wissenschaftlichen Institute der Lederindustrie.[171]

Auf Veranlassung des *Reichsamts für Wirtschaftsausbau* kam es im Mai 1941 zu einer offiziellen Arbeitsteilung und funktionalen Abgrenzung der Tätigkeit der drei Forschungseinrichtungen in Freiberg, Dresden und Darmstadt.[172] Die Deutsche Versuchsanstalt war fortan für Materialprüfungen und technische Arbeiten zur Beurteilung und Verbesserung der Qualität von Leder und Leder-Ersatzstoffen zuständig. Mitarbeiter des Darmstädter Instituts widmeten sich weiterhin vor allem der Entwicklung synthetischer Gerbstoffe und von Austauschstoffen für Fette im Gerbprozess. Die Wissenschaftler des Kaiser-Wilhelm-Instituts waren für die Entwicklung von pflanzlichen und mineralischen Ersatz-Gerbstoffen, mit histologisch-bakteriologischen Arbeiten der Häuteverbesserung und -konservierung, der Verbesserung der industriellen Gerbmethoden und Entwicklung von neuen, einheimischen Gerbstoffquellen, der Ausarbeitung von Fettungsverfahren mit Fett-Ersatzstoffen in der Gerbung und der Gewinnung von Tierhaaren als Abfallprodukt der Gerbung zuständig. Außerdem beschäftigte sich das KWI 1943/44 auch mit der Imprägnierung von Leder gegen chemische Kampfstoffe.[173] Beide Institute sollten weiterhin Prüf- und Bestimmungsmethoden für Werkstoffeigenschaften des Leders und seiner Ersatzstoffe ausarbeiten, deren Entwicklung seit Beginn des Krieges noch dringlicher geworden waren.

»Gebrauchswertforschung«

Ein wichtiges Gebiet der Industrieforschung war die Materialentwicklung und -prüfung. Das Staatliche Materialprüfungsamt des Staates Preußen besaß noch keine apparative Ausstattung für die Prüfung von Leder und den neuen leder-

170 Briefwechsel zwischen der FG Lederherstellung (Alfred Sauer) und Generalverwaltung der KWG (von Cranach) v. März und April 1935, MPG-Archiv, Abt. I, Rep. IA, Nr. 1804/6; Listen der Kuratoriumsmitglieder des KWI für Lederforschung bis 1942, MPG-Archiv, Abt. I, Rep. IA, Nr. 1801.

171 Vgl. Kap. 9.6.

172 Vgl. Aktenvermerk Sieberts (RWA), Besprechung im Reichsamt am 15.5.1941, Betr.: Aufgabenteilung der auf dem Ledergebiet arbeitenden Institute, MPG-Archiv, Abt. I, Rep. IA, Nr. 1797.

173 Schmaltz (2005), S. 291-325.

ähnlichen Kunststoffen.[174] Die steigende Anzahl von Leder- und Lederersatzstoff-Prüfungen nahmen die industriellen Gemeinschaftsinstitute, vor allem die Deutsche Versuchsanstalt für Lederindustrie, vor. Mit finanzieller Hilfe des *Reichsamts für Wirtschaftsausbau* wurden in beiden Instituten im Vierjahresplan Labors für die technische Materialprüfung geschaffen. Alle Laborversuche an Kautschuk und kautschukartigen Werkstoffen, d. h. auch an Gummisohlen und ihren Ersatzstoffen aus elastomeren Kunststoffen (vor allem Synthesekautschuk), führte das Materialprüfungsamt in Berlin aus. Bis zur Errichtung einer zentralen Materialprüfanlage, der »Schuhprüfstrecke« im Konzentrationslager Sachsenhausen, im Mai 1940,[175] gab es in Deutschland weder industrielle Normen für die Herstellung von Leder-Ersatzstoffen noch Apparate für die labortechnische Prüfung ihrer Eigenschaften oder standardisierte Prüfverfahren. Diese wurden erst in den Jahren 1940 bis 1945 ausgearbeitet, wobei die »Schuhprüfstrecke« eine entscheidende Rolle spielte.[176]

Mit der Neuentwicklung von halbsynthetischen und synthetischen Werkstoffen in den 30er Jahren war die Werkstoff-Forschung vor völlig neue Probleme gestellt. Die Eigenschaften der im Vierjahresplan entwickelten neuen Kunststoffe waren im Einzelnen noch gar nicht bekannt. Die herkömmliche Methode, die Eigenschaften eines Werkstoffs (Halbzeugs) in Laborexperimenten zu testen und davon auf die möglichen Einsatzgebiete in Konsumgütern zu schließen, war zudem eine Variante, die sich bei Kunststoffen schnell als unzureichend erwies.[177]

Andere Methoden der Prüfung mussten entwickelt werden. Die Werkstoffeigenschaften hingen einerseits von der Rezeptur und den verarbeiteten Grundstoffen des Halbzeugs ab. Andererseits konnte man vom Gebrauchsverhalten der Fertigprodukte Rückschlüsse auf die Werkstoffeigenschaften ziehen. Ein Kunststoff-Forscher beschrieb diese beiden Vorgehensweisen so:

> »Man kann, […] von der Seite des chemischen und physikalisch-chemischen Aufbaues her die Brücke zu den Eigenschaften der Kunststoffe schlagen […]. Man kann aber auch von der Verarbeitung und dem Gebrauch ausgehen […]. Man gelangt so zu einer der Praxis näherstehenden Methodik, die für die Typisierung der Kunststoffe wichtig geworden ist. […] Damit bezieht man zugleich die Formgebung [der Fertigprodukte] in die Prüfmethodik ein.«[178]

174 Vgl. Ruske (1971), S. 153-158. Kunstleder auf Gewebebasis wurden allerdings in der Textilabteilung geprüft.

175 Vgl. dazu ausführlich Kap. 9.

176 Hans Herfeld/Rudolf Schubert, Untersuchungsverfahren für Leder-Austauschwerkstoffe, in: Kunststoffe 31 (1941), S. 169-181; BA Berlin, R 13 XIII, Nr. 66, Bericht über die Sitzung des Güteausschusses I der FA LFWS am 5.11.1940 u. v. a.

177 Gerhard Pfestorf, Probleme der Materialprüfung bei Kunststoffen, in: Angewandte Chemie 50 (1937), S. 640f.

178 Josef Hausen, Stand und Aufgaben der Kunststoffprüfung, in: Angewandte Chemie 52 (1939), S. 21.

So wurde neben der labortechnisch-apparativen Materialprüfung eine neue Methode der Materialprüfung entwickelt. Sie bezog ihre Erkenntnisse aus praktischen Trageversuchen von Versuchspersonen mit Fertigprodukten aus den neuen Werkstoffen. Die Materialforscher bezeichneten diese neue Methode als »Gebrauchswertprüfung«.

Die »Gebrauchswertprüfung« wurde in Deutschland Mitte der 30er Jahre in der Bekleidungsindustrie entwickelt, als Kunstfasern wie Kunstseide und die halbsynthetische Zellwolle in der Textilindustrie und Leder-Ersatzstoffe in der Schuhindustrie in größerem Umfang eingesetzt wurden.[179] 1939 eröffnete die neue Zellwollindustrie in Schwarza eine Trageversuchsstätte mit Textilprodukten. Dort wurden Uniformen und Arbeitsanzüge aus Zellwolle sowie Strümpfe und Socken aus Kunstseide in branchenweiten Gemeinschaftsprüfungen untersucht.[180] Mit Hilfe dieser Verfahren sollte der Gebrauchswert eines Industrieproduktes quantifiziert werden. Qualität sollte in zwei quantitativen Größen erfassbar sein: als Eigenschaften des Ausgangswerkstoffs und als die Lebensdauer dieser Eigenschaften. Der Gebrauchswert wurde definiert als »Eignung eines Erzeugnisses zur Ausübung bestimmter Funktionen über eine längere Zeit«.[181]

Der »Gebrauchswert« eines Konsumguts wurde mit dieser Methode also auf nur wenige Kriterien eingeschränkt und im Ergebnis auf objektiv bestimm- und messbare Materialkennwerte für Produkte reduziert, die allerdings nur in der Praxis des tatsächlichen Gebrauchs ermittelt werden konnten. Diese Kennwerte sollten vor allem komparativ verwendbar sein. Subjektive und an individuelle Bedürfnisse des Nutzers oder der Nutzerin gebundene Werte wie Passförmigkeit, Bequemlichkeit und alle modischen und sonstigen »sozialen« Eigenschaften der Produkte wurden mit dieser Methode und dem hier sehr spezifisch verwendeten Begriff »Gebrauchswert« nicht erfasst. Um sich der individuellen Bequemlichkeit anzunähern, bezogen die Gebrauchswertforscher jedoch immer mehr quantifizierbare Faktoren – wie etwa die Wärmeisolierung, Wasseraufnahmefähigkeit usw. der Materialien – in die Untersuchung mit ein.

179 Hans Böhringer, Trageversuche als Grundlage der Gebrauchswertprüfung und Gütebeurteilung, in: Erich Siebel (Hg.), Handbuch der Werkstoffprüfung, Bd. 5: Die Prüfung der Textilien, Berlin u. a. ²1960, S. 1356-1392; Forschungsberichte des Zellwolle- und Kunstseide-Rings GmbH, Hefte 1 (1941) – Heft 3 (1943), BA Berlin, R 13 XIV, Nr. 278-280.

180 Hans Böhringer, Trageversuche als Grundlage der Gebrauchswertprüfung und Gütebeurteilung, in: Erich Siebel (Hg.), Handbuch der Werkstoffprüfung, Bd. 5: Die Prüfung der Textilien, Berlin u. a. ²1960, S. 1356-1392. Wie diese Einrichtung aussah und welche Personengruppen dort unter welchen Bedingungen als Testpersonen eingesetzt wurden, ist noch nicht bekannt.

181 Herbert Sommer u. a., Beiträge zur Verbesserung der Gebrauchstüchtigkeit der Lieferungstuche. Wissenschaftliche Abhandlungen der deutschen Materialprüfungsanstalt, I. Folge, Nr. 6, 1940, zitiert in: Herbert Sommer, Prüfung der Gebrauchseigenschaften und des Gebrauchswertes von textilen Erzeugnissen, in: ebd., S. 1009.

In die Schuhindustrie hielt die Methode der Gebrauchswertforschung mit den »neuen Werkstoffen« Einzug, die im Vierjahresplan entwickelt wurden. Seit Mai 1937 unterhielt die Firma Carl Freudenberg eine Trageversuchsstrecke für Schuhsohlen aus Ersatzstoffen in ihrem Mutterbetrieb in Weinheim an der Bergstraße.[182] In dieser Gegend, in der das traditionelle Sonntagsvergnügen im Wandern in den ausgedehnten Wäldern des Odenwaldes bestand, liefen Betriebsangehörige der Firma Freudenberg die Obere Bergstraße entlang. 34 Männer legten mit Schuhen aus Ersatzstoffen an den Füßen täglich eine Strecke von 28 Kilometer zurück. Mit zunehmendem Arbeitskräftemangel wurden diese im Zweiten Weltkrieg durch Rentner abgelöst.

In einer Fotoreportage der *Berliner Illustrierten Zeitung*, in der die Forschungsmethode der Firma Freudenberg vorgestellt wurde (Abb. 39), hieß es 1941: »Bis 70 Jahre alt sind die ›Marathonläufer der Bergstraße‹. Ihr täglicher Weg führt sie über Asphalt, Kopfsteinpflaster, Beton und Naturboden, das neue Sohlenmaterial muss alles aushalten können«.[183] Auf den Fotos sind die Männer in Wanderkluft, mit Kniebundhosen und Wanderstöcken in der Hand zu sehen. Bei der Heimkehr der Testläufer führten Mitarbeiter des Entwicklungslabors von Freudenberg über den Verschleiß der Sohlen in einer »Schuh-Stammrolle« Buch. Wie einem weiteren Pressebericht in der illustrierten Beilage zum *Völkischen Beobachter* zu entnehmen ist, liefen zwei Jahre später, 1943, in der Weinheimer Umgebung Männer im Alter über 65 Jahre für die Firma Freudenberg 28 km am Tag.[184] Eine Quelle der Firma Freudenberg gibt die Zahl der Schuhläufer zu diesem Zeitpunkt mit 40 an.[185] Die Gebrauchswertforschung bei Freudenberg war ab 1940 entscheidendes Vorbild für die Versuche mit Häftlingen auf der »Schuhprüfstrecke« und deren Anlage im Konzentrationslager Sachsenhausen. Auf der »Schuhprüfstrecke« im KZ Sachsenhausen legte zwischen 1940 und 1945 ein Häftlingskommando von 120 bis 170 KZ-Insassen durchschnittlich 42 und mehr Kilometer am Tag zurück.[186]

Mit dem Methodentransfer der Trageversuche aus der Militärphysiologie in eine systematisierte Werkstoff-Forschung vollzog die Firma Freudenberg einen entscheidenden Schritt bei der technikwissenschaftlichen Erforschung des Kon-

182 Die Marathonläufer der Bergstraße, Berliner Illustrierte Zeitung, Nr. 33 (1941), S. 878; BIOS Miscellaneous Report Nr. 2, An Investigation of the German Leather Industry, London 1946, S. 143.

183 Die Marathonläufer der Bergstraße, Berliner Illustrierte Zeitung, Nr. 33 (1941), S. 878.

184 Sohlen zeigen, was sie wert sind, in: Illustrierter Beobachter (Illustrierte Beilage zum Völkischen Beobachter), Nr. 29, Juli 1943.

185 Die Trageversuche in Weinheim ließ die Firma Freudenberg von 1937 bis 1960 durchführen. Vgl. Zweimal Weinheim – Schriesheim und zurück. Die Schuhläufer testeten Sohlen und Absätze, in: 150 Jahre Freudenberg. Sonderveröffentlichung der Weinheimer Nachrichten und Odenwälder Zeitung zum Jubiläum der Firma, Weinheim 19.6.1999, S. 26.

186 Vgl. dazu ausführlich Kap. 9.

878 Berliner Illustrierte Zeitung

Die Marathonläufer der Bergstrasse

Zwei von 68 Beinen

Sie gehören einem der 34 Männer, die täglich ein 28 km langes Stück der an den Abhängen des Odenwaldes liegenden berühmten Bergstraße hin- und zurückgehen. Alle 34 Männer haben einen merkwürdigen Beruf: Sie sind — Fußgänger!

Sohlen bei der Musterung.

Täglich wird der Zustand der 68 Sohlen untersucht und das Ergebnis in die „Schuh-Stammrolle" eingetragen. Der tägliche „Spaziergang" dient einem volkswirtschaftlichen Problem: Sohlen aus neuen Werkstoffen werden ausprobiert! Die Praxis hat ergeben, daß Spazierengehen die [illegible] Bewährungsprobe für den neuen Werkstoff ist.

In den letzten 3 Jahren hat er 40 000 km zurückgelegt.

Er ist der Rekord-Geher unter seinen Kollegen. Sie alle führen ihren täglichen Marsch im Auftrage eines großen Werkes an der Bergstraße aus, das sich mit der Herstellung von Werkstoffen beschäftigt.

Bis 70 Jahre alt

sind die „Marathonläufer der Bergstraße". Ihr täglicher Weg führt sie über Asphalt, Kopfsteinpflaster, Beton und Naturboden, das neue Sohlenmaterial muß alles aushalten können.

Ein Bericht für die „Berliner Illustrierte Zeitung" von Max Gößner

Der neue Werkstoff ist haltbarer als Kernleder!

Mit den Kernledersohlen (links) konnten nur 728 km zurückgelegt werden, bis Löcher entstanden, während die Sohlen aus dem neuen Werkstoff noch nach 1932 km kaum Beschädigungen aufwiesen.

Abb. 39: Fotoreportage »Die Marathonläufer der Bergstraße«, Berliner Illustrierte Zeitung (1941)

sumvorgangs von Schuhen.[187] Die Trageversuchsstrecke der Firma Freudenberg war in der Schuh- und Lederindustrie bis 1940 eine Ausnahmeerscheinung. Doch wird aus der Korrespondenz der *Fachgruppe Schuhindustrie* und des *Amts für Deutsche Roh- und Werkstoffe* bzw. der *Reichsstelle für Wirtschaftsausbau* deutlich, dass weitere Trageversuche von Fertigprodukten mit Versuchspersonen auch andernorts stattfanden und nach dem Vorbild der Schwarzaer und der Freudenberg'schen Einrichtung immer mehr ins Zentrum der Entwicklungspraxis von Ersatzstoffen gerieten.[188] Die Forderung nach Trageversuchen zur Beurteilung der Produktqualität wurde in den Jahren 1937 bis 1939 regelrecht zu einem neuen technikwissenschaftlichen Paradigma.[189]

Dies hing mit einer Anordnung der *Überwachungsstelle für Lederwirtschaft* (Anordnung 31) vom Dezember 1936 zusammen. Sie schrieb auf einem einzigen Gebiet des Lederaustauschs, den Laufsohlen von Schuhen, eine Zulassungspflicht durch die staatliche Behörde vor. Ziel dieser Maßnahme war es, eine »Übersteigerung der Produktion von Ersatzstoffen« und »übereilte Investitionen« von Seiten der Unternehmen zu verhindern.[190] Die Anordnung räumte der *Fachgruppe Schuhindustrie*, also den Schuhunternehmen selbst, das Recht ein, über die Güte von Laufsohlen-Werkstoffen zu befinden. Dieses Urteil diente der Überwachungsstelle zusammen mit einem labortechnischen Gutachten der DVA in Freiberg als Grundlage für die formale Zulassung als Sohlenmaterial.[191] Wie aus den Wirtschaftsgruppen-Unterlagen hervorgeht, hielt sich die *Überwachungsstelle* bzw. *Reichsstelle* bis 1940 ganz an diese Empfehlungen der Industrie und nutzte die gesetzliche Grundlage nicht etwa, um im Sinne des Verbraucherschutzes höhere Qualitätsstandards der Produkte zu erreichen.[192] In

187 Der Methodentransfer fand wohl anlässlich von Versuchen der Firma für die Wehrmacht mit synthetisch gegerbten Oberledern und dann mit dem neuen Sohlleder-Ersatzstoff aus Synthesekautschuk mit dem Markennamen *Nora* statt. Im September 1936 veranlasste das Verwaltungsamt des OKH Gerbversuche mit synthetischen Gerbstoffen (*Taniganen*) der I.G. Farbenindustrie, um ihre Verwendungsmöglichkeiten in Militärschuhwerk zu prüfen. Freudenberg war eine von drei Firmen, die diese Leder herstellten. Das Heeresbekleidungsamt in Königsberg verarbeitete sie und verordnete Trageversuche bei der Truppe mit daraus gefertigten Marschstiefeln. Fritz Stather von der DVA nahm regelmäßig »Besichtigungen« der Produkte vor. Vgl. OKH Verwaltungsamt an Heeresbekleidungsämter Berlin und Königsberg, das Reichsluftfahrtministerium, den Reichsarbeitsführer und die Beschaffungsämter für Heer und Marine, Betr.: Tanigangerbung, 6.12.1938, BA-MA Freiburg, R 19, Nr. 2477.

188 Vgl. BA Berlin, R 13 XIII, Nr. 510.

189 Zum Begriff und Konzept des wissenschaftlichen Paradigmas vgl. Kuhn (1973).

190 Vgl. Mitgliederrundschreiben der WG Lederindustrie, Betr.: Neue Werkstoffe, o.D. [ca. Sept./Okt. 1937]; Rundschreiben WG Lederindustrie an versch. Wirtschaftsgruppen, Betr.: Ersatz für Leder, 8.12.1936, BA Berlin, R 13 XIII, Nr. 510.

191 Anordnung 31 der ÜfL (Werkstoffe für Laufsohlen) v. 30.12.1936, Dt. RA und Preußischer Staatsanzeiger, Nr. 303 v. 30.12.1936.

192 Vgl. WG Lederindustrie an FG Schuhindustrie, Tragversuche, 14.6.1937; WG Lederindustrie an FG Schuhindustrie, Tragversuche in der Schuhindustrie – Neue Werk-

einer Sitzung im Februar 1938 resümierten die Repräsentanten der Schuhindustrie, mit der Anordnung 31 sei die Fachgruppe »formell und praktisch mit der Durchführung und Überwachung von Trag[e]versuchen verantwortlich eingeschaltet« worden.[193]

7.4 Der »Nutzen«: Der Schuh als Gegenstand der Verbrauchsforschung

Die Gesellschaft für Konsumforschung (1934)

Nach den Ansätzen der naturwissenschaftlich-technischen Erforschung des Schuhs im Gebrauch, die in sehr spezifischer Weise das objektivistische Konzept des »Gebrauchswerts« aus der nationalökonomischen Wertlehre in die Materialforschung übernahm und hierfür ganz eigene, neue Forschungsmethoden entwickelte, soll nun als viertes Feld eine wissenschaftliche Disziplin vorgestellt werden, die das subjektivistische Konzept des »Nutzens« auf das Untersuchungsobjekt Schuh anwendete. Ebenso wie die »Gebrauchswertforschung« entstand diese neue Wissenschaft Mitte der 30er Jahre unter den besonderen Rahmenbedingungen der NS-Autarkiepolitik. Die subjektivistische Theorie des Nutzens fand Eingang in die frühe Konsumforschung, die im Deutschen Reich ab 1934 in Nürnberg um den Ökonomie-Professor und Philosophen Wilhelm Vershofen (1878-1960) entstand und von ihm und seinen Mitarbeitern »Verbrauchsforschung« genannt wurde.

Wilhelm Vershofen begann seine wirtschaftswissenschaftliche Laufbahn als Berater der Porzellanindustrie im fränkischen Raum. 1925 gründete er auf dieser Basis ein Institut für Wirtschaftsbeobachtung der deutschen Fertigware (IfW) in Nürnberg. Er und seine Mitarbeiter verfolgten den Weg industrieller Massenprodukte von der Herstellung bis in die Hände des Verbrauchers oder, in der Sprache der Marktforscher ausgedrückt, vom Eintritt in den Markt bis zu ihrem Austritt. Ab 1929 gab das Institut eine einflussreiche Zeitschrift heraus, die die Ergebnisse ihrer Forschungsarbeit dokumentierte. Sie hieß von 1929 bis 1932 *Der*

stoffe, 27.8.1937; Sitzung des Sachverständigenausschusses für deutsche Werkstoffe der FG Schuhindustrie am 14.1.1938 in Berlin, 24.1.1938, alle BA Berlin, R 13 XIII, Nr. 510. Für die Vorkriegszeit vgl. Kap. 9.2.

193 Sitzung des Sachverständigenausschusses für deutsche Werkstoffe der FG Schuhindustrie am 14.1.1938 in Berlin, 24.1.1938, alle BA Berlin, R 13 XIII, Nr. 510. Zitat aus: Niederschrift zur Aussprache über neue Werkstoffe der Schuhindustrie und ihre Verarbeitungsfähigkeit an Schuhindustriemaschinen (Einleitung von laboratoriumsmässigen Versuchen bei Mitgliedern der Fachuntergruppe Schuh- und Lederindustriemaschinen) am 15.2.1938, in Berlin, 21.2.1938, BA Berlin, R 13 XIII, Nr. 510.

Markt der Fertigware, von 1933 bis 1938 *Die deutsche Fertigware* und von 1939 bis 1943 *Markt und Verbrauch*.[194]

Obwohl der Begriff »Verbrauchsforschung« dies nahelegt, war das Institut von Anfang an weit davon entfernt, konsumentenorientiert zu arbeiten. Es war vielmehr ein Dienstleistungsinstitut für die Unternehmen mit dem Ziel, der Industrie Informationen über Konsummuster zu liefern und ihnen zu helfen, ihre Märkte besser kennenzulernen sowie den Absatz ihrer Produkte in ihrem Sinne »effektiver« zu gestalten. Dies war seit Ende der 20er Jahre ein dringendes Desiderat für die Schuhunternehmen und viele andere Konsumgüterhersteller. Vershofen war kein Verfechter des freien Marktes oder der Wettbewerbstheorie. Er tendierte dazu, den jeweiligen wirtschaftspolitischen Status quo in seinen Schriften zu legitimieren und mit seiner Arbeit zu unterstützen: seien es die korporatistischen Strukturen der 20er Jahre oder die offen autoritären Strukturen der 30er und frühen 40er Jahre.[195] In den späten 20er Jahren war Vershofen der Ansicht, dass Unternehmensorganisationen und monopolartige Marktabsprachen in Form von Kartellen sowohl für Produzenten als auch für Konsumenten vorteilhaft seien, weil sie die Unsicherheit des Marktes beseitigten.

Die »Verbrauchsforschung«[196] wurde am IfW aus den Arbeitsbereichen der Markt- und Absatzforschung, Betriebs- und Vertriebskostenforschung heraus entwickelt und galt als neuer und vielversprechender Forschungsbereich.[197] Als Gegenstand der Verbrauchsforschung bezeichnete Vershofen »das Studium der Vorgänge, wie Geldeinkommen in Realeinkommen verwandelt wird und darü-

194 Die ersten Forschungsgegenstände des Instituts waren Porzellan, Steingut, keramische Produkte, Herde, Pianos, Uhren und Spielwaren. Schuhe wurden seit 1932 gelegentlich untersucht. Der Markt der Fertigware: Zweimonatsschrift für Markt- und Betriebsbeobachtung (hg. in Nürnberg), 1 (1929)-4 (1932); Die deutsche Fertigware: Monatsschrift für Marktpolitik und Marktforschung (hg. in Stuttgart), 5 (1933)-10. (1938); Markt und Verbrauch: Monatsschrift. Veröffentlichung des IfW und der GfK (hg. in Berlin), 11 (1939)-15 (1943).

195 Vgl. Mierzejewski (2004), S. 11f.

196 In Alfred Jacobs, Zur Methode der Verbrauchsforschung, in: Die deutsche Fertigware 8 (1936), Nr. 8, S. 128-135, verwendete der Autor den Begriff erstmals in den Veröffentlichungen der »Nürnberger Schule« und lieferte eine Definition der künftigen Forschungsrichtung. 1935 war noch von »Modebeobachtung« bzw. »Modeverursachung« (Bickel), »Verbraucherlenkung« (Vershofen) und »Verbraucherbildung« (von Pechmann) die Rede. Der Begriff der »Konsumforschung« fiel erstmals im März 1933, in einer Rezension eines amerikanischen Buches von Paul Nystrom. Vgl. Otto Bickel, Ein amerikanischer Beitrag zur Konsumforschung, in: Die deutsche Fertigware 5 (1933), Nr. 2, S. 58-62. Dabei erläuterte Bickel die Methode als den Versuch, »an den unbekannten Konsumenten heranzukommen, ihn bei seinen geheimsten Verbrauchsentscheidungen zu belauschen und zu beobachten«. Ebd., S. 58. Der Leipziger Wirtschaftswissenschaftler Curt Sandig sprach 1934 von »Bedarfsforschung«, vgl. Curt Sandig, Bedarfsforschung, Stuttgart 1934.

197 Ditterich (1939), S. 21.

ber hinaus, wie dieses Realeinkommen verwendet wird«.[198] Erst Ende der 30er Jahre fiel darunter auch »das Verhalten des Verbrauchers bei der Bedarfsdeckung und bei der Bedarfsverwendung« und »die Gesamtheit seiner hierher gehörigen Handlungen«.[199] Zu diesem Zeitpunkt unterteilte man bereits die Marktforschung in die beiden gleichwertigen Teilbereiche der Absatzforschung und der Verbrauchsforschung.[200] Die Verbraucher waren für die Nürnberger Verbrauchsforscher nur als absatzwirtschaftlicher Faktor für die Unternehmen und nicht als wirtschaftliche Akteure in eigenem Recht interessant. Der Mitarbeiter Werner Ott fasste den Nürnberger Ansatz 1959 mit den Worten zusammen, man habe für die Unternehmen die »Verbraucher ausfragen sollen«.[201]

1934 gründete Vershofen mit finanzieller Unterstützung einiger Konsumgüter-Unternehmen und vor allem des Chemieunternehmens Bayer (I.G. Farbenindustrie) eine weitere Forschungsinstitution mit Sitz in Berlin und Geschäftsstelle in Nürnberg: die Gesellschaft für Konsumforschung (GfK).[202] Zwei Jahre dauerte es, ein reichsweites Netz von »Korrespondenten« aufzubauen.[203] Zu den ersten Mitgliedsunternehmen der GfK gehörten die großen Schuhfirmen Eduard Rheinberger in Pirmasens und der »arisierte« Konzern Conrad Tack & Cie. (Werk Aschaffenburg), der seit 1934 der Firma Carl Freudenberg in Weinheim gehörte.[204] Das IfW diente dabei als wissenschaftlicher Apparat, den die Gesellschaft für die Auswertung ihrer Untersuchungen heranzog. Gemeinsam mit dem IfW gab die GfK die bereits genannte Zeitschrift und ein *Mitteilungsblatt* heraus, in dem verallgemeinerbare Ergebnisse der Untersuchungen zusammengefasst wurden.

Für die Forschungsprojekte über Konsumgüter befragten die Mitarbeiter Konsumenten in ganz Deutschland zu ihren Konsumgewohnheiten und Markenpräferenzen. An das reichsweite Netzwerk von ausgewählten Verbraucherinnen und Verbrauchern, den »Korrespondenten«, verschickte die GfK ausgearbeitete Themenblätter und Berichtsbögen. Diese befragten in ihren jeweiligen »Konsumbezirken« etwa 20 weitere Personen in offenen »Befragungsgesprächen« und sandten die Ergebnisse mit einer eigenen Zusammenfassung zurück an das

198 Ebd., S. 22.
199 Vershofen (1940), S. 66.
200 Speidel (1939), S. 67.
201 Ott (1959), S. 311.
202 Maßgeblich für die Gründungsgeschichte der GfK waren die Firma Bayer und ihr Vorstandsmitglied Wilhelm Rudolf Mann, Generalkonsul der I.G. Farbenindustrie, der erster Präsident der GfK wurde. Bayer ließ von der GfK neue Absatzmöglichkeiten seiner pharmazeutischen Produkte erforschen. 1940 widmete Vershofen Wilhelm Mann sein Lebenswerk, das »Handbuch der Verbrauchsforschung« in mehreren Bänden. Nach dessen Freispruch im I.G.-Farben-Prozess der Nürnberger Kriegsverbrecherprozesse ernannte die GfK Mann in den 50er Jahren zusammen mit Wilhelm Vershofen und Ludwig Erhard zu ihren Ehrenvorsitzenden. Vgl. Ott (1959), S. 304f.
203 Vgl. Mitteilungsblatt der GfK, Nr. 1 (April 1936); Ott (1959), S. 311.
204 Bergler (1959), S. 154f.

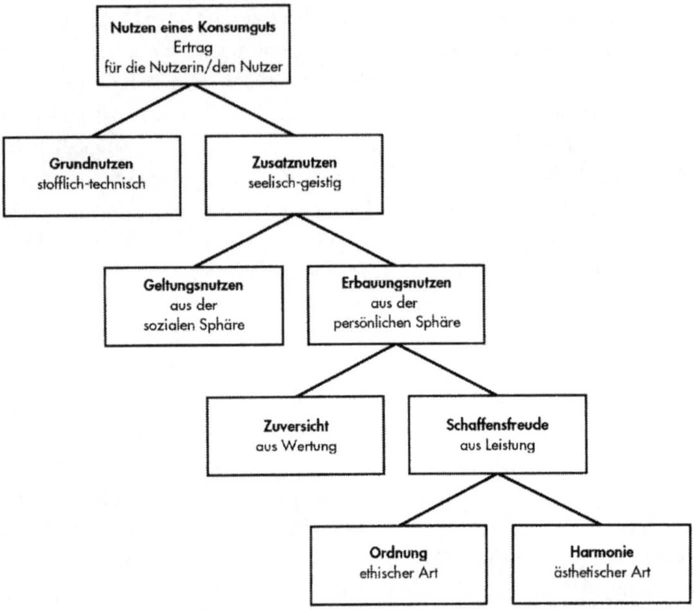

Abb. 40: »Nutzenleiter« des Verbrauchsforschers Wilhelm Vershofen (1940)

IfW in Nürnberg. Auf diese Weise konnten bereits 1939 pro Erhebung über ein »Marktobjekt« die Meinungen von durchschnittlich 12.000 Verbraucherinnen und Verbrauchern eingeholt werden.[205] Die Tätigkeit der Korrespondenten galt als ehrenamtlich, wurde aber geringfügig honoriert. So entstand ein relativ kostspieliger »Erhebungsapparat« (Vershofen), der nur durch die finanzielle Hilfe des I.G.-Farbenindustrie-Konzerns geschaffen werden konnte.[206]

Um die Verbraucher zur Mitarbeit in ihrem Korrespondenten-Apparat zu motivieren, gaben die Wissenschaftler der GfK ihrer Arbeit den Anschein der Repräsentation von Konsumenteninteressen.[207] Sie stellten den Verbraucherinnen und Verbrauchern in Aussicht, ihnen »eine Stimme zu geben« und ihre Meinung den »Stellen, auf die es ankommt« zu übermitteln, denen man als Einzelperson »allzuleicht als Nörgler oder Sonderling« gegenüberstehe.[208] Wie in der Gebrauchswertforschung setzte sich auch in der Verbrauchsforschung ab

205 Ditterich (1939), S. 23.
206 Vershofen (1940), S. 115f.
207 Zu diesem Zweck nutzte die GfK seit April 1936 ihr *Mitteilungsblatt* für die Korrespondenten. Vgl. Mitteilungsblatt der GfK, Nr. 1 (April 1936 bis Dez. 1938).
208 Mitteilungsblatt der GfK, Nr. 1 (April 1936), S. 3.

1939 die »Gemeinschaftsforschung« vor den Einzeluntersuchungen als Projektform durch.[209] Diese bot den Vorteil, dass die Kosten geteilt werden konnten. Auch konnten dadurch nach Ansicht der Wissenschaftler »die Belange der [absatzwirtschaftlichen] Grundlagenforschung in nachhaltiger Weise gefördert« und ihre Ergebnisse leichter veröffentlicht werden als die der privaten Untersuchungen.[210] Die Gemeinschaftsforschung kam dem Anspruch der Verbrauchsforscher entgegen, zur Verbesserung der Volkswirtschaft insgesamt einen Beitrag zu leisten.

Die subjektive Haltung der Verbraucher den Produkten gegenüber stand sowohl inhaltlich als auch methodisch im Zentrum der Verbrauchsforschung. Am deutlichsten wurden die Anleihen der Nürnberger Schule an die subjektivistische Wertlehre und die Grenznutzentheorie in dem großen theoretischen Hauptwerk Vershofens, das er 1940 herausgab und in Teilen selbst verfasste: das »Handbuch der Verbrauchsforschung«. Hierin erläuterte Vershofen die eigene Methodik und bezog sich dabei eng auf die Grenznutzenschule, auf Alfred Marshall und auf den holländischen Konsumforscher Ferdinand Aspeslagh.[211] Seine für die Nürnberger Schule grundlegende Position, die gleichzeitig eine Weiterentwicklung der Theorie von der Nützlichkeit darstellt, ist zusammengefasst in der »Nutzenleiter« Vershofens (Abb. 40).[212] Der »Grundnutzen« eines Produkts, der in der Gebrauchswerttheorie den physischen Eigenschaften entsprach und der Vershofen nicht weiter interessierte, wird in diesem Modell ergänzt durch die verschiedenen Varianten eines »Zusatznutzens« gesellschaftlicher und persönlicher Art. Die modische Gebrauchsart von Produkten war für Wilhelm Vershofen ein Beweis für die subjektive Werttheorie: für das Gesetz des abnehmenden Grenznutzens.[213] Kern der Verbrauchsforschung war die Modeforschung im weitesten Sinne. Sie behandelte die Fragen, wie und aus welchen Motiven heraus Konsumenten zu neuen Produkten übergingen, obwohl die physische Leistungsfähigkeit der Produkte noch nicht erschöpft war, warum sie dabei die einen Produkte kauften, andere aber verschmähten, und auf welche Weise sich dieser ständige Wandel im Bedarf auch noch überindividuell vereinheitlichte. Es galt, dem Eigen-Sinn der Käuferinnen mit wissenschaftlichen Mitteln sein Geheimnis und seine Logik zu entlocken.

209 Conrad gibt sogar an, diese sei die einzige Form des Forschungsprojekts der GfK gewesen, vgl. Conrad (2004), S. 28; Bergler führt jedoch aus, dass die Einzeluntersuchung und die Gemeinschaftsforschung nebeneinander bestanden. Vgl. Bergler (1959), S. 150-6.

210 Bergler (1959), S. 156.

211 Zu Marshall: Vershofen (1940), S. 157ff.; Ferdinand Aspeslagh, De Consumptieleer, en meer in't bijzonder »Het Consumptiebegrip« in de economische Theorie, Turnhout 1938.

212 Vershofen (1940), S. 71.

213 Wilhelm Vershofen, Einführung in die Volkswirtschaftslehre, Teil XIV, in: Mitteilungsblatt der GfK Nr. 11, März 1938, S. 193-198.

In einem relativ komplexen Modell der subjektiven Nützlichkeitsdimensionen des Produkts unterschied Vershofen bereits einen gesellschaftlichen Nutzen von einem individuellen Nutzen, der wiederum in mehrere Funktionen aktiver und kontemplativer Art aufgeteilt war. Am Beispiel des Schuhs erklärte Vershofen die Nützlichkeitsaspekte des Produkts im März 1938:

> »An ein und demselben Gegenstand [treten] Grundnutzen und Zusatznutzen schon in Erscheinung [...]. So ist zum Beispiel der Grundnutzen des Schuhs der, den Fuß zu schützen und zu stärken. Aber man wird kaum einen Schuh aufweisen können, bei dem es bei diesen Grundeigenschaften bleibt. Er soll vielmehr auch gefällig sein und aus diesem Bestreben ergeben sich eine ganze Reihe anderer Bemühungen, den Schuh schön zu gestalten, wie zum Beispiel die besondere Art des Schnittes der einzelnen Lederstücke oder die Gestaltung der Nähte. Ein besonders starkes Mittel, Zusatznutzen zu verwirklichen, ist in der Farbe gegeben.«

Welche Farbe und Form einen Menschen kleideten, unterscheide sich von Individuum zu Individuum und unterliege dem subjektiven Urteil.

> »Der Nutzen, der durch solche häufig sehr überflüssige Ausstattung gewährt wird, ist offenbar in dem ästhetischen Empfinden [...] des Menschen begründet. Warum es hier nicht zu einer allgemeinen Norm kommen kann, ist leicht zu begreifen. [...] Wenn wir also die Art des Zusatznutzens [...] als ästhetischen Nutzen bezeichnen wollen, so können wir gleich aussagen, dass dieser ästhetische Nutzen von Person zu Person sehr verschieden empfunden wird [...]. Hier liegt einer der tiefsten Gründe, weshalb eine Uniformierung des Verbrauchs oder – was dasselbe bedeuten würde – eine bloße Berücksichtigung des Grundnutzens in der Gesellung von Menschen nicht möglich ist.«[214]

Vershofen warnte also vor einer Unterschätzung des ästhetischen und des Distinktionsbedürfnisses in der Verbrauchspolitik und Produktplanung, ohne diese jedoch grundsätzlich in Frage zu stellen.

Ziel der Verbrauchsforschung war anfangs, das Entstehen von »Tauschresten« (Ladenhütern) zu verhindern, die für die Unternehmen »den Absatz belasten und verteuern«.[215] Diese Aufgabe wendeten die Verbrauchsforscher unter dem NS-Vierjahresplan vom Betriebswirtschaftlichen ins Volkswirtschaftliche. Nun gelte es, mit Hilfe der Konsumforschungen zu erkennen, »wessen die Verbraucher wirklich bedürfen«, und so Produktionsüberschüsse zu vermeiden und »den Gütegrad der Wirtschaft« insgesamt zu »verbessern«.[216] Dies war eine gedank-

214 Ebd., S. 197f.
215 Proesler (1949), S. 161.
216 Johann Ditterich, Merkblatt der Gesellschaft für Konsumforschung, in: Mitteilungsblatt der GfK, Nr. 7 (Juni 1937), S. 1-4, hier S. 1; Mitteilungsblatt der GfK, Nr. 12

liche Konstruktion, die sichtlich von den Theorien des nationalliberalen Politikers Friedrich Naumann und den Ideen des Deutschen Werkbundes beeinflusst war.[217]

Verbrauchsforschung, Verbrauchslenkung und NS-Autarkiepolitik

Das Konzept des »Gütegrads«, das Vershofen und seine Mitarbeiter verwendeten, bezog die ingenieurswissenschaftliche Vorstellung des »Wirkungsgrads« auf die ökonomische Theorie und Praxis, und speziell auf die Konsumpolitik. Schon in den 20er Jahren beanspruchten Ingenieure, das stofflich-energetische Effizienzdenken des Wirkungsgrades zur Grundlage der Wirtschaft zu erheben.[218] Verteilungskämpfe auf einem freien Markt sollten durch eine möglichst direkte und »reibungsarme« Bedarfsdeckung ersetzt werden. Das Konzept des »Gütegrads« griff diese Bemühungen nun konsumpolitisch auf. Die diesem technokratischen Denkmodell nach wirksamste Form des Wirtschaftens war es, die Produktion von Gütern mit dem Bedarf genau in Deckung zu bringen. Die Qualität der Produkte spielte dabei eine entscheidende Rolle. Hochwertige und dauerhafte Produkte stellten in diesem Konzept für die Volkwirtschaft und für den einzelnen Verbraucher die effektivste Form der Bedarfsdeckung dar.[219] Daher mussten die Verbraucher, die in der Weltwirtschaftskrise gelernt hatten, mit geringwertigen, aber billigen Produkten vorliebzunehmen, und die ohnehin zunehmend zu modischen Waren tendierten, über die volkswirtschaftlichen Folgen ihres Kaufverhaltens aufgeklärt und zur Qualität erzogen werden.[220] Hier

(Mai 1938), S. 219/220; Vershofen (1940), S. 122. In den 50er Jahren spricht Vershofen schließlich von der Verbesserung des »Wirkungsgrads der Wirtschaft«, vgl. Die Stimme des Verbrauchers. Die Zeitschrift für denkende Käufer (1950/1), Nr. 3 (Dez. 1950) und Nr. 4 (Feb. 1951).

217 Vershofen war 1919 zusammen mit dem Parteigründer Friedrich Naumann als Abgeordneter der Deutschen Demokatischen Partei in die Weimarer Nationalversammlung gewählt worden. In den Veröffentlichungen des IfW und der GfK bezog sich Vershofen häufig auf Naumanns Ideen. Zur frühen Zusammenarbeit mit Naumann und der Parteimitgliedschaft Vershofens vgl. Ditterich (1939), S. 8.

218 Zur Übertragung des »Wirkungsgrads« auf die Wirtschaftstheorie durch Ingenieure in der Zwischenkriegszeit vgl. Zachmann (1995).

219 Else Vorwerck, Gütesicherung durch den Verbraucher, in: Die deutsche Fertigware 8 (1936), Nr. 7, S. 121-127.

220 Günther von Pechmann, Verbraucherbildung als Aufgabe der Wirtschaft, in: Die deutsche Fertigware 7 (1935), Nr. 7/8, S. 111ff.; Wilhelm Vershofen, Verbraucherlenkung und die Wiederentdeckung des Verbrauchers, in: Die deutsche Fertigware 7 (1935), Nr. 7/8, S. 105-110.

traf sich der alte Werkbundgedanke mit den unternehmerischen und staatlichen Bestrebungen zur Bekämpfung der Wirtschaftskrise ab 1933.[221]

In der Weltwirtschaftskrise erstmals formuliert, ließ sich die Aufgabe, den Gütegrad der Konsumgüter zu verbessern, im Kontext der NS-Wirtschaft problemlos in die Vierjahresplanziele und die Kriegswirtschaftsplanung einpassen. Vershofen und seine Mitarbeiter stärkten und unterstützten bis 1945 mit ihren Forschungen die unternehmerischen Lenkungsbemühungen in der NS-Wirtschaft und versuchten dabei gleichzeitig, sich der Staatsführung für die Verbrauchslenkung und Konsumpolitik nützlich zu machen. Der negative Modediskurs der späten 20er Jahre und der argwöhnische Blick der Unternehmen auf die eigensinnigen Verbraucher wurden hier geschickt autarkiepolitisch gewendet. Die Verbraucher mit ihrem willkürlichen Kaufverhalten erschienen in diesem Modell geradezu als Wirtschaftsschädlinge – für Unternehmen wie Staat.

Im Juni 1937 analysierte Vershofen die Rolle der Verbraucher so:

> »Wir wissen, dass […] ein starkes Missverhältnis zwischen dem, was die Produktion anbietet, und dem, was der Verbraucher abzunehmen geneigt ist, besteht. […] Durch das unberechenbare Verhalten des Verbrauchers sind die Absatzmöglichkeiten und damit der Gütegrad unserer Volkswirtschaft nachteilig beeinflusst worden. […] Je größer hier das Missverhältnis ist, desto unrentabler gestaltet sich die Volkswirtschaft […]. Es gilt also nach Mitteln und Wegen zu suchen, um dort, wo allein eine Änderung (….) des Missverhältnisses zu erreichen ist, mit Erfolg einzugreifen. Diese Aufgabe hat sich die GfK […] gestellt.«[222]

In dieser Argumentationskette erscheinen die Lenkung des Konsumgüterangebots seit Beginn des Vierjahresplanes, die Einschränkung des Angebots und schließlich die Güterrationierung mit Beginn des Krieges als konsequente Maßnahmen im Sinne dieser »Effektivierung« der Wirtschaft. Die Verbrauchslenkung versprach eine Möglichkeit, die »sparsamste und unter nationalwirtschaftlichen Gesichtspunkten rentabelste Deckung des Bedarfs« zu erreichen.[223]

Die modischen Verbrauchspraktiken waren hierfür möglichst einzuschränken: »Die Mode verursacht vornehmlich jene Tauschreste, die als Erreger von Wirtschaftskrisen bekannt geworden sind«, war die offizielle Position der GfK im Herbst 1937.[224] Wie aus der Diskussion um Mode und Absatzmethoden in

221 Zu diesem Zeitpunkt meldeten sich Werkbundmitglieder wie etwa Günther von Pechmann in der Zeitschrift der Nürnberger Schule, *Die deutsche Fertigware*, zu Wort. Zur Qualitätsdiskussion der Nürnberger Schule im volkswirtschaftlichen Kontext nach 1933 vgl. Kap. 6.3 und 8.2.

222 Merkblatt der GfK, Beilage zum Mitteilungsblatt der GfK, Nr. 7 (Juni 1937), S. 2/3.

223 Fritz Pöhlmann, Reste in der Wirtschaft, in: Die deutsche Fertigware 8 (1936), Nr. 10, S. 165-168; Oetker (1938), S. 127ff.

224 GfK, Mode und Markenware, in: Die deutsche Fertigware 9 (1937), Nr. 7, S. 129-132, hier S. 129.

der späten Weimarer Republik bereits deutlich wurde, war der Wunsch nach einer Steuerung des Verbrauchs auch unter Konsumgüterunternehmern weit verbreitet. Sie strebten ebenfalls eine »Ordnung des Verbrauchs« an.[225] Die nationalsozialistischen Maßnahmen der Verbrauchslenkung lagen den Unternehmensinteressen daher näher, als dies aus heutiger Sicht scheinen mag. Die Konsumgüterunternehmen übernahmen außerdem bei der Lenkung des Verbrauchs eine viel aktivere Rolle, als dies bislang in der historischen Forschung wahrgenommen wurde.[226] Sie zielten auf und erwirkten schließlich eine Ausschaltung des Konsumenten als eigen-sinnige Kraft auf dem Markt von Konsumgütern. Die Verbrauchslenkung versprach den Unternehmen, in der nationalsozialistischen Volkswirtschaft werde sich »die ›Majestät‹ des Verbrauchers den Erfordernissen der Gesamtwirtschaft unterordnen müssen«.[227] Dieser Diskurs bestätigt aktuelle Thesen der Wirtschafts- und Konsumgeschichte, wonach sich in Deutschland während der Weimarer Zeit und später kein markt- und konsumentenorientiertes Wirtschaftsmodell als handlungsleitend für die Unternehmer herausbildete, wie es in den USA und vor allem in Großbritannien in den 30er Jahren verbreitet war. Die deutschen Unternehmen präferierten stattdessen ein autoritäres Modell der geregelten und geschützen Märkte und praktizierten dies oft auf Kosten der Verbraucher.[228] Die nationalsozialistische Wirtschaftspolitik stärkte diese unternehmerische Mentalität und Praxis noch.

Um die Produktion mit dem Konsum möglichst in Übereinstimmung zu bringen, hielten die Forscher der GfK eine genaue, wissenschaftliche Erforschung der Verbrauchsweisen der Produkte für erforderlich. Hier sahen sie ihre Expertise gefragt.[229] Eine »Angleichung der Erzeugung an den Verbrauch« könne so nicht nur in quantitativer, sondern vor allem auch in qualitativer Hinsicht erreicht werden.[230] Eine gesteuerte »Verbrauchsverlagerung«, etwa auf Produkte aus »deutschen Roh- und Werkstoffen«, war eine Herausforderung für die Wissenschaftler. Das Bemühen um eine Verbrauchslenkung, primär aus absatzwirtschaftlicher und sekundär aus volks- und rüstungswirtschaftlicher Motivation heraus, bereitete das fruchtbare Feld für die entstehende Konsumforschung.

Die Zuschreibung eines »emotionalen« und eines »rationalen« Gebrauchs war bei den Verbrauchsforschern nicht antagonistisch und stereotyp geschlechterspezifisch festgelegt, wie bei so vielen Zeitgenossen, die den »emotionalen«

225 Vgl. dazu Kap. 8.2; Gerhard Goy, Ordnung des Verbrauchs, in: Die deutsche Fertigware 9 (1937), S. 96-100.

226 Vgl. etwa eine Zusammenfassung des Forschungsstandes von Hartmut Berghoff zur Verbrauchslenkung im Nationalsozialismus: Berghoff (2005), S. 281-316.

227 Alfred Jacobs, Zur Methode der Verbrauchsforschung, in: Die deutsche Fertigware 8 (1936), Nr. 8, S. 128-135, hier S. 130.

228 Wengenroth (1997), bes. S. 154 und 161; de Grazia (1998), S. 73ff.

229 Max Rembeck, Verbrauchsverlagerung, in: Die deutsche Fertigware 8 (1936), Nr. 11, S. 177-181.

230 Speidel (1939), S. 67.

Verbrauch vor allem mit dem weiblichen Geschlecht verbanden und einen »rationalen« entsprechend mit dem männlichen.[231] Vielmehr ging es den Verbrauchsforschern gerade um die Erkundung dieser emotionalen Beziehung von Nutzern zu Produkten, die sie »irrationale Qualität« der Produkte nannten.[232] Wie am Beispiel des Stiefelkonsums bei der Fußbekleidung noch deutlich werden wird,[233] trat mit Beginn des Nationalsozialismus bei Konsumgütern besonders die männliche Käuferschaft als modebestimmt in den Blick. Auch das Klischee, dass Männer Kaufentscheidungen nach dem »funktionalen Nutzen« träfen, Frauen dagegen nach dem »phänomenalen Nutzen«, lehnten die Nürnberger Forscher energisch ab. Ihrer Erkenntnis nach lag das Verhältnis manchmal genau umgekehrt.[234] Mit Hilfe empirischer Studien versuchten sie, ein »kulturelles Existenzminimum« zu definieren, das nicht nur funktionale, sondern auch emotionale und ästhetische Bedürfnisse der Verbraucher befriedigte.[235] Somit zielten sie darauf, nicht nur quantitative, sondern gerade auch qualitative Mindestanforderungen für die Konsumgüterversorgung zu erarbeiten.

Weder die Vierjahresplanbehörde noch das Reichswirtschaftsministerium scheinen in der Vorkriegszeit jedoch auf die wissenschaftlichen Dienstleistungen der Gesellschaft für Konsumforschung direkt zurückgegriffen zu haben. Wahrscheinlich auch wegen der Konkurrenz der quantitativen Haushaltsbudget-Forschung durch das Arbeitswissenschaftliche Institut der Deutschen Arbeitsfront konzentrierte sich die GfK bei ihrer Forschung von Anfang an auf qualitative Aspekte des Verbrauchs.[236] Im Zweiten Weltkrieg forderte Vershofen von den staatlichen Lenkungsstellen, die Verbrauchsforschung »gerade jetzt als Hilfsmit-

231 Conrad (2004), S. 37.

232 Arthur Lisowsky, Über den wirtschaftlichen Begriff des Schlagers, in: Die deutsche Fertigware 8 (1936), Nr. 9, S. 126-132, hier S. 128.

233 Vgl. dazu Kap. 8.1. und Der Marschstiefel der SA, in: Die deutsche Fertigware 5 (1933), Nr. 6, S. 188.

234 Im Handbuch der Verbrauchsforschung wurde der *phänomenale Nutzen* als »die äußeren, sinnlich wahrnehmbaren Qualitäten« definiert, während der *funktionale Nutzen* die »Gesamtheit der in ihnen enthaltenen Verwendungsmöglichkeiten« umfasste. (Proesler (1940), S. 36.) These der GfK war, dass Frauen sich eher bei der Bedarfsbildung »irrational« verhielten, dagegen beim Einkaufsakt (Bedarfsdeckung) zweckrational, während auf Männer genau das Umgekehrte zutreffe und diese eher bei der Bedarfsdeckung von »irrationalen Momenten geleitet« würden. Vgl. Erich Schäfer, Zwischenbilanz der Verbrauchsforschung, in: Markt und Verbrauch 13 (1941), Nr. 5/6, S. 104-118, bes. S. 106, 115.

235 Fritz Pöhlmann, Reste in der Wirtschaft, in: Die deutsche Fertigware 8 (1936), Nr. 10, S. 165-168, hier S. 167.

236 Das wissenschaftliche Konkurrenzverhältnis von GfK und Arbeitswissenschaftlichem Institut der Deutschen Arbeitsfront ab 1935 bedarf noch einer eingehenden Untersuchung. Zur Sozialstatistik des AwI der DAF vgl. Arbeitswissenschaftliches Institut der Deutschen Arbeitsfront (Hg.), Beiträge zur Statistik der Lebenshaltung des deutschen Arbeiters, Berlin 1940, darin zum Schuhverbrauch: S. 201-220; Ausgabenverteilung in Arbeiterhaushaltungen, in: SFZ v. 11.3.1939, S. 8f.

tel der Kriegswirtschaft aufzubauen«.[237] Doch spielten die Verbrauchsforscher der GfK bei der Wirtschaftsplanung der Konsumgüterversorgung im Krieg – soweit bisher ersichtlich – nur eine marginale Rolle. Eine Ausnahme waren offenbar die Exportförderung und Absatzplanung deutscher Konsumgüter in den ab 1938 deutsch besetzten Gebieten und in Südosteuropa, für die Mitarbeiter der GfK, darunter Ludwig Erhard, Marktstudien lieferten.[238] Die Marginalisierung der Verbrauchsforschung in Deutschland steht im auffallenden Kontrast zum großen Einfluss dieser wissenschaftlichen Forschungsrichtung in der Kriegswirtschaft des Zweiten Weltkriegs in Großbritannien.[239]

»Verbrauchsforschung« für die Schuhindustrie (1939)

Im Februar 1939 veröffentlichte ein Doktorand Wilhelm Vershofens, Helmut Speidel, eine Dissertation über die neue Organisation der gewerblichen Wirtschaft der Schuhunternehmen, die *Fachgruppe Schuhindustrie*.[240] Dies nutzte er für eine Demonstration der neuen Erkenntnisse, die die Verbrauchsforschung auch für die Schuhindustrie versprach. Mit der Präsentation erster eigener Ergebnisse versuchte er, die Schuhunternehmen zu überzeugen, künftig Gemeinschaftsprojekte der Verbrauchsforschung ins Leben zu rufen: »Um Unterlagen zur Aufstellung [...] von Marktordnungsgrundsätzen zu schaffen, ist es notwendig, einmal die Haltung des Verbrauchers gegenüber dem Marktobjekt Schuh festzustellen, erst dann kann über den Bedarf und Verbrauch an Schuhen etwas ausgesagt werden.« Speidel wertete die über die Finanzämter verfügbaren Unterlagen über die Umsätze der Schuheinzelhandelsgeschäfte in den Landeswirtschaftsbezirken aus und erstellte eine frühe Kaufkraftkarte von Schuhen für das gesamte Reichsgebiet in den Grenzen von 1937 (Abb. 41).[241] Die Karte gab bislang allerdings nicht die verbrauchte Paarzahl an Schuhen pro Kopf der Bevölkerung an, sondern nur deren Wert in Reichsmark. Speidel argumentierte, es liege nun in Reichweite der Fachgruppe, die Verbrauchsforschung zu einem »Hauptbetätigungsgebiet« ihrer Statistik zu machen und dadurch aussagekräftige Ergebnisse über die regionale Kaufkraftverteilung zu erhalten. Die einzelnen

237 Vershofen (1940), S. 174f.

238 Seit Dezember 1938 war Ludwig Erhard, Leiter des IfW, konsumpolitischer Berater des Gauleiters Joseph Bürckel in Wien und später in Elsass-Lothringen. Vgl. Mierzejewski (2004), S. 18-25; Heinelt (2003), S. 50-63; Roth (1995); Gerlach (1997); Aly/Heim (1991), S. 36.

239 Vgl. dazu Kap. 11.

240 Speidel (1939), S. 63. Alle folgenden Zitate hieraus, S. 63-77. Zur Organisation der gewerblichen Wirtschaft ab 1933 vgl. Kap. 9.1.

241 Die jüngsten für Speidel erhältlichen Daten waren von 1929. Vgl. Speidel (1939), S. 67.

Schuhunternehmen verließen sich bislang auf subjektive Berichte ihrer Handelsvertreter über die Regionen.

Außerdem wertete Speidel die wenigen verfügbaren statistischen Erhebungen über den Schuhverbrauch der Bevölkerung, vor allem die des *Statistischen Reichsamts* von 1927/28, konsumwissenschaftlich aus. Er kam zu der Erkenntnis, dass – entsprechend dem Engel'schen Gesetz – die Ausgaben für Schuhe bei steigendem Einkommen relativ fielen. Je ärmer eine Familie war, desto stärker wurde ihr Bekleidungsbudget mit den Ausgaben für Schuhe belastet. Je kleiner die Kaufkraft, desto größer war auch der Teil der Ausgaben, der zur Erhaltung des Schuhwerks (Reparatur) diente, im Verhältnis zu dem Teil, der zur Neuanschaffung verwendet wurde. Eine steigende Kaufkraft drückte sich beim Schuhkonsum, in der Erfahrung der letzten Jahre, weniger in einer Erhöhung der gekauften Paarzahl als vielmehr in einer Nachfrage nach besseren Qualitäten in den Produkten aus. Dies war für den Rhythmus des Bedarfs eine fundamentale Erkenntnis. Bei steigender Kaufkraft, so schloss der Verbrauchsforscher, bleibe die gekaufte Paarzahl pro Verbraucher also trotzdem gleich. Die zunehmende Elastizität des Marktes trete stattdessen als Nachfrage nach einer höheren Güte und des Wertes der Produkte in Erscheinung. Dies nannte Erich Schäfer, sein Kollege am IfW, die *qualitative* gegenüber der *quantitativen* Elastizität des Bedarfs.[242] Die Zahl der Reparaturen nehme bei steigender Kaufkraft trotz der besseren Güte der Produkte ab. Die Schuhe wurden »nicht abgetragen«. So verbliebe ein »Gebrauchsrest« in den Produkten, der sich mit steigender Kaufkraft vergrößere.

In den letzten Vorkriegsjahren setzte sich bei der GfK die Erkenntnis durch, dass die Mode ein Grundmodus der Nutzer im Umgang mit Produkten war. Sie war für die Verbrauchsforscher der GfK die Ausdrucksform aller sozialen Funktionen, die Produkte erfüllten.[243] Die Mode bildete eine dialektische Einheit von Streben nach Anpassung auf der einen und sozialem Abhebungsbedürfnis auf der anderen Seite, bei dessen Vermittlung die Bekleidung eine zentrale Rolle spielte.[244] Im Nationalsozialismus zeigte die Erfahrung mit der Uniformierung den Verbrauchsforschern, dass dieses Bestreben nach Gruppenzugehörigkeit differenzierter betrachtet werden musste und die Anpassung und Identitätsbildung auch andere Richtungen nehmen konnte. Das Feld der vielbeschworenen NS-»Volksgemeinschaft«, hinter der alle sozialen Ungleichheiten zurücktreten sollten, um stattdessen neue, »organische« Formen der Vergemeinschaftung zu finden, bot für einen solchen Forschungsansatz der Suche nach multiplen

242 Erich Schäfer, Über die Elastizität des Bedarfs, in: Die deutsche Fertigware 8 (1936), Nr. 11, S. 165-171.

243 Johann Ditterich, Merkblatt der Gesellschaft für Konsumforschung, in: Mitteilungsblatt der GfK, Nr. 7, Juni 1937, S. 1-4, hier S. 1.

244 Georg Bergler, Die Wirkungen der Mode und des Geschmacks auf Markenartikel, in: Der Markt der Fertigware 2 (1930), Nr. 2/3, S. 107-118.

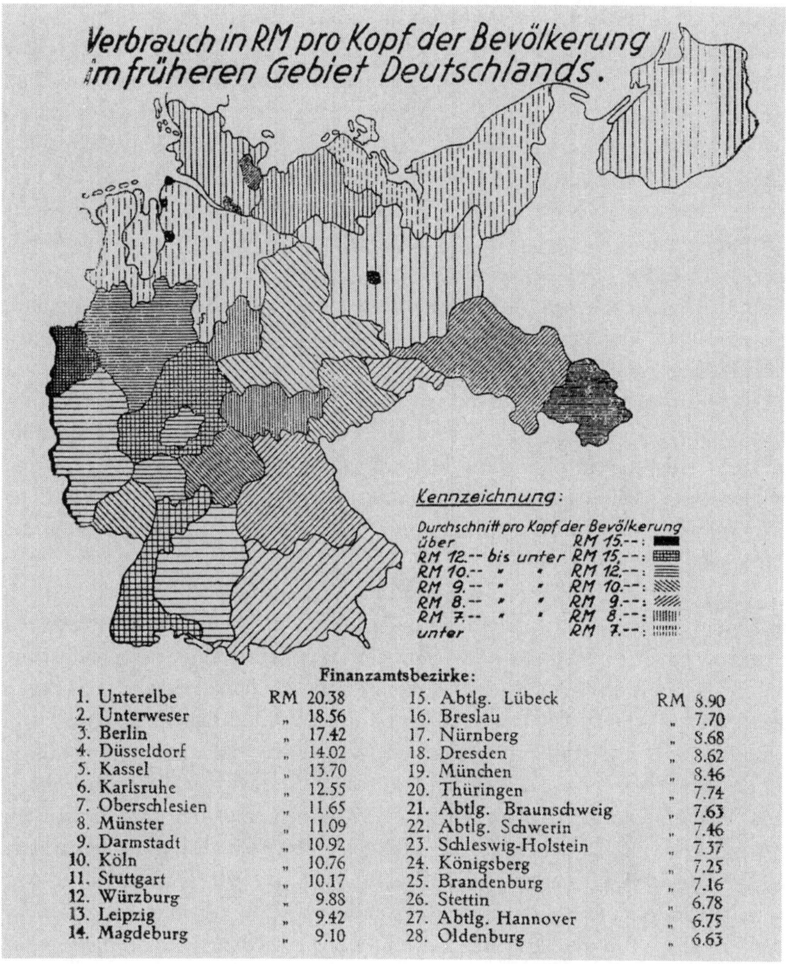

Abb. 41: Kaufkraftkarte der Gesellschaft für Konsumforschung für die Schuhindustrie (1939): Ausgaben der deutschen Bevölkerung für Schuhe in Reichsmark (1929)

Identitätsbildungen und Gruppenzugehörigkeiten anscheinend besonders günstige Voraussetzungen.[245]

Auch für das Verhältnis von den rein physischen zu den ästhetischen Eigenschaften des Schuhs in ihrer Nützlichkeit für den Verbraucher und deren Veränderung durch den Kaufkraftzuwachs machte der Verbrauchsforscher eine über-

245 Ludwig Hülf, Qualitative Verbrauchsforschung. Möglichkeiten und Probleme, in: Die deutsche Fertigware 9 (1937), Nr. 2, S. 36-43, hier S. 39.

raschende Entdeckung. Die Verbraucher verhielten sich nicht so – wie es eine rein mechanistische Wirtschaftsbetrachtung nahe legte –, dass sie bei größerer Kaufkraft mehr, bei kleinerer aber weniger Wünsche hinsichtlich des modischen Aussehens der Schuhe hatten. Im Gegenteil: »Je kleiner die Kaufkraft ist, desto billiger muss die Ware sein und desto geringer ist die Güte. Diesen Mangel hat das ›Gesicht‹ des Schuhes als Ausgleich zu überdecken.«[246] Auf das Aussehen und die Formgebung des Schuhs, so das Fazit seiner Studie, wurde bei der Warenverknappung eher noch mehr Wert gelegt als weniger. Die Gestaltung musste elaborierter werden, je schlechter die Materialgüte wurde.

In der Systematik von physischen und sozialen Eigenschaften des Produktes gedacht, hatte hier Speidel eine Erklärung für die Bedeutung der Mode gefunden. Basierend auf der Erfahrung mit der Uniform-Mode[247] und der Tendenz zu steigender Qualität in den Produkten seit 1933/34 ging Speidel davon aus, dass mit weiterer Zunahme der Kaufkraft die Mode grundsätzlich wieder zurückgedrängt werde und an Bedeutung verlor. In qualitativ hochwertigen Produkten wurde seiner Meinung nach die Extravaganz in der Gestaltung der Modeschuhe als Kompensation für ihre geringerwertige Konstruktion und ihr schlechteres Material überflüssig.

Eine zweite Ursache für den vermeintlichen Rückgang des Modeeinflusses sah er in der subjektiven Befindlichkeit der KonsumentInnen. Die »wirtschaftlich besseren Zeiten« bewirkten seiner Ansicht nach »ein viel größeres Selbstvertrauen« der Nutzer, das nicht mehr so stark »durch Äußerlichkeiten vorgetäuscht« werden müsse. Die Selbstdarstellungsfunktion der Konsumgüter für die Träger, in der Sprache der Nürnberger Schule »Geltungsnutzen« genannt, kompensierte, so die Vorstellung, soziale »Defizite« wirtschaftlicher Art, wie Arbeitslosigkeit oder Armut. Um solch einen Ausgleich zu leisten, mussten die gebrauchten Konsumgüter möglichst auffällig sein. »Bei einer starken Einbuße an Kaufkraft bedeutet für den Verbraucher ein Mitmachen von Moden, die nicht viel kosten, geradezu eine seelische Entlastung.« Mit anderen Worten konnten nach Ansicht des Verbrauchsforschers also auch andere soziale Funktionen des Produkts, etwa die Herstellung von Gruppenzugehörigkeit, Mängel in der physischen Funktionsfähigkeit des Produkts kompensieren.[248]

In ihrer Situation der wirtschaftlichen Verunsicherung seien Verbraucher mit geringer Kaufkraft der Beeinflussung durch den Handel als Mediator in besonderem Maße ausgesetzt. Speidel ging sogar so weit, zu behaupten: »Die Durchschnittskundin bezieht ihren Geschmack beim Kaufmann.« Hier habe nun der Einzelhändler »in seiner Mittlerstellung zwischen Hersteller und Verbraucher« die Möglichkeit, »die Wünsche der Verbraucher in gelenkte Bahnen zu führen«, dies auch im Sinne einer »überwirtschaftlichen Beeinflussung« nach »politischen

246 Speidel (1939), S. 63. Alle folgenden Zitate S. 73f.
247 Zur Uniform-Mode seit 1933 vgl. Kap. 8.1.
248 Speidel (1939), S. 73f.

Richtlinien (Verbrauchslenkung)«. Der Einfluss des letzten Verbrauchers sei nur »passiv modebildend«. Die Verantwortung der Auswahl von Modellen aus der Vielfalt der »Musterungstätigkeit« der Hersteller liege eher beim Handel.

Die Erkenntnis, dass formale Eigenschaften in Konsumgütern Defizite in den materiellen Eigenschaften kompensieren konnten, floss zumindest rudimentär in die Kriegswirtschaftsplanung und Gestaltungspraxis der Produkte in den folgenden Jahren ein. So wurde bei der Gestaltung von Schuhen in den letzten Kriegsjahren die Farbigkeit immer wichtiger. Während die Qualität der Materialien, die in Zivilschuhe einflossen, immer weiter abnahm, wurde die Farbgebung der Ersatzstoffe in den Produkten immer auffälliger. Holzschuhe, die als Straßenschuhe für Frauen gedacht waren, stachen bereits in der Vorkriegszeit durch ihre bunte Vielfarbigkeit ins Auge. Der Leiter der BIOS-Untersuchungskommission der Alliierten, die sich nach dem Krieg mit einer Bestandsaufnahme der deutschen Schuhindustrie beschäftigte, stellte im Juli 1945 fest: »There was great opposition by the shoe trade and the Propaganda Ministry to austerity styles – particularly for women. They had to have colours for purposes of morale.«[249] Auffällige Farben sollten die immer stärker abnehmende physische Qualität des zivilen Schuhwerks in den Kriegsjahren kompensieren.[250]

7.5 Vergleich: Blick über den Atlantik und über den Ärmelkanal

Wissenschaft am Schuh in den USA

In Deutschland entstanden also erst in der Zeit des Nationalsozialismus mehrere neue wissenschaftliche Disziplinen, welche die Konsumpraktiken von Gebrauchsgegenständen und ihre Auswirkungen auf die Nutzer einerseits und die Alltagsdinge andererseits erforschten. Innerhalb der akademischen Wirtschaftswissenschaften in den USA war der Konsum als Forschungsfeld Anfang der 30er Jahre ebenfalls noch weitgehend marginalisiert. Dies änderte sich erst mit dem Erscheinen der *General Theory of Employment, Interest and Money* von John Maynard Keynes 1936.[251] Seit Anfang der 20er Jahre wurde der Verbrauch jedoch Gegenstand der Untersuchung einiger Vertreterinnen im Überschneidungsfeld der jungen Hauswirtschaftslehre (*Home Economics*) und der herkömmlichen Wirtschaftswissenschaften. Die »Chicagoer Schule« um Hazel Kyrk und ihre Mitarbeiterin Margaret Reid begann in den 20er Jahren den Konsum als volkswirtschaftlichen Faktor zu untersuchen. Politischen Einfluss gewannen diese

249 BIOS Final Report Nr. 861, The Stratton Mission to Germany (1945), S. 71.

250 Zur Modelenkung und NS-Modepolitik vgl. Kap. 8.

251 In der Folge erschienen in den USA erste Studien des Konsums aus makroökonomischer Perspektive. Vgl. Hoyt (1938); Coles (1938) u. v. a.

Wissenschaftlerinnen im *New Deal*, als ihnen als Konsumexpertinnen die Leitung von staatlichen Verbraucherschutz-Gremien übertragen wurde. Hazel Kyrk wurde 1937 leitende Ökonomin im *Bureau of Home Economics* des *Department of Agriculture* und übernahm 1943 den Vorsitz des *Consumer Advisory Committee* des *Office of Price Administration* in Washington D. C. Letzteres regelte die Preiskontrolle und Rationierung von Konsumgütern in der Kriegswirtschaft des Zweiten Weltkriegs.[252] In den Jahren 1937 bis 1943 entstand im *Bureau of Home Economics* unter Kyrks Leitung das erste staatliche Konsumforschungsprojekt über Haushaltsbudgets in den USA, die *Consumer Purchaser Study* in über zehn Bänden.[253]

Daneben bildete sich eine akademische und eher absatzwirtschaftlich ausgerichtete Konsumforschung vor allem am Lehrstuhl für Absatzlehre (*Marketing*) von Prof. Paul Henry Nystrom am wirtschaftswissenschaftlichen Institut der Columbia University in New York heraus. Nystrom war vordem Direktor einer Werbe- und Marktforschungsfirma für den Einzelhandel gewesen. Seine und die Forschungen seiner Mitarbeiter seit 1929 konzentrierten sich auf Budgetstudien von ausgewählten Haushalten und die Einteilung der amerikanischen Bevölkerung in »Konsumtypen«.[254] In den folgenden Jahren war die Erforschung von Mechanismen und Zyklen der Mode einer der wichtigsten Untersuchungsgegenstände. Die Forschergruppen um Nystrom und Kyrk arbeiteten mit sozialstatistischen Methoden.[255]

Die amerikanische Markt- und Konsumforschung im Dienst einzelner Unternehmen fand in den 20er und 30er Jahren ganz überwiegend in *Advertising Agencies*, professionellen Werbeberatungsfirmen, statt.[256] Unter den privaten Beratungsfirmen dieser Art stach in den 30er Jahren das *American Institute of Public Opinion* von George Gallup in Princeton heraus, das 1935 erstmals mit Studien zur Meinungsforschung an die Öffentlichkeit trat. Mit denselben Methoden führten die Mitarbeiter Marktforschungsprojekte für Firmen durch. Auch diese Forschergruppe arbeitete ausschließlich mit quantitativen Methoden und wählte den Fragebogen als wichtigstes Instrument.

252 Vgl. van Velzen (2001); Goldstein (2006).

253 Hazel Kyrk et al., Family expenditures for housing and household operation, five regions, Washington D. C. 1941ff.

254 Dabei unterschieden die amerikanischen Marktforscher die Gruppe der Armen (10 Prozent der Bevölkerung), derjenigen, die sich ein Minimum an Gesundheitsvorsorge leisten konnten (17 Prozent), eine Gruppe mit einem Mindestmaß an Komfort (25 Prozent), mit durchschnittlichem Komfort (18 Prozent), die gemäßigt Wohlhabenden (12 Prozent), die Wohlhabenden (8 Prozent) und eine Gruppe mit »großzügigem Lebenstandard« (2 Prozent). Vgl. Nystrom (1929).

255 Vgl. Nystrom (1929); Nystrom (1928). Zur Rezeption der amerikanischen Forschung durch IfW und GfK: Otto Bickel, Ein amerikanischer Beitrag zur Konsumforschung, in: Die deutsche Fertigware 5 (1933), Nr. 2, S. 58-62; Otto Bickel, Amerikanische Beiträge zur Modebeobachtung, in: Der Markt der Fertigware 3 (1931), Nr. 3, S. 303-8.

256 Belk (1995); Brown (1937a); Brown (1937b).

Von den ersten Anfängen der Marktforschung in den USA unterschieden sich die Nürnberger Forscher der Gesellschaft für Konsumforschung sowohl inhaltlich als auch methodisch. Insofern ist die Behauptung, die GfK und das Institut für Wirtschaftsbeobachtung hätten »nach amerikanischem Muster« gearbeitet, bei näherem Hinsehen nicht haltbar.[257] Beide arbeiteten zwar mit dem *Sampling*-Verfahren, das eine relativ kleine Gruppe von Befragten als repräsentative Auswahl der Gesamtbevölkerung setzte. Doch hier endeten ihre Ähnlichkeiten bereits. Die GfK wurde eher als Gegenmodell zu den eng gefassten Aufgabenstellungen der amerikanischen »Werbewissenschaft« und Marktforschung gegründet.[258] Die qualitativen Methoden und »ausgedehnten Befragungsgespräche« der deutschen Verbrauchsforscher waren ein wichtiger Unterschied zur quantitativen Befragung der amerikanischen Marktforscher.[259] In Abgrenzung zum Gallup-Institut stellte der IfW-Mitarbeiter Hans A. Schneider 1944 fest: »Es ist [...] durchaus amerikanisch, Fragestellungen, die auf eine Beantwortung mit Ja oder Nein zielen, schnell und in Menge zu bearbeiten. [...] Im Gegensatz dazu haben wir das Bestreben, stets zu erfahren: Warum Ja? Warum Nein?«[260] Die einfachen Ja- und Nein-Fragen der amerikanischen Forscher seien »mechanistisch« und brächten komplexe Sachverhalte auf eine viel zu »einfache Formel«. Sie glichen eher »einer Art von Sport« als einer Wissenschaft und könnten ihre »starken, inneren Beziehungen zu dem Wettunwesen, das in den angelsächsischen Ländern herrscht, nicht verbergen«. Die eigene, qualitative Methode bezeichneten die deutschen Verbrauchsforscher Anfang der 40er Jahre als »Motivforschung«, die der »Ermittlung von Beweggründen« diente.[261]

Ein weiterer Unterschied zu den Markt- und Meinungsforschungen um George Gallup war die stärker volkswirtschaftliche Orientierung der Verbrauchsforschung in Deutschland, während die Marktforscher in den USA eng begrenzte Studien für einzelne Unternehmen betrieben.[262] Tatsächlich ist kein einziges gemeinsames Verbrauchs- oder Marktforschungsprojekt der Schuhbranche in den USA für die ganzen Jahre von 1925 bis 1945 bekannt. Das erste

257 Beispielhaft für die verbreitete Annahme eines direkten und unilateralen wissenschaftlichen Methodentransfers von den USA nach Deutschland jüngst wieder: Kleinschmidt (2006b), S. 19; Berghoff (2005), S. 282. Auf die Problematik einer solchen direkten Ableitung der deutschen aus der amerikanischen Marktforschung hat bereits Christoph Conrad hingewiesen: Conrad (2004), S. 21.

258 Bergler (1959), S. 15-29.

259 Vgl. auch Georg Bergler: »Von vorneherein ist auch an keine statistische Auswertung gedacht. Nur um das ›Quale‹ geht es dabei.« Bergler (1959), S. 145.

260 Bergler (1959), S. 71.

261 Alle Zitate aus: Wilhelm Vershofen, Zur Praxis der amerikanischen Meinungsforschung, in: Markt und Verbrauch 14 (1942), Nr. 9/10, S. 200-205.

262 Vgl. dazu auch Carl Hundhausen/Wilhelm Vershofen, Verbrauchsforschung – ein Meinungsaustausch, in: Markt und Verbrauch 12 (1940), S. 258-273; Carl Hundhausen, Markt- und Verbrauchsforschung in Deutschland und USA, in: Wirtschaftsblatt der Industrie- und Handelskammer zu Berlin 38 (1940), Nr. 43, S. 593-5.

Gemeinschaftsforschungsprojekt über den Markt von Schuhen fand dort im Sommer 1947 statt. Hier beauftragten die Gewerbeorganisationen der Lederhersteller, das *Tanners' Council of America*, die *National Shoe Manufacturers Association* der Schuhindustrie und die *National Shoe Retailers Association* des Schuheinzelhandels, gemeinsam ein externes Forschungsinstitut mit einem Verbrauchsforschungsprojekt.[263]

Die Agentur ließ sich dabei offenbar von dem deutsch-amerikanischen Marktforscher Ernest Dichter beraten. Dieser hatte vor seiner Emigration aus Wien schon 1933 an der Lazarsfeld-Studie über die Kaufgewohnheiten von Schuhkunden mitgewirkt.[264] Gegenstand des Gemeinschaftsforschungsprojekts der Schuhunternehmen 1947 waren die Bedeutungen, die Verbraucher dem Werkstoff Leder im Vergleich zu neuen Kunststoffen im Schuh zumaßen. Das Ergebnis war eine Studie zum Thema *Motives and Attitudes That Affect the Consumer in the Purchase of Shoes*, die nach Dichters Eisberg-Prinzip mit psychologischen Methoden nach emotionalen Assoziationen, welche die Kunden mit dem sozialen Status von Leder, dem »Symbolismus« von Schuhen und ihrer persönlichen Funktion für die Befragten verbanden, suchte. Dabei gingen die Forscher in »Tiefeninterviews« mit mehreren Hundert Schuhkäufern bis in die Kindheit der Befragten zurück.[265] Dieses Forschungsprojekt galt unter Fachleuten als die erste umfassende Verbrauchsforschungsstudie (*Consumer Survey*) in der Schuhbranche in den USA und wurde in allen Einzelheiten in der Fachpresse vorgestellt.[266]

263 Als Bearbeiter erwähnt wird Elmo Roper. Roper war zusammen mit George Gallup Autor der ersten großen Meinungsumfrage in den USA 1936, mit der die *Sampling*-Methode als wissenschaftliches Verfahren ihren Durchbruch erzielte. Vgl. Daniel (2007), S. 184. Zur Verbrauchsforschungsstudie der Schuhindustrie vgl. Shoe Industry to Sponsor Consumer Research Survey, in: SLR v. 3.5.1947, S. 10; Motives and Attitudes That Affect the Consumer in the Purchase of Shoes. Report on a Special Survey, in: SLR v. 23.8.1947, S. 93-104; The Consumer – The Biggest Risk, in: SLR v. 5.4.1952; Ben Edscorn, Role of Research in Marketing, in: SLR v. 4.9.1954, S. 4ff.

264 Der österreichische Emigrant und Motivforscher Ernest Dichter, der seine ersten Erfahrungen mit empirischer Sozialforschung Anfang der 30er Jahre an der Wirtschaftspsychologischen Forschungsstelle unter Paul Lazarsfeld in Wien gemacht hatte (vgl. Kap. 2.2) und 1936 nach politischen Repressionen in die USA ausgewandert war, führte zwischen 1947 und 1955 eine Reihe von Marktstudien über Schuhe für einzelne US-Unternehmen wie die US Shoe Corporation, Brown Shoe, Red Cross Shoes, Spencer und die Schuhhandelskette Thom McAn durch. 1954 entstand in seiner Firma die zweite große Gemeinschaftsstudie der Schuhbranche: »Why men buy shoes«. Vgl. Hagley Archive Wilmington, RG 2407 Ernest Dichter Collection, Boxes 2, 10-16, 136.

265 Zur Methodik und Einordnung Dichters in die US-amerikanische Marktforschung vgl. Gries (2004), S. 353-375.

266 Motives and Attitudes That Affect the Consumer in the Purchase of Shoes. Report on a Special Survey, in: SLR v. 23.8.1947, S. 93-104.

»Gebrauchswert«: Forschung im Dienst des Verbraucherschutzes in den USA

Abb. 42: Logo der Verbraucherschutzvereinigung »Consumers' Research« in den USA (1943)

In den USA entwickelte sich in der zweiten Hälfte der 30er Jahre noch eine weitere und sehr spezifische Form der Konsumforschung, die aus der Tätigkeit der beiden mächtigen Verbraucherschutzverbände hervorging: der *Consumers' Research* (1929 gegründet) und der *Consumers' Union* (1936 von der *Consumers' Research* abgespalten).[267] Die Wissenschaftler der beiden Verbraucherverbände sahen sich als Interessenvertretung der Konsumenten und als Instrument zum Schutz gegen die Täuschungsmanöver von Produzenten und Händlern in der Marktwirtschaft sowie gegen zu hohe Preise und minderwertige Ware. Wissenschaft hatte in ihren Augen die Aufgabe, objektive Kriterien für die Verbraucher zu entwickeln, um Produkte zu beurteilen. Zu diesem Zweck entwickelten sie eine in den USA neue Methode, die komparativen Produkttests im Labor (Abb. 42, 43).

Die Verbraucherverbände unterhielten eigens gegründete Forschungsinstitutionen und suchten durch Veröffentlichungen die Konsumenten bei der Selbstaufklärung über die Qualität und Eigenschaften von Produkten zu unterstützen. Die Begründer dieser Forschungsrichtung waren Stuart Chase und Frederick John Schlink, die mit ihrem berühmten Buch *Your Money's Worth* 1927 die Verbraucherbewegung ins Rollen brachten und 1929 die Institution *Consumers' Research* ins Leben riefen. Seit 1933 erschien die erste Zeitschrift *Consumers' Research Bulletin* und seit 1936 auch die *Consumers' Union Reports* (später *Consumer Reports*) der zweiten Verbraucherschutzorganisation.

Zwei der am stärksten umkämpften Fragen des Verbraucherschutzes waren seit Anfang der 30er Jahre die Standardisierung von Produkten und die Kennzeichnungspflicht von Waren, das sogenannte *informative labelling*.[268] Frederick Schlink (1891-1995), der berühmteste Agitator der amerikanischen Verbraucherbewegung, war von Beruf Materialprüfer beim amerikanischen *Federal Bureau of Standards* in Washington D. C. und spezialisiert auf Lederprüfung und -normung.[269] Er war

267 Zur wissenschaftlichen Tätigkeit der beiden Verbraucherschutzverbände vgl. Jacobs (2005), bes. S. 89f., 103, 170; McKellar (2002); McGovern (1998), S. 37-58.

268 Zur öffentlichen Auseinandersetzung um die Kennzeichnungspflicht von Leder-Ersatzstoffen in Schuhen 1935/36 vgl. Kap. 6.4.

269 Frederick J. Schlink, Area Measurement of Leather, Washington D. C. 1920; ders., Variance of Measuring Instruments and its Relation to Accuracy and Sensitivity, Washington D. C. 1918.

ein vehementer Verfechter der Standardisierung von Konsumgütern mit Hilfe staatlicher Intervention, für die er durch die *New Deal*-Politik Franklin D. Roosevelts ab 1933 die Zeit gekommen sah. Diese Haltung teilte er mit einem weiteren einflussreichen Pionier der Bewegung, dem Theologen und Sozialforscher Robert Lynd (1892-1970).[270] Die beiden Aktivisten sahen die zunehmende Warenvielfalt in den Geschäften und die ausgefeilten Werbetechniken als Gefahr für die Konsumenten. Dies galt besonders für die Teile der Bevölkerung, die mit jedem Cent rechnen mussten und vom Zugang zu alternativen Informationen ausgeschlossen waren. Viele »überflüssige« Varianten von Produkten auf der Angebotsseite stünden Verwirrung und Unmündigkeit der Verbraucherseite gegenüber. Die Konsumentinnen und Konsumenten seien den immer raffinierteren Praktiken der Markentechniker hilflos ausgeliefert.

Auch die marktwirtschaftlichen Preisbildungsprozesse wirkten sich ihrer Ansicht nach ungünstig auf die Konsumentinnen und Konsumenten aus. Preise spiegelten nicht die wirkliche Qualität der Produkte wider. Werbung und Beschriftungen dienten eher der Verschleierung als der Information. Dieser Situation war nach Auffassung der Verbraucher-Aktivisten nur mit Aufklärung auf der Verbraucherseite und Standardisierung auf der Angebotsseite beizukommen. Ohne die Standardisierung von Größen, Gewichten und Materialien in den Konsumgütern konnten die Konsumenten vor dem Kauf eines Produkts kein angemessenes Werturteil fällen. Das *National Bureau of Standards* ersparte dem Staat der Vereinigten Staaten viele Millionen Dollar im Jahr, indem es Produktinformationen veröffentlichte, die für Käufer im Regierungsauftrag, etwa für Militärlieferungen, maßgeblich waren. Diese Art der neutralen Information benötige der einzelne Verbraucher ebenfalls. Auch für ihn solle der Staat tätig werden.[271]

Die Lösung in der Schnittmenge der beiden Sphären Angebot und Nachfrage hieß für Schlink und Lynd: *the best buy*. Die Idee eines »Bestkaufes« übertrug die tayloristische Vorstellung eines *one best way* der Produktion auf die Wahl von Konsumgütern. Die Standardisierung von Produkten war in einem sozialreformerischen Sinn gedacht: Sie verfolgte den emanzipatorischen Ansatz, für Marktteilnehmer mit geringem Haushaltsbudget qualitativ hochwertige Produkte verfügbar zu machen, den Grundbedarf zu decken und ein menschenwürdiges Dasein zu ermöglichen. Gerade dies war im Amerika der Großen Depression und der hohen Arbeitslosigkeit nach der Weltwirtschaftskrise nicht mehr selbstverständlich. Der Staat hatte nach Auffassung der Verbraucherverbände regulativ in die Produktion und Distribution einzugreifen, »gerechte Preise« herzustellen und eine Mindestversorgung der Bevölkerung zu gewährleisten.[272] Die

270 McKellar (2002); Robert Lynd, The Consumer becomes a »Problem«, in: Annals of the American Academy of Sciences 173, Mai 1934, S. 1-6.

271 Stuart Chase/Frederick J. Schlink, Your Money's Worth. A Study in the Waste of the Consumer's Dollar, New York 1927.

272 Zur Diskussion um die Standardisierung vor dem und im *New Deal* vgl. Jacobs (2005), S. 286f., Fn. 101f.; A Decent Standard of Living, in: de Grazia (2005), S. 75-129.

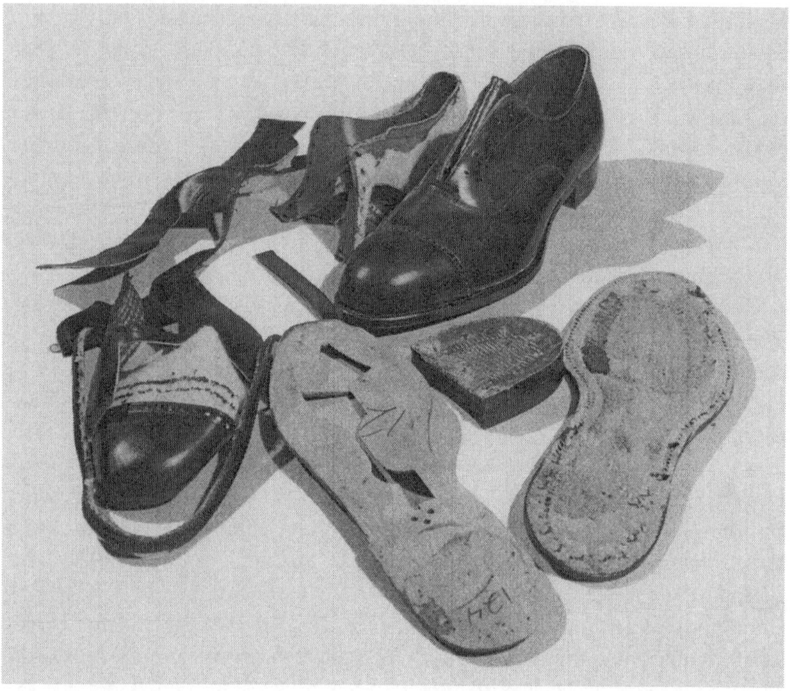

Abb. 43: Auf der Suche nach dem Gebrauchswert: Komparative Produkttests der »Consumers' Union« (Juli 1943) in den USA

Standardisierung der Produkte war somit ein Mittel zur Steigerung des Lebensstandards.

Von Deutschland aus wurde die wissenschaftliche Tätigkeit von *Consumers' Research* vor allem von den Nürnberger Verbrauchsforschern wahrgenommen. Wilhelm Vershofen bemerkte 1939:

> »Zweck dieser Organisation, die ein überraschend schnelles Wachstum erfuhr, war, den Verbraucher aufzuklären über gewisse neuzeitliche Methoden der Werbung, über besondere Praktiken der Verkaufstechnik, über die *wirkliche Beschaffenheit* und den *Wert* viel gekaufter Waren und zumal darüber, was sich bei bekannten und beliebten Markenartikeln als *wirklicher Gebrauchswert* aufweisen ließ. [Hervorhebung A.S.] Man kann also sagen, dass diese Forschungsarbeit dahin zielte, allmählich eine Einkaufskunde für den Verbraucher aufzubauen. Hier bleibt also die Ware das Objekt, auf das sich Beobachtung und Forschung erstrecken.«[273]

273 Vgl. Vershofen (1940), S. 154f.

Vershofen, der sich mit dieser Richtung der amerikanischen Konsumforschung ausführlich in seinem »Handbuch der Verbrauchsforschung« (1940) beschäftigte, hielt Chase, Schlink und die von ihnen ins Leben gerufene Forschungsrichtung für Vertreter der objektiven Gebrauchswerttheorie. Susie McKellar hat jüngst Schlink, Lynd und ihren Ansatz als eine Richtung in der amerikanischen Verbraucherbewegung identifiziert, die sie unter dem Motto »Buying by technical specification« zusammenfasst.[274] Sie weist auf das Bestreben dieser Richtung hin, objektiv messbare Maßstäbe für die Beurteilung von Produkten zu finden, die wiederum Grundlage der Kaufentscheidung sein sollten.

»Buying by technical specification« war ein Terminus, den Gegner dieser Bestrebungen als polemischen Kampfbegriff prägten: die Hauswirtschaftsexpertinnen um das alteingesessene, konservative und der Werbeindustrie nahestehende Frauenmagazin *Good Housekeeping* und das daran angeschlossene *Good Housekeeping Institute*, allen voran ihr publizistisches Sprachrohr, Christine Frederick.[275] Interessanterweise warf die Journalistin und Hauswirtschaftsexpertin Frederick ihrem Kollegen Schlink 1929 genau diesen objektiven Gebrauchswert-Standpunkt vor, den sie als eine berufstypische Verblendung des Ingenieurs und als »Rechenschieber-Psychose« anprangerte. Sie stellte diesem ihre subjektivistische Auffassung von den individuell wirksamen Motiven bei der Beurteilung eines Produkts gegenüber. Um die grundsätzliche Differenz der beiden theoretischen Standpunkte, die von ihr noch zusätzlich als weibliche und männliche Perspektive gedeutet wurden, deutlich zu machen, wählte sie das Beispiel des Schuhekaufens:

> »She [Mrs John Consumer] will use her eyes at shop windows, and noticing what other women wear, will buy without a glance at her ›Consumers' Guide‹. Influenced to a greater extent by price and trade-mark reputation, she will go to the store she knows, selling within her shoe price range and pick what delights her eye. […] The point is she does not make what you might call an *engineering appraisal* of her shoes. […] Mrs John Consumer [buys] on a basis very different indeed from the basis on which the Government buys shoes for the army. It forces Mrs John Consumer to make all kinds of intensely human though illogical compromises, of a kind which are anathema to the male *engineering mind* of Mr Schlink et al. […] Mr Schlink, I am convinced […] is decidedly *metric-minded* as so many engineers are. Or we might say that he has a *slide-rule psychosis*.« [Hervorhebungen A.S.][276]

Die Suche nach objektiven Produkteigenschaften qualifizierte Frederick hier als männliche, technokratische Sucht nach Quantifizierung und Ausübung von

274 Vgl. im Folgenden McKellar (2002).

275 Zur Biografie und Bedeutung Christine Fredericks vgl. Rutherford (2003).

276 Christine Frederick, Selling Mrs. Consumer, New York 1929, S. 91-92, zitiert in: McKellar (2002), S. 8f.

männlicher Autorität über den weiblichen Entscheidungsakt ab. Gleichzeitig war Frederick mit ihrer subjektivistischen Auffassung Sprachrohr vieler Konsumgüter-Unternehmen, die diese Art der alternativen Wissensproduktion über ihre Produkte, die auf objektive, vergleichende Kriterien der Qualität zielte, als bedrohlich empfand und auf diese Weise zu diskreditieren suchte.

Dieses prominente Beispiel aus der Auseinandersetzung verschiedener Richtungen innerhalb der mächtigen amerikanischen Verbraucherschutzbewegung, die im *New Deal* schließlich direkt an den Regierungsentscheidungen beteiligt wurde, soll zeigen, dass die objektivistische und subjektivistische Sicht auf den Gebrauch von Konsumgütern beide auch in den USA existierten und entsprechende wissenschaftliche Forschungsrichtungen hervorbrachten. Die Suche nach einem objektiv nachweisbaren Gebrauchswert von Produkten und der Versuch, diesen mit wissenschaftlichen Mitteln zu ermitteln, ist nicht direkt aus dem Kontext politischer, autoritärer Strukturen wie etwa des Nationalsozialismus erklärbar. Noch ist sie historisch ausschließlich auf wirtschaftliche Situationen beschränkt, in denen Marktmechanismen außer Kraft gesetzt wurden und Verbraucher keine Wahl hatten. Beide Forschungsrichtungen entstanden vielmehr in einem komplexen Zusammenhang von ökonomischer Knappheit und staatlicher Einflussnahme auf die Güterverteilung. Der »Gebrauchswert« erfüllte spezifische Funktionen in der gesellschaftlichen Auseinandersetzung. Das Gebrauchswert- und das Nutzenkonzept als Annäherungen an die Mensch-Ding-Interaktion bestanden zu diesem Zeitpunkt oft gleichzeitig nebeneinander und standen sich scheinbar unvereinbar gegenüber. Unterschiedliche Akteure setzten diese wissenschaftlichen Richtungen jeweils für die Durchsetzung ihrer Interessen ein.

Unter verschiedenen politischen Rahmenbedingungen wurde jeweils das subjektivistische oder das objektivistische Konzept des Gebrauchs von Konsumgütern handlungsleitend für die staatliche Konsumpolitik. Hierbei ergaben sich in den drei Vergleichsländern bedeutende Unterschiede, aber auch erstaunliche Parallelitäten im sozialpolitischen und wirtschaftlichen Umgang mit Konsumgütern.

Dass die Forschungsrichtung, die sich mit dem objektiven Gebrauchswert beschäftigte, auch in den USA aus wirtschaftspolitischen Interessenkonflikten heraus entstand und in der Folge vermittelnde Funktionen zwischen Produktion und Konsum übernahm, wird am Beispiel des Schuhs noch in anderer Hinsicht deutlich. Auf politischer Ebene versuchten die beiden Verbraucherverbände und die Hausfrauenverbände in den USA Mitte der 30er Jahre, Mindeststandards und eine Kennzeichnungspflicht von Waren durchzusetzen. Bei Schuhen ging es dabei einerseits um eine Kennzeichnung des individuellen Schuhpaars mit seiner Machart, andererseits um eine Angabe der in ihm verwendeten Materialien, vor allem, wenn es sich dabei um Leder-Ersatzstoffe handelte. Ab 1936, nach dem Misserfolg der Gesetzesinitiative zur Kennzeichnungspflicht von Leder-Ersatzstoffen in Schuhen (*Pure Shoe Bill*), gingen mehrere gesellschaftliche Akteure dazu über, wissenschaftliche Forschungen in Auftrag zu geben, um den »komparativen Wert« und die »Leistungsfähigkeit« (*comparative worth and serviceability*) von Sohlleder und seinen Funktionssurrogaten in Materialprüfungen zu ermitteln. Auch in den USA begannen so die vergleichenden Produkttests mit Schuhen anlässlich des Ersatzes von Leder durch neu entwickelte Ersatzstoffe.[277]

Die mächtige *General Federation of Women's Clubs* trat unmittelbar nach der Niederlage der *Pure Shoe Bill* 1935/36 und nach der vorangegangenen Diskussion um die geklebte Konstruktion von Damenschuhen als Auftraggeber an das *National Bureau of Standards* heran.[278] Die Hausfrauenverbände beauftragten das Materialforschungsamt im Frühjahr 1936 mit der Entwicklung von Methoden, die Qualität von Damenschuhen vergleichend zu evaluieren.[279] Die Wissenschaftler des Bureau reagierten darauf zunächst, indem sie eine Maschine mit dem Spitznamen *Tireless Tillie* entwickelten, die die menschliche Gehbewegung mechanisch nachahmte. Doch diese erwies sich als ungenügend für die Simulation des Gebrauchsprozesses, da entscheidende biochemische Prozesse des Körpers wie Wärmeentwicklung, Feuchtigkeit und Säureeinwirkung durch den Fußschweiß nicht zu integrieren waren. Ab 1936 erwogen sie daher Trageversuche an freiwilligen, weiblichen Versuchspersonen mit Produkten. Vorerst scheiterte dieses Bemühen jedoch an der geringen Standardisierbarkeit solcher Trageversuche mit Versuchskonsumentinnen. Die Trageroutinen galten als wissenschaftlich nicht zu vereinheitlichen und konnten nicht im nötigen Umfang kontrolliert werden.[280]

Die staatlichen Stellen, die sich besonders dem Verbraucherschutz verschrieben hatten, gingen auf der Basis solcher Laborversuche der Konsumenten-Verbände ab 1937 dazu über, Aufklärungsbroschüren für Verbraucher zu veröffent-

277 Norman Mattison, Need for Research in the Shoe Field, in: SLR v. 15.8.1936, S. 20f.; Fred O'Flaherty, Looking at Leather and Substitutes through the Microscope, in: SLR v. 26.9.1936, S. 6ff.; Outline Benefits of Research in the Shoe Industry, in: SLR v. 19.6. 1937, S. 36.

278 Das *National Bureau of Standards* entwickelte sich unter der Leitung des *New Deal*-Politikers und engen Mitstreiters Roosevelts, Henry Wallace, zu einer Institution mit wirtschaftspolitischem Anspruch. Er zielte, ähnlich wie die Verbraucherverbände, darauf, die Erkenntnisse der Industrieforschung, die bis dahin ganz in der Hand der großen Privatunternehmen und privater Stiftungen lag, als staatliche Dienstleistung auch den kleineren Unternehmen und einzelnen Verbrauchern zur Verfügung zu stellen. Die Leitung des Amtes wollte damit im Sinne der Politik Roosevelts einen Beitrag von Seiten der Wissenschaft zur Schwächung der korporativen Interessen der Großunternehmen und der »monopolistischen Tendenzen« in der amerikanischen Wirtschaft leisten. Vgl. Lassman (2005).

279 Roy Bowker, Machine Tests Will Help Women Select Best Wearing Shoes, in: Industrial Standardization and Commercial Standards Monthly 7 (1936), Nr. 5 (Mai 1936), S. 104-105; Bowker (1938).

280 Roy Bowker, Machine Tests Will Help Women Select Best Wearing Shoes, in: Industrial Standardization and Commercial Standards Monthly 7 (1936), Nr. 5 (Mai 1936), S. 104-105.

lichen. Darin wurden die wichtigsten Materialien und Konstruktionselemente von Schuhen anschaulich dargestellt. Sie gaben Hinweise, auf welche Eigenschaften zu achten war, um die Qualität eines Schuhs zu bewerten. Die *Agricultural Adjustment Administration* des *Department of Agriculture* und ihr *Consumer Council* waren Pioniere dieser Ratgeberliteratur.[281] Das *Consumer Council* gab eine Reihe von *Consumers' Guides* heraus, in der im September 1937 eine erste Broschüre über Schuhe und ihre Qualität erschien.[282] Danach kam es zu einer regelrechten Explosion solcher Handbücher über die Qualität von Schuhen, der sich auch Frauenorganisationen wie die *General Federation of Women's Clubs* und selbst die konservative und industrienahe Household Finance Corporation (Chicago) mit ihrer Ratgeberreihe *Better Buymanship* anschlossen.[283] Als Kriterien der Qualität wurde in all diesen Publikationen auf Material, Konstruktion und Passform von Schuhen eingegangen. Diese Ratgeber für Verbraucher waren der Kompromiss in der Informationspolitik, auf den staatliche Stellen und Verbraucherschutzorganisationen sich konzentrierten, nachdem 1935/36 die Kennzeichnung der Ersatzstoffe und der Schuhkonstruktionen im Handel gegen die Unternehmen nicht durchgesetzt werden konnte.[284] Während die direkte Ermächtigung von Konsumenten in der Wirtschaftspolitik, die der *New Deal* versucht hatte, letztlich scheiterte und stärkere, korporative Interessen der Unternehmen das Projekt vereitelten, nahm diese alternative Form der Informationsbeschaffung für die Verbraucherbasis an Bedeutung zu.

Die Verbraucherschützer in den USA untersuchten allerdings weit mehr Eigenschaften des Schuhs als nur die Abriebfestigkeit von Sohlen, um zu einem Urteil über die Qualität einzelner Produkte zu gelangen. Hier gingen sie in der Bandbreite der Kriterien weit über die Studien der deutschen Gebrauchswertforscher hinaus. Neben den Materialien und der Konstruktion des Schuhs war für sie auch die Passform ein Kriterium der Qualität. Die Hauswirtschaftsexpertin Carol Moffett im *Bureau of Home Economics* des *Department of Agriculture* begann in den späten 30er Jahren ein großangelegtes Forschungsprojekt, das sich mit einer verbraucherorientierten Verbesserung der Schuhgrößen beschäftigte.

281 Mit dem Bureau of Home Economics hatte das Department of Agriculture 1923 die erste Institution gegründet, die bereits vor dem New Deal eine Interessenvertretung von Konsumenten gegenüber den mächtigen Herstellern übernahm und mit der Erforschung des Verbrauchsverhaltens von KonsumentInnen begann. Dessen Expertinnen um Hazel Kyrk bildeten den personellen Kern des Consumer Council des Department of Agriculture Mitte der 30er Jahre. Vgl. Goldstein (2006), S. 73-88.

282 Your Money's Worth in Shoes, Consumers Guide 4 (1937), Nr. 13 (Sept. 1937), Washington D. C. 1937.

283 Burr Blackburn u. a., Better Buymanship: Shoes, Chicago 1938 (1. Auflage), ^{2}1939 und ^{4}1948.

284 Zu diesen Kontroversen in den USA vgl. Kap. 4.4 und 6.4.

Ihr Ziel war eine fundamentale Neudefinition von Schuhgrößen, die seit 1886 in den USA landesweit standardisiert waren.[285]

Die Größenmaße waren jedoch bislang willkürlich festgelegt. Künftig sollten sie auf die empirische Basis von durchschnittlichen Körpermaßen gestellt werden, damit die Schuhe bequemer passten. Dazu waren jedoch kostspielige Vermessungen einer großen Anzahl von Füßen notwendig, die ohne die Mitarbeit der Industrie nicht zu finanzieren waren.[286] Gleichzeitig bemühte sich ihre Kollegin Ruth O'Brien, ebenfalls im *Bureau of Home Economics*, über Jahre hinweg, eine anthropometrische Fundierung von Größen in der Damen- und Kinderbekleidung durchzusetzen. Dazu ließ sie 1937 147.000 Kinder an 36 verschiedenen Stellen des Körpers vermessen. Das Schuhgrößen- wie das Bekleidungsgrößenprojekt scheiterten jedoch am Desinteresse der Industrie und der fehlenden alternativen Finanzierung eines solchen Grundlagenforschungsprojekts.[287]

»Mass-Observation«: Konsumforschung in Großbritannien

In den USA war somit seit Mitte der 30er Jahre aus der Verbraucherschutzbewegung eine spezifisch amerikanische Art der Gebrauchswertforschung entstanden, während die qualitative Verbrauchsforschung praktisch nicht existierte. Dagegen entwickelte sich in Großbritannien eine neue Forschungsrichtung, die der Verbrauchsforschung der deutschen Gesellschaft für Konsumforschung vergleichbar und auf ihre Weise originell und eigentümlich war. Die Wissenschaftler der Organisation Mass-Observation betrieben ebenfalls ausdrücklich qualitative Sozialforschung.[288] Diese Forschungsinstitution, die 1937 von Anthropologen und dem Surrealismus nahestehenden Schriftstellern und Journalisten gegründet wurde, hatte zum Ziel, den Alltag in der britischen Gesellschaft ethnologisch zu erforschen. Die »Massen-Beobachter« in Bolton und London konnten in England schon auf eine längere Tradition der quantitativen Sozialforschung[289]

285 Zu Schuhgrößen und ihrer Entwicklung in den USA vgl. Kap. 2.1.

286 Carol Moffett, Shoe Sizing and Fitting. An Analysis of Practices and Trends, Washington 1941.

287 Zum Projekt von Ruth O'Brien 1937-1941 vgl. Goldstein (2006), S. 73-88; Ruth O'Brien/William Shelton, Women's Measurements for Garment and Pattern Construction, Washington 1941; Ruth O'Brien/Meyer Girshick, Children's Body Measurements or Sizing Garments and Patterns. A Proposed Standard System Based on Height and Girth of Hips, Washington 1939.

288 Zur Geschichte von Mass-Observation, vgl. Hubble (2006); Highmore (2002), S. 75-112; Jefferey (1978); Calder/Sheridan (1984); Mass-Observation (Hg.), Mass-Observation, London 1937.

289 Vorläufer und Vertreter der quantitativen Sozialforschung in Großbritannien waren die *Social Surveys* des Statistical Movement früher viktorianischer Sozialreformer, die großen Armutsstudien in englischen Städten um die Jahrhundertwende (Charles Booth, Benjamin Seebohm Rowntree und Arthur Lyon Bowley) und die bereits aka-

zurückgreifen, setzten sich davon aber ausdrücklich ab.[290] Auch den quantitativen und unternehmensnahen Ansatz des 1938 in Großbritannien gegründeten Ablegers des amerikanischen Gallup-Instituts in London, des *British Institute of Public Opinion*, und die Arbeit mit repräsentativen Stichproben (*Samples*) der drei großen Werbe-Beratungsfirmen in England sahen die Konsumforscher sehr kritisch.[291]

Die Methoden der Mass-Observation-Gruppe ähnelten stattdessen in Teilen denen der deutschen Gesellschaft für Konsumforschung: Sie unterhielt ein landesweit gespanntes Netz von Korrespondenten, ein großer Teil von ihnen weiblich, die über ihren Alltag berichteten. Durch Aufrufe in der Presse wurden bereits im ersten Jahr ihres Bestehens über 500 freiwillige und unbezahlte »Beobachter« (*observers*) rekrutiert. Die Umfragen beschäftigten sich anfangs vor allem mit tagespolitischen Ereignissen und der geistigen Befindlichkeit der KorrespondentInnen. Allmählich wurden sie auf deren materielle Situation und den Konsum ausgedehnt und schließlich fallweise auch für Auftragsforschungen für Unternehmen benutzt.[292]

Bei der Erfassung der Konsumgewohnheiten ging es ausschließlich um subjektive Einstellungen und deren Veränderung durch äußere, politische Ereignisse oder kommerzielle Maßnahmen von Unternehmen. Neben der Korrespondenz mit den Laien-»Beobachtern«, die regelmäßig Tagebücher führten (*day-surveys*) und punktuell zu speziellen Fragestellungen schriftlich Stellung bezogen (*topic based research*), arbeitete Mass-Observation auch mit sozialwissenschaftlichen Fachleuten, die Studien in teilnehmender Beobachtung und Befragungen in Bolton, Blackpool und London zu denselben Fragestellungen durchführten. Die Forschungen waren jedoch, im Vergleich zur Gesellschaft für

demische Sozialforschung nach dem Ersten Weltkrieg, die vor allem von Herbert Llewellyn Smith an der London School of Economics repräsentiert wurde. Dort entstand in den Jahren 1928-1935 die empirische Studie »New Survey of London Life and Labour« in 9 Bänden. Vgl. Michael J. Cullen, The Statistical Movement in Early Victorian Britain, New York u. a. 1975; Henry Mayhew, London Labour and the London Poor, 3 Bände, London 1861-2; Charles Booth, Life and Labour of the People of London, 17 Bände, London 1892-1900; Benjamin S. Rowntree, Poverty: A Study of Town Life, London 1901.

290 Jefferey (1978); Calder/Sheridan (1984), S. 5; Highmore (2002), S. 75-112.

291 Die drei großen privaten Werbeberatungsfirmen in Großbritannien waren Ende der 30er Jahre: London Press Exchange Ltd., J. Walter Thompson Co. und Lintas Ltd. (Lever Brothers). Diese unternehmensnahen und kommerziell geführten Marktforschungsfirmen betrieben hauptsächlich Absatz-Studien für Zeitungen und ihre Werbekunden und bezogen ab Ende der 30er Jahre auch Projekte der politischen Meinungsforschung in ihre Arbeit ein. Vgl. Abrams (1951), S. 61; Jefferey (1978), S. 4ff.

292 Die ersten Themen der Auswertung dieser Berichte durch die Mitarbeiter von Mass-Observation waren die Krönungsfeierlichkeiten für George VI., Rauch-, Trink- und Lesegewohnheiten, die Einstellung zur Frage: ›Butter oder Margarine?‹ sowie Studien über die persönliche Erscheinung und Alpträume.

Konsumforschung, zunächst wenig systematisiert. Dies lag unter anderem an der schlechten finanziellen Basis der frühen Studien. Zudem verstand sich Mass-Observation mehr als eine soziale Bewegung und ihre Arbeit als Experiment einer »Wissenschaft von uns selbst für uns selbst« denn als professionelle Auftragsforschung.[293]

In den Jahren 1939 bis 1945 werden die Parallelen der Arbeit von Mass-Observation zur deutschen Verbrauchsforschung immer deutlicher. Dies gilt sowohl für den subjektivistischen Ansatz bei der Konzeptualisierung des Konsums und bei den Forschungsgegenständen als auch hinsichtlich der Tatsache, dass sie verstärkt durch Privatunternehmen der Konsumgüterbranche in Dienst genommen wurde. Zu Schuhen fragte Mass-Observation in diesen Jahren, wie Verbraucher in der Schuhwerbung auf fotografische Abbildungen anstatt der üblichen Zeichnungen der Produkte reagierten (Februar 1943). Noch im Juni 1941 wurde die Wirkung von Schaufenstern in Schuhgeschäften untersucht. Kurz darauf gab es Studien zum Wandel von Kleidungsgewohnheiten in der Kriegswirtschaft wie etwa der Aufgabe hoher Absätze (Juni 1941) und zur Reaktion der KonsumentInnen und des Handels auf die Rationierung von Fußbekleidung (Juli 1941 und folgende Jahre). Gleichzeitig thematisierte Mass-Observation die Bedeutung der Mode in der Kriegswirtschaft (Juli 1941 und folgende), die Ansichten von Schuhreparateuren über die Qualität der Produkte verschiedener Schuhhersteller und deren Funktion als Beschwerdestelle der Verbraucher über die Produkte (Juli 1941). Zudem erforschte die Organisation die Vor- und Nachteile des Tragens von Holzsohlenschuhen bei der Arbeit in Industriebetrieben (Mai 1942), die Vermarktung von Holzsohlenschuhen als Straßenschuhe (Mai 1942) und die Einstellung der Verbraucher zur geplanten Einführung von Standardmodellen bei Schuhen (*Utility Footwear Scheme*) (März 1942). Und schließlich ging es um die Bewertung von Kunststoffen in Konsumgütern durch die Verbraucher und deren Bekanntheitsgrad (Juli 1943).[294]

Im Jahr 1940 ging Mass-Observation eine enge Zusammenarbeit mit dem *Home Intelligence Department* des britischen *Ministry of Information*, dem Londoner Gegenstück des deutschen Propagandaministeriums, ein. Diese Entscheidung war innerhalb der Organisation sehr umstritten und führte zum Ausstieg eines der Gründungsmitglieder, Charles Madge. Er war mit dieser politischen Vereinnahmung seiner Sozialforschung durch den Staat und ihre Instrumentalisierung für die Kriegswirtschaft des Zweiten Weltkriegs nicht einverstanden.[295] Innerhalb des neuen institutionellen Kontextes entfaltete künftig die wissenschaftliche Forschung von Mass-Observation eine ganz neue Wirkung, da ihre

293 Vgl. Jefferey (1978); Highmore (2002), S. 76f.

294 Mass-Observation, File Reports (1937-1945), bes. File Reports FR 28, 728, 754, 779, 1143, 1266, 1605, 1669R, 1864; und Topic Collection: Shopping (Box 2), M-OA Brighton.

295 Charles Madge wurde der erste Professor für Soziologie an der Universität Birmingham. Vgl. Jefferey (1978), S. 41; Highmore (2002), S. 75-112, hier S. 75ff.

Ergebnisse direkt in staatliche Maßnahmen umgesetzt wurden.[296] In den Jahren 1938 bis 1942 waren die Forscher von Mass-Observation auf dem Zenit ihres gesellschaftlichen Einflusses angelangt. Wie Charles Madge befürchtet hatte, bedeutete die Kriegszeit eine inhaltliche Wende im Forschungsprogramm, und das weitgefasste, sozialwissenschaftliche und ethnologische Erkenntnisinteresse der Wissenschaftler wurde endgültig von unmittelbarer Auftragsforschung sowie politischen und kommerziellen Forschungsinteressen überlagert. Nach dem Krieg war Mass-Observation ausschließlich als kommerzielles Dienstleistungsinstitut für Marktforschungen von Unternehmen tätig.[297]

Ob die Gründer von Mass-Observation 1937 von der Existenz der Gesellschaft für Konsumforschung und ihrer Arbeit in Deutschland wussten, ist bislang nicht bekannt. Umgekehrt nahmen die deutschen Verbrauchsforscher die Tätigkeit ihrer britischen Kollegen mit Interesse zur Kenntnis.[298] Vershofen fand 1939 erwähnenswert, dass sich die Organisation in den ersten zwei Jahren ihres Bestehens »in erstaunlicher Weise durchgesetzt« hatte. Zunächst habe sie es als ihre Aufgabe betrachtet, »die tieferen Beweggründe für die Haltung des ›gemeinen Mannes‹ bei politischen und sportlichen Anlässen zu erfahren. Neuerdings hat sich die Forschung auch auf das Gebiet der Bedarfsdeckung ausgedehnt und ist damit auf dem gleichen Gebiet angekommen, das hier als das engere Feld der Verbrauchsforschung gekennzeichnet worden ist.« Mit Bewunderung nahm er zur Kenntnis, dass die Organisation bereits Ende 1938 über rund 2.000 ehrenamtliche Mitarbeiter verfügte. Die GfK konnte im selben Jahr nur 610 »Korrespondenten« in ihren Konsumbezirken befragen. Inhaltlich könne die GfK von Mass-Observation lernen, indem man den Einkaufsakt in die Untersuchungen miteinbeziehe. Dieser Bereich sei von den Mitarbeitern der GfK bislang vernachlässigt worden.[299] Dies ist allerdings nicht verwunderlich, da dieses Forschungsfeld im deutschsprachigen Raum bei Gründung der GfK bereits die Psychotechniker in Berlin und die Forscher der Wirtschaftspsychologischen Forschungsstelle in Wien bearbeiteten.[300]

7.6 Zwischenfazit

In diesem Kapitel wurden vier Wissensfelder und die wichtigsten Wissenschaftsakteure vorgestellt, die in den Jahren ab 1933 die Entwicklung des Produkts Schuh vorantrieben und die Erkenntnisse über seine Funktionen, Wirkungsmechanismen und Gebrauchskontexte vermehrten. Auf zwei Wissensfeldern,

296 Vgl. dazu Kap. 11.2 und 3.
297 Vgl. Jefferey (1978), S. 47ff.
298 Vershofen war als Kind in England zur Schule gegangen und behielt zeitlebens ein lebhaftes Interesse an Großbritannien.
299 Vershofen (1940), S. 153f.
300 Zu den Forschungen der Berliner und Wiener Wissenschaftler vgl. Kap. 2.2.

der Passform-Forschung und der Verbrauchsforschung, kam es im Nationalsozialismus zu Neugründungen von Forschungsinstitutionen. Zwei der Forschungsrichtungen, die Gebrauchswertforschung und die Verbrauchsforschung, entstanden überhaupt erst im Kontext der nationalsozialistischen Autarkiepolitik. Auf allen vier Feldern brachte der NS-Vierjahresplan einen entscheidenden Finanzierungsschub und bot durch die Aufrüstung neue Möglichkeiten der äußeren Legitimation bzw. den unmittelbaren Anlass für die Durchsetzung wissenschaftlicher Forschung.

Um die Zweckmäßigkeit der Soldatenkleidung zu verbessern und so die Leistungsfähigkeit von Soldaten zu erhöhen, entwickelten deutsche Militärphysiologen um die Wende zum 20. Jahrhundert einen Forschungsansatz, der für die wissenschaftliche Erforschung der Interaktion von Schuhen und Füßen eine entscheidende Grundlage bildete: den Trageversuch als Experimentalform. Im nationalsozialistischen Deutschland wurde der Trageversuch unter sehr spezifischen Bedingungen aus der Militärphysiologie in die Industrieforschung überführt. Bei dem Versuch, die Interaktion von Menschen und Konsumgütern konzeptionell zu erfassen, hielten in Deutschland in den frühen 30er Jahren Elemente zweier unterschiedlicher ökonomischer Werttheorien Einzug in die Konsumforschung: die Theorie des Gebrauchswerts und die Theorie der Nützlichkeit. Sie setzten sich in unterschiedlichen wissenschaftlichen Disziplinen als theoretische Grundlage der jeweiligen Forschungspraxis durch. Beide Forschungsrichtungen pflegten kaum einen gegenseitigen Austausch und existierten sozusagen als getrennte Kulturen nebeneinander. Die objektivistische Theorie hielt, wie in den folgenden Kapiteln noch weiter ausgeführt wird, ab 1937 in die deutsche Industrieforschung Einzug, wenn auch in sehr spezifischer Form. Die subjektivistische Konzeption wurde, ebenfalls auf besondere Weise, Grundlage der zwischen 1934 und 1936 entstehenden Verbrauchsforschung.

Im Vergleich mit den Ländern USA und Großbritannien ergab sich, dass die objektivistische und subjektivistische Konzeption der Gebrauchspraxis zum Teil auch in den USA und in Großbritannien entstanden. Dabei sind einerseits charakteristische Strukturanalogien in den Forschungsgegenständen und Leitfragen, andererseits aber auch feine Abweichungen und Unterschiede in der Entwicklung der wissenschaftlichen Methodik und den Zielsetzungen zu erkennen. Nicht auf allen Feldern entwickelten sich jedoch entsprechende Forschungsansätze in den beiden Vergleichsländern. Während beispielsweise die Gebrauchswertforschung in Großbritannien bis weit in den Zweiten Weltkrieg nicht in dieser Form auftrat und auch während des Krieges nur ansatzweise entwickelt wurde, entstand dort mit Mass-Observation seit 1937 ein markantes Forschungsgebiet der Verbrauchsforschung.

In den USA war die Verbrauchsforschung – und dies mag in einer so ausgeprägten Marktwirtschaft überraschen –, was Studien über den Schuhkonsum betraf, bis in die Nachkriegszeit kaum ausgebildet. Hingegen entwickelte sich hier eine der deutschen Gebrauchswertforschung verwandte wissenschaftliche

Disziplin. Anders als in Deutschland und in Großbritannien bildete sich in der gesellschaftlichen Auseinandersetzung um die Qualität von Produkten in den USA ein wissenschaftlicher Apparat heraus, der sich ganz in den Dienst der Verbraucher stellte und seine Wissenschaft in radikaler Weise im Interesse der Nutzer von Konsumgütern ausübte. Im *New Deal* erhielten die organisierten Verbraucher dafür sogar staatliche Unterstützung. Die Suche nach einem objektiv nachweisbaren Gebrauchswert von Produkten und der Versuch, diesen mit wissenschaftlichen Mitteln letztlich zu erhöhen, sind somit nicht direkt aus dem Kontext politisch autoritärer Strukturen wie im Nationalsozialismus erklärbar. Auch sind sie historisch nicht auf wirtschaftliche Situationen beschränkt, in denen Marktmechanismen außer Kraft gesetzt wurden und Verbraucher keine Wahl mehr hatten, ihre Marktpräferenzen zu zeigen. Sie entstanden vielmehr im Kräftefeld politischer Auseinandersetzung als Mittel der Mediation zwischen Produktion und Konsum und als – nicht immer erfolgreicher – Versuch, die asymmetrischen Machtkonstellationen zwischen wirtschaftlichen Akteuren auszugleichen. Die hier weiterzuverfolgende Frage ist, unter welchen Umständen die objektivistische oder die subjektivistische Konzeption des Konsums wirtschafts- und konsumpolitisch dominant wurden und welchen Akteuren sie jeweils zur Durchsetzung ihrer Interessen verhalfen. Auch die Experimentalformen, zu denen Wissenschaftler der beiden Richtungen in den drei Ländern griffen, entwickelten sich in den kommenden Jahren unterschiedlich.

Teil III

Versorgungspolitik und Produktionslenkung im Nationalsozialismus (1933-1945)

8. Wandel und Lenkung des Verbrauchs (1933-1945): Hierarchisierung der Verbraucher und Rationierung der Güter

Bislang wurden in dieser Studie einzelne Abschnitte der Produktlinie des Schuhs vor und nach 1933 strukturell untersucht und zueinander in Beziehung gesetzt. Dadurch konnten die wichtigsten Probleme des Verbrauchs und der Herstellung des Produkts sowie die Maßnahmen zu deren gegenseitiger Vermittlung gezeigt werden. Auf der Basis dieser strukturellen Problemlagen gilt es nun, zu einer prozesshaften und diachronen Betrachtungsweise überzugehen. In den Teilen 3 und 4 dieser Arbeit wird auf die Prozesse und inneren Dynamiken eingegangen, die im jeweils spezifischen Kontext der nationalen Versorgungspolitiken in Deutschland und den Vergleichsländern 1933 bis 1945 die Entwicklung des Produkts prägten. Um später die materiellen Veränderungen des Produkts zu analysieren, werden hier zunächst der Wandel in der Binnenstruktur der Versorgungshierarchie und – damit verbunden – die Entwicklung des Angebots an Schuhwerk für die verschiedenen sozialen Gruppen in der Gesellschaft rekonstruiert. So werden veränderte Konsummöglichkeiten innerhalb und außerhalb der deutschen »Volksgemeinschaft« deutlich. Trotz einer zunehmend offener betriebenen Konsumlenkung durch Unternehmen und Staat lassen sich in der Entwicklung der Mode und im Umgang mit den Lenkungsmaßnahmen die KonsumentInnen jedoch weiterhin auch als eigen-sinnig Handelnde erkennen. Im Zusammenhang der deutschen Eroberungspolitik in West- und Osteuropa sowie der sich verschärfenden Dynamik der Rassen- und Vernichtungspolitik in den Jahren des Zweiten Weltkriegs wird untersucht, inwieweit die deutsche Versorgungshierarchie in den Kriegsjahren auch den Konsum der Schuhverbraucher im besetzten Europa prägte.

8.1 Bedarf nach Uniformierung: Der Aufstieg des Marschstiefels

Eine veränderte Nachfrage von Herrenschuhen war bereits unmittelbar nach der Machtübernahme der Nationalsozialisten im Januar 1933 spürbar. Der Bedarfswandel war schon in den ersten Monaten 1933 so deutlich, dass die Marktforscher des industrienahen Nürnberger Instituts für die Beobachtung der deutschen Fertigware ihm im Juni 1933 in ihrer Zeitschrift einen Artikel widmeten. Er handelte vom SA-Stiefel als Beispiel für die Durchsetzung der Partei-Uniform in die Alltagskleidung. Dem Bericht ist zu entnehmen, dass der seit dem Ersten Weltkrieg fast in Vergessenheit geratene Stiefel wieder in Mode kam:

> »Der Stiefel wurde bis vor kurzem nur zur Uniform getragen, oder zum Reiten, zur Jagd. Für den Bedarf des Durchschnittsmenschen kam er kaum in

> Frage. Auch zum Sportanzug wurde der bequeme Halbschuh getragen. Nun haben sich die Anschauungen der Konsumenten geändert. Je mehr die Idee des Nationalsozialismus sich durchsetzte und je mehr dadurch auch das Wirken der SA spürbar wurde, desto mehr verbreitete sich der strenge, militärische Lebensstil des SA-Mannes. Der Marschstiefel der SA, braun oder schwarz, wird in zunehmendem Maße vom Konsumenten gekauft und zum Sportanzug, hauptsächlich zu Knickerbockerhosen, getragen.«[1]

Dass Reichsminister wie etwa Hermann Göring in der Öffentlichkeit zunehmend in Stiefeln und Uniform auftraten, trage »sicher dazu bei, der neuen Mode noch mehr zum Durchbruch zu verhelfen«.[2] Der Halbschuh der Weimarer Republik, der ohnehin mit dem Ruch des Modeschuhs behaftet war, galt bei Männern neuerdings als Kleiderluxus.[3] Seine Träger wurden verächtlich als »Salonlöwen« abgestempelt.[4] Männer und Jugendliche, die es wagten, den zweifarbigen *Spectator* nach amerikanischem und britischem Vorbild weiterhin zu tragen, wurden nach und nach zu Ausnahmeerscheinungen, wie etwa die Swing-Jugend in Hamburg oder die Wiener »Schlurfs«.[5] Allein das Festhalten an Kleidungs- und Fußbekleidungsstücken aus der Weimarer Zeit wurde zu einem Akt der Verweigerung gegenüber dem NS-Regime.

Im Gleichschritt durch die Straßen marschierende SA-Stiefel wurden schon vor 1933 zum akustischen Symbol nationalsozialistischen Terrors. Die Stiefel wurden zusätzlich mit eisernen Sohlennägeln und Hufeisen am Absatz beschlagen, um dem Abrieb vorzubeugen, aber auch um den Geräusch-Effekt beim Laufen zu erhöhen. In der gewalttätigen Praxis der Herrschaftskonsolidierung in den ersten Monaten nach der »Machtergreifung« waren die metallbeschlagenen Schuhe furchterregende Waffen. Der Bequemlichkeit und Ausdauer des Trägers war der schwere Metallbeschlag nicht gerade förderlich. Gummiabsätze, die den Stoß und das Geräusch des Schrittes abmilderten, galten hingegen zunehmend als »unmännlich«.[6]

Bereits 1933 nahm der Bedarf an Stiefeln bedeutend zu. Zwischen 1932 und 1935 verdoppelte sich der Konsum von Lederschuhwerk: Er stieg von 0,9 Paar auf 1,8 pro Kopf und Jahr.[7] In der Weimarer Republik war die Uniformierung mehrfach verboten worden, als staatliche Maßnahme gegen die bewaffneten

1 Der Marschstiefel der SA, in: Die deutsche Fertigware 5 (1933), Nr. 6, S. 188.
2 Ebd.
3 Zum Übergang vom Alltagsstiefel der Vorkriegszeit zum Halbschuh in der Weimarer Repubik vgl. Kap. 1.2.
4 Der Marschstiefel der SA, in: Die deutsche Fertigware 5 (1933), Nr. 6, S. 188.
5 Zur Swing-Jugend: Fackler (2002). Zu den »Schlurfs« vgl. Sultano (1995), S. 92-97.
6 Vgl. Friedrich Schippang, Warum Schuhe ohne Gummiabsätze?, in: Markt und Verbrauch 11 (1939), Nr. 7, S. 314ff.
7 Produktion und Verbrauch von Lederschuhen, in: Wochenbericht des Instituts für Konjunkturforschung 8 (1935), Nr. 25 v. 26.6.1935, S. 105ff.; Prill (1964), S. 83.

Abb. 44: Werbeanzeige für Maschinen für die Stiefelproduktion (Nov. 1933). Zudem sind die vier wichtigsten Stiefeltypen dieser Zeit abgebildet (von links nach rechts): 1. Ein Offiziers-Reitstiefel, 2. der allgemeine Marschstiefel der Reichswehr (»Knobelbecher«), 3. der neue Reichswehr-Marschstiefel mit gamaschenartig geschnalltem Schaft und 4. der Schnürstiefel der Reichswehr

Kampfverbände.[8] Der einsetzende Wirtschaftsaufschwung wurde nun von den Unternehmen als plötzlich ansteigende Nachfrage nach Hundertausenden von Stiefeln erfahren. Der Stiefel wurde nicht nur über Nacht zum erfolgreichen »Verkaufsschlager«.[9] Im System der Produktformate bedeutete er auch eine Wendung vom Modeschuh zum Standardschuh. Der Militärstiefel war der Inbegriff des Standardschuhs. Er konnte in großen Stückzahlen und über einen langen Zeitraum hinweg produziert werden. Er war das am höchsten typisierte Produkt in der deutschen Schuhwirtschaft. An dieser Typisierung hatten allerdings die zivilen Schuhunternehmen bislang keinen Anteil gehabt, da Schuhe für die Reichswehr nur in heereseigenen Werkstätten produziert wurden.

Mit dem Schuhwerk für die Wehrformationen der NSDAP wurden nun erstmals solche paramilitärische Standardwaren von der privaten Schuhindustrie in Deutschland herstellbar. Die Begeisterung unter den Unternehmen war groß.[10] Man schwärmte von einer »schon weitgehend geeinten Privatwirtschaft« und einer »gesunde[n] Zusatzproduktion«.[11] In den Gewerbezeitungen wie etwa der Schuhfabrikanten-Zeitung wurden Tipps für die Produktion von Marschstiefeln gegeben, die gerade für Unternehmen, die noch nie vorher Stiefel gefertigt hatten, sehr hilfreich waren. Es wurden Schnittmuster abgedruckt und Fabrikationsprobleme besprochen.[12] Maschinenbauunternehmen boten Spezialmaschinen speziell für die Stiefelfertigung an (Abb. 44).[13]

Ein weiteres Standardprodukt, das die Unternehmen mit Enthusiasmus begrüßten, war der Arbeitsdienststiefel. Die Einführung der Arbeitsdienstpflicht Anfang 1934 war aus Sicht der Schuhindustrie auch eine direkte Maßnahme der staatlichen Arbeitsbeschaffung für die Schuhindustrie.[14] Bereits seit April 1933 machten Gerüchte von der Ausstattung der ersten Generation von Arbeitsdienstpflichtigen die Runde. Die Schuhindustrie rechnete mit 300.000 und später 150.000 Verpflichteten, die mit Schuhen ausgestattet werden mussten.[15] Hier erwartete man mit Spannung die Vergabe genauer Herstellungsvorschriften, die für alle Unternehmen bindend sein sollten und somit eine branchenweite und unternehmensübergreifende Type schaffen würden.

8 Dies waren Uniform-Verbote in Bayern, Preußen und Baden in den Jahren 1923 und 1927 sowie insgesamt 15 weitere in allen deutschen Ländern zwischen 1930 und 1931. Vgl. Longerich (1989), S. 100f.; Reichardt (2002), S. 588.

9 Arthur Lisowsky, Über den wirtschaftlichen Begriff des Schlagers, in: Die deutsche Fertigware 8 (1936), Nr. 9, S. 126-132.

10 Schuhwerk für die SA, SS und den Arbeitsdienst, in: SFZ v. 26.4.1933, S. 8.

11 Ausblicke in die zukünftige Gestaltung der Schuhwirtschaft, in: SFZ v. 7.4.1934, S. 2.

12 Der Modellaufbau des Marsch- und Schaftstiefels (Teil 1 und 2), in: SFZ v. 2.8.1933, S. 14ff. und Nr. 62, v. 5.8.1933, S. 14f.

13 Vgl. vor allem die Ausgaben ab Mai 1933 der Schuhfabrikanten-Zeitung.

14 Zum 1931 gegründeten Freiwilligen Arbeitsdienst und seinem Umbau durch die NS-Regierung vgl. Patel (2003), bes. S. 51ff.

15 Schuhwerk für die SA, SS und den Arbeitsdienst, in: SFZ v. 26.4.1933, S. 8; Zur Frage der Stiefel-Lieferungen für den Arbeitsdienstpflichtigen, in: SFZ v. 10.5.1933, S. 4.

Doch zur großen Enttäuschung der Hersteller ließen sich die Behörden mit der Definition des Arbeitsdienststiefel-Modells Zeit. Ab April 1933 fragten Unternehmen an, »wie die Arbeitsdienststiefel ausgeführt werden sollen, wie die Vergebung der Arbeiten gedacht ist und an welche Stelle Angebote einzureichen sind«.[16] In den Gewerbezeitschriften wurden bereits verschiedene Modelle diskutiert, die sich sowohl am Infanterie-Marschstiefel als auch am Schnürstiefel der Reichswehr orientierten.[17] Ende Mai 1933 sah sich das Wirtschaftsamt der Reichsleitung des Arbeitsdienstes bemüßigt, die Unternehmen offiziell darum zu bitten, »von Vertreterbesuchen, telefonischen und schriftlichen Angeboten jeder Art, ebenso wie von Einsendungen unangeforderter Bemusterungen abzusehen«, von denen »täglich Hunderte eingingen«.[18] Statt der erhofften Zentralisierung der Beschaffung wurde die Auftragsvergabe von der Reichsleitung des RAD bald den 14 regionalen Bezirksleitungen des Arbeitsdienstes übertragen, die jeweils ihre eigenen Vorstellungen von der Beschaffenheit der Stiefel formulierten. Dies war anfangs vor allem der schlechten finanziellen Lage des Reiches geschuldet, aber auch der Berücksichtigung regionaler Unterschiede in der Bekleidungspraxis, der jeweils regionalen »Trachten«.[19]

Die Herstellungsvorschriften für Arbeitsdienstschuhwerk wurden, entgegen dem dringenden Wunsch der Industrie und der wiederholten Ankündigung der Reichsleitung des Arbeitsdienstes, nie vereinheitlicht.[20] Die Schuhindustrie sah dies als Benachteiligung gegenüber der Bekleidungsindustrie. Während für die textilen Bekleidungsstücke der Uniformen jeweils genaue Herstellungsvorschriften und Schnittmuster bestanden,[21] gestaltete sich die Herstellung der Schuhe für SS, Hitlerjugend, Bund Deutscher Mädel und Arbeitsdienst als »planloses

16 Zur Lieferung von Arbeitsdienststiefeln. Ein Briefwechsel, in: SFZ v. 31.5.1933, S. 1.

17 Zur Frage der Stiefel-Lieferungen für die Arbeitsdienstpflichtigen, in: SFZ v. 10.5.1933, S. 4.

18 Beschaffungen für den Arbeitsdienst, in: SFZ v. 24.5.1933, S. 3.

19 Vgl. die Aussage des Leiters des Wirtschaftsamts des RAD: »Es war ›Ehrensache‹, dass die Tracht des einen nicht der des anderen gleichen durfte.« Vgl. Herbert Schmeidler, Das Beschaffungswesen im Arbeitsdienst, in: SFZ v. 27.5.1933, S. 2f.; Zur Lieferung von Arbeitsdienststiefeln. Ein Briefwechsel, in: SFZ v. 31.5.1933, S. 1.

20 Im September 1934 und wiederum im Mai 1935 bildete die FG Schuhindustrie eine Arbeitsgemeinschaft, die mit Forderungen zur »Schaffung einer einheitlichen Verdingungsordnung« erfolglos an die Behörden herantraten. Auch die Bemühung, eine einheitliche Leistenform für den Arbeitsdienststiefel zu schaffen, scheiterte. Dies lag vor allem an der scharfen Konkurrenz der Unternehmen untereinander. Vgl. FG Schuhindustrie an WG Lederindustrie, 2.5.1935, Betr.: Arbeitsgemeinschaft für öffentliche Bekleidungsaufträge, u. v. a., BA Berlin, R 13 XIII, Nr. 505 (alt 31.07, Nr. 12); Briefwechsel der Unternehmen Fagus und Winkle mit der WG Holzverarbeitende Industrie Juli – Sept. 1937, Bauhaus-Archiv Berlin, Fagus, Nr. 213.

21 Die Herstellungsvorschriften aller Uniformteile außer Schuhen wurden ab Juni 1934 im »Mitteilungsblatt der Reichszeugmeisterei der NSDAP« veröffentlicht.

Abb. 45: An der Spitze der Verbraucherhierarchie: In der ersten Reihe, Reichsparteitag der NSDAP in Nürnberg (1934) (Bildausschnitt)

Rätselraten« der Modelle.[22] Auch die SA-Stiefel wurden nicht reichsweit typisiert, sondern meist von jedem SA-Sturm individuell bestellt.[23] War schon die Uniformierung der Oberbekleidung der SA ein ständiges Problem, so erwies sich die Vereinheitlichung der Fußbekleidung angesichts des geringen Einkommens vieler Mitglieder als vorerst noch aussichtsloser.[24] Mancherorts richtete die NSDAP sogenannte »braune Läden« ein, die die Stiefel zu Großhandelspreisen bezogen und wiederum dem Schuheinzelhandel ein Dorn im Auge waren.[25] Fehlende Uniformteile wurden durch zivile Kleidungsstücke ersetzt. So waren neben Infanteriestiefeln der Reichswehr und Offiziers-Reitstiefeln auch die hoch geschnürten Motorradstiefel (»Bärenstiefel«) beliebt. Dass diese nicht zum Marschieren konstruiert worden waren, hinderte die SA-Leute nicht daran, diese Ikonen der modernen, motorisierten Fortbewegung auch als Marschschuhwerk zu benutzen. Wer sich keine Schaftstiefel leisten konnte, trug Schnürstiefel mit

22 Schuhwerk für den Arbeitsdienst, sowie für die nationalen Formationen, in: SFZ v. 16.12.1933, S. 1f.

23 Schuhwerk für die SA, SS und den Arbeitsdienst, in: SFZ v. 26.4.1933, S. 8.

24 Zur nur langsamen Durchsetzung des Braunhemdes und der *Breeches*hosen als SA- und Parteiuniform bis 1933 vgl. Reichardt (2002), S. 574-589. Die Durchsetzung der Farbe Braun als Parteifarbe war nach Reichardt dem Umstand zu verdanken, dass es der Parteiführung der NSDAP 1925 gelungen war, einen Restposten von khakifarbenen Tropenhemden der früheren deutschen Kolonialtruppe günstig zu erwerben. Ebd., S. 579.

25 Vgl. Ergebnisreiche Gemeinschaftsarbeit. Tagung der Arbeitsgemeinschaft von Schuhindustrie und Schuhhandel in Berlin am 8./9.12.1933, in: SFZ v. 13.12.1933, S. 1-7, hier S. 4.

Ledergamaschen. 1935 war der Anteil von Arbeits-, Marsch- und Schaftstiefeln auf über 11 Prozent aller produzierten zivilen Lederschuhe im Deutschen Reich angewachsen. Mehr als jedes zehnte Paar Zivilschuhe gehörte damit den militarisierten Produktgattungen an.[26]

Die Uniformen hatten ohnehin nicht nur die Funktion, nach außen Einheitlichkeit zu erzeugen. Sie bargen auch die Möglichkeit, nach innen hierarchische Unterschiede kenntlich zu machen. Auch unter den Stiefelformen erkannte das zeitgenössische Auge noch »feine Unterschiede« des sozialen Rangs. Die ersten Arbeitsdienststiefel waren Kopien des Marschstiefels des gemeinen Infanteristen der Reichswehr im Ersten Weltkrieg. Die Stiefel, die ab 1933 in großen Teilen der SA, der NSDAP und später der SS Mode wurden, waren hingegen dem Offiziers-Reitstiefel der Reichswehr nachempfunden. Dieser war höher, aus glänzendem Chromleder statt stumpfem Fahlleder, und im Schaft eleganter geschnitten.[27] An der Stiefelform gemessen konnte nunmehr jeder einfache SA-Mann ein Offizier sein.[28] Diese bewusste Durchbrechung der hierarchischen Kleiderordnung des Militärs der Kaiserzeit und symbolische »Standesanmaßung« der neuen Machthaber wurde von der Reichswehr bzw. Wehrmacht missbilligend zur Kenntnis genommen.[29]

Die Unternehmen wurden von dem Trend zum Stiefel völlig überrascht. »Der Marschstiefel kam fast über Nacht und es dürfte wohl kaum je eine Art Fußbekleidung für die Herrenwelt gegeben haben, die in so kurzer Zeit so gewaltigen Auftrieb erfahren hat«, resümierte im Oktober 1934 ein Autor der Schuhfabrikanten-Zeitung.[30] Nach dem ersten Nachfrageboom wurden allerdings auch kritische Stimmen laut. Die »zu plötzlich aufsteigende Nachfrage nach Marschstiefeln« habe dazu geführt, dass viele Betriebe die Produktion aufnahmen, »ohne sich genügend im Klaren über die Anforderungen zu sein, die an diese Art Fußbekleidung gestellt werden müssen«. Viele Fabrikate ließen in der Passform »für den beabsichtigten Zweck (Marschieren) vieles zu wünschen übrig«. Die Unternehmen übernahmen veraltete Modelle der Reichswehr genau in dem Augenblick, als sich die Reichswehrführung endlich dazu durchgerungen

26 Vgl. Die Schuhindustrie im Jahre 1935, in: Wirtschaft und Statistik 16 (1936), S. 258-259.

27 Fachmännische Erwägungen: »Knobelbecher«, Reichswehrstiefel, Reitstiefel, Marschstiefel, in: SFZ v. 3.10.1934, S. 1f.

28 Auch die gängige Alternative zum Schaftstiefel in der SA, die Kombination von Schnürstiefel und Ledergamasche, war der Offizierskleidung der Reichwehr entlehnt, während für einfache Soldaten zum Schnürstiefel Wickelgamaschen vorgeschrieben waren (vgl. Kap. 7.2). Zum Vorbildcharakter der Reichswehr für die SA vgl. Reichardt (2002), S. 570ff.

29 Vgl. Heeresverwaltungsamt, Voraussichtlicher Bedarf für 1938 der SA an Bekleidungs- und Ausrüstungsstücken aus Leder, die im Bedarfsfalle […] an die Wehrmacht abzugeben sind, 15.2.1938, BA-MA Freiburg, RW 19, Nr. 2478.

30 Fachmännische Erwägungen: »Knobelbecher«, Reichswehrstiefel, Reitstiefel, Marschstiefel, in: SFZ v. 3.10.1934, S. 1f.

hatte, den »Knobelbecher« abzuschaffen und einen neuen, für Märsche tauglicheren Stiefel des Infanteristen einzuführen.[31] Von den Trägern werde mehr Wert auf »schnittige Eleganz« der Erscheinung gelegt als auf Zweckmäßigkeit. Auch männliche Verbraucher waren geneigt, die praktischen Forderungen an ihr Schuhwerk gegenüber den ästhetischen bzw. repräsentativen, d.h. sozialen Funktionen der Produkte hintanzustellen.

Die Kritiker, zu denen vor allem orthopädische Ärzte, Leistenfabrikanten und an der Fußgesundheit interessierte Schuhfabrikanten zählten, forderten, die Fußbekleidung der Wehrsportverbände an den neuen Gamaschenstiefel der Reichswehr anzugleichen und fußrichtige Leistenformen zu verwenden.[32] Noch 1937 empörte sich der Leistenfabrikant Karl Benscheidt über den unreformierten Zustand des Schuhwerks von Untergliederungen der NSDAP: »Es tut mir [...] in tiefster Seele weh, dass die Füße der Pimpfe, der HJ, der SA usw. vorläufig durch ungeeignetes Schuhwerk weiter verdorben werden.«[33] Die Passförmigkeit und ergonomische Zweckmäßigkeit der Marschstiefel hätte nach Auffassung der Schuhreformer bei größerer Vereinheitlichung des Schuhwerks in den NS-Wehrformationen optimiert werden können. Doch war der »organisierte Verbrauch«[34] weit weniger organisiert, als es den Unternehmen und Schuhfachleuten lieb war. Individuell tendierten die Verbraucher jedoch zu immer höheren Qualitäten im Schuhwerk, wie eine Untersuchung des Instituts für Konjunkturforschung im November 1935 ergab. Dies führten die Schuhfachleute neben der allmählichen Erhöhung des Einkommens auf den Einzug militärischer Praktiken in den Alltag vieler Männer zurück:

> »Ein SA-Mann, der vor dem Eintritt in seinen Dienst billiges Schuhwerk trug und sich über die Qualität wenig Sorgen machte, [...] wird nunmehr, nachdem ihm auf vielen Märschen seine Stiefel die besten und aber auch wichtigsten Kameraden seiner Ausrüstung geworden sind, auch seinen gewöhnlichen Schuhen erhöhte Beachtung schenken [...]. Dazu kommt, dass er bezüglich seines Auftretens auch robuster als früher geworden ist. Er hat gewissermaßen ›Haltung‹ angenommen und will diese Qualität seines eigenen Ichs auch auf seine Ausrüstung, ob nun privat oder dienstlich, übertragen wissen.«[35]

Auch für städtische Jugendliche, die früher angeblich »ihre ganze Zeit zwischen Häuserblocks und in Stuben« zubrachten, spiele die Qualität des Schuhwerks eine zunehmende Rolle, seit sie in HJ und BDM »ihre Freizeit im Gelände zu-

31 Ebd. und Kap. 7.2.

32 Ebd. und Kap. 7.1.

33 Bericht Fagus an WG Holzverarbeitende Industrie, 23.7.1937, Bauhaus-Archiv Berlin, Fagus, Nr. 213.

34 Zur Lage der deutschen Schuhwirtschaft, in: Wochenbericht des Instituts für Konjunkturforschung 8 (1935), Nr. 47 v. 27.11.1935, S. 193f.

35 Ausblick in die zukünftige Gestaltung der Schuhwirtschaft, in: SFZ v. 7.4.1934, S. 2f.

bringen und körperlich ertüchtigt« wurden.[36] Der leichte Rückgang im privaten Herrenschuhgeschäft durch den Anstieg des Marschstiefelverbrauchs wurde durch Qualitätsverbesserungen in den zivilen Produkten ausgeglichen, so dass für die Unternehmen hier ein Umsatzzuwachs zu verzeichnen war. Dadurch war es nach Ansicht der Schuhindustrie in den Jahren 1933 und 1934 neben der enormen Steigerung des Verbrauchs zu einer »inneren Festigung der Produktionsart«, der Erhöhung der Produktqualität in Material und Konstruktion, gekommen.[37] Auch bei Frauenschuhen wurde ein solcher Bedarfswandel hin zu höherwertigen und praktischen Schuhen beobachtet.[38]

8.2 Unternehmen und Modelenkung: Modeämter und Modeausschuss

Diese Umorientierung der Verbraucher auf einfachere und stabilere Modelle war allerdings nicht nur nachfrage-, sondern auch angebotsbedingt. Bereits 1933 setzten die Versuche der Unternehmen wieder ein, das Marktverhalten der Konsumenten unter Kontrolle zu bekommen. Dabei kam es unter der neuen nationalsozialistischen Regierung einerseits zur Gründung von Modeämtern, wie sie in Deutschland und Großbritannien bereits in den Jahren zuvor diskutiert worden waren.[39] Andererseits gelang es den deutschen Unternehmen, ihren Modeausschuss wieder ins Leben zu rufen, und sie nahmen, diesmal erfolgreich, Modellbeschränkungen vor.

Gründung und Funktion der Modeämter (1933-1945)

Im Juni 1933 wurde in Berlin ein »Deutsches Modeamt« gegründet. Sein Ziel war die Schaffung einer »deutschen Mode«, unabhängig vom französischen Einfluss. Die Institution war vor allem von Modeschöpfern der Bekleidungsindustrie und dem Propagandaministerium erdacht worden und anfangs vor allem dazu bestimmt, den Endverbrauchern deutsche Produkte nahezubringen. Die Unternehmen sollten in ihren Produkten in Deutschland hergestellte Materialien verwenden, um den Absatz der Textil- und Bekleidungsindustrien anzukurbeln und dadurch die Erwerbslosen des Industriezweigs in Lohn und Brot zu bringen.[40]

36 Ebd.
37 Ebd.
38 Zur Lage der deutschen Schuhwirtschaft, in: Wochenbericht des Instituts für Konjunkturforschung 8 (1935), Nr. 47 v. 27.11.1935, S. 193f.; Verbraucherhaltung und Verbrauchergewohnheiten, in: Vertrauliche Nachrichten für Mitglieder der Gesellschaft für Konsumforschung, Nr. 3, Juni 1937, S. 6-14, hier S. 8.
39 Vgl. dazu Kap. 1.2.
40 Guenther (2004), S. 172; Wagner (1997), S. 85f.

Doch entwickelte sich die Institution bald in eine andere Richtung.[41] Ihre Aufgabe lag neben der »Arisierung« der Bekleidungs- und Textilindustrien vor allem in der Exportförderung für deutsche Produkte. Die Modeämter entwickelten sich bis 1945 außerdem zu einem Gemeinschaftsprojekt der »Geschmacksindustrien« für die Mobilisierung von heimischen Entwerfern, für die gemeinsame Nutzung von Entwurfskapazitäten und für die Ausbildung des Produktgestalter-Nachwuchses.

Dass die Bestrebungen, eine deutsche Mode zu schaffen, auch von den deutschen Unternehmen ausgingen und im unmittelbaren Zusammenhang mit dem Export der Jahre ab 1934 stand, wird aus vielen Äußerungen von Industriellen deutlich. Die verbreitete Haltung führender Unternehmer äußerte auf einer Sondertagung des *Verbandes der Mitteldeutschen Industrie* im Frühsommer 1934 der Industrielle Walter Mevius: »Die [mode-orientierten] Industrien, [...] beispielsweise die lederverarbeitende [...], ringen heute um eine deutsche Mode; denn sie haben erkannt, dass nicht mehr die Nachahmung internationaler Tips [d. h. Vorbilder, A.S.], mit denen ein Fabrikant den anderen schließlich preislich und qualitativ unterbietet, unser Ziel sein kann, sondern die Hervorbringung qualifizierter und zugleich origineller Leistungen. Nur diese bieten noch einen psychologischen Anreiz zum Warenkauf in der Zukunft und nur auf dieser ist eine stetige Belebung des internationalen Güteraustausches zu erwarten.« Die weit verbreitete Unsitte des Kopierens von Modellen musste seiner Ansicht nach endlich überwunden werden. Die deutsche Mode dürfe nicht weiterhin »in Paris oder in Hollywood gemacht« werden. Stattdessen sei die eigene Entwicklung von Modellen in der deutschen Schuh- und Bekleidungsindustrie nötig.[42] Eine »deutsche Mode« sollte also sowohl auf dem Binnenmarkt als auch im internationalen Handel konsumsteigernd wirken und verband sich für die Industriellen mit dem dringenden Desiderat der eigenen, »originalen« Modellentwicklung.

1939 setzte sich Georg Bergler, Vorstandsmitglied der *Gesellschaft für Konsumforschung*, mit noch weitergehenden Argumenten für die eigenentwickelte, deutsche »Qualitätsware« ein: »Jede deutsche Ware, der größte Kitsch und die vorbildlichste Leistung, gehen mit der Bezeichnung *Made in Germany* in die Welt hinaus. [...] Da es eine Gemeinschaftsmarke ist, belastet ihr Misserfolg nicht nur den Hersteller, sondern in viel größerem Umfange auch die Gemeinschaft, nämlich das ganze deutsche Volk. Der Erfolg kommt der Gemeinschaft ebenso zugute wie dem Hersteller.« Die Qualitätsware helfe »eine Bresche schlagen für die deutsche Ausfuhr überhaupt, und wird so zu einem nicht unwichtigen Teil der deutschen Kulturpropaganda«. Im »Haus des ausländischen Käufers« werde

41 Zur Geschichte und Funktion der Modeämter ab 1933 im Folgenden vgl. Guenther (2004), S. 167-201 (für das Deutsche Mode-Institut in Berlin); Junker (1999b) (für das Frankfurter Modeamt); Sultano (1995), S. 99-151 (für das Haus der Mode in Wien).

42 Walter Mevius, Zur Psychologie der deutschen Mode. Vortrag auf der Sondertagung des Verbandes der Mitteldeutschen Industrie e. V. in Berlin, in: Die deutsche Fertigware 6 (1934), Nr. 6, S. 87f.

das hochwertige Produkt so »zu einem stummen Werber und Boten für Deutschland«.[43] Die Parallelen zur Typisierungsdiskussion des *Deutschen Werkbunds* im Ersten Weltkrieg, besonders zu den Positionen Hermann Muthesius' und Friedrich Naumanns, sind hier deutlich.[44]

Ziel des Modeamts in Berlin, das Ende September 1933 in »Deutsches Mode-Institut« umbenannt wurde, war es, künstlerische und wirtschaftliche Fachkräfte dabei zu fördern, eigenständige, geschmackvolle Modewaren zu entwickeln. Weitere Gründungen von Modeämtern in Frankfurt am Main (1933) und in Wien (1938) folgten.[45] Eine erste Funktion bestand bereits ab 1934 darin, das deutsche Modeschaffen auf den internationalen Märkten zu repräsentieren. Diese Arbeit brachte autarkiepolitische und unternehmerische Ziele in Einklang. Der Export von »deutscher Mode« sollte den Unternehmen neue Absatzmöglichkeiten bieten, für die Volkswirtschaft Devisen erwirtschaften und gleichzeitig politisch den neuen Hegemonialanspruch der deutschen Kultur im europäischen Ausland verbreiten helfen. Ziel war nichts Geringeres, als Frankreich als führende Modenation abzulösen. Mit der militärischen Unterwerfung von Teilen Europas rückte dieses konsum- und kulturpolitische Ziel in Reichweite. Das Frankfurter Modeamt gab 1941 bekannt: »Deutschland wird für seinen Lebensraum den ihm arteigenen Bekleidungsstil entwickeln und schaffen müssen, und dies umso mehr, als ohne geistige Untermauerung – und eine solche stellt die Mode dar – der Sieg der Waffen einen großen Teil seiner Bedeutung verlieren würde.«[46]

Zur Förderung »ausfuhrfähigen modischen Schaffens« sowie von Produkten auf Basis der »deutschen Roh- und Werkstoffe« organisierten die Modeämter halbjährliche Modenschauen deutscher Firmen, die jeweils kurz vor den Pariser Schauen stattfanden.[47] In den Kriegsjahren zeigten das Berliner und das Wiener Modeamt »Gemeinschaftsschauen« ausgewählter Modelle auf der Leipziger Messe und veranstalteten gemeinsam deutsche Modenschauen in Jugoslawien (Herbst 1940), Brüssel und anderen belgischen Städten (Juni 1941), Agram und Budapest (Herbst 1941), in Zürich und Stockholm (1942), in Kopenhagen und Bukarest (1943). Im Januar 1943 wurden in Wien die »Schweden-Exportkollektion« und die »Balkan-Export-Kollektion« gezeigt. Sogar 1944 und 1945 wurden

43 Georg Bergler, Der Markenartikel im Rahmen der industriellen Absatzwirtschaft, in: ders./Ludwig Erhard (Hg.), Marktwirtschaft und Absatzwissenschaft. Festschrift für Wilhelm Vershofen zum 60. Geburtstag, Berlin 1939, S. 280ff.

44 Vgl. dazu Kap. 0.3 und 7.4.; Friemert (1975); Sudrow (2009).

45 Wien als Modestadt mit der Tradition u. a. der Modeabteilung der Wiener Werkstätten hatte von den Städten im Reich die höchste internationale Reputation. Vgl. Sultano (1995), S. 74, 145.

46 Grundsätzliches über die schöpferische Tätigkeit des Modeamtes, Bericht des Frankfurter Modeamts v. 28.4.1941, zitiert in: Junker (1999b), S. 17.

47 Zitat aus: Offenbachs Verbindung mit dem Meer, Offenbacher Zeitung v. 7.2.1940; Sultano (1995), S. 99-131; Wagner (1997); Junker (1999b); Guenther (2004), S. 167-201.

noch Export-Kollektionen entwickelt.[48] Selbst in den Kriegsjahren erstreckte sich die Gestaltungstätigkeit der Modeämter fast ausschließlich auf eine exportfähige Hochmode. Die Liste zeigt, dass es sich bei den erwünschten Kunden um neutrale, unterworfene oder »befreundete« europäische Staaten handelte. Wie viele Devisen auf diese Weise tatsächlich aus dem neutralen Ausland erwirtschaftet wurden, ist noch nicht genauer untersucht. In der Schuhindustrie betrug der Umsatz mit ausgeführten Waren 1942 und 1943 das Dreifache von 1938 (Tabelle 24), war aber insgesamt gering.[49] Selbst zu Zeiten der größten Schuhknappheit für die eigene Bevölkerung wurden im Herbst 1944 noch Schuhe exportiert.[50]

Im Vierjahresplan geriet das Berliner Mode-Institut zunehmend unter den Einfluss der Industrie und der Hersteller von textilen Ersatzstoffen.[51] Die Unternehmen kritisierten an der Arbeit des Mode-Instituts, dass die Absolventen der Modeschulen zu wenig technische Kompetenz und Wissen über Produktionszusammenhänge in der Industrie besäßen.[52] Das Deutsche Mode-Institut müsse hier Abhilfe schaffen. Bei der Gründung des Modeamts in Wien wurde 1938 deutlich, dass trotz gegenteiliger Beteuerungen gerade Mitglieder des Mode-Instituts und die mit ihnen verbundenen Firmen die Pariser Modeschauen weiterhin besuchten und dort Modelle kopierten. Hier erwies sich, wie wie groß die Nachfrage in der Industrie nach konkreten, von kleineren Herstellern kopierbaren Leitmodellen war. Die Dringlichkeit solcher Maßnahmen stieg noch, als in Paris auf Betreiben der deutschen Besatzung ab Sommer 1940 die Modenschauen ganz ausfielen und das modeschaffende Handwerk und die Bekleidungs- und Schuhindustrie in Frankreich ihre Tätigkeit wegen der Textil- und Lederkontingentierung stark einschränken mussten.[53] Gegen den ursprünglichen Plan von Herbst 1940, die gesamte Entwurfsindustrie von Paris nach Berlin und Wien zu

48 Sultano (1995), S. 112-119.

49 Der Umsatz mit Exportschuhwerk betrug in diesen Jahren 1,2 Prozent am Gesamtumsatz gegenüber 0,4 Prozent 1938. Vgl. Statistik des Wehrwirtschafts- und Rüstungsamts vom Sommer 1944, nach Berechnungen der WG Lederindustrie, BA Berlin, RW 19, Nr. 2474.

50 RfL an den Beauftragten für den Vierjahresplan/Generalbevollmächtigen für Rüstungsaufgaben des Planungsamts, Betr.: Schuhplanung 11. KHJ, Januar bis Juni 1945, 16.9. 1944, BA Berlin, R 8 VI, Nr. 36.

51 Dies waren neben Firmen der *WG Textilindustrie* und *WG Bekleidungsindustrie* die I.G. Farbenindustrie und der *Zellwolle- und Kunstseide-Ring*. Vgl. Mitgliederliste des Deutschen Mode-Instituts für das Geschäftsjahr 1937/38, Niederschrift über die 3. Beiratssitzung des Deutschen Mode-Instituts e. V. v. 3.9.1937 und den Finanzbericht für das Geschäftsjahr 1936/37, in: BA Berlin R 4901, Nr. 9756, zitiert in: Guenther (2004), S. 182f.

52 Brief Aschenbrücker, Direktor des Süddeutschen Spinnweberverbandes in Stuttgart, an das Mode-Institut Berlin, 4.5.1938, in: BA Berlin, R 13 XIV, Nr. 263, zitiert in: Guenther (2004), S. 183.

53 Zur Einschränkung der industriellen Schuhproduktion im besetzten Frankreich vgl. Le Bot (2007), bes. S. 347.

verlagern, wehrten sich die Pariser *Couturiers* und *Grands Bottiers* erfolgreich mit dem Argument der kleinbetrieblichen, handwerklichen Struktur des Modeschaffens, die eine große Vielzahl von Betrieben umfasste.[54]

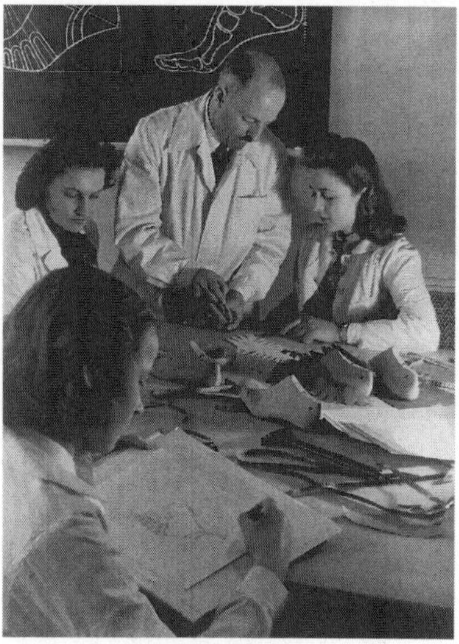

Abb. 46: Unterricht bei Gewerbelehrer Max Sahm im Entwerfen von Schuhen am Frankfurter Modeamt (1941)

Die Modeämter gingen daher dazu über, neu einzurichtende Modellabteilungen direkt mit der Nachwuchsausbildung zu koppeln.[55] Für die Schuhindustrie wurde mit Entwürfen vor allem das der Schuh- und Lederstadt Offenbach und der Frankfurter Schuhindustrie am nächsten gelegene Frankfurter Modeamt tätig. Als 1933 die spätere Leiterin des Frankfurter Modeamts, Margarete Klimt, als Professorin von der Frankfurter Städelschule ihre Entlassung erhielt, wurde inoffiziell als Begründung angegeben, sie habe in ihrer Klasse zur Ausbildung von Modezeichnern und Modellschneiderinnen »französische Mode« gelehrt.[56] 1934 wurde sie trotzdem zur Leiterin des soeben gegründeten Modeamts bestimmt und verschmolz ihre Modeklasse mit der Institution des Modeamts, die bald eine untrennbare Einheit bildeten.[57] Das Frankfurter Modeamt sah neben der Schaffung konkreter Produktentwürfe für Bekleidungsstücke und Accessoires aus »Deutschen Werkstoffen« zunehmend seine Aufgabe darin, Produktgestalterinnen auszubilden. Im ersten Kriegsjahr 1940 entstand hier schließlich auch erstmals eine Möglichkeit zur akademischen Ausbildung zum Entwurfsmodelleur für Schuhe. Hier unterrichtete der Gewerbelehrer Max Sahm das Fach Schuhgestaltung, das neben dem Entwurfszeichnen auch das Modellieren von Schuhen einschloss (Abb. 46).[58] Max Sahm kam

54 Vgl. Veillon (2002), S. 85-106.

55 Das Haus der Mode in Wien erhielt ein Modellinstitut mit mehreren Werkstätten. Auch das Berliner Mode-Institut gründete zwei Modellwerkstätten, die sich ausschließlich der Entwicklung von Entwürfen widmete: die »Manufaktur« und die »Berliner Modelle GmbH«. Vgl. Guenther (2004), S. 191ff.; Sultano (1995), S. 110ff.

56 Die Kündigung wurde kurz darauf zurückgezogen, da die gebürtige Tschechin den zweiten Vorwurf ihrer »jüdischen« Herkunft widerlegen konnte. Vgl. Bock (1982), S. 102f.

57 Junker (1999b), S. 11.

58 Junker wertet diese Einbeziehung der Schuhgestaltung in die handwerkliche und künstlerische Ausbildung der Modeklasse als Vorhaben, die Accessoires in die Mode-

Abb. 47: Der »gläserne Schuh« mit Textiloberteil und Absatz aus dem Ersatzstoff Plexiglas, einem Verschnittwerkstoff aus der Flugzeugproduktion (1941)

von der ebenfalls in Frankfurt ansässigen Berufsfachschule des Schuhmacherhandwerks an das Modeamt. Nach dem Krieg wurde Sahm Mitglied der Forschungsstelle für Leisten- und Schuhbau, so dass auch hier eine Verbindung von Schuhgestaltung und orthopädischer Passform-Forschung erkennbar ist.[59]

Die Entwürfe, die in der Schuhklasse des Frankfurter Modeamts entstanden, zeichneten sich allesamt durch die Umsetzung von Kunststoffen und anderen Ersatzstoffen in die Produkte aus. So wurde 1941 eine Reihe von eleganten Damenschuhen mit Absatz aus dem durchsichtigen Kunstharz Plexiglas, einem Verschnittstoff aus der Flugzeugfabrikation, der beim Hersteller Röhm & Haas in Darmstadt anfiel, entwickelt.[60] Dieser »gläserne Schuh« ging reichsweit durch die Presse, aber nicht in Serienproduktion (Abb. 47). Er bildet ein Beispiel dafür, dass auch die Schuhgestaltung der Modeämter eher den Anspruch hatte, eine exportfähige Hochmode zu entwerfen, als den konkreten Bedürfnissen der Mengenproduktion der deutschen Schuhhersteller zu dienen. Eine weitere Errungenschaft des Modeamts waren Schuhe aus Fischleder.[61] Auch Schuhe mit Holzsohlen, Korksohlen und -absätzen entstanden im Entwurfsprogramm. Mit Stroh und Cellophanborten wurde als Oberlederwerkstoff experimentiert.[62] Bereits 1940 entstanden außerdem Produkte, die Material sparten und die ästhetischen Lebensdauer der Fußbekleidung verlängerten. So wurde die Idee einer Stoffgamasche und einer »Fersenspange«, z. B. aus Fischleder, entwickelt, die Frauen auf den Schuh und Strumpf aufsetzen konnten, um abgetragene Stellen und Flickwerk darunter ver-

schöpfung miteinzubeziehen. Vgl. Junker (1999b), S. 23f.; zur Ausbildung in der Modeklasse s. a. Die Städelschule in Frankfurt am Main (1982), S. 94 und 112ff.

59 Vgl. Max Sahm, Gedanken zur Fußgesundheitswoche, in: Fuß und Schuh 2 (1951), Nr. 5 v. 2.6.1951, S. 411f. Zur Prüf- und Forschungsstelle für Leisten- und Schuhbau vgl. Kap. 7.1.

60 Zum Kunstharz Plexiglas im Vierjahresplan und der Rüstungswirtschaft vgl. Kurt Uhlemann, Anwendung und Verformung von Plexiglas, in: Der Vierjahresplan 4 (1940), S. 544-548.

61 Von den Entwürfen für Fischlederschuhe in den Jahren 1940 und 1941, die wohl als einzige Produkte in größerer Stückzahl produziert wurden, vgl. Kap. 5.3.

62 Junker (1999b), S. 32-40.

Abb. 48: Entwurfsmodelleur beim Entwurf eines Ersatzstoff-Schuhs, Firma Salamander (1938-1945)

schwinden zu lassen.[63] Unklar ist bislang noch, wieviele der in Frankfurt ausgebildeten Entwerferinnen, denn es handelte sich dabei ausschließlich um Frauen, nach ihrer Ausbildung in der Industrie als Gestalterinnen beschäftigt wurden.[64]

Der Versuch, eine »deutsche Mode« zu schaffen, führte in den Unternehmen zu einer Aufwertung der Arbeit des Gestalters. Die Entwicklung ganzer Kollektionen aus neuen Materialien, den Leder-Ersatzstoffen im Vierjahresplan, bedurfte der Gestaltung durch Entwurfsmodelleure. Die Artikelzahl der Firma Salamander beispielsweise stieg auch in den Jahren des Zweiten Weltkriegs noch beträchtlich an.[65] Der erste und wichtigste, noch in den 60er Jahren bei der Firma Salamander arbeitende Schuh-Designer, Siegfried Busch, der ein Schüler des Malers George Grosz war und aus Berlin stammte, trat 1938 in die Firma ein.[66] Zum Zeitpunkt 1962 arbeiteten bereits neun solcher festangestellten Ge-

63 Junker (1999b), S. 36f.

64 Die Modeklasse am Modeamt wurde nach dem Krieg zur eigenständigen Fachschule, der Frankfurter Schule für Bekleidung und Mode, ausgebaut. Die Fachschule für das Schuhmacherhandwerk wurde später in Max-Sahm-Schule umbenannt. Vgl. Die Städelschule in Frankfurt am Main (1982), S. 119.

65 Hanspeter Sturm, Geschichte der Salamander AG, Manuskript 1958, WABW, Bestand Y 110, Salamander AG, S. 92a.

66 Männer mit Phantasie und Ideen, in: Salamander-Umschau, Dezember 1962, S. 4f.

stalter bei Salamander. Sie waren durchgehend männlich.[67] Das erste spezialisierte Fachbuch zur Schuhgestaltung erschien in Deutschland 1949.[68]

Modelenkung durch die Schuhunternehmen: Die Wiedererrichtung des Modeausschusses

Im Dezember 1933 beschlossen die Unternehmen der Schuh- und Lederindustrie sowie des Schuhhandels, den gemeinsamen Modeausschuss zur Beschränkung der Modelle wieder einzusetzen, der 1928 so kläglich gescheitert war. Unmittelbarer Anlass war die Gründung des »Deutsche Modeamts« im Juni 1933 in Berlin. Bereits im September 1933 verkündete die Schuhfabrikanten-Zeitung, das »Deutsche Modeamt« sei keine amtliche Stelle, wie man ursprünglich dachte. Auf Anweisung des Propagandaministeriums habe es den Namen in »Deutsches Mode-Institut« geändert. Der Autor der Zeitung forderte, es sei nun »umso notwendiger, die beteiligten Kreise darüber aufzuklären, wer nun eigentlich hinter dem Deutschen Mode-Institut steht und wer Träger desselben ist«. Weiter wünschte man zu erfahren, welche Industriezweige von seiner Tätigkeit betroffen seien. Das Modeamt hatte offenbar kurz vorher bekanntgegeben, man wolle eine deutsche Mode »durchaus im Rahmen der Weltmode« halten, was bei den Schuhunternehmen Widerspruch hervorrief. Die Schuhindustrie forderte, den »Sinn und Zweck der Einrichtung [...] in einwandfreier Weise bekanntzugeben.«[69]

Im November 1933 fand im Mode-Institut in Berlin eine Aussprache mit Vertretern der Lederwirtschaft über die Möglichkeit der Zusammenarbeit auf dem Gebiet der Schuhmode statt. Dabei ging es vor allem um den Anschluss der Schuhmode an die geplante Textilmode. »Wegen der eigentlichen Modellschöpfung, die den Aufgaben des Mode-Instituts am nächsten stehe, sei eine Fühlungnahme mit der Schuhindustrie in Aussicht genommen.« Angesichts dieser sehr vagen Aussagen forderte die Schuhindustrie die Leitung des Mode-Instituts auf, zu klären, in welcher Weise seine Mitarbeiter auf die Gestaltung der Schuhmode Einfluss zu nehmen gedachten. Aus dem Treffen ging für die Unternehmer hervor, dass über die Schuhgestaltung bislang am Mode-Institut »wenig Sachkenntnis« vorhanden war. Sie fragten außerdem, ob das Mode-Institut »eine einheitliche Richtung in den Schuhmodellen einzuführen« gedenke. »Wir werden den Eindruck nicht los, dass hier unzulängliche Laienhände am Werke sind und dass das Deutsche Mode-Institut sich erst einmal der Öffentlichkeit gegenüber klar und deutlich über seine Bestrebungen äußern müßte, ehe sich ernsthafte Indus-

67 Ebd.
68 Besching/Ebert/Fleischmann (1949).
69 Nicht Modeamt, sondern Mode-Institut, in: SFZ v. 2.9.1933, S. 14.

trievertreter veranlaßt sehen können, an Beratungen teilzunehmen, die von dem Mode-Institut einberufen werden.«[70]

Im Dezember 1933 schließlich beschlossen Schuhindustrie und Schuhhandel auf einer Tagung in Berlin, den alten Modeausschuss der Weimarer Zeit wieder ins Leben zu rufen. Dabei stand der Gedanke im Hintergrund, die Modekontrolle selbst in die Hand zu nehmen, da von Seiten des Mode-Instituts »eine sachverständige Bearbeitung des Gebietes der Schuhmode kaum zu erwarten« sei.[71] Im März 1934 trat der neue Modeausschuss erstmals zusammen. Beteiligte waren die Schuhindustrie, die Lederindustrie, der Schuhgroßhandel und der Einzelhandel. Ziel war, in deutlicher Abgrenzung von den vage erkennbaren Bestrebungen des Mode-Instituts, »nicht die Schaffung einer vielfältigen Luxusmode, sondern, gerade im Gegenteil, die Beschränkung der Auswüchse und übergroßen Vielseitigkeit einer Mode, deren [...] Wirkung in engen Grenzen erhalten werden« müsse. Beschlüsse des Modeausschusses, so der Vorsitzende des *Reichsverbands der Deutschen Schuhindustrie*, seien außerdem »unter den Gesichtspunkt der national-wirtschaftlichen Notwendigkeiten zu stellen«. Der Rationalisierungsfachmann Prof. Dr. Walther Moede, von der Schuhfabrikanten-Zeitung als Konsumexperte befragt, erinnerte daran: »Auch Adolf Hitler vertritt den psychologisch richtigen Grundsatz, dass man der Masse nie zu viel verschiedenartige Dinge vorsetzen darf, wenn man sie gewinnen will«.[72] Dies war also ganz im Sinne der Unternehmen. Als Richtlinien für den Herbst 1934 beschloss man eine Beschränkung aller Produkte auf 12 Farben, die alle im Bereich des Braun und Schwarz lagen.[73] Fortan tagte der Modeausschuss halbjährlich. Ab Herbst 1934 stand bei der Modelenkung durch die Unternehmen bereits die »Rücksichtnahme auf die deutsche Rohstofflage« im Vordergrund. Formal gesehen stellte man sich »auf Schlichtheit und Qualität« der Produkte ein.[74] Mit Gründung der neuen Organisationen der gewerblichen Wirtschaft wurde der Modeausschuss ab September 1934 ständiges Gremium der *Fachgruppe Schuhindustrie* in der *Wirtschaftsgruppe Lederindustrie*. Seine große Bedeutung für die Unternehmen wird daran ersichtlich, dass in ihm über Jahre hinweg die ranghöchsten Manager bzw. die Firmeninhaber der großen Unternehmen persönlich vertreten waren.[75]

70 Das Deutsche Modeinstitut und die Schuhmode, in: SFZ v. 22.11.1933, S. 10.

71 Ergebnisreiche Gemeinschaftsarbeit. Tagung der Arbeitsgemeinschaft von Schuhindustrie und Schuhhandel unter Hinzuziehung der Lederindustrie in Berlin am 8. und 9. Dezember 1933, in: SFZ v. 13.12.1933, S. 1-4, hier S. 3.

72 Werbungs-Psychologie. Eine Unterredung mit Prof. Dr. Walther Moede, in: SFZ v. 4.8. 1934, S. 10.

73 Sitzung des Modeausschusses für die deutsche Schuhwirtschaft. Farben und Richtlinien für Herbst 1934, in: SFZ v. 28.3.1934, S. 1f.

74 Richtlinien für die Schuhmode für das Frühjahr und den Sommer 1935, in: SFZ v. 24.10.1934, S. 2.

75 1938 waren Mitglieder des Modeausschusses: Gustav Rheinberger (Vorsitzender), Direktor Gabi (Schuhfabrik Heß AG, Erfurt), Heinrich Häfner (Peter Kaiser GmbH, Pirmasens), Dr. Alex Haffner (Salamander AG, Kornwestheim), Heinrich Rieker (Rie-

Ende 1936 resümierten die Schuhindustriellen erste Erfolge der Arbeit des Modeausschusses. Die Modeentwicklung habe seither eine »einheitliche Ausrichtung erhalten«.[76] Den Leder- und Schuhfabrikanten sowie dem Schuhhandel wurde »das Wirtschaftsleben dadurch leichter gemacht [...], dass sich alle auf möglichst wenig Farben beschränken«. Die Ledersorten konnten von den Gerbereien in größeren Mengen auf den Markt gebracht werden. Dies war »besonders wichtig in heutiger Zeit, wo die Rohstoffe nur schwierig beschafft werden« konnten. Für die Schuhhändler ergab sich eine kleinere Lagerhaltung. Dabei konnten sie ihrer Meinung nach »den Konsumenten mit der beschränkten Farbauswahl modisch noch besser und vor allem geschmackvoller und vornehmer als bisher beschuhen«. Dem Anspruch nach übernahmen hier also die Unternehmen vom System der Bereitstellung aus sogar die Geschmacksbildung der Konsumenten. Auf der »Beschaffungsseite« war ein einfacherer Einkaufsplan möglich. Die Händler konnten zu längeren Bestellfristen bewegt werden. Aus Sicht der Schuhwirtschaft war damit in der frühen NS-Wirtschaft ein langgehegtes Ziel zum Nutzen aller Beteiligten erreicht worden.

Im September 1937 rühmte der Geschäftsführer der *Wirtschaftsgruppe Lederindustrie* als ersten Erfolg der Vierjahresplan-Politik der *Fachgruppe Schuhindustrie*:

> »Die Empfehlungen des Modeausschusses [...] stehen gleichfalls im Zeichen der Ersparnisforderungen. Ihre praktische Auswirkung auf die Schuhfabrikation wird durch die Fachgruppe Schuhindustrie überwacht. Sie haben bereits zu dem Erfolg geführt, dass die vorhandenen Farben und Ledersorten für modische Schuhe um etwa ein Viertel eingeschränkt wurden. Es ist in Aussicht genommen, eine noch weitergehende Einschränkung der Sorten durchzusetzen, sodass sehr bald nur noch etwa die Hälfte der früher vorhandenen Sorten in Erscheinung treten.«[77]

Dass die Beschränkung der Modelle schnell Wirkung zeigte, wird auch aus den Äußerungen ausländischer Beobachter der deutschen Schuhwirtschaft ersichtlich. Ein englischer Schuhindustrieller stellte auf einer Deutschlandreise 1936 mit großer Verwunderung fest, dass die Variation der Modelle in Deutschland viel geringer und die Produkte einfacher seien als in England. Die Preise der

ker & Co. KG, Tuttlingen /Württ.), Maximilian Stadler (Höfer, Hockemeyer & Stadler KG, Roßwein/Sa.), Otto Weigel (Berlin). Für den Generaldirektor der Salamander AG, Alex Haffner, war dies der einzige Posten, den er in der Fachgruppe persönlich bekleidete. Die Mitgliedschaft in allen anderen Gremien war mit Abteilungs- und Werksleitern der Firma besetzt. Vgl. Kempke (1938), S. 45.

76 Alle Zitate dieses Abschnittes aus: Richtlinien des Modeausschusses der deutschen Schuhwirtschaft für Frühjahr und Sommer 1937, in: ABC der Schuhfabrikation Nr. 21 (1936), S. 1552-1555.

77 WG Lederindustrie, Mitgliederrundschreiben: Neue Werkstoffe, o. D. [Sept./Okt. 1937], BA Berlin, R 13 XIII, Nr. 510

Produkte waren allerdings viel höher als dort.[78] Der Modeausschuss erfüllte also, im Gegensatz zu seinem Vorgänger in der Weimarer Republik, erfolgreich seine Funktion, im Interesse der Unternehmen die Modellvielfalt von Schuhen zu begrenzen. Mit Hilfe des autoritären Staates gelang den Unternehmen eine Verbrauchslenkung in Richtung einer »Uniformierung« auch des Angebots an modischen Modellen. Von »Mode« im früheren Sinne, die ein Wahlhandeln der KonsumentInnen als Käufer voraussetzte, konnte im Nationalsozialismus immer weniger die Rede sein. Diese Einschränkung der Konsummöglichkeiten war jedoch zunächst weniger staatlich als vielmehr von den Schuhunternehmen selbst und vom Handel motiviert und gesteuert.

8.3 Verbrauchslenkung im Vierjahresplan

Auf den Reichsparteitagen der NSDAP von 1935 und 1936 wurde die Verbrauchslenkung schließlich auch als Ziel und Mittel der staatlichen Politik verkündet.[79] Seit dem Vierjahresplan wurde sie planmäßig in die Tat umgesetzt.[80] Für den Verbrauch von Schuhen bedeutete dies erstens die Aufstellung einer »Rangfolge der Bedarfsgruppen«,[81] an deren Spitze das Militär stand. An ihrem unteren Ende traten mit zunehmendem Grad der Durchsetzung des nationalsozialistischen Machtanspruchs und der autoritären Strukturen in der deutschen Gesellschaft ständig neue, zivile Konsumenten-Gruppen hinzu. Dieser Prozess verschärfte sich mit der territorialen Ausdehnung des deutschen Machtbereichs und mit der Verelendung von Teilen der Gesellschaft in den Kriegsjahren, auf die der Mangel verteilt wurde. So war er für die zur »Volksgemeinschaft« gehörigen Bevölkerungsgruppen nicht so deutlich spürbar. Zweitens hatte der Vorrang des militärischen Verbrauchs vor dem zivilen eine Einschränkung des zivilen Angebots zur Folge. Die für die Verbraucher anfangs fast unmerkliche und dann immer deutlichere Durchsetzung von Ersatzstoffen für Leder in zivilen Schuhen war verbunden mit einer immer effektiveren Modelenkung von Seiten der Unternehmen mit Hilfe des Staates. Sie mündete schließlich in eine unternehmenübergreifende Typisierung aller Schuhformen in Deutschland in nur 43 Einheitsmodelle. Drittens nahm der Holzschuh einen steilen Aufstieg, einerseits durch seine traditionelle Verwendung als Arbeitsschuh, andererseits aber auch durch die neue staatliche Propagierung des Holzschuhs als normaler Straßenlaufschuh.

78 L. Bradbury, Conditions in Germany, in: SLN v. 15.10.1936, S. 35.

79 Arbeitswissenschaftliches Institut der Deutschen Arbeitsfront (Hg.), Beiträge zur Statistik der Lebenshaltung des deutschen Arbeiters, Berlin 1940, S. 29.

80 Vgl. Berghoff (2005).

81 Otto Steitz, Gelenkte Schuhwirtschaft, in: Der Vierjahresplan 7 (1943), S. 108ff.

Militärischer und ziviler Konsum

Während der Mobilmachung für den neuen Krieg stieg die Lederschuhproduktion in Deutschland von 78 Mio Paar (1936) auf 90 Mio Paar (1938) an (Tabelle 39 im Anhang). Die Bedarfsverschiebung zum militärischen Schuhwerk wird am besten beim Verbrauch von Unterleder in der Schuhproduktion deutlich. Von unter einem Prozent der gesamten Verfügungsmenge 1933 stieg der Verbrauch der Wehrmacht auf 22 Prozent (1938) und schließlich auf 55 Prozent (1943) (Tabellen 21 und 22). Die Tatsache, dass der Lederverbrauch der Wehrmacht schließlich den Lederverbrauch der zivilen Wirtschaft übertraf, darf aber nicht darüber hinwegtäuschen, dass insgesamt zu jeder Zeit erheblich mehr Zivilschuhe hergestellt wurden als Soldatenstiefel. Die Schuhindustrie war und blieb überwiegend eine Konsumgüterindustrie (Tabelle 24).

Die Zivilschuhe bleiben jedoch in der Lederverbrauchsstatistik praktisch unsichtbar, da sie ab 1936 zunehmend aus Leder-Ersatzstoffen hergestellt wurden. Der größte Teil des Lederkontingents, das der deutschen Wirtschaft zur Verfügung stand, wurde dem militärischen Verbrauch vorbehalten. Unter der absoluten Privilegierung des Wehrmachtsbedarfs sollte die Zivilwirtschaft weiter produzieren, hatte dafür aber immer geringere Mengen ihres Grundrohstoffs Leder zur Verfügung. Hier hatten Ersatzstoffe die »Lederlücke«[82] zu füllen bzw. »die Rohstoffdecke zu strecken«.[83] 1944 gab es im Deutschen Reich für die Zivilbevölkerung nur noch für 3 Prozent der Männer und 2 Prozent der Frauen ein Paar Straßenschuhe aus Leder zu kaufen.[84] Der nur noch sehr geringe Anteil von Leder für zivile Zwecke floss in den Kriegsjahren vor allem in Arbeitsschuhwerk. Wie sich im Ersten Weltkrieg erwiesen hatte, war die Schuhversorgung der Bevölkerung ein ernstzunehmendes Problem: Ein Mangel an gebrauchsfähigem Schuhwerk war erfahrungsgemäß sowohl Ursache für die Einschränkung der physischen Leistungfähigkeit als auch potentieller sozialer Unruheherd.[85] So fielen sowohl die Leder-Ersatzstoff- als auch die Schuhproduktion durchgehend in die Kategorie der »zivilen Kriegswichtigkeit«.[86]

82 Die Schließung der Lederlücke, DAF-Rohstoff-Dienst Nr. 38, hg. v. Arbeitswissenschaftlichen Institut der Deutschen Arbeitsfront, August 1942; RfL, Betr.: LAS-Plan für das 5. u. 6. KHJ v. 25.11.1941, BA Berlin, R 8 VI, Nr. 33.

83 Kempke (1939), S. 14ff.; Fischhaut und Glas in der Damenmode, Frankfurter Volksblatt v. 6.2.1940.

84 GS an RfL, Betr. Schuhplanung 11. KHJ Januar bis Juni 1945, 16.9.1944, BA Berlin, R 8 VI, Nr. 36.

85 Vgl. Bericht »Leder« des Reichsamts für Wirtschaftsausbau v. 15.1.1940, BA Berlin, R 3112, Nr. 38; RfL an RWiMin, Betr. Versorgung mit Straßenschuhen, 2.12.1940, BA Berlin, R 10 VI, Nr. 31; OKH/Heeresverwaltungsamt, Das materielle Recht der Spinnstoff- und Lederwirtschaft und das Verfahren zur Sicherung des Wehrmachtsbedarfs, BA-MA Freiburg, RW 19, Nr. 2477.

86 Vgl. besonders BA Berlin, R 13 XIII, Nr. 270; R 10 VI, Nr. 31.

Tabelle 21: Verwendung von Unterleder nach Verbrauchsgruppen (1933) (in Prozent)[87]

Verbraucher	1933 Anteil am Verbrauch in %
Reichswehr	1
Zivile Schuhindustrie[88]	67
Schuhmacherhandwerk	30
Ausfuhr	2
Insgesamt	100

Tabelle 22: Verwendung von Unterleder (ohne Austauschstoffe) nach Verbrauchsgruppen (1938, 1943) (in Prozent)[89]

Verbraucher	1938 Anteil am Verbrauch in %	1943 Anteil am Verbrauch in %
Wehrmacht	22	55
Zivile Schuhwirtschaft	64	28
Sonstiger Inlandsverbrauch	12	16
Ausfuhr	2	1
Insgesamt	100	100

Im ersten Kriegsjahr produzierte die Industrie etwa zu einem Viertel Militärschuhe, zu einem weiteren Viertel Arbeitsschuhe und zur Hälfte ziviles Straßenschuhwerk.[90] Für die Menge der insgesamt für die Wehrmacht gefertigten Soldatenstiefel liegen bislang nur für die Jahre 1939 bis 1942 Zahlen vor (Tabelle 23). Das Wehrmachtsbeschaffungsamt war nicht nur für das Schuhwerk von Heer, Marine, Luftwaffe, sondern auch für Schuhe des Reichsarbeitsdienstes zuständig.[91] Später kamen noch die Organisation Todt, die Waffen-SS, das Rote Kreuz und das Reichsfinanzzeugamt hinzu.[92] Bis 1939 erzeugte die Wehrmacht ihre

87 Bilanzen und Statistiken des Statistischen Reichsamts für das Jahr 1933, Unterleder, BA Berlin, R 3112, Nr. 333.

88 Lederschuhindustrie und Hausschuhindustrie.

89 RfL, Aufkommen und Verwendung von Leder und Lederaustauschstoffen vor dem Kriege und heute (1944), BA Berlin, R 8 VI, Nr. 32.

90 Aktenvermerk der RfL, Betr.: Neubelegung der Schuhindustrie, [März 1940], BA Berlin, R 8 VI, Nr. 36.

91 Vortrag des Stabsint. Dr. Wilhelmini, Wehrmachtbeschaffungsamt, anläßlich einer Tagung der Rüstungs-Inspektionen, Abt. Verwaltung, im Wehrkreis V über die besonderen Schwierigkeiten bei der Beschaffung von Bekleidung und Ausstattung des Mannes im Zeitraum April 1943 - März 1944, BA-MA Freiburg, RH 9, Nr. 26.

92 Oberfeldintendant Land, Kurzvortrag über Rüstungswirtschaft und Beschaffungswesen der Wehrmacht bei Bekleidung und Ausrüstung des Mannes v. 13.3.1944, BA-MA Freiburg, RH 9, Nr. 26.

eigenen Stiefel, und erst ab 1940 wurden Teile auch in Unternehmen der Schuhindustrie produziert. Dies erschwert die statistische Erfassung des militärischen Schuhwerks. Doch ist deutlich, dass in den ersten beiden Kriegsjahren die Erzeugung von Wehrmachts- und Arbeitsschuhwerk aus Leder auf das Doppelte der Friedensmenge stieg. Sie betrug 1941 24 Mio Paar. Die Versorgung der Zivilbevölkerung mit Schuhwerk fiel dagegen im selben Zeitraum auf die Hälfte des letzten Vorkriegsjahres ab. Dies waren 1941 noch 46,5 Mio Paar.[93]

Tabelle 23: Erzeugung von Schuhwerk für die Wehrmacht und andere öffentliche Bedarfsträger (1939-1942) (in 1.000 Paar)[94]

	1939[95]	1940	1941	1942
Heer, Marine und Luftwaffe				
Schaftstiefel	700	5.700	4.400	3.600
Schnürstiefel	300	2.700	4.800	3.600
Laufschuhe	30	500	1.000	600
Sonstige Schuhe[96]	200	1.100	2.400	6.900
Waffen-SS				
Schaftstiefel		90	200	200
Schnürstiefel		50	90	300
Laufschuhe		20	30	50
Sonstige Schuhe*		-	70	200
Polizei, NSDAP und sonstige				
Schaftstiefel		200	500	600
Schnürstiefel		200	600	900
Laufschuhe		30	100	80
Sonstige Schuhe*		200	400	900
Insgesamt				
Summe	1.230	10.790	14.590	17.930

93 Betr.: Freisetzung von Arbeitskräften durch Rationalisierung und Konzentration von Betrieben v. 24.2.1942, BA Berlin, R 13 XIII, Nr. 199.

94 Nach: Zentrale Planung für die Schuhwirtschaft, Erzeugung von Schuhwerk für die Wehrmacht und andere öffentliche Bedarfsträger (1939 bis 1942) (in Mio Paar), 23.3.1943, BA Berlin, R 10 VI, Nr. 35.

95 Zahlen nur für Nov. und Dez. 1939.

96 Hierunter fielen vor allem die repräsentativen chromledernen, schwarzen Offiziers-Schaftstiefel (eigentlich Reitstiefel), die zur Uniform getragen und bis Kriegsende in enormen Mengen hergestellt wurden.

Der Umsatz der Schuhunternehmen mit Wehrmachtschuhen, die seit 1940 auch in der privaten Schuhwirtschaft hergestellt wurden, stieg nach Erhebungen der *Wirtschaftsgruppe Lederindustrie* zwischen 1941 und 1943 insgesamt bis auf 16,6 Prozent des Gesamtumsatzes mit Schuhen. Der Umsatz mit Zivilschuhen fiel selbst 1943, auf dem Höhepunkt der Militärschuhproduktion, nicht unter 80 Prozent (Tabelle 24). Bei einzelnen Schuhunternehmen stieg der Umsatz mit Wehrmachtstiefeln, relativ gesehen, bis 1943 an. Der Anteil des Wehrmachtschuhwerks am Gewinn stieg bei großen Herstellern innerhalb kürzester Zeit auf 15 bis 20 Prozent und bescherte den Schuhunternehmen Rekordumsätze.[97] Klein- und Mittelbetriebe stellten sich oft ganz oder überwiegend auf Wehrmachtschuhzeug um. Im Dezember 1943 produzierten etwa 180 Betriebe Schuhe für das Wehrmachtbeschaffungsamt und weitere 20 Betriebe Schuhe für die Luftwaffe.[98] Dies war organisatorisch gesehen ein Unterschied zum Ersten Weltkrieg, als einzelne Unternehmen ausschließlich Militärschuhwerk herstellten.[99]

Tabelle 24: Die Umsätze in der Schuhindustrie (Zivil- und Wehrmachtschuhwerk, Export) (in Prozent) (1938-1943)[100]

	1938	1940	1941	1942	1943	1944[101]
Zivil	99,6	99,1	86,6	83,1	82,2	86,9
Wehrmacht			12,6	16,0	16,6	12,5
Ausfuhr	0,4	0,9	0,8	1,2	1,2	0,6
Insgesamt	100,0	100,0	100,0	100,0	100,0	100,0

Untrüglicher Indikator der Stellung in der Hierarchie der Schuhverbraucher war der Anteil von echtem Leder im Schuh. Hieran ließ sich unmittelbar die gesellschaftliche Stellung eines jeden Verbrauchers ablesen. Die Kriegsgefangenen als

97 Vgl. Bräutigam (1997), S. 312ff.

98 OKH/Heeresverwaltungsamt, Niederschrift über das Verfahren bei der Schuhvergebung durch das Wehrmacht-Beschaffungsamt seit dem 1.4.1943, Dezember 1943, BA-MA Freiburg, RH 9, Nr. 16.

99 Dies waren 92 Militärschuh-Betriebe im Vergleich zu 358, die für den zivilen Bedarf arbeiteten, und 115 Betriebe, die nur Reparaturarbeiten ausführten Vgl. Mainzer (1918), S. 25.

100 Statistik des Wehrwirtschafts- und Rüstungsamts vom Sommer 1944, nach Berechnungen der WG, BA Berlin, RW 19, Nr. 2474. Gebietsstand: 1938: Altreich; 1940: einschl. Österreich und Sudetenland; ab 1941: einschl. Eupen, Malmedy und Memelland; ab 1944: Großdeutschland einschl. eingegliederte Ost-, West- und Südgebiete ohne Protektorat.

101 Angabe nur für 2. Vierteljahr 1944.

letztes Glied in der militärischen Hierarchie erhielten an der Ferse offene Holzpantinen mit Textilvorderblatt.[102]

Im zivilen Bereich wurden ab 1937 sowohl die Altersgruppen als auch die Geschlechter der Verbraucher unterschieden. Kinder und Jugendliche waren eine soziale Gruppe, bei der Leder früh eingespart wurde. Im September 1938 führte etwa die Hitlerjugend eine neue Winteruniform ein. Anstatt der Stiefel erhielt die Partei-Jugend nur noch Halbschuhe als Fußbekleidung.[103] Zu Kriegsbeginn machte trotz der »Zurückdrängung« des Verbrauchs in diesem Bereich die Verbrauchsgütererzeugung immer noch 60 Prozent der Gesamtproduktion der deutschen Volkswirtschaft aus.[104] Durch die Sparmaßnahmen im zivilen Verbrauch von Schuhen konnte jedoch das Heeresverwaltungsamt bereits im April 1938 vermelden, dass die erste Ausstattung des Kriegsheeres mit vollwertigen Stücken sichergestellt war.[105]

Weibliche Verbraucher rangierten grundsätzlich hinter den männlichen. Am deutlichsten wurde dies beim Stiefelkonsum. Die Herstellung von Damenstiefeln mit hohen Lederschäften wurde schon im Juni 1937 ganz verboten.[106] Während die Männer aller Parteiformationen mit ihren Uniformen weiter dem Lederluxus der hohen Schäfte frönten, konnten die Frauen in Deutschland gleich zu Beginn des Vierjahresplans überhaupt keine Stiefel mehr kaufen. Gleiches galt für Leder in Bekleidungsgegenständen, wie etwa Mänteln. Seit November 1938 galt inoffiziell allgemein die Regel: »Für Frauenkleidung: kein Leder!«[107] Unter den Männern blieben Schaftstiefel Statussymbol der Macht. Von den ranghöchsten Offizieren im Generalstab bis zu den niederen Rängen in den Planungsorganen der Wehrmacht arbeiteten Männer in Reitstiefeln. An ihnen

102 Bericht des Krumm-Ausschusses Juli-September 1943, BA Berlin, R 3, Nr. 311. Für eine Darstellung der Pantine vgl. Abb. 5.

103 Neue Winteruniform der HJ, in: Beilage zur Lychener Zeitung 36 (1938) v. 22./23.9. 1938, Nr. 248. Nach der Abkehr vom Blitzkriegskonzept und nach wissenschaftlichen Studien über den Schuhverbrauch in deutschen Familien wurde allerdings ab dem zweiten Kriegsjahr die Lederschuhversorgung der Kinder und Jugendlichen wieder verbessert. Sie erreichte schließlich sogar höhere Mengen als im letzten Vorkriegsjahr; vgl. Tabelle 26.

104 So Ministerialdirektor Mansfeld in einer Rede vor dem Großen Beirat der Reichsgruppe Industrie im Januar 1942, Betr.: Sitzung des Großen Beirates der Reichsgruppe Industrie am 13.1.1942, 15.1.1942, BA Berlin, R 13 XV, Nr. 90; vgl. dazu auch Berghoff (2005), S. 281.

105 Nur Nachschubbestände an Schuhwerk fehlten noch. Vgl. OKH/Heeresverwaltungsamt, Übersicht über die Bekleidung und Ausrüstung der Wehrmacht für den Mob-Fall, Stand beim Heer am 1.4.1938, BA-MA Freiburg, RW 19, Nr. 2477, Bl. 193.

106 Ausgenommen waren Stiefel für uniformierte Frauen in NS-Formationen, wie etwa der SS. Vgl. Anordnung 33 der ÜfL v. 14.5.1937, Verwendung von Leder als Werkstoff, in Kraft getreten am 1.6.1937.

107 OKH/Heeresverwaltungsamt, Das materielle Recht der Spinnstoff- und Lederwirtschaft und das Verfahren zur Sicherung des Wehrmachtsbedarfs, Oktober 1938, BA-MA Freiburg, RW 19, Nr. 2477.

wurde auch in Zeiten der größten Lederknappheit, in den letzten beiden Kriegsjahren, nicht gespart.

Im Mai 1943 ging selbst dem Rüstungsminister Albert Speer der Stiefelluxus in der Wehrmacht zu weit. Er erließ eine Vorschrift, um den Lederverbrauch des Militärs einzuschränken.[108] Zwischen Juli und September 1943 ließ er den Verbrauch überprüfen und von Unternehmern der Schuh- und Lederwarenindustrien Sparvorschläge erarbeiten. Im Oktober kritisierte er auf dieser Basis den Überkonsum von monatlich 824.000 Reit- und Offiziersschaftstiefeln (Tabelle 23).[109] Die Untersuchungskommission forderte in ihrem Abschlussbericht: »Die Verwendung von Offizierslangschäften müsste [...] unbedingt gedrosselt werden. Militärbeamte sollten grundsätzlich in Zukunft nicht mehr mit Langschäften ausgerüstet werden, da sie in erster Linie Bürodienst tun.« Auch für Offiziere der Luftwaffe seien langschäftige Reitstiefel und Reithosen mit Lederbesatz nicht länger vertretbar.[110] Doch wurde der Verbrauch an Langschäften für 1944 nur um ein Drittel gekürzt. Britische Rohstoff-Experten stellten im Mai 1945 verblüfft fest, dass trotz der Lederknappheit im zivilen Bereich bis Kriegsende monatlich 400.000 Paar schwarze, langschäftige Reitstiefel für den militärischen Bedarf hergestellt wurden.[111] Nur bei den Marschstiefeln der einfachen Soldaten im Feld wurde schließlich ab Herbst 1943 Leder gespart. Die Sohle der »Knobelbecher« geriet dünner und dünner, bis auf die Zwischensohle schließlich ganz verzichtet wurde.[112]

Die Offiziere der Wehrmacht waren nur zu Sparmaßnahmen bereit, wenn sich andere »öffentliche Bedarfsträger«, vor allem die SS, die Polizei und NSDAP-Gliederungen ebenfalls solchen Regelungen unterwarfen. Der Reichsschatzmeister der NSDAP, dem die Ausrüstungsgegenstände und das Schuhwerk aller Parteigliederungen unterstand, verweigerte sich jedoch von vorneherein erfolgreich solchen Maßnahmen.[113] Der Reichsführer-SS schloss sich im September 1943 formal dem OKW an und verordnete Leder- und Schaftstiefeleinsparungen in allen ihm unterstellten Dienststellen.[114] Doch bereits im Oktober 1943, als die Ledermengen für das kommende Kriegshalbjahr beantragt wurden,

108 Erlass des Ministers für Rüstung und Kriegsproduktion v. 17.7.1943, gefolgt vom Erlass vom 20.8.1943, zitiert in: GS an den RWiMin, Betr: Maßnahmen zur Einschränkung des Lederbedarfs.

109 Bericht des Krumm-Ausschusses Juli-September 1943, BA Berlin, R 3, Nr. 311; Eichholtz (1985), Bd. 2, S. 386.

110 Bericht des Krumm-Ausschusses Juli-September 1943, BA Berlin, R 3, Nr. 311, Bl. 12.

111 Major Stratton, Report to the Footwear Board: Germany, 25.5.1945, NA/PRO London, SUPP 14, Nr. 705.

112 Dadurch war die sonst übliche Metallbenagelung schließlich nicht mehr möglich. Vgl. BIOS Miscellaneous Report Nr. 2, An Investigation of the German Leather Industry, London 1946, S. 2.

113 GS an den RWiMin, Betr: Maßnahmen zur Einschränkung des Lederbedarfs: Erlass v. 17.7.1943, Erlass v. 20.8.1943, 2.10. 1943, BA Berlin, R 10 VI, Nr. 96.

114 Ebd.

beschwerte sich das zuständige Bewirtschaftungsgremium, die *Gemeinschaft Schuhe*, beim Reichswirtschaftministerium darüber, dass die Anzahl der von der SS beantragten Schaftstiefel, wie schon im Februar 1943, viel zu hoch lag. Am Ende konnten die Unternehmer der *Gemeinschaft Schuhe* dem SS-Wirtschaftsverwaltungshauptamt nur die Schaftstiefel für die weiblichen KZ-Aufseherinnen kürzen. Auch die Holzzweischnaller der KZ-Häftlinge durften statt mit Lederoberteil nur noch mit Textilschaft hergestellt werden.[115]

Ersatzstoffe in Lederschuhen und Holzschuhe

Zu den wichtigsten Konsumlenkungsmaßnahmen gehörte die Einführung von Ersatzstoffen für Leder in Straßenschuhen ab 1936. Im Juni 1937 wurde der Werkstoff Rindsleder nicht nur in Damenstiefeln, sondern auch in Koffern, Einkaufs-, Akten- und Werkzeugtaschen, in Rucksäcken, Wäschesäcken und in Behältern für optische Geräte verboten und für die Polsterung von Automobilen genehmigungspflichtig. Später folgten Leder-Verbote für Frauenhüte, Bücher und Alben, Hutschachteln, Beriemungen und Möbelbezüge. Ab Januar 1939 durften bestimmte Teile im Schaft, der Sohle und dem Absatz von Zivilschuhen nur noch aus Leder-Ersatzstoffen bestehen.[116] Hinzu kam das Bemühen um eine Bedarfsverlagerung vom Lederschuh auf den Holzschuh, der mit zahlreichen Mitteln als Straßenschuh, vor allem für Frauen, attraktiv gemacht werden sollte.

In der amerikanischen Fachpresse wurde bereits im November 1934 darüber berichtet, dass die deutschen Verbraucher angehalten würden, Holzschuhe zu tragen. In einer großangelegten Werbekampagne in Printmedien und Radiosendungen wurden Holzsohlen mit dem Argument angepriesen, die Holzschuhindustrie sei eine »rein deutsche Industrie«. Schuhe mit Holzsohlen würden in 48 verschiedenen Modellen angeboten.[117] Hier traf sich eine Initiative der Holzschuh-Hersteller, den Absatz ihrer Produkte zu steigern, mit den ersten Maßnahmen zur Leder-Einsparung im Neuen Plan.[118] Die Entwicklung von »Volkssandalen« war ebenso ein Versuch der Holzschuh-Unternehmen, den Absatz anzukurbeln. Sandalen hatten den Vorteil, neben Sohlenleder auch Oberleder

115 RWiMin an das SS-WVHA (Kersten), Betr.: Lederkontingent für das 8. KHJ, 26.2. 1943, BA Berlin, R 10 VI, Nr. 96; RWiMin an GS, Betr.: Schuhbeschaffungsvorhaben für öffentliche Bedarfsträger für die Zeit vom 1.10.1943 bis 31.3.1944, 30.8.1943; GS an RWiMin, Betr.: Beschaffungsvorhaben für öffentliche Bedarfsträger für die Zeit vom 1.10.1943 bis 31.3.1944, 7.10. 1943, BA Berlin, R 10 VI, Nr. 96.

116 Die Maßnahmen zum Ersatz von Leder wurden im Einzelnen bereits in Kap. 6.2 und 6.3 vorgestellt.

117 Efforts to Popularize Wooden Shoes in Germany, in: SLR v. 3.11.1934, S. 68.

118 Verband zur Mitarbeit bereit, in: Zentral-Blatt für die Holzschuh-, Pantoffel- und Filzschuhindustrie und das deutsche Holzschuhmacher-Handwerk 45 (1933), Nr. 6 vom 15.3.1933, S. 1ff.

und Textilien für Strümpfe zu sparen, und wurden im Nationalsozialismus in jeder nur erdenklichen Form gefördert. Auch die Gesundheit der »Gehwerkzeuge« unterstützten sie angeblich.[119]

Im Vierjahresplan sollte vor allem der Bedarf der weiblichen Verbraucher auf holzbesohlte Sandalen und leichte Straßenschuhe mit Holzsohle und Textiloberteilen verlagert werden. Hiermit waren ausgefeilte Kampagnen verbunden, aus dem Holzschuh einen Modeartikel zu machen. Für die Schuhmodelle wurde einiger gestalterischer Aufwand betrieben. Die Schäfte waren, im Gegensatz zu den Lederschuhen, sehr farbenfroh gehalten. Mit der Sohlenkonstruktion wurde experimentiert, um das starre Holz bequemer zu machen. Die meisten dieser Modelle teilten die Sohle ein- oder mehrfach am Ballen mit einem Scharnier aus Metall oder Leder, wie schon die Konstruktionen im Ersten Weltkrieg. Doch auch erstaunliche Neuentwicklungen entstanden dabei, wie etwa die Zierold-Sohle (Abb. 49, 50), eine Erfindung der Firma Paul Zierold in Chemnitz, die bald im besetzen Frankreich viel Verwendung fand.[120] Für die Massenherstellung erwies sich bei ihnen allerdings der Abrieb und Verschleiß der Sohlen als zu stark, so dass die Serienproduktion solcher Schuhe im Deutschen Reich im Juli 1944 eingestellt wurde.[121] Auch ganz starre Sohlen, die die Abrollbewegung durch eine starke Spitzensprengung des Vorderfußes zum Ballen hin unterstützten, waren unter den Neuheiten. Diese hatten traditionelle, in Norditalien und im Tessin unter Bauersfrauen verbreitete Holzschuhtypen, die Zoccoli, und die japanischen Getas zum

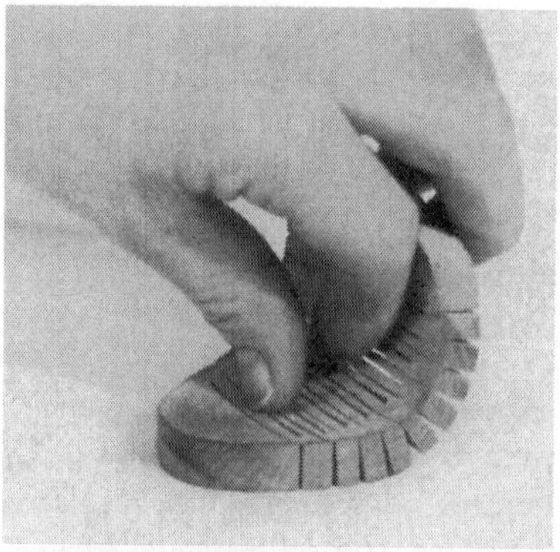

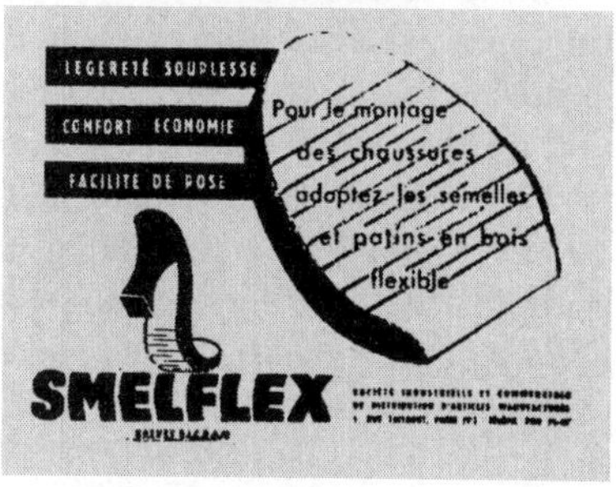

Abb. 49: Die Zierold-Holzsohle (ca. 1941). Die Abbildung zeigt die hohe Beweglichkeit der Sohle.

Abb. 50: Die Zierold-Holzsohle als Exportprodukt für das besetzte Frankreich (ca. 1941). Der Name »Smelflex« ist ein Wortspiel mit dem französ. Wort für »Sohle«: semelle

119 Holzschuh- und Pantoffelmacher tagten in Berlin, in: Der Holzschuh- und Pantoffelmacher 5 (1937), Nr. 9 vom 1.5.1937, S. 1ff.

120 Die neue Marathon-Holzsohle, in: SFZ v. 11.12.1940, S. 9-10. Zur erzwungenen Verbreitung der deutschen Holzsohlen-Innovationen in Frankreich vgl. Veillon (2002), S. 81f.; Pariser Schuhausstellung, ein voller Erfolg, in: SFZ v. 2.8.1942, S. 3.

121 Rundschreiben PA Lederschuhe, 27.10.1942, BA Berlin, R 10 VI, Nr. 66.

Vorbild.[122] Leistenhersteller wie die Firma Fagus waren unter den engagiertesten Unternehmen auf dem Gebiet der Entwicklung von Holzsohlen. Auch die orthopädische Forschung der »Prüf- und Forschungsstelle für Leisten und Schuhbau« nahm sich des Problems an.[123]

Mit Kriegsbeginn wurden – bis auf Holzschuhe – alle Schuhe bezugscheinpflichtig. Ihr Verbrauch wuchs dadurch rasant, auch wenn ihr Preis bald ebenso in die Höhe schnellte.[124] Um weitere Preissteigerungen zu verhindern, bezog man die leichten Damenschuhe mit Holzsohle ab April 1940 in die Rationierung mit ein.[125] Alle Vollholzschuhe und Sandalen mit Holzsohle blieben bis Kriegsende bezugscheinfrei erhältlich. Auch als ziviler Männerschuh wurde der Holzsohlenschuh angepriesen, allerdings nie so erfolgreich.[126] In den Kriegsjahren wurde der Holzsohlenschuh geradezu gleichbedeutend mit dem Arbeitsschuh. Dabei waren Holzschuhe vor allem für die auf der Stufenleiter der Versorgungshierarchie ganz unten stehenden Verbrauchergruppen bestimmt. KZ-Häftlinge beispielsweise erhielten bereits vor dem Krieg Holzschuhe als Teil ihrer Uniform im Konzentrationslager. Andere Häftlingsschuhe stammten aus zivilen Beständen und gebrauchten Bekleidungsstücken des öffentlichen Dienstes.[127] 1938 wurde die KZ-Häftlingskleidung von der SS vereinheitlicht. Zur gestreiften Kleidung gehörte dabei ein Paar Holzsohlen-Schuhe. Rein formal gesehen stand weiblichen Häftlingen das gleiche Ausstattungssoll an Schuhen zu wie männlichen. Dies war noch im Januar 1944 »1 Paar Schnürschuhe mit Holzsohle oder Holländer [Vollholzschuhe] oder Holzpantinen«.[128] In der Praxis erhielten Frauen oft nur Pantinen, während männliche Häftlinge geschlossenes Schuhwerk bekamen.

Dies eine Paar Holzschuhe war als »Höchstausstattungssoll« festgesetzt. Die Schnürschuhe mit Holzsohle durften den KZ-Häftlingen nur im Winter ausgehändigt werden. Die Bekleidungsrealität in den Lagern, in denen wegen des großen Mangels an Schuhen ab 1942 die Häftlinge teils ihre mitgebrachten Schuhe behielten, teils mit immer mehr improvisierten Schuhkonstruktionen die schwersten Arbeiten verrichten mussten, hatte mit den formalen Vorschriften nicht mehr viel zu tun. Wegen der Versorgungsschwierigkeiten und zu-

122 Thomsen (1944), S. 226-242; Adolf Basler u. a., Über die Physiologie und zweckmäßige Bekleidung des Fußes, in: Arbeitsphysiologie (1938), Nr. 2, S. 188-204; Adolf Basler, Über eine altbewährte Form von Arbeitsschuhen mit Holzsohlen, in: Arbeitsphysiologie 11 (1941), Nr. 5, S. 453-461.

123 Vgl. Kap. 7.1. und Thomsen (1944), S. 226-242.

124 SD-Bericht Nr. 81 v. 24.4.1940, in: Boberach (1984), Bd. 4, S. 1055.

125 Thomsen (1944), S. 227.

126 Schuhe, die nur vier Wochen halten?, in: Lychener Zeitung 38 (1940) v. 10.2.1940, Nr. 35; zu weiteren Werbeanzeigen vgl. Kurhessische Landeszeitung v. 28.7.1942, abgedruckt in: Kammler (1984), S. 446.

127 Zu Holzschuhen als Teil der Häftlingskleidung s. Schmidt (2000), S. 56-74, 130f.

128 Amt D des WVHA, Ausstattungssoll für Bekleidung und Ausrüstung der weiblichen Häftlinge im Konzentrationslager v. 18.1.1944, BA Berlin, NS 3, Nr. 386.

nehmenden Überfüllung der Konzentrationslager erlaubte das SS-Wirtschaftsverwaltungshauptamt ab Februar 1943 per Runderlass, dass Häftlinge in den Konzentrationslagern weiter die Zivilkleidung und -schuhe trugen, die sie bei der Einweisung mitbrachten.[129] Dabei kamen auch die Schuhe der in den Gaskammern der Vernichtungslager Ermordeten zur Verteilung.[130] Auch alle weiteren Verbrauchergruppen, die nach Kriegsbeginn von der deutschen »Versorgung« abhängig waren, erhielten Holzschuhe zur Deckung des Existenzminimums an Fußbekleidung, um die für sie vorgesehenen Funktionen in der deutschen Kriegswirtschaft zu erfüllen. Als Modelle wurden hierfür die traditionellen Holzschuhtypen des Zweischnallers, der Galosche und der Pantine verwendet.[131]

Preislenkung

Ausländische Beobachter stellten in den Jahren unmittelbar nach der Machtübernahme der NSDAP fest, dass die Preise für Schuhe in Deutschland fast doppelt so hoch waren wie in England. Dies führten sie vor allem auf die handelsfreundliche Politik der Nationalsozialisten zurück. Das erklärte Ziel der Nationalsozialisten, die wirtschaftliche Macht der Filialketten und Warenhäuser zu beschneiden, die 1933 zu einem Verbot der weiteren Eröffnung von Schuhhandelsfilialen führte, habe für die Verbraucher den negativen Effekt gehabt, die Preise stark zu verteuern.[132]

Die Jahre 1933/34 waren noch von der Mittelstandspolitik der NSDAP geprägt, die im Parteiprogramm und für die Wählermobilisierung vor 1933 immer eine wichtige Rolle gespielt hatte. In den Jahren nach der »Machtergreifung« wurde sie aber immer mehr in den Hintergrund gedrängt.[133] Ihr Sprachrohr in der Politik waren der im Dezember 1932 gegründete *NS-Kampfbund für den gewerblichen Mittelstand* und der *Reichsverband des Deutschen Handwerks*. Im Februar 1933 stellte der *Reichsverband Deutscher Schuhhändler* einen »Wunschzettel« politischer Maßnahmen an die neue NS-Regierung auf. Darin forderten die Schuhhändler an erster Stelle, »die selbständigen Einzelhandelsbetriebe […] gegen Überfremdung und Aufsaugung durch großkapitalistische Filialbetriebe zu

129 Zur Privatkleidung in den Lagern seit 1943 vgl. Iwaszko (1999), S. 64-68; Schmidt (2000), S. 56-74, 130f.; zur Realität der Ausstattung vgl. S. 132ff.

130 Vgl. Kap. 10.

131 Vgl. Abb. 4.

132 L. A. Bradbury, Conditions in Germany, in: SLN v. 15.10.1936, S. 35; British Shoemen Visit Germany (Teil 1) in: SLN v. 13.9.1935, S. 30f.; (Teil 2) in: SLN v. 20.9.1935, S. 38ff.; German Trading Conditions, in: SLN v. 20.9.1935, S. 11f.; Germany's Retail Trade, in: SLN v. 20.9.1935, S. 40ff.; The Multiple and the Trader, in: SLN v. 15.11.1935, S. 29.

133 Vgl. Broszat (1969), S. 207-218.

schützen«. Hierzu sollte die Regierung ein sofortiges Verbot der Neueröffnung oder Erweiterung von Filialbetrieben erlassen.[134] Diese Forderung wurde mit dem »Gesetz zum Schutze des Einzelhandels« im Mai 1933 erfüllt.[135]

Die Kampfmaßnahmen gegen Filialketten waren eng mit antisemitischen Hetzkampagnen und Boykotten gegen »jüdische« Geschäfte verquickt. Die »beabsichtigte Ruinierung jüdischer Konkurrenten«, so der Historiker Martin Broszat, ging dabei Hand in Hand mit den lange gehegten Plänen zur wirtschaftlichen Beschränkung »jener Großbetriebsformen, die dem Handwerk, Kleingewerbe und Einzelhandel ein Dorn im Auge waren«. Die NS-Regierung unterstützte diese Boykott-Kampagnen reichsweit besonders seit dem 1. April 1933.[136] So sehr nutzten einzelne Akteure den offenen Terror unter der neuen Regierung zur Durchsetzung ihrer wirtschaftlichen Interessen mit gewaltsamen Mitteln, auch gegen »arische« Konkurrenten, dass sich der Reichskommissar für die Wirtschaft, Otto Wagener, im Mai 1933 bemüßigt fühlte, ein Verbot der weiteren Gründung von »Kampfbünden« zu erlassen. Mit deren Hilfe hatten NSDAP-Parteigenossen »wilde Eingriffe in die Wirtschaft« vorgenommen, Preise festgesetzt, leitende Personen aus ihren Stellungen entfernt, willkürlich Unternehmen geschlossen und zwielichtige »Kommissare« eingesetzt.[137]

Im Schuhhandel waren von den neuen Maßnahmen unter anderem die beiden größten Firmen Salamander und Conrad Tack betroffen.[138] Nach früher »Arisierung« beider Großunternehmen, durch die »arischen« Teilhaber der Firma im Fall Salamander (1933 bis Anfang 1935) bzw. durch den wichtigsten Lederlieferanten, Carl Freudenberg, im Fall Conrad Tack (September 1933), bemühten sich die Filialunternehmen, ihre »Judenfreiheit« in der Öffentlichkeit bekannt zu geben. Bei Salamander entledigte man sich der etwa 500 »jüdischen«

134 Der Wunschzettel des Schuhhändler-Verbandes, in: SFZ v. 18.2.1933, S. 1-3.

135 Gesetz zum Schutze des Einzelhandels v. 12.5.1933, in: RGBl. I (1933), S. 262. Dieses befristete Gesetz wurde später mehrfach verlängert und mit einem Durchführungsgesetz am 23.7.1934 in eine allgemeine Konzessionspflicht durch die örtlichen Industrie- und Handelskammern umgewandelt.

136 Zu den antisemitischen Kampagnen in der Schuhwirtschaft vgl. Bräutigam (1997), S. 245-296. Zu den »Arisierungen« von und durch württembergische und badische Unternehmen vgl. ebd. S. 245-336. Zu den »Arisierungen« in Österreich vgl. Felber (2004), S. 104-210.

137 Gegen unberechtigte »Kampfbünde«. Ein Erlass des Reichswirtschafts-Kommissars, in: SFZ v. 27.5.1933, S. 1.

138 Vgl. Bräutigam (1997), S. 250-271; zur »Arisierung« der Firma Conrad Tack, die im Dezember 1936 von einer Aktiengesellschaft in eine Kommanditgesellschaft mit der Firma Freudenberg & Co. als alleiniger Kommanditistin und Richard und Walter Freudenberg als Gesellschafter umgewandelt wurde, vgl. auch: Walter Heitz, Entstehung und Entwicklung unserer Firma, in: Die Kameradschaft. Werkszeitschrift der Firma Conrad Tack & Cie. 2 (1936/37), Nr. 4, 25.2.1937, S. 2-4; Nr. 5, 25.3.1937, S. 2-5; Nr. 6, 30.4.1937, S. 4-8; Nr. 8, 25.6.1937, S. 5-8; Nr. 9, 25.7.1937, S. 5-7. Die ehemalige Conrad Tack AG ging damit 1936 »restlos in den Besitz der Familie Freudenberg« über.

Alleinverkäufer, die ein Viertel aller Salamander-Alleinverkäufer im Reich ausmachten.[139] Auch die tschechische Firma Baťa war mit antisemitischen Vorwürfen konfrontiert und Adressat von Maßnahmen gegen Filialketten.[140] Den Baťa-Gegnern hatten die Nationalsozialisten nun endlich ein rechtliches Mittel gegen die Eröffnung weiterer Filialgeschäfte an die Hand gegeben. Ab Juli 1934 mussten Neueröffnungen eine Konzession durch die mittlerweile von Mitgliedern des *NS-Kampfbundes für den gewerblichen Mittelstand* dominierten örtlichen Industrie- und Handelskammern erhalten.[141] Selbst 1938, nach der Eingliederung Österreichs ins Reich, wurde unter Berufung auf den Schutz der mittelständischen Firmen gegenüber den Großunternehmen noch das Arisierungsbestreben der reichsdeutschen Firma Conrad Tack (Freudenberg) abgelehnt, das zweitgrößte Schuhhandels-Filialunternehmen in Österreich, die Firma Del-Ka, zu übernehmen.[142]

Eine weitere Maßnahme im Interesse des »gewerblichen Mittelstands« war die Einführung des Großen Befähigungsnachweises im Schuhmacherhandwerk, wie auch in anderen Handwerken.[143] Die Preise für Schuhreparaturen, so die Einstellung der Schuhmacher im *Reichsverband des Deutschen Handwerks*, seien durch Großunternehmen wie Besohlanstalten, Regiebetriebe von Unternehmen und Behörden, Reparaturbetriebe der Filialketten und durch den Verkauf der Warenhäuser von Handwerkszeug und Material für die Eigenreparatur zu Hause »dermaßen herabgewirtschaftet« worden, »dass der Schuhmacher dabei keine Existenz mehr finden« konnte. Im Mai 1933 wurden für Schuhreparaturen in vielen Städten Deutschland »Mindestpreise« festgesetzt, um die »ungesunden Verhältnisse zu gunsten des Schuhmacherhandwerks zu bessern«.[144] Mit Einführung des »Großen Befähigungsnachweises« im Januar 1935 durften nur noch geprüfte Meister eines Handwerks selbständig einen Betrieb eröffnen. Dies sollte

139 20 Prozent dieser »jüdisch« geführten Filialen wurden bis 1934 »arisiert«, die verbliebenen bis 1937. Vgl. Bräutigam (1997), S. 257ff.

140 Jan Baťa stellte nach Gerüchten über seine jüdische Abstammung richtig, dass die Familie Baťa »arisch« und römisch-katholischer Konfession war. Vgl. dazu Kap. 2.4. und: Bata und die Juden, in: SFZ v. 17.12.1938, S. 13; LeBot (2007), S. 189ff.; 316ff.

141 Im Dezember 1933 kam es auf einer Jahrestagung von Schuhindustrie und Schuhhandel zur freiwilligen Übereinkunft eines Großteils der Firmen, keine neuen Zweigniederlassungen von Filialketten mehr zu gründen und »gegenseitige Angriffe« zu unterlassen, um einen »wirtschaftlichen Burgfrieden« der Branche zu erreichen. Vgl. Ergebnisreiche Gemeinschaftsarbeit. Tagung der Arbeitsgemeinschaft von Schuhindustrie und Schuhhandel am 8. und 9.12.1933, in: SFZ v. 13.12.1933, S. 1ff. Zur Machtübernahme des »Kampfbundes« in den örtlichen Industrie- und Handelskammern vgl. Broszat (1969), S. 210ff.

142 Vgl. Felber (2004).

143 Vgl. Dritte Verordnung über den vorläufigen Aufbau des deutschen Handwerks v. 18.1.1935, RGBl. I, S. 14. Zur Entwicklung des Handwerks-Rechts im Nationalsozialismus vgl. auch: Leßmann u. a. (1954), S. 7ff.

144 Vorgänge auf dem Gebiete des Schuhreparaturgeschäfts, in: SFZ v. 6.5.1933, S. 8.

einerseits die großunternehmerischen Betriebsformen und andererseits die Konkurrenz durch arbeitslose Gesellen beschränken.[145] Er regelte auch, dass die Preise für Reparaturen vereinheitlicht und öffentlich im Schaufenster ausgestellt werden mussten. Darüber hinaus wurden die Gemeinden durch eine Gemeindeordnung vom 30. Januar 1935 reichsweit angewiesen, keine neuen Regiebetriebe mehr einzurichten.[146]

Auch mit dieser Maßnahme machten die Nationalsozialisten alte Forderungen des »gewerblichen Mittelstandes« zum Gesetz.[147] Insofern verhalf die nationalsozialistische Regierung einigen Akteuren im Schuhmacherhandwerk und im Schuheinzelhandel, die von der wirtschaftlichen Entwicklung in der Weltwirtschaftskrise besonders hart getroffen worden waren, kurzfristig zu zweifelhafter Genugtuung. Wie Martin Broszat feststellte, herrschte in den Köpfen der Mittelstandvertreter der NSDAP vielfach eine »naive Vorstellung von ständischer Wirtschaft« vor, in der nunmehr »jede Gruppe von Erzeugern und Kaufleuten sich selbst den ›gerechten Preis‹ zudiktieren« konnte.[148] Diesen hatten vor allem die Verbraucher und die »jüdische« Konkurrenz zu zahlen.

Als die Wirtschaftslenkung im Vierjahresplan auf die Binnenwirtschaft ausgedehnt wurde, brachte dies schließlich auch eine staatliche Preisregulierung mit sich. Vorher gab es in der Lederwirtschaft seit April 1934 Preisfestsetzungen für inländische und ausländische Rohhäute, nicht aber für das Fertigprodukt Schuh.[149] Ab dem staatlichen Preisstopp vom 26. November 1936 durften Preise offiziell nicht mehr ohne Einwilligung des im Oktober 1936 neu eingesetzten *Reichskommissars für die Preisbildung* erhöht werden.[150] Doch die Durchsetzungskraft des Preiskommissars ließ zu wünschen übrig. Der Handelsvertreter der Salamander AG, der regelmäßig alle Einzelhändler im Reich aufsuchte und über die Stimmung unter den Händlern für den Unternehmensvorstand Bericht erstattete, stellte Ende Februar 1937 fest: »Viel Rücksicht scheint allerdings auf die gesetzlichen Bestimmungen noch immer nicht genommen zu werden. Sowohl bei den Geschäften unserer Kundschaft [d. h. den Salamander-Allein-

145 Vgl. dazu Kap. 1.3.

146 Die Preisentwicklung des Handwerks im Jahre 1935, Berlin 1936, S. 21f. Die Maßnahme hatte allerdings bei weitem nicht den Effekt, den sich das Schuhmacherhandwerk erwünscht hatte, s. ebd.

147 Vgl. dazu Kap. 1 und Lenger (1988), S. 195ff.; Broszat (1969), S. 216ff.

148 Broszat (1969), S. 211f.

149 Bereits im November 1934 war der während der Weltwirtschaftskrise tätige und nach der Machtübernahme der NSDAP abgeschaffte »Reichkommissar für die Preisüberwachung«, Carl Goerdeler, wieder ins Amt bestellt worden. Seine Maßnahmen zeigten jedoch für Konsumgüter wenig Wirkung. Im Bereich der Lederwirtschaft fror die »Verordnung zur Verhinderung von Preissteigerungen auf dem Gebiet der Lederwirtschaft« den Preis für inländische Häute auf dem Stand von März/April 1934 ein, die »3. Verordnung über Preise für ausländische Waren« auch den für ausländische (RGBl. I, S. 843). Vgl. Bräutigam (1997), S. 86ff.4; Steiner (2003a), bes. S. 287-293.

150 Steiner (2003a), S. 293ff.; Diehl (2005), S. 65-77; Petzina (1968a), S. 162ff.

verkäufern] als bei der Konkurrenz [kann man] feststellen, dass gegenüber der Frühjahrsware 1936 die Ladenpreise um mindestens 20 bis 25 Prozent höher sind.«[151]

Der Handel hatte durch die Preisfestsetzungen leichte Einkommenseinbußen zu verzeichnen. Der Handelsvertreter von Salamander errechnete im Juli 1937, dass dem Schuhhandel statt dem bisher üblichen 40 Prozent nur noch 33 Prozent Bruttoverdienst pro Schuhpaar zufiel.[152] Da die Rohhautpreise und die knappen Gerbstoffe das Leder verteuerten und die Industrie unter den neuen Preisvorschriften keine Möglichkeit hatte, die gestiegenen Gestehungskosten auf den Preis des Produkts umzulegen, wurde für die Lederindustrie am 5. Mai 1937 eine Sonderregelung, die »Neue Lederpreisverordnung« erlassen, die wiederum die Schuhe verteuerte. Schließlich wurden durch eine gesonderte Preisvorschrift auch die Höchstpreise für Schuhe neu geregelt. In der »Lederpreisverordnung« vom 29. April 1937 wurde der *Reichskommissar für die Preisbildung* außerdem ermächtigt, »Maßnahmen zu treffen, durch die die Unterschiede zwischen den Preisen für inländische und ausländische Roh- und Werkstoffe verringert oder beseitigt« wurden«.[153] Hierdurch wurden die Ersatzstoffe preismäßig konkurrenzfähig gemacht.[154] Im Sommer 1938 schätzte der Stab des Preiskommissars, dass die Preise für Schuhe seit dem Preisstopp um 10 bis 20 Prozent gestiegen waren.[155] Der Preisstopp hat also weitere Schuhpreiserhöhungen nicht verhindert. Der Preisstopp führte aber, wie die Verbrauchsforscher der Gesellschaft für Konsumforschung Ende 1937 feststellten, zu einem Verschwinden des Feilschens beim Schuhverkauf.[156]

Auch die Preislenkung war eine den Krieg vorbereitende Maßnahme. Sie hatte das sozialpolitische Ziel, durch eine Bindung von Einkommen, die seit dem Lohnstopp im Mai 1933 ebenfalls staatlich reguliert wurden, und Preisen die Kaufkraft der wirtschaftlich Schwachen sicherzustellen, die Stimmung in der Bevölkerung zu stabilisieren und die Umverteilung der volkswirtschaftlichen

151 Pressburger, Bericht über die Reise vom 15.-20.2.1937, WABW, Bestand Y 110, Salamander AG.

152 Pressburger, Bericht über die Reise vom 4.-10.7.1937, WABW, Bestand Y 110, Salamander AG.

153 Verordnung über die Bildung von Preisen und Entgelten auf dem Gebiete der Lederwirtschaft, [»Lederpreisverordnung«] v. 29.4.1937, RGBl. I, S. 1057, in Kraft getreten am 27.8.1938. Die Verordnung über das Verbot von Preiserhöhungen vom 26.11.1936 (RGBl. I, S. 955) wurde mit der Verordnung für das Gebiet der Lederwirtschaft außer Kraft gesetzt. Vgl. hierzu auch Bräutigam (1997), S. 88.

154 Verordnung über die Preisregelung von Eichen- und Fichten-Gerbrinden v. 20.1.1938, Dt. RA Nr. 17 v. 21.1.1938, in Kraft getreten am 21.1.1938. Eine weitere Lederpreisverordnung folgte am 4.7.1939, RGBl. I, S. 2023.

155 Weiteres Material zur Entwicklung des deutschen Preisstandes, BA Berlin, R 2501, Nr. 6580, Bl. 378ff., zitiert in: Steiner (2003a), S. 299.

156 Schuhe mit vernünftigem Preis, in: Die deutsche Fertigware 9 (1937), Nr. 8/9, S. 141ff.

Ressourcen zugunsten der Aufrüstung reibungsloser zu gestalten.[157] Wie André Steiners Forschungen zur Preislenkung in der Vorkriegszeit ergaben, wurden die staatlichen Maßnahmen der NS-Regierung jedoch weder konsequent durchgeführt, noch waren sie letzten Endes erfolgreich. Die Konsumgüter-Unternehmen fanden immer neue Wege, die Höchstpreise zu überschreiten oder durch Veränderung der Produktqualität zu unterlaufen.[158]

Im Krieg wurde die Rationierung von Gütern an feste Preise gekoppelt. Damit sollte eine Entwicklung wie im Ersten Weltkrieg verhindert werden, als es bei Gebrauchsgütern während der Kriegsjahre zu einer enormen Teuerung gekommen war. Damals hatten sich die Preise von Schuhen trotz einer enormen Qualitätsverschlechterung zwischen Oktober 1915 und Oktober 1918 verdreifacht.[159] Die unrationierten Güter unterlagen jedoch ab Kriegsbeginn 1939 weiterhin einer freien Preisbildung. Dies führte dazu, dass höherwertige Holz-Straßenschuhe, die bis April 1940 noch ohne Bezugschein erhältlich waren, bald »zu phantastischen Preisen« verkauft wurden.[160] Sie wurden nicht wegen ihrer besonderen Knappheit in die Rationierung einbezogen, sondern um die Preise unter Kontrolle zu bekommen und weiteren Hamsterkäufen vorzubeugen. Im August 1941 wurden die Richtlinien wieder erheblich gelockert. Am 9. November 1941 wurde der Preiskommissar von Adolf Hitler persönlich seines Amtes enthoben.[161] Die weitere Preislenkung geschah über Einzelfallentscheidungen.[162]

8.4 Kriegswirtschaft: Rationierung und Bedarfshierarchie

Rationierung und Bedarfsgruppen

Wie die Rationierung von Schuhen geregelt werden sollte, war selbst bei Kriegsbeginn im September 1939 noch nicht klar. Durch eine Verordnung des Reichswirtschaftsministers vom 27. August 1939 wurde eine direkte Bewirtschaftung von Schuhen eingeführt.[163] Das Propagandaministerium verhinderte anscheinend am 27./28. Oktober 1939 im letzten Moment eine geplante Verlautbarung des Reichswirtschaftsministeriums. Darin sollte die Bevölkerung erfahren, dass »sie mit dem jetzigen Schuhbestand bis Kriegsende auskommen müsse«. Dies

157 Ludwig Erhard, Marktordnung und Preisbildung, in: Die deutsche Fertigware 9 (1937), Nr. 1, S. 8-17.

158 Steiner (2006b), S. 106ff.; Steiner (2003a).

159 Zimmermann (1932), S. 422.

160 Thomsen (1944), S. 227.

161 Steiner (2006b), S. 114.

162 Fischer (1942), S. 164f.

163 Rechtsgrundlage der Rationierung war die »Verordnung zur vorläufigen Sicherstellung des lebenswichtigen Bedarfs des deutschen Volkes« v. 27.8.1939, RGBl 1939 I, S. 1498ff.

hielt Goebbels angesichts der Bedarfsstruktur gerade der Arbeiterhaushalte für unmöglich. »Für die ärmere Bevölkerung, die nicht über mehrere Paar Schuhe verfüge, müsse auf jeden Fall gesorgt werden.«[164] Am 28.10.1939 vermerkte er in seinem Tagebuch: »In der Versorgung mit Schuhen und Leder wird es sehr knapp. Das Wirtschaftsministerium ist nicht ganz auf der Höhe.«[165] Nachdem Ende August 1939 vorübergehend Bezugscheine für Schuhe und Bekleidung eingeführt worden waren, ging man am 15. November 1939 zur Rationierung von textilen Bekleidungsstücken mittels einer »Reichskleiderkarte« und eines flexiblen Punktesystems über.[166] Bei den Schuhen blieb es beim Bezugschein, der nur auf Antrag erhältlich war.[167] Während die Punkteregelung der Reichskleiderkarte eine »möglichst große Erhaltung der Konsumfreiheit« leisten sollte, wurde die Schuhversorgung durch den Bezugsschein »starr« geregelt.[168] All diesen Maßnahmen zugrunde lag das Blitzkriegskonzept, das von einer schnellen Beendigung der militärischen Aktionen ausging.

Auf Grundlage der vom Arbeitswissenschaftlichen Institut der Deutschen Arbeitsfront in Arbeiterhaushalten erhobenen Verbrauchsmengen legte die *Reichsstelle für Lederwirtschaft* Anfang 1940 schließlich einen Kriegsbedarf von 1,2 Paar Schuhen pro Kopf der Bevölkerung im Jahr fest. Dies war der Durchschnittswert aus 0,7 Paar für Männer, 1,5 Paar für Frauen und 1,3 Paar für Kinder.[169] Dieser Bedarf sollte aber nur zu einem Viertel durch den Kauf von Neuschuhen gedeckt werden, zu drei Vierteln durch die Reparatur vorhandenen Schuhwerks. Die Reichsstelle ging für das erste Kriegsjahr von einer dreimaligen Reparatur-Besohlung von Lederschuhen im Jahr als Richtwert aus. Der Bezug von neuen Schuhen sollte auf 0,3 Paar pro Person begrenzt werden. Durch den Ausfall von

164 Boelcke (1966), S. 212f.

165 Die Tagebücher von Joseph Goebbels, hg. v. Elke Fröhlich i. A. des Instituts für Zeitgeschichte, Bd. 3, München u. a. 1987, S. 623.

166 Zur Reichskleiderkarte s. Verordnung über die Verbrauchsregelung von Spinnstoffwaren v. 14.11.1939, RGBl. I 1939, S. 2196.

167 Zur Unterscheidung von Bezugskarten zur Deckung des regelmäßigen Bedarfs, über die Kleider und Nahrungsmittel zugeteilt wurden, und Bezugscheinen auf Antrag zur Deckung des »besonderen« Bedarfs vgl. die Verordnung über die Verbrauchsregelung für lebenswichtige gewerbliche Erzeugnisse v. 14.9.1939.

168 Friedrich Sarow, Vom Bezugsschein zur Kleiderkarte, in: Die Wirtschaftskurve (1939), Nr. 4, S. 337-346, bes. S. 337 und 345ff. Auch Hans Kehrl, der für die Reichskleiderkarte verantwortliche Planer, sah in der Punktekarte den »Versuch, ein Maximum wirtschaftlicher Freiheit mit einem Minimum an kriegsbedingtem Zwang zu verbinden«. Vgl. Kehrl (1973), S. 181.

169 RfL, Lederbedarf im Handwerk, 22.1.1940, BA Berlin, R 8 VI, Nr. 32; Arbeitswissenschaftliches Institut der Deutschen Arbeitsfront (Hg.), Beiträge zur Statistik der Lebenshaltung des deutschen Arbeiters, Berlin 1940, S. 144f.

neuen Schuhen sah man bereits 1940 voraus, dass dafür bald noch zusätzliche Besohlungen notwendig werden würden.[170]

Die deutschen Verbraucher wurden in die Bedarfsgruppen »Männer«, »Frauen«, »Burschen und Mädchen«, »Kinder« und »Juden« eingeteilt. Anspruch auf Bezugscheine hatten alle Versorgungsberechtigten, mit Ausnahme von »Juden«.[171] Ihre Versorgung sollte durch die »Reichsvereinigung der Juden« bzw. durch Selbsthilfe des »Jüdischen Winterhilfswerks« erfolgen.[172] »Juden« durften sich nur über den Erwerb von gebrauchten Schuhen oder Bekleidungsstücken, sogenannten »Altwaren«, versorgen. Auch die meisten Holzschuhe waren noch bezugscheinfrei zu kaufen. Nur in Ausnahmefällen konnten »Juden«, die schwere, körperliche Arbeit leisteten, Bezugscheine für Lederschuhe erteilt werden.[173] »Eine tiefstehende Rasse braucht weniger Raum, weniger Kleider, weniger Essen und weniger Kultur als eine hochstehende Rasse«, verkündete Robert Ley am 30.1.1940 im antisemitischen Hetzblatt »Der Angriff«.[174]

Ab November 1940 durften »jüdische« Deutsche ihre Schuhe nicht mehr zu »arischen« Schuhmachern in die Reparatur bringen. Stattdessen sollten sie zu »jüdischen« Schuhmachern gehen. Aufgrund der extremen Überbelastung des Schuhmacherhandwerks mit Reparaturen konnten Letztere im November 1940 wieder eine Arbeitserlaubnis erhalten, nachdem sie seit dem 1. Januar 1939 nicht mehr selbständig einen Handwerksbetrieb hatten führen dürfen. »Arischen« Kunden war es untersagt, die Dienstleistung »jüdischer« Schuhmacher in Anspruch zu nehmen.[175] Im Januar 1942 schließlich mussten »Juden« sogar festes Lederschuhwerk und Skistiefel an die Polizeibehörden abliefern.[176] Die Schuhe

170 Zur Versorgung der deutschen Bevölkerung mit Schuhen im Zweiten Weltkrieg vgl. a. Jacobeit/Jacobeit (1995), S. 286-318; Sultano (1995), S. 81-91; Guenther (2004), S. 215-232.

171 Keine Kleiderkarte für Juden. Runderlass des RWiMin v. 7.12.1939, in: Walk (1996), S. 312.

172 Die *Reichsvereinigung der Juden in Deutschland* wurde mit der 10. Verordnung zum Reichsbürgergesetz vom 4. Juli 1939 aus der *Reichsvertretung der Juden in Deutschland* geschaffen. Gemäß § 2 der Verordnung fungierten die jüdischen Kulturvereinigungen als örtliche »Zweigstellen« und Ausführungsorgane der *Reichsvereinigung*. Allen Personen, die nach den Nürnberger Gesetzen als Juden galten und im Reichsgebiet ihren Wohnsitz hatten, war die Zwangsmitgliedschaft vorgeschrieben. Vgl. Gruner (1999); Meinl/Zwilling (2004), S. 83, 463f.

173 Versorgung mit Spinnstoff und Schuhwaren-Sonderregelung für Juden, Runderlass des Reichswirtschaftsministeriums v. 23.1.1940, in: Walk (1996), S. 316. Der Runderlass wurde am 10.10.1941 noch einmal bestätigt, vgl. Verbrauch von Spinnstoffen durch Juden, Runderlass des RWiMin v. 10.10.1941, in: Walk (1996), S. 352.

174 Zitiert in: Jacobeit/Jacobeit (1995), S. 316.

175 Verordnung zur Ausschaltung der Juden aus dem Wirtschaftsleben v. 12.11.1938; Zulassung jüdischer Schuhmacher, Verfügung des Leiters der Parteikanzlei v. 13.11.1940, in: Walk (1996), S. 254, 330.

176 Sammelaktion für die Ostfront, Erlass des Reichssicherheitshauptamts v. 5.1.1942, in: Walk (1996), S. 362.

sollten für die Wehrmacht an der Ostfront genutzt werden, die unter der schlechten Organisation des Nachschubs an Winterkleidung litt.[177] Mit Beginn der Deportationen von »jüdischen« Deutschen, die nur eine sehr begrenzte Anzahl von Kleidungsstücken mitnehmen konnten, fielen auch bedeutende Schuhbestände in die Hand der deutschen Finanzämter, die diese meist an kollektive Bedarfsträger weiterveräußerten.[178]

Die Hierarchisierung der Verbraucher nach rassistischen Kriterien betraf auch die ausländischen Arbeiter, vor allem die »Fremdarbeiter« polnischer und sowjetischer Herkunft, die in den Kriegsjahren in immer größerer Zahl nach Deutschland verschleppt und dort zur Arbeit in Unternehmen gezwungen wurden. Im Verlauf der Kriegsjahre bildeten sie ein Viertel bis ein Drittel der gesamten arbeitenden Bevölkerung im Reich.[179] Die neue Verbrauchergruppe der »ausländischen Arbeiter« entstand formell im April 1940.[180] Bei der Anwerbung von Zwangsarbeitern im besetzten Polen und Frankreich hatten diese anfangs eigenes Schuhwerk mitzubringen. Dieses sollte mindestens vier Monate halten, damit sie der deutschen Versorgung nicht zur Last fielen. Diese Vorschrift galt formal den ganzen Krieg hindurch.[181] Rein quantitativ gesehen wurde »Polen und Juden« als Schuhverbrauchern genau 50 Prozent der Menge der »arischen«, zur deutschen Volksgemeinschaft gezählten Konsumentinnen und Konsumenten zugebilligt.[182] Qualitativ waren für diese Verbrauchergruppen vor allem gebrauchtes Schuhwerk (»Altwaren«) und Holzschuhe vorgesehen.

Anträge auf Bezugscheine für Schuhe wurden durch persönliches Erscheinen auf dem lokalen Wirtschaftsamt eingereicht. Um einen Bezugschein für Schuhe zu erhalten, mussten »arische« Verbraucher schriftlich erklären, dass ihr derzeitiger Besitz an Schuhen unter dem vom Staat festgesetzten »Normalbedarf« lag. Als Normalbedarf galten ab 1939 für »arische« Männer und Frauen:[183] 2 Paar Straßenschuhe, 1 Paar Hausschuhe, 1 Paar Turnschuhe und 1 Paar Arbeitsschuhe, sofern die betreffende Person zu einer der anerkannten Berufs-Gruppen gehör-

177 Da sich die Wehrmachtsführung im Winter 1941 bereits »in warmen Quartieren von Leningrad und Moskau« wähnte (so General Jodl im Oktober 1941), waren die Truppen an der Ostfront nicht ausreichend mit Winterkleidung versorgt worden. Vgl. Boelcke (1967), S. 194ff., 205, 213, 290f., 304ff.; Kehrl (1973), S. 244-259.

178 Meinl/Zwilling (2004). Ein Beispiel: Finanzamt Fulda an Landesarbeitsanstalt Breitenau, Betr.: Verwertung von Judenvermögen, 22.12.1942, und Antwortschreiben v. 28.1.1943, abgedruckt in: Renner u. a. (1990), S. 146.

179 Zur Zwangsarbeiterrekrutierung vgl. Herbert (1999).

180 Vgl. Unterkapitel Arbeitsschuhe.

181 Rundschreiben Nr. 162/42 der RfL an die Landeswirtschaftsämter v. 23.6.1942, zitiert in: Schmidt-Lenssen u. a. (1940ff.), Sektion L2: Leder, Ausländer, S. 2.

182 Vgl. RfL, Bedarfsplan für das 4. und 5. Kriegshalbjahr, 13.6.1941, BA Berlin, R 10 VI, Nr. 30.

183 Schmidt-Lenssen u. a. (1940ff.), Sektion L18: Leder, Normalbestand; Schmitz (1956), S. 525.

te.[184] Bezogen sich anfangs die Bezugscheine für Straßenschuhe nur auf Lederschuhwerk, während Schuhe aus Ersatzstoffen bezugscheinfrei erhältlich waren, so wurden ab April 1940 auch letztere in die Rationierung einbezogen: neben den Bezugschein I (Straßenschuhe mit Ledersohle) trat eine zweite Bezugschein-Kategorie, Bezugschein II (Straßenschuhe mit Holzsohle oder anderen Ersatzstoffsohlen).[185]

Kinderschuhe waren ab Juni 1940 bezugscheinpflichtig.[186] Zum 1. Oktober 1941 wurden die Schuhe auf Bezugschein II wiederum unterteilt in Schuhe mit Holzsohle (IIa) und Schuhe, die ganz aus Altmaterialien (Leder, Gummi etc.) hergestellt waren (IIb).[187] Für Kinderschuhe, denen die Träger entwachsen waren, richteten die Wirtschaftsämter Tauschstellen ein. In Leipzig hatten über eine »Schuhaustauschstelle« im Februar 1940 bereits 14.000 Paar Schuhe ihren Besitzer gewechselt.[188]

Als die Verknappung der Schuhproduktion fortschritt und der Bombenkrieg ganze Haushalte zerstörte, wurde ein zweites Existenzminimum, der sogenannte »Notbedarf«, definiert. Dieser bestand bei Erwachsenen und Kindern in einem Paar Straßenschuhe, bei Berufstätigen zusätzlich in einem Paar Arbeitsschuhe und bei Kindern, Müttern sowie Kranken außerdem einem Paar Hausschuhe.[189] Sogenannte Fl.-Bezugscheine für »Fliegergeschädigte« wurden ausgegeben, die der Handel bevorzugt eingelöste.[190]

Über das Bezugscheinsystem war zu keinem Zeitpunkt eine volle Bedarfsdeckung unter der Zivilbevölkerung möglich. Die Differenz zwischen den Anträgen und den lokalen Wirtschaftsämtern zur Verfügung stehenden Bezugscheinkontingenten wurde von Kriegsmonat zu Kriegsmonat größer.[191] Dass im

184 Für die einzelnen Berufsgruppen waren jeweils bestimmte Schuhe vorgeschrieben, vgl. Schmidt-Lenssen u. a. (1940ff.), Sektion L1: Leder, Arbeitsschuhe.

185 BA Berlin, R 10 VI, Nr. 30 und 35.

186 Schmitz (1956), S. 525.

187 Am 15. September 1942 wurde diese Regelung wieder abgeschafft, und fortan wurden sowohl Straßenschuhe mit Holzsohle als auch Schuhe aus Altmaterialien über Bezugschein II vergeben. Vgl. Schmidt-Lenssen u. a. (1940ff.), Sektion L5/6: Leder, Bezugschein I und II; Reference Division (Foreign Information), Ministry of Information, Deterioration in German Clothing Rations, 31.1.1942, IWM London, K 10116, S. 2.

188 SD-Bericht Nr. 51 v. 9.2.1940, in: Boberach (1984), S. 745f.; Reference Division (Foreign Information), Ministry of Information, Deterioration in German Clothing Rations, 31.1.1942, IWM London, K 10116, S. 2.

189 BA Berlin, R 10 VI, Nr. 98 und 99; Schmitz (1956), S. 525.

190 Schmitz (1956), S. 528; RfL an den Beauftragten für den Vierjahresplan/Generalbevollmächtigten für Rüstungsaufgaben des Planungsamts, Betr.: Schuhplanung 11. KHJ, Januar bis Juni 1945, 16.9.1944, BA Berlin, R 8 VI, Nr. 36.

191 In Essen etwa stieg die Menge der unbewilligten Anträge auf ein Paar Schuhe von etwa 60.000 Ende 1940 auf 80.000 im Oktober 1941. Dem standen monatlich etwa 13.000 bewilligte Anträge gegenüber. Vgl. Schmitz (1956), S. 526. Der Sicherheitsdienst der SS berichtete in seinen geheimen Lageberichten regelmäßig über die Versorgungsengpässe mit Schuhen in verschiedenen Regionen. Vgl. SD-Bericht4 Nr. 88

ersten Kriegsjahr hochwertige Schuhe auch noch ohne Bezugschein verkauft wurden, vorausgesetzt der Kunde zahlte einen entsprechend hohen Preis, war mehrfach Gegenstand der Minister-Konferenzen in Goebbels' Propagandaministerium.[192] Im Mai 1941 erhielten Verbraucher selbst mit Bezugschein nicht mehr unbedingt ein Paar Lederschuhe.[193] Im November 1941 wurden die Strafen für illegalen Handel mit Schuh-Bezugscheinen verschärft. In einer Erhebung der Gesellschaft für Konsumforschung von 1941 über den »Verbraucher und seine Bedarfslage« gaben 36 Prozent der Männer und 45 Prozent der Frauen einen Bedarf an Schuhen an.[194]

Im Februar 1941 forderte die *Reichsstelle für Lederwirtschaft*, »das Barfußlaufen schon jetzt energisch zu propagieren, damit auch diejenigen Volksgenossen, die noch brauchbares Schuhwerk besitzen, diese Schuhe für den Winter aufsparen.«[195] Im April bezog sie selbst das Barfußlaufen in die Berechnungen des künftigen Lederverbrauchs ein.[196] Im Juni 1941 erschienen in der Presse und im Radio Aufrufe an Eltern auch in den Städten, ihre Kinder während der Sommermonate barfuß laufen zu lassen. Im Sommer 1942 verordnete der Reichsjugendführer Arthur Axmann der Hitlerjugend das Barfußgehen.[197]

Größere Schwierigkeiten in der Schuhversorgung traten 1943 auf.[198] Sie verschärften sich im Verlauf der letzten beiden Kriegsjahre. Die Knappheit an Lederschuhen ging schließlich so weit, dass selbst die Bürokraten der *Reichsstelle für Lederwirtschaft* von »Versorgung« der Bevölkerung nur noch in Anführungs-

v. 16.5.1940, in: Boberach (1984), S. 1147; Nr. 129 v. 3.10.1940, S. 1642; Nr. 159 v. 3.2.1941, S. 1967; Nr. 173 v. 25.3.1941, S. 2147f.; Nr. 180 v. 22.4.1941, S. 2227; Nr. 185 v. 12.5.1941, S. 2301; Nr. 196 v. 23.6.1941, S. 2437; Nr. 202 v. 14.7.1941, S. 2524; Nr. 231 v. 23.10.1941, S. 2911; Nr. 245 v. 11.12.1941, S. 3086f.; Nr. 259 v. 12.2.1942, S. 3309ff.; Nr. 318 v. 17.9.1942, S. 4217ff.

192 Sitzung v. 4.12.1939 und v. 17.8.1940, Boelcke (1966), S. 236, 465/6.

193 Sitzung v. 21.5.1941, in: Boelcke (1966), S. 747.

194 Der Verbraucher und seine Bedarfslage. Erhebung der Gesellschaft für Konsumforschung, Exzerpt der Mitarbeiterin der Wirtschaftsgruppe Bekleidungsindustrie, Ine Gibtner, vom Juli 1943, in: Bericht über die Reise nach Nürnberg zum Besuch des IfW und der GfK vom 27.-30.7.1943, S. 2, BA Berlin R 13 XV, Nr. 123.

195 RfL, Die Folgen der Einsparung von Buna in der Lederwirtschaft, 15.2.1941, BA Berlin R 10 VI, Nr. 31.

196 RfL an das RWiMin, Betr.: Rinderlederplan für das vierte Kriegshalbjahr, 12.4.1941, BA Berlin R 8 VI, Nr. 33. Darin heißt es u.a.: »Die Neuherstellung von Holzsohlen wird nicht den erwarteten Umfang erreichen. (…) Unter diesen Umständen darf die Möglichkeit, im Sommer weitgehend barfuß zu laufen, berücksichtigt werden.«

197 Westdeutscher Beobachter v. 14.6.1941, zitiert in: Schütz (1943), S. 112f.; Geheimdienstbericht: Leather Shortage in Axis Europe, o.D. [1942], NA Washington, RG 165, Military Intelligence Division Regional Files, Box 1149, Nr. 4350, Germany Manufactured Leather Products.

198 Schmitz (1956), S. 528; SD-Berichte zu Inlandsfragen v. 10.6.1943, in: Boberach (1984), S. 5351ff.; v. 20.9.1943, S. 5790-4.

zeichen sprachen.[199] Vor allem die minderprivilegierten Verbrauchergruppen bekamen den Mangel zu spüren. 1945 ging die Schuhplanung nicht mehr von der »Erzeugungsnotwendigkeit« eines »objektiven Mindestbedarfs« der Bevölkerung aus, sondern orientierte sich nunmehr ausschließlich an den verfügbaren Rohstoffen.[200] Bezugscheinfrei waren Ende 1944 noch Holzpantinen, Vollholzschuhe und Holzsandalen. Lederstraßenschuhe, leichte Sommerschuhe mit Holzsohle und Hausschuhe waren kaum mehr erhältlich. Lederstraßenschuhe gab es nur noch für 2 Prozent der Frauen und selbst leichte Straßenschuhe aus Ersatzstoffen nur noch für 6 Prozent aller Frauen zu kaufen, während dies 1943 noch 35 Prozent gewesen waren.[201] Britische Fachleute berechneten nach Kriegsende, dass die Schuhversorgung in Deutschland in den letzten Kriegsmonaten auf 0,13 Paar Lederschuhe pro Person gefallen war.[202] Dies schloss jedoch die Lederschaftstiefel-Träger der Funktionäre in NSDAP und SS bereits mit ein.

Feindbild eigen-sinnige Verbraucher: Die »Nachschau an Ort und Stelle«

Im Januar 1942 berechnete die *Reichsstelle für Lederwirtschaft*, dass die Versorgung der Zivilbevölkerung mit Schuhen seit Kriegsbeginn von etwa 1,1 Paar pro Kopf im Jahr auf 0,47 Paar gefallen war. Eine weitere »Drosselung« der »bereits auf das kriegsnotwendige Mindestmaß eingeschränkten« Menge sei »äußerst bedenklich«.[203] Doch anstatt die verfügbaren Rohstoffmengen für die Zivilbevölkerung zu erhöhen, verknappten die Wirtschaftsämter im Frühjahr 1942 die Ausgabe von Schuhbezugscheinen. Es wurde üblich, auf kommunaler Ebene vor Zuteilung von Bezugscheinen eine sogenannte »Nachschau an Ort und Stelle« vorzunehmen. Diese bestand in Überraschungsbesuchen in den Wohnungen der Antragssteller, um deren tatsächlichen Bedarf an Schuhen zu überprüfen.[204]

199 GS an den Beauftragten für den Vierjahresplan/Generalbevollmächtigen für Rüstungsaufgaben des Planungsamts, Betr.: Schuhplanung II. KHJ, Januar bis Juni 1945, 16.9.1944, BA Berlin, R 8 VI, Nr. 36.

200 Ebd.

201 Ebd.

202 BIOS Final Report Nr. 861, The Stratton Mission to Germany (1945), S. 65.

203 RfL an RWiMin, Betr. Austauschstoffplan. Folgen der Nichtbereitstellung der zusätzlich erforderlichen Mengen, 7.1.1942, BA Berlin, R 10 VI, Nr. 31.

204 Alle Zitate im Folgenden aus: Der Oberbürgermeister der Reichshauptstadt Berlin, Hauptwirtschaftsamt, an den RWiMin, Betr.: Nachschau an Ort und Stelle bei Anträgen auf Erteilung von Bezugscheinen, Runderlass Nr. 644/41 LWA, v. 27.2.1942, BA Berlin, R 10 VI, Nr. 31; Der OB der Reichshauptstadt Berlin, Hauptwirtschaftsamt, an die Bezirksbürgermeister/Wirtschaftsämter, Betr.: Nachschau an Ort und Stelle bei Anträgen auf Erteilung von Bezugscheinen (Rundschreiben Nr. 2), v. 27.2.1942, BA Berlin R 10 VI, Nr. 31; Der Stadtpräsident der Reichshauptstadt Berlin, Landeswirtschaftsamt, an den Reichsverteidigungskommissar, Führungsstab Wirtschaft, Betr.: Aus meinem Wirtschaftslagebericht für den Monat Februar 1942, 5.3. 1942, BA Berlin R 10 VI, Nr. 31.

Schon seit Dezember 1941 forderten Mitarbeiter des Hauptwirtschaftsamts in Berlin bei der Antragstellung auf Schuhbezugscheine eine schriftliche Erklärung von den Verbrauchern, dass diese mit einer Nachprüfung der vorhandenen Schuhbestände im eigenen Haushalt einverstanden waren. Dies hatte allerdings nicht den gewünschten Effekt, dass die Antragszahlen zurückgingen. Im Februar 1942 gingen die Berliner Wirtschaftsämter dazu über, die Schikanen gegenüber den Verbrauchern zu verschärfen und tatsächlich Personal für solche »Nachschauen« in den Haushalten abzustellen. In 11 Prozent der Fälle unterschrieben die Antragsteller die Einverständniserklärung zur »Nachschau« gar nicht erst oder zogen nach der Ankündigung einer solchen Überprüfung ihren Antrag zurück. In einem Drittel der Fälle stellten die Beamten bei der Prüfung der angegebenen Schuhbestände »falsche oder unvollständige Angaben« fest. Diese Fälle wurden der Strafabteilung des Wirtschaftsamtes zur weiteren Verfolgung zugeleitet und die Antragsteller anscheinend auch verurteilt.[205]

Die Behördenvertreter waren zutiefst empört über das eigensinnige Verhalten der Verbraucher, die meist Frauen waren. 37 Prozent der Anträge hatten sich bei dieser Stichprobe in den Augen der Beamten »als unberechtigt herausgestellt«. In einzelnen Fällen hatten »Frauen bis zu 4 Paar tragfähige Schuhe« vor den Behördenvertretern »verheimlicht«. Dies zeige, »dass viele Verbraucher ohne Rücksicht auf die Interessen der Gesamtversorgung und bar jeden Verständnisses für die Notwendigkeit persönlicher Einschränkung ihre egoistischen Ansprüche zu befriedigen versuchen«. Die Beamten griffen zu weiteren »Nachschauen« 4 bis 6 Wochen nach der Antragstellung, da sich die Maßnahme »schnell in der Bevölkerung herumspricht und dann schon vor der Antragstellung die zuviel vorhandenen Schuhe beiseite geschafft« würden. Schließlich wurde sogar der zuständige Schuhmachereibetrieb auf Reparaturschuhe kontrolliert.

Die Ergebnisse anderer Verwaltungsbezirke, die solche »Nachschauen« einführten, bestätigten diese negative Einschätzung der Konsumentinnen noch. Im ganzen Berichtsmonat Februar 1942 erwiesen sich so nach Auffassung der Beamten etwa 40 Prozent bis die Hälfte aller Anträge als »unbegründet«. »Jeder 3. Bezugsschein für Frauenschuhe und jeder 5. für Männerschuhe«, so auch die *Reichsstelle für Lederwirtschaft* im Juni 1942 in ihren Verbrauchsplanungen, sei derzeit »erschwindelt«.[206] Ein anhaltender Rückgang der Anträge war allerdings trotz der Maßnahmen und der steigenden Strafandrohung und zunehmenden

205 Die Verbraucher wurden des versuchten Betruges und Verstoßes gegen die Verbrauchsregelungs-Strafverordnung (§ 1, Ziffer 2) in der Fassung vom 26.11.1941 (RGBl. I, S. 734ff.) angeklagt. Vgl. Der Oberbürgermeister der Reichshauptstadt Berlin, Hauptwirtschaftsamt, an die Bezirksbürgermeister/Wirtschaftsämter, Betr.: Nachschau an Ort und Stelle bei Anträgen auf Erteilung von Bezugscheinen (Rundschreiben Nr. 2), v. 27.2.1942, BA Berlin R 10 VI, Nr. 31.

206 RfL, Vorschlag: Verbrauchsregelung für Schuhe, 22.6.1942; und Vermerk RfL, Betr.: Besprechung der Kleiderkarte (Schuhkarte) im RWiMin am 9.9.1942, BA Berlin, R 10 VI, Nr. 30.

Schikanen nicht zu verzeichnen. Dies deutet darauf hin, dass die Anträge so willkürlich nicht waren.

Ausländische Beobachter in England und den USA sahen diese Schikanen gegen Schuhverbraucherinnen mit Kopfschütteln über die »charakteristische deutsche Gründlichkeit« in der Versorgungspolitik.[207] Der Amerikaner Lothrop Stoddard berichtete in einer sonst sehr positiv gehaltenen Reportage über das nationalsozialistische Deutschland, dass die Verantwortlichen für die Bezugscheinvergabe auf den deutschen Behörden seit Kriegsbeginn meist einen Eindruck von der »Ehrlichkeit und Verläßlichkeit« einzelner Antragsteller geformt hatten und diese manchmal dazu zwangen, abgetragene Schuhe mit aufs Wirtschaftsamt zu bringen. Dies führte in der Verteilungspraxis offensichtlich zu »großem Zeitverlust« für die Verbraucher, die »große Irritation unter der Bevölkerung hervorrief«. Sie ergebe außerdem kein genügend klares Bild von dem wirklichen Bedarf der Bevölkerung.[208]

Der Arbeitsschuh

Während der zivile Verbrauch so bereits bei der Bedarfserklärung vermindert werden sollte, traten auch beim Arbeitsschuhwerk bald Knappheiten zu Tage. Dass die Grundversorgung aller für die Rüstungsindustrie tätigen Arbeitkräfte über die reguläre Bezugschein-Vergabe nicht geplant war, wird daraus deutlich, dass sich bereits ab 1. Januar 1940 die Unternehmen selbst um die Schuhversorgung ihrer Beschäftigten kümmern mussten, wollten sie die Leistungsfähigkeit ihrer Belegschaft erhalten. Industrieunternehmen und Bergbau traten als eigene Bedarfsträger auf und erhielten mittels Antrag auf »besondere Versorgung« durch die *Reichsstelle für Lederwirtschaft* sogenannte Ermächtigungsscheine für Sonderkontingente von Arbeitsschuhen bei den Landeswirtschaftsämtern. Diese gaben sie in Form von Bezugscheinen an ihre Arbeiter weiter. Das Reichswirtschaftsministerium erstellte eine Liste von Berufen, für die Holzschuhe als Berufsschuhwerk ausreichten, und solchen, die unbedingt Lederschuhe benötigten.[209] Auch die spätere Ausstattung der ausländischen Zwangsarbeiter in den Betrieben wurde meist über die Sonderkontingente organisiert. Dokumente des Wirtschaftsamts Essen lassen erkennen, welche Bedeutung diese Sonderbezug-

207 Stoddard (1940), S. 92; Schütz (1943), S. 112; Reference Division (Foreign Information), Ministry of Information, Deterioration in German Clothing Rations, 31.1.1942, IWM London, K 10116, S. 2.

208 Zitat eines Artikels im Hamburger Fremdenblatt v. 7.12.1941, in: Reference Division (Foreign Information), Ministry of Information, Deterioration in German Clothing Rations, 31.1.1942, IWM London, K 10116, S. 3; Stoddard (1940), S. 92.

209 Arbeitsschuhverbraucherliste, in 13 verschiedene Arbeitsschuhtypen unterteilt, nach Rundschreiben Nr. 143/41 LWA, abgedruckt in: Schmidt-Lenssen u.a. (1940ff.), Sektion L1: Leder, Arbeitsschuhe, S. 10-41.

scheine für die Schuhversorgung vor allem der männlichen Bevölkerung hatten. Von Kriegsbeginn bis Ende Dezember 1941 erhielten insgesamt rund 190.000 Männer Bezugscheine für ein Paar lederne Arbeitsschuhe, davon 68.000 über einen Ermächtigungsschein ihres Betriebes. Im selben Zeitraum erhielten nur rund 18.000 Frauen ein Paar Arbeitsschuhe.[210] Die Ausgabe von Bezugscheinen für Arbeitsschuhe im Jahr 1942 verdoppelte sich noch durch die Ermächtigungsscheine der Industrie.

Tabelle 25: Jahresbedarf an Arbeitsschuhen (Stand: Sept. 1940)[211]

Bedarfsgruppe	Anzahl der Erwerbstätigen (in Mio)	Arbeitsschuhe mit Leder- oder Gummisohle (in Mio Paar)	Zweischnaller, Schnürstiefel und Galoschen mit Holzsohle (in Mio Paar)	Pantinen mit Holzsohle, Vollholzschuhe (in Mio Paar)	Summe (in Mio Paar)
Landwirtschaft	10,2	5,5	1,1	7,0	13,6
Industrie und Handwerk	11,8	5,3	1,2	9,9	16,4
Öffentlicher Bedarf[212]	0,9	0,7	0,4	0,6	1,7
Gefangene und ausländische Arbeiter	2,0	0,5	–	3,0	3,5
Insgesamt	24,9	12,0	2,7	20,5	35,2

Am Ende des ersten Kriegsjahres errechnete die *Reichsstelle für Lederwirtschaft* den derzeitigen jährlichen Arbeitsschuhbedarf. Etwa die Hälfte des Bedarfs entfiel dabei allein auf die Landwirtschaft.[213] 22 Mio Erwerbstätige standen, nach Einziehung vieler Männer in die Wehrmacht, der deutschen Wirtschaft zur Verfügung. Dazu kamen bereits zusätzlich 2 Mio »Gefangene und ausländische Arbei-

210 Schmitz (1956), S. 527.

211 Gebietsstand des Reichs v. 1.4.1940 einschl. Ostmark und Sudetenland; Ostgebiete: geschätzter Bedarf. RfL, Jahresbedarf an Arbeitsschuhen, Berechnung vom 9.9.1940, BA Berlin, R 10 VI, Nr. 31.

212 Personal von Reichsbahn, Reichspost, Gemeinden, Zuchthäusern, Westwall, Organisationen Todt und Speer.

213 RfL, Arbeitsschuhplan für das vierte KHJ (Sommer 1941), 9.5.1941, BA Berlin, R 8 VI, Nr. 36.

ter«, die im Herbst 1940 vor allem aus Polen und Frankreich stammten.[214] Nach dem Versorgungsplan erhielten Landwirtschaft, Bergbau und eisen- und metallerzeugende Industrie den Löwenanteil der Lederarbeitsschuhe. Lederschuhe machten jedoch nur ein Drittel der gesamten Arbeitsschuhmenge aus. Zwei Drittel aller Arbeitsschuhe besaßen bereits nur noch eine Holzsohle (Tabelle 25).

Wie aus Tabelle 26 am Ende dieses Kapitels deutlich wird, übertraf die tatsächliche Leder-Arbeitsschuhproduktion im Jahr 1941 mit 14,4 Mio Paar den Plan sogar noch. Auch 1942 war die Versorgung der Bevölkerung mit Leder-Arbeitsschuhen gesichert.[215] Die deutschen Arbeiter durften ihre Leder-Arbeitsschuhe allerdings oft nur noch während der Arbeitszeit tragen, während sie schon für den Hin- und Rückweg zum Arbeitsplatz andere Schuhe benutzen sollten.[216] Die Holzschuhproduktion (10,5 Mio Paar) blieb jedoch 1941 weit hinter dem Bedarf zurück, da für dieses neue industrielle Produkt erst Kapazitäten geschaffen werden mussten.[217] Deshalb traten bei der Schuhversorgung vor allem der steigenden Zahl der Zwangsarbeiter bald extreme Versorgungsprobleme auf.

Die »ausländischen Arbeiter« waren anfangs als Bedarfsgruppe nicht eingeplant. Ab April 1940 konnten sie in Ausnahmefällen auf Antrag Bezugscheine für Lederschuhe erhalten. Der reguläre Bedarf sollte aber über Holzschuhe gedeckt werden.[218] Im Dezember 1942 wurde nach Beschwerden aus der Industrie die Verfügungsmenge des Schuhwerks mit Holzsohlen für »Ostarbeiter«, d. h. Zwangsarbeiter aus der Sowjetunion, erhöht.[219] Danach war als Fußbekleidung zu den gerade neu entwickelten »Bekleidungstypen« für männliche und weibliche Ostarbeiter jeweils ein Paar »Vollholzschuhe, Zweischnaller mit Holzsohlen oder Galoschen mit Holzsohlen, sämtlich mit Oberteilen überwiegend aus anderen Stoffen als Leder« vorgeschrieben.[220] Die rund 1,3 Millionen Ostarbeiter

214 Jahresbedarf an Arbeitsschuhen, Berechnung vom 9.9.1940, BA Berlin, R 10 VI, Nr. 31; zur Herkunft der Zwangsarbeiter und den Phasen ihrer Rekrutierung vgl. Herbert (1998), S. 17-32.

215 Schmitz (1956), S. 528.

216 Zitat eines Artikels im Westdt. Beobachter v. 17.12.1941, in: Reference Division (Foreign Information), Ministry of Information, Deterioration in German Clothing Rations, 31.1.1942, IWM London, K 10116, S. 2.

217 Zur Mechanisierung der Holzsohlenherstellung vgl. Bogner (1944).

218 Schmidt-Lenssen u. a. (1940ff.), Sektion L2: Leder, Ausländer, S. 1ff.

219 Nach Definition in der Verordnung über die Einsatzbedingungen der Ostarbeiter v. 30.6.1942, RGBl I, S. 419, waren Ostarbeiter »diejenigen Arbeitskräfte nichtdeutscher Volkszugehörigkeit, die im Reichskommissariat Ukraine, im Generalkommissariat Weißruthenien oder in Gebieten, die östlich an diese Gebiete und an die früheren Freistaaten Lettland und Estland angrenzen, erfasst und nach der Besetzung durch die deutsche Wehrmacht in das Dt. Reich einschl. des Protektorats Böhmen und Mähren gebracht und hier eingesetzt werden«.

220 WG Metallindustrie, Rundschreiben Nr. 1703 an die Mitglieder, Betr.: Versorgung der im Reichsgebiet eingesetzten Ostarbeiter mit Bekleidung und Schuhwerk, 22.12.1942, BA Berlin, R 13 XXIV, Nr. 1.

im Reich erhielten im letzten Vierteljahr 1942 1,2 Mio Paar solcher Schuhe.[221] »Nur der zur Erhaltung der Arbeitsfähigkeit der Ostarbeiter unerlässliche Bedarf unter Anlegung allerschärfster Maßstäbe« durfte ausgegeben werden. Dabei wurde von vorneherein angemerkt, dass »zur Zeit nur ein Teil des angemeldeten Bedarfs gedeckt werden kann«. Die Zwangsarbeiter mussten ihre Schuhe selbst kaufen. Die »ordnungsgemäße Pflege« der Schuhe wurde von der Lagerleitung der Unterkünfte bzw. vom Arbeitgeber überwacht.[222]

Um »eine möglichst reibungslose Versorgung der Zwangsarbeiter mit Schuhwerk sicherzustellen«, richteten die Landeswirtschaftsämter in jedem Wirtschaftsbezirk schließlich eigene Lager nur für Holz-Arbeitsschuhe ein. Aus diesen wurden an die Unternehmen nach einer Bedarfsmeldung an den Generalbevollmächtigten für den Arbeitseinsatz vom jeweiligen Landeswirtschaftsamt Schuhbestände ausgegeben.[223] Auch die Arbeitgeber von Haushaltsgehilfinnen und einzelnen Arbeitern in der Landwirtschaft stellten Einzelanträge.[224] Zwangsarbeiter erhielten auf Antrag spezielle Bezugscheine für Schuhreparaturen (»Ausbesserungsscheine«). Vermehrt wurden allerdings in den Lagern selbst Schuhreparaturwerkstätten eingerichtet, in denen ebenfalls Zwangsarbeiter tätig waren.[225] Spätestens ab September 1943 wurden auch Bestände von Altschuhen zur Ausstattung von Zwangsarbeitern verwendet.[226] Nachdem vom 23. Mai bis 12. Juni 1943 eine Spinnstoff- und Schuhsammlung im Reich stattgefunden hatte, erhielten die Landeswirtschaftsämter im September 800.000 Paar »repara-

221 Die übrigen »fremdstämmigen« Arbeiter erhielten im selben Zeitraum rund 210.400 Paar Schuhe. Den Jahresbedarf an Arbeitsschuhen für Zwangsarbeiter in der deutschen Wirtschaft berechnete die GS Ende 1942 auf 11 Mio Paar. Die hohe Zahl kam durch den schnellen Verschleiß der Holzsohlen zustande. Holzsohlen konnten außerdem nicht repariert werden. Vgl. Verteilung von Arbeitsschuhwerk an Ostarbeiter (Okt.-Dez. 1942) und Verteilung von Arbeitsschuhwerk an ausländische Arbeiter (Okt.-Dez. 1942); Bericht: Bedarfs- und Deckungsplan für das 8. und 9. Kriegshalbjahr, BA Berlin, R 10 VI, Nr. 30, Bl. 97, 98, 99.

222 Die Vorschriften traten zum 1.1.1943 in Kraft. Vgl. WG Metallindustrie, Rundschreiben Nr. 1703 an die Mitglieder, Betr.: Versorgung der im Reichsgebiet eingesetzten Ostarbeiter mit Bekleidung und Schuhwerk, 22.12.1942, BA Berlin, R 13 XXIV, Nr. 1.

223 GS, Rundschreiben Nr 2/43 v. 7.1.1943, Betr.: Versorgung der im Reichsgebiet eingesetzten Ostarbeiter mit Schuhwerk, BA Berlin, R 10 VI, Nr. 84.

224 WG Metallindustrie, Rundschreiben Nr. 1703 an die Mitglieder, Betr.: Versorgung der im Reichsgebiet eingesetzten Ostarbeiter mit Bekleidung und Schuhwerk, 22.12. 1942, BA Berlin, R 13 XXIV, Nr. 1.

225 GS, Rundschreiben Nr 5/43, 2.3. 1943, Betr.: Kundenlisten für Schuhausbesserungen, und GS, Rundschreiben 18/43, 12.8.1943, BA Berlin, R 10 VI, Nr. 84.

226 GS, Rundschreiben Nr. 24/44 an die Reichsstatthalter und LWÄ und die Leiter der Altschuh-Sammellager und Altschuh-Reparaturbetriebe, Betr.: Verteilung von einsatzfähigen, reparierten und reparaturfähigen Altschuhen aus der Schuhsammlung zur Versorgung in- und ausländischer Arbeitskräfte, 20.4.1944, BA Berlin, R 10 VI, Nr. 84.

turfähige Altschuhe« zur Versorgung von in Lagern untergebrachten, ausländischen Arbeitern.[227]

Auch Kriegsgefangene der westlichen Alliierten mussten in deutscher Gefangenschaft statt Leder- Holzschuhe tragen.[228] Als in Großbritannien bekannt wurde, dass die britischen Kriegsgefangenen in den deutschen Gefangenenlagern mit den unbequemen Holzschuhen ausgestattet wurden, deutete man dies als Abschreckung gegen Fluchtversuche.[229] Über die Botschaften versuchte die britische Regierung in den Jahren 1940 bis 1942 mehrfach, die deutsche Regierung zur Einhaltung der Genfer Konvention für Kriegsgefangene zu bewegen. Die Artikel 12 und 22 der Genfer Konvention sahen vor, dass einfache Soldaten der gegnerischen Streitkräfte in Kriegsgefangenschaft ausreichend mit Kleidung zu versorgen waren. Offiziere sollten sich mit dem Wehrsold einkleiden können, der ihnen auch in Gefangenschaft zustand. Primitive Holzschuhe waren für beide Verbrauchergruppen als Fußbekleidung nicht akzeptabel.[230] Im Mai 1942 entbrannte im britischen Unterhaus eine Debatte über die Schuhversorgung britischer Soldaten in deutscher Gefangenschaft, da die Holzschuhe in den deutschen Lagern Fußwunden verursachten. Über das Rote Kreuz wurde eine Anzahl britischer Lederstiefel und sogar Sohlleder für die Reparatur an die Kommandanturen einiger deutscher Kriegsgefangenenlager (Stalags) geliefert. Diese Güter erreichten jedoch nie ihre Empfänger.[231] Deutsche Soldaten in amerikanischer Gefangenschaft erhielten demgegenüber abgetragene, lederne Marschstiefel der *U.S. Army*, die nach der regulären, zweimaligen Reparatur für die Truppen als nicht mehr einsatzfähig galten.[232]

KZ-Häftlinge empfanden die Zuweisung von Holzschuhen im Austausch für ihre Lederschuhe, die sie meist beim Eintritt ins Lager abgeben mussten, nicht nur als Demütigung, sondern auch in der Praxis des Gehens als äußerst gewöhnungsbedürftig.[233] Über ihre Einlieferung in das Frauen-Konzentrationslager Ravensbrück im März 1942 berichtete etwa die Nonne Rosa Vetter: »Wir bekamen aschgraue Schürzen […] Aschgraue Kopftücher wurden ausgegeben, wir sahen darin aus wie alte Frauen vom Lande. […] Als Letztes bekam jede noch

227 GS, Rundschreiben Nr 19/43, 22.9.1943, BA Berlin, R 10 VI, Nr. 84.
228 Schmidt-Lenssen u. a. (1940ff.), Sektion L17: Leder, Kriegsgefangene.
229 US Office of Censorship, Submitted by British Censorship to John Evans, Chief of Foreign Service, New York, Subject: Prisoners of War, 19.5.1942, NA Washington, RG 165, Military Intelligence Division Regional Files, Box 1316, Nr. 6950, Germany, Vol I.
230 American Embassy, Prisoner of War Section, Berlin, Subject: Clothing Supplies for Prisoners of War, 31.10.1940, NA Washington, RG 165, Box 1316, File 6950, Military Intelligence Division Regional Files, Germany, Vol I.
231 Prisoners of War Deprived of Proper Footwear: Strong Protest by Government, in: SLN v. 21.5.1942, S. 28; Repair Supplies for War Prisoners. Quantitites Reaching the Camps, in: SLN v. 4.6.1942, S. 24.
232 Vgl. War Department Announces Army Shoe Needs Are Greater Than Ever, in: SLR v. 9.6.1945, S. 10-30.
233 Schmidt (2000), S. 67, 132-146.

ein Paar Holzpantinen, meistens zweierlei alte Latschen. Man musste sich erst daran gewöhnen und darin laufen lernen. Ich verlor sie am Anfang etliche Male.«[234]

Während die geschlossenen Galoschen oder Zweischnaller bereits zu den »besseren« Holzschuhmodellen in den Konzentrationslagern zählten, die oft wichtigen Arbeitskommandos vorbehalten blieben, mussten sich die weiblichen Häftlinge in Ravensbrück mit dem absoluten Minimum an Fußbekleidung abplagen: »Wir trugen den Winter über Holzpantinen, hinten offen, vorn über dem Rist irgend einen Kriegsersatzstoff darauf. Immer wieder riss der schlechte Stoff ein und man latschte einher, so gut es eben ging. In dieser schlechten Fußbekleidung zu laufen, war eine Qual, vor allem bei den vorgeschriebenen Märschen.«[235] Später dachte Rosa Vetter an die Holzschuhe mit Sehnsucht zurück: Vom 1. April bis 1. Oktober 1942, wie auch schon im Sommer zuvor, mussten alle Häftlinge in Ravensbrück barfuß laufen.[236] »Das war für alle eine harte, bittere Strafe, vor allem mühselig bei der harten, schweren Straßenarbeit draußen. Die Füße der meisten Gefangenen bluteten, hatten offene Wunden und waren dick angeschwollen. Solche Fußkrankheiten, wie ich sie im KZ sah, habe ich nie vorher und nachher gesehen.«[237] Auch in anderen Lagern wie etwa im KZ Neuengamme, Bergen-Belsen und in Auschwitz liefen und arbeiteten Häftlinge ab 1941 barfuß. Manche umwickelten ihre Füße notdürftig mit Lumpen, für die sie allerdings kostbare Bettücher, Handtücher oder Kleider zerreißen mussten.[238]

Der Besitz funktionstüchtiger Schuhe war eine wesentliche Voraussetzung für das Überleben im Lager.[239] Der Italiener Primo Levi, der von Februar 1944 bis Januar 1945 als Häftling in Auschwitz Holzpantinen trug, stellt in seinem Bericht »Se questo è un uomo« (1958) über das Leben im Lager fest: »Der Tod beginnt bei den Schuhen.«[240] Oft wurden Häftlinge nach einem Blick der SS-Ärzte auf die Füße für die Ermordung in den Gaskammern selektiert.[241] Entsprechend dominant war die alltägliche Sorge der Häftlinge in Auschwitz um ihr Schuhwerk. »Für die meisten von uns«, so Levi, »haben sich [Holzschuhe] als wahre Marterwerkzeuge erwiesen, weil sie schon nach wenigen Stunden Marsch schmerzende Wunden verursachen, die sich unweigerlich infizieren. Wer davon

234 Vetter (2003), S. 27.

235 Ebd., S. 46.

236 Vgl. dazu auch Schmidt (2000), S. 133.

237 Vetter (2003), S. 33.

238 Kaienburg (1990), S. 166-169; Kolb (2002), S. 101f.; Iwaszko (1999), S. 64-68; Levi (1958/1992), S. 51f., 91.

239 Unzureichende Fußbekleidungs als Überlebensrisiko im Alltag der Konzentrationslager wird in unzähligen Häftlingsberichten erwähnt. Stellvertretend hierfür sei hier auf die zitierten Berichte hingewiesen in: Jones (2001); Guenther (2004), S. 256f.

240 Levis Bericht ist durchzogen von Beobachtungen über das Schuhwerk im Lager als Quelle des Leidens im Häftlingsalltag. Vgl. Levi (1958/1992), S. 23, 37f., 46, 51-55, 67f., 75, 77, 92, 100f., 130, 184f., Zitat S. 38.

241 Hilberg (1999), S. 1041; Levi (1958/1992), S. 38.

Abb. 51 : Die beiden Extreme der Versorgungshierarchie: Lederschaftstiefel der SS-Wachmannschaften und Holzpantinen für die weiblichen KZ-Häftlinge. Blick in die Effektenkammer des KZ Ravensbrück(Propagandafoto der SS) (1940/41)

heimgesucht ist, muss so laufen, als habe er ein Gewicht am Fuß hängen (daher die eigenartige Gehweise des Gespensterheeres, das allabendlich zur Parade heimkehrt); er ist überall der letzte, und überall bekommt er Schläge; er kann nicht davonlaufen, wenn man hinter ihm her ist; seine Füße schwellen an, und je mehr sie anschwellen, desto unerträglicher wird die Reibung am Holz und am Leinen der Schuhe. So bleibt dann nichts anderes als der Krankenbau. Doch mit dem Befund ›dicke Füße‹ in den Krankenbau zu kommen, ist gefährlich, denn alle, besonders aber die SS, wissen sehr wohl, dass man dieses Leiden hier nicht loswerden kann.«[242] Die Schuhe verursachten im Alltag bereits beim Aufstehen Schmerzen: »Sowie ich mich angezogen habe, steige ich auf den Fußboden hinunter und fahre in die Schuhe. Dann öffnen sich wieder die Wunden an den Füßen, ein neuer Tag beginnt.«[243] Abends gaben manche Häftlinge einen Teil ihrer kargen Essensration her, um sich die Füße von einem Mithäftling behandeln zu lassen. In Levis Block ging der Ingenieur Kardos »von Bett zu Bett, um sich verletzten Füßen und eiternden Hühneraugen zu widmen […]; es gibt keinen, der nicht gern auf eine Scheibe Brot verzichtet, wenn ihm nur dadurch die

242 Levi (1958/1992), S. 38.
243 Ebd., S. 75.

Abb. 52: Zeichnung des Häftlings im KZ Flossenbürg, Miloš Volf: »Holzschuh und Hochstiefel« (1944)

Qual seiner stumpfen Wunden gelindert wird, die bei jedem Schritt den ganzen Tag immerfort bluten.«[244]

Beim Marschieren und bei der Arbeit in den Baukommandos stellten die Holzschuhe eine zusätzliche Schikane dar.[245] In der Lagerhierarchie erhielten deutsche und »arische« Häftlinge als besonderes Privileg oft Lederschuhe. Levis Kapo im »Chemie-Kommando«, ein »BVer« mit grünem Winkel, besaß »Lederschuhe, weil er kein Jude ist«. Auf der Treppe des Laborgebäudes war er »schnellfüßig [...], während ich unbeholfen und lärmend in meinen ungleichen, übergroßen Pantinen hinabsteige und mich dabei wie ein alter Mann am Geländer festhalte«.[246]

Noch im Krankenbau, in dem Levi im Januar 1945 als Scharlachkranker die Befreiung von Auschwitz erlebte, galt seine größte Sorge einem geeigneten Paar Schuhe, denn »wer allzu schwach ist, oder nackt oder barfuß, denkt und empfindet zweifellos anders, und was unser Denken beherrschte, war das lähmende Gefühl, dass wir völlig wehrlos und dem Schicksal ausgeliefert waren.«[247] Ein funktionierendes Paar Schuhe an den Füßen versprach ein existentielles Maß an Mobilität und Schutz gegen die Willkür und brutale Gewalt, die im Lager herrschte.

In einem bemerkenswerten Schriftwechsel verschiedener Amtsgruppen des Wirtschaftsverwaltungshauptamts der SS wurde im Sommer 1944 die Knappheit an Häftlingsbekleidung in den Konzentrationslagern zwischen den SS-Dienststellen erörtert. Nach der Zählung der Kommandanturen waren am 1. August 1944 in allen Konzentrationslagern insgesamt 524.286 Menschen inhaftiert, davon 379.167 Männer und 145.119 Frauen. In der bürokratischen Art der SS wurde in einer Liste die Ausstattung aller Häftlinge mit Kleidung und Fußbekleidung am Stichtag des 15. August 1944 vermerkt. Von den männlichen Häftlingen trugen an diesem Tag[248]

244 Ebd., S. 67.
245 Ebd., S. 123.
246 Ebd., S. 130.
247 Ebd., S. 184f.
248 Meldung des SS-WVHA, Amtsgruppe D – Konzentrationslager – an Chef der Amtsgruppe B, 15.8.1944, Betr.: Bestand an Häftlingen und die Knappheit der Häftlingsbekleidung, Nürnberger Dokument PS-1166 (Beweisstück US-452), abgedruckt in: Der

»243.128	Schnürschuhe mit Holzsohle,
119.259	Holzpantinen,
47.406	Leder-Schnürschuhe,
13.520	Vollholzschuhe (Holländer),
10.041	Zweischnaller mit Holzsohle,
2.192	lange Lederstiefel,
1.635	Leder-Halbschuhe,
389	Stiefel mit Holzsohlen.«

Von den weiblichen KZ-Häftlingen trugen

»40.092	Holzpantinen,
33.967	Schnürschuhe mit Holzsohlen,
20.442	Leder-Halbschuhe,
7.272	Vollholzschuhe (Holländer) und
2.392	Leder-Schnürschuhe«.[248]

Die übrigen 40.954 weiblichen Häftlinge liefen entweder barfuß, oder ihre Fußbekleidung war nicht vollständig erfasst worden. Wenn diese Angaben stimmen, waren die weiblichen Häftlinge also in der Tat noch schlechter gekleidet als ihre männlichen Leidensgenossen, die zu einem weit größeren Teil geschlossenes Schuhwerk erhielten, die Frauen dagegen an der Ferse offene Holzpantinen.[249]

In dem Kontext des extremen Mangels trat bezeichnenderweise oft noch der Stoffwert von Schuhen in den Vordergrund ihres Gebrauchs. Selbst Fälle, in denen Lederschuhe unter den verheerend schlechten Lebensbedingungen in den deutschen Lagern tatsächlich gegessen wurden, sind in der Erinnerungsliteratur der Überlebenden über die Kriegsjahre dokumentiert.[250] Im Fall der Holländerin Rita Koopmann, die im KZ-Außenlager an der Porta Westfalica elf Tage lang nichts zu essen bekam, weckte der Hunger Assoziationen an die eingangs zitierte Szene in Charlie Chaplins Film »Gold Rush«.[251] Nach der Befreiung der Konzentrationslager verwendeten die überlebenden Häftlinge die Schuheberge auch als Brennstoff, um ihre ausgezehrten Körper notdürftig zu wärmen und zu ernähren.[252]

Prozeß gegen die Hauptkriegsverbrecher vor dem Internationalen Militärgerichtshof Nürnberg, 14.11.1945-1.10.1946, Nürnberg 1948, S. 46ff.

249 Zu den Schuhtypen vgl. Abb. 5 und Kap. 1.2.

250 Obenaus (1998).

251 Ebd., S. 859.

252 Zu den Schuhbergen in den KZs vgl. Kap. 10.

Schuhversorgung der Bevölkerung in den besetzten Gebieten

Auch die Bevölkerung der annektierten und von der deutschen Wehrmacht besetzten Gebiete wurde, nachdem die Rohstoffe für die Lederschuherzeugung systematisch entzogen und ins Reich abtransportiert worden waren, zu Holzschuhkonsumenten gemacht. Der Schuhverbrauch in Norwegen wurde durch die Einführung von Schuhbezugscheinen auf höchstens die Hälfte des Vorkriegsverbrauchs, d.h. 0,6 Paar pro Kopf und Jahr, beschränkt. Lederschuhe erhielten nur noch Bauern und Waldarbeiter, um »im Interesse der Wehrmacht [...] die Arbeitsfähigkeit dieser Kreise der Bevölkerung« zu gewährleisten.[253] Nach einem amerikanischen Geheimdienstbericht vom Sommer 1942 wurden in Dänemark und Norwegen in großer Menge Fischlederschuhe mit Holzsohle hergestellt und verbraucht. Die Vollholzschuhindustrie in Dänemark, so der amerikanische Bericht, erlebe derzeit eine Blüte und produziere Millionen von Paaren. Selbst die Bevölkerung verbündeter südosteuropäischer Länder wurde zum Gebrauch von Schuhen mit Holzsohlen gezwungen. In Frankreich war die Produktion von holzbesohlten Schuhen am Wachsen, und der deutsche Erzeugungsplan für 1943 sah eine jährliche Produktion von 16 Mio Paar mit Holzsohle und 7,5 Mio Paar Vollholzschuhe vor.[254]

Wegen der extremen Lederknappheit konnten in Frankreich bereits 1941 nur noch insgesamt 6 Mio Paar statt der geplanten 18 Mio Paar Lederschuhe hergestellt werden. Dem stand die Produktion von 20 Mio Paar Holzsohlenschuhen und 5 Mio Paar Vollholzschuhen gegenüber.[255] Während den deutschen Besatzern 1941 in Läden in ganz Frankreich lederne Modeschuhe auf Sonderbezugschein angeboten wurden, die die Soldaten und Offiziere ihren Frauen zu Hause mitbrachten, war der französischen Bevölkerung nur ein neues Paar Lederschuhe alle vier Jahre und eine Reparaturbesohlung im Jahr zugedacht.[256] Dies war ungefähr ein Drittel der Versorgungsmenge, die deutschen Verbrauchern im Reich

253 Der Chefintendant beim Wehrmachtbefehlshaber in Norwegen, Lagebericht auf dem Spinnstoff- und Ledergebiet, Feb. 1941, BA-MA Freiburg, RW 19, Nr. 2356.

254 Geheimdienstbericht: Leather Shortage in Axis Europe, o.D. [1942], NA Washington, RG 165, Military Intelligence Division Regional Files, Box 1149, Nr. 4350, Germany Manufactured Leather Products.

255 Zur Schuhproduktion in Frankreich 1940 bis 1945 vgl. Le Bot (2007), S. 347.

256 In Frankreich war am 5.1.1941 die Bezugscheinpflicht für Schuhe eingeführt worden. Schuhe aus Nichtleder-Werkstoffen waren bezugscheinfrei erhältlich. Von 3. bis 14. Juli 1941 zeigte die deutsche RfL auf den Champs-Elysées eine Ausstellung über Ersatzstoffe in Schuhen, auf der alle deutschen Material-Entwicklungen von den neuen Kunststoffen bis hin zu den Holzschuh-Konstruktionen vorgestellt wurden. Pariser Couturiers entwickelten und zeigten 1941 erste »lederlose« Schuhmodelle. Im April 1942 kam es in Frankreich zu Begriffsdefinitionen für verschiedene Leder-Ersatzstoffe. Dominique Veillon kam zu der Einschätzung, dass die französische Schuhindustrie und die Bekleidungsindustrie durch die technische Unterstützung der deutschen Besatzer »große Fortschritte auf dem innovativen Gebiet der Ersatzstoffe gemacht« habe. Vgl. Veillon (2002), S. 44-48, 81ff.

zustand. Aus dem »lederlosen Paris« kamen nach alter Tradition, über das Kopieren von Modellen, Schuhe mit Holzsohle selbst in den USA in Mode, wie die amerikanische Zeitschrift *Science* im August 1942 berichtete.[257] Die flachsohligen Damenschuhe, so der Autor, verursachten ein »interessantes Geklapper« auf den Bürgersteigen der nordamerikanischen Großstädte. Die deutsche Strategie, Holz zum Modeschuh zu machen, zeigte also schließlich indirekt sogar im unabhängigen Ausland Wirkung.[258]

So entstand in den besetzten Gebieten nach Abzug der Lederreserven und der Produktion von Schuhen für den deutschen Bedarf allmählich eine extreme Unterversorgung der Bevölkerung mit Schuhen. Die Allierten beschlossen, bei Kriegsende sogenanntes Not-Schuhwerk (*relief footwear*) aus den USA und Großbritannien zu verteilen, um die von den Deutschen verursachte extreme Schuhnot der Bevölkerung nur auf das Existenzminimum von einem Paar gebrauchsfähiger Schuhe pro Person zu heben. Nach ihren Schätzungen von 1944 wurden zur Deckung allein des dringendsten Bedarfs der Hälfte der Bevölkerung in Norwegen, den Niederlanden, Belgo-Luxemburg, Frankreich, Griechenland, Jugoslawien, Tschechoslowakei, Polen und Albanien im ersten Jahr nach der Befreiung 19,5 Mio Paar Lederschuhe oder 29 Mio Paar Schuhe aus Ersatzstoffen (Textilschaft mit Regeneratgummi-Sohle) benötigt.[259]

In den besetzten Gebieten der Sowjetunion trat das Problem der Schuhversorgung der Zivilbevölkerung 1943 in ein neues Stadium. Die Schuhversorgung der einheimischen Bevölkerung war von der deutschen Verwaltung in den ersten Monaten nach dem Einmarsch bewusst vernachlässigt worden. Selbst hohe Funktionsträger in der Wirtschaftsverwaltung trugen Schuhwerk, von dem deutsche Beobachter sagten, dass »kaum ein Landstreicher wohl bei uns zu Hause solche Ruinen von Stiefeln noch [hätte] tragen mögen«. Frauen und Kinder gingen meist ohnehin bereits barfuß.[260] Auch sowjetische Kriegsgefangene wurden oft – entgegen der Genfer Konvention – überhaupt nicht mit Schuhen versorgt.[261] Da jedoch immer mehr Teile der Bevölkerung zu Arbeiten für die

257 Substitutes for Shoe Leather, in: Science 96 (1942), Supplement, Nr. 2486, 21.8.1942, S. 9f.

258 Die Rationierung von Schuhen begann in den USA erst im Februar 1943. Die Einführung von Holzschuhmodellen im Jahr 1942 hatte jedoch auch hier bereits wirtschaftspolitische Gründe, da sich auch in den USA eine Rohstoffknappheit auf dem Ledergebiet abzeichnete. Vgl. Kap. 11.8 und Merrill Watson, The Shoe and Leather Industries in a War Economy, in: SLR v. 28.3.1942, S. 7-12.

259 UNRRA, Tentative UNRRA Estimates of Footwear and Related Requirements for Civilian Relief in Nine European Countries, 25.3.1944, PRO/NA London, BT 28, Nr. 770.

260 Friedrich Edding, Schuhwerk für die Bevölkerung der besetzten Ostgebiete, April 1943, BA-MA Freiburg, RW 31, Nr. 254, S. 1; Goebbels-Konferenzen, Besprechung v. 17.11.1941, in: Boelcke (1967), S. 194.

261 Die Schuhversorgungslage im Ostland, Mai 1943, BA-MA Freiburg, RW 31, Nr. 254, S. 1.

deutschen Besatzer herangezogen wurden, gewann deren Schuhversorgung an Bedeutung: »Die Arbeitsleistung der Bevölkerung ist vielfach unmittelbar in Frage gestellt, wenn nicht für ausreichende Fußbekleidung gesorgt wird.«[262] So war »im Hinblick auf die politische Stimmung und Arbeitswilligkeit der Bevölkerung« eine Mindestversorgung mit Schuhen nötig.[263] Das bedeutete, Leder wurde dafür praktisch überhaupt nicht verwendet. Anfangs mussten Hunderttausende von Arbeitsschuhen mit Holzsohle für die Bergarbeiter im Dnjepr- und Donez-Bogen und die Arbeiter zahlreicher Industriebetriebe aus dem Reich beschafft werden.[264] Dies waren allein zwischen April und September 1943 1,8 Mio Paar.[265]

Als »Gemeinschaftsgründung« der deutschen Schuhunternehmen wurde daher schließlich 1943 die Ostschuh GmbH ins Leben gerufen. Sie hatte die Aufgabe, Fertigungsbetriebe für Arbeitsschuhwerk mit Holzsohlen in den besetzten Gebieten der Sowjetunion zu errichten, um so eine »Entlastung des Reiches« und der Transportwege zu erreichen und die Schuhversorgung in den besetzten Gebieten zu »verselbständigen«. Anfangs mussten die Holzsohlen aus dem Deutschen Reich, dem Protektorat Böhmen und Mähren und aus Finnland beschafft werden. Später konnten lange Transporte vermieden und vorhandene Holzbestände vor Ort genutzt werden. In den Jahren 1943 und 1944 stellten die Betriebe der Ostschuh GmbH in den Reichskommissariaten Ostland und Ukraine etwas über eine Million Paar Holzschuhe her.[266]

Tabelle 26 zeigt die zur Verfügung stehenden Mengen der einzelnen Schuharten im Deutschen Reich von 1938 bis 1944. Sie verdeutlicht den enormen Anstieg des Holzschuhverbrauchs in den Kriegsjahren. Allein der Verbrauch von

262 Friedrich Edding, Schuhwerk für die Bevölkerung der besetzten Ostgebiete, April 1943, BA-MA Freiburg, RW 31, Nr. 254, S. 1.

263 Über die Wiedererrichtung der Lederwirtschaft in den besetzten Ostgebieten durch den Wirtschaftsstab Ost v. 28.9.1944, BA-MA Freiburg, RW 31, Nr. 982, S. 5.

264 Friedrich Edding, Schuhwerk für die Bevölkerung der besetzten Ostgebiete, April 1943, BA-MA Freiburg, RW 31, Nr. 254, S. 2.

265 Die Schuhversorgungslage im Ostland, Mai 1943, BA-MA Freiburg, RW 31, Nr. 254, S. 1.

266 Die ersten Betriebe der Ostschuh GmbH entstanden in den baltischen Städten Riga und Kauen (Kowno). Acht weitere Betriebe folgten im Generalkommissariat Weißruthenien und in der Ukraine. Davon lagen zwei Betriebe in Baranowitschi und Hansewitschi (Generalkommissariat Weißruthenien) und sechs in der Ukraine. Sie begannen im Juni 1943 mit der Produktion. Maschinen und Fachpersonal wurden von 80 deutschen Schuhunternehmen »leihweise« zur Verfügung gestellt. Ab Januar 1943 nahm eine zentrale Stelle die Verteilung des Arbeitsschuhwerks an die Zivilbevölkerung der besetzten Gebiete der Sowjetunion vor (Chefgruppe BB). Vgl. Die Schuhversorgungslage im Ostland, Mai 1943, BA-MA Freiburg, RW 31, Nr. 254, S. 2; Über die Wiedererrichtung der Lederwirtschaft in den besetzten Ostgebieten durch den Wirtschaftsstab Ost v. 28.9.1944, BA-MA Freiburg, RW 31, Nr. 982, S. 5; Kriegswirtschaft im Operationsgebiet des Ostens in den Jahren 1941-1943. Beitrag zur Geschichte des Wirtschaftsstabes Ost, in: Müller (1991), S. 255, 261f.

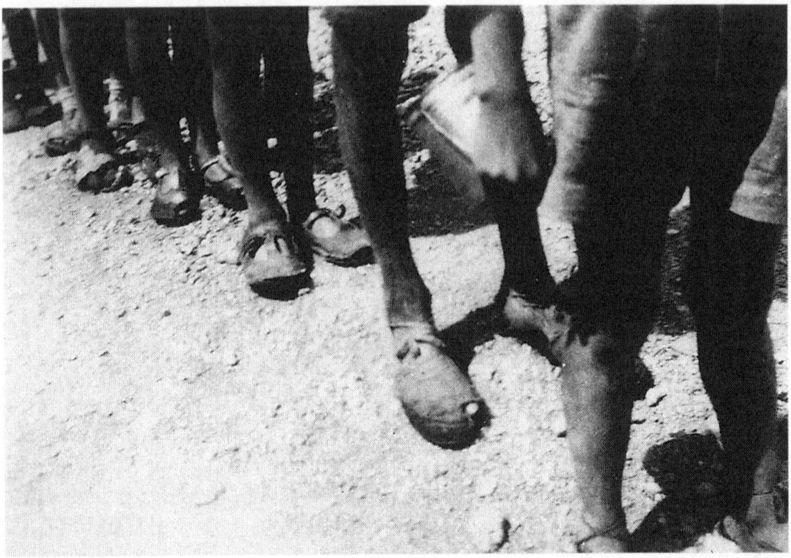

Abb. 53: Entzug von Leder und Unterversorgung mit Schuhen: Das desolate Schuhwerk von jüdischen, spanischen und Sinti-Kindern im französischen Internierungslager Rivesaltes (1941/42)

Arbeitsschuhen mit Holzsohle stieg auf mehr als das Elffache der Menge von 1938. Von 1942 bis 1944 verdoppelte sich der Holzschuhverbrauch noch. Die Menge der Straßenschuhe mit Holzsohle vervierfachte sich zwischen 1938 und 1944. Die Zahlen zeigen auch einen starken Anstieg der Leder-Arbeitsschuhe in den Jahren 1941 und 1942. Dies gelang durch die Häute- und Lederausbeute in den besetzten Gebieten und die dortige Schuhproduktion, nachdem die Verfügbarkeit dieser Produktgattung im ersten Kriegsjahr auf weniger als die Hälfte gefallen war. Auch bei den Schuhen aus Altmaterial war ein Wachstum zu verzeichnen. Diese Kategorie umfasste allerdings weder die gebrauchten Schuhe – die ganz in ihre Bestandteile aufgetrennt und zu Lederfasern zermahlen wurde, um schließlich als Lederfaserwerkstoffe wieder in die Schuhproduktion einzufließen –, noch sind hier die Millionen von Gebrauchtschuhen einbezogen, die nach einer Reparatur an Zweitnutzer ausgegeben wurden.

8.5 Zwischenfazit

In diesem Kapitel wurden bedeutende Veränderungen zum einen im Verbrauch von Schuhen und zum anderen im Umgang der Unternehmen mit dem Schuhkonsum während der Zeit des Nationalsozialismus deutlich. In den frühen Jahren des Nationalsozialismus ergab sich ein neues Verhältnis der beiden Produktformate des Modeschuhs und der Standardware. NS-Parteiorganisationen und schließlich staatliche Behörden betrieben in der Versorgungspolitik eine Hinwendung zum Standardschuh, der sich über die militärische Uniformierung von Teilen der Gesellschaft und eine »Rückkehr« zur Tracht in verschiedenen Lebensbereichen durchsetzte.

Die Politik der NS-Regierung im Umgang mit der Schuhmode erwies sich jedoch als widersprüchlich. Einerseits war die offizielle Propaganda ausdrücklich auf eine Einschränkung der modischen Einflüsse in der Bekleidungspraxis ausgerichtet. Dass dies bereits für die Frauen der NSDAP-Parteigrößen und für andere weibliche Leitbilder in der Öffentlichkeit oder Werbung nicht galt, haben Mode-, Werbe- und KostümhistorikerInnen hervorgehoben.[267] Andererseits betrieb das NS-Regime aber eine Außenpolitik, die Modewaren als Exportartikel förderte. Die »deutsche« Exportmode sollte nicht nur Devisen erwirtschaften, sondern auch den hegemonialen Kulturanspruch Großdeutschlands in Europa verbreiten helfen. Sie spielte bis ins letzte Kriegsjahr eine wichtige Rolle.

Eigentümlich und »modern« war, dass sich die Uniformierung großer Teile der Bevölkerung zu Beginn des »Dritten Reichs« ausgerechnet als Modephänomen, durch die Gleichrichtung des Bedarfs auf Verbraucherseite, durchsetzte. Erst viel später wurden Kleidungsvorschriften von staatlicher Seite in den NS-Formationen und im Militär wesentlich für den Verbrauchswandel. Träger dieser neuen Mode waren nicht mehr die in der Weimarer Republik als so modeanfällig verschrienen Frauen, sondern vor allem männliche Konsumenten. Dies gab dem Phänomen der Mode für die Zeitgenossen eine neue Dimension. Alles »Männliche« erlebte in der Bekleidung ab 1933 einen Aufschwung. Frauen wurden als Verbraucher auf die hinteren Ränge der Versorgungshierarchie verwiesen und hatten ab 1937 in vielen Bereichen keinen Anspruch mehr auf hochwertige Produkte.

In den Parteigliederungen der NSDAP und im Arbeitsdienst verlief die Uniformierung und Standardisierung jedoch bei weitem nicht reibungslos, da Stiefel für die Träger nicht nur praktischer Ausrüstungsgegenstand, sondern immer auch Mittel der Repräsentation und der sozialen Distinktion waren. So kam es – trotz Forderungen der Industrie und der Ärzteschaft – nie zu einer Vereinheitlichung der Stiefel der Partei-Formationen und des Arbeitsdienstes. Im Vergleich dazu waren die Schuhe etwa des Arbeitsdienstes in den USA seit 1933 typisiert und vor allem nach praktischen Gesichtspunkten gestaltet. Die amerikanischen Mitglieder des Arbeitsdienstes erhielten einen weitaus bequemeren und gesünderen Schuh als ihre deutschen Kollegen.

Bei näherer Untersuchung zeigte sich, dass im Nationalsozialismus die deutschen Schuhunternehmen ihren Umgang mit dem Phänomen der Mode änderten. Alles deutet darauf hin, dass der Versuch einer »Autarkisierung« der »Geschmacksindustrien« vom französischen Einfluss und die Tätigkeit der neu

267 Guenther (2004), S. 91-141; Wagner (1997); Sultano (1995); Westphal (1989).

Tabelle 26: Produktion von Zivilschuhen im Deutschen Reich (in Paar) und Mengenverhältnis zum Jahr 1938 (in Prozent) (1938-1943)[267]

Schuhart	1938	1940
Arbeitsschuhe mit Lederschaft und Leder- oder Gummisohle (einschl. Spezialarbeitsschuhe, Berufsschuhe)	21.049.000	10.113.000 48 %
Arbeitsschuhe mit Holzsohle (einschl. Pantinen und Vollholzschuhen)	2.730.000	6.077.000 223 %
»Lederstraßenschuhe« (zunehmend mit Ersatzstoff-Bestandteilen) a) für Männer und Burschen b) für Frauen und Mädchen c) für Kinder (Größe 27-35)	a) 18.530.000 b) 35.83. 000 c) 16.230.000 – 70.591.000	a) 7.438.000 40 % b) 15.867.000 44 % c) 13.646.000 84 % – 36.951.000
Leichte Straßenschuhe (ganz aus Ersatzstoffen): Holzstraßenschuhe, Holzsandalen, Straßenhilfsschuhe mit anvulkanisierter Gummisohle	13.123.000	12.437.000 95 %
Haus- und Turnschuhe: Hausschuhe, Turnschuhe mit anvulkanisierter Gummisohle, Dachdeckerschuhe (mit Strohsohle)	54.905.000	33.398.000 61 %
Schuhe aus Altmaterial (aus gebrauchten Schuhteilen und Textilien zusammengesetzt)	773.000	935.000 121 %
Insgesamt	163.171.000	99.911.000
davon »Lederschuhe« (ohne Haus- und Turnschuhe)	108.266.000	66.513.000

267 Auf tausend Paar gerundet. Nach: OKW/Wehrwirtschafts- und Rüstungsamt, Statistische Aufstellung: Produktionserhebung in der Schuhindustrie (Leder- und Hausschuhe) für die Jahre 1938-1943/44 v. Sommer 1944, BA-MA Freiburg, RW 19, Nr. 2474.

268 8. und 9. KHJ: 1. April 1943-31. März 1944

1941	1942	1943/44[268]
14.412.000 68 %	16.828.000 80 %	14.567.000 69 %
10.533.000 386 %	13.773.000 505 %	30.824.000 1.129 %
a) 10.865.000 59 % b) 12.794.000 47 % c) 14.446.000 89 % – 38.105.000	a) 10.246.000 55 % b) 14.201.000 40 % c) 16.287.000 100 % – 40.734.000	a) 7.951.000 43 % b) 14.104.000 39 % c) 18.457.000 114 % – 40.512.000
15.507.000 118 %	20.363.000 155 %	42.488.000 324 %
29.340.000 53 %	26.003.000 47 %	26.120.000 48 %
1.085.000 140 %	1.149.000 148 %	k.A.
108.983.000	118.849.000	[154.511.000]
79.643.000	92 846 000	[128.391.000]

geschaffenen Institutionen der »Modeämter« für die Herausbildung eigenständiger Entwurfskapazitäten und für die Professionalisierung der deutschen Produktgestalter in den Modeindustrien Bedeutung erlangte. Das Berliner, das Frankfurter und das Wiener Modeamt machten einen Funktionswandel vom Mittel der Exportförderung zum Bereitsteller originärer Modellentwürfe und zur Ausbildungsstätte neu ausgebildeter Produktgestalterinnen durch. Die militärische Eroberung und wirtschaftliche Unterwerfung Frankreichs als dem führenden Modeland bot hierfür eine notwendige Voraussetzung und erweiterte die Handlungs- und Vermarktungschancen für deutsche Unternehmen in Europa. Gekoppelt an einen wirksameren Gebrauchsmusterschutz der Modelle entwickelten sich so gerade in den Kriegsjahren Ansätze einer eigenständigeren Produktgestaltung in der deutschen Schuhindustrie. Basis vieler Entwürfe waren in Deutschland hergestellte Ersatzstoffe.

Die Unternehmen stellten die Kompetenz der Modeämter jedoch anfangs in Frage und nahmen die Modelenkung lieber selbst in die Hand. Sie gründeten den vorher gescheiterten Modeausschuss neu. Hier wirkten die NS-Politik und die autoritäre Umstrukturierung der Wirtschaftsorganisationen ab 1934 unterstützend für bereits ältere Pläne der Unternehmen. In der gelenkten Wirtschaft boten sich den Firmen in ihrem Sinne bessere Möglichkeiten der Modekontrolle. Dies wirft auf das Wesen der Verbrauchslenkung im Nationalsozialismus ein neues Licht, da diese in der historischen Forschung bislang vor allem als Mittel der staatlichen Aufrüstungspolitik galt, die den Interessen der Konsumgüterunternehmen eher zuwiderlief. Die neue Form einer durch die Unternehmen »gelenkten Mode« ließ dem konsumerischen Wahlhandeln und der Entstehung von Modetrends an der Verbraucherbasis viel weniger Raum als in der Weimarer Republik. Von »Mode« kann in diesem Zusammenhang eigentlich kaum noch gesprochen werden, zumal der Wechsel der Modellvarianten immer mehr verlangsamt wurde. Doch selbst im System der Rationierung von Schuhen blieb der »Eigen-Sinn« der VerbraucherInnen im Bedarf und Umgang mit dem Produkt deutlich erkennbar, dem die staatlichen Stellen mit ans Absurde grenzenden Kontrollmaßnahmen begegneten. Für die KonsumentInnen bedeutete die Verbrauchslenkung höhere Preise, aber bis 1936 bedingt auch eine höhere Qualität der Produkte. Ab 1936 ging es mit dieser jedoch rapide abwärts, als sich der Staat aktiv als Förderer von Ersatzstoffen in Lederschuhen betätigte und staatliche Stellen den Holzschuh als Straßenschuhwerk propagierten. Holzschuhe erlebten als Fußbekleidung für zahlreiche minder konsumberechtige soziale Gruppen einen enormen Zuwachs.

Durch die ausgefeilte Hierarchisierung und Differenzierung des Verbrauchs gelang es der NS-Regierung, die schlimmsten Mangelsituationen, die ein direktes Ergebnis ihrer Wirtschafts- und Rüstungspolitik waren, auf Verbrauchergruppen abzuwälzen, die außerhalb der »Volksgemeinschaft« standen. Die »Volksangehörigen« ›Otto und Anna Normalverbraucher‹ wurden dadurch von größeren Entbehrungen verschont. Dies geschah auf Kosten der vielen ausgegrenzten Menschengruppen am untersten Ende der Verbraucherhierarchie: zuerst der »jüdischen« Teile der deutschen Bevölkerung und der aus politischen, rassischen, religiösen und anderen Gründen Verfolgten, die in den Konzentrationslagern dem »organisierten« Verbrauch unterworfen waren; der Einwohner der besetzten Gebiete und schließlich der zur Zwangsarbeit ins Reich verschleppten ausländischen Arbeiterinnen und Arbeiter. Sie wurden systematisch zu Holzschuhträgern und Barfußläufern gemacht. Oft blieben ihnen nicht einmal die Mittel, ihre Füße auch nur notdürftig zu schützen.

9. Wissenschaft und Produktionslenkung: Gebrauchswertforschung im Konzentrationslager Sachsenhausen

Im Konzentrationslager Sachsenhausen in Oranienburg bei Berlin wurde im Frühjahr 1940 an zentraler Stelle eine neue wissenschaftliche Anlage erbaut. Sie diente der deutschen Schuhindustrie und ihren Zuliefererfirmen als Versuchseinrichtung, um die Produktqualität von Schuhen zu verbessern und neue Materialien zu entwickeln. Die sogenannte »Schuhprüfstrecke« war eine mit verschiedenen Straßenbelägen befestigte Wegstrecke auf dem Appellplatz des Konzentrationslagers. Häftlinge des Konzentrationslagers erbauten die Wegstrecke und testeten auf ihr als unfreiwillige Versuchspersonen die Produkte deutscher Unternehmen auf ihren »Gebrauchswert« und ihre Materialermüdung. Die hier durchgeführten Forschungen fanden in Form von Gemeinschaftsprüfungen der Schuhindustrie und ihrer Zulieferindustrien statt. Alle Unternehmen, die Ersatzstoffe für Leder in Schuhen erzeugten oder zu Schuhen verarbeiteten, waren an ihnen beteiligt. Zwei bereits vorgestellte wissenschaftliche Institute, die Deutsche Versuchsanstalt für Lederindustrie in Freiberg/Sachsen und das Kaiser-Wilhelm-Institut für Lederforschung in Dresden, sowie das Preußische Staatliche Materialprüfungsamt in Berlin-Dahlem werteten die Prüfungen aus.

Bislang war die »Schuhprüfstrecke«, die in der Mahn- und Gedenkstätte Sachsenhausen noch heute als Rekonstruktion zu besichtigen ist, nicht Gegenstand der historischen Forschung.[1] Dies ist zum einen dem Umstand geschuldet, dass die Geschichtsschreibung zum KZ Sachsenhausen allgemein noch große Forschungslücken aufweist.[2] Ein anderer Grund ist darin zu suchen, dass in den archivierten Unterlagen der SS-Lagerverwaltung und des SS-Wirtschaftsverwaltungshauptamts kaum Informationen über den Betrieb der »Schuhprüfstrecke« zu finden sind. Zum anderen geht dieses Forschungsdefizit aber auf die Tatsache zurück, dass sich auf den tieferen Sinn einer Teststrecke für Schuhe niemand so recht einen Reim machen konnte. Im Gedächtnis der Häftlinge wie auch in der Forschungsliteratur blieb die Strecke so bis heute auf ihre Funktion als Schikane- und »Folterinstrument« der SS beschränkt.[3]

1 Sudrow (2002).

2 Noch fehlt eine Gesamtdarstellung der äußerst komplexen Geschichte des Lagers und KZ-Standorts, der gleichzeitig Verwaltungszentrum aller KZs war, vgl. Morsch (1998). Als Überblick: Kaienburg (2006b); Morsch/Ley (2010); zu Oranienburg als Standort der SS und den Verbindungen zum KZ Sachsenhausen vgl. Kaienburg (2006a); zur Inspektion aller KZ vgl. Tuchel (1991). Zum System der Außenlager und Außenkommandos von Sachsenhausen vgl. Benz/Distel (2006).

3 Müller (2000); Morsch/Reckendress (1996), S. 119; Hrdlicka (1992), S. 115; Burger (1992), S. 93; Kühn (1990), S. 18; Naujoks (1987), S. 209; Damals in Sachsenhausen.

Auf der Ebene der Wirtschaftsgruppen in der *Reichsgruppe Industrie* und der staatlichen Reichsstellen sind jedoch zahlreiche Quellen zu finden, aus denen sich die wirtschaftliche Funktion der »Schuhprüfstrecke« rekonstruieren lässt. Im Rahmen ihrer Entwicklung neuer Materialien und Schuhkonstruktionen nutzten die deutschen Unternehmen die Einrichtung im Konzentrationslager über fünf Jahre hinweg als Mittel der Industrieforschung. Die wissenschaftlichen Versuche auf der »Schuhprüfstrecke« waren eine Antwort der Unternehmen und der staatlichen Bewirtschaftungsstellen auf akute kriegswirtschaftliche Probleme in der Schuhproduktion. Dies waren einerseits die Verknappung von Rohstoffen sowie anderen Produktionsfaktoren und andererseits das Problem der Qualität des Fertigprodukts, das mit dem Ersatz von Leder in Schuhen im Vierjahresplan entstand und sich in den Kriegsjahren zunehmend verschärfte.

Im Folgenden wird untersucht, wie es zur Errichtung dieser Forschungsanlage im Konzentrationslager Sachsenhausen kam und welche Rolle sie für die Entwicklung des Produkts Schuh in der Folgezeit spielte. Zum einen geht es darum, die Handlungsspielräume der Unternehmer zu ermessen, die für wissenschaftliche Zwecke Häftlingsarbeit einsetzten. Zum anderen wird nach der wissenschaftlichen und wirtschaftspolitischen Funktion dieser Art von Forschung in den Kriegsjahren gefragt. Es soll ermittelt werden, welche Art von wissenschaftlichen Fakten mit Hilfe einer solchen Einrichtung im Konzentrationslager erhoben wurden und welche Aufgabe die Forschungsergebnisse technisch, wirtschaftlich und wirtschaftspolitisch erfüllten. Dafür nimmt diese Untersuchung auf das Konzept der »wissenschaftlichen Tatsache« Bezug, wie es die neuere Wissenschaftssoziologie reflektiert. In Anknüpfung an Ludwik Fleck stellen Wissenschaftsforscher wie Bruno Latour und Hansjörg Rheinberger das Postulat vermeintlich transhistorischer Wahrheit wissenschaftlicher Tatsachen heute grundsätzlich in Frage, indem sie die Entstehungszusammenhänge wissenschaftlicher Fakten untersuchen und deren historische Bedingungen und Kontextabhängigkeit aufzeigen.[4] Um herauszufinden, welche Bedeutung die Versuche

Solidarität und Widerstand im KZ Sachsenhausen, Berlin o. D., S. 51-54; Sachsenhausen. Dokumente, Aussagen, Forschungsergebnisse (1982), S. 56f.

4 Ludwik Fleck betonte bereits in den 1920er und 30er Jahren in Bezug auf (natur)wissenschaftliche Erkenntnis: »Beobachten, Erkennen ist immer ein […] Umformen des Erkenntnisgegenstands. […] Wir nähern uns der idealen ›absoluten‹ Wirklichkeit nicht einmal asymptotisch, denn unaufhörlich ändert, erneuert sie sich und entfernt sich in gleichem Maße von uns, wie wir [als Naturwissenschaftler] vorwärtsschreiten.« Er hielt daher jede wissenschaftliche Erkenntnis für »historisch bedingt«, historisch relativ und »zweckgebunden«, nicht nur in Bezug auf die Art und Weise der Lösungen, sondern selbst auf die Wahl der Forschungsgegenstände. Bruno Latour nennt wissenschaftliche Fakten, deren Möglichkeiten, eine »Wirklichkeit« »wahrheitsgetreu« abzubilden, er für erklärungsbedürftig hält, daher *Faitiche*, um ihren Zwittercharakter zwischen Fakt und Fetisch hervorzuheben und darauf hinzuweisen, dass solche Fakten immer auf einer Übereinkunft derer beruhen, die sie benutzen und in einem bestimmten Kontext für »wahr« definieren. Damit gestalten solche naturwissenschaftlichen »Fakten« seiner Auf-

im Konzentrationslager für die beteiligten Unternehmer und Wissenschaftler hatten und welchen Nutzen sie aus ihnen zogen, wird es daher notwendig sein, sich auf die Ebene der konkreten wissenschaftlichen und technischen Fragestellungen zu begeben, die sie dort untersuchten. Es gilt, das »Experimentalsystem« der Gebrauchswertforschung zu rekonstruieren, d. h. die Formen des Experimentierens, die die Wissenschaftler wählten, um an die gewünschten Informationen zu gelangen, die aber gleichzeitig ihre Forschungsfragen und ihre Erkenntnismöglichkeiten mitbeeinflussten und prägten.[5]

Die Untersuchung der Praxis, wie die Unternehmen diese Erkenntnisse verwerteten und – auf einer zweiten Funktionsebene – wie die Bewirtschaftungsstellen sie als Basis für wirtschaftspolitische Entscheidungen in der Kriegswirtschaft verwendeten, soll die Aussagekraft der im Konzentrationslager erhobenen Daten und wissenschaftlichen Forschungsergebnisse bewerten helfen. Es wird zu fragen sein, ob die Forschungen auf der »Schuhprüfstrecke« am Ende die ihnen zugedachte Funktion erfüllten oder ob die Rahmenbedingungen der SS-Willkürherrschaft im Konzentrationslager und die NS-Vernichtungspolitik die wissenschaftlichen Ziele konterkarierten. Darüber hinaus soll geklärt werden, inwieweit die Unternehmen und Wissenschaftler über die menschenverachtenden und mörderischen Bedingungen, unter denen die Versuche im KZ Sachsenhausen stattfanden, Bescheid wussten, und wie sie mit diesem Wissen umgingen.

fassung nach die Wirklichkeit, die sie angeblich nur »objektiv« beschreiben, aktiv mit. Hansjörg Rheinberger hält gar die Historisierung der Epistemologie für den wesentlichen Beitrag zur Philosophie der Wissenschaften der letzten Jahrzehnte. Die Untersuchung gelte immer stärker den experimentellen »Bedingungen, die geschaffen wurden oder geschaffen werden müssen, um Gegenstände unter jeweils zu bestimmenden Umständen zu Gegenständen empirischen Wissens zu machen«. Vgl. Fleck (1929/1983); Fleck (1935/1980); Latour (2000), bes. S. 327ff.; Rheinberger (2007b), S. 11.

5 Experimentalsysteme sind für Hans-Jörg Rheinberger die kleinsten funktionsfähigen Einheiten modernen experimentellen Arbeitens. Sie sind die Vorrichtungen, die sich Wissenschaftler zur Bearbeitung noch unbeantworteter und zur Produktion noch ungestellter Fragen schaffen. Sie sind Mischgebilde aus zugleich sozialen, institutionellen, technischen, instrumentellen und epistemischen Elementen. In ihnen sind Wissensobjekte und die technischen Bedingungen ihrer Hervorbringung unauflösbar miteinander verknüpft. Dieser Fokus auf die materiellen und gegenständlichen, aber auch sozialen Umstände der Verfertigung von wissenschaftlichen Fakten und sogar deren theoretischer Konzeption macht deutlich, welchen bedeutenden und in der Theorie nicht unbedingt vorhersehbaren oder immer reflektierten Einfluss die Praxis des Experimentierens auf die Fragestellungen und Ergebnisse des Untersuchungsprozesses hat. Anstatt von »sozialer Konstruktion« zu sprechen, bezieht dieses Modell der Praxis des wissenschaftlichen Arbeitens soziale Momente strukturell gleichberechtigt neben anderen mit ein. Dies ermöglicht es, zu zeigen, wie auch technische Elemente, die »Experimentalbedingungen«, die Rheinberger auch »technische Dinge« nennt, eine unvorhergesehene Eigendynamik im Forschungsprozess entfalten können. Vgl. Rheinberger (2006), S. 8f., 20-39; Rheinberger (2007a).

9.1 Bewirtschaftung der Schuhproduktion: Phasen und Institutionen (1933-1945)

Zunächst sollen hier kurz die wichtigsten Akteure und Institutionen vorgestellt werden, die die Schuhproduktion in den Jahren 1933 bis 1945 organisierten und zunehmend lenkten. Erste Eingriffe in die Schuhwirtschaft fanden, durch die nationalsozialistische Neuordnung der Wirtschaft, bereits kurz nach der Machtübernahme der NSDAP statt. In mehreren Stufen begannen die staatlichen Stellen, die unternehmerische Produktion und Investition in politisch gewünschte Bahnen zu lenken. Dies geschah im Wesentlichen über die staatliche Koordinierung der drei wirtschaftlichen Engpassfaktoren der Devisen, der Rohstoffe und der Arbeitskräfte. Die Produktionslenkung von Schuhen im Nationalsozialismus lässt sich in vier Phasen einteilen. Dies waren erstens die Begrenzung und Zuteilung der wichtigsten Rohstoffe, vor allem des Leders, durch eine zentrale, staatliche Steuerung der Importe und des Außenhandels unter dem Neuen Plan ab 1934. Zweitens kam es zu einer Konzentration der Industrie, d. h. der Auskämmungen und Stilllegung einzelner Betriebe und der Überweisung ihrer Arbeitskräfte und Maschinen an andere, meist als »kriegswichtig« eingestufte Unternehmen. Sie begann im Handwerk 1936 und in der Industrie im März 1940.[6] In einer dritten Phase kam es zu einer quantitativen Beschränkung der Produktion einzelner Unternehmen (ab September 1939). Und viertens gingen die Bewirtschaftungsstellen ab 1942 zu einer direkten Kontrolle und zur Vereinfachung der Produkte selbst über, die im Januar 1944 in eine branchenweite Typisierung von Modellen mündete. Die gleichen vier Phasen sind genauso in der Kriegswirtschaft Großbritanniens zu erkennen. Dort begann die Produktionslenkung allerdings erst mit der Kriegserklärung Großbritanniens an Deutschland am 3. September 1939 und nicht, wie im Deutschen Reich, bereits Jahre vor Kriegsbeginn.[7]

Die Phasen der Produktionslenkung im Deutschen Reich fallen jeweils mit der Gründung oder Umstrukturierung bestimmter Institutionen der Bewirtschaftung zusammen. Sie waren die wichtigsten Akteure der Produktionslenkung. Die Bewirtschaftung oblag in der Leder- und Schuhindustrie im wesentlichen der *Überwachungsstelle für Häute und Felle*, später *Reichsstelle für Lederwirtschaft* (ab 1934), der *Wirtschaftsgruppe Lederindustrie* (ab 1936) und ihren Untergliederungen, und der *Gemeinschaft Schuhe* (gebildet im November 1942). Eine weitere staatliche Institution, das *Amt für deutsche Roh- und Werkstoffe*, später *Reichsstelle* bzw. *Reichsamt für Wirtschaftsausbau* wurde bereits in Kapitel 6 vorgestellt.

6 Verordnung über die Stillegung von Betrieben zur Freimachung von Arbeitskräften v. 21.3.1940, RGBl. Teil I, Nr. 54.

7 Vgl. dazu ausführlich Kap. 11.

Die »Überwachungsstelle« und »Reichsstelle für Lederwirtschaft« (1934)

Die Grundlage für eine staatliche Kontrolle der Rohstoffwirtschaft unter Hjalmar Schachts »Neuem Plan« war das »Gesetz über den Verkehr mit industriellen Rohstoffen und Halbfabrikaten« vom 22. März 1934, das die Schaffung sogenannter *Überwachungsstellen* vorsah.[8] Diese Behörden wurden für verschiedene Rohstoffarten eingeführt und unterstanden dem Reichswirtschaftsministerium.[9] An ihrer Spitze stand ein »Reichsbeauftragter«.

Zuständig für den Rohstoff Leder war die am 9. April 1934 ins Leben gerufene *Überwachungsstelle für Häute und Felle*, ab September 1934 *Überwachungsstelle für Lederwirtschaft* in Berlin.[10] Im Sinne des »Neuen Plans« regulierte sie die Menge der Rohstoff-Einfuhr der Unternehmen durch Devisenzuteilung. Sie setzte Rohstoff-Höchstmengen für die Erzeugung ausgewählter Waren fest und erließ Bestimmungen über die Höhe der zulässigen Rohstoff-Vorräte in den Unternehmen. Direkten Einfluss auf die Produktion nahm sie nicht. Im August 1939 wurde die *Überwachungsstelle* in *Reichsstelle für Lederwirtschaft* umbenannt. Die *Reichsstelle für Lederwirtschaft* blieb die Planungsinstanz und Verteilerstelle aller wichtigen Rohstoffe für die ledererzeugenden und lederverarbeitenden Unternehmen bis November 1942. In der zweiten Kriegshälfte musste sie jedoch nach und nach Funktionen an andere Institutionen abgeben. Im November 1942 verlor sie ihre Bewirtschaftungskompetenzen an die *Wirtschaftsgruppe Lederindustrie* (für Lederwaren) und die *Gemeinschaft Schuhe* (für Schuhe) und war nur noch für die Koordination der Gesamtplanungen und die Kommunikation mit anderen Reichsstellen zur Rohstoffbeschaffung zuständig.[11]

Die »Wirtschaftsgruppe Lederindustrie« (1936)

Die zweite für die Koordinierung der Produktion zuständige Institution war die *Wirtschaftsgruppe Lederindustrie*. Sie war ab 1934 die fachliche Spitzenorganisation der Lederwirtschaft und die alleinige Vertretung der ledererzeugenden und lederverarbeitenden Industriebetriebe im Deutschen Reich. Die Mitgliedschaft aller Unternehmen, die Leder erzeugten oder Leder verarbeiteten, war Pflicht. Die Wirtschaftsgruppe war einerseits eine Untergliederung der *Reichsgruppe Industrie* in der Reichswirtschaftskammer und andererseits beratende und betreu-

8 Gesetz über den Verkehr mit industriellen Rohstoffen und Halbfabrikaten v. 22.3.1934, RGBl. I, S. 212.

9 Vorbild für die Organisation der Überwachungsstellen im Dritten Reich waren die im Ersten Weltkrieg geschaffenen Reichsstellen und Kriegsgesellschaften. Bis Kriegsbeginn entstanden insgesamt 20 Reichsstellen.

10 Verordnung über Felle und Häute v. 9.4.1934, Dt. RA Nr. 83 v. 10.4.1934; Verordnung über den Warenverkehr v. 4.9.1934, RGBl. I 1934, S. 816.

11 Gründung der GS am 15.10.1942, vgl. Dt. RA Nr. 244 v. 17.10.1942.

ende Institution für ihre Mitglieder. Während die *Überwachungs-* bzw. *Reichsstelle für Lederwirtschaft* rein staatlichen Charakter hatte und von Beamten des Reichswirtschaftsministeriums geführt wurde, erfüllte die Institution der Wirtschaftsgruppe die Funktion eines Interessenverbandes der Unternehmer und beerbte darin die Fachverbände der Weimarer Republik. Geleitet wurde sie jeweils von einem Unternehmer aus der Lederindustrie. Bis 1945 waren dies die Lederfabrikanten Ernst Ammer aus Reutlingen (1934 – Januar 1942), Ludwig Cornelius Freiherr von Heyl aus Worms (Januar 1942 – Dezember 1944) und der Lederwarenfabrikant Heinrich Krumm aus Offenbach am Main (ab Januar 1945).[12]

Mit zunehmender Verknappung der Rohstoffe und Arbeitskräfte nahm die Verteilungstätigkeit der Wirtschaftsgruppe stärker behördliche Züge an. So bezeichnete der Historiker Martin Broszat die Organisationsform der Wirtschaftsgruppen mit ihrem Pflichtcharakter, ihrer autoritären Struktur und ihrer engen Bindung an die staatliche Wirtschaftsbürokratie als »eigenartigen Zwitter, der nur noch schwer unterscheiden ließ, wo die interessenpolitische Selbstverwaltung aufhörte und die staatliche Auftragsverwaltung anfing«.[13] Als die *Wirtschaftsgruppe Lederindustrie* 1934 geschaffen wurde, war ihre Aufgabe noch sehr vage gehalten.[14] Erst im Vierjahresplan erhielt sie eine Funktion im staatlichen Bewirtschaftungssystem. Mit einem Erlass des Preußischen und Reichswirtschaftsministers vom 7. Juli 1936 wurde eine neue Arbeitsteilung zwischen Überwachungsstelle und Wirtschaftsgruppe etabliert, die bis 1942 galt: Die Wirtschaftsgruppe ermittelte den Bedarf an Rohstoffen ihrer einzelnen Mitgliedsunternehmen; die Überwachungsstelle beschaffte die Rohstoffe und Hilfsstoffe und wies auf dieser Grundlage den einzelnen Unternehmen ihre jeweiligen Kontingente zu. Die *Überwachungsstelle für Lederwirtschaft* war also ab 1936 zuständig für Einfuhr und Verteilung von industriellen Rohstoffen, Halbzeugen und Hilfsstoffen, die *Wirtschaftsgruppe Lederindustrie* für Produktionsfragen.[15] Als »Exekutivorgan« für die Rohstoffzuteilung der Überwachungsstelle erhielt damit die Wirtschaftsgruppe erste Kompetenzen, in den Marktmechanismus der Verteilung einzugreifen. Die Wirtschaftgruppe war in sechs Fachgruppen untergliedert, darunter die *Fachgruppe Schuhindustrie.*

Eine wissenschaftliche Grundlage der Produktionslenkung war die Statistik. Über die regionale Verteilung der Schuhindustrie über Deutschland und die

12 BA Berlin, R 13 XIII, Nr. 45.

13 Vgl. Broszat (1969), S. 226.

14 »Die Wirtschaftsgruppe hat die Lederindustrie im Sinne der nationalsozialistischen Weltanschauung zu beraten und zu betreuen und ihre wirtschaftlichen Belange im Rahmen der Gesamtorganisation der deutschen Wirtschaft zu vertreten und zu fördern.« Vgl. Satzung der WG Lederindustrie, BA Berlin, R 13 XIII, Nr. 43.

15 Ein drittes Gremium, die »Prüfungsstelle Lederindustrie«, hatte seit 1934 die Überwachung und Lenkung des Exports zur Aufgabe. Da sie im Kontext der Ersatzstoffentwicklung jedoch keine Rolle spielt, soll ihre Geschichte hier vernachlässigt werden.

Leistungsfähigkeit der Unternehmen gab es bis 1933 nur sehr unzureichende statistische Kenntnisse. Dies änderte sich mit der Zwangsmitgliedschaft aller Unternehmen in den Organisationen der gewerblichen Wirtschaft ab 1934. Die *Fachgruppe Schuhindustrie* verfügte mit den verpflichtenden Angaben aller Firmen bald über einen nie dagewesenen Datenbestand. Die gesamtdeutsche Produktionsstatistik von 1936, die 1939 veröffentlicht wurde, gilt als die erste moderne und verlässliche Statistik über die Industrie in Deutschland.[16] Sie war Grundlage der Kriegsplanung. Nach längeren Verhandlungen zwischen der *Reichsgruppe Industrie* und dem *Statistischen Reichsamt* wurde im Jahr 1938 die Industrieberichterstattung direkt den Wirtschaftsgruppen übertragen. Dies ging mit einer Intensivierung und Beschleunigung der Statistik einher.[17] Jedes einzelne Unternehmen schickte nun monatliche Übersichten über Beschäftigte, Arbeitsstunden, Löhne und auch ihre Umsätze ein, die vom statistischen Referat der *Wirtschaftsgruppe Lederindustrie* ausgewertet und allen bewirtschaftenden Behörden zur Verfügung gestellt wurden.[18] Auch die universitären Wirtschaftswissenschaften nutzten diese Daten. So entstand zum Beispiel 1940 unter raumplanerischen Gesichtspunkten die erste umfassende Untersuchung zur Wirtschaftstruktur des Schuhindustrie-Standorts Pirmasens.[19] 1942 vereinheitlichten die Wirtschaftswissenschaftler des Berliner Instituts für Konjunkturforschung unter Rolf Wagenführ im Auftrag des Kehrl'schen Planungsamtes sämtliche Rohstoff- und Industrie-Statistiken der Reichsstellen und stellten damit die Statistik aller Wirtschaftbereiche auf eine gemeinsame Grundlage.[20]

Neben dem Bedarf an Rohstoffen ermittelte die Wirtschaftsgruppe auch den Bedarf an Arbeitskräften. Diese Aufgabe gewann ab 1936 ebenfalls zunehmend an Bedeutung, da die Rüstungskonjunktur zu diesem Zeitpunkt den Arbeitskräfteüberschuss der frühen 30er Jahre in einen Arbeitskräftemangel überführt hatte.[21] Die Verhandlungen über die Arbeitskräfte führte die *Wirtschaftsgruppe Lederindustrie* als Mittler für einzelne Unternehmen mit den regionalen Landeswirtschafts- und Arbeitsämtern.[22] Als Konsumgüterindustrien waren die Leder-

16 In dieser Statistik wurde erstmals in Deutschland der Nettoproduktionswert in den verschiedenen Industriezweigen veröffentlicht. Vgl. Reichsamt für Wehrwirtschaftliche Planung, Die deutsche Industrie. Gesamtergebnisse der amtlichen Produktionsstatistik, Berlin 1939; Fremdling (2005); Tooze (2001), S. 184ff.

17 Beiratssitzung der WG Lederindustrie, 21.1.1942, in: MPG-Archiv, Abt. I, Rep. IA, Nr. 1798/2, S. 7f.; Tooze (2001), S. 184ff.

18 Dies waren vor allem das RWiMin, die RfL, der Preiskommissar, das Reichsarbeitsministerium für die Planung des Arbeitseinsatzes und das Oberkommando der Wehrmacht für die regionale Planung der Einziehungen. Vgl. Beiratssitzung der WG Lederindustrie, 21.1.1942, in: MPG-Archiv, Abt. I, Rep. IA, Nr. 1798/2, S. 7f.

19 Schuster (1940).

20 Vgl. Tooze (2001), S. 259ff. Kehrl (1973), S. 266ff.

21 Herbert (1999), S . 45-56.

22 MPG-Archiv I. Abt, 1A/1798, Beiratssitzung der WG Lederindustrie vom 21.1.1942, S. 7.

und die Schuhwirtschaft seit 1936 von staatlichen Zwangsmaßnahmen zum Abzug von Arbeitskräften für die Rüstungsindustrie betroffen.[23] Die *Wirtschaftsgruppe Lederindustrie* entschied in ihrem Zuständigkeitsbereich darüber, welche Betriebe stillgelegt wurden.[24] Aus den stillgelegten Betrieben wurden Arbeitskräfte an Rüstungsbetriebe (vor allem in die Panzerfertigung) oder an »leistungsfähigere« Betriebe der Leder- und Schuhindustrie überwiesen. Die Zahl der Betriebe der Schuhindustrie fiel in den Kriegsjahren auf die Hälfte (Tabelle 27).

Tabelle 27: Zahl der Firmen der Schuhindustrie im Reich (ohne Hausschuhe) und der Beschäftigten (1933-1944)[25]

Jahr	Zahl der Betriebe	Zahl der Beschäftigten
1933	1.237	93.764
1935	1.317	94.971
1936	1.376	102.250
1937	1.357	103.715
1938	1.385	117.240
1939	1.041	112.089
1940	1.063	84.028
1941	794	74.468
1942	708	72.000
1943	600	67.177
1944	513	68.497

Die ledererzeugenden Betriebe zeigten eine annähernd gleiche Entwicklung: einen leichten Anstieg bis 1938 (ungefähr 1.200 Betriebe) und ihren Rückgang auf etwa die Hälfte (560 produzierende Betriebe) im Jahr 1944.[26] Die Zahl der Zwangsarbeiter und Kriegsgefangenen in der Schuhindustrie erreichte im Juli 1944 21 Prozent aller Beschäftigten.[27] Bei einzelnen Firmen war diese Zahl allerdings noch bedeutend höher. Bei Salamander lag sie bei über 30 Prozent der

23 Für die »Auskämmungen« 1936-39 im Handwerk, zu dem viele der kleinen Gerbereien und Schuhunternehmen sowie das Reparaturhandwerk zu zählen sind, vgl. Lenger (1988), S. 200ff.; Keller (1980), S. 139; BA Berlin, R 13 XIII, Nr. 199; Bräutigam (1997), S. 102.

24 Die ausführenden Organe der Stilllegungen vor Ort waren die Industrie- und Handelskammern und die Handwerkskammern.

25 Nach: Niederschrift über die Sitzung des Vertrauensmänner-Ausschusses G XX Wehrmachtsschuhwerk im Hauptausschuss I Wehrmacht und allgemeines Gerät beim RMin für Bewaffnung und Produktion, 29.9.1942, BA Berlin, R 13 XIII, Nr. 195; R 12 XIII, Nr. 199; sowie BIOS Final Report Nr. 861, The Stratton Mission to Germany (1945), S. 57; Bräutigam (1997), S. 118.

26 Vgl. Bräutigam (1997), S. 128.

27 GS an den RRüKr, Produktionsamt, Betr.: Beschäftigte in der Schuh- und Hausschuhindustrie, 21.8.1944, BA Berlin, R 10 VI, Nr. 14.

Belegschaft.[28] Nach Angaben Petra Bräutigams beschäftigte Freudenberg sogar 40 Prozent Zwangsarbeiter.[29]

Im Schuhmacherhandwerk wurden in den Kriegsjahren noch weitaus mehr Arbeitskräfte abgezogen (Tabelle 28).[30] Im Schuhmacherhandwerk stieg der Anteil der Zwangsarbeiter und Kriegsgefangenen an allen Beschäftigten von 3 Prozent im Juli 1941 auf 11 Prozent im Mai 1943.

Tabelle 28: Zahl der Betriebe und Beschäftigten im Schuhmacherhandwerk (Juli 1939 – Mai 1943)[31]

Jahr	Zahl der Betriebe	Zahl der Beschäftigten
1.7.1939	152.789	221.221
1.1.1940	149.538	198.273
1.7.1940	147.393	187.064
1.1.1941	148.933	191.394
1.7.1941	121.935	182.962
1.7.1942	111.444	167.967
31.5.1943	104.996	159.750

Die »Gemeinschaft Schuhe« (November 1942)

Eine Besonderheit der *Wirtschaftsgruppe Lederindustrie* gegenüber anderen Wirtschaftsgruppen war, dass in ihr sowohl die Rohstoff erzeugende als auch die verarbeitende Industrie zusammengefasst waren. In den Fachgruppen waren jeweils Betriebe gleicher Fertigungsart vertreten. In der »zweiten Aufrüstungsphase« unter Albert Speer, die im November 1942 mit der Umstrukturierung der Kriegswirtschaft von der Breiten- auf die Tiefenrüstung begann, änderte sich dies grundlegend.[32] Nun erhielten die einzelnen Branchen und Unternehmen selbst die Verteilungsmacht für ihre jeweiligen Rohstoffe und Produktionsaufgaben. In der Schuhwirtschaft ging dies einher mit der Gründung einer neuen

28 Hanspeter Sturm, Geschichte der Salamander AG, Manuskript 1958, WABW, Bestand Y 110, Salamander AG, S. 98, 157.

29 Bräutigam (1997), S. 235f., unter Bezug auf eine Akte im firmeneigenen Archiv Freudenberg (3/01099 Zwangsarbeiter).

30 Auch hier ist die Zahl der Dienstverpflichteten in Rüstungsbetriebe nicht von der Zahl der zur Wehrmacht eingezogenen Beschäftigten zu unterscheiden. Der leichte Anstieg der Betriebszahlen zwischen Juli 1940 und Januar 1941 ist auf die Wiederzulassung jüdischer Schuhmacher im November 1940 zurückzuführen. Vgl. Kap. 8.4.

31 Vgl. Reichsstand des Deutschen Handwerks, Betriebsstätten- und Beschäftigtenzahlen Juli 1939 bis Mai 1943: Schuhmacher. Die Beschäftigten nach ihrer Stellung im Beruf, DHA Berlin, Rep. 308, Nr. 1ÜF, Bl. 77.

32 Vgl. Volkmann (1989), S. 268; Scherner/Streb (2006).

Bewirtschaftungsorganisation, der *Gemeinschaft Schuhe*, deren Leitung Unternehmer aus der Schuhwirtschaft übernahmen.[33]

Die Schuhindustrie, bisher als *Fachgruppe Schuhindustrie* eine Untergliederung der *Wirtschaftsgruppe Lederindustrie*, wurde damit als eigenständige Organisation aus der Wirtschaftsgruppe ausgegliedert. Mit der Gründung der *Gemeinschaft Schuhe* wurde die Trennung der Kompetenzen zwischen *Reichsstelle für Lederwirtschaft* (Einfuhr und Verteilung von Rohstoffen, Devisenzuteilung), *Wirtschaftsgruppe Lederindustrie* (Produktionsfragen) und *Prüfungsstelle* (Ausfuhrangelegenheiten) im Bereich der Schuhproduktion aufgehoben.[34] Die *Gemeinschaft Schuhe* übernahm sowohl die Kontingentierung der Roh- und Hilfsstoffe als auch – in größerem Umfang als bisher die Wirtschaftsgruppe – die Planung, Lenkung und Kontrolle der Produktion und des Exports.[35] Sie bewirtschaftete neben dem Leder auch andere Rohstoffe und Werkzeuge, die zur Herstellung von Schuhen benötigt wurden. Darüber hinaus erhielt sie die Verfügungsmacht über die Rohstoffe und Produktion von Wehrmachtschuhwerk, die vorher für die gesamte Wehrmacht noch in den Händen der Wehrmacht selbst, des Heeres-Verwaltungsamts und des ihm unterstellten Beschaffungsamts (Abteilung V5), lag.[36]

Dieser Wechsel zu einer unternehmerischen Lenkung für die Schuhindustrie markiert den Übergang von der rohstoffkontingentierenden zur fertigungs-

33 Leiter der GS von ihrer Gründung bis Kriegsende war Theodor Röder, Direktor der Mercedes-Schuhfabriken in Stuttgart-Bad Cannstatt. Mitglieder des ersten Präsidiums der GS waren die Unternehmer Karl Eckardt (Schuhfabrik C. A. Schneider, Frankfurt/M.), Otto Friedrich (Harburger Gummiwarenfabrik Phönix AG, Hamburg-Harburg), Ludwig C. Freiherr von Heyl (Heyl'sche Lederwerke Liebenau, Worms), Emil Keil (Schuhfabrik Oswald Wenzel, Weissenfels/Saale), Theodor Keller (Stettin), Herman Ludwig (Breslau), Gustav Rheinberger (Schuhfabrik Eduard Rheinberger AG, Pirmasens), Albrecht Miesbach (Baťa AG Zlín) sowie der Reichsbeauftragte für Lederwirtschaft und Lederforscher an der Deutschen Versuchsanstalt für Lederindustrie in Freiberg, Prof. Dr. Fritz Stather, Dipl. Ing. Jehle (Reichsbeauftragter für Kautschuk), SA-Obergruppenführer Arthur Hess (Reichsinnungsmeister des Schuhmacherhandwerks), Ministerialdirigent Koelfgen und Oberregierungsrat P. Müller (RWiMin Berlin), Oberreichsleiter Neumann (Fachamt Bekleidung und Leder der NSDAP) und Otto Jung (Hauptgeschäftsführer der WG Bekleidungsindustrie). Vgl. BA Berlin, R 10 VI, Nr. 1, 3; Die Selbstverantwortungs- und Selbstverwaltungsorgane der Rüstungswirtschaft (nach dem Stande vom 1. Mai 1944), Berlin 1944, S. 67; Liste der Präsidialmitglieder der GS, 1.12.1942, in BA Berlin, R 10 VI, Nr. 9.

34 Zur Gründung weiterer »Reichsvereinigungen« 1942, von denen die GS die letzte war, vgl. Kehrl (1973), S. 260-265.

35 Gremien der Verteilung und Überwachung waren nun die Ausschüsse, die mit Vertretern der führenden Unternehmen besetzt waren.

36 Vgl. Kurzvortrag über Rüstungswirtschaft und Beschaffungswesen der Wehrmacht bei Bekleidung und Ausrüstung des Mannes, 13.3.1944; Vortrag des Stabsint. Dr. Wilhelmini (Wehrmachtsbeschaffungsamt), Tagung der Rüstungs-Inspektionen im Wehrkreis V über Beschaffung von Bekleidung und Ausstattung des Mannes (April 43 bis März 44), BA-MA Freiburg, RH 9, Nr. 26.

orientierten Kontrolle der Schuhproduktion. Nun wurden auch die Produkte selbst reglementiert: Schuhe durften nur noch nach genau festgelegten Regeln hergestellt werden. Bei ihrer Gründung hatte der zuständige Generalreferent im Reichswirtschaftsministerium, Hans Kehrl, der *Gemeinschaft Schuhe* als Aufgabe mit auf den Weg gegeben, »die Fußbekleidung müsse zu den einfachsten aber zweckentsprechenden Formen zurückgeführt werden. Für die arbeitende Bevölkerung müsse der Standard, jedoch unter Beschreitung aller denkbaren Wege, von welchen die Typisierung einer sei, gehalten werden.«[37] Der Unternehmer Kehrl setzte sich mit dieser Befürwortung einer Begrenzung der Sortenzahl von Konsumgütern offensichtlich gegen andere Positionen in den alten Bewirtschaftungsstellen des Reichswirtschaftsministeriums durch, die der Meinung waren, »die freie Konsumwahl unterscheide uns [...] vom Bolschewismus«. Sie hatten bislang zu verhindern gesucht, »in einer Welt zu leben, in der [die Konsumenten] auf einem Einheitsstuhl sitzend, in einen Einheitsanzug gekleidet, an einem Einheitstisch eine Einheitsmahlzeit essen« müssten.[38] Die Ära Albert Speer bedeutete offenbar auch einen Richtungswechsel in der Versorgungspolitik mit Konsumgütern.

Die »Herstellungsvorschriften« der *Gemeinschaft Schuhe* – das Ergebnis mehrmonatiger Verhandlungen – regelten ab Januar 1944 eine Beschränkung der Schuhmodelle auf wenige »Einheitsschuhe«. Für verschiedene Verwendungszwecke wurden einheitliche Richtmodelle entwickelt.[39] Statt wie vorher Listen von Produkten zu führen, deren Erzeugung verboten war, kamen nunmehr Listen der ausschließlich zur Produktion zugelassenen Waren heraus.[40] Die Modelle durften nur noch in großen Serien von mindestens 300 Paar hergestellt werden.[41] Nachdem viele Unternehmen, die in kleinen Serien arbeiteten, noch zu Beginn des Krieges mit Verweis auf den organischen Rohstoff Leder eine

37 Bericht über die erste Präsidialsitzung der GS, 21.1.1943, Mährisches Landesarchiv Brno – Zlín, Bestand Baťa, I/4 Generalverwaltung, Box 138, Nr. 532.

38 Zitat einer Rede des Staatssekretärs im Reichswirtschaftsministerium, Dr. Landfried, vor Gauleitern im November 1942. In der Darstellung Hans Kehrls kam es unter der Leitung Walther Funks im Reichwirtschaftsministerium Ende 1942 zu einer Aussprache der Befürworter und Gegner der Typisierung von Konsumgütern, in der die Befürworter unter Kehrl den Sieg davontrugen. Diese führten das Argument an, auch bei den »wirtschaftlich viel stärkeren Feindstaaten« fände eine solche »Steuerung« der Konsumgüter statt. Vgl. Kehrl (1973), S. 290-293.

39 Erste Durchführungsbestimmung zur Anweisung 1/43 der GS v. Nov. 1943, gültig ab 1.1.1944, BA Berlin, R 13 XIII, Nr. 49. Die Modelle von Holzschuhen wurden bereits seit 1941 durch Herstellungsvorschriften reglementiert. Vgl. Beiratssitzung der WG Lederindustrie, 21.1.1942, in: MPG-Archiv, Abt. I, Rep. IA, Nr. 1798/2, S. 10.

40 Dies war zu diesem Zeitpunkt auch bei anderen Konsumgütern der Fall, vgl. Eichholtz (1996), Bd. 3, S. 212.

41 Niederschrift über die Sitzung des Vertrauensmänner-Ausschusses G XX Wehrmachtsschuhwerk im Hauptausschuss I Wehrmacht und allgemeines Gerät beim RMin für Bewaffnung und Produktion, 29.9.1942, BA Berlin, R 13 XIII, Nr. 195.

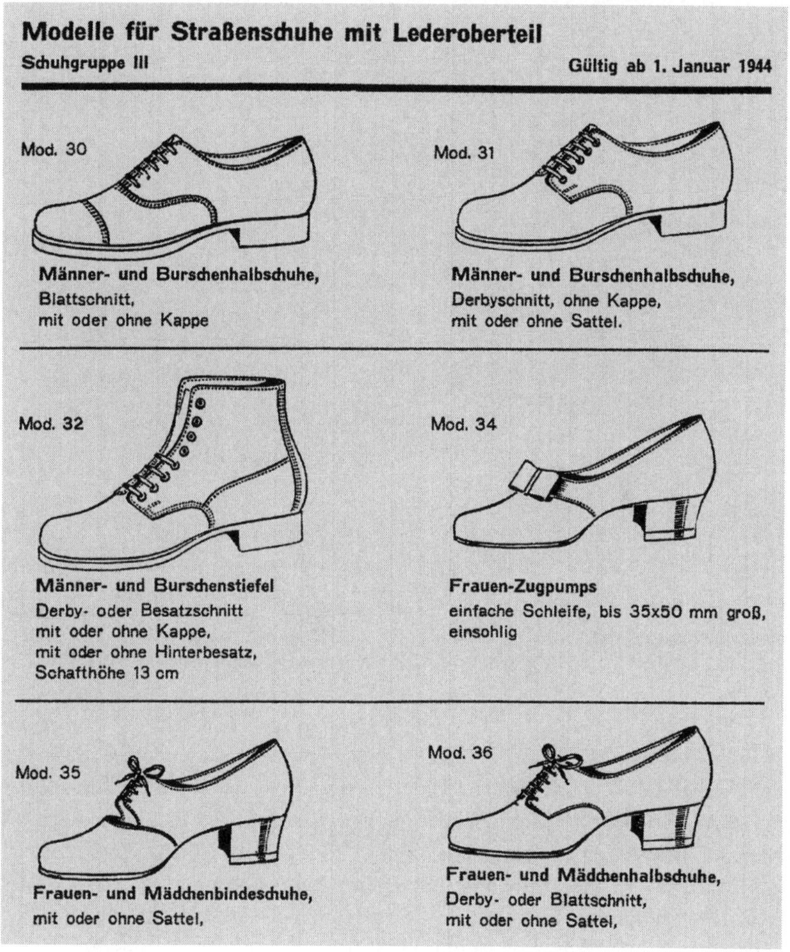

Abb. 54: Einheitsschuhmodelle der »Gemeinschaft Schuhe« (Jan. 1944)

Typisierung für »unzweckmäßig und unwirtschaftlich« gehalten hatten, da nur die vielseitige Verwendung der Lederteile die »restlose Ausnutzung« von Material gewährleisten könne, war bei einem wachsenden Anteil homogener Ersatzstoffe nun eine Typisierung besser möglich.[42]

42 Vgl. Rundschreiben des RWiMin, Betr.: Beschränkung der Typen- und Sortenzahl, 26.9.1939; WG Lederindustrie an Reichsgruppe Industrie, Betr.: Versorgung der Zivilbevölkerung mit lebenswichtigen Verbrauchsgütern durch Beschränkung der Typen- und Sortenzahl, 30.10.1939, BA Berlin, R 13 XIII, Nr. 126.

Abb. 55: Einheitsschuhmodell: Frauenschnürschuh der Firma Joseph Hengen Schuhfabrik, Hauenstein/Pfalz. Schaft aus Kunstleder auf Gewebebasis, Tragsohle und Absatz aus Lederfaserwerkstoff, dreiteilige Holzsohle, Absatzoberfleck aus Gummi (Synthesekautschuk)

Für jedes der insgesamt 75 Einheitsmodelle waren die zulässige Zahl der Schaftteile, die zu verwendenden Materialien und ihre Verarbeitung bis ins Detail vorgeschrieben.[43] Jegliche Verzierung der Produkte war verboten, da dies als Material- und Arbeitskraftvergeudung galt. Jedoch wurden beim Schaftmaterial aus Ersatzstoffen bunte Farben eingesetzt. Ihre Auswahl legte der Modeausschuss fest. Die Herstellungsvorschriften untersagten alle Arbeiten am Schuh, die »nicht ausschließlich dem praktischen Zweck und der Haltbarkeit dienen«, sondern der »Erzielung von Effekten und modischen Ausdrücken«. Auch Markenbezeichnungen durften auf den Schuhen nicht mehr angebracht werden. Es war nur noch die Herstellung »eines einwandfreien, qualitativ hochstehenden Schuhwerks einfachster, gediegenster Art zulässig«.[44] Nur die Leistenform blieb den

43 Die Einheitsmodelle waren in fünf Gruppen eingeteilt: Arbeits- und Berufsschuhwerk, Arbeitsschuhe mit Holzsohle, Straßenschuhe mit Lederoberteil, Sommerstraßenschuhe/Holzsandalen und Haus-, Turn- und Babyschuhe. Vgl. Anweisung Nr. 2/43 der GS »über die Einführung typisierter Schuhmodelle« vom 22.2.1943 und Vorschriften, BA Berlin, R 13 XIII, Nr. 49, und R 8 VI, Nr. 37; Modellzeichnungen und Beschreibung zu der Anweisung der GS über die Einführung typisierter Schuhmodelle, in: SFZ v. 24.12.1942, S. 2-6; Teil 2 v. 2.1.1943, S. 5-6.

44 BA Berlin, R 8 VI, Nr. 36, WG Lederindustrie an den Reichsbeauftragten für Lederwirtschaft, Betr.: Rationalisierung FG Schuhindustrie v. 9.3.1942.

Unternehmen freigestellt. Als Grundsatz galt aber seit 1943 ganz allgemein: »Modische Leisten sind verboten.« Ab Juli 1944 hieß es: »Bequeme Formen sind zu verwenden.«[45]

Die Rationalisierungsmaßnahmen der *Gemeinschaft Schuhe* reichten von der Konzentration der verbleibenden Produktion auf »Bestbetriebe« bis zur Überlassung ganzer Maschinenparks von stillgelegten an weiterhin produzierende Betriebe. Hierfür wurde ein »Maschinenbeschaffungsausgleich« organisiert. Dabei fanden die Unternehmen für beide Seiten akzeptable Regelungen der Vermietung oder des Verkaufs von Maschinen, um einfache Enteignungen zu vermeiden.[46] Die Anschaffung von neuen Arbeitsmaschinen für die Schuh- und Lederherstellung wurde in den Kriegsjahren zunehmend schwieriger. Sie erreichte bis 1939 ihren Höhepunkt. Danach ging sie bis 1944 auf 29 Prozent des Wertes von 1939 zurück.[47] Arbeitsmaschinen wurden ebenfalls ein Engpassfaktor in der Produktion.

So kam es mittels der Verteilung der knappen Ressourcen Leder, qualifizierte Arbeitskräfte und Schuhmaschinen zu einer Polarisierung in »leistungsfähige« Mittel- und Großbetriebe auf der einen und sogenannte »lebensunfähige« Kleinbetriebe auf der anderen Seite. Die Rationalisierung der Kriegswirtschaft verstärkte einen Konzentrationsprozess, der bereits unmittelbar nach dem Machtantritt der Nationalsozialisten mit den »Arisierungen« von »jüdischen« Betrieben begonnen hatte. »Arische« Ledererzeuger nutzten die »Arisierung«, um an die Rohstoffkontingente der »jüdisch« geführten Unternehmen zu gelangen, die bis 1938 17 Prozent aller Rohhäute erhielten.[48] Die »Arisierungen« führten im Bereich der Leder- und Schuhproduktion zu einem bisher ungekannten Zusammenschluss der beiden Industrien.[49] Es bildeten sich vertikal integrierte Konzerne, die die Ledererzeugung, die Erzeugung von Ersatzstoffen, von Hilfsstoffen, Maschinen und Werkzeugen, die Produktion von Schuhen, ihren Vertrieb und sogar ihre Reparatur unter einem Firmendach vereinigten. Die drei wichtigsten deutschen Konzerne entstanden bei der Salamander AG in Kornwestheim bei

45 Herstellungsvorschriften und Durchführungsbestimmungen für Schuhe der GS von 1943 und 1944, BA Berlin, R 8 VI, Nr. 37.

46 Niederschrift über die Sitzung des Vertrauensmänner-Ausschusses G XX Wehrmachtsschuhwerk im Hauptausschuss I Wehrmacht und allgemeines Gerät beim RMin für Bewaffnung und Produktion, 29.9.1942, BA Berlin, R 13 XIII, Nr. 195.

47 United States Strategic Bombing Survey (1976), Vol. 1, S. 218f.

48 Vgl. dazu FG Ledererzeugende Industrie (Möhlenbeck) an RWiMin, Betr.: Lederindustrie und Vierjahresplan, 10.2.1938, BA Berlin, R 13 XIII, Nr. 370.

49 Zu Arisierungen in der Schuh- und Lederindustrie vgl. Kap. 6 und Brief Kempke an Ernst Ammer, 7.4.1938, BA Berlin, R 13 XIII, Nr. 510; Die Konzernbildungs-Tendenzen in der deutschen Leder- und Schuhwirtschaft. Arisierung als Anlass?, in: SFZ v. 13.8. 1938, S. 2; zu Süddeutschland: Bräutigam (1997), S. 297-336; zu Österreich: Felber (2004), S. 104-210, 274-278; zur Arisierungstätigkeit deutscher Schuh- und Lederfirmen in Frankreich: Le Bot (2007).

Stuttgart, bei Carl Freudenberg in Weinheim/Baden und bei der Firmengruppe Carl Kaess in Backnang bei Stuttgart.[50]

Die »Arisierungen« bei der Salamander AG, schon 1933 die größte deutsche Schuhfabrik, begannen in der Firmenleitung. Die beiden jüdischen Aufsichtsräte schieden 1933 aus ihren Positionen. Sie verkauften die Hälfte aller Aktien, die seit Gründung der Firma in den Händen der Nachfahren des Firmenmitgründers Max Levi lag, an ihre »arischen« Teilhaber, Jakob und Ernst Sigle, und wanderten nach Südafrika aus. Mitte der 30er Jahre erwarb Salamander die »jüdische« Lederfabrik Julius Mayer & Sohn AG in Offenbach, die – gemessen am Aktienkapital – viertgrößte Lederfabrik in Deutschland,[51] sowie Anteile an der Lederfabrik Sihler und die Württembergische Schuhfabrik GmbH.[52] 1945 bestand der Salamander-Konzern aus mehreren Schuhfabriken, mehreren Lederfabriken, einem Lederfaserstoffwerk, Produktionsstätten für Klebstoffe und Schuhpflegemittel sowie eigenen Vertriebsgesellschaften mit Filialketten von Verkaufsläden.[53]

Die Firma Carl Freudenberg in Weinheim an der Bergstraße, bis 1933 ein reiner Gerbereibetrieb, eignete sich Mitte der 30er Jahre drei Schuhfabriken an.[54] Darunter befand sich die zweitgrößte Schuhfabrik im Deutschen Reich, die Firma Conrad Tack in Burg bei Magdeburg.[55] Vor der »Arisierung« 1934 war Conrad Tack der größte Abnehmer von Leder der Firma Freudenberg gewesen.[56] Tack verfügte über eine eigene Vertriebskette unter dem gleichen Namen, die

50 Vgl. a. Bräutigam (1997), S. 293-336; Die Konzernbildungs-Tendenzen in der deutschen Leder- und Schuhwirtschaft. Arisierung als Anlass?, in: SFZ v. 13.8.1938, S. 2.

51 Diesen Status hatte sie auch noch 1938, vgl. Gustav Plum, Die Lederwirtschaft in 1938, in: Der Vierjahresplan 3 (1939), S. 1301ff.

52 Sturm (1999), S. 30.

53 BA Berlin, R 3101/alt R 7 Anh. MCC, Nr. 295, Verflechtungen in der Leder-, Schuh- und Rauchwarenwirtschaft, o.D. (1945); zur Klebstoff-Herstellung bei Salamander: R 8 VI, Nr. 84, Aktenvermerk Betr.: Meine Dienstreise v. 8.4.1941; Sturm (1999), S. 27-30.

54 BA Berlin, R 3101/alt R 7 Anh. MCC, Nr. 295, Verflechtungen in der Leder-, Schuh- und Rauchwarenwirtschaft, o.D. (1945).

55 Hermann Krojanker, der »jüdische« Generaldirektor und größter Anteilseigner des Unternehmens, nahm sich nach Vernichtung seiner wirtschaftlichen Existenz im August 1935 in Berlin das Leben. Zur »Arisierung« der Firma Conrad Tack, die im Dezember 1936 mit einer Umwandlung der Aktiengesellschaft in eine Kommanditgesellschaft mit der Firma Freudenberg & Co. als alleiniger Kommanditistin und Richard und Walter Freudenberg als Gesellschafter einherging, vgl. Walter Heitz, Entstehung und Entwicklung unserer Firma, in: Die Kameradschaft. Werkszeitschrift der Firma Conrad Tack & Cie. 2 (1936/37), Nr. 4, 25.2.1937, S. 2-4; Nr. 5, 25.3.1937, S. 2-5; Nr. 6, 30.4.1937, S. 4-8; Nr. 8, 25.6.1937, S. 5-8; Nr. 9, 25.7.1937, S. 5-7. Die ehemalige Conrad Tack AG ging damit 1936 »restlos in den Besitz der Familie Freudenberg« über. Vgl. auch Bräutigam (1997), S. 306-309; 150 Jahre Freudenberg, S. 63-86; Art. Hermann Krojanker, in: Walk (1988).

56 Bräutigam (1997), S. 306-309.

Freudenberg ebenfalls übernahm. Bis 1936 erwarb Freudenberg außerdem die größte Kinderschuhfabrik im Reich, die Firma Gustav Hoffmann in Kleve.[57] 1938 kam noch die Babyschuhfabrik Fisch in Heidelberg, ebenfalls aus »jüdischem« Besitz, hinzu.[58] 1938 kaufte Freudenberg die Gerberei Sigmund Hirsch, wobei den höchsten Posten der Kaufsumme ihr Rohstoffvorrat ausmachte.[59] Unmittelbar nach dem »Anschluss« Österreichs versuchte im März 1938 die Firmenleitung über Conrad Tack auch die zweitgrößte Schuhhandelskette Österreichs, die Firma Del-Ka in Wien, zu »arisieren«, scheiterte aber an der Entscheidung des Wiener Gauwirtschaftsamts für einen Verbleib der Aktien in »ostmärkischer« Hand.[60] 1942/43 bemühte sich Freudenberg über viele Monate hinweg um den Erwerb von 34 bis 50 Prozent des Aktienkapitals des größten Schuhkonzerns in Frankreich, der Firma André in Nancy, der seit der deutschen Besatzung als »jüdisch« galt. Dieser besaß mehrere Schuh- und Lederfabriken sowie eine Einzelhandelskette mit 132 Filialen in Frankreich und Nordafrika. Auch hier scheiterte das Arisierungsbemühen Freudenbergs daran, dass französische Unternehmen ihre eigenen Ansprüche geltend machten und damit eine »Germanisierung« der Firma verhinderten.[61] Im Mutterwerk der Firma in Weinheim entstanden seit 1936 Produktionsstätten für die Verarbeitung von Gerbereiabfällen zu Wursthüllen (Marke *Naturin*), zu künstlichem Rosshaar (Marke *Marena*), zur Lederfaserwerkstoffproduktion (Marke *Robus*), zur Kunstlederproduktion (Marke *Viledon*) und zur Verarbeitung synthetischen Kautschuks zu Dichtungsringen (*Simmerringe*) und Schuhsohlen (Marke *Nora*).[62] 1942 begann Freudenberg außerdem die Produktion von Absatzflecken für Schuhe aus dem Polyamid *Igamid* der I.G. Farbenindustrie.[63]

Auch weitere Firmen nutzten die antisemitische Politik im Nationalsozialismus zur Diversifizierung in angrenzende Unternehmensbereiche. Die Gerberei Carl Kaess GmbH in Backnang erwarb bis September 1934 die große Stuttgarter Schuhfabrik Haueisen & Cie., die nach der Übernahme der letzten Anteile der Nachfahren des »jüdischen« Firmengründers im Oktober 1934 in »Mercedes-

57 Diese befand sich nach nationalsozialistischen Kategorien nicht in der Hand »jüdischer« Eigentümer, sondern war infolge der Weltwirtschaftskrise ab 1933 in Zahlungsrückstand geraten. Auch hier war die Firma Freudenberg der größte Gläubiger und übernahm in den folgenden drei Jahren allmählich alle Aktien. Vgl. Daute (2004), S. 47ff.

58 150 Jahre Freudenberg, S. 74.

59 Bräutigam (1997), S. 330f.

60 Felber (2004), S. 122f.

61 Le Bot (2007), S. 73-80; 249-262.

62 150 Jahre Freudenberg, S. 57-62.

63 Diese Konzentration von Funktionen und Unternehmen unter dem Konzerndach von Freudenberg deuten Firmenhistoriker gern als »Diversifikation« der Produkte der ehemaligen Gerberei, vgl. Merz (2000), S. 94; 150 Jahre Freudenberg, S. 57-100; vgl. auch Streb (2001)

Schuhfabriken AG« umbenannt wurde.[64] Der Direktor dieses Unternehmens, Theodor Röder, war von 1942 bis Kriegsende Leiter der *Gemeinschaft Schuhe*. 1938 kaufte Carl Kaess Anteile des großen, auf Gesundheitsschuhe spezialisierten Unternehmens »Medicus« in Nürnberg.[65] Daneben »arisierte« die Firma bereits teilweise im eigenen Besitz befindliche Gerbereien, wie etwa die Backnanger Lederwerke GmbH, die bis 1934 zur Hälfte dem »jüdischen« Schuhfabrikanten August Wessels gehört hatte. Auch zwei Schuhfabriken von Wessels, die W. Spieß GmbH in Stuttgart und das Schuhunternehmen Vereinigte Schuhfabriken Berneis-Wessels in Nürnberg, übernahm Kaess 1933 bzw. bis 1936. Letzteres hieß fortan »Vereinigte Fränkische Schuhfabriken« und war einer der wichtigsten Hersteller von Wehrmachtschuhwerk. 1945 war Carl Kaess, der vor 1933 ausschließlich Leder herstellte, Inhaber bzw. Mitinhaber von mindestens 17 Firmen.[66]

Selbst die Schweizer Firma Bally übernahm in einem Akt der »Arisierung« im März 1938 eine der größten Schuhfabriken in Österreich.[67] In Österreich kam es ab 1938 durch die »Arisierung« und Zusammenführung sowohl des zweitgrößten Schuhunternehmens Aeterna als auch der zweitgrößten Schuhhandelskette Del-Ka durch die Bank Creditanstalt-Bankverein zur Bildung des ersten vertikal integrierten, »ostmärkischen« Schuhkonzerns, der sich von 1940 bis 1943, ebenfalls durch offensive Politik der »Arisierung«, im besetzten Polen die größte Handelskette Orzel AG und eine Schuhfabrik in Brno/Trebitsch im Protektorat Böhmen und Mähren, verschaffte. Die deutschen Unternehmen Conrad Tack, Mercedes-Schuhfabriken AG und Rieker & Co. waren ihre größten Konkurrenten um die »Arisierung« dieser Unternehmen in den annektierten bzw. besetzten Ostgebieten.[68] So verursachte die NS-Rassen- und Wirtschaftspolitik ab 1933 einen regelrechten Schub der vertikalen Integration und Konzentration in der Schuh- und Lederindustrie. Der Weg der Produktlinie vom Rohstoff bis zum fertigen Schuh und vom Fabriktor bis in die Hand des Verbrauchers oder der Verbraucherin fand nun oft unter dem Firmendach nur eines einzigen Unternehmens statt.

64 Wie in Kap. 4 ausgeführt, war Haueisen Ende der 20er Jahre die – nach Zahl der Beschäftigten – zweitgrößte Schuhfirma im Deutschen Reich. Zu einer allerdings noch unvollständigen Darstellung der »Arisierungen« der Firma Kaess vgl. Bräutigam (1997), S. 309-326.

65 Vgl. dazu: Prill (1964), S. 102.

66 Bräutigam (1997), S. 309-326.

67 Zu der »Arisierung« kurz nach dem »Anschluss« Österreichs kam es noch ohne behördlichen Zwang. Der »jüdische« leitende Direktor und ehemalige Alleininhaber der österreichischen Schuhfabrik »Bally Wiener Schuh AG« und gleichzeitige Geschäftsführer der Bally Verkaufsgesellschaft in Österreich, Hugo Gänsler, besaß noch 25 Prozent der Aktien der Schuhfabrik, die die Schweizer C. F. Bally AG im März 1938 »zur Gänze übernahm«. Sie hatte bereits 1924 60 Prozent der Anteile an der Firma erworben. Hugo Gänsler emigrierte mit Frau und Kindern in die Vereinigten Staaten. Vgl. Spuhler u. a. (2002), S. 38-40; 143-149.

68 Felber (2004), S. 104-210.

Das System der »Ausschüsse«: Expertengremien als Akteure der Produktionslenkung

Für die Fragen, die fachgruppenübergreifend alle Unternehmen der Schuhwirtschaft betrafen, bildete der Leiter der *Wirtschaftsgruppe Lederindustrie* im Krieg diverse Ausschüsse und Fachabteilungen, in denen die größten und einflussreichsten Herstellerfirmen und Verarbeiter vertreten waren. Hier erörterten sie gemeinsame Probleme und berieten die *Reichsstelle für Lederwirtschaft* bei den wichtigsten Entscheidungen und Planungen.[69] Im System der Selbstverwaltung der Industrie übernahmen diese Gremien schließlich selbst die Bewirtschaftungsfunktionen für ihren jeweiligen Spezialbereich. Ein solches Gremium für die Entwicklung von Ersatzstoffen für Leder in Schuhen war die 1940 gegründete *Fachabteilung Lederfaserwerkstoffe*. Die Produktion der übrigen Leder-Ersatzstoffe wurde bis Oktober 1943 von anderen Wirtschaftsgruppen organisiert. So war für alle Kunstleder auf Gewebebasis die *Wirtschaftsgruppe Textilindustrie*, für alle Kunstleder auf Papierbasis die *Wirtschaftsgruppe Papierverarbeitung*, für alle synthetischen Produkte (Synthese-Kautschuk und sonstige Kunststoffe) die *Wirtschaftsgruppe Chemische Industrie* bzw. die *Reichsstelle Kautschuk* zuständig. Holzsohlen fielen in den Bereich der *Wirtschaftsgruppe Holzverarbeitende Industrie* und Metallbeschläge in den Bereich der *Wirtschaftsgruppe Werkstoffverfeinerung*.[70] Mit allen diesen Wirtschaftsgruppen und deren zugehörigen Reichsstellen mussten Schuhfirmen korrespondieren, um die für die Schuhproduktion nötigen Werkstoffe zu erhalten.

Mit der Umstrukturierung der Wirtschaft unter Albert Speer (»Selbstverwaltung der Industrie«) wurde die Leder-Ersatzstoff-Produktion fachgruppenübergreifend organisiert. Die *Fachabteilung Lederfaserwerkstoffe* der *Wirtschaftsgruppe Lederindustrie* wurde im April 1944 zusammen mit ähnlichen Abteilungen der anderen Wirtschaftsgruppen zum *Produktionsausschuss Lederaustauschstoffe* vereinigt. Der Produktionsausschuss war besetzt mit den größten Herstellern der Ersatzstoffe selbst.[71] Ab diesem Zeitpunkt wurde die Bewirtschaftung aller Leder-Ersatzstoffe von diesem Gremium von Unternehmern, Managern und technischen Leitern der Ersatzstoff-Werke koordiniert. Für Verarbeitungsfragen entstand als Pendant dazu in der *Gemeinschaft Schuhe* im Januar 1944 der *Produktionsausschuss für Roh- und Werkstoffeinsatz*.[72]

Auch die Schuhproduktion der *Gemeinschaft Schuhe* war im Wesentlichen über ihr Präsidium und die Ausschüsse organisiert, die mit den wichtigsten Unterneh-

69 Fischer (1942), S. 152ff.

70 Ebd., S. 13.

71 Mitglieder des Ausschusses waren Direktoren bzw. Inhaber der Firmen Carl Freudenberg (Weinheim/Baden), Salamander AG (Türkheim), I.G. Farben (Ludwigshafen), Alkor-Werke Karl Lissmann (Solln bei München), Kötitzer Ledertuch- und Wachstuchwerke AG (Coswig bei Dresden), J. H. Benecke (Hannover-Vinnhorst) und Deutsche Kunstlederwerke Wolfgang GmbH (Grosauheim). Vgl. BA Berlin, R 13 XIII, Nr. 68 und 285.

72 Vgl. BA Berlin, R 10 VI, Nr. 66.

men besetzt waren.[73] Dies entsprach der organisatorischen Umorientierung Speers, der, wie sein Mitarbeiter Hans Kehrl später äußerte, ab 1943 in der Wirtschaftslenkung immer mehr vom Führerprinzip des »Leiters«, wie er in den frühen Kriegsjahren vorherrschte, Abstand nahm und die neue Entscheidungsgewalt einem »Präsidium« von mehreren Personen übertrug.[74] Die Technischen und Entwicklungsausschüsse sowie die Güteausschüsse sind ein Beispiel der Arbeits- und Erfahrungsgemeinschaften, die Karl-Heinz Ludwig und Helmut Maier als grundlegendes Organisationsprinzip der (Rüstungs-)Forschung sehen.[75] Ausgehend von ihrer Funktion der Koordination von Forschungs- und Entwicklungsarbeiten der einzelnen Unternehmen übernahmen diese Erfahrungsgemeinschaften allmählich auch Bewirtschaftungsfunktionen und übertrugen die technische Gemeinschaftsarbeit, die zum »Wesen der Ingenieurstätigkeit« gehörte, auf die wirtschaftliche Organisation in der Kriegswirtschaft.[76] Unter Fritz Todt und später Albert Speer als Rüstungsminister differenzierte sich die Zahl und Funktion dieser Erfahrungsgemeinschaften in der Schuhwirtschaft immer weiter aus.[77] In ihnen wurde in technischer Gemeinschaftsarbeit ein institutionalisierter, breiter Erfahrungsaustausch betrieben, der in ihrem oft technokratisch geprägten Selbstverständnis gerade nicht an den Verwertungsinteressen und Konkurrenzen der einzelnen Unternehmen seine Grenzen finden, sondern im vermeintlichen Interesse der Allgemeinheit – und natürlich der Rüstungsanstrengung für den Krieg – »den technischen Fortschritt fördern«[78] sollte.

Schuhproduktion für den deutschen Bedarf in den besetzten Gebieten

Durch die Gebietserweiterungen und die Eroberungspolitik stieg die zu versorgende Bevölkerung des »Großdeutschen Reichs« zwischen 1938 und 1942 um 37 Prozent. Die Produktion von ledernen Zivilschuhen wurde im Reich jedoch

73 Zu den Befugnissen der Ausschüsse vgl. Niederschrift über die Sitzung des Vertrauensmänner-Ausschusses G XX Wehrmachtsschuhwerk im Hauptausschuss I Wehrmacht und allgemeines Gerät beim RMin für Bewaffnung und Produktion, 29.9.1942, BA Berlin, R 13 XIII, Nr. 195.

74 Juristisch war eine solche unternehmensübergreifende »Gemeinschaftsarbeit« bereits mit der »Verordnung über Gemeinschaftswerke« des Reichswirtschaftsministers am 4. September 1939 in die Wege geleitet worden. Vgl. Verordnung über Gemeinschaftswerke v. 4.9.1939, RGBl. I 1939, S. 1621. Vgl. Kehrl (1973), S. 260ff., 293.

75 Ludwig (1974), S. 344-370; Maier (2007b), bes. S. 664-717; Maier (2007a).

76 Ludwig (1974), S. 360.

77 Die wichtigsten Ausschüsse für die Ersatzstoff-Entwicklung waren der »Technische und Entwicklungsausschuss« des »Produktionsausschusses Lederaustauschstoffe« und der »Roh- und Werkstoff-Ausschuss« der GS.

78 So der stellvertretende Leiter der WG Lederindustrie, Friedrich Kempke, auf der Industriebesprechung, vgl. Bericht über die Industriebesprechung der FA LFWS v. 25.3.1941, BA Berlin, R 13 XIII, Nr. 67.

im ersten Kriegsjahr auf 50 Prozent der Friedensmenge »gedrosselt«.[79] Zur Schuhversorgung der deutschen Bevölkerung wurden daher auch in großem Maße die Schuhindustrien der besetzten Gebiete herangezogen. Waren die Produkte anfangs vor allem Lederschuhe, so verlagerte sich die Produktion dort mit zunehmender Erschöpfung der Ledervorkommen auf Holzschuhe. Die Firma Baťa in der ehemaligen Tschechoslowakei, dem neuen »Protektorat Böhmen und Mähren«, spielte dabei den ganzen Krieg hindurch eine herausragende Rolle. Die Weltfirma und größte Konkurrentin der deutschen Schuhunternehmen lag seit März 1939 in deutsch besetztem Gebiet und produzierte nunmehr fast ausschließlich für den deutschen Bedarf.[80] Die Firma leistete einen enormen Beitrag zur Aufrechterhaltung der deutschen Kriegswirtschaft.[81] Einige Zahlenbeispiele mögen dies veranschaulichen. In einem typischen Durchschnittsmonat des Jahres 1940 (September) wurden im Reich 314.000 Paar Arbeitsschuhe mit Ledersohle hergestellt, 450.000 Paar dagegen aus den besetzten Gebieten eingeführt. Davon stammten allein 260.000 Paar von der Firma Baťa und 90.000 Paar von anderen Firmen aus dem Protektorat Böhmen und Mähren. 100.000 Paar kamen aus anderen besetzten Ländern.[82]

Im Krieg waren die Holzschuhe ein Produkt, das zunehmend in den besetzten Gebieten hergestellt werden konnte. Im ersten Halbjahr 1941 kam der monatliche Gesamtverbrauch des »Großdeutschen Reichs« von Schuhen mit Holzsohle zur Hälfte aus der Tschechoslowakei.[83] Die Firma Baťa stellte die enorme Menge von einer Million Paar Straßenschuhe mit Holzsohle im Monat für den deutschen Bedarf her.[84] Dieser Anteil wurde im Verlauf der weiteren Kriegsjahre noch bedeutend gesteigert.[85]

79 RfL an RWiMin, Betr. Austauschstoffplan. Folgen der Nichtbereitstellung der zusätzlich erforderlichen Mengen, 7.1.1942, BA Berlin, R 10 VI, Nr. 31.

80 Vgl. Wöchentliche Erzeugungsübersichten 1939 und 1940, Mährisches Landesarchiv Brno – Zlín, Bestand Baťa, I/4 Generalverwaltung, Box 137, Nr. 505.

81 Neben Schuhen war Baťa auch bedeutender Hersteller und Verarbeiter von Synthesekautschuk sowie von Werkzeugmaschinen und diversen Rüstungsgütern. Über den Maschinenexport erwirtschaftete die Firma einen bedeutenden Devisenbetrag, der in den Lieferländern direkt gegen Rohstoffe eingetauscht wurde. Vgl. Mährisches Landesarchiv Brno – Zlín, Bestand Baťa, I/4 Generalverwaltung, Box 137; BA Berlin, R 3112, Nr. 379.

82 Als Reichsgebiet galt hier das Altreich, Österreich und das Sudetenland. RfL, Erzeugung und Einfuhr von Arbeitsschuhen, 26.10.1940, BA Berlin, R 10 VI, Nr. 31.

83 Die Firma musste im März 1940 von Leder auf die Verarbeitung von Holz- und Regeneratgummi-Sohlen umstellen. Vgl. Brief der Baťa AG Zlín an das Ministerium für Sozial- und Gesundheitsverwaltung, Prag, Betr.: Außerordentliche Aushilfe für die Arbeiterschaft der Baťa-Werke, 27.2.1940, Mährisches Landesarchiv Brno – Zlín, Bestand Baťa, I/4 Generalverwaltung, Box 137, Nr. 506.

84 RfL an RWiMin, Betr.: Straßenschuhe, 2.12.1940; RfL, Erzeugung und Einfuhr von Arbeitsschuhen, 26.10.1940, BA Berlin, R 10 VI, Nr. 31.

85 Vgl. Tabelle 26 in Kap. 8.

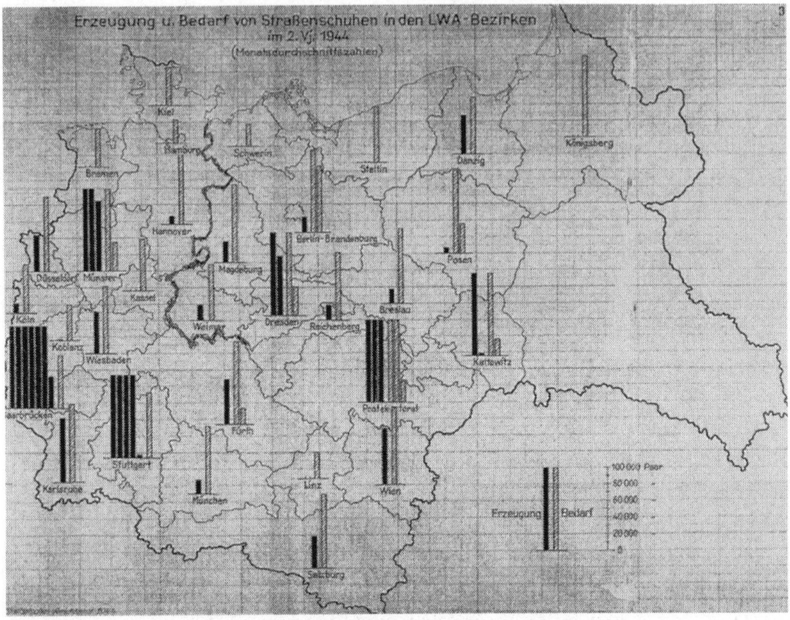

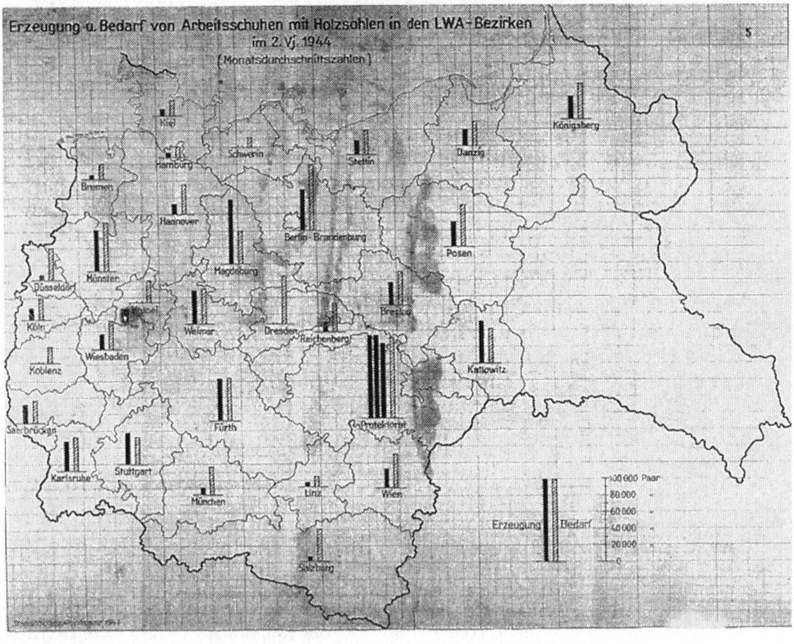

Abb. 56 und 57: Monatliche Erzeugung (schwarz) und Bedarf (gestrichelt) an Lederstraßenschuhen und Arbeitsschuhen mit Holzsohle im Großdeutschen Reich (Durchschnitt 2. Vierteljahr 1944) nach Landeswirtschaftsamtsbezirken

Tabelle 29: Gesamt-Erzeugung von Schuhen für den deutschen Bedarf im Protektorat Böhmen und Mähren (1941-1942) (in Mio Paar)[86]

Schuhart	1941	1942
Schuhe mit Schaft aus Leder	13,1	11,1
Schuhe mit Schaft aus Textil	6,7	7,3
Schuhe mit Holzsohlen	12,9	19,7

Ab April 1943 wurden die Schuhlieferungen des Protektorats direkt in die Produktionsplanungen des Reichs einbezogen und galten fortan ganz als inländische Ware.[87] Wie aus den Abbildungen 56 und 57 hervorgeht, blieb neben Pirmasens und Stuttgart die Firma Baťa in Zlín bis 1944 das bedeutendste Produktionszentrum für Schuhe im »Großdeutschen Reich«.

Auch die Schuhindustrien der besetzten Gebiete im Westen wurden zur Herstellung für den deutschen Bedarf verpflichtet.[88] Selbst Wehrmachtschuhe wurden aus den besetzten Ländern bezogen.[89] Ein anschauliches Beispiel für die Lieferungen aus den besetzten Westgebieten ist Holland. Im niederländischen Fall verfünffachten sich 1939 bis 1942 die Lieferungen von Lederschuhwerk an das Deutsche Reich. Nachdem die Ledervorkommen weitgehend erschöpft waren, ging man zu Holzschuhen über. Die Menge der aus Holland eingeführten Holzschuhe stieg bis 1943 auf das 13fache der Vorkriegsmenge.[90]

Tabelle 30: Schuhlieferungen der Niederlande an das Deutsche Reich (1939-1943)[91]

Lederschuhe (in Paar)				
1939	1940	1941	1942	1943
359.200	51.200	1.489.300	1.842.900	841.600
Holzschuhe (in Tonnen)				
1939	1940	1941	1942	1943
56	53	327	143	737

86 Nach: Die industrielle Erzeugung von Schuhen im Protektorat im Jahre 1941 und 1942, BA-MA Freiburg, RW 19, Nr. 2474.

87 Vgl. BA Berlin, R 8 VI, Nr. 32.

88 Vgl. Kap. 5.5 und 8.4.

89 Aus Frankreich wurden 1941 mindestens 600.000 Paar, aus Belgien 900.000 Paar und aus Holland 600.000 Paar Wehrmachtschuhe sowie 100.000 Paar Frauen-Arbeitsschuhe und 1,2 Mio Paar Straßenschuhe mit Holzsohlen nach Deutschland geliefert. Vgl. RfL, Rohhaut- und Lederplan für das vierte Kriegshalbjahr, 6.3.1941, BA Berlin, R 8 VI, Nr. 32.

90 Zu einer Analyse der niederländischen Leder- und Schuhwirtschaft unter deutscher Besatzung im Zweiten Weltkrieg vgl. van der Leeuw (1954).

91 Nach: Van der Heijden (2003), S. 196.

Abb. 58: »Jüdische« Kinder und Erwachsene bei der Holzschuhproduktion im Ghetto Lodz, Polen (ca. 1940-1944)

Die Schuhproduktion für den deutschen Bedarf in den besetzten Gebieten der Sowjetunion nahm sich demgegenüber verschwindend gering aus. Die Erzeugung der einheimischen Schuhbetriebe für den deutschen Bedarf betrug 0,7 Mio Paar, nachdem dort nach dem Einmarsch der deutschen Truppen vor allem die Rohhäute ins Reich abtransportiert worden waren. Die Betriebe der im Frühsommer 1943 gegründeten deutschen Ostschuh GmbH in den besetzten Gebieten der Sowjetunion stellten in den Jahren 1943 und 1944 etwas über eine Million Paar Holzschuhe her. Daneben wurden etwa 1 Mio Paar Filzstiefel und 200.000 Paar Gummischuhe produziert.[92] Im Gesamtüberblick der europäischen Schuhwirtschaften wird deutlich, dass eine Versorgung der deutschen Bevölkerung mit Fußbekleidung während der Kriegsjahre nur gelang, indem die besetzten Gebiete systematisch für die deutsche Versorgung herangezogen wurden.

Auch die Bewohner der Ghettos im besetzten Polen und den baltischen Ländern wurden zur Schuhproduktion für die deutsche Kriegswirtschaft genötigt, zumeist von Arbeitsschuhen mit Holzsohle. Die Leder wurden von Gerbereien im Reich oder unter Kontrolle deutscher Unternehmen lokal oder regional in den besetzten Gebieten produziert.[93] In den Ghettos war die wirtschaftliche Be-

92 Vgl. dazu Kap. 5 und 8 und Kriegswirtschaft im Operationsgebiet des Ostens in den Jahren 1941-1943. Beitrag zur Geschichte des Wirtschaftsstabes Ost, in: Müller (1991), S. 255, 261f.

93 Bericht Wirtschaftsstab Ost, Chefgruppe W, Über die Wiedererrichtung der Lederwirtschaft in den besetzten Gebieten v. 28.9.1944, BA-MA Freiburg, RW 31, Nr. 982.

tätigung für deutsche Firmen im Reich und für die deutsche Wehrmacht eine Möglichkeit, die scheinbare Autonomie der jüdischen Selbstverwaltung zu wahren.[94] Sich für die Besatzer nützlich zu machen, wurde zur verzweifelten Überlebensstrategie der Ghettobewohner, die sie jedoch nur sehr selten vor der Deportation bewahrte.[95] Für die Schuhproduktion erhielt die jeweilige Ghettoverwaltung von der *Reichsstelle für Lederwirtschaft* bzw. der *Gemeinschaft Schuhe* in Berlin eine offizielle Produktionsaufgabe. Nach der Räumung des Ghettos Lodz im August 1944 und der Deportation der Bewohner nach Auschwitz erhielten die *Gemeinschaft Schuhe* und *Reichsstelle für Lederwirtschaft* im Oktober 1944 die Meldung, dass im Ghetto insgesamt 675.000 Quadratdezimeter Schweinsleder und ebenso viele andere Holzschuhoberleder übrig geblieben waren. Die Firma Baťa in Zlín kaufte die Rohstoff-Bestände zur weiteren Verarbeitung und übernahm auch die Produktionsaufgabe der Ghettoverwaltung für Arbeitsschuhe.[96]

9.2 Die Entstehung der »Schuhprüfstrecke« im KZ Sachsenhausen

Die Institutionen der *Reichsstelle für Lederwirtschaft*, der *Wirtschaftsgruppe Lederindustrie*, der *Gemeinschaft Schuhe* und des *Amts für Deutsche Roh- und Werkstoffe* bzw. *Reichsamts für Wirtschaftsausbau* und deren Maßnahmen steckten den Handlungsrahmen für die Unternehmen der Schuhwirtschaft in den Jahren 1933 bis 1945. Während vor dem Krieg für die Unternehmen vor allem Leder und Arbeitskräfte knapp wurden, kamen in den ersten Kriegsjahren Engpässe bei weiteren Produktionsfaktoren hinzu. Dies führte zu einer verstärkten Konkurrenz der Firmen um die Zuteilung dieser Ressourcen und um die zentral vergebenen Herstellungsaufträge. In dieser Auseinandersetzung spielten anfangs die staatlichen Stellen eine große Rolle, die die Zuteilung vornahmen. In der Speer'schen Umorganisation der Wirtschaft verloren sie jedoch an Einfluss. Dagegen gewann während der Selbstverwaltung der Wirtschaft durch die Unternehmen selbst ab 1943 die Frage der Qualität von Produkten eine völlig neue Bedeutung. Wie schon 1940 sollte die Qualität der Fertigprodukte ausschlaggebendes Kriterium für die Verteilung der Rohstoffe und anderer Produktionsfaktoren werden.

94 Die Schuhe wurden jeweils in Werkstätten von den Ghettobewohnern hergestellt und wahrscheinlich weniger für den Eigen- als für den regionalen Arbeitsschuh-Bedarf der deutschen Behörden und der Wehrmacht produziert.

95 Im Plan des Ghettos Lodz waren eine Schuhfabrik, eine Schäftefertigung, neun Strohschuh-Werkstätten und drei Schuhmachereien verzeichnet. Vgl. Spuren aus dem Getto Lodz (1940-1944) (2000), S. 68f. Für das Arbeiten im Ghetto Lodz vgl. Löw (2006).

96 RfL an die GS v. 21.10.1944 und GS an RfL, Betr.: Materialabzug aus dem Ghetto Litzmannstadt v. 21.2.1945, in: BA Berlin, R 10 VI, Nr. 71.

Die Versorgungskrise des Winters 1939/40 und der Konflikt um die beste Laufsohle

Die *Überwachungsstelle für Lederwirtschaft* hatte bereits ein halbes Jahr vor Kriegsbeginn angeordnet, dass in Zivilschuhen Ersatzstoffe zu verarbeiten waren.[97] Welche und wie viele Ersatzstoffe für diesen Zweck produziert wurden, blieb bis Juni 1940 den Herstellern überlassen.[98] Ein Zulassungsverfahren gab es bereits für Sohlenleder-Ersatzstoffe, ab April 1939 schließlich für alle Leder-Ersatzstoffe.[99] In keinem Fall wurden jedoch wegen mangelnder Qualität Ersatzstoffe verboten.[100] Ihre Güte wurde seit Februar 1937 von der *Fachgruppe Schuhindustrie* evaluiert und mit einem Labor-Gutachten der Deutschen Versuchsanstalt für Lederindustrie der Reichsstelle zur Genehmigung vorgelegt.[101] Der erste Sohlen-Ersatzstoff, der auf diese Weise von Fachgruppe und Überwachungsstelle zugelassen worden war, war im Oktober 1937 die Gummisohle aus Synthesekautschuk *Nora* von der Firma Freudenberg.[102] Unmittelbar darauf folgten bis Ende 1937 die Werkstoffe 13 weiterer Firmen.[103] Wenn, was bei vielen Produkten der Fall war, Zweifel an der Qualität bestanden, wurden die Ersatzstoffe nicht etwa aus dem Verkehr gezogen. Stattdessen begrenzte die Überwachungsstelle nur die Herstellungsmenge oder ließ sie in der Schuhreparatur

97 Anordnung Nr. 50 der Überwachungsstelle für Lederwirtschaft v. 22.4.1939, in: Fischer (1942), S. 169f.

98 Vgl. Erste Bekanntmachung der RfL zur Anordnung 50 v. 17.6.1940 und Fischer (1942), S. 156-160.

99 Anordnung 50 der ÜfL (Austauschstoffe für Leder) v. 22.4.1939, Dt. RA Nr. 92 v. 22.4.1939.

100 Vgl. die Zulassungsbescheide für die einzelnen Firmen und Sitzung des Sachverständigenausschusses für deutsche Werkstoffe der FG Schuhindustrie am 14.1.1938 in Berlin, 24.1.1938, BA Berlin, R 13 XIII, Nr. 510.

101 Anordnung 75 der RfL (Herstellung von Schuhwerk einschließlich Hausschuhwerk) v. 6.5.1940, Dt. RA Nr. 104 v. 6.5.1940; Anordnung 43 der ÜfL (Neufassung der Anordnung 31) (Werkstoffe für Laufsohlen) v. 23.8.1938, in Kraft getreten am 1.9.1938, Dt. RA Nr. 199 vom 27.8.1938; Anordnung 31 der ÜfL (Werkstoffe für Laufsohlen) v. 30.12.1936, in Kraft getreten am 1.2.1937, Dt. RA Nr. 303 v. 30.12.1936.

102 ÜfL an WG Lederindustrie, Betr.: Werkstoffe für Laufsohlen, 13.10.1937, BA Berlin, R 13 XIII, Nr. 510.

103 Zugelassen wurden Ersatzstoffe für Leder der Firmen Adler & Oppenheimer (Berlin), Dartex AG (Frankfurt a. M.), der Gebrüder Bader GmbH (Göppingen/Württ.), Kötitzer Ledertuch- und Wachstuchwerke (Coswig bei Dresden), Westland Gummiwerke GmbH (Bredenscheid/Westfalen), Ernst Rilling Kunstlederfabrik (Dusslingen/Württ.), Fritz Wendler KG (Bad Charlottenbrunn/Schlesien), Pappenfabrik Goldberg (Goldberg/Schlesien), Bawa-Sohlenindustrie (Derendingen und Tübingen), Trethorn und Calmon AG (Hamburg), Doerr & Reinhart Lederwerke (Worms), F. G. Sohre AG Lederfabriken (Dresden), Pappenfabrik Apostelmühle (Rodalben/Pfalz). Vgl. BA Berlin, R 13 XIII, Nr. 510.

oder als Hausschuhsohlen weiter verarbeiten.[104] 1938 war als einziges Laufsohlenmaterial die *Nora*-Gummisohle von Freudenberg in unbegrenzter Menge freigegeben.[105]

Als die Wissenschaftler der Deutschen Versuchsanstalt für Lederindustrie 1938 mit der Aufstellung von neuen RAL-Bestimmungen für Leder-Ersatzstoffe begannen,[106] bat ihr Direktor, Fritz Stather, die *Fachgruppe Schuhindustrie*, »eine Reihe solcher Materialien, [...] die sich bisher in der Praxis bewährt haben«, bei der DVA einzureichen, damit diese für den Entwurf der RAL-Bedingungen zugrunde gelegt werden könnten. Die Schuhunternehmen weigerten sich jedoch, den Wissenschaftlern dieses Erfahrungswissen zur Verfügung zu stellen. »Die Sachverständigen der Schuhindustrie« waren der Ansicht, zurzeit könnten noch keine RAL-Bedingungen für Werkstoffe in Schuhwerk aufgestellt werden, »weil die bisher vorliegenden Erfahrungen noch keine genügende Grundlage hierfür bieten.«[107] Die Wirtschaftsgruppe deckte diese Haltung der Unternehmen und vertröstete die Wissenschaftler auf unbestimmte Zeit.[108] Eine Gütebestimmung der Werkstoffe fand nicht statt.

Bis Mai 1940 konnten somit die Hersteller Leder-Ersatzstoffe ungehindert produzieren.[109] Das Ziel, die Initiative der Unternehmen bei der Werkstoff-Entwicklung nicht zu hemmen, ordneten die staatlichen Behörden ausdrücklich der Qualitätssicherung über.[110] Die NS-Wirtschaftsbürokratie stärkte somit Schuhindustrie und Werkstoff-Hersteller und bezog gegen den Handel und das Hand-

104 Vgl. die Zulassungsbescheide für die einzelnen Firmen und Sitzung des Sachverständigenausschusses für deutsche Werkstoffe der FG Schuhindustrie am 14.1.1938 in Berlin, 24.1.1938, ebd.

105 Sitzung des Sachverständigenausschusses für deutsche Werkstoffe der FG Schuhindustrie am 14.1.1938 in Berlin, 24.1.1938; Niederschrift zur Aussprache über neue Werkstoffe der Schuhindustrie und ihre Verarbeitungsfähigkeit an Schuhindustriemaschinen am 15.2.1938, in Berlin, 21.2.1938, BA Berlin, R 13 XIII, Nr. 510.

106 Die DVA war seit September 1938 alleinig zugelassene labortechnische Gutachterstelle für Materialien im Bereich der Leder-Ersatzstoffe, vgl. Anordnung 43 der ÜfL (Werkstoffe für Laufsohlen) (Neufassung der Anordnung 31) v. 23.8.1938, in Kraft getreten am 1.9.1938, Dt. RA Nr. 199 v. 27.8.1938.

107 FG Schuhindustrie an WG Lederindustrie, 16.12.1938, BA Berlin, R 13 XIII, Nr. 126.

108 WG Lederindustrie an die DVA, Betr.: RAL-Bedingungen für Austauschwerkstoffe für Schuhzeugleder, 20.1.1939, BA Berlin, R 13 XIII, Nr. 126; und restlichen Briefwechsel DVA (Fritz Stather) mit der WG Lederindustrie und der FG Schuhindustrie, Nov. 1938 bis Jan. 1939, BA Berlin, R 13 XIII, Nr. 126.

109 WG Lederind an FG Schuhind, Betr.: Neue Werkstoffe, 9.2.1939, BA Berlin, R 13 XIII, Nr. 126. Der zuständige Sachbearbeiter im Reichswirtschaftsministerium, Paul Kempke, bekannte 1942, bis ins erste Kriegsjahr habe »die RfL es im großen und ganzen den Herstellern von Lederaustauschstoffen überlassen, was und wieviel sie herstellen wollten«. Vgl. Fischer (1942), S. 156, 158.

110 Begleitaufsatz zur Anordnung 45 der ÜfL von Hans-Ludwig Loescher, abgedruckt in: Kempke (1939), S. 48; Fischer (1942), S. 156ff.

werk Position, die für eine Gütesicherung eintraten.[111] Im Handel bestand »eine starke Animosität gegen Artikel mit Werkstoffen«, und die Hersteller beschwerten sich, »dass es den Schuhhändlern gar nicht einfällt, die Bestrebungen unserer Industrie durch Abnahme von Fabrikaten aus Werkstoffen zu unterstützen, wodurch die Einführung der deutschen Werkstoffe außerordentlich schwierig wird«.[112] Den Verbrauchern mit ihrer meist skeptischen Haltung gegenüber Ersatzstoffen unterstellten die Unternehmen und Behörden »mangelnde Umstellungsfähigkeit« auf die neuen Produkte. Ihre Bedürfnisse und Interessen vernachlässigten die staatlichen Stellen bewusst. Stattdessen verfolgten sie die Strategie, untaugliche Werkstoffe erst dann zu verbieten, wenn die Erzeugnisse bei der Verbraucherschaft bereits »zu ungewöhnlichen Beanstandungen Anlass« gegeben hatten.[113] Diese verbraucher- und handelsfeindliche Praxis der staatlichen Stellen, die minderwertige Produkte zur Folge hatte, rächte sich in den ersten Kriegsmonaten.

Im strengen Winter 1939/40 zeigte sich erstmals in aller Deutlichkeit, dass die Ersatzstoffsohlen ihre Funktion nicht erfüllten. Bei der *Reichsstelle für Lederwirtschaft* gingen reihenweise Beschwerden über die schlechte Qualität der Schuhe ein. Nach Einführung der Rationierung nahmen die Verbraucher die Produkte immer weniger hin, da neue Schuhe nur noch begrenzt erhältlich waren. Aus verschiedenen Regionen gab es Klagen aus der Bevölkerung, zunächst über untaugliches Arbeitsschuhwerk. Kläger aus Darmstadt berichteten, dass Schuhe mit Ersatzstoffsohlen »bereits nach 8 Tagen unbrauchbar geworden« seien, da die Sohlen vollständig durchbrachen. Im rheinisch-westfälischen Industriegebiet bezeichnete man »die eingetretene Situation in der Arbeiterschuhversorgung als unhaltbar«. Es würden dringend »brauchbare Schuhe« benötigt. Es »ginge nicht an, dass Schuhe als Arbeitsschuhe zum Verkauf gebracht würden, die bereits nach 8-14 Tagen nicht mehr gebrauchsfähig seien«. In München beklagten sich das Personal der Reichsbahn, Arbeiter auf Baustellen und Bauern über die schlechte Berufsschuhversorgung. In Ingolstadt drohten Arbeiter einer größeren Baustelle gar mit der Arbeitsniederlegung, wenn nicht bald für brauchbares Schuhwerk gesorgt würde.[114] Besonders neue Schuhe mit Lederfaserwerkstoffsohle brachen meist schon nach wenigen Tagen, weil das Material in der Kälte spröde wurde und Nässe zog.[115] Unter Bergarbeitern im Ruhrgebiet, in Schlesien und im Sudetenland machte sich Unmut über das schlechte Schuh-

111 Vgl. Kap 6.3.

112 Brief FG Hausschuhindustrie an die WG Lederindustrie, Betr.: Deutsche Werkstoffe, 9.11.1937; 25.11.1937; WG Lederindustrie an Firma Moll in Zeitz, Betr.: Deutsche Werkstoffe, BA Berlin, R 13 XIII, Nr. 510.

113 RWA, Betr.: Leder, Gerbstoffe, Leime, Mai 1939, BA Berlin, R 3112, Nr. 15.

114 Alle Zitate vgl. Klagen über minderwertige Arbeitsschuhe (spätere auszugsweise Abschrift v. 4.9.1940), BA Berlin, R 8 VI, Nr. 36.

115 Fischer (1942), S. 141.

werk breit. Arbeitsausfälle waren zu verzeichnen.[116] Der Sicherheitsdienst der SS berichtete, einige Bergarbeiter hätten »in provozierender Haltung in Filzpantoffeln vor dem Zechentor gestanden«, um auf den Missstand aufmerksam zu machen.[117] Aufgrund der zahlreichen Verarbeiter- und Verbraucherklagen verbot die Reichsstelle im Januar 1940 in einer Blitzaktion die weitere Verwendung von Lederfaserwerkstoff-Sohlen bei der Neuherstellung von Schuhen.[118] Bis zur grundsätzlichen Klärung der Frage, ob und in welcher Form Lederfaserwerkstoffe überhaupt als Sohlenmaterial geeignet seien, durften diese nur noch zur Schuhreparatur verwendet werden.

Dieses erste staatliche Verbot mobilisierte die Hersteller der Lederfaserwerkstoffe. Sie befürchteten für die Zukunft eine Einschränkung der Produktion ihrer Werkstoffe.[119] In den ersten Monaten des Jahres 1940 begannen sich zwei Fraktionen innerhalb der Leder-Ersatzstoff-Branche herauszubilden, die beide Sohlenleder-Ersatzstoffe herstellten, aber immer schärfer um Rohstoffe und Herstellungsgenehmigungen konkurrierten: die Lederfaserwerkstoffhersteller auf der einen und die Hersteller von Gummisohlen auf der anderen Seite. Wortführer und Interessenvertreter der ersten Gruppe waren Direktoren der Firma Salamander, namentlich der Generaldirektor Alex Haffner und die Werksleiter Angelo Hammelbacher und Robert Eichenlaub, der letzteren hingegen der Unternehmer Richard Freudenberg von der Firma Carl Freudenberg.[120] Der Unternehmer Gerding von der Firma Raimund Gäßler kritisierte das Verbot dahingehend, dass für die schlechte Qualität einiger wenige Lederfaserstoffhersteller nicht die gesamte Branche verantwortlich gemacht werden könne.[121] Der Direktor der Kornwestheimer Schuhfabrik der Salamander AG, Angelo Hammelbacher, wies darauf hin, dass auch die einzige Werkstoff-Alternative, die Gummisohle, mit schweren Mängeln behaftet sei.[122] Denn auch die Gummisohlen

116 Anhaltende Klagen über Mangel an Berufsbekleidung. SD-Bericht Nr. 55 v. 19.2.1940, in: Boberach (1984), Bd. 3, S. 782; Zunehmende Schwierigkeiten bei der Bedarfsdeckung von Arbeitsschuhen, SD-Bericht Nr. 69 v. April 1940, in: Boberach (1984), Bd. 4, S. 926f.

117 Materialzuteilung für Schuhreparaturen, SD-Bericht Nr. 127 v. 26.9.1940, in: Boberach (1984), Bd. 5, S. 1618f.

118 Rundschreiben der RfL an die Hersteller v. LFWS v. 17.1.1940, BA Berlin, R 13 XIII, Nr. 66.

119 Rundschreiben Nr. 3 der FA LFWS v. 8.5.1940, BA Berlin, R 13 XIII, Nr. 66.

120 Obwohl die Firma Freudenberg auch Lederfaserwerkstoffe produzierte, vertrat Richard Freudenberg durchgehend die Auffassung, diese könnten in Straßenschuhen nicht für Laufsohlen verwendet werden, sondern höchstens für Brandsohlen, Absätze und für Hausschuhe.

121 Bericht über die Aussprache der FA LFWS am 8.5.1940, BA Berlin, R 13 XIII, Nr. 66.

122 Vgl. »Gummi- oder Lederfaserlaufsohle?«, Diskussion mit Richard Freudenberg in der Arbeitsgruppe für Chemie der Kunststoffe im Verband Deutscher Chemiker, Sit-

brachen im Gebrauch und waren Anlass zu Beschwerden aus der Verbraucherschaft.[123]

In einem Bericht des Bezirkswirtschaftsamtes Kassel an die Reichsstelle hieß es, dass Gummisohlen »bei keineswegs übermäßiger Beanspruchung nach 4 Wochen bereits mehrfach gebrochen und nicht mehr zu tragen« waren. Dabei kosteten diese Gummisohlen als Reparaturmaterial beim Schuhmacher genauso viel wie Ledersohlen.[124] Auch von Seiten der Schuhindustrie wurde Kritik an den Werkstoffen laut. »Kann ein verantwortungsbewusster Fabrikant durch behördliche Anordnung gezwungen werden, schlechtes Material zu verarbeiten und dadurch die Verbraucher zu schädigen?«, fragte Alex Haffner, der Generaldirektor der Salamander AG. Gemeint war mit dem »schlechten Material« wohlgemerkt nur die Gummisohle. Lederfaserwerkstoffe aus dem eigenen Werk verwendete Salamander weiterhin ohne Bedenken. Die Firma lehnte eine Verarbeitung der Gummisohle im Hinblick auf den »Qualitätsruf unseres Fabrikats und die berechtigten Ansprüche der Verbraucher« ab. Stattdessen ging sie wieder dazu über, Schuhe mit Ledersohlen herzustellen. Dies brachte der Firma eine Klage vor dem Reichswirtschaftsgericht ein.[125] Der Gummisohlenfabrikant Richard Freudenberg vertrat hingegen die Auffassung, man habe sich grundsätzlich »falsche Hoffnungen [...] über die Möglichkeiten auf dem Lederfasergebiet gemacht«, die dazu geführt hätten, »dass die Bodenlederindustrie« als ganze »nicht rechtzeitig zur Gummisohlenherstellung übergegangen ist«. Daher glaubten die Lederfaserstoffhersteller jetzt, »das Straßenschuhlaufsohlenproblem übergebührlich betonen« zu müssen. Dabei sei die Gummisohle der Lederfaserstofflaufsohle einfach qualitativ überlegen.[126]

Doch hatten beide Werkstoffe ihre Vor- und Nachteile. Der wichtigste Vorteil der Gummisohle war ihre hohe Abrieb- und Wasserfestigkeit, die die der Lederfasersohle und sogar der Ledersohle weit übertraf. Doch war die Frage der Befestigung der Gummisohle grundsätzlich noch nicht gelöst. Für eine Verklebung standen keine geeigneten Klebstoffe zur Verfügung. Sie wurden noch wie Leder vernäht oder genagelt. Oft brachen dann die Sohlen an den Näh- und Nagelstellen schon nach kurzer Tragdauer.[127] Wegen der geringen Menge *Buna*,

zung des Unterausschusses III: Kunststoffe an Stelle von Leder, am 11.6.1940, in: Angewandte Chemie 53 (1940), Nr. 35/6, S. 414ff.

123 Klagen über minderwertige Arbeitsschuhe (spätere auszugsweise Abschrift v. 4.9.1940), BA Berlin, R 8 VI, Nr. 36.

124 RfL, Versorgungslage und Bedarf an Material für Schuhbesohlung (Ausbesserung) und für Schuhherstellung, 1.2.1940, BA Berlin, R 10 VI, Nr. 28.

125 Die Äußerungen Haffners sind den Unterlagen des Reichswirtschaftsgerichts v. Nov. 1940 entnommen, wo die Firma sich wegen der Verarbeitung der für Zivilschuhwerk verbotenen Ledersohle zu verantworten hatte. Vgl. Bräutigam (1997), S. 194.

126 Aktenvermerk der RfL, Betr.: Tagung der FA LFWS am 12.6.1940, BA Berlin, R 8 VI, Nr. 84.

127 Betr.: Klagen über minderwertiges Arbeitsschuhwerk v. 2.11.1940, BA Berlin, R 8 VI, Nr. 36.

die insgesamt für Schuhsohlen zur Verfügung stand, enthielten die fertigen Gummisohlen nur einen geringen Kautschuk-Anteil und viele Füllstoffe oder Regeneratgummi, was sich negativ auf ihre Elastizität auswirkte.[128] Wie sich später herausstellte, besserte sich mit zunehmendem Bunagehalt die Qualität der Sohlen erheblich. Auch die Gleitfähigkeit der Gummisohle stellte, wie bereits erwähnt, ein Problem dar. Die Gummisohle aus *Buna* war außerdem nicht formbeständig und alterte schnell.[129] Ein weiteres Problem war die fehlende Luft- und Wasserdurchlässigkeit der Sohle, die zu erhöhter Schweißbildung bei den Trägern führte. Dies brachte den technischen Nachteil, dass die Brandsohlen mit ihrer Wasseraufnahmefähigkeit stärker beansprucht wurden und schneller verschlissen. Auch hygienische und medizinische Aspekte dieses Problems wurden offenbar. Außerdem leitete Gummi die Kälte besser. Die Träger bekamen dadurch schneller kalte Füße. Der Leiter des *Reichsamts für Wirtschaftsausbau*, Carl Krauch, stellte in Frage, ob diese Befunde des Verbandes wissenschaftlich überprüfbar waren: »Ob diese letzten Endes auf subjektiver Beurteilung beruhende Kritik bei derartigen Sohlen zu Recht besteht, ist trotz aller Gutachten von fachtechnischer oder medizinischer Seite niemals wirklich geklärt worden.«[130] Die Mitarbeiter des Reichsamts traten als vehemente Befürworter der Gummisohle auf.

Der größte Vorteil der Lederfaserwerkstoffsohle bestand darin, dass sie wie Leder verarbeitet, genäht und in der Reparatur mit den herkömmlichen Leder-Klebstoffen verklebt werden konnte. Abrieb lag aber, im Vergleich zu Gummi, sehr viel höher. Bei Nässe nahm dieser noch zu, da die Lederfasern aufquollen. Ein weiterer Nachteil der Lederfaserstoffe war ihre geringe Kältebeständigkeit. Sie wurden bei niedrigen Temperaturen brüchig. Das grundsätzliche Problem beider Ersatzstoffe war außerdem, wie sich im Winter 1939/40 herausstellte, dass die beiden Werkstoffgruppen nicht in den gewohnten Verfahren zu Schuhen verarbeitet werden konnten. Hierfür fehlte jegliches Erfahrungswissen. So kamen zum eigentlichen Qualitätsproblem der einzelnen Werkstoffe auch noch die Probleme der Verfahrenstechnik hinzu.[131] Einige Hersteller von Ersatzstoffen machten ihre unsachgemäße Verwendung überhaupt für die schlechte Qualität des Fertigprodukts Schuh verantwortlich und forderten statt der Einstellung der Produktion eine »fachmännische Unterrichtung« der Verarbeiter.[132]

Die Krise um die schlechte Qualität der Zivilschuhe im Winter 1939/40 eskalierte zu einem Verteilungskampf um Produktionsgenehmigungen und Roh-

128 Aktenvermerk der RfL, Betr.: Tagung der FA LFWS am 12.6.1940, BA Berlin, R 8 VI, Nr. 84.

129 Vortrag von Fritz Loeb (RWA), Die Lederwirtschaft im Vierjahresplan (1938), BA Berlin, R 3112, Nr. 169.

130 Ebd.

131 Vgl. im Rückblick: Betr.: Klagen über minderwertiges Arbeitsschuhwerk v. 2.11.1940, BA Berlin, R 8 VI, Nr. 36.

132 Ebd.

stoffverteilungen unter den Herstellern von Leder-Ersatzstoffen. Dabei sah sich auch die *Reichsstelle für Lederwirtschaft* unter immer stärkerem Rechtfertigungsdruck. In der unter Kriegsbedingungen verschärften Konkurrenzsituation der Unternehmen wurde die Frage »Gummisohle oder Lederfaserstoffsohle« im Frühjahr 1940 von den Herstellern zur Grundsatzfrage der Leder-Ersatzstoffproduktion erhoben.[133] Zur Lösung des Problems verfügte der Leiter der *Wirtschaftsgruppe Lederindustrie* im März 1940 die Gründung eines Expertenausschusses, der *Fachabteilung Lederfaserstoffe*, und berief zu ihrer ersten Sitzung im Mai alle Hersteller, Verarbeiter und betroffenen Behörden zu einer »Aussprache« zusammen.[134]

Auf dieser »Gründungsversammlung der Fachabteilung Lederfaserwerkstoffe«[135] am 8. Mai 1940 wurden die möglichen Wege aus der Krise diskutiert.[136] Mit dem Expertengremium der Fachabteilung sollte eine »Zusammenfassung aller bisher [...] miteinander konkurrierenden Hersteller von Austauschstoffen [...] in einem festen Verbande« vollzogen werden. Solch eine Maßnahme sei »dringend geboten«, um die »müßigen und unfruchtbaren Konkurrenzfragen« zu beseitigen und endlich zu einer »einheitlichen Ausrichtung des Austauschstoff-Problems« zu gelangen, so der stellvertretende Leiter der *Wirtschaftsgruppe Lederindustrie*, Friedrich Kempke. Angestrebt war ursprünglich eine Organisation, die Hersteller und Verarbeiter aller Leder-Ersatzstoffe vereinigte. Doch kam diese erst mit dem *Produktionsausschuss Lederaustauschstoffe* 1943 zustande. Die Fachabteilung war vorerst eine Zusammenfassung aller Hersteller von Ersatzstoffen auf der Basis von Lederfasern im Zeichen ihrer »Konkurrenz mit der Gummisohle«. Die Gummisohlenhersteller waren ihrerseits in der *Fachgruppe Kautschukindustrie* und ihren diversen Ausschüssen organisiert.

Auf der Sitzung am 8. Mai gab die *Reichsstelle für Lederwirtschaft* ihre Absicht bekannt, die Produktion von Lederfaserstoffen für Laufsohlen »allmählich abzudrosseln«. Doch könnten die Unternehmen die Gründung der Fachabteilung als »Gelegenheit [...] nehmen, geschlossen und gemeinsam die Ursachen für diese Absicht zu prüfen [und] diese Ursachen, wenn möglich, schon in der nahen Zukunft zu beseitigen«. Um eine »Ausschaltung der Lederfaserstoffe«[137] aus

133 Vgl. die Sektion »Gummi- oder Lederfaserlaufsohle« im Bericht über die Sitzung des Unterausschusses III »Kunststoffe an Stelle von Leder«, in: Angewandte Chemie 53 (1940), Nr. 35/6, S. 415f.

134 WG Lederindustrie, Betr.: Organisation der Hersteller von LFWS v. 28.3.1940, BA Berlin, R 13 XIII, Nr. 270.

135 So Friedrich Kempke, Geschäftsführer der FA, in seinem Geschäftsbericht auf der ersten Jahrestagung der FA am 25.3.1941 in München. Vgl. Bericht über die Industriebesprechung der FA LFWS am 25.3.1941, BA Berlin, R 13 XIII, Nr. 67.

136 Bericht über die Aussprache der FA LFWS am 8.5.1940, BA Berlin, R 13 XIII, Nr. 66. Zitate im Folgenden ebd.

137 Diese Formulierung verwendete der Leiter der WG Lederindustrie, Ernst Ammer, rückblickend für die Situation im Mai/Juni 1940 auf der ersten Jahrestagung der FA

dem Zulieferermarkt für Schuhsohlen zu verhindern, sei es zentral, »an der Verbesserung des Laufsohlenmaterials intensiv zu arbeiten«. Der Betrieb einer »Schuhprüfstrecke« im KZ Sachsenhausen für branchenweite Materialprüfungen sollte hierzu ab Juni 1940 das wichtigste Mittel werden.

Unternehmer und Wissenschaftler

Die gemeinsame Aufgabe und Ziel aller Ersatzstoff-Hersteller, so der Konsens aller Beteiligten am 8. Mai 1940, war die »Ausweitung des Austauschstoff-Gedankens«. Die schlechte Qualität der Produkte hatte diesen im Winter 1939/40 bei den Verbrauchern und den Verarbeitern »auf der ganzen Linie in Misskredit gebracht«. Die Akteure im System der Bereitstellung sahen ohnehin den »Konservatismus der letzten Verbraucherschaft« als die größte Hemmschwelle für die Durchsetzung der Ersatzstoffe und Grund für ihre »geringe Akzeptanz«. Die Verbesserung der Qualität der Werkstoffe hielten sie für die Grundfrage aller weiteren Entwicklung.[138] Im Vergleich mit der Gummisohle musste die Lederfaserwerkstoffsohle eine entsprechende Abriebfestigkeit im Gebrauch erreichen. Für die Gummisohle hingegen mussten bessere Methoden der Verarbeitung gefunden werden.

Um »die alles beherrschende Qualitätsfrage« zu lösen, einigten sich die Teilnehmer der Sitzung auf die Entwicklung von Prüfverfahren, nach denen alle bereits existierenden Sohlen-Ersatzstoffe vergleichend evaluiert werden konnten. Technische Mindestdaten sollten erarbeitet und in Form von Qualitätsrichtlinien für alle Hersteller verbindlich gemacht werden. Auf der Grundlage der Ergebnisse von Produktvergleichen und durch eine Kontrolle der Einhaltung von Qualitätsrichtlinien sollte die *Reichsstelle für Lederwirtschaft* in Zukunft über Vergabe von Produktionsaufgaben und Rohstoffkontingenten entscheiden.[139] Die Unternehmer versprachen sich Erfahrungswissen über den Zusammenhang von Werkstoff-Parametern und Gebrauchsverhalten des Fertigprodukts.

Die Idee über die Art dieses Prüfverfahrens kam von Seiten der Unternehmer. Friedrich Kempke von der *Wirtschaftsgruppe Lederindustrie* berichtete, dass von einigen Unternehmen »praktische Tragversuche« entwickelt und schon systematisch angewandt worden waren.[140] Die Firma Carl Freudenberg in Weinheim hatte mit ihren Trageversuchen bereits für eine Innovation in den Forschungs-

am 25.3.1941 in der Industrie- und Handelskammer München, vgl. Bericht über die Industriebesprechung der FA LFWS am 25.3.1941, BA Berlin, R 13 XIII, Nr. 67.

138 Bericht über die Industriebesprechung der FA LFWS am 25.3.1941, BA Berlin, 13 XIII, Nr. 67.

139 Ebd.

140 Bericht über die Sachverständigen-Aussprache der FA LFWS am 12.6.1940, BA Berlin, R 13 XIII, Nr. 66.

methoden der Materialprüfung und -entwicklung gesorgt.[141] Damit war eine neuartige Methode gefunden, um die Qualität von Ersatzstoffen vergleichend zu bewerten. Diese »größer angelegten, praktischen Trageversuche« sollten künftig bedeutend ausgebaut werden. Die »nicht unbedeutende Vorarbeit« des Unternehmens Freudenberg, so der Vertreter der Wirtschaftsgruppe, hätte bereits »recht beachtliche Anregungen sowohl für die Hersteller [der Ersatzstoffe] als auch für den Verarbeitungsprozess« von Schuhen gegeben.[142] Doch sei in Zukunft, im Sinne aller Unternehmen, »eine zentrale und neutrale Durchführung der Tragversuche notwendig«.[143]

Für die Industrie versprachen die wissenschaftlichen Ergebnisse Argumente in der Auseinandersetzung um die beste Ersatzstoff-Sohle zu liefern. Für den Vergleich von Lederfasersohle und Gummisohle, so die Hoffnung beider Seiten von Herstellern, würden die Versuche »objektive« Vergleichsmaßstäbe liefern. Die Forschung sollte auch dazu dienen, »die Entscheidung über Wert und Unwert von Austauschstoffen« nicht »allein dem letzten Verbraucher zu überlassen«. Die Konsumenten und ihre mittlerweile zahlreichen Klagen führten die staatlichen Stellen als Kritiker der Produkte ins Feld. Sie konnten daher auch von den Unternehmen nicht mehr einfach übergangen werden wie bisher.[144] Die Firmenvertreter begrüßten daher die wissenschaftlichen Versuche, ja hielten sie sogar für »unbedingt erforderlich«.[145]

Um die Prüfungen zu organisieren, trafen sich die wichtigsten Hersteller von Lederfaserstoffen und ihre Kontrahenten, die Gummisohlenhersteller, mit den Behördenvertretern am 11. und 12. Juni 1940 in Berlin. Geladen waren auch zwei Wissenschaftler, die für die Planung und Auswertung der Forschungen in Frage kamen: Professor Dr. Wolfgang Graßmann, Leiter des Kaiser-Wilhelm-Instituts für Lederforschung in Dresden, und Professor Dr. Friedrich Stather, Leiter der Deutschen Versuchsanstalt für Lederindustrie in Freiberg/Sachsen. In Vertretung Stathers erschien der später für die Versuche auf der »Schuhprüfstrecke« in Sachsenhausen wichtigste Wissenschaftler, Dr. Hans Herfeld (1907-2002), Direktor der Versuchsabteilung der Deutschen Versuchsanstalt.

Am 11. Juni 1940 tagte zunächst im Rahmen einer Sitzung des *Verbands Deutscher Chemiker* der Unterausschuss »Kunststoffe an Stelle von Leder« unter der Leitung Hans Herfelds in Berlin.[146] Auf diesem Forum der chemischen Wissen-

141 Vgl. Kap. 7.3.

142 Vgl. Kap. 6.3.

143 Bericht über die Sachverständigen-Aussprache der FA LFWS am 12.6.1940, BA Berlin, R 13 XIII, Nr. 66.

144 Bericht über die Aussprache der FA LFWS am 8.5.1940, BA Berlin, R 13 XIII, Nr. 66.

145 Brief der Dartex AG an die FA LFWS, Betr.: Sachverständigen-Aussprache der FA LFSWe v. 12.6.1940, 28.6.1940, BA Berlin, R 13 XIII, Nr. 287.

146 Vgl. die Sektion »Gummi- oder Lederfaserlaufsohle« im Bericht über die Sitzung des Unterausschusses III »Kunststoffe an Stelle von Leder«, in: Angewandte Chemie 53 (1940), Nr. 35/6, S. 415f.

schaftler kam es zu einer scharfen Auseinandersetzung der beiden Fraktionen von Ersatzstoff-Herstellern.

Auf der Sitzung der *Fachabteilung Lederfaserwerkstoffe* am 12. Juni 1940 stellte Friedrich Kempke, der Geschäftsführer, gleich zu Beginn fest, dass hier nicht der Platz sei, über die Frage des ausschließlichen Einsatzes der einen oder der anderen Ersatzstoff-Sohle zu streiten.[147] »Eine Polemik über die Frage Gummi- oder Lederfaser-Sohle« sei »unzweckmäßig«. Gegen beide lägen Klagen von Verbraucher- und Verarbeiterseite vor. Beide Werkstoffe hingen von verschiedenen »technischen, rohstofflichen und chemischen Voraussetzungen« und nicht zuletzt von der Bindemittelknappheit ab. Es sei deshalb wünschenswert, »die Lederfasersohle neben der Gummisohle« weiterzuentwickeln. Dazu solle in Zukunft die Durchführung gemeinsamer Materialprüfungen dienen. Erst wenn man die Summe aller Material-Eigenschaften und auch die Verarbeitungsprobleme der Stoffe in Betracht zöge, komme man zu einer gültigen Einschätzung ihrer Gebrauchstauglichkeit. Richard Freudenberg erwiderte, die Qualität der Lederfasersohle besitze gegenüber der Gummisohle derartige Nachteile, dass es »gefährlich« sei, sich bei der derzeitigen Knappheit von Bindemitteln »zu stark für die Lederfasersohle einzusetzen«.[148] Derzeit sei die Herstellung einer brauchbaren Lederfasersohle überhaupt nicht möglich. Anstatt der Lederfasersohle so viel Aufmerksamkeit zu widmen, sei es viel wichtiger, einen neuen Sohlenwerkstoff aus Regeneratgummi, d. h. wiederverwertetem Reifengummi, zu entwickeln.[149]

Dem widersprachen jedoch sowohl Friedrich Kempke von der Wirtschaftsgruppe als auch die beiden Wissenschaftler vom Kaiser-Wilhelm-Institut und der Deutschen Versuchsanstalt für Lederindustrie. Das Entwicklungspotential der Lederfaserwerkstoffe als Laufsohlenmaterial sei noch lange nicht ausgeschöpft. In welcher Form und in welchem Maße die Lederfaserstoffe im Schuh eingesetzt werden könnten, würden die »gemeinsamen Materialprüfungen« erweisen. Wolfgang Graßmann, Chemiker und Leiter des Kaiser-Wilhelm-Instituts für Lederforschung in Dresden, war ein besonders engagierter Verfechter der Entwicklungsmöglichkeiten der Lederfaserstoffsohle. An seinem Institut war 1936/7 das Verfahren zur Herstellung von Lederfaserstoffen mit synthetischen Bindemitteln entwickelt worden.[150] Nun argumentierte er, die Entwick-

147 Über die Sitzung am 12.6.1940 sind zwei Protokolle erhalten: Ein Bericht der WG Lederindustrie und ein Aktenvermerk der RfL. Vgl. Bericht über die Sachverständigen-Aussprache der FA LFWS am 12.6.1940, BA Berlin, R 13 XIII, Nr. 66; Aktenvermerk der RfL, Betr.: Tagung der FA LFWS am 12.6.1940, BA Berlin, R 8 VI, Nr. 84.

148 Bericht über die Sachverständigen-Aussprache der FA LFWS am 12.6.1940, BA Berlin, R 13 XIII, Nr. 66.

149 Aktenvermerk der RfL Betr.: Tagung der FA LFWS am 12.6.1940, BA Berlin, R 8 VI, Nr. 84.

150 MPG-Archiv, Abt. I, Rep. 1A, Nr. 1797, Kurzer Überblick über die wissenschaftlichen und wiss.-technischen Arbeiten des KWI für Lederforschung 1934-1940.

lung der Werkstoffe sei bereits so weit gediehen, dass die Erwartung, in absehbarer Zeit eine »allen Ansprüchen genügende Lederfaserwerkstoffsohle für Straßenschuhwerk« zu erhalten, »keinesfalls aussichtslos« sei.[151] Sein Kollege von der Deutschen Versuchsanstalt in Freiberg, Friedrich Stather, hatte schon auf der Sitzung am 8. Mai die gleiche Auffassung vertreten.

Gebrauchswertforschung im KZ und die Standortfrage

Bereits auf der Nachmittagssitzung der Fachabteilung am 8. Mai 1940 berichtete ein Mitarbeiter des Referats Leder des *Reichsamts für Wirtschaftsausbau* über die »vorbereitenden Arbeiten«, die das Reichsamt bereits für die »zentrale Einführung von Tragversuchen« veranlasst habe. In Oranienburg werde derzeit eine »demnächst ihrer Fertigstellung entgegensehende Gehbahn« gebaut. Sie sei so angelegt, »dass man damit einheitliche und einwandfreie Prüfungsergebnisse erzielen« werde.[152] Zu diesem Zeitpunkt war die Entscheidung für die Errichtung der »Schuhprüfstrecke« im Konzentrationslager Sachsenhausen also bereits gefallen, und die Bauarbeiten hatten begonnen. Das *Reichsamt für Wirtschaftsausbau* war hier tätig geworden und ließ die Anlage auf Kosten des Reichswirtschaftsministeriums errichten. Die »Schuhprüfstrecke« im Lager Sachsenhausen, ihre Werkstätten innerhalb des Lagers und die gesamte Einrichtung der sogenannten »Schuhprüfstelle« im Konzentrationslager blieben den ganzen Krieg hindurch Eigentum des Reichsamts.[153]

Ein großes Problem der Trageversuche bildete die Dauer ihrer Durchführung. Als die Wehrmacht 1943 den Einsatz von Ersatzstoffen in Schuhen plante, gab der Leiter des Referats Leder im Reichsamt, Dr. Reinhold Siebert, in einem Schreiben an den Reichsführer SS als Grund für die Notwendigkeit von Trageversuchen im Konzentrationslager an:

> »Die Versuche [sollen] möglichst umgehend begonnen werden. Erfahrungsgemäß ist […] eine ausreichende Klärung über Rohstoff-, Herstellungs- und Verarbeitungsart, sowie über die praktische Bewährung des Schuhwerks kurzfristig kaum zu erreichen. […] Durch Einschaltung anderer Prüfungseinrich-

151 Aktenvermerk der RfL, Betr.: Tagung der FA LFWS am 12.6.1940, BA Berlin, R 8 VI, Nr. 84.

152 Bericht über die Aussprache der FA LFWS am 8.5.1940, BA Berlin, R 13 XIII, Nr. 66.

153 Zeugenaussage Albert Herzog, 18.9.1967, Ermittlungsverfahren der Staatsanwaltschaft Köln gegen Ernst Brennscheidt wegen Mordes, Staatsanwaltschaft Köln (Az 24 Js 45/65 (Z)), Nordrhein-Westfälisches Hauptstaatsarchiv Düsseldorf, Rep. 118, Nr. 790 und 791, als Kopie in AS, JD 22 (künftig zitiert als AS, StA Köln, JD 22), Bd. 2, S. 204.

> tungen – außer der [...] genannten [Schuhprüfstrecke] – [sind] ausreichend brauchbare Ergebnisse nicht zu erwarten.[154]

Einen weiteren Faktor stellten die hohen Kosten dar, die Trageversuche auf breiterer Grundlage verursachten:

> »Tragversuche haben [...] als Einzelprüfung keine ausreichende Aussagekraft. Sie sind nur als Großzahlversuch vertretbar, wenn alle [voraussichtlich] vorkommenden Beanspruchungen [...] repräsentativ vertreten sind [und] eine straffe Organisation die Durchführung überwacht [...]. Wegen ihres großen Umfanges sind solche Trageversuche sehr kostspielig und langwierig und kommen nur für grundlegende Untersuchungen in Frage.«[155]

Im Konzentrationslager war sowohl für eine große Zahl von Versuchspersonen als auch für einen vollständig durchorganisierten Versuchsaufbau und für die preisgünstige Durchführung gesorgt. Das *Reichsamt für Wirtschaftsausbau* streckte die »Nutzungsgebühr« der Versuchspersonen von 6,– RM pro Tag und Häftling für die Unternehmen vor und überwies diese an das SS-Wirtschaftsverwaltungshauptamt.[156] Die Gesamtkosten für eine Gemeinschaftsprüfung wurden dann als Materialprüfungskosten anteilsmäßig auf die einzelnen beteiligten Unternehmen umgelegt.[157] Bei entsprechender Anzahl der Versuchspersonen konnten in relativ kurzer Zeit umfangreiche Untersuchungen durchgeführt werden. Vom Standpunkt der Gebrauchswertforscher trug die lückenlose Kontrolle der Versuchspersonen bei der »Nutzung« der Produkte wesentlich zur Aussagekraft der wissenschaftlichen Ergebnisse der Trageversuche bei.[158]

Die Gebrauchswertforschung bestand aus einer Kombination von praktischen Trageversuchen und labortechnischen Versuchen. Beide wurden – je zur Hälfte – an denselben Werkstoffproben durchgeführt, die die Unternehmen einsandten.[159] Die Ergebnisse wurden schließlich zusammen ausgewertet. Dieser duale

154 RWA (Siebert) an den Reichsführer SS Heinrich Himmler, 30.9.1943, BA Berlin, NS 19, Nr. 2226.

155 Herbert Sommer, Allgemeines über Gebrauchswert und Gebrauchswertprüfung, in: Erich Siebel (Hg.), Handbuch der Werkstoffprüfung, Bd. V: H. Sommer (Hg.), Die Prüfung der Textilien, Berlin u. a. [2]1960, S. 1027.

156 Protokoll über die Vernehmung des Verhafteten Ernst Brennscheidt, 19.12.1946, Unterlagen zum Sowjetischen Sachsenhausenprozess (Berlin-Pankow, Okt. 1947), Strafverfahren gegen Anton Kaindl und andere, Zentral-Archiv des FSB, Moskau (N 19092), als Kopie in AS, JSU 1 (künftig zitiert als: AS, FSB-ZA, JSU 1), Bd. 9, S. 27.

157 DVA (Herfeld) an die FA LFWSe, Betr.: Gemeinsame Materialprüfungen v. 19.7.1940, BA Berlin, R 8 VI, Nr. 287.

158 Vgl. dazu auch Erhart Franz, Von der Gebrauchswertprüfung zur zweckbedingten textiltechnologischen Messung, Forschungsberichte des Zellwolle- und Kunstseide-Rings GmbH, Heft 3 [1943], S. 28-58, hier S. 28, BA Berlin, R 13 XIV, Nr. 280.

159 Bericht über die Sachverständigen-Aussprache der FA LFWS am 12.6.1940, BA Berlin R 13 XIII, Nr. 66.

Aufbau – also einerseits praktische Trageversuche im Konzentrationslager und andererseits apparative Labortests in den Instituten – wurde für alle Werkstoffprüfungen auf der »Schuhprüfstrecke« konstitutiv. Später erhielten sie die Bezeichnung »praktische und theoretische« Materialprüfungen.[160]

Die Vorzüge des Einsatzes von KZ-Häftlingsarbeit wurden zwischen Behördenvertretern, Wissenschaftlern und Unternehmern auf ihren Treffen im Juni 1940 ausführlich und mit großer Offenheit diskutiert.[161] In dem Konzentrationslager in Oranienburg, so Dr. Gotthold Tewes vom *Reichsamt für Wirtschaftsausbau*, stünden »Arbeitskräfte [...] unbegrenzt zur Verfügung«. Professor Wolfgang Graßmann vom Kaiser-Wilhelm-Institut für Lederforschung erklärte nach dessen Ausführungen: »Nach meiner Überzeugung können Trageversuche nur in Oranienburg durchgeführt werden.«[162] Neben der Nähe zu Berlin als Standort der wirtschaftspolitischen Organisationen ließ ein weiterer Grund das KZ Sachsenhausen für die Organisatoren der Versuche als besonders geeignet erscheinen: »In dem Lager Oranienburg ist eine ausgezeichnete Schuhmacherwerkstatt, deren Leitung ein Lehrer von der Fachschule Schuhmacherhandwerk übernehmen wird«, berichtete Gotthold Tewes vom Reichsamt auf der Sitzung am 12. Juni.[163]

Die erwähnte Fachschule war die im April 1937 eröffnete »Reichsfachschule und Versuchsanstalt des Schuhmacherhandwerks«.[164] Sie lag in Bischofswerder bei Liebenwalde, etwa 15 km nordöstlich des Lagers Sachsenhausen.[165] Die

160 Vermerk über die Sitzung am 9.5.1941 im RWA betreffend Schuhsohlen aus PCU (Polyvinylchlorid), BA Berlin, R 13 XIII, Nr. 270.

161 Namentlich erwähnt werden auf den ersten beiden Sitzungen betreffs der Errichtung der »Schuhprüfstrecke« die Firmen Carl Freudenberg, Salamander AG, Raimund Gäßler, die Heyl'schen Lederwerke Worms, die Lederfabrik Blankenburg/Mark AG und die Firma Doerr&Reinhardt. Zudem nahm noch eine Anzahl weiterer, nicht namentlich genannter Firmen sowie Vertreter des Schuheinzelhandels, des Ledergroßhandels und des Schuhmacherhandwerks an den Diskussionen teil. Vgl. Bericht über die Aussprache der FA LFWS am 8.5.1940, BA Berlin, R 13 XIII, Nr. 66; Bericht über die Sachverständigen-Aussprache der FA LFWS am 12.6.1940; Aktenvermerk der RfL, Betr.: Tagung der FA LFWS am 12.6.1940, BA Berlin, R 8 VI, Nr. 84.

162 Bericht über die Sachverständigen-Aussprache der FA LFWS am 12.6.1940, BA Berlin R 13 XIII, Nr. 66.

163 Bericht über die Sachverständigen-Aussprache der FA LFWS am 12.6.1940, BA Berlin R 13 XIII, Nr. 66.

164 Zur Funktion der Reichsfachschulen, die hauptsächlich der Meisterausbildung und der Weiterbildung, etwa in Orthopädie, dienten, vgl. Bericht über den Reichsinnungsverbandstag des deutschen Schuhmacherhandwerks in Berlin und die Eröffnung der Reichsfachschule am 25.4.1937, in: Der Holzschuh- und Pantoffelmacher 5 (1937), Nr. 9, S. 1-7. Die zweite Reichsfachschule des Schuhmacherhandwerks befand sich in Siebenlehn in Sachsen.

165 Ihr Leiter war der Reichsinnungsmeister des Schuhmacherhandwerks und SA-Obergruppenführer Arthur Heß, der besonders an fußgesundheitlichen Fragen interessiert war und bereits 1938 an der Gründung der Prüf- und Forschungsstelle für Leisten- und Schuhbau mitgewirkt hatte. Er war Teilnehmer auf den Sitzungen der FA LFWS.

Reichsfachschule wurde zum institutionellen Bestandteil des Forschungsapparats und stellte technisches Personal für die Versuche im KZ. Ein Gewerbelehrer der Schule, Karl Poser, übernahm im Juni 1940 die technische Leitung der Trageversuche im KZ.[166]

Es besteht kein Zweifel darüber, dass die Unternehmen und die beteiligten Wissenschaftler von Anfang an wussten, dass bei den vorgesehenen Gemeinschaftsprüfungen Häftlingsarbeit unter KZ-Bedingungen eingesetzt wurde. Auf den beiden ersten Sitzungen der *Fachabteilung Lederfaserwerkstoffe* berichteten Vertreter des *Reichsamts für Wirtschaftsausbau* regelmäßig über den Fortgang der Arbeiten bei der Errichtung der »Schuhprüfstrecke« im Lager Sachsenhausen.[167] Dass aber selbst der Lederforscher Hans Herfeld, der die wissenschaftliche Leitung der Versuche mit Lederfaserwerkstoffen übernahm, zwei Wochen vor Beginn der Versuche nur sehr vage Vorstellungen davon hatte, welche Auswirkung das KZ-Umfeld auf den Versuchsaufbau selbst haben würde, zeigt eine Bemerkung auf der Sitzung am 12. Juni. Hans Herfeld forderte, dass die Ergebnisse der Trageversuche unbedingt »in getrennter Befragung der Versuchspersonen zu ermitteln« seien, »um eine Massenbeeinflussung zu vermeiden«.[168] Herfeld ging hier von den Häftlingen als mündigen Testpersonen, fast könnte man sagen Konsumenten, aus. Er stellte sie sich als Individuen vor, deren subjektive Trageerfahrung für die wissenschaftlichen Ergebnisse eine Rolle spielen würde. Offenbar waren solche Befragungen bei den Trageversuchen bis dahin üblich.

Nimmt man die tatsächlichen Versuchsbedingungen im Lager ein paar Wochen später in Augenschein, so wirkt diese Bemerkung in ihrer Naivität geradezu grotesk. Die Testpersonen wurden für die Versuche gesundheitlich zu Grunde gerichtet und durch sie oder während ihres Verlaufs reihenweise ermordet. Sie wurden als menschliche Prüfinstrumente benutzt, an denen nur noch der physiologische Bewegungsablauf ihrer Füße beim Gehen interessant war. Die Bezeichnung »Schuhläufer« für die Testpersonen, die diese allein auf die Fußpartie ihres Körpers reduzierte, als Anhängsel der Schuhe, die sie probeliefen, demonstriert dies anschaulich. Zu Befragungen der einzelnen Häftlinge, die die Schuhe mit Ersatzstoffsohlen testen mussten, kam es bei den Gebrauchswertforschungen nicht. Nur bei einer der letzten Versuchsreihen, zur Passform eines neuen Wehrmachtstiefels, sind individuelle Aussagen zur Trageerfahrung von Häftlin-

166 Vgl. Fischer (1942), S. 118; Niederschrift über die Sitzung in Heidelberg am 6.12.1940, Betr.: Verarbeitungsfragen für Gummisohlen, BA Berlin, R 13 XII, Nr. 66; Rundschreiben Nr. 16 der FA LFWS, 31.1.1941, R 13 XIII, Nr. 67; FG Kautschukindustrie in der WG Chemische Industrie an die Hersteller von Sohlenplatten, 18.1.1941, BA Berlin, R 13 XIII, Nr. 270.

167 Bericht über die Aussprache der FA LFWS am 8.5.1940, BA Berlin, R 13 XIII, Nr. 66; Bericht über die Sachverständigen-Aussprache der FA LFWS am 12.6.1940; Aktenvermerk der RfL Betr.: Tagung der FA LFWS am 12.6.1940, BA Berlin, R 8 VI, Nr. 84.

168 Aktenvermerk der RfL, Betr.: Tagung der FA LFWS am 12.6.1940, BA Berlin, R 8 VI, Nr. 84.

gen dokumentiert.[169] Der Versuchsaufbau der Gebrauchswertforschung zielte hingegen gerade darauf, alle Elemente der Individualität der Testpersonen planmäßig auszuschalten. Äußerten sie subjektive Beobachtungen, so wurden die Testpersonen schwer bestraft – etwa wenn sie es wagten, sich zu beschweren, dass die zugeteilten Schuhe nicht ihrer Fußgröße entsprachen. Täglich erhielten andere Häftlinge die Testpaare zugeteilt, um individuelle Abnutzungserscheinungen zu verhindern. Herfeld scheint seine ursprünglichen Pläne zur Methodik der Versuche nach eigenen Besuchen im Konzentrationslager modifiziert zu haben. Änderungswünsche, Protest oder gar Zweifel an der wissenschaftlichen Integrität der Trageversuche unter Bewachung der SS äußerten Herfeld oder andere Wissenschaftler in ihrem umfangreichen Briefwechsel mit dem Reichsamt und den Unternehmen nicht.

9.3 Der Betrieb der »Schuhprüfstrecke« (1940-1945)

Die »Schuhprüfstrecke« im Konzentrationslager Sachsenhausen

Der Bau der »Schuhprüfstrecke« im Konzentrationslager Sachsenhausen erfolgte im Auftrag des *Reichsamts für Wirtschaftsausbau* im Mai 1940.[170] Sie wurde von Häftlingen halbkreisförmig um den Appellplatz des Lagers angelegt und im Juni 1940 fertiggestellt (Abb. 59, 60, 68). Sie hatte eine Länge von 700 Metern und war abschnittweise mit sieben verschiedenen Straßenbelägen bewehrt: »Die Standardstrecke besteht zu 58 % aus Betonstraße, 10 % aus Schlackenweg, 12 % aus Sandgruben, 8 % Lehm-, 4 % Splitt-, 4 % grobgeschotterten Wegen und 4 % quadr[atischem] Pflaster. Die Lehmstrecken werden bei trockenem Wetter ständig feucht gehalten.«[171] Mit diesem Profil stellte sie, wie sich der Vorarbeiter des Schuhläuferkommandos treffend ausdrückte, »einen Querschnitt durch sämtliche Straßen Europas« dar, die deutsche Soldaten und Zivilisten bei ihren Eroberungen neuen »Lebensraums« beschreiten sollten.[172]

Verantwortlich für die Durchführung der Versuche vor Ort war der »Leiter der Schuhprüfstelle« in Sachsenhausen. Er war ein Angestellter des Reichsamts und lebte wie die SS-Wachmannschaften im Umkreis des Lagers, trat aber in Zivilklei-

169 Vgl. Kap. 9.6.

170 Erste Erwähnung im Bericht über die Aussprache der FA LFWS am 8.5.1940, Rundschreiben Nr. 3 der FA LFWS, 31.5.1940, BA Berlin, R 13 XIII, Nr. 66, S. 16.

171 RWA, Abriebprüfung von Straßenschuhsohlenwerkstoffen in Oranienburg, 16.12.1940, BA Berlin, R 13 XIII, Nr. 66. Bei der Befreiung des Lagers fand eine sowjetische Untersuchungskommission 8 Oberflächen-Abschnitte vor, die jeweils 24 m lang und 8 m breit waren und die T-Form der betonierten Lagerstraße zum Halbkreis ergänzten. Vgl. Protokoll der Besichtigung der Schuhprüfstrecke durch die Offiziere Dorofeew, Nekrot und Panferow, 12.6.1945, AS, FSB-ZA, JSU 1, Bd. 44, Teil 2, Bl. 276f.

172 Zeugenaussage Wilhelm Jakob, 13.2.1968, AS, StA Köln, JD 22, Bd. 2, S. 235.

Abb. 59: Die »Schuhprüfstrecke« im KZ Sachsenhausen mit verschiedenen Straßenbelägen, in Halbkreisform um den Appellplatz des Lagers, vor der Sichtwand gelegen, die die Front der abgerissenen Baracken repräsentiert (Foto der 1961 rekonstruierten Anlage, Gedenkstätte Sachsenhausen von 2001)

Abb. 60: Lageskizze des Konzentrationslagers Sachsenhausen 1944, grau eingezeichnet: »Schuhprüfstrecke« und »Schuhprüfstelle« (Verwaltung und Werkstätten)

dung auf.[173] Er war ständig im Lager präsent und überwachte den Versuchsablauf: vom Eintreffen der Materialproben und fertigen Schuhmodelle im Lager über die Ausgabe der einzelnen Paare an die Häftlinge, die Buchführung über das Abriebverhalten und die Tragedauer der einzelnen Paare bis zu den Ausbesserungsarbeiten. Er übernahm die Weiterleitung der Ergebnisse an das Reichsamt und die wissenschaftlichen Institute. Leiter der »Schuhprüfstelle« waren von 1940 bis 1943 Karl Poser[174] und von Juli 1943 bis Kriegsende Ernst Brennscheidt. Beide waren von Beruf Schuhmachermeister.[175] Als Leiter unterstanden ihnen alle zur »Schuhprüfstrecke« gehörigen Einrichtungen und Personen. Dies waren die Strecke selbst, ihre Verwaltung, die zugehörigen Werkstätten und ein »Schuhläuferkommando« von anfangs 120 Häftlingen. Im November 1943 wurde diese Zahl auf 150 bis 170 Häftlinge erhöht.[176] Die Verwaltung der »Schuhprüfstrecke«, die »Schuhprüfstelle«, war in einer eigenen Baracke im sogenannten »Kleinen Lager«, unweit des Appellplatzes, untergebracht. Sie bestand aus einem Büro, der sogenannten Kartei, wo fünf Mitarbeiter über den Prüfvorgang und die Ergebnisse Buch führten, sowie der »Schuhausgabe«.[177] In einer Werkstatt arbeiteten zwanzig Schuhmachermeister, die die nötigen Materialausbesserungen während der Prüfungen vornahmen.[178] Alle Mitarbeiter des Büros und der Werkstatt waren Häftlinge.

173 Ein Privileg des zweiten Leiters der »Schuhprüfstelle« bestand darin, dass er sich in der SS-Siedlung Lehnitz bei Oranienburg ein eigenes Haus bauen durfte. Es wurde von Häftlingen des KZ Sachsenhausen errichtet. Vgl. die Vernehmung Ernst Brennscheidts, 23.4.1946, AS, FSB-ZA, JSU 1, Bd. 44, Teil 1, Bl. 64. Zum zivilen Auftreten der beiden Leiter der »Schuhprüfstelle« im Lager vgl. die Zeugenaussagen im Ermittlungsverfahren der Staatsanwaltschaft Köln gegen Ernst Brennscheidt wegen Mordes, AS, StA Köln, JD 22, Bd. 1, S. 26-99.

174 Poser nahm an allen wichtigen Sitzungen der Reichsstelle, WG und FA zu den Gemeinschaftsprüfungen teil. Vgl. Aktenvermerk der RfL, Betr.: Tagung der FA LFWSe in der WG Lederind., 12.6.1940, BA Berlin, R 8 VI, Nr. 84; erste namentliche Erwähnung am 25.2.1941, FA LFWS, Bericht über die (3.) Klebstoff-Ausschusssitzung, BA Berlin, R 13 XIII, Nr. 270; letzte Erwähnung im Geschäftsverteilungsplan des Reichsamts für Wirtschaftsausbau im Jan. 1943, BA Berlin, R 3112, Nr. 304.

175 Poser war vor seiner Tätigkeit auf der »Schuhprüfstrecke« Gewerbelehrer an der Reichsfachschule des Schuhmacherhandwerks in Bischofswerder und behielt diesen Posten wahrscheinlich auch weiterhin. Vgl. Aktenvermerk der RfL, Betr.: Tagung der FA LFWS, 12.6.1940, BA Berlin, R 8 VI, Nr. 84. Ernst Brennscheidt war wegen einer Verwundung aus der Wehrmacht ausgeschieden und hatte – 26-jährig – im Februar vor Antritt seiner Stelle im Konzentrationslager die Meisterprüfung abgelegt, vgl. das Protokoll über die Meisterprüfung des Schuhmachers Ernst Brennscheidt v. 17.2.1943, Nr. 12.712 der Meisterrolle der Handwerkskammer Koblenz.

176 Der Chef des SS-WVHA (Pohl) an den Reichsführer-SS, Betr.: Trageversuche mit Wehrmachtsschuhwerk v. 3.11.1943, BA Berlin, NS 19, Nr. 2622.

177 Vernehmung Ernst Brennscheidt, 13.8.1946, AS, FSB-ZA, JSU 1, Bd. 44, Teil 1, Bl. 82-89; Zeugenaussage Albert Herzog, 18.9.1967, AS, StA Köln, JD 22, Bd. 2, S. 204.

178 Diese Werkstatt entstand aus der früheren Schuhreparaturwerkstatt des KZ Sachsenhausen. Vgl. Bericht über die Sachverständigen-Aussprache der FA LFWS am 12.6.1940, BA Berlin, R 13 XIII, Nr. 66.

Die Durchführung der Versuche im Konzentrationslager

Die *Wirtschaftsgruppe Lederindustrie* rief im Juni 1940 als erste Wirtschaftsgruppe zur Gemeinschaftsprüfung von Werkstoffen ihrer Mitgliedsunternehmen auf der »Schuhprüfstrecke« auf.[179] Die Teilnahme war im ersten Durchgang noch freiwillig. 25 Firmen kamen dieser Aufforderung nach und schickten ihre Werkstoffproben an die Deutsche Versuchsanstalt in Freiberg.[180] Diese behielt eine Hälfte der Proben für die labortechnische Untersuchung und leitete die andere Hälfte an das *Reichsamt für Wirtschaftsausbau* in Berlin weiter. Das Reichsamt fungierte zu Beginn der Versuche als zentrale Anlauf- und Mittlerstelle zwischen den Unternehmen und Instituten. Mit wachsendem Umfang der Tests und steigender Anzahl der beteiligten Wirtschaftsgruppen, Reichsstellen und Unternehmen gab es diese Funktion allmählich auf. Schon ab Spätsommer 1940 korrespondierten die beteiligten Institutionen direkt miteinander und mit der »Schuhprüfstelle« im Konzentrationslager.[181]

Für die ersten Gemeinschaftsprüfungen besohlte man die Schuhe mit den zu testenden Materialien in der Fachschule des Reichsinnungsverbandes des Schuhmacherhandwerks in Bischofswerder.[182] Je vier Paar rahmengenähte Schuhe, die ganz aus Leder hergestellt waren, erhielten 4 mm dicke Halbsohlen aus dem Versuchsmaterial, um so zu repräsentativen Durchschnittsergebnissen für jeden Werkstoff zu gelangen.[183] Die Schuhe wurden dann an die »Schuhprüfstelle« im Lager Sachsenhausen geliefert. Nach nur wenigen Monaten wurde auch die Besohlung der Testschuhe mit den Prüfmaterialien ins Lager selbst verlegt. Ab Januar 1941 sandten die Unternehmen ihre Materialien direkt »An die Komman-

179 Als erste Materialien wurden LFWS als Laufsohlen, dann als anderen Teilen des Schuhs getestet. Es folgten Gummisohlenmaterialien, Holzsohlen, imprägnierte Strohgeflechte, erste Sohlen aus Polyvinylchloriden, Klebstoff- und andere Verarbeitungstests. Zur ersten Gemeinschaftsprüfung von LFWS und deren Procedere vgl. Rundschreiben Nr. 5 der FA LFWS, 26.6.1940, BA Berlin, R 13 XIII, Nr. 66.

180 Dies waren die Firmen Adler & Oppenheimer, Gebr. Bader KG, Robert Bräuchle, Dartex AG, Doerr & Reinhart, Durlacher Lederfabrik, Carl Freudenberg, Cornelius Heyl AG, Kötitzer Ledertuch- und Wachstuchwerke, Heinrich Koch & Co., Otto Lache, Lederfabrik Blankenburg, F. G. Sohre AG, Ernst Linhardt (Chalowitz), Josef Linhardt (Rehau), Gustav Quark, Rhein. Lederfabrik vorm. Hugo Heusch GmbH, C. F. Roser GmbH, Christian Rostock, Salamander AG, Dr. Rudolf Schieber, Louis Schweizer, Westfalia Pickerwerke, Westland Gummiwerke und Lederwerke Hermann Simon AG. BA Berlin, R 13 XIII, Nr. 287.

181 Die Deutsche Versuchsanstalt korrespondierte bereits ab August 1940 direkt mit der Kommandantur des KZ Sachsenhausen, vgl. FA LFWS an die DVA, Betr.: Gemeinsame Materialprüfung v. 1.8.1940, BA Berlin, R13 XIII/287.

182 Aktenvermerke Tagung der FA LFWSe in der WG Lederindustrie am 12.6.1940 und Betr.: Sohlenklebstoffe v. 22.8.1940, R 8 VI, Nr. 84.

183 Vgl. die Beschreibung des Experimentalaufbaus und seiner Praxis in: Fischer (1942), S. 118ff.; Niederschrift über die Sitzung in Heidelberg am 6.12.1940 betr. Verarbeitungsfragen für Gummisohlen, BA Berlin, R 13 XIII, Nr. 66.

dantur des Konzentrationslagers Sachsenhausen, Abteilung Schuhprüfstrecke, Oranienburg bei Berlin« und korrespondierten auch sonst unmittelbar mit der »Schuhprüfstelle« im KZ.[184] Im Lager wurden die Materialien in der Werkstatt der »Schuhprüfstelle«, aber auch in der sogenannten »Schuhfabrik«, die zeitweise achthundert Häftlinge beschäftigte, verarbeitet.[185] Mitunter schickten Schuhunternehmen auch fertige Schuhmodelle an die »Schuhprüfstelle« ein.[186]

Für den eigentlichen Prüfvorgang waren nun der Leiter und die Verwaltung der »Schuhprüfstelle« zuständig.[187] Jeden Morgen nach dem Appell meldeten sich die Häftlinge des Kommandos »Schuhläufer« unter Leitung eines SS-Scharführers bei der »Schuhausgabe«. Dort wurden die nummerierten Paare tageweise ihren Probeläufern ausgehändigt.

> »[Zwei der Häftlinge, die auf dem Büro arbeiteten] öffneten sodann die Türe und ließen die Häftlinge zu je 2-3 Personen eintreten. Die Häftlinge mussten sodann ihre Holz- und andere Schuhe abgeben und barfuß die ihnen ausgehändigten Schuhe anziehen. Strümpfe oder Fußlappen durften nicht getragen werden. Sie waren ausdrücklich verboten.[188] Neu hinzugekommene Schuhläufer mussten sich unter eine an der Wand befindliche Messlatte stellen, wo ihre Körperlänge gemessen wurde. Nach der Körpergröße benannte der BVer [Häftling der Kategorie »Befristete Vorbeugehäftlinge«, im Lagerjargon »Berufsverbrecher«] die Schuhgröße und gab entsprechende Schuhe aus. Meistens warf er sie den betreffenden Häftlingen auf die nackten Füße. Wenn ein Häftling die Schuhgröße bemängelte, bekam er von dem BVer Schläge mit den Schuhen auf die nackten Füße oder Boxhiebe in den Magen. [...] Die Häftlinge

184 Rundschreiben Nr. 16 der FA LFWS, 31.1.1941 BA Berlin, R 13 XIII, Nr. 67; FG Kautschukindustrie in der WG Chemische Industrie an die Hersteller von Sohlenplatten, 18.1.1941, BA Berlin, R 13 XIII, Nr. 270; Zeugenaussage des Häftlings-Schreibers auf der »Schuhprüfstelle« von Nov. 1943 bis Kriegsende 1945, Günther Bullerian, 30.8.1946, AS, FSB-ZA, JSU 1, Bd. 10, Teil 2, Bl. 166-176.

185 Zeugenaussage Hans Strebel, 5.6.1945, in: AS, FSB-ZA, JSU 1, Bd. 44, Teil 1, Bl. 131-135; Bericht des ehemaligen Mechanikervormannes der Schuhfabrik, Adolf Piegert, o. D., AS, LAG VI, Nr. 12a, S. 2. Die »Schuhfabrik« in Sachsenhausen stellte sonst hauptsächlich Häftlingsschuhe mit Holzsohle her.

186 BA Berlin, R 10 VI, Nr. 13 R 13 XIII, Nr. 49.

187 Vgl. die Tätigkeitsbeschreibung des Leiters der »Schuhprüfstelle« des RWA für Ernst Brennscheidt, Interne Dienstanweisung des RWA, 21.6.1943, AS, FSB-ZA, JSU 1, Bd. 43.

188 Diese Regel galt nicht zu jeder Phase des Betriebs der »Schuhprüfstrecke«. Der spätere Generalmajor der Nationalen Volksarmee, Richard Fischer, berichtete über seine drei Wochen als »Schuhläufer« bei der Ankunft als Häftling in Sachsenhausen Anfang Juni 1941: »Die dreiwöchige Tortur ist, wenn überhaupt [...] nur mit ungeflickten Socken und passenden Schuhen zu überstehen.« Bei der Materialausgabe erhielt er von einem Häftling mit ebenfalls rotem Winkel »ordentliche Socken und Schuhe seiner Fußgröße« als besondere Vergünstigung, um seine Überlebenschancen zu erhöhen. Vgl. die Lebenserinnerungen Richard Fischers in: Drews/Stoll (1981), S. 51f.

[erhielten] meistens zu große oder zu kleine Schuhe, da die Größe nach der Körpergröße festgestellt [...] wurde. Diese Schuhe mussten die Häftlinge anziehen und damit auf die Laufstrecke gehen. [...] Abends [...] rückten die Häftlinge wieder ein, d.h. sie mussten die Schuhe wieder auf der Prüfstelle abgeben. Hier bekamen sie dann ihr ei[ge]nes Schuhwerk wieder.«[189]

Mit den Schuhen an den Füßen begaben sich die Häftlinge zur Prüfstrecke auf den Appellplatz. In Häftlingskolonnen von jeweils zwölfmal fünf Mann begann dort der Marsch in militärischer Ordnung. Das Marschieren der Schuhläufer begann um 6.00 Uhr früh und endete um 17.00 Uhr. Von 12 bis 13 Uhr war Mittagspause.

»Das Tempo des Marschierens des Schuhläuferkommandos war folgendes: Die ersten zwei Runden, die in Form einer 8 verliefen und die sich auf 1.400 m erstreckten, wurden von den Häftlingen im Laufschritt zurückgelegt. Dann gingen sie zum militärischen Marschieren über und behielten dieses Tempo bis zum Tagesende, bei Bewahrung der Ordnung in den Reihen, bei. Die Häftlinge mussten beim Marschieren deutsche Lieder singen. Seit dem Eintreffen im November 1943 von Schuhen militärischen Musters wurde mit den Häftlingen 15-20 Minuten lang vor Beendigung des Marschierens der sog. ›Sport‹ durchgeführt. Dieser ›Sport‹ bestand darin, dass man den Schuhläufern ohne Rücksicht auf ihren körperlichen Zustand das Kommando: ›Hinlegen‹ ›Aufstehen‹, ›Parademarsch klopfen‹, ›in Kniebeuge gehen‹, ›Robben‹ und ›Hüpfen auf der Stelle‹ gab.«[190]

Bei ihren Runden um den Appellplatz mussten die Schuhläufer auf den Giebeln der ersten Barackenreihe den aufgepinselten Hohnspruch der SS lesen:

»Es gibt einen Weg zur Freiheit! Seine Meilensteine heißen: Gehorsam, Fleiß, Ehrlichkeit, Ordnung, Sauberkeit, Nüchternheit, Wahrhaftigkeit, Opfersinn und Liebe zum Vaterlande!«[191]

Ihr Weg führte sie bei jeder Runde am Galgen des Lagers vorbei. Die SS nutzte den Marsch als Gelegenheit zu zahlreichen Schikanen und Prügeleien an den Häftlingen, die auf diese Weise täglich bis zu 48 km, zurückzulegen hatten. Nach jeder Runde des Trupps machte der Vorarbeiter einen Markierungsstrich auf einer Tafel. Am Abend wurden diese dann addiert.[192] Bei seiner Übernahme der

189 Zeugenaussage Albert Herzog, 18.9.1947, AS, StA Köln, JD 22, Bd. 2, S. 205.

190 Vernehmung Ernst Brennscheidt, 19.12.1946, AS, FSB-ZA, JSU 1, Bd. 9.

191 Vgl. Fotos vom Apellplatz und Zeugenaussage Alfred Bulach in der Voruntersuchung gegen Dr. Baumkötter, Nov. 1961, Strafverfahren gegen Heinz Baumkötter u. a. (1961-1962), Staatsanwaltschaft Münster 6 JS 121/56-390.36, Staatsarchiv Münster Az 6 Ks 1/61, als Kopie in AS, JD 1 (künftig zitert als AS, StA Münster, JD 1), Bd. XXXVI, S. 47.

192 Ebd.

»Schuhprüfstrecke« ersetzte Brennscheidt die Tafel durch ein ausgefeilteres »Mess-System«:

> »Neben der Strecke befand sich auf einem Pfahl ein plombierter Holzkasten. Es wurden dem Vorarbeiter, der das Marschieren leitete, nummerierte Pappmarken ausgehändigt. Sobald die Kolonne eine Runde zurückgelegt hatte, legte der Vorarbeiter eine dieser Marken in den Kasten. Nach Beendigung des Marsches öffnete der Büroälteste Hitzeroth den Kasten und zählte nach den vorhandenen Marken die zurückgelegte Strecke zusammen.«[193]

Brennscheidt erhöhte auch das tägliche Laufpensum der Häftlinge. Er sah dies als Rationalisierungsmaßnahme, die die Effizienz des Prüfvorgangs steigern sollte:

> »Vor meiner Ernennung zum Leiter der Schuhprüfstrecke legten die Häftlinge des Schuhläuferkommandos täglich 32-33 km zurück. Ich aber habe die zurückzulegende Strecke [...] erhöht. Unter meiner persönlichen Aufsicht [...] hat das Schuhläuferkommando nicht weniger als 40 km zurückgelegt. [...] Ich war mir bewusst, dass die Erhöhung der Marschstrecke einen gewissen Vorteil dem Reichswirtschaftsministerium bot, da ein Ergebnis in der Erprobung der Schuhe schneller erzielt wurde und außerdem hatte das Reichswirtschaftsministerium weniger Ausgaben und ich berücksichtigte dabei, dass das Ministerium der Lagerführung RM 6.- für jeden Häftling, unabhängig von der von diesem zurückgelegten Strecke, zahlte. [...] Die Erhöhung der Marschstrecke wurde durch eine Erhöhung des Marschtempos erzielt.«[194]

Der langjährige Häftlingsschreiber auf der »Schuhprüfstelle«, Günther Bullerian, der auch die Korrespondenz mit den Schuh- und Werkstoff-Unternehmen führte, gab eine tägliche Strecke von 43 bis 48 km ab November 1943 an.[195] Mit der Anzahl von 170 Häftlingen wurden auf diese Weise also täglich 6.800 bis 8.160 Testkilometer zurückgelegt. Unter Karl Poser waren es mit 120 Häftlingen noch durchschnittlich 3.600 km bis 4.200 km gewesen.[196]

193 Vernehmung Ernst Brennscheidt, 19.12.1946, AS, FSB-ZA, JSU 1, Bd. 9, Bl. 28.

194 Ebd., Bl. 27.

195 Günther Bullerian war Schreiber der »Schuhprüfstelle« in Sachsenhausen von Nov. 1943 bis Kriegsende. Bei einem täglichen Laufpensum 43 bis 48 km erhöhte sich die täglich zurückgelegte Strecke mit 170 Häftlingen auf 7.310 bis 8.160 km. Vgl. Zeugenaussage des Häftlings-Schreibers auf der »Schuhprüfstelle« von Nov. 1943 bis Kriegsende 1945, Günther Bullerian, 30.8.1946, AS, FSB-ZA, JSU 1, Bd. 10, Teil 2, Bl. 166-176.

196 1941 betrug die tägliche Laufstrecke noch 30-35 km. Für den Wert von 30 km vgl. FG Kautschukindustrie, Betr.: Untersuchung von Gummiplatten auf Verklebbarkeit mit Nitrozelluloseklebstoffen, v. 18.1.1941, BA Berlin, R 13 XIII, Nr. 270. Für den Wert von 35 km vgl. Niederschrift über die Sitzung in Heidelberg am 6.12.1940 betreffend Verarbeitungsfragen, BA Berlin, R 13 XIII, Nr. 66.

Abb. 61: Häftlingskommando mit Lederschuhen beim Marsch auf dem Appellplatz, KZ Sachsenhausen (Propagandafoto der SS) (ca. 1940)

Nach jeweils 10 km Tragedauer wurden die Schuhe von Mitarbeitern der »Schuhprüfstelle« auf ihren Abriebzustand geprüft.[197] Wenn die Sohlen abgelaufen waren, kamen die Prüfpaare in die Werkstatt. Die Ausbesserungen waren integraler Bestandteil der Materialprüfung.[198] Die Sohlen sollten insgesamt »bis zum völligen Verschleiß«[199] abgelaufen werden. Dass auch die Versuchspersonen »bis zum völligen Verschleiß« benutzt wurden, findet in keinem der unzähligen Prüfberichte auch nur Erwähnung. Die Menschen sind in dem Versuchsaufbau der Gemeinschaftsprüfungen der Bestandteil, an den die Auftraggeber, Wissenschaftler und Organisatoren der Tragversuche am wenigsten Gedanken verloren. Sie tauchen – etwa als eine der vielen variablen Größen, von denen die Ergebnisse der Versuche abhingen – in keinem der zahlreichen Berichte auf. So wurde offenbar weder das individuelle Körpergewicht der Versuchspersonen noch deren körperlicher Zustand in den Aufzeichnungen der »Schuhprüfstelle« berücksichtigt.

Ergebnisse der Gebrauchswertprüfungen lagen in der Regel nach einigen Wochen vor. Einzelne Paare mit Gummisohle wurden 1940 mit mehrmaliger Aus-

197 Fischer (1942), S. 118.

198 Aktenvermerk Tagung der FA LFWSe in der WG Lederindustrie am 12.6.1940, R 8 VI, Nr. 84.

199 Gotthold Tewes vom RWA auf der Sitzung des Güteausschusses I der FA LFWS am 5.11.1940, BA Berlin, R 13 XIII, Nr. 66.

besserung bis zu 3.000 km weit getragen. Das entsprach ungefähr einer Laufdauer von 75 Tagen. Die meisten Sohlen brachen jedoch lange vorher oder wurden anderweitig unbrauchbar. Die durchschnittliche Tragstrecke von Ledersohlen mit zweimaliger Ausbesserung betrug 1940 1.100 km, die der Gummisohlen 1.500 km und die der besten Lederfaserstoffsohle 950 km.[200] 1941 kamen Werte für die sogenannte P-Sohle, PCU- oder *Igelit*-Sohle hinzu. Dieses frühe Polyvinylchlorid brachte es sogar durchschnittlich auf 2.000 bis 2.200 km bis zum Durchlaufen und lag damit beim gleichen Wert wie die beste Gummisohle, die »Gu 41« mit einem Buna-Anteil von 27,5 Prozent.[201]

Über die Leistung ihrer Produkte im praktischen Gebrauch ließen sich die beteiligten Unternehmen zum Teil vor Ort Rechenschaft geben. Wilhelm Jakob, der Vorarbeiter des Schuhkommandos, berichtete:

> »Hin und wieder kamen die Direktoren oder Beauftragten der Schuhfirmen, um sich von dem Ergebnis der Prüfung an Ort und Stelle zu unterrichten. In einem solchen Falle musste das Kommando Schuhläufer geschlossen vor der Baracke der Schuhprüfstelle antreten und die Schuhe ausziehen, wo sie von dem entsprechenden Firmenvertreter besichtigt wurden.«[202]

Ein Vertreter der Wirtschaftsgruppe gab im Oktober 1940 an:

> »Bei dem am gestrigen Tage vorgenommenen Besuch der Schuhprüfstrecke im Konzentrationslager Sachsenhausen wurden die dort getragenen Sandaletten, soweit sie aus dem Versuchsgang ausgeschieden waren, einer eingehenden Prüfung unterzogen. Es handelt[e] sich hierbei um Fabrikate der Schuhfabriken Rheinberger [Pirmasens], Rothaar [Waldfischbach/Pfalz] und Trommler [Zwönitz/Sachsen]. Als Langsohle war das Material der Firmen Bader [Göppingen], Bräuchle [Metzingen], Doerr&Reinhardt [Worms], Freudenberg [Weinheim] und Salamander [Kornwestheim] verarbeitet worden.«[203]

Besuche der Wissenschaftler der Deutschen Versuchsanstalt für Lederindustrie, namentlich Fritz Stathers, Hans Herfelds und ihrer Mitarbeiter im Lager sind ebenfalls mehrfach dokumentiert.[204]

200 Bericht über die Sitzung des Güteausschusses I der FA LFWS am 5.11.1940, BA Berlin, R 13 XIII, Nr. 66.

201 U.a. die Senkung des Buna-Anteils von 30 Prozent auf 27,5 Prozent seit 1940 hatte eine Verminderung der Abriebfestigkeit der Gummisohle zur Folge. Vermerk über die Sitzung am 9.5.1941 im RWA betr. Schuhsohlen aus PCU (Polyvinylchlorid), R 13 XIII, Nr. 270.

202 Zeugenaussage des Vorarbeiters des Schuhkommandos Wilhelm Jakob, 13.2.1968, AS, StA Köln, JD 22, Bd. 2, S. 236.

203 Aktenvermerk, Betr.: Trageversuche mit Sandaletten im Konzentrationslager Sachsenhausen b. Oranienburg, 30.10.1940, BA Berlin, R 13 XIII, Nr. 49.

204 BA Berlin, R 13 XIII, Nr. 287; Vermerk GS (Brockmeyer), Betr.: Prüfung der laufenden Tragversuche mit dem Wehrmachtsschnürschuh […] auf der Schuhprüfstrecke in Oranienburg am 5.9.1944, Bauhaus-Archiv Berlin, Fagus, Nr. 212.

Zuweisungsdauer und ausgewählte Einweisungsbegründungen

Gesamtauswertung des Materials für 1943 und 1944

Jahr	Anzahl der Zuweisungen	Zeit	Einweisungsgründe (Beispiele)
	19	**für 1 Monat**	unwahre Behauptungen über SS-Ärzte,
1943	3		Fälschung eines Schon-Scheins
1944	16		
	13	**für 2 Monate**	Arbeitsverweigerung, Diebstahl einer Flasche Cognac,
1943	3		Glücksspiele
1944	10		
	81	**für 3 Monate**	Tauschgeschäfte, Lebensmitteldiebstahl aus Kantine,
1943	33		Lebensmitteldiebstahl aus Hundezwinger, unerlaubter
1944	48		Briefverkehr, Kameradendiebstahl, Faulheit, Schlägerei,
			Fluchtplanung, Betrug bei Einkauf in der Kantine
	1	**für 4 Monate**	unerlaubter Postversand unter Verwendung eines
1943	1		SS-Stempels
1944	–		
	6	**für 5 Monate**	Schlägerei, Diebstahl und Schieberei
1943	2		
1944	4		
	43	**für 6 Monate**	Pistolendiebstahl, Beihilfe zum Fluchtversuch,
1943	15		Briefschmuggel mit Zivilisten, Befehlsverweigerung,
1944	28		Einbruch in SS-Kasino, wiederholter Kameradendiebstahl
	40	**für 1 Jahr**	Geschäfte größeren Stils, Fluchtversuch, Flucht,
1943	16		*Verdacht auf homosexuelle Handlungen heterosexueller*
1944	24		*Männer im Außenlager*
	145	**unbegrenzt /**	mehrmaliger Fluchtversuch, Flucht, Geschäfte mit
1943	80	**dauernd /**	Zivilarbeitern, Einbruch in fremdem Block, Diebstahl bei
1944	65	**bis auf weiteres**	Einsatz im Bomben-Suchkommando, Schieber- und
			Tauschgeschäfte großen Stils, Verbreitung von Nachrichten
			der Auslandssender, Golddiebstahl bei der SS, Sabotage,
			Anstiftung zur Sabotage, heterosexuelle Pädophilie (§ 176),
			homosexuelle Pädophilie (Päderastie / § 176),
			Verführung zu und Erzwingung von homosexuellen
			Handlungen durch heterosexuelle Männer im Hauptlager,
			homosexuelle Lagerprostitution, einverständige Lager-
			Homosexualität heterosexueller Männer,
			Einweisung Homosexueller (§§ 175, 175 a) sofort bei
			Zugang ins Konzentrationslager

Abb. 62: Begründungen für die Einweisung in das »Schuhläuferkommando«. Auswertung von 354 erhaltenen Einweisungen (1943 und 1944) (nach Joachim Müller)

Die Funktion des »Schuhläuferkommandos« innerhalb des Lagersystems im KZ Sachsenhausen

An dieser Stelle ist ein näherer Blick auf die Funktion des »Schuhläuferkommandos« innerhalb der Lagerstruktur des KZ Sachsenhausen vonnöten. Das Kommando »Schuhprüfstrecke« war kein normales Arbeitskommando, sondern ein Strafkommando, eine Form der besonderen Bestrafung der Häftlinge. Die Zuweisung zu dieser »Strafkompanie« war unter den Gefangenen besonders gefürchtet, da sie oft einem Todesurteil gleichkam.[205] So sind im Archiv der Gedenkstätte Sachsenhausen kaum Berichte über die »Schuhprüfstrecke« von ehemaligen »Schuhläufern« zu finden. Eine Ausnahme bildeten die Neuzugänge zum Lager. Als Ersatz für die auf der Strecke zusammengebrochenen oder aus der »Strafkompanie« entlassenen Häftlinge und um die Zahl von 120 bzw. 170 wieder aufzufüllen, wurden neue Häftlinge und ganze Häftlingsgruppen wochen- oder tageweise zum Schuhlaufen abkommandiert, bis ihre Zuweisung zu anderen Arbeitskommandos geklärt war.[206] Sie sind es, deren Überlebenden-Berichten wir einen Einblick in den qualvollen Arbeitstag auf der »Schuhprüfstrecke« verdanken.

In den Berichten der ehemaligen Häftlinge ist das »Schuhläuferkommando« meist gleichbedeutend mit der »Strafkompanie« des Lagers. Die Verwendung der besonders zu bestrafenden oder zu folternden Häftlinge auf der »Schuhprüfstrecke« ist zweifellos im Zusammenhang mit der immer stärker forcierten Ausbeutung der Arbeit von KZ-Häftlingen in der SS-Wirtschaft und Rüstungsindustrie zu sehen.[207] Der Einsatz der »Strafkompanie« auf der »Schuhprüfstrecke« bedeutete ihre Eingliederung in den Arbeitsprozess. Allgemein zeichnete sich die Behandlung der Häftlinge in der »Strafkompanie« durch verschärfte Bedingungen aus. Von ihren Räumen im Torhaus aus hatten der SS-Lagerführer, der Rapportführer und die Blockführer[208] die Marschkolonnen der Schuhläufer auf dem Appellplatz ständig im Blick. Nachts waren die Angehörigen des Strafkommandos in gesonderten Baracken, der »Isolation« (Block 13 und 14), unterge-

205 So die Einschätzung der Gutachten im Bonner Sachsenhausen-Prozess gegen die SS-Männer Gustav Sorge und Karl Schubert (1958/9), vgl. van Dam/Giordano (1962), S. 326.

206 Aussage Ernst Brennscheidt, 13.8.1946, AS, FSB-ZA, JSU 1, Bd. 44, Teil 1, Bl. 82-89; 13.2.1968, AS, StA Köln, JD 22, Bd. 2, S. 235; Damals in Sachsenhausen. Solidarität und Widerstand im KZ Sachsenhausen, Berlin o.J., S. 53. Der damals 15-jährige Zdzislav Jasko berichtete in einem Gespräch 1998: »Wenn zu wenig Leute da waren, dann mussten die polnischen Jugendlichen einspringen.« Vgl. Müller (2000), S. 183f.

207 Zur Verwertung der Häftlingsarbeit durch die SS, vor allem ab April 1942 vgl. Schulte (2001); Wickert (1997), S. 179.

208 Als zuständige SS-Angehörige für das Schuhläuferkommando werden in Zeugenaussagen in der Untersuchung gegen Ernst Brennscheidt namentlich die Blockführer Kaiser, Knittler, Ficker, Bugdalle, Schubert und Nowacki genannt: AS, StA Köln, JD 22, Bd. 2, S. 349.

bracht. Den Häftlingen der Isolierblocks war der Umgang mit den übrigen Lagerinsassen streng verboten.[209]

Aus den Jahren 1943 und 1944 sind insgesamt 371 Einweisungen in das »Schuhläuferkommando« erhalten.[210] Sie geben einen Einblick in die Vergehen, für die Häftlinge mit dem Schuhelaufen bestraft wurden, und die Bemessung ihrer Strafzeit. Wie Joachim Müller zeigte, wurde etwa ein Siebtel wegen angeblicher sexueller und insbesondere homosexueller Handlungen der »Strafkompanie« zugewiesen.[211] Leider geht aus den Unterlagen nicht hervor, wie viele von den Eingewiesenen ihre Zeit auf der Strecke überlebten und wieder in den normalen Lageralltag zurückkehrten. Die überwiegende Zahl der Fälle wurde »bis auf weiteres«, also für unbegrenzte Zeit, dem »Schuhläuferkommando« überstellt.[212]

Besonders »hartnäckige Fälle« unter den Gefangenen, von denen Informationen erpresst werden sollten, wurden in der »SK« einer »Sonderbehandlung« unterzogen. Die Prüfstrecke diente in den verschiedensten Zusammenhängen der Lagergeschichte als besonders raffinierte Foltermethode.[213] Der Schuhläufer-Arbeitstag war lang und qualvoll. Zahlreiche Schikanen der SS, der Vorarbeiter und der Mitarbeiter der »Schuhprüfstelle« erschwerten den Schuhläufern das Leben. Meist wurde das den Häftlingen zugewiesene Schuhwerk entweder wahllos vergeben oder bewusst zu eng ausgewählt.

> »Ich entsinne mich daran, wie Bugdalle [ein wegen seiner Brutalität besonders gefürchteter SS-Mann, A.S.] – als ein Häftling die Schuhe nicht anziehen konnte, weil sie ihm zu klein waren – ihn zuerst furchtbar schlug und ihn zwang, den Schuh mit Gewalt anzuziehen. Und als die Schuhe in den Nähten platzten, schlug er den Häftling dermaßen, bis er ihn totgeschlagen hatte. Diese Tatsache habe ich mit eigenen Augen gesehen.«[214]

209 Vernehmungsprotokoll Fritz Ficker, 20.12.1946, AS, StA Köln, JD 22, Bd. 1, S. 156.

210 AS, R 214, M. 53 und 54.

211 Vgl. Müller (2000), S. 184-187.

212 Vgl. die Auswertung der Einweisungen in: Müller (2000), S. 185.

213 Bei den Ermittlungen gegen einige SS-Offiziere in Sachsenhausen wegen Schieberei im Mai 1944 durch eine auswärtige Untersuchungskommission aus dem Reichssicherheitshauptamt wurden auf der Strecke Aussagen erpresst: Häftlinge, die sich aus Angst vor Vergeltungsmaßnahmen seitens der SS hüteten, belastende Hinweise zu geben, »waren […] schon nach wenigen Kilometern oder Stunden bereit, jede gewünschte Aussage […] zu machen«. Vgl. Zeugenaussage Rudolf Wunderlich, 25.4.1967, AS, StA Köln, JD 22, Bd. 1, S. 194f. Jakob Freimark erwähnt in seiner Zeugenaussage gegen Brennscheidt, dass eine »Strafaktion gegen uns Juden« aus dem Kommando Kanada (60 Häftlinge) in einem dreitägigen Einsatz auf der »Schuhprüfstrecke« bestanden habe. Von den 60 Kameraden hätten nur 24 die drei Tage überlebt: Ebd., Bd. 1, S. 124. Auch der Lagerälteste Harry Naujoks berichtet in seinen Erinnerungen über die Funktion der »Schuhprüfstrecke« als Mittel, um Geständnisse zu erpressen; vgl. Naujoks (1987), S. 209.

214 Aussage Ryszard Adamski, AS, StA Köln, JD 22, Bd. 2, S. 247.

Schon nach wenigen Runden hatten die meisten Blasen und wunde Füße. Danach wurde das Laufen zur Tortur. »Zerriebene« und »blutige Füße« waren die Regel.[215] In einem Lied, das der polnische Häftling Zomasz Poprawka 1942 zur Melodie des KZ-Lieds »Esterwegen« dichtete, heißt es in der vierten Strophe:

»Hin, zurück, im Laufschritt, los!
Hollari! Hollaro!
Im Lagerstadion, Barackenwand!
Hollari! Hollaro!
Guck, die Haut hängt dir in Fetzen,
Guck, die Haut hängt dir in Fetzen,
Aber eil' dich, du musst wetzen! – Oh, du mörd'risch Sachsenhausen.«[216]

Die Schuhläufer litten außerdem an Ödemen, Furunkeln und anderen Folgeerscheinungen der Unterernährung. Im Winter waren Erfrierungen besonders schmerzhaft. Das Marschtempo auf der Strecke konnte von den SS-Wachen, Vorarbeitern oder dem Leiter der »Schuhprüfstelle« beliebig erhöht werden. Als zusätzliche Belastung wurden im Herbst 1943 mit Sand oder Ziegelsteinen gefüllte Säcke von 10 oder 15 kg eingeführt, die die »Schuhläufer« auf dem Rücken tragen mussten.[217]

Der ehemalige Häftling Michel Slaza beschrieb den körperlichen und seelischen Verfall der Häftlinge des »Schuhläuferkommandos« zu den – im Lager-Jargon so genannten – »Muselmännern«[218]:

»Um [den]jenigen, die für eine verschärfte Behandlung in der SK [Strafkompanie] vorgesehen waren, das Schuhlaufen nicht zu einem täglichen Spaziergang [...] werden zu lassen, wurde noch ein Sandsack von 15 [...] kg aufgebuckelt. So wankten die Unglücksgestalten tagaus, tagein [...] um den Appellplatz, mechanisch, kaum noch als Menschen anzusprechen, seelen- und ausdruckslos, abgestumpfte Roboter. [...] Sie dachten nichts mehr, wollten nichts mehr, waren eine gedankenlose Masse, nur noch lebende Leichen. [...] Sie kamen kör-

215 Zitate aus der Zeugenaussage Hans Strebel, 5.6.1945, AS, FSB-ZA, JSU 1, Bd. 44, Teil 1, Bl. 131-135.

216 *»Kilka razy, pędem zmierz. / Hollaria! hollario! / Obozu stadion, baraków ścian! / Hollaria! hollario! / Nogi obejrzyj od wrzodów ran / Nogi obejrzyj od wrzodów ran / I znowu pędem, pędem leć!« (Übersetzung aus dem Polnischen: Doris Radojewski).* Vgl. Aleksander Kulisiewicz, Polskie pieśni obozowe 1939-1945 [Polnische KZ-Lieder 1939-1945], Unveröff. MS Krakau 1982, Kapitel Sachsenhausen, Lied »Byłem także w obozie« (»Ich bin auch mal im Lager gewesen«). Für die Bereitstellung danke ich Krzysztof Kulisiewicz, Krakau.

217 Dies geschah im Zusammenhang der Versuche mit militärischem Schuhwerk ab November 1943, um die bei Soldaten übliche Belastung durch Marschgepäck zu simulieren. Die SS und das Personal der »Schuhprüfstelle« pervertierten auch diese wissenschaftliche Maßnahme zu einer speziellen Foltermethode für die Häftlinge.

218 Zur allgegenwärtigen Gestalt des »Muselmanns« in den Konzentrationslagern vgl. Sofsky (1997), S. 229-236.

perlich und seelisch so herunter, dass man sich über jeden wunderte, der noch lebendig aus der SK herauskam. Seine Reden waren verworren; er gab Antworten, die zu den Fragen nicht passten und machte den Eindruck eines aus dem Irrenhaus Entlassenen. In körperlicher Hinsicht stand es auch nicht anders um ihn. Abgemagert zum Skelett, ein Muselmann im wahrsten Sinne des Wortes, die Beckenknochen weit hervorstehend, die Wangen eingefallen, die Augen tief in ihren Höhlen liegend, die Haut am Halse und im Gesicht faltig [...] Es hat [...] Häftlinge gegeben, die 8-10 Jahre Zuchthaus hinter sich gehabt hatten, dazu noch 5-8 Jahre verschiedene Konzentrationslager. Sie sind überall gut durchgekommen, sind in der langen Zeit nicht eingegangen. Aber durch eine kleine Dummheit oder Unvorsichtigkeit in die SK gekommen, sind sie in kurzer Zeit an den Schikanen draufgegangen. Auch Schicksal.«[219]

Marschiert wurde bis zum Zusammenbrechen. Wenn einer der Gefangenen aus dem Gleichschritt kam, die Marschlieder nicht mitsang oder vor Entkräftung umfiel, traktierten ihn die SS-Leute, die das Kommando überwachten, mit Prügeln. Viele blieben, völlig entkräftet oder tot, auf der Strecke liegen. Während seiner zweijährigen Tätigkeit auf der »Schuhprüfstrecke« konnte Ernst Brennscheidt sich nur an drei Fälle erinnern, in denen Häftlinge aufgrund ihrer »durchgescheuerten Füße« vom Lagerarzt von der weiteren Tätigkeit auf der Strecke befreit wurden.[220] Dagegen erinnerte sich der holländische Häftling Fritz Bischof, von Januar 1943 bis April 1944 Sanitäter im Krankenbau, dass täglich mehrere Häftlinge »mit blutig geriebenen Füßen« dort eintrafen.[221] Im Krankenbau konnte es den erkrankten Schuhläufern ergehen wie dem holländischen Widerstandskämpfer Graafland:

»Der Holländer kam in die Strafkompanie zum sogenannten ›Schuhläuferkommando‹. Von dort kam er in's Revier, weil seine Füße völlig erfroren und entzündet waren. [...] Dieser Mann durfte auf Befehl Dr. Baumkötters [des Lagerarztes] nicht behandelt werden. [...] Er hatte [...] keine Decke und lag nur mit seinem Hemd auf dem Bett. Die Füße waren nicht verbunden. Die Haut fiel von den Füßen. Teilweise waren die Muskeln schon verfault. Man konnte die Knochen seiner Zehen sehen. Auf den Wunden weideten sich die Fliegen. Der Mann lag einige Wochen auf dem Zimmer. Eines Tages wurde er weggeholt und im Krematorium vernichtet.«[222]

219 M. S. Michalius (Pseudonym für Michel Slaza), Bestien in Menschengestalt. Neufassung als »Sachsenhausen. Ein Golgatha der Seelen«, Juni 1946, Brandenburgisches Landeshauptarchiv Potsdam, Pr. Br. Rep. 35H, als Kopie in AS als D 30A, Bd. 8, S. 91-93.

220 Vernehmung Ernst Brennscheidt, 5.8.1946, AS, FSB-ZA, JSU 1, Bd. 44, Teil 1, Bl. 71-73.

221 Zeugenaussage Fritz Bischof, 8.6.1945, AS, FSB-ZA, JSU 1, Bd. 44, Teil 1, Bl. 137.

222 Vernehmung des Zeugen Prof. Florent Peeters am 19.6.1956, AS, JD 1, StA Münster 390.4, Bd. IX, S. 37.

Die Wunden an den Füßen der Schuhläufer standen so sehr im Vordergrund der täglichen Erfahrung auf der »Schuhprüfstrecke«, dass sie bei einigen Häftlingen die Erinnerung und Deutung der wissenschaftlichen Versuche insgesamt dominierten. »Damit das Schuhzeug den Soldaten an der Front nicht die Füße wundscheuern sollte, wurden sie nach ihrer Herstellung ausgetreten. Das Austreten der neuen Schuhe besorgten die Häftlinge.« So erklärte ein ehemaliger Häftling die Vorgänge auf der »Schuhprüfstrecke« seinen sowjetischen Befreiern im Juni 1945.[223] Als besondere Demütigung müssen es die Häftlinge empfunden haben, dass sie nicht nur in Männerschuhen, sondern wohl auch in Damenschuhen auf der Strecke zu marschieren hatten.[224]

Viele Fälle des vorsätzlichen Mordes des Lagerpersonals an Häftlingen des Schuhläuferkommandos sind dokumentiert.[225] Beide Leiter der »Schuhprüfstrecke« zeichneten sich durch ihre besondere Brutalität gegenüber den Häftlingen aus.[226] Der erste Leiter der »Schuhprüfstelle«, Karl Poser, war als Schläger bekannt. In der Erinnerung der Häftlinge benutzte er mit Vorliebe seinen Armstumpf dazu, ihn den Häftlingen bei der Schuhausgabe in die Magengrube zu stoßen, und rief damit schwere innere Verletzungen hervor. Ein persönliches Vergnügen Ernst Brennscheidts bestand darin, seinen Schäferhund auf ausgewählte »Schuhläufer« zu hetzen. Einige Häftlinge überlebten Angriffe des Hundes nicht. Brennscheidt prügelte mit bloßen Fäusten und mit einem massiven Kabelstück.[227]

Als Strafkommando wurden die Häftlinge des »Schuhläuferkommandos« von den brutalsten SS-Unterführern und Blockältesten beaufsichtigt.[228] Einen belgischen Häftling im »Schuhläuferkommando« schlug der SS-Mann Gustav Sorge zu Boden. Als er nicht mehr aufstand, trampelte Sorge »wie eine Bestie auf dem Ge-

223 Zeugenaussage Hans Strebel, 5.6.1945, AS, FSB-ZA, JSU 1, Bd. 44, Teil 1, Bl. 131-135.

224 Vernehmung des SS-Blockführers Fritz Ficker, 20.12.1946, AS, StA Köln, JD 22, Bd. 1. In der Vernehmung Ernst Brennscheidts vom 7.8.1946 durch die sowjetischen Militärbehörden gaben die sowjetischen Offiziere an, über »genaue Unterlagen zu verfügen«, dass auch »Damensachen« von den männlichen Häftlingen auf der »Schuhprüfstrecke« probegelaufen werden mussten. Vgl. Vernehmung Ernst Brenntscheidt, 7.8.1946, AS, FSB-ZA, JSU 1, Bd. 44, Teil 1, B. 74f. In einer Vernehmung von 22.8.1946 teilte Brennscheidt bei einer Vernehmung über den Arbeitseinsatzführer der SS, Ludwig Rehn, mit, er habe diesem Anfang 1945, als Gegenleistung für die Zuweisung eines Häftlings als Büro-Arbeitskraft, aus den Beständen der »Schuhprüfstelle« ein Paar Damenschuhe für seine Frau geben müssen. Vgl. Aussage Ernst Brennscheidt, 22.8.1946, AS, FSB-ZA, JSU 1, Bd. 44, Teil 1, Bl. 103-110.

225 AS, StA Köln, JD 22, Bände 1 und 2; LAG III, IV, VI, VII, XXXV; Müller (2000).

226 In der Erinnerung der Zeugen vermischen sich die Handlungen der beiden Personen, und oft ist nicht klar, auf welchen der beiden Leiter der Schuhprüfstelle sich die Aussage bezieht.

227 Vgl. versch. Aussagen in zwei Ermittlungsverfahren gegen Ernst Brennscheidt, AS, StA Köln, JD 22, Bände 1 und 2; und AS, FSB-ZA, JSU 1, Bd. 44, Teil 1 und 2.

228 Vgl. van Dam/Giordano (1962), S. 326.

fallenen herum, zerrte ihn in den Block 36 und erschlug ihn mit einer Wasserkanne«. Der Häftling wurde mit zertrümmertem Schädel ins Krematorium gebracht.[229] »Wer beim Marschieren umfiel, bekam einen Genickschuss oder wurde ins Waschhaus [...] geschleppt und mit kaltem Wasserstrahl zu Tode geduscht«, berichtete der überlebende Häftling Herbert Burghardt.[230]

Von einem »Schuhläufer« wird berichtet, der vor Schwäche zusammenbrach und unter den Prügeln des Kapos mit dem Gesicht in die unter Wasser gesetzte Lehmstrecke fiel. Er ertrank.[231] Manche »Schuhläufer« liefen aus Verzweiflung in den elektrisch geladenen Zaun des Lagers und starben.[232] Im Fall von fünf britischen Kriegsgefangenen im Februar 1945, erhielten die Mitarbeiter der »Schuhprüfstelle« Meldung aus der Effektenkammer des Lagers, man möge die Schuhe von den ermordeten »Schuhläufern« dort abholen, die man ihren Leichen vor der Verbrennung im Krematorium abgenommen hatte.[233]

Wie viele Menschen bei den Gebrauchswertforschungen in Sachsenhausen täglich starben, ist aufgrund mangelnder Quellen unklar.[234] Über die Höhe der Opferzahlen gab es in den Zeugenaussagen verschiedener Prozesse und in den Berichten ehemaliger Häftlinge sehr unterschiedliche Angaben. Wahrscheinlich war die Zahl der Todesopfer zu Beginn der Materialprüfungen geringer als in den späteren Kriegsjahren.[235] Die Gutachter für den Bonner Sachsenhausen-Prozess 1958/59 kamen zu dem Urteil, dass viele Häftlinge auf der »Schuhprüfstrecke« schon nach wenigen Tagen zusammenbrachen. »Länger als einige Wochen hielt niemand durch.«[236] Aus der Strafkompanie entlassen wurde kaum ein Häftling. Ernst Brennscheidt gab in seinen Vernehmungen durch die sowjetischen Militärbehörden 1946 an, in Einzelfällen hätten Häftlinge bis zu sechs Monaten im Schuhkommando durchgehalten. Die sei jedoch die Ausnahme gewesen. Die wenigsten ertrugen die schweren Arbeitsbedingungen lange.[237]

229 Aussage Josef Scheins im Bonner Sachsenhausenprozess gegen Gustav Sorge: van Dam/Giordano (1962), S. 201f.

230 Bericht Herbert Burghardt, AS, LAG IV, Nr. 5.

231 Zeugenaussage Max Schilling am 16.10.1967, AS, StA Köln, JD 22, Bd. 2, S. 219.

232 Vgl. die Zeugenaussagen von Jakob Freimark und Prof. Dr. Tadeusz Cieslak im Ermittlungsverfahren gegen Ernst Brennscheidt, AS, StA Köln, JD 22, Bd. 1.

233 Vernehmung Ernst Brennscheidt, 24.8.1946, AS, FSB-ZA, JSU 1, Bd. 44, Teil 1, Bl. 111-117; zur Ermordung der fünf britischen »Schuhläufer« John Godwin, Neville Burgess, Andrew West, Harold Hiscock und Victor Cox vgl. die Unterlagen der British War Crimes Commission zu Sachsenhausen, NA/PRO London, WO 309, Nr. 109.

234 Ein Zeitschriftenaufsatz der Autorin zum Problem der Opferzahlen auf der »Schuhprüfstrecke« ist in Vorbereitung.

235 Aussagen von ehemaligen Häftlingen, es habe nur in Ausnahmefällen Tote gegeben, beziehen sich wahrscheinlich auf die ersten Monate der Versuche. Für die Jahre 1941 bis 1945 sind sie vergleichsweise selten.

236 Van Dam/Giordano (1962), S. 317.

237 Vernehmung Ernst Brennscheidt, 19. 12. 1946, AS, FSB-ZA, JSU 1, Bd. 3, Bl. 28-40.

Abb. 63: »Schuhläuferkommando«. Zeichnung des ehemaligen KZ-Häftlings in Sachsenhausen Wolfgang Szepanski (1960er Jahre)

In späteren Ermittlungsverfahren vernommene Täter, also SS-Männer und Leiter der »Schuhprüfstelle«, ebenso wie Häftlings-Vorarbeiter und viele der Häftlinge, sprachen übereinstimmend von »Dutzenden« bzw. »15-20 täglich«, die aus physischen Gründen aus dem Laufprozess ausschieden.[238] Aussagen von ehemaligen Häftlingen, es habe nur in Ausnahmefällen Tote gegeben, sind jedoch ebenso zu finden. Ein Häftling, der 1942 im Leichenkeller von Sachsenhausen arbeitete, gab an, dass zu dieser Zeit durchschnittlich 70 bis 80 Leichen am Tag, zu den schlimmsten Zeiten bis zu 140 Tote täglich eintrafen. Die meisten davon stammten seiner Aussage nach aus dem »Schuhläuferkommando« und aus dem Außenlager Klinkerwerk. Etwa die Hälfte der Toten war auf den ersten Blick an Misshandlungen gestorben. Bei anderen ergaben sich bei der obligatorischen Obduktion geplatzte Nieren, Mägen oder Lebern sowie Splitter

238 Vgl. die verschiedenen Zeugenaussagen im Ermittlungsverfahren gegen Ernst Brennscheidt der sowjetischen Untersuchungskommission für den Berliner Sachsenhausenprozess 1947: AS, FSB-ZA, JSU 1, Bd. 10, 23, 43 und 44; Zeugenaussagen im Ermittlungsverfahren gegen Ernst Brennscheidt der Staatsanwaltschaft Köln (1967-1976): AS, StA Köln, JD 22, Bände 1 und 2; Zeugenaussagen im Ermittlungsverfahren gegen Dr. Heinz Baumkötter der Staatsanwaltschaft Münster: AS, StA Münster, JD 1, bes. Bd. 8; Zeugenaussagen und Urteil gegen Gustav Sorge und Karl Schubert im Bonner Sachsenhausen-Prozess: van Dam/Giordano (1962), S. 151-469.

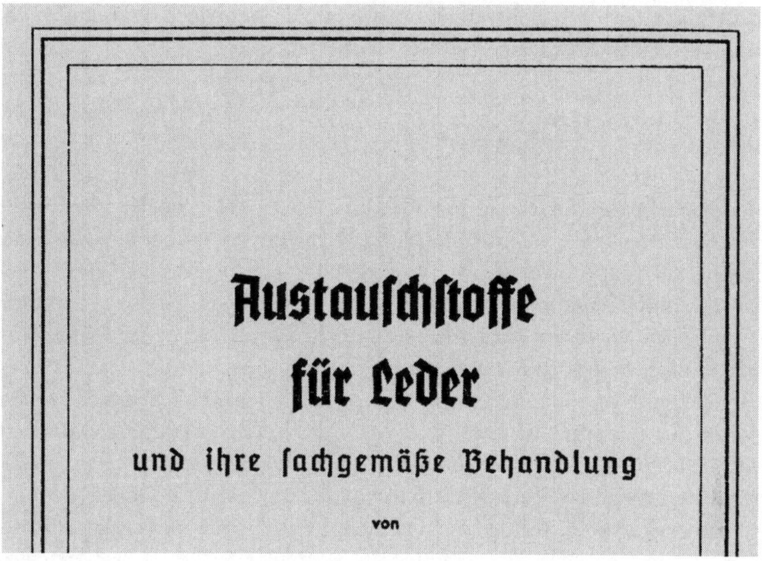

Austauschstoffe
für Leder
und ihre sachgemäße Behandlung
von

Abb. 64: Berechtigungsschein der »Schuhprüfstelle« zum Tragen von Lederschuhen im KZ Sachsenhausen für den Häftling Helmut Tulatz, unterschrieben von Ernst Brennscheidt (5. Oktober 1944)

und Blutgerinsel im Gehirn.[239] Die »wirtschaftliche Nutzung« der Häftlinge resultierte hier offenbar nicht in einer »schonenderen« Behandlung durch die SS.[240] Die jüngere Forschung zum Lager Sachsenhausen betont zwar, dass es ab 1942 im Zuge der stärkeren Ökonomisierung des Arbeitseinsatzes – wie auch in anderen Konzentrationslagern – seitens der Lagerleitung Versuche gab, den Terror der Wachmannschaften gegen die Häftlinge eher einzudämmen, um deren Arbeitskraft als Einkommensquelle für die SS länger zu erhalten. So sind aus den Jahren 1942 bis Mitte 1944 in Sachsenhausen bislang mit Ausnahme einer gezielten, mehrere Monate dauernden Aktion gegen Homosexuelle 1942 sowie der Erschießungen von 71 holländischen Widerstandskämpfern und 250 »jüdischen Geiseln« im Mai 1942 keine größeren Massenmordaktionen bekannt.[241] Doch auch im »Strafkommando« Außenlager Klinkerwerk beobachtet Christel Trouvé eher eine »Vervielfachung des Gewaltpotentials« der Lager-SS ab 1942.[242] Auf der »Schuhprüfstrecke« gingen die SS-Leute und das Personal der »Schuhprüfstelle« mit unverminderter Brutalität gegen die Häftlinge vor. Somit stellte die »Schuh-

239 Aussage Dr. Jiri Volf v. 8. 12. 1958, im Bonner Sachsenhausen-Prozess gegen Gustav Sorge und Karl Schubert: van Dam/Giordano (1962), S. 216.

240 Vgl. Herbert (1987); Kaienburg (1990), S. 131-135; Spoerer (1999), S. 62.

241 Ab der zweiten Jahreshälfte 1944 starben jedoch viele Häftlinge in den Außenlagern von Sachsenhausen. Vgl. Morsch/Ley (2010); Morsch (2005); Wickert (1997), S. 179-184.

242 Trouvé (2004), bes. S. 226.

prüfstrecke« offenbar eine vergleichsweise große, permanente Tötungsaktion dieser Periode im Stammlager Sachsenhausen dar.

Gegenstände der Forschung auf der »Schuhprüfstrecke«

Die Gebrauchswertforschung mit Konsumgütern nahm auf der »Schuhprüfstrecke« immer größere Dimensionen an. Neben den Ersatzstoffen für Leder, die den weitaus größten Teil der Versuche ausmachten, wurden immer mehr Damen- und Herrenmodelle von Schuhen einzelner Firmen getestet. Ernst Brennscheidt berichtete, dass während seiner Zeit als Leiter der »Schuhprüfstelle« zusätzlich zu den Materialien im Monat durchschnittlich 30 bis 50 Paar fertige Schuhe von Schuhunternehmen zur Gebrauchswertprüfung eingesandt wurden. Sie stammten hauptsächlich von den Firmen Salamander (Kornwestheim), Mercedes (Stuttgart), Bat'a (Zlín) und einem Pirmasenser Hersteller der Handelskette »Leiser«.[243] Die Produkte, von denen die Unternehmen je Modell 10 Paar einschickten, wurden zur Hälfte auf der »Schuhprüfstrecke« und zur Hälfte in anderen Arbeitskommandos des Konzentrationslagers probegetragen. Häftlingen, die bei 40 Grad im Heizraum tätig waren, wurden etwa Schuhe ausgehändigt, um diese auf die Hitzebeständigkeit ihrer Verklebung zu untersuchen.[244] Die Träger solcher Paare erhielten eine Bescheinigung, die sie zum Tragen der Schuhe im Lager berechtigte (Abb. 64). Zeitweise waren gleichzeitig bis zu 800 Paar Testschuhe im Lager Sachsenhausen in Umlauf.[245]

Über die Ersatzstoffe und Schuhe hinaus weiteten die Unternehmen die Bandbreite der zu testenden Produkte zwischen 1940 und 1945 auch auf textile Erzeugnisse und noch andere Konsumgüter aus neuen Materialien aus. Kleidungsstücke wie Socken aus Kunstseide, Anzüge aus Zellwolle, Mäntel und mit Gummi imprägnierte Regenmäntel mussten von den »Schuhläufern« zusätzlich zu den Schuhen auf der »Schuhprüfstrecke« getragen werden. Zu testende Anzüge aus Zellwolle wurden an Häftlingsschlosser ausgegeben, die in den Autowerkstätten des Lagers arbeiteten.[246] Nach Brennscheidts Angaben waren dies etwa 2 bis 3 komplette Anzüge und etwa 50 Paar Socken pro Monat.[247] Auch die Verschleißerscheinungen dieser Produkte kartierten die Mitarbeiter der »Schuh-

243 Aussage Ernst Brennscheidt v. 13.8.1946, AS, FSB-ZA, JSU 1, Bd. 44, Teil 1, Bl. 33-35.

244 Die Versuche ergaben, dass Oppanol-Klebstoffe nicht ohne zusätzliche Befestigung die Sohle am Schaft hielten. Alle Sohlen lösten sich bei der Hitze nach wenigen Tagen. vgl. RfL, Aktenvermerk Betr.: Klebstoff-Ausschusssitzung v. 25.2.1941, R 8 VI, Nr. 84; RWA, Prüfverfahren für Sohlenklebstoffe v. 23.2.1941 und FA LFWS, Bericht über die (3.) Klebstoff-Ausschusssitzung v. 25.2.1941, BA Berlin, R 13 XIII, Nr. 270;

245 Schätzung Ernst Brennscheidts in seiner Vernehmung v. 13.8.1946, AS, FSB-ZA, JSU 1, Bd. 44, Teil 1, Bl. 33-35.

246 Vernehmung Ernst Brennscheidt, 19.12.1946, AS, FSB-ZA, JSU 1, Bd. 3, Bl. 28-40.

247 Aussage Ernst Brennscheidt, 13.8.1946, AS, FSB-ZA, JSU 1, Bd. 44, Teil 1, Bl. 33-35.

prüfstelle« genau, um sie den Herstellern mitzuteilen. Ein Arzneimittel der Firma Temmler-Werke in Berlin, das synthetisch erzeugte Metamphetamin mit dem Markennamen *Pervitin*, das der Leistungssteigerung diente, wurde auf Initiative des Lagerarztes von Sachsenhausen im Oktober 1944 ebenfalls an Häftlingen des »Schuhläuferkommandos« erprobt.[248]

Neben den Ersatzstoff- und Kunststoffprodukten wurden auch neue Ledersorten aus bislang ungenutzten Tierhäuten Gegenstand der Gebrauchswertforschung. So fanden z. B. Tests mit Schweinsleder als Sohlenmaterial und Fischleder als Fasermaterial in Lederfaserwerkstoffen in Schuhen statt.[249] Ein weiterer Komplex von Versuchen beschäftigte sich mit dem Problem, Holzschuhe gegen Abrieb resistenter zu machen. Eine wichtige Ursache für den hohen Verbrauch an Holzschuhen in der Kriegswirtschaft war der ungeheuer große Abrieb der Sohlen. Bereits vor der NS-Zeit verbrauchten Holzschuhkonsumenten in Deutschland durchschnittlich 6 Paar Schuhe im Jahr.[250] Im Februar 1941 war der Verschleiß von Holzsohlen viermal so groß wie der von Leder- oder Gummisohlen.[251] Da die Holzsohlen noch dazu kaum repariert werden konnten, bedeutete dies eine enorme Erhöhung des Verbrauchs an Neuschuhen. Um die Lebensdauer der Holzsohlen zu erhöhen, wurden auf der »Schuhprüfstrecke« verschiedene Holzsohlenkonstruktionen, Armierungen und Imprägnierungen der I.G. Farbenindustrie getestet.[252]

Darüber hinaus gingen die Hersteller von zivilen Holzsohlen für die deutsche Bevölkerung dazu über, ihre neu entwickelten Holzsohlenkonstruktionen für Straßenschuhe und Sandalen auf ihren Abrieb zu testen. Dabei ergab sich, dass die innovativste aller Holzsohlen, die Zierold-Sohle (Abb. 49), wegen ihrer hohen Biegsamkeit gleichzeitig auch sehr verschleißanfällig war. Ihre Verwendung im Reich wurde daraufhin zum Juli 1944, nach Aufbrauchen der vorhandenen Bestände, verboten und der altmodischen, dreiteiligen Holzsohle der Vorzug gegeben.[253]

248 Zu den *Pervitin*-Versuchen vgl. Vernehmung des Beschuldigten Dr. Heinz Baumkötter (ca. 1956), AS, JD 1, StA Münster 390.4, Bd. IX, S. 122-129. Zur Forschung am Aufputschmittel *Pervitin* im Zweiten Weltkrieg vgl. Neumann (2005), S. 260-266; Unger (1994); Roth (1982).

249 Vgl. Kap. 5 und Schubert (1942), S. 744-751, hier S. 747; Akte Fischhäute zu LFWS (1944), BA Berlin, R 13 XIII, Nr. 283.

250 Wert für 1929, vgl. Büld (1980), S. 27.

251 Im Durchschnitt verbrauchte eine Person, die Leder- oder Gummisohlen trug, etwa 3,5 Paar, ein Holzschuhträger dagegen 10,5 Paar Sohlen im Jahr.

252 RfL, Die Folgen der Einsparung von Buna in der Lederwirtschaft, 15.2.1941, BA Berlin, R 10 VI, Nr. 31; Bericht des Krumm-Ausschusses über die Einsparungsmöglichkeiten von Leder beim Schuhwerk, 30.7.1943, BA Berlin, R 3, Nr. 311, Bl. 10.

253 Die ersten Versuche mit Holzsohlen auf der »Schuhprüfstrecke« fanden im Oktober 1940 statt, die letzten sind im Herbst 1944 dokumentiert. Unternehmen, die ihre Holzschuh-Modelle, Brandsohlen- und Sohlenwerkstoffe bzw. Sohlenkonstruktionen im ersten Versuchsdurchlauf testen ließen, waren Eduard Rheinberger (Pirmasens),

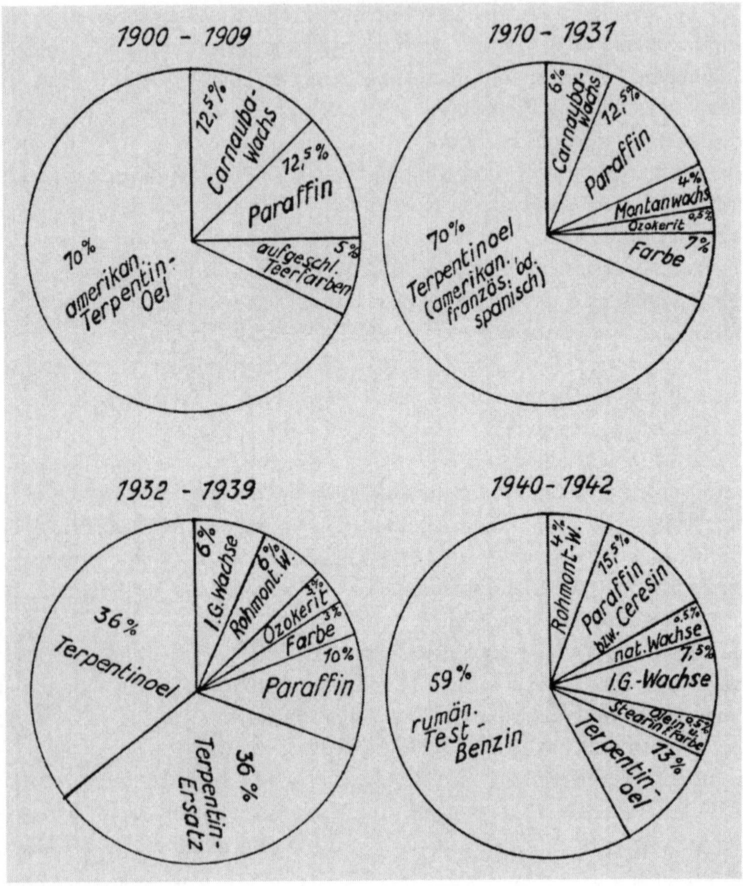

Abb. 65: Struktur-Entwicklung der deutschen Schuhcreme und ihrer Rohstoffe (1909-1942)

Auch die Hersteller von Schuhpflegemitteln ließen ihre Produkte vergleichend prüfen.[254] Die Häftlinge des »Schuhkommandos« mussten die Schuhe täglich mit verschiedenen Lederpflegemitteln behandeln. Da Fette tierischen

Rothaar (Waldfischbach/Pfalz), Trommler (Zwönitz/Sachsen), Carl Freudenberg (Weinheim), Salamander AG (Kornwestheim/Türkheim), Gebr. Bader (Göppingen), Robert Bräuchle (Metzingen), Doerr&Reinhardt (Worms). Vgl. Aktenvermerk, Betr. Trageversuche mit Sandaletten im Konzentrationslager Sachsenhausen b. Oranienburg, BA Berlin, R 13 XIII, Nr. 49; Rundschreiben des PA Lederschuhe an sämtliche Mitglieder, Betr.: Holzhalbsohlen für Sommer-Straßenschuhe, 27.10.1944, BA Berlin, R 10 VI, Nr. 66.

254 Zeugenaussage Wilhelm Jakob, 13.2.1968, AS, StA Köln, JD 22, Bd. 2, S. 235; Herfeld (1945). Zu Schuhpflegemitteln vgl. Kap. 1.3.

und pflanzlichen Ursprungs knapp wurden, verminderte man deren Verwendung in Lederpflegemitteln seit 1933 stufenweise und ersetzte sie im Krieg durch synthetische Fette (Abb. 65).[255] Die Entwicklung auf diesem Gebiet wurde ab 1942 ebenfalls in der Form von »Gemeinschaftsprüfungen« der Industrie durchgeführt.[256] Die wissenschaftlichen Ergebnisse der Untersuchungen publizierte Hans Herfeld im April 1945 in den Fachzeitschriften »Angewandte Chemie« und »Die Chemie«.[257]

Bei der Wehrmacht traten andere Probleme mit Lederpflegemitteln auf. Hier waren nicht so sehr neue Mittel auf der Basis synthetischer Fette ein Problem – sie lehnte die Wehrmacht ohnehin ab – als vielmehr die überaus altmodischen, noch aus der Kaiserzeit überkommenen Pflegeroutinen und Pflegemittel. Die Lederschwärzen, mit denen die Soldaten ihre Stiefel auf Hochglanz polieren mussten, entzogen dem Leder Fett und trockneten es aus, anstatt ihm Fett zuzuführen.[258] Sie setzten die Haltbarkeit des Leders um ein Vielfaches herab. Für eine sachgemäße Pflege der Schuhe war dagegen eine regelmäßige Nachfettung des Schuhoberleders notwendig. Dies war allerdings nur »unter bewusstem Verzicht auf das schöne Aussehen durch Glanz« möglich. Der Gebrauch glanzgebender Schuhschwärzen, wie sie bei der Wehrmacht üblich waren, musste nach Erkenntnis der Wissenschaftler im Sinne der Ledereresparnis, »beim Marschstiefel auf ein möglichst geringes Maß« beschränkt werden. Doch standen Tradition und ästhetische Gesichtspunkte noch im Zweiten Weltkrieg so sehr im Vordergrund der militärischen Praxis, dass sie eine Ausrichtung der Stiefelpflege nach praktischen Erfordernissen verhinderten.

In den Vorkriegs- und Kriegsjahren warnten die Lederforscher der DVA um Fritz Stather, der gleichzeitig Leiter des Referats Leder im OKW war, die Offiziere an der Front und die Beschaffungsstellen immer dringlicher vor den negativen Folgen des Schwärzens und wiesen hierbei auf ihre wissenschaftlichen For-

255 Vgl. Naegele (1944), S. 66-141. Zu den Versuchen mit Schuhpflegemitteln der DVA vgl. Hans Herfeld, Tätigkeitsbericht der DVA für das Jahr 1942/3, MPG-Archiv, Abt. I, Rep. IA, Nr. 1798, S. 2. Zum Problem der »Fettlücke« in der NS-Wirtschaft allgemein und den technischen Prozessen der Fettsynthese (Speisefette), vgl. Reith/Pelzer (2002).

256 RfL, Betr.: Herstellung von Schuhpflegemitteln. Schreiben der Reichsstelle Chemie vom 22.8.1941-Antrag der Firma Salamander, BA Berlin, R 8 VI, Nr. 84.

257 Hans Herfeld, Über Lederpflegemittel, in: Die Chemie 58 (1945), Nr. 53, S. 25-38.

258 Die den Schwärzen zugesetzten Eisensalze setzen sich mit den pflanzlichen Gerbstoffen zu Eisen-Gerbstoff-Verbindungen um und ergaben so eine satte, tiefschwarze und glänzende Färbung. Wie die Wissenschaftler der DVA schon 1937 erkannten, machten solche Eisenverbindungen und die darin enthaltenen Säuren die Fasern des Leders brüchig. Vgl. Stather (1937a); FG Schuhindustrie, Vorschlag zur Rationierung [sic!] der Herstellung von Schuhwerk für Heer, Luftwaffe und Marine, 3.9.1942, BA Berlin, R 8 VI, Nr. 36.

schungen hin. Ihre Bedenken verhallten jedoch größtenteils ungehört.[259] Noch im Juli 1943 stellte auch der Leiter der Untersuchung über den Rohstoffmissbrauch und die Lederverschwendung in der Wehrmacht fest:

»Das Schwärzen der Schuhe verkürzt die Lebensdauer. [...] Beim Schwärzen der Fahlleder [wird] rund 60 Prozent des Fettgehaltes diesen Ledern wieder entzogen. Wenn das Schwärzen der Schuhe nicht zu Tarnzwecken von der Wehrmacht verlangt wird, müsste ein Abstellen dieses Vorganges unbedingt im Interesse der längeren Tragdauer der Schuhe verlangt werden.«[260]

Hier, wie auch im Fall des fußgerechteren Leistens und der zweckmäßigen Schaftgestaltung des »Knobelbechers«, standen eingefahrene Routinen der Offiziere und militärische Traditionen, die auf die äußere Erscheinung des Soldaten größeren Wert legte als auf die Funktionalität der Ausrüstung, der Durchsetzung wissenschaftlicher Erkenntnisse in der Wehrmacht massiv entgegen.

9.4 Die Auswertung der Versuche

Die Arbeit der Ausschüsse

Über die Versuchsergebnisse der Werkstoff-Testreihen und sonstigen Gebrauchswert-Prüfungen setzten die »Schuhprüfstelle« und das *Reichsamt für Wirtschaftsausbau* sowohl die Unternehmen als auch die zuständige *Wirtschaftsgruppe* sowie die *Reichsstelle für Lederwirtschaft*, später die *Gemeinschaft Schuhe*, in Kenntnis. Die Unternehmen erhielten einen Prüfbericht über die relative Leistung ihres eigenen Werkstoffs im Vergleich zu den anderen Materialien. Auf dieser Basis konnten sie Rezepturen und Herstellungsverfahren modifizieren. Die Kosten der Versuche trugen die Unternehmen.[261] Die Ergebnisse werteten sie regelmäßig auf den Sitzungen der »Sachverständigen-Ausschüsse«, verschiedener »Güte-Ausschüsse« und später der »Technischen- und Entwicklungsausschüsse« der Wirtschaftsgruppen bzw. ihrer Produktionsausschüsse aus.[262]

259 Stather (1937a); Stather (1937b); Stather (1938); FG Schuhindustrie, Vorschlag zur Rationierung [sic!] der Herstellung von Schuhwerk für Heer, Luftwaffe und Marine, 3.9.1942, BA Berlin, R 8 VI, Nr. 36; Generalstabsintendant Heufer, Vermerk betr. Besprechung über die Entwicklung des neuen Wehrmachtschnürschuhes bei OKW V A/V5 am 11.7.1944, Bauhaus-Archiv Berlin, Fagus, Nr. 212; Herfeld (1945).

260 Bericht des Krumm-Ausschusses Juli-September 1943, BA Berlin, R 3, Nr. 311, Bl. 11f.

261 Liste der Prüfgebühren für versch. Werkstoffarten aus LFWS vgl. BA Berlin, R 13 XIII, Nr. 66, Rundschreiben Nr. 5 der FA LFWS v. 26.6.1940.

262 Der Güteausschuss I für »Straßenschuhlaufsohlen, Hausschuhsohlen, Zwischensohlen und Absatzbau« tagte erstmals am 5. November 1940. Die erste Gemeinschaftsprüfung hatte demnach vier Monate gedauert. Von Seiten der Unternehmen waren hier vertreten: Die Salamander AG zweifach durch ihren Direktor Angelo Hammelbacher (Kornwestheim) und den Leiter ihres Lederfaserstoffwerks, Robert Eichenlaub

Die Ausschüsse, die vor allem von den führenden Unternehmen Freudenberg und Salamander dominiert wurden, legten auf der Basis der Materialprüfungen und der Erfahrungen der Verarbeiter in der Produktion Güterichtlinien für die Werkstoffe und Herstellungsvorschriften für Schuhe fest. Die staatlichen Stellen machten diese dann in ihren Anordnungen und »RAL-Bestimmungen«[263] verbindlich für alle Hersteller.[264] Die Einhaltung dieser Güterichtlinien war formal gesehen Voraussetzung für die weitere Vergabe von Produktionsaufträgen. Zur Qualitätskontrolle konnte die Reichsstelle anfangs, am Apparat der Gemeinschaftsprüfungen der Unternehmen vorbei, auch unangemeldet durch ihre Inspekteure in den Unternehmen »Proben ziehen« lassen. Diese wurden dann unabhängig von den Gemeinschaftsprüfungen in eigenen Versuchsdurchläufen auf der »Schuhprüfstrecke« getestet.[265]

Im ersten Jahr des Bestehens der »Schuhprüfstrecke« wurden allein für Werkstoffe aus Lederfaserwerkstoffen fünf verschiedene Gemeinschaftsprüfungen der Unternehmen durchgeführt.[266] Zu ihrer Auswertung waren drei Güteausschüsse nötig. Insgesamt kam es im Laufe der nächsten fünf Jahre zur Bildung von sechs Güteausschüssen für alle Leder-Ersatzstoffe, die sämtlich von Mitarbeitern oder Inhabern der führenden Unternehmen in den jeweiligen Bereichen geleitet wurden.[267] Bis Kriegsende wurden schließlich für alle Teile des

(Türkheim/Bayern); die Schuhfabrik Oswald Wenzel (Weißenfels), die Chem. Fabrik Dr. Rudolf Schieber (Bopfingen), die Norddeutschen Lederwerke (Neumünster), die Cornelius Heyl AG (Worms), die Heyl'schen Lederwerke (Liebenau) und die Dartex AG (Frankfurt/M.). Die wissenschaftlichen Institute waren vertreten durch ihre jeweiligen stellvertretenden Leiter, Arthur Miekeley vom KWI und Hans Herfeld von der DVA. Von Behördenseite waren das RWA, die RfL, die WG Lederindustrie und der Geschäftsführer der FA LFWS. Vgl. Bericht über die Sitzung des Güteausschusses I am 5. 11. Berlin, R 13 XIII, Nr. 66.

263 In den Kriegsjahren wurden die RAL-Bestimmungen Grundlage der Herstellungsvorschriften und damit verbindlich für die Industrie. Leiter des RAL wie des RKW war Dipl. Ing. Georg Seebauer. Vgl. H. Ruelberg, Gütesicherung durch RAL-Vereinbarungen; Der RAL in seiner neuen Gestalt, beide in: RKW-Nachrichten 14 (1940), Nr. 1/2, S. 2ff.

264 Für LFWS in Schuhen war dies vor allem RAL 069 C, für Gummisohlen RAL 201 A, vgl. BA Berlin, R 13 XIII, Nr. 126 und Fischer (1942), S. 97-114.

265 Zu »Ziehungen« der Reichsstelle vgl. R 13 XIII, Nr. 289 und 290.

266 Dies waren 2 Gemeinschaftsprüfungen für Laufsohlenmaterialien, eine für Brandsohlen, Hinterkappen und Schaftversteifungen, eine für Lederstückwerkstoffe und eine für Tragsohlen aus LFWS für Holzsohlen, die im März 1941 noch nicht abgeschlossen war, vgl. Bericht über die Industriebesprechung der FA LFWS v. 25.3.1941, BA Berlin, R 13 XIII, Nr. 67.

267 Die Güteausschüsse der FA LFWS und RfL bestanden für folgende Materialgruppen: 1. für Laufsohlen, Zwischensohlen und Absatzbau; 2. für Brandsohlen; 3. für Absatzbau und Sohlenanschläge; 4. für PVC-Sohlen; 5. für Gewebe- und Vlieskunstleder; 6. für Klebstoffe. Die Unternehmen, die die Leiter der wichtigsten Ausschüsse stellten, waren Carl Freudenberg (Weinheim), Salamander (Türkheim/Kornwestheim), J. H. Benecke (Hannover-Vinhorst), Kötitzer Leder- und Wachstuchwerke (Coswig

Schuhs, auch für das Oberleder, Ersatzstoffe aus Grundstoffen der chemischen Industrie geschaffen und in der Mengenproduktion eingesetzt. Alle diese Werkstoffe wurden auf der »Schuhprüfstrecke« im KZ »probegelaufen«.

Die anfängliche Rivalität der Lederfaserstoff-Laufsohle und der Gummisohle wurde zugunsten der Gummisohle entschieden. Die Tests ergaben, dass die Lederfaserwerkstoffe nur für den Innenausbau des Schuhs – für Brandsohlen und Absatzunterflecken – verwendet werden konnten. Von allen eingesandten Materialien der ersten Gemeinschaftsprüfung hatte überhaupt nur ein Lederfaserwerkstoff »zufriedenstellende« Ergebnisse gezeigt. Weniger als die Hälfte der Werkstoffe konnten als »ausreichend« befunden werden.[268] Als Laufsohlenmaterial waren sie aber in der Reparatur weiterhin erlaubt.

Die Hierarchisierung der Produkte

Mit der sich verschärfenden Verknappung von Produktionsfaktoren, besonders der Rohstoffe, wurde in den Kriegsjahren das Prinzip der Hierarchisierung immer stärker Grundlage von Lenkungsmaßnahmen entlang der Produktlinie des Schuhs. Auch bei der Produktion wurde das »Rangordnen«[269] zum Leitprinzip und Funktionsmechanismus der Wirtschaftslenkung. Wie sehr die Beteiligten an der Ersatzstoff-Entwicklung deren Qualität auch immer betonten: ganz deutlich stand der Werkstoff Leder an der Spitze der Werkstoff-Hierarchie. Aussagen wie etwa die interne Feststellung der Reichsstelle, die Verwendung von Lederfaserwerkstoffen in Wehrmachtschuhen müsse »aus Qualitätsgründen so lange wie möglich verzögert werden«,[270] strafen alle offiziellen Bekundungen über die hervorragenden Eigenschaften der »neuen Werkstoffe« Lügen. Bei der Ersatzstoffzuteilung wurde die Schuhindustrie gegenüber dem Handwerk bevorzugt behandelt. Ungeachtet der großen Bedeutung der Reparatur für die Versorgung der Bevölkerung bestimmten die Bewirtschaftungsstellen, dass die hochwertigeren Ersatzstoffe in der Neuherstellung, die schlechteren hingegen in der Reparatur zu verwenden waren.[271]

bei Dresden), Alkor-Werke Karl Lissmann (Solln bei München), Continental AG (Hannover), I.G. Farbenindustrie (Ludwigshafen). Vgl. BA Berlin, R 13 XIII, Nr. 67, 270, 271, 280-285.

268 Bericht über die Sitzung des Güteausschusses I am 5.11.1940, BA Berlin, R 13 XIII, Nr. 66.

269 So Paul Fischer, Abteilungsleiter für Austauschstoffe der RfL, Bericht über die Industriebesprechung der FA LFWS am 25.3.1941, BA Berlin, R 13 XIII, Nr. 67.

270 Betr.: LAS-Plan für das 5. und 6. KHJ v. 25.11.1941, BA Berlin, R 8 VI, Nr. 33.

271 Der Bedarf an Laufsohlen für die Reparatur war bereits 1943 dreimal so hoch wie der für die Neuherstellung. Vgl. Otto Steitz, Gelenkte Schuhwirtschaft, in: Der Vierjahresplan 7 (1943), S. 109.

Schon seit Kriegsbeginn planten die Unternehmen für die deutschen Ersatzstoffe »nach einem siegreich beendeten Krieg« eine europaweite Vermarktung.[272] Die Ersatzstoff-Hersteller dachten an eine Hierarchisierung des Verbrauchs nach Qualitätsklassen in einem von Deutschland dominierten, europäischen Großwirtschaftsraum. Die Ökonomien der unterworfenen Gebiete sollten ihre eigenen Lederrohstoffe an Deutschland liefern und stattdessen ihren Lederbedarf durch Ersatzstoff-Erzeugnisse der deutschen Industrie decken.[273] Für die Leder-Ersatzstoffe aus deutscher Produktion tat sich hier seit Beginn des Zweiten Weltkriegs ein umfangreicher neuer Markt auf.[274]

Mit Hilfe der Gebrauchswertforschung im Konzentrationslager Sachsenhausen sollte ab 1940 eine »Qualitätspyramide« aller Werkstoffe und Produkte erstellt werden.[275] Auf ihrer Grundlage sollte die *Reichsstelle für Lederwirtschaft* den führenden Herstellern Rohstoffe zuteilen. Dies erwies sich jedoch als schwieriger als anfangs geplant. In den ersten Jahren der Forschungen auf der »Schuhprüfstrecke« blieb trotz erheblicher Qualitätsmängel der Produkte das ökonomische Interesse der Unternehmen an einer ungehinderten Produktion weiter leitend. Nach der ersten Gemeinschaftsprüfung erhielt die überwiegende Zahl der teilnehmenden Firmen sehr negative Ergebnisberichte. Die Reichsstelle drohte Konsequenzen an, falls die Mängel nicht umgehend behoben würden.[276] Die Unternehmer waren jedoch der Meinung, die Prüfmethoden seien noch zu unausgereift, um auf ihrer Basis Firmen die Produktionsaufgaben zu entziehen: »Eine Rangordnung nach guten und schlechten Herstellerfirmen ist heute noch nicht möglich«, resümierte im November 1940 der Leiter des Güteausschusses I für Lederfaserwerkstoffe, der Unternehmer Rudolf Schieber.[277] Anscheinend gelang es den Unternehmern, diese Position in der Politik der Reichsstelle durchzusetzen. Anstatt nun tatsächlich den Unternehmen mit den schlechtesten Produkten die Produktionsaufgabe zu entziehen, wurde eine zweite Gemeinschaftsprüfung anberaumt. Diese sollte »den Herstellern noch einmal Gelegenheit [...] geben, ihre Werkstofferzeugung [...] zu verbessern«. Der Verantwortliche der Reichsstelle betonte: »Zu einer völligen Ausscheidung von Firmen, deren Erzeugnisse [...] von den Mindestbedingungen abweichen, sei [...] der Zeitpunkt verfrüht.«

272 Vgl. die Besprechung der Unternehmen der FA LFWS zu diesem Thema: Rundschreiben Nr. 3 der FA LFWS in der WG Lederindustrie, Bericht über die Aussprache der FA LFWS am 8.5.1940, 31.5.1940, BA Berlin, R 13 XIII, Nr. 66.

273 Vgl. Planungen der RfL BA Berlin, R 8 VI, Nr. 33; Rundschreiben Nr. 3 der FA LFWS in der WG Lederindustrie, Bericht über die Aussprache der FA LFWS am 8.5.1940, 31.5.1940, BA Berlin, R 13 XIII, Nr. 66.

274 Für die Vermarktung in Frankreich beispielsweise vgl. Veillon (2002), S. 69-83.

275 Rundschreiben Nr. 5 der FA LFWS v. 26.6.1940, BA Berlin, R 13 XIII, Nr. 66.

276 Ergebnisse verschiedener Gemeinschaftsprüfungen, BA Berlin, R 13 XIII, Nr. 291.

277 Bericht über die Sitzung des Güteausschusses I am 5.11.1940, BA Berlin, R 13 XIII, Nr. 66.

Zum endgültigen Entzug der Produktionsaufgabe für Werkstoffe oder gar zu Betriebsstilllegungen aus Qualitätsgründen, wie diese noch im Mai 1940 von der Leitung der *Wirtschaftsgruppe Lederindustrie* angedroht wurde,[278] kam es unter den Lederfaserstoffherstellern in den ersten drei Jahren des Betriebs der »Schuhprüfstrecke« nicht. Im Krisenwinter 1939/40 entzog zwar die Reichsstelle in einzelnen Fällen kurzzeitig Produktionsaufgaben für einen Werkstoff. Aufgrund der Intervention der neuen Interessenvertretung der Unternehmen – der Fachabteilung Lederfaserwerkstoffe – wurden diese jedoch nach der ersten Gemeinschaftsprüfung wieder erteilt.[279] Später vergab die Reichsstelle bei einer Streichung der Produktionsaufgabe für den hochwertigsten Werkstoff (*Lefa* I) stattdessen Produktionsaufgaben für Werkstoffe minderer Güteklassen. Alles in allem wurde die Produktion von Lederfaserwerkstoffen in diesen drei Jahren kontinuierlich gesteigert, nicht etwa reduziert (Tabelle 31). So konnte Ernst Ammer, Leder- und Ersatzstoff-Fabrikant in Reutlingen, bereits im März 1941 resümieren, die Lederfaserstoff-Hersteller hätten »dank ihrer eigenen Initiative und Wendigkeit« in den letzten Monaten nicht nur »eine Ausschaltung der Lederfaserstoffe von den ihnen heute offen stehenden Märkten […] verhinder[t]«, sondern diesen auch durch die »schrittweise Erkämpfung neuer Verwendungsbereiche« im Schuh »Neuland erobert«.[280] Die Trageversuche auf der »Schuhprüfstrecke« waren ein wesentliches Mittel hierzu.

Vor 1936 hatten nur drei Betriebe in Deutschland Lederfaserwerkstoffe hergestellt.[281] Zu Beginn der Materialtests im Juni 1940 produzierten 31 Betriebe Lederfaserwerkstoffe der höchsten Güteklasse (*Lefa* I).[282] Im März 1941, nach zwei Gemeinschaftsprüfungen für das Material, waren es immer noch 30 Betriebe mit Produktionsaufgabe für *Lefa* I, darüber hinaus 16 Hersteller von Lederfaserwerkstoffen anderer Kategorien.[283] Es hatte also nur ein Unternehmen seinen Produktionsauftrag für die höchste Güteklasse verloren und dafür einen Produktionsauftrag einer minderen Güteklasse erhalten. Erst im Zuge der Rationalisierungsbestrebungen 1943 und nachdem die Bewirtschaftung an die Unternehmen in den Ausschüssen selbst übergegangen war, gab es einen geringfügigen Entzug von Erzeugungsaufgaben.[284] Es kam zu Stilllegungen von neun

278 Rundschreiben Nr. 3 der FA LFWS in der WG Lederindustrie, Bericht über die Aussprache der FA LFWS am 8.5.1940, 31.5.1940, BA Berlin, R 13 XIII, Nr. 66.

279 Bericht über die Industriebesprechung der FA LFWS v. 25.3.1941, BA Berlin, R 13 XIII, Nr. 67.

280 Ebd.

281 Dies waren das Salamander Werk Türkheim/Bayern, das Melvo-Lederwerk H. Wagner in Hofheim a. T. und die Firma Delta Chemische Fabrik in Worms.

282 Vgl. Tabelle Produktionsaufgaben für LFWS I im Monat Mai [1940], BA Berlin, R 13 XIII, Nr. 66.

283 Bericht über die Industriebesprechung der FA LFWS am 25.3.1941, BA Berlin, R 13 XIII, Nr. 67.

284 RfL an die FA LFWS Betr.: Einsetzung als Bewirtschaftungsstelle und Beauftragung mit Bewirtschaftungsaufgaben v. 16.8.1943, BA Berlin, R 13 XIII, Nr. 271.

Unternehmen und der Konzentration der Produktion bei den führenden Großbetrieben. Im Juli 1944 besaßen noch 26 Hersteller eine »Herstellungsaufgabe« für *Lefa I* und 11 Hersteller für Lederfaserstoffe anderer Güteklassen.[285] Für diese Stilllegungen spielten außer der »mangelnden Qualität« der Erzeugnisse jedoch noch andere Gesichtspunkte eine Rolle. Robert Eichenlaub von der Salamander AG, seit November 1940 Leiter der *Fachabteilung Lederfaserwerkstoffe*, listete als Gründe auf: »a) mangelnde Qualität der Erzeugung, b) zu hoher Arbeitszeitaufwand, c) zu hoher Bindemittelverbrauch, d) zu kleine Produktionsaufgabe, e) Einstellung der Lederfabrikation [und deswegen versiegender Anfall von Lederabfällen], f) Freimachung für Rüstungsverlagerung, g) ungünstige geographische Lage für den Transport, h) kriegsgefährdete Lage. Jeder dieser Gründe hat sein Eigengewicht.«[286]

Im Mai 1944 bemerkte der Unternehmer Richard Freudenberg, dass es an der letzten »Konsequenz« der staatlichen Reichsstelle, den Unternehmen, die schlechte Qualität produzierten, tatsächlich die Produktionsaufgabe zu streichen, »bisher gemangelt« habe. Durch die Einführung des Systems der »Selbstverantwortung der Industrie« sei die »Verantwortung für Produktion und Güte wieder restlos an die Wirtschaft« zurückgegangen. Nunmehr sei es »Pflicht« der Produktionsausschüsse, »für tragfähige, gute Fabrikate zu sorgen und minderwertige Produkte unbedingt auszuschalten«. Für die Verschärfung der Kontrolle verlangte er deshalb eine noch häufigere Prüfung der Werkstoffe und eine ausführlichere Definition von Werkstoff-Parametern in den Güterichtlinien.[287]

Für eine veränderte Nutzung der »Schuhprüfstrecke« nach Übernahme der Wirtschaftslenkung durch die führenden Unternehmen 1943 gibt es keine Hinweise in den Schriftwechseln. Die Tendenz war infolge des sich verschärfenden Rohstoffmangels eher eine Steigerung des Forschungsumfangs. Die Unternehmen führten die KZ-Versuche in eigener Verantwortung bis 1945 weiter. Im letzten Jahr des Bestehens der »Schuhprüfstrecke« wurden die Versuche im KZ Sachsenhausen direkt vom Firmensitz der Firma Freudenberg in Weinheim aus koordiniert. Ein wissenschaftlicher Angestellter Freudenbergs, der Chemiker Wilhelm Braunss, übernahm die Koordination aller Trageversuche für die *Gemeinschaft Schuhe*. Dies geschah in enger Konsultation mit Richard Freudenberg, dem Leiter des Roh- und Werkstoffausschusses der *Gemeinschaft Schuhe*, der, wie er im September 1944 betonte, bei allen »entscheidenden Fragen […] selbstverständlich selbst zur Verfügung« stand.[288]

285 Hersteller von LFWS v. 1.7.1944, BA Berlin, R 3101/alt R7 Anh. MCC, Nr. 293.

286 Vgl. Freudenberg Unternehmensarchiv, 3/01574, Brief Eichenlaubs an den Produktions-Hauptausschuss Lederwirtschaft v. 4.12.1944.

287 Sitzung des TuEA LAS, Gruppen *Lefa* I und II in Heidelberg am 26.5.1944, BA Berlin, R 13 XIII, Nr. 271.

288 Vgl. Schriftwechsel Wilhelm Braunss in Weinheim mit der GS ab Juli 1944, BA Berlin, R 10 VI, Nr. 13; Richard Freudenberg (Leiter des Roh- und Werkstoffausschusses der GS) an den Leiter der Produktionsgruppe Gummiwaren (außer Reifen) (Stubben-

Im Juli 1946 gab Richard Freudenberg in einem Interview mit amerikanischen Kunststoff-Fachleuten im Verhörzentrum Dustbin auf Schloss Kranzberg bei Frankfurt an, dass Ende 1944 oder Anfang 1945 auch das gesamte Labor der Kunstrohstoff-Abteilung (Kuro) der I.G. Farbenindustrie in Ludwigshafen mit ihren Werkstoff-Prüfmaschinen nach Weinheim in das Werk »Müll 15« der Firma Freudenberg verlegt worden war. Als Gründe nannte Freudenberg, dass die I.G. Farbenindustrie der wichtigste Lieferant von Rohstoffen für Freudenberg war, dass er mit Otto Ambros befreundet war und dass Freudenberg die wissenschaftlichen Erkenntnisse der Abteilung für eigene Zwecke benutzen wollte.[289] So flossen bei der Firma Freudenberg im letzten Kriegsjahr nicht nur große Teile der Bewirtschaftungsmacht, sondern auch bedeutende wissenschaftliche Ressourcen der Kunststoffentwicklung zusammen.

Im letzten Kriegsjahr entschieden in ihrer Funktion als Leiter bzw. Abgeordnete der Ausschüsse die beiden Konzerne Freudenberg und Salamander sowie einige Gummiverarbeiter und Hersteller von Lederersatz auf textiler Basis de facto unter sich, was produziert und welche Unternehmen der Branche aus der Produktion ausgeschaltet wurden. Ihre Inhaber und technischen Leiter waren in den verschiedenen Ausschüssen der Schuh- und Ersatzstoffindustrie am häufigsten vertreten.[290] Diese Männer waren »die Lenkenden aus dem Kreis der

diek, Continental Gummi-Werke Hannover), 18.9.1944, BA Berlin R 10 VI, Nr. 96; Schriftwechsel Wilhelm Braunss in Weinheim mit der GS ab Juli 1944, BA Berlin, R 10 VI, Nr. 13.

289 FIAT, Enemy Personnel Exploitation Section, Special Report on Relations between I.G. Farbenindustrie and the Leather Works of Carl Freudenberg, Based on Brief Interview of Richard Freudenberg, 23.7.1946, NA/PRO London, FO 1031, Nr. 93.

290 Richard Freudenberg war Wehrwirtschaftsführer, Mitglied der FA LFWS seit ihrer Gründung 1940; Mitglied des Güteausschusses I für LFWS; Mitglied des Ausschusses für Verarbeitungsfragen von Gummisohlen der FG Kautschukindustrie seit 1940; seit Juli 1943 Leiter des Ausschusses für Roh- und Werkstoffeinsatz in der GS; eines von vier Mitgliedern des PA Lederaustauschstoffe (seit April 1944), Leiter des TEA dieses PA. Ein weiteres Mitglied des TEA war Ernst Demme, Leiter für Forschung und Entwicklung der Firma Freudenberg. Richard Freudenberg wurde außerdem als einziger ehrenamtlicher Mitarbeiter des Lederreferats des RWA, neben Karl Poser, dem Leiter der »Schuhprüfstelle«, geführt. Sein Vetter und Mitinhaber der Firma, Walter Freudenberg, war Mitglied des Kuratoriums der DVA und des KWI. (BA Berlin, R 13 XIII, Nr. 66 und 67; R 3112, Nr. 304 und 325, Geschäftsverteilungsplan des Reichsamts für Wirtschaftsausbau v. Jan 1943; DVA, Tätigkeitsbericht über das Jahr 1942/43 (54. Jahresbericht), S. 16; Listen der Kuratoriumsmitglieder des KWI (1939-1942), MPG-Archiv Abt. I, Rep. IA, Nr. 1801.) Die Firma Salamander wurde durch ihren Inhaber Ernst Sigle und verschiedene leitende Mitarbeiter in den Ausschüssen vertreten. Ernst Sigle, vertrat die Firma im Sonderausschuss Wehrmachtsschuhwerk; Angelo Hammelbacher, der Direktor der Schuhfabrik in Kornwestheim, nahm eine führende Position in den Klebstoff-Ausschüssen der FG Kautschukindustrie und GS ein; Robert Eichenlaub, Direktor des Lederfaserstoffwerks in Türkheim, war von 1940 bis 1945 Leiter der FA LFWS; Eichenlaub und Hammelbacher vertraten die Firma in mehreren Güteausschüssen für LFWS; Eichenlaub wurde im April 1944 eines von vier

Gelenkten«,[291] die die Verantwortung für die Gütesicherung der Produktion von Schuhen und Ersatzstoffen in den letzten Kriegsjahren trugen. Die »Schuhprüfstrecke« im KZ Sachsenhausen setzten sie weiterhin bewusst als Mittel hierzu ein.

9.5 Die Ergebnisse der Versuche und ihre Verwendung

Material: Erste Kunststoffe in deutschen Schuhen

Der Prozess der »Entlederung des Schuhwerks«, wie ihn ein Mitarbeiter der *Gemeinschaft Schuhe* 1944 bezeichnete,[292] wurde in Deutschland durch die staatliche Politik im Vierjahresplan angestoßen und gefördert und fand in der Kriegswirtschaft des Zweiten Weltkriegs einen ersten Höhepunkt. In der Produktion von zivilen Straßenschuhen kamen immer mehr neue Materialien zum Einsatz. Zu den zwischen 1936 und 1939 neu entwickelten Kunststoffen bzw. Kunststoffmischungen, die hier bereits vorgestellt wurden – den Lederfaserwerkstoffen für verschiedene Verwendungszwecke mit synthetischen Bindemitteln und den Gummisohlen auf der Basis synthetischen Kautschuks –, kamen in den Jahren 1939 bis 1945 zwei weitere Kunststoffarten hinzu: die Sohlen aus Polyvinylchloriden (»P-Sohlen«) der I.G. Farbenindustrie (mit dem Markennamen *Igelit* bzw. *PCU*) und der Dr. Alexander Wacker AG in München (*Vinnol*) sowie die Gewebekunstleder als Oberleder-Ersatz.[293] Alle diese vier Gruppen von Kunststoffen waren Gegenstand von Trageversuchen auf der »Schuhprüfstrecke« im Konzentrationslager Sachsenhausen. Der quantitative Umfang ihrer Produktion bis 1945 sei hier kurz zusammengefasst, da er in keiner bisherigen Studie korrekt wiedergegeben wurde.[294]

Mitgliedern des PA Lederaustauschstoffe; und Hans Dietmann, der Leiter der Entwicklungsabteilung, wurde Mitglied im TEA dieses Produktionsausschusses. (BA Berlin, R 8 VI, Nr. 84; R 13 XIII, Nr. 67).

291 Formulierung von Otto Steitz, dem Geschäftsführer der GS in: ders., Gelenkte Schuhwirtschaft, in: Der Vierjahresplan 7 (1943), S. 109.

292 Ein Mitarbeiter der GS in einem Brief an die Firma C. F. Plouquet am 26.7.1944. BA Berlin, R 10 VI, Nr. 13.

293 Zwei weitere Ersatzstoffe für Absätze, das Polykondensat Polyamid, das unter dem Markennamen *Igamid* der I.G. Farben vertrieben wurde, und die sog. *Iganil*-Absätze aus Kunstharz, sollen hier vernachlässigt werden, da sie nicht nachweislich auf der »Schuhprüfstrecke« entwickelt wurden und wirtschaftlich nur eine geringe Rolle spielten.

294 So liegt der ersten Berechnung des Gesamtvolumens der Leder-Ersatzstoff-Produktion, dem amerikanischen *United States Strategic Bombing Survey* (1945), eine einzige Statistik des Statistischen Reichsamts von Juli 1944 zugrunde, die nur LFWS und Gummisohlenmaterial als Ledersatzstoffe fasste. Holzsohlen, PVC-Sohlen und alle Oberleder-Ersatzstoffe sind darin nicht enthalten. Dietrich Eichholtz legte seiner Berechnung (1996) diese Zahlen aus dem USSBS zugrunde. Bei Dietmar Petzina (1968) wird nicht deutlich, welche Stoffe in seiner Angabe zu Leder-Ersatzstoffen in die Berechnung eingegangen

Die Lederfaserwerkstoffe und die Gummisohlen waren vom Umfang der Versuche her der wichtigste Gegenstand der Forschungen auf der »Schuhprüfstrecke«. Ihre Materialeigenschaften wurden durch Hunderte von Variationen ihrer Rezeptur systematisch erforscht. Durch diese breiten empirischen Erkenntnisse ließen sich neue Einsatzmöglichkeiten in Schuhen für die Werkstoffe finden. Der Lederfaserwerkstoff, der bis 1936 nur für Absatzunterflecken verwendet worden war, erwies sich als vielseitiger Werkstoff, der sich für die verschiedensten Teile im Schuh eignete. Für Laufsohlen erwiesen sich Lederfaserstoffe zwar als ungeeignet, doch in anderen Teilen des Schuhs bewährten sie sich so gut, dass sie sich dort auch nach dem Ende der Mangelwirtschaft des Zweiten Weltkrieges behaupteten.

Seit den Kriegsjahren fanden Lederfaserwerkstoffe vor allem als Brandsohlen, Zwischensohlen und Tragsohlen für Holz oder Gummi Verwendung. Außerdem spielten sie weiterhin als Material für Absatzflecken, Hinterkappen und sogar Rahmen eine große Rolle. Für alle diese Werkstoffarten wurden laufend branchenweite Gemeinschaftsprüfungen aller Hersteller auf der »Schuhprüfstrecke« und in den Labors der Deutschen Versuchsanstalt durchgeführt.[295] Ihre funktionale Diversifizierung in acht Verwendungszwecke schlug sich auch im Umfang ihrer Produktion nieder.[296] Zu Beginn der Materialtests, im Juni 1940, wur-

sind. Doch können dies bei einer Angabe zum Gesamtvolumen der Produktion von 61.000 t (1942) bei weitem nicht alle gewesen sein. Vgl. USSBS (1976), Vol. I, S. 135; Eichholtz (1996), Bd. 3, S. 208-215; Petzina (1968a), S. 182. In der Studie Petra Bräutigams (1997) werden vollkommen unzutreffende quantitative Angaben zum Umfang der Produktion von Leder-Ersatzstoffen in der Schuhindustrie gemacht. Bei den Produktionszahlen für LFWS und Gummisohlen (S. 96, 193-206 und 130) nennt sie für den Produktionsumfang dieser Materialien wie für Leder falsche Zahlenwerte. Zum Beispiel gibt sie für 1942 eine Jahresproduktion von ungefähr 15 Tonnen für alle LFWS an, während davon tatsächlich 1.300 Tonnen im Monat produziert wurden (vgl. Tabelle 31 in dieser Arbeit und R 8 VI, Nr. 32, Aufkommen an Austauschstoffen, Übersicht für das 7. KHJ; Bewirtschaftungsplan für Leder und LFWS (4.-11. KHJ) v. 18.5.1943 und viele andere Berechnungen der RfL). Und diese Zahl umfasst nur die höchste Qualitätskategorie der Lederfaserwerkstoffe (*Lefa* I). Bräutigam kommt also zu um das Tausendfache zu kleinen Produktionsmengen. Vgl. ihre Kap. 2.4. (S. 90-8) und Kap. 5 (S. 193-206).

295 Vgl. die Rundschreiben der FA LFWS 1940-1945, BA Berlin, R 13 XIII, Nr. 66-68. Gegenstand der Forschung waren die Auswirkungen der verschiedenen Inhaltsstoffe der LFWS und deren quantitatives Verhältnis zueinander, ihre Verarbeitung, ihre Lagerung und Alterung auf die Materialeigenschaften des Werkstoffes und der aus ihm gefertigten Endprodukte. Ein weiterer Parameter, der ihre Materialeigenschaften veränderte, waren Art und Anteil der Bindemittel und Weichmacher. Als Bindemittel wurden zuerst synthetischer Kautschuk (die Buna-Latices *Igetex* und *Perbunan*) und später die Kunstharzdispersionen *Acronal* und *Mowilith* (Polyvinylacetat) der I.G. Farbenindustrie (Hoechst und Ludwigshafen) verwendet.

296 Diese waren 1. Laufsohlen (für Reparatur), 2. Tragsohlen, 3. Zwischensohlen, 4. Brandsohlen, 5. Hausschuhsohlen, 6. Hinterkappen, 7. Rahmen und 8. Sohlenanschläge und Absatzbau. Vgl. Rundschreiben der FA LFWS, Betr.: 3. Gemeinschaftsprüfungen, 30.10.1941, BA Berlin, R 13 XIII, Nr. 67.

den im Deutschen Reich 880 t Lederfaserstoffe der höchsten Gütekategorie (*Lefa* I) im Monat produziert.[297] Bis Ende 1941 stieg das Produktionsvolumen auf durchschnittlich 1.300 t im Monat an und blieb so relativ konstant bis Mitte 1944 (Tabelle 31). Im Juli 1944 gab es in Deutschland 43 Betriebe, die Lederfaserwerkstoffe herstellten mit einer Produktionskapazität von insgesamt 2.040 t im Monat.[298] Von ihnen hatten 35 Betriebe 1944 noch eine Herstellungsaufgabe. Die größten Hersteller waren die Salamander AG in Türkheim/Bayern und drei Wormser Gerbereien: die Heyl'schen Lederwerke, die Delta-Werke GmbH und die Firma Doerr & Reinhart.[299]

Gemessen am Gesamtaufkommen aller Ersatzstoffe für Leder stellte das Gummi den größten Anteil. Seit 1940 wurde durchgehend ungefähr doppelt so viel Gummisohlenmaterial wie Lederfaserwerkstoffe produziert. Ihr Kautschukanteil bestand seit Kriegsbeginn nur noch aus dem Synthesekautschuk *Buna*.

Tabelle 31: Durchschnittliche monatliche Erzeugung von Lederfaserstoff I, Gummisohlenmaterial[300] und P-Sohlenmaterial (1939-1944)

Jahr	Lederfaserstoff I (in 1.000 t)	Gummisohlenmaterial (in 1.000 t)	P-Sohlenmaterial[300] (in 1.000 t)
1939	0,8[301]	1,0	–
1940	0,9	2,0	–
1941	1,0	2,4	0,08
1942	1,3	2,7	0,18
1943	1,3	2,6	0,41
1944[302]	1,2	3,0	0,35

Aus Gummi wurden Sohlen und Absatzunterflecken gefertigt. Das Material wurde in Platten oder vorgegossenen »Formsohlen« geliefert. Die Erforschung der Materialeigenschaften des Gummis war Gegenstand von Gebrauchswertprüfungen der Gummisohlenhersteller auf der »Schuhprüfstrecke« und im preu-

297 RfL, Erzeugung von LFS I v. 25.11.1941, BA Berlin, R 8 VI, Nr. 33.

298 Hersteller von Lederaustauschstoffen nebst Kontingenten v. 1.7.1944, BA Berlin, R 3101 alt R 7/Anh. MCC, Nr. 293.

299 Ebd.

300 RfL, Erzeugung von Schwer- und Leichtleder, Lederfaserstoff I und Gummisohlenmaterial nach Unterlagen der RfL v. Juni 1944, BA Berlin, R 8 VI, Nr. 67.

301 Durchschnittszahl nur für das IV. Quartal 1939.

302 Durchschnitt nur der Monate Januar-Mai.

303 Zahlen Juli 1941-Juni 1942 aus: Übersicht über die tatsächliche Erzeugung von Gummisohlenmaterial und P-Sohlenmaterial, 13.8.1942, BA Berlin, R 10 VI, Nr. 31; Zahlen von Okt. 1942 bis März 1943 aus: Aufkommen an Austauschstoffen, BA Berlin, R 8 VI, Nr. 32; 1943-1944: BIOS Miscellaneous Report Nr. 3, Teil 2: The German Sole and Heel Industry, London 1945, Appendix 1.

ßischen Staatlichen Materialprüfungsamt in Berlin-Dahlem in der Abteilung unter Paul Kluckow.[304] So stellte sich etwa heraus, dass Ruß als Füllstoff die Abriebfestigkeit erhöhte und die Beimengung geringer Mengen Kolophonium die Verklebbarkeit der Sohlen verbesserte.[305] Es wurde mit Beschichtungen der Formsohlen zur besseren Verarbeitung und der Gestaltung des Gummiprofils experimentiert.[306] Außerdem fand man durch den Ersatz von Ruß durch Weißruß (Tonerdegel) ab 1942 eher beiläufig eine Lösung für das alte Problem des Abfärbens von Gummisohlen (»Abkreiden«).[307] Das Aluminiumoxidgel hinterließ keine Spuren, wie auch die britischen und amerikanischen Fachleute einer BIOS-Kommission nach Kriegsende 1945 feststellten und diese neue Zutat begeistert für die Einführung in den USA empfahlen.[308] Diese Erkenntnisse der Materialprüfungen erlaubten den Gummiherstellern, die Zusammensetzung des Materials auf die Anforderungen für den Verwendungszweck »Sohlenmaterial« zuzurichten. Außerdem ermöglichten es die Versuche, für Grundstoffe, die in der Kriegswirtschaft plötzlich nicht mehr verfügbar waren, vergleichbare Ersatzrohstoffe zu finden und die Produktion am Laufen zu halten. Als Abfallstoff wurde seit 1940 mit Beimengungen von Regeneratgummi experimentiert, das die Qualität der Sohlen jedoch zu stark verminderte.[309]

Die Produktion von Gummisohlen wurde kontinuierlich bis ins letzte Kriegsjahr hinein gesteigert, ab Herbst 1944 aber wegen des Rückgangs der *Buna*-Produktion eingeschränkt. 1944 stellten insgesamt 35 Betriebe in Deutschland Gummisohlenmaterial her.[310] Allein zum Zweck der Schuhreparatur wurden 1944 im Reich 20.500 t Gummisohlenmaterial verbraucht. Das entsprach einem

304 Im Oktober 1941 fand bereits die Auswertung der 8. Gemeinschaftsprüfung von Gummisohlenplatten statt, vgl. FA LFWS, Betr.: 8. Gemeinschaftsprüfung. Sohlenplatten Gu 42, hergestellt unter Verwendung von Tonerdegel v. 30.10.1941, BA Berlin, R 13 XIII, Nr. 270; Kluckow (1941).

305 Aktenvermerk RfL, Betr.: Klebstoff-Ausschusssitzung vom 25.2.1941, BA Berlin, R 8 VI, Nr. 84.

306 GS (Braunss), Aktenvermerk über die Besprechung beim OKW in Berlin am 9.11.1943, 10.1.1944, Bauhaus-Archiv Berlin, Fagus, Nr. 212; GS (Braunss), Aktenvermerk, Besprechung im OKH am 9.11.1943, 11.11.1943, BA Berlin, R 10 VI, Nr. 80.

307 RfL an RWiMin, Betr.: Lederaustauschstoff-Plan für das 5. und 6. KHJ, 17.12.1941, BA Berlin, R 8 VI, Nr. 33.

308 BIOS Miscellaneous Report Nr. 3, Teil 2: The German Sole and Heel Industry, London 1945, S. 2, 20.

309 Da Regeneratgummi eine solch schlechte Qualität ergab, wurde das knappe *Buna* mehr durch den Kautschuk-Ersatzstoff Polyvinylchlorid ersetzt. Eine Regeneratgummisohle erhielten nur Hausschuhe. Vgl. RfL, Betr.: Tagung der FA LFWS in der WG Lederindustrie am 12. Juni 1940, BA Berlin, R 8 VI, Nr. 84; RWA, Vierjahresplan: Industrielle Rohstoffe, Unterlagen für Vortrag Krauchs am 30.1.1941, BA Berlin, R 3112, Nr. 173; GS an RWiMin, Betr.: Schuhplanung XI. Kriegshalbjahr Januar bis Juni 1945, Okt. 1944, BA Berlin, R 8 VI, Nr. 36.

310 Hersteller von Gummisohlen (nach Zonen) v. 17.9.1946 nach den Angaben v. 1.7.1944, BA Berlin, R 3101/alt R 7 Anh. MCC, Nr. 293.

Verbrauch pro Kopf der Bevölkerung von 240 g Gummi im Vergleich zu 35 g Sohlenleder im Jahr.[311] Neun Betriebe stellten Vollgummi-Schuhe her.[312] Auch die Gummischuhproduktion wurde bis Kriegsende vollständig auf Synthesekautschuk umgestellt.[313]

Mit den immer wiederkehrenden Verknappungen von *Buna* in der Kriegswirtschaft hielt schließlich ab 1941 ein weiterer Werkstoff in die Schuhproduktion Einzug: die sogenannte »P-Sohle«. Sie war nach ihrem Ausgangsrohstoff Polyvinylchlorid (PVC) benannt. Andere Bezeichnungen waren *PCU*-Sohle oder *Igelit*-Sohle – nach den Markennamen der I.G. Farbenindustrie – bzw. *Vinnol*-Sohle der Alexander Wacker AG. Polyvinylchlorid war ein in den 30er Jahren ganz neu entwickelter Kunststoff, der von den I.G.-Farbenindustrie-Werken in Bitterfeld seit 1935 in sehr geringen Mengen produziert wurde.[314] Es galt als »Kautschukoid«, also Werkstoff mit kautschukähnlichen Eigenschaften.[315] Die industrielle Entwicklung des Polyvinylchlorids zu Schuhsohlen begann im Mai 1941.[316] Die wichtigste Materialeigenschaft des Polyvinylchlorids, seine Thermo-

311 Reparatur-Material-Verbrauch pro Kopf der Bevölkerung 1944 v. 20.9.1944, BA Berlin, R 10 VI, Nr. 36.

312 BIOS Miscellaneous Report Nr. 3, Teil 1: The German Rubber Footwear Industry, London 1945.

313 BIOS Final Report Nr. 174, Hanauer Gummischuh-Fabrik AG, Hanau am Main, London 1946; BIOS Final Report Nr. 966, German Rubber Footwear and Various General Rubber Goods Plants, London 1946; BIOS Final Report Nr. 173, Gummiwaren-Fabrik Phoenix, Harburg/Hamburg, London 1946.

314 Die industrielle Produktion von PVC der I.G. Farben begann 1935 mit einer Jahresproduktion von 40 t und stieg bis 1939 auf 2.800 t pro Jahr. Die I.G. Farben war auf diesem Kunststoff-Gebiet weltweit führend. Vgl Plumpe (1990), S. 333f.

315 Vgl. Begriffsbestimmungen für Kautschuk und Nachfolgestoffe RAL 201 A, ausgearbeitet v. Preuß. Staatlichen Materialprüfungsamt Berlin, 25.9.1939, BA Berlin, R 13 XIII, Nr. 126.

316 Die Initiative ging diesmal offenbar vom RWA aus, um den »Fehlbedarf an Buna im Sohlenplattensektor« zu kompensieren. Im Mai 1941 gab das RWA »die Entwicklung von Schuhsohlen auf Polyvinylchlorid-Basis« als neues Forschungsziel bekannt. An der Sitzung nahmen neben Behördenvertretern der Reichsstelle für Kautschuk und Asbest und der RfL 13 Gummisohlenhersteller teil. Dies waren die Firmen Carl Freudenberg, Continental GmbH, Para Gummiwerke, Friedrich Wilop, C. F. Roser, Rost & Co., Semperit, Hanauer Gummischuhfabrik, Deutsche Linoleum-Werke AG, Schrupp&Müller, Weber & Schulz, Spohn & Knoell KG und die I.G. Farbenindustrie Ludwigshafen (BASF). Ebenfalls anwesend war der Werkstoffforscher im Berliner Materialprüfungsamt, Paul Kluckow. Zu diesem Zeitpunkt waren verschiedene Materialien der Unternehmen bereits auf der »Schuhprüfstrecke« getestet worden. Alle von den Firmen eingereichten Muster wurden künftig mit vollem Wissen der Unternehmen auf der »Schuhprüfstrecke« getestet und gleichzeitig im Staatl. Materialprüfungsamt in Berlin-Dahlem labortechnisch geprüft. Im Mai 1942 beschlossen die Unternehmer des Güteausschusses für P-Sohlen für die Zukunft laufende Qualitätskontrollen der Fabrikate auf der »Schuhprüfstrecke«. Vgl. Vermerk über die Sitzung am 9.5.1941 im Reichsamt für Wirtschaftsausbau betreffend Schuhsohlen auf PCU

plastizität, fiel während der Materialprüfungen auf der »Schuhprüfstrecke« als negative Eigenschaft auf. Die Sohle wurde bei Kälte steif und brüchig und war bei Hitze nicht formbeständig.[317] Die Abriebwerte der PVC-Sohlen waren denen der Gummisohle vergleichbar. Auf der »Schuhprüfstrecke« erreichte der beste PVC-Werkstoff 2.200 km bis zum Durchlaufen der Sohlen. Im Juli 1944 gab es 10 Betriebe in Deutschland, die Schuhsohlen aus Polyvinylchlorid herstellten.[318] Anfang 1945 wurde die P-Sohlenproduktion, offenbar wegen Versorgungsschwierigkeiten bei der Rohstoffbeschaffung, vorübergehend eingestellt.[319]

Gegenüber den Lederfaserstoffen und dem Gummisohlenmaterial war die Produktion von PVC-Sohlenmaterial in den Kriegsjahren noch gering (Tabelle 31). Doch bedeutete die Verwendung von PVC in der Schuhproduktion einen qualitativen Sprung in der Konstruktionstechnik des Schuhs. Als man das Material in den Kriegsjahren noch in Form von Sohlenplatten verarbeitete und wie Leder vernähte oder verklebte, war die Thermoplastizität des Werkstoffs ein eher unerwünschter Faktor. Ab 1947 wurden jedoch bereits erste Gussverfahren von PVC in der Schuhproduktion angewandt.[320]

Synthetische Oberleder für Schuhschäfte waren ab 1943 ein Gegenstand des Leder-Ersatzes.[321] Kunstleder ahmten nur das Aussehen, nicht die funktionalen Eigenschaften des Leders nach und waren im Schuh deswegen eigentlich nicht verwendbar. Infolge der extremen Materialverknappung erhielten dennoch Ar-

(Polyvinylchlorid)-Basis, BA Berlin, R 13 XIII, Nr. 270; Denkschrift: Die Folgen der Einsparung von Buna in der Lederwirtschaft v. 15.2.1941, BA Berlin, R 10 VI, Nr. 31; Aktenvermerk der RfL, Betr.: Sitzung des Güteausschusses für P-Sohlen am 7.5.1942 in Freiburg, BA Berlin, R 8 VI, Nr. 38.

317 Vgl. Prüfberichte 1941ff., BA Berlin, R 8 VI, Nr. 38 und R 13 XIII, Nr. 270.

318 Dies waren die Firmen Gebr. Bader K. G. Lederfabrik (Göppingen/Württ.), Deutsche Linoleumwerke AG (Bietigheim/Württ.), C. F. Roser GmbH (Stuttgart-Feuerbach), Deutsche Linoleumwerke AG (Delmenhorst), Dynamit AG Vorm. Alfred Nobel & Co. (Troisdorf), Para Gummiwerke Arthur Brügger (Wuppertal-Barmen), H. Rost & Co. (Hamburg-Harburg), Weber & Schulz (Hamburg-Bahrenfeld), Friedrich Wilop (Hamburg) und Sohn & Knöll KG (Freiburg/Breisgau). Vgl. Hersteller von P-Sohlen (nach Zonen), 17.9.1946, nach den Angaben v. 1.7.1944, BA Berlin, R 3101/alt R 7 Anh. MCC, Nr. 293.

319 GS an den RWiMin, Betr.: Schuhplanung XI. KHJ (Jan.-Juni 1945) v. Okt. 1944, BA Berlin, R 8 VI, Nr. 36.

320 Schuhe aus Igelit, in: Kunststoffe 37 (1947), Nr. 1, S. 23.

321 Dieser Ersatzstoffbereich war der einzige, in dem die Wehrmacht direkt Erzeugungsaufgaben vergab. Diese Leder-Ersatzstoffe wurden für Ausrüstungsgegenstände der Wehrmacht (ohne Schuhe) verwendet. Ab 1939 ließ die Wehrmacht dafür eigene Gütevorschriften und Prüfverfahren entwickeln. Die beiden größten Hersteller von Kunstleder zu diesem Zeitpunkt waren das Alkor-Werk Karl Lißmann bei München (Marke *Alkor*) und die Firma Carl Freudenberg in Weinheim (Marke *Viledon*). Beide begannen erst in der NS-Zeit mit der Herstellung dieses Produkts. Beide erhielten für den Ausbau ihrer Betriebe massive staatliche Finanzierungshilfen des RWA. Beide Firmen produzieren diese Marken bis heute. BA Berlin, R 8 VI, Nr. 38; 150 Jahre Freudenberg (1999), S. 70; Franz Pabst, Kunststoff-Taschenbuch, Berlin 1936 (20. Aufl. 1977).

beitsschuhe mit Holzsohle und Zivilschuhe für Frauen Schäfte aus diesen Werkstoffen. Ab 1943 wurden Schuhe mit Kunstlederschäften in Trageversuchen im KZ Sachsenhausen probegelaufen.[322] Die führenden Unternehmen, die das Material herstellten und in diesem Zusammenhang Trageversuche in Auftrag gaben, waren Carl Freudenberg (Weinheim), J. H. Benecke (Hannover), Ernst-Ferdinand Waentig (Großenhain/Sa.), Eduard Keffel AG (Leipzig), Vorsteher & Bünger (Wuppertal-Barmen) und C. F. Ploucquet (Heidenheim/Berlin).[323] Güterichtlinien für Kunstleder in Schuhen wurden auf Grundlage der Versuche 1944 ausgearbeitet und im Januar 1945 erlassen.[324] 1944 produzierten 24 Betriebe im Reich im Monat eine Million qm Kunstleder für Schuhe auf der Grundlage von Textilgeweben.[325] Als Aufstrichmasse der Kunstleder wurde mit *Igelit* (PVC), *Igamid* (Polyamid) und verschiedenen anderen Kunststoffen experimentiert. Auch synthetische Textilien als Oberleder-Ersatz gerieten ins Blickfeld. So gaben Firmen Trageversuche im KZ zu der Frage in Auftrag, ob sich gewirkte Stoffe aus künstlichen Fasern ebenso verarbeiten ließen wie gewebte oder gevlieste Stoffe.[326] Weitere Forschungsgegenstände auf der »Schuhprüfstrecke« waren Kunstseiden als Futterstoffe[327] und Einlegesohlen aus Filz, Stroh und Pappe.[328]

Konstruktion: Die Durchsetzung der geklebten Machart

Neben der Entwicklung neuer Materialien wurden auf der »Schuhprüfstrecke« ebenso umfangreiche Versuche zu ihrer Verarbeitung angestellt. Während die

322 Für die Forschung und Entwicklung auf dem Gebiet der Kunstleder als Oberleder-Ersatz wurde im Februar 1943 in der GS ein eigener »Arbeitsausschuss Austauschstoffe« gegründet. Die ersten (bisher nachgewiesenen) Trageversuche fanden im November 1943 statt. Vgl. den Bestand des »Arbeitsausschusses Austauschstoffe«, BA Berlin, R 10 VI, Nr. 72.

323 Die Direktoren bzw. technischen Leiter der Unternehmen J. H. Benecke (Vinhorst/Hannover), Ernst-Ferdinand Waentig (Großenhain/Sa.), Eduard Keffel AG (Leipzig), Vorsteher & Bünger (Wuppertal-Barmen) und C. F. Ploucquet (Heidenheim/Berlin) bildeten auch am 3.2.1943 den Arbeitsausschuss Austauschstoffe (AA) der GS, der für die Forschung und Entwicklung auf dem Gebiet der Oberleder-Ersatzstoffe für Schuhe verantwortlich war. Otto Benecke war Leiter des Ausschusses. Vgl. Aktennotiz über die konstituierende Sitzung des AA in der GS, 3.2.1943, BA Berlin, R 10 VI, Nr. 13 und 72.

324 Vgl. Schriftwechsel ab Juli 1944 in BA Berlin, R 13 XIII, Nr. 285 und Fertigungs-, Güte- und Prüfvorschriften für Gewebekunstleder v. 4.1.1945, R 3, Nr. 321.

325 RWA an den PA LAS v. 3.4.1944, BA Berlin, R 13 XIII, Nr. 277.

326 Vergleichend wurden dabei 1942 mindestens 50 Paar, mit je einem Schaft aus Wirkstoff, dem anderen aus gewebtem Stoff auf der »Schuhprüfstrecke« getragen. Vgl. Aktenvermerk der RfL, Betr.: Reichsstelle für Textilwirtschaft, Sitzungsbericht, 20.7.1942, BA Berlin, R 8 VI, Nr. 38.

327 BA Berlin, R 10 VI, Nr. 72.

328 Aktenvermerk RfL, Betr.: Einlegesohlen. Besprechung am 25.11.1942, BA Berlin, R 8 VI, Nr. 38.

Lederfaserwerkstoffe durch ihren Lederanteil noch stark dem Leder glichen und in ähnlichen Verfahren verarbeitet werden konnten, verursachten die vollsynthetischen Werkstoffe technische Probleme. Das Vernähen der Kunststoffe in der rahmengenähten oder durchgenähten Machart, die die vorherrschenden Befestigungsarten darstellten, erwiesen sich in der Praxis als wenig geeignet. Die Verfahrensforschungen konzentrierten sich vor allem auf Fragen der Verklebung.

Drängend wurde das Problem zuerst im Reparaturhandwerk. Bereits im Frühsommer 1940, als die »Schuhprüfstrecke« errichtet wurde, behaupteten Gummisohlenhersteller, chemische Industrie und *Reichsamt für Wirtschaftsausbau*, die Qualitätsbeanstandungen der Verbraucher seien auf die Unkenntnis der Handwerker zurückzuführen, wie die neuen Werkstoffe zu verarbeiten seien.[329] Seit 1940 kam es zu Beschwerden der Verbraucher, wenn nach einer Reparatur mit neuen Werkstoffen schon nach wenigen Tagen erneut eine Ausbesserung erforderlich war.[330] Die Rationierung ließ den Reparaturbedarf erheblich anwachsen. Ein Bericht des Sicherheitsdienstes der SS vom April 1942 konstatierte einen »derzeit bestehenden Notstand«:

> »Infolge der Zwangsbewirtschaftung und der gedrosselten Ausgabe von Bezugsscheinen müssen [...] die alten Schuhe immer wieder zur Reparatur gegeben werden, wodurch sich eine Arbeitsanhäufung ergäbe, die eine Verdoppelung, wenn nicht sogar Verdreifachung der Arbeitskräfte im Schuhmacherhandwerk erforderlich mache.«[331]

Daher arbeitete ein großer Teil der Betriebe »14 bis 16 Stunden täglich sowie auch sonntags«. Die Kundschaft wartete trotzdem bis zu 4 Wochen auf die reparierte Ware.[332] 1944 hatte sich die Wartezeit auf acht Wochen erhöht.[333]

Für eine Umstellung auf die geklebte Konstruktion waren einerseits neue Klebstoffe zu entwickeln, andererseits aber auch die Werkstätten mit neuen Klebepressen auszustatten. Diese waren bisher nur in der Industrie und nur für die Herstellung von leichten Damen- und Kinderschuhen verwendet worden.[334]

329 Denkschrift des RWA, Die Deutsche Rohstoffsicherung im Vierjahresplan, 6. Leder, v. 20.6.1940, BA Berlin, R 3112, Nr. 38.

330 RfL an alle Kreishandwerkerschaften v. 19.11.1940, Betr.: Beanstandung von Besohlungen, BA Berlin, R 8 VI, Nr. 38; Weitere Klagen über die Arbeiterschuhversorgung und -reparatur, SD-Bericht Nr. 122 v. 9.9.1940, in: Boberach (1984), Bd. 5, S. 1561 und weitere SD-Berichte v. 14.7.1941; 26.1.1942; 16.4.1942; 20.4.1942, in: Boberach (1984), S. 1618f., 2524, 3217, 3638, 3655.

331 Sicherheitsdienst des Reichsführers-SS, Betr.: Auftretende Schwierigkeiten im Reparaturhandwerk. Lage im Schuhmacherhandwerk v. 20.4.1942, BA Berlin, NS 19, Film 3363, Folder 537.

332 Sicherheitsdienst des HF-SS, Betr.: Auftretende Schwierigkeiten im Reparaturhandwerk. Lage im Schuhmacherhandwerk v. 20.4.1942, BA Berlin, NS 19, Film 3363, Folder 537.

333 Vgl. Sultano (1995), S. 79.

334 Vgl. dazu Kap. 4.4.

Schon 1942 resümierte ein Mitarbeiter der *Reichsstelle für Lederwirtschaft*: »Zusammen mit der Einführung des Gummisohlenmaterials mussten [...] im großen Umfange für die Schuhmacher Schuhpressen beschafft werden, was selbstverständlich während des Krieges mit großen Schwierigkeiten verbunden war.«[335] Die britischen und amerikanischen Fachleute einer BIOS-Kommission zur Untersuchung der deutschen Gummisohlen im September 1945 stellten zu ihrem großen Erstaunen fest, dass bis Ende des Krieges die meisten Schuhmachereien im Reich mit Klebepressen ausgestattet worden waren:

> »Before the war practically all repair soles were stitched on. As the war progressed [there was a] change over to the cemented on application of soles for repair jobs. Now, every repair shop is equipped to do cemented on sole repair work. The results have been so satisfactory it is doubtful whether the repair trade will ever return to the stitched on repair method.«[336]

Dies war für die Engländer umso erstaunlicher, als die Reparatur-Methode des Klebens in Großbritannien gar nicht bekannt war.

Auch in der Neuherstellung von Schuhen wurde die Klebstoff-Frage zum brennenden Problem. Normales Straßenschuhwerk war bis dahin nur in den genähten Macharten herstellbar. Schwere Stiefel konnten auch holzgenagelt werden. Doch beide Konstruktionsarten erwiesen sich für die Kunststoffe als nicht geeignet. Mit fortschreitender Arbeitskräfte-Verknappung erwies sich die Verklebung auch als Möglichkeit der Rationalisierung der Produktion. Die mangelnde Verfügbarkeit von männlichen Facharbeitern, die die Bodenarbeit am schweren Arbeits- und Militärschuhwerk leisteten, stellte ein großes Problem dar. Viele Arbeitsschritte im genähten Schuh mussten noch von Hand vorgenommen werden.[337] Bei zunehmendem Anteil von weiblichen Beschäftigten in den Schuhfabriken – im September 1942 waren dies bereits 60 Prozent –[338] versprach die Verklebung neben einer Lösung des Rohstoffproblems gleichzeitig auch eine Lösung für den Facharbeiter-Mangel.

Doch waren weder die Klebstoffe selbst noch das Verfahren des Klebens von Sohlen in Straßenschuhen ausgereift. Ein Schuh musste zum Verkleben etwa eine Stunde unter der Presse liegen, um auch nur eine annähernd ausreichende Haltbarkeit zu erreichen.[339] Danach musste er 48 Stunden trocknen. Als Regel

335 Fischer (1942), S. 140ff.

336 BIOS Miscellaneous Report Nr. 3, Teil 2: The German Sole and Heel Industry, London 1945, S. 10.

337 Vgl. Kap. 4.6 und WG Lederindustrie an den Reichsbeauftragten für Lederwirtschaft, Betr.: Rationalisierung der Schuhproduktion v. 9.3.1942, BA Berlin, R 8 VI, Nr. 36.

338 Niederschrift über die Sitzung der Vertrauensmänner des Sonderausschusses GXX v. 29.9.1942, BA Berlin, R 13 XIII, Nr. 195.

339 RfL, Verarbeitungsratschlag für geklebtes Schuhwerk von der Firma Emil Keil, Weißenfels; RfL, Aktenvermerk Betr.: Klebstoff-Ausschusssitzung v. 25.2.1941, BA Berlin, R 8 VI, Nr. 84; Kunze (1939), S. 72-75.

galt: je länger die Pressdauer, desto stärker die Klebwirkung.[340] Bei einer täglichen Produktion von mehreren hundert Paar Schuhen stellte auch hier die Ausstattung der Betriebe mit Klebepressen einen enormen Engpass dar.[341] Im September 1940 stellte ein Mitarbeiter der *Reichsstelle für Lederwirtschaft* fest:

> »Das Kernproblem der Klebstoffrage ist zurzeit die Verklebung der [...] Bunasohle.[...] Die Klebstoffe [...] sind nach dem derzeitigen Stand der Entwicklung nicht geeignet zur Verklebung [...]. Bei außergewöhnlich langer Presszeit lässt sich zwar [...] eine Verklebung der Bunasohle erreichen, wie dies die jetzt durchgeführten Versuche in Oranienburg gezeigt haben. Die meisten Schuhfabriken haben aber oft nicht so viele Pressen, um die Schuhe so lange unter der Presse zu lassen und außerdem ist die Haftfestigkeit bei der Verklebung [...] auch nach langer Pressdauer noch nicht ganz einwandfrei«.[342]

Das Problem der Neuanschaffung von Maschinen verschärfte sich im Laufe der Kriegsjahre immer mehr. Klebepressen und Maschinen zur Aufrauhung des Gummisohlenmaterials zur Vorbereitung der Verklebung wurden in der Kriegswirtschaft zu den meistgesuchten Arbeitsmaschinen in der Schuhindustrie.[343]

Von Anfang an wurden daher parallel zu den Werkstoff-Versuchen umfangreiche Klebstoff-Versuche auf der »Schuhprüfstrecke« im KZ Sachsenhausen durchgeführt. Die begleitenden Laboratoriums-Prüfungen sollten anfangs im Kaiser-Wilhelm-Institut für Lederforschung stattfinden, wurden dann aber vom preußischen Staatlichen Materialprüfungsamt in Berlin-Dahlem übernommen.[344] Im Juli 1940 begannen die Vorbereitungen der *Fachgruppe Schuhindustrie* und der Gummisohlenhersteller. Ein »Arbeitsausschuss« unter dem Vorsitz der beiden Klebstoff-Fachleute der *Reichsstelle für Chemie* und der *Reichsstelle für Lederwirtschaft* wurde gegründet. Er sollte eine neue Art von Klebstoffen für die Schuhindustrie und das Reparaturhandwerk entwickeln. Ihm gehörten Mitarbeiter der Schuhunternehmen und verschiedener Klebstoff-Firmen sowie der

340 RfL, Betr.: Sohlenklebemittel v. 28.9.1940, BA Berlin, R 8 VI, Nr. 84.

341 Bei Klebepressen waren 10 bis 12 Pressstellen gängig. Bei einer täglichen Produktion von bis zu 12.000 Paar Schuhen wie bei dem größten Hersteller Salamander (im April 1941) konnte nur ein geringer Teil der Tagesproduktion geklebt werden. Vgl. Aktenvermerk RfL, Betr.: Meine Dienstreise (zu Salamander) v. 2.-8.4.1941, BA Berlin, R 8 VI, Nr. 84; Fischer (1942), S. 140ff.

342 Aktenvermerk der RfL, Betr.: Sohlenklebemittel v. 28.9.1940, BA Berlin, R 8 VI, Nr. 84.

343 Ebd.; Niederschrift über die Sitzung in Heidelberg am 6.12.1940 betr. Verarbeitungsfragen für Gummisohlen, BA Berlin, R 13 XIII, Nr. 66; Niederschrift über die Sitzung des Vertrauensmänner des Sonderausschusses GXX v. 29.9.1942, R 13 XIII, Nr. 195; Krumm-Bericht v. 30.7.1943, R 3, Nr. 311, u. v. a.

344 Aktenvermerk RfL, Betr.: Rücksprache mit Herrn Prof. Dr. Graßmann am 28./29.6.1940, BA Berlin, R 8 VI, Nr. 84.

I.G. Farbenindustrie (Uerdingen) an.[345] Von Seiten der wissenschaftlichen Institute waren Hans Herfeld von der Deutschen Versuchsanstalt und Paul Kluckow vom Materialprüfungsamt in Berlin-Dahlem Mitglieder des Klebstoff-Ausschusses. Auch Karl Poser, der Leiter der »Schuhprüfstelle« im KZ Sachsenhausen, hatte darin Sitz und Stimme sowie Repräsentanten des Schuhmacherhandwerks und der staatlichen Behörden.

Die Versuche mit Klebstoffen im KZ Sachsenhausen begannen im August 1940. Vier Klebstoffe der gängigsten Fabrikate wurden als »Standard-Klebstoffe« untersucht.[346] Die Prüfungsergebnisse sollten als Grundlage zur Bewertung sämtlicher anderer Sohlenklebstoffe dienen.[347] Doch die Idee, einen für alle Verwendungszwecke verwendbaren »Standard-Klebstoff« zu schaffen, erwies sich bald als unmöglich. Dafür reagierten die Werkstoffe viel zu unterschiedlich auf die Lösungen. Stattdessen wurden in den nächsten Jahren für jeden Verwendungszweck und jede Werkstoffgruppe unterschiedliche Klebstoffe entwickelt.

Die zweite Runde der Klebstofftests auf der »Schuhprüfstrecke« begann im Dezember 1940. In diesem Monat trat eine neue Regelung für die Klebstoff-Produzenten in Kraft.[348] Alle Firmen, die Klebstoffe für die Schuhproduktion herstellen wollten, mussten diese künftig durch die drei *Reichsstellen für Kautschuk und Asbest*, für *Chemie* und für *Lederwirtschaft* genehmigen lassen.[349] In den nächsten acht Wochen beantragten daraufhin 89 Firmen die Zulassung von 229 Sohlenklebemitteln.[350] In den kommenden Monaten erhöhte sich die Zahl der Anträge noch auf 260.[351] Innerhalb von neun Monaten wurden alle beantragten Klebstoffe im nunmehr bewährten, dualen Verfahren der Gebrauchswertforschung auch auf der »Schuhprüfstrecke« getestet. Im September 1941 lagen die

345 Von den Schuh- und Werkstoff-Herstellern waren Salamander, die Schuhfabrik Oswald Wenzel (Weißenfels), die Firma Carl Freudenberg, die Heidelberger Schuhfabrik Hermann Wilz und weitere vertreten, von Seiten der Klebstoff-Firmen die Atlas Ago AG, die Chemische Fabrik Ludwigsburg Zeh & Co., die Firma Paul Heinicke (Erfurt), die Firmen Albert Stübbe (Vlotho), Hans Schwartzkopf (Berlin) und die I.G. Farbenindustrie Uerdingen. RfL, Betr.: Sitzung Sohlenkleber v. 15.7.1940; Betr.: Klebstoff-Ausschusssitzung v. 25.2.1941; Sitzung des Klebstoff-Ausschusses v. 26.5.1941 in Dresden, BA Berlin, R 8 VI, Nr. 84.

346 Es waren die Fabrikate »Ago Goldsiegel« der Firma Atlas Ago AG, »Cohesan« der I.G. Farben, »Sandalin« der Firma Paul Heinicke und »Ajax« der Firma Boston Blacking. Der Klebstoff der I.G. Farben Uerdingen stellte sich in der ersten Runde der Tests als der beste heraus. Vgl. Aktenvermerk RfL Betr.: Sohlenklebstoffe v. 22.8.1940, BA Berlin, R 8 VI, Nr. 84.

347 Aktenvermerk RfL, Betr.: Sohlenklebemittel v. 28.9.1940, BA Berlin, R 8 VI, Nr. 84.

348 RfL, Aktenvermerk Betr.: Klebstoffragen v. 18.9.1941, BA Berlin, R 8 VI, Nr. 84.

349 Anordnung der RfL, der Reichsstelle für Kautschuk und Asbest und der Reichsstelle für Chemie (Sohlenklebstoffe) v. 4.12.1940.

350 Wochenbericht der RfL v. 1.-8.2.1941, BA Berlin, R 8 VI, Nr. 84.

351 RfL, Aktenvermerk, Betr.: Klebstoffprüfungen bei Salamander AG von April 1941, BA Berlin, R 8 VI, Nr. 84.

Ergebnisse vor.[352] Ihre Bewertung nahm in diesem Fall die *Reichsstelle für Lederwirtschaft* vor, in Rücksprache mit den Fachleuten der Salamander AG, wo auf Vorschlag des Direktors Angelo Hammelbacher zusätzliche Verarbeitungsversuche »zu den Prüfungen beim Materialprüfungsamt und beim K.-Z.-Lager in Oranienburg« vorgenommen wurden.[353] Im September 1941 resümierte der Sachbearbeiter der Reichsstelle: »Ca. 50 Prozent der Anträge wurden abgelehnt und für die bewilligten Anträge werden zur Zeit Rohstoffzuteilungen vorgenommen.« Die Kosten, die die Unternehmen für die Prüfungen aufbrachten, betrugen rund 60 RM pro Klebstoff.[354] Die Versuche waren nicht etwa eine Maßnahme zur Einschränkung der Produktion von Klebstoffen. Innerhalb dieses einen Jahres von 1940 auf 1941 stieg der Verbrauch an Sohlenklebstoffen um insgesamt 50 Prozent.[355]

Diese erste und zweite Klebstoff-Prüfung waren der Auftakt von laufenden Klebstoff-Versuchen auf der »Schuhprüfstrecke« und in den Labors.[356] Neben Synthesekautschuk- und PVC-Sohlen wurde die Verklebung von Holzsohlen untersucht.[357] Auch bei der Klebstoffherstellung war die Verteilung von Produktionsaufgaben und Rohstoffen ab 1941 an die Qualitätsprüfung auf der »Schuhprüfstrecke« im Konzentrationslager gebunden.[358] Die Klebstoffe waren großenteils Lösungen aus Celluloid und Lösungen aus denselben Kunststoffen, die mit ihnen verklebt werden sollten.[359] Auch sie bilden ein neues Kapitel der Kunststoffgeschichte, das unmittelbar aus der Autarkie- und Rüstungspolitik im Nationalsozialismus hervorging.

Die Gummisohlenhersteller gingen das Verarbeitungsproblem ebenfalls mit Hilfe von wissenschaftlichen Versuchen auf der »Schuhprüfstrecke« an.[360] Zwi-

352 Aktenvermerk, RfL, Betr.: Klebstoffragen v. 18.9.1941, BA Berlin, R 8 VI, Nr. 84.

353 RfL, Aktenvermerk, Betr.: Klebstoffprüfungen bei Salamander AG von April 1941, BA Berlin, R 8 VI, Nr. 84.

354 RfL, Betr.: Rechnung des Staatlichen Materialprüfungsamts über Gebühren von Sohlenklebstoffen v. 15.2.1941, BA Berlin, R 8 VI, Nr. 84.

355 RfL, Bericht über die Sitzung des Klebstoff-Ausschusses vom 26.5.1941, BA Berlin, R 8 VI, Nr. 84.

356 RfL, Betr.: Sitzung des Güteausschusses für P-Sohlen v. 11.5.1942, BA Berlin, R 8 VI, Nr. 38; RfL, Bericht über die Klebstoff-Ausschusssitzung v. 25.2.1941, 27.3.1941, BA Berlin, R 13 XIII, Nr. 270; RWA, Prüfverfahren für Sohlenklebstoffe in Oranienburg, 23.2.1941, BA Berlin, R 13 XIII, Nr. 270.

357 RfL, Bericht über die Klebstoff-Ausschusssitzung v. 25.2.1941, 27.3.1941, BA Berlin, R 13 XIII, Nr. 270.

358 Vgl. RfL, Betr.: Firma Carl Haselhorst, Chemische Fabrik, Dresden v. 27.11.1941, BA Berlin, R 8 VI, Nr. 84.

359 Die wichtigsten Klebstoffe waren Nitrocellulose-Kleber und Klebstoffe auf der Basis von Buna, des Polykondensats »Oppanol« und verschiedener Kunstharze, vgl. RWA, Prüfverfahren für Sohlenklebstoffe in Oranienburg, 23.2.1941, BA Berlin, R 13 XIII, Nr. 270.

360 Anwesend auf der ersten »Sitzung betreffend Verarbeitungsfragen von Gummisohlen« waren: Die Unternehmen Oswald Wenzel (Weißenfels), Rheinberger (Pirmasens),

schen Oktober und Dezember 1940 wurden im Auftrag der *Fachgruppe Kautschukindustrie* Tests mit 27 Gummisohlen-Materialien im Materialprüfungsamt in Berlin-Dahlem und auf der »Schuhprüfstrecke« in Sachsenhausen ausgeführt.[361] Sie ergaben, ganz im Sinne der Auftraggeber, »dass die Qualitätsmängel weniger auf die Zusammensetzung der Sohlenplatten als auf Verarbeitungsfehler [...] zurückzuführen sind«.[362] Die Gummisohlen wurden dabei auf rahmengenähte Schuhmodelle aufgeklebt.[363] Für die Verklebung habe sich herausgestellt, dass vor allem die Aufrauhung der Gummisohlen-Platten eine wichtige Rolle spielte. Durch die Aufrauhung wurde die Oberfläche des Werkstoffs vervierzehnfacht. Die Schuhunternehmen forderten die Identifizierung und Entfernung der klebstoffeindlichen Bestandteile aus den Gummi-Mischungen. Verschiedene Methoden der maschinellen Aufrauhung des Materials wurden ausprobiert. Ihre Auswirkungen auf die Verklebung zeigten sich bei den Probeläufen der verklebten Modelle auf der »Schuhprüfstrecke«. Im Januar 1941 beschlossen die Unternehmen der *Fachgruppe Kautschukindustrie*, die Gummi-Sohlenplatten und P-Sohlenplatten künftig schon in aufgerauhtem Zustand an die Verarbeiter zu liefern. Gleichzeitig legten sie fest, dass laufend Prüfungen von Gummisohlen auf ihre Verklebbarkeit auf der »Schuhprüfstrecke« stattfanden.[364] Die zu diesem Zweck entwickelten Aufrauhmaschinen hielten die Fachleute der bereits erwähnten BIOS-Kommission zu Gummisohlen im September 1945 für *superior* und empfahlen, sie in den USA ebenfalls einzuführen.[365]

Salamander AG, Heidelberger Schuhfabrik Herman Wilz, Carl Freudenberg, Paul Heinicke (Erfurt), Gusola, Atlas Ago AG, Albert Stübbe (Vlotho); Hans Herfeld von der DVA; Vertreter der WG Lederind, der FG Schuhind, der Reichsstellen für Lederwirtschaft und für Kautschuk und Asbest, des RWiMin, des RWA, der Schuhmacherinnungen Mannheim und Heidelberg. Alle Zitate im Folgenden aus: Niederschrift über die Sitzung in Heidelberg am 6.12.1940 betr. Verarbeitungsfragen für Gummisohlen, BA Berlin, R 13 XIII, Nr. 66.

361 Ebd. und FG Kautschukindustrie an die Hersteller von Sohlenplatten, Betr.: Untersuchung von Gummiplatten mit Nitrozelluloseklebstoffen, 18.1.1941, BA Berlin, R 13 XIII, Nr. 270.

362 Niederschrift über die Sitzung in Heidelberg am 6.12.1940 betr. Verarbeitungsfragen für Gummisohlen, BA Berlin, R 13 XIII, Nr. 66.

363 FG Kautschukindustrie, Betr.: Untersuchung von Gummiplatten auf Verklebbarkeit mit Nitrozelluloseklebstoffen, 18.1.1941, BA Berlin, R 13 XIII, Nr. 270.

364 FG Kautschukindustrie an die Hersteller von Sohlenplatten, Betr.: Untersuchung von Gummiplatten mit Nitrozelluloseklebstoffen, 18.1.1941, BA Berlin, R 13 XIII, Nr. 270.

365 BIOS Miscellaneous Report Nr. 3, Teil 2: The German Sole and Heel Industry, London 1945, S. 11f.

Der Wissenstransfer in das Grundwissen von Industrie und Handwerk

Die Ergebnisse der Gebrauchswertforschung schlugen sich unmittelbar in der Veränderung der Rezepturen aller Werkstoffe und Klebstoffe für Schuhe nieder, die zwischen 1940 und 1945 in Deutschland entwickelt wurden. Zweitens fanden sie direkt über die Modifikationen der Schuhkonstruktionen in den Unternehmen und indirekt über die Herstellungsvorschriften der Bewirtschaftungsstellen ihren Weg in die Produktion. Drittens gelangten die Ergebnisse der Forschungen auf der »Schuhprüfstrecke« über Ratgeber und Handbücher in das Praxiswissen von Handwerkern und Facharbeitern und nicht zuletzt über Fachliteratur in die akademische Lehre der angehenden Leder- und Kunststoff-Chemiker. Hier sollen deshalb noch zwei Publikationen erwähnt werden, die in besonderer Weise mit der Geschichte der »Schuhprüfstrecke« im Konzentrationslager Sachsenhausen verknüpft sind.

Der führende Experte für Lederfragen im *Reichsamt für Wirtschaftsausbau*, Dr. Gotthold Tewes, hielt die Verbreitung des auf der »Schuhprüfstrecke« gesammelten Erfahrungswissens an die Facharbeiter und Handwerker in den Fabriken und Schuhmacherwerkstätten für eine der vordringlichsten Aufgaben. Das Reichsamt hielt sich sogar für die angemessene Form der Wissensvermittlung verantwortlich:

> »Es empfiehlt sich nicht, dem Schuhmacher Verarbeitungsrichtlinien mit ausgedehnten theoretischen Betrachtungen zu geben; am zweckdienlichsten werden die wichtigsten Verarbeitungsgesichtspunkte knapp zusammengefasst und die fortlaufend gesammelten Erfahrungen auch laufend mitgeteilt.«[366]

Auf der Sitzung der Gummisohlenhersteller am 6. Dezember 1940 wurden daher Muster von Schautafeln gezeigt, die das Reichsamt zur Veranschaulichung der optimalen Aufrauhung und Verklebung von Gummisohlen hatte anfertigen lassen. Sie konnten in den Werkstätten aufgehängt werden. Weitere Hinweise zur Verarbeitung der neuen Werkstoffe wurden laufend in der Zeitschrift »Der Deutsche Schuhmachermeister« veröffentlicht.[367] Den Auftakt bildete ein Handbuch, das in deren Schriftenreihe im Herbst 1941 erschien. Sein Autor war Karl Poser, der erste Leiter der »Schuhprüfstelle« im KZ Sachsenhausen.

Karl Poser fasste in seinem Handbuch die ersten Ergebnisse der Versuche auf der »Schuhprüfstrecke« in Form einer Werkstoffkunde und von Verarbeitungsregeln für die neuen Materialien zusammen. Das Handbuch erschien unter dem Titel »Austauschstoffe für Leder und ihre sachgemäße Behandlung«.[368] Es war praxisorientiert und richtete sich direkt an den »Werk- und Klebstoffe verarbei-

366 Niederschrift über die Sitzung in Heidelberg betr. Verarbeitungsfragen für Gummisohlen v. 6.12.1940, BA Berlin, R 13 XIII, Nr. 66.

367 Ebd.

368 Karl Poser, Austauschstoffe für Leder und ihre sachgemäße Behandlung, Berlin 1941.

tenden Fachmann« in der Schuhindustrie und im Handwerk.[369]

Karl Poser wies darauf hin, dass »diese Zeilen, die auf Erfahrungen größten Umfanges beruhen«, das Ergebnis seiner Arbeiten auf der »Prüfstelle in Oranienburg« seien. Diese Einrichtung habe die Aufgabe, »schlechte und unbrauchbare Austauschwerkstoffe zurückzuweisen, ihre sachgemäße Verarbeitung zu erkennen und mitzuhelfen, neue Werkstoffe zu entwickeln«. Das Handbuch fasste das gesamte im ersten Jahr ihres Bestehens gesammelte Erfahrungswissen der Versuche auf der »Schuhprüfstrecke« zusammen.

Austauschstoffe für Leder
und ihre sachgemäße Behandlung
von
KARL POSER
Fachlehrer an der Reichsfachschule des deutschen Schuhmacherhandwerks in Bischofswerder
Der Deutsche Schuhmachermeister
HANDWERKER-VERLAGSHAUS HANS HOLZMANN
BERLIN SW 68

Abb. 66: Handbuch des Leiters der »Schuhprüfstelle« im KZ Sachsenhausen, das erste Forschungsergebnisse zusammenfasste (1941)

Die wissenschaftliche »Verwertung« der Forschungen auf der »Schuhprüfstrecke« fand auch in zahlreichen Veröffentlichungen des stellvertretenden Leiters der DVA, Hans Herfeld, und des Abteilungsleiters des Deutschen Materialprüfungsamts in Berlin, Paul Kluckow, statt.[370] Auch in den Fachzeitschriften »Angewandte Chemie« und »Kunststoffe« wurden Forschungsergebnisse der Gebrauchswertforschung im KZ veröffentlicht.[371] 1943 publizierte Hans Herfeld ein Fachbuch mit

369 Ebd., S. 8.

370 Paul Kluckow, Verarbeitung von Kautschuk, Kunstkautschuk und weichgummiähnlichen Kunststoffen, Berlin 1941.

371 »Gummi- oder Lederfaserlaufsohle?«, Diskussion mit Richard Freudenberg in der Arbeitsgruppe für Chemie der Kunststoffe im Verband Deutscher Chemiker, Sitzung des Unterausschusses III: Kunststoffe an Stelle von Leder, am 11.6.1940, in: Angewandte Chemie 53 (1940), Nr. 35/6, S. 414ff.; Arbeitsgruppe für Chemie der Kunststoffe im Verband Deutscher Chemiker, Sitzung des Unterausschusses III: Kunststoffe an Stelle von Leder, am 4.12.1940, in: Angewandte Chemie 54 (1941), Nr. 13/14, S. 176ff.; Hans Herfeld/Rudolf Schubert, Untersuchungsverfahren für Leder-Aus-

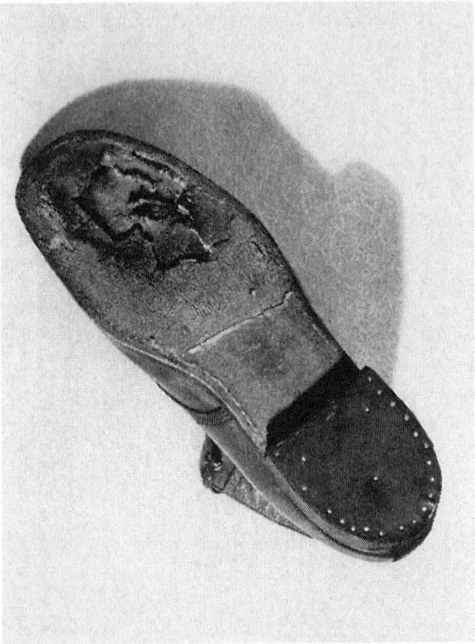

Abb. 67: Auf der »Schuhprüfstrecke« abgelaufener Testschuh (1941) in Posers Handbuch (Halbsohle aus Lederfaserwerkstoff auf Leder und Absatzoberfleck aus Buna)

dem Titel »Die Qualitätsbeurteilung von Leder, Lederaustauschstoffen und Lederbehandlungsmitteln«. In dem Buch wurden alle Ergebnisse der Werkstoff-Forschungen Herfelds und seiner Mitarbeiter der DVA zusammengefasst. Auch die Forschungsergebnisse Paul Kluckows und seiner Mitarbeiter zu den Sohlenmaterialien aus Kautschuk und PVC wurden in die Darstellung aufgenommen.[372] Im Gegensatz zu den eher praktischen Hinweisen in Posers Handbuch ist dieses Fachbuch an ein chemisch vorgebildetes Fachpublikum gerichtet. In seiner zweiten, überarbeiteten Auflage von 1950 bietet es einen Überblick (1.) über den Stand der Entwicklung der einzelnen Werkstoffe unmittelbar nach Kriegsende, (2.) über die Methoden ihrer Prüfung und deren Auswertung und (3.) die zusammengefassten Ergebnisse ihrer Auswertung in Form der in den Jahren 1940 bis 1945 ausgearbeiteten Güterichtlinien für die verschiedenen Werkstoffe und ihre Verarbeitung in Schuhen. Sie bilden so etwas wie ein Kompendium der Ergebnisse der Gebrauchswertforschung auf der »Schuhprüfstrecke«. Ein vierter Teil des Buches von 70 Seiten, der erst für die zweite Auflage von 1950 eingearbeitet wurde und vor allem auf den Forschungen der letzten beiden Kriegsjahre beruht, ist den Lederpflegemitteln und den Klebstoffen gewidmet. Herfeld erklärte, die veröffentlichten Richtwerte seien das Ergebnis »der in den letzten Jahren an tausenden von Mustern durchgeführten Untersuchungen«.[373] Dass für die umfangreichen Versuchsreihen unter menschenverachtenden Bedingungen Häftlinge im Konzentrationslager als Testpersonen missbraucht wurden, und

tauschwerkstoffe, in: Kunststoffe 31 (1941), S. 169-181; Hans Dietmann, Fragen der Faserkunstleder-Herstellung. Mitteilungen aus dem Werkstoff-Laboratorium der Salamander AG Türkheim, in: Kunststoffe 31 (1941), S. 183-8; Herfeld (1945).

372 Herfeld (1943), S. III und Herfeld (1950)², S. V.

373 Ebd, S. 106.

Abb. 68: Die »Schuhprüfstrecke« im KZ Sachsenhausen. Foto der sowjetischen Untersuchungskommission nach der Befreiung des Lagers (Mai/Juni 1945)

viele dabei ihre Gesundheit und ihr Leben verloren, erwähnte Herfeld 1950 mit keinem Wort.[374]

So gelangte das umfangreiche Erfahrungswissen aus den Experimenten auf der »Schuhprüfstrecke« im Konzentrationslager ebenso in das Fachwissen der Manager, Abteilungsleiter und Facharbeiter der deutschen Schuhindustrie und des Schuhmacherhandwerks wie in die Lehrbücher der Leder- und Kunststoffchemie. Die grausamen und ethisch immer weiter entgrenzten Umstände ihrer Entstehung jedoch hüllten die verantwortlichen Wissenschaftler und Unternehmer wohlweislich in Schweigen. Sie entzogen sich so nicht nur erfolgreich der Verantwortung für das Leiden und Sterben ungezählter Opfer ihrer Entwicklungsarbeit. Sie reinigten auch die wissenschaftliche Methodik der Gebrauchswertforschung von jeder Konnotation mit der politischen Verfolgung und rassistischen Vernichtungspolitik im Nationalsozialismus, die sie bis 1945 so vorteilhaft für sich zu nutzen verstanden.

374 Nach der zweiten Edition dieses Handbuchs 1950 erschien eine Reihe weiterer Auflagen bis 1982. Vgl. Herfeld/Lange (1982). Die »Lederaustauschstoffe« sind hier inzwischen als völlig eigenständiger Bereich ausgelagert.

9.6 Passform-Forschung und die Grenzen der Methode: Die Entwicklung eines »Einheitsschnürschuhs« für die Wehrmacht (1943-1944)

Die Wehrmacht als Akteur auf der »Schuhprüfstrecke«

Während die Methodik der Gebrauchswertforschung auf der »Schuhprüfstrecke« sich für die Materialprüfung und -entwicklung und die Optimierung der Produktionsverfahren bestens bewährte, stieß die Methode der systematischen Trageversuche bei einer Reihe von weiteren Experimenten deutlich an Grenzen ihrer wissenschaftlichen Verwendbarkeit. Hier handelte es sich um einen verhältnismäßig kleinen und im zeitlichen Verlauf spät angesetzten Komplex von Versuchen auf der »Schuhprüfstrecke«, bei dem die Passform von Schuhen Gegenstand war. Die Versuche wurden von einem neuen Akteur in Auftrag gegeben, der bislang in der Geschichte der »Schuhprüfstrecke« noch nicht in Erscheinung getreten war: von der Wehrmacht.

Bis 1943 hatten sich die Beschaffungsämter der Wehrmacht grundsätzlich geweigert, in Wehrmachtschuhwerk Ersatzstoffe einzusetzen. Durch den Umstieg der zivilen Schuherzeugung auf Ersatzstoffe und durch die Verarbeitung der »Beutehäute« und der geraubten Leder aus den besetzten Westgebieten und der Sowjetunion war die Lederversorgung der Wehrmacht nach dem ersten Kriegsjahr ausreichend und relativ stabil. Doch 1943 kam es wieder zu Versorgungsschwierigkeiten. Eine größere Lederknappheit war für 1944 absehbar.[375] Im Mai 1943 setzte daraufhin der Rüstungsminister Albert Speer einen Ausschuss ein, der die Möglichkeiten der Ledereinsparung in Ausrüstungsgegenständen der Wehrmacht untersuchte. Zu seinem Leiter ernannte er Heinrich Krumm, führender Lederwarenfabrikant in Offenbach am Main.[376]

Der Krumm-Bericht von Juli 1943 ergab, dass auch am Wehrmachtsverbrauch von Leder die Schuhe den größten Anteil hatten. Krumm hob hervor, dass von Seiten der Schuhindustrie bereits seit Jahren Vorschläge zum Einsatz von Ersatzstoffen in Wehrmachtschuhen gemacht worden seien. Die Entscheidungsträger innerhalb der Wehrmacht hatten dies jedoch wiederholt abgelehnt. Doch, so der Unternehmer Krumm, »nachdem sowohl die russische als auch die britisch-amerikanische Armee in weitestem Maße Gummisohlen verwenden, kann nicht eingesehen werden, warum die Verwendung von Bunahalbsohlen bei der deutschen Armee nicht durchzuführen ist.« Für Ersatzstoffe in Wehrmachtschuh-

375 Vgl. Bericht OKH/Heeresverwaltungsamt, Lederversorgung der Wehrmacht für die Zeit vom 1.4. bis 31.12.1944, 16.3.1944, BA-MA Freiburg, RH 9, Nr. 75.

376 Vgl. auch Kap. 8. Zu diesem Zeitpunkt war Heinrich Krumm Leiter der FG Lederwarenindustrie. Den Bericht legte Krumm in mehreren Teilen von Juli (Schuhe) bis September (Ausrüstungsgegenstände für das Pferd) 1943 vor. Bericht des Krumm-Ausschusses Juli-Oktober 1943, BA Berlin, R 3, Nr. 311. Alle folgenden Angaben hieraus.

werk machte er in seinem Bericht diverse Vorschläge, durch die von 40.000 t Leder im Jahr 12.000 t eingespart werden sollten. Dabei empfahl er vor allem den Einsatz von Profil-Gummisohlen aus Synthesekautschuk, deren Buna-Anteil mit 35 Prozent um ein Drittel höher liegen sollte als in Zivilschuhwerk, sowie Lederfaserwerkstoffe im Absatz. Die Verwendung von Gummi im Absatz anstatt des traditionellen Leders mit eisernem Absatzbeschlag lehnte die Wehrmacht dabei von vorneherein ab. Wie eine britische BIOS-Kommission 1945 herausfand, war hierfür das Festhalten an preußischen Traditionen maßgebend: »Die Wehrmacht zog die Einführung von Gummiabsätzen nicht einmal in Erwägung. Das Geräusch des Hacken-Zusammenschlagens musste um jeden Preis erhalten werden, trotz der sehr schlechten Qualität des Absatzeisens, das hierfür noch zur Verfügung stand.«[377]

Die Entscheidung für den Einsatz einer Gummi-Profilsohle in Soldatenstiefeln fiel im Generalstab am 9. November 1943.[378] Im Frühjahr 1944 sollten erste Wehrmachtstiefel mit Gummisohle an die Truppen ausgegeben werden. Die Produktion musste daher so bald wie möglich anlaufen. Die Entwicklungsarbeiten für die neuen Stiefel mit Ersatzstoffen durften nur wenige Wochen dauern. Auch hierfür kam die »Schuhprüfstrecke« zum Einsatz. Das *Reichsamt für Wirtschaftsausbau*, das, wie immer, die Rahmenbedingungen der Entwicklungsarbeiten koordinierte, wandte sich Ende September 1943 direkt an den Reichsführer-SS Heinrich Himmler:

> »Bei der derzeitigen Rohstofflage […] ist es zwingend notwendig geworden, in allernächster Zeit zur Anfertigung von Wehrmachtsschuhwerk anstelle von Naturleder im grossen Umfang Lederaustauschwerkstoffe […] einzusetzen. [Dazu] ist vorher die Durchführung von Trageversuchen unerlässlich. […] Ihre Ergebnisse [werden] die Grundlage für die zu treffenden Maßnahmen sein. […] Das Oberkommando der Wehrmacht ist […] an das Reichsamt mit der Bitte herangetreten, die Schuhprüfstelle im K. L. Sachsenhausen mit sofortiger Wirkung hierfür zu Verfügung zu stellen, zumal dort aus der bisherigen Praxis umfangreiche Erfahrungen und Vergleichswerte zur Verfügung

377 BIOS Miscellaneous Report Nr. 3, Teil 2: The German Sole and Heel Industry, London 1945, S. 13. Die amerikanischen Fachleute einer davon getrennten Kommission gaben dies ebenfalls als Grund für die Beibehaltung von Lederabsätzen an. Vgl. BIOS Miscellaneous Report Nr. 2, An Investigation of the German Leather Industry, London 1946, S. 141f. Tatsächlich war die schlechte Qualität des Absatzeisens ab 1943 ein großes Problem in den Soldatenstiefeln, vgl. GS (Braunss in Weinheim), Aktenvermerk über die Besprechung beim OKW in Berlin am 9.11.1943, 10.1.1944, Bauhaus-Archiv Berlin, Fagus, Nr. 212.

378 GS (Braunss in Weinheim), Aktenvermerk über die Besprechung beim OKW in Berlin am 9.11.1943, 10.1.1944, BA Berlin, R 10 VI, Nr. 80.

> stehen. Desgleichen sind bei der Schuhprüfstelle die erforderlichen Fachkräfte vorhanden.«[379]

Wegen der Kriegswichtigkeit der Versuche erbat der Beamte des Reichsamts und SS-Offizier Dr. Reinhold Siebert von Himmler zusätzlich zu den bereits 120 Häftlingen weitere 200 Häftlinge auf der »Schuhprüfstrecke«, für die Dauer von 3 Monaten. Oswald Pohl, der Leiter des Wirtschaftsverwaltungshauptamts der SS, genehmigte jedoch nur weitere 50 Häftlinge.[380] Oswald Pohl bewilligte außerdem die Erprobung von 300 Paar Wehrmachtschnürstiefeln durch Wachmannschaften des Konzentrationslagers Sachsenhausen, wie von den Unternehmern der *Gemeinschaft Schuhe* gewünscht.[381] Damit wurden auch die SS-Leute im Lager zu Versuchspersonen für die Schuhindustrie. Von Seiten der Industrie und des Reichsamts war an eine Hierarchie von Testpersonen in zwei Gruppen gedacht: Die Häftlinge sollten für die Gebrauchswertforschung herangezogen werden, und die SS-Wachmannschaften für die ebenfalls geplanten Passform-Versuche mit dem neuen Wehrmachtstiefel. Doch geht aus den Unterlagen hervor, dass spätestens ab Juli 1944 nur noch Häftlinge auf der »Schuhprüfstrecke« die Passform-Versuche durchführten.[382] Dies zog Probleme mit der Experimental-Methodik nach sich. Das Zeugamt der Waffen-SS, das ebenfalls in unmittelbarer Nähe zum Lager Sachsenhausen in Oranienburg angesiedelt war,[383] stellte gemeinsam mit dem Heereszeugamt und der »Schuhprüfstelle« die Fachleute, die die Versuche zweimal wöchentlich überprüfen und auswerten sollten.[384]

Erste und zweite Wehrmachtprüfung

Die Versuchsreihen der »ersten Wehrmachtprüfung« auf der »Schuhprüfstrecke« (November 1943 bis Juni 1944) ergaben, welche Art von Gummi-Profilsohlen in Soldatenstiefeln eingesetzt werden konnte und wie diese am besten zu befestigen

379 Lederreferat des RWA (Reinhold Siebert) an den Reichsführer SS, 30.9.1943, BA Berlin, NS 19, Nr. 2622.

380 Ab Anfang November 1943 bestand das Schuhläuferkommando daher aus 170 Häftlingen. Vgl. Der Chef des SS-WVHA (Pohl) an den Reichsführer-SS, Betr.: Trageversuche mit Wehrmachtsschuhwerk v. 3.11.1943, BA Berlin, NS 19, Nr. 2622.

381 Lederreferat des RWA (Reinhold Siebert) an den Reichsführer SS, 30.9.1943; Der Chef des SS-WVHA (Pohl) an den Reichsführer-SS, Betr.: Trageversuche mit Wehrmachtsschuhwerk v. 3.11.1943, BA Berlin, NS 19, Nr. 2622.

382 Karl Benscheidt, Aktennotiz v. 8.8.1944, Bauhaus-Archiv Berlin, Fagus, Nr. 212.

383 Das Zeugamt der Waffen-SS war für die Bekleidung der gesamten Waffen-SS zuständig, die nicht in den Verantwortungsbereich der Wehrmacht fiel, d. h. die Totenkopfstandarten und die Verbände des Kommandostabs des Reichsführers SS. Vgl. Kaienburg (2006a), S. 260-263.

384 Lederreferat des RWA (Reinhold Siebert) an den Reichsführer SS, 30.9.1943, BA Berlin, NS 19, Nr. 2622.

waren.[385] Lederfaserwerkstoffe sollten, entgegen den Vorschlägen Krumms, überhaupt nicht verwendet werden.[386]

Die Einführung des neuen Wehrmachtstiefels mit Gummisohle, die ursprünglich für Frühjahr 1944 geplant war, verzögerte sich jedoch durch weitere Änderungsvorschläge an dem Stiefel-Modell von Seiten der Industrie. Mit Übernahme der Bewirtschaftungskompetenzen für Wehrmachtschuhwerk durch die *Gemeinschaft Schuhe* im Januar 1944 wollten die Unternehmen ihren neu gewonnenen Einfluss auf die Wehrmachtschuhproduktion dazu nutzen, um eine ihrer Meinung nach lange schon überfällige Rationalisierung der Beschaffung einzuleiten.[387] Bisher hatten alle drei Truppenteile der Wehrmacht eigene Schaftmodelle und Leistenformen. Dies zwang die Schuhfabrikanten dazu, für die Aufträge verschiedene Leisten, Schnittmuster und Stanzmesser zu verwenden. Nun wollten die Unternehmen für das Heer, die Marine und die Luftwaffe sowie die SS einen einheitlichen Marschstiefel entwickeln.[388] Die Forschung und Entwicklung für den neu zu schaffenden »Einheitsschnürstiefel« übernahm die *Gemeinschaft Schuhe* in eigener Verantwortung. In der Entwicklungskommission saßen die wichtigsten Leistenhersteller Armin Winkle aus Altenstadt an der Iller und Karl Benscheidt aus Alfeld an der Leine, die Leder- und Schuhunternehmer Walter Freudenberg aus Weinheim und Ernst Sigle aus Kornwestheim und der orthopädische Arzt Wilhelm Thomsen aus Frankfurt am Main. Für die Geschäftsführung stellte die *Gemeinschaft Schuhe* einen Mitarbeiter der Firma Freudenberg ein, Wilhelm Braunss.[389]

385 Die GS experimentierte mit Gummisohlen mit unterschiedlichem Bunagehalt und von unterschiedlicher Dicke, mit der Art der Profilierung, mit Lederfaserwerkstoffen im Absatz, der Befestigung des Absatzes und dem Verschleiß der Absatzeisen. Auch die Kälteleitfähigkeit, die Konstruktion und Länge der Gummisohle waren Gegenstand der Versuche. Sie wurde schließlich nicht mehr aufgenagelt, sondern auf die fertige Ledertragsohle aufgeklebt. Vgl. GS (Braunss in Weinheim), Aktenvermerk über die Besprechung beim OKW in Berlin am 9.11.1943, 10.1.1944. Zu allen Merkmalen des neuen Stiefels vgl. GS (Braunss), Bericht über die Entwicklung eines neuen Wehrmacht-Einheitsschnürstiefels, 22.1.1944, BA Berlin, R 10 VI, Nr. 80; Generalstabsintendant Heufer, Vermerk betr. Besprechung über die Entwicklung des neuen Wehrmachtschnürschuhes bei OKW VA/V5 am 11.7.1944, Bauhaus-Archiv Berlin, Fagus, Nr. 212.

386 GS (Braunss in Weinheim), Aktenvermerk über die Besprechung beim OKW in Berlin am 9.11.1943, 10.1.1944, BA Berlin, R 10 VI, Nr. 80.

387 Am 29.10.1943 ging die Bewirtschaftung von Wehrmachtschuhwerk an die GS über. Vgl. Rundschreiben an die Vertrauensmänner des Sonderausschusses G XX »Wehrmachtschuhwerk« im Hauptausschuss Wehrmachtsgerät beim RRüKr, 13.1.1944, BA Berlin, R 10 VI, Nr. 80.

388 Vorschlag der FG Schuhindustrie zur Rationierung [sic!] der Herstellung von Schuhwerk für Heer, Luftwaffe und Marine, 9.3.1942, BA Berlin, R 8 VI, Nr. 36; Bericht des Krumm-Ausschusses, 30.7.1943, BA Berlin, R 3, Nr. 311, Bl. 9.

389 Akte Wilhelm Braunss bei der GS ab Sept. 1943, in: BA Berlin, R 10 VI, Nr. 13; FIAT Final Report Nr. 174, Investigation of the New Wehrmacht (1944) Last and Shoe Construction, London 1946, S. 2f.

Auf der Sitzung des OKW am 9. November 1943 fand in Berlin eine Besprechung über den neuen »Einheitsschnürstiefel« für alle Wehrmachtsteile statt. Vereinheitlicht werden sollten für die Zukunft der Schaftzuschnitt und die Leistenform.[390] Vom Schaftschnitt her sollte aus diesem Anlass endlich der hohe Schaftstiefel durch einen niederen Schnürstiefel, wie ihn auch die britischen und amerikanischen Soldaten trugen, ersetzt werden. Er versprach erstens eine Materialersparnis. Zweitens sollte der Schnürstiefel, der mit mehreren Lagen Socken oder Fußlappen getragen werden konnte, eine bessere Isolierung der Füße der Soldaten an der Ostfront ermöglichen. Die erheblichen Erfrierungen, vor allem am kleinen Zeh, die in den unflexiblen »Knobelbechern« auftraten, waren für die Beschaffungsstellen der Wehrmacht der ausschlaggebende Grund für ihre Zustimmung zur Stiefelreform.[391] Im Zuge dieser Generalüberholung und völligen Neugestaltung des Wehrmachtstiefels sollten erstmals auch fußgesundheitliche Erwägungen in die Gestaltung eines neuen Leistens mit einfließen.[392] Für diese Aufgabe wurde im Januar 1944 der Fußspezialist und orthopädische Oberarzt Wilhelm Thomsen von der *Gemeinschaft Schuhe* als Berater unter Vertrag genommen.[393]

Der Unternehmer Karl Benscheidt und der Wehrmachtsleisten »1944«

Von einem der führenden Unternehmer in diesem Projekt des Einheitsschnürstiefels, Karl Benscheidt, sind persönliche Aufzeichnungen erhalten. Sie berichten über die Entwicklungsarbeiten und sogar über einen Besuch des Unternehmers auf der »Schuhprüfstrecke« im Konzentrationslager. Durch sie erfahren wir mehr über die Passform-Forschungen und über die Haltung des Unternehmers zu den Versuchen im KZ Sachsenhausen. Als Inhaber der Schuhleistenfabrik

390 GS (Braunss in Weinheim), Herstellung von Einheitssschnürstiefeln: Besprechung beim OKW am 9.11.1943, 10.1.1944 und GS, Aktenvermerk über die Besprechung im OKH in Berlin am 9.11.1943; beide in: BA Berlin, R 10 VI, Nr. 80.

391 GS (Brockmeyer), Vermerk betr.: Prüfung der laufenden Trageversuche mit dem Wehrmachtschnürschuh a) mit dem Modell 1944 über den Leisten 1944, b) mit dem Modell 1944 über den Leisten 1906 auf der Schuhprüfstrecke in Oranienburg am 5.9.1944, Bauhaus-Archiv Berlin, Fagus, Nr. 212; FIAT Final Report Nr. 174, Investigation of the New Wehrmacht (1944) Last and Shoe Construction, London 1946, S. 2; vgl. dazu auch Kehrl (1973), S. 234-243.

392 Die Leistenreform geschah auf Initiative der Unternehmen der Leisten- und Schuhindustrie hin, vgl. GS (Braunss in Weinheim), Herstellung von Einheitssschnürstiefeln: Besprechung beim OKW am 9.11.1943, 10.1.1944, BA Berlin, R 10 VI, Nr. 80.

393 Vgl. dazu auch Kap. 7. Thomsen erhielt für seine Beratungstätigkeit 12.000 RM, vgl. Honorarvertrag vom 29.2.1944, Personalakte Wilhelm Thomsen bei der GS (Wissenschaftliche Mitarbeiter), BA Berlin, R 10 VI, Nr. 13; vgl. Thomsen (1944), S. 268f.; Karl Benscheidt, Bericht über die Tagung mit der GS in Frankfurt/M. am 5./6.1.1944, Bauhaus-Archiv Berlin, Fagus, Nr. 212.

Fagus und Mitglied der Prüf- und Forschungsstelle für Leisten und Schuhbau, hatte er eine besondere Affinität zu wissenschaftlicher Forschung.[394] Seit 1933, als Benscheidt in die NSDAP eintrat, hatte er sich bei der Reichswehr für die Verbesserung des Wehrmachtsleistens »1906« von 1906 (Abb. 69) eingesetzt, den seinerzeit sein Vater im Auftrag der Firma Behrens in Alfeld entwickelt hatte.[395] Für die Entwicklung eines fußgerechten Reichswehrleistens forderte Benscheidt bereits im August 1933: »Wichtig ist, dass später umfangreiche Trageversuche auf großen Märschen vorgenommen werden.«[396] In den Jahren 1933 und 1934 entwickelte das Unternehmen Fagus einen fußgesunden Leisten für den Arbeitsdienststiefel. Dessen Einführung scheiterte jedoch am Widerstand seiner Konkurrenzunternehmen im Reichsverband der Schuhleistenfabriken gegen ein Lieferungsmonopol für Fagus.[397] Für die Gründung der Prüf- und Forschungsstelle für Leisten- und Schuhbau 1938 war Benscheidt eine der entscheidenden Kräfte.[398] Ihre Geschäftsstelle befand sich im Fagus-Werk. Der Arbeit der Prüf- und Forschungsstelle war lange kein entscheidender Einfluss auf die Schuhproduktion beschieden. Die Neugestaltung des Wehrmachtstiefels war nun eine lange erwartete Gelegenheit für den Unternehmer, die Schuhreform in seinem Sinne voranzubringen.[399]

Nachdem die Gebrauchswertforschungen zur Gummisohle und Absatzkonstruktion des Einheitsschnürstiefels auf der »Schuhprüfstrecke« und in Laboren des Materialprüfungsamts in Berlin-Dahlem und der Deutschen Versuchsanstalt in Freiberg in der letzten Juniwoche 1944 beendet waren,[400] wurde unmittelbar

394 Vgl. dazu Kap. 7.1. Im Zweiten Weltkrieg war Fagus zum größten Leistenhersteller im Deutschen Reich aufgestiegen und produzierte neben Leisten und Holzsohlen 1.000 Gewehrschäfte für Maschinengewehre am Tag. Die Zahl der Beschäftigten stieg in den Kriegsjahren von 450 (1939) auf 600 (1943). Vgl. BIOS Final Report Nr. 861, The Stratton Mission to Germany (1945), S. 298ff.; Mechanical Engineering Section, H. C. Military Government Hannover Region. Questionnaire Karl Benscheidt, 2.5. 1947, Bauhaus-Archiv Berlin, Fagus, unnummerierte Akte »Diverse Akten und Zeitungsausschnitte«.

395 Benscheidt (1933); Karl Benscheidt, Fuß und Schuhleisten, in: Zeitschrift für Krüppelfürsorge 31 (1938), Nr. 1/2, S. 16-28, hier S. 21; Entnazifizierungsbogen Benscheidts, Akte Entnazifizierungs-Ausschuss Alfeld, Bauhaus-Archiv Berlin, Fagus.

396 Benscheidt (1933), S. 7.

397 Vgl. Briefwechsel der Firma Fagus mit der WG Holzverarbeitende Industrie v. Juli bis Sept. 1937, Bauhaus-Archiv Berlin, Fagus, Nr. 213.

398 Vgl. Kap. 7.1.

399 Brief Fagus (Benscheidt) an Schollenberger & Lindner (Lindner), 22.12.1943, Bauhaus-Archiv Berlin, Fagus, Nr. 212.

400 In dieser ersten Versuchsreihe wurden zwischen 3.11.1943 und 24.6.1944 760 Paar Stiefel nach Sachsenhausen geliefert. Davon waren 200 Paar Produkte der Firma Conrad Tack (Burg), 100 Paar der Firma Salamander (Kornwestheim), 100 Paar der Firma Oswald Wenzel (Weißenfels/Saale), 100 Paar der Firma Mercedes (Stuttgart). 260 Paar wurden vom Heeresbekleidungsamt Bernau bei Berlin hergestellt. Von den 760 Paar wurden nur 630 Paar tatsächlich getestet. Die Stiefel wurden bis zu 6.030 km

im Anschluss von der *Gemeinschaft Schuhe* eine »zweite Wehrmachtsprüfung« anberaumt. Sie befasste sich mit der Entwicklung des neuen Schaftmodells und der Leistenform des Einheitsschnürstiefels.[401] Sie begann in der letzten Juniwoche 1944.

Der »Leisten 1944« war zwischen Januar und Juni desselben Jahres als »Gemeinschaftsleisten« verschiedener Unternehmen entwickelt worden (Abb. 69).[402] Anfang Februar 1944 beschlossen die Heereswerkstattmeister, Offiziere und Unternehmer die Herstellung von 1.000 Paar Prototypen von Einheitsschnürstiefeln, die in Trageversuchen auf der »Schuhprüfstrecke« getestet werden sollten.[403] Nach Aussagen der Verantwortlichen in den Wehrmachtsbeschaffungsämtern und dem *Reichsamt für Wirtschaftsausbau* erbrachten diese Versuche bis Juli 1944 »in allen Punkten ein überraschend gutes Ergebnis«.[404] Aufgrund der Dringlichkeit, die Stiefel endlich für die Soldaten verfügbar zu machen, nahmen die Offiziere der Beschaffung in Heer, Marine, Luftwaffe und SS Mitte Juli alle Gestaltungsvorschläge der *Gemeinschaft Schuhe* für Schaft und Leisten einstimmig an. Ab 1. August 1944 sollte für alle Wehrmachtteile nur noch das neue Modell des Einheitsschnürstiefels hergestellt werden. Die ersten Gummi-Profilsohlen für die Wehrmacht, die im Juli 1944 in Produktion gingen, wurden jedoch noch nach der alten Leistenform gefertigt.[405]

Die Trageversuche der »zweiten Wehrmachtprüfung« in Sachsenhausen zu Schaftschnitt und »Leisten 1944« des Einheitsschnürstiefels wurden im Juli 1944 noch durch einen weiteren Leisten-Entwurf des obersten Schuhmachermeisters im Reich, SA-Obergruppenführer Arthur Heß, ergänzt.[406] Beide Leistenformen,

weit, d.h. etwa 150 Tage lang, getragen. Vgl. Heeresbekleidungsamt Berlin an das OKH (Allgemeines Heeresamt), Abschlussbericht, Betr.: Schuhtrageversuch im Konzentrationslager Oranienburg, 10.7.1944, Bauhaus-Archiv Berlin, Fagus, Nr. 212.

401 Schuhprüfstelle Oranienburg, Betr.: Zweite Wehrmachtsprüfung (Leisten 1944), 4.7.1944, Bauhaus-Archiv Berlin, Fagus, Nr. 212.

402 Die Hersteller der Leisten waren anfangs die Schuhfirma Salamander (Kornwestheim) und die Leisten- und Stanzmesserfabriken Schollenberger & Lindner (Erfurt), Armin Winkle (Altenstadt a. d. Iller) und Fagus (Alfeld a. d. Leine). Mitte Januar 1944 wurde der Kreis der Mitwirkenden auf die Unternehmen Theodor Steinhoff KG (Ahlen/Westfalen), Paul Hoffmann (Stadtilm), Conrad Tack (Burg) und Rieker (Tuttlingen) ausgeweitet. Vgl. Bericht Benscheidts über die Tagung der GS in Frankfurt/M. am 5./6.1.1944, 10.1.1944; Niederschrift eines Telefongesprächs mit Herrn Braunss, GS, am 19.1.1944; Brief Benscheidts an die GS (Röder) am 12.2.1944, Bauhaus-Archiv Berlin, Fagus, Nr. 212.

403 Karl Benscheidt, Niederschrift über die Sitzung der GS mit maßgebenden Herren der Wehrmacht am 2.2.1944, 8.2. 1944, Bauhaus-Archiv Berlin, Fagus, Nr. 212.

404 Generalstabsintendant Heufer, Vermerk betr. Besprechung über die Entwicklung des neuen Wehrmachtschnürschuhes bei OKW V A/V5 am 11.7.1944, Bauhaus-Archiv Berlin, Fagus, Nr. 212.

405 Ebd.

406 Am 4.7.1944 trafen die ersten 46 Paare der Firma Salamander und 54 Paare der Firma Oswald Wenzel auf der »Schuhprüfstelle« ein, die auf dem Leisten »1944« hergestellt

der »Leisten 1944« und der sogenannte Heß-Leisten, wurden von der Firma Fagus an die »Schuhprüfstelle« in Sachsenhausen geliefert.[407] Ende Juli entschied die Wehrmachtsführung überraschend, den alten Leisten 1906 für die Herstellung des neuen Einheitsschnürstiefels doch weiter beizubehalten. Die Notwendigkeit der Umstellung auf eine neue Leistenform wurde vom OKW nun wieder angezweifelt. Die Trageversuche auf der »Schuhprüfstrecke« gingen weiter.[408] Anfang August 1944 teilte ein Mitarbeiter der Firma Fagus einem Kunden mit: »Die in großem Umfang durchgeführten Trageversuche der Schuhprüfstelle Oranienburg« mit dem »Forschungsleisten 1944« hätten »glänzende Ergebnisse gezeitigt. In Oranienburg würde morgen eine Besprechung stattfinden, an der Herr Benscheidt teilnimmt, und dabei würde sich ja ergeben, was eventuell noch geändert werden müsste.«[409]

Tatsächlich reiste der Unternehmer Karl Benscheidt von Alfeld nach Oranienburg und nahm dort am 3. August 1944 an einer gemeinsamen Besprechung im Konzentrationslager Sachsenhausen teil. Zusammen mit den Direktoren Weber von der Firma Conrad Tack und Emil Keil von der Schuhfabrik Oswald Wenzel sowie mehreren Verantwortlichen der Wehrmachtbeschaffungsstellen, des *Reichsamts für Wirtschaftsausbau* und der Geschäftsleitung der *Gemeinschaft Schuhe* inspizierte er im Konzentrationslager getestete Schuhe. Bei dieser Gelegenheit lernte er Ernst Brennscheidt, den »schuhtechnischen Leiter der Versuchsstrecke«, kennen.[410] Die Firmenvertreter hatten bei ihrem Besuch im Lager die Gelegenheit, die Ergebnisse der Versuche ausführlich mit Brennscheidt zu

waren. Vgl. Bericht Schuhprüfstelle Oranienburg, Betr.: Zweite Wehrmachtsprüfung (Leisten 1944), 4.7.1944, Bauhaus-Archiv Berlin, Fagus, Nr. 212; Generalstabsintendant Heufer, Vermerk betr. Besprechung über die Entwicklung des neuen Wehrmachtschnürschuhes bei OKW V A/V5 am 11.7.1944, Bauhaus-Archiv Berlin, Fagus, Nr. 212.

407 Vgl. Brief der Firma Fagus (Benscheidt) an die GS, 31.7.1944, und Liste aller Lieferungen des »Leistens 1944« an Schuhfabriken, 18.9.1944, Bauhaus-Archiv Berlin, Fagus, Nr. 212; Brief GS (Braunss in Weinheim) an GS (Schubert in Sorau), Rechnung der Firma Fagus Nr. 3699 v. 26.6.1944, 13.7.1944, BA Berlin, R 10 VI, Nr. 13.

408 Die Hersteller der Leisten und Schuhmodelle der getesteten Stiefel waren: Salamander (Kornwestheim), Conrad Tack (Burg), Carl Freudenberg (Weinheim/Baden), Rieker (Tuttlingen), Oswald Wenzel (Weißenfels/Saale), Mercedes-Schuhfabriken (Stuttgart), Fagus (Alfeld a. d. Leine), Ferdinand Rinne (Hessisch-Oldendorf), Schuhfabrik Steinhoff (Ahlen), Vereinigte Leder- und Schuhfabrik Löchner und Düppe (Wiesloch/Baden). Vgl. BA Berlin, R 10 VI, Nr. 13 und 80; Bauhaus-Archiv Berlin, Fagus, Nr. 212.

409 Der Korrespondent der Firma Rinne bat daraufhin die Firma Fagus, ihn über das Ergebnis der Besprechung im KZ zu unterrichten. Vgl. Niederschrift eines Telefongesprächs am 2.8.1944, Betr.: Fa. Ferdinand Rinne, Schuhfabrik AG, Hess. Oldendorf, Bauhaus-Archiv Berlin, Fagus, Nr. 212.

410 Ernst Brennscheidt machte auf ihn »einen sehr offenen, vertrauenserweckenden Eindruck«, und Benscheidt lud ihn ein, ihn doch bald in Alfeld besuchen zu kommen.

diskutieren.[411] Für Benscheidt war dies offenbar der erste Besuch im Konzentrationslager Sachsenhausen.

Bei ihrer Inspektion im Konzentrationslager hatten Karl Benscheidt und die anderen zwei Unternehmer, im Unterschied zu den Mitarbeitern der Wehrmachtbeschaffung, des *Reichsamts für Wirtschaftsausbau* und dem hauptamtlichen Geschäftsleiter der *Gemeinschaft Schuhe*, keinen Zutritt zum eigentlichen Häftlingslager. Dieser war den Unternehmern, anders als bei den Versuchsreihen der Gebrauchswertforschung, in diesem Fall zunächst verwehrt. Wahrscheinlich hing dies mit dem fortgeschrittenen schlechten Zustand der Häftlinge im vierten Kriegsjahr und der ungeheuren Überfüllung des Lagers im Sommer 1944 zusammen.[412] Auch erreichten die Hinrichtungen und Erschießungen von Personen in Sachsenhausen im Gefolge des Attentatsversuchs auf Adolf Hitler am 20. Juli 1944 zu diesem Zeitpunkt einen Höhepunkt, wofür die SS wohl nicht unbedingt die Unternehmer als Zeugen haben wollte.[413] Der Erschießungsgraben lag im Lager unmittelbar neben der »Schuhfabrik«. Benscheidt notierte daher in seinen Aufzeichnungen:

> »Leider habe ich die Träger [der Testprodukte] nicht zu sehen bekommen können, da die Teilnehmer aus der Wirtschaft, Direktor Keil [von der Firma Oswald Wenzel], Direktor Weber [von der Firma Conrad Tack] und ich, das Lager nicht betreten durften. Die anderen Herren, [Wilhelm] Braunss [von der Firma Freudenberg/Gemeinschaft Schuhe], [Florenz] Brockmeyer [Gemeinschaft Schuhe], Dr. [Gotthold] Tewes [Reichsamt für Wirtschaftsausbau] und Oberwerkstattleiter Woike [vom Heeresbekleidungsamt Berlin], sind dann ins Lager gegangen.«[414]

Die Teilnehmer der Kommission, die Zutritt zum Häftlingslager hatten, befragten anscheinend die Häftlinge des »Schuhläuferkommandos« bei der Arbeit und berichteten, dass von den insgesamt 150 Schuhläufern 25 »Klagen gehabt« hätten. Davon konnten 3 »auf die Passform des Leistens zurückgeführt werden«. Diese Schuhläufer bekam Benscheidt dann doch persönlich vorgeführt. Dies geschah wahrscheinlich im Kommandanturbereich des Lagers. Benscheidt vermaß dort die Füße der Häftlinge, besah sich die Wunden an ihren Füßen und

411 Alle Angaben hier und im Folgenden aus: Karl Benscheidt, Aktennotiz v. 8.8.1944, Bauhaus-Archiv Berlin, Fagus, Nr. 212.

412 Die Gesamtzahl der Häftlinge des KZ Sachsenhausen inklusive der zahlreichen Außenlager wuchs von 6.563 bei Kriegsbeginn auf etwa 47.700 Ende 1944. Die Belegung des Stammlagers, das ursprünglich für 6.000 Gefangene gebaut worden war, stieg bis Kriegsende auf 17- bis 20.000. Vgl. Kaienburg (2006a), S. 118-128, 147ff.

413 Zur Ermordung wurden in diesen Tagen auch Personen von außerhalb des Lagers nach Sachsenhausen gebracht, die mit dem Attentat in Verbindung gebracht wurden. Vgl. Kaienburg (2006a), S. 121.

414 Karl Benscheidt, Aktennotiz v. 8.8.1944, Bauhaus-Archiv Berlin, Fagus, Nr. 212.

machte sich dazu Notizen.[415] Trotz der offensichtlich starken gesundheitlichen Beeinträchtigung der Versuchspersonen durch die Schuhe beeilte sich Benscheidt, zu versichern, dass die Fußprobleme »nicht auf den Leisten, sondern auf die Machart der Schuhe« und deren schludrige Herstellung in den Schuhfabriken zurückzuführen seien.[416]

Stolz archivierte Benscheidt auch einen Bericht der »Schuhprüfstelle« an die *Gemeinschaft Schuhe*, in dem der »Schuhprüfstellen«-Leiter Ernst Brennscheidt angab: »Zu erwähnen ist noch, dass wegen der Passform Beanstandungen und Beschwerden von den Trägern nicht vorgebracht wurden.«[417] Dass es keine Beanstandungen der Passform der Stiefel durch die Häftlinge gab, konnte natürlich mehrere Ursachen haben. Die Häftlinge äußerten solche Beobachtungen nur unter der Gefahr von Sanktionen seitens des Leiters der »Schuhprüfstelle«, seiner Mitarbeiter und der SS. Die Schuhpaare wurden in der Regel ohnehin nicht der Fußgröße entsprechend ausgeteilt. So wies Ernst Brennscheidt Karl Benscheidt bei seiner Inspektion der Schuhpaare und ihrer Träger darauf hin, dass er »zwar das Verpassen [der Testschuhe] mit Sorgfalt vorgenommen habe, dass es aber nicht möglich gewesen wäre, allen Trägern richtig passende Schuhe zu geben, da sie im Sortiment gefehlt hätten«. Benscheidt und die anderen Kommissionsmitglieder stellten außerdem fest, dass »ein Wechsel [der Stiefel] innerhalb der Läufergruppe durch die Verhältnisse im Lager unvermeidlich« sei. Die Maßnahme des täglichen Wechsels der Schuhpaare durch die »Schuhläufer«, die für die Gebrauchswertforschung entwickelt worden war, erwies sich für die Passform-Forschung als kontraproduktiv.[418] Da derselbe Schuh von unterschiedlichen Personen getragen wurde, verzerrte dies die Untersuchungen zur Passform erheblich.

Dass auch der gesundheitliche Zustand der Testpersonen oder die schlechte Behandlung der Häftlinge durch die SS die Versuchsbedingungen ungünstig beeinflussten und zu den Wunden an den Füßen führten, schloss Benscheidt, seinen persönlichen Aufzeichnungen zufolge, nicht. An anderer Stelle kritisierte

415 Benscheidts Aufzeichnungen hierzu lauten beispielsweise: »Nr. 76626: Die Ferse war wundgescheuert. Der Träger hatte einen niedrigen Spann und einen zu langen Schuh. Er empfand auch selbst den Schuh als zu lang. Er hätte einen Schuh Größe 28-28 1/2 haben müssen und trug Größe 29, Weite 7. Sein Ballen- und Spannmaß war 270 mm. Nr. 78733: Wund gelaufen war die große Zehe. Die Kappe des Schuhes war zu lang; statt 18 mm, vom Ende gemessen, war sie 20 mm.« Vgl. Aktennotiz Karl Benscheidt v. 8.8.1944, Bauhaus-Archiv Berlin, Fagus, Nr. 212.

416 Karl Benscheidt, Wehrmachtschnürschuh 1944. Bericht über die Sitzung der GS am 19.9.1944 in Magdeburg, Bauhaus-Archiv Berlin, Fagus, Nr. 212.

417 Vgl. Bericht Schuhprüfstelle Oranienburg, Betr.: Zweite Wehrmachtprüfung (Leisten 1944), 4.7.1944, Bauhaus-Archiv Berlin, Fagus, Nr. 212.

418 Da Letztere jedoch gegenüber den Materialversuchen für die Gesamtzahl der Untersuchungen auf der »Schuhprüfstrecke« nur eine verschwindend geringe Rolle spielten, rückte die Leitung der Schuhprüfstelle für die Passform-Versuche anscheinend nicht von dieser eingespielten Experimentalpraxis ab.

er die Experimentalpraxis der Versuche. Er und die anderen Unternehmer bemängelten bei der späteren Auswertung des Besuchs in Sachsenhausen etwa, dass die verwendeten Test-Schuhpaare von verschiedenen Schuhfabriken hergestellt wurden. Dies beeinträchtige deren Vergleichbarkeit und stellte ihrer Meinung nach die wissenschaftliche Systematik in Frage, da die Passform der Schuhe auch durch die Verarbeitung beeinflusst wurde.[419] An der Praxis der wahllosen Verpassung der Schuhe übten die Kommissionsmitglieder ebenfalls Kritik. Dass die ganze Versuchsreihe zur Passform durch die Verhältnisse im Lager und durch die Rahmenbedingungen der auf die Materialversuche zugeschnittenen Experimentalpraxis auf der »Schuhprüfstrecke« eigentlich *ad absurdum* geführt und vereitelt wurde, äußerte Benscheidt, in seinen persönlichen Aufzeichnungen, die nur für private bzw. firmeninterne Zwecke des Familienunternehmens bestimmt waren, jedoch nicht.

Zur Auswertung des Besuchs im Konzentrationslager trafen sich die Verantwortlichen der beteiligten Firmen und der Wehrmachtbeschaffungsstellen zu einer Sitzung am 5. September 1944 in Magdeburg.[420] Hier stellten die Offiziere der Wehrmacht die Notwendigkeit der Leistenreform auf einmal wieder ganz in Frage. Grund dafür war die angebliche Uneinigkeit der Unternehmer. Aus den Berichten über die Trageversuche und ihre Ergebnisse gehe hervor, dass sich die Schuh- und Leistenhersteller weder »über die Formen des Leistens 1944 noch über die Modellausführung für diesen Leisten [d.h. die Schaftform] in allen Teilen einig« seien. Die bei den Trageversuchen mit den Stiefeln auf dem Leisten 1906 auftretenden erheblichen »Beschädigungen der Füße und [die] Gondelbildung der Schuhe«, die die Unternehmer als einen Indikator für seine schlechte Form anführten, begründeten die Wehrmachtoffiziere kurzerhand damit, dass »das von den Schuhherstellern anzuliefernde Schuhwerk in größeren zeitlichen Abständen einging und nicht in den erforderlichen Größen und Weiten geliefert wurde«. Die Verantwortlichen der Wehrmachtbeschaffung waren einstimmig der Auffassung, »dass die aufgetretenen Fußverletzungen kaum bedingt sind durch die Leistenform und Ausführung der Schuhe, sondern [durch die] nicht ausreichende[n] Sortimente der Schuhe, durch welches einwandfreies Verpassen behindert war, und durch die nicht immer zweckmäßige Fußbekleidung mit Socken und Fußlappen, was z. T. auf die lagerbedingten Umstände zurückzuführen ist«. Schließlich gingen die Wehrmachtsverantwortlichen sogar so weit, zu behaupten: »Außerdem befinden sich unter den Läufern schlechte und anormale *ostische* Füße.«[421] [Hervorhebung A.S.] Bevor man also an den Produkten

419 Karl Benscheidt, Wehrmachtschnürschuh 1944. Bericht über die Sitzung der GS am 19.9.1944 in Magdeburg, Bauhaus-Archiv Berlin, Fagus, Nr. 212.

420 GS (Brockmeyer),Vermerk betr.: Prüfung der laufenden Trageversuche mit dem Wehrmachtschnürschuh a) mit dem Modell 1944 über den Leisten 1944, b) mit dem Modell 1944 über den Leisten 1906 auf der Schuhprüfstrecke in Oranienburg am 5.9.1944, Bauhaus-Archiv Berlin, Fagus, Nr. 212.

421 Ebd.

zweifelte und den Unternehmern recht gab, dass eine Leistenreform des alten »Leistens 1906« nötig war, unterstellten die Offiziere eher den Häftlingen, die »falschen« Füße zu haben. Der Hinweis auf die »ostische« Form der Füße führt ihre angebliche »Anomalie« auf rassische Besonderheiten der Anatomie zurück, eine Argumentation, die sich vage an den Normalismus-Diskurs der physischen Anthropologie dieser Zeit anlehnte.[422] Als letztes Mittel operierten hier die Wehrmachtoffiziere mit einem unbeholfenen Rückgriff auf rassenhygienische Denkmodelle, um die Ergebnisse der Versuche, die gegen den »Leisten 1906« sprachen, doch noch zu ihren Gunsten umzudeuten.

Den Offizieren ging es mittlerweile nur noch darum, ihren alten »Leisten 1906« gegen der Widerstand der Unternehmen im Präsidium der *Gemeinschaft Schuhe* weiter zu verwenden. Nach Auffassung der Wehrmacht mussten die Einheitsschnürstiefel für die letzte Versuchsreihe den einzelnen Schuhläufern nur vorschriftsmäßig verpasst werden. Diese Aufgabe übernahm noch einmal Karl Benscheidt. Für die folgende Versuchsreihe ab September 1944 passte er den KZ-Häftlingen die Stiefel persönlich an.[423] Ihm assistierten dabei der Hauptwerkmeister Woike vom Heeresbekleidungsamt Berlin und Wilhelm Braunss von der Firma Freudenberg/*Gemeinschaft Schuhe*. Dabei verwendeten sie ein bei der Wehrmacht geläufiges Größenmessgerät, den sogenannten Haman'schen Fußmesser. Dass auch Benscheidt dazu das Häftlingslager betreten durfte, wie seine beiden Kollegen, die die »Schuhprüfstrecke« bereits von früheren Inspektionen kannten, ist wahrscheinlich, aber aus den Quellen nicht eindeutig bestimmbar. In den Dokumenten ist jedoch mehrfach vermerkt, dass wichtige, mündliche Absprachen und Beobachtungen, die mit dem Konzentrationslager zu tun hatten, nicht schriftlich niedergelegt werden sollten.[424]

Im Oktober 1944 begann schließlich die Produktion des neuen Einheitsschnürstiefel-Schafts auf dem alten »Leisten 1906«, zunächst in kleinen monatlichen Mengen von 30- bis 50.000 Paar.[425] Theodor Röder, der Leiter der *Gemeinschaft Schuhe*, äußerte auf einer Sitzung am 8. November 1944 die Haltung der wohl meisten Unternehmen im Präsidium und den Ausschüssen der *Ge-*

422 Zur Rassenanthropologie des Fußes vgl. Georg Wartenweiler, Wachstum und Formgestaltung des menschlichen Fußes, in: Archiv der Julius-Klaus Stiftung für Vererbungsforschung, Sozialanthropologie und Rassenhygiene Zürich 18 (1943), Nr. 3/4, S. 497-600.

423 GS (Brockmeyer), Vermerk betr.: Prüfung der laufenden Trageversuche mit dem Wehrmachtschnürschuh a) mit dem Modell 1944 über den Leisten 1944, b) mit dem Modell 1944 über den Leisten 1906 auf der Schuhprüfstrecke in Oranienburg am 5.9.1944, Bauhaus-Archiv Berlin, Fagus, Nr. 212.

424 Vgl. Brief GS (Brockmeyer) an Karl Benscheidt v. 14.10.1944, Bauhaus-Archiv Berlin, Fagus, Nr. 212.

425 GS (Brockmeyer), Vermerk betr.: Prüfung der laufenden Trageversuche mit dem Wehrmachtschnürschuh a) mit dem Modell 1944 über den Leisten 1944, b) mit dem Modell 1944 über den Leisten 1906 auf der Schuhprüfstrecke in Oranienburg am 5.9.1944, Bauhaus-Archiv Berlin, Fagus, Nr. 212.

meinschaft Schuhe. Es könne »keine Rede davon sein, dass wir von den Forderungen der Forschungsstelle wieder abgehen«. Die »Gestaltung nach Forschung« des neuen Wehrmachtleistens, der sich »bei den bisherigen Trageversuchen gut bewährt habe«, müsse gegen die Bedenken der Wehrmacht in der Produktion durchgesetzt werden.[426] Die kombinierten Versuche mit dem »Leisten 1944« und Variationen des Schaftschnitts und der Bodenbeschaffenheit des Stiefels zogen sich bis April 1945 hin.[427] Im November 1944 beendete Benscheidt seine Mitarbeit, da die weiteren Arbeiten an dem Leisten seinem größten Konkurrenten, Armin Winkle, übertragen wurden. Der konventionell arbeitende Winkle war von Anfang an gegen die Leistenreform gewesen. Damit endeten auch Benscheidts Aufzeichnungen über den Forschungsprozess. Resigniert berichtete er:

> »Der 22. November 1944 hat den vorläufigen Schlussstrich unter unsere Bemühungen gesetzt, den Leisten der deutschen Wehrmacht in unserm Sinne zu reformieren. Wir haben die Schlacht verloren. [...] Am Anfang der Sitzung wurde [...] von Seiten der Herren der Wehrmacht über neue Trageversuche in Oranienburg berichtet, die ein ganz glänzendes Ergebnis gehabt hätten. Es sei schließlich ein Gewaltmarsch von 100 km Länge gemacht worden. Auch dabei seien nicht die geringsten Scheuerstellen oder Zehenveränderungen [bei den Testpersonen] festzustellen gewesen. Die Versuche seien durchgeführt worden mit dem Wehrmachtsschnürschuh 1944 über den Leisten 1906. Von Seiten der Wehrmacht bestände also gar kein Grund, von dem Leisten 1906 abzugehen.«[428]

Wie hier zu sehen ist, wich die Prozedur der Trageversuche zur Passform des Einheitsschnürstiefels stark von der Praxis der Gebrauchswertforschungen auf der »Schuhprüfstrecke« ab. Die Passform-Experimente waren nicht dual aufgebaut und hatten kein labortechnisches Gegenstück in einem wissenschaftlichen Forschungsinstitut. Noch waren wissenschaftliche Experten an der Organisation oder Auswertung der Versuche beteiligt. Im Unterschied zu den Gebrauchswertforschungen auf der »Schuhprüfstrecke« kam es im Verlauf der Passform-Versuche offensichtlich zu Befragungen der Träger über ihr subjektives Empfinden beim Gebrauch der Schuhe. Systematisch ausgewertet wurden diese Befunde allerdings ebenfalls nicht. Die Passform wurde direkt von den ver-

426 Wehrmachtleisten 1944. Bericht über die Tagung in Weimar am 8.11.1944, Bauhaus-Archiv Berlin, Fagus, Nr. 212.

427 Erst die Befreiung des Konzentrationslagers setzte den Versuchen zum Wehrmachtschnürschuh ein Ende. Vgl. US Technical Mission Reports on Visits to European Tanneries, in: SLR v. 9.2.1946, S. 19ff.

428 Ob für den Gewaltmarsch von 100 km SS-Leute oder Häftlinge im Lager Sachsenhausen die Stiefel tragen mussten, ist in diesem Fall nicht eindeutig feststellbar. Einiges spricht für erstere Möglichkeit. Vgl. Karl Benscheidt, Bericht über die Sitzung am 22.11.1944 in Magdeburg, 24.11.1944, Bauhaus-Archiv Berlin, Fagus, Nr. 212.

antwortlichen Werkstattmeistern und Offizieren der Wehrmachtbeschaffungsstellen und den Unternehmen, später allein von den Wehrmachtangehörigen, beurteilt. Eine wissenschaftliche »Objektivierung« der Befunde war bei der Passform nicht möglich. Hier spielten die individuelle Fußbeschaffenheit der Träger und der Gesundheitszustand der Testpersonen eine viel größere Rolle als bei den Forschungen zu Material und Konstruktion. Selbst in der Logik der Gebrauchswertforscher war die »Qualität« der Passform nicht, wie die des Materials und der Konstruktion, über die gelaufene Kilometerzahl zu quantifizieren. Statt jedoch den bald erkennbaren Misserfolg dieser Forschungen auf seine wahren Ursachen, die Unvereinbarkeit der Experimentalbedingungen mit der zu erforschenden Fragestellung zurückzuführen, fanden die Auftraggeber in den Wehrmachtbeschaffungstellen andere Gründe für ihr Versagen. Sie führten die schlechte Passform der Schuhe kurzerhand auf die »falsche« Form der Füße der Versuchspersonen und die mangelnde Einheitlichkeit der Lieferungen der verschiedenen Unternehmen zurück.

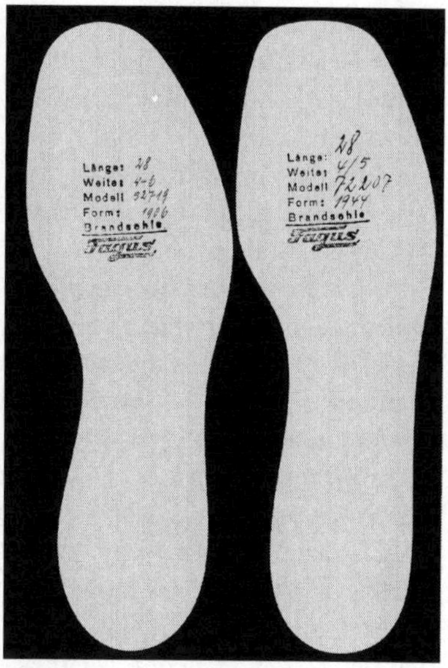

Abb. 69: Ergebnis der Passform-Forschung auf der »Schuhprüfstrecke« (Brandsohlenschablonen der Leisten): Der ursprüngliche Reichswehrleisten »1906« (links), daneben der fußgesündere »Gemeinschaftsleisten 1944« (rechts) (1944)

Da die Ergebnisse nicht quantifizierbar und objektivierbar waren, taugten sie auch nicht als Mittel der wirtschaftspolitischen Auseinandersetzung. Da die Machtverhältnisse sich so eindeutig asymmetrisch zugunsten der Wehrmacht darstellten, war in diesem Fall eine Legitimation der Bewirtschaftungsmaßnahmen durch »wissenschaftliche Fakten« im Grunde überflüssig. So stellte Karl Benscheidt in seinen abschließenden Aufzeichnungen zu Recht fest: »Keine einzige der an dem Leisten vorgenommenen Änderungen ist auf Grund der Tragversuche erfolgt.«[429] Stattdessen bestimmten die Angehörigen der Wehrmacht mehr oder weniger willkürlich über Formveränderungen am Leisten und führten damit die wissenschaftliche Methode der Gebrauchswertforschung, auf die Passform angewendet, immer mehr *ad absurdum*. Nach Aussage Hans Kehrls empfanden die Wehrmachtsoffiziere die Reform des »Knobelbechers« als einen

429 Ebd.

Angriff auf das »geheiligte Lederschuhwerk des preußischen Heeres«.[430] Sie verhinderten am Ende die Einführung des mit großem Aufwand durch die Unternehmen entwickelten Reformleistens. Obwohl man bei der Konstruktion des Schaftmodells über die Trageversuche erhebliche Erkenntnisse erzielt und die Gestaltung optimiert hatte, ging der neue »Leisten 1944« (Abb. 69) wie auch der Einheitsschnürstiefel selbst nie in die Mengenproduktion.

Die merkwürdige Inkonsequenz im Entwicklungsprozess des neuen Einheitsschnürstiefels fiel auch den amerikanischen Fachleuten auf, die nach Kriegsende die deutschen Forschungen an Schuhen und deren Erkenntnisse im Licht ihrer eigenen Forschungen evaluierten. Eine amerikanische Untersuchung für das Beschaffungsamt der U.S. Army (*Quartermaster Corps*) durch eine FIAT-Kommission 1945/46 ergab, das deutsche Leistenmodell 1906 sei »von solcher Antiquiertheit« gewesen, dass keiner von den deutschen Fachleuten mit Sicherheit sagen konnte, seit wann es den Leisten und das Modell des »Knobelbechers« eigentlich gab. Der neue »Leisten 1944« sei »ohne die Einbeziehung verfügbaren Wissens über die Funktionen des Fußes« entwickelt worden. Was die Gestaltung von Leisten und Schuhen anging, hatten die deutschen orthopädischen Fachleute »Schwierigkeiten, mit den verantwortlichen Männern [...] eine gemeinsame (Arbeits-)Basis zu finden«.

Ihr Urteil über den deutschen Wehrmachtstiefel fällten die amerikanischen Militärfachleute aufgrund von Tests in den USA mit 1.000 Musterpaaren des deutschen Einheitsschnürstiefels, die das amerikanische Militär im Herbst 1945 eigens hierfür in Deutschland herstellen ließ.[431] Wilhelm Braunss, der auch nach Kriegsende weiterhin bei der Firma Freudenberg beschäftigt war, überwachte die Produktion und beriet die amerikanischen Fachleute bei dem Vorhaben. Doch mit dem Produkt, so das abschließende Urteil der Fachleute des *US Quartermaster Corps*, blieb die deutsche Militärschuhentwicklung hinter der fußgerechten Gestaltung des Militärschuhs in den USA weit zurück.[432] Diesen Teil der Ergebnisse der deutschen Entwicklungen auf der »Schuhprüfstrecke« hielten die Amerikaner für hoffnungslos veraltet. Für die Materialforschungen galt dies nicht.[433]

430 Kehrl (1973), S. 242.

431 Die Obermain Schuhfabrik in Burgkunststadt, die die 1.000 Paar Wehrmachtstiefel herstellte, und die Firma Winkle, die die Leisten lieferte, lagen beide in der amerikanischen Zone. Die Stiefel durch das amerikanische Militär im Frühjahr 1946 in den USA getestet, aber für wesentlich schlechter und fußfeindlicher als das US-Stiefelmodell befunden. Vgl. BIOS Miscellaneous Report Nr. 2, An Investigation of the German Leather Industry, London 1946, S. 140-146; US Technical Mission Reports on Visits to European Tanneries, in: SLR v. 9.2.1946, S. 19ff.; FIAT Final Report Nr. 174, Investigation of the New Wehrmacht (1944) Last and Shoe Construction, London, Mai 1946.

432 Zur fußgerechten Gestaltung des amerikanischen Standardleistens der Armee vgl. Kap. 7.2.

433 Vgl. dazu ausführlich Kap. 11.8.

Obwohl seinen persönlichen Arbeiten zu diesem Zeitpunkt kein Erfolg beschieden war, hielt Karl Benscheidt, wie er es in einem Rückblick von 1963 formulierte, die Neugestaltung des »Leistens 1944« für den Einheitsschnürstiefel der Wehrmacht für einen wichtigen Einschnitt auf dem Weg zu einer wissenschaftsbasierten »Gestaltung nach Forschung« von Schuhwerk. Benscheidt sah rückblickend die »Prüf- und Forschungsstelle für Leisten- und Schuhbau« im Nationalsozialismus und ihre weitere Tätigkeit als Arbeitsgemeinschaft der *Deutschen Orthopädischen Gesellschaft* von 1944 bis 1963 als »Abschluss« und »Vollendung« der Bemühungen Hermann von Meyers um die Reform des Schuhs und Leistens.[434] Die Passform-Forschungen für den Einheitsstiefel flossen nicht mehr in die Produktion von Wehrmachtschuhwerk ein. Der 1944 entwickelte »Gemeinschaftsleisten« wurde jedoch nach Angabe Franz Schedes zum Einheitsleisten für den ersten Marschstiefel der Bundeswehr bei ihrer Neugründung 1955.[435] Falls dies zutrifft, so fanden selbst die Passform-Versuche auf der »Schuhprüfstrecke« noch eine Verwendung in der Nachkriegszeit.

9.7 Zwischenfazit

Die Industrieforschung auf der »Schuhprüfstrecke« im Konzentrationslager Sachsenhausen stellt ein besonders extremes Beispiel für die ethische Entgrenzung von Wissenschaft im Nationalsozialismus dar. Sie bildet ein Kapitel von Menschenversuchen, bei denen Hunderte von unfreiwilligen Versuchspersonen zum Zwecke der wissenschaftlichen Erkenntnis körperlich gequält und viele von ihnen zu Tode geschunden wurden. Doch trotz ihres beträchtlichen Umfangs und ihrer Bedeutung für die beteiligten Industrien während des Zweiten Weltkriegs haben diese wissenschaftlichen Experimente bislang keine entsprechende Aufmerksamkeit in historischen Studien oder in der kollektiven Erinnerung an Wissenschaft im Nationalsozialismus erhalten. Bis heute blieben sie in der Forschungsliteratur über wissenschaftliche Menschenversuche in den Konzentrationslagern unberücksichtigt. Sie stellen aber neben den medizinischen, biowissenschaftlichen und biochemischen Versuchen an Menschen gewissermaßen eine eigenständige Gattung von gegen wissenschaftsethische Grenzen verstoßenden Human-Experimenten im Nationalsozialismus dar, die für viele Versuchspersonen im Erschöpfungstod oder in der brutalen Ermordung durch das Lagerpersonal endeten. Das Erkenntnisinteresse dieser Versuche war technikwissenschaftlicher Art.

434 Karl Benscheidt, Die Alfelder Schuhleistenindustrie, ihre Aufgabe und Bedeutung. Sonderdruck eines Aufsatzes in einem bislang noch nicht identifizierten Fachbuch, ca. 1963, Bauhaus-Archiv Berlin, Fagus, Publikationen Benscheidt.

435 Vgl. Franz Schede, Forschungsstelle für Leisten- und Schuhbau. Ein Überblick über ihre Arbeit und Ziele, in: SFZ v. 4.2.1956; Schreier (2002), S. 141.

Im Gegensatz zu den medizinischen Humanversuchen waren bei der Gebrauchswertforschung die Versuchspersonen nicht direkter Gegenstand der Forschung. Sie waren vielmehr Mittel und Werkzeuge der Erkenntnis. Eigentlicher Forschungsgegenstand war ein Konsumgut, in diesem Fall der Schuh, in Wechselwirkung mit dem menschlichen Körper in Bewegung, bzw. der „Gebrauchswert" von Schuhen. Dieser war ein zu Kriegsbeginn noch eher vages Konzept, das sich im Laufe der Jahre 1940 bis 1945 (und darüber hinaus) immer mehr konkretisierte, »verfestigte« und von dinglichen Hilfsmitteln eingrenzen ließ – in den Laboratorien der DVA, des KWI und des Materialprüfungsamts in Berlin-Dahlem entstanden ganze Gruppen von neuen Geräten, deren Messergebnisse sich erst durch die zusätzlichen Trageversuchsdaten deuten ließen. In diesem hybriden Experimentalensemble von Geräten und Versuchpersonen, von apparativen und menschlichen Elementen, spielten die KZ-Häftlinge eine zentrale Rolle für den wissenschaftlichen Erkenntnisprozess. Doch in der Theorie und methodischen Reflexion über die Versuchsreihen wurden sie verdrängt und ausgeblendet. Insofern fand die Forschungspraxis nur in »gereinigter« Form Aufnahme in die wissenschaftliche Theorie. Die Verschleierungs- und Verharmlosungstaktik der Täter und die Reinigung der wissenschaftlichen Ergebnisse der Gebrauchswertforschung vom KZ-Kontext durch die organisierenden Wissenschaftler und nutznießenden Unternehmen waren bis in die jüngste Zeit erfolgreich. Komparative Produkttests an Konsumgütern und ihre wissenschaftliche Methodik werden bis heute nicht mit den KZ-Versuchen in Verbindung gebracht. Wie diese Studie jedoch zeigt, steht die »Schuhprüfstrecke« am Beginn eines Prozesses, in dem praktische Trageversuche mit Testpersonen in die Produktentwicklung von Konsumgütern Einzug hielten.

Auf der »Schuhprüfstrecke« ging es nicht, wie bei anderen technischen Forschungsprojekten der NS-Zeit, um Rüstungsgüter, sondern um Konsumgüter für die deutsche Zivilbevölkerung. Die KZ-Häftlinge wurden als Versuchskonsumenten eingesetzt. Der funktional äußerst reduzierte Konsumvorgang war im Konzentrationslager bis ins Kleinste reglementiert und konnte nahezu lückenlos überwacht werden. Insofern lag, vom Standpunkt ihrer Organisatoren aus gesehen, eine gewisse Folgerichtigkeit in der Durchführung der Versuche gerade im KZ. Dem »radikalen Ordnungsdenken« (Lutz Raphael) der beteiligten Fachleute und Wissenschaftler kamen die Bedingungen des KZ-Lagerlebens entgegen.[436] Trotzdem ist ein grundlegender innerer Widerspruch in der Maßnahme, die KZ-Häftlinge als Testpersonen und SS-Männer als Wächter über die Versuche einzusetzen, nicht aufzulösen. Mussten doch die gewaltsamen Übergriffe des SS-Personals den Ablauf der Versuche negativ beeinflussen und die Versuchsergebnisse verfälschen. Sie wirkten als Störfaktor im Versuchsaufbau. Die Schuhe der fünfzehn bis zwanzig Häftlinge, die täglich auf der Strecke zusammenbrachen, schieden mit ihren Trägern für den Rest des Tages aus dem Ver-

436 Raphael (2001), S. 5-40.

suchsvorgang aus. Dieser Umstand stellt aus heutiger Sicht die Effektivität des Prüfvorgangs und die wissenschaftliche Validität seiner Ergebnisse in Frage. Das Anliegen der beiden Leiter der »Schuhprüfstelle« hätte eigentlich darin bestehen müssen, im Sinne eines reibungslosen Ablaufs der Versuche Schikanen der SS und der Vorarbeiter gegenüber den Testpersonen zu verhindern. Stattdessen gehörten sie selbst zu den schlimmsten Gewalttätern auf der »Schuhprüfstrecke«.

Der wissenschaftliche Nutzen der Versuchsergebnisse wurde jedoch, den vorliegenden Quellen nach zu urteilen, von keinem der beteiligten Unternehmer oder Wissenschaftler angezweifelt. Da ein Werkstoff jeweils von vier Versuchspersonen gleichzeitig probegelaufen wurde, blieben offenbar in der Regel ausreichend Test-Paare übrig, um die gewünschten Daten über den Abrieb zu erhalten. Als wissenschaftliche Fakten erfüllten die Forschungsergebnisse ihre Funktion, indem alle Beteiligten ihre wissenschaftliche Validität anerkannten. So konnten sie im wirtschaftspolitischen Mechanismus als Basis von »objektiven« Qualitätsurteilen ihre Vermittlerrolle einnehmen. In diesem Befund, dass der KZ-Kontext der Forschung auf der »Schuhprüfstrecke« die Brauchbarkeit ihrer Ergebnisse für die beteiligten Auftraggeber nicht verminderte, reiht sich diese Untersuchung in eine Reihe von jüngeren Studien ein, die sich mit wissenschaftsethische Grenzen übertretenden, tödlichen Humanversuchen in der Zeit des Nationalsozialismus und ihrer spezifischen wissenschaftlichen Rationalität beschäftigten. Die Geschichte der Menschenversuche in der Medizin, in der Ernährungswissenschaft, in der Luftfahrtforschung, bei der Forschung an chemischen Kampfstoffen und in der Pharmaforschung, vor allem während des Zweiten Weltkriegs, zeigt, dass die jeweiligen wissenschaftlichen Akteure hier trotz der terroristischen Gewalt, mit der die Experimente im KZ durchgeführt wurden, und trotz ihres genozidalen Kontextes, der den Wissenschaftlern bekannt war, zu validen Ergebnissen gelangten. Ebenso trifft sich dieses Ergebnis mit den Befunden anderer wissenschaftshistorischer Studien, dass sich die Kontinuitäten dieser Erkenntnisse und die Verwendung der Ergebnisse bis weit in die Nachkriegszeit zogen.[437]

Die Versuche auf der »Schuhprüfstrecke« hatten zweierlei Funktion: Für die staatlichen Bewirtschaftungsstellen sollten sie ursprünglich das strategische Problem der Verteilung von knappen Rohstoffen und Produktionsaufträgen lösen, das durch die Autarkiepolitik und Kriegswirtschaft entstanden war. Die wissenschaftlichen Forschungsergebnisse waren als Legitimation für die Entscheidungen der Behörden und Argumentationsgrundlage gegenüber den Unternehmen bei der Verteilung von Kontingenten und Produktionsaufträgen gedacht. In den ersten Monaten ihres Bestehens fungierte die »Schuhprüfstrecke« als Kontrollinstrument für die staatlichen Stellen, doch jeweils in Absprache mit und unter

437 Roelcke (2009); Eckart/Neumann (2006); Lindner (2005), S. 319-347; Schmaltz (2005), S. 521-562; 600ff.; Schmuhl (2005); Neumann (2005), bes. S. 251-298; Baader/Lederer/Low/Schmaltz/von Schwerin (2005); Weindling (2004); Sachse (2003); Roth (2001).

maßgeblicher Einbeziehung der Unternehmer der Wirtschafts- und Fachgruppen. Diese Maßnahme sollte das jahrelange Versäumnis der staatlichen Stellen kompensieren, nicht bereits vor dem Krieg für verbindliche Qualitätsmindeststandards der Produkte gesorgt zu haben und so die Verbraucher vor den schlimmsten Qualitätsmängeln zu schützen. Doch auch während der Kriegsjahre fehlte es den verantwortlichen Bewirtschaftungsstellen durchgehend an der Konsequenz, solche Richtlinien gegenüber der Industrie tatsächlich durchzusetzen.

Für die Unternehmen selbst dienten die Versuche der Entwicklung neuer Werkstoffe, vor allem erster Kunststoffe, in verschiedenen Teilen des Schuhs sowie der Lösung all der produktionstechnischen Probleme, die die Verarbeitung von Ersatzstoffen im Konsumgut Schuh aufwarfen. Diese letztere Funktion überlagerte bereits im ersten Jahr des Bestehens der Strecke die erste. Die »Schuhprüfstrecke« entwickelte sich bald allgemein zu einem Forschungs- und Entwicklungsprojekt, zu dem verschiedene Industriebranchen Zugang hatten. Verschiedene wissenschaftliche Institute übernahmen die Organisation und Auswertung der Forschungen. Die Organisationsform der branchenweiten Gemeinschaftsprüfungen bewirkte, dass die Institution der »Schuhprüfstrecke« im Konzentrationslager zur zentralen Forschungseinrichtung eines gesamten Industriezweigs wurde. Die Trageversuche mit KZ-Häftlingen erwiesen sich zudem als geeignetes Mittel zur Erhebung quantitativer Erfahrungswerte für die verschiedensten Verarbeitungsmethoden nicht nur von Schuhen, sondern auch von textilen Kleidungsstücken.

Die in den Hunderten, ja Tausenden von Einzelversuchen gewonnenen Daten flossen sowohl in die Veränderung der Werkstoffe einzelner Unternehmen als auch in die Verarbeitungsprozesse ein. Es entstand ein branchenweiter Pool von Erfahrungswissen über die Eigenschaften der neuen Werkstoffen. Er war faktisch nicht nur einzelnen Großunternehmen, die sich eigene Forschungs- und Entwicklungsabteilungen leisteten, sondern der gesamten Schuhbranche und ihren Zulieferern zugänglich. Über die verschiedenen Ausschüsse wurde dieses Wissen, das sich sonst über Jahre hinweg bei den einzelnen Herstellern angesammelt hätte, auch zwischen den Unternehmen ausgetauscht und verkürzte und verbilligte somit gerade für die kleinen Unternehmen den Entwicklungsprozess.

Für die führenden Firmen wie Freudenberg und Salamander hatten die Trageversuche außerdem eine besondere Funktion: Sie dienten gerade in der Anfangsphase des Krieges dazu, ihren technischen Vorsprung vor den anderen Firmen der Leder-Ersatzstoff-Industrie unter Beweis zu stellen. Das Argument der herausragenden Qualität ihrer Produkte war dabei das ausschlaggebende Mittel, um im Verteilungskampf um Rohstoffe, Produktionsgenehmigungen und später um die Lenkungsgewalt in den Bewirtschaftungsgremien von den Entscheidungsträgern in der Wirtschaftsbürokratie bevorzugt zu werden. Spätestens ab Ende 1942 kann von einem Zwangscharakter der Versuche von staatlicher Seite aus nicht mehr die Rede sein. Die Unternehmer in der *Gemeinschaft Schuhe* und den verschiedenen Produktionsausschüssen führten die Versuche im KZ in eigener Verantwortung weiter. Nachdem sie im November 1942 die Verantwortung für die Bewirtschaftung des eigenen Industriezweigs übertragen bekommen hatten, erweiterten sie sogar noch die Bandbreite der Versuche auf der »Schuhprüfstrecke«.

Alle Unternehmer, die führende Posten bei der Organisation der Selbstbewirtschaftung des Industriezweigs innehatten, waren nicht nur in die Verwendung von Häftlingen als unfreiwillige Versuchspersonen eingeweiht. Sie hatten an der ursprünglichen Entscheidung, die Strecke im Konzentrationslager zu errichten, wesentlichen Anteil und waren über Jahre hinweg die bewussten Nutznießer der KZ-Versuche. Wie aus den Dokumenten hervorgeht, sprachen die Beteiligten von Anfang an in aller Offenheit über die Tatsache, dass diese im Konzentrationslager stattfanden. In den Briefwechseln ist ein reger Erfahrungsaustausch über die Produktprüfungen und Reisen ins KZ Sachsenhausen verzeichnet. Auch der Leiter des KWI, Wolfgang Graßmann, sprach sich auf der Sitzungen der Fachabteilung, auf der er als Berater hinzugezogen wurde, für die Durchführung der Trageversuche im KZ aus. Hans Herfeld und Friedrich Stather von der DVA suchten später persönlich die Anlage im KZ auf. Auch ihnen war die äußerst erniedrigende und brutale Behandlung der Testpersonen ihrer Experimente im Lagerumfeld bekannt, wenn auch wahrscheinlich nicht in ihrem vollen Ausmaß. Sie thematisierten dies nicht als wissenschaftsethisches Problem. Wie Gerhard Baader und Volker Roelcke es für medizinische Menschenversuche in Konzentrationslagern formuliert haben, stellten auch die Versuche auf der »Schuhprüfstrecke« für die beteiligten Auftraggeber und Organisatoren keinen entscheidenden Bruch mit bestehenden wissenschaftlichen Traditionen dar. Vielmehr war auch hier der Menschenversuch ein Ausdruck und gerade eine Konsequenz des von allem sozialen Kontext und von der Praxis der Wissensproduktion abstrahierenden, »naturwissenschaftlich verengten Blicks« und des »reduktionistischen Denkens« von Wissenschaftlern.[438]

438 Baader (1988).

10. »Schuhfriedhöfe«: Die Wiederverwertung des gebrauchten Schuhs

Seit der Einführung des NS-Vierjahresplans wurde der gesamte »Lebenslauf« des Schuhs Bestandteil der Wirtschaftsplanung. In der NS-Zeit erhielt dadurch der letzte Abschitt der Produktlinie ein besonderes ökonomisches Gewicht. Im Frühjahr 1940 erklärte der Lederindustrielle und spätere Leiter der *Wirtschaftsgruppe Lederindustrie*, Ludwig Cornelius Freiherr von Heyl, es sei »wesentlich, sich von dem Gedanken frei zu machen, dass der Angelpunkt für die Versorgung des Marktes etwa der fertige Schuh sei; vielmehr sei es der verbrauchte Schuh.« Unter den Bedingungen des Materialmangels hielt er es für »notwendig, sich nicht nur die Schuhkollektionen, wie sie aus der Fabrik heraus kommen, sondern vornehmlich [...] auch die Schuhfriedhöfe anzusehen«.[1] Der Begriff »Schuhfriedhöfe« weckt Assoziationen an die Bilder von Bergen alter Schuhe, die die sowjetische Armee bei der Befreiung 1944/45 in den deutschen Vernichtungslagern in Polen auffand. In diesem Kapitel soll der Frage nachgegangen werden, ob und wie die im kollektiven Gedächtnis an den Holocaust so präsenten Schuhberge in den Vernichtungslagern mit den wirtschaftlichen Bemühungen um eine Wiederverwertung von verbrauchten Schuhen zu erklären sind. Dafür werden an dieser Stelle erstmals die Stadien der wirtschaftlichen Verwertungskette von Altschuhen in den Jahren des Zweiten Weltkriegs rekonstruiert und die beteiligten Akteure identifiziert. Auch die technischen Verfahren der Wiederverwertung sind zu untersuchen.

Als Teil des veränderten Umgangs mit Rohstoffen kam es im Nationalsozialismus zu einer Verwertung des verbrauchten Schuhs in vorher ungekanntem Ausmaß. Abgetragene und gebrauchsunfähige Schuhe wurden in bedeutendem Umfang zum Ausgangspunkt einer Re-Ökonomisierung und Wiedereinspeisung von vorher als Abfall eingestuften, verbrauchten Produkten in den Wirtschaftsprozess. Neben die Einsparung und Substitution von Werkstoffen trat somit im Nationalsozialismus als ressourcensparendes Verfahren die Sekundärnutzung von verbrauchten Produkten. Eine neue Verwertungskette für gebrauchte Schuhe wurde geschaffen, die reichsweit organisierte Sammlungen, unentgeltlich geleistete Freiwilligenarbeit sowie Zwangsarbeit in Gefängnissen und Konzentrationslagern einbezog und Raubgut aller Art nutzte. Altschuhe wurden zu Rohstoffen für neue Werkstoffe und schließlich zu neuen Schuhen. Wie in diesem Kapitel zu zeigen sein wird gelangten dabei ab 1942 auch »Altschuhe« von den in den Vernichtungslagern Belzec, Sobibór, Treblinka, Chelmno, Lublin-Majdanek und Auschwitz und anderen Lagern Ermordeten erneut in den Wirtschafts- und Konsumprozess. Durch die Analyse des gesamten Wiederverwertungsapparats wird es hier erstmals möglich, auch Angaben über das quantitative Ausmaß dieser Wiederverwertung zu machen.

1 Bericht über die Aussprache der FA LFWS am 8.5.1940, BA Berlin, R 13 XIII, Nr. 66.

10.1 Leder-Abfall als Wertstoff

Dass das Prinzip der »Verwertung des Wertlosen« keineswegs von der chemischen Industrie erfunden wurde,[2] sondern so alt ist wie die gewerbliche Produktion selbst, haben Umwelthistoriker gezeigt: Die Verwertung von Produktionsabfällen ist aller gewerblichen Produktion eigen und wird in der Umwelt- und Technikgeschichte unter dem Begriff »Rohstoffökonomie« diskutiert.[3] Die technische Entwicklung und die Produktentwicklung hängen von jeher von der Verfügbarkeit von Rohstoffen ab. Knappheit ist eines der wichtigsten Motive technischer Innovation.[4] Ein Blick auf die Verwertung aller Teile des Rindes in den deutschen Schlachthöfen zu Beginn der 30er Jahre zeigt, in welchem Ausmaß bereits in der Weimarer Republik die Verwertung von tierischen Rohstoffen betrieben wurde. Hier gab es gewissermaßen gar keine »Abfälle«, nur Wertstoffe (Abb. 70).

Die Abfallverwertung im Nationalsozialismus und die Aufwertung der chemischen Industrie mit ihren Stoff-Umwandlungsprozessen verliehen dem alten gewerblichen Prinzip der Rohstoffökonomie praktisch industrielle Züge. Dies nimmt der Vierjahresplanrhetorik in Teilen ihre Emphase, eröffnet aber zugleich auch neue Untersuchungsfelder. Im Bereich der Lederversorgung kam es unter der Autarkiepolitik zu zahlreichen Innovationen und alternativen Techniken der Abfallverwertung.[5] Bei der Altmaterialverwertung zeigt sich, dass die Autarkiepolitik nicht nur die Steigerung der Produktion einzelner Rohstoffe bewirkte, sondern auch den Versuch einer umfassenden Umstrukturierung der gesamten Stoffnutzung darstellte. Dazu zählte die Rückführung des privaten und industriellen Abfalls in den Produktionsprozess und die Verwendung geringerwertiger Rohstoffteile für die Produktion von Sekundärprodukten. Die Verwertung von Altleder kann in diesem Kontext in zwei Phasen, 1936 bis 1939 und 1939 bis 1945, unterteilt werden. In der ersten Phase wurden für Haushalts- und Gewerbeabfälle aus Leder neue Verwendungsmethoden gefunden. In der zweiten Phase zog man verstärkt Altschuhe zur Verwertung heran. Das Rezyklieren von alten Schuhen wurde im Vierjahresplan neu organisiert und neuerdings staatlich gelenkt.

Die Wiederverwertung von Abfällen im Vierjahresplan

Im Vierjahresplan wurde der Gedanke der »Verwertung« von Gewerbe- und Hausabfällen Bestandteil der Wirtschaftsplanung. Unter dem Begriff der »Altstoffwirtschaft« wurde erstmals in Deutschland ein staatlicher Apparat der syste-

2 Zur »Verwertung des Wertlosen« und der Bedeutung der chemischen Industrie im Vierjahresplan vgl. Kap. 6.1.
3 Reith (2001a); Reith (1994); Ladewig (2003); Fuchsloch (2001).
4 Lackner (1998); Ludwig (1995).
5 Zum Problem der technischen Innovation aus Rohstoffmangel vgl. Ludwig (1995); Huchting (1980).

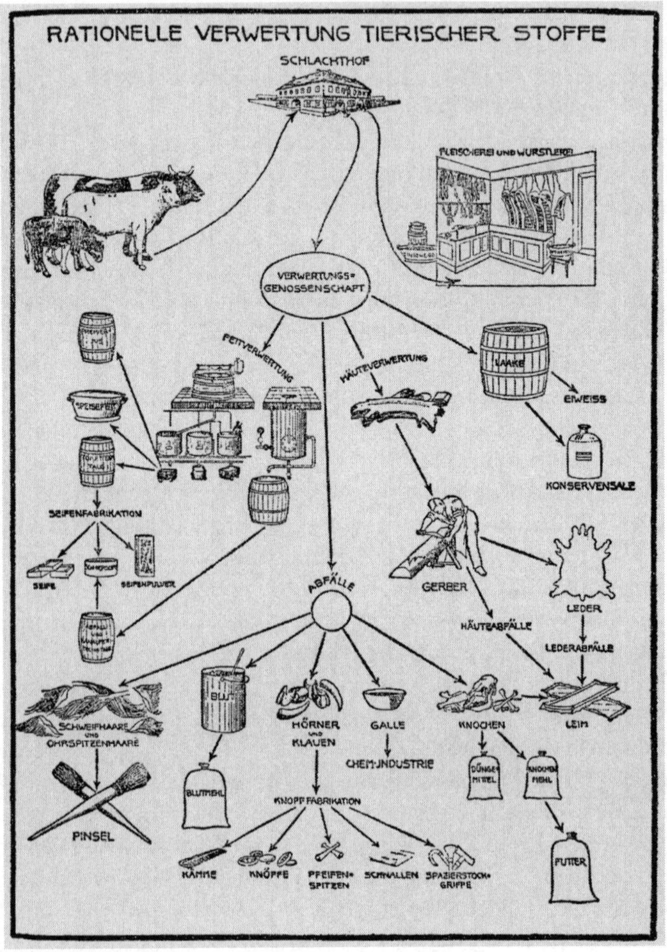

Abb. 70: Rationelle Verwertung tierischer Stoffe (Verwertung aller Bestandteile eines Rindes) (1930)

matischen Erfassung von Abfällen geschaffen und Techniken der Rohstoffrückgewinnung im industriellen Maßstab entwickelt.[6] Erfasst wurden Alt- und Abfallstoffe, die in gewerblichen Betrieben und in privaten Haushalten anfielen.[7] Die Altstoffbewirtschaftung war ein Verantwortungsbereich der Vierjahresplanbehörde. Ihr oberster Dienstherr, Hermann Göring, verkündete: »Ich bin der größte Lumpensammler und Altwarenhändler. Ich nehme alles und

6 Vgl. Huchting (1981); Huchting (1980); Köstering (1994); Köstering (1997); Walter Köhler, Altmaterialerfassung, in: Der Vierjahresplan (1937), Nr. 3, S. 132-135.

7 Vgl. Schema »Aufbau der Altmaterialsammelaktion« (1936), abgedruckt in: Huchting (1981), S. 259.

brauche alles!«[8] Im August 1937 wurde das Amt eines *Reichskommissars für Altmaterialverwertung* neu geschaffen.[9]

Schon in den 20er Jahren waren in einzelnen Gemeinden wiederverwertbare Altstoffe aus dem Müll aussortiert worden. Und das Sammeln von Lumpen für die Papierherstellung hatte eine jahrhundertealte Tradition. Die bereits bestehende wirtschaftliche Organisation von Lumpensammlern in der Weimarer Zeit rekrutierte sich zu etwa einem Viertel aus – in der NS-Terminologie – »jüdischen« Gewerbetreibenden und außerdem zu einem Großteil aus sozial und gesundheitlich Benachteiligten. Diese wurden im Nationalsozialismus als rassehygienisch »minderwertig« eingestuft und sollten nach 1933 durch Freiwillige in der Hitlerjugend, Schuljugend und andere Parteiaktivisten ersetzt werden. Die Ruinierung der bestehenden Kleinunternehmen des Altstoffhandels war einkalkuliert und gelang in großen Teilen.[10] 1937 wurden erstmals flächendeckend alle Gemeinden über 35.000 Einwohner gesetzlich zur sachgemäßen Trennung, Lagerung und statistischen Aufzeichnung von Altstoffen verpflichtet.[11] Ziel war es, »alle noch wirtschaftlich verwertbaren Altstoffe dem Rohstoffkreislauf wieder zuzuführen und der bisherigen Verschleuderung und Vernichtung wertvollen Materials entgegenzuwirken«.[12] Auch die propagandistische und sozialdisziplinarische Funktion großer, reichsweit ausgerufener Sammelaktionen spielte bei der Mobilisierung der deutschen Hausfrauen und Schulkinder zu »Pionieren der Rohstoffbeschaffung« eine Rolle.[13] Die Weiterverarbeitung der Stoffe aus den Sammlungen stieß jedoch zunächst auf Schwierigkeiten.[14] Altschuhe, die die Gemeinden solcherart ab 1936 aus dem Hausmüll aussortierten, erhielten Leimfabriken zur Herstellung von Lederleim, da sie oft bereits Zerfallserscheinungen aufwiesen.[15]

8 Zitiert in: Winfried Thomsen, Die rohstoffwirtschaftliche Bedeutung des Altmaterials im neuen Vierjahresplan, in: Der Wirtschafter 64 (1941), Nr. 1/2, S. 1f.

9 Reichskommissar wurde der SA-Brigadeführer Wilhelm Ziegler. Er war in Personalunion auch Reichsbeauftragter der NSDAP für Altmaterialerfassung, was die enge Verbindung des Staatsorgans zum Parteiapparat und die Bedeutung der Freiwilligenarbeit für das Sammeln verdeutlicht. Im Februar 1938 wurde das Reichskommissariat aus der Vierjahresplanbehörde ausgegliedert und selbständige Stelle im Zuständigkeitsbereich des RWiMin. Vgl. Petzina (1968a), S. 64; Köstering (1994), S. 88-90; Huchting (1981), S. 252-273; Winfried Thomsen, Die rohstoffwirtschaftliche Bedeutung des Altmaterials im neuen Vierjahresplan, in: Der Wirtschafter 64 (1941), Nr. 1/2, S. 1f.

10 Köstering (1997), S. 45-65.

11 Huchting (1981), S. 268f.

12 Walter Köhler, Altmaterialerfassung, in: Der Vierjahresplan 1 (1937), Nr. 3, S. 132.

13 Das Altstoffsammeln diente neben der Rohstoffbeschaffung der ideologischen Durchdringung und Mobilisierung der Haushalte. Auf der Ebene des symbolischen Handelns wurde der Akt des Abgebens von Material zum Akt der politischen Unterstützung des Regimes. Vgl. Die Schul-Altstoffsammlung, Kriegsdienst der deutschen Jugend, in: Fachzeitung des Schuhmachermeisters 43 (1942), S. 269; Köstering (1994), S. 79-82; Huchting (1981), S. 265f.

14 Huchting (1980), S. 59.

15 Fischer (1942), S. 20.

Bislang haben die Altstoff-Sammlungen in den Haushalten vor allem die Aufmerksamkeit der Umwelt- und Alltags-Historiker erregt,[16] wenn auch noch keine quantitativen Ergebnisse über ihre Erfolge oder Misserfolge vorliegen.[17] Wirtschaftshistorische Untersuchungen über die Wiederverwertung gewerblichen Abfalls aus der industriellen und handwerklichen Produktion fehlen jedoch bisher. Dieser spielte eine bedeutende Rolle für die Rohstoffversorgung. Dies wird neben dem Leder- auch am Kautschukverbrauch deutlich. Vor allem abgenutzte Reifen und Fabrikationsrückstände aus der Gummiwarenherstellung, wurden zur Wiedergewinnung von Kautschuksubstanz verwendet.[18] Den Höchststand erreichte die Produktion von Kautschuk-Regenerat 1941. In diesem Jahr wurden 44.000 t Kautschuk-Regenerat wiederverwertet, während im Vergleich 69.000 t synthetischer Kautschuk produziert und 27.000 t Naturkautschuk importiert wurde (Tabelle 35).[19] Das Kautschuk-Regenerat fand unter anderem als Schuhsohlenmaterial Verwendung.[20] Als sie diese 1945 begutachteten, hielten amerikanische Beobachter die neuen Anlagen der Kautschuk-Regenerierung, deren größte bei dem Gummiverarbeiter Phoenix in Hamburg und bei Continental in Hannover standen, für *more efficient than any unit operating in the United States*.[21]

Im September 1936 wurden alle Gewerbebetriebe zur Ablieferung von Alt- und Abfallstoffen verpflichtet.[22] Im Erlass des Reichswirtschaftsministers hieß es: »Im Interesse der Ersparnis an Rohstoffen müssen künftig die im Inlande anfallenden Altmaterialien systematisch und möglichst restlos der Wiederverwertung zugeführt werden. Altmaterialien stellen eine wichtige Rohstoffquelle dar.«[23] Die Sammlung von Lederabfällen im Gewerbe galt vorher als unwirtschaftlich. Lederabfälle wurden allenfalls zu Dünger und Leim verarbeitet oder verbrannt.[24] Im Vierjahresplan wurden die Lederabfälle zu neuen Werk-

16 Köstering (1994) und Huchting (1980); Jacobeit/Jacobeit (1995), S. 315-8; Windmüller (2004), S. 157-193.

17 Huchting (1980), S. 26; Köstering (1994); zur Wiederverwertung von Leichtmetallen aus Haushaltsbeständen im Nationalsozialismus vgl. jedoch Maier (2003), S. 75-94.

18 Kluckow (1941).

19 Vgl. United States Strategic Bombing Survey (1976), Bd. 1, S. 83 (Tabellen 43 und 44).

20 Vgl. dazu Kap. 9.5.

21 Reclaiming Rubber, in: The German Rubber Position, Economics Division Report No 4, 11.3.1942, NA Washington, RG 165, Military Intelligence Division Regional Files, Box 1149, Nr. 4350; ausführliche Version in: Box 1149, Nr. 4360 Germany, Rubber.

22 Erlass des RWiMin an die Handwerks- und Gewerbekammern (II R 16631/36): Erfassung und Verwertung von Altmaterial v. 18.9.1936, in: Deutsches Handwerk 5 (1936), Nr. 46 v. 13.11.1936, S. 796.

23 Ebd.

24 Größere Lederstücke wurden auch zu anderen Artikeln weiterverarbeitet, etwa zu Dichtungsringen. Der Dünger, der aus Lederabfällen und seit 1937 auch aus alten Schuhen hergestellt wurde, war Exportgut und galt als »devisenschaffend«. Vgl. FG Ledererzeugende Industrie an das Amt für Deutsche Roh- und Werkstoffe, 1.9.1937,

stoffen, den bereits erwähnten Lederfaserstoffen und zu Lederstückwerkstoffen, verarbeitet.[25]

Für unbrauchbar gewordene Schuhe gab es in den frühen 30er Jahren keine gewerbliche Nutzung.[26] Noch in früheren Jahrhunderten wurden gebrauchte Schuhe oder aus alten Teilen neu zusammengesetzte Produkte von Schuhmachern auf Märkten als »ungerechtes Schuhwerk« verkauft.[27] Ganze Berufszweige hatten sich auf die Wiederverwertung von Altschuhen verlegt.[28] Im Verlauf der Industrialisierung von Leder- und Schuhproduktion und der Explosion mengensteigernder Prozessinnovationen trat die materialsparende Wiederverwertung von Produkten in den Hintergrund. Aus dem Ersten Weltkrieg sind keine Bestrebungen der planvollen Wiederverwertung von Schuhen bekannt. Erst während des Zweiten Weltkriegs wurden alte Schuhe einer Sekundärnutzung zugeführt. Dabei wurden Altschuhe sowohl ihrem Formwert nach genutzt und als Fußbekleidung weiterverwendet, als auch dem reinen Stoffwert nach erhalten, indem man ihre Materialien trennte und als Rohstoff wiederverwendete. Wie aus Tabelle 26 ersichtlich, wurden 1938 – bei einer Gesamtproduktion von 92,4 Mio Paar Lederschuhen – 773.000 Paar Schuhe aus neu zusammengesetztem Altmaterial hergestellt. Diese Menge stieg auf 1,2 Mio Paar im Rechnungsjahr 1943/44 an.[29] Eine weit größere Bedeutung kam allerdings der Reparatur und Re-Distribution von verbrauchten Schuhen und der Verarbeitung von Altschuhen zu neuen Werkstoffen zu.

Unternehmen und Abfallverwertung

Das Verwertungsinteresse an verbrauchten Produkten und die Bedeutungsverlagerung vom Formwert zum Stoffwert der Produkte – und umgekehrt – hing vom Wert der menschlichen Arbeitskraft bzw. den relativen Preisen der Produktionsfaktoren zu einem historischen Zeitpunkt ab.[30] Durch die Möglichkeit der

BA Berlin, R 13 XIII, Nr. 510; Ausschuss Schuhindustrie (1930), S. 27; Meusch (1930), S. 162f.; Wilhelm Ziegler, Aufgaben und Erfolge der Altmaterialwirtschaft, in: Der Vierjahresplan 2 (1938), Nr. 11, S. 671ff.

25 Vgl. Kap. 6 und 9.

26 Fischer (1942), S. 20; Wilhelm Ziegler, Aufgaben und Erfolge der Altmaterialwirtschaft, in: Der Vierjahresplan 2 (1938), Nr. 11, S. 671ff.

27 So etwa in Augsburg Ende des 18. Jahrhunderts, vgl. Clasen (2003), S. 395.

28 Dies waren die *ruzsen*, *altruzsen* oder *lepper* des Spätmittelalters und die *Altmacher* in der Frühen Neuzeit. Die Sammlung von alten Schuhen als Rohstofflieferanten und ihr Wiederverkauf war im 17. und 18. Jahrhundert in vielen Städten ein einträgliches Geschäft, das zünftig geregelt werden musste. Vgl. Reith (2003b), S. 49f.

29 Vgl. Tabelle 26; OKW/Wehrwirtschafts- und Rüstungsamt, Statistische Aufstellung: Produktionserhebung in der Schuhindustrie (Leder- und Hausschuhe) für die Jahre 1938-1943/44 v. Sommer 1944, BA-MA Freiburg, RW 19, Nr. 2474.

30 Reith (1994).

Mobilisierung von unentgeltlich arbeitenden Freiwilligen im NSDAP-Parteiapparat, von Hausfrauen und Jugendlichen als Sammelkräfte sowie billiger Zwangsarbeit von Strafgefangenen war im Nationalsozialismus eine wichtige Voraussetzung für die systematische Abfallverwertung gegeben. Für die Sortierung von Altstoffen standen in den 30er Jahren noch kaum mechanische Anlagen zur Verfügung. Sie musste manuell erfolgen.[31] Dieses technische Problem der Altmaterialverwertung kam bereits auf einer Sitzung des *Generalrates der Deutschen Wirtschaft* im Oktober 1937 zur Sprache. Der *Reichskommissar für Altmaterialverwertung*, Wilhelm Ziegler, und Friedrich Syrup, Leiter der Reichsanstalt für Arbeitsvermittlung sowie Leiter der Geschäftsgruppe Arbeitseinsatz im Vierjahresplan, schlugen daher den Einsatz von Strafgefangenen für diese arbeitsintensive Tätigkeit vor. Auf dem Gebiet sei »keinerlei Konkurrenz mit der freien Wirtschaft zu befürchten«.[32] In welchem Ausmaß bereits in den Vorkriegsjahren Strafgefangene zur Abfallverwertung herangezogen wurden, ist noch nicht untersucht.[33] Aus dem KZ Moringen, dem Gefängnis Untermaßfeld und aus dem Zuchthaus Straubing ist jedoch der Einsatz von Strafgefangenen für die Wiederverwertung gebrauchter Kleidungsstücke in dieser Zeit bekannt.[34]

Mit Beginn des Zweiten Weltkriegs trat die Wiederverwertung von Lederabfällen in ein neues Stadium. Nun begann man, auch verbrauchte Schuhe systematisch einer Wiederverwertung zuzuführen. Ende Mai 1940 kündigte die *Reichsstelle für Lederwirtschaft* den Herstellern von Lederfaserwerkstoffen an, in Kürze könne »die Bereitstellung einer größeren Menge von Altschuhmaterialien als sicher angenommen werden«. Die Altschuhe sollten vor allem als Oberleder in den so dringend benötigten Arbeitsschuhen mit Holzsohle verwendet werden. Die übrigen Leder-Reste sollten in die Lederfaserwerkstoff-Herstellung fließen. Da zu diesem Zeitpunkt nur zwei Unternehmen Altschuhfasern zu neuen Werkstoffen verarbeiteten, hielt es die Leitung der Wirtschaftsgruppe für nötig, auch die übrigen 29 Hersteller des Werkstoffs für eine Verarbeitung von Altschuhen zu interessieren. Um die Qualität der Werkstoffe zu gewährleisten, durften die

31 Vgl. dazu Windmüller (2004), S. 159-186; Huchting (1980), S. 58ff.

32 Aussage Friedrich Syrups auf der 22. Sitzung des Generalrates der Deutschen Wirtschaft am 27.10.1937, zitiert in: Huchting (1980), S. 59.

33 Zur Intensivierung der Gefangenenarbeit unter dem Vierjahresplan vgl. Wachsmann (2004), S. 99ff.

34 Im KZ Moringen wurden 1937 Kleider aus einer Kleidersammlung des Winterhilfswerks sortiert. Dies geschah lange vor der systematischen Ausbeute der Häftlingsarbeit durch die SS in den Kriegsjahren und ist im Kontext traditioneller Formen der Gefangenenarbeit zu sehen. Vgl. Herz (2006), S. 110f. Zur Lederverwertung im Zuchthaus Straubing vor 1940 vgl. Der Reichsführer-SS, Hauptamt Haushalt und Bauten (Prietzel) an den Inspekteur der KZ, Betr.: Altmaterial, 29.11.1940, BA Berlin, NS 3, Nr. 423. Zum Wandel der Gefangenenarbeit und der Kleiderverwertung im Gefängnis Untermaßfeld vgl. Wachsmann (2004), bes. S. 95-111 und 228-237.

Unternehmen die Lederabfälle selbst sortieren.[35] Auf der nächsten Sitzung der Fachabteilung am 12. Juni 1940 gab der Geschäftsführer der *Fachabteilung Lederfaserwerkstoffe* bekannt, es habe für eine Beteiligung an der Verarbeitung von Altschuhwerk nur wenige Zusagen gegeben. Bei einem Teil der interessierten Firmen müsse noch geklärt werden, ob sie die notwendigen technischen Voraussetzungen wie etwa Zerreißmaschinen und Kollergänge besäßen. Ein Repräsentant der Lederfabrik Blankenburg Mark AG bei Berlin, der bereits Erfahrung mit der Verarbeitung von »Zivilschuhwerk« zu Lederfaserwerkstoffen hatte, gab einen Erfahrungsbericht ab.[36] Der Unternehmer schilderte, technische Schwierigkeiten bestünden vor allem bei der Trennung des Ausgangsmaterials in Leder, Gummi und Metalle, etwa von den Ösen der Schnürsenkel oder den Nägeln in Absätzen. Der Fachmann des *Reichsamts für Wirtschaftsausbau* schlug vor, die alten Schuhe grob maschinell zu zerreißen und dann das Eisen mit einem Magneten herauszuziehen.[37]

Auf Anfrage der Unternehmen teilten die staatlichen Behörden mit, dass bereits rund 20 Mio Paar alter Schuhe für eine Wiederverwertung zur Verfügung stünden. Dies entsprach ihrer Berechnung nach einer Ledermenge von umgerechnet 10.000 t.[38] Eine Million Paar Altschuhe ergaben also etwa 500 t Leder. Altschuhe konnten die Unternehmen direkt von den regionalen Wirtschaftsämtern beziehen. Mit ihnen, so die Geschäftsführung der Wirtschaftsgruppe, habe die Reichsstelle »bereits geeignete Maßnahmen für die Sammlung von Altschuhwerk eingeleitet«. Außerdem handelte die Firma Fetzer & Co. in Ladenburg (Baden) mit Altschuhen.[39] Die Wirtschaftsgruppe bat die Unternehmen von der *Fachabteilung Lederfaserwerkstoffe*, sie über künftige Versuche mit Altschuhmaterial und den weiteren Ausbau ihrer Verarbeitung auf dem Laufenden zu halten.[40]

Lederfaserwerkstoffe waren diejenigen Ersatzstoffe für Leder, deren Herstellung die Reichsstelle zu Beginn des Krieges favorisierte und besonders begünstigte.[41] Im September 1940, wie auch schon im Juni zuvor, klagten die Hersteller von Lederfaserwerkstoffen aber über den Mangel an verfügbaren Bodenleder-Abfällen, die von den früheren Anbietern auf dem Markt, den Gerbereien, zu-

35 Verwertung von Altschuhen bei der Herstellung von Lederfaserstoffen, Rundschreiben Nr. 3 der FA LFWS v. 31.5.1940, BA Berlin, R 13 XIII, Nr. 66.

36 Das Unternehmen stellte Sohlenmaterial für Hausschuhe aus Altschuhen her, hoffte aber auf eine Erweiterung seiner Produktpalette.

37 Aktenvermerk der RfL, Betr.: Tagung der FA LFWS in der WG Lederindustrie in Berlin am 12.6.1940, 17.6.1940, BA Berlin, R 8 VI, Nr. 84.

38 Ebd.

39 Bericht über die Sachverständigen-Aussprache der FA LFWS am 12.6.1940 in Berlin, BA Berlin R 13 XIII, Nr. 66.

40 Rundschreiben Nr. 5 der FA LFWS, Betr.: Gemeinsame Materialprüfungen und Verarbeitung von Altschuhwerk, 26.6.1940, BA Berlin, R 13 XIII, Nr. 66.

41 Vgl. Kap. 6.1, 6.2 und 9.2.

nehmend selbst zu Werkstoffen verarbeitet wurden.[42] Hier kamen nun die Altschuhe ins Spiel. Im Dezember 1940 legte die Reichsstelle eine genaue Definition verschiedener Arten von Lederabfällen vor und ordnete an, ihre Verarbeitung bedürfe künftig einer Genehmigung der Reichsstelle.[43] Im November 1941 richtete Robert Eichenlaub, der Fabrikdirektor des Lederfaserstoff-Werks der Firma Salamander in Türkheim/Bayern und Leiter der *Fachabteilung Lederfaserwerkstoffe*, eine Beschwerde an die Wirtschaftsgruppe.[44] Darin entrüstete sich Eichenlaub darüber, dass, obwohl sein eigenes Unternehmen »eine der besten Sortieranstalten für [industrielle] Lederabfälle ausgebaut« habe, das bereits »seit Jahren in Betrieb« sei, stattdessen die Firma Freudenberg beauftragt wurde, einen Entwurf für die Sortierung von Lederabfällen vorzulegen.[45] Salamander war der bedeutendste Verarbeiter von Lederabfällen im Reich, während Freudenberg nur etwa die Hälfte an Lederfasern umsetzte.[46]

10.2 »Mobilisierung« von Altschuhen

Reichssammlungen von Altschuhen

Woher stammten nun die ersten 20 Mio Paar Altschuhe, die den Unternehmen im Juni 1940 als Rohstoff angeboten wurden? In den Kriegsjahren erschloss das Reichswirtschaftsministerium den Unternehmen grundsätzlich zwei bedeutende Quellen von Altschuhwerk: die Reichssammlungen von verbrauchten Spinnstoffen und Schuhen in den deutschen Privathaushalten und den systematischen Raub des Eigentums der Verfolgten des NS-Regimes. Quantitativ gesehen war die erste Quelle weitaus ergiebiger. Doch auch die zweite spielte eine bedeutende Rolle für die Rohstoff-Versorgung der deutschen Schuh- und Lederersatzstoff-

42 Rundschreiben Nr. 7 der FA LFWS v. 21.9.1940, BA Berlin, R 13 XIII, Nr. 66; WG Lederindustrie an die Mitglieder der FA LFWS, Betr.: Herstellung von Lederstückwerkstoff, 7.6.1940, BA Berlin, R 13 XIII, Nr. 66.

43 Lederabfälle wurden als Nr. 569 a und b im Statistischen Warenverzeichnis definiert. Vgl. Anordnung 98 der RfL, Bewirtschaftung der Lederabfälle, v. 13.12.1940, zum 1.1.1941 in Kraft getreten, BA Berlin, R 13 XIII, Nr. 66.

44 Das Salamander-Werk für Lederfaserwerkstoffe beschäftigte zu diesem Zeitpunkt 270 Personen und produzierte monatlich 500 t Lederfaserwerkstoff in drei Güteklassen. Vgl. Personalbogen Eichenlaub v. Nov. 1940, BA Berlin, R 13 XIII, NR. 270.

45 Eichenlaub an WG Lederindustrie (Kempke), 19.11.1941, BA Berlin, R 13 XIII, Nr. 270.

46 Salamander war der bei weitem größte Hersteller von Lefa I und Lefa II, während Freudenberg sich vor allem auf Gummisohlenmaterial aus Synthesekautschuk und, in geringerem Umfang, auf den hochwertigen Werkstoff Lefa I spezialisiert hatte. Vgl. Hersteller von Lederaustauschstoffen nebst Kontingenten (1.7.1944), BA Berlin, R 3101 alt R 7, Anh. MCC, Nr. 293.

Hersteller mit Leder und für die Versorgung der deutschen Bevölkerung mit Schuhen.

Die anfängliche Menge von 20 Mio Paar Altschuhen stammte wahrscheinlich größtenteils aus freiwilligen Sammlungen in den Haushalten im Reich. Solche Sammlungen führten in den ersten drei Kriegsjahren das Winterhilfswerk der NS-Volkswohlfahrt, andere Parteiorganisationen der NSDAP und vor allem Schulen durch. Die NSDAP unterhielt in den meisten Kreis-, Orts- und Gaugruppen »Beauftragte für Altmaterialerfassung«, die die seit 1933 aus dem Lumpenhändlergewerbe vertriebenen professionellen Altwarenhändler ersetzten. Diese NSDAP-Beauftragten organisierten die Sammlung, Weiterleitung und Verwertung von Altwaren und betreuten die sogenannten Schul-, Haus- und Ortsvorsammelstellen. Daneben waren in allen regionalen Wirtschaftsämtern »Referenten für Altstoffragen« tätig, wo die Altschuhbestände schließlich landeten und gelagert wurden.[47]

Punktuelle, reichsweit ausgerufene Sammelaktionen für Schuhe sind aus den folgenden Jahren bekannt. Wegen des akuten Mangels an Arbeitsschuhen fand vom 15. bis 27. September 1941 eine Stiefelsammelaktion im ganzen Reich statt, über die die Bevölkerung vorher durch Flugblätter in den Haushalten informiert wurde.[48] Darin hieß es, die Stiefel der einberufenen Soldaten seien an Arbeitskräfte in der deutschen Wirtschaft abzugeben. Die Lederstiefel wurden, je nach Zustand, mit 5 bis 15 RM vergütet oder gegen einen Sonderbezugschein für Straßenschuhe eingetauscht. Neue Stiefel kosteten zu diesem Zeitpunkt um die 60 RM.[49] Laut einem SD-Bericht stand die Bevölkerung der Aktion jedoch eher ablehnend gegenüber. Es sei nicht im Sinne der Frontkämpfer, in ihrer Abwesenheit deren Eigentum zu verkaufen oder in Frauenschuhe umzutauschen. »Wegen der minderwertigen Qualität des jetzt im Handel befindlichen Schuhwerks« könne es den Soldaten außerdem nicht zugemutet werden, sich nach ihrer Rückkehr mit Schuhwerk aus »schlechtem Ersatzmaterial zu begnügen«. Ein Teil der Schuhe aus der Stiefel-Sammlung landete, wie noch gezeigt wird, im KZ Sachsenhausen zur Herstellung von Häftlingsschuhen.

Der Bedarf an Arbeitsschuhen war immens.[50] Die *Reichsstelle für Lederwirtschaft* gab im Januar 1942 beim Reichswirtschaftsministerium bekannt, die monatliche Erzeugung von derzeit 850.000 Paar Arbeitsschuhen bliebe um 300.000 Paar hinter dem Bedarf zurück. Dieses fehlende Viertel könne derzeit »nur durch gehortete und aus den besetzten Gebieten (Protektorat, Frankreich, Belgien)

47 Winfried Thomsen, Die rohstoffwirtschaftliche Bedeutung des Altmaterials im neuen Vierjahresplan, in: Der Wirtschafter 64 (1941), Nr. 1/2, S. 1f.; Köstering (1997).

48 Merkblatt für die Haushaltungen zur Durchführung der Stiefelsammelaktion, 11.9.1941, Staatsarchiv Hamburg, 371-16 I, Nr. 403.

49 SD-Bericht Nr. 226, 6.10.1941, Boberach (1984), S. 2845.

50 Vgl. dazu Kap. 8.4 und 9.1.

eingeführte Arbeitsschuhe gedeckt werden«.[51] Über die Altkleider- und Spinnstoffsammlungen, die im August 1941 und Juni 1942 – von den Schuhsammlungen getrennt – stattfanden, ist zu erfahren, dass die Altwaren vor allem als Arbeitskleidung für die Versorgung von Zwangsarbeitern gedacht waren.[52] Hans Kehrl, Textilunternehmer und zu dieser Zeit Generalreferent im Reichswirtschaftsministerium, ließ die Wirtschaftsgruppen und Reichsstellen im April 1942 wissen:

> »Die Nachfrage nach Arbeits- und Berufskleidung [...] hat in den letzten Monaten einen solchen Umfang erreicht, dass besondere Schritte unternommen werden müssen, um den Bedarf soweit als irgend möglich decken zu können. Die Arbeitskleidung wird ganz dringend vor allem für deutsche Rüstungsarbeiter gebraucht. Aber auch die [...] zahlreichen ausländischen Arbeiter müssen die erforderliche Arbeitskleidung erhalten. [...] Sehr viele sind bei ihrer Ankunft so schlecht bekleidet, dass sofort geholfen werden muss, um sie voll arbeitseinsatzfähig zu machen.«

Kehrl erklärte, dass bei der gegenwärtigen Lage »der große Bedarf nur dann in befriedigendem Umfange gedeckt werden kann, wenn hierfür Altkleidung [...] herangezogen wird.« Die »großen Mengen an Altkleidung«, die noch »unbenutzt und auch unbenötigt in den Haushaltungen« zu finden seien, müßten »nunmehr mobilisiert« werden. »Dass die gesammelte Altkleidung«, so Kehrl, »für die Einkleidung von ausländischen Arbeitern verwendet werden soll, wird in der Propaganda nicht zu betonen sein.« Doch war gerade dies ihr bevorzugter Einsatzbereich:[53] »Infolge völligen Fehlens an alter Kleidung musste bisher zum Teil neue Arbeitskleidung an ausländische Arbeiter abgegeben werden. Das ist aber unbefriedigend, denn die neue Arbeitskleidung soll dem deutschen Arbeiter vorbehalten bleiben.« Repariert werden sollten die Altkleider in ehrenamtlicher Arbeit vom Deutschen Frauenwerk, das auch die Sortierung der Kleider vornahm, sowie von den Unternehmen der *Wirtschaftsgruppe Bekleidungsindustrie.* »Gegebenenfalls«, so Kehrl, »werde ich auch an den Reichsführer-SS herantreten

51 RfL an RWiMin, Betr.: Austauschstoffplan: Folgen der Nichtbereitstellung der zusätzlich erforderlichen Menge, 7.1.1942, BA Berlin, R 8 VI, Nr. 33.

52 Vgl. RWiMin (Kehrl) an den Reichsbeauftragten für den Vierjahresplan, Propagandaministerium, Reichsleitung der NSDAP, NS-Volkswohlfahrt, Reichsfrauenführung und Reichsstelle für Kleidung und verwandte Gebiete, Betr.: Altkleider- und Spinnstoffsammlung, 17.4.1942, BA Berlin, R 13 XV, Nr. 86.

53 GS, Rundschreiben Nr. 24/44 an die Reichsstatthalter und LWÄ und die Leiter der Altschuh-Sammellager und Altschuh-Reparaturbetriebe, Betr.: Verteilung von einsatzfähigen, reparierten und reparaturfähigen Altschuhen aus der Schuhsammlung zur Versorgung in- und ausländischer Arbeitskräfte, 20.4.1944, BA Berlin, R 10 VI, Nr. 84.

Abb. 71: Plakat: Aufruf des Reichskommissars für Altmaterialverwertung zur Reichs-Spinnstoff- und Schuhsammlung (23. Mai bis 12. Juni 1943)

mit der Bitte, einen Teil der Sachen in den Konzentrationslagern instandsetzen zu lassen.«[54]

Die gemeinsame Spinnstoff- und Schuhsammlung, die von 23. Mai bis 12. Juni 1943 stattfand, ist die für Schuhwerk am besten dokumentierte Sammelaktion im Reich. Große Plakate riefen vor allem Hausfrauen reichsweit zur Sammlung von Altkleidern und Altschuhen auf (Abb. 71). Die Sammlungen vor Ort leiteten die »Kreis- und Ortsgruppenbeauftragten der NSDAP für Altmaterialerfassung«. Auf regionaler Ebene waren die Landeswirtschaftsämter und »Gaubeauftragten der NSDAP« mit der Koordination der Maßnahmen betraut. Die Wirtschaftsämter bestellten bei jeder Ortsgruppe der Partei einen »Verbindungsmann für Altschuhe«. Als solche kamen vor allem Schuhgroß- und Einzelhändler, aber auch Schuhmachermeister in Frage. Sie übernahmen ehrenamtlich den Abtransport der gesammelten Schuhe aus den Annahmestellen und die Berichterstattung an die *Gemeinschaft Schuhe*. Die Schuhe wurden paarweise gebündelt und in alte Kisten und Säcke verpackt, die kostenlos der Schuhhandel stellte. Beim Versand an die Wirtschaftsämter trennten die Sammelstellen bereits das ausbesserungsfähige Schuhwerk von geringerwertigen Altschuhen. Die Kosten für den Transport beglichen die Ortsgruppenkassen der NSDAP. Die Altschuhe selbst wurden von allen Beteiligten kostenlos weitergegeben. Von der Einlieferung bei den Sammelstellen der Ortsgruppen an galten sie als Eigentum der *Gemeinschaft Schuhe*.[55]

54 Der Reichswirtschaftsminister (Abt. II Text, Hans Kehrl) an die Parteikanzlei, München, Betr.: Altkleider- und Spinnstoffsammlung, 13.3.1942, BA Berlin, R 13 XV, Nr. 86.

55 Vgl. Kap. 9.1. Alle Angaben dieses und der folgenden Abschnitte, wenn nicht anders angegeben, aus: GS, Betr.: Schuhsammlung im Rahmen der Spinnstoff- und Schuhsammlung 1943. Richtlinien für die »Verbindungsmänner für Altschuhe« für die Übernahme und den Abtransport der gesammelten Schuhe, 6.5.1943, BA Berlin, R 10 VI, Nr. 84; Richtlinien für die Lagerleiter der Altschuh-Sammellager für die Durchführung der Lagerung, Sortierung und Verwertung der gesammelten Schuhe, 6.5.1943; GS, Rundschreiben Nr. 24/44 an die Reichsstatthalter und LWÄ und die Leiter der

Jedes Landeswirtschaftsamt erstellte auf seinem Gebiet an mehreren Orten Sammellager für die Schuhe. Die Organisatoren legten Wert auf eine überdachte Lagerung: »Es darf auf keinen Fall vorkommen, dass das gesammelte Altschuhwerk offen unter freiem Himmel lagert, da die Spender hieran bestimmt Anstoß nehmen würden.« Als ungefährem Richtwert für die Größe der Lager ging man bei der Planung von einem Sammelergebnis von etwa 10 Paar Schuhen je 100 Einwohner aus. Bestimmte Schuhfabriken wurden von der *Gemeinschaft Schuhe* als solche Sammellager und gleichzeitig als Reparaturwerkstätten bestimmt. Die Fabriken hatten als »Instandsetzungwerke« die Altschuhe zu sortieren und die noch einsatzfähigen Paare zu reparieren.[56]

Zur Aufnahme und Sortierung der eingehenden Bestände beschäftigten die Sammellager der Landeswirtschaftsämter je bis zu sechs Arbeitskräfte. Wie die *Gemeinschaft Schuhe* mitteilte, bestanden dabei »gegen die Anstellung oder Beschäftigung von ausländischen Arbeitern oder Kriegsgefangenen [...] keine Bedenken«. Auch die Neueinstellung von Ostarbeitern und Kriegsgefangenen durch Schuhfabriken, die als Reparaturbetriebe eingeteilt waren, wurde für diesen Zweck von der *Gemeinschaft Schuhe* unterstützt.[57] Die Arbeitskräfte sortierten die Schuhe in sechs Kategorien: in jeweils weiterverwendungsfähiges und in nicht mehr zu gebrauchendes Leder-, Gummi- und »Textilschuhwerk«. Die noch verwendungsfähigen Schuhe wurden in den Schuhfabriken repariert, die nicht mehr einsatzfähigen an »Verwertungsbetriebe« wie Werkstoff-Hersteller oder den Altstoffhandel abgeführt. Laut Endbericht des Reichskommissars für Altmaterialverwertung ergab die Schuhsammlung im Mai/Juni 1943 reichsweit insgesamt 19.090.279 Paar Schuhe und Stiefel sowie 201 t Altleder. In rund 60.000 Sammelstellen im Reich waren Schuhe und Spinnstoffe entgegengenommen worden. Die Zahl der ehrenamtlichen Helfer schätzt der Bericht auf 500.000.[58]

Altschuh-Sammellager und Altschuh-Reparaturbetriebe, Betr.: Verteilung von einsatzfähigen, reparierten und reparaturfähigen Altschuhen aus der Schuhsammlung zur Versorgung in- und ausländischer Arbeitskräfte, 20.4.1944, BA Berlin, R 10 VI, Nr. 84, Bl. 37-43.

56 Rundschreiben Nr. 14/43 der GS an die Landeswirtschaftsämter, 6.5.1943, BA Berlin, R 10 VI, Nr. 84, Bl. 36f.

57 Richtlinien für die Lagerleiter der Altschuh-Sammellager für die Durchführung der Lagerung, Sortierung und Verwertung der gesammelten Schuhe, 6.5.1943, BA Berlin, R 10 VI, Nr. 84, Bl. 40-43.

58 Der RfA und Reichsbeauftragte der NSDAP für Altmaterialerfassung, Rechenschaftsbericht über die Spinnstoff- und Schuhsammlung 1943, 10.8.1943, BA Berlin, R 10 VI, Nr. 86. Der Bericht enthält genaue Angaben über die Sammelergebnisse in den einzelnen Gauen.

Gebrauchte Schuhe aus den Vernichtungslagern: Die »Aktion Reinhard«

Als Teil der sogenannten »Aktion Reinhard« kamen auch die gebrauchten Schuhe der im Rahmen der »Endlösung der Judenfrage« Deportierten und Ermordeten als Rohstoff zurück ins Reich. Sie bildeten die zweite große Quelle von Altschuhen in den Kriegsjahren. Das Wirtschaftsverwaltungshauptamt der SS (SS-WVHA) in Berlin führte die letzte Habe der Deportierten einer Wiederverwertung zu. Diese zweieinhalb Jahre währende Verwertungsaktion von Raubgut erhielt von der SS den Decknamen »Aktion Reinhard«.[59] Die »Aktion Reinhard« begann im April 1942 und hatte zwei organisatorische Zentren: (1.) die Abteilung IVa der Standortverwaltung der Waffen-SS und Polizei in Lublin unter Odilo Globocnik und (2.) die Abteilung IV der Standortverwaltung des Konzentrationslagers Auschwitz unter Willi Burger und ab April 1943 Karl Ernst Möckel.[60]

In Lublin sammelte die SS die geraubte Habe der etwa 1,5 bis 1,8 Mio Opfer der Vernichtungslager im Generalgouvernement, d.h. Belzec, Sobibor und Treblinka, und der mindestens 200.000 Ermordeten im Lager Lublin-Majdanek und leitete sie an verschiedene Nutzer im Reich und in den besetzten Gebieten weiter.[61] In Auschwitz in Oberschlesien, das zu den vom Deutschen Reich annektierten Gebieten gehörte, wurden die Kleider und Wertgegenstände der 1 bis 1,5 Mio im KZ Auschwitz ermordeten Opfer der deutschen Vernichtungspolitik aus ganz Europa geraubt und verwertet. Dabei eignete sich der deutsche Staat die Schuhe, Kleider und alle sonstigen Habseligkeiten an, die diese bei ihrer Ankunft im Konzentrationslager mitbrachten. Die Schuhe und Kleider mussten die Angekommenen entweder während der Aufnahme als Häftlinge ins Lager abgeben oder in den Vorräumen der als Duschen getarnten Gaskammern ablegen.[62]

59 Den Decknamen »Aktion Reinhard« verwendete die SS, um das Andenken des Leiters des Reichssicherheitshauptamts Reinhard Heydrich zu ehren, der am 4.6.1942 an den Folgen eines durch Angehörige der tschechischen Widerstandsbewegung verübten Anschlags gestorben war.

60 Bertrand Perz und Thomas Sandkühler argumentieren überzeugend, dass die Verwertungspraxis des geraubten Eigentums in beiden Vernichtungszentren Teil ein und derselben Organisation waren, die vom SS-WVHA in Berlin aus gelenkt wurde. Sie korrigieren damit frühere Studien, die die »Aktion Reinhard« auf die Verwertung von jüdischem Eigentum im Generalgouvernement und die Tätigkeit der Zentrale in Lublin begrenzt sahen und vor allem auf die Initiative des SS- und Polizeiführers Globocnik zurückführten. Perz/Sandkühler vermuten sogar, dass in der SS der Tarnname »Aktion Reinhard« für die massenhafte Ermordung der Juden selbst verwendet wurde und die Verwertung der Habe der Ermordeten nur Teil des Gesamtprogramms der »Endlösung« war, das im SS-Apparat unter diesem Begriff gefasst wurde. Vgl. Perz/Sandkühler (1999).

61 Opferzahlen der einzelnen Lager nach Benz u.a. (1997). Diese Zahlen weichen z.T. stark von Raul Hilbergs Schätzungen ab. Vgl. Hilberg (1999), S. 956.

62 Vgl. dazu Strzelecki (2000), S. 7-99; Hilberg (1999), S. 1013-1027, 1028.

An die erste Zentrale der »Aktion Reinhard«, die SS-Standortverwaltung in Lublin, wurden, etwa ab Mai 1942, Schuhe und Bekleidung der Opfer aller Vernichtungslager im Generalgouvernement abgeliefert.[63] Jüdische Häftlinge des KZ Lublin-Majdanek mussten sie reinigen, sortieren und lagern.[64] Nach einer Anordnung des SS-WVHA von September 1942 waren noch tragbare Produkte an die *Volksdeutsche Mittelstelle* abzugeben.[65] Bezieher all dieser gebrauchten Schuhe waren deutsche Zivilisten: deutsche Arbeiter und ihre Familien, die im Siedlungsprogramm der SS in den besetzten Gebieten von der *Volksdeutschen Mittelstelle* Kleidung erhielten, sowie Ausgebombte und Empfänger von Notbekleidung im ganzen Reich. Auch Angehörige der SS und ihre Familien waren wichtige Abnehmer geraubter Schuhe[66] sowie die Kommandanturen der Konzentrationslager im Altreich, die bei zunehmender Versorgungsknappheit Häftlinge mit den Altschuhen ausstatteten.[67] Zudem erhielten, wie noch gezeigt werden wird, andere, zivile Bedarfsträger im Reich brauchbares Schuhwerk. Für die SS wertlose Schuhe, die nur noch einen Stoffwert besaßen, wurden nach Gewicht an das Reichswirtschaftsministerium verkauft und gelangten so, wie auch die Altschuhe aus den Reichssammlungen, in den Besitz der *Gemeinschaft Schuhe*.[68]

Da die Organisatoren der »Endlösung« auf die Verwischung aller Spuren ihrer Taten bedacht waren, sind nur wenige schriftliche Belege über das Ausmaß der Wiederverwertung des geraubten Eigentums der Opfer der Mordmaschinerie erhalten. Eine Zwischenbilanz Oswald Pohls, des Leiters des SS-WVHA, vom

63 Die erste Einlieferung wurde am 26.8.1942 verzeichnet. Vgl. Erklärung Albert Thoms v. 8.5.1946, Nürnberger Dokument PS-3951, Affidavit Emil Puhl, 3.5.1946, PS-3944, OMGUS, Finance Division, NID 13817, zitiert in: Perz/Sandkühler (1999), S. 291, 312.

64 Für die Erfassung der Wertgegenstände und Devisen, die vierteljährlich in Koffern der Ermordeten nach Berlin transportiert wurden, war spätestens ab Juli 1942 SS-Sturmbannführer Georg Wippern zuständig, für die weniger wertvollen Textilien, Schuhe und andere Gebrauchsgegenstände der SS-Hauptsturmführer Hermann Hoefle. Vgl. Vermerk Globocnik über die Einführung einer Zentralkartei aller Raubwerte der »Aktion Reinhard« v. Juli 1942, Archiv der Zentralkommission zur Untersuchung der Naziverbrechen in Polen 970z/Nr. 38, abgedruckt in: Jüdisches Historisches Institut Warschau (1960), S. 401. Vgl. auch Perz/Sandkühler (1999), S. 289f.; Hilberg (1999), S. 1014ff.

65 Die *Volksdeutsche Mittelstelle*, seit 1941 ein Hauptamt der SS, war eine Hilfsorganisation der NS-Umsiedlungspolitik, die »volksdeutsche« Minderheiten, »volksdeutsche« Siedler und Arbeitskräfte in den neu eroberten Territorien versorgte. Vgl. Buchheim (1967), S. 192ff.

66 Hilberg (1999), S. 1013-1026, 1028. Aus Auschwitz ist z. B. bekannt, dass die Familie des Lagerkommandanten Rudolf Höß die begehrtesten Schuhe, Lederwaren und andere Gebrauchsgegenstände aus dem Raubgut des Lagers erhielt. Dies galt ebenso für die Familien der unteren SS-Ränge der Lager. Vgl. Strzelecki (2000), S. 63.

67 Hilberg (1999), S. 1013-1026; Perz/Sandkühler (1999).

68 Vgl. August Frank an den Leiter der Standortverwaltung Lublin und Verwaltungsleiter Auschwitz, 26.9.1942, Nürnberger Dokument NO-724; Pohl an Himmler, 7.9.1942, NO-1258.

Februar 1943 »über die von den Lagern Lublin und Auschwitz auf Anordnung des SS-Wirtschaftsverwaltungshauptamt[es] abgelieferten Mengen an Textil-Altmaterial« im Jahr 1942 listete insgesamt 825 Waggons an Altwaren, die in den ersten Monaten der »Aktion Reinhard« aus den Vernichtungslagern abtransportiert wurden. Und dies war erst der Beginn der Aktion. In den allein 211 Waggons, die die »Volksdeutsche Mittelstelle« erhielt, befanden sich 111.000 Paar Frauenschuhe, 31.000 Paar Männerschuhe, 22.000 Paar Kinderschuhe und 24.000 Paar Gummischuhe und -stiefel. Weitere 3.000 Paar Männerschuhe und 3.000 Paar Frauenschuhe erhielt die Reichsjugendführung, der Generalinspektor des Führers für das Kraftfahrwesen 1.000 Paar Männerschuhe. Dies waren die hochwertigeren Schuhe, die noch repariert und getragen werden konnten.[69] Ganze 100.000 Paar Männerschuhe erhielten andere Konzentrationslager. Bei ihnen handelte es sich um die weniger brauchbaren Schuhe. In den KZs dienten sie entweder der Versorgung der Häftlinge oder der Verarbeitung zu Holzschuh-Oberteilen. Die restlichen, sortierten Lederabfälle wurden an Unternehmen zur Lederfaserstoff-Herstellung abgegeben.[70]

Die »Aktion Reinhard« der ersten Raubzentrale in Lublin lief von Frühjahr 1942 bis Ende 1943, als das letzte Vernichtungslager im Generalgouvernement aufgelöst wurde und Auschwitz das alleinige Zentrum für den Massenmord wurde. Gemäß dem Abschlussbericht Odilo Globocniks im Januar 1944 wurden im Zeitraum von Mai 1942 bis Dezember 1943 von der SS-Zentrale in Lublin insgesamt 2.900 Eisenbahnwaggons an »Altwaren« (Textilien und Schuhen) einer Wiederverwertung zugeführt. Berge von Altwaren lagen zu diesem Zeitpunkt noch auf Lager, die nach Globocniks Schätzung etwa weitere 1.000 Waggons füllten.[71]

Zu den riesigen Mengen Schuhen aus den Vernichtungszentren kamen außerdem noch die Kleider und Schuhe, die sich in den Ghettos und Durchgangslagern anhäuften. Diese Bestände wurden ebenfalls in das Verteilungssystem integriert. Nach den Räumungen der Ghettos zogen »Lumpensammelkolonnen« durch die Gebäude, die alle von den Deportierten zurückgelassenen »Altwaren« einsammelten. Die Verwertungsaktionen aller Mobilien dauerten oft bis zu zwei Monaten.[72]

69 Vgl. August Frank an den Leiter der Standortverwaltung Lublin und Verwaltungsleiter Auschwitz, 26.9.1942, Nürnberger Dokument NO-724; Pohl an Himmler, 7.9.1942, NO-1258.

70 Bericht über die bisherige Verwertung von Textil-Altmaterial aus der Judenumsiedlung. Aufstellung über die von den Lagern Lublin und Auschwitz auf Anordnung des SS-Wirtschaftsverwaltungshauptamt[es] abgelieferten Mengen an Textil-Altmaterial, 6.2.1943, Nürnberger Dokument Nr. NO 1257, abgedruckt in: SS im Einsatz. Eine Dokumentation über die Verbrechen der SS, Berlin 1960, S177ff.

71 Globocnik an Himmler, Betr.: Wirtschaftlicher Teil der Aktion Reinhard, 5.1.1944, Nürnberger Dokumente PS 4024, NO-064, NO-057.

72 Nürnberger Dokument NO 5440; und die Dokumente zur Raubpraxis in: Jüdisches Historisches Institut Warschau (1960), S. 387-429; Hilberg (1999), S. 514ff., 1022.

Auch nach der blutigen Niederschlagung des Warschauer Aufstandes im Oktober 1944 wurde Warschau von den Deutschen geplündert. Die »Altwaren« gelangten per Eisenbahn zur Wiederverwertung in die Konzentrationslager im Reich.[73]

Im KZ Auschwitz, das nach Lublin die zweite zentrale Verwertungsstelle von Raubgut der »Aktion Reinhard« darstellte, war ebenfalls ein eigenes Häftlings-Arbeitskommando mit der Sammlung, Sortierung, »Desinfizierung«, Lagerung und dem Abtransport per Eisenbahn der Habseligkeiten der Deportierten beschäftigt. Dies war das sogenannte »Kommando Kanada«.[74] In der militärischen Sprachregelung, die in deutschen Konzentrationslagern galt, bezeichneten die SS-Verwaltungen die Bekleidungsgegenstände der Häftlinge, wie die von Soldaten, als »Effekten«.[75] Im September 1942 besichtigte Oswald Pohl bei einem Besuch in Auschwitz die »Entwesungs- und Effektenkammer Aktion Reinhard« im Stammlager.[76] Zu diesem Zeitpunkt bestand die Effektenkammer von Auschwitz I aus sechs Baracken, in denen Lagerräume und eine »Entwesungskammer« zur Desinfektion der Bekleidungstücke und Schuhe untergebracht waren. In der »Entwesungsanlage« wurden die Gegenstände Heißluft und Blausäuredämpfen ausgesetzt.[77] Die neuen Häftlinge, die die SS-Ärzte bei den Selektionen an der Verladerampe von Birkenau für arbeitsfähig befanden, wurden regulär bei ihrem Eintritt ins Konzentrationslager »desinfiziert«. Dabei mussten sie sich entkleiden und ihr gesamtes Hab und Gut abgeben, das auf der Effektenkammer »entwest« und gelagert wurde. Anschließend wurden die neuen Häftlinge am ganzen Körper geschoren und in die Duschen getrieben. Nach dem Duschen erhielten sie ihre Lagerkleidung und -schuhe.

Mit wachsender Zahl der ermordeten »Juden« aus dem ganzen besetzten Europa und der ständig steigenden Menge des anfallenden Raubgutes musste das »Kommando Kanada« erweitert und direkt in das neue Vernichtungszentrum

73 Nach einem Bericht der beim SS-eigenen Unternehmen »Gesellschaft für Textil- und Lederverwertung« in Ravensbrück als Buchhalterin dienstverpflichteten Alfredine Nenninger kamen allein etwa 300 Waggons an Altkleidern aus Warschau in Ravensbrück an. Vgl. Strebel (2003), S. 145.

74 Nach Hermann Langbein war dies eine von polnischen Häftlingen geprägte Bezeichnung. Kanada galt als ein Land von unbegrenztem Reichtum und unter den geraubten Gegenständen war buchstäblich alles zu finden. Vgl. Langbein (1965), Bd. 2, S. 1008.

75 In jedem Konzentrationslager bestand eine »Effektenkammer« als Verwaltungsgebäude und ein Arbeitskommando, das ursprünglich die Funktion hatte, Bekleidungsstücke und Schuhe für die Häftlinge bis zu ihrer Entlassung zu verwahren. In den Vernichtungslagern übernahmen die Effektenkammern die Aufgabe der Verwertung und des Versands einer immer größeren Zahl von Beutestücken, die den Neuankömmlingen beim Eintritt ins Lager abgenommen wurden.

76 Witte u. a. (1999), S. 558, unter Berufung auf das Original des Berichts über Pohls und Kammlers Besuch in Auschwitz im Sonderarchiv Moskau 502-1-19, Bl. 86.

77 Vgl. Aussage Karl Ernst Möckels zur »Aktion R«, 7.7.1947, im Wortlaut abgedruckt in: Perz/Sandkühler (1999), S. 303-307.

Abb. 72: Lager geraubter Gebrauchtschuhe, KZ Auschwitz-Birkenau (ca. Januar 1945)

Birkenau (Auschwitz II) verlegt werden. Hier wurden im April 1944, mit der Ankunft der ungarischen »Juden«, ganze 30 Baracken eines neuen Effektenlagers »Kanada II« zusätzlich in Betrieb genommen.[78] Die beiden Effektenlager arbeiteten von da an nebeneinander.[79] Die aus dem Deutschen Reich und den besetzten Gebieten Verschleppten, denen die Deutschen ihre Deportation als »Umsiedlung« erklärten, kamen mit einem Gepäck von bis zu 50 kg im Lager Auschwitz an.[80] Nach Aussage im Jahr 1947 des Leiters der Beutegutverwertung in der Standortverwaltung der SS in Auschwitz, Karl Ernst Möckel, nahm man den Neuankömmlingen an der Verladerampe alles Gepäck ab. Im Lager konfiszierte die SS noch die restlichen Wäsche-, Bekleidungsstücke und Wertsachen. Die Bekleidungsgegenstände wurden vom Kommando »Kanada« zuerst »desinfiziert« und nach versteckten Wertsachen untersucht und in Magazinen gestapelt (Abb. 72). Schuhe unterschied man dabei in »brauchbare« und »unbrauchbare Schuhwaren«. Die brauchbaren Altschuhe blieben in den Effektenkammern des Lagers Auschwitz, gingen an andere Konzentrationslager und an die *Volks-*

78 Perz/Sandkühler (1999), S. 294f.

79 Das Effektenlager I (»Kanada I«) im Stammlager war zumindest bis August/Sept. 1944 in Betrieb, das Effektenlager II (»Kanada II«) bis zur Räumung des Lagers Auschwitz. Perz/Sandkühler (1999), S. 295.

80 Vgl. dazu Strzelecki (2000), S. 19.

deutsche Mittelstelle. Unbrauchbare Altschuhe erhielten, nach Aussage Möckels, »bestimmte Lederfabriken zur Wiedergewinnung von Kunstleder«.[81]

Anders als für die Zentrale in Lublin fehlt bislang für die Raubzentrale in Auschwitz der abschließende Bericht der »Aktion Reinhard«.[82] Die Gesamtmenge der von dort abtransportierten Altschuhe ist daher noch nicht bekannt. Ihre mögliche Höchstgrenze liegt in etwa bei der Zahl der in Auschwitz Ermordeten, die auf 1 bis 1,5 Mio geschätzt wird.[83] Die Schuhe der Opfer von Auschwitz gelangten mindestens bis Herbst 1944, als die Wertsachenabteilung der »Aktion Reinhard« aus »Sicherheitsgründen« vor der nahenden Roten Armee in das KZ Buchenwald verlegt wurde,[84] ins Reich. Die bei der Befreiung in Auschwitz im Januar 1945 von der Roten Armee vorgefundenen Bestände von 43.525 Paar Altschuhen waren nur die letzten Reste der nicht mehr zur Wiederverwertung im Reich abtransportierten oder vernichteten Effekten des Kommandos »Kanada II«.[85] Die Gaskammern von Birkenau arbeiteten bis wenige Wochen vor der Befreiung des Lagers im Januar 1945, als die Transportwege ins Reich schon am Zusammenbrechen waren.

10.3 Die Reparatur von Altschuhen in Zwangsarbeit

Die Reparatur noch brauchbarer Altschuhe aus Sammelbeständen war im Reich überwiegend großbetrieblich organisiert. Wie oben bereits erwähnt, bestimmten die Landeswirtschaftsämter einzelne Schuhfabriken zur Lagerung, Sortierung und Instandsetzung der noch einsatzfähigen Altschuhpaare. Die Arbeit leisteten dort wohl vor allem Zwangsarbeiter. Ein Beispiel hierfür war der Reparaturbetrieb der Firma Salamander in der Köpenicker Straße 6a-7 in Berlin-Kreuzberg. Wie in Kapitel 1 ausgeführt, bestanden solche Reparatur-Großbetriebe von

81 Aussage Karl Ernst Möckels zur »Aktion R«, 7.7.1947, im Wortlaut abgedruckt im Anhang von: Perz/Sandkühler (1999), S. 305.

82 Vgl. dazu Perz/Sandkühler (1999), S. 299f.

83 Hilberg (1999), S. 956; Piper (1993); Perz/Sandkühler (1999) gehen von 1,1 Mio aus.

84 Perz/Sandkühler (1999), S. 299.

85 Von den 36 Baracken der beiden Effektenlager in Auschwitz I und II verbrannten die Deutschen beim Anrücken der Roten Armee 29 Baracken mitsamt ihrem Inhalt. Nur 6 Baracken blieben übrig, deren Bestände die Offiziere der Roten Armee zählten und die hier gelistet sind. Vgl. Mitteilung der Außerordentl. Staatl. Kommission zur Feststellung und Untersuchung der Schandtaten der faschistischen deutschen Eindringlinge und ihrer Helfershelfer, über die ungeheuren Greueltaten und Verbrechen der deutschen Regierung in Auschwitz (Oświęcim), Nürnberger Dokument 008-USSR, in Übersetzung abgedruckt in: Alfons Steiniger (Hg.), Der Nürnberger Prozess. Aus den Protokollen, Dokumenten und Materialien des Prozesses gegen die Hauptkriegsverbrecher vor dem Internationalen Militärgerichtshof, Bd. 2, Berlin 1962, S. 564-569, hier S. 568.

Schuhhandelsketten bereits seit den 20er Jahren.[86] Die Berlinerin Vera Friedländer, die aufgrund ihres »rassischen« Status als »Halbjüdin« zur Zwangsarbeit verpflichtet wurde, war ab Dezember 1944 dort in der Reparatur beschäftigt.

In ihren Lebenserinnerungen schilderte sie später die Arbeitsbedingungen in dem Salamander-Betrieb, in dem außer ihr und anderen »jüdischen« Frauen noch »polnische Schuster, Frauen aus Serbien, französische Arbeiter« Zwangsarbeit verrichteten. Friedländer war für die Sortierung der alten Schuhpaare nach Reparaturarten eingeteilt. Sie verteilte die Paare auf verschiedene der zum Transport üblichen Holzgestelle: »Ich stand vor schweren Karren auf eisernen Rollen, die plumpen Regalen ähnelten. [...] Von links wurden mir die Karren zugeschoben, beladen mit getragenen, zertretenen, verschwitzten Schuhen. [...] Ich musste [...] den Schaden bestimmen und die Paare in andere Karren umsortieren: zum Steppen, zum Kleben, zum Besohlen und so weiter.«[87] War ein Holzgestell voll, schob sie es in die jeweilige Abteilung zu den männlichen Schuhmachern an den Reparatur-Maschinen.

Die Arbeitsbedingungen waren hart. Die Tätigkeit wurde von SS-Personal überwacht. Auch hier ging es der SS nicht allein darum, dass die dreckige und staubige Arbeit verrichtet wurde, sondern auch um die Entwürdigung der ihnen unterstellten Menschen. Die Wachen erfanden allerlei Schikanen, um ihnen das Leben zu erschweren. »Das SS-Weib drückte mir, um mir den Arbeitsrhythmus beizubringen, ihren Stock in meinen Rücken, als sei ich ein verschwitzter Schuh, an dem sie sich die Finger nicht schmutzig machen wollte«, erzählt Vera Friedländer. Das Überprüfen von Steppnähten am Hinterteil des Schuhs, das normalerweise mit einem messerartigen Werkzeug ausgeführt wurde, musste die Zwangsarbeiterin mit den bloßen Fingern leisten. »Die Gemeinheit wurde mir nach wenigen Stunden bewusst. [...] Fingernägel nutzen sich ab. Wenn sie ständig unter Lederstreifen entlanggezogen werden, verbrauchen sie sich schnell.« Die Hände der Berlinerin waren dem Material, das sie prüfen sollte, ungeschützt ausgesetzt. Dies führte bald zu »quälenden Schmerzen«: »Als [...] die Haut wund wurde, wechselte ich die Finger und schonte die wundesten. Ich wechselte zu schnell, dass alle entzündet waren. Dann hantierte ich nach Plan: Ich benutzte immer nur einen Finger je Tag. [...] Nach kurzer Zeit war das Weiße der Nägel völlig abgewetzt, der Hautansatz schwoll, rieb sich durch, verschmutzte und fing an zu eitern. Meine Fingerspitzen waren eine verquollene Masse.« Erst als sie mit den polnischen Zwangsarbeiter-Kollegen zu einer heimlichen Übereinkunft kam, alle Schuhpaare ungeprüft auf die Holzgestelle zu legen, die diese dann an den Maschinen reparierten, gelang es Vera Friedländer, ihre Finger besser zu schützen.

Mit der Zeit machte sich die Zwangsarbeiterin Gedanken über die Herkunft all der Schuhe, die sie bearbeitete. Es waren, ihrer Beobachtung nach, »Halb-

86 Zu den »Instandsetzungswerkstätten« vgl. Kap. 1 und Handwerkskammertag in der britischen Zone (1950), S. 113-129, bes. S. 123.

87 Hier und im Folgenden: Friedländer (1996), S. 186-200.

schuhe aller Fabrikate«. Vor allem fiel ihr auf, dass die Firma Salamander weder Schildchen noch Stempel verwendete, um die Schuhe zu identifizieren und nach der Reparatur wieder ihren Eigentümern zurückzugeben. Durch keinerlei Kennzeichnung war ersichtlich, aus welcher Salamander- oder sonstigen Schuhhandelsfiliale die Paare stammten oder wem sie gehörten. »Getragene Schuhe liefen durch meine Hände, Halbschuhe von Männern und Frauen, in allen Größen. […] Wem gehörten diese Schuhe eigentlich? […] Woher kamen die Schuhe und wohin gingen sie?« In den Kontext der Wiederverwertungspraxis gestellt, wird deutlich, dass die reparierten Schuhe für die Zwangsarbeiter-Belegschaften diverser Industriebetriebe in Berlin und für besondere Versorgungsgruppen der deutschen Zivilbevölkerung wie Ausgebombte bestimmt waren.

Unter den Schuhunternehmen, die Bestände von Altschuhen erhielten und weiterverkauften, war auch ein Zweigwerk der Firma Baťa. Baťa besaß seit 1932 ein Werk in der polnischen Stadt Chelmek, die 8 km von Oświęcim, von den Deutschen Auschwitz genannt, entfernt lag.[88] Ein polnischer Einwohner Chelmeks, Jozef Kubiscik, der im Baťa-Werk arbeitete, berichtete nach dem Krieg:

> »In der zweiten Jahreshälfte 1942 und im Jahre 1943 [wurden] in Waggons und Lastwagen große Mengen gebrauchter Schuhe geliefert, die dann in Schuppen und Baracken […] der Lederfabrik in Chelmek gelagert wurden. Ich habe sie selbst gesehen. Sie trugen deutliche Spuren der Abnutzung. Viele Schuhe waren in gutem Zustand, doch ein großer Prozentsatz war verschlissen. Sie lagen in Stößen übereinander, nicht immer paarweise. Sowohl die Fasson wie auch die geprägten oder aufgenähten Fabrikzeichen ließen erkennen, dass sie zum Teil aus Frankreich, Belgien und Holland stammten.«

Kubisciks Ansicht nach waren die Schuhe »zweifellos nicht aus Abfalldepots, weil in der Okkupationszeit die Bekleidung und Schuhe kaum zu bekommen waren und niemand so gute Schuhe weggeworfen hätte«. Auch über die Weiterverwertung der Altschuhe konnte Jozef Kubiscik Auskunft geben:

> »Die Hütten und Gruben [d.h. die deutschen Verwaltungen der oberschlesischen Industriebetriebe, A.S.] schickten ihre Mitarbeiter nach Chelmek zwecks Erledigung der Formalitäten für den Schuherwerb. […] Sie wurden nach Gewicht verkauft. […] Die Handelsabteilung der Firma Baťa erledigte die Formalitäten, um diese Schuhe in Kommission nehmen und sie verkaufen zu können. […] Die Fabrik wollte Werkstätten einrichten, in denen die aus verschiedenen Lagern angelieferten Schuhe repariert werden sollten. Infolge des Mangels an Arbeitskräften wurden diese Pläne nicht verwirklicht, die Schuhe wurden ohne Reparaturarbeiten weiterverschickt.«[89]

88 Léhar (1960), S. 294-297.

89 Bericht Josef Kubiscik, Archiv des Staatlichen Museums Auschwitz, Sammlung Erklärungen, Bd. 12, Bl. 40f., zitiert in: Strzelecki (2000), S. 51. Die Firma Baťa zog auch noch in anderer Weise Nutzen aus dem nahe gelegenen Konzentrationslager. Für sie war in Chel-

Die großen Mengen an Altschuhen, die durch ihre Werkstätten liefen, konnte die Firma offenbar gar nicht bewältigen und gab sie daher in unrepariertem Zustand weiter. Es ist auch möglich, dass die Firma eine Reparatur für unrentabel hielt.

Überall im Altreich und den besetzten Gebieten wurden solche Altschuhe aus den Reichssammlungen und den Vernichtungslagern repariert. Das Motiv der Schuhe ohne Besitzer beschäftigte noch viele andere vom NS-Regime Verfolgte, die als Zwangsarbeitskräfte in der Reparatur dieser Schuhe, die waggonweise per Eisenbahn eintrafen, tätig waren.[90] Aus dem Ghetto in Wilna in Litauen ist von Januar 1943 ein Gedicht mit dem Titel »Ein Wagen Schuhe« von Abraham Sutzkever erhalten, in dem die Schuhe synekdochisch für die vom NS-Regime und den deutschen Besatzern Ermordeten stehen:[91]

Die Räder jagen, jagen,
was tragen sie mir zu?
Sie bringen einen Wagen
Zerschlissener Schuh.

Des Wagens schnelles Laufen
Im abendlichen Glanz;
die Schuh' – ein toller Haufen
in einem Hochzeitstanz.

Ist Feiertag? Ist Festgelage?
Hab ich mich gar verschaut?
Die Schuhe – wie Verwandte
hab wieder ich erkannt.

Es klappern ihre Hacken:
»Wohin, wohin, wohin?
Aus alten Wilnaer Gassen
Bringt man uns nach Berlin.«

Ich frage nicht, wem ihr gehört,
es gäb' dem Herzen einen Riss.
Doch sagt mir, Schuh', die Wahrheit:
Wo sind zu euch die Füss'?

Wo ist zu dem Paar Schuhchen
Mit Knöpfen wie der Tau
Das Körperchen zu suchen?
Und zu dem andern – wo die Frau?

Warum seh' ich kein Kind
in den vielen Kinderschuh'n?
Warum will nicht die Braut
Ihre feinen Schuh' antun?

Zwischen Stiefeln und Pantinen
erkenn' ich meiner Mutter Schuh'!
Sie pflegt sie anzuziehen
am Sabbat ab und zu.

Und es klappern die Hacken:
»Wohin, wohin, wohin?
Aus alten Wilnaer Gassen
bringt man uns nach Berlin.«

mek von Oktober bis Dezember 1942 ein Außenkommando des KZ Auschwitz tätig. 100 bis 150 Häftlinge waren als Baukommando mit dem Ausheben und Reinigen von Teichen, die als Wasserreservoir für die Schuhfabrik dienten, beschäftigt und in einem eigenen Lager auf dem Firmengelände untergebracht. Die Todesrate im Außenkommando Chelmek war hoch. Bei dem Arbeitseinsatz kamen mindestens 47 Menschen ums Leben. Dies war durchschnittlich eine Person am Tag. Dazu ausführlich: Iwaszko (1970).

90 Vgl. dazu auch eine Auswertung von zeitgenössischen Quellen: Jones (2001).

91 Abgedruckt in: Neue Zürcher Zeitung v. 25.11.2003, Nr. 274, S. 43.

10.4 Die Verarbeitung der Altschuhe

Abnehmer der gebrauchsfähigen Altschuhe – außerhalb des SS-Apparats – waren Unternehmensleitungen von Industriebetrieben und Inhaber landwirtschaftlicher Betriebe im Reich, die über die Wirtschaftsämter Sonderkontingente von Altschuhen zur Ausstattung ihrer Arbeiter und Zwangsarbeiter erhielten.[92] Verbraucher des Materials aller nicht mehr als Fußbekleidung nutzbaren Altschuhe waren ebenfalls deutsche Unternehmen – Firmen, die Lederfaserwerkstoffe produzierten. Sie verarbeiteten die Altschuhe als Rohstoff zu neuen Schuhen für die deutsche Zivilbevölkerung. Um die Altschuhe als Rohstoff verwerten zu können, nahmen sie die Arbeit von mindestens sechs Häftlingskommandos in den großen Konzentrationslagern in Deutschland in Anspruch. Wie die Geschichte der »Schuhprüfstrecke« ist auch dies ein bislang unbekanntes Kapitel der Nutzung von KZ-Häftlingsarbeit durch deutsche Unternehmen.

Verlagerung von kriegswichtiger Arbeit in die Konzentrationslager

Eine der ersten Aktionen Albert Speers, nachdem er im Februar 1942 zum Reichsminister für Bewaffnung und Munition ernannt worden war, bestand darin, die Unternehmen aller Wirtschaftsgruppen dazu aufzurufen, die Produktion möglichst vieler Konsum- und Ausrüstungsgüter in die neu errichteten Konzentrationslager im Generalgouvernement zu verlegen, um in Deutschland Arbeitskräfte freizusetzen.[93] In dem Schreiben des Rüstungsministers Ende April 1942 an alle Wirtschaftsgruppen und Vorsitzenden der Sonderausschüsse für Wehrmachtsgerät hieß es:

> »Im Generalgouvernement werden in nächster Zeit 100-150.000 Juden im Alter von 17 bis 35 Jahren in Konzentrationslagern zusammengezogen. Der Herr Reichsminister [...] bittet zu prüfen, welche Fertigungen ihres Bereiches dafür geeignet sind, in diesen Konzentrationslagern erstellt zu werden. Es ist hierbei daran gedacht, in den Lagern eventuell auch die erforderlichen Maschinen aufstellen zu lassen. Ziel der Aktion muss sein, dringliche Fertigungen, die zur Zeit in Deutschland Arbeitskräfte binden, [...] in diese Konzentrationslager zu verlegen. Hierfür erscheinen alle solche Fertigungen besonders geeignet, bei denen Handarbeit notwendig ist. Unter den Juden sollen sich

92 Vgl. Kap. 8.4.

93 Nachdem die Massentötungen der Einsatzgruppen auf sowjetischem Gebeit bereits im Herbst 1941 begonnen hatten, trat die Vernichtungspolitik im Frühjahr 1942 mit den Deportationen im Generalgouvernement in eine neue Phase. Vgl. Hilberg (1999), S. 411ff.

u. a. Facharbeiter aus dem Sektor der Textil-, Leder- und Holzindustrie befinden.«[94]

Das Angebot stand im Zusammenhang mit den Bestrebungen der SS zu diesem Zeitpunkt, die Konzentrationslager zu Zentren der Rüstungsproduktion zu machen.[95] Die Unternehmen der *Wirtschaftsgruppe Bekleidungsindustrie* hatten gegen eine solche Maßnahme grundsätzlich nichts einzuwenden,[96] brachten aber vor, dass die Neuanfertigung von Bekleidung in den Konzentrationslagern »einen sanitären Schutz der künftigen Träger der Bekleidungsstücke [...] verlangt«. Die Produkte müssten aus hygienischen Gründen »nach ihrer Fertigstellung gereinigt und entseucht werden«. Sie schlugen auch die Verlegung von Reparaturarbeiten in die KZs im Generalgouvernement vor, machten dies allerdings von vier Bedingungen abhängig: »1. ausreichende Kapazitäten für chemische Reinigung und Entwesung, 2. Vorhandensein von Gleisanschlüssen, 3. größtmögliche Sauberkeit, 4. Vorhandensein entsprechender Maschinen«.[97] Gerade vor Läusen, die sich in Kleider- und Schuhsäumen festsetzten, hatten die Deutschen einen großen Respekt, da bekannt war, dass diese Krankheiten wie Fleckfieber übertrugen.[98]

Unter den Wehrmacht-Produkten, die die Unternehmen für die Fertigung in den Konzentrationslagern vorschlugen, waren Strohüberschuhe für die Soldaten an der Ostfront und Holzschuhe für Kriegsgefangene. Auch alle Arten von Trennarbeiten und Reparaturen konnten nach Ansicht der Unternehmen in die KZs im Osten verlagert werden. Für den Aufbau geeigneter Betriebe in den Lagern seien vor allem die Unternehmer geeignet, die im Reich von Auskämmungen und Stilllegungen ihrer Firmen betroffen waren. Ein Einsatz solcher

94 Hauptausschuss IV Wehrmachtsgerät beim Reichsminister für Bewaffnung und Munition an die Vorsitzer der Sonderauschüsse im Hauptausschuss IV Wehrmachtsgerät und an die Hauptgeschäftsführer der Wirtschaftsgruppen nach besonderem Verteiler, Betr.: Einsatz von Juden im Generalgouvernement, 26.4.1942, BA Berlin, R 13 XV, Nr. 89.

95 Die Gründung des WVHA der SS am 1.2.1942 war Ausdruck und gleichzeitig Ausgangspunkt dieser Umorientierung und Umstrukturierung der Wirtschaftsziele der SS. Ihr Ziel, die Arbeit zu den Häftlingen und damit unter die eigene Kontrolle zu bringen, erreichte die SS allerdings nicht, da wichtige Unternehmen wie VW und die I.G. Farbeindustrie die Strategie durchsetzten, stattdessen die KZ-Arbeitskräfte zu den Unternehmen zu verlegen und dazu in der Nähe der Unternehmen KZ-Außenlager zu errichten. Vgl. Schulte (2001), bes. S. 197ff.

96 Für den Briefwechsel zur KZ-Arbeit zwischen dem Ministerium und den WG muss hier z. T. auf Bestände aus der WG Bekleidungsindustrie zurückgegriffen werden. Die vom RWiMin bzw. RRüPr/RRüKr als »geheim« klassifizierten Schreiben wurden von der WG Lederindustrie und GS bei Kriegsende vernichtet.

97 WG Bekleidungsindustrie an den Hauptausschuss IV Wehrmachtsgerät beim Reichsminister für Bewaffnung und Munition, Betr.: Einsatz von Juden im Generalgouvernement, 29.4.1942, BA Berlin, R 13 XV, Nr. 89.

98 Vgl. Werther (2001), S. 152-173.

Fertigungsstätten in den KZs für die Produktion von Konsumgütern für die deutsche Zivilbevölkerung, so die Unternehmen, werde erwogen, sei derzeit aber aus Transportgründen problematisch. Auch bei diesen Produkten sei »der Frage der Entseuchung und Reinigung besondere Aufmerksamkeit zu schenken«.[99]

Tatsächlich wurden in den folgenden Jahren bedeutende Mengen an Holzarbeitsschuhen in Konzentrationslagern, vor allem aber in den Ghettos in Polen und den baltischen Ländern hergestellt und dort auch Wehrmachtschuhwerk repariert.[100] Nach Gründung der *Gemeinschaft Schuhe* im November 1942 und damit nach Übernahme der Bewirtschaftungskompetenzen durch die großen Unternehmen des Industriezweiges selbst fand man in der Schuh- und Leder-Ersatzstoffwirtschaft noch eine Möglichkeit, Häftlings- und Zwangsarbeit für die Unternehmen zu nutzen: bei der Altschuhverwertung. Die *Gemeinschaft Schuhe* organisierte die für die Aufbereitung der Rohstoffe benötigte billige Zwangsarbeit des Vorsortierens und Auftrennens der Schuhe in »Gemeinschaftswerkstätten« in den Konzentrationslagern und regelte auch deren Finanzierung und Abwicklung mit der SS für die Unternehmen.

Maschinelle und manuelle Arbeit: Trennkommandos für Altschuhe in Konzentrationslagern

Unmittelbar nach dem Anlaufen der »Aktion Reinhard« in den Vernichtungslagern begann im August 1942 unter den Unternehmen der *Fachabteilung Lederfaserwerkstoffe* und dem *Reichsamt für Wirtschaftsausbau* eine Diskussion um die »zweckmäßigste Art der Zerkleinerung von Altschuhwerk«. Nachdem der *Reichskommissar für Altmaterialverwertung* die Unternehmen am 10. August 1942 wissen ließ, dass nunmehr »größere Lager von Altschuhen vorhanden« seien, bildeten diese im Auftrag des Reichswirtschaftsministeriums einen Ausschuss, durch den die Verwertung von Altschuhen nun »energisch gefördert werden« sollte.[101]

Robert Eichenlaub von der Firma Salamander, Leiter der *Fachabteilung Lederfaserwerkstoffe*, vertrat den Standpunkt, eine sorgfältige Trennung der Altschuhe in die wichtigsten Bestandteile Gummi, Leder und Textil sei »nur durch Handarbeit möglich«, auch wenn dies »einen recht hohen Arbeitseinsatz« erforder-

99 WG Bekleidungsindustrie an den Hauptausschuss IV Wehrmachtsgerät beim Reichsminister für Bewaffnung und Munition, Betr.: Einsatz von Juden im Generalgouvernement, 29.4.1942, BA Berlin, R 13 XV, Nr. 89.

100 Vgl. dazu Kap. 8.4 und 9.1.

101 Brief RWA an Eichenlaub (FA LFWS), Besprechung am 6.8.1942, Zerkleinerung von Altschuhen, 10.8.1942, BA Berlin R 13 XIII, Nr. 278; Leiter der FA LFWS (Eichenlaub) an die FA LFWS, Betr.: Verwertung von Altschuhwerk, 14.8.1942, BA Berlin, R 13 XIII, Nr. 278.

te.[102] Erst die bereits vorsortierten Lederstücke sollten dann maschinell zu Fasern zermahlen werden. Das Reichsamt war hingegen der Meinung, angesichts der großen Mengen Altschuhe, die zu verarbeiten waren, müsse eine rein maschinelle Art der Zerkleinerung gefunden werden.[103] Die Unternehmen probierten mit Unterstützung des Reichsamts verschiedene maschinelle Methoden aus, die jedoch nicht erfolgreich waren und die ursprüngliche Forderung der Unternehmen nach manueller Vorsortierung nur bestätigten.[104]

Auf einer gemeinsamen Sitzung der Unternehmen im Oktober 1942 wurde als Engpass-Faktor der Mangel an Arbeitskräften konstatiert und der Einsatz von »Gefangenenanstalten« für diese Tätigkeit erwogen. Wiederholt forderten die Unternehmen eine solche Vorsortierung, da die durch Metallteile und Gummi verunreinigten Materialmengen die Mahlscheiben ihrer Maschinen zerstörten.[105] Im April 1943 teilte die *Reichsstelle für Lederwirtschaft* den Unternehmen wieder mit, Altschuhe als Rohstoff seien derzeit in ausreichendem Maße vorhanden.[106] Trotzdem fand Ende Mai bis Anfang Juni 1943 die reichsweite Spinnstoff- und Schuhsammlung statt. Ende August gab die *Gemeinschaft Schuhe* ihren Mitgliedsunternehmen bekannt, dabei sei die Menge von »nahezu 20 Mio Paar« Altschuhen angefallen.[107] Diese stimmt bis auf eine Million Paar mit der Menge überein, die der *Reichskommissar für die Altmaterialverwertung* Anfang August als Ergebnis der Reichssammlung angab. Eine solch bedeutende Menge, zu einem Zeitpunkt, als bereits frühere Sammlungen stattgefunden hatten und die Neuversorgung mit Schuhen gerade in eine große Krise trat, ist bemerkenswert. Zumal die Organisation einer solchen Sammlung laut eines Berichts des Sicherheitsdienstes der SS in der Bevölkerung auf große Kritik stieß. »Selbst die schlechtesten Schuhe«, so Stimmen aus der Bevölkerung, seien »noch gut genug, um auf dem Lande oder bei der Gartenarbeit usw. aufgetragen zu werden, ›bis nichts mehr dran ist‹«. In ländlichen Gegenden, hieß es in dem SD-Bericht vom 10. Juni 1943, verfügte

102 Vgl. Leiter der FA LFWS (Eichenlaub) an die FA LFWS, Betr.: Verwertung von Altschuhwerk, 14.8.1942, BA Berlin, R 13 XIII, Nr. 278.

103 AdRW/RWA, Die Lederwirtschaft im Vierjahresplan, 1938, BA Berlin, R 3112, Nr. 169; RWA an FA LFWS (Eichenlaub), Besprechung am 6.8. [über die] Zerkleinerung von Altschuhen, 10.8.1942; Der Leiter der FA LFWS, Robert Eichenlaub, an die Mitglieder der FA, Betr.: Verwertung von Altschuhwerk, 14.8.1942, BA Berlin, R 13 XIII, Nr. 278.

104 Briefwechsel zwischen dem RWA (Tewes), der FA LFWS (Eichenlaub) und den Firmen Deutsche Linoleumwerke in Bietigheim und Gebr. Bader in Göppingen, 10.8. bis 18.9.1942, BA Berlin, R 13 XIII, Nr. 278.

105 Rundschreiben der FA LFWS, Bericht über die Sitzungen der Güteausschüsse, 13. und 14.10.1942 in Stuttgart, BA Berlin, R 13 XIII, Nr. 68; RfL, Betr.: Zerfaserung von Altschuhen zwecks Herstellung von LFWS, 30.4.1943, BA Berlin, R 8 VI, Nr. 38.

106 Aktenvermerk RfL, Betr.: Bewirtschaftung von Lederabfällen, 3.4.1943, BA Berlin, R 8 VI, Nr. 38; RfL, Betr.: Zerfaserung von Altschuhen zwecks Herstellung von LFWS, 30.4.1943, BA Berlin, R 8 VI, Nr. 38.

107 GS, Bericht der Präsidialsitzung der GS am 25.8.1943, BA Berlin, R 8 VI, Nr. 36.

man schon lange nicht mehr über Altschuhe, da diese entweder selbst »bis zum letzten Fetzen aufgetragen« oder damit »die schon mehrfach zugewiesenen landwirtschaftlichen Hilfskräfte eingekleidet« würden. »In zahlreichen Fällen hätten die in der Landwirtschaft eingesetzten Ostarbeiter von ihren Arbeitgebern völlig neu eingekleidet werden müssen«. In den Städten hingegen hätten sich alte Schuhe zu begehrten Tauschobjekten gegen Nahrungsmittel bei den Bauern der Umgebung entwickelt. Doch trotz all dieser alternativen Verwendungsmöglichkeiten für gebrauchte Schuhe hatte sich – dem SD-Bericht zufolge – besonders die städtische Arbeiterschaft in der Reichssammlung »recht gebefreudig gezeigt«.[108] In der Gesamtschau der mobilisierbaren Altschuhe musste die ungeheure Menge von annähernd 20 Mio Paar tatsächlich zum überwiegenden Teil aus der Reichssammlung stammen. Ob die hier angegebene Zahl von 20 Mio Paar nur eine grobe Aufrundung der Bewirtschaftungsstelle oder eine Zusammenfassung mit den Beständen aus der »Aktion Reinhard« ist, lässt sich heute nicht mit Sicherheit sagen. In die Altschuhbestände, die unter dem Deckmantel der Reichssammlung verteilt wurden, flossen aber nachweislich auch Letztere ein.

Für die Aufbereitung dieser Altschuhe zu Lederstücken als Rohstoff wurde in den Jahren 1943 bis 1944 die Zwangsarbeit von Häftlingen in mehreren Konzentrationslagern genutzt. Bei den Vorbereitungen für die Reichsammlung teilte die *Gemeinschaft Schuhe* am 7. Juni 1943 reichsweit allen Landeswirtschaftsämtern mit: »Der Reichsführer-SS hat sich […] bereiterklärt, das Zerlegen von nicht mehr reparaturfähigem Altschuhwerk in den ihm unterstehenden Konzentrationslagern ausführen zu lassen.«[109] Am 22. Juni erhielt jedes Landeswirtschaftsamt ein Schreiben, in dem das ihm am nächsten liegende Konzentrationslager als Ablieferungsort genannt wurde.[110] Ab Juli 1943 sind in sechs der großen Konzentrationslager im Reich sogenannte Trennkommandos für Altschuhe im Auftrag der deutschen Unternehmen nachweisbar: in Sachsenhausen, Bergen-Belsen, Neuengamme, Ravensbrück, Flossenbürg und Auschwitz II (Birkenau).[111]

108 Boberach (1984), Weiße Serie, 10.6.1943, S. 25351f.

109 GS an die Herren Reichsstatthalter, Oberpräsidenten und entsprechenden Behörden – LWÄ, Betr.: Errichtung von Trennbetrieben, 7.6.1943, Staatsarchiv Hamburg, 371-16 I, Nr. 403.

110 GS an die Herren Reichsstatthalter, Oberpräsidenten und entsprechenden Behörden – LWÄ, Betr.: Schuhsammlung – Schuhverwertung, 22.6.1943, Staatsarchiv Hamburg, 371-16 I, Nr. 403.

111 Ein Grund für diese Verteilung der Aktion auf mehrere Konzentrationslager war wahrscheinlich eine Verordnung des Reichswirtschaftsministers vom Februar 1942, die den Warentransport per Eisenbahn innerhalb des Reiches begrenzte. Zur Einsparung von Transportleistungen der Reichsbahn durften Waren, darunter Neuschuhe und Altwaren, vom Hersteller bzw. Verarbeiter nur noch über Entfernungen von bis zu 250 km transportiert werden. Vgl. Verordnung des RWiMin v. 16.2.1942 über die Einsparung von Transportleistungen bei Maßnahmen des Warenverkehrs, Dt. RA, Nr. 219 v. 18.9.1942; GS, Transportentflechtung, 17.8.1944, BA Berlin, R 10 VI, Nr. 8; Rohde (1977), S. 155.

Der überwiegende Teil dieser Häftlingskommandos wurde in den nur sehr lückenhaft überlieferten Unterlagen der jeweiligen Lager-SS unter dem Namen des Auftraggebers *Gemeinschaft Schuhe* geführt. Für die vorliegende Studie konnten die vorher von ihrem Auftraggeber und ihrer Tätigkeit her nicht näher geklärten Häftlings-Arbeitskommandos der *Gemeinschaft Schuhe* von zeitweise bis zu 200 Häftlingen im Konzentrationslager Flossenbürg (20. Dezember 1943 bis Oktober 1944 nachgewiesen)[112], von mindestens 60 Häftlingen im KZ Ravensbrück (18. Juli 1943 bis 22. September 1943 nachgewiesen)[113] und von bis zu 250 weiblichen Häftlingen im KZ Auschwitz-Birkenau (von 3. April bis 30. Juni 1944 nachgewiesen)[114] als solche Altschuh-Trennkommandos identifiziert werden. Im KZ Neuengamme arbeiteten von spätestens Juli 1943, als dort ein Schuhmachermeister aus Hamburg begann, die Häftlinge für die Trennarbeiten anzulernen, bis mindestens Mai 1944 Häftlinge in der Schuhzertrennung.[115]

112 Für das KZ Flossenbürg ist für den Zeitraum von 20. Dezember 1943 bis 14. Juli 1944 ein »Arbeitskommando Sorau«, das von der *Gemeinschaft Schuhe* bezahlt wurde, dokumentiert. Es beschäftigte zunächst 35 Häftlinge als Hilfsarbeiter, ab Anfang Januar 1944 wurden täglich 5, später 7 Facharbeiter und knapp über 100, am Monatsende fast 200 Hilfsarbeiter abgerechnet. Dieses Kommando war nicht in Sorau in der Lausitz beschäftigt und damit kein eigenes Außenkommando, wie bislang angenommen, sondern nach dem Ausweichquartier der *Gemeinschaft Schuhe* benannt, dessen Geschäftsstelle nach einem Bomberangriff im August 1943 aus Berlin nach Sorau teilverlegt worden war (vgl. Mitteilung GS, 12.8.1943, Betr.: Auslagerung; Besetzungsplan für Sorau, 23.8.1943; Raumverteilungspläne der GS 1944, BA Berlin, R 10 VI, Nr. 1 und 2). Durch den Briefwechsel zwischen der GS, der SS-Lagerleitung und einer »Altleder-Verwertungsgesellschaft mbH« in Frankfurt am Main im Okt./Nov. 1944 wird deutlich, dass die Trennarbeiten im KZ Flossenbürg im Okt. 1944 eingestellt wurden. Mitte November waren noch ein Waggon Gummiabfälle und ca. drei Waggons Lederabfälle im Lager übrig. Vgl. Forderungsnachweise über Arbeitseinsätze des KZ Flossenbürg v. 1.1.1944 bis 1.8.1944, BA Berlin, NS 4/Flossenbürg, Nr. 393; GS an alle Trennbetriebe, Betr.: Altschuhe, 17.10.1944,, BA Berlin, NS 4/Flossenbürg, Nr. 370; Telegramm SS-Verwaltung KL Flossenbürg an GS, 16.11.1944,, BA Berlin, NS 4/Flossenbürg, Nr. 370.

113 Für das KZ Ravensbrück sind sowohl Arbeitseinteilungslisten der SS-Lagerverwaltung als auch Arbeitsdienstzettel für ein Arbeitskommando *Gemeinschaft Schuhe* von bis zu 60 Häftlingen zwischen 18. Juli und 22. Sept. 1943 nachweisbar. Der gesamte Zeitraum ist durch Quellen nur sehr lückenhaft dokumentiert. Weitere Arbeitskommandos von jeweils 10 Häftlingen mit der Tätigkeitsbezeichnung »Lederschneiden« wurden am 13. und 15. Oktober 1943 eingesetzt. Vgl. Arbeitseinteilungslisten der SS-Verwaltung (18.7.1943) und Arbeitsdienstzettel der SS-Verwaltung (27.7. bis 15.10.1943), Archiv der Mahn- und Gedenkstätte Ravensbrück, KL 18, Nr. 6, 7 und 14.

114 Zu den nur sehr lückenhaft überlieferten Nachweisen des Häftlings-Arbeitskommandos *Gemeinschaft Schuhe* in Auschwitz-Birkenau zwischen 3. Mai und 30. Juni 1944 vgl. Übersichten über Anzahl und Einsatz der weiblichen Häftlinge des KZ Auschwitz (Auschwitz II), 3.4. bis 30.6.1944, BStU, Ministerium für Staatssicherheit, HA IX/11 2UV 84 (Dokumente aus dem Prozess gegen Horst Fischer), Bd. 45, Teil 1 und 2, Bl. 219ff.

115 Die Zahl der Häftlinge im Schuhtrennkommando im KZ Neuengamme ist aufgrund fehlender Dokumente nicht bekannt. Die Abgabe von rund 119.000 Paar Schuhen aus der Reichssammlung allein aus 10 Kreisen Hamburgs an das KZ ist zwischen Juli und

Noch bei der Befreiung des Lagers 1945 fanden die Briten dort im Industriehof einen enormen »Schuhberg« vor.[116] In Bergen-Belsen bildete das »Schuhkommando« das zahlenmäßig stärkste Arbeitskommando im streng isolierten »Sternlager«.[117] In ihm arbeiteten nach Erinnerungsberichten im April 1944 etwa 600 Häftlinge.[118] Für die provisorische Bedeckung der riesigen Altschuhmengen im Lager organisierte das Landeswirtschaftsamt in Hannover für das KZ Bergen-Belsen ein Schützenzelt der Gemeinde Bergen, das von der *Gemeinschaft Schuhe* für den Zeitraum vom 17. August 1943 bis mindestens März 1944 gemietet wurde.[119] Auch hier trafen die Briten noch 1945 auf einen »Schuhberg«. Im KZ Sachsenhausen, auf dessen Sonderstatus noch einzugehen sein wird, arbeiteten 150 bis 250 Häftlinge im Schuhtrennkommando. Für diese Arbeitskommandos zahlte die *Gemeinschaft Schuhe* der SS Häftlingslöhne der Hilfsarbeiterrate von 3 bis 4 RM pro Tag.[120] In allen »Trennbetrieben« wurden die Altschuhe in Oberleder, Gummi, Textil, Textil-Altschuhe und Bodenlederteile sortiert.[121] Um die Häftlinge sachgerecht anzulernen, schickten die Schuhindustrie bzw. die lokalen Handwerkskammern vom jeweiligen Wirtschaftsamt ernannte Fachleute ins KZ, die auch die nötigen Werkzeuge organisierten.[122]

Oktober 1943 allerdings in den Unterlagen des LWA Hamburg dokumentiert. Hieraus geht auch hervor, dass in Hamburg ansässige Industriebetriebe und die Reichsbahn, die Altschuhe oder Lederreste für ihre Zwangsarbeiter benötigten, diese per LKW noch von März bis September 1944 im KZ Neuengamme selbst abholten. Hierbei handelte es sich jeweils um Mengen von mehreren Tausend Paar Altschuhen, für die die Firmen 2 RM pro Paar direkt auf das Sonderkonto »Schuhsammlung« der GS bei der Deutschen Bank Berlin überwiesen. Vgl. Staatsarchiv Hamburg, 371-16 I, Nr. 403.

116 Vgl. Hess (2007).

117 Im »Aufenthaltslager« von Bergen-Belsen waren über 4.000 sogenannte »Austauschjuden« mit Staatsangehörigkeit anderer Staaten gefangen. Innerhalb des streng isolierten Lagerteils des »Sternlagers« war das »Schuhkommando« in Baracke 42 am südwestlichen Ende untergebracht. Alexandra-Eileen Wenck weist darauf hin, dass das »Schuhkommando« das einzige Arbeitskommando überhaupt in Bergen-Belsen war, das Arbeit für Zwecke außerhalb des Lagerbetriebs verrichtete. In Bergen-Belsen gab es wegen seiner Sonderfunktion im SS-Lagersystem sonst keine Arbeitskommandos. Vgl. Kolb (2002), S. 32. Vgl. Wenck (2000), S. 122f., 255f.

118 Tagebuchaufzeichnungen von Renata Laqueur über den Arbeitseinsatz im Aufenthaltslager Bergen Belsen, 22.4.1944, in: Laqueur (1989), S. 33.

119 Rechnung für die GS durch die Waffen-SS Lager Bergen-Belsen von Gemeinde Bergen, Kreis Celle, 11.1.1944, Stadtarchiv Bergen, Fach 248/5.

120 Nachweis 3 RM für KZ Flossenbürg: Forderungsnachweise über Arbeitseinsätze des KZ Flossenbürg v. 1.1.1944 bis 1.8.1944, BA Berlin, NS 4/Flossenbürg, Nr. 393; Nachweis für 4 RM für Neuengamme: Richtlinien der GS für das Zerlegen der gesammelten Altschuhe, 1.7.1943, Staatsarchiv Hamburg, 371-16 I, Nr. 403.

121 GS an alle Trennbetriebe, Betr.: Altschuhe, 17.10.1944, BA Berlin, NS 4/Flossenbürg, Nr. 370.

122 Vgl. GS an die LWÄ, Betr.: Schuhsammlung – Schuhverwertung, 5.7.1943; Richtlinien der GS für das Zerlegen der gesammelten Altschuhe, 1.7.1943, Staatsarchiv Hamburg, 371-16 I, Nr. 403.

Karl Möckel von der SS-Standortverwaltung Auschwitz machte genauere Angaben über das Trennkommando in Auschwitz. Er berichtete, dass neben der Altschuhverwertung im Rahmen der »Aktion Reinhard«, die bei den laufenden Morden an Menschen im Lager selbst anfielen, noch eine zweite Altschuh-Verwertungsaktion lief. Diese war von der Abteilung III der Kommandantur organisiert und in einem anderen Teil des Lagers, hinter dem Monopolgebäude, untergebracht. Hier ließ die Standortverwaltung »in eigener Regie [Alt-]Schuhe zertrennen und sortieren«, die »aus einer Reichssammlung stammten und vom Gau Oberschlesien waggonweise zugefahren wurden. Diese Schuhe hatten mit den beschlagnahmten Effekten nicht das Geringste zu tun.«[123] In den Übersichten über den Arbeitseinsatz von weiblichen Häftlingen ist das Kommando »Gemeinschaft Schuhe« als »kriegswichtiger Betrieb« bis 30. Juni 1944 verzeichnet.[124] Für den folgenden Zeitraum sind die Listen nicht erhalten.

Auf der Präsidialsitzung der *Gemeinschaft Schuhe* am 25. August 1943 sprachen die in der Leitung vertretenen Unternehmer ganz offen über die Beschäftigung von KZ-Häftlingen in der Altschuhverwertung. Wegen des hohen Anteils manueller Arbeit war sie, so die Unternehmen, »nur mit billigen Arbeitskräften (Häftlinge) durchzuführen«.[125] Die Trennkommandos in den Konzentrationslagern galten als »Gemeinschaftswerkstätten« der *Gemeinschaft Schuhe*.[126] Das Interesse an den Lederstücken und Altfasern war inzwischen stark gestiegen. Es zeige auch »das Handwerk Interesse für das anfallende Leder«. Sogar die Zuschneidestellen für die Schuhproduktion der Wehrmacht waren bis September 1943 dazu übergegangen »Beutegut und Altschuhwerk« zu verarbeiten, um »die Bestände an Neuleder zu schonen«.[127] Durch Vorsortierung in den Konzentrationslagern, die die *Gemeinschaft Schuhe* organisierte, und die Weiterveräußerung auch an andere Verarbeiter trug sich die Altschuhverwertung finanziell

123 Möckel datierte dieses Arbeitskommando nicht weiter. Seine Aussage bezieht sich aber auf die Zeit ab April 1943, da er erst am 20.4.1943 seine Stelle in Auschwitz antrat. Vgl. Aussage Karl Ernst Möckels zur »Aktion R«, 7.7.1947, im Wortlaut abgedruckt in: Perz/Sandkühler (1999), S. 305; vgl. dazu auch die zitierten Häftlingsberichte im Archiv des Staatlichen Museums Auschwitz in: Strzelecki (2000), S. 34ff.

124 Übersichten über Anzahl und Einsatz der weiblichen Häftlinge des Konzentrationslagers Auschwitz (Auschwitz II), 3. 4. bis 30.6.1944, BStU, Ministerium für Staatssicherheit, HA IX/11 2UV 84 (Dokumente aus dem Prozess gegen Horst Fischer), Bd. 45, Teil 1 und 2, Bl. 219ff.

125 Anwesende und Beschlussfassende der Präsidiumssitzung waren: Oberregierungsrat Humbert (RWiMin), Friedrich, Keller, Ludwig Cornelius Freiherr von Heyl (Heyl'sche Lederwerke, Worms), Dr. Mohr (RfL), Neumann, Lüttjohann, Ludwig, Dr. Albrecht Miesbach (Baťa Werke Zlín), Theodor Roeder (Mercedes Schuhfabriken, Stuttgart), Otto Steitz (Geschäftsführer der GS), Dr. Vogt, Florenz Brockmeyer, Böhme. Vgl. RfL, Bericht der Präsidialsitzung der GS am 25.8.1943, BA Berlin, R 8 VI, Nr. 36.

126 Ebd.

127 Bericht des Krumm-Ausschusses Juli-September 1943, BA Berlin, R 3, Nr. 311, Bl. 9.

selbst.[128] Das vorsortierte Material, »das in Lagern durch Auftrennen von Schuhen gewonnen wurde«, wie es in einem Rundschreiben der *Fachabteilung Lederfaserwerkstoffe* an alle Unternehmen hieß, erhielten die Firmen zu einem Preis von 6 RM pro 100 kg.[129] Es war mittlerweile direkt über die *Gemeinschaft Schuhe* zu beziehen.

Dass es sich nicht nur bei den Arbeitskräften, die Trennarbeiten vornahmen, um Häftlinge der Konzentrationslager, sondern auch bei den Altschuhen selbst um Bestände aus den Vernichtungslagern handelte, war den meisten der Beteiligten wohl bekannt, zumindest aber den im Präsidium und den Ausschüssen der *Gemeinschaft Schuhe* und der *Fachabteilung Lederfaserwerkstoffe* vertretenen Unternehmern.[130] Über die Aufbereitung des Materials durch Häftlinge in den Konzentrationslagern berichteten sie offen sowohl in den internen Verhandlungen als auch in den Rundschreiben der *Gemeinschaft Schuhe* und ihrer Ausschüsse an die nicht auf den Sitzungen vertretenen Unternehmen. Firmen wie Salamander ergriffen besondere Maßnahmen zur »Entwesung« des Materials, das aus den Konzentrationslagern in die Fabriken geliefert wurde. Im Verzeichnis des Maschinenbestandes der Salamander AG, der bei Bombenangriffen zerstört wurde, war im Februar 1944 eine »Entlausungsanlage« der Firma Degesch verzeichnet, die Salamander 1943 angeschafft hatte.[131] Es ist anzunehmen, dass es sich dabei um eine Anlage handelte, mit der aus den Konzentrationslagern stammende Altschuhe und Lederabfälle desinfiziert wurden.[132]

Solche Anlagen zur Desinfektion von »Effekten« wurden seit 1940 vom SS-eigenen Hygieneinstitut, in der »Desinfektionsabteilung und Desinfektorenschule« am SS-Standort Sachsenhausen-Oranienburg in Zusammenarbeit mit

128 Vgl. RfL, Bericht der Präsidialsitzung der GS am 25.8.1943, BA Berlin, R 8 VI, Nr. 36.

129 Preis des Altleders aus: Rundschreiben Nr. 15 der FA LFWS, 3.11.1943, BA Berlin, R 13 XIII, Nr. 68; Zitat aus: H. Herfeld/R. Bellmann, Über den Einsatz von Altschuhmaterialien bei der Herstellung von Lederfaserwerkstoffen, in: Lederfaserwerkstoffe, Heft 2, März 1944, S. 41-49, MPG-Archiv, Abt. III, Rep. 39, Nr. 16/39.

130 Albrecht Miesbach, deutsches Vorstandsmitglied der Baťa AG Zlín, deren Werk Chelmek vom KZ Auschwitz Altschuhe bezog, war z. B. Mitglied im Präsidium der GS und damit einer der Entscheidungsträger der unternehmerisch gelenkten Schuhwirtschaft ab November 1942. Vgl. Brief der Firma Baťa an das Ministerium für Wirtschaft und Arbeit in Prag, 19.8.1942, Mährisches Landesarchiv Brno – Zlín, Bestand Baťa, Bata I/4 Hauptverwaltung, Nr. 330.

131 Dies war eine Entlausungsanlage der Firma Degesch Frankfurt. Vgl. Buch Gewerbemaschinen-Ausgänge 1936-1945, WABW, Bestand Y 110, Salamander AG.

132 Eine andere Funktion der Anlage könnte auch die Desinfektion von Altkleidern und -schuhen für die Ausstattung der insgesamt 2.100 von Salamander beschäftigten Zwangsarbeiter gewesen sein. Der Anteil der Zwangsarbeiter und Kriegsgefangenen an der gesamten Belegschaft von Salamander lag bei über 30 Prozent. Vgl. Hanspeter Sturm, Geschichte der Salamander AG, Manuskript 1958, WABW, Bestand Y 110, Salamander AG, S. 98; Bräutigam (1997), S. 236.

der Degesch und der Hamburger Firma Tesch & Stabenow entwickelt.[133] Die beiden Firmen lieferten das für die »Entwesung« verwendete Produkt *Zyklon B*, ein Blausäuregas.[134] Ende 1943 waren im Deutschen Reich 552 solcher Kreislaufkammern zu Entlausungszwecken (»Normalgaskammern«) in Betrieb oder im Bau.[135]

Der Häftling Heinrich Lefrère, Vorarbeiter der »Entlausungsanlage« im KZ Sachsenhausen von 1939 bis 1945, berichtete 1948, dass die »Entlausungsanlage« für Kleider und Schuhe im Lager im Frühjahr 1939 in Betrieb genommen und mit *Zyklon B* betrieben wurde. Sie diente später vor allem der Desinfektion der Beutegüter der »Aktion Reinhard«, die waggonweise aus den Vernichtungslagern herangeschafft wurden. Sie war auch Vorführanlage für die Schulungskurse der »Desinfektorenschule« der Waffen-SS in Oranienburg.[136] In Oranienburg fanden bis 1944 Kurse zum Umgang mit *Zyklon B* und Einführungen in die Benutzung der Anlagen statt.[137]

Wissenschaft und Altschuhverwertung

Die Wissenschaft im Dienste der Schuh- und Lederunternehmen leistete ebenfalls einen entscheidenden Beitrag, um die Altschuhe erfolgreich als Rohstoff erschließen zu können. Die Leder- und Werkstoff-Forscher der Deutschen Versuchsanstalt für Lederindustrie in Freiberg (DVA), die hier bereits als Organisatoren eines Großteils der Versuche auf der »Schuhprüfstrecke« im KZ Sachsenhausen eingeführt wurden, begannen 1942 mit der Untersuchung von Altschuhen als Rohstoff.[138] Interesse hieran zeigte vor allem ihr junger und ehrgeiziger stellvertretender Direktor, Hans Herfeld.

In zwei Versuchsreihen, die vom *Reichsamt für Wirtschaftsausbau* und von der *Gemeinschaft Schuhe* in Auftrag gegeben wurden, beschäftigten sich Herfeld und

133 Kaienburg (2006a), S. 356-358; Ebbinghaus (1998); Kalthoff/Werner (1998), S. 129f., 136, 152f., 189.

134 Die Degesch besaß ein Monopol auf die Herstellung von gasförmigen Schädlingsbekämpfungsmitteln und Tesch & Stabenow das zu ihrer Anwendung und ihrem Vertrieb. Vgl. Kalthoff/Werner (1998).

135 Die Luft in den Kammern wurde vor der Begasung erhitzt, um das Ungeziefer für das Giftgas aufnahmebereiter zu machen und dessen Atmung zu beschleunigen. Vgl. Kalthoff/Werner (1998), S. 99, 110f., 121.

136 Aussage von Heinrich Lefrère am 18.8.1948 im Strafverfahren gegen Dr. Gerhard Peters, HStAW 36342-8, Handakte Peters I, S. 245, zitiert in: Kalthoff/Werner (1998), S. 152f.

137 Kaienburg (2006a), S. 356-358; Kalthoff/Werner (1998), S. 129f., 136, 152f., 189.

138 Die ersten Versuchsreihen mit Altschuhwerk sind im Berichtsjahr 1942/43 belegt. Vgl. DVA (Herfeld), Tätigkeitsbericht über das Jahr 1942/43, MPG-Archiv, Abt. I, Rep. IA, Nr. 1798/5, S. 9. Die Ergebnisse veröffentlichte Herfeld in der Zeitschrift der FA LFWS: Herfeld/Bellmann (1944).

seine Mitarbeiter mit den Möglichkeiten der Verarbeitung der Altschuhe zu neuem Material. Dabei stellten sie fest, dass pflanzlich gegerbte Sohlenteile den Fußschweiß der Träger in beträchtlichem Maße aufnahmen. Dies setzte die Festigkeit und Elastizität der Fasern in gebrauchten Schuhen auf Dauer herab.[139] Außerdem wurde das alte Leder im Gebrauch durch Staub, Schmutz und Pflegemittel mit der Zeit spröde und verlor damit im Vergleich zu neuen Lederfasern an Qualität. Zur Frage der optimalen Verwendung von Altschuh-Fasern in neuen Lederfaserwerkstoffen wurden auf der »Schuhprüfstrecke« im KZ Sachsenhausen Forschungsreihen durchgeführt.[140] Die wichtigste Erkenntnis der Untersuchungsreihen war, dass Altschuhfasern bis zu 15 Prozent der Gesamtfasermenge von Werkstoffen beigemengt werden konnten, ohne deren Qualität negativ zu beeinträchtigen.[141] Die Lederfaserwerkstoffe mit Altschuh-Beimischung wurden künftig in Absätzen (*Lefa* der Güteklasse II) neuer Schuhe verwendet.[142] So gelangten die Schuhe der Ermordeten aus den Vernichtungslagern ab Oktober 1942 als Faser-Rohstoff in die Neuschuhe für die deutsche Zivilbevölkerung.

Mit Hilfe der Versuche der DVA gelang es auch den Unternehmen endgültig, den *Reichskommissar für Altmaterialverwertung* und das *Reichsamt für Wirtschaftsausbau* davon zu überzeugen, dass »nur die Trennung der Einzelteile [der Schuhe] von Hand und Aussortierung der reinen Lederstücke gangbar ist« und dass der bereits »von der Gemeinschaft Schuhe beschrittene Weg, das Zertrennen der Schuhe von Hand vornehmen zu lassen, für die Einsatzfähigkeit der Altschuhfasern bei der Herstellung von Lederfaserwerkstoffen wesentlich günstiger« sei.[143] Die Wissenschaftler lieferten den Unternehmen damit noch eine weitere Legitimation für den Einsatz von Häftlingen für die Trennarbeit.

Arbeit in den Trennkommandos der Konzentrationslager

Wie gestaltete sich nun diese Arbeit des Trennens und Vorsortierens von alten Schuhen in den Konzentrationslagern für die Arbeitskräfte? Da Hunderte von Häftlingen in mehreren Konzentrationslagern diese Tätigkeit ausüben mussten,

139 Chromgegerbte Lederabfälle, die weniger Fußschweiß aufnahmen, ergaben höherwertige Werkstoffe als lohgares Leder.

140 FA LFWS an RfA, Betr.: Einsatzfähigkeit von Altschuhfasern bei LFWS, 24.1.1944; DVA an die FA LFWS, Betr.: Einsatzfähigkeit von Altschuhfasern bei LFWS, 7.2.1944, BA Berlin, R 13 XIII, Nr. 278.

141 Herfeld/Bellmann (1944).

142 Rundschreiben der FA LFWS, Bericht über die Sitzungen der Güteausschüsse, 13. und 14.10.1942 in Stuttgart, BA Berlin, R 13 XIII, Nr. 68.

143 DVA (Herfeld) an den RfA, Betr.: Einsatzfähigkeit von Altschuhfasern bei LFWS, 7.1.1944; FA LFWS an den RfA, Betr.: Einsatzfähigkeit von Altschuhfasern bei LFWS, 24.1.1944, BA Berlin, R 13 XIII, Nr. 278; Herfeld/Bellmann (1944).

ist eine Vielzahl von Schilderungen erhalten. Renata Laqueur, eine Insassin des »Aufenthaltslagers« im KZ Bergen-Belsen, berichtete in einem Tagebuch, das sie während ihrer Haftzeit im Konzentrationslager führte, von der Arbeit im »Schuhkommando«, dem sie am 22. April 1944 zugeteilt wurde. Insgesamt schätzte sie die Zahl der dort tätigen Häftlinge auf 600:

> »Die sogenannte Schuhfabrik befindet sich in einem massiv gebauten Pferdestall. Etwa 120 Frauen arbeiten in einem Raum. Wir sitzen auf diesen verdammt harten Schemeln an hölzernen Tischen inmitten dieser Haufen alter Schuhe. Eine stickige, staubige Luft lässt das Atmen schwerfallen, und nach kurzer Zeit schmerzt der Rücken durch das ständige Sitzen in gebückter Haltung. Unser Tagespensum: vierzig Paar alter Schuhe auseinandertrennen. Naht für Naht, mit ungeeignetem Werkzeug. Die Teile werden sortiert und in dafür bereitgestellte Wehrmachtshelme geworfen.«

Weiter schildert Laqueur:

> »Ein Helm ist für noch wiederverwendbares Leder bestimmt, ein anderer für Abfalleder, der dritte für die Textilreste. ›Gute‹ Stücke sind die, aus denen die Deutschen Kunstleder machen wollen. Unser Favorit ist stets der Helm mit dem Abfalleder, er ist immer als erster gefüllt, denn das ist unsere einzige Möglichkeit der Sabotage: brauchbares Leder unbemerkt in kleine Stücke zu zerschneiden. Die Textilreste, eine viel zu gute Bezeichnung für diese staubigen, verdreckten Stoffetzen, werden von uns dringend auf der Latrine benötigt. […] Insgesamt sind es wohl 600 Männer und Frauen, die über diesen alten Schuhen hocken. Sicher, die Arbeit ist nicht eigentlich schwer, aber elf Stunden gebeugt auf einem wackligen, hölzernen Schemel sitzen, hungrig und durchgefroren, das macht uns fertig. Dazu dieser elende Staub. Die Kehle trocknet aus, die Augen brennen, und der Rücken schmerzt zwischen den Schulterblättern. Schmerzen vom langen Sitzen, Schmerzen im Magen, aber am stärksten peinigen mich die Schmerzen über diese menschenunwürdige, nutzlose, leere Arbeit.«[144]

Ein anderer Häftling des Bergen-Belsener »Schuhkommandos«, Abel Herzberg, berichtete über andere Arten der »Sabotage«:

> »Es ist eine Arbeit für Schwachsinnige und […] eine fürchterlich dreckige Arbeit. […] Zwischen uns Juden und dem Scharführer [entwickelte sich] eine ständige, zähe Auseinandersetzung über die Höhe unserer Arbeitsleistung. […] Über die abgeholte Menge alter Schuhe wird Buch geführt; die Buchhalter sind Juden […]. Man erfindet daher die genialsten Methoden, um den Scharführer hereinzulegen. Man holt beispielsweise Schuhe vom großen Haufen, lässt eine sehr stark ›aufgerundete‹ Zahl aufschreiben und bringt oben-

144 Tagebuchaufzeichnungen von Renata Laqueur über den Arbeitseinsatz im Aufenthaltslager Bergen Belsen, 22.4.1944, in: Laqueur (1989), S. 33.

> drein die besagten Schuhe insgesamt oder teilweise wieder zum großen Haufen zurück. Wenn dann so ein Standartenführer einfach nicht begreifen kann, weshalb keine Produktivität zustande kommt und warum das Material nicht weniger wird, dann haben die Juden wenigstens einen Augenblick lang auch ihr Vergnügen.«[145]

In Sachsenhausen wurde das Trennkommando für Altschuhe, in dem anfangs 150 und zu Stoßzeiten 250 Häftlinge tätig waren, nicht im Auftrag der *Gemeinschaft Schuhe*, sondern vom Bekleidungswerk der Waffen-SS betrieben. Dies lag in der besonderen Stellung des Lagers Sachsenhausen innerhalb des SS-Verwaltungssystems begründet. Außerdem nahm Sachsenhausen für die Schuhproduktion der Konzentrationslager einen Sonderstatus ein. Das Bekleidungswerk der Waffen-SS mit Werken in Dachau, Sachsenhausen und Ravensbrück war sowohl für die Beschaffung der Bekleidung und Ausstattung der SS wie auch der Häftlinge aller Konzentrationslager zuständig. Dabei entwickelte sich Sachsenhausen zum Sonderstandort für die Schuhproduktion aller Lager und Ravensbrück für die textilen Bekleidungsstücke.[146]

Zum gleichen Zeitpunkt, als das Reichswirtschaftsministerium den Unternehmen der *Wirtschaftsgruppe Lederindustrie* den Anfall von 20 Mio Paar Altschuhen bekanntgab, wurde im Juni 1940 von der SS-Führung ein SS-eigenes Unternehmen mit dem Titel *Gesellschaft für Textil- und Lederverwertung* mit Betrieben im KZ Dachau, Ravensbrück und ab Dezember 1941 im polnischen Lublin gegründet.[147] Doch konzentrierte sich dieses SS-Unternehmen bereits 1941 auf die Produktion von textilen Bekleidungsstücken und Pelzen, Stroh-Überschuhen und Rohrmatten. Die Lederverwertung gab sie als Funktion an das SS-Bekleidungswerk ab. Im Herbst 1940 wurde im KZ Sachsenhausen die zentrale Lederverwertung der SS angesiedelt. Ende November 1940 gab der Chef des Amtes I (Hauptamt Haushalt und Bauen) beim Reichsführer-SS bekannt, im Konzentrationslager Sachsenhausen sei soeben für die Waffen-SS eine »Altsachenverwertungsstelle für Leder« eingerichtet worden. Er ordnete an, dass künftig »sämtliche Lederbekleidungs- und Ausrüstungsstücke wie Marschstiefel, Schnürschuhe, Leibriemen usw., die […] unter Altmaterial fallen, nicht mehr

145 Abel Herzberg, Außerhalb der Zeit, außerhalb des Lebens, außerhalb des Raumes. Tagebuchaufzeichnungen August 1944, in Auszügen abgedruckt in: Kolb (2002), S. 100-108, hier S. 107.

146 Vgl. dazu Meldung des SS-WVHA, Amtsgruppe D – Konzentrationslager – an Chef der Amtgruppe B, 15.8.1944, Betr.: Bestand an Häftlingen und die Knappheit der Häftlingsbekleidung, Nürnberger Dokument PS-1166 (Beweisstück US-452), abgedruckt in: Der Prozess gegen die Hauptkriegsverbrecher vor dem Internationalen Militärgerichtshof Nürnberg, 14.11.1945-1. 10.1946, Nürnberg 1948, S. 46ff. Zur Uniformproduktion in Ravensbrück vgl. Strebel (2003), S. 213-228; Allen (1999).

147 Vgl. die Geschäftsberichte der Gesellschaft für Textil- und Lederverwertung in BA Berlin, NS 3, Nr. 1252, 1442 und 1443; Nürnberger Dokument 558. Zur Geschichte der SS-TexLed vgl. Strebel (2003), S. 213-228, Schulte (2001), S. 131-135; Allen (1999).

an das Zuchthaus Straubing (Niederbayern), sondern an das Bekleidungswerk der Waffen-SS, Altsachenverwertungsstelle Leder, Oranienburg, Konzentrationslager Sachsenhausen abzuliefern« seien.[148] Alle Altschuhe, die bei der SS anfielen, wurden künftig nach Sachsenhausen transportiert und dort wiederverwertet.

Die sogenannte Schuhfabrik im Norden des »Industriehofs«, die ab 1940 aus vier Baracken und einem Massivgebäude bestand, umfasste ein Schuhtrennkommando und ein Werk für die Produktion von Häftlingsschuhen.[149] Hier trennten Häftinge zunächst Schäfte und Sohlen der Altschuhe auf und verarbeiteten sie dann zu neuen Häftlingsschuhen mit Holzsohle.[150] Für die Fertigung von Arbeitschuhen für die KZs waren anfangs 80 bis 100 Häftlinge beschäftigt. Anfang März 1942 waren es bereits 350 Häftlinge im Arbeitskommando »Bekleidungswerk«.[151] 1943 stieg die Zahl sogar auf 800 bis 850.[152] 1944 waren »mit der schlechtesten Arbeit, Schuhe trennen«, innerhalb der »Schuhfabrik« 250 russische Kriegsgefangene beschäftigt.[153] Neben der Neuproduktion von Schuhen für die Häftlinge und der Anfertigung von Schuhmodellen für Versuche auf der »Schuhprüfstrecke«[154] wurden Schuhe und Ausrüstungsgegenstände

148 Hieraus geht auch hervor, dass bei der Verwertung des verbrauchten Schuhwerks der SS vorher bereits Zwangsarbeit von Gefangenen im Zuchthaus Straubing herangezogen wurde. Vgl. Der Reichsführer-SS, Hauptamt Haushalt und Bauten (Prietzel) an den Inspekteur der Konzentrationslager, das Hauptsorge- und Versorgungsamt und SS-Ergänzungsamt, Betr.: Altmaterial, 29.11.1940, BA Berlin, NS 3, Nr. 423.

149 Zur Baugeschichte der »Schuhfabrik« in Sachsenhausen, vgl. Kaienburg (2006a), S. 280-287.

150 Für die Holzsohlen wurden frische Rotbuchenstämme mit einer Bandsäge in Stücke zerteilt und in Sohlenform ausgeschnitten. Dann wurden die Sohlen an Fräsen von Hand nachbearbeitet. An einer Fräse wurde die Trittsohle, an einer zweiten der Rand ausgefräst, auf den dann die Schäfte genagelt wurden (Abb. 5, 6, 30, 58). Etwa 1941 wurde die Produktion rationalisiert und bedeutend erweitert. Es kamen neue Maschinen hinzu, unter anderem eine Motorsäge und eine Zwickmaschine. Ab 1941 bestand die »Schuhfabrik« aus einem Kraftwerk und 8 Baracken. In ihnen befanden sich der Maschinenraum I und II, ein »Zusammensetzbetrieb« (Montage von Schaft und Sohle), eine Stepperei, eine Zuschneiderei, eine »Schuhmacherei« (wohl Reparaturbetrieb), eine Sattlerei, Magazine und eine Unterkunft. Die »Schuhfabrik« produzierte in zwei Schichten 1.400 Schäfte am Tag, nachdem die anfängliche Leistung 120 Paar am Tag gewesen war. In der Montage wurde dadurch die Leistung von anfangs 8 Paaren auf 48 Paar pro Häftling gesteigert. Vgl. Berichte Willy Mayer, AS, LAG XXXV 5/1; Adolf Piegert, Bericht über das SS-Bekleidungswerk Oranienburg-Sachsenhausen, genannt »Schuhfabrik«, AS, R 234, M. 168.

151 Arbeitseinsatz-Übersicht des KZ Sachsenhausen, 6.3.1942, AS, R 35, Nr. 14, zitiert in: Kaienburg (2006a), S. 282.

152 Adolf Piegert, Bericht über das SS-Bekleidungswerk Oranienburg-Sachsenhausen, genannt »Schuhfabrik«, AS, R 234, M. 168.

153 Bericht Karl Stenzel, AS, VVN-Sammlung, Bd. 8/3.

154 Vgl. dazu Kap. 9.

der SS repariert. Manche SS-Männer ließen sich dort Maßstiefel anfertigen.[155] Da auch hier die allgemeine Regelung des SS-WVHA galt, dass »alle Gegenstände« aus Leder, »welche nur ein Drittel [...] Tragewert besitzen oder überhaupt unbrauchbar sind«, nach Gewicht an das Reichswirtschaftsministerium verkauft wurden,[156] gelangten die für die SS nicht weiterverwendbaren Lederreste auch aus Sachsenhausen an die *Gemeinschaft Schuhe* zur Lederfaserwerkstoff-Herstellung.

Der Häftling Robert Rentmeister berichtete, dass in Sachsenhausen bereits die Altschuhe aus der Reichssammlung von Arbeits- und Skistiefeln im Herbst/Winter 1941 weiterverarbeitet und aufgetrennt wurden. Die Häftlinge lasen die den Stiefeln beigegebenen Briefchen und sammelten im Auftrag der SS die »Liebesgaben« wie Zigaretten ein, die die früheren Besitzer, im Glauben, die Schuhe seien für die deutschen Soldaten an der Ostfront bestimmt, beigelegt hatten.[157] Die Altschuhe wie auch die fertig sortierten Lederstücke wurden in riesigen Bergen auf dem Hof der Baracken gelagert, die bald an Höhe die Baracken überragten. Mitte 1944, als auch von der italienischen Front Lieferungen von Lederabfällen eintrafen, lagerten die riesigen Mengen Beuteware in Zelten auf dem Gelände der »Schuhfabrik«.[158] Willi Mayer, der Vorarbeiter der »Schuhfabrik«, zählte 147 Eisenbahnwaggons von Schuhen und anderen Lederwaren, die seiner Ansicht nach aus den Vernichtungslagern in den Jahren 1943 und 1944 eintrafen: »Vom kleinsten Babyschuh, die schönsten Damenschuhe bis zum abgetragenen Herrenschuh – alles war vorhanden und gab Kenntnis von der Massenvernichtung der Menschen.« Die überlebenden Häftlinge des Trennkommandos schätzten später, dass etwa 10 Prozent der eintreffenden Altschuhe Kinderschuhe waren.[159] »Die Firmenstempel wiesen aus, wo sie herkamen. Französische und holländische waren besonders viel vertreten, deutsche, polnische, am Ende viele italienische und ungarische und tschechoslowakische.«[160]

Im Trennkommando arbeitete Waldemar Loich:

> »Im Arbeitssaal herrschte scharfes Antreiberwesen. Drei Sack mit auseinandergetrennten Sachen und Lederzeug müssen pro Tag geschafft werden. Wer mehr auseinandertrennt, oder wer Gold, Schmuck und Wertsachen findet,

155 Adolf Piegert, Bericht über das SS-Bekleidungswerk Oranienburg-Sachsenhausen, genannt »Schuhfabrik«, AS, R 234, M. 168.

156 August Frank an den Leiter der Standortverwaltung Lublin und Verwaltungsleiter Auschwitz, 26.9.1942, Nürnberger Dokument NO-724, abgedruckt in: Jüdisches Historisches Institut Warschau (1960), S. 405f.

157 Bericht Robert Rentmeister, Spende von Skistiefeln, AS, VVN-Sammlung, Bd. 8/3.

158 Bericht Willy Mayer, o.D., AS, LAG XXXV 5/1; Bericht Rudolf Wunderlich v. 5.7.1945, AS, LAG III.

159 Bericht Willy Mayer, o.D., AS, LAG XXXV 5/1.

160 Adolf Piegert, Bericht über das SS-Bekleidungswerk Oranienburg-Sachsenhausen, genannt »Schuhfabrik«, AS, R 234, M. 168.

bekommt pro Sack, oder Schmuckstück eine Scheibe Brot als Prämie. Ich habe den ersten Tag nur knapp einen Sack geschafft und sollte nun die Nacht weiterarbeiten. [...] Drei Säcke habe ich nie erreicht.«[161]

Was die Deportierten unmittelbar auf dem Leib trugen, stellte in der Regel das letzte persönliche Eigentum dar, das sie in das ungewisse Lagerleben zu retten hofften. Oft hatten die Verschleppten daher in dem verzweifelten Versuch, letzte Versorgungsmittel für Notfälle zu retten, Wertgegenstände in den Schuhen versteckt und in Kleidern vernäht (Abb. 73). Beim Auftrennen der alten Schuhe und Bekleidung im Trennkommando in Sachsenhausen traten daher, auch für die SS unvermutet, große Mengen von Schmuck, Geld verschiedener Währungen, Edelmetalle und sonstige Wertgegenstände zu Tage.[162] Hatten sich in den Vernichtungslagern bereits einzelne SS-Leute und ihre Familien an den geraubten Wertgegenständen bereichert, so blühte die Korruption in der SS auch in Sachsenhausen. Bald gelangten Wertgegenstände aus den Altschuhen zuerst über die Häftlinge, die im Trennkommando arbeiteten, im Lager in Umlauf, wo sie diese unter der Hand gegen Nahrungsmittel eintauschten. Schließlich führte dies zu großen, gegenüber der Lagerleitung verheimlichten Bereicherungsaktionen einer Reihe von SS-Leuten. Dies war schließlich sogar Anlass zur Bildung einer Sonderkommission der Kriminalpolizei aus Berlin im Lager.[163]

Danach traf die SS-Lagerleitung genaue Regelungen für die Ablieferung der Werte aus den Altschuhen.[164] Den schärfsten Kontrollen waren die Häftlinge des Trennkommandos ausgesetzt. Sie waren künftig in den isolierten und mit Stacheldraht abgezäunten Baracken 5 und 6 untergebracht, in denen sie gleichzeitig auch schliefen. Im Lagerjargon erhielt das Ensemble den Spitznamen »Goldkäfig«.[165] Nur im Krankheitsfall kamen die Häftlinge aus der Isolierung noch heraus. Dabei mussten sie sich einer Leibesvisitation unterziehen: Sie wurden – wohl mit Röntgenstrahlen – »durchleuchtet«, bekamen »Durchfallmedi-

161 Vgl. Bericht Waldemar Loich, AS, VVN-Sammlung D 30 A, Bd. 8/2.

162 Die Wertgegenstände wurden von der SS sehr genau verzeichnet, um Unterschlagungen vorzubeugen. Bekannt ist bislang nur eine einzige Liste von Wertgegenständen, die in den Schuhen gefunden wurden. Es ist die Nummer 73 in einer Serie, die am 21.4.1944 bei der Amtskasse des WVHAs eingeliefert wurde. Daraus geht hervor, dass man in 82 Schuhen von 16.048 Altschuhen dieser Lieferung Wertgegenstände fand. Diese enthielten fast 4.000 RM, etwa 1.500 polnische Zloty, 555 amerikanische Dollar, 260 Rubel, 1.000 belgische Belg und 40 französische Franc in Gold. Daneben wurde eine Tüte mit Goldstaub, 10 Ringe, 11 Goldmünzen, 1 Manschettenknopf, 7 Edelsteine, 3 Armbänder, 1 Kette und 2 Anhänger gefunden. Vgl. Amtsgruppe D des WVHA, Aufstellung, Behälter Nr. 45, 21.4.1944, abgedruckt in: Kaienburg (2006a), S. 286.

163 Bericht Rudolf Wunderlich v. 5.7.1945, AS, LAG III; Morsch (2005), S. 99ff.

164 Pohl an Glücks, Betr.: Ablieferung von Werten der Aktion Reinhard durch SS-Bekleidungswerk-Betrieb – Oranienburg, 9.2.1944, abgedruckt in: Jüdisches Historisches Institut Warschau (1960), S. 424.

165 Bericht Willy Mayer, o.D., AS, LAG XXXV 5/1.

zin und sogar der Kot wurde kontrolliert«.[166] Offenbar ging die SS sogar dazu über, die Schuhe zu röntgen, um dabei versteckte Wertgegenstände zu finden.[167] Die »deutschen Zahlungsmittel, Devisen und Schmucksachen aus Edelmetallen« aus den Schuhen wurden ein- bis zweimal monatlich in plombierten Behältern und mit Papieren in sechsfacher Ausführung an das SS-WVHA in Berlin abgeliefert und schließlich auf ein Konto der SS bei der Reichshauptkasse eingezahlt.[168] So verlor die Verwertung des Leders gegenüber den ungleich höheren Werten an Edelmetallen, Schmuck und Devisen, die man in den Schuhen fand, für die SS zwar an Bedeutung, doch ging die Trennarbeit und Altmaterialverwertung der Schuhe bis zur Befreiung des Lagers weiter.

Im August 1944 geriet die Altschuh-Verwertungsaktion der Schuh- und Leder-Ersatzstoff-Unternehmen in Konflikt mit dem steigenden Bedarf nach Häftlingskleidern in den Konzentrationslagern. In einem bemerkenswerten Schriftwechsel verschiedener Amtsgruppen im WVHA der SS wurde im Sommer 1944 die Knappheit an Häftlingsbekleidung in den Konzentrationslagern erörtert. Nach Zählung der Kommandanturen aller KZs waren am 1. August 1944 in allen Konzentrationslagern insgesamt 524.286 Menschen inhaftiert. Die Amtsgruppe D rechnete aber mit angekündigten Neuzugängen von insgesamt 612.000 Häftlingen in den nächsten Wochen.[169] In den Lagern waren jedoch insgesamt nur noch 977 Paar Schuhe vorrätig.

Der verantwortliche Chef der Verwaltung B teilte daher seinem Kollegen von der Amtsgruppe D mit, es werde ihm trotz der letzten Zuweisung von »Sonderkontingenten« von Schuhen und Kleidungsstücken – wahrscheinlich aus der »Aktion Reinhard« – »nicht möglich« sein, »die restlose Einkleidung der nun folgenden«, »bereits im Antransport befindlichen […] Neuzugänge vorzunehmen«. Die letzten »Sonderkontingente« an Schuhen und Kleidungsstücken, die bei der Ermordung von über 300.000 ungarischen Juden anfielen, seien bereits

166 Adolf Piegert, Bericht über das SS-Bekleidungswerk Oranienburg-Sachsenhausen, genannt »Schuhfabrik«, AS, R 234, M. 168.

167 Bericht Bedrich Kochan, AS, LAG VII, a/12 und a/13.

168 Pohl an Glücks, Betr.: Ablieferung von Werten aus der Aktion Reinhard durch SS-Bekleidungsbetrieb Oranienburg, 9.2.1944, abgedruckt in: Jüdisches Historisches Institut Warschau (1960), S. 424; Eidesstattliche Erklärung Bruno Melmers, 15.7.1947, Nürnberger Dokument NO-062.

169 Davon stammten voraussichtlich 400.000 aus Warschau (Gefangene des am 1. August begonnenen Warschauer Aufstandes), 90.000 aus dem »Ungarnprogramm (Judenaktion)«, 60.000 aus dem Polizeigefängnis und soeben aufgelösten Ghetto Lodz, 17.000 waren polnische Offiziere, 15- bis 20.000 Gefangene aus Frankreich, 15.000 Polen aus dem Generalgouvernement und 10.000 Strafgefangene aus dem Osten. Wie Bernard Strebel gezeigt hat, war aber die Schätzung der aus dem niedergeschlagenen Warschauer Aufstand neu eintreffenden Häftlinge grob übertrieben. Tatsächlich kamen »nur« 153.810 Personen aus Warschau zum »Arbeitseinsatz« ins Reich. Davon wurden etwa 60.000 in die Konzentrationslager, etwa 90.000 zu anderer Zwangsarbeit im Reich verschleppt. Vgl. Strebel (2003), S. 144.

Abb. 73: Absätze von Männerschuh (links) und Frauenschuh (rechts) als Versteck für letzte Wertgegenstände von Deportierten und im Vernichtungslager Chelmno Ermordeten, Pabianice bei Lodz, Polen (April 1942 bis September 1943)

»restlos ausgegeben«. Und an »brauchbaren Stücken, insbesondere aus der Polenaktion (Warschau)« sei »herzlich wenig zu erwarten«. Die bereits in den Lagern ausgegebene Zivilkleidung, insbesondere die Schuhe, müssten voraussichtlich »infolge ihres Minderwertes bald ersetzt« werden. Ihre »Tragezeit« sei gegenüber neuen Schuhen »sehr beschränkt«. Der Arbeitseinsatz der Häftlinge habe aber gerade einen hohen Verschleiß an Schuhwerk zur Folge. Er verlangte daher, beim Reichswirtschaftsministerium »nochmals Sonderkontingente für Spinnstoff und Leder zu erwirken, damit der überaus hohe Bedarf an Häftlingsbekleidung sichergestellt wird«. Dabei müsse im Gegenzug auf die »enorme Menge [...] an nicht brauchbaren Zivilsachen aus den einzelnen Aktionen von Auschwitz und anderen Lagern« hingewiesen werden, die das Reichswirtschaftsministerium als Material zur Weiterleitung an die Unternehmen der Leder- und Schuhindustrie bereits erhalten hatte und weiterhin erhalten werde.[170]

170 Meldung des SS-WVHA, Amtsgruppe D – Konzentrationslager – an Chef der Amtgruppe B, 15.8.1944, Betr.: Bestand an Häftlingen und die Knappheit der Häftlingsbekleidung, Nürnberger Dokument PS-1166 (Beweisstück US-452), abgedruckt in: Der Prozess gegen die Hauptkriegsverbrecher vor dem Internationalen Militärgerichtshof Nürnberg, 14.11.1945-1.10.1946, Nürnberg 1948, S. 46ff.

10.5 Wiederverwertung von Armeestiefeln in Großbritannien und den USA (1943-1945)

Die Rohstoffknappheit und Bestrebungen um eine bessere Stoffnutzung des Materials Leder führte im ganzen Deutschen Reich somit zu dezentralen, wenngleich von der *Gemeinschaft Schuhe* in Berlin gesteuerten Wiederverwertungsmaßnahmen von immensen Ausmaßen. Nun soll hier ein Blick auf die beiden Vergleichsländer geworfen werden. Gab es auch in Großbritannien und den USA Bemühungen der Wiedereinspeisung von verbrauchten Schuhen in den Wirtschaftsprozess?

Eine systematische oder staatlich gesteuerte Wiederverwertung von gebrauchten Schuhen aus der Zivilbevölkerung wie in Deutschland fand in Großbritannien oder den USA nicht statt. Im Rahmen der Rohstoffökonomie des Militärs kam es jedoch zur Wiederverwertung von Soldatenstiefeln der britischen und amerikanischen Armeen. Die nach Verschleiß ausgemusterten britischen Soldatenstiefel wurden bis April 1942 regulär an private Unternehmen verkauft, die diese reparierten und als zivile Gebrauchtschuhe wieder in den Handel brachten. Angesichts der Lederknappheit beschloss das *Ministry of Supply* jedoch im Juli 1942 eine andere Art der Verwertung. Nach einer Anfrage von Parlamentsabgeordneten und einer Debatte dieser Frage im britischen Unterhaus in London wurden die Stiefel, die in immer größeren Mengen anfielen, künftig nicht mehr an zivile Verbraucher veräußert, sondern für militärische Zwecke wiederverwertet.[171]

Das systematische, industrielle *Reconditioning* (Instandsetzung) oder auch *Rebuilding* (Neumontage) von Armeestiefeln begann. Die Schäfte der britischen Militärstiefel, die aus bestem Chromleder hergestellt waren, überlebten oft die Sohlen und konnten nach einer kompletten Neubesohlung und Absatzerneuerung nochmals von Soldaten verwendet werden. Dies geschah in neu eingerichteten Abteilungen der britischen Schuhhersteller, d. h. in regulären Schuhfabriken. Im Januar 1943 wurden alle Hersteller von Armeeschuhen in Großbritannien verpflichtet, einen gewissen Prozentsatz von gebrauchten Stiefeln solch einem *Rebuilding* zu unterziehen.[172] Die angestrebte Einsparung von Schiffsladeraum für Rohstoff-Importe und die herrschende Knappheit am Rohstoff Leder ließ diese arbeitsintensive Wiederherstellung der Schuhe, mit der vor allem Frauen und ältere Arbeiter beschäftigt wurden, auch in Großbritannien als lohnend erscheinen.[173]

Ab Januar 1943 übernahmen englische Schuhfabriken auch das *Reconditioning* von Armeestiefeln für die US-amerikanische und die kanadische Armee in gro-

171 Reconditioned Army Boots. Questions in Commons, in: SLN v. 30.7.1942, S. 22. Nur gänzlich unbrauchbare Stiefel wurden nach einer Reparatur noch staatlicherseits an Zivilarbeiter in der Rüstungsindustrie abgegeben.

172 Vgl. Britain rebuilds Worn Army Boots Into New Ones, in: SLR v. 2.1.1943, S. 9.

173 Zu den Gründen der Lederknappheit in der britischen Kriegswirtschaft und den wirtschaftspolitischen Maßnahmen, ihr zu begegnen, vgl. ausführlich Kap. 11.

ßem Umfang.[174] Dies geschah als Gegenleistung für Rohstoff-Lieferungen der USA im *Lend-Lease Agreement*.[175] Wegen des großen Lederbedarfs auch in den USA stellte im Juni 1942 das Beschaffungsamt der U.S. Army, das *Quartermaster Corps*, ein neues Programm des *Rebuildung* auf die Beine, in dem aus in ihre Teile zerlegten, verbrauchten Stiefeln neue Stiefel gemacht wurden.[176] Bei ihrer Wiederverwertung der Marschstiefel kam den Amerikanern die hohe Standardisierung der Militärschuhe zugute, die es ermöglichte, auch Schuhe sozusagen »im Austauschbau« zu reparieren und selbst einzelne Teile der Schäfte alter, verbrauchter Paare wieder zusammenzumontieren, die noch funktionstüchtig waren. Für diese Aufgabe gründete das Beschaffungsamt eine eigene Schuhfabrik in Buford, Georgia, die ausschließlich Schuhe wiederverwertete und zu Hochzeiten des Programms 1942/43 5.000 Paar pro Acht-Stunden-Schicht oder fast 1,5 Mio Paar im Jahr bearbeitete. Da der Bedarf so groß war, ließ das *War Department* außerdem bei einem Privatunternehmen, dem größten Schuhkonzern in den USA, der International Shoe Co. in St. Louis, Soldatenstiefel wiederverwerten.[177] Im ersten Jahr des Programms wurden in den USA 2,6 Mio Paar Stiefel auf diese Weise wieder zusammengesetzt. Dadurch sparte das Beschaffungsamt nach eigenen Schätzungen 10 Mio Quadratfuß Oberleder ein. 1944 waren es 22 Mio Quadratfuß Oberleder.[178]

Die Stiefel aller in Europa eingesetzten amerikanischen Soldaten ließ das Beschaffungsamt der *U.S. Army* in Italien oder England reparieren, sofern sie nicht von den Schuhmacherkommandos der *Quartermaster Mobile Repair Company* direkt an der Front instand gesetzt wurden.[179] Der große südwestenglische Schuhkonzern C. & J. Clark verarbeitete allein ein Viertel aller wiederverwerte-

174 Britain rebuilds Worn Army Boots Into New Ones, in: SLR v. 2.1.1943, S. 9; The American Mission Visits Shoe Centres, in: SLN v. 21.10.1943, S. 25a.

175 U.S. Army Boots Repairs Meeting at Board of Trade, 4.8.1942, NA/PRO London, BT 64, Nr. 878; British Rebuild Footwear Under Lend-Lease Plan, in: SLR v. 10.7.1943, S. 7. Zum *Lend-Lease Agreement*, das seit Anfang 1941 Rohstofflieferungen aus den USA nach Großbritannien regelte, vgl. Kap. 11.1.

176 Zum Wiederverwertungsprogramm auch von Kleidung und anderen Ausrüstungsgegenständen der U.S. Army, das gleichzeitig mit der Rationierung von Zivilschuhen einsetzte, vgl. Erna Risch/Chester Kieffer, The Quartermaster Corps: Organization, Supply and Services, Washington 1953, Bd. 2, S. 47f.; War Department Announces Army Shoe Needs Are Greater Than Ever, in: SLR v. 9.6.1945, S. 10-30.

177 Die Arbeiten fanden im Werk Bluff City in Hannibal, Montana, und später in einem weiteren, extra hierfür errichteten Werk statt. Vgl. Risch/Kieffer (1953), Vol. II, S. 47f.

178 Vom gesamten Lederaufkommen verbrauchte das Militär in den USA 1944 25 Prozent, 1945 fast 40 Prozent. Der Verbrauch an Militärschuhwerk stieg von 18,7 Mio (1942) auf schließlich 31,0 Mio (1945). Vgl. War Department Announces Army Shoe Needs Are Greater Than Ever, in: SLR v. 9.6.1945, S. 10-30.

179 Im Oktober 1941 begannen die US-Streitkräfte das mobile Reparaturprogramm. Die Zahl der Werkstätten stieg von anfangs 23 auf 400 im Mai 1945. In Mariana/Italien reparierten Abteilungen der *Quartermaster Mobile Repair Company* 10.000 Paar Stiefel im Monat.

Abb. 74: Sammellager von verbrauchten US-amerikanischen Armeestiefeln in der südenglischen Stadt Street (1943/44)

ten Stiefel der *U.S. Army* auf dem europäischen Kriegsschauplatz.[180] Gegenüber den deutschen Soldaten, die durchschnittlich ein halbes Paar Stiefel im Jahr erhielten,[181] waren für amerikanische Soldaten in Europa offiziell zwei Paar Neuschuhe im Jahr vorgesehen. Alle amerikanischen Marschstiefel wurden zweimal repariert und dann durch neue ersetzt. Die ausgemusterten Paare wurden dann der Wiederverwertung zugeführt.

Die gebrauchten Armeestiefel wurden in Säcken von der Front angeliefert und in zentralen Depots in Großbritannien zu Paaren sortiert (Abb. 74-77). Die für Armeezwecke ganz unbrauchbaren Schuhe, ungefähr ein Viertel der Gesamtmenge, wurden ausgesondert. Diese wurden notdürftig repariert und anderen Zweitnutzern zur Verfügung gestellt. Dies waren deutsche und italienische Kriegsgefangene. Sie erhielten Zehntausende Paar Stiefel durch das amerikanische Rote

180 Eine Ladung amerikanischer Armeeleisten wurde eigens zu diesem Zweck nach England verschifft. Ein amerikanischer Offizier und ein Mitarbeiter überwachten die Arbeiten. Vgl. British Rebuild Footwear Under Lend-Lease Plan, in: SLR v. 10.7.1943, S. 7.

181 BIOS Miscellaneous Report No. 2, An Investigation of the German Leather Industry, London 1945, S. 2.

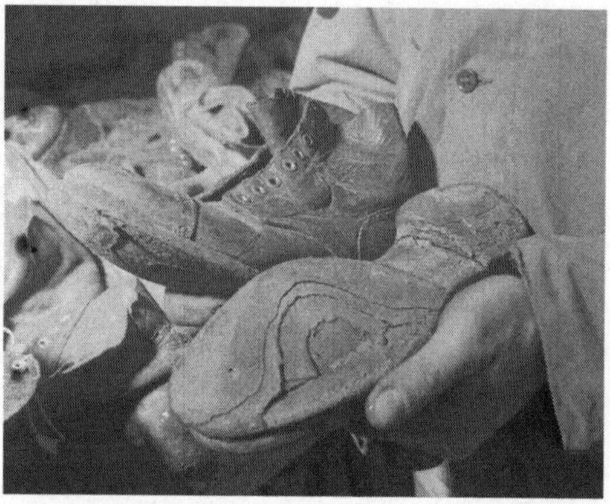

Abb. 75: Ein verbrauchtes Paar amerikanischer Armeestiefel vor dem »Rebuilding«, Firma C. & J. Clark, Street (1943/44)

Kreuz.[182] Als zweite Nutzergruppe folgten die Bevölkerungen der von Westen her befreiten Länder Europas.[183] Ein kleiner Rest von gänzlich verschlissenen Schuhen, insgesamt weniger als ein Prozent der Gesamtmenge, wurde zu Dünger verarbeitet, nicht etwa zu Lederfaserwerkstoffen wie in Deutschland.[184] Von den noch brauchbaren drei Vierteln der Paare entfernte man den Absatz, die Sohle und, wenn nötig, die Brandsohle. Die Schäfte wurden entweder ganz oder in Teilen wiederverwendet und neu zusammengenäht. In beiden Fällen durchliefen sie vor der Weiterverarbeitung eine Desinfektion. Die Desinfektion, die in Deutschland mit dem Blausäuregas *Zyklon B* in Heißluftkammern geschah, erreichte man hier manuell mittels Formaldehyd-Lösung oder Formalin aus einer Zerstäuber-Flasche.[185] Dann wurden die Schaftteile in Fässern gewaschen und mit Fett behandelt, um das Leder wieder geschmeidig zu machen.[186] Nach dieser Vorbereitung ließen sie sich wie Neuschuhe vernähen, mit neuen Sohlen und Absätzen versehen und schließlich ausputzen. Nach ihrer Instandsetzung gab das Beschaffungsamt die Schuhpaare als »B-Klasse« wieder an Soldaten aus. Die Soldaten an der Front bevorzugten diese Schuhpaare oft, da sich das Einlaufen erübrigte und die Schäfte bereits weich und elastisch waren.[187]

182 Das Rote Kreuz nahm allein in den letzten sechs Monaten vor Kriegsende eine halbe Million der gebrauchten Stiefel ab. Vgl. War Department Announces Army Shoe Needs Are Greater than Ever, in: SLR v. 9.6.1945, S. 10-30.

183 Zu ihrer Versorgung mit Schuhen durch die Westalliierten vgl. ausführlich Kap. 11.1 und 7.

184 The Re-Conditioning of Army Boots. Factories Visited by Observer, in: SLN v. 19.11. 1942, S. 18; Reports On Increased Recovery of Worn US Footwear, in: SLR v. 7.4.1945, S. 27.

185 Die Methode und Mittel für die Desinfektion waren in Großbritannien Gegenstand der medizinischen Forschung ab 1944. Dabei ging es vor allem darum, eine Übertragung von Fußpilz und anderen Hautkrankheiten zu verhindern. Die krebserregende Wirkung des Formaldehyds war noch nicht bekannt. Vgl. How to Sterilize Footwear. Shoes as Carriers of Disease and Germs, in: SLN v. 10.5.1945, S. 31.

186 New Boots for Old, in: SLN v. 13.4.1944, S. 13.

187 The Re-Conditioning of Army Boots. Factories Visited by Observer, in: SLN v. 19.11. 1942, S. 18.

Abb. 76: Weibliche Arbeitskräfte und Rentner beim Sortieren gebrauchter Armeestiefel zur Wiederverwertung in der Schuhfabrik C. & J. Clark, unter Aufsicht eines amerikanischen Offiziers (links) – im Hintergrund Säcke mit gebrauchten Armeestiefeln (1943/44)

Abb. 77: Die fertigen, wiederverwerteten Stiefelpaare, die als »Class B Issue« an Soldaten ausgegeben wurden (1943/44)

1944 deckten wiederverwertete Stiefel (*rebuilt shoes*) die bedeutende Menge von 15 Prozent des gesamten Bedarfs an Armeeschuhen der *U.S. Army*. Zu Kriegsende in Europa, als 8,3 Mio US-amerikanische Soldaten unter Waffen standen, waren nach Schätzungen des *Quartermaster Corps* 12,9 Mio Paar amerikanische Militärstiefel wiederverwertet worden, davon 10,5 Mio in den USA und 2,4 Mio Paar in britischen Schuhfabriken.[188] Weitere 4 Mio Paar galten als zu stark verbraucht. Diese wurden der zivilen Bevölkerung in den von der deutschen Besatzung befreiten Gebieten zur Verfügung gestellt.[189]

188 Vgl. War Department Announces Army Shoe Needs Are Greater than Ever, in: SLR v. 9.6.1945, S. 10-30; Risch/Kieffer (1953), Vol. II, S. 47f.

189 War Department Announces Army Shoe Needs Are Greater than Ever, in: SLR v. 9.6.1945, S. 10-30;

10.6 Zwischenfazit

Die Tatsache, dass es angesichts der Rohstoffknappheit an Leder auch in den Ländern Großbritannien und selbst in den USA zu Wiederverwertungsmaßnahmen von Schuhen kam, wirft auf die deutschen Bemühungen um eine Wiederverwertung der geraubten Schuhe der Opfer der Vernichtungspolitik noch einmal ein neues Licht. In allen drei Ländern stellte der Rohstoff Leder, und damit auch verbrauchte Schuhe, in den Kriegswirtschaften einen hohen Wert dar. Auch in den angelsächsischen Ländern kam es zu Maßnahmen der Einsparung noch der geringsten Leder-Reserven, zum *Rebuilding* von Soldatenstiefeln »im Austauschbau«. Der Vergleich eröffnet hier erstaunliche Parallelen, vor allem aber auch entscheidende Unterschiede zu Deutschland.

In Deutschland wurden vor allem Zivilschuhe wiederverwertet, in den beiden anderen Ländern hingegen Militärstiefel. Vom technischen Standpunkt aus bedeutete das Zermahlen von Altschuhen zu Lederfasern in Deutschland ein stärkeres *Down-Cycling*[190] des Rohstoffs Leder als das *Rebuilding* von intakten Schaftteilen zu neuen Schuhen in Großbritannien und den USA. Hier bot die hohe Standardisierung der amerikanischen Stiefel einen großen Vorteil. Beide Verfahren waren ökonomisch nur zu einem Zeitpunkt praktikabel, als der Rohstoff durch die kriegsbedingte Verknappung einen hohen Wert hatte und Arbeitskräfte gleichzeitig billig waren. Im Deutschen Reich konnten die wirtschaftlichen Wiederverwertungsmaßnahmen am weitesten getrieben und mit mindestens 20 Mio Paar Schuhen im Juni 1940 und weiteren 20 Mio Paar ab Frühsommer 1943 weit größere Ausmaße annehmen als in Großbritannien und den USA, da durch das System der Konzentrationslager und durch die gewaltsame Rekrutierung von »Fremdarbeitern« billigste Zwangsarbeit in ausreichendem Maß zur Verfügung stand. Ganze Teile der Altschuh-Beschaffung waren in den spezifischen Kontext der NS-Eroberungs- und Vernichtungspolitik eingebettet und mit ihr untrennbar verbunden.

Die Prozesse der Ausgrenzung und Verfolgung von sozialen Gruppen, der Ausbeutung ihrer Arbeitskraft und ihre massenhafte Ermordung, verbunden mit dem staatlich gelenkten, skrupellosen Raub ihres Eigentums, wurden für den Verwertungsapparat im Nationalsozialismus geradezu konstitutiv. Ohne die Verfügbarkeit billiger Zwangsarbeit sowohl für die Reparatur von noch brauchbaren Paaren als auch für die Auftrennung völlig verbrauchter Schuhe in ihre Rohstoff-Bestandteile wäre das System der Wiederverwertung von Altschuhen wirtschaftlich nicht zu leisten gewesen. So trug es sich finanziell selbst. Zahllose verbrauchte Produkte flossen am Ende ihrer Produktlinie in neue Konsumgüter ein.

Altschuhe wurden in der deutschen Kriegswirtschaft als massenhafte Versorgungsmöglichkeit für industrielle (Zwangs-)Arbeitskräfte dringend benötigt. Sie ließen sich im Deutschen Reich auf zweierlei Weise für die Wiederverwer-

190 Zum Begriff des *Down-Cycling* vgl. Schenkel (1994).

tung mobilisieren: in Reichssammlungen in den deutschen Haushalten und durch Raub der Opfer der deutschen Vernichtungspolitik im Rahmen der »Endlösung der Judenfrage« und der Mordaktionen an anderen sozialen Gruppen. Die Wiederverwertung umfasste weit größere Mengen an Altschuhen als die, die in den Vernichtungslagern anfielen. In den reichsweiten Sammlungen in den Haushalten kamen wahrscheinlich jeweils mehr Altschuhe zusammen. Doch gelangten auch die Schuhe aus den Reichssammlungen der deutschen Haushalte massenhaft in die Konzentrationslager, um dort von Häftlingen in ihre Lederbestandteile zerlegt zu werden. Mehrere Häftlingskommandos in den KZs Flossenbürg, Ravensbrück und Auschwitz, deren genaue Tätigkeit in den einzelnen Konzentrationslagern bislang nicht geklärt war, konnten durch die Rekonstruktion des gesamten Apparats der Wiederverwertung identifiziert und ihre ökonomische Bedeutung für die deutsche Kriegswirtschaft gezeigt werden. Es ist zu vermuten, dass auch in anderen KZs solche Arbeitskommandos zu finden sind.

Der Prozess der Re-Ökonomisierung von Altschuhen erreichte zeitgleich mit dem Anfallen erster Beuteschuhe aus der »Aktion Reinhard« im Mai/Juni 1942 einen ersten Höhepunkt. Von da an wurde er mit großem Engagement des *Reichsamts für Wirtschaftsausbau*, der Unternehmen und der Wissenschaftler der DVA vorangetrieben. Dabei erwies sich die maschinelle Zerkleinerung der Altschuhe als Problem. Die Unternehmen forderten und setzten schließlich die Vorsortierung und Auftrennung der Altschuhe durch Häftlings-Arbeitskommandos in Konzentrationslagern durch. Erst das vorgetrennte Material kam schließlich in die Werkstoff-Fabriken, die daraus Lederfasern und schließlich Lederfaserwerkstoffe für Absätze neuer Zivilschuhe massenhaft produzierten. Dies ist eine Form der Nutzung von Häftlingsarbeit durch deutsche Konsumgüterunternehmen, die bislang nicht bekannt war. In ihren ungeheuren Ausmaßen wird sie erst durch die Rekonstruktion des Wiederverwertungsapparats mit seiner netzwerkartigen, dezentralen Struktur erkennbar, in dem über Jahre reichsweit Häftlings-Kommandos in nahezu allen großen Konzentrationslagern beschäftigt waren.

Wie schon bei der Industrieforschung auf der »Schuhprüfstrecke« im KZ Sachsenhausen wurde die Nutzung der Arbeitskraft der KZ-Häftlinge für die Wiederverwertung von den deutschen Unternehmern in der *Gemeinschaft Schuhe* offen und ausführlich diskutiert. Gegenstimmen sind nicht dokumentiert. Die »Trennkommandos« für Altschuhe in den Konzentrationslagern wurden von der *Gemeinschaft Schuhe* als Gemeinschaftsleistung für die Unternehmen organisiert und vorfinanziert. Durch dieses zweite Beispiel wird erneut deutlich, wie selbstverständlich eine ganze Konsumgüterbranche auf KZ-Häftlingsarbeit und Material aus den Konzentrationslagern zurückgriff.[191]

191 Dass die Unternehmen hier durch ihre Gewerbeorganisation gemeinschaftlich als kollektiver Auftraggeber auftraten, könnte ein Spezifikum der Konsumgüterindustrien in der NS-Zeit sein und müsste noch mit anderen Industrien wie etwa der Bekleidungsindustrie verglichen werden.

Teil IV

Vergleich und Transfer: Großbritannien, die USA und Deutschland (1939-1950)

11. Vergleich und Transfer: Die britische Kriegswirtschaft (1939-1945) und der Blick der Alliierten auf die deutsche Schuhwirtschaft und Gebrauchswertforschung (1945-1950)

Diese Studie ist nun am Ende der Produktlinie des deutschen Schuhs angekommen. Die Entwicklung ihrer verschiedenen Abschnitte zwischen 1933 und 1945 wurde in ihrer gegenseitigen Abhängigkeit und in ihrer prozessualen Dynamik untersucht, und es ist deutlich geworden, wie eng und unlösbar die Geschichte des Produkts Schuh im Deutschen Reich mit der Autarkie-, Expansions-, Rassen- und Vernichtungspolitik der Nationalsozialisten verwoben war. Wie zu sehen war, stellte auch die Konsumgüterversorgung im NS-Staat keine »unpolitische« Nische dar. Ganz im Gegenteil ließen sich auch die Gebrauchsgüterunternehmen in die systematisierte Willkürherrschaft, die terroristischen Gewaltverbrechen der NS-Regierung und in die wirtschaftliche Unterwerfung und brutale Ausbeutung der besetzten Gebiete strukturell einbinden und wussten diese im eigenen ökonomischen Interesse zu nutzen.

Der technische Wandel und die Durchsetzung von Produkt- und Verfahrensinnovationen in Deutschland sind ebenfalls nicht von der Autarkie- und Rüstungspolitik zu trennen. Um hier die Besonderheiten der NS-Wirtschaftspolitik einerseits und speziell durch die Kriegswirtschaft bedingte Veränderungen in Deutschland andererseits deutlicher hervortreten zu lassen, wird in diesem letzten Kapitel der direkte Vergleich mit Großbritannien und den USA in der Kriegswirtschaft des Zweiten Weltkriegs gezogen. Zu untersuchen ist, welche Entwicklung der Schuh in Material, Konstruktion und Gestaltung in den Kriegsjahren in Großbritannien und den USA nahm und ob und warum sich diese schließlich bei Kriegsende vom deutschen Schuh unterschieden.

Vor diesem technischen, wissenschaftlichen und konsumpolitischen Erfahrungshintergrund der britischen und amerikanischen Fachleute aus der Schuh- und Lederindustrie wird gefragt, wie sie und die staatlichen Bewirtschaftungsstellen unmittelbar nach Kriegsende die Entwicklung des Schuhs in Deutschland und die deutschen Methoden und Ergebnisse der Forschung am Schuh evaluierten. Da die deutschen Entwicklungen in den Kriegsjahren eng an die Industrieforschung auf der »Schuhprüfstrecke« im Konzentrationslager Sachsenhausen geknüpft waren, ist zu untersuchen, wie die Fachleute aus Großbritannien und den USA diese beurteilten. Es wird gefragt, wie die britischen und amerikanischen Fachleute mit diesen Entwicklungsergebnissen aus Deutschland umgingen und ob sie die Morde und Misshandlungen auf der »Schuhprüfstrecke« als Siegermächte strafrechtlich verfolgten.

11.1 Rohstoffknappheit und Produktionslenkung in der britischen Kriegswirtschaft

Der Rohstoff Leder: Faktoren der Verknappung

Wie in Deutschland kam es auch in Großbritannien während der Jahre des Zweiten Weltkriegs zu einer Verknappung an Lederrohstoffen. Großbritannien konnte den Bedarf an Rohhäuten für die Lederproduktion nur zu einem Drittel aus heimischen Vorkommen decken. Zwei Drittel wurden aus dem Ausland eingeführt.[1] Die britische Importabhängigkeit war damit zu Beginn des Krieges sogar noch ausgeprägter als die deutsche. Sie wurde aber im traditionellen Freihandelsland mit seinen kolonialen Besitzungen nicht als Problem empfunden. Im Krieg stieg der Importanteil von Rohhäuten sogar zeitweise auf 80 Prozent.[2] Die Einfuhren stammten vor dem Krieg zu etwa 40 Prozent aus den Kolonien und Dominions des Commonwealth – 20 Prozent allein aus Indien und 12 Prozent aus Irland –, zu etwa 30 Prozent aus Südamerika und zu 20 Prozent aus anderen europäischen Ländern, die mit Rohhäuten handelten, vor allem Frankreich und den Niederlanden. Etwas unter 10 Prozent der Rohhäute stammten aus den USA.[3]

Großbritannien besaß Anfang der 30er Jahre die drittwichtigste Lederindustrie der Welt, hinter den USA und dem Deutschen Reich.[4] Der starken Importabhängigkeit gemäß lagen die britischen Zentren der Lederproduktion in den großen Seehäfen Liverpool, London, Bristol, Hull, Glasgow und außerdem in Leeds. 80 Prozent allen Leders wurde in der britischen Wirtschaft für die Schuhproduktion verbraucht.[5] Die Bedeutung der Reparatur für die Gebrauchspraxis des Produkts Schuh war enorm. Sohlleder floss noch Mitte der 30er Jahre nur zu einem Drittel in die Neuproduktion von Schuhen, zu zwei Dritteln aber in die Reparatur.[6] Auch in der Kriegswirtschaft blieb der Sohllederverbrauch in der

1 J. Hurstfield, The Leather Control. An Account of the Work of the Control during the War 1939-1945, 1948, NA/PRO London, BT 131, Nr. 102; Bericht MinSupply an BoT, 31.3.1941, NA/PRO London, SUPP 14, Nr. 703.

2 So etwa im Herbst 1943, vgl. Mr Hugh Dalton's Tour Provided Clearer Picture of Trade Problems, in: SLN v. 14.10.1943, S. 16Aff.

3 Angabe für die Jahre 1936 bis 1939, vgl. J. Hurstfield, The Leather Control. An Account of the Work of the Control during the War 1939-1945, 1948, NA/PRO London, BT 131, Nr. 102. 95 Prozent der irischen Häuteausfuhr ging nach England. Vgl. Die Häutegewinnung Europas (1944), S. 1520ff.

4 Schnitzer (1935), S. 174-183.

5 J. Hurstfield, The Leather Control. An Account of the Work of the Control during the War 1939-1945, 1948, NA/PRO London, BT 131, Nr. 102.

6 Schnitzer (1935), S. 176.

Reparatur höher als in der Neuschuhproduktion.[7] Britische Verbraucher ließen ihre Schuhe im Durchschnitt zwei- bis viermal neu besohlen.[8]

Wie in Deutschland begann die Lenkung der Schuhproduktion im Krieg über die Rohstoffkontrolle.[9] Ab Anfang September 1939 unterlagen der Verkauf von einheimischen Häuten und ihr Preis einer staatlichen Kontrolle.[10] Ab Oktober 1939 kam eine zentrale Verteilung von importierten Häuten hinzu.[11] Im Januar 1942 wurde der Einkauf von sämtlichen ausländischen Häuten verstaatlicht.[12] Der Export von Häuten, Leder und Schuhen war bereits ab März 1940 zentralisiert und staatlich überwacht.[13] Bodenleder durfte bereits ab Oktober 1939 nicht mehr frei verkauft werden.[14] Ab Dezember 1941 wurde es ganz kontingentiert.[15] Im Februar 1941 wurde Oberleder in die staatliche Kontrolle einbezogen.[16] Ab Januar 1943 regulierte der Staat schließlich auch die Verarbeitung von Leder in Schuhen und beschränkte seine Verwendung in den Produkten über Produktionsbestimmungen.[17]

Das Hauptproblem der Häuteversorgung der ersten Kriegsmonate war, dass der Bedarf durch die Militärproduktion enorm wuchs. Im ersten Halbjahr nach Kriegsbeginn stieg die Sohllederproduktion um 40 Prozent, obwohl die Militärstiefelproduktion bereits seit Mai 1939 auf Hochtouren lief.[18] Der Verlust der europäischen Lieferanten an Rohhäuten konnte in den ersten beiden Kriegsjahren durch erhöhte Käufe in Südamerika, vor allem Argentinien, Brasilien und

7 Vgl. Civilian Footwear. Allocation of Bottom Materials to Categories, 17.6.1943, NA/PRO London, SUPP 14, Nr. 704.

8 Shoes and Coupons, in: Mass-Oberservation, Clothes Rationing Survey. An Interim Report, in: Change. Bulletin of the Advertising Service Guild 1 (August 1941), S. 26-30, hier S. 29.

9 Zu den Methoden der Rohstoff-Kontrolle in der britischen Kriegswirtschaft vgl. Backman (1943), S. 2-11; Hargreaves/Gowing (1952), S. 119-136.

10 Vgl. Control of Hides and Skins Order (No. 1), 1939, v. 2.9.1939, abgedruckt in: SLN v. 7 9.1939, S. 23.

11 Hierfür wurde ein *Imported Hide Pool* geschaffen, über den der Leather Controller verfügte. Vgl. The Imported Hide Pool, in: SLN v. 19.10.1939, S. 9; J. Hurstfield, The Leather Control. An Account of the Work of the Control during the War 1939-1945, 1948, NA/PRO London, BT 131, Nr. 102.

12 Vgl. J. Hurstfield, The Leather Control. An Account of the Work of the Control during the War 1939-1945, 1948, NA/PRO London, BT 131, Nr. 102.

13 The Export Council. Aims and Plan of Work, in: SLN v. 14.3.1940, S. 7f.

14 Es durfte von Herstellern erst verkauft werden, nachdem der *Leather Controller* bestimmt hatte, ob sie für den militärischen Bedarf benötigt wurden. Vgl. Control of Leather (No. 1) Order, 1939, v. Oktober 1939.

15 The Control of Leather (No. 3) Order, 1941, zum 1.1.1942 in Kraft getreten.

16 The Control of Leather (No. 2) Order, 1941, v. 22.2.1941, abgedruckt in: SLN v. 27.2.1941, S. 11.

17 The Control of Leather (No. 4) Order, 1942, am 1.1.1943 in Kraft getreten.

18 Leather Control Outlined, in: SLN v. 21.3 1940, S. 7f.

Uruguay, nahezu ausgeglichen werden.[19] Mit Kriegseintritt der USA im Dezember 1941 änderte sich die Weltmarktsituation für Rohhäute jedoch grundlegend. Ein in seiner Bedeutung für die britische Kriegswirtschaft nicht zu überschätzendes, bereits im März 1941 vom Kongress der Vereinigten Staaten verabschiedetes Gesetz, das sogenannte Pacht- und Leih-Gesetz (*Lend-Lease Act*), sah vor, dass die USA verbündete Staaten, darunter vor allem das Vereinigte Königreich, in größtem Ausmaß mit Kriegs- und Versorgungsgütern unterstützte.[20] Die Abzahlung der Rohstofflieferungen aus den USA in den folgenden Jahren wurde auf die Zeit nach dem Krieg vertagt. Die Vereinigten Staaten übernahmen damit einen Teil der Kriegsfinanzierung Großbritanniens und sprangen gleichzeitig als Ersatz für die ausgefallenen Lieferanten von Rohstoffen aus Europa und Übersee ein. Bei Kriegsende 1945 schuldete Großbritannien den USA die immense Summe von 2,3 Milliarden Pfund (21 Milliarden Dollar).[21] Die USA erließen den Briten nach Kriegsende diese Kreditschuld.[22]

Doch seit Ende 1941 traten die USA als Abnehmer mit ebenfalls wesentlich vermehrtem Bedarf an südamerikanischen Häuten in Erscheinung. Die Gefahr bestand, dass dadurch innerhalb kürzester Zeit die Preise von Rohhäuten bedeutend stiegen. Großbritannien und die USA führten daher zwischen Dezember 1941 und Mai 1942 erste Verhandlungen über ein gemeinsames Vorgehen bei der Häutebeschaffung.[23] Im Januar 1942 richteten die Regierungen der USA und Großbritanniens ein *Combined Raw Materials Board* (CRMB) ein, das die Beschaffung und Aufteilung der eigenen und noch auf dem Weltmarkt verfügbaren Rohstoffe für die Kriegswirtschaften beider Länder koordinieren sollte. Im November 1943 einigte man sich schließlich auf den vollständigen Austausch aller Informationen über die Versorgungssituation mit Häuten in den beiden Ländern (*Joint Hide Agreement*) und beschloss, einen gemeinsamen Rohhäute-Einkaufsfonds (*Joint Hide Control Office*) einzurichten, der Käufe in den süd-

19 J. Hurstfield, The Leather Control. An Account of the Work of the Control during the War 1939-1945, 1948, NA/PRO London, BT 131, Nr. 102.

20 Von britischer Seite wurde diese Unterstützung 1942 formell durch einen Vertrag zwischen den Vereinigten Staaten und Großbritannien (*Mutual Aid Agreement*) geregelt. Insgesamt erhielt Großbritannien im Zuge des *Lend-Lease Agreement* in den Jahren 1943 bis 1945 4.190 t Bodenleder von den USA. Vgl. J. Hurstfield, The Leather Control. An Account of the Work of the Control during the War 1939-1945, 1948, NA/PRO London, BT 131, Nr. 102; Hargreaves/Gowing (1952), S. 119-136; Allen (1946).

21 Bei seinen Kolonien und Dominions, vor allem Kanada, hatte sich England ebenfalls hoch verschuldet.

22 Über die Summe der Schulden sind verschieden hohe Angaben zu finden. Vgl. Broadberry/Howlett (2005), bes. S. 167 und 175f.; Broadberry/Howlett (1998), S. 52ff.; Allen (1946); Julius Day, Trade and Lease-Lend. Britain's Sacrifices for Freedom, in: SLN v. 6.9.1945, S. 34f.

23 Zunächst legte man gemeinsam Höchstpreise und Bezugsmengen fest. Dieses Vorgehen war allerdings auf Dauer zu kompliziert. Auch lagen die Preise trotz der Absprachen bald bedeutend über dem Vorkriegsniveau.

amerikanischen Ländern von Washington D. C. aus zentral tätigte. Das weltweit noch verfügbare Häuteangebot wurde praktisch zwischen den drei Ländern USA, Großbritannien und Kanada aufgeteilt. Die Häute wurden künftig jeweils im Verhältnis 3,5 (USA) zu 1 (Großbritannien) verteilt, unter Berücksichtigung des heimischen Rohhautaufkommens in den beiden Ländern im betreffenden Zeitabschnitt.[24] Der Bedarf anderer verbündeter Mächte, wie der Sowjetunion, der britischen Dominions und Kolonien oder neutraler europäischer Länder, wurde durch Weiterverteilung entweder des amerikanischen oder des britischen Anteils geregelt.[25] Bald kam es im Interesse der möglichst sparsamen Verwendung des knappen Rohstoffs auch explizit zu einem Vergleich und Austausch technischer Verfahren der Verarbeitung von Leder und Schuhen in den USA und Großbritannien.[26] Nach einem Besuch von amerikanischen Leder- und Schuhfachleuten im Oktober 1943 wurde die Lederkontrolle im Vereinigten Königreich umstrukturiert, um die Effizienz der Bewirtschaftung zu steigern.[27]

Mit der Landung erster alliierter Truppen in der Normandie begann eine immer engere Einbeziehung der befreiten Länder Europas in die Rohstoff-Planung und Verteilung des *CRMB*. Das *CRMB* arbeitete bis Ende 1945 und wurde dann durch das *International Hides, Skins and Leather Committee*, ebenfalls mit Sitz in Washington D. C., abgelöst. Über die *United Nations Relief and Rehabilitation Administration* (UNRRA)[28] berücksichtigte es neben den USA und Großbritannien auch den Bedarf der befreiten Länder Europas bei den Häutekäufen. Die Organisation war erweitert worden, da man befürchtete, dass die befreiten Länder durch ihren enormen Nachholbedarf an Rohhäuten die Weltmarkt-Preise in die Höhe trie-

24 Vgl. Brief Snow an Hutchinson, MinSupply, 17.12.1945, NA/PRO London, SUPP 14, Nr. 706; Joint Hide Control. UK and USA Purchasing Agreement, in: SLN v. 4.11.1943, S. 14; Official Report, United States Footwear, Leather and Hides Mission to the United Kingdom, 1.11.1943, NA Washington, RG 179, WPB, Box 1806, Nr. 545.028, Leather and Shoes. Requirements. Foreign.

25 Im Gegenzug erhielten die USA und Großbritannien knappe Rohstoffe aus der Sowjetunion, wie etwa Chrom. Vgl. Ministry of Production, Report on the Work of the Combined Materials Board to Jan. 26th, 1943, London 1943; Dass., Third Annual Report on the Work of the Combined Materials Board to Jan. 26th, 1945, London 1945.

26 Ministry of Production, Report on the Work of the Combined Materials Board to Jan. 26th, 1943, London 1943, S. 8.

27 Official Report, United States Footwear, Leather and Hides Mission to the United Kingdom, 1.11.1943, NA Washington, RG 179, WPB, Box 1806, Nr. 545.028, Leather and Shoes. Requirements. Foreign; J. Hurstfield, The Leather Control. An Account of the Work of the Control during the War 1939-1945, 1948, NA/PRO London, BT 131, Nr. 102; The American Mission Visits Shoe Centres, in: SLN v. 21.10.1943, S. 25Af.

28 Die *United Nations Relief and Rehabilitation Administration* (UNRRA) war im November 1943 von 44 Nationen gegründet worden und hatte bis 1947 die Aufgabe, sogenannte *Displaced Persons* in Europa, d.h. durch Deutschland verschleppte Kriegsgefangene, Zwangsarbeiter, KZ-Häftlinge und Flüchtlinge, mit Nahrungsmitteln und Bekleidung zu versorgen und ihre Repatriierung zu organisieren. Ursprünglich war sie zur Versorgung der Bevölkerung in den befreiten Gebieten Europas zuständig.

ben.[29] Ab Januar 1946 operierte das Komitee als Häute- und Lederpool für alle beteiligten Länder. Immer noch ging es vor allem um südamerikanische Rohstoffe. Nach sechs Monaten löste sich die Organisation allerdings auf, da Nichtmitglieder wie Finnland auf den südamerikanischen Auktionen höhere Preise boten und die Mitgliederstaaten so ihren Bedarf nicht decken konnten.[30] Damit endete der Versuch einer internationalen Kontrolle des Rohhäutemarktes. Mit dem beginnenden Freihandel stiegen die Preise ab Juni 1946 enorm an.[31]

Neben der großen Importabhängigkeit, den begrenzten Vorkommen an Rohhäuten auf dem Weltmarkt und den durch den Weltkrieg stark gestiegenen Preisen war bald noch ein vierter Faktor für die Verknappung von Rohhäuten und Leder auf den Britischen Inseln verantwortlich. Als ernstes Problem erwies sich, dass alle Importe auf dem Seeweg nach Großbritannien verschifft werden mussten. Der Schiffsladeraum wurde zum größten Engpassfaktor der britischen Rohstoffversorgung in den Kriegsjahren. Schiffsladeraum war Gegenstand der zentralen Kriegsplanung und wurde vom *Ministry of Supply* nach Dringlichkeit vergeben. Rohhäute hatten den ganzen Krieg hindurch oberste Priorität.[32] Der Nachschub an Rohstoffen war vor allem den Angriffen deutscher U-Boote ausgesetzt. Allein 1942 wurden insgesamt 7,7 Mio Bruttoregistertonnen alliierten Schiffsraums versenkt, darunter ein Sechstel aller verschifften Rohhäute (Tabelle 32).[33] Besonders stark waren die Verluste im Winter 1942/43. Der Import von Rohstoffen nach Großbritannien sank insgesamt von über 22 Mio t (1940) auf 12 Mio t (1942).[34]

Die Rohhäute aus Indien, dem wichtigsten Lieferanten für Großbritannien, wurden während der Kriegsjahre zunehmend auf dem Subkontinent selbst gegerbt und als Leder für die Versorgung der britischen Truppen auf dem asiatischen Kriegsschauplatz verwendet.[35] Bereits vor der endgültigen Unabhängigkeit Indiens 1947 versiegte diese wichtigste Leder-Rohstoffquelle für Großbritannien, als in den späteren Kriegsjahren die indischen Nationalisten den Export von Rohhäuten verboten.[36]

29 Vgl. Memorandum Harold Connett, Future Allocations of Hides, Skins and Leather to UNRRA, 28.12.1945, NA Washington, RG 179, Box 380, Leather Miscellaneous 1945 File.

30 Footwear Board, Minutes, Meetings Dez. 1945 bis Dez 1946, NA/PRO London, SUPP 14, Nr. 706.

31 J. Hurstfield, The Leather Control. An Account of the Work of the Control during the War 1939-1945, 1948, NA/PRO London, BT 131, Nr. 102.

32 Ebd.

33 Kluxen (1985), S. 814, und Tabelle 32.

34 Der am stärksten eingesparte Rohstoff bei den Transporten war Holz. Vgl. Hargreaves/Gowing (1952), S. 126.

35 1944 wurden in Indien jährlich 7,2 Mio Paar Lederschuhe aus Büffelhäuten für die britische Armee hergestellt. Vgl. Footwear Board, 33rd Meeting, Leather and Footwear from India, 2.3.1945, NA/PRO London, SUPP 14, Nr. 705.

36 J. Hurstfield, The Leather Control. An Account of the Work of the Control during the War 1939-1945, 1948, NA/PRO London, BT 131, Nr. 102; Post-War Export Consider-

Tabelle 32: Menge des heimischen Anfalls und der nach Großbritannien eingeführten Rohhäute (Rind und Kalb), der Lederhalbzeuge (unzugerichtetes Leder, Rind und Kalb) aus Indien (1938-1945) und Verluste an britischen Rohhaut-Transporten auf See (1941-1945) (in long tons)[37]

Jahr	heimischer Anfall an Rohhäuten	Einfuhr Rohhäute	Einfuhr unzugerichtetes Leder	auf See verlorene Rohhäute
1938	k. A.	60.300	19.000	0
1939	k. A.	78.000	18.900	0
1940	k. A.	111.800	21.400	k. A.
1941	k. A.	79.600	13.400	11.800
1942	59.000	103.100	12.200	18.400
1943	58.800	76.200	9.500	11.300
1944	63.200	98.400	5.100	2.900
1945	65.400	90.800	3.500	100[38]

Produktionslenkung: Institutionen der Bewirtschaftung

Infolge der Notwendigkeit, die Importe und Verteilung der Rohstoffe zu koordinieren, entstand auch in Großbritannien zu Kriegsbeginn ein Bewirtschaftungsapparat der Leder- und Schuhindustrie. Die Produktionslenkung in der britischen Schuhwirtschaft verlief in den gleichen vier Phasen wie in Deutschland. Sie begann mit der Kontrolle des wichtigsten Rohstoffs, des Leders (ab Anfang September 1939). Der zweite Schritt war eine kriegsbedingte und vorübergehende Konzentration der Schuhindustrie (ab März 1941). Drittens kam es zu einer quantitativen Beschränkung der Produktion der einzelnen Unternehmen (ab Dezember 1941) und viertens zu einer Kontrolle der Produkte selbst (ab Juni 1942). Diese vier Phasen waren einander, wie im Deutschen Reich, chronologisch nachgelagert und waren jeweils Reaktionen auf die Verschärfung der Rohstoffsituation. Die Verantwortung für die Produktionslenkung teilten sich das britische Wirtschaftsministerium (*Board of Trade*) und das im August 1939 neu geschaffene Ministerium für den Nachschub von Rohstoffen und Material (*Ministry of Supply*).

ations, in: SLN v. 28.10.1943, S. 17; India – A Market for British Footwear?, in: SLN v. 19.7.1945, S. 37.

37 Eine englische Tonne (*long ton*) entspricht 1.016 kg. Nach: J. Hurstfield, The Leather Control. An Account of the Work of the Control during the War 1939-1945, 1948, NA/PRO London, BT 131, Nr. 102; Central Statistical Office, Statistical Digest of the War, London 1951, S. 132, 168.

38 Nur Monate Januar bis April 1945.

Die Aufgabe der Produktionslenkung in Großbritannien bestand zunächst darin, den durch das Militär erhöhten Bedarf mit der allmählichen Verknappung der Rohstoffe in Einklang zu bringen. Die Produktion von Schuhen stieg ab 1939 zunächst rapide an. Eine Rationierung von Zivilschuhen wurde – im Unterschied zu Deutschland, wo diese mit Kriegsbeginn einsetzte – erst im Juni 1941 eingeführt. Eine effektive Produktionskontrolle begann erst im Juni 1942, mit der Einführung eines Standardisierungsprogramms für Zivilschuhe, da ohne eine Vereinheitlichung der Modelle eine staatliche Überwachung der Produktion und auch die Preiskontrolle in der britischen Wirtschaft letztlich nicht zu leisten waren.

Der Anfang September 1939 geschaffene *Leather Controller* im *Ministry of Supply* war, wie der *Reichsbeauftragte für Lederwirtschaft* in Deutschland, eine an die Person gebundene Institution. Ihre Leitung übernahm mit Dr. E. C. Snow ein Mann aus der Wirtschaft, der langjährige Geschäftsführer des Verbandes der Lederindustrie (*United Tanners' Federation*).[39] Dem folgte im Dezember 1939 die Behörde eines *Director of Civilian Leather Supplies*, mit Harold Salt, einem staatlichen Inspektor für das technische Ausbildungswesen in der Schuhindustrie, als Direktor.[40] Salt blieb bis Kriegsende der einzige Staatsbeamte in leitender Position im Bewirtschaftungsapparat der Leder- und Schuhproduktion. Für die Organisation der militärischen Schuhproduktion wurde zu Kriegsbeginn der Posten des *Director of Service Footwear and Leather Equipment* geschaffen. Ihn übernahm ein Offizier der Armee, Major Frederick J. Stratton.[41] Im Juni 1941, mit Beginn der Rationierung von Schuhen, richtete das *Ministry of Supply* als Unterabteilung des *Leather Controller* ein *Directorate of Civilian Footwear* ein.[42] Den Posten des Director übernahm Harold Durston, Schuhunternehmer aus Leicester und Präsident der dortigen Schuhfabrikanten-Vereinigung. Beide Behörden wurden später dem *Board of Trade* unterstellt. Im Mai 1943 entstand interministeriell ein *Footwear Board* für Probleme, die die zivile und militärische Schuhproduktion gleichermaßen betrafen. Dies waren vor allem Fragen des Materials. Das *Footwear Board* war mit Mitarbeitern des *Ministry of Supply* und des *Board of Trade* sowie der zivilen und militärischen Bewirtschaftungsstellen für Leder und Schuhe besetzt.[43] Als der militärische Bedarf an Soldatenstiefeln all-

39 Dr. Snow Leather Controller. Appointment by Minister of Supply, in: SLN v. 7.9.1939, S. 30.

40 Retail Notes and News, in: SLN v. 21.12.1939, S. 36.

41 Shoe Industry to Have Unified Control, in: SLN v. 13.7.1944, S. 13.

42 Das Versiegen der kontinentaleuropäischen Quellen von Kalbfellen, die nun der deutschen Lederproduktion zuflossen, hatte auf den Britischen Inseln einen akuten Mangel an Oberleder zur Folge, die Grund für die Rationierung von Schuhen war. Mr H. G. Durston's Appointment. A Wise Selection, in: SLN v. 26.6.1941, S. 8.

43 Zur Tätigkeit des Footwear Board unter der Leitung von Sir Cecil Weir, die im Juli 1946 endete, vgl. die Meeting Minutes (Mai 1943-Juli 1946), NA/PRO London, BT 64, Nr. 2747, 2876 und SUPP 14, Nr. 704-707.

mählich abnahm, das Ende der Kampfhandlungen absehbar war und die Militärschuhbeschaffung bereits zum Demobilisierungsbedarf überging, wurden zum 1. September 1944 die militärische und zivile Produktionslenkung von Schuhen schließlich zusammengelegt. Die Leitung des neuen Apparats des *Footwear Controller* übernahm der Offizier Stratton.[44] Die Lenkungsorgane im Bereich der Leder- und Schuhwirtschaft waren alle nicht in London, sondern in den jeweiligen Industriezentren, vor allem in den englischen Midlands, angesiedelt und standen dadurch den täglichen Problemen und Interessen der Industrie nahe.

Militärischer und ziviler Bedarf

Auch in Großbritannien musste die Schuhindustrie, wie andere Konsumgüterindustrien, in den Kriegsjahren Arbeitskräfte an die Rüstungsindustrie abgeben und ihre Produktion einschränken.[45] Auch hier kam es zur Stilllegung kleinerer Betriebe.[46] Die Konzentration der Schuhindustrie begann im März 1941 und war im Juli 1942 abgeschlossen. Dabei wurden insgesamt die Hälfte der Schuhindustriebetriebe bis Kriegsende stillgelegt, aber nur 15 Prozent der insgesamt 105.000 Beschäftigten für die Rüstungsindustrie freigesetzt.[47] Anstatt die Konzentration zentral zu regeln, ließen die staatlichen Stellen die Firmen sich regional bzw. lokal zu Gruppen um einen sogenannten Kernbetrieb (*nucleus firm*) zusammenfinden. Diese sollten alle finanziellen Probleme und Übergabe der Arbeitskräfte untereinander regeln und stellten die Belange der »absorbierten« Unternehmen bis Kriegsende in die Verantwortung des »absorbierenden« Kernbetriebs. Vor der Konzentration produzierten etwa 800 Betriebe Schuhe, davon 130 auch Militärschuhe. Ab 1942 gab es noch 406 Kernfirmen, die allerdings zum Teil die Marken der stillgelegten Firmen übernahmen und deren Vertriebsketten und Exportkunden weiter belieferten.[48] Für die Arbeiter in den Betrieben war die Konzentration mit einer Erhöhung der Wochenarbeitszeit von 45 auf 48 Stun-

44 Shoe Industry to Have Unified Control, in: SLN v. 13.7.1944, S. 13.

45 Zu den Konsumgüterindustrien in der britischen Kriegswirtschaft vgl. Hargreaves/Gowing (1952); Zweiniger-Bargielowska (2000); Broadberry/Howlett (2005); Broadberry/Howlett (1998); Howlett (1994).

46 Zur Politik der Unternehmens-Stilllegungen vgl. Allen (1951).

47 Zur Konzentration der Schuhindustrie ab März 1941: NA/PRO London, BT 96, Nr. 84, und Vorbereitungen: SUPP 14, Nr. 703; J. Hurstfield, The Leather Control. An Account of the Work of the Control during the War 1939-1945, 1948, NA/PRO London, BT 131, Nr. 102.

48 Vgl. MinSupply, Concentration of Production in the Boot and Shoe Industry, 2.5.1941, NA/PRO London, SUPP 14, Nr. 703; Concentration of Production in the Boot and Shoe Industry, Nov. 1943, NA/PRO London, BT 96, Nr. 84.

den verbunden.[49] Das größte Problem der Stillegung von Betrieben waren die Mieten für die Schuhmaschinen, die von den Unternehmen an die *British United Shoe Machinery Company* (BUSMC) weiterhin entrichtet werden mussten. Nach zähen Verhandlungen der staatlichen Stellen verzichtete die BUSMC schließlich auf die Maschinenmiete bis Kriegsende. In manchen Fällen stimmte sie der Verlagerung der Maschinen in Kernbetriebe zu.[50]

1941 standen der britischen Wirtschaft insgesamt 150.000 lt Leder zur Verfügung.[51] Davon wurden 40.000 lt für den militärischen Bedarf benötigt. Etwas über zwei Drittel floss weiterhin in Zivilschuhe.[52] Der Lederverbrauch für zivile Zwecke lag nur etwas über der Hälfte des Vorkriegsverbrauchs von jährlich etwa 200.000 lt.[53] Da weder der Industrie noch den Behörden genau bekannt war, wie viele Schuhe die Unternehmen in Großbritannien produzierten und wie viel Leder sie dafür benötigten, war die Produktionslenkung kompliziert und auf die aktive Mitwirkung der Firmen angewiesen. Im ersten Kriegsjahr wurde die Herstellung von zivilem Herren- und Damenschuhwerk um etwa ein Drittel der geschätzten Gesamtmenge gekürzt. Die Menge der Kinderschuhe blieb auf gleicher Höhe wie zuvor, da Kinder nach dem Militär oberste Priorität in der Hierarchie der Bedarfsgruppen hatten. Die Zahl der produzierten Kinderschuhe aus Leder stieg zwischen 1942 und 1944 sogar über das (geschätzte) Vorkriegsniveau an (Tabelle 33). Hausschuhe und Schuhe mit Textilschaft, wie vor allem Sportschuhe, wurden im ersten Kriegsjahr um etwa ein Drittel gegenüber 1939 eingespart.[54] Die Armeeschuhproduktion wuchs hingegen ab Mai 1939 erheblich.[55] Zu den Abnehmern von Soldatenstiefeln des britischen Modells gehörten auch

49 BoT, Retail Trade Committee, Second Interim Report, The Impact of the War on the Retail Trades, 20.1.1942, London 1942, S. 12.

50 Hargreaves/Gowing (1952), S. 484-497, hier S. 487; Boot and Shoe Machinery, 26.3.1941, NA/PRO London, SUPP 14, Nr. 703. Die BUSMC stellte ihre Produktion in den Kriegsjahren auf Rüstungsgüter um und produzierte keine Schuhmaschinen mehr. Vgl. Board of Trade, Working Party Reports: Boots and Shoes, London 1946, S. 100.

51 Eine englische Tonne (*long ton*) entspricht 1.016 kg.

52 Bericht MinSupply an BoT, 31.3.1941, NA/PRO London SUPP 14, Nr. 703.

53 Ebd.

54 MinSupply, Concentration of Production in the Boot and Shoe Industry, 2.5.1941, NA/PRO London, SUPP 14, Nr. 703.

55 In den letzten Friedensjahren verbrauchte das Militär in Großbritannien jährlich etwa 150.000 bis 200.000 Paar Schuhe und Stiefel. Im Mai 1939 begann die kriegsvorbereitende Vergabe von Aufträgen durch das *War Office* für 3 Mio Paar Armeestiefel innerhalb weniger Wochen. Im Frühjahr 1940 lag die Produktion bei 260.000 Paar Armeestiefeln pro Woche. Vgl. National Requirements, in: SLN v. 4.5.1939, S. 38; Army Boots and Leather, in: SLN v. 11.5.1939, S. 8; Large Orders for Army Boots. Aggregate Total Runs into Millions of Pairs, in: SLN v. 6.6.1939; Army Requirements, in: SLN v. 15.6.1939, S. 10; Army Boots and Civilian Trade, in: SLN v. 13.7.1939, S. 7f.; E. C. Snow, Operation of Leather Control, in: SLN v. 21.3.1940, S. 20f.

ausländische Staaten wie die Sowjetunion, Frankreich und Rumänien.[56] Die Produktion von Militärschuhwerk machte vom Umfang her den ganzen Krieg hindurch etwa ein Zehntel der jährlichen Schuhproduktion aus.[57] Neun Zehntel waren nach wie vor Zivilschuhe. Insgesamt wurden zwischen 1939 und März 1946 81,5 Mio Paar Schuhe für die Armee hergestellt, davon 74,3 Mio für Männer und 7,3 Mio für Frauen.[58]

Tabelle 33: Produktion von Leder-Schuhen (ziviles, militärisches und Export-Schuhwerk) in Großbritannien (in Mio Paar) (1935, 1940-1945)[59]

Schuhart	1935	1940	1941	1942	1943	1944	1945
Produktion für alle Verwendungszwecke	132,5	k. A.	k. A.	108,2	102,7	99,7	99,8
davon ziviles Schuhwerk (ohne Export)	129,0	123,7	105,5	90,3	89,4	87,4	87,7
davon mit Lederschaft	105,0	98,4	88,2	74,7	75,5	74,1	73,7
a) für Männer	a) 29,3	a) 23,9	a) 21,7	a) 16,7	a) 14,7	a) 12,6	a) 12,9
b) für Frauen	b) 46,4	b) 47,0	b) 36,2	b) 31,2	b) 29,6	b) 28,1	b) 28,2
c) für Kinder	c) 29,3	c) 27,6	c) 30,3	c) 26,9	c) 31,2	c) 33,3	c) 32,6
mit Textilschaft	5,5	8,8	4,8	5,9	5,0	4,1	4,4
Hausschuhe	18,4	16,5	12,5	9,7	9,0	9,2	9,6

Im Gegensatz zu Deutschland hatte das Militär in Großbritannien nur zu Beginn des Krieges die absolute Priorität in der Versorgungshierarchie.[60] Die zivile

56 Boots for Rumania, in: SLN v. 17.8.1939, S. 9; E. C. Snow, Operation of Leather Control, in: SLN v. 21.3.1940, S. 20f.; Looking Back. 1939-1945: Retrospective View of Six War Years, in: SLN v. 23.8.1945, S. 18ff.

57 Vgl. Memorandum der Incorporated Federated Associations of Boot and Shoe Manufacturers, Boot and Shoe Industry. Deconcentration of Production, Kettering 1944, NA/PRO BT 131, Nr. 43, S. 4f.; UK Production of Footwear, 1943, NA/PRO London, SUPP 14, Nr. 704.

58 Relaxation of Control, in: SLN v. 2.8.1945, S. 36; Shoe Industry's War Effort. Varieties of Service Footwear, in: SLN v. 6.12.1945, S. 33f.

59 Angaben für 1935: Schätzung des BoT nach dem Census of Production; Angaben für 1940-1941: Civilian Footwear. Annual Rates of Production, 7.1.1944, NA/PRO London, SUPP 14, Nr. 704; Hargreaves/Gowing (1952), S. 646.

60 Seit Oktober 1939 mussten die Hersteller von Bodenleder vor dem Verkauf an Verarbeiter in Erfahrung bringen, ob das Bodenleder für die Produktion von Armeeschuhen reserviert war. Vgl. Control of Leather (No. 1) Order, 1939, v. Okt. 1939.

Versorgung hielten die staatlichen Stellen in Großbritannien für so wichtig, dass sie in der zweiten Hälfte des Jahres 1943 die Militärschuhproduktion um zwei Drittel senkten, um die knappen Rohstoffe für ziviles Schuhwerk einsetzen zu können. Falls die Zivilschuhversorgung kritisch wurde, war geplant, die Beschaffung von militärischen Neuschuhen noch stärker einzuschränken.[61] Gleichzeitig baute man ein System der Zweitverwertung und Reparatur von gebrauchten Militärstiefeln aus.[62]

Sparmaßnahmen und Reparatur

Als kraftstoffsparendes Transportmittel wurden Schuhe einerseits zunehmend in Anspruch genommen. Andererseits setzten mit zunehmender Rohstoffknappheit auch in Großbritannien staatliche Kampagnen zur Erziehung der Verbraucher zu ledersparenden Konsumgewohnheiten ein. Nationale Kampagnen mit dem Titel *Make Do and Mend* des *Board of Trade*, lokaler Bildungsinstitutionen und Hausfrauenverbände führten Hausfrauen in Techniken der Reparatur von Kleidung und Schuhen ein.[63] Auch Möglichkeiten der Wiederverwertung abgelaufener Stücke wurden dabei in Kursen, Beratungszentren, Ausstellungen und Printveröffentlichungen vorgeführt. Tauschstellen für Kinderschuhe wurden eingerichtet.

Der *Goods and Services Act* vom Juli 1941 fror die Preise für Schuhreparaturen ein und setzte auch Preise für den Handel mit gebrauchten Schuhen fest.[64] Im Januar 1943 ging man in der Reparatur von Zivilschuhen allgemein zum neuen Verfahren des sogenannten *Patching* über. Wegen des Sohlledermangels tauschten Reparateure dabei nicht mehr ganze Sohlen und Absatzflecken aus, sondern flickten nur noch die jeweils abgelaufenen Stellen (Abb. 78).[65] Als die Nachfrage nach Reparatur-Leder immer weiter anstieg, wurden im März 1943 auch der

61 J. Hurstfield, The Leather Control. An Account of the Work of the Control during the War 1939-1945, 1948, NA/PRO London, BT 131, Nr. 102.

62 Vgl. dazu Kap. 10.5; Footwear. Note for the Lord President's Committee, Juni 1942; Prime Minister's Personal Minute M 429/3, 1943, BT 131, Nr. 43.

63 Zu den *Make Do and Mend*-Kampagnen für Schuhe vgl. Aktennotiz Hughes, BoT, 29.10.1943, NA/PRO London, BT 64, Nr. 77; zu den *Make Do and Mend*-Kampagnen allgemein vgl. Felton (1945), S. 40f.; Zweiniger-Bargielowska (2000), S. 120f.; Make Do and Mend. Reproductions of Official Second World War Instruction Leaflets, London 2007.

64 Goods and Services (Price Control) Act v. Juli 1941. Vgl. dazu auch Backman (1943), S. 36ff.

65 Effecting Repair Economies, in: SLN v. 7.1.1943, S. 24; J. Hurstfield, The Leather Control. An Account of the Work of the Control during the War 1939-1945, 1948, NA/PRO London, BT 131, Nr. 102.

Verkauf von Lederabfällen unter staatliche Kontrolle gestellt und Höchstpreise festgesetzt.[66]

Abb. 78: Weibliche Reparaturkraft beim »Patching« von gebrauchten Schuhsohlen (Januar 1943)

Vor dem Krieg gab es keine statistischen Daten über die Anzahl der Schuhreparaturbetriebe in Großbritannien. Erst als im Sommer 1942 das amerikanische Beschaffungsamt anfragte, ob in England in großem Umfang amerikanische Soldatenstiefel repariert werden konnten, führte das *Board of Trade* eine landesweite Zählung durch.[67] Sie ergab 37.000 Betriebe, davon 27.000 Ein-Mann-Betriebe und 400 Firmen mit mehr als 10 Beschäftigten. Dies war insgesamt nur etwa ein Viertel der Zahl von Reparaturbetrieben im Deutschen Reich (Tabelle 28).[68] In Großbritannien nahmen die Schuhfabriken ihrer Herkunft nach die Neubesohlung von gebrauchten Schuhen vor, während in Deutschland die Reparatur größtenteils in unabhängigen, kleinen Handwerksbetrieben stattfand.

Wie sich aus den Bewirtschaftungsunterlagen des Zweiten Weltkriegs ergibt, die für Großbritannien ungewöhnlich dichte Informationen über das Wirtschaftsgeschehen liefern, unterschieden sich auch die Reparaturmethoden auf den Britischen Inseln deutlich von denen der deutschen Schuster. Aus einer Umfrage des *Board of Trade* im August 1942 in sämtlichen Betrieben geht hervor, dass das Kleben als Reparaturmethode wie auch in der Neuproduktion von Schuhen in Großbritannien überhaupt nicht praktiziert wurde. Reparatursohlen wurden entweder genäht oder metallgenagelt.[69] Bis Anfang der 50er Jahre blieb die geklebte Reparaturmethode auf den Britischen Inseln gänzlich unbe-

66 Control of Scrap Leather (Nr. 1) Order, 1943, v. 12.3.1943; Scrap Leather Control, MinSupply Order, in: SLN v. 18.3.1943, S. 24.

67 U.S. Army Boots Repairs Meeting at Board of Trade, 4.8.1942, NA/PRO London, BT 64, Nr. 878; Repairs. Civilian Footwear (1941-1945), NA/PRO London, BT 131, Nr. 43.

68 Vgl. Repairs. Civilian Footwear (1941-1945), NA/PRO London, BT 131, Nr. 43; The Shoe Industry's War Effort. The Problem of Repairs. 37.000 Units Under Control, in: SLN v. 27.12.1945, S. 32; The Shoe Industry's War Effort. The Problem of Repairs. 37.000 Units Under Control, in: SLN v. 27.12.1945, S. 32.

69 Vgl. dazu Repairing Factories, 21.8.1942, NA/PRO London, BT 64, Nr. 878.

kannt.[70] Erst 1952 begann sich das Kleben von Reparatursohlen langsam auch in Großbritannien einzubürgern. Dies fand die *Consumer Needs Section* des *Board of Trade* in mehreren Studien der Jahre 1951 bis 1953 heraus.[71] Die Maschinen, die als Erste zum Reparatur-Kleben verwendet wurden, waren ausschließlich deutsche Fabrikate der Firma Atlas Ago. Als Klebstoff kam neben dem deutschen Ago-Zement auch amerikanische Neopren-Lösung zum Einsatz. Während also im Deutschen Reich durch die Verwendung von Ersatzstoffen die Klebemethode immer wichtiger und notwendig wurde, blieben mit der Verarbeitung von Leder in Großbritannien auch die traditionellen Verarbeitungsmethoden des Nähens und Nagelns dominant.

11.2 »Nutzen« statt »Gebrauchswert«: Wirtschaftliche und konsumpolitische Strategien im Umgang mit der Knappheit

Verbrauchslenkung, Rationierung und Standardisierung

In den ersten Monaten des Krieges versuchten die britischen Wirtschaftsfachleute, eine Rationierung von Konsumgütern zu vermeiden. Beim Blick auf Deutschland galt sie als ausgesprochene Schwäche des Feindes.[72] Der britische Staat begann die Verbrauchslenkung der Kriegwirtschaft mit einer Preisregulierung von Schuhen, die zum 1. Januar 1940 Höchstpreise für Schuhwerk auf der Basis von Verkaufspreisen im August 1939 festlegte.[73] Ab Juni 1940 konnten Verbraucher von Schuhen vor lokalen Komitees und einem zentralen, nationalen Gremium Beschwerde einlegen, wenn sie glaubten, ein Unternehmen habe die Preise zu sehr erhöht.[74] In der Praxis war dieses Verfahren jedoch wenig erfolgreich. Mit Einführung der *Purchase Tax* im Oktober 1940, einer zusätzlichen Mehrwertsteuer auf Konsumgüter, die den Konsum von »nicht lebensnotwendigen« Gütern allmählich einschränken sollte, begannen Teile der Bevölkerung mit Hamsterkäufen. Die Lagerbestände im Handel, die bis Mitte 1940 stabil geblieben waren, sanken. Im November begann das *Board of Trade* mit Vorarbeiten zu einer Rationierung von Kleidung und Schuhen, die ab Juni 1941 wirksam wurde. Mit einem neuen *Goods and Services Act* von Juli 1941 versuchte das *Board*

70 Vgl. dazu die Akte »Footwear Repairs«, 1947-1948, NA/PRO London, BT 94, Nr. 70. Da Kostenarten für alle Arten von Reparaturen bis 1949 gesetzlich vorgeschrieben waren, geben auch die Kostentabellen einen guten Überblick über die Reparaturmethoden. Vgl. auch Merryfield (1934) und Merryfield (^{2}1949).

71 Consumer Needs Section, Board of Trade, Consumer Needs Surveys, Footwear Repairs, Februar 1952 und Januar 1953, NA/PRO London, BT 94, Nr. 254.

72 Hargreaves/Gowing (1952), S. 303.

73 Prices of Goods Order (Price Regulated Goods) (No. 1) Order des Board of Trade, 1939, in Kraft getreten am 1.1.1940.

74 BoT, Reference Division, Price Control, 27.12.1944, IWM London, K11659.

of Trade erneut, bindende Höchstpreise festzusetzen und maximale Gewinnspannen für Konsumgüter zu bestimmen.[75]

Ein Punktesystem der Rationierung von Bekleidung wurde nach deutschem Vorbild eingeführt.[76] Wie in Deutschland über die Reichskleiderkarte erhielten auch hier alle Versorgungsberechtigten über ein *Clothing Book* eine bestimmte Anzahl Punkte (*Coupons*), die sie innerhalb eines Jahres für Bekleidungsstücke ihres Bedarfs ausgeben konnten.[77] Schuhe waren allerdings, anders als in Deutschland, wo in jedem einzelnen Fall ein Bezugschein beantragt werden musste, in das Punktesystem einbezogen und galten damit als regelmäßig beziehbare Güter. Sie konnten wahlweise für dieselben Punkte wie Kleidungsstücke erworben werden. Als Bedarf wurde der geschätzte und etwa um ein Drittel gekürzte Vorkriegsbedarf an Schuhen festgelegt. Männer hatten in der Kriegswirtschaft Anspruch auf 1 Paar lederne Straßenschuhe im Jahr, Frauen auf 1,5 bis 2 und Kinder auf die volle Versorgung wie vor dem Krieg. Da die Punkte aber flexibel für Kleidungsstücke und Schuhe ausgegeben werden konnten, hatten Konsumenten die Möglichkeit, auch mehr Schuhe zu kaufen, wenn sie dafür auf andere Kleidungsstücke verzichteten.[78]

Lederne und hölzerne Arbeitsschuhe waren gegen zusätzliche Bekleidungspunkte (*supplementary coupons*) erhältlich, die sogenannte »eiserne Ration« (*iron ration*).[79] Ab dem zweiten Jahr der Rationierung wurden diese auf Vorschlag der Gewerkschaftsdachorganisation *Trade Union Congress* von Räten in den Betrieben (*Works Committees*) nach Dringlichkeit an die Arbeiter vergeben. Diese basisdemokratische Art der Zuteilung vor Ort durch die Verbraucher selbst funktionierte nach Auffassung der staatlichen Stellen »besonders gut«. Auch diese stand im Gegensatz zur Vergabepraxis in Deutschland, wo mit der Verteilung der Bezugsscheine für Arbeitsschuhe allein die Unternehmensleitungen betraut waren. Ganz entgegen den Befürchtungen der britischen Planer wurden dadurch sogar *Coupons* eingespart.[80] Diese Art der Verteilung enthob die staatlichen Bewirtschaftungsstellen der Mühe, sich mit dem speziellen Bekleidungsbedarf jeder einzelnen Berufsgruppe auseinanderzusetzen, wie dies etwa die deutsche *Reichsstelle für Lederwirtschaft* tat.[81]

Doch die Rationierung reichte als Steuerung des Konsums nicht aus. Schon die Produktionslenkung war in Großbritannien alles andere als effektiv, zumal

75 Zweiniger-Bargielowska (2000), S. 46f.

76 Zum deutschen Vorbild im Rationierungssystem vgl. Hargreaves/Gowing (1952), S. 303-314; Backman (1943), S. 46ff.

77 Hargreaves/Gowing (1952), S. 303-342; Zweiniger-Bargielowska (2000), S. 9-59.

78 Reference Division (Foreign Information), Ministry of Information, British and German Clothing Rations Compared, 6.6.1941, IWM London, K 10100.

79 Vgl. Hargreaves/Gowing (1952), S. 318-322.

80 Die Räte gingen bei der Vergabe von sich aus sehr streng vor. Statt den befürchteten 15 Mio Coupons wurden von den Betriebsräten nur 8 Mio vergeben.

81 Vgl. Kap. 8.4.

die Unternehmen sich gegen eine zentrale Lenkung sperrten. Vor dem Krieg hatte sich das *Board of Trade* fast ausschließlich mit dem Außenhandel, nicht aber mit binnenwirtschaftlichen Angelegenheiten der einzelnen Industrien im eigenen Land beschäftigt. Informationen des Staates über die Schuhwirtschaft waren auf die Zahl der Betriebe und ihrer Beschäftigten beschränkt. Erst im Februar 1941 wurde der Verbrauch von Oberleder, das bislang noch frei gehandelt wurde, reguliert. Im Herbst 1941 mussten sich alle Schuhhersteller registrieren lassen, und im Dezember 1941 wurde die Produktion der einzelnen Unternehmen quantitativ begrenzt. Alle Hersteller von Schuhen benötigten nun eine Erzeugungsgenehmigung, die gleichzeitig festlegte, wie viel Leder sie verbrauchen durften.[82] In den ersten beiden Kriegsjahren wurden somit zwar grob Rohstoffverbrauch, Arbeitskräfte und Produktionsmenge der Schuhfabriken begrenzt, trotzdem wusste, wie der oberste Schuhplaner machtlos feststellte, im Frühjahr 1942 auf staatlicher Seite immer noch »niemand genau, wer überhaupt was herstellt«.[83] Auch die Preise hatten die staatlichen Wirtschaftsplaner nicht in den Griff bekommen.[84]

Das »Utility«-Programm für Schuhe (Juni 1942)

Bereits 1940 hatte das *War Cabinet* unter Winston Churchill grundsätzlich entschieden, Standardwaren bei Schuhen einzuführen. Dabei stießen die staatlichen Produktionsplaner auf großen Widerstand bei den Unternehmern.[85] Die Unternehmer standen einer Standardisierung von Schuhen, wie auch von anderen Konsumgütern, sehr skeptisch gegenüber. Sie hielten diese für eine störende Einmischung des Staates in ihre privatwirtschaftliche Autonomie. Ein Standardisierungsprogramm verbanden sie mit Planwirtschaft und »Kriegssozialismus«.[86]

82 Limitation of Supplies (Cloth and Apparel) Order (No. 6), in Kraft getreten am 1.12.1941; J. Hurstfield, The Leather Control. An Account of the Work of the Control during the War 1939-1945, 1948, NA/PRO London, BT 131, Nr. 102.

83 »I pointed out that at the moment no one knew what anyone made.« (Harold Durston in seinen Aufzeichnungen über eine Sitzung zum bevorstehenden *Utility Scheme* im BoT.) Harold Durston, Utility Footwear, 9.2.1942; und ders., Utility, 21.2.1942, NA/PRO London, BT 64, Nr. 856. Dementsprechend liegen zwischen 1935, als der letzte *Census of Production* stattfand, und 1942 keine genauen Produktionszahlen für Schuhe vor. Alle Angaben für diese Jahre sind grobe Schätzungen.

84 BoT, Reference Division, Production in War Time. Utility and otherwise Restricted. A Brief Guide to the Regulations, 21.12.1944, IWM London, K11734. Zu den Mechanismen und Fehlern der Preiskontrolle von Konsumgütern vgl. Backman (1943).

85 Vgl. die Diskussionen von Schuhunternehmern mit den staatlichen Stellen 1940-1942: NA/PRO London, BT 64, Nr. 856; BT 131, Nr. 43; BT 96, Nr. 84; Hargreaves/Gowing (1952), S. 484-497.

86 Northampton Manufacturers' Association. Outspoken Comments in President's Address, in: SLN v. 26.2.1942, S. 15.

Im Ersten Weltkrieg war es in Großbritannien zur Herstellung eines Einheitsstiefels aus Leder gekommen, der sich nach ihren Angaben nur schlecht verkaufen ließ.[87] Diese Erfahrung führten die Unternehmen als Argument gegen eine erneute Standardisierung ins Feld.[88] Die Verbrauchsforscher von Mass-Observation fanden allerdings 1942 bei empirischen Untersuchungen heraus, dass die Konsumentinnen und Konsumenten, vor allem die weniger begüterten, der Standardisierung keineswegs ablehnend gegenüberstanden, sondern sie sogar begrüßten. Sie erhofften sich davon eine qualitative Verbesserung der Produkte. Es waren vielmehr die Hersteller und Einzelhändler, die gegen die Standardisierung der Produkte Stimmung machten, da sie durch die staatliche Festlegung von Höchstpreisen Gewinneinbußen befürchteten.[89] Sowohl die Industriellen als auch die Gewerkschaften befürchteten außerdem noch im August 1940 einen Anstieg der Arbeitslosigkeit in der Schuhindustrie, sollten durch die Standardisierung in der Produktion Arbeitkräfte freigesetzt werden, wie dies tatsächlich in der Strumpf-Fabrikation zu beobachten war.[90]

Doch aus Sicht der beiden Ministerien waren staatliche Maßnahmen notwendig, sowohl für eine effektive Produktions- als auch Konsumlenkung. Dafür setzten sie nun direkt am Produkt an. Auf Seiten der Produktion sollte die Standardisierung die heterogene Gruppe von Produkten des Industriezweigs übersichtlicher und Produkte verschiedener Unternehmen miteinander vergleichbar machen. Für die Seite des Konsums war dies eine Maßnahme des Verbraucherschutzes. Die Standardisierung sollte eine Mindestqualität der Produkte garantieren, die für die Rationierungspunkte erhältlich waren. Die Schaffung einer überschaubaren Zahl von Standardtypen von Modellen sollte auch endlich eine wirksame staatliche Preisfestsetzung ermöglichen. Während der ersten Monate unter der Rationierung von Schuhen war ein Trend zum *TradingUp* bei den Herstellern zu beobachten: Die Unternehmen stellten unter der quantitativen Beschränkung ihrer Produktion nur noch sehr hochwertige und hochpreisige Produkte her. Dies führte dazu, dass ärmere Verbraucher keine Produkte in

87 1917 entschied sich das *War Office* mit dem *War Time Boot Scheme* zur Schaffung von wenigen Standardstiefeln mittlerer Qualität besonders für Arbeiter, deren Herstellungspreise und Handelsspanne festgesetzt waren, deren Einheitspreis auf die Sohle aufgestempelt war und die frei von Ersatzstoffen sein sollten. Hiervon wurden insgesamt 25 Mio Paar hergestellt, bevor die Lenkung der zivilen Schuhproduktion im April 1919 eingestellt wurde. Vgl. Board of Trade, Report on the Standard Boot and Shoe Scheme Prepared by the Standing Committee on the Investigation of Prices (Profiteering Act, 1919), London 1920, Library of Congress, Washington D. C., HD 9787. G7A5. 1919.

88 Vgl. NA/PRO London, SUPP 14, Nr. 703.

89 Vgl. Mass-Observation, Utility Clothing Scheme, 9.3.1942, M-OA Brighton, File Report FR 1143.

90 Civilian Footwear. Draft for the Historian of the History of Civil Industry and Trade, NA/PRO London, BT 131, Nr. 43.

ihrem gewohnten Preissegment mehr erhielten.[91] Selbst die Unternehmer mussten nach den ersten beiden Kriegsjahren, in denen sie nach eigenem Willen und größtenteils uneingeschränkt wirtschaften durften, zugeben, dass die freiwillige Vereinfachung von Modellen, die seit Kriegsbeginn als nationales Erfordernis im Raum stand, bislang von den Herstellern nicht einmal ansatzweise durchgeführt wurde. Als Grund gaben sie das Modebedürfnis eines kleinen Teils der Konsumenten an.[92]

So führte der *Director of Civilian Footwear* schließlich zum 1. Juni 1942 gegen den entschiedenen Widerstand der Schuhfabrikanten ein Standardisierungsprogramm für Schuhe ein.[93] Unter dem Begriff *Utility Scheme* oder *Utility Programme* hatte es die »Nützlichkeit« bzw. Nutzenmaximierung der Produkte zur Aufgabe.[94] Es sollten Produkte entstehen, die vom Material- und Arbeitsaufwand einfach (*basic* oder *simple*) und trotzdem besonders »dienstbar« (*serviceable*) und »haltbar« (*durable*) waren.[95] Hierfür wurden die Macharten und die Materialzusammensetzung der Schuhe vereinfacht und ihre Gestaltung in Hinblick auf praktische Funktionalität verbessert. Die Planer nannten dies eine Strategie der »sehr sparsamen Gestaltung« (*very economical design*), die nach dem Krieg vielen Briten auch als Periode der »strengen Einfachheit« (*austerity*) in Erinnerung blieb und konsumhistorisch zum stehenden Begriff wurde.[96] Hugh Dalton, seit Ende 1941 der neue Präsident des *Board of Trade*,[97] definierte ein *Utility*-Produkt als »einen Artikel, der in begrenzter und klar definierter Sortenzahl hergestellt wird und in der Form einfach ist« (*an article produced in limited ranges clearly definable and simple in design*). Er sollte »von einer Qualität sein,

91 Backman (1943), S. 43f.; BoT, Retail Trade Committee, Second Interim Report, The Impact of the War on the Retail Trades, 20.1.1942, London 1942, S. 7.

92 Northampton Manufacturers' Association. Outspoken Comments in President's Address, in: SLN v. 26.2.1942, S. 15.

93 Zur Geschichte und Programmatik des *Utility Scheme* für Schuhe, das im Vergleich zu *Utility*-Programmen für andere Konsumgüter noch kaum erforscht ist, vgl. Sladen (1995), S. 57-70; Report of the Purchase Tax/Utility Committee (The Douglas-Committee), Presented by the Chancellor of the Exchequer to Parliament by Command of Her Majesty, Februar 1952, London 1952; Felton (1945).

94 Der Begriff *utility*, wörtlich als »Nützlichkeit« zu übersetzen, historisch aber seit dem 19. Jahrhundert als Begriff für die öffentlichen Versorgungssysteme der Städte verwendet und besetzt, wurde im Zusammenhang der Standardisierung oft als Synomym zu *service* (Dienstbarkeit, Leistung) verwendet. Vgl. Balanced Shoes, SLN v. 16.4.1942, S. 9f.; The Word Utility. Use Controlled, in: SLN v. 8.4.1943, S. 24.

95 NA/PRO London, SUPP 14, Nr. 703; BT 64, Nr. 856.

96 Vgl. Hilton (2003); Zweiniger-Bargielowska (2000); Hargreaves/Gowing (1952), S. 289.

97 Der britische Sozialist Hugh Dalton war Schüler des Wirtschaftswissenschaftlers John Maynard Keynes. Mit Daltons Amtsantritt fand auch eine Leitidee Keynes' in die britische Konsumpolitik Eingang, dass Preise von Konsumgütern auf die Einkommen von Haushalten abgestimmt sein mussten. Vgl. Pimlott (1985); Hugh Dalton, Practical Socialism for Britain, London 1935.

die jedermann genügte, aber zu einem Preis, den jedermann bezahlen« konnte.[98] Die Produkte sollten es den Verbrauchern aber auch ermöglichen, »jedem Partikel von Material jedes nur mögliche Atom Nutzen zu entziehen« (*the public will have the opportunity of extracting every atom of service from every particle of material*).[99]

Das Programm für *Utility*-Schuhe war nur ein Produktbereich von Gebrauchsgütern, die solcherart standardisiert wurden.[100] Wie alle *Utility Standards* wurden die *Utility*-Herstellungsvorschriften für Schuhe in Gemeinschaftsarbeit der Unternehmen im Auftrag der zuständigen Bewirtschaftungsstellen im *Board of Trade* und im *Ministry of Supply* entwickelt und von der *British Standards Institution* in London veröffentlicht.[101] Alle Standard-Produkte wurden, für Händler und Konsumenten gleichermaßen erkennbar, auf dem Futter mit dem CC41-Zeichen für alle *Utility*-Produkte markiert.[102]

Die staatlichen Planer sahen seit Beginn der Rationierung die Tendenz, dass die Unternehmen nur noch die besten Qualitäten von Leder verarbeiteten. Die schlechteren Teile des Leders blieben dabei ungenutzt. Die Planer kamen daher auf den Gedanken einer Gradierung des Standardschuhwerks in mehrere Klassen, *Cheap*, *Medium*, *Best* und *Extra Best*. Dadurch gelang es, am unteren Ende der Qualitätspyramide Produktklassen zu schaffen, in denen auch die minder-

98 President of BoT on Utility Clothing Plans, in: SLN v. 23.4.1942, S. 20.

99 Dies war eine sehr gegenständliche, materialtechnische Vorstellung von Nutzen, als sei er tatsächlich »submolekular« in den Produkten vergegenständlicht und abrufbar. Hier kam der britische »Nutzen« der Konzeption des deutschen und amerikanischen »Gebrauchswerts« schon fast untrennbar nahe. Tatsächlich stammte die Aussage von dem Physiker und Materialforscher Harold Bradley vom Schuhforschungsinstitut BBSATRA. Vgl. Balanced Shoes, in: SLN v. 16.4.1942, S. 9f.

100 Weitere *Utility*-Programme gab es für Textilien, Kleider, Möbel, Strumpf- und Wirkwaren, Bettdecken, Haushaltstextilien, Handschuhe, Heimtextilien, Haushalts-Porzellan und Steingut, und Kleidungsstücke mit Pelzbesatz. Zur Geschichte und Programmatik der *Utility Schemes* ab Sept. 1941 vgl. Zweiniger-Bargielowska (2000), bes. S. 45-59; Attfield, Judy (1999a); Sladen (1995); Utility. Furniture and Fashion (1995); Egner (1963); Report of the Purchase Tax/Utility Committee (The Douglas-Committee), Presented by the Chancellor of the Exchequer to Parliament by Command of Her Majesty, Februar 1952, London 1952; Felton (1945).

101 Zur Gemeinschaftsarbeit der Unternehmen bei der Entwicklung der *Utility*-Modelle vgl. Co-operation Between Manufacturers, in: Harry Hoyle (Secretary of the Rossendale Valley Boot, Shoe and Slipper Manufacturers' Association), Lancashire Footwear Production in War-time, Jan. 1943, NA/PRO London, BT 96, Nr. 84; Hargreaves/Gowing (1952), S. 484-497, hier S. 489. Zu den Herstellungsvorschriften der British Standards Institution: BSI Standard Specifications for Utility Footwear BS/BOT Nr. 6 –10, 21 und 22.

102 Die beiden Cs in dem Markenzeichen *CC41*, das als staatliches Qualitäts-Siegel fungierte und von dem Grafikdesigner Reginald Shipp entwickelt worden war, standen für *Civilian Clothing*. Im Volksmund hießen sie ihrer prägnanten Form wegen auch *the cheeses*. Die 41 stand für den Beginn des *Utility*-Programms für Kleidung im Sept. 1941. Vgl. Utility. Furniture and Fashion (1995), S. 2.

wertigen Leder noch zu haltbaren Produkten verarbeitet wurden. Die genauen Herstellungsvorschriften setzten der Qualität aller Produkte nach unten enge Grenzen. Durch die staatliche Festlegung von Höchstpreisen für die vier Klassen war das *Utility*-Programm außerdem effektives Mittel der Preislenkung. Höherwertige Schuhe waren dadurch auch in den unteren Preisklassen verfügbar. Im System der Punkte-Rationierung mussten Verbraucher dieselbe Anzahl von *Coupons* für ein Paar Lederschuhe abgeben, egal zu welcher Qualitätsklasse die Produkte gehörten und welchen Preis sie dafür zahlten.

Gleichzeitig wurde trotz Standardisierung eine gewisse Modellvielfalt ermöglicht. Dies kam den Vorbehalten der Unternehmerschaft gegen einen Einheitsschuh entgegen. Auch die Verbraucher hatten eine größere Auswahl zwischen verschiedenen Produkten. Dem Vorwurf der Uniformierung, den die Planer aus den Reihen der bürgerlichen Mittelschichten erwarteten, nahm diese Differenzierung der Modelle von vorneherein den Wind aus den Segeln. Das *Utility*-System erkannte die Existenz unterschiedlicher Verbrauchsmuster von Schuhen an und bot den sozialen Gruppen die Möglichkeit, auf unterschiedliche Weise ihren Bedarf zu befriedigen. Tendenziell allen Konsumentinnen und Konsumenten, vor allem aber den besser Betuchten, wurden in Großbritannien dabei differenziertere Bedürfnisse bei der Fußbekleidung zugesprochen als die rein physischen. Ihnen sollte die Politik ermöglichen, trotz der Kriegsverhältnisse nicht nur das Existenzminimum zu sichern, sondern die *decencies of life* aufrechtzuerhalten.[103]

Das Standardisierungsprogramm erfasste nicht die gesamte Schuhproduktion in Großbritannien. Die Hersteller mussten nur 50 Prozent ihrer Produkte nach *Utility*-Standards produzieren.[104] Die andere Hälfte konnten sie – im Rahmen ihrer Rohstoffzuteilung und Herstellungsgenehmigungen – frei gestalten. Die Preise der *Utility*-Schuhe berechneten sich nach dem Gestehungspreis, dem Hersteller eine feste Profitmarge von 4 Prozent und Händler eine Einzelhandelsspanne von 33 Prozent aufschlagen durften, wenn der Gestehungspreis unter einem bestimmten Höchstsatz lag.[105] Die *Utility*-Schuhe waren außerdem von der Mehrwertsteuer (*purchase tax*) ausgenommen. Dies verbilligte die *Utility*-Produkte im Vergleich zu den »freien« Waren wesentlich und führte dazu, dass sie Letztere immer mehr vom Markt verdrängten. Vier Monate nach Beginn des

103 Hargreaves/Gowing (1952), S. 289.

104 Der Einteilung in Produktklassen entsprach eine Einteilung der Unternehmen. Alle Firmen wurden 1942 auf der Basis der von ihnen 1939 erzeugten Produkte in die gleichen Qualitätsklassen Cheap, Medium, Best und Extra Best eingeteilt und durften fortan nur Produkte dieser einen Klasse herstellen.

105 Die Hersteller durften entweder den gesetzlichen Höchstpreis für einen Typus oder ihren Gestehungspreis plus 4 Prozent für die Produkte verlangen, je nachdem, welcher Preis niedriger lag. Vgl. The Utility Scheme, in: SLN v. 4.6.1942, S. 13ff.

Utility-Programms wurde staatlicherseits auch noch ausdrücklich Vorschriften zur Vereinfachung derjenigen Modelle erlassen, die frei produziert wurden.[106]

Das *Utility*-Programm wurde bei Verbrauchern wie Unternehmern angenommen. Bereits im Oktober 1943 stellten die Unternehmen drei Viertel der gesamten Schuhproduktion nach *Utility*-Standards her.[107] Die Zahl der Herstellungsvorschriften der *British Standards Institution* für *Utility*-Schuhe von anfangs 27 verschiedenen Typen wuchs bis 1944 auf insgesamt 115 an. Bei Ende des Krieges wurden alle schwereren Männerschuhe, drei Viertel aller Kinderschuhe und die Hälfte aller sonstigen Schuhe nach *Utility*-Herstellungsvorschriften produziert.[108] Auch die Preispolitik des *Utility*-Programms war erfolgreich.[109] Während im Lebenshaltungsindex der untersten Schichten (*Working-class cost-of-living index*) die Kosten für Bekleidung und Schuhe bis Mai 1942 auf 195 Prozent der Preise von September 1939 anstiegen, fielen sie im nächsten Jahr auf 165 Prozent und blieben bis Dezember 1945 auf diesem Niveau.[110]

Das *Utility*-Programm brachte aber auch den Herstellern Vorteile. Vor Einführung des Programms machte in der Kostenstruktur des Schuhs das Material durchschnittlich enorme 56 Prozent aus, während auf die Arbeitskosten nur 25 Prozent entfielen.[111] Die Materialeinsparung hatte daher einen wichtigen Rationalisierungseffekt. Der saisonale Modellwechsel, vor allem von Damenschuhen, wurde außerdem durch das *Utility*-Programm verlangsamt, schließlich ganz zum Erliegen gebracht. Dies brachte, wie auch die Unternehmen bald anerkannten, erhebliche Vorteile für die Mengenproduktion. Durch die Beibehaltung der *Utility*-Modelle über einen langen Zeitraum hinweg und die Vereinfachung der Modelle erhöhte sich in der Schuhindustrie die durchschnittliche Arbeits-

106 Sie beschränkten den Aufwand der Ornamentierung eines Produkts auf 5 Prozent der Arbeitskosten bei Männer- und Kinderschuhen und auf 10 Prozent bei Damenschuhen, zudem die Höhe von Damenabsätzen und die Anzahl der Schnürlöcher. Die Einführung neuer Leistenformen wurde verboten. Vgl. Footwear (Manufacture and Supply) Nr. 3 Directions, 1942, in Kraft getreten am 1.10.1942. Simplification of Footwear. Advance Details of Order, in: SLN v. 17.9.1942, S. 11; Aktennotiz Hughes, BoT, 29.10.1943, NA/PRO London, BT 64, Nr. 77.

107 Mr Hugh Dalton's Tour Provided Clearer Picture of Trade Problems, in: SLN v. 14.10.1943, S. 16Aff.

108 BoT, Reference Division, Production in War Time. Utility and otherwise Restricted. A Brief Guide to the Regulations, 21.12.1944, IWM London, K11734.

109 Der deutsche Wirtschaftswissenschaftler Erich Egner sah 1954 den Sinn der Standardwarenpolitik der *Utility Schemes* darin, der unteren »Grenzkäuferschicht« ein hochwertiges Produkt anzubieten, das als Maßstab für Qualität und Preiswürdigkeit des gesamten Warenangebots diente. Vgl. Egner (1963), S. 352.

110 Vgl. Working-class cost-of-living index (1939-1945) (Prices at 1st Sept. 1939=100), in: Hargreaves/Gowing (1952), S. 648.

111 Report on Costings for Utility Footwear, 27.5.1942, NA/PRO London, BT 64, Nr. 856.

produktivität pro Beschäftigtem von 893 Paar/Jahr auf 1.071 Paar/Jahr (1943).[112] Da die Hersteller ab Juni 1943 keine neuen Leisten mehr einführen durften, unterblieb künftig auch der ständige formbedingte Wechsel von Werkzeugen wie Schablonen und Stanzmessern.

Die britische Versorgungspolitik der *Utility*-Programme hatte eine Qualitätssteigerung der Produkte zur Folge. In der Praxis führte die Standardisierung während der Kriegsjahre zu einer erheblichen Verbesserung der Produkte, die die ärmeren Bevölkerungsschichten trugen. Bei den wohlhabenderen Verbrauchern kam es kaum zu einer Verschlechterung der Produkte.[113] Kinder, die vorher billige Gummisohlenschuhe trugen, erhielten nun ausschließlich Lederschuhe, da jene 1942 ganz vom Markt verschwanden. Frauen, die vorher Abnehmer von Modeschuhen billigster Ausführung waren, bekamen nun langlebigere Produkte aus besserem Material zum selben Preis, die meist zudem noch gesünder gestaltet waren, zumindest was die Absatzhöhe betraf. Die Verbrauchsforscher der Organisation Mass-Observation fanden heraus, dass durch die Produkt-Standardisierung und Rationierung allgemein eine Hinwendung zu praktischeren Produkten, besonders für Frauen, gesellschaftlich akzeptabel wurde.[114] Männer dagegen erhielten ihre gewohnten Standardmodelle nun aus einem Material, das qualitativ nicht unter den staatlich festgelegten Normen liegen durfte und einer Qualitätskontrolle unterlag. Alle *Utility*-Produkte bestanden ausschließlich aus Leder. Die britischen Hersteller konnten für die Qualität jedes einzelnen Paars Schuhe zur Verantwortung gezogen werden, da sie ihre Herstellernummer zusammen mit der *Utility*-Klassifizierung in den Schuh einstanzen mussten. Dies führte nachweislich ebenfalls zu einer besseren Qualität der Produkte.[115]

Während die Rationierung in Großbritannien und das *Utility*-Programm allgemein bis 1952 beibehalten wurden, änderte das Programm in den Nachkriegsjahren seinen Charakter. Hauptgrund war, dass die bindenden staatlichen Maßnahmen gegenüber den Unternehmen nach Kriegsende nicht mehr aufrechtzuerhalten waren. Die Produkte verloren stark an Qualität, vor allem, als ab Winter 1945/46 auch Ersatzstoffe statt dem bisher einzig zugelassenen Leder verarbeitet werden durften. Am unteren Ende der Qualitätspyramide brachte nun

112 Der Rationalisierungeffekt wurde von zeitgenössischen Beobachtern vor allem auf die Einführung des *Utility*-Programms zurückgeführt, nicht etwa auf die Konzentration der Industrie ab 1941. Die Produktivität sank dann in den Jahren bis 1945 auf 1.030 Paar/Jahr, lag damit aber immer noch bedeutend höher als vor der Einführung des *Utility*-Programms. Vgl. Civilian Footwear (1941-1945), NA/PRO London, BT 131, Nr. 43.

113 Vgl. BoT, Reference Division, Production in War Time. Utility and otherwise Restricted. A Brief Guide to the Regulations, 21.12.1944, IWM London, K11734.

114 Mass-Observation, Preliminary Report on Fashion, Covering Period Sept. 1939-Feb. 1940, M-OA Brighton, File Report FR 28.

115 Civilian Footwear (1941-1945), NA/PRO London, BT 131, Nr. 43.

eine vorher nicht geduldete Verschlechterung der billigen Preisklassen von Schuhen das *Utility*-Programm bei den Verbrauchern nachhaltig in Verruf.

11.3 Verbrauchsforschung und Wirtschaftslenkung in der Kriegswirtschaft

Wegen mangelnder statistischer Kenntnisse war eine realistische Erhebung des Bedarfs an Konsumgütern in Großbritannien im ersten Kriegsjahr gar nicht möglich, wie die Historiker der offiziellen Gesamtdarstellung der Wirtschaftspolitik im Zweiten Weltkrieg Anfang der 50er Jahre betonten.[116] Über den Konsum von Individuen, Haushalten oder ganzen Ortschaften war so gut wie nichts bekannt. Erst die Rationierung führte überhaupt zu statistischen Daten über die Einwohnerschaft einzelner Städte, da keine polizeiliche Meldepflicht bestand und zudem in den Kriegsjahren die Mobilität merklich zunahm. Um eine erste Übersicht zu erhalten, behalfen sich die staatlichen Behörden der lokalen Registrierungen für Zuckerrationen der Verbraucherinnen und Verbraucher. Ungefähre Bedarfszahlen an einzelnen Konsumgütern errechneten die Planer aus den geschätzten Produktionszahlen für die Güter nach dem letzten *Census of Production* von 1935, der aber nur Zahlen für die Gesamtzahl der Betriebe und Beschäftigten und den Gesamtwert der hergestellten Produkte enthielt. Die statistische Abteilung des *Board of Trade* schätzte nach eigenen Angaben einen ungefähren Verbrauch von Schuhen in der Vorkriegszeit *by using the Census of Production and a good deal of inspired guesswork and common sense*. Diese Zahl wurde als Kriegsbedarf dann um ein Drittel gekürzt.[117]

Mit Beginn der Rationierung im Juni 1941 wurde eine präzisere Abstimmung der Produktion auf den Bedarf nötig.[118] Bei der Versorgung von Ausgebombten ergab sich erstmals die Notwendigkeit, einen »objektiven Mindestbedarf« an Gütern festzulegen. Durch die deutschen Bombardierungen, wie erstmals in Coventry im November 1940, entstanden lokale Engpässe in der Versorgung. Um wirksame Hilfsmaßnahmen an solchen Orten einzuleiten, wurden zunächst vier und später zweiunddreißig sogenannte *area distribution officers* ernannt, die als Verbindungsleute des *Board of Trade* vor Ort agierten. Diese stellten in den von deutschen Luftangriffen betroffenen Industriestädten bei Einzelpersonen, Familien und Handelsunternehmen den Notbedarf fest, halfen bei der Gründung von Selbsthilfeorganisationen unter ausgebombten Händlern und erstatteten gleichzeitig dem *Board of Trade* wöchentlich Bericht. Bei den ersten Anzei-

116 Hargreaves/Gowing (1952), S. 292f. Alle Angaben, wenn nicht anders angegeben, des folgenden Abschnitts hieraus, S. 282-342.

117 Hargreaves/Gowing (1952), S. 307.

118 Ebd., S. 292.

chen von Nachschubschwierigkeiten bestimmter Waren in den Geschäften schickten sie Warnhinweise an das Ministerium in London.

Diese Arbeitsweise war in der Anfangsphase des Krieges effektiv, als es sich um einzelne, punktuelle Knappheiten handelte. Doch im weiteren Verlauf wurden die Verteilungs- und Versorgungsprobleme für die einzelnen *distribution officers* zu komplex. Die Verantwortlichen in London hielten es für nötig, nicht nur mit den Händlern als Mediatoren des Bedarfs zu kommunizieren, sondern auch mit den Verbrauchern selbst. Im Oktober 1941 wurde daher im *Board of Trade* als neue Abteilung eine eigene *Consumer Needs Section* eingerichtet. Sie sollte systematisch Informationen über den Konsumentenbedarf und Verbrauchsmuster von Konsumgütern sammeln und die Interessen der zivilen Verbraucher in der Planung des *Board of Trade* gegenüber den militärischen, den Hersteller- und Handelsinteressen vertreten.[119] Die *Consumer Needs Section* erhob qualitative und quantitative Daten über den Konsum durch Studien, die sie bei den Verbrauchsforschern von Mass-Observation und einem gerade neu gegründeten Marktforschungsinstitut, dem *British Market Research Bureau*, in Auftrag gab.

Im ersten Kriegsjahr entstand außerdem als eigene Regierungsbehörde im *Ministry of Information* unter dem Namen *Social Survey* eine neue, sozialwissenschaftliche Forschungseinheit, die direkt der Regierung unterstellt war und für verschiedene Ministerien arbeitete.[120] Sie beschäftigte einige frühere Mitarbeiter von Mass-Observation.[121] Nach dem Vorbild und gestützt auf das Korrespondentennetz, das Mass-Observation seit 1937 im ganzen Land aufgebaut hatte, wurden im Auftrag der *Consumer Needs Section* ab 1941 zwei *Panels* von Konsumentinnen und Konsumenten erstellt, die regelmäßig jeden Monat über ihre Konsumsituation befragt wurden.[122] Das eine *Panel* bestand aus 3.000 Hausfrauen, die über ihre Einkaufsmöglichkeiten einer Liste von bestimmten Konsumgütern berichteten, die die *Consumer Needs Section* laufend neu festlegte. Ein zweites, sogenanntes *Clothing Panel* waren 12.000 Konsumenten und Konsumentinnen im ganzen Land, die über ihre Bekleidungssituation, -sorgen und -wünsche berichteten und Auskunft darüber gaben, wie sie ihre rationierten Kleiderpunkte verwendeten. Ein drittes *Panel*, im August 1941 eingerichtet, be-

119 Zur Tätigkeit der *Consumer Needs Section*, vgl. Hilton (2003), S. 141f.; Zweiniger-Bargielowska (2000), S. 47; Hargreaves/Gowing (1952), S. 294ff.

120 Das *Social Survey* wurde im Mai 1940 gegründet und arbeitete anfangs auch für private Auftraggeber. Im August 1941 wurde die Abteilung der *Home Intelligence Division* des *Ministry of Information* unterstellt. Ab diesem Zeitpunkt arbeiteten die Sozialwissenschaftler allein für den Staat. Vgl. Moss (1991).

121 Zu den ersten Mitarbeitern, die von *Mass-Observation* zum *Social Survey* überwechselten, gehörten Kathleen Box und Geoffrey Thomas, vgl. Moss (1991), S. 5.

122 Zur Tätigkeit von *Mass-Observation* für das *Board of Trade* und das *Ministry of Information* vgl. Jefferey (1978), S. 41; Highmore (2002), S. 75-112, Hubble (2006), S. 165-199.

stand aus 1.600 Einzelhändlern, die über ihre Lagervorräte, Verkaufstrends und voraussichtliche Knappheiten Auskunft gaben. Sämtliche statistischen Daten der *Panels* wurden im Ministerium auf Lochkartenmaschinen verarbeitet.[123] Daneben standen gleichberechtigt qualitative Untersuchungen.

Erste empirische Erkenntnisse im Auftrag staatlicher Stellen zum Bedarf der Bevölkerung an Schuhen ergab eine Studie der Verbrauchsforscher von Mass-Observation im August 1941. Das *Board of Trade* wollte mit dieser Untersuchung erste Reaktionen der Verbraucher auf die soeben eingeführte Rationierung von Kleidern und Schuhen in Erfahrung bringen.[124] Die Forschungen waren als Langzeitstudie angelegt und der Kern des späteren *Clothing Panel.* Als repräsentatives Sample dienten je 300 Personen aus den drei Städten Bolton in Nordengland, Worcester im Westengland und London, von denen zwei Drittel Frauen waren. Diese Auswahl sollte dem Umstand Rechnung tragen, dass, wie Vorstudien ergaben, drei Viertel aller Coupons von Frauen kontrolliert wurden.

Die Studie über die Verbrauchsmuster von Schuhen ergab, dass die überwiegende Zahl der Befragten die Schuhversorgung für die wichtigste Versorgungsfrage bei der Bekleidung hielt. Arbeiter sprachen mit Stolz über die Qualität ihres Schuhwerks. Die Ausstattung mit guten Schuhen wurde in allen Schichten als »soziale« Notwendigkeit gesehen, nicht nur als rein praktische. Doch gaben viele Frauen als Erleichterung an, dass seit Kriegsbeginn bequemeres Schuhwerk gesellschaftsfähig (*socially acceptable*) geworden sei. Viele gingen daher zu niederen Absätzen über. »Es wurde Mode, die Mode zu ignorieren« und Uniform zu tragen, hatte bereits eine frühere Untersuchung von Mass-Observation im ersten Kriegshalbjahr ergeben.[125] Wie bereits für Deutschland beschrieben, wurden offenbar auch hier Standardwaren und die Uniformierung regelrecht Mode und setzte sich als modischer Trend in der Bevölkerung durch.

Tabelle 34: Durchschnittliche Anzahl von Schuhpaaren im Besitz von britischen Verbrauchern nach Einkommensgruppen (April 1941)[126]

	Angestellte und freie Berufe (*Middle Class*)	Facharbeiter *(Artisan)*	Ungelernte Arbeiter (*Lowest working-class income level, unskilled*)
Männer	3,8	2,9	2,1
Frauen	5,6	3,1	1,9

123 Vgl. Hargreaves/Gowing (1952), S. 297.

124 Mass-Oberservation, Clothes Rationing Survey. An Interim Report, in: Change. Bulletin of the Advertising Service Guild 1, August 1941 (90 S.). Alle Angaben dieses und der folgenden Abschnitte hieraus.

125 Mass-Observation, Preliminary Report on Fashion, Covering Period Sept. 1939-Feb. 1940, M-OA Brighton, File Report FR 28.

126 Mass-Oberservation, Clothes Rationing Survey. An Interim Report, in: Change. Bulletin of the Advertising Service Guild 1, August 1941, S. 13.

Die Verbrauchsforscher untersuchten, wie viele Schuhe die Angehörigen verschiedener sozialer Gruppen zu Beginn der Rationierung in ihrem Besitz hatten. Aus dem Ergebnis geht hervor, dass die Schere im Verbrauch zwischen den Geschlechtern umso größer wurde, je wohlhabender die Verbraucher waren. Besser betuchte, männliche Konsumenten waren mit etwa 4 Paar Schuhen ausgestattet, weibliche sogar mit 5 bis 6 Paaren. Ungelernte Arbeiter und ihre Frauen besaßen hingegen nur zwei Paar pro Person. Und dies in einer Situation, da Arbeiter ihre Schuhe im Beruf und aufgrund mangelnder alternativer Transportmöglichkeiten viel schneller abliefen, während Angestellte und Angehörige der freien Berufe weit weniger Strecken zu Fuß zurücklegten. Ärmere Konsumenten tendierten dazu, wie die Sozialwissenschaftler herausfanden, billigere Produkte zu kaufen, deren Lebensdauer gering war. Sie hatten daher schneller wieder einen Neubedarf als die Verbraucher, die sich teurere Schuhe leisten konnten und mehr Paare besaßen.[127] Die untersten Schichten der Bevölkerung traten damit als besonders versorgungsbedürftig in den Blick der Planer. Dies führte später, zusammen mit anderen Überlegungen, zur Einführung des *Utility*-Programms.

Wie die Studie ergab, nutzten die untersten Einkommensgruppen in großem Maße den Second-Hand-Kauf, vor allem auf Märkten, um an hochwertige Lederschuhe zu einem geringeren Preis zu kommen. Sie traten so als Sekundärnutzer der gebrauchten Schuhe der Begüterten in Erscheinung. Diese gebrauchten Produkte waren unrationiert erhältlich und spielten eine wichtige Rolle für die Versorgung. Alle Befragten betonten die Bedeutung der Schuhreparatur. Alle ließen ihre Schuhe zwischen zwei- und viermal neu besohlen.

Im Anschluss an diese Untersuchung von Mass-Observation wurde die Gruppe der Befragten auf insgesamt 12.000 Konsumenten im ganzen Land ausgedehnt und das oben erwähnte *Clothing Panel* geschaffen, dessen Konsumentinnen und Konsumenten bis Kriegsende einmal im Monat über ihre Bekleidungssituation Auskunft gaben. Es war – im Vergleich der drei hier untersuchten Länder gesehen – das größte Verbrauchsforschungsprojekt überhaupt bis zu diesem Zeitpunkt. Es wurde in Großbritannien zur Basis aller weiteren Produktionsplanung von Kleidung und Schuhen und der Rationierung.[128] Für die Wissenschaftler der Organisation Mass-Observation wurde die enge Einbindung in staatliche Aufgaben in der Kriegswirtschaft allerdings zum Scheidepunkt ihrer kurzen Geschichte. Einige Gründungmitglieder empfanden den Verkauf der Informationen an staatliche Institutionen als Verrat an den freiwilligen Teilnehmern der Verbrauchsforschungsprojekte, die sie als soziale Bewegung verstanden. Vor allem der Ethnologe Charles Madge, einer der beiden Gründerväter der

127 BoT, Retail Trade Committee, Second Interim Report, The Impact of the War on the Retail Trades, 20.1.1942, London 1942, S. 7; Backman (1943), S. 51, Fn 72.

128 Hargreaves/Gowing (1952), S. 297f.

Forschungsrichtung, verließ 1940 die Organisation, die daraufhin immer stärker reinen Marktforschungscharakter annahm.[129]

Ab Frühjahr 1942 bis Kriegsende führte außerdem die Abteilung *Social Survey* für das *Consumer Needs Panel* eine Langzeituntersuchung über Versorgungsengpässe bei Konsumgütern durch. Diese Untersuchung war rein quantitativ angelegt. In monatlichen Befragungen gaben die Mitglieder des Panels von 3.000 Hausfrauen an, ob bestimmte, ab April 1943 vom *Consumer Needs Panel* festgelegte Produkte im Handel verfügbar waren.[130] Das *Board of Trade* gelangte so zu einer Übersicht über die tatsächliche Deckung des Bedarfs in den Regionen und konnte relativ schnell auf sich abzeichnende Engpässe reagieren. Nach den Erkenntnissen von *Social Survey* gelang es über den gesamten Zeitraum von Frühjahr 1942 bis Januar 1945 landesweit durchschnittlich etwa 90 Prozent der Konsumenten, die mit ihren Rationierungspunkten Männer- und Kinderschuhe aus Leder kaufen wollten, auch tatsächlich, solche zu erstehen. Bei Frauenschuhen war dies immerhin bei 75 Prozent der Fall. Im Vergleich zu den etwa 4 Prozent der Bevölkerung in Deutschland, die 1944 noch ein paar Lederschuhe erhielt, war dies eine beträchtlich höhere Menge.[131]

Neben den Langzeit-Panels wurden zahlreiche Einzeluntersuchungen der mit qualitativen Methoden arbeitenden Verbrauchsforschung und der quantitativ ausgerichteten Marktforschung durchgeführt. Stichprobenartige Sichtungen und Aufnahmen der Kleider- und Schuhbestände einzelner, »typischer« Familien (*wardrobe checks*) führte die *Consumer Needs Section* im April 1942, Dezember 1942 und April 1944 durch, um mit der Produktion besser auf den tatsächlichen Bedarf eingehen zu können.[132]

In der Rückschau befanden die Wirtschaftsplaner die Arbeit des *Consumer Needs Panel* in den Kriegsjahren insgesamt für »zufriedenstellend, wenn nicht gar sensationell«.[133] Den geschaffenen Apparat der Verbrauchsforschung hielten sie für *a most useful two-way channel of information between the Board [of Trade] and its distributing and consuming public.* Die wissenschaftliche Forschung er-

129 Vgl. Jefferey (1978), S. 41; Highmore (2002), S. 75ff.

130 Die Ergebnisse der Studie von April 1943 bis Januar 1945 sind zusammengefasst in: Wartime Shortages of Consumer Goods. A Report on Inquiries Made by The Social Survey (Kathleen Box) for the BoT, April 1943-January 1945, London 1945. Alle Angaben dieses Abschnitts hieraus.

131 Zum Deutschen Reich vgl. Kap. 9.4. Die Tiefpunkte der Versorgung mit Frauenschuhen in Großbritannien lagen im April 1943 und im Herbst/Winter 1944/45. Doch selbst zum letzteren Zeitpunkt erhielten noch 66 Prozent aller Konsumentinnen, die versuchten, Schuhe zu kaufen, solche auch.

132 Angesichts des Zeitpunkts der ersten Durchführung der *wardrobe checks* im April 1942, zwei Monate nach Einführung der »Nachschau an Ort und Stelle« im Deutschen Reich, ist fraglich, ob die Briten von der deutschen Aktion wussten (vgl. Kap. 8.4). In Großbritannien war die Teilnahme an den *wardrobe checks* für die Konsumenten ganz freiwillig.

133 Hargreaves/Gowing (1952), S. 302.

laubte ihrer Meinung nach auch einen neutralen, »unaufgeregten Blick (*dispassionate opinion*) auf so manche Situation«, in der die Maßnahmen der Behörden bei Händlern und Konsumenten gleichermaßen »unbeliebt« waren und die Behörden einer »objektiven« Berichterstattung über die Versorgungslage bedurften.[134] Die gerechte Rationierung von Schuhen und Bekleidung wurde durch die Erhebungen des *Consumer Needs Panel* ständig auf die tatsächliche Bedarfsdeckung an der Konsumentenbasis überprüft.[135] Die Planer im Wirtschaftsministerium erhielten so nicht nur ein Bild von der aktuellen Situation des Konsums im Land, sondern auch Informationen über sich abzeichnende Engpässe für bestimmte Produkte und potentielle Beschwerden in der Zukunft. In den letzten Kriegsjahren ging das *Board of Trade* zum sogenannten *Patching*, wörtlich »Flickwerk«, bei der Versorgung über. Wenn lokal größere Knappheiten an bestimmten Konsumgütern auftraten, wurden gezielt und punktuell Warenmengen geliefert. Lagerbestände von Händlern in den jeweiligen Regionen wurden um bis zu 70 Prozent über dem Landesdurchschnitt aufgestockt. Zeitgenossen, die diese Erhebungen nach Kriegsende analysierten, kritisierten zwar die Effizienz der Maßnahmen,[136] doch profitierten von diesem Versorgungssystem vor allem die Konsumentinnen und Konsumenten. Im Vergleich zu Deutschland stellte es bereits eine bedeutende Einbeziehung der Verbraucherinteressen in das System der Bereitstellung dar. Ganz im Gegensatz zu Deutschland hatte das britische Wirtschaftministerium mit der *Consumer Needs Section* und den verschiedenen Verbrauchsforschungseinheiten einen gut funktionierenden Apparat der Einbeziehung von Konsumenten in die Wirtschaftsplanung aufgebaut. Nicht nur hatten britische Konsumentinnen und Konsumenten eine direkte, wenn auch nicht von ihnen selbst gewählte Interessenvertretung im Wirtschaftministerium, die sich nur um ihre Belange kümmerte, und die Qualität der meisten britischen Produkte war bedeutend besser als in Deutschland. Zudem konnten sich Verbraucherinnen im Rahmen ihrer Kleiderpunkte so viele Schuhe zu kaufen, wie sie wollten, während die deutschen Frauen bei der Antragstellung auf einen Bezugsschein mit diversen behördlichen Schikanen zu kämpfen hatten.

Die britischen Behörden hatten zu Beginn der Rationierung 1941 zwar weder verlässliche Statistiken über den Verbrauch und den Bedarf noch in absehbarer Zukunft die Möglichkeit, solche zu erheben. Dafür schufen sie ein flexibles System von Versuch und Irrtum, ein Informationssystem mit direkter Rückkopplung, das schnelle Maßnahmen der Umsteuerung ermöglichte, wenn sich vorherige Maßnahmen als fehlerhaft oder ungeeignet erwiesen. Die Verbrauchsforschung und die quantitativ arbeitende Marktforschung spielten in diesem

134 Ebd.
135 Vgl. Civilian Footwear (1941-1945), NA/PRO London, BT 131, Nr. 43.
136 General Survey of the Control. Civilian Footwear (1941-1945), NA/PRO London, BT 131, Nr. 43.

System mit ihren Langzeitstudien und Kurzzeit-Erhebungen eine entscheidende Rolle und erlangten großen Einfluss in der Wirtschaftspolitik.

11.4 Bedeutungswandel der Produktgestaltung (1936-1945)

Mit dem Standardisierungsprogramm *Utility* wurde in Großbritannien die *economy* – im angelsächsischen Sinne der Sparsamkeit – und die »Effizienz« (*shoe efficiency*) der Produkte weitaus deutlicher in den gestalterischen Bereich verlegt als in Deutschland. Mit dem *Utility Scheme* wurden Material- und Konstruktionsfragen auf innovative Weise von der Gestaltung der Produkte gelöst und Letztere in die Freiheit der einzelnen Unternehmen gestellt. Die Herstellungsvorschriften sahen keinen bestimmten Schaftschnitt für die einzelnen Modelle vor, wie etwa die Einheitstypen in Deutschland. Diese konnten von den Unternehmen selbst entwickelt werden. Nach Auffassung der staatlichen Stellen sollte die Standardisierung der Produkte die Verbraucher auf keinen Fall zu einer »Standardisierung der Erscheinung« nötigen.[137] Dennoch bedeutete die Standardisierung auch in England ein Streben nach dem »rationalen Produkt«,[138] bei dem die praktische Funktionstüchtigkeit und physische Langlebigkeit im Vordergrund standen. Fußgesundheitliche Aspekte wurden dabei allerdings kaum thematisiert.

Die Standardisierung war nicht nur eine konsumpolitische Maßnahme zum Umgang mit der Knappheit. Für einige Planer und Organisatoren wurde sie zum kulturpolitischen Projekt. In der Kriegswirtschaft gelangten Männer und Frauen zu wirtschaftspolitischem Einfluss, die sich professionell mit Produktgestaltung beschäftigten und der 1915 nach Vorbild des Deutschen Werkbundes in Großbritannien gegründeten *Design and Industry Association* eng verbunden waren. Ihr Ziel war die Sozialreform mittels einer gestalterischen Verbesserung der Alltagsprodukte im Haushalt.[139] Die *Utility*-Programme sahen sie auch als Projekt der Erziehung von Herstellern und Verbrauchern zur Entwicklung von Qualitätskriterien, als Projekt zur Schulung der kulturellen Ansprüche.[140] *Utility* sollte den Menschen ein »besseres Produkt liefern, als sie es normalerweise nachfragen würden«, so Gordon Russell, Designer von *Utility*-Produkten und später Leiter des staatlichen *Council of Industrial Design*.[141]

137 Aktennotiz Harold Salt, Director of Civilian Leather Supplies, MinSupply, Mai 1941, NA/PRO London, SUPP 14, Nr. 703.

138 Vgl. Whiteley (1999), S. 190-202.

139 Vgl. dazu Attfield (1999a); Maguire/Woodham (1997); Woodham (1996).

140 Dass diese Erziehungsarbeit durchaus die Verbraucher bevormundende Züge trug, ist durch englische DesignhistorikerInnen kritisch angemerkt worden. Vgl. Attfield (1999a).

141 Gordon Russell, National Furniture Production, in: Architectural Review, Dez. 1946, S. 184, zitiert in: Whiteley (1999), S. 195.

In der britischen Schuhwirtschaft der Kriegsjahre gewann das Design als Faktor der Produktentwicklung aus mehreren Gründen an Bedeutung. Zum einen spielte der Export für die britischen Wirtschaftsplaner während der gesamten Kriegszeit eine überaus wichtige Rolle, da die Kriegsproduktion anfangs über Exporte finanziert werden sollte.[142] Diese Strategie ging jedoch nicht auf. Tatsächlich basierte die Kriegsfinanzierung und Rohstoffversorgung, wie bereits zu sehen war, vor allem auf einer allmählichen Verschuldung Großbritanniens bei den Ländern des Commonwealth und den USA. Im Frühjahr 1944 begann in der britischen Industrie die Vorbereitung auf die Nachkriegszeit. Dabei erschien wiederum der Export als zentral. Oberstes Ziel, gerade der verschiedenen Konsumgüterindustrien, war es, ein weiteres Wegbrechen der traditionellen Exportmärkte in den unmittelbaren Nachkriegsjahren zu verhindern, wie dies unmittelbar nach dem Ersten Weltkrieg der Fall gewesen war.[143] Damals verlor die britische Schuhindustrie große Teile ihres Exportgeschäfts vor allem an die US-amerikanische Konkurrenz. Auch der deutliche Trend zu sinkenden Exportzahlen in den Vorkriegsjahren des Zweiten Weltkriegs sollte aufgefangen, ja umgekehrt werden.

So wurde die Produktgestaltung von mengenindustriell gefertigten Konsumgütern noch im Zweiten Weltkrieg regelrecht zur Angelegenheit des Staates erhoben. Die Wirtschaftsplaner im *Board of Trade* zielten auf eine gefälligere Gestaltung der britischen Konsumgüter. Im November 1944 gründete das Wirtschaftsministerium ein *Council of Industrial Design*, das die Aufgabe hatte, den Gedanken der »Guten Form« (*good design*) in verschiedenen britischen Industriezweigen zu verankern, um so die britischen Absatzmöglichkeiten auf dem Weltmarkt zu erweitern.[144] Stärker noch als in Deutschland die Modeämter unterstützte das *Council of Industrial Design* die Eigenentwicklung von Modellen und Produktentwürfen in den Unternehmen und die Schaffung von neuen Ausbildungswegen für professionelle Gestalter. Es organisierte regionale und nationale Gewerbeausstellungen mit vorbildlichen Produkten und unterstützte gemeinschaftlich finanzierte »Designzentren« (*design centres*) für die einzelnen Industrien.[145]

Zum anderen stellte sich für die Unternehmen die Frage der Produktgestaltung mit der Entwicklung von *Utility*-Programmen für Standardwaren neu. Die Forderungen nach einer höheren »Dienstbarkeit« der Produkte lenkten den Blick bei der Produktentwicklung auf die Frage, welche formalen Eigenschaften deren Nutzen für die Verbraucher erhöhten. Wie in Deutschland war die Produktgestaltung in der Vorkriegszeit auch in England vom rein äußeren Kopieren

142 Vgl. Broadberry/Howlett (2005).
143 Vgl. Kap. 2.4.
144 Woodham (1996); Maguire (1991).
145 Vgl. die Abschnitte zu »Design« in den Working Party Reports des Board of Trade für versch. Konsumgüterindustrien 1946ff. Zu den Designförderungsmaßnahmen des Council vgl. Maguire/Woodham (1997).

von Modellen dominiert.[146] Im Kontext der Entwicklung von *Utility*-Modellen während der Kriegsjahre hatte der Produktgestalter nun nicht mehr nur die Aufgabe, die äußere Form der Schuhe modisch zuzurichten. Seine Tätigkeit drang fortan tiefer in die funktionalen Leistungen des Produkts ein. Auch durch die längeren Laufzeiten und höheren Stückzahlen der Modelle in der Produktion als Folge der Standardisierung gewann die »richtige« Form und bewusste Gestaltung an wirtschaftlicher Bedeutung. Wie in Deutschland nahm in England in den Kriegsjahren eine neue, erweiterte Auffassung von der Rolle der Formgebung in der Produktentwicklung Gestalt an, die mit der Entstehung eines neuen Berufsbilds, des professionellen Schuh-Designers, einherging.

1907 wurde auf den Britischen Inseln ein Patentgesetz erlassen, mit dem Unternehmen erstmals auch Geschmacksmuster schützen lassen konnten.[147] In der Sektion 93 hatten die Gesetzgeber als *Design* definiert:[148]

> »Design means only the features of shape, configuration, pattern or ornament applied to any article by any industrial process or means, […] which in the finished article appeal to and are judged solely by the eye; but does not include any mode or principle of construction; or anything that is in substance a mere mechanical device.«

Design bezeichnete hier also einzig die Gestalt (*shape*), Anordnung (*configuration*), das Muster (*pattern*) oder Ornament (*ornament*), die einem Artikel im industriellen Verfahren gegeben wurden, nicht jedoch die Art der Konstruktion und Mechanik. Somit wurde *Design* – als zu schützendes Geschmacksmuster – auf rein äußerliche Reize reduziert, gerade in Abgrenzung von Elementen der Konstruktion und der physischen Funktion. Diese Bedeutung von Design hielt sich in England bis Ende der 30er Jahre. Noch zu dieser Zeit waren *Designer* in der Schuhindustrie freiberuflich arbeitende Gestalter, die Dekorationen für Schuhe entwarfen und produzierten. Sie lieferten den Schuhfabriken für bereits fertige Schuhe dekorative Schlaufen, Troddeln, Schleifchen und sonstige Verzierungen.[149] Diese Ornamente waren es auch, die Gegenstand des weitverbreiteten Kopierens waren. Während die Konstruktion des Schuhs als statisch und gegeben galt, wurde das äußere Erscheinungsbild (*the appearance*) so auf vielerlei Weise variiert. »Das Wesen des Design liegt in der Reaktion, die es in der Wahrnehmung des Käufers auslöst«, resümierte 1936 ein Autor (*the essence of the design is contained in its reaction to the buyer's mind*).[150] Hier stand als Adressat von Ge-

146 Vgl. Kap. 3.4.

147 Vgl. Patents and Designs Act (1907). Vgl. Protection of Shoe Designs, in: SLN v. 21.2.1936, S. 25f.

148 Vgl. Patentgesetz von 1907, zitiert in: Protection of Shoe Designs, in: SLN v. 21.2.1936, S. 25f.

149 Designs for the Shoe Trade. Leicester Firm's Progress, in: SLN v. 15.11.1935, S. 30.

150 Protection of Shoe Designs, in: SLN v. 21.2.1936, S. 25f.

staltungsleistungen ganz der Käufer oder die Käuferin des Produkts im Vordergrund, weniger die Nutzerin oder der Nutzer.

Die Jahre von 1936 bis 1945 bildeten eine Zäsur für die Geschichte des Schuhdesign in Großbritannien. Ab 1936 kamen amerikanische Damenschuhe erstmals in großer Zahl auf den britischen Markt, die sich binnen kurzer Zeit bei den Verbrauchern großer Beliebtheit erfreuten. Dies hing zu keinem geringen Teil mit der Verbreitung von Hollywood-Filmen in England zusammen, die ein mächtiger Faktor bei der Durchsetzung von Schuhmoden wurden.[151] Die einheimischen Unternehmen fragten nach den Ursachen der großen Attraktivität der amerikanischen Produkte für die Konsumentinnen. Sie vermuteten, dass diese den britischen in der Passform und in der ästhetischen Anmutung überlegen waren.[152] Amerikanische Hersteller waren bei Damenschuhen bereits zum saisonalen Wechsel der Leistenformen übergegangen, während britische Schuhe Jahr für Jahr auf den gleichen Standardleisten hergestellt wurden.[153] Amerikanische Unternehmen kauften ihre Modelle direkt in Paris. Britische Unternehmen erhielten neue Modelle höchstens aus »dritter Hand«, d.h. über das Kopieren von Schuhen nach originalen Entwürfen anderer Hersteller. Vor allem hing die Überlegenheit der amerikanischen Formen aber damit zusammen, dass dort im Auftrag der Händler eine neue Art von Akteuren als Mediatoren der KonsumentInnenwünsche und direkte Auftraggeber von Modellen in Erscheinung traten. In den USA war es in großen Handelshäusern bereits seit 1930 üblich geworden, sogenannte *stylists* als Experten für Geschmacksfragen der KundInnen einzustellen.[154] Dies waren überwiegend Frauen, deren Kompetenz darin bestand, durch direkten Umgang mit den Kunden und Modekontakte frühzeitig Kenntnisse über aufkommende Modetrends zu erwerben und diese in die Produktion der Schuhe zu vermitteln. In den Jahren der Weltwirtschaftskrise war dies ein Versuch der Handelsunternehmen, die sinkenden Verkaufszahlen ihrer Produkte

151 BoT, Working Party Reports: Boots and Shoes, London 1946, S. 39; vgl. dazu auch: Brooke (1949), S. 114.

152 Imported American Shoes Should Stimulate British Producers, in: SLN v. 14.5.1936, S. 9; Why Customer Sees Virtue in American Footwear. Shoes that Flatter and Fit, in: SLN v. 21.5.1936, S. 31; The Shoe Industry Criticised, in: SLN v. 30.4.1936.

153 So wurden Halbschuhe für Damen in England zum Teil sogar auf Leisten hergestellt, die noch für die Herstellung der alten Stiefel der Vorkriegszeit entworfen worden waren. Vgl. Why Foreign Shoes are Imported. A Fearless Criticism of British Methods, in: SLN v. 14.5.1936, S. 15.

154 Die Entstehung des Berufsbilds der Stylistin in den USA ist aus den Schuh-Gewerbezeitschriften auf die Jahre 1929/30 zu datieren. Vgl. Style and Design in Merchandising, in: SLR v. 22.8.1929, S. 13f.; The Shoe Stylist. Devoted to Style Discussion, in: SLR v. 28.6.1930, S. 24ff. Design Copyright Law No. 2, in: SLR v. 12.7.1930, S. 15; Shoe Styling by Organization, in: SLR v. 26.7.1930; Trials and tribulations of Stylists. How Stylists are Made and Unmade, in: SLR v. 26.7.1930, S. 28-34; Who is a Stylist? What Does She Do?, in: SLR v. 25.10.1930, S. 26-40.

aufzufangen.[155] Die Stylistinnen gaben für sogenannte *volume buyers* – die Kaufhäuser, großen Filialketten und auch große Einzelhandels-Häuser in den Metropolen – fertige Modellentwürfe von Schuhen bei der Industrie in Auftrag. So war der Handel nicht mehr allein auf das Modell-Angebot der Hersteller angewiesen. Durch diese Mediatoren aus dem Handel kamen auch die Schuhhersteller in den USA in engere Verbindung zu den Konsumenten, ja sie erhielten erstmals eine regelmäßige Rückkopplung über Verkaufszahlen und Erfolg einzelner Modelle.

Neben den Stylistinnen, die reine Modeberaterinnen waren und kaum technische oder gestalterische Fertigkeiten besaßen, war in den frühen 30er Jahren in den USA auch ein weiteres Berufsbild neu entstanden: der professionelle Schuh-Designer. Oft im Auftrag der Stylisten brachte dieser eigene Entwürfe hervor. In den Modemetropolen hatten sich freiberufliche Designbüros für Schuhe gebildet, die, wie die Modeateliers in Paris, kleinbetrieblich organisiert waren und ihre Entwürfe sowohl dem Handel als Auftraggeber als auch den Schuhherstellern anboten.[156] Sie hatten technische Kompetenzen und Produktionswissen vorzuweisen. Bei der Produktentwicklung setzten sie den Prototyp (*pull-over*) als gegenständliches Entwurfsmodell gegenüber der bloßen Zeichnung durch. Durch Übermittlung der Entwürfe in Form des Prototyps konnte dreidimensional definiert werden, wie der Schuh auszusehen hatte, und die Produktionsabteilungen der Hersteller erhielten über die gewünschte Ausführung viel exaktere Angaben als bei der reinen Zeichnung, die konkrete Formen, Maße und Maßverhältnisse im Vagen und in der Kompetenz der Hersteller beließ. Die Amerikaner sprachen daher von einer neuen, »wissenschaftlichen Präzision« (*scientific precision*) bei der Formgebung.[157]

In Großbritannien war es bis dahin noch ein weiter Weg. Händler als direkte Auftraggeber von Modellen traten bei den britischen Schuhunternehmen so gut wie nicht in Erscheinung.[158] Die britische Auffassung von Qualität maß sich hauptsächlich am Gewicht der Schuhe.[159] Dies war bei Damenschuhen der Eleganz nicht eben förderlich. Die *British Quality Shoe Association* veranlasste zwar in Großbritannien nicht nur eine rechtliche Verbesserung des Schutzes von originalen Produkt-Entwürfen und mischte sich seit Mitte der 30er Jahre maßgeb-

155 Vgl. Meikle (1979).

156 Future of Shoe Styling, in: SLR v. 20.10.1934, S. 23.

157 Ebd.

158 Das erste Schuhdesign-Büro als ständige Abteilung eines Handelsunternehmens entstand in Großbritannien 1949 bei der Firma Upsons Ltd., die unter dem Namen Dolcis in eigenen Handelsfilialen Schuhe vertrieb. Ihr *shoe design department* wurde im April 1949 in London eingerichtet. Vgl. Designs for Dolcis, in: SLN v. 21.4.1949, S. 43.

159 Vgl. Why Foreign Shoes are Imported. A Fearless Criticism of British Methods, in: SLN v. 14.5.1936, S. 15.

lich in die Diskussion über den schlechten Zustand der Produktgestaltung ein.[160] Um das Kopieren zu unterbinden, gründete die Organisation 1936 nach amerikanischem Vorbild eine »Modezunft« (*fashion guild*), die als Berufsorganisation die erste Standesvertretung von Produktgestaltern in der britischen Schuhindustrie darstellte.[161] 1936 stellte zudem das *Board of Trade* ein *National Register of Industrial Art Designers* bereit. Es diente als Vermittlungsinstanz von Designern für die Industrie in allen Konsumgüterbranchen.[162] Fest in den Schuhfabriken angestellte Produktgestalter gab es in Großbritannien jedoch noch keine.

Doch als die Unternehmen Anstalten machten, das Modeschuhwerk zu vereinfachen, stellte sich heraus, dass die Musterzeichner meist keinerlei Bewusstsein von den wirtschaftlichen Auswirkungen ihrer Entwürfe auf den Produktionsprozess besaßen.[163] Die Unternehmen waren dieser Aufgabe, die Produktentwicklung an funktionalen Zielen auszurichten, ganz und gar nicht gewachsen. Die Vereinfachung der Modelle war daher auf freiwilliger Basis nicht durchzusetzen, und der Gesetzgeber musste später konkrete Maßnahmen zur drastischen Verringerung der Ornamente vorschreiben. Die Materialökonomie erforderte eine sogenannte Ausbalancierung (*balancing*) der einzelnen Komponenten der Produkte miteinander. Im Idealfall sollte der Schaft die Sohle im Schuh nicht überdauern, sondern beide – Reparaturen und Neubesohlungen eingeschlossen – ungefähr gleich lang haltbar sein.[164] Dieses funktionale Optimieren des Schuhs erforderte nunmehr einiges Erfahrungswissen, auch über die Prozesse des Verbrauchs.[165]

Kurz nachdem das Standardisierungsprogramm angelaufen war, kam es von Seiten der Schuhindustrie zu einer großen Nachfrage nach Produktgestaltern.[166] Dadurch geriet ab Sommer 1943 auch die Schaffung eines professionellen Aus-

160 The British Quality Association Ltd., in: SLN v. 24.9.1936, S. 31; British Quality Shoe Association. Annual Meeting and Dinner, in: SLN v. 15.10.1936, S. 33.

161 Die amerikanische Fashion Guild war 1931 gegründet worden. In der Vorkriegszeit erlangte die britische Fashion Guild gegenüber ihrer amerikanischen Schwesterorganisation jedoch nur geringe Bedeutung. Vgl. British Quality Shoe Association. Annual Meeting and Dinner, in: SLN v. 15.10.1936, S. 33. Für die USA vgl. The New Fashion Guild, in: SLR v. 25.4.1931, S. 60f.

162 Ende 1938 zählte das Register insgesamt 496 Designer aller Konsumgütersparten, von denen 264 in diesem Jahr erst aufgenommen wurden. Im Wirtschaftsjahr 1938/39 baten insgesamt 58 Unternehmen beim Register um eine Vermittlung eines freiberuflichen Designers, und 183 Produktgestalter wurden vermittelt. Vgl. Register of Boot Designers. Extended List of Designers, in: SLN v. 24.8.1939, S. 18.

163 John Glenfield, Fashion Footwear in Wartime, in: SLN v. 11.4.1940, S. 196.

164 Als Negativ-Beispiel schlechthin eines »unausgewogenen« Schuhs galten die weit verbreiteten Leinensportschuhe mit Gummisohle, deren Textilschaft in der Regel lange vor der Sohle verschlissen war. Vgl. Balanced Shoes, in: SLN v. 16.4.1942, S. 9f.

165 Ebd.

166 J. Long, Shoe Designers. Specialised Selection and Training Needed. Teil 1, in: SLN v. 19.8.1943, S. 30-33; Teil 2, in: SLN v. 26.8.1943, S. 28f; Teil 3, in: SLN v. 2.9.1943, S. 35; Teil 4, in: SLN v. 9.9.1943, S. 24; Teil 5, in: SLN v. 23.9.1943, S. 34.

bildungsweges für Formgeber in die Diskussion. Zu diesem Zeitpunkt gab es insgesamt 20 Schulen im ganzen Land, an denen handwerkliche und technische Fachkräfte für die Schuhindustrie ausgebildet wurden, dagegen keinen einzigen Ausbildungsgang für Produktgestalter und Modelleure.[167] Produktgestalter als in und aus der Industrie heraus geschulte Experten für die Formgebung (*expert shoe designing*) gab es, anders als in Deutschland, in der britischen Schuhindustrie bis dahin nicht.[168] Die meisten Modelleure (*pattern cutter*) waren in den Betrieben ausgebildete Zuschneider ohne künstlerische oder entwurfstechnische Ausbildung, die bereits bestehende Modelle kopierten.[169] Als Lösung für den zunehmenden Bedarf an unternehmenseigener Produktgestaltung schlugen Fachleute eine systematische Auslese und Weiterbildung von geeigneten jungen Leuten aus den Fabriken vor. Für sie war vorgesehen, eine künstlerische Ausbildung, die den Arbeitern in der Industrie bislang verschlossen war, mit ihrer technisch-handwerklichen Ausbildung zu verbinden. Den besten sollte eine weitere künstlerische Fortbildung für drei Jahre am Royal College of Art in London ermöglicht werden.[170] Solch eine Ausbildung sollte die künftigen Produktgestalter befähigen, die zunehmende Zahl an gesellschaftlichen, ästhetischen und betrieblichen Anforderungen an das Produkt in angemessene Formen umzusetzen.[171]

Im Dezember 1944 erfuhren die Schuhunternehmer in ihrer Gewerbezeitschrift von der Gründung des *Council of Industrial Design* mit dem Ziel *to encourage by all practical means the adoption of good design in British Industry [...] and the improvement of design in the products*.[172] Als Mittel zu diesem Zweck war vor allem die Einrichtung von Design-Zentren (*design centres*) in den einzelnen Industrien vorgesehen. Diese hatten vier Funktionen: Sie sollten (1.) gestaltungsbezogen die Produkte der jeweiligen Industrie untersuchen; (2.) Informationen über den Wandel im »Geschmack der Verbraucher« und über die Praktiken des jeweiligen Gewerbes auf den heimischen und auf den Exportmärkten sammeln und den Unternehmen zur Verfügung stellen; (3.) Forschung und Experimente auf dem Gebiet der Produktgestaltung durchführen und fördern; und schließlich (4.) Künstler für eine praktische Tätigkeit in der Industrie interessieren und

167 Retail Notes and News, in: SLN v. 21.12.1939, S. 36.

168 Im Deutschen Reich war, wie in Kap. 3 ausgeführt, 1936 die Deutsche Schuhfachschule in Pirmasens gegründet worden, die Modelleure ausbildete.

169 Vgl. dazu Kap. 3.4.

170 Das Royal College unterrichtet bis zu diesem Zeitpunkt noch keine angewandten Künste.

171 Alle Angaben im Folgenden aus: J. Long, Shoe Designers. Specialised Selection and Training Needed. Teil 1, in: SLN v. 19.8.1943, S. 30-33; Teil 2, in: SLN v. 26.8.1943, S. 28f.; Teil 3, in: SLN v. 2.9.1943, S. 35; Teil 4, in: SLN v. 9.9.1943, S. 24; Teil 5, in: SLN v. 23.9.1943, S. 34.

172 Industrial Design, in: SLN v. 28.12.1944, S. 14; Council of Industrial Design. Design Centres to be Set Up, in: SLN v. 28.12.1944, S. 20A.

die Ausbildung von Produktgestaltern organisieren helfen.[173] Wie die wissenschaftlichen Gemeinschaftsforschungsinstitute der Branche sollten auch die Design-Zentren finanzielle Unterstützung des Staates erhalten.

Im März und April 1945 diskutierten Schuhfabrikanten auf ihrer Jahrestagung der Fabrikantenvereinigung die Gründung eines Design-Zentrums für die Schuhindustrie.[174] Einige Firmenvertreter forderten, Design müsse als produktive Ressource für alle Unternehmen verfügbar werden. Nur dann könnten britischen Schuhunternehmen ihren Status auf dem Weltmarkt behaupten und wieder ausbauen. Die Produktgestaltung habe in der Vergangenheit eine viel zu geringe Rolle in der Schuhindustrie gespielt: »As a result there have been far too few designers, too many decorators; too few creators, too many copyists.« Der neuen Gestaltungsauffassung nach war die Aufgabe des Formgebers die Erarbeitung einer »funktionalen Gestaltung« (*functional design*), als zusätzliche Leistung zur ansprechenden Form (*good style*).[175] Diese Art von Gestaltung konnte nur unter enger Einbeziehung der technischen Abteilungen und wissenschaftlichen Erkenntnisse der Unternehmen entstehen:

> »It is desirable that the word ›design‹ should not be confused with or used in place of mere ›styling‹. […] Design has a fuller meaning, […] of functional design. […] ›Design‹ embraces much more than decoration […], it emphasises the supreme necessity for the design organisation [in the factory] to be related in the most intimate way with the industry's research and technological sides.«[176]

Das rein äußerliche Kopieren von Modellen war somit einer Gestaltungsauffassung gewichen, die Wissensbestände wie anatomische, physiologische und fußgesundheitliche Erkenntnisse, Branchen-Konventionen wie Schuhgrößen und festgesetzte Größenverhältnisse, Ergebnisse der Konsum- und Materialforschung sowie Möglichkeiten der technischen Umsetzung in die Produktion als Faktoren in die Produktentwicklung miteinbezog. Der Begriff, der diese Tätigkeit neuerdings beschrieb und vom reinen *styling* unterschied, war *industrial design*, die Formgebung für die Mengenproduktion.[177]

173 Weitere Aufgabenfelder waren die Organisation von Ausstellungen und die Beratung von Regierungsgremien und öffentlichen Institutionen in Design-Fragen. Vgl. Council of Industrial Design. Design Centres to be Set Up, in: SLN v. 28.12.1944, S. 20A.

174 Dabei zog man Northampton als Standort eines solchen Zentrums in Erwägung, da dort sowohl ein Technical College der Schuhindustrie als auch eine Art School bereits bestanden. Shoe Design Centre, in: SLN v. 1.3.1945, S. 13.

175 Board of Trade, Working Party Reports: Boots and Shoes, London 1946, S. 5.

176 Vgl. Design Centre, in: Monthly Bulletin of the BBSATRA 3 (1946), Nr. 30 (April 1946), S. 117-120.

177 Board of Trade, Working Party Reports: Boots and Shoes, London 1946, S. 152.

11.5 Ersatzstoffe: Ein Thema der britischen Schuhindustrie?

Während die Produktgestaltung in der britischen Industrie eingehend diskutiert wurde und durch die *Utility*-Programme und die Gründung des *Council of Industrial Design* eine noch größere Rolle in der Produktentwicklung zu spielen begann als durch die Modeämter in Deutschland, ist im Folgenden zu fragen, ob das Material im britischen Diskurs um die Qualität von Schuhen eine ähnlich prominente Rolle spielte. Die britische Konsumpolitik zielte in den Kriegsjahren auf die höchstmögliche Qualität des produzierten Schuhwerks. Dies war sowohl für die Wirtschaftsplaner als auch für die Schuhunternehmer untrennbar an die Verwendung von Leder als Werkstoff gekoppelt. In Frage steht, inwiefern in Zeiten der Lederknappheit auch in britischen Schuhen Ersatzstoffe zum Einsatz kamen.

Lederfaserwerkstoffe

Leder-Ersatzstoffe auf der Basis von Lederfasern, als Sekundärprodukte zur Verwertung von Lederabfällen aus den Schuhfabriken, kamen in Großbritannien in der Vorkriegszeit zwar auf den Markt, hatten aber vor dem Krieg nur eine geringe Verbreitung.[178] Die Produktion der Werkstoffe blieb sehr gering.[179] Lederabfälle wurden größtenteils verbrannt und gewerblich allenfalls zu Dünger verarbeitet, der auf den Baumwollfeldern im Süden der USA landete.[180] Mit der Bewirtschaftung des Leders und seiner zunehmenden Verknappung gerieten auch in Großbritannien die Lederabfälle in den Blick der Unternehmen und staatlichen Wirtschaftsplaner. Im Juni 1940 riefen die staatlichen Stellen die Unternehmen dazu auf, nach Möglichkeiten der Verwertung ihrer Lederabfälle zu

178 Im Frühjahr 1939 brachte der Schuhkonzern C. & J. Clark in Street als erstes britisches Unternehmen einen LFWS für Hinterkappen und Brandsohlen unter dem Markennamen Springbok auf den Markt. Er enthielt hauptsächlich Zellulosefasern, zu einem geringen Teil Lederfasern, die dem Lederabfall der eigenen Schuhproduktion entstammten, und das Bindemittel Naturlatex. Die British United Shoe Machinery Company vertrieb einen LFWS für Absatzflecken aus den USA. Vgl. Hudson (1968), S. 51ff.; Werbeanzeigen für beide Werkstoffe finden sich in SLN ab Februar 1939.

179 Harold Salt, A Study of Substitutes for Leather, hg. v. MinSupply, Leather Substitutes Panel, London 1946, NA/PRO London, DSIR 36, Nr. 1280, S. 28.

180 Bis 1941 konnte der Dünger aus Lederabfall nur in tropischen und subtropischen Regionen eingesetzt werden. Die Mikroorganismen in nordeuropäischen Böden konnten ihn nicht abbauen. Vgl. Use of Leather Scrap and Waste, in: Monthly Bulletin of the BBSATRA 2 (1942), Nr. 35 (August 1942), S. 143f.; Dorothy Jordan Lloyd, Report of British Leather Manufacturers Research Association for 1940/41. Submitted to the Dept of Scientific and Industrial Research, in: SLR v. 20.12.1941, S. 24.

suchen.[181] Die Unternehmen zeigten jedoch kaum Interesse an einer Verwertung. Um die Entwicklung von Lederfaserwerkstoffen und die Entstehung einer Ersatzstoff-Industrie zu unterstützen, verpflichteten sich im Oktober 1940 auf staatliche Initiative hin 195 Schuhhersteller und Gerbereien freiwillig, über drei Monate hinweg kostenlos ihre Abfälle bei potentiellen Werkstoff-Herstellern abzuliefern.[182] Die staatlichen Stellen schufen eine Absatzmöglichkeit für das Material, indem sie eine Zulassung als Hinterkappen an Stelle von Leder in Armeestiefeln in Aussicht stellten.[183] Doch erschwerte die staatliche Politik in der Folgezeit die Verwendung dieser Ersatzstoffe in Zivilschuhen. Die Herstellungsvorschriften der *Utility*-Standardmodelle ab Juni 1942 schlossen die Verarbeitung von Ersatzstoffen aus. Pappen wurden in Schuhen ausdrücklich verboten.[184]

Als zusätzlicher, tiefer Einschnitt in die Rohstoffversorgung traf die Schuhindustrie der Kautschukmangel. Nach dem Angriff der Japaner auf Pearl Harbour und dem Eintritt der USA in den Zweiten Weltkrieg besetzten die Japaner im Winter 1941/42 die wichtigsten Kautschukanbaugebiete im pazifischen Raum und schnitten über die Kontrolle der Schiffstransporte in diesem Teil der Welt sowohl die USA als auch Großbritannien schlagartig von ihren Kautschuklieferungen auch aus dem unbesetzten Ceylon und Indien ab.[185] Eine enorme Kautschukknappheit für den Rest des Krieges war in den beiden Ländern die Folge. Aus diesem Grund wurde am 14. Januar 1942 die Verwendung von rohem Naturkautschuk (*crepe rubber*) in Schuhsohlen bis Kriegsende verboten und der Kautschukgehalt von vulkanisierten Gummisohlen eingeschränkt.[186] Das Verbot verhinderte eine weitere Forschung an Lederfaserwerkstoffen, da als Bindemittel kein anderer Rohstoff als Natur-Latex zur Verfügung stand. Synthetische Bindemittel, wie sie in Deutschland verwendet wurden, waren in Großbritannien nicht bekannt. Dies war das vorläufige Ende der kurzen und erfolglosen Entwicklung der Lederfaserwerkstoffe in Großbritannien.

181 Utilise the Scrap, in: SLN v. 20.6.1940, S. 11

182 Salvage of Leather Scrap. Its Importance Emphasised, in: SLN v. 24.10.1940, S. 25; Salvage of Scrap Leather. Manufacturers' Offer of Assistance, in: SLN v. 28.11.1940, S. 22.

183 A Substitution Question. Bellies for Fibreboard, in: SLN v. 31.10.1940, S. 7f.; Salvage of Scrap Leather. Manufacturers' Offer of Assistance, in: SLN v. 28.11.1940, S. 22.

184 Vgl. BSI Standard Specifications for Utility Footwear BS/BOT Nr. 6-10, 21 und 22; Some Light on Utility Shoes: Four Grades and no Cardboard Insoles, in: SLN v. 21.5.1942, S. 28.

185 Der Wildkautschuk aus Brasilien, der noch 1911 die einzige Naturkautschuk-Rohstoffquelle gewesen war, machte 1925 bereits nur noch 5 Prozent und Ende der 30er Jahre nur noch 3 Prozent der Weltproduktion an Naturkautschuk aus. Die Plantagen im pazifischen Raum lieferten hingegen 97 Prozent. Die Exporte der Kautschukplantagen im pazifischen Raum gehörten zu knapp zwei Dritteln britischen Eigentümern. Vgl. Auxier (1947), S. 1-24; Howard (1947), S. 4ff.

186 Replacing Crepe. An Immediate Requirement, in: SLN v. 29.1.1942, S. 9f.; Conserving Crepe, in: SLN v. 19.3.1942, S. 11f.

Naturkautschuk, Kautschuk-Regenerat und Synthesekautschuk

Der einzige alternative Werkstoff zu Leder, der bereits vor dem Krieg in die britische Schuhproduktion Einzug gehalten hatte, war das Gummi aus Naturkautschuk. In Lederschuhen wurden Gummisohlen bis zum Zweiten Weltkrieg fast ausschließlich für sportliche Zwecke verwendet. Sie wurden als Werkstoff-Platten an die Schuhfabriken geliefert und dort wie Leder als Sohle ausgestanzt und vernäht.[187] Eine weitere Art von Sportschuhen, die aus einem Leinenschaft und anvulkanisierter Gummisohle bestanden, hatte für die Versorgung der ärmeren Bevölkerung eine große Bedeutung erlangt. Neben den Lederschuhen war eine ganze Gattung von sehr viel billiger konstruierten Schuhen entstanden, die von den Herstellern, den Gummiverarbeitern, ursprünglich nicht als vollwertiges Schuhwerk vorgesehen war. Sie wurden als Sportschuhe, *seaside* und *holiday footwear* vermarktet.[188] Doch die ärmeren Bevölkerungsschichten verwendeten diese sehr preiswerten Schuhe in der Krisenzeit der 30er Jahre in großem Umfang. Gerade für Kinder stellten sie eine erschwingliche Alternative zu Lederschuhen dar. Auch Gummistiefel wurden oft als Alltagschuhwerk für Kinder gekauft. Da die Füße in ihnen nicht atmen konnten und der Fuß in keiner Weise gestützt wurde, führte dies zu ernsthaften Fußbeschwerden bei den Kindern. Dadurch gelangte diese Bekleidungpraxis der Armen in den Blick von Ärzten und Gesundheitsreformern. Das Billigschuhwerk drückte außerdem die Preise von Lederschuhen. Für die Lederschuhhersteller stellten sie eine ernsthafte Konkurrenz dar, da sie faktisch einen wichtigen Beitrag zur Schuhversorgung leisteten. Im Jahr 1935 wurden in Großbritannien neben 116 Mio Paar Lederschuhen für die zivile Verwendung 44 Mio Paar Schuhe aus Leinen mit Gummisohlen hergestellt. Großbritannien war damit der größte Gummischuhproduzent Europas.[189]

Die Kautschukverknappung, die im Januar 1942 einsetzte und sich in den weiteren Kriegsjahren immer weiter verschärfte, machte den Mangel an Leder noch akuter. Die Produktion von Sportschuhen mit Gummisohlen wurde von Juni 1942 bis Kriegsende ganz verboten und die Herstellung von Gummistiefeln stark eingeschränkt.[190] Im April 1942 begrenzte der staatlich eingesetzte *Rubber Controller* den zulässigen Naturkautschuk-Anteil in Gummisohlen und -absätzen auf 7 Prozent.[191] Gleichzeitig wurde aber eine weitere Streckung der Gummi-

187 Productions of Merit and Importance, in: SLN v. 20.7.1939, S. 54f.

188 Vgl. dazu Kap. 6.2 und 1.2.

189 Shoddy Footwear Prior to 1939, in: Memorandum upon Control of Quality Submitted by the Liaison Committee of the Boot Manufacturers' Federation, Frühjahr 1946, NA/PRO London, BT 64, Nr. 2663; Census of Production 1935, zitiert in: NA/PRO London, SUPP 14, Nr. 704.

190 Consumer Rationing Order (Nr. 10), 1942 v. 14.6.1942; Rubber Sole and Heel Industry in War Time, in: SLN v. 18.1.1945, S. 36.

191 Control of Rubber (No. 11) Order, 1942, v. 11.4.1942, abgedruckt in: SLN v. 23. 4.1942, S. 8; Rubber Soles and Heels. A Restriction Order, in: SLN v. 16. 4.1942, S. 10.

Abb. 79: »Der Japaner« stiehlt sich mit Englands Kautschuk davon und bekommt dafür mit den Regenerat-Gummiknüppel eins übergezogen: Propaganda-Aufruf zum Sparen und Sammeln von Altgummi in Großbritannien (Juni 1942)

Mischungen mit anderen Zutaten zum Problem. Das Schuhforschungsinstitut British Boot, Shoe and Allied Trades' Research Association bei Laborversuchen stellte fest, dass die Abriebfestigkeit durch sie zu stark abnahm.[192]

192 Rubber Composition Soles. Answer to Research Comments, in: SLN v. 11. 6.1942.

Die Suche nach Ersatzstoffen für Sohlenleder und Kautschuk konzentrierte sich in den Jahren 1942 und 1943 vor allem auf die Wiederverwertung von gebrauchtem Gummi. Auch auf den Britischen Inseln griff man angesichts der Rohstoffknappheit zum Mittel der Wiederverwertung von Altgummi. Vulkanisierte Gummisohlen, Crepe-Gummisohlen und Reifen wurden gesammelt, bei den Gummiverarbeitern industriell regeneriert und als Sohlenmaterial weiterverwendet (Abb. 79).[193] Gummi-Abfälle konnten wieder und wieder regeneriert werden, wobei aber die Qualität des Materials stetig abnahm. Im September 1942 bestanden alle neu produzierten Gummisohlen und -absätze zu 95 Prozent aus Regeneratgummi. Diese sogenannten *composition soles* und Absätze kamen in Neuschuhen, vor allem aber als Reparaturmaterial zum Einsatz, und dies sowohl in Zivilschuhen als auch in Militärschuhen. Insgesamt konnten in den Jahren 1944 und 1945 25.300 *long tons* an Sohlenleder durch Regeneratgummi ersetzt werden.[194]

Als weltweit größter Handelsplatz von Rohkautschuk entwickelte Großbritannien den ganzen Zweiten Weltkrieg hindurch keinen Synthesekautschuk.[195] Die Briten hatten aber im letzten Kriegsjahr die Möglichkeit, über das *Lend-Lease Agreement* Synthesekautschuk aus den USA zu beziehen. Dort lief seit März 1941 ein großes, staatlich initiiertes Programm der Synthesekautschukerzeugung.[196] Dabei wurde der Sythesekautschuk der Gattung *Gouvernment*

193 Conserving Crepe, in: SLN v. 19. 3.1942, S. 11f.; Mr Harold Salt's Review on Civilian Leather Situation, in: SLN v. 4. 6.1942, S. 32.

194 Rubber Control in the UK. Showing Economy Measures taken up to 30th Sept. 1942, Okt. 1942, NA/PRO London, BT 28, Nr. 1074; J. Hurstfield, The Leather Control. An Account of the Work of the Control during the War 1939-1945, 1948, NA/PRO London, BT 131, Nr. 102.

195 Der erste wissenschaftliche Artikel zu Synthesekautschuk als Material für die Schuhproduktion erschien im Bulletin von BBSATRA im März 1942. Zu diesem Zeitpunkt waren in Großbritannien das deutsche Perbunan und Buna S und das amerikanische Neopren, Hycar, Chemigum und Thiokol bekannt. Als besonders verwendungsfähig in Schuhen erwies sich bis 1945 das amerikanische GR-S. Als dritter Hersteller von Synthesekautschuk war für die Briten die Sowjetunion mit ihren Produkten SKA und SKB interessant. Die sowjetische Forschung an Synthesekautschuk ab 1925 wurde von den Briten aufmerksam verfolgt. 1943 verglichen britische Materialforscher das deutsche *Buna* mit dem amerikanischen Neopren. Vgl. Synthetic Rubber, in: Monthly Bulletin of the BBSATRA 2 (1942), Nr. 30 (März 1942), S. 123ff.; DSIR, Substitute and synthetic rubbers: BRMRA reports on comparisons of synthetic rubbers and their composition, 1932-1943, NA/PRO London, DSIR 36, Nr. 1569 und 1570; Natural Versus Synthetic Rubber, in: SLN v. 2.12.1943, S. 13 und v. 9.12.1943, S. 27.

196 Als erstes Unternehmen in den USA brachte die Firma DuPont 1939 einen eigenentwickelten Synthesekautschuk auf den Markt, der sich allerdings gegenüber dem ab 1941 nach deutschem Patent der I.G. Farbenindustrie in den USA hergestellten Synthesekautschuk-Arten GR-S (Buna S) als in der Herstellung sehr teuer erwies. Er wurde daher in den Kriegsjahren bei weitem nicht in solchem Umfang hergestellt. Neopren war aber für Schuhsohlen sehr geeignet und fand nach dem Krieg weite Verbreitung als Sohlenmaterial und als Klebstoff in der Schuhkonstruktion. Zur Ent-

Rubber-Styrene (*GR-S*) der meistproduzierte Synthesekautschuk. *GR-S* war die amerikanische Bezeichnung für den deutschen Synthesekautschuk *Buna S*, dessen Produktionsrechte und Herstellungsverfahren die Standard Oil Company bereits vor dem Krieg von der I.G. Farbenindustrie erworben hatte und im Zweiten Weltkrieg hauptsächlich produzierte.[197] Die Menge des von Großbritannien aus den USA importierten Synthesekautschuks betrug 9.700 lt (1943), 91.100 lt (1944) und 27.600 lt (1945).[198] Als der amerikanische Werkstoff im Frühjahr 1944 in Großbritannien verfügbar wurde, experimentierten die Gummi-Hersteller und ihr Gemeinschaftsforschungsinstitut, die *Rubber Research Association*, mit Mischungen des Kunststoffs. In Gummisohlen- und Absatzmaterial für Schuhe begannen sie noch im Frühjahr 1944, 15 Prozent Synthesekautschuk einzusetzen. Dadurch wurde die Qualität des britischen Gummiregenerat-Materials bedeutend verbessert.[199]

Tabelle 35: Verbrauch von Naturkautschuk, Kautschuk-Regenerat und Synthesekautschuk im Deutschen Reich, in Großbritannien und den USA (1941-1945) (in metrischen Tonnen (D) und englischen Tonnen (GB, USA))[200]

Deutsches Reich (in t)

Jahr	Naturkautschuk	Kautschuk-Regenerat	Synthesekautschuk
1941	22.000	44.000	52.000
1942	25.000	41.000	67.000
1943	5.000	39.000	86.000
1944	2.000	36.000[201]	94.000
1945	k.A.	k.A.	k.A.

wicklung des Synthesekautschuks in den USA vgl. Auxier (1947); Tuttle (1981); Smith (1985); Hounshell/Smith (1988); Streb (2003).

197 Howard (1947); Authorizes Synthetic Rubber Production, in: SLR v. 2.5.1942, S. 5; Plumpe (1990), S. 394ff; Streb (2003), S. 41ff.

198 Vgl. Principal Materials Imported, in: Central Statistical Office, Statistical Digest of the War, London 1951, S. 168.

199 Das Material wurde von der britischen Tochterfirma der amerikanischen Monsanto Chemicals geliefert, vgl. A. Colin-Russ, BBSATRA Research Report No. RR 71, The Distinctive Merits in Wear of Thiokol and of Thiokol-leather-resinoid Soling Materials, August 1944, PRO/NA London, DSIR 36, Nr. 1280; Harold Salt, A Study of Substitutes for Leather, hg. v. MinSupply, Leather Substitutes Panel, London 1946, NA/PRO London, DSIR 36, Nr. 1280, S. 9ff.; L. Andrews, Natural versus Synthetic Rubber. Some Considerations for the Future, in: SLN v. 2.12.1943, S. 13ff.; Rubber Sole and Heel Industry in War Time, in: SLN v. 18.1.1945, S. 36.

200 Für Deutschland: United States Strategic Bombing Survey (1976), Bd. 1, S. 83f. Für Großbritannien: Rubber, in: Central Statistical Office, Statistical Digest of the War, London 1951, S. 117f. Für USA: J. M. Ball, Reclaimed Rubber. The Story of an American Raw Material, New York 1947, S. 204f.

201 Angabe nur für erstes Halbjahr 1944.

Großbritannien (in lt)

Jahr	Naturkautschuk	Kautschuk-Regenerat	Synthesekautschuk[202]
1941	168.000	0	0
1942	97.000	23.000	0
1943	76.000	34.000	4.000
1944	49.000	28.000	44.000
1945	34.000	28.000	65.000

USA (in lt)

Jahr	Naturkautschuk	Kautschuk-Regenerat	Synthesekautschuk
1941	775.000	251.000	100
1942	376.000	255.000	2.600
1943	318.000	292.000	132.000
1944	144.000	251.000	496.000
1945	105.000	241.000	600.000

Holzschuhe als Ladenhüter

In Großbritannien wurde die Leder- und Kautschukknappheit ab Frühjahr 1943 besonders akut. Dies war auch ein Resultat der hohen Verluste von Rohhäuten auf See im Winter 1942/43. Nach Angaben des *Director for Civilian Footwear,* Harold Durston, konnten zu Beginn des Jahres 1943 nur 40 Prozent des zivilen Lederbedarfs gedeckt werden.[203] In dieser Situation griff man nun auch in England auf Holz als Rohstoff für die Schuhsohlenerzeugung zurück. Als Arbeitsschuh war der Holzschuh vor allem in den nördlichen Gebieten Englands noch weit verbreitet und wurde auch in der *Navy* und in metallverarbeitenden Rüstungsbetrieben (*munition workers' clog*) in größeren Mengen genutzt. Die Herstellung fand vorwiegend in handwerklichen Kleinbetrieben statt. Dadurch lagen den staatlichen Planungsstellen für die traditionellen Holzschuhtypen zwischen 1939 und 1945 nie genaue Produktionszahlen vor. Die Nachfrage nach diesen Produkten erhöhte sich merklich, als sie zu Beginn der Rationierung zunächst couponfrei erhältlich waren. Doch die Produktionskapazität der handwerklichen Betriebe war nur sehr begrenzt erweiterbar, und Holzschuhe waren daher anfangs nicht in ausreichendem Maße verfügbar.[204]

202 Aus den USA importiert.
203 Mr Hugh Dalton's Tour Provided Clearer Picture of Trade Problems, in: SLN v. 14.10. 1943, S. 16Aff.
204 Wooden-Soled Footwear. Civilian Footwear (1941-1945), NA/PRO London, BT 131, Nr. 43.

Dies versuchten die staatlichen Wirtschaftsplaner zu ändern. 1943 leiteten sie die industrielle Herstellung neuartiger Straßenschuhe mit Holzsohle in die Wege.[205] Die Holzsohlen wurden dabei nicht mehr handwerklich mit Säge, Beil und Pfahlmesser bearbeitet, sondern industriell an Leistendrehbänken kopiergedreht.[206] Wie in Deutschland führten vormalige Lederschuhfabriken Holz als neuen Werkstoff ein. Die Hersteller standen dieser Produktgattung eher skeptisch gegenüber und hatten große Probleme mit der Umstellung auf das neue Produktionsverfahren. Die Holzsohlen wurden geschraubt oder genagelt konstruiert und waren steif, an einer oder mehreren Stellen mit Metall- oder Leder-Scharnier versehen (Abb. 80).[207] Eine Reihe traditioneller Herrenschuhfabriken stellten einen Teil ihrer Produktion auf Holzsohlenschuhe um. Im August 1943 hatten 81 Betriebe die Produktion aufgenommen. Holzschuhe konnten zusätzlich zum Lederschuhkontingent eines Unternehmens produziert werden, und die Rohstoffe hierfür waren nicht genehmigungspflichtig.[208]

Der *Director of Civilian Footwear* betonte gegenüber den Unternehmen und vor allem den städtischen Verbrauchern, das Tragen von Holzsohlen sei keineswegs als Ersatz für Lederschuhe, sondern für das Barfußlaufen gedacht.[209] Er und die Hersteller versuchten, der Bevölkerung die Schuhe schmackhaft zu machen, indem sie sie definitorisch streng von den traditionellen »Holz-Arbeitsschuhen« (*clogs*) unterschieden und stattdessen als »Holzsohlenschuhe« (*wooden soled footwear*) bezeichneten. Diese neuen Produkte waren, wie in Deutschland, fast ausschließlich für Frauen und als Straßenschuhwerk gedacht. Sie wurden mit Textil- oder Lederschaft hergestellt und sollten durch ihre Farbenfreudigkeit

205 Für die Herstellung von Holzsohlen stellten sich holzverarbeitende Betriebe um, die bis dahin Spielzeug, Klaviere und Möbel hergestellt hatten. Nach einer Zählung des MinSupply im Juni 1943 gab es zu diesem Zeitpunkt 11 Leistenhersteller, die in den Schuhregionen angesiedelt waren. 98 Firmen stellten Holzsohlen und -absätze her, davon 38 in London, 22 in Leicester- und Northamptonshire und 22 in der alten Holzschuhregion Lancashire. Vgl. Wooden and Rubber Soles and Heels for Footwear, Instructions to BoT Deferment Officers, Suppl. No. 46, 30.6.1943, NA/PRO London, SUPP 14, Nr. 704; Wooden-Soled Footwear. Major Stratton's Letter, in: SLN v. 6.1.1944, S. 13.

206 Dies war ein sehr teures Verfahren, das in Deutschland in den Kriegsjahren als sehr aufwendig galt, in Leistenbetrieben wie bei Fagus jedoch ebenfalls verwendet wurde. Vgl. Bogner (1944); Harold Salt, A Study of Substitutes for Leather, hg. v. MinSupply, Leather Substitutes Panel, London 1946, NA/PRO London, DSIR 36, Nr. 1280, S. 63ff.

207 Harold Salt, A Study of Substitutes for Leather, hg. v. MinSupply, Leather Substitutes Panel, London 1946, NA/PRO London, DSIR 36, Nr. 1280, S. 66.

208 Vgl. Maintaining Civilian Output, in: SLN v. 16.12.1943, S. 13ff.; Minutes, Meeting of the Footwear Board, Wooden Sole Production, 7.8.1943, NA/PRO London, BT 64, Nr. 2747.

209 Minutes, 10th Meeting of the Footwear Board, 22.10.1943, NA/PRO London, BT 64, Nr. 2747; J. Hurstfield, The Leather Control. An Account of the Work of the Control during the War 1939-1945, 1948, NA/PRO London, BT 131, Nr. 102.

modisch ansprechend sein. Ab Januar 1944 wurden auch Sandalenmodelle mit Holzsohlen für Frauen und Männer hergestellt. Hierfür musste vom *Ministry of Supply* ein Standardmodell entwickelt werden, nachdem sich die von den Unternehmen frei produzierten Holzschuhe als zu minderwertig erwiesen hatten.[210] 1943 wurden in Großbritannien 1,2 Mio und in den Jahren 1944 und 1945 insgesamt 2,1 Mio Paar Holzsohlen-Straßenschuhe für Frauen und 13.000 Paar für Männer hergestellt (Abb.80).[211] Dies waren deutlich weniger als die rund 104 Mio Paar Damenstraßenschuhe mit Holzsohlen, die für diesen Verwendungszweck im Deutschen Reich (1938-1945) auf den Markt kamen (Tabelle 26). Die deutschen Arbeitsschuhe mit Holzsohle sind dabei noch gar nicht mit eingerechnet.

Doch bereits zu Beginn der Fertigung industrieller Holzschuhe traten Probleme auf: eine Lieferung von 3,5 Mio Paar fertiger Buchenholzsohlen musste im März 1943 aus dem fernen Kanada importiert werden, da Holz auf den Britischen Inseln selbst ein knapper Rohstoff war.[212] Die Wirtschaftsplaner im Apparat des *Director of Civilian Leather Supplies* und des *Director of Civilian Footwear* hätten die Versorgung mit Holzsohlenschuhen gerne noch gesteigert, da ein Ende der Leder- und Kautschukknappheit nicht absehbar war. Doch stand ihrer Verbreitung ein großes Hindernis im Wege: die Ablehnung der Verbraucher. Die Holzschuhe erwiesen sich selbst unter den Bedingungen der Lederschuhknappheit und Rationierung als praktisch unverkäuflich. Die Nachfrage war von Anfang an sehr gering und die Klagen über die geringe Qualität und den schnellen Verschleiß der Produkte zahlreich.[213] Auch nach einer Herabsetzung der Rationierungspunkte für die Schuhe erhöhte sich ihre Popularität nicht. Männer kauften grundsätzlich keine Holzsohlenschuhe als Straßenschuhe. Die Einzelhändler nahmen die Ware nur zögerlich ab. Im letzten Vierteljahr 1943 wurde daher nur ein Viertel der von den Behörden angestrebten Menge produziert.[214]

210 Vgl. Wooden Soled Sandals. Civilian Trade Production, in: SLN v. 13.1.1944, S. 26; Harold Salt, A Study of Substitutes for Leather, hg. v. MinSupply, Leather Substitutes Panel, London 1946, NA/PRO London, DSIR 36, Nr. 1280, S. 63ff.

211 Vgl. Civilian Pairage Licenced and Produced with Leather and Substitute Soles by Periods from July 1943 – June 1944, August 1944, NA/PRO SUPP 14, 704; J. Hurstfield, The Leather Control. An Account of the Work of the Control during the War 1939-1945, 1948, NA/PRO London, BT 131, Nr. 102.

212 American Wooden Soles, in: SLN v. 18.3.1943, S. 7f.; J. Hurstfield, The Leather Control. An Account of the Work of the Control during the War 1939-1945, 1948, NA/PRO London, BT 131, Nr. 102.

213 Minutes, 10th Meeting of the Footwear Board, 22.10.1943, NA/PRO London, BT 64, Nr. 2747; Wooden Soled Footwear. Re-Organisation of Production, in: SLN v. 18.11.1943, S. 34.

214 Consumer Rationing (Amendment) (Nr. 4) Order, 1943, in Kraft getreten am 21.11.1943; Wooden-Soled Footwear. Downpointing Order, in: SLN v. 25.11.1943, S. 29; Civilian Footwear (1941-1945), NA/PRO London, BT 131, Nr. 43.

Um die Produktion von Schuhen mit Holzsohle trotzdem aufrechtzuerhalten, mussten die Planungsstellen nun selbst als Auftraggeber und Abnehmer in Erscheinung treten. Die staatlichen Stellen nahmen ab November 1943 die hochwertigsten Holzsohlenschuhe zur Gänze ab und fanden nach einiger Überlegung einen neuen Konsumentenkreis für die Produkte, die in England, Wales und Schottland niemand tragen wollte. Man definierte die Schuhe kurzerhand in »Not-Schuhwerk« (*relief footwear*) um. Durch ihren Titel waren sie als Ersatzprodukte gekennzeichnet und so dem direkten Vergleich mit der Vorkriegsware und den Lederschuhen entzogen.[215] Dies war ein sehr viel ehrlicherer Umgang mit dem Problem der Ersatzstoffe und der Qualität als im Deutschen Reich, wo man den Konsumenten die Ersatzstoffe mit dem Versprechen unterschob, sie seien ein vollwertiger Leder-Ersatz.

Künftig wurde die Bevölkerung der von der deutschen Besatzung befreiten Gebiete Europas der neue Abnehmerkreis für die britischen Holzsohlen-Schuhe.[216] Die von den Deutschen über Jahre hinweg ihres Lederschuhwerks beraubten Franzosen, Holländer, Belgier und andere Kontinentaleuropäer erhielten nun paradoxerweise auch von den Alliierten wieder Ersatzstoff-Produkte am untersten Ende der Qualitätspyramide. Ab 1944 wurden insgesamt 1,5 Mio Paar der britischen Holzsohlen-Schuhe an die weibliche Bevölkerung der befreiten Gebiete als *Relief Footwear* verteilt.[217] Im Juli 1945 stellten die britischen Behörden die staatliche Abnahme von Holzsohlenschuhen ein, da man für *Relief Footwear* auf neue Ersatzstoffe zurückgreifen konnte, die besser zu verarbeiten waren.[218]

Insgesamt spielten die Ersatzstoffe in der britischen Schuhproduktion während des Krieges nur eine sehr marginale Rolle. Selbst auf dem Höhepunkt der Holzsohlenherstellung 1943/44 besaßen nur insgesamt 4 Prozent aller Zivilschuhe eine Holzsohle. Der Anteil der übrigen Ersatzstoff-Sohlen, d. h. der Regeneratgummi-Sohlen mit Synthesekautschukanteil, betrug weniger als 20 Prozent der Gesamtproduktion. Über 80 Prozent aller Produkte für die Zivilbevölkerung hatten in Großbritannien bis Kriegsende weiterhin eine Ledersohle.[219] Alle Schäfte von Schuhen waren weiterhin aus Leder. Auch die Marschstiefel der

215 Vgl. dazu Footwear Board, Minutes, Meetings 1944/45, NA/PRO London, SUPP 14, Nr. 705 und 706.

216 Minutes, 10th Meeting of the Footwear Board, 22.10.1943; 12th Meeting of the Footwear Board, 26.11.1943; 13th Meeting of the Footwear Board, 17.12.1943, NA/PRO London, BT 64, Nr. 2747.

217 J. Hurstfield, The Leather Control. An Account of the Work of the Control during the War 1939-1945, 1948, NA/PRO London, BT 131, Nr. 102.

218 Wooden Soled Shoes. No More for Relief, in: SLN v. 19.4.1945, S. 24.

219 MinSupply, Civilian Pairage Licenced and Produced with Leather and Substitute Soles, and Manufacturers' Stocks of Bottom Leather, by Periods from July 1943, NA/PRO London, SUPP 14, Nr. 704.

britischen Armee wurden ausschließlich aus Leder hergestellt.[220] Da der traditionelle Werkstoff Leder über die Kriegszeit hinweg dominant blieb, führten die Briten auch die geklebte Machart von Schuhen nicht ein. Zu Kriegsende unterschied sich der britische Schuh somit in Material und Konstruktion deutlich vom deutschen wie auch vom amerikanischen.

Abb. 80: Holzschuhmodelle für Frauen in der englischen Kriegswirtschaft (1943)

Wissenschaftliche Forschung in der britischen Schuhindustrie

Außer in ihrer Gestaltung, ihrem Material und ihrer Konstruktion unterschieden sich die Produkte der britischen Schuhindustrie auch noch in einem vierten Aspekt deutlich von den deutschen Produkten: im Grad der Einbeziehung wissenschaftlicher Forschung in die Produktentwicklung. Die meisten britischen Schuhunternehmen kamen bis Ende des Zweiten Weltkriegs ganz ohne wissenschaftliche Forschung aus.[221] Der *Director of Civilian Leather Supplies*, Harold Salt, klagte im August 1944 in einem Brief an einen Kollegen im *Ministry of Supply*: »Practically all shoe factories which are doing experiments [on leather substitutes] are working on unscientific lines with the result that their investigations are mostly of the hit and miss variety.«[222]

Im Spätherbst 1943 begann eine systematischere, vom Umfang her im Vergleich zu Deutschland aber zu vernachlässigende wissenschaftliche Forschung auf dem Gebiet der Ersatzstoffe für Leder. Zu diesem Zeitpunkt definierten die staatlichen Stellen die Suche nach Ersatzstoffen als gemeinsame Aufgabe der Schuhunternehmen und ihres Gemeinschaftsforschungsinstituts, der *British*

220 Da die Briten über das *Lend-Lease*-Verfahren auch amerikanische Armeestiefel erhielten, die ab Januar 1944 eine Synthesekautschuksohle besaßen, erschien es deutschen Beobachtern, als ob auch britische Schuhe Gummisohlen hätten.

221 Zur vergleichweise geringen Ausprägung der Industrieforschung in Großbritannien vgl. Marsch (2000). Zur britischen Lederforschung vor 1933: S. 492-500.

222 Brief Harold Salt an Gray, MinSupply, 1.8.1944, NA/PRO London, SUPP 14, Nr. 707.

Boot, Shoe and Allied Trades' Research Association (BBSATRA).[223] Ab November 1943 trug die Behörde des *Leather Controller* erste Vorschläge für Ersatzstoffe für Leder in Schuhen zusammen. Dazu schaltete sich nun auch das britische Wissenschaftsministerium *Department of Scientific and Industrial Research* (DSIR) ein. Es gründete im November 1943 zusammen mit dem *Ministry of Supply* ein *Leather Substitutes Panel*, das künftig als zentrale Institution wissenschaftliche Forschung und Entwicklung an Ersatzstoffen in Schuhen initiieren und koordinieren sollte.[224] In den Schuhunternehmen selbst waren praktisch keine Wissenschaftler beschäftigt.

Das Schuhforschungsinstitut BBSATRA, das bereits seit 1919 bestand, aber chronisch unterfinanziert war, hatte zu diesem Zeitpunkt nicht über Ersatzstoffe für Leder in Schuhen geforscht.[225] Der Direktor Harold Bradley war von der Ausbildung her Physiker und nicht etwa Chemiker wie seine deutschen Kollegen in der Lederforschung. Mit seinen 16 Mitarbeitern konzentrierte sich Bradley in den Jahren 1939 bis 1943 auf Methoden der Wiederverwertung von Abfallleder zu Dünger, die Gestaltung von Berufsschuhwerk und Güterichtlinien für Gummisohlen. In den Kriegsjahren wurde die Tätigkeit des Instituts nicht etwa ausgebaut, sondern eingeschränkt. Erst Ende 1943 erweiterten die Wissenschaftler ihren Aufgabenbereich um die Ersatzstoff-Forschung und Materialprüfung, als

223 Die *British Boot, Shoe and Allied Trades Research Association* war von einer Gruppe Schuhunternehmer in Northampton 1919 gegründet worden. Sie erhielt 1922 einen ersten Direktor und richtete 1923 in London ein chemisch-physikalisches Labor ein. Sie beschäftigte sich anfangs in erster Linie mit der Messung, Standardisierung und Vereinheitlichung von Schuhgrößenmaßen, der Verbesserung von Herstellungsverfahren und dem Einfluss von Fußschweiß auf die Schuhkonstruktion. Ab 1933 kamen die Entwicklung von Verfahren für die Materialprüfung von Leder und die Entwicklung von Berufsschuhwerk für Industriearbeiter hinzu. Noch im Dezember 1935 konstatierte Bradley, dass die Daten, die man labortechnisch derzeit für Leder erheben könne, »gänzlich unzureichend« seien, um dadurch Urteile über Materialeigenschaften von Leder zu fällen. Nach seiner Zerstörung durch deutsche Bombenangriffe 1940 zog das Institut von London nach Kettering/Northamptonshire um. Dort ist es bis heute tätig. Vgl. die Forschungsberichte des Instituts ab Juni 1923: Bulletin of the BBSATRA, NA/PRO London, DSIR 36, Nr. 1268-1271, 1289; ab Januar 1936 monatlich für die Mitglieder veröffentlicht (»Monthly Bulletin of BBSATRA«). Zur Geschichte von BBSATRA (ab 1952 »SATRA«) vgl. Blackwell (1994); Harold Bradley, Leather for Shoe Manufacturing, in: SLN v. 6.12.1935, S. 28.

224 Zur Gründung des *Leather Substitutes Panel* am 21.10.1943 und seiner ersten Sitzung am 1. November 1943 vgl. NA/PRO London, WO 195, Nr. 5000, 5104 und 5435. Das Leather Substitutes Panel bestand bis März 1946. Die Arbeit an Ersatzstoffen für Leder übernahmen dann BBSATRA und das Lederforschungsinstitut *British Leather Manufacturers' Research Association* (BLMRA), mit Hilfe des *Advisory Service in Plastics and Rubber* des *MinSupply*. Vgl. Re-Organisation of Substitute Council and its Committees. Dissolution of Leather Substitutes Panel, März 1946, WO 195, Nr. 88978.

225 Vgl. Hats off to Mr. Skinner, in: SLN v. 20.12.1935, S. 7f.; Research Expansion, in: SLN v. 28.6.1945, S. 37f.

das *Ministry of Supply* und das DSIR zur Finanzierung beitrugen.[226] Mit Gründung des *Leather Substitutes Panel*, in dem BBSATRA Sitz und Stimme hatte, übernahm das Institut im Auftrag der staatlichen Stellen die Erarbeitung erster Standard-Testmethoden zur Materialprüfung von Ersatzstoffen für Leder.[227]

Das zweite bereits existierende Gemeinschaftsforschungsinstitut, die *British Leather Manufacturers' Research Association* (BLMRA) der Lederindustrie in London (1920 gegründet), wurde von der Lederchemikerin Dorothy Jordan Lloyd geleitet und beschäftigte sich in den Jahren vor 1943 vor allem mit Verfahren der Einsparung von knappen natürlichen Rohstoffen der Lederherstellung, nicht aber deren Ersatz. Außerdem waren die Erhöhung der Abriebfestigkeit von vegetabil gegerbten Sohlledern und Verfahren der Lederprüfung ein wichtiges Forschungsgebiet der britischen Lederforschung.[228] Beide Institute wurden nun in die Ersatzstoff-Forschung eingebunden.

Das »Leather Substitutes Panel« (November 1943)

Leder-Ersatzstoffe waren nur ein Teilgebiet des übergeordneten *Substitutes Panel* des *Advisory Council on Scientific Research and Technical Development* für verschiedene Rohstoffe im *Ministry of Supply*. Hier versuchte der Staat, wissen-

226 Zur Geschichte und mangelnden Finanzierung der BBSATRA von 1919 bis 1945: Board of Trade, Working Party Reports: Boots and Shoes, London 1946, S. 137-143. Das Budget reichte bis 1935 kaum für die Ausstattung und Unterhaltung des Labors. Das Institut erhielt in den meisten Jahren keine staatliche Finanzierung, da hierfür zunächst ein Sockelbetrag aus Mitteln der Industrie erforderlich war, der an Beiträgen oft nicht zusammenkam. 1936 stieg das Budget kurzzeitig auf £14.000 im Jahr, inklusive eines Zuschusses von £5.000 des DSIR, sank dann aber wieder stark ab. Noch 1944 beschwor der Leiter des Instituts, Harold Bradley, die Schuhindustriellen: »The yearly income [...] is absurdly low and no satisfactory volume of research can be carried out without the necessary funds or facilities.« Er forderte die zehnfache Menge des bisherigen Budgets. Erst 1950 erreichte BBSATRA mit einer Mitgliedschaft von über 950 Unternehmen ein Budget von £40.000. Vgl. The British Boot, Shoe and Allied Trades' Research Association, in: SLN v. 1.2.1935, S. 34; Research for the Future. Trade Subscriptions Needs Stepping-Up Ten Times, in: SLN v. 4.5.1944, S. 13; Plans to Extend Research. Link-Up with Gouvernment Post-War Ideas, in: SLN v. 14.6.1945, S. 29; Successful Progress of Research, in: SLN v. 5.4.1951, S. 22.

227 Minutes of the 1st Meeting, Leather Substitutes Panel, 1.11.1943, NA/PRO London, WO 5104, Nr. 5104.

228 Zu den Forschungsgegenständen der britischen Lederforscher bis 1945 vgl. Progress in Leather Science, 1920-1945, London 1948; R. Edwards, Wear Resistance of Soles of Footwear, Research Report Nr. RR57, Juni 1938, NA/PRO London, DSIR 36, Nr. 1266. Advisory Council on Scientific Research and Technical Development, Substitutes Panel, Note on problems due to shortage in the leather, and boot and shoe industries, 27.5.1942, NA/PRO London, WO 195, Nr. 2241; Dorothy Jordan Lloyd, Report of British Leather Manufacturers Research Association for 1940/41. Submitted to the DSIR, in: SLR v. 20.12.1941, S. 23f.

schaftliche Forschung in solchen Industriezweigen zu verankern, die von sich aus bislang wenig Interesse an Grundlagenforschung und systematischer Innovation gezeigt hatten. Die Mitglieder des *Leather Substitutes Panel* waren ausschließlich Bereichsleiter des *Ministry of Supply* für Leder, Textilien, Kautschuk, Kunststoffe und Bekleidung sowie die Leiter der beiden Gemeinschaftsforschungsinstitute.[229] Unter der Leitung des Chemikers Sir John Fox hatte das *Leather Substitutes Panel* die Aufgabe, vor allem Funktionssurrogate für Bodenleder in Schuhen zu finden. Die im Panel nicht vertretenen Unternehmen der Leder- und Schuhindustrie waren nach Erfahrung der Behördenvertreter größtenteils ersatzstofffeindlich eingestellt.[230] Diese Tatsache wurde unter den Beamten des *Ministry of Supply* und des *Board of Trade* behördenintern intensiv diskutiert und als größte Gefahr für den Erfolg der Entwicklungsbemühungen gesehen. Selbst bei dem Koordinator der Ersatzstoff-Entwicklungen, dem *Director of Civilian Leather Supplies,* meinten die Beamten und Ersatzstoff-Hersteller »lederfreundiche Tendenzen« (*leatherophile tendencies*) zu erkennen. Bei der Übertragung der Ersatzstoff-Entwicklung in seinen Funktionsbereich in Bedford im September 1943 äußerten Mitglieder des *Leather Substitutes Panel* die Befürchtung, dieser hemme eher noch die ohnehin nur schwachen Ersatzstoff-Bemühungen (*substitute drive*) der Unternehmen.[231]

Eine der ersten Maßnahmen des *Leather Substitutes Panel* nach seiner Gründung war die Delegation eines Mitarbeiters in die USA und nach Kanada, um den Stand der Ersatzstoffe in Schuhen in den beiden verbündeten Ländern in Erfahrung zu bringen. In den Verhandlungen erklärten sich die beiden nordamerikanischen Staaten bereit, alle ihre Neuentwicklungen auf dem Leder-Ersatzstoff-Gebiet den Briten zur Verfügung zu stellen.[232] Großbritannien bekam damit die langjährigen Forschungsergebnisse amerikanischer Unternehmen und Institute auf dem Präsentierteller serviert. Diese Maßnahme wurde von den Unternehmen in den USA nicht unumschränkt begrüßt. Gekoppelt an die Möglichkeit, über das *Lend-Lease*-Abkommen die amerikanischen Materialien zuerst für Experimentalzwecke und später in größeren Mengen für die Serienproduktion geliefert zu bekommen, hätte dies Ende 1943 ein entscheidender Durch-

229 Vgl. Harold Salt, Leather Substitutes Panel. Record of the Work of the Panel during the Period 1940-1945, 19.11.1945, NA/PRO London, WO 195, Nr. 8740, S. 8.

230 Die Unternehmen befürchteten außerdem, Großbritannien erhielte bei der internationalen Rohhäuteverteilung nach dem Krieg weniger Lederrohstoffe zugeteilt, falls brauchbare Ersatzstoffe zur Verfügung stünden. Vgl. den Briefwechsel von H. Gray im Raw Materials Department des MinSupply und Harold Durston, dem Civilian Leather Controller, März bis Juni 1944, NA/PRO London, SUPP 14, Nr. 707.

231 Brief Weir an Gray, Re: Minutes of 9th Meeting of Footwear Board, Testing of new Substitutes, 12.10.1943, NA/PRO London, BT 64, Nr. 2747.

232 MinSupply, Advisory Council on Scientific Research and Technical Development, Leather and Leather Substitutes, E. Hiscocks, Notes on Visit to USA and Canada. November and December 1943, NA/PRO London, WO 195, Nr. 5666.

bruch für die Geschichte der Leder-Ersatzstoffe in Großbritannien werden können. Doch es kam anders.

In den Monaten Dezember 1943 bis August 1945 testete das *Leather Substitutes Panel* insgesamt 294 Leder-Ersatzstoffe im Labor.[233] Keinen der Ersatzstoffe hielten die beteiligten Unternehmern jedoch für ein qualitativ hinreichendes Funktionssurrogat für Leder. Die Schuhunternehmen lehnten alle die getesteten Werkstoffe ab. Keiner wurde vor Kriegsende in Schuhen eingesetzt. Ein wichtiger Grund hierfür war die mangelnde Akzeptanz der Verbraucher. Bei den Holzsohlen hatte sich gezeigt, wie zögerlich die Schuhe aus diesem ersten Ersatzstoff von den Verbrauchern angenommen wurden. Entprechend unwillig waren Produzenten bei neuerlichen Investitionen in neue Materialien und der nötigen Umstellung in den Verarbeitungsverfahren. Die genähte Konstruktion eignete sich, wie sich in den Forschungen des *Leather Substitute Panel* erwies, nicht für die Verarbeitung von Kunststoffen, und die geklebte Machart wurde in Großbritannien nicht praktiziert. Bei den folgenden Entwicklungen achteten die staatlichen Wirtschaftsplaner, um die Verbraucherakzeptanz zu fördern, auf eine ausreichende Qualitätssicherung der Produkte. Dies führte nach der wissenschaftlichen Evaluation der neuen Werkstoffe allerdings auch ihrerseits konsequent zu einer Ablehnung einer massenhaften Verarbeitung.[234] Eine systematische Weiterentwicklung der Werkstoffe fand in der relativ kurzen, anderthalbjährigen Forschungsphase nicht statt. Die Ergebnisse blieben bis Kriegsende wirtschaftlich bedeutungslos.

233 Dies waren Lederfaserwerkstoffe mit verschiedenen Bindemitteln (Regeneratgummi, Polyvinylacetat, Synthesekautschuk), Gummisohlen aus den amerikanischen Synthesekautschuk-Arten GR-S und Vulcaprene und dem deutschen Buna-S, verschiedentlich imprägnierter Filz, Absatzflecken und Sohlen aus unterschiedlichen Regeneratgummi-Mischungen, Sohlenmaterial und Absatzflecken aus PVC, Faserstoff-Platten aus Jute und Flachs, Kunstharz- und PVC-imprägnierte und beschichtete Textilien als Oberlederwerkstoff, Schafs- und Pferdeleder als Oberleder-Ersatz. Zur vollständigen Liste aller getesteten Werkstoffe vgl. MinSupply, Permanent Records of Research and Development Nr. 11320: J. E. Lonsdale und N. Megson, Leather Substitutes. A Record of the Work of the Leather Substitutes Panel of the Advisory Council of Scientific Research and Technical Development, November 1948, NA/PRO London, AVIA 44, Nr. 238, S. 38-43.

234 J. Hurstfield, The Leather Control. An Account of the Work of the Control during the War 1939-1945, 1948, NA/PRO London, BT 131, Nr. 102, Part XII. Economy Measures and Substitutes for Leather; Harold Salt, A Study of Substitutes for Leather, hg. v. MinSupply, Leather Substitutes Panel, London 1946, NA/PRO London, DSIR 36, Nr. 1280.

11.6 Evaluation und Transfer: Die Briten und die deutschen Kunststoffe

»The German shoe industry made very extensive use of substitute materials and the field of development is much greater than anything seen in either USA or Great Britain.«[235] Dies war der Befund der ersten gründlichen Bestandsaufnahme einer Delegation britischer und amerikanischer Leder- und Schuhfachleute in Deutschland unmittelbar nach Kriegsende. Gleich im Mai, Juli und August 1945 bereisten britische Unternehmer, Offiziere, Ministerialbeamte der Leder- und Schuhplanung, Techniker und Wissenschaftler sowie mehrere amerikanische Fachdelegationen auf dem Leder- und Schuhgebiet die westalliierten Besatzungszonen. In jeweils vier bzw. acht Wochen besichtigten sie alle wichtigen Schuhunternehmen, Gerbereien, Maschinenfabriken, Leistenhersteller und Leder-Ersatzstoffwerke. Sie befragten die deutschen Unternehmer, Werksleiter, Wissenschaftler und technischen Leiter der Betriebe nach wissenschaftlichen und technischen Daten. Diese waren ihnen uneingeschränkt auskunftspflichtig.

Die Engländer und Amerikaner sammelten genaue Informationen zu Schuhen, Herstellungsverfahren, vor allem aber zu Werkstoffen, die sie in deutschen Schuhen verarbeitet fanden. Diese wurden in großen Mengen nach Großbritannien und in die Vereinigten Staaten verschifft und dort Wissenschaftlern, Schuhunternehmern und staatlichen Rohstoff-Fachleuten zur Begutachtung vorgelegt. Die Ergebnisse dieser umfassenden Untersuchungen, die sich bis in den Sommer 1946 hinzogen, veröffentlichten die britischen und amerikanischen Fachleute in den kommenden Jahren in zahlreichen Geheimdienstberichten, den sogenannten BIOS-, CIOS- und FIAT-Reports.[236]

Schon in den frühen 30er Jahren beobachteten amerikanische Lederfachleute die Entwicklung von Ersatzstoffen in Deutschland. Im Kontext ihrer eigenen Diskussion um eine Gesetzesinitiative gegen Ersatzstoffe in Schuhen nahmen die Beobachter jenseits des Atlantiks bereits im September 1934 in Deutschland Ersatzstoff-Entwicklungen wahr, die sie als Aufrüstungsmaßnahmen deuteten. Mit erstaunlicher Prägnanz erkannten die amerikanischen Fachleute dabei, bereits vor dem NS-Vierjahresplan von 1936, die wichtige Rolle der chemischen Industrie für die Entwicklung von Ersatzstoffen im Deutschen Reich und ihre

235 Vgl. BIOS Final Report Nr. 861, The Stratton Mission to Germany (1945), S. 23.

236 Für eine auswertende Zusammenfassung und Bibliographie aller Berichte des British Intelligence Objectives Sub-Committee (BIOS), des Combined Intelligence Objectives Sub-Committee (CIOS) und der Field Information Agency, Technical (FIAT) zu Entwicklungen auf dem Leder-, Schuh- und dem Leder-Ersatzstoffbereich vgl. BIOS Surveys Report Nr. 27, The Leather Manufacturing and Related Industries in Germany during the period 1939-1945, London 1950. Zum Technologietransfer aus Deutschland ab 1945 allgemein vgl. Judt/Ciesla (1996). Zur chemischen Industrie bes. den Artikel von Raymond Stokes, S. 81-151; Gimbel (1990). Speziell für Großbritannien vgl. Farquharson, (1997).

kriegswirtschaftlichen Implikationen. Sie prognostizierten, dass die deutschen Unternehmen mit staatlicher Unterstützung bald den Vorsprung ihrer amerikanischen Konkurrenten bei der Entwicklung von Leder-Ersatzstoffen aufholen könnten. Aus Deutschland höre man »stories of ingenious inventions of Ersatz materials, all completed by the chemical and other industries and held in readiness for a national emergency«. Dass die Fabrikationsanlagen für die Ersatzstoffe in Deutschland gerade erst geschaffen wurden, war vom Ausland aus offenbar nicht ersichtlich. Dort hielt man sie bereits 1935 für einsatzfähig: »At a word of command, it is believed, countless plants would begin production of substitute cotton, wool, rubber, gasoline and […] substitute leather.« Die deutschen Entwicklungen auf dem Gebiet der Leder-Ersatzstoffe hielten die amerikanischen Fachleute zu Beginn des Nationalsozialismus für noch nicht ganz auf dem Stand der amerikanischen, ohne jedoch einen genaueren Überblick über die tatsächlichen technischen Möglichkeiten zu haben:

> »Although artificial leather has not yet attained a position in Germany comparable to that which it holds in the United States, there are reasons to believe that […] plans have been well developed for an extensive production of artificial leather in case of emergency«.[237]

Zu Ende des Zweiten Weltkrieges hatte sich dieser technische Vorsprung der Amerikaner nicht nur deutlich verringert, in manchen Bereichen hatten die deutschen Unternehmen und wissenschaftlichen Institute die amerikanische Forschung nach Einschätzung der alliierten Experten sogar überholt, was die Ersatzstoffe selbst und die wissenschaftliche Methodik zu ihrer Entwicklung anging. Einer der wichtigsten Berichte über Deutschland, der *Report* der britisch-amerikanischen *Stratton Mission* vom Juli 1945, resümierte zum Stand und der Qualität der Ersatzstoffe für Leder in Deutschland: »The Germans have an excellent range of leather substitute materials, many of which may be of permanent value. Their technical work has been very good indeed and ahead of Allied efforts.«[238] Die britischen und amerikanischen Forscher und Unternehmer konstatierten nicht nur einen technischen Vorsprung ihrer Kollegen in Deutschland und bedeutende Unterschiede zwischen den deutschen und den eigenen Produkten. Sie gingen zum Teil auch unmittelbar nach Deutschland-Besuchen selbst zur Einführung dieser Ersatzstoffe über.

Die Stratton Mission nach Deutschland (Juli 1945)

Im Zuge der Nachkriegsplanungen für Deutschland und für die von deutscher Herrschaft befreiten Länder Europas erörterten die Briten und Amerikaner eine

237 German Tanners Fear Substitutes, in: SLR v. 1.9.1934, S. 3.

238 Vgl. BIOS Final Report Nr. 861, The Stratton Mission to Germany (1945), S. 314.

angemessene Versorgung sowohl der Deutschen als auch der anderen Westeuropäer mit Schuhen. Bereits im Mai 1944 machten sich die britischen Lederplaner über die Rohstoffsituation in Deutschland nach dem Ende des Krieges Gedanken. Man nahm wahr, dass in Deutschland seit etwa 1937 die Anzahl der Ersatzstoffe in Schuhen drastisch gestiegen war. Das genaue Ausmaß war unbekannt.[239] Die britischen Rohstoffplaner bestimmten, Deutschland werde sich nach dem Krieg allein aus inländischen Rohstoffvorkommen versorgen müssen. Zuschüsse an Leder und Häuten, wie sie für die befreiten Gebiete geplant waren, sahen sie für Deutschland nicht vor. Die deutsche Schuhindustrie sollte weiter in vollem Ausmaß produzieren, dabei aber »den höchstmöglichen Gebrauch von Ersatzstoffen machen, ein Gebiet, auf das Deutschland spezialisiert ist« (*making the fullest use of the substitute materials in which Germany specialises*).[240] Angesichts des großen Ledermangels sowohl auf dem europäischen Kontinent als auch auf den Britischen Inseln hielten die Briten die Entwicklung und Verwendung von Ersatzstoffen für Leder für eine der wichtigsten Aufgaben der Nachkriegswirtschaft.[241]

Der oberste Leder- und Schuhplaner in Großbritannien, der *Footwear Controller* Major Frederick J. Stratton, bereiste bereits von Ende April bis Ende Mai 1945 die von deutscher Herrschaft befreiten Gebiete, vor allem Frankreich, Belgien und Holland, und holte vor Ort Informationen über die Lage der Schuh- und Lederwirtschaft ein.[242] Nach Deutschland kam er dabei zunächst nicht, da er von den amerikanischen Militärbehörden für ihre Zone, in der die meisten Leder- und Schuhunternehmen lagen, keine Einreiseerlaubnis erhielt. Er war daher für eine erste Einschätzung der Lage in Deutschland auf die Berichte seines amerikanischen Kollegen John E. Harriss angewiesen, der bereits erste Erkenntnisse auf dem Schuh- und Ledergebiet gewonnen hatte.[243] Der Amerikaner Harriss hatte im Mai 1945 den Eindruck, dass die Deutschen »sehr gut mit Schuhen

239 »Figures are not available as to the extent to which use is being made of substitute material in Germany at the present time.« Vgl. Footwear Board, German Footwear Industry, o. D. [Mai 1944], NA/PRO London, SUPP 14, Nr. 704.

240 Footwear Board, Directive on the German Footwear Industry, 22.5.1944, NA/PRO London, SUPP 14, Nr. 704.

241 Im Juni 1945 erklärte der oberste Lederbewirtschafter dem Wirtschaftsminister Lord Beaverbrook im Hinblick auf weitere Rohstoff-Forderungen von den USA, Leder sei »unter den knappsten der knappen Materialien« in der britischen Wirtschaft. Vgl. Brief Cecil Weir an den Präsidenten des BoT, 28.6.1945, NA/PRO London, SUPP 14, Nr. 705.

242 Major F. J. Stratton, Returns from Continental Trip, in: SLN v. 31.5.1945, S. 32.

243 Im Mai 1945 hatten die Amerikaner zwei Delegationen von Lederfachleuten nach Deutschland gebracht. Die erste wurde geleitet von John E. Harriss, der Stratton bereitwillig Informationen über die Ergebnisse seiner Untersuchung zur Verfügung stellte. Stratton berichtete dem Footwear Board zu Hause in England, für jede Gruppe von 30 britischen Fachleuten seien bereits 1.500 amerikanische Fachleute, zumeist führende Industrielle, in Deutschland unterwegs. Die britische Organisation solcher

ausgestattet« seien, im Vergleich zu anderen europäischen Ländern, darunter auch England. Harriss war der Auffassung: »the Germans are well ahead in the production of substitute bottom materials«. Im Allgemeinen sei der Standard der Gerbung von Leder und der Verarbeitung von Schuhen hoch. Seiner Ansicht nach sollten sofort alle Leder- und Rohhautbestände in deutschen Unternehmen, die er ebenfalls für groß hielt, für alliierte Zwecke beschlagnahmt werden. Zu diesem Zeitpunkt war die Schuh- und Lederproduktion in Deutschland praktisch zum Stillstand gekommen. Gründe waren das Transportproblem und die Knappheit an Kohle und Salz in den Gerbereien.

Was den amerikanischen Rohstoffexperten besonders auffiel, war die Tatsache, dass lederne Militärstiefel in ungeheuren Mengen auf Vorrat lagen. Richard Freudenberg, der zu den ersten hochrangigen Wirtschaftsplanern in Deutschland gehörte, die von der amerikanischen Leder-Mission im Mai 1945 befragt wurden, gab an, derzeit befänden sich noch 3 Mio Paar lederne Militärstiefel in den Depots der Wehrmacht.[244] Selbst die schwarzen Offizierschaftstiefel mit extrem hohem Lederverbrauch waren bis Kriegsende in einer monatlichen Menge von 400.000 Paar produziert worden. Dies kam den Alliierten als geradezu unerhörter Lederluxus vor.[245] Im September 1946 ordnete der *Hide and Leather Controller* der US-Zone schließlich an, 50.000 dieser Reitstiefel zu zerschneiden und daraus Kinderschuhe herzustellen.[246]

Ende Mai 1945, als Stratton von seiner ersten Reise auf den Kontinent zurückkehrte, beschlossen die britischen Bewirtschaftungsstellen, umgehend eine Delegation nach Deutschland zu entsenden, um die großen Ledervorräte zu beschlagnahmen. Der deutsche Bedarf sollte künftig allein durch Ersatzstoffe gedeckt werden.[247] Stratton hatte bereits im Mai 1945 die befreiten Gebiete bereist und dort die enorme Vielzahl von Ersatzstoffen für Leder aus deutscher Produktion festgestellt.[248] Er hielt danach Deutschland und seine Ersatzstoff-Kapazitäten für den Schlüssel zur Versorgungssituation der befreiten Länder und damit letztlich auch Großbritanniens in den kommenden Monaten. Das Lederproblem könne nicht einzeln für die verschiedenen Länder, sondern nur gesamteuropäisch geplant und gelöst werden. Dies müsse man den Amerikanern klarmachen, da der Großteil der deutschen Leder- und Schuhindustrie in der amerikanisch besetzten Zone lag. Im Mai 1945 entschied das *Footwear Board*, die für Juli geplante *Stratton Mission* nach Deutschland nicht nur als *Shoe and*

Erkundungstrupps sei dagegen *hopelessly deficient*. Vgl. Major Stratton, Report to the Footwear Board: Germany, 25.5.1945, NA/PRO London, SUPP 14, Nr. 705.

244 Major Stratton, Report to the Footwear Board: Germany, 25.5.1945, NA/PRO London, SUPP 14, Nr. 705.

245 Ebd.

246 Leather Controller Named for Germany, in: SLR v. 14.9.1946, S. 64.

247 Major Stratton, Report to the Footwear Board: Germany, 25.5.1945, NA/PRO London, SUPP 14, Nr. 705.

248 Major Stratton Returns from Continental Trip, in: SLN v. 31.5.1945, S. 32.

Leather Mission, sondern zusätzlich als *Substitutes Mission* zu beauftragen, die sich ausführlich mit der Entwicklung von Leder-Ersatzstoffen in Deutschland beschäftigte und solche Werkstoffe systematisch sammelte.[249] Eine vordringliche Frage war, wie in Deutschland der Bedarf an Schuhen in den nächsten Monaten gedeckt werden konnte, da die Lederrohstoffe von dort abgezogen und in den befreiten Gebieten verwendet werden sollten.[250]

Im Juli 1945 bereiste die *Stratton Mission*, bestehend aus fünf britischen Leder- und Schuhexperten – Unternehmer und Verantwortliche der staatlichen Bewirtschaftungsstellen – und einem amerikanischen Rohstoff-Fachmann, schließlich vier Wochen lang die britische, amerikanische und französische Zone und untersuchten alle wichtigen deutschen Leder-, Schuh- und Ersatzstoff-Unternehmen.[251] Die britischen Fachleute unter Leitung Strattons stellten fest, dass das Ausmaß der Ersatzstoff-Verwendung in Deutschland noch größer war als bislang vermutet.

Wie schon von den Amerikanern angekündigt, fanden auch die Briten riesige Rohhäutelager in deutschen Gerbereien. Deutschland war damit das einzige Land in Europa, das noch nennenswerte Häutevorräte besaß. Dies führten die Engländer einerseits auf die rücksichtslose Plünderung der besetzten Gebiete und auf die »Rückführung« aller Rohstoffe ins Reich beim Rückzug aus den besetzten Gebieten zurück.[252] Andererseits verhinderte aber auch die Kohleknappheit in den Betrieben, dass die Häute zu Leder verarbeitet werden konnten. Manche Unternehmer, wie etwa der ehemalige Wirtschaftsgruppenleiter Heinrich Krumm in Offenbach, hatten sich nach Erkenntnissen der Briten auch aufgrund ihrer herausgehobenen Position in den Bewirtschaftungsorganen der Kriegswirtschaft an Rohhäuten bereichert. Für die alliierten Besatzungsoffiziere stellte der Lederwarenfabrikant schon im Mai/Juni 1945 Aktentaschen und Damenhandtaschen aus kostbarem Oberleder her. Die alliierten Rohstoff-Fachleute hielten es für dringend notwendig, eine solch unsinnige Verschwendung von wertvollem Material zur Herstellung von Luxusgütern (*fancy goods*) und die Bereicherung einzelner Unternehmer an den knappen volkswirtschaftlichen Ressourcen zu unterbinden.[253]

249 Footwear Board, 37th Meeting, 25.5.1945, NA/PRO London, SUPP 14, Nr. 705.

250 Hides, Leather and Footwear in Germany. Recommendations on Short Term Policy, August 1945, in: NA/PRO London, BT 64, Nr. 2876.

251 BIOS Final Report Nr. 861, The Stratton Mission to Germany (1945).

252 Ebd., S. 28.

253 Nichtsdestoweniger kauften auch die Mitglieder der *Stratton Mission* solche Lederwaren von Krumm. Vgl. Letter from Major Stratton to Footwear Board, 15.7.1945, NA/PRO London, SUPP 14, Nr. 705; Stratton Mission to Germany – Interim Report, 27.7.1945, NA/PRO London, SUPP 14, Nr. 705; BIOS Final Report Nr. 861, The Stratton Mission to Germany (1945), S. 286f.

Die Briten und die deutschen Ersatzstoffe

Die neu entwickelten Ersatzstoffe in Deutschland waren für die Engländer von größtem Interesse. Nach Rückkehr der Mission nach Großbritannien wurden die in Deutschland gesammelten Ersatzstoffe in kombinierten Labor- und Trageversuchen getestet und größtenteils für verwendungsfähig auch in britischen Schuhen befunden.[254] Der Stab des *Director of Civilian Leather Supplies* und die Gemeinschaftsforschungsinstitute BBSATRA und BLMRA werteten die Funde der *Stratton Mission* in monatelanger Arbeit aus, die sich noch bis in die 50er Jahre erstreckte.[255] Die Gewebekunstleder aus der halbsynthetischen Zellwolle mit Deckstrich aus Kunststoffen hielten die Engländer für »exzellent«.[256] Die Lederfaserwerkstoffe mit synthetischen Bindemitteln befanden die britischen Werkstoff-Forscher als sehr geeignet für Brandsohlen und Zwischensohlen, die P-Sohlen aus PVC und Gummi aus dem Synthesekautschuk *Buna S* hielten sie für ausgezeichnet als Sohlenmaterial. Auch deutsche Klebstoffe aus synthetischen Polymeren wurden als sehr vielversprechend eingestuft und für eine weitere Verwendung in Großbritannien empfohlen.[257] Sowohl die Lederfaserwerkstoffe, der deutsche Synthesekautschuk und das PVC als auch die Klebstoffe wurden nach Auswertung der deutschen Produkte in den ersten Nachkriegsjahren in die britische Schuhproduktion eingeführt.[258]

Über die allgemeine Versorgungssituation in Deutschland im Vergleich zur britischen machten sich die Fachleute der Leder- und Schuhwirtschaft ebenfalls Gedanken. Nach Auffassung aller britischen und amerikanischen Fachleute, die Deutschland bereist hatten, war die deutsche Bevölkerung »besser mit Schuhen ausgestattet als die meisten anderen europäischen Völker«. Sogar im Vergleich zur britischen Bevölkerung seien die Deutschen verhältnismäßig üppig ausgestattet und quantitativ sehr »gut beschuht« (»It is quite clear that the German

254 Zur Materialprüfmethodik vgl. Unterkapitel 11.7.

255 Vgl. die Forschungsberichte in: Monthly Bulletin of the BBSATRA 1945 bis 1953; A Note on German Products, in: Monthly Bulletin of the BBSATRA 3 (1947), Nr. 47 (Sept 1947), S. 186f.

256 Dabei handelte es sich um die Produkte von J. H. Benecke in Vinhorst bei Hannover und den Kötitzer Ledertuch- und Wachstuchwerken in Coswig bei Dresden. Vgl. BIOS Final Report Nr. 861, The Stratton Mission to Germany (1945), S. 313f.

257 Vgl. MinSupply, Advisory Council on Scientific Research and Technical Development, Leather Substitutes Panel, Summary Sheet, Assessment of Test Results, 3.10.1945, NA/PRO London, WO 195, Nr. 7491; Adhesives, in: Monthly Bulletin of the BBSATRA 3 (1946), Nr. 34 (Aug. 1946), S. 135f; A Note on German Products, in: Monthly Bulletin of the BBSATRA 3 (1947), Nr. 47 (Sept. 1947), S. 186ff; Synthetic Rubber Adhesives, in: SATRA Bulletin 5 (1952), Nr. 7 (Juli 1952), S. 53ff.

258 Vgl. die Bulletins des Schuhforschungsinstituts BBSATRA von 1945 bis 1952. Ab 1947 sollten sogar Lederabfälle aus britischen Fabriken zur Verarbeitung zu *Lefa* nach Deutschland versandt werden. Vgl. A Note on German Products, in: Monthly Bulletin of the BBSATRA 3 (1947), Nr. 47 (Sept 1947), S. 186f.

civilian population has been better shod for the last 4 or 5 years than most of the population in Europe, in certain instances not excluding Great Britain.«)[259] Der erste Eindruck der Briten und Amerikaner war, dass die zivile Produktion von Schuhen sogar für ein ganzes Jahr ausgesetzt werden konnte.[260] Dagegen dürften deutsche Berechnungen des Häutebedarfs für die deutsche Versorgung mit Schuhen auf keinen Fall ernst genommen werden. Sie basierten auf der Erfahrung der letzten Jahre und seien im Vergleich der Versorgung aller anderen Länder viel zu hoch angesetzt: »It is now time for the Germans to experience some of the footwear privations which have been suffered by others during the war years.« Angesichts der derzeit guten Versorgung der deutschen Bevölkerung mit Schuhen reichten nach Ansicht der britischen Kommissionsmitglieder 0,5 Paar statt der deutschen Forderungen von 1,5 Paar Schuhen pro Kopf für 1946 völlig aus.[261]

In Anbetracht der gestalterischen Leistungen der deutschen Schuhindustrie waren die britischen Fachleute weniger beeindruckt. Die Form und Ausführung der deutschen Modelle hielten britische Fachleute für »klobig« und »grobschlächtig«.[262] Im Unterschied zu den Britischen Inseln hatte sich in Deutschland die geklebte Machart in einem solchen Maße durchgesetzt, dass diese bei der Herstellung von Frauenschuhen zur dominanten Machart geworden war. Dies hielten die Briten jedoch nicht für einen qualitativen Mangel. Sogar Bunasohlen in Männerschuhen konnten zum Erstaunen der Briten in Deutschland verhältnismäßig zuverlässig geklebt werden.[263] Große Firmen wie Salamander hatten die rahmengenähte Konstruktion ganz aufgegeben.[264] Schwerere Männerschuhe mit Ledersohle wurden, im Unterschied zu Großbritannien, wo die rahmengenähte Konstruktion vorherrschte, holzgenagelt.[265]

Vor allem der relativ zum Leder gute Zustand der Ersatzstoffe und deren hervorragende Trageeigenschaften trugen nach Meinung der Kommission zu einem hohen Niveau der Beschuhung der deutschen Bevölkerung bei.[266] Diese Beurteilungen müssen vor dem Hintergrund der britischen Pläne für die weitere deutsche Versorgung mit Ersatzstoffen statt Leder, aber auch der Versorgung der eigenen Bevölkerung in Großbritannien gesehen werden. Mitte Juli 1945 berichtete Stratton dem *Footwear Board* zu Hause:

259 BIOS Final Report Nr. 861, The Stratton Mission to Germany (1945), S. 11.
260 Letter from Major Stratton to Footwear Board, 15.7.1945, NA/PRO London, SUPP 14, Nr. 705.
261 BIOS Final Report Nr. 861, The Stratton Mission to Germany (1945), S. 12, 41.
262 Ebd., S. 20f.
263 Ebd., S. 23.
264 Ebd., S. 265.
265 Ebd., S. 20f.
266 Ebd., S. 10.

»Substitutes: Our suspicions that Germany was ahead of us are fully confirmed. [...] We have done an immense amount of work on this and have adequate samples. The most important base materials are [...] made by IG Farben Hoechst (quite undamaged) and Ludwigshafen (yet to be seen). I think we shall want to recommend that these plants are restarted.«

Am bemerkenswertesten gegenüber der Situation im eigenen Land erschien den britischen Schuhfachleuten, dass in Deutschland haltbare Straßenschuhe ganz ohne ein einziges Quäntchen Leder hergestellt werden konnten. Diese Beobachtung wurde mit Erstaunen wieder und wieder geäußert.[267] In Deutschland konnten Schuhe »mit befriedigenden Trageeigenschaften« (*satisfactory wearing qualities*) ganz aus Ersatzstoffen hergestellt werden, mit einem Schaft aus synthetischen Fasern, mit Kunststoff beschichtet oder unbeschichtet, mit einer Brandsohle und verschiedenen Sohlenkomponenten aus Lederfaserwerkstoff mit synthetischen Bindemitteln, und mit einer Sohle aus PVC (P-Sohle) oder Synthesekautschuk (*Buna*) (z. B. Abb. 55).[268]

In den Planungsorganen und der gewerblichen Presse waren die Briten der Meinung, »da Deutschland sich auf seine Kompetenz auf dem Gebiet des ›Ersatzes‹ so viel zugute« halte, solle es auch in Zukunft seinen Lederbedarf mit »synthetischen Werkstoffen« (*synthetics*) decken.[269] Dies solle deutschen Firmen außerdem als Anreiz dienen, ihre Ersatzstoff-Forschungen und -Entwicklungen weiter auszubauen.[270] Die Briten führten somit nach dem Krieg die deutsche Politik der Ersatzstoffe in Deutschland und den ehemals besetzten Gebieten und selbst in Großbritannien weiter, wenn auch aus ganz anderen politischen Gründen als vormals die Deutschen. Auch Richard Freudenberg, von den Mitgliedern der *Stratton Mission* als einer der wichtigsten Ersatzstoff-Hersteller am 28. und 29. Juli 1945 vernommen, sah hier einen Absatzmarkt für seine und die übrigen deutschen Ersatzstoff-Produkte. Er stimmte zu, »that there was no solution to the present footwear situation on the Continent without the continued substantial production of substitutes.« Seiner Meinung nach brauchte man für je 100 Mio Menschen grundsätzlich 25.000 t Ersatzstoffe. Im »Idealfall« könne er 15.000 t Bunasohlen und 10.000 t anderes Kunststoff-Material liefern. Freudenberg bevorzugte einen hohen Anteil von *Buna*, da dieses technisch einfach zu verarbeiten sei. Aber dieses könne, falls nötig, auch durch andere deutsche Kunststoffe ersetzt werden, da die *Buna*-Anlagen der I.G. Farbenindustrie entweder zerstört waren oder in sowjetisch besetzten Regionen lagen.[271] Für das Unternehmen Freudenberg ging der Übergang in die Nachkriegswirtschaft fast nahtlos vonstatten, und die wichtigsten, synthetischen Leder-Ersatzstoffe der

267 Ebd., S. 10f., 12f., 20f., 23.
268 Ebd., S. 23.
269 News from the Centres, in: SLN v. 14.6.1945, S. 17.
270 BIOS Final Report Nr. 861, The Stratton Mission to Germany (1945), S. 11f.
271 Ebd., S. 71.

Kriegszeit blieben auch unter der alliierten Besatzung erfolgreiche Produkte dieser wie anderer Firmen.[272]

PVC als erster Kunststoff in britischen Schuhen in der Nachkriegszeit

In Großbritannien begann die Ära der ersten Kunststoffe in Schuhen unmittelbar nach Kriegsende 1945. Sie stand in engstem Zusammenhang mit den alliierten Erkenntnissen über die deutsche Werkstoff-Forschung in den Kriegsjahren. Das wirkliche Ausmaß des Häute- und Lederraubs der Deutschen und des Leder- und Schuhmangels in den ehemals besetzten Gebieten wurde erst allmählich, in den Sommermonaten 1945, offenbar. Die britischen und amerikanischen Schuhplaner konstatierten in den befreiten Gebieten einen regelrechten »Schuh-Hunger« (*continental shoe famine*). Die auf dem Kontinent eingesetzten britischen und amerikanischen Forschungsteams brachten erschreckende Nachrichten von der extremen Unterversorgung mit Schuhen in Frankreich, Belgien und Holland.[273] »Britain Should Act Now!«, fühlten sich die britischen Wirtschaftspolitiker für die Bedürftigen verantwortlich.[274] Besonders für den Wiederaufbau der Industrie und der Landwirtschaft dieser Länder sei eine Versorgung mit Schuhwerk dringend geboten.

Mit Ablösung des Verantwortlichen für die zivile Lederversorgung in Großbritannien, des *Director of Civilian Leather Supplies* Harold Salt, durch den *Footwear Controller*, Major Stratton, änderte sich die britische Ersatzstoff-Politik drastisch. Amerikanische Beobachter stellten fest, die Zeit des *British quality complex* sei nun vorüber.[275] PVC-beschichtete Textilien kamen wenige Monate später als Oberleder-Ersatzstoffe zum Einsatz.[276] Nach seiner Rückkehr aus Deutschland veranlasste Major Stratton das britische Chemie-Unternehmen Imperial Chemical Industries (ICI), sich mit der Anwendung von PVC als Schuhmaterial

272 Demontagen in der Produktion des Unternehmens fanden nur im Burg/Magdeburger Werk von Conrad Tack in der sowjetisch besetzten Zone statt. Vgl. 150 Jahre Freudenberg (1999), S. 91ff. und 194ff.

273 When Germans Ruled in Paris, in: SLN v. 28.6.1945, S. 27f.; Continental Shoe Famine. Liberated Countries Battle with Supply Problems, in: SLN v. 6.9.1945, S. 17ff.; No Need to Panic, in: SLN v. 6.9.1945, S. 33; Leather Supply Difficulties. Joint Action by Control and Federation, in: SLN v. 6.9.1945, S. 35; Holland Under German Rule, in: SLN v. 29.11.1945, S. 39.

274 Relief Footwear, in: SLN v. 5.10.1944, S. 13; In France Today, in: SLN v. 12.10.1944, S. 25f.; Continental Shoe Famine. Liberated Countries Battle with Supply Problems, in: SLN v. 6.9.1945, S. 17ff.

275 »Don't Ape America«. Mr Phillip Hutton Does Some Straight Talking to British Shoe Manufacturers, in: SLN v. 31.5.1945, S. 21f.

276 DSIR, Leather Substitutes Panel, Bericht: Review of the Work Done During the Year 1945, November 1945, NA/PRO London, WO 195, Nr. 8724.

Abb. 81: Britische Schuhmodell-Entwürfe mit Schaft aus PVC-Kunstleder (November 1945)

zu beschäftigen.[277] Die Entwicklungsarbeiten für die PVC-Werkstoffe umfassten mehrere Monate, die neben Materialprüfungen im Labor und Verarbeitungsversuchen in den Fabriken auch Trageversuche mit Postbotinnen und Schulkindern einschlossen.[278] Das PVC wurde als Deckstrich auf Textil in Kunstleder für Schuhschäfte verwendet. Die Zulassung des Kunststoffs in britischen Schuhen geschah in unmittelbarem Zusammenhang mit der Lieferung von 20 Prozent der gesamten britischen Oberlederproduktion an die befreiten Gebiete. Alle britischen Lederunternehmen mussten ein Fünftel ihrer Oberleder-Produktion der Monate Dezember 1945 bis Februar 1946 für die *United Na-*

277 Zwar war PVC aus den USA als Sohlenwerkstoff in Großbritannien bereits in den Monaten Juni bis Oktober 1944 getestet worden. Das PVC entdeckten britische Schuhfachleute in Kanada und den USA, wo Vinylchlorid- und Vinylacetat-Reste, die als Abfallstoff in der Kabelherstellung anfielen, seit Sommer 1943 experimentell in Schuhen eingesetzt wurden. Dem Unternehmer Bancroft Clark fiel das Material auf einer USA-Reise auf. Er empfahl den Werkstoff den staatlichen Stellen zu Hause. Als Problem ergab sich aber, dass das spröde Material nicht, wie bislang die Leder- und Gummisohlen, in der rahmengenähten Machart vernäht werden konnte. Sohlen aus PVC blieben also vorerst Theorie. In diesem Zusammenhang gelangte auch im britischen Kontext im Herbst 1944 erstmals überhaupt das Wort *plastics* (Kunststoff) im Zusammenhang mit Leder-Ersatzstoffen in die Diskussion. Es war hier, wie in den USA, Synonym zu dem neuen, thermoplastischen Kunststoff PVC. Ab Oktober 1945 begann sich der Begriff »Kunststoff« (*plastics*) als Synonym zu dem bis dahin ausschließlich verwendeten Begriff »Ersatzstoff« (*substitute*) allgemein einzubürgern. Vgl. The Use of Plastics, in: SLN v. 12.10.1944, S. 13f.; Plastics in Shoes, in: Monthly Bulletin of the BBSATRA 2 (1943), Nr. 48 (Sept. 1943), S. 197f.; Plastic Upper Footwear, in: SLN v. 22.11.1945, S. 38f.; Plastic Footwear, in: SLN v. 29.11.1945, S. 35; Plastics are Experimental, in: SLN v. 13.12.1945, S. 32; 32nd Meeting of the Footwear Board, 9.2.1944, NA/PRO London, BT 64, Nr. 2876; Erinoid Ltd., The preparation of materials suitable for use as leather substitutes. Report on progress for the two months 01. 06.-31.07.1944, NA/PRO London, WO 195, Nr. 6933.

278 Plastic Upper Footwear, in: SLN v. 22.11.1945, S. 38f.; Plastic Footwear, in: SLN v. 29.11.1945, S. 35; Plastics are Experimental, in: SLN v. 13.12.1945, S. 32.

tions Relief and Rehabilitation Administration (UNRRA) zur Verfügung stellen. Dies war eine enorme Menge an Material, die das PVC-Kunstleder zumindest zu einem kleinen Teil kompensieren sollte.[279] Die deutsche Politik des Leder- und Schuhraubes in den besetzten Gebieten verursachte somit indirekt noch über 1945 hinaus einen Ersatzstoff-Boom, diesmal in der britischen Schuhindustrie.

Im Herbst 1945 leitete der *Footwear Controller* die industrielle Verarbeitung von PVC-Kunstledern in Schuhen ein.[280] Um die Ersatzstoffe in Großbritannien überhaupt in Schuhen verarbeiten zu können, war zunächst eine Änderung der Gesetzeslage bei den Qualitätsvorschriften für Schuhe nötig. Im November 1945 wurden die staatlichen Herstellungsvorschriften für *Utility*-Schuhwerk geändert.[281] Nun durften die Schäfte von *Utility*-Schuhen für Frauen zu 50 Prozent aus dem Kunststoff hergestellt werden.[282] Als Anreiz durften die Schuhproduzenten die neuen Ersatzstoff-Produkte über die Erzeugungsgenehmigung von Lederschuhen hinaus herstellen. Bei der Verarbeitung des neuen Materials und im Gebrauch ergaben sich aber, wie im Winter 1945/46 offenbar wurde, viele Probleme. Die thermoplastischen Eigenschaften des PVC wirkten sich bei der Schuhherstellung negativ aus. Anders als Leder nahm das PVC-Kunstleder nach dem Zwicken die Form des Leistens nur an, wenn es vor Entnahme des Leistens erhitzt wurde.[283] Wie alle Ersatzstoffe wurden die PVC-Kunstleder zuerst für Frauenschuhe eingesetzt. Um der Luftundurchlässigkeit der fertigen Modelle zu begegnen, die, wie sich bei den Trageversuchen ergab, dazu führte, dass der Fuß der Trägerin nicht atmen konnte, durfte zum Schutz der Verbraucherinnen das Material nur in Kombination mit Leder verarbeitet werden und nicht mehr als zur Hälfte der Fläche des Schaftes reichen.[284] Für die Verbraucherinnen sollten die Kunststoff-Schuhe attraktiv werden, indem an ihnen nun wieder modische Verzierungen, die vorher verboten waren, angebracht werden durften, sofern diese selbst aus dem PVC-Material bestanden.[285] Erste Produkte mit dem PVC-

279 Upper Leather for UNRRA. Effect on Home Requirements, in: SLN v. 6.12.1945, S. 39.

280 Zunächst wurde das Schaftmaterial für 80.000 Paar Schuhe zur Produktion zugelassen. Es sollte aber nach dem Willen des Footwear Controller so bald wie möglich auf 10 Prozent der gesamten Schuhproduktion ausgedehnt werden. Vgl. DSIR, Leather Substitutes Panel, Bericht: Review of the Work Done During the Year 1945, November 1945, NA/PRO London, WO 195, Nr. 8724; Plastic Footwear, in: SLN v. 29.11.1945, S. 35.

281 Footwear (Supply) (Marking and Manufacturerers' Prices) Directions, S. R. & O., 1945, Nr. 1360, 5.11. 1945.

282 Plastic Upper Footwear. Up to 80.000 Pairs in Prospect, in: SLN v. 22.11.1945, S. 38f.

283 Plastics are Experimental, in: SLN v. 13.12.1945, S. 32.

284 Das Vorderblatt des Schuhs durfte nicht aus dem Kunststoff bestehen. Alternativ waren auch Modelle erlaubt, die kleine Luftlöcher enthielten oder Ferse und Zehen freiließen.

285 An Rationierungspunkten und Preisen erforderten die Schuhe im Einkauf jedoch die gleiche Menge wie Schuhe, die ganz aus Leder hergestellt waren. Plastic Footwear, in: SLN v. 29.11.1945, S. 35; Plastic Upper Footwear, in: SLN v. 22.11.1945, S. 38f.

beschichteten Schaftmaterial kamen im Frühjahr 1946 in Großbritannien auf den Markt. Sie waren die ersten aus in Großbritannien entwickelten Kunststoffen hergestellten britischen Schuhe.[286]

11.7 Wissenschaft und Technik als Kriegsreparationen: Die Briten, die Amerikaner und die deutsche Gebrauchswertforschung im KZ Sachsenhausen

Materialforschung für die britische Schuhindustrie

Obwohl bis Kriegsende keine Ersatzstoffe für Leder und Naturkautschuk außer Gummisohlen und -absätze aus Regenerat und amerikanischer Synthesekautschuk in die Produktion von britischen Schuhen Einzug hielten, setzten auch die britischen Materialforscher Trageversuche ein, um Erkenntnisse über Ersatzstoffe zu gewinnen. Hier sind strukturelle Parallelen zur Gebrauchswertforschung in Deutschland zu erkennen. Ebenso wie die Forscher und Unternehmer in Deutschland gelangten die Mitglieder des *Leather Substitutes Panel* zu der Auffassung, dass Laborversuche an Materialprüfungsmaschinen für die Beurteilung der Ersatzstoffe unzureichend waren und nur in Verbindung mit praktischen Trageversuche Aufschlüsse über die wichtigsten Eigenschaften der neuen Werkstoffe zu erhalten seien. Auch hier entstand – allerdings erst 1944 – ein dualer Aufbau der Werkstoff-Forschung: Neben den Materialprüfungen auf technischen Apparaten im Labor des Schuhforschungsinstituts BBSATRA in Kettering kam es ab 1944 im nahe gelegenen Bedford zu sogenannten *wear trials* von Schuhen mit Versuchskonsumenten.[287] Trageversuche waren auch in Großbritannien der letztlich ausschlaggebende Bestandteil der Produktprüfungen, der zu einer Zulassung oder Ablehnung des Werkstoffs führte. In Großbritannien überwogen dabei die Ablehnungen. Und wie in Deutschland entstanden Trageversuche erst zu dem Zeitpunkt, als es um die Erforschung anderer Materialien als Leder ging. Trageversuche waren, epistemologisch gesehen, hier wie dort an die Ersatzstoff-Forschung gekoppelt.[288]

286 Das PVC-Kunstleder stammte aus der Produktion der britischen Chemieunternehmen ICI Plastics Ltd. in Welwyn Garden City/Hertfordshire und J. B. Broadley Ltd. in Rawtenstall und war in den Farben Braun, Dunkelblau und Schwarz erhältlich. Plastic Upper Footwear, in: SLN v. 22.11.1945, S. 38f.

287 Vgl. hierzu ausführlich: Harold Salt, A Study of Substitutes for Leather, hg. v. MinSupply, Leather Substitutes Panel, London 1946, NA/PRO London, DSIR 36, Nr. 1280.

288 Noch 1938, als die Abriebfestigkeit von verschiedenen Lederarten für Sohlen verglichen wurde, wurden noch keine Trageversuche durchgeführt. Vgl. R. Edwards, Wear Resistance of Soles of Footwear, Research Report Nr. RR57, Juni 1938, NA/PRO London, DSIR 36, Nr. 1266, und andere Forschungsberichte zu Sohlleder (1920-1947) in dieser Akte.

In Großbritannien begannen die Trageversuche mit Schuhen im April 1944. Als Versuchspersonen zog man hier Freiwillige bestimmter Berufsgruppen heran, deren Gebrauchsmuster im Alltag festen Trageroutinen unterlagen. Diese bekannte Grundstruktur des Verbrauchsvorgangs machten sich die Ersatzstoff-Forscher zunutze. Zu freiwilligen Schuhläufern erklärten sich Briefträger und Polizisten, die jeden Tag ihre Runde in einem festgelegten Bezirk zu Fuß zurücklegten.[289] Als eine weitere Gruppe von Versuchskonsumenten suchten sich die Forscher Schulkinder in ländlichen Gebieten, die mehrere Meilen von ihren Schulen entfernt wohnten. Wegen ihres rücksichtslosen Verschleißes beim Spielen und Raufen galten die Schulkinder als die anspruchsvollste und extremste Gruppe von Schuhverbrauchern und als die besten Kurzzeitprobanden für Trageversuche. Sie stellten die Dauerhaftigkeit der Materialien und die Konstruktion auf eine harte Probe (Abb. 82).[290]

Da die Trageversuche aufwendig waren und einen hohen Kostenfaktor darstellten, gab der *Director of Civilian Leather Supplies* in Bedford diese nur in Auftrag, wenn die Labortests an den Werkstoffen vorher erfolgversprechend verliefen. Die Testmaterialien wurden auf bereits existierendes Leder-Schuhwerk aufgebracht und in unterschiedlichen Intervallen von 4 Tagen bis zu 12 Wochen im individuellen Gebrauch getestet.[291] Die in Trageversuchen getesteten Werkstoffe waren Sohlenmaterialien aus verschiedenen Gummimischungen aus Natur-, Regenerat- und Synthesekautschuk und dem Kunststoff PVC, diverse Sohlenwerkstoffe aus Leder-, Flachs- und Zellulosefasern mit unterschiedlichen Bindemitteln, aus imprägniertem Filz und Holzlaminat, Brandsohlenmaterialien aus imprägnierten Baumwollfasern und Jutefasern sowie Oberleder-Ersatzstoffe aus Kunstledern auf Textilbasis mit PVC-Deckstrich.

Im Vergleich zu der deutschen, dualen Entwicklungsmethode waren die britischen Trageversuche zu diesem Zeitpunkt in hohem Maße von den individuellen Eigenheiten der einzelnen Versuchspersonen, ihrer Tagesverfassung und jeweiligen Verlässlichkeit und Auskunftswilligkeit über die eigenen Konsumpraktiken abhängig. Die Materialforscher in Großbritannien ließen ein Paar Schuhe probetragen, um einen ungefähren Eindruck von der Dauerhaftigkeit der Materialien zu erlangen. Doch machten schon minimale Abweichungen in

289 Harold Salt gab an, dass man *test-groups of people* danach auswählte, ob ihre *habits in wearing soles are fairly well known*. Vgl. Harold Salt, A Study of Substitutes for Leather, hg. v. MinSupply, Leather Substitutes Panel, London 1946, NA/PRO London, DSIR 36, Nr. 1280, S. 2.

290 Zu einer vollständigen Liste aller von April 1944 im Auftrag des *Ministry of Supply* durchgeführten Trageversuche mit Schuhen, ihren Versuchspersonen und ihren Ergebnissen vgl. NA/PRO London, WO 195, Nr. 7079, 7227 bis 7229 und 7491; Harold Salt, A Study of Substitutes for Leather, hg. v. MinSupply, Leather Substitutes Panel, London 1946, NA/PRO London, DSIR 36, Nr. 1280, S. 4f.

291 Harold Salt, Leather Substitutes Panel. Record of the Work of the Panel during the Period 1940-1945, 19.11.1945, NA/PRO London, WO 195, Nr. 8740, S. 11.

Abb. 82: Englische Schulkinder als »Versuchskaninchen« (»guinea pigs«): Teilnehmer an Trageversuchen warten auf ihre Schuhpaare (frühe 40er Jahre)

den Routinen und das unregelmäßige Trageverhalten die Versuche ungeeignet für vergleichende Studien.[292] Die britischen Materialforscher klagten über die geringe Aussagekraft der so erreichten Messwerte und die fehlende Kontrolle des Verbrauchsvorgangs. So kam man durch die britischen Trageversuche zu keinerlei quantifizierbaren oder gar vergleichenden Ergebnissen für einzelne Werkstoffgruppen.[293]

292 Ebd.

293 Vgl. Harold Salt, A Study of Substitutes for Leather, hg. v. MinSupply, Leather Substitutes Panel, London 1946, NA/PRO London, DSIR 36, Nr. 1280, S. 4f.; Harold Salt, Leather Substitutes Panel. Record of the Work of the Panel during the Period 1940-1945, 19.11.1945, NA/PRO London, WO 195, Nr. 8740, bes. S. 11.

Die britischen Wissenschaftler und die deutsche Gebrauchswertforschung

Außer den deutschen Ersatzstoffen selbst fanden die britischen Schuhunternehmer und Wissenschaftler der Leder- und Schuhforschung auch die neuen Methoden der Gebrauchswertforschung, auf die die Briten bei ihrer Erkundung der Ersatzstoffwirtschaft in Deutschland stießen, äußerst bemerkenswert. In Großbritannien beschäftigte sich am ausführlichsten Harold Salt, der *Director of Civilian Leather Supplies* und Organisator der britischen Werkstoff- und Trageversuche, mit den deutschen Ersatzstoff-Forschungen. Im November 1945 berichtete Salt in seiner Zusammenfassung über die eigene Arbeit an Leder-Ersatzstoffen von November 1943 bis 1945, dass die britischen Forscher von der Methodik der deutschen Gebrauchswertforschung bereits durch eine Veröffentlichung deutscher Wissenschaftler in der Zeitschrift *Industria* im Dezember 1942 erfahren hatten. Der Artikel schilderte in Einzelheiten die Methode der Gebrauchswertforschung von Schuhen und die »Schuhprüfstrecke« im Deutschen Reich. Salt sah rückblickend die Lektüre des Artikels als Initialzündung für die Einführung von Trageversuchen mit Versuchskonsumenten in die eigene Materialforschung.[294]

In seiner Zusammenfassung der eigenen Arbeitsergebnisse schilderte Salt auch eingehend die Methodik der deutschen Ersatzstoff-Forschung, wie er sie nach den Informationen der *Stratton Mission* und anderer, britischer und amerikanischer Kommissionen 1945 ermessen konnte. Er selbst war offenbar nicht nach Deutschland gereist. Die deutschen Ergebnisse der Gebrauchswertforschung bewertete er als vorbildlich und sprach ihnen, indem er sie als Fakten in seine eigenen Ausführungen übernahm, Allgemeingültigkeit zu. Die »Schuhprüfstrecke« und ihre Funktion schilderte er akribisch und mit großer Bewunderung für die Möglichkeiten, die sie wissenschaftlich eröffnete. In seinem Bericht vermerkte er:

> »It is of interest to note that Germany standardised practical wearing tests better than was possible in this country. A circular track was constructed which included various sections to represent average surfaces such as tarmac, concrete, gravel, sand and so on, and prisoners of war were made to walk round it.«[295]

Die Anlage der »Schuhprüfstrecke« bestach den britischen Materialforscher also durch den hohen Grad ihrer Standardisierung, die unmittelbar vergleichende Untersuchungen ermöglichte, die in Großbritannien mit den vereinzelten Trage-

294 Der Artikel selbst war bislang nicht auffindbar. Über die britische Rezeption des deutschen Artikels vgl. Harold Salt, A Study of Substitutes for Leather, hg. v. MinSupply, Leather Substitutes Panel, London 1946, NA/PRO London, DSIR 36, Nr. 1280, S. 5.

295 Harold Salt, Leather Substitutes Panel. Record of the Work of the Panel during the Period 1940-1945, 19.11.1945, NA/PRO London, WO 195, Nr. 8740, S. 11.

versuchen nicht möglich waren. Wie dieser Aussage zu entnehmen ist, lagen dem britischen Forscher genaue Angaben über die »Schuhprüfstrecke« im KZ Sachsenhausen und ihre Oberflächenbeschaffenheit vor. Er war sich auch dessen bewusst, dass »Kriegsgefangene« gezwungen wurden, als Versuchspersonen darauf zu laufen. Wie sich bei einer Untersuchung des britischen *War Crimes Investigation Team* Nr. 3 im KZ Sachsenhausen nur wenige Monate nach Abfassung seines Berichts, Anfang des Jahres 1946, herausstellen sollte, gehörten zu diesen Kriegsgefangenen auch fünf von sieben britischen Marinesoldaten, die während oder nach ihrer Tätigkeit als »Schuhläufer« auf der »Schuhprüfstrecke« in Sachsenhausen von der SS im Lager ermordet wurden.[296]

Dass sich die »Schuhprüfstrecke« in einem Konzentrationslager befand, war auch schon dem Bericht der *Stratton Mission* im Juli 1945 eindeutig zu entnehmen.[297] Die Mitglieder die *Stratton Mission*, deren Unterlagen Salt auswertete, besuchten im Juli 1945 zwar nicht Sachsenhausen, aber das Konzentrationslager Dachau, und die Teilnehmer erhielten dabei einen ungefähren Eindruck, unter welchen Bedingungen KZ-Häftlinge existieren mussten und wie das Vernichtungssystem der Lager funktionierte.[298] Nachdem Bilder und Berichte über die Befreiung des KZ Bergen-Belsen durch britische Truppen bereits kurz nach Kriegsende 1945 durch die britische Presse gegangen waren, müssen die Umstände und die Brutalität der Lebenssituation im KZ Sachsenhausen bei dem britischen Leder- und Schuhfachmann Ende 1945 zumindest in Ansätzen als bekannt vorausgesetzt werden.

Die Tatsache, dass die deutschen Gebrauchswertforschungen im KZ stattgefunden hatten, ließ Salt jedoch trotzdem nicht an der wissenschaftlichen Glaubwürdigkeit der Versuche oder ihrer Ergebnisse zweifeln. Gleichzeitig deutete er an, dass eine solche Anlage in seinem eigenen Land nicht »möglich war«, und verwies damit auf ein Bewusstsein des spezifischen, politischen Kontextes für diese Art von Versuchen in Deutschland. Im folgenden Text des Berichts führte Harold Salt den Aspekt der Standardisierung im KZ Sachsenhausen noch weiter aus. Am Ende kam er zu dem Schluss, dass vor allem das hohe Maß an

296 Die britische War Crimes Commission schloss ihre Untersuchung über die brutale Ermordung von fünf der sieben britischen Kriegsgefangenen in Sachsenhausen im Februar 1945 Anfang 1946 ab und stellte ihre Ergebnisse den sowjetischen Militärbehörden zur Strafverfolgung des letzten Leiters der »Schuhprüfstelle« in Sachsenhausen, Ernst Brennscheidt, zur Verfügung. Ob Harold Salt diese Informationen für seinen zweiten Bericht vorlagen, ist nicht bekannt. Vgl. NA/PRO London WO 309, Nr. 109, 437-9, 493, 853. Zum Austausch von Ermittlungsergebnissen zwischen britischen und sowjetischen Militärbehörden vgl. Meyer (1997).

297 Der ehemalige Leiter der WG Lederindustrie gab in einer Befragung vom 11. Juli 1945 Auskunft: »[Heinrich] Krumm described the rigid testing, by walking, of all substitute materials in concentration camps.« Vgl. BIOS Final Report Nr. 861, The Stratton Mission to Germany (1945), S. 32.

298 Brief Stratton an Sir Cecil Weir aus Berchtesgaden, 22.7.1945, NA/PRO London, BT 64, Nr. 2876.

Kontrollierbarkeit und Gleichartigkeit der Tragebedingungen im KZ die deutsche Methode ungemein erfolgreich mache. Hier waren die Deutschen den britischen Forschungen seiner Meinung nach methodisch deutlich voraus.[299]

Als Salts Bericht im Mai 1946 in überarbeiteter Form als Druckschrift publiziert und der britischen Öffentlichkeit übergeben wurde, waren die Erkenntnisse über die deutsche »Schuhprüfstrecke« noch detaillierter. Amerikanische und britische Fachleute hatten offenbar inzwischen Unterlagen des *Reichsamts für Wirtschaftsausbau* und genaue Testergebnisse der Versuche in Sachsenhausen zur Kenntnis genommen. In dem Bericht von Harold Salt hieß es nun erweitert:

> »In Germany the testing of substitute materials has been the subject of much study and in this connexion a shoe testing track has been developed (»Industria«, December 1942). This is a track made up with a variety of surfaces, including 62 % concrete, 10 % cinders, 12 % sand pits, 8 % clay, 4 % flints and 4 % paving stone, which corresponds to normal road surfaces. On this track, the substitute materials to be tested are worn as shoe soles by ›test wearers‹ and are kept under constant supervision. The persons wearing the shoes are changed over every day in order to eliminate individual influences. By carefully taking into account all sources of error and variation, it is claimed that it is possible to carry out relative tests in a reliable manner and it is estimated that parallel tests with the same materials deviate from one another to an extent not greater than 10 %. The ›wearing period‹ of the material under test is compared with the wear of a standard [...] leather sole.«[300]

Auch hier wird eine genaue Beschreibung der »Schuhprüfstrecke« im KZ Sachsenhausen gegeben.[301] Hervorgehoben wird die Tatsache, dass die Versuchspersonen unter »ständiger Überwachung« standen und die Versuchspaare in regelmäßigen Abständen gewechselt wurden. Die Häftlinge, die als »Schuhläufer« gezwungen waren, die Tests durchzuführen, werden aber von Salt schon nicht mehr erwähnt. Die Beschreibung ist im Präsens gehalten, ganz so, als sei die Strecke immer noch in Betrieb. Hier hatte bereits ein aktiver Verdrängungsprozess der Tatsache eingesetzt, dass die als wertvoll eingeschätzten Forschungsergebnisse mit dem Mittel der Zwangsarbeit und unter KZ-Bedingungen hervorgebracht wurden.

Die alle Rechte ihrer Versuchspersonen missachtende Forschungspraxis der Gebrauchswertforscher in Deutschland stellte in der disziplinären Zweckratio-

299 Vgl. Harold Salt, Leather Substitutes Panel. Record of the Work of the Panel during the Period 1940-1945, 19.11.1945, NA/PRO London, WO 195, Nr. 8740, S. 11.

300 Vgl. Harold Salt, A Study of Substitutes for Leather, hg. v. MinSupply, Leather Substitutes Panel, London 1946, NA/PRO London, DSIR 36, Nr. 1280, S. 5.

301 Da der Autor die 4 Prozent grobgeschotterten Weg vergaß, rundete er offensichtlich fälschlicherweise die 58 Prozent Beton auf 62 Prozent auf, um auf die vollen hundert Prozent zu kommen. Sonst sind alle Angaben korrekt. Vgl. Kap. 9.3.

nalität der britischen Materialforscher offenbar keinen Anlass dar, die wissenschaftliche Integrität der Methoden oder ihre Ergebnisse in Frage zu stellen. In Salts Formulierung, dass solche Forschungen im eigenen Land nicht möglich waren, klingt ein Moment der Distanzierung an, wenn er damit auch keine negative Wertung zum Ausdruck brachte. Fast schwingt in ihr ein Bedauern des Wissenschaftlers mit, dass man die Forschung in Großbritannien nicht ebenso weit habe treiben können wie in Deutschland. Doch waren die unmenschlichen Qualen, die die Häftlinge in den deutschen KZs erleiden mussten, wohl schlichtweg außerhalb des Erfahrungs- und Vorstellungshorizonts des britischen Wissenschaftlers. In Deutschland erreichten Werkstoff-Hersteller durch die Einführung ihrer Standardteststrecke im KZ und der lückenlosen Überwachung der Testpersonen schon seit 1940 quantifizierbare Vergleichswerte. Mit der britischen Methode waren derartig umfangreiche und zudem vergleichende Tests aller verfügbaren Ersatzstoffe nicht durchführbar.

Bei der Einschätzung der KZ-Versuche auf der »Schuhprüfstrecke« durch die britischen und, wie noch zu sehen sein wird, auch durch die amerikanischen Fachleute, die beide die Erkenntnisse der KZ-Versuche in der Nachkriegszeit weiterverwendeten, zeigen sich große Parallelen zum Umgang mit den medizinischen Menschenversuchen in den Konzentrationslagern durch die West-Alliierten. Auch diese wurden selbst durch die britischen und amerikanischen Experten bis weit in die Sommermonate 1946 hinein noch nicht als Verstoß gegen das medizinische Berufsethos oder gar als Kriegsverbrechen eingestuft.[302] Auf Betreiben einiger weniger Akteure ergab sich erst bei der Vorbereitung des Nürnberger Ärzteprozesses im Sommer und Herbst 1946 allmählich ein vollständigeres Bild des ärztlichen Missbrauchs und der Mordpraxis zu wissenschaftlichen Zwecken. Neue Kategorien der wissenschaftlichen Täterschaft mussten eigens für diesen Zweck erst entwickelt werden. Einige der Täter wurden in dem Prozess ab Oktober 1946 verurteilt, bis schließlich auf seiner Basis ein neuer Ethik-Kodex für biowissenschaftliche Humanversuche (»Nürnberger Kodex«) entstand, der fortan weltweit seine Wirkung entfaltete.[303] Ein solcher Bewusstwerdungsprozess blieb hinsichtlich der technikwissenschaftlichen Menschenversuche auf der »Schuhprüfstrecke« im KZ Sachsenhausen gänzlich aus.[304] Dies hing wohl auch damit zusammen, dass es sich bei der Gebrauchswertforschung um eine junge Disziplin handelte und ethische Konventionen in der technikwissenschaftlichen Forschung ohnehin kaum ausgebildet waren.[305] Bis auf den erwähnten Fall der

302 Weindling (2001b); Weindling (2001a).

303 Weindling (2004); Weindling (2001c).

304 Zur ohnehin schleppenden und sehr selektiven Anerkennung der Opfer von Humanexperimenten in der westdeutschen Nachkriegsgesellschaft vgl. Baumann (2009).

305 Ein erster Ethikkodex der amerikanischen Bauingenieure von 1914 beschränkte sich auf den fairen Umgang mit der Konkurrenz. Die erste Ethikresolution des Verbands Deutscher Ingenieure (VDI) wurde 1950 verabschiedet. Sie enthielt den Passus: »Der Ingenieur arbeite in der Achtung vor der Würde des menschlichen Lebens. […] Der

britischen *War Crimes Commission* Nr. 3 in Sachsenhausen wurden die Experimente der deutschen Unternehmen und Wissenschaftler in Sachsenhausen nicht als Kriegsverbrechen untersucht.

Die duale Methodik von streng kontrollierten, vergleichenden Trageversuchen mit Versuchskonsumenten und die Rückkopplung der Ergebnisse mit Laborversuchen an den Materialien wurde nach dem Zweiten Weltkrieg zur Standardmethodik der weiteren Materialforschung an Schuhen in Großbritannien, besonders im Zusammenhang mit Kunststoffen in Schuhen.[306] Zur Einrichtung einer Standardstrecke für die Versuche kam es allerdings, im Unterschied zu Deutschland und den USA, nicht. Auch für die Klebstoff-Forschung, in der es den Briten in den ersten Nachkriegsjahren darum ging, den deutschen Vorsprung in der Verfahrenstechnik der geklebten Konstruktion und der Entwicklung von Klebstoffen auf synthesechemischer Basis aufzuholen, wurde die duale Materialforschung wesentlicher Bestandteil der Entwicklung bei dem Schuhforschungsinstitut BBSATRA, später SATRA.[307] Dies bedeutete eine engere Einbindung chemischer und sonstiger naturwissenschaftlicher Forschung, als dies die britischen Schuhunternehmer bislang gewohnt waren. Als die militärische Führung nach ersten Erfahrungen mit Synthesekautschuksohlen im Koreakrieg 1954 beschloss, in britischen Soldatenstiefeln die traditionelle Ledersohle durch eine Gummisohle mit Kunststoff-Beimischung zu ersetzen, war die duale Forschung mit parallel ausgeführten Labor- und Trageversuchen hierfür die ausschlaggebende Entwicklungsmethode.[308]

Ingenieur beuge sich nicht denen, die das Recht eines Menschen gering achten und das Wesen der Technik missbrauchen.« VDI, Bekenntnis des Ingenieurs (1950), abgedruckt in: Lenk/Ropohl (1987), S. 314.

306 Im Herbst 1947 führte BBSATRA vergleichende Trageversuche mit fünf verschiedenen Sohlen-Materialien durch. Dabei wurden Sohlen und Absatzflecken aus Naturkautschuk am einen Schuh und einer der Synthesekautschuksorten Perbunan, Neopren und GR-S oder PVC am anderen Schuh vergleichend probegelaufen. Vgl. Service Trials, in: Monthly Bulletin of the BBSATRA 4 (1947), Nr. 1 (Dez. 1947), S. 1f.; Alternatives to Sole Leather, in: Monthly Bulletin of the BBSATRA 4 (1950), Nr. 26 (Jan. 1950), S. 149-152; Wear Trials of Soling Materials and Other Components, in: Monthly Bulletin of the BBSATRA 4 (1951), Nr. 38 (Jan. 1951), S. 214f.

307 Vgl. Adhesives, in: Monthly Bulletin of the BBSATRA 3 (1946), Nr. 34 (Aug. 1946), S. 135f.; Alternatives to Sole Leather, in: Monthly Bulletin of the BBSATRA 4 (1950), Nr. 26 (Jan. 1950), S. 149-152; Heat Reactivation of Neoprene Sole Attaching Cements, in: SATRA Bulletin 5 (1952), Nr. 2 (Feb. 1952), S. 13ff.; Synthetc Rubber Adhesives, in: SATRA Bulletin 5 (1952), Nr. 7 (Juli 1952), S. 53ff.

308 Nach einer fünfjährigen Entwicklungsperiode, in der insgesamt 2.000 Prototypen in verschiedenen klimatischen Einsatzgebieten der britischen Truppen auf der ganzen Welt probegetragen wurden, wurde der Stiefel 1960 eingeführt. Vgl. Akten Footwear Industry: Armed Forces Requirements (1954-1961), PRO/NA London, BT 258, Nr. 428 und 429; sowie Akte Footwear Assembly Trial, WO 291, Nr. 1468; Army General Service Boots With Composition Soles, in: SATRA Bulletin 6 (1954), Nr. 5 (Mai 1954), S. 42ff.

11.8 Die amerikanische Kriegswirtschaft und der Technologietransfer aus Deutschland

Die »Reinigung« der Gebrauchswertforschung vom KZ-Kontext

Um die Gründe für die relativ schnelle Verdrängung des gesamten KZ-Kontextes und der nationalsozialistischen Gewaltverbrechen aus dem Zusammenhang der deutschen Gebrauchswertforschung durch die britischen Wissenschaftler zu verstehen, müssen hier zum Vergleich auch die amerikanischen Kunststoff- und Schuhfachleute und ihr spezifischer Umgang mit den deutschen Forschungsmethoden zur Erklärung herangezogen werden. An ihrem Beispiel werden zusätzliche Motive des Verdrängungs- und Reinigungsprozesses der deutschen Materialforschung vom Kontext der NS-Vernichtungspolitik und der heute schwer nachvollziehbaren ethischen Indifferenz der alliierten Wissenschaftler gegenüber den zweifelhaften Versuchspraktiken ihrer deutschen Kollegen im Konzentrationslager deutlich, die doch die physische und psychische Schädigung und sogar die die Ermordung der Testpersonen bei den Experimenten einschloss. Auch der Umgang der amerikanischen Fachleute mit den deutschen Forschungen stand unmittelbar mit der eigenen Entwicklung von Leder-Ersatzstoffen und der Verwendung deutscher Ersatzstoffe in der Nachkriegszeit im Zusammenhang. Ebenso wie nach den britischen Berichten wurden auch nach den *Reports* des amerikanischen »Technischen Geheimdienstes« (*Technical Intelligence Branch*) die führenden deutschen Schuh- und Ersatzstoff-Unternehmen und die für die Gebrauchswertforschung auf der »Schuhprüfstrecke« im Konzentrationslager Sachsenhausen verantwortlichen Wissenschaftler nicht zur Verantwortung gezogen.

In dem frühesten überlieferten amerikanischen Bericht vom September 1945, den Schuh- und Kunststoff-Fachleute des Beschaffungsamtes der U.S. Army über die Entwicklung von Gummi, Synthesekautschuk und PVC in Schuhsohlen in Deutschland anfertigten, findet sich erstmals die Behauptung, die Schuh- und Materialprüfungen im Konzentrationslager hätten überhaupt nur für Wehrmachtschuhwerk stattgefunden.[309] Nach amerikanischen Erkenntnissen war das Unternehmen Freudenberg eine »anerkannte Autorität auf dem Gebiet der Evaluierung aller Arten von Besohlungsmaterial bei Schuhen« und nahm allgemein eine »herausragende Position im Schuhgewerbe« und bei der Forschung und Entwicklung von innovativen Sohlenmaterialien ein.[310] Daher ge-

309 Der amerikanische Bericht von W. E. Kavanagh und H. W. Martin, militärische Mitarbeiter der *Technical Intelligence Branch* der *Procurement Division* des *Office of the Quartermaster, U.S. Army*, wurde veröffentlicht als: BIOS Miscellaneous Report Nr. 3, 2. The German Sole and Heel Industry, Sept. 1945. Alle Angaben dieses Abschnitts hieraus.

310 Ihre Nachforschungen führten die amerikanische Mission zu den Unternehmen I.G. Farbenindustrie Hoechst, Leverkusen und Uerdingen, Freudenberg in Weinheim, den zum Freudenberg-Konzern gehörigen Teilen der Schuhfabrik Gustav Hoffmann

hörten die Unternehmer Richard, Hans und Walter Freudenberg zu den am ausführlichsten Befragten unter den deutschen Fachleuten.[311]

Die physische Prüfung von Sohlenmaterialien spielte nach Aussagen der Amerikaner in der deutschen Forschung und Entwicklung eine viel größere Rolle als in den USA. Zu den Werkstoff-Entwicklungen in Deutschland fanden die Amerikaner bei den besuchten Firmen heraus:

> »A very complete field test program has been carried on for years. Every conceivable type of material has been tested and evaluated. At the same time shoe construction has been closely observed, and any type of failure is reported to the manufacturer of the shoe.«[312]

Die kompletten Unterlagen und Ergebnisse dieser Schuhprüfungen wurden nach Angaben der in Camp Mahogany in Kassel internierten ehemaligen Mitarbeiter der *Reichsstelle für Lederwirtschaft* und der *Gemeinschaft Schuhe* von Wilhelm Braunss bei der Firma Freudenberg archiviert und befanden sich in Weinheim »Sandweg 2, c/o Freudenberg«.[313] Braunss hatte, wie bereits gezeigt, in den letzten Kriegsmonaten im Auftrag der *Gemeinschaft Schuhe* die Testreihen auf

in Heidelberg, zur Salamander AG in Kornwestheim, zur Hanauer Gummischuhfabrik, zur Harburger Gummiwarenfabrik Phoenix, zu den Continental-Gummiwerken Hannover, zur Firma Vorwerk & Sohn in Wuppertal, zu den Radium-Gummiwerken in Köln-Delbrück, zur Cornelius Heyl AG in Worms, zur Romika Schuhfabrik AG in Gusterach, zur Firma F. C. Roser in Stuttgart-Feuerbach, zur Alexander Wacker AG in München, zu den Alkor-Werken in München-Solln und zur J. F. Metzger Gesellschaft in München.

311 Richard Freudenberg, der am 18. Juli 1945 erstmals im Vernehmungszentrum Dustbin von den Amerikanern verhört worden war, befand sich zu diesem Zeitpunkt bereits in amerikanischer Gefangenschaft. Am 11. August war er noch im Prisoner of War Camp Nr. 74 in Ludwigsburg inhaftiert. Da er sich sehr kooperativ zeigte, wurde er wieder entlassen. Vom 10.11.1945 bis Februar 1947 wurde er ein zweites Mal inhaftiert. Sein Spruchkammerverfahren im Juni 1947 endete trotz der engen Zusammenarbeit mit der I.G. Farbenindustrie in den Kriegsjahren und trotz seines Postens im Aufsichtsrat der Deutschen Bank seit 1939 und seiner Parteimitgliedschaft in der NSDAP seit 1943 mit einem Freispruch (Gruppe V: entlastet). Seine wirtschaftliche Tätigkeit in den Kriegsjahren und die hohen Positionen, die er in der Wirtschaftsorganisation im Nationalsozialismus eingenommen hatte, sowie seine Mitverantwortung als Leiter diverser Ausschüsse der Gemeinschaft Schuhe und WG Lederindustrie und als unternehmerischer Auftraggeber für die Menschenversuche im KZ Sachsenhausen waren nicht Gegenstand des Verfahrens. Vgl. FIAT, Enemy Personnel Exploitation Section, Special Report on Relations between I.G. Farbenindustrie and the Leather Works of Carl Freudenberg, Based on Brief Interview of Richard Freudenberg, 23.7.1946, NA/PRO London, FO 1031, Nr. 93; Westermann (2007), S. 82ff.; Bräutigam (1997), S. 375-9; BIOS Miscellaneous Report Nr. 2, An Investigation of the German Leather Industry, London 1946, App. 46.

312 BIOS Miscellaneous Report Nr. 3, 2. The German Sole and Heel Industry, Sept. 1945, S. 4 und 13.

313 BIOS Final Report Nr. 861, The Stratton Mission to Germany (1945), S. 38.

der »Schuhprüfstrecke« im KZ Sachsenhausen von Weinheim aus in Auftrag gegeben und koordiniert.[314] Nach Auswertung dieser Unterlagen in Weinheim erhielten die amerikanischen Fachleute über die »Schuhprüfstrecke« im KZ Sachsenhausen von Freudenberg nur vage Informationen, obwohl die Dokumente auf eine führende Rolle der Firma Freudenberg bei den Versuchen verwiesen. Über die KZ-Versuche erfuhren die Alliierten:

> »The Wehrmacht were obliged to consider the use of synthetic rubber soles for German Army shoes. Extensive walking tests were conducted in several concentration camps, over roads built to simulate all types of surfaces. Supplemented by tests by some individual shoe manufacturers, particularly Freudenberg, [they] finally resulted in the approval of a synthetic rubber sole. The war ended, however, before any of these soles were actually produced.«[315]

Die Verantwortlichen der Firma wollten die amerikanischen Fachleute also glauben machen, die KZ-Versuche seien von der Wehrmacht initiiert worden und hätten allein ihren Zwecken gedient. Die große Bedeutung der Experimente für Zivilschuhe verheimlichten sie. Des weiteren wiesen sie darauf hin, Freudenberg habe selbst, unabhängig davon, Trageversuche angestellt. Diese seien auch erfolgreich gewesen. Die Pläne der Wehrmacht hätten aber vor Kriegsende nicht mehr realisiert werden können. Die Versuchsergebnisse der KZ-Versuche seien somit für die Schuhproduktion irrelevant geblieben. So zielte die Firmenleitung von Freudenberg darauf, die Bedeutung der KZ-Versuche insgesamt und das Interesse der übrigen deutschen Unternehmen an den Forschungen im KZ Sachsenhausen sowie die eigene Beteiligung daran zu marginalisieren.

Eine weitere Kunststoff-Kommission, die die Ergebnisse der Gebrauchswertforschung der Kriegsjahre zur Kenntnis nahm, bestand aus drei amerikanischen Chemikern und Unternehmern der chemischen Industrie, die mit Hilfe des Beschaffungsamts der U.S. Army, des *Office of the Quartermaster General*, von Anfang Juni bis Ende August 1945 Deutschland bereisten. Nach eingehender Untersuchung der deutschen chemischen Industrie und der synthetischen Werkstoffe, vor allem der Polyvinylchloride und ihrer Verarbeitung, berichteten sie: »Excellent shoe soles have been made.«[316] Auch die Schuhprüfungen mit dem Material nahmen die Amerikaner mit großem Interesse zur Kenntnis und vernahmen dazu Richard Freudenberg wieder im Verhörzentrum *Dustbin*. Dass die Experimente in einem Konzentrationslager stattgefunden hatten, verschwieg

314 Vgl. dazu Kap. 9.4.

315 BIOS Miscellaneous Report Nr. 3, 2. The German Sole and Heel Industry, Sept. 1945, S. 4 und 13.

316 Die Fachleute aus der amerikanischen Chemieindustrie waren von den Firmen Dow Chemical Co., Midland, Michigan, DeBell and Richardson, Springfield/Mass., und Hercules Powder Co., Parlin, New Jersey. Vgl. US Quartermaster Corps, Military Planning Division, Research and Development Branch, German Plastics Practice, November 1945, Washington 1945.

dieser. Im amerikanischen Bericht heißt es: »Freudenberg at Weinheim have made thorough walking tests with the following results on their course:« Es folgten die Ergebnisse der Forschungen auf der »Schuhprüfstrecke« im KZ Sachsenhausen, wie sie in den Unterlagen in Weinheim dokumentiert waren.[317] Wie zu sehen ist, suggerierte hier die Firmenleitung, die Forschungsergebnisse seien allein bei Trageversuchen entstanden, die die Firma mit Betriebsangehörigen in Weinheim durchführen ließ.

Auch eine Kommission amerikanischer Fachleute aus der Lederindustrie, die von Juli bis Oktober 1945 in Deutschland unterwegs war, stieß unweigerlich auf die Tests im KZ Sachsenhausen. Wieder taucht hier das die deutschen Unternehmen entlastende Argument auf, die KZ-Versuche seien allein im Auftrag der Wehrmacht durchgeführt worden: »Wear tests were also made for the Army at concentration camps under the direction of Prof. Stather.« Dass auch an den Entwicklungen für die Wehrmacht zahlreiche zivile Schuh-, Leisten- und Ersatzstoffunternehmen beteiligt gewesen waren, war hieraus nicht ersichtlich. An anderer Stelle heißt es: »Evidence encountered of the possible use of plastics in conjunction with leather was information to the effect that wear tests […] had been made at the Oranienburg Camp.«[318] Doch auch hier wurden alle zivilen Entwicklungsarbeiten im KZ unterschlagen. Für die innovativen Ergebnisse der zivilen Forschungen wurde dagegen der Firma Carl Freudenberg das Hauptverdienst für die neuen Werkstoffe zugeschrieben. Die Firma habe zu diesem Zweck eine eigene Teststrecke unterhalten:

> »The Carl Freudenberg Co. of Weinheim made a number of wear tests on their own account at Weinheim but were largely concerned with substitute materials for civilian shoes […]. They layed out a regular route through the streets and roads of the town which was 36 km in length, with time clocks at appropriate places. The walkers were pensioners of the company, aged 62 to 74, and they averaged about 60 kilometers per day in all kinds of weather. […] Each operator changed his shoes every 5 hours and the shoes were worn by different operators to equalize any tendency toward differences in wear characteristics of individuals.«[319]

Auch in diesem Fall ging die Freudenberg'sche Strategie auf, die Forschungen im Konzentrationslager zu verschleiern und stattdessen die Versuche nachträglich ins »unverfängliche« Weinheim zu verlegen. Damit entzog sich die Firmenlei-

317 US Quartermaster Corps, Military Planning Division, Research and Development Branch, German Plastics Practice, November 1945, Washington 1945, S. 34ff. Ebensolche Angaben finden sich im zusammenfassenden Bericht zu Synthesekautschuksohlen in: BIOS Overall Report Nr. 7, The Rubber Industry in Germany during the period 1939-1945, London 1948, S. 80.

318 BIOS Miscellaneous Report Nr. 2, An Investigation of the German Leather Industry, London 1946, S. 8.

319 Ebd., S. 143.

tung zum einen geschickt aller Verantwortung für die KZ-Versuche, nahm aber gleichzeitig die Innovationen der Vorkriegs- und Kriegsjahre, die bei den Alliierten auf so großes Interesse stießen, für sich in Anspruch.[320]

Dass die Werkstoff-Versuche so umfangreiche Ergebnisse erbracht hatten, wie sie die Alliierten in Weinheim vorfanden, konnten die Freudenbergs nur erklären, indem sie die angebliche tägliche Strecke der »Schuhläufer« in Weinheim auf 60 km am Tag aufrundeten. Im September 1945 hatte Richard Freudenberg einer britischen BIOS-Kommission gegenüber noch behauptet, sie liefen 46 km am Tag.[321] In Wahrheit war dies die Strecke, die die »Schuhläufer« auf der »Schuhprüfstrecke« im KZ Sachsenhausen täglich zurücklegen mussten. Auch dass die geschilderte Wegstrecke in Weinheim nur 28 km, d. h. zweimal 14 km, lang war und gar nicht mit der Wegbeschaffenheit der »Schuhprüfstrecke« übereinstimmte, bemerkten die Amerikaner und Engländer anscheinend nicht.[322] Viel eher begeisterten sich auch die Unternehmer, Offiziere und Techniker aus den USA, die ohnehin das Rechnen in Meilen gewohnt waren, für die neue wissenschaftliche Methode der Gebrauchswertforschung.

In der Zusammenfassung aller BIOS-, CIOS- und FIAT-Berichte zur deutschen Entwicklung von Gummisohlen aus Synthesekautschuk hieß es schließlich 1948:

> »The best infomation on sole quality [...] comes from the Freudenberg GmbH who have made field tests over many years under the following conditions:
> 1. New shoes are broken in for several days.
> 2. They are then re-soled with materials to be tested.
> 3. Mileage and weather records are kept daily.
> 4. When the sole is worn out new tests continue on the same shoes on other soles, until the shoes wear out.
> 5. Personnel are 50-60 years of age, walking 46 kms. per day.«

Anschließend gab der Bericht die vergleichenden Ergebnisse aller KZ-Trageversuche auf der »Schuhprüfstrecke« 1940 bis 1945 für die wichtigen Sohlleder-Ersatzstoffe wieder.[323]

Im August 1945 behaupteten Richard, Hans und Walter Freudenberg und der weiterhin bei Freudenberg beschäftigte Wilhelm Braunss gegenüber der *Leather*

320 Ebd., S. 142.

321 BIOS Miscellaneous Report Nr. 3, Teil 2: The German Sole and Heel Industry, London 1945, S. 12.

322 In Weinheim gab es 1943 einen Rentner, der an einzelnen Tagen die vierfache Strecke und damit 56 km schaffte. Dies galt als herausragende Spitzenleistung, das Doppelte der regulären Strecke. Vgl. »Marathonläufer« wurden geehrt, in: SFZ v. 19.9.1943, S. 13.

323 BIOS Overall Report Nr. 7, The Rubber Industry in Germany during the period 1939-1945, London 1948, S. 80.

Mission sogar, sie hätten von den Versuchen im KZ Sachsenhausen eigentlich gar keine Kenntnis gehabt. Um hierzu weitere Informationen einzuholen, müsse sich die *Leather Mission* an Professor Fritz Stather und die Deutsche Versuchsanstalt in Freiberg wenden.[324] Für die Versuche im KZ Sachsenhausen schoben sie geschickt alle Verantwortung den Freiberger Wissenschaftlern um Fritz Stather zu, wohl wissend, dass dessen Institut in der sowjetisch besetzten Zone und somit außer Reichweite der Amerikaner lag. Stathers Mitarbeiter und stellvertretender Direktor der Deutschen Versuchsanstalt, Hans Herfeld, war mittlerweile im Lederfaserstoffwerk von Salamander in Türkheim/Bayern, in der amerikanischen Zone untergetaucht, wurde aber auch dort nicht vernommen.[325]

Doch bei einer unmittelbar folgenden amerikanischen Untersuchung über die Forschungen für den neuen Wehrmachtsleisten »1944« und die Gummisohle des Einheitsschnürstiefels für die Wehrmacht gab Walter Freudenberg, der eines von sechs Mitgliedern des Entwicklungsausschusses des Einheitsschnürstiefels neben Karl Benscheidt gewesen war, zu Protokoll, auch die Entwicklung des neuen Wehrmachtstiefels habe auf der firmeninternen Trageversuchsstrecke, für die er hier eine Länge von 50 km angab, in Weinheim stattgefunden.[326] Anscheinend wurden diese Ungereimtheiten und Widersprüche zu den vorigen Aussagen der Freudenbergs, die die militärischen Entwicklungen im KZ ansiedelten, von den amerikanischen Fachleuten nicht bemerkt oder weiterverfolgt.

Mit dieser allmählichen »Reinigung« der Entwicklungsarbeit von allen Aspekten ihrer Durchführung im KZ waren die Unternehmensleiter und Techniker der Firma Freudenberg erfolgreich. Über die Vorkommnisse auf der »Schuhprüfstrecke« im KZ Sachsenhausen im Zusammenhang der deutschen Ersatzstoff-Forschung wurden auf Seiten der westlichen Alliierten soweit bislang bekannt keine weiteren Nachforschungen angestellt oder strafrechtliche Ermittlungsverfahren eingeleitet. Weder die Mitglieder der Familie Freudenberg, die zu den größten Nutznießern der KZ-Versuche gehörten, noch andere Unternehmer, Techniker und Wissenschaftler in den Westzonen, wie etwa die Unternehmer Angelo Hammelbacher (Firma Salamander AG/Türkheim und Kornwestheim), Robert Eichenlaub (Firma Salamander AG/Türkheim), Karl Benscheidt (Firma Fagus/Alfeld), Armin Winkle (Firma Winkle/Altenstadt), Otto Benecke (Firma Benecke/Hannover), die Behördenvertreter Reinhold Siebert und Gotthold Tewes (beide Reichsamt für Wirtschaftsausbau), oder die Wissenschaftler wie vor allem Hans Herfeld (Deutsche Versuchsanstalt für Lederindustrie/Freiberg), Wolfgang Graßmann und Arthur Miekeley (Kaiser-Wilhelm-Institut für Lederforschung) oder Paul Kluckow (Preußisches Materialprüfungsamt Berlin) und

324 BIOS Miscellaneous Report Nr. 2, An Investigation of the German Leather Industry, London 1946, S. 142.

325 US Quartermaster Corps, Military Planning Division, Research and Development Branch, German Plastics Practice, November 1945, Washington 1945, App. 33.

326 FIAT Final Report Nr. 174, Investigation of the New Wehrmacht (1944) Last and Shoe Construction, London, Mai 1946, S. 5.

viele andere, die die Versuche in Auftrag gaben, auswerteten und, auch in der Nachkriegszeit, weiter verwerteten, wurden hierfür jemals zur Verantwortung gezogen. Als einziger juristisch für die Beteiligung an den brutalen und mörderischen Menschenversuchen auf der »Schuhprüfstrecke« belangt wurde der zweite Leiter der »Schuhprüfstelle« in Sachsenhausen, Ernst Brennscheidt. Er wurde im sowjetischen Sachsenhausen-Prozess in Berlin 1947 wegen »Kriegsverbrechen und Verbrechen gegen den Frieden und die Menschlichkeit« zu 15 Jahren Zwangsarbeit in der Sowjetunion verurteilt und leistete diese zur Hälfte ab, bevor er 1955 in die Bundesrepublik übersiedelte.[327] Von den Briten und Amerikanern wurden die Menschenversuche im KZ Sachsenhausen nicht strafrechtlich verfolgt.

Nach der Auswertung durch das *War Department* wurden erste Erkenntnisse der amerikanischen *Leather Mission* nach Deutschland der amerikanischen Öffentlichkeit vorgestellt. Die Veranstaltung fand auf Einladung des Verbandes der amerikanischen Lederindustrie, des *Tanners' Council Of America*, unter der Leitung von Fred O'Flaherty, dem Direktor des Gemeinschaftsforschungsinstituts der Lederindustrie in Cincinnati, im Februar 1946 in New York statt. Hier berichteten die Mitglieder der *Mission*, die deutsche Materialprüfung und -entwicklung habe enorme Ausmaße angenommen. Bei der I.G. Farbenindustrie in Ludwigshafen habe man »das größte Lederforschungs- und -prüfungslabor der Welt« vorgefunden.[328] »For information on wear, actual wear tests were made. Wear tests were also made for the Army at concentration camps under the direction of Prof. Stather. [...] Wear tests on impregnated sole leather had been made at the Oranienburg camp.« Über die zivilen Versuche hieß es: »At Weinheim, there was a testing track that was operated by the Freudenberg tannery and very complete records of the wear of all the items which go into a shoe were kept there.«[329] Dass es sich bei den so zahlreich und vollständig bei Freudenberg vorliegenden Unterlagen auch um die Ergebnisse der wissenschaftlichen Versuche im KZ Sachsenhausen handelte, war den Alliierten offenbar nicht bewusst geworden.

Als sie die Ergebnisse ihrer Gebrauchswertforschung nach Kriegsende preisgaben, gelang es den deutschen Unternehmern, den Alliierten falsche Tatsachen vorzutäuschen und die Geschichte der deutschen Kunststoffe in Schuhen, an

327 Die Zwangsarbeit leistete er in Workuta. Vgl dazu Meyer (1997), S. 974. Ein späteres Ermittlungsverfahren bis 1972 wegen Mordes gegen den in Erkrath ansässigen Schuhhändler wurde wegen angeblicher Verhandlungsunfähigkeit eingestellt. Aus historischer Sicht birgt das Ermittlungsverfahren viele Ungereimtheiten. Vgl. Ermittlungsverfahren gegen Ernst Brennscheidt (1964-1972), Hauptstaatsarchiv Düsseldorf, Rep. 118, Nr. 790 und 791, Staatsanwaltschaft Köln 130 (24) Js 45/65 (Z), Bd. 1 und 2.

328 Dies sei nun in Teilen zerstört. Aber das Personal sei bereits beim Wiederaufbau. US Technical Mission Reports on Visits to European Tanneries, in: SLR v. 9.2.1946, S. 19-26, hier S. 21.

329 Ebd., S. 25.

denen die Alliierten sehr interessiert waren, gänzlich von der »Schuhprüfstrecke« und dem Kontext der Forschung im Konzentrationslager abzukoppeln. Die erste »Reinigungs«-Strategie der deutschen Unternehmer war die Behauptung, nur die Schuhentwicklung für die Wehrmacht hätte im Konzentrationslager stattgefunden. Alle zivilen Forschungen an Werkstoffen und Schuhen, die ja den weitaus größten Teil der Experimentalreihen ausmachten, waren somit nachträglich aus dem Vernichtungskontext der Konzentrationslager herausgelöst. Zweitens machten die Unternehmensleitung von Freudenberg und andere an den Versuchen beteiligte Unternehmer die alliierten Fachleute glauben, diese Ergebnisse wären auf der firmeneigenen Prüfstrecke bei Freudenberg entstanden, die mit Betriebsangehörigen betrieben worden sei.[330] Hier kam begünstigend hinzu, dass Freudenberg die Trageversuche mit Betriebsangehörigen im öffentlichen Straßennetz der Weinheimer Umgebung in den Nachkriegsjahren weiterführte.[331] Mit ihrer tatsachenwidrigen Darstellung der Forschung und Entwicklung in den Kriegsjahren nahm drittens trotzdem die Firmenleitung von Freudenberg rückwirkend den Hauptanteil an den für die Alliierten so interessanten deutschen Entwicklungen für sich in Anspruch. Dies erklärte gleichzeitig den Alliierten, warum die Firma Freudenberg im Besitz der Unterlagen zu den Entwicklungen auf der »Schuhprüfstrecke« war. Dass Richard Freudenberg einer der Leiter der diversen Ausschüsse war, die die KZ-Versuche schließlich von seinem Unternehmen in Weinheim aus koordinierten, und dass der weitaus größte Teil der Forschungen im KZ Sachsenhausen stattfand, war damit erfolgreich verschleiert worden.

Viertens schoben die in den westlichen Besatzungszonen Deutschlands angesiedelten Unternehmer die Verantwortung für die KZ-Versuche Fritz Stather und den anderen Wissenschaftlern in Freiberg in der sowjetisch besetzten Zone zu. Diese wurden allerdings, soweit bisher ersichtlich, von den westlichen Militärgeheimdiensten nicht vernommen. Auf Seiten der Alliierten spielten außerdem – fünftens – eine offenbar eher ungenaue Überprüfung der zahlreichen Berichte und Interviews nach Kriegsende durch die Fachleute und der mangelnde Informationsaustausch zwischen unterschiedlichen Instanzen der Geheimdienste eine Rolle dabei, dass die britischen und amerikanischen Experten den Entstehungskontext im Konzentrationslager in ihrer Rezeption der deutschen Ersatzstoff-Entwicklungen nach Kriegsende ausblendeten. Eine sechste Ursache war der Beginn des Kalten Krieges. Auf ihrer Reise durch Deutschland besuchte die britische *Stratton Mission* zwar das Konzentrationslager Dachau,

330 Zur Aussage Angelo Hammelbachers von der Firma Salamander im Juni 1945 vgl. US Quartermaster Corps, Military Planning Division, Research and Development Branch, German Plastics Practice, November 1945, Washington 1945, App. 33.

331 Vgl. dazu Zweimal Weinheim – Schriesheim und zurück. Die Schuhläufer testeten Sohlen und Absätze, in: 150 Jahre Freudenberg. Sonderveröffentlichung der Weinheimer Nachrichten und Odenwälder Zeitung zum Jubiläum der Firma, Weinheim 19.6.1999, S. 26.

nicht jedoch Sachsenhausen.[332] Aus den amerikanischen Quellen geht hervor, dass auch die amerikanischen Leder- und Kunststoff-Experten die »Schuhprüfstrecke« in Sachsenhausen nicht selbst in Augenschein nahmen. Grund hierfür war wahrscheinlich, dass Oranienburg in sowjetisch besetztem Gebiet lag. So hatten die westalliierten Fachleute auch keinen Kontakt zu ehemaligen Versuchspersonen auf der »Schuhprüfstrecke« im Konzentrationslager.

Aus den Unterlagen, die bislang aus russischen Archiven bekannt sind, wird deutlich, dass sich sowjetische Fachleute sehr eingehend mit den Ergebnissen der Schuhprüfungen und Werkstoff-Forschungen in Sachsenhausen auseinandersetzten. Von Juni 1945 stammt eine genaue sowjetische Bestandsaufnahme der Anlage der »Schuhprüfstrecke« zu Kriegsende.[333] Angesichts der Konkurrenz der Siegermächte um die wissenschaftlichen und technischen Entwicklungen in Deutschland als Reparationen hatten die sowjetischen Behörden wahrscheinlich ihrerseits kein großes Interesse an einer Besichtigung der Anlage durch die westlichen Fachleute.[334]

Die wissenschaftsethische Indifferenz gegenüber den Menschenversuchen im KZ Sachsenhausen hing aber, in einem siebten und letzten Punkt, offenbar auch mit dem wissenschaftlichen Interesse zusammen, das die amerikanischen Fachleute der Methode der deutschen Gebrauchswertforschung entgegenbrachten. Sie waren, ähnlich wie die Briten, zu sehr fasziniert von der neuen Methodik, um ihre Entstehungsbedingungen kritisch zu hinterfragen. Dieses Interesse ging auf ihre eigenen Entwicklungen von Leder-Ersatzstoffen während der Kriegsjahre zurück. In deren Zusammenhang wurden die deutschen Forschungen auf der »Schuhprüfstrecke« bereits während der letzten drei Kriegsjahre eingehend rezipiert.

Die amerikanische Schuhprüfstrecke in Camp Lee, Virginia

Für wie nützlich auch die Amerikaner die »Schuhprüfstrecke« im KZ Sachsenhausen als Forschungseinrichtung hielten, zeigt sich darin, dass sie noch während des Krieges eine eigene Schuhprüfstrecke – *shoe test track* genannt – errichteten. Sie wurde im Frühsommer 1944 für rein militärische Zwecke in Camp Lee, Virginia, gebaut.[335] Ihr Bau wurde vom *Office of Scientific Research and*

332 Brief Stratton an Sir Cecil Weir aus Berchtesgaden, 22.7.1945, NA/PRO London, BT 64, Nr. 2876.

333 Vgl. Protokoll, KZ-Lager Sachsenhausen, 12.6.1945, als Kopie aus dem FSB-Archiv in Moskau in: AS, JSU 1, Bd. 43; AS, FP57/3505 Film 1, Neg. 43/44.

334 Zum sowjetischen Wissens- und Technologietransfer aus Deutschland ab 1945 vgl. Albrecht (1992).

335 William T. Roddy, Some Notes on an Experimental Track for Wear Evaluation of Leather, in: Journal of the American Leather Chemists Association 40 (1945), Nr. 8, S. 300-303.

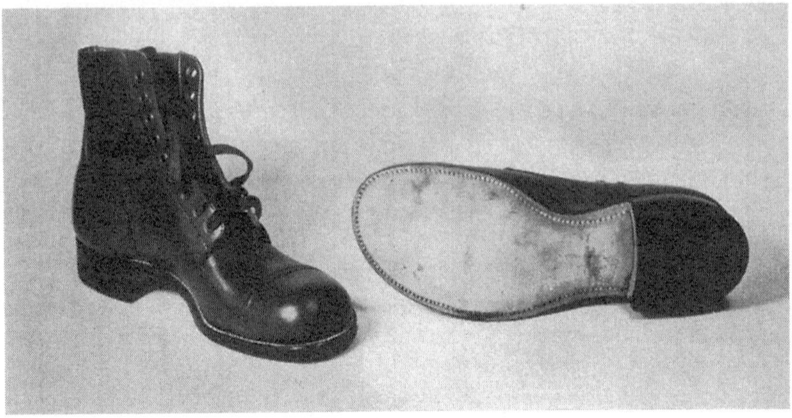

Abb. 83: Allgemeiner Marschstiefel alten Musters (»Service Boot«) der U.S. Army, ganz aus Leder (produziert bis Ende 1943)

Development in Auftrag gegeben.[336] Die Organisation und Ausgestaltung der Strecke und der Versuche übernahmen die Wissenschaftler des wichtigsten Lederforschungsinstituts in den USA, des *Leather Research Laboratory* des *Tanners' Council* an der University of Cincinnati unter Fred O'Flaherty,[337] im Auftrag des *Quartermaster Board.* Dies war die Forschungs- und Entwicklungsabteilung des Beschaffungsamtes der U.S. Army.[338] Auch hier diente die Gebrauchswertforschung der Einführung erster Kunststoffe in das Produkt Schuh. Bevor hier auf die Anlage und den Betrieb der amerikanischen Schuhprüfstrecke näher eingegangen werden kann, muss kurz der Forschungskontext rekonstruiert werden, in dem die kontrollierten Trageversuche als Methode entstanden.

Bei Eintritt der USA in den Zweiten Weltkrieg im Dezember 1941 erhielten die amerikanischen Soldaten den regulären, knöchelhohen Militärschnürstiefel (*Service Shoe*) der U.S. Army, der ganz aus Leder hergestellt war und zusammen

336 Zur Bedeutung des 1941 gegründeten *Office of Scientific Development and Research* als zentrale Koordinationsinstanz für wissenschaftliche Forschung in der Kriegswirtschaft unter Vannevar Bush vgl. Stewart (1948).

337 Zur Geschichte der 1924 gegründeten Forschungsinstitution, die als Gemeinschaftsforschungsinstitut der Lederindustrie der University of Cincinnati in Ohio angegliedert war: Tanners' Research Laboratory, Cincinnati, in: SLR v. 19.8.1933, S. 23f.; Fred O'Flaherty, Research Laboratory Anniversary, in: SLR v. 6.1.1934, S. 10f.

338 1934 gegründet, wurde das Quartermaster Board 1942 im Camp Lee in Virginia untergebracht, dem Trainingszentrum des Quartermaster Corps. Neben den Feldversuchen (field testing) von Ausrüstungsgegenständen, Bekleidungsstücken und Schuhen der amerikanischen Soldaten war das Quartermaster Board für die Analyse und Informationsbeschaffung über die Ausrüstung der feindlichen Streitkräfte zuständig. Zur Tätigkeit und Organisation der Schuh- und Bekleidungsforschung des Quartermaster Board im Zweiten Weltkrieg vgl. Risch (1953), S. 75-111.

mit Gamaschen getragen wurde (Abb. 83).[339] In den ersten Kriegsmonaten erwies sich das Anlegen der Gamaschen als sehr zeitaufwendig und wurde von den Soldaten an der Front möglichst vermieden. Dies hatte zur Folge, dass die Truppen die Schuhe oft tage- und wochenlang nicht auszogen und sich dadurch in erheblichem Maße Fußkrankheiten zuzogen. Daher begann das Beschaffungsamt Anfang 1943 mit der Entwicklung eines praktischeren, neuen »Kampfstiefels« (*Combat Boot*), der statt vorher 6 Zoll eine Schafthöhe von 11 Zoll hatte und im oberen Teil mit zwei Riemen um die Wade geschnallt wurde, die die Gamasche ersetzten (Abb. 84).[340] Der neue Kampfstiefel wurde ab Januar 1944 produziert.[341]

Wegen des großen Verschleißes der Ledersohlen, die im Feld zum Teil schon nach drei Wochen durchgelaufen waren, suchten die Leder- und Schuhforscher nach einem haltbareren Sohlenmaterial und entschieden sich dabei für Gummisohlen. Doch gerade als es gelungen war, einen geeigneten Sohlen- und Absatzwerkstoff aus Naturkautschuk herzustellen, trat auch in den USA die durch die japanische Besetzung des pazifischen Raums verursachte Kautschukknappheit ein, und der Naturkautschuk-Anteil musste drastisch reduziert werden. Bei den ersten Armeestiefeln mit Gummisohle wurden daher die Sohlen aus Kautschukregenerat hergestellt. Ab Anfang 1944 wurde ausschließlich Synthesekautschuk verwendet, wodurch sich die Qualität der Sohlen und Absätze erheblich verbesserte.[342] Die Konstruktion der Stiefel war rahmengenäht.

Bei den Entwicklungsarbeiten zu dem neuen Stiefeltyp mit Synthesekautschuksohle griffen die Schuhforscher im Auftrag der U.S. Army auch zum Mittel der Trageversuche.[343] Mit der militärischen Forschung beauftragte das *Quar-*

339 Alle Angaben dieses und der folgenden Abschnitte zur Entwicklung des US-amerikanischen Militärschuhwerks, wenn nicht anders angegeben, bei Risch (1953), S. 102ff.

340 Statt vorher mit der Narbenseite nach außen wurde das kombiniert vegetabil-chromgegerbte Leder, wie im deutschen Wehrmachtschnürstiefel, mit der Fleischseite nach außen hergestellt. Dies machte das Leder haltbarer, nahm die Pflegemittel besser auf, verlieh dem Schaft dadurch größere Flexibilität und vor allem eine höhere Wasserundurchlässigkeit. Außerdem war die Einlaufphase der neuen Stiefel weniger schmerzhaft.

341 Director of War Mobilization Uniform Contract Termination Order, in: SLR v. 15.1.1944, S. 7f.

342 Im Dezember 1943 wurde der zulässige Anteil von Naturkautschuk in Gummisohlen und -absätzen auf 10 Prozent des Gewichts beschränkt. Synthesekautschuk und Regeneratgummi durften hingegen in beliebiger Höhe verarbeitet werden. Vgl. Rubber Order R-1, Amendment 1: Regulations for the Manufacture of Rubber Footwear, in: SLR v. 18.12.1943, S. 6ff.

343 Trageversuche hatten für die Einführung neuer Bekleidungs- und Ausrüstungsgegenstände beim Militär auch in den USA bereits eine Tradition, die bis in die frühen 20er Jahre zurückreichte. Diese Tests waren allerdings nicht an Laborversuche mit denselben Materialien gekoppelt. Sie verliefen ebenso unsystematisch und ergaben nur ungefähre Erfahrungswerte wie zu dieser Zeit auch im Deutschen Reich. Solche Trageversuche begannen bereits unmittelbar nach dem Ersten Weltkrieg. Dabei wurden

Abb. 84: Allgemeiner Marschstiefel neuen Musters (»Combat Boot«) der U.S. Army, mit Gummisohle aus Synthesekautschuk (1944)

termaster Board sowohl die Lederforscher des *Leather Research Laboratory* des *Tanners' Council* an der University of Cincinnati unter Fred O'Flaherty als auch Fachleute für Materialforschung vom *National Bureau of Standards* im nahe gelegenen Washington D. C. Im April 1943 begannen bei der Truppe Trageversuche mit Militärstiefeln mit der ersten Synthesekautschuksohle. Armee-Rekruten in den Ausbildungsbataillonen in Camp Lee, Virginia, und Camp Young, Kalifornien, dienten als Versuchspersonen (Abb. 185).[344]

verschiedenartig gegerbte Sohllederarten auf ihre Abriebfestigkeit in Armeestiefeln verglichen. Die Organisation und Auswertung der Versuche übernahm das *Bureau of Chemistry* des *US Dept. of Agriculture* in Washington D. C. Die Trageversuche fanden mit Soldaten in Army Camps in Ohio und Texas statt, die verschiedenen Klimazonen angehörten. Vgl. dazu die Pionier-Studien des *Bureau of Chemistry and Soils* des *US Dept of Agriculture*: Fletcher Veitch/R. Frey/I. Clarke, Wearing Qualities of Shoe Leathers, Washington 1923; R. Frey/I. Clarke, The Wearing Quality and Other Properties of Vegetable-Tanned and of Chrome-Retanned Sole Leather, in: Journal of the American Leather Chemists Association 25 (1930), Nr. 4, S. 133-151; Vgl. L. Whitmore/G. Downing, Practical Wearing Tests on Sole Leather, in: Journal of the American Leather Chemists Association 37 (1942), Nr. 3, S. 150-153.

344 Vgl. Schriftwechsel und Testberichte der Trageversuche zum neuen Kampfstiefel, Subject: Test of Field Boot, M1943, März-Juni 1943; und Final Report, Field Boot M-1943, 30.6.1943, NA Washington, RG 337, Army Ground Forces, Headquarter,

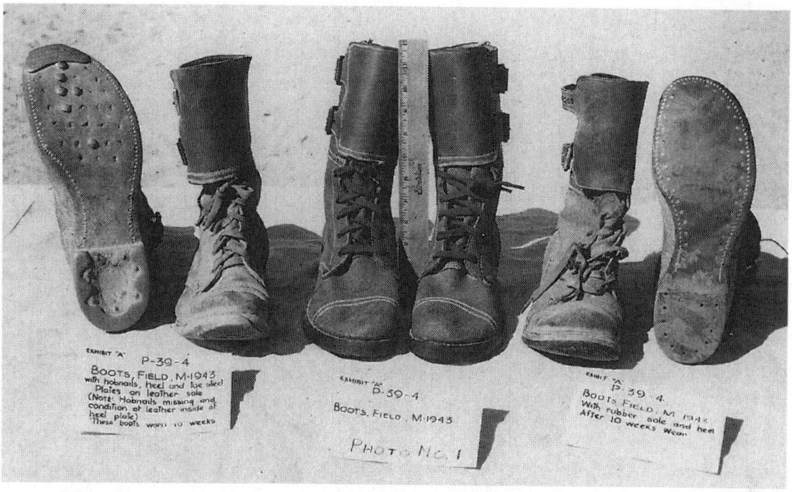

Abb. 85: Der neue »Combat Boot« mit zwei verschiedenen Sohlenarten nach zehnwöchigen Trageversuchen unter »Wüstenbedingungen« mit Rekruten der »Desert Warfare« in Camp Young, Kalifornien: (Links) Paar mit Ledersohle und eisernen Sohlennägeln sowie metallener Schuhspitze und Absatzeisen (alte Konstruktion); der Lederabsatz ist vom Sand ganz ausgehöhlt und die Sohlennägel größtenteils ausgefallen. (Rechts) Paar mit angenähter und zusätzlich genagelter Gummisohle und Gummiabsatz (neue Konstruktion), in wesentlich besserem und noch weiter tragbarem Zustand. In der Mitte ein ungetragenes Paar. (1943)

Ein weiteres Forschungsgebiet für Trageversuche war die Entwicklung von neuen Stiefeltypen für unterschiedliche Klimazonen.[345] Im Zweiten Weltkrieg wurde erstmals zum Problem, dass das in den USA entwickelte Standardschuhwerk für Soldaten unter anderen klimatischen Bedingungen, wie etwa in den Wüsten Nordafrikas, in den Dschungelgebieten Südostasiens oder in arktischen Kältegraden keinen ausreichenden Schutz für die Füße bot. Auch griffen die Umweltbedingungen das Material und die Konstruktion des Schuhwerks an.[346] So wurden ab März 1943 vom *Quartermaster Board* jeweils eigene Schuhmodelle

Box 7, General Staff. Requirements Section, Decimal Files. 421 B, Boot, Field, M-1943.

345 Vgl. dazu Thomas Pitkin, Quartermaster Equipment for Special Forces, Washington 1944.

346 In den schwül-heißen Dschungelgebieten war das Leder schnell von Schimmel befallen und verrottete. In der Wüste verschliss der Sand das Leder schnell und schnitt in die Sohlennaht. Im europäischen Winter nach der Landung in der Normandie litten 20 Prozent aller vorkommenden Krankheitsfälle in der U.S. Army an Naßerfrierungen der Füße (*trench foot*).

und Überschuhe für die verschiedenen Klimazonen entwickelt.[347] Für den neuen Dschungel-Stiefel (*jungle boot*) wurde im April 1945 erstmals statt Baumwolle die vollsynthetische Faser *Nylon*, ein Polykondensat des Chemieunternehmens DuPont, im Schaft verarbeitet, die nicht so anfällig für Schimmel war.[348]

1944 hielten auch amerikanische Materialforscher Trageversuche für »die einzige verlässliche Methode«, Sohlenmaterialien zu beurteilen.[349] In diesem Jahr änderte sich die amerikanische Forschungspraxis im Zusammenhang mit der Einführung einer neuen Generation von Ersatzstoffen, den ersten synthetischen Kunststoffen, noch einmal signifikant. Mit Mitteln des *Office of Scientific Research and Development* wurde im Sommer 1944 auch in den USA eine Schuhprüfstrecke (*shoe track and combat course*) angefertigt. Dies geschah explizit nach deutschem Vorbild.[350]

Von der Strecke in Deutschland erfuhren die amerikanischen Forscher vielleicht einerseits – ebenso wie ihre britischen Kollegen – durch die Veröffentlichung der deutschen Gebrauchswertforscher in der Fachzeitschrift *Industria* im Dezember 1942, vor allem aber über direkte Berichte des eigenen, technischen Geheimdienstes aus Deutschland.[351] Ein militärischer Geheimdienst-Bericht vom 4. Dezember 1942 aus Deutschland schilderte, dass die deutschen Unternehmen Ersatzstoffe auf einer eigens dafür eingerichteten »Schuhprüfstrecke« testen ließen und dass diese Strecke in einem Konzentrationslager betrieben wurde. Auch auf die mörderische Versuchspraxis und die Folgen für die unfreiwilligen Versuchspersonen wurde in diesem ersten Bericht eingegangen. Unter dem Titel *Testing of Ersatz Soles* wurde ein anonymer Augenzeugenbericht über die »Schuhprüfstrecke« und die Zustände im Konzentrationslager Sachsenhausen wiedergegeben:[352]

347 Vgl. Herstellungsvorschriften (*specifications*) des Quartermaster General für die versch. Militärstiefelmodelle (1940-1946) in: NA Washington, RG 92, Quartermaster Office, Boxes 322, 323, 424.

348 Newly Designed Army Jungle Boot Combines Leather and Nylon Upper, in: SLR v. 21.4.1945, S. 4b; zur Entwicklung des Nylons im Zweiten Weltkrieg vgl. Hounshell/Smith (1988), S. 249-274.

349 William T. Roddy, Some Notes on an Experimental Track for Wear Evaluation of Leather, in: Journal of the American Leather Chemists Association 40 (1945), Nr. 8, S. 300-303.

350 Zum deutschen Vorbild vgl. den Bericht über die Entstehung des »Experimental Track« eines Mitarbeiters des Department of Applied Science in Tanning Research der University of Cincinnati, in: Ebd., S. 300.

351 Testing of Ersatz Soles, Intelligence Summary, 4.-12.12.1942, NA Washington, RG 165, Military Intelligence Division Regional Files, Box 1149, Nr. 4350, Manufactured Leather Products; ausführliche Version in: Box 1316, Nr. 6950 Germany, Vol. II.

352 Testing of Ersatz Soles, Intelligence Summary, 4.-11.12.1942, NA Washington, RG 165, Military Intelligence Division Regional Files, Germany, 1922-1944, Box 1149, Nr. 4350, Manufactured Leather Products; ausführliche Version in: Box 1316, Nr. 6950 Germany, Vol. II.

»100 men daily from punishment squads are employed on the shoe testing track on which soles made of Ersatz material are tested. 50 kms a day has to be covered on this track by the completely exhausted men, irrespective of the weather. Prisoners are often flogged to death because they can no longer march on on account of pain, or collapse through hunger or thirst. The shoes only fit such men as can afford to bribe the foremen with money, or with food by giving up a portion of his meagre rations, or by cigarettes a prisoner is able to scrounge or get from an SS man.«

Der Bericht gab ein ebenso realitätsnahes wie genaues Bild der Praxis der Schuhprüfungen in Sachsenhausen und über die Heranziehung von Häftlings-Strafkommandos für das Testen der Schuhe, über die physische Gewalt und die Morde an den Häftlingen. Auch die Tode aus Erschöpfung und Unterernährung wurden erwähnt. Über den wirtschaftlichen Zweck der Versuche ist weniger zu erfahren. Diese Informationen wurden allerdings zusammen mit anderen Erkenntnissen über die Ledersituation in Deutschland gesammelt, archiviert und an die amerikanischen Materialforscher im Lederbereich weitergereicht.[353] Informationen über die militärische Ausrüstung der Feindarmeen wurden auch vom Beschaffungsamt der U.S. Army (*Quartermaster Board*) in einer eigenen Abteilung (*Enemy Reports/Enemy Equipment*) ausgewertet.[354]

Die Forschungen an geeigneten Kunststoffen als Sohlleder-Ersatz, zu deren Zweck das *Quartermaster Board* im Frühjahr 1944 eine eigene Schuhprüfstrecke errichtete, gehörten zum militärischen Programm der Grundlagenforschung auf dem Schuh- und Ledergebiet der U.S. Army.[355] Den eben errichteten *Shoe Test Track*, die neue Methode der standardisierten und kontrollierten Trageversuche und ihre wissenschaftlichen Möglichkeiten und Probleme, beschrieb ein amerikanischer Materialforscher, William Roddy, vom Lederforschungsinstitut in Cincinnati, für die Fachöffentlichkeit in einem ausführlichen Bericht von Anfang November 1944 im *Journal of the American Leather Chemists Association*.[356] Eine weitere Informationsquelle über die Schuhprüfstrecke in den USA sind zwei zusammenfassende Berichte über die Forschungsaktivitäten zur Soldatenbekleidung der U.S. Army im Zweiten Weltkrieg der beiden Militärhistorikerin-

353 Die oben zitierte Akte trug den Titel »Manufactured Leather Products« und enthielt entsprechende Berichte. Kopien und Zusammenfassungen des Berichts über die »Schuhprüfstrecke« finden sich in mehreren anderen Akten, die sich mit der deutschen Lederforschung beschäftigten, s. o. Der Gesamtverteiler der Nachricht war nicht zu ermitteln.

354 Vgl. dazu O'Flaherty (1946); Risch (1953), S. 78.

355 Für eine Zusammenfassung der Forschungsprojekte dieses Programms vgl. O'Flaherty (1946).

356 William T. Roddy, Some Notes on an Experimental Track for Wear Evaluation of Leather, in: Journal of the American Leather Chemists Association 40 (1945), Nr. 8, S. 300-303. Alle Angaben des folgenden Abschnitts, falls nicht anders angegeben, hieraus.

nen Helen Brooks von 1945 und Erna Risch von 1953.[357] Letzterer enthält eine Abbildung des Aufbaus der amerikanischen Schuhprüfstrecke bei Kriegsende (Abb. 86).

Dem Bericht William Roddys von 1944 und Erna Rischs von 1953 ist zu entnehmen, dass die amerikanische Schuhprüfstrecke im Hauptquartier des *Quartermaster Board* in Camp Lee, Virginia, errichtet wurde und aus verschiedenen Bodenbelägen wie Sand, Asphalt, Geröll, Kies, Schlacke, verkleinertem Felsgestein, Holzbohlen, Lehm und Wasser bestand.[358] Zudem waren, im Unterschied zur deutschen Schuhprüfstrecke, diverse Hindernisse aufgestellt, die die Läufer bei jeder Runde überwinden mussten. Die Versuchspersonen, die auf der Schuhprüfstrecke liefen, waren Soldaten. Zu ihnen gehörten anfangs auch die Wissenschaftler selbst, die die Versuche organisierten. Ihrer Ansicht nach waren sie als Wissenschaftler besser in der Lage, die Bedingungen, mit denen man als Testläufer auf der Strecke konfrontiert war, zu beurteilen und die wissenschaftlich relavanten Informationen weiterzugeben. Auch waren sie nach eigenen Angaben höher motiviert, die Strapazen der Schuhprüfungen auf sich zu nehmen, als »weniger geschulte Individuen«. Die Testpersonen liefen mit einer Geschwindigkeit von 4 Meilen pro Stunde. Für die Materialversuche wurden reguläre Armeestiefel getragen, auf denen nach einer Einlaufphase der Schuhe von mehreren Tagen die zu testenden Materialien befestigt wurden.

1946, als die während der Kriegsjahre noch geheimen Forschungen des *Quartermaster Board* erstmals einem kleineren Fachpublikum vorgestellt wurden, ging der Koordinator des Programms, Dr. Fred O'Flaherty, auf die Gründe für die Errichtung der Schuhprüfstrecke ein. Er führte aus, obwohl während des Krieges viele Prüfmethoden entwickelt worden seien, um die physischen und chemischen Eigenschaften von Leder und Leder-Ersatzstoffen zu bestimmen, habe es bis zur Einrichtung der Schuhprüfstrecke in Camp Lee bzw. in Cincinnati an Methoden gefehlt, die »Labortests mit dem eigentlichen Wert [der Schuhe] im Gebrauch zu korrelieren«. Die bis dahin in den USA entwickelten Materialprüfmethoden im Labor waren kein »Mittel, die Eigenschaften, die direkt den Gebrauch beeinflussen, zu messen«. 1942 im zivilen Bereich entwickelte Trageversuche und auch die militärischen Großversuche bei der Truppe waren zu unsystematisch und zu wenig standardisiert, um quantifizierbare Werte zu erhalten, die mit den einzelnen, im Labor ermittelten Werkstoffparametern rückgekoppelt werden konnten.

357 Helen R. Brooks, Modern Service Shoes. The Development of Army Shoes at the Boston Quartermaster Depot During World War II, Boston 1945 (unveröffentlichtes Manuskript); Risch (1953), S. 75-122, bes. S. 102-110; Abbildung der Schuhprüfstrecke S. 82.

358 Tatsächlich gab es nach Angaben Roddys zwei solcher Anlagen. Eine kleinere Experimentalversion hatte 1944 auch das *Leather Research Laboratory* in Cincinnati errichtet. Die Aussagen zu beiden Strecken überschneiden sich bei ihm. Zur genauen Anlage in Camp Lee vgl. Risch (1953), S. 82.

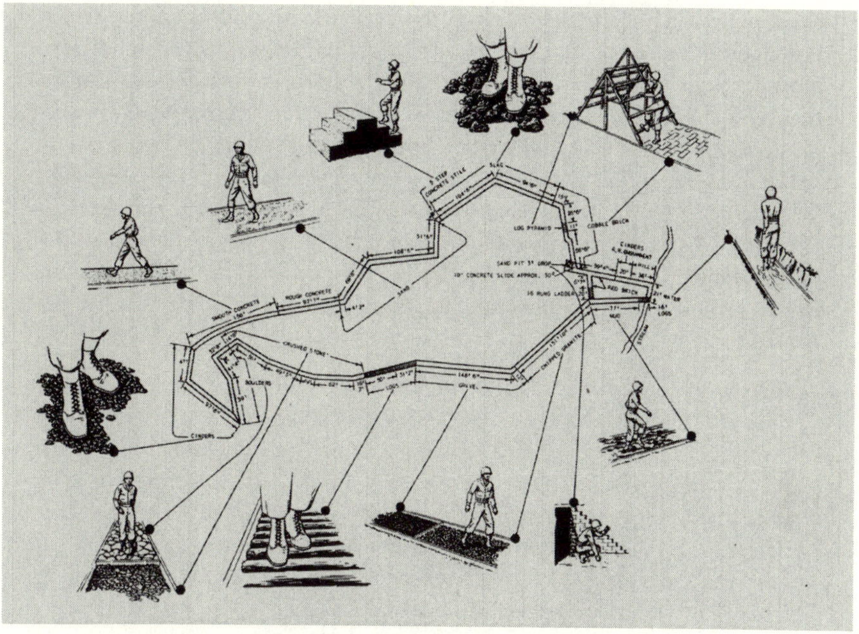

Abb. 86: Plan der Schuhprüfstrecke des US-amerikanischen Quartermaster General in Camp Lee, Virginia (1944) (nach Erna Risch)

Die neue Schuhprüfstrecke dagegen ermögliche erstmals solche Korrelationen von Einzeldaten und diene außerdem dem »Zweck der beschleunigten Durchführung von Trageversuchen, die der Leistung [der Schuhe] im Gebrauch sehr nahekommen« (*for the purpose of obtaining expedited wear tests to closely approximate service wear*). Sie ergänzten die Trageversuche bei der Truppe um einen wesentlichen Erkenntnisfaktor und machten zudem Ergebnisse rascher verfügbar. 1944 wurden auf der Schuhprüfstrecke in Camp Lee Schuhsohlen und Absatzflecken aus Polyvinylchlorid und dem Synthesekautschuk *Buna S* im Vergleich mit Naturkautschuk, mit dem Synthesekautschuk *Neopren* und mit Regeneratgummi getestet. Das *Buna S* erwies sich in diesem Vergleich als das überlegene Material. Es war in großer Menge verfügbar und war außerdem leichter in Mischungen zu verarbeiten als der originär amerikanische Synthesekautschuk *Neopren*.[359] Im Dezember 1946 mit Blick auf und nach Auswertung der deutschen Entwicklungen auf der »Schuhprüfstrecke« im KZ Sachsenhausen, hielt O'Flaherty es erst recht für notwendig, dieses Problem auf breiter Grundlage weiterzuverfolgen, da kein koordiniertes Forschungsprogramm in den USA

359 Shoes – Today and Tomorrow, in: Modern Plastics, 22 (1945), Nr. 11 (Juli 1945), S. 93-99, 192, hier S. 192.

es bislang versucht habe, alle Werkstoffeigenschaften zu finden, die für die Fähigkeit der Schuhe wesentlich waren, den extremen Anforderungen im militärischen Gebrauch zu widerstehen.[360] Der Bericht des Lederforschers aus Cincinnati, William Roddy, über die amerikanische Schuhprüfstrecke von November 1944 – also zu einem Zeitpunkt, als die Strecke etwa 6 Monate in Betrieb war – ist auch als Rezeption der deutschen Gebrauchswertforschungen interessant. Wie aus dem Artikel hervorgeht, versuchten die amerikanischen Forscher den Umstand wissenschaftlich einzuordnen, dass bei den Tests Verletzungen der Füße auftraten. Der Autor, der selbst zu der Gruppe Wissenschaftler aus Cinicinnati gehörte, die im Selbstversuch zu freiwilligen Schuhläufern wurden, berichtete:

> »The appearance of blisters and callous areas on the feet of the wearers occurred the first day the army shoes were worn, and continued to occur while the track tests were conducted. When one area of the foot would heal a new blister would make its appearance, either in the same general area or in some cases in an entirely different location. These conditions cut down the efficiency of the walkers considerably, but in general did not cause any unusual wear conditions on the soles, because the rigid construction of the shoes places most of the wear direcly below the ball of the foot.«[361]

Der Abrieb der Sohlen, auf den es bei der Materialprüfung ankam und der vor allem unter dem Ballen des Fußes auftrat, war nach Ansicht des Wissenschaftlers somit durch die ständig auftretenden, neuen Verletzungen und Blasen an den Füßen der Versuchspersonen nicht beeinträchtigt und stellte damit auch die Aussagekraft der Versuche nicht in Frage. Das individuelle Gewicht der Schuhläufer habe allerdings einen Einfluss auf das Trageverhalten und die Dauerhaftigkeit der Sohle, da der Abrieb bei dem energischen, »federnden« Gang leichterer Personen geringer sei als beim schleppenderen Gang der schweren. Daher wurden in Camp Lee – wie auf der deutschen »Schuhprüfstrecke« – in Intervallen die Schuhe zwischen den Läufern ausgetauscht. Auf der Strecke sei zu beobachten, so Roddy, dass die Schuhläufer beim Laufen instinktiv versuchten, Hindernisse zu vermeiden, und es war eine bewusste Willensanstrengung für die Teilnehmer, die Strecke in all ihren Einzelheiten tatsächlich auszulaufen.

Doch all diese Faktoren beeinträchtigten die Forschungsergebnisse zu den Sohlenmaterialien nach Ansicht der amerikanischen Forscher nicht signifikant. Für die Materialforscher reichte es aus, den Abrieb der Sohlen unter dem Ballen zu messen. Dies war unabhängig von den Fußproblemen der Versuchsträger,

360 Wear Resistance of Leather, in: Fred O'Flaherty, Military Leather Objectives Outlined in Government Report, in: SLR v. 28.12.1946, S. 71-110, hier S. 83f.

361 William T. Roddy, Some Notes on an Experimental Track for Wear Evaluation of Leather, in: Journal of the American Leather Chemists Association 40 (1945), Nr. 8, S. 300-303, hier S. 301.

ihren Verletzungen und trotz schlechter Passform der Schuhe möglich. Die amerikanischen Materialforscher stellten damit eigene Überlegungen zur Validität der Ergebnisse der Forschung auf der Schuhprüfstrecke an. Sie liefern eine mögliche Erklärung dafür, warum die deutschen Tests in Sachsenhausen trotz der Experimentalbedingungen im Konzentrationslager auch nach Meinung der amerikanischen Forscher aussagekräftig und ihre Ergebnisse weiterverwendbar waren. Ob in den Aufsatz, der im November 1944 bei der Fachzeitschrift eingereicht, aber erst im Juli 1945 gedruckt wurde, noch nähere Nachkriegserkenntnisse der verschiedenen *Missions* in Deutschland über die »Schuhprüfstrecke« in Sachsenhausen eingingen, ist nicht bekannt.

Nach Ansicht der Materialforscher in Cincinnati hatte sich die Anlage der Schuhprüfstrecke bei der Materialentwicklung im militärischen Bereich gut bewährt. Sie empfahlen den amerikanischen Leder- und Schuhunternehmern nachdrücklich, diese Experimentalanlage künftig auch für die Entwicklung von Zivilschuhen zu verwenden. Eine ausreichende Zahl von Testpersonen und eine straffe Überwachung der Experimente (*sufficient personnel and proper supervision*) seien allerdings nötig für ihren wissenschaftlichen Erfolg. Da es – auch wegen der schmerzhaften Verletzungen an den Füßen – schwierig war, Personal für solche Schuhprüfungen aufzutreiben, hatten die Lederforscher aus Cincinnati die Erfahrung gemacht, dass es »zweckdienlich« war, hierfür »Häftlinge oder Insassen von geschlossenen Anstalten zu benutzen« (*due to the difficulty of obtaining personnel for track tests we have found it more expedient to use inmates of institutions for wear tests*).[362]

Auch die amerikanischen Gebrauchswertforscher hatten offenbar 1944/45 bereits Strafgefangene oder Anstaltsinsassen auf ihrer Schuhprüfstrecke testlaufen lassen oder dies ernsthaft in Erwägung gezogen. Allein diese Überlegung stellt nicht nur eine weitere Verbindung zu dem deutschen Vorbild im KZ Sachsenhausen her. Sie liefert auch eine neue Erklärung dafür, warum die KZ-Versuche in Deutschland von den Alliierten nicht weiter strafrechtlich verfolgt wurden. Die Amerikaner hielten das Probelaufen von Schuhen anscheinend für eine durchaus zumutbare Art der Arbeit oder Zwangsarbeit von Strafgefangenen. Diese fanden in den USA unter ganz anderen Bedingungen als im nationalsozialistischen Deutschland statt. Eine gewaltförmige Vernutzung von Menschen, wie sie die SS in den deutschen KZs praktizierte, war in den USA undenkbar. Selbst medizinische Menschenversuche wurden in den USA ab 1943 an Häftlingen vorgenommen, die mitunter tödlich endeten. Doch wie die amerikanische Wissenschaftshistorikerin Susan Lederer angibt, erfolgte die Teilnahme an medizinischen Humanversuchen im US-Strafvollzug ab 1943 normalerweise freiwil-

362 »Inmate« kann im Deutschen *sowohl* »Häftling« als auch »Insasse« bedeuten. William T. Roddy, Some Notes on an Experimental Track for Wear Evaluation of Leather, in: Journal of the American Leather Chemists Association 40 (1945), Nr. 8, S. 300-303, hier S. 303.

lig und gegen Bezahlung.[363] Ob und in welchem Ausmaß und unter welchen Bedingungen auch die Tätigkeit des Schuhetestens ab 1944 in den USA tatsächlich von Häftlingen ausgeübt wurde und bis zu welchem Grad dies mit Einwilligung der Versuchspersonen geschah, bedarf weiterer Untersuchungen.

Nach sechs Monaten des Betriebs der Schuhprüfstrecke in Virginia resümierten die amerikanischen Materialforscher im November 1944, dass sich Tests auf der bestehenden Strecke besser für Kunststoffe als für Leder selbst und besser für militärisches als für ziviles Schuhwerk eigneten. Für das Testen von Zivilschuhen musste ihrer Ansicht nach die Oberflächenbeschaffenheit der Strecke beträchtlich modifiziert und der durchschnittlichen Beanspruchung von Schuhwerk im zivilen Leben angepasst werden, die weit unter der des soldatischen Kampfstiefels lag. Für die weitere Entwicklung von Armeeschuhen und von Kunststoffsohlen anstatt Leder hielten die Forscher solche Versuche allerdings für geradezu unabdingbar. 1944/45 wurden Trageversuche auf der Schuhprüfstrecke als neue Methode in das Programm der Standard-Prüfmethoden für Armeeschuhe aufgenommen und bis mindestens Anfang der 60er Jahre beibehalten. Die Prüfung von Soldatenstiefeln beinhaltete künftig (1.) die Laborprüfung der Materialien, (2.) Trageversuche bei der Truppe (*field tests*) und (3.) Trageversuche auf der Schuhprüfstrecke (*accelarated track tests*).[364]

Zivile Trageversuche und erste Kunststoffe in amerikanischen Schuhen

Wie in Deutschland waren auch in den USA die Trageversuche als Mittel der Forschung unmittelbar mit dem Einsatz von Kunststoffen verbunden. Dieser Zusammenhang wird im zivilen Bereich bestätigt. Auch hier entstand ihr Einsatz mit zunehmender Rohstoffknappheit, und auch hier war die Evaluation der Qualität einzelner Materialien und der Endprodukte an Trageversuche geknüpft. Die Trageversuche, die im zivilen Bereich entstanden, begannen zeitlich zwei Jahre vor der Einrichtung der Schuhprüfstrecke in Camp Lee. Sie unterschieden

363 Medizinische Menschenversuche mit Strafgefangenen begannen in den USA 1943 mit einer Versuchsreihe zu Gonorrhöe und wurden in den kommenden Jahren auf mehrere Tausend Versuchspersonen in Gefängnissen und auf Experimente zu Enzephalitis, Blutgruppen und Malaria ausgeweitet. Daneben wurden zwischen 1944 und 1974 auch in den USA geistig und körperlich Behinderte und auch andere sozial marginalisierte Bevölkerungsgruppen ohne deren Wissen und Einverständnis zu medizinischen Humanversuchen benutzt. Soldaten der U.S. Army wurden ab 1944 zu Tausenden ohne ihr Einverständnis Experimenten über die Wirkung radioaktiver Strahlung ausgesetzt. Vgl. Baader/Lederer/Low/Schmaltz/von Schwerin (2005), S. 224ff.; Lederer (1995).

364 Fred O'Flaherty, Military Leather Objectives Outlined in Government Report, in: SLR v. 28.12 1946, S. 71-110, hier S. 87; Fred (1946); Ludwig Seligsberger, Rapid Sole Leather Tannage Using Domestic Materials, Quartermaster Research and Engineering Center, Footwear and Leather Series, Report Nr. 16, Washington 1962.

sich von den späteren militärischen Trageversuchen durch ihr geringeres Maß an Systematik, da sie nicht auf einer Standardstrecke stattfanden. Außerdem fungierten hier, wie ab April 1944 in Großbritannien, zivile Angehörige bestimmter Berufsgruppen als freiwillige Versuchspersonen, deren Trageroutinen nicht kontrolliert wurden und individuell große Unterschiede aufwiesen. Die zivilen Trageversuche entwickelten sich in den USA aus der starken Verbraucherbewegung der *Consumers' Unions* und der *New Deal*-Politik des Verbraucherschutzes heraus.[365]

Wie in Großbritannien wurden in den USA in der Kriegswirtschaft im Mai 1942 als eine der ersten konsumpolitischen Maßnahmen Höchstpreise für zivile Schuhe festgesetzt.[366] Gleichzeitig leitete des *War Production Board* ein Programm der Vereinfachung von zivilem Lederschuhwerk in die Wege, um den knappen Rohstoff Leder zu sparen.[367] Wie in Großbritannien mit dem *Utility*-Programm wurde in den USA mit den sogenannten *War Models* die höchstmögliche Qualität der Produkte bei einem Mindesteinsatz von Material und Arbeitskraft angestrebt.[368] Die vereinfachten Schuhe kamen im Sommer 1943 auf den Markt. Gleichzeitig entstand neben den rationierten *War Models* von Lederschuhen eine neue Klasse von unrationierten Schuhmodellen, in denen die Hersteller Leder-Ersatzstoffe aller Art eingesetzen durften.[369] Um hier trotzdem die Verbraucher vor minderwertigen Produkten zu schützen, gingen staatliche Stellen

365 Vgl. Kap. 7.5.

366 OPA Places Ceilings on Shoe Prices, in: SLR v. 2.5.1942, S. 5; Momentus Day for Industry, in: SLR v. 2.5.1942.

367 Gesetzliche Vorschriften des War Production Board (WPB) zur Vereinfachung von Schuhmodellen wurden im Sept. 1942 erlassen: Order M-217 des WPB. Dabei wurden die Farben aller Schuhe auf Braun, Blau und Weiß beschränkt. Zweifarbige Schuhe wie die beliebten *Spectators* durften nicht mehr hergestellt werden. Der Modellwechsel musste eingestellt werden. Vgl. Revolutionary Styling Changes in the Making, in: SLR v. 2.5.1942, S. 43ff.; Manufacturers Gather to Formulate Conservation and Style Program, in: SLR v. 9.5.1942, S. 7-11; Orders Restricting Colors and Styles of Shoes and Leather Issued by WPB, in: SLR v. 12.9.1942, S. 8ff.; Address of A. J. Spring, Chief of WPB [at Style Conference], in: SLR v. 19.9.1942, S. 5-7, 41; Styling Under Government Control, in: SLR v. 3.10.1942, S. 11ff.

368 Wie in Großbritannien wurde in den USA nach einigem Ringen mit der Schuhindustrie um die freiwillige Vereinfachung von Modellen 1943 eine Reihe von staatlichen Standardisierungsmaßnahmen vorgeschrieben, die War Models. Zum Vorbildcharakter des britischen Utility-Programms für die amerikanische Standardisierung vgl. WPB Confers With Industry Committees on War Models, in: SLR v. 24.4.1943, S. 6; Report of Industry Task Committee on War Shoe Model Feasibility, in: SLR v. 26.6.1943, S. 32ff.; Shoe Program, submitted by Harold Connett, Chief of Leather and Shoe Branch of the Textile, Clothing and Leather Division, WPB, o.D. [Ende 1942], NA Washington, RG 179, WPB, Box 383, File: Shoes: Undated & 1941.

369 Government Restricts Shoe Production. Puts Play Shoes on Non-Ration Basis, in: SLR v. 27.2.1943, S. 6f.; Explains Savings Effected in Materials by War Time Footwear, in: SLR v. 27.2.1943, S. 8; Instituting Rationing Program for Shoes Formerly not on Rationed List, in: SLR v. 3.7.1943, S. 7.

dazu über, Trageversuche mit den Modellen aus neuen Materialien in Auftrag zu geben. Zuständige Behörde war das *Office of Price Administration* (OPA), eine Regierungskörperschaft, die sich seit dem *New Deal* dem Verbraucherschutz verschrieben hatte und deren *Consumer Division* eine der wichtigsten Akteure der Interessenvertretung der Konsumenten in der Vorkriegs- und Kriegswirtschaft war.[370]

Die ersten Trageversuche solcher Art fanden ab April 1942 in Washington D. C. statt. Hier hatten sich Briefträger und Polizisten bereiterklärt, für die *Consumer Division* Lederschuhe mit Absätzen aus Regeneratgummi bei ihren täglichen Arbeitsroutinen probezulaufen. Dafür ließen sie ihre eigenen Schuhe mit dem neuen Absatzmaterial besohlen. Die neue Methode erregte in der Fachöffentlichkeit großes Interesse. »Postmen and policemen in the nation's Capital are acting as walking laboratories for the Government, so that the millions of pedestrians throughout the country can obtain good rubber heels«, berichtete der *Shoe and Leather Reporter*.[371] Die Absätze verschiedener Hersteller wurden auf diese Weise vergleichend untersucht und auf Basis der Ergebnisse ihre Preise durch das OPA festgesetzt. Begleitende Laborversuche mit den Materialien führte das Materialforschungsamt *National Bureau of Standards*, ebenfalls in Washington D. C., durch. Nach Anordnung des OPA mussten in den fertigen Schuhen die Gummiabsätze nun sogar mit dem Gütegrad gekennzeichnet werden, den das OPA dem Material aufgrund der Versuche erteilt hatte.[372] Damit war ein langgehegter Wunsch der Konsumentenbewegung endlich erfüllt, der noch 1935/36 in der Auseinandersetzung um die *Pure Shoe Bill* von den Schuh- und Werkstoff-Herstellern und dem Handel vereitelt worden war.[373]

Die Regeneratgummi-Absätze waren der erste Ersatzstoff für Leder und Naturkautschuk, der in der amerikanischen Kriegswirtschaft wegen des drohenden Rohstoffmangels an Leder und Kautschuk eingesetzt wurde. Im Herbst 1942 fanden im Auftrag des OPA weitere Trageversuche mit *enlisted men in the Army and Government laborers* in Washington D. C. statt, die als »Versuchskaninchen« (*guinea pigs*) Ledersohlen mit höherem Fettgehalt auf ihre Abriebfestigkeit probetrugen.[374] Im Februar 1943 verstärkte die Einführung der Rationierung von

370 Zur Rolle von OPA, das in der Kriegswirtschaft auch für die Rationierung von Konsumgütern zuständig war, vgl. Jacobs (2005), bes. S. 179-220.

371 OPA Consumer Division Tests Reclaimed Heels, in: SLR v. 9.5.1942, S. 6.

372 Ebd.

373 Vgl. dazu Kap. 6.4.

374 Die Armeeangehörigen waren Kadetten einer Army High School in Washington D. C. Die Schuhe wurden zu »Drillperioden« an zwei Nachmittagen die Woche getragen. Je ein Schuh eines Paars wurde mit einem Standardmaterial, der andere mit dem zu untersuchenden Material versehen, um zu vergleichenden Werten zu kommen. Die rahmengenähten Probeschuhe wurden dabei den einzelnen Testpersonen individuell angepasst. Die Buchführung über die Versuche und die Entscheidung, wann die Paare in die Reparatur geschickt wurden, lag bei den Testpersonen selbst. Zur ausführlichen Darstellung der Experimentalmethodik und zur Selbstkritik der Materialforscher an

Schuhen die Aktivität der staatlichen Stellen auf dem Gebiet der Qualitätssicherung der Produkte. Gleichzeitig spitzte sich die Rohstoffsituation immer weiter zu, und die staatlichen Stellen drängten die Unternehmen zur Entwicklung von Ersatzstoffen, darunter sowohl Holzsohlen als auch Kunststoffe.[375] Diese Ersatzsohlen sollten in der nicht rationierten Klasse von Schuhen verarbeitet werden. Im April 1943 wurden neue Werkstoffe in Schuhen auch in den USA staatlich genehmigungspflichtig.[376]

Im Frühjahr 1943 stießen die Unternehmen und Forscher vor allem auf den neuen, thermoplastischen Werkstoff Polyvinylchlorid, der allerdings nur in sehr geringen Mengen verfügbar war. Er wurde prioritär für militärische Zwecke eingesetzt.[377] An der Einführung von PVC in Schuhe beteiligt waren das *Interdepartmental Committee on Leather* verschiedener Ministerien,[378] die *Standards Division* und die *Chemical Section* des *Office of Price Administration* und das *Office of Scientific Research and Development*.[379] Der Anteil von Ersatzstoffen für Leder und Kautschuk, inklusive der neuen Kunststoffe, als Sohlenmaterial in Schuhen stieg in diesem Jahr von nur 4,6 Prozent aller Schuhsohlen im ersten Quartal 1943 auf 21 Prozent im vierten Quartal, im Jahresdurchschnitt 1943 insgesamt auf 13,3 Prozent. Mit Gummisohlen, größtenteils aus Synthesekautschuk,

der nur wenig aussagekräftigen Methode vgl. Robert Hobbs/Howard Bussey, Bureau of Standards Service Tests of Some Oil Treated Leathers, in: SLR v. 8.1.1944, S. 7ff.

375 Need for Co-ordination and Practical Testing, in: SLR v. 15.8.1942, S. 4; OPA Announces Oiled Sole Provides Longer Wear, in: SLR v. 15.8.1942, S. 6; WPB Rubber Restrictions, in: SLR v. 15.8.1942, S. 6; WPB Conservation Order M-217 Part 3063, in: SLR v. 15.8.1942, S. 8; Substitutes for Shoe Leather, in: Science 96 (1942), Supplement, Nr. 2486, 21.8.1942, S. 9f.

376 Restricts Plastic Items for Shoe Trade, in: SLR v. 3.4.1943, S. 5.

377 Die Verwendung von Polymeren von Vinylchlorid und Vinylacetat war in Sohlen zunächst durch das WPB beschränkt, da das neue und noch knappe Material für militärische Zwecke reserviert war. Die Versuche fanden in der *Leather Section* des *National Bureau of Standards* in Washington D. C. und in unternehmenseigenen Entwicklungsabteilungen von Schuh- und Kunststoff-Herstellern statt. Die Kunststoffsohlen, die im Sommer 1943 erstmals verfügbar wurden, waren sehr viel teurer als Leder (35 Prozent bei Herrenschuhen) und wurden nur angesichts der großen Lederknappheit in den USA marktfähig. Als weiterer Einsatzbereich war an Kunstledern mit PVC als Deckstrich auf Textil experimentiert worden. Vgl. hierzu die Verhandlungen der amerikanischen Kunststoffunternehmen mit dem WPB von 1942 bis 1945: Society of the Plastics Industry, Board of Directors Minutes, Jan. 1941-1945, Hagley Archive Wilmington, RG 1929, Society of the Plastics Industry, Roll 2; Shoes – Today and Tomorrow, in: Modern Plastics 23 (1945), Nr. 11 (Juli 1945), S. 93-99, 192; New Era Developments in Plastics, in: SLR v. 30.12.1944, S. 57ff.; Would Restrict Vinyl Soles to Ration-Free Footwear, in: SLR v. 8.1.1944, S. 5; Standard Soles, in: Business Week v. 6.11.1943, S. 101; Plastic Soles, in: Business Week v. 21.8.1943, S. 70.

378 WPB Reports Increased Shoe Wear Possible, in: SLR v. 4.12.1943, S. 5.

379 Shoe Retailers Industry Advisory Committee, Summary, 16.4.1943, NA Washington, RG 179, WPB, Box 1809, Nr. 545.1005, Shoe and Retailers Industry Advisory Committee Meetings.

waren 1943 17,1 Prozent aller amerikanischen Schuhe besohlt. Der Anteil der lederbesohlten Schuhe sank in diesem Jahr von 81,5 Prozent im ersten Quartal auf rund 60 Prozent im vierten, d.h. im Jahresdurchschnitt 1943 auf 70 Prozent. Bis Ende 1944 waren insgesamt etwa 5 Mio Paar Schuhe mit PVC-Sohle hergestellt worden, immer noch nur ein sehr kleiner Teil der jährlichen Gesamtproduktion von 465,5 Mio (1944). Dabei wurden die neuen, thermoplastischen Kunststoffe zum ganz überwiegenden Teil in Frauenschuhen eingesetzt, die Synthesekautschuksohlen dagegen in Männerschuhen.[380] Blockabsätze aus duroplastischen Kunststoffen, die Holzabsätze mit Leder- oder Kunstlederbezug substituierten, wurden in Damenschuhen ebenfalls zunehmend verwendet.[381]

Im September 1943 begann das *National Bureau of Standards* im Auftrag des *War Production Board* und des *Office of Price Administration*, Mindestgütebestimmungen für die neuen, synthetischen Werkstoffe zu erarbeiten.[382] Schuhhändler und Verbraucher hatten sich über die schlechte Qualität der Kunststoffsohlen beschwert, die in unrationiertem Schuhwerk zugelassen worden waren.[383] Die noch sehr ungewohnten Synthesegummisohlen in Zivilschuhwerk stießen auf Ablehnung bei den Verbrauchern bzw. bei den Händlern und bei den Reparaturfachleuten. Es entwickelte sich ein »Konsumentenwiderstand« (*consumer resistance*) gegen die neuen Werkstoffe.[384] Die Verbraucherschutzvereinigung *Consumers' Research* unter Frederick Schlink beschäftigte sich im Juli 1943 ebenfalls erstmals mit den Eigenschaften verschiedener synthetischer Kunststoffe in Frauenschuhen und veröffentlichte in den folgenden Monaten diverse Tests zum Thema Material, Konstruktion und Passform von Schuhen, während Schuhe in den Jahren zuvor kaum Thema der Forschung der Organisation gewesen waren.[385] Eine vergleichende Untersuchung der anderen Verbraucher-Orga-

380 Die synthetischen Werkstoff-Sohlen sind in der Statistik mit anderen Nichtgummi-Sohlenwerkstoffen zusammengefasst, d.h. vor allem Kork- und Holzsohlen. Die Bedeutung der beiden letzteren war aber marginal. Vgl. Shoe Production by Soling Types, in: SLR v. 15.4.1944, S. 80.

381 M. Bechett Howorth, What to Look for in Buying Shoes, in: Consumers' Research Bulletin 12 (1943), Nr. 1, July 1943, S. 22-25.

382 Standard Soles, in: Business Week v. 6.11.1943, S. 101f.

383 Minimum Wear Specifications for Synthetic Soles, in: WPB, Summary of Meeting of Shoe Manufacturers Industry Advisory Committee, 13.9.1943, RG 179, Box 1809, Nr. 545.1005, Shoe Manufacturers' Industry Advisory Committee; Minimum Wear Specifications on Synthetic Soles, in: WPB, Summary of Meeting of Shoe Retailers' Industry Advisory Committee, 14.9.1943, NA Washington, RG 179, Box 1806, Nr. 5445.1005; BSRA Considers Non-Rationed Footwear of Questionable Quality Dangerous, in: SLR v. 8.5.1943, S. 7; Manufacturers Urged to Produce Better Synthetic-Soled Shoes, in: SLR v. 15.5.1943, S. 16.

384 Discusses Acceptance of Rubber Soled Footwear in Absence of Sole Leather, in: SLR v. 14.8.1943, S. 6; Allen (1946), S. 83.

385 Street of Walking Shoes for Women, in: Consumers' Research Bulletin 12 (1943), Nr. 1, July 1943, S. 5-8; M. Bechett Howorth, What to Look for in Buying Shoes, in: Consumers' Research Bulletin 12 (1943), Nr. 1, July 1943, S. 22-25; Low-Heel Walking Shoes

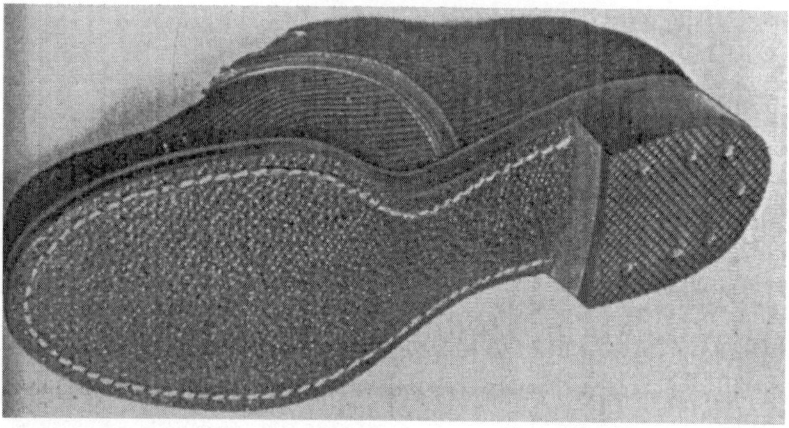

Abb. 87: Amerikanisches Herrenschuhmodell ganz aus Leder-Ersatzstoffen: Sohle und Absatz aus Polyvinylchlorid und Schaft aus Cord-Textil, durchgenähte Machart (Juni 1943)

nisation, der *Consumers' Union*, galt im Oktober 1943 den Männerschuhen.[386] Sie ging in die Geschichte der *Consumer Reports* als die größte überhaupt in ihrer bisherigen Geschichte ein und wurde wegen ihrer spektakulären Ausmaße auch in Großbritannien mit großem Interesse und mit Besorgnis seitens der Industrie wahrgenommen.[387] Die staatliche Kontrolle und Standardisierung der Sohlenqualitäten ab Herbst 1943 war ein großer Erfolg der amerikanischen Verbraucherbewegung. Erste Qualitätsstandards traten zum 1. November 1943 in Kraft.[388] Wegen der kritischen Haltung der Konsumentinnen und Konsumenten hatte die Entwicklung von Qualitätsmindeststandards auf staatlicher Seite auch weiterhin oberste Priorität. Denn das *War Production Board* war bestrebt, die Verwendung von neuen Kunststoffen, vor allem des Polyvinylchlorids, in Schuhen noch zu erhöhen.[389] Im Verlauf des Jahres 1944 erhielten Hersteller von Sohlen-

for Women, in: Consumers' Research Bulletin 12 (1943), Nr. 3, Sept. 1943, S. 18ff.; Men's Shoes, in: Consumers' Research Bulletin 14 (1944), Nr. 9, Sept. 1944, S. 5-8.

386 143 Paar Markenschuhe wurden hinsichtlich ihrer Qualität verglichen. Der Test bestand in einer »Sezierung« (*dissection*) der Schuhe in ihre Einzelteile und der Identifizierung der einzelnen Materialien der Komponenten. Komfort jedoch, so die Forscher, sei eine Eigenschaft, die nicht im Labor untersucht werden konnte (*comfort was one thing that couldn't be checked in the laboratory*). Vgl. Consumer Reports Books (1986), S. 10-19.

387 Quality and Policy, in: Monthly Bulletin of the BBSATRA 3 (1944), Nr. 4 (Januar 1944), S. 13ff.

388 Quality Sole Specifications Set By WPB in Amended M-217 Shoe Order, in: SLR v. 23.10.1943, S. 6-10.

389 Memorandum von Richard Johnson, WPB, an A. Whiteside, Vice Chairman for Civilian Requirements, Leather Products Program and Civilian Leather Products Re-

material immer größere Abfallmengen von PVC aus der Produktion von Rüstungsgütern.[390]

Technologietransfer aus Deutschland in die USA 1945/46

Gegen Ende des Zweiten Weltkriegs in Europa herrschte in den USA eine große Lederknappheit. Im pazifischen Raum ging der Krieg weiter. Die Stiefelproduktion für die 8,3 Mio unter Waffen stehenden amerikanischen Soldaten war von 18,7 Mio Paar (1942) auf 25,0 Mio (1943) und 31,0 Mio Paar (1945) gestiegen. Das Militär verbrauchte im zweiten Halbjahr 1945 40 Prozent des gesamten in den USA zur Verfügung stehenden Leders.[391] Die zivile Schuhproduktion sollte zwischen 1942 und 1944 eigentlich deutlich zurückgefahren werden. Doch wegen des erfolgreichen Widerstands der Konsumgüterunternehmen gegen jegliche Art der Konzentration der Industrie gelang dies praktisch nicht.[392] Die zivile Produktion ging während der Kriegsjahre in den USA kaum zurück.[393] So wuchs der Materialbedarf enorm. Zusätzlichen Schlachtungen der großen Rinderbestände im eigenen Land verweigerte sich die mächtige *Cattle Industry*, da die Preise für Fleisch staatlich festgelegt worden waren. Aus Protest gegen die Marktregulierung und aus ökonomischen Überlegungen hielt sie ihre Rinder zurück.[394]

quirements for 1944, 5.11. 1943, NA Washington, RG 179, WPB, Box 383, File: Requirements, Vol. II; Rubber and Plastics To Relieve Sole Shortage, in: SLR v. 2.10.1943, S. 25.

390 WPB, Summary of Meeting of Shoe Manufacturers' Industry Advisory Committee, 10.5.1944, NA Washington, RG 179, Box 1809, Nr. 545.1005, Shoe Manufacturers' Industry Advisory Committee.

391 Mit dem Leder, das für ein paar Militärstiefel benötigt wurde, konnte man durchschnittliche 3 Paar Zivilschuhe herstellen. War Department Announces Army Shoe Needs Are Greater Than Ever, in: SLR v. 9.6.1945, S. 10-30; US Dept. of Commerce, Bureau of Foreign and Domestic Commerce, Boot and Shoe Industry Statistics, Washington 1944, S. 25.

392 Die Gründe für das Scheitern des Bemühens der US-Regierung um Konzentration der Konsumgüterindustrien nach deutschem und britischem Vorbild ab Juli 1942 sahen die staatlichen Behördenvertreter vor allem im Streben nach Aufrechterhaltung von Wettbewerbsbedingungen selbst in der Kriegswirtschaft, dem *rugged individualism* der amerikanischen Unternehmer und den Traditionen des *free enterprise* in den USA. Vgl. Maryclaire McCauley, Concentration of Civilian Production by the WPB, September 1941 to April 1943, Washington 1946, bes. S. 1-8, 124-127.

393 Vgl. Tabelle 39 im Anhang.

394 Da die Schlachtungen zu über zwei Dritteln in der Hand von nur vier Firmen lagen, war deren Einfluss entscheidend. Das Fleisch machte etwa 60 Prozent des Wertes eines Rindes aus, die Haut dagegen nur 10 Prozent. Vgl. Allen (1946), bes. S. 36f.; Merrill Watson, The History and Economics of Cattlehide Leather Tanning, Teil III: Domestic Cattle Hide Supply, in: SLR v. 16.10.1943, S. 15ff. und SLR v. 20.11.1943, S. 13-15; Jacobs (1997).

1943 ging bereits die Sohllederproduktion um 25 Prozent zurück.[395] Für die Produktion von Lederschuhen wurden vor allem die noch großen Ledervorräte aufgebraucht, die allerdings von Jahr zu Jahr schwanden.[396] Die auf dem Weltmarkt verfügbaren Rohhäute waren von 25 Mio vor dem Krieg auf 7 Mio gefallen, und dies bei einem um ein Drittel gestiegenen Importbedarf der USA.[397] Das Problem der Leder-Ersatzstoffe erlangte daher für die amerikanische Wirtschaft in den Jahren ab 1945 größte Bedeutung.

Anfang September 1945, als die ersten Geheimdienst-Delegationen von FIAT und CIOS aus Deutschland zurückkamen, kündigten die staatlichen Stellen in der Gewerbezeitschrift *Shoe and Leather Reporter* an: »Nazi developments in tanning, leather and leather substitutes [...] which may be ahead of research in this country will be made available [to the industry] through the Department of Commerce.«[398] Die Arbeit der Auswertung erforderte allerdings noch einen beträchtlichen Zeitraum. Die Daten wurden zunächst militärisch ausgewertet. Allgemein stellten die amerikanischen Lederfachleute in Deutschland fest: *German tanners on the average seemed to have more faith in science and scientific personnel than the American tanners*. Sie unterhielten normalerweise gut ausgestattete Labore und einen großen Stab technischer Mitarbeiter, der allerdings durch den Krieg oft eingeschränkt wurde. Die amerikanischen Fachleute stellten mit Erstaunen fest, dass sogar die kleineren Lederhersteller die Erkenntnisse der Lederforschungsinstitute anwendeten. Die von ihnen entwickelten Standardprüfmethoden für Leder und Leder-Ersatzstoffe galten nach Angabe der amerikanischen Fachleute in der Industrie allgemein als bindende Richtlinien.[399] Als Kompendium der deutschen Leder- und Ersatzstoff-Forschung wurde unmittelbar nach Kriegsende das Buch von Hans Herfeld »Die Qualitätsbeurteilung von Leder, Lederaustauschstoffen und Lederpflegemitteln« von den Amerikanern in Washington mikroverfilmt und weiterverbreitet.[400]

Für die Amerikaner waren auf dem Werkstoffgebiet vor allem die neu entwickelten Kunststoffe von Interesse. Die große Mehrzahl der deutschen Werkstoffe für Schuhe aus synthetischem Kautschuk hielt die Amerikaner für den amerikanischen Entwicklungen vergleichbar.[401] Dabei unterschieden sich in den

395 Shoe Task Committee Recommends Increased Cattle Kill, in: SLR v. 20.11.1943, S. 7.

396 Dept. of Commerce, Bureau of the Census, Facts for Industry, Shoes and Slippers 1944 and 1945, Washington 1946; Allen (1946), S. 51ff.; Julius Schnitzer. Post War Outlook For Hides and Skins Considerably Complicated With Indications of Marked Shortages, in: SLR v. 21.10.1944, S. 37-46.

397 Vgl. World Hide and Skin Supplies, in: SLR v. 17.11.1945, S. 55ff.

398 Nazi Tanning Developments To Be Given To US Industry, in: SLR v. 8.9.1945, S. 10.

399 BIOS Miscellaneous Report Nr. 2, An Investigation of the German Leather Industry, London 1946, S. 8.

400 Ebd. und Herfeld (1943). Vgl. dazu Kap. 9.5.

401 BIOS Overall Report Nr. 7, The Rubber Industry in Germany during the period 1939-1945, London 1948, S. 77-80. Tonerdegel statt Ruß als Füller in Gummisohlen,

deutschen und amerikanischen Gummisohlen vor allem die Zusatzstoffe zum Kautschuk, die in der Herstellung und im Gebrauch entscheidende Auswirkungen hatten. Die Lederfaserstoffe mit synthetischen Bindemitteln hielten amerikanische Fachleute für eine interessante »neue, deutsche Entwicklung«.[402] In den USA waren während des Krieges Lederfaserwerkstoffe nur als Absatzwerkstoff, nicht in Brandsohlen verwendet worden. Synthetische Bindemittel waren gänzlich unbekannt. Sie hatten gegenüber den Naturlatices den Vorteil, resistent gegen Bakterien, Pilze und menschliche Schweißeinwirkung zu sein.[403] Beim Polyvinylchlorid hielten die Amerikaner die deutschen Entwicklungen für »viel weiter fortgeschritten und die Bandbreite der Anwendungsgebiete für viel größer als in den Vereinigten Staaten« (*the state of development* […] *was much more advanced and the range of applications of greater scope than used in the United States*).[404]

Drei amerikanische Chemiker und Unternehmer, die mit Hilfe und im Auftrag des Beschaffungsamts der U.S. Army (*Quartermaster General*) von Anfang Juni bis Ende August 1945 Deutschland bereisten, berichteten nach eingehender Untersuchung der chemischen Industrie und der synthetischen Werkstoffe, vor

der nicht abfärbte, wurde von den Amerikanern begeistert als Innovation übernommen. Die Urteile über die Gummisohlen aus Synthesekautschuk variierten und reichten von »sehr gute Qualität für die vorgesehene Klasse von Gütern« und »gut gemacht und von ausbalancierten Trageeigenschaften, ein guter allgemeiner Standard« bis hin zu der negativen Einschränkung, dass die Sohlen allerdings trocken und steif und die Stichausrissfestigkeit nicht ausreichend seien. Führende Gummisohlenhersteller, wie etwa Continental, wurden zitiert, die die Gummisohlen aus Buna S auf jeden Fall weiter herstellen wollten, selbst wenn Naturkautschuk wieder verfügbar war, da sie sie den früheren Naturkautschuk-Produkten für qualitativ überlegen hielten. Auch die Firma Phoenix in Hamburg gab an, eine Mischung aus 50 Prozent Synthesekautschuk und 50 Prozent Naturkautschuk sei bei der Gummischuhherstellung der Verwendung von 100 Prozent Naturkautschuk überlegen. Angelo Hammelbacher, der Direktor der Ersatzstoff-Werke von Salamander, soll dagegen im Juni 1945 über deutsche Gummisohlen gesagt haben: »*The substitutes are ›no damn good‹*«. BIOS Overall Report Nr. 7, The Rubber Industry in Germany during the period 1939-1945, London 1948, S. 78-80; BIOS Final Report Nr. 349, German General Rubber Goods Industry, London 1946; US Quartermaster Corps, Military Planning Division, Research and Development Branch, German Plastics Practice, November 1945, Washington 1945, App. 33; BIOS Miscellaneous Report Nr. 3, Teil 2: The German Sole and Heel Industry, London, Sept. 1945.

402 OTS Outlines German Process of Making Synthetic Leather, in: SLR v. 17.1.1948, S. 10.

403 New Era Development in Leather Fibre, in: SLR v. 30.12.1944, S. 75; BIOS Overall Report Nr. 7, The Rubber Industry in Germany during the period 1939-1945, London 1948, S. 15ff.

404 Dies galt auch für Folien aus PVC, wie sie in den Leder-Ersatzstoff-Werken Kötitzer Kunstleder- und Wachstuchwerke in Coswig und bei der Firma Benecke in Vinnhorst bei Hannover hergestellt wurden. Vgl. Office of Technical Services (OTS) Report Discusses German Coating Materials, in: SLR v. 20.12.1947, S. 32.

allem des Polyvinylchlorids, der Polyamide und ihrer Verarbeitung: »German chemical practice in the newer unsaturated polymers is efficient and has attained surprising volume. They also have new chemical types which we consider most interesting for the future. […] Their fabrication and molding operations […] involve ingenious devices.«[405] Die Art der Verarbeitung der neuen, thermoplastischen Werkstoffe sei jedoch noch nicht so gut für die Massenproduktion geeignet wie bereits in den USA. Erstaunlich war für sie, dass die Stichausrissfestigkeit des Materials keine Rolle spielte, da die Sohlen hauptsächlich in der geklebten Machart verarbeitet und nicht, wie in den USA, genäht wurden.[406] So hatten die Deutschen nicht dieselben Verfahrensprobleme bei der Verarbeitung. Die Klebstoffe zogen ebenfalls die Aufmerksamkeit der amerikanischen Chemiefachleute auf sich.[407] Die Amerikaner untersuchten auch die Verbreitung der neuen Technik des Spritzgusses von thermoplastischen Kunststoffen. Diese Technik war 1935 über deutsche Werkzeugmaschinen der Firma Franz Braun/Zerbst aus Deutschland in die USA eingeführt worden und war daher von besonderem Interesse für die Kunststoff-Fachleute.[408] Sie stellten fest, dass Ende 1944 in Deutschland bereits 349 Firmen in der kunststoffverarbeitenden Industrie Spritzguss-Maschinen verwendeten. Schuhunternehmen waren allerdings noch nicht darunter.[409]

Anders als beim Synthesekautschuk für Reifen, wie dies Paul Erker konstatierte, waren die deutschen Entwicklungen im Bereich der Kunststoffe in Schuhen in der Zeit des Nationalsozialismus nicht hinter den Stand der amerikanischen Technik zurückgefallen.[410] Vielmehr hatten sie den leichten Rückstand,

405 Die Fachleute aus der amerikanischen Chemieindustrie waren von den Firmen DeBell and Richardson, Springfield/Mass., Hercules Powder Co., Parlin, New Jersey und der Dow Chemical Co., Midland, Michigan. Vgl. US Quartermaster Corps, Military Planning Division, Research and Development Branch, German Plastics Practice, November 1945, Washington 1945.

406 Vgl. ebd., App. 16.

407 Ebd.; BIOS Miscellaneous Report Nr. 3, Teil 2: The German Sole and Heel Industry, London, Sept. 1945.

408 Vgl. Injection Molding, Bericht von Joseph Geers (Firma Index Machinery Corporation, Cincinnati) an Nicholas Backscheider, Präsident der Plastic Pioneers Association, Cincinnati, 16.3.1953, Hagley Archive Wilmington, RG 1929, Society of the Plastics Industry, Series II: Officers, Box 5, Correspondence William Cruse (1939-1986), 5 S.

409 US Quartermaster Corps, Military Planning Division, Research and Development Branch, German Plastics Practice, November 1945, Washington 1945, S. 34ff. Zur verfahrenstechnischen Innovation des Spritzgusses von Kunststoffen vgl. Oelsner (1997), S. 13ff., 81-89; Max Laeis, Der Spritzguss thermoplastischer Massen, München 1956, bes. S. 15-20.

410 Erkers Aussage zufolge waren die Buna-Reifen 1945 »von geradezu erbärmlicher Qualität, die amerikanische Ersatzstoff-Forschung […] deutlich überlegen«. Die Reifenfirma Continental »stand […] 1945 technologisch weit abgeschlagen da«. Vgl. Erker (2000), S. 411.

der noch 1935 von den Amerikanern festgestellt wurde, aufgeholt, in Teilen sogar überholt.

Synthetische Gerbstoffe in den USA (ab 1946)

Auch der Ersatz von vegetabilen, südamerikanischen Gerbmitteln stand weltwirtschaftlich auf der Tagesordnung und war für die amerikanische Lederindustrie entscheidend. Der auch in den USA wichtigste vegetabile Rohstoff für Gerbextrakte, das Quebracho, wurde im Raubbau natürlicher Vorkommen erschlossen.[411] Mitte der 40er Jahre schätzten Fachleute, dass die natürlichen Vorkommen von Quebracho in dreißig bis vierzig Jahren erschöpft sein würden.[412] Künstliche Gerbstoffe versprachen hier einen Ausweg aus der für die Zukunft befürchteten Knappheit.

Im April 1945 druckten mehrere amerikanische Lederfachzeitschriften einen Artikel des deutschen Rohstoffexperten Walter Otto aus der deutschen Zeitschrift »Der Vierjahresplan« in Übersetzung ab, der kenntnisreich die Forschungsprojekte und Tätigkeit der drei deutschen Lederforschungsinstitute seit 1936 und ihre Arbeitsteilung zum Zeitpunkt Juli 1944 beschrieb. Die Angaben wurden in den USA offenbar mit großem Interesse aufgenommen.[413] Die Lederforscher in Cincinnati und Washington hatten den Artikel wohl bereits kurz nach seinem Erscheinen im Juli 1944 zur Kenntnis genommen, und die hier behandelten Probleme hatten für die amerikanischen Fachleute in den folgenden Monaten eine neue Brisanz erhalten. Der Leiter des Gemeinschaftsforschungsinstituts der Lederindustrie, des *Tanners' Council of America Research Laboratory* an der *University of Cincinnati* (Ohio), Fred O'Flaherty, berichtete im Dezember 1944, dass das Institut in den vergangenen Monaten im Auftrag staatlicher Stellen begonnen hatte, an synthetischen Gerbstoffen zu forschen. Aus der Industrie war an diesen Forschungen die Monsanto Chemical Company beteiligt.[414] Auch mit Eisengerbstoffen als Chromersatz begannen amerikanische

411 Die Quebrachowälder in Argentinien wurden nicht forstwirtschaftlich gepflegt wie die europäischen Eichenschälwälder. Die Bestände nahmen durch Rodung ständig ab. Neuanpflanzungen fanden fast nicht statt, da die Bäume etwa 20 bis 50 Jahre benötigten, bis sie als Rohstoffquelle genutzt werden konnten. Noch 1947 war außerdem die Neuzucht von Quebracho aus Samen noch nicht befriedigend gelöst.

412 Vgl. Hoffmann (1938), S. 111f.; Adolf Küntzel, Bericht über gerbereichemische Arbeiten in Amerika 1939-1945, in: Colloquiumsberichte des Instituts für Gerbereichemie der Technischen Hochschule Darmstadt (1947), Nr. 1, S. 3-13, hier S. 5.

413 Walter Otto, Science and Research in German Leather Industry, in: SLR v. 21.4.1945, S. 17ff. Dt. Fassung im Juli 1944: Walter Otto, Wissenschaft und Forschung in der Lederwirtschaft, in: Der Vierjahresplan 8 (1944), S. 177-180.

414 Vgl. New Era Developments in Tanning and Laboratory Research, in: SLR v. 30.12.1944, S. 89-91; Fred O'Flaherty, Synthetic Replacement Material for the Leather Industry, in: SLR v. 20.12.1947, S. 17ff.

Lederforscher im Herbst 1944 zu experimentieren.[415] Beide Ansätze zu Ersatzstoffen in der Gerbung gediehen in den USA allerdings bis Kriegsende nicht sehr weit.[416]

So waren in den Monaten nach Kriegsende in Europa die bei der I.G. Farbenindustrie mit Hilfe der Lederforscher in Darmstadt und Dresden entwickelten »Syntane« von ausschlaggebender Bedeutung für die Alliierten.[417] Bei deren ersten Besichtigungen von Gerbereien gaben die führenden deutschen Lederunternehmer zur Überraschung der amerikanischen Fachleute an, mit den Austauschgerbstoffen sehr zufrieden zu sein. Anfangs habe man sich gegen deren zwangsweise Einführung gewehrt und sie für minderwertig gehalten. Auch ihr Preis, der weit höher lag als der der natürlichen Gerbstoffe, war anfangs nicht attraktiv. Mittlerweile waren aber die meisten deutschen Lederhersteller von deren Brauchbarkeit überzeugt, so der Befund der Fachleute aus den USA und Großbritannien. Auch die mit den Syntanen gegerbten Leder selbst überzeugten die Amerikaner durch ihre Qualität.[418] Die ersten Stimmen der Fachleute, die aus Deutschland zurückkehrten, waren eindeutig: »There was tremendous progress in the development of new, true synthetic tannins. The developments in these synthetics resulted in very good products.«[419] Dieses Urteil bestätigten spätere Veröffentlichungen von CIOS-Reports im März 1946 und Juli 1946 noch.[420] Nun hieß es: »European Products Superior«. Bei der Aneignung der deutschen Entwicklungen begannen sich auch amerikanische Gerber ab Frühjahr 1946 experimentell mit synthetischen Gerbstoffen zu befassen. Die Lederfachleute, die Deutschland bereist und die deutschen Daten ausgewertet hatten, empfahlen:

415 New Era Developments in Tanning and Laboratory Research, in: SLR v. 30.12.1944, S. 89-91.

416 Fred O'Flaherty, Synthetic Replacement Material for the Leather Industry, in: SLR v. 20.12.1947, S. 17ff.

417 Vgl. Kap. 5.2. Hierzu fanden Untersuchungen von amerikanischen Fachleuten von Juli bis Oktober 1945, vom 4. September bis 4. Oktober 1945 und von britischen Fachleuten vom 17. April 1946 bis 16. Mai 1946 statt. Vgl. BIOS Final Report Nr. 1425, The German Light Leather Industry, London 1946; BIOS Final Report Nr. 150, Some Aspects of the German Leather Industry, London 1945; BIOS Miscellaneous Report Nr. 2, An Investigation of the German Leather Industry, London 1945.

418 BIOS Miscellaneous Report Nr. 2, An Investigation of the German Leather Industry, London 1946, bes. S. 5.

419 US Technical Mission Reports on Visits to European Tanneries, in: SLR v. 9.2.1946, S. 19-26, hier S. 24.

420 US Government Reports Disclose German Process Developments, in: SLR v. 16.3. 1946, S. 26-30; BIOS Final Report Nr. 1813, I. G. Products for the Leather Industry, London 1946; BIOS Final Report Nr. 762, The Manufacture and Practical Application of German Synthetic Tanning Materials and Related Substances, London 1946; BIOS Final Report Nr. 240, Synthetic Tanning Agents and Leather Auxiliary Products of the IG Farbenindustrie, London 1946.

»Investigation has shown that German Technology has developed synthetic substances which can be used in place of the natural tanning materials, thus making Germany independent of foreign tanning materials. The United States is rapidly approaching the time when she will be almost completely dependent upon foreign countries for her vegetable tanning materials. It is suggested that this [German] manufacturing data be made available to manufacturers in the United States in order to offset this dependence.«[421]

Gleichzeitig begannen Anfang 1946 die amerikanischen Lederforschungsinstitute eine regelrechte Forschungsoffensive zum Thema Ersatzstoffe, im Auftrag des Beschaffungsamtes der *U.S. Army*.[422] Dabei wurden die deutschen Erkenntnisse gleich mit berücksichtigt. Von Februar 1946 bis 1947 wurden die Ergebnisse der deutschen Leder- und Schuhforschung seit 1936 dem amerikanischen Fachpublikum vor- und als gedruckte BIOS-, CIOS- und FIAT-Reports zur Verfügung gestellt. Erste Ergebnisse präsentierten die Behörden, beteiligten Wissenschaftler und Teilnehmer der Missions im Februar 1946 den interessierten Fachkreisen in New York. Der führende amerikanische Lederforscher, O'Flaherty, betonte bei der Präsentation, »how valuable actual data of the nature uncovered was not only to industry but to the Military Equipment Effort«.[423]

Das amerikanische Programm zur militärischen Grundlagenforschung auf dem Ledergebiet ab 1946 umfasste schließlich alle Bereiche, auf denen deutsche Lederwissenschaftler in den Vorkriegs- und Kriegsjahren geforscht hatten. Die Lederforscher der Ohio State University befassten sich im Wirtschaftsjahr 1946/47 besonders mit der Weiterentwicklung von synthetischen Gerbstoffen, auf der Grundlage der deutschen Produkte und Erkenntnisse.[424] Die in Deutschland entwickelten synthetischen Fette für die Gerbung, die *Derminole* aus der Produktion der I.G. Farbenindustrie waren ebenfalls von Bedeutung für die

421 Vgl. BIOS Miscellaneous Report Nr. 2, An Investigation of the German Leather Industry, London 1946, S. 16.

422 An dem Programm (QMC-50) waren das *Tanners' Council Laboratory* an der *University of Cincinnati*, das *Massachusetts Institute of Technology*, das *Institute of Paper Chemistry, das Dept of Agriculture's Eastern Regional Research Laboratory* und das *US Bureau of Standards* in Washington beteiligt. Vgl. Fred O'Flaherty, Basic Program of Research Undertaken By Tanners Council Laboratory, in: SLR v. 29.12.1945, S. 21ff.

423 Auf dem Treffen in New York wurden die Ergebnisse des BIOS Miscellaneous Report Nr. 2, An Investigation of the German Leather Industry, London 1946, vorgestellt. Vgl. dazu auch: Nazi Tanning Developments to Be Given to US Industry, in: SLR v. 8.9.1945, S. 10; US Technical Mission Reports on Visits to European Tanneries, in: SLR v. 9.2.1946, S. 19-26.

424 Vgl. Effect of Tanning Processes and New Improved Tanning Agents on Wear, in: Fred O'Flaherty, Military Leather Objectives, in: SLR v. 28.12.1946, S. 71-110, hier S. 85-88, 106; Fred O'Flaherty, Synthetic Replacement Material for the Leather Industry, in: SLR v. 20.12.1947, S. 17ff.

Amerikaner, obwohl ihr Wert bei den deutschen Gerbern umstritten war.[425] Im Oktober oder November 1947 rief die Regierung ein weiteres Forschungsprogramm ins Leben, das sich erstmals systematisch mit der Frage des Ersatzes von aus dem Ausland eingeführten Gerbstoffen durch einheimische Pflanzengerbstoffe beschäftigte. Auch hierfür standen ausdrücklich die deutschen Entwicklungen Pate. Die amerikanischen Lederforscher testeten hierfür dieselben Pflanzen wie die deutschen Lederforscher ab 1936, vor allem Sumach und Fichtenrinde, aber auch andere, in Nordamerika heimische Pflanzenarten. Sogar die Überlegungen Wolfgang Graßmanns und seiner Mitarbeiter am Kaiser-Wilhelm-Institut für Lederforschung, wie man durch Züchtung von Rinderrassen die Qualität des Leders verbessern konnte, trafen hier auf offene Ohren.[426] Die ambitionierten Forschungsprojekte gerieten zusammengenommen zu einem kleinen amerikanischen Autarkieprogramm auf dem Gebiet der Lederrohstoffe.[427]

Der alle amerikanischen Forschungsprojekte koordinierende Wissenschaftler, Fred O'Flaherty, sah selbst Ende 1947 große Parallelen zur deutschen Situation im Zweiten Weltkrieg und formulierte das Forschungsprogramm so:

> »During the war […] we have heard a lot about substitutes. […] We learned a great deal by these circumstances and new uses were found for formerly unused materials. […] Because of our experience in World War II, which […] was not too different from that of Europe, we at the end of the war found ourselves in about the same position – short of materials and also of their substitutes or similar materials. […] The War Department […] has sponsored a research program which includes the development of replacements for critically short material. The most outstanding examples are the tanning materials and fats, oils and greases.«

425 Report German Synthetic Fat For Use in Treating Leather, in: SLR v. 4.1.1947, S. 13. Fred O'Flaherty, Military Leather Objectives, in: SLR v. 28.12.1946, S. 71-110, hier S. 106.

426 Besonders Adolf Schubert von der Firma Eisendrath Tanning Co. in Racine, Wisconsin, der Leiter der amerikanischen Delegation der Gerbstoff- und Leder-Mission nach Deutschland, verbreitete nach seiner Rückkehr diese Forschungsergebnisse in den USA. Er suchte bald auch nach in den Südstaaten anbaubaren Gerbstoff-Pflanzen, die Quebracho und Eichenrinde ersetzen konnten. Er hatte bei der *Mission* in Deutschland engen Kontakt zu den Lederforschern in Darmstadt geknüpft, den er in den folgenden Jahren weiter ausbaute. Vgl. European Products Superior. Superior Synthetic Tannins Possible as Result of New Crop Resources, in: SLR v. 6.7.1946, S. 8-14; Adolf Küntzel, Bericht über gerbereichemische Arbeiten in Amerika 1939-1945, in: Colloquiumsberichte des Instituts für Gerbereichemie der Technischen Hochschule Darmstadt (1947), Nr. 1, S. 3-13.

427 Vgl. Fred O'Flaherty, Synthetic Replacement Material for the Leather Industry, in: SLR v. 20.12.1947, S. 17ff.; S. Kennedy, Leather and National Defense, in: Chemical Engineering 56 (1949), Nr. 6, S. 141f.

Wie alle anderen Lederfachleute sei er »tief beeindruckt« gewesen, »was den Zustand und die Verhältnisse in den deutschen Gerbereien zu Ende des Zweiten Weltkriegs betraf« und »von den neuen Arten von Materialien, die verwendet wurden«. Die amerikanische Forschung seit Mai 1946 »hat viele Analogien zu den deutschen Produkten aus amerikanischen Rohstoffen entwickelt«. Die großen Chemiekonzerne DuPont und Monsanto Chemical waren dabei auf Seiten der Industrie von großer Wichtigkeit.[428]

Nach Aussage des US-Landwirtschaftsministeriums 1947 verhinderte zu diesem Zeitpunkt der hohe Preis der Syntane ihre größere Verbreitung.[429] Nach Ansicht der staatlichen Stellen musste daher die Industrie ihre Herstellung bedeutend ausbauen.[430] Im Juli 1948 gab das Chemieunternehmen DuPont in Wilmington/Delaware schließlich die Marktreife erster eigener synthetischer Gerbstoffe bekannt, unter Berufung auf die »Pionierarbeit der Deutschen auf diesem Feld während des Krieges«.[431] Kurz darauf folgten die Chemiefirmen Monsanto Chemicals und die amerikanische Rohm&Haas in Philadelphia mit ähnlichen Produkten.[432] Im April und Juni 1949, am Vorabend des Koreakrieges, formulierte der Direktor für Forschung und Entwicklung des *Quartermaster General* der U.S. Army, das militärische Ziel sei für die amerikanische Lederindustrie, als kriegsvorbereitende Maßnahme von Gerbstoffimporten möglichst unabhängig zu werden: »Wir brauchen neue einheimische Pflanzengerbstoffe. Wir brauchen synthetische Gerbstoffe. Wir brauchen Chrom-Ersatzstoffe«, fasste er die Forschungsagenda für die kommenden Jahre zusammen (*We need domestic tannins. We need synthetic tannins. We need chrome substitutes.*)[433] Diese Liste liest sich wie das Programm der deutschen Lederforschungsinstitute der Jahre 1936 folgende. Gleichzeitig gab er erste Ergebnisse des staatlichen Leder-

428 In welchem wirtschaftspolitischen Kontext sich hier in den USA offenbar eine autarkiepolitsche Richtung in der Rohstoffpolitik durchgesetzt hatte, kann hier nicht weiter ausgeführt werden. Für welche Rohstoffbereiche dies zwischen Ende des Zweiten Weltkriegs und Beginn des Koreakrieges noch galt, wäre aber eine interessante Frage für weiterführende Untersuchungen. Vgl. Fred O'Flaherty, Synthetic Replacement Material for the Leather Industry, in: SLR v. 20.12.1947, S. 17ff.

429 Government Project Seeks Boost in Tannin Resources of United States, in: SLR v. 25.10.1947, S. 6; Military Leather Research Laboratory Program Extended, in: SLR v. 5.7.1947, S. 18.

430 Government Project Seeks Boost in Tannin Resources of United States, in: SLR v. 25.10.1947, S. 6; Synthetic Replacement Material for the Leather Industry, in: SLR v. 20.12.1947, S. 17ff.

431 Say New Synthetic Tanning Agents Point to More Versatile Leathers, in: SLR v. 17.7.1948, S. 19.

432 Die synthetischen Gerbstoffe kamen unter den Markennamen *Exan* (Monsanto) und *Orotan* (Rohm and Haas) auf den Markt. Vgl. Fred O'Flaherty, Synthetic Replacement Material for the Leather Industry, in: SLR v. 20.12.1947, S. 17ff.

433 S. Kennedy, Leather and National Defense, in: Chemical Engineering 56 (1949), Nr. 6, S. 141f.

forschungsprogramms in den USA seit 1946 bekannt. Dabei wies er wieder auf die große Bedeutung der deutschen Forschungen für das amerikanische Programm hin:

> »This country has been the recipient of a great deal of information about developments in synthetic tanning materials made in Germany during the war. [...] The technical investigators sent to Germany [...] brought back a great deal of information. [...] The success of the Germans [...] is certain to stimulate our own chemical industry which [now] has a similar opportunity.«

Er vermutete, dass die 1940er Jahre später als »das revolutionärste Jahrzehnt« in die Geschichte der Lederindustrie eingehen würden oder doch als eine Zeit, »in der bedeutende neue Wege des technischen Fortschritts eröffnet wurden.«[434]

11.9 Zwischenfazit

Der deutsch-britische Vergleich

Ein Vergleich der drei Produkte, des typischen deutschen, britischen und amerikanischen Schuhs, zum Zeitpunkt Mai 1945 fördert beträchtliche Unterschiede zu Tage. Diese sind auf die unterschiedliche Wirtschafts- und Versorgungspolitiken der Staaten während der Kriegszeit und die unterschiedliche Bedeutung wissenschaftlicher Forschung für die Produktentwicklung zurückzuführen. Während im Deutschen Reich nach der langjährigen Ersatzstoffpolitik und Gebrauchswertforschung, die bereits im Vierjahresplan staatlich eingeleitet wurden, schließlich alle Teile des Schuhs aus Ersatzstoffen hergestellt werden konnten und einige dieser Ersatzstoffe neue, zukunftsweisende Kunststoffe waren, bestand der britische Schuh zu Kriegsende praktisch ganz aus Leder.

Die durch die deutsche »Blockade« verursachte Leder- und Kautschukknappheit traf die britische Schuhwirtschaft im Krieg unvorbereitet. Schuhunternehmen und Wissenschaftler begannen sich überhaupt erst im November 1943 systematisch mit der Möglichkeit von Ersatzstoffen für Leder und Kautschuk zu beschäftigen. Doch aus drei Gründen verzichtete die britische Schuhwirtschaft auch in den folgenden Monaten auf deren Einsatz in Schuhen. Erstens waren synthetische Werkstoffe, mit Ausnahme des Synthesekautschuks aus den USA, nicht in ausreichendem Maße vorfügbar, um in Mengen in Schuhen verarbeitet

434 S. Kennedy, Recent Development In Leather and Their Relation to National Defense, in: SLR v. 16.4.1949, S. 5-48, hier S. 47. Zu einer Zusammenfassung des Wissens- und Technologietransfers auf dem Gebiet der synthetischen Gerbstoffe aus Deutschland in die USA ab 1945 vgl. H. G. Turley, Replacement Synthetic Tans, in: Fred O'Flaherty (Hg.), The Chemistry and Technology of Leather. Vol II: Types of Tannages, New York/London 1958, S. 388-407.

zu werden. Zweitens fanden sich die Unternehmen bei der Verarbeitung der neuen Materialien nicht zu den nötigen Verfahrensumstellungen bereit. Die genähte Konstruktion eignete sich nicht für die Verarbeitung von Kunststoffen. Drittens, und dies war ein sehr bedeutender Faktor, war in dem demokratisch verfassten Staat die Akzeptanz der Ersatzstoffe durch die Verbraucher wichtige Voraussetzung ihrer Durchsetzung.

Im diktatorischen NS-Regime wurden Ersatzstoffe dagegen ohne Ansehen des tatsächlichen Bedarfs und ohne Rücksicht auf die Gebrauchsmuster und Vorlieben des Großteils der VerbraucherInnen bzw. gegen deren passiven Widerstand, aber mit aktiver Unterstützung der Unternehmen flächendeckend in den Produkten eingeführt. Während sich im Nationalsozialismus mit Hilfe der neuen Kunststoffe und der langjährigen, systematischen Industrieforschung die geklebte Konstruktion auch in Herrenschuhen durchsetzte, blieb im britischen Schuh die genähte Machart vorherrschend. Weder in der Neuherstellung noch in der Reparatur wurde in Großbritannien die geklebte Machart verwendet. Die bereits Anfang der 30er Jahre bestehenden Unterschiede in den Produktionsverfahren wurden durch die deutsche Autarkiepolitk noch erheblich vergrößert, als in Deutschland das Klebeverfahren durch die Verwendung von Ersatzstoffen einen deutlichen Durchsetzungsschub erhielt. Der typische deutsche Schuh war 1945 ein geklebt konstruierter, der britische ein rahmen- bzw. durchgenähter.

Die deutschen Produktionslenker bemühten sich in ihrer Konsumpolitik vor allem auf materieller und konstruktiver Ebene um Standardisierung, um eine ausreichende Versorgung der Bevölkerung mit Schuhen zu gewährleisten. Diese Dimensionen des Produkts gewannen immer mehr an Bedeutung. Demgegenüber griffen die britischen Wirtschaftsplaner bei Schuhen vor allem auf gestalterischer Ebene zum Mittel der Standardisierung und der staatlichen Kontrolle. Der Knappheit an Leder begegneten sie mit ledersparenden Maßnahmen, aber qualitativ sehr hochwertigen Lederprodukten, nicht mit einer künstlichen Vermehrung der verfügbaren Materialmenge durch Entwicklung von Nichtleder-Werkstoffen, wie in Deutschland.

Mit dem *Utility*-Programm für Schuhe entwickelten die Verantwortlichen der Konsumpolitik in Großbritannien ein in der britischen Wirtschaftstradition des Utilitarismus und der Grenznutzentheorie stehendes, am subjektiven Nutzen-Konzept orientiertes Versorgungsprogramm für Schuhe. Britische Verbraucher hatten, selbst unter den Bedingungen der Kriegswirtschaft und Rationierung, bei der Schuhbeschaffung immer noch eine Wahl, die schon bei der Einbeziehung von Schuhen in die Kleiderpunkte-Verteilung begann. In Deutschland waren Schuhe nur auf eigens zu beantragenden Bezugschein erhältlich. Die Auswahl des Modells war einerseits durch den eng modellbegrenzten Bezugschein, der nur den Erwerb einer bestimmten Schuhklasse erlaubte, und andererseits durch das entsprechende Einheitsschuhmodell im Angebot des Händlers eingeschränkt. Während man in Deutschland ab 1944 75 Typen von Einheitsschuhen für verschiedene Verwendungszwecke definierte und den »Gebrauchswert« der einzelnen Typen durch Standardisierung der Materialien und Konstruktionen zu definieren suchte, gingen die Wirtschaftsplaner in Großbritannien bei der »Nutzen«-Maximierung des Produkts von einem segmentierten Markt und verschiedenen Verbrauchergruppen aus, die sich durch ihre Kaufkraft und Ansprüche an das Produkt unterschieden. Während das deutsche System pro Verwendungszweck auf einen gebrauchsfähigen Schuhtypus für alle Mitglieder der »Volksgemeinschaft« zielte, schuf das britische System, der Abstufung der Gesellschaft in Bevölkerungs-»Klassen« entsprechend, eine abgestufte Hierarchie von *classes of goods*.

In beiden Ländern wurde Frauen theoretisch ein doppelt so hoher Mindestbedarf an Schuhen wie Männern zugesprochen, obwohl die Haushaltsbudgetstudien in Deutschland und die Verbrauchsforschung in England herausgefunden hatten, dass dies ein vorherrschendes Konsummuster der Mittelschichten war. Unter Arbeitern besaßen beide Geschlechter etwa gleich viele Paare. Doch waren die tatsächlichen Bezugsmöglichkeiten der Verbraucherinnen in beiden Ländern begrenzt: in Deutschland durch die Bezugsscheinvergabe und die Schikanen bei der Antragstellung und in Großbritannien durch das Haushaltsbudget der Familien. In Deutschland war die Qualität der Produkte weitaus stärker nach Geschlechtern differenziert. Frauenschuhe waren materiell und konstruktiv weniger hochwertig und wurden in bedeutend höherem Maße aus Ersatzstoffen hergestellt als Männerschuhe. Dies führte den modernen Trend des nach Geschlechtern segmentierten Konsums seit Ende der 20er Jahre fort, wonach modische Damenschuhe in anderen Konstruktionen als Herrenschuhe und in weniger haltbaren, dafür einem schnelleren Wandel unterliegenden Modellen produziert wurden. In Großbritannien sollte diese Tendenz zur qualitativen Geschlechterdifferenz der Produkte durch die Konsumpolitik eher nivelliert werden.

Beide Pole der sozialen Versorgungshierarchie wurden im britischen *Utility*-System mit den ihm eigenen Gebrauchspraktiken berücksichtigt. Die ärmsten Verbrauchergruppen erhielten Schuhe ihrer gewohnten Preisklasse, die dem im Krieg gestiegenen physischen Verschleiß gewachsen waren. Die Wohlhabenden sollten ihrerseits zu einem Produkt greifen können, das ihren Qualitätsansprüchen und selbst ihren Repräsentationsbedürfnissen (*decencies of life*) – in nur wenig eingeschränktem Maße – entsprach. Das *Utility*-System zielte also darauf, die Befriedigung nicht nur des rein quantitativen, sondern auch eines »qualitativen Existenzminimums« zu leisten, wie auch deutsche Verbrauchsforscher dies 1939 von einem Versorgungssystem für Konsumgüter gefordert hatten. Bei den Holzsohlenschuhen wurde deutlich, dass die britischen Akteure im System der Bereitstellung diese Wahlmöglichkeit durchaus auch negativ zu spüren bekamen. Die Verbraucher stimmten beim Kauf gegen die unbequemen Holzsohlen. Sie mussten daher von den staatlichen Planern für andere Zwecke – zur Ausstattung der Bevölkerung der befreiten Gebiete – umgewidmet werden.

Vom Produkt her betrachtet berücksichtigte das britische System somit immer, dass Schuhe nicht nur physische Funktionen hatten, sondern auch ästhetische und kommunikative. Das *Utility*-Programm basierte auf der Einbeziehung auch der sozialen Funktionen des Produkts, während sich das deutsche Versorgungssystem hauptsächlich an den physischen Funktionen orientierte.

Die subjektive Zufriedenheit der Verbraucher war für die britischen Konsumpolitiker Leitmotiv der staatlichen Maßnahmen in der Kriegswirtschaft, für die deutschen dagegen eine objektiv zu definierende Qualität der Materialien und Konstruktion. Hier standen sich der britische »Nutzen« und der deutsche »Gebrauchswert« als wirtschaftspolitische Konzepte des Gebrauchs von Konsumgütern gegenüber.

Doch auch objektiv gesehen hatte die britische Versorgungspolitik der *Utility*-Programme eine Qualitätsverbesserung der Produkte zur Folge. In der Praxis führte die Standardisierung während der Kriegsjahre zu einer erheblichen Verbesserung der Produkte für die ärmeren Bevölkerungsschichten. Bei den wohlhabenderen Verbrauchern kam es kaum zu einer Verschlechterung.[435] Alle *Utility*-Produkte bestanden ausschließlich aus Leder. Die britischen Hersteller konnten für die Qualität jedes einzelnen Paars Schuhe zur Verantwortung gezogen werden, da sie ihre Herstellernummer zusammen mit der *Utility*-Klassifizierung in den Schuh einstanzen mussten. Dies führte ebenfalls zu einer Qualitätsverbesserung der Produkte. In der deutschen Kriegswirtschaft war am Produkt der umgekehrte Prozess ablesbar: die Qualität der zivilen Schuhe in den meisten Produktgruppen nahm durch immer neue Ersatzstoffe ständig ab.

Die Wissenschaft, die in der britischen Kriegswirtschaft vornehmlich zu Hilfeleistungen für die Produktions- und Verbrauchslenkung herangezogen wurde, war die Verbrauchsforschung. Sie wurde in Großbritannien zentral für die Konsumplanung. Die bis dahin in allen drei Ländern umfangreichsten Studien der jungen Disziplin der Verbrauchsforschung überhaupt wurden in Großbritannien von einer staatlichen Institution ins Leben gerufen, die in Deutschland kein Äquivalent hatte: der *Consumer Needs Section*, einer Interessenvertretung der Konsumenten im Wirtschaftsministerium. Mit Beginn der Rationierung 1941 begannen die Verbrauchsforscher von Mass-Observation, das Wirtschaftsministerium mit qualitativen Daten über den Konsum zu versorgen, über den bis dahin so gut wie nichts bekannt gewesen war. Hinzu kamen punktuelle, quantitative Forschungen zu den gleichen Themen. Diese Studien halfen den staatlichen Stellen, die Produktion stärker auf den Bedarf auszurichten, und waren Teil eines sehr effektiven Steuerungssystems der Rückkopplung von Ergebnissen staatlicher Lenkungsmaßnahmen in die Wirtschaftsplanung, das keinerlei Vorbilder aus dem Ersten Weltkrieg oder in anderen Ländern hatte. Die Arbeit der deutschen Verbrauchsforscher der Gesellschaft für Konsumforschung wurde hingegen in den Kriegsjahren immer weiter marginalisiert und hatte, soweit

435 Vgl. BoT, Reference Division, Production in War Time. Utility and otherwise Restricted. A Brief Guide to the Regulations, 21.12.1944, IWM London, K11734.

bislang ersichtlich, keinen größeren Einfluss auf die staatliche Konsumlenkung im Reich.

Die Gebrauchswertforschung hingegen, auf der in Deutschland die gesamte Produktionsplanung und Rohstoffverteilung beruhte, spielte in der britischen Kriegswirtschaft kaum eine Rolle. Eine der deutschen Gebrauchswertforschung vergleichbare Methode der Materialentwicklung bildete sich in Großbritannien nur in rudimentären Ansätzen heraus. Da Ersatzstoffe für Leder wirtschaftlich eine so geringe Rolle spielten, wurden auch die hybriden, technisch-menschlichen Prüfungen durch Trageversuche in Großbritannien nicht in der Form entwickelt wie in Deutschland. Die freiwilligen Versuchspersonen waren hier Briefträger, Polizisten und Schulkinder, im Unterschied zu Deutschland, wo vor allem Häftlinge des Konzentrationslagers Sachsenhausen zu den Tests gezwungen wurden. Die eigenen Methoden der Materialprüfung blieben für die britischen Forscher unbefriedigend, da sie keine quantifizierenden und vergleichenden Ergebnisse erbrachten. So stieß hier die duale Methodik der Gebrauchswertforschung in Deutschland auf großes Interesse.

Bei der Beurteilung und Verwendung der deutschen Forschungsergebnisse blendeten die Briten wie ihre deutschen Kollegen die rücksichtslos menschenverachtende Praxis der Forschung in Deutschland aus, die die massive gesundheitliche Schädigung der Versuchspersonen und oft sogar ihren Tod zur Folge hatte. Stattdessen konstatierten sie zu Kriegsende, dass Großbritannien auf dem Gebiet der Schuhtechnik »im technischen Fortschritt zurückgeblieben war« (*The exigencies of war brought home the fact that Great Britain was backward in technical progress*).[436] Die Versuchsergebnisse der Gebrauchswertforscher in Deutschland in Form vieler neuer Materialien und der geklebten Konstruktion von Schuhen adaptierten die britischen Schuhfabrikanten in den folgenden Monaten und Jahren. Sie galten in Großbritannien als bahnbrechend und zukunftsweisend. Die geklebte Machart als Herstellungsverfahren von Schuhen führten britische Schuhunternehmen mittels deutscher Arbeitsmaschinen und deutscher und amerikanischer Klebstoffe Anfang der 50er Jahre ein.[437]

Erste Kunststoffe wurden in britische Schuhe erst unmittelbar nach Kriegsende eingeführt. Dafür ausschlaggebend waren sowohl die Auswertung der als wissenschaftliche und technische Kriegsreparationen nach Großbritannien transferierten deutschen Entwicklungen als auch ein Wechsel in der politischen Führung des Lenkungsapparats. Als die Westalliierten beschlossen, die durch die Deutschen verursachte Lederknappheit in den befreiten Ländern Westeuropas durch britische und amerikanische Rohstofflieferungen auszugleichen, führte diese Hilfsbereitschaft dazu, dass auf den Britischen Inseln selbst bald bedeutende Mengen an Leder fehlten. Sie mussten durch PVC-Materialien ersetzt

436 Vgl. Harold Salt, A Study of Substitutes for Leather, hg. v. MinSupply, Leather Substitutes Panel, London 1946, NA/PRO London, DSIR 36, Nr. 1280, S. 9.

437 The Monopolies Commission (1973), S. 19.

werden. So bewirkte die räuberische deutsche Rohstoff- und Großraumpolitik in Europa indirekt selbst in der britischen Schuhproduktion in der Nachkriegszeit noch einen Umstieg auf Leder-Ersatzstoffe.

Der deutsch-amerikanische Vergleich

Auch der Vergleich des deutschen mit dem amerikanischen Schuh zu Kriegsende ermöglicht wichtige Erkenntnisse über die spezifischen Auswirkungen der NS-Autarkie- und Rüstungswirtschaft in Deutschland auf Material und Konstruktion des Schuhs. Einige Ersatzstoffe, die deutsche Schuhunternehmen und Chemieunternehmen in der Zeit des Nationalsozialismus entwickelten, waren im Weltmaßstab gesehen innovativ und zukunftsträchtig. Deutsche Schuhunternehmen verarbeiteten den neuartigen, thermoplastischen Kunststoff Polyvinylchlorid bereits seit 1941, während er in amerikanischen Schuhen experimentell erst 1943 zum Einsatz kam. In beiden Ländern entstand diese Werkstoff-Innovation auf zivilem Gebiet, nicht auf militärischem. Und in beiden Ländern war die Verwendung der Kunststoffe in Schuhen unabhängig von qualitativen Überlegungen seitens der Unternehmen oder gar vom Grad der Optimierung der Werkstoffe. Skrupel wegen der geringen Qualität der Synthesewerkstoffe gab es dabei auch bei der amerikanischen Industrie weniger. Dies wurde bereits 1935/36 in der Auseinandersetzung um Ersatzstoffe und 1943 an den Produkten deutlich, die die Unternehmen auf den Markt brachten. Erst auf Druck der hier einflussreichen Verbraucherverbände und staatlichen Behörden für die Konsumgüterversorgung kam es ab Herbst 1943 mit Hilfe von Trageversuchen zur Erarbeitung erster Gütestandards für die neuen Materialien in Schuhen und damit zur Verbesserung der Qualität der Endprodukte. Die deutsche Forschung an PVC als Sohlenwerkstoff war der amerikanischen auf diesem Gebiet zeitlich etwa zwei Jahre voraus. In den USA begann erst im Frühjahr 1941 überhaupt eine staatliche Kontaktaufnahme mit der jungen Kunststoffindustrie und eine Bestandsaufnahme ihrer Kapazitäten.[438] Eine Koordination der Forschungs- und Entwicklungsaktivitäten dieser Unternehmen begann 1942. Ausschlaggebender Grund für die im Vergleich zu Deutschland späte Einführung der neuen Kunststoffe war die mangelnde Verfügbarkeit der Grundstoffe und die wirtschaftspolitische Priorisierung des Militärs bei der Verwendung der neuen Materialien.

Bei anderen Werkstoffen wie den Lederfaserwerkstoffen holten die deutschen Unternehmen seit dem Vierjahresplan den deutlichen amerikanischen Vor-

438 Vgl. dazu Society of the Plastics Industry, Board of Directors Minutes, Jan. 1941-1945, Hagley Archive Wilmington, RG 1929, Society of the Plastics Industry, Roll 2. Die Society of the Plastics Industry war die Gewerbeorganisation der Kunststoffindustrie, die gleichzeitig als Ansprechpartner für staatliche Bewirtschaftungsmaßnahmen in der Kriegswirtschaft fungierte.

sprung in der Entwicklung seit dem Ersten Weltkrieg ein und kamen auch hierbei zu – in den Augen der amerikanischen Fachleute – innovativen Produkten. Beide Länder verfolgten die gleichen Werkstoffgruppen als Leder-Ersatz. Bei den Materialien und Konstruktionen für das Konsumgut und Rüstungsgut Schuh kann daher nicht festgestellt werden, dass die deutsche Forschung durch die Autarkiepolitik in einer wissenschaftlichen und technologischen Sackgasse oder einer Art »Käfig« gelandet war. Vielmehr gelangten die deutschen Forscher und Unternehmen gerade durch die enorme staatliche Förderung ihrer Kunststoff-Entwicklungen im NS-Staat zu sehr ähnlichen Ergebnissen wie die Amerikaner unter liberaleren wirtschaftspolitischen Rahmenbedingungen. Die große Mehrzahl der neuen Werkstoffe, sowohl die deutschen als auch die amerikanischen, waren keine reinen »Kriegsprodukte« im Sinne eines nur vorübergehenden Notbehelfs oder Provisoriums. Sie waren vielmehr neue Materialien, die langfristig in die Schuhproduktion Einzug hielten. In technischer wie methodischer Hinsicht erreichten die deutschen Leder- und Kunststoff-Forscher in den Jahren 1936 bis 1945 im internationalen Wettbewerb sogar eine neue Pionierstellung. Dies stellten bei ihrer Auswertung deutscher Entwicklungen sowohl britische als auch amerikanische Fachleute fest.

Auch beim Synthesekautschuk war der durch den NS-Vierjahresplan eingeleitete technologische Entwicklungssprung der Schuh- und Leder-Ersatzstoff-Industrie im Deutschen Reich evident. Die Entwicklung des Werkstoffs lag hier nicht allein beim Hersteller, der I.G. Farbenindustrie. Im Unterschied zu anderen Anwendungsbereichen des Rohstoffs *Buna* wurde für die Verarbeitung zu Gummisohlen und dessen Anpassung an die Bedürfnisse der Verarbeiter zum Fertigprodukt Schuh jahrelang großer Forschungs- und Entwicklungsaufwand betrieben. Die Ersatzstoff-Hersteller fungierten hier als aktive Mediateure zwischen chemischer Industrie und den Schuhherstellern. Firmen wie Freudenberg, Continental, Salamander/Türkheim, Alkor, Benecke und andere, die Gummisohlen, Lederfaserwerkstoffe oder Oberleder-Ersatzstoffe herstellten, entwickelten diese in ständigem Austausch mit den Schuhunternehmen einerseits und der chemischen Industrie andererseits weiter. Sie modifizierten Rezepturen der Gummimischungen, sie fanden bei Rohstoff-Verknappungen alternative Lösungen für Zutaten und gaben Verbesserungsvorschläge an beide Seiten weiter. In den Kriegsjahren waren zudem die Versuche auf der »Schuhprüfstrecke« ein wichtiges Mittel dieser Entwicklungsarbeit. So wurde der künstliche Kautschuk *Buna* in Deutschland – seit 1937 in Gummisohlen und Lederfaserwerkstoffen verarbeitet – für die industrielle Verarbeitung bis 1945 erheblich weiterentwickelt. Seine industrielle Produktion nahm von da an stetig zu und trug bei Kriegsbeginn bereits wesentlich zur Materialversorgung im Lederbereich bei. Die Gummisohlen aus Synthesekautschuk galten bei den staatlichen Stellen in Deutschland bis Kriegsbeginn, als ihr *Buna*-Anteil gesenkt werden musste, als der hochwertigste Sohlenleder-Ersatzstoff. Im Gegensatz zum reinen Rohstoff *Buna S* und *Buna N* bei der I.G. Farbenindustrie selbst, deren Qualität ab 1940 eher stagnierte,[439] nahm in ihrer Verarbeitung zu Leder-Ersatzstoffen in den Kriegsjahren die Entwicklungstätigkeit noch bedeutend zu.

In den USA kam der erste Synthesekautschuk *Neopren*, eine Entwicklung der Chemiefirma DuPont, 1937 auf den Markt,[440] erwies sich aber als zu teuer für Schuhsohlen. Erst mit der Massenproduktion von Synthesekautschuk im staatlich initiierten Produktionsprogramm seit 1941 wurde mit *Buna S* bzw. *GR-S*, wie der nach leicht modifiziertem, deutschem Verfahren der I.G. Farbenindustrie in den USA produzierte Werkstoff dort hieß, eine Synthesekautschuk-Art gefunden, die sich für die Mengenproduktion von Schuhsohlen eignete und die preislich angesichts der Naturkautschuk- und Lederknappheit wettbewerbsfähig wurde. Seit Januar 1944 wurde er in den USA als Kautschuk-Ersatzstoff im industriellen Maßstab zu Soldatenstiefeln und zivilen Herrenschuhen verarbeitet. Während somit in Deutschland grundlegende Forschungs- und Entwicklungsarbeiten der Verarbeitung zu Schuhen bereits vor dem Krieg größtenteils abgeschlossen waren, wurden sie in den USA erst in die Wege geleitet, als der Kautschuk- und Rohhäutemangel bereits unmittelbar spürbar war – dann aber mit großem Aufwand. Insofern begründete der NS-Vierjahresplan im Lederbereich eine Reihe von – im Sinne der Aufrüstung und Umstellung der deutschen Wirtschaft auf eine Kriegswirtschaft – rüstungspolitisch tatsächlich effektiven Maßnahmen, die den deutschen Angriffskrieg von der Rohstoffseite her vorbereiteten und über lange Jahre mit ermöglichten. In dieser Hinsicht kommt diese Studie somit für einen Konsumgütersektor zu ähnlichen Ergebnissen wie jüngste Forschungen zur Ressourcenmobilisierung im Bereich der Rüstungstechnologie und der Wissenschaften in der NS-Zeit.[441]

Nach ihrer Auswertung der deutschen wissenschaftlichen Forschungen im Zweiten Weltkrieg ging das amerikanische Militär unmittelbar nach Kriegsende zu einem eigenen kleinen »Autarkieprogramm« nach deutschem Muster auf dem Ledergebiet über. Dies geschah angesichts der großen Rohhäute- und Gerbstoffknappheit auf dem Weltmarkt und der beginnenden System-Auseinandersetzung im Kalten Krieg, die in neue Kriegshandlungen des amerikanischen Militärs im Koreakrieg mündete. Hier sind autarkiepolitische Elemente der Wirtschaftspolitik überraschend auch in den USA erkennbar, zu einem anderen Zeitpunkt als in Deutschland und unter anderen welt- und innenpolitischen Rahmenbedingungen. Sie entstanden in einer Wirtschafts- und Industriestruk-

439 Vgl. dazu Morris (1994), S. 57-89.

440 Bereits 1931 wurde die Entwicklung unter dem Markennamen *Duprene* der Öffentlichkeit vorgestellt. Es dauerte aber bis 1937, bis das Produkt als *Neoprene* kommerziell ein erstes Anwendungsgebiet fand. Vgl. Smith (1985); Howard (1947), S. 41ff.

441 Zur Ambivalenz der technischen und wissenschaftlichen Ressourcenmobilisierung im Nationalsozialismus als »Erfolgsgeschichte« in Absetzung von älteren Modellen des Scheiterns und der Wissenschaftsfeindlichkeit des NS: Hachtmann (2007b), bes. S. 85ff. und 142f.; Maier (2007b), bes. S. 1103ff.; Höschle (2004), S. 99; Hachtmann (2004).

tur, die sonst mit besonderem natürlichen Ressourcenreichtum in Verbindung gebracht wird.

In keiner der zahlreichen Studien der westalliierten Fachleute nach Kriegsende findet sich die Auffassung, bei den deutschen Ersatzstoff-Entwicklungen in der Schuhwirtschaft handele es sich um minderwertige oder den britischen oder amerikanischen Standards weit unterlegene Produkte. Ganz im Gegenteil sprachen die Fachleute der beiden anderen Länder in vielen Bereichen mit Hochachtung von den Entwicklungen in Deutschland während des Nationalsozialismus. Dass die deutschen Wissenschaftler und Unternehmer in ihrer Forschungspraxis in großer Zahl KZ-Häftlinge einsetzten, nahmen zumindest die amerikanischen Forscher und Unternehmer, die auf den CIOS- und FIAT-Missions durch Deutschland reisten, durchaus zur Kenntnis und veröffentlichten dies in ihren Berichten. Doch hinderte sie dies nicht daran, die Methode der Gebrauchswertforschung als solche gutzuheißen, ihre Ergebnisse für wissenschaftlich gültig zu halten und die Methode sogar nach deutschem Vorbild im eigenen Land einzuführen. 1944/45 diskutierten die amerikanischen Wissenschaftler, auch in den USA als Versuchpersonen auf ihrer Schuhprüfstrecke Häftlinge einzusetzen, da es – nicht zuletzt wegen der Fußverletzungen, die sich Testpersonen bei den Versuchen zuzogen – schwierig war, genügend zivile Versuchspersonen zu rekrutieren und zu motivieren. In den USA fanden Humanversuche zu diesem Zeitpunkt meist mit Zustimmung der Häftlinge und freiwillig stat und die institutionellen Rahmenbedingungen waren gänzlich andere als bei der offen terroristischen gewaltförmigen Vernetzung von Menschen, wie sie die SS in den deutschen Konzentrationslagern praktizierte.

Die Reinigungsstrategie, die die deutsche Gebrauchswertforschung von ihrem Kontext der Gewaltverbrechen im Konzentrationslager, der Misshandlung, der gesundheitlichen Schädigung und des Mordes an den Häftlingen des KZ Sachsenhausen entkoppelte, eine Strategie, die beteiligte Firmen in Deutschland konsequent in den Monaten und Jahren nach Kriegsende betrieben, hatte sowohl bei den britischen als auch bei den amerikanischen Fachleuten Erfolg. Fasziniert von der neuen wissenschaftlichen Methodik, blendeten die amerikanischen Unternehmer und Wissenschaftler den Kontext der terroristischen Gewaltverbrechen und die massenhaft tödlichen Folgen der ethischen Entgrenzung der Forschung im Nationalsozialismus zunehmend ebenso aus wie ihre deutschen Fachkollegen. In der Folge wurden weder die Forschungspraktiken der deutschen Gebrauchswertforscher im Nationalsozialismus in Frage gestellt oder näher untersucht noch Maßnahmen zu ihrer Strafverfolgung als Kriegsverbrecher eingeleitet. Zu einer internationalen Diskussion um die ethischen Standards bei technikwissenschaftlichen Versuchen am Menschen, wie dies bei medizinischen Experimenten mit tödlichem Ausgang der Fall war, kam es im Zusammenhang der Gebrauchswertforschung im Konzentrationslager Sachsenhausen nicht.

12. Zusammenfassung und Ausblick

Produktlinienanalyse: Konsum und Produktion

Mittels der historischen Produktlinienanalyse lassen sich die Konsumgeschichte zur Produktionsgeschichte systematisch in Verbindung setzen und ihre gegenseitigen Abhängigkeiten untersuchen. Dabei zeigen sich einerseits die Verbraucher und die Konsumprozesse in ihrer Wirkungsmächtigkeit für die wirtschaftlichen Prozesse. Andererseits gelangen viele Akteure aus ganz unterschiedlichen Bereichen in den Fokus historischer Analyse, die sonst nicht in einem Handlungszusammenhang gesehen werden. Zudem geraten wichtige Strukturen und Prozesse der Vermittlung zwischen Produktion und Konsum in den Blick. Berücksichtigt man diese Wechselwirkungen und die konkurrierenden Ansprüche verschiedener, gesellschaftlicher Akteure an die Eigenschaften des Schuhs, so erweist sich die Entwicklung des »modernen« Produkts keineswegs als ein reibungsloser, von einem oder wenigen Akteuren gesteuerter oder auch nur linearer Prozess. Zudem wird deutlich, dass der Wandel des Produkts, wie Bertolt Brecht dies in seinem eingangs zitierten »Lied vom Schuh« vermutete, für viele Akteure entlang der Produktlinie ganz und gar keinen »Fortschritt« darstellte.

Die Qualität des Konsumguts erweist sich im Verlauf der Produktgeschichte als zentrales, gesellschaftlich umkämpftes Feld. Individuelle und kollektive Bedürfnisse und verschiedene soziale, technische, betriebs- und volkswirtschaftliche sowie wissenschaftliche Rationalitäten der betroffenen Akteure überschnitten sich hier bzw. standen sich konkurrierend, ja mitunter unvereinbar gegenüber. Im Schnittfeld dieser Rationalitäten entstanden neue, gesellschaftliche Definitionen und Konventionen der »Qualität«, die somit als Ergebnis eines gesellschaftlichen Aushandlungsprozesses erkenntlich werden. Welche Bedürfnisse sich dabei jeweils als legitim und dominant durchsetzten, variiert im Vergleich der drei Länder erheblich. Entsprechend unterschieden sich jeweils die Produkte. Hier wird das Alltagsprodukt als Ausdruck von *multiple modernities* (Shmuel Eisenstadt) in den drei Vergleichsländern erkennbar. Die Produktlinien des »modernen« Schuhs in NS-Deutschland, Großbritannien und den USA sind einerseits durch strukturelle Unterschiede wirtschaftlicher und politischer Art, jedoch überraschend branchenähnliche Rahmenbedingungen technischer und institutioneller Art geprägt. Andererseits weisen die Vergleichsländer aber deutliche Unterschiede und jeweils sehr spezifische soziale Erfahrungs- und Deutungsmuster von Konsum und Produktion auf, die sich ebenfalls in unterschiedlichen Produkten materialisierten.

Am Beispiel des Konsumguts Schuh werden in der Zwischenkriegszeit unterschiedliche Bekleidungspraktiken deutlich, darunter besonders die Dualität von Standardkleidung und Modekleidung. Ein Befund dieser Arbeit ist, dass sich diese Dualität der Gebrauchspraktiken der Nutzer sowohl in den Produktionsstrategien der Konsumgüterhersteller, den Produktionsformaten der Unternehmen, und den Vertriebsformen des Handels als auch in den Produkten selbst niederschlug. Letzteres wird hier unter dem Begriff der Produktformate – des Standardprodukts und des Modeprodukts – gefasst. Zu Beginn des hier untersuchten Zeitraums bildete sich das industrielle Produktformat des Modeschuhs erst heraus. Der saisonale Wechsel von Modellen brachte neue Probleme für den Handel und die Produktion mit sich, die die Unternehmen in den folgenden Jahren mit verschiedenen Mitteln zu lösen suchten.

Deutlich wird an der Analyse von Konsummustern, Produktionsformaten und dem Einfluss der Mode in der Vorkriegszeit auch, dass der Geschlechterunterschied der Nutzer für die Produkte durchgehend eine zentrale Rolle spielte. Der Schuh gehörte seit den 1920er Jahren zu den immer deutlicher geschlechtsspezifisch gestalteten Gebrauchsgegenständen, den *gendered objects*. Frauenschuhe wurden in anderen Konstruktionen hergestellt als Männerschuhe, die Herstellungsverfahren wichen voneinander ab und die technische Entwicklung nahm bei beiden unterschiedliche Pfade. Damenschuhe wurden, nicht zuletzt, weil sie oft modisches Format hatten, in allen drei Volkswirtschaften bis 1945 in etwa doppelt so großer Menge hergestellt und konsumiert wie Männerschuhe.

Die Herstellung von Schuhen praktizierte man in der ersten Hälfte des 20. Jahrhunderts in keinem der drei Vergleichsländer als Massenproduktion. Die Gründe hierfür waren absatzwirtschaftlicher und verfahrenstechnischer Art. Der modisch bedingte, saisonale Modellwechsel verkleinerte die Seriengrößen gegenüber der Zeit vor dem Ersten Weltkrieg. Gleichzeitig stellte der organische Werkstoff Anfang der 30er Jahre das wichtigste technische Rationalisierungshindernis dar. Hinsichtlich der technischen Ausstattung der Unternehmen und der Produktionsverfahren, die gemeinhin in der Wirtschafts- und Technikgeschichte als wichtigster Faktor der Produktivität von Unternehmen und nationalen Industrien gelten, bestanden in Deutschland, den USA und Großbritannien so gut wie keine Unterschiede. In allen drei Ländern besaßen die amerikanische United Shoe Machinery Corporation und ihre Tochterunternehmen ein mindestens 80prozentiges Monopol für Arbeitsmaschinen. Die Maschinen wurden vermietet. Über die Maschinen waren somit kaum Rationalisierungseffekte zu erzielen. Dieses spezifische Vertriebssystem ermöglichte bereits in den 20er Jahren den raschen und direkten Transfer technischer Innovationen aus den USA in die beiden europäischen Länder und die Durchsetzung der neuesten amerikanischen »Spitzentechnologie« auch in Mittel- und Kleinbetrieben, die die Struktur der Schuhindustrien in allen drei Ländern prägten.

Zur Erklärung der bedeutenden Unterschiede in der Produktivität der drei Schuhindustrien müssen also andere Faktoren gefunden werden. Als wesentlich erweist sich hierfür erstens die Spezialisierung der Unternehmen bzw. Werksteile, zweitens die Tiefe der Arbeitsteilung in der Produktion, drittens der Grad der unternehmensübergreifenden Normierung von Schuhteilen, die mit der landesweiten Festlegung von Schuhgrößenmaßen und der Auslagerung ganzer

Werksteile in Spezialfabriken nur in den USA nennenswerte Erfolge erzielt hatte, und viertens das Produktformat der Erzeugnisse, d. h. der Anteil von Standard- gegenüber Modeprodukten im Sortiment der Hersteller. Darüber hinaus zeigt sich, dass für die meisten dieser Faktoren die Vertriebsstruktur des Handels der Produkte ausschlaggebend war und die Leistungsfähigkeit der Produktion unmittelbar von den Distributionsformen abhing.

Die Absatzmöglichkeiten der deutschen unterschieden sich deutlich von denen der britischen und amerikanischen Produktionsunternehmen. Amerikanische Schuhhersteller fanden zur selben Zeit wie die deutschen und sogar etwas später als die britischen Unternehmer die Möglichkeit, durch den Handel in Filialketten mit hohen Verkaufszahlen Schuhe in größeren Serien herzustellen. Im Vergleich zu Deutschland, wo der Einzelhandel dominierte konnten in den USA allerdings erheblich größere Stückzahlen hergestellt und abgesetzt werden, da beide Schuhindustrien zu dieser Zeit fast ausschließlich den eigenen Binnenmarkt belieferten und der amerikanische ungleich größer war. Selbst Modeschuhe konnten so in den USA in Menge produziert werden. In Großbritannien ermöglichten die Schuhexporte von langjährigen Standardwaren auf die Märkte des Empire und eine bereits größere Verbreitung der Filialketten des Handels auf dem Binnenmarkt oft eine Großserienproduktion. So konnten britische Schuhhersteller ebenfalls Skalenerträge und Verbundvorteile für die Produktion erzielen, die den deutschen Firmen fehlten.

Beurteilung der Ersatzstoffe für Leder im Nationalsozialismus

Für die Materialentwicklung und die Konstruktion des Schuhs in Deutschland bedeutete der NS-Vierjahresplan den wichtigsten Einschnitt in der ersten Hälfte des 20. Jahrhunderts. Die Rolle des Materials als Faktor der Verfahrenstechnik änderte sich grundlegend mit der Entwicklung erster Kunststoffe als Austauschwerkstoffe für Leder. In Deutschland war für ihre Entwicklung die nationalsozialistische Autarkiepolitik in der Zeit zwischen 1936 und 1945 ausschlaggebend. Infolge der Verknappung des Importes von Leder und seinen Rohstoffen nach Deutschland ab 1934 und vor allem im zweiten Vierjahresplan stellte sich die Schuh- und die Lederindustrie in Deutschland ab 1937 in großen Teilen auf die Verarbeitung von Leder-Ersatzstoffen um. Neben neuen Lederarten aus bislang nicht genutzten Tierhäuten und Holz wurden vor allem Werkstoffe aus Syntheseprodukten der chemischen Industrie wie Lederfaserwerkstoffe und Synthesekautschuk, Polyvinylchlorid und Polyamid in deutschen Schuhen eingesetzt. Bis Kriegsende wurden alle Lederteile im Schuh durch neue Werkstoffe ersetzt. Am Ende des Zweiten Weltkriegs bestand in Deutschland der industriell gefertigte Straßenschuh statt aus Leder ganz aus Kunststoffen. Er war nicht mehr genäht, sondern geklebt konstruiert. Seit Mitte der 30er Jahre bildete die Verarbeitung von Ersatzstoffen die wichtigste Voraussetzung für die Durchsetzung der geklebten Machart zur später dominanten und billigsten Konstruktion von Schuhen und einen weiteren wesentlichen Schritt zu ihrer Massenproduktion.

Der Prozess der »Entlederung des Schuhwerks« verursachte somit einen entscheidenden Entwicklungssprung in der Produktion von Schuhen in Deutschland. Die Rohstoffumstellung der Unternehmen im Nationalsozialismus war die zentrale Achse des technischen Wandels in dieser Konsumgüterbranche. Innovationen entstanden zunächst als die Summe kleiner, inkrementeller Veränderungen in den Materialien und ihrer Verarbeitung. Die Änderungen in der Rezeptur der Werkstoffe waren Reaktionen auf Verknappungen bestimmter Grundstoffe in der Kriegswirtschaft. Sie zogen Verarbeitungsprobleme nach sich, die durch Experimente mit neuen Konstruktionen gelöst wurden. Neues entstand dabei in unvorhergesehener Weise. Es war nicht das Ergebnis eines durch und durch gesteuerten, linearen Prozesses. Keiner der Akteure hatte die Kontrolle über den Ausgang dieser Entwicklung. Nichtsdestoweniger wurden deren Rahmenbedingungen durch den Vierjahresplan und die Autarkiepolitik gezielt gesetzt.

Die Verlierer dieser Entwicklung waren erstens die weiblichen deutschen Verbraucher, die durch den Verarbeitungszwang in Lederschuhen immer weniger die Wahl hatten, überhaupt noch Schuhe aus Leder zu kaufen und stattdessen oft Produkte erhielten, die nur wenige Wochen nutzbar waren; zweitens die Reparaturhandwerker, die am Ende der Produktlinie die geringwertigen Schuhe immer wieder instand setzen sollten, deren Reparaturaufkommen sich vervielfältigte und die zudem die schlechtesten Werkstoffe für die Reparatur zugewiesen bekamen. Drittens mussten für die Entwicklungsarbeiten der Unternehmen an den Ersatzstoffen und neuen Kunststoffen in den Jahren 1940 bis 1945 mehrere Hundert Häftlinge des KZ Sachsenhausen unfreiwillig als Versuchspersonen arbeiten, und wurden dabei schikaniert, erniedrigt, geprügelt und zum Teil ermordet.

Im internationalen Rahmen müssen die Ersatzstoffe, die im Nationalsozialismus entwickelt wurden und bislang in der historischen Forschung vor allem als spezifisch deutsches Phänomen behandelt wurden, neu bewertet werden. Sie überlebten größtenteils die Ökonomie der Knappheit im Zweiten Weltkrieg und fanden ihren Weg in die prosperierende deutsche Nachkriegswirtschaft. Zum Teil wurden sie über technologische Transferprozesse aus Deutschland heraus auch von den beiden Vergleichsländern adaptiert und waren nach 1945 auch sonst auf dem Weltmarkt erfolgreich. Dafür wurden sie in ihren Mischungen – Weichmachern, Bindemitteln und Füllstoffen – variiert und weiterentwickelt, die die Eigenschaften der Kunststoffe entscheidend beeinflussen. Westdeutschland stieg 1952 zum weltweit zweitgrößten Produzenten von Kunststoffen, gleich hinter den USA, auf und hielt diese Stellung über Jahrzehnte.[1] Auch in der

1 Ab 1952 machten Polymerisationsprodukte fast die Hälfte der gesamten Kunststoffproduktion in Westdeutschland aus. PVC hatte daran einen stetig wachsenden, ab Mitte der 50er Jahre den größten Anteil. Vgl. US Department of Commerce, Business and

DDR nahmen Kunststoffe einen zentralen und wachsenden Stellenwert bei der Konsumgüterversorgung ein.[2]

In der Bundesrepublik Deutschland konsolidierte sich die Schuhindustrie nach der Währungsreform im Jahr 1948 rasch. Von 1949 an stieg die Schuhproduktion stetig (Tabelle 39). Der Anteil der Gummisohlen, zum ganz überwiegenden Teil aus Synthesekautschuk, und anderer Kunststoffsohlen an der gesamten bundesrepublikanischen Schuhproduktion betrug nach Angaben des *Wirtschaftsverbands der deutschen Kautschukindustrie* 41 Prozent (1950), 63 Prozent (1954) und 74 Prozent (1963).[3] Auch der neue Kampfstiefel für die 1955 wieder eingeführte Bundeswehr besaß eine Gummisohle aus Synthesekautschuk.[4] Die Unterleder-Erzeugung ging demgegenüber rapide zurück. Sie sank innerhalb einer Dekade, zwischen 1950 und 1960, auf nur ein Drittel ihrer vorherigen Menge. Die Ledererzeugung war damit einer der wenigen Industriezweige, der in den Wirtschaftswunderjahren zurückging. Dass aber weiterhin Leder im Schaft des Schuhes verwendet wurde, zeigt die Entwicklung der Oberledererzeugung, die sich im Gegensatz zur Unterlederproduktion im selben Zeitraum fast verdoppelte.[5]

Sowohl die Gummisohle aus dem Synthesekautschuk *Buna* als auch die Lederfaserwerkstoffe erwiesen sich in der Nachkriegszeit als profitable Warengruppen. Die Synthesekautschuksohle *Nora* der Firma Freudenberg wurde nach dem Krieg zu einem echten Erfolgsprodukt, das noch Jahrzehnte später Absatz fand.[6] Die Synthesekautschuksohlen *Nora* von Freudenberg und das *Perbunan* von Bayer, ehemals I.G. Farbenindustrie AG, trugen noch in den 80er Jahren die ursprünglichen Markennamen aus der Zeit des Vierjahresplans.[7] Die Lederfaserwerkstoffe setzten sich bis heute erfolgreich als Brandsohlen- und Absatzmaterial durch und verdrängten in diesem Bereich alle anderen Stoffe außer dem qualitativ immer noch hochwertigeren Leder. Auch ihre technische Gattungsbezeichnung *Lefa* aus der NS-Zeit blieb bis heute weiter in Verwendung.[8] Für Schuhe der unteren bis mittleren Preisklassen wurden seit den 50er Jahren durchgehend Brandsohlen aus Lederfaserwerkstoffen und mit steigender Tendenz auch einfache Faserpappen verwendet. Auch in anderen Teilen des Schuhs kamen sie nach dem Krieg weiterhin in zunehmendem Maße zum Einsatz. Innerhalb der großen Schuhkonzerne bildeten die Lederfaserstoffe später einen wich-

Defense Services Administration, World Survey of Plastics 1954-1957, Washington 1959, bes. S. 5, 80ff.

2 Für Kunststoffe in der Schuhindustrie der DDR vgl. Schreier (2002), S. 65-69, 75-77; für die Konsumgüterindustrien allgemein vgl. Rubin (2008); Stokes (2000).

3 Prill (1964), S. 31.

4 Ebd.

5 Ebd., S. 40.

6 150 Jahre Freudenberg (1999), S. 245.

7 Vgl. ebd., S. 246-8; Schlachter (1987), S. 206-213.

8 Schlachter (1987), S. 231f. u. v. a.

tigen, eigenständigen Produktbereich. Während die Lederschuhproduktion in Westdeutschland seit den 60er Jahren immer weiter zurückging, blieben die Leder-Ersatzstoffe ein wichtiges Produktsegment der Unternehmen. So betrug der Umsatzerlös der Firma Salamander im Geschäftsjahr 1996 in der Sparte »Industrieprodukte: Lederfaserstoffe, Kunststofftechnik und Chemische Produkte« fast ein Viertel des gesamten Umsatzes mit Schuhen.[9] Der Geschäftsbericht des Salamander-Konzerns erklärte 1997: »Die [Tochtergesellschaft] ‚Salamander Industrie-Produkte' exportiert über 80 Prozent ihrer Lederfaserprodukte in alle wichtigen Märkte rund um den Erdball und ist heute auf diesem Spezialgebiet Weltmarktführer.«[10]

Das Polyvinylchlorid sollte in Westeuropa innerhalb eines Jahrzehnts die Produktionstechnik von Schuhen revolutionieren. Der Guss von PVC zu Schuhen begann in den Westzonen und in der sowjetischen Besatzungszone Deutschlands in den lederknappen unmittelbaren Nachkriegsjahren ab 1947 mit den sogenannten *Igelit*-Schuhen (Abb. 89, 90). Nur wenig später kamen die sogenannten Formsohlen hinzu, d. h. vorgegossene, kombinierte Sohlen- und Absatzeinheiten, die mit dem Schaft verklebt wurden.[11] In der zweiten Hälfte der 50er Jahre entstand schließlich der Spritzguss von PVC und später anderen thermoplastischen Kunststoffen zu Schuhsohlen und Absätzen, die dem gezwickten Schuhschaft direkt in einem Stück angegossen wurden (Abb. 87).[12] In diesem Verfahren, wie auch bei der Verklebung von Formsohlen, entfielen der schwierige Lederzuschnitt der Bodenteile, alle aufwendigen Nähte der Bodenarbeit und die qualifizierte Arbeit der Fertigmacherei. Es erforderte allerdings eine hohe Präzision der Fertigung. Erst mit der Verarbeitung von Kunststoffen wie Synthesekautschuk und PVC, denen bis 1960 das Polyurethan, Polypropylen, Polytetrafluorethan und andere Kunststoffe als Sohlenmaterial und wenig später auch »luftdurchlässige« Kunststoffe als Oberleder-Ersatz (*Poromerics*) folgten, wurde technisch eine Massenproduktion von Schuhen möglich. Die autarkiepolitischen Maßnahmen und die Materialentwicklungen im Krieg wurden so zur Grundvoraussetzung ganz neuer Konstruktionsmethoden nach dem Krieg.

In den USA ergab sich im Vergleich in der Vorkriegs- und späten Kriegszeit eine ganz ähnliche Verbreitung von Ersatzstoffen wie in Deutschland. In den 30er Jahren wurden hier von den Schuhunternehmen und diversen Zulieferern ebenfalls Ersatzstoffe für Leder entwickelt, die sich von den deutschen nur dadurch unterschieden, dass sie keine synthetischen Kunstoffe enthielten. Ihre Entstehung war aber nicht volks- bzw. autarkiewirtschaftlich motiviert wie im Deutschen Reich. Neben dem Ziel, die Produkte zu verbilligen, war hier Grund

9 Vgl. Geschäftsbericht der Salamander AG 1996, Kornwestheim 1997, S. 57.

10 Vgl. Salamander – Flagschiff der Schuhindustrie in Westeuropa. Salamander Presseinformation, Kornwestheim 1997, S. 1.

11 Schuhe aus Igelit, in: Kunststoffe 37 (1947), Nr. 1, S. 23; 30.000 laufen auf Igelit-Sandaletten, in: Volkssolidarität Nr. 6 (1948); Prill (1964), S. 61.

12 Prill (1964), S. 61; Oelsner (1997), S. 13ff., 81-89; Westermann (2007).

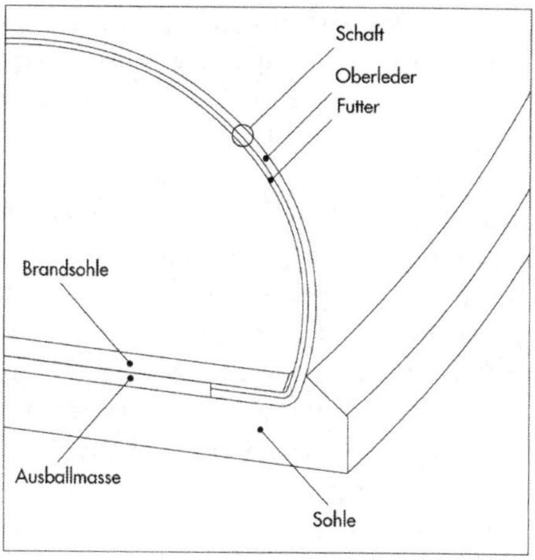

Abb. 88: Machart 7: Die spritzgegossene Machart

für die Entwicklung von Ersatzstoffen das betriebswirtschaftliche Bestreben der Unternehmen, einen homogeneren Werkstoff als Leder zu erhalten und so die Verfahrenstechnik zu rationalisieren. Die frühen Entwicklungen in Deutschland beruhten nach dem Ersten Weltkrieg zunächst auf amerikanischen Vorbildern. Während die amerikanischen Firmen den deutschen zu Beginn der 30er Jahre bei der Entwicklung von Leder-Ersatzstoffen eher noch voraus waren, beschleunigte sich die deutsche Entwicklung in der Zeit des NS-Vierjahresplanes und während des Zweiten Weltkriegs durch die staatliche Förderung von Ersatzstoffwerken und die großen Investitionen in die Grundstoffproduktion der chemischen Industrie. Schließlich wurden die wichtigsten neuen Werkstoffe in Schuhen, der Synthesekautschuk und das Polyvinylchlorid, jeweils in Deutschland mehrere Jahre früher in der Schuhindustrie verfügbar und zu Schuhen verarbeitet als in den USA. Dass die spätere Einführung der Kunststoffe in den USA nichts mit qualitativen Überlegungen seitens der Schuhunternehmen zu tun hatte, zeigte sich unter anderem daran, dass Qualitätsverbesserungen und Qualitätsstandards in den Produkten erst ab 1943 von den Konsumentenvereinigungen erkämpft wurden. Als Folge der Wirtschaftskrise waren die frühen 30er Jahre in den USA eine erste Blütezeit für Leder-Ersatzstoffe in Schuhen, die zweite folgte in der Kriegswirtschaft der Jahre 1943 folgende.

So kann hier als Ergebnis festgehalten werden, dass, was den Faktor Material anging, die Autarkiepolitik die deutschen Industrie veranlasste, den leichten amerikanischen Technologievorsprung einzuholen und, auf dem Gebiet der Kunststoffe in Schuhen, grundlegende Werkstoffinnovationen hervorzubringen, die eine Voraussetzung für die weitere technische Entwicklung in der Nachkriegszeit waren. Anhaltspunkte für eine Retardierung der schuhtechnischen Entwicklung in Deutschland während des Nationalsozialismus gibt es nicht. Vielmehr begünstigte die staatliche Autarkiepolitik die Entwicklung von Ersatzstoffen und Kunststoffen als Bodenmaterialien und damit die weitere Annäherung an eine Massenproduktion von Schuhen in Deutschland. Diese beschleunigten wiederum die Durchsetzung der geklebten Machart von Schuhen im und nach dem Zweiten Weltkrieg. Sie wurde, auf der Basis der neuen Materialien, zuerst in Deutschland, bald aber auch in den beiden anderen Ländern, sogar in Großbritannien, zur alle anderen Macharten dominierenden Herstellungsart.[13]

In Großbritannien nahm die Entwicklung der Schuhtechnik einen anderen Weg als im nationalsozialistischen Deutschland. Dort wurde der Lederaustausch bis lange in den Zweiten Weltkrieg hinein nicht von der Schuhindustrie verfolgt. Doch kam es unter den Bedingungen der Kriegswirtschaft ebenfalls zu einer Lederknappheit. Als Reaktion darauf wurden auch hier schließlich ab 1943 Leder-Ersatzstoffe entwickelt. Doch erreichten diese in der kurzen Zeitspanne bis Kriegsende weder qualitativ einen ausreichenden Standard noch konnten sie in den in Großbritannien bekannten Verfahren der Produktion, wo die geklebte Konstruktion nicht bekannt war, verarbeitet werden. Sie wurden daher erst nach Kriegsende in nennenswertem Umfang zunächst über Transferprozesse aus den USA und Deutschland eingeführt, ab den 50er Jahren selbst entwickelt und in Schuhen eingesetzt. Die Briten begegneten der Lederknappheit mit anderen Standardisierungsmaßnahmen: dem *Utility*-Programm von durchweg ledernen Zivilschuhen. Diese wurden später ab 1948 sogar Vorbild für ein westdeutsches Programm von Standardwaren unter Ludwig Erhard (»Jedermann-Programm«).[14] Die britische Konsumpolitik war bedeutend konsumentenfreundlicher als die nationalsozialistische. Die Qualität des Schuhwerks blieb den ganzen Krieg hindurch weitaus höher, während dessen Quantität sehr begrenzt blieb. Zudem nutzte die britische Regierung die neuen Forschungsmethoden der Verbrauchsforschung in der Kriegswirtschaft dazu, die Zufriedenheit der KonsumentInnen mit den Produkten in die Produktionsplanungen mit einzubeziehen und die Unternehmen, wenn nötig, für die schlechte Qualität zur Verantwortung zu ziehen.

Während die Nationalsozialisten die deutsche Wirtschaft spätestens seit 1936 auf einen neuen Krieg vorbereiteten, stellten sie damit, wie am Beispiel der Schuh- und Lederwirtschaft deutlich wird, entscheidende Weichen für die Kriegswirtschaft. Da in Deutschland ab 1936 alternative Werkstoffe zu Leder industriell hergestellt wurden, standen sie bereits zu Kriegsbeginn zur Verfügung. Sowohl in Großbritannien als auch in den USA mussten solche Ersatzstoffe mit erheblichem finanziellen Aufwand und, auch hier, mit staatlicher Initiative erst entwickelt werden, als die akute Leder- und Kautschukknappheit bereits eingetreten war. Einen Sonderstatus bei der Ersatzstoff-Entwicklung nahm im Vergleich der drei Länder nicht so sehr Deutschland als vielmehr Großbritannien ein. Dessen Schuhindustrie verzichtete bis 1945 weitgehend auf

13 In den USA überstieg der Anteil der geklebten Machart an der Gesamtproduktion von Schuhen 1954 die 50 Prozent und wuchs bis 1960 auf 58 Prozent. Vgl. Statistical Services Department of the National Shoe Manufacturers' Association (Hg.), Facts and Figures on Footwear 1961. A Series of Leather Statistics, New York 1962, S. 19. Für Großbritannien vgl. The Monopolies Commission (1973), S. 19; für Deutschland vgl. Prill (1964), S. 60f.

14 Zum Jedermann-Programm, vgl. Egner (1963); Zündorf (2006), S. 69-73.

die Verwendung von Ersatzstoffen und ging auch nach 1945 eher langsam zu ihrer Verarbeitung über.

Mit Blick auf die beiden anderen Staaten muss konstatiert werden, dass die kriegsvorbereitende Autarkiepolitik in Deutschland, im Hinblick auf die frühe Hierarchisierung von militärischem und zivilem Konsum und auch die staatlich gelenkte, zwangsweise Einführung von Materialien in zivile Produkte, in diesem Fall effektiv und zielgerichtet war. Insofern trifft das Urteil Richard Overys auch auf die Schuhwirtschaft zu, dass die deutsche Wirtschaft bereits 1939 »nicht von einer Kriegswirtschaft zu unterscheiden war«.[15] Zu Kriegsbeginn verfügte die deutsche Wirtschaft damit über zusätzliche Ressourcen, auf die die beiden anderen Länder erst in den letzten Kriegsjahren, wie in den USA, bzw. gar nicht mehr zurückgreifen konnten, wie in Großbritannien. Das große Problem der Gütesicherung bei den Werkstoffen war in Deutschland jedoch im Interesse der Schuhunternehmen und der Ersatzstoff-Entwicklung bis Kriegsbeginn bewusst verschleppt worden. Eindeutige Richtlinien zur Herstellung der Werkstoffe und Mindeststandards der Qualität von Schuhen gab es – zum Leidwesen des Handels, der Verbraucher und der Reparaturschuhmacher – nicht. Ihre Ausarbeitung sollte sich gleich zu Kriegsbeginn als grundlegend für die weitere Planung und Herstellung von Schuhen erweisen, als auf Seiten der Verbraucher Proteststürme wegen der schlechten Qualität des Schuhwerks losbrachen.

Abb. 89: Igelit-Schuhe in Ostdeutschland. Frauen in Premnitz, Sachsen-Anhalt, mit neu erstandenen Igelit-Schuhen – ersten gegossenen Schuh-Modellen aus dem thermoplastischen PVC (1948).

Abb. 90: Igelit-Schuh in Westdeutschland (Hersteller: Jack & Cie, Offenbach) (1949)

In dieser Hinsicht muss die Zeit des Nationalsozialismus als wichtige Umbruchsphase und Periode grundlegender Neuerungen auf dem Gebiet der

15 Overy (2001), S. 48.

Schuhtechnik eingeordnet werden. Während dieser Jahre fand ein erheblicher Innovationsschub in Deutschland statt. Er ist unmittelbar auf die nationalsozialistische Autarkiepolitik und die mächtige Rolle der chemischen Industrie für die Wirtschaftspolitik zurückzuführen. In der mehrere Jahre währenden Aufrüstungsphase vor dem Zweiten Weltkrieg wurden von den deutschen Unternehmen der Leder- und Schuhindustrie so bedeutende Investitionen in die Ersatzstoff-Entwicklung getätigt, wie in keinem der beiden Vergleichsländer. Der Staat verpflichtete die verarbeitende Industrie zur Verwendung der neuen Materialien in Konsumgütern, so dass sich die Investitionen nicht nur schnell amortisierten, sondern in vielen Fällen die Verluste mehr als wettmachten, die durch die Verknappung von traditionellen Rohstoffen, wie etwa Rohhäuten, in der Vorkriegswirtschaft auftraten. Auch der anfangs hohe Preis der Ersatzstoffe und die noch schlechte Qualität der Materialien erwiesen sich durch staatliche Intervention als zu überwindendes Hindernis. Die Abneigung der Schuhunternehmen gegen die dem Leder qualitativ unterlegenen Werkstoffe war in Deutschland ohnehin gering.

Die weitere Entwicklung von Kunststoffen im Schuh und der geklebten Machart

Bereits 1951 hatte das Leder als Leitwerkstoff für Schuhsohlen in den USA endgültig seine führende Stellung verloren, und Kunststoffe waren an seine Stelle getreten. Der Anteil der Ledersohlen an der Gesamtproduktion von Schuhen, der in den USA 1942 noch über drei Viertel betrug, fiel bis 1944 auf knapp über die Hälfte. Zwischen 1945 und 1947 wuchs er wieder auf drei Viertel an, um jedoch bis 1950 rapide auf 51 Prozent und 1951 auf nur 44 Prozent zu fallen. Ab diesem Zeitpunkt nahm ihr Anteil stetig ab, bis auf 30 Prozent (1959).[16] Naturgummi hatte an den alternativen Werkstoffen einen weit geringeren Anteil als der Synthesekautschuk und andere Kunststoffe.[17] Der Anteil der geklebten Konstruktion an der gesamten Schuhproduktion betrug 1947 bei allen amerikani-

16 Statistical Services Department of the National Shoe Manufacturers' Association (Hg.), Facts and Figures on Footwear 1961. A Series of Leather Statistics, New York 1962, S. 18.

17 Auch *Buna N* blieb bis weit in die 60er Jahre wichtiger Standardwerkstoff für Sohlen in der amerikanischen Schuhindustrie. Vgl. Alternatives to Leather Soles, in: Monthly Bulletin of the BBSATRA 4 (1950), Nr. 26 (Jan. 1950), S. 149ff.; Tätigkeits- und Sitzungberichte der Shoe Division der Society of Plastics Industry, die ab Janur 1960 branchenweit die Standardisierung von synthetischen Werkstoffen und Prüfmethoden in der Schuhindustrie organisierte. Society of the Plastics Industry, Minutes SPI Shoe Division Organizational Meetings, Jan. 1960-1965, Hagley Archive Wilmington, RG 1929, Society of the Plastics Industry, Series III: Division Records, Roll 12, Shoe Division (1960-1965).

schen Damenschuhen bereits knapp die Hälfte. Dieser Anteil stieg bis 1958 auf drei Viertel.[18] Insgesamt machten geklebte Schuhe in den USA bereits 1954 mehr als die Hälfte der gesamten Schuhproduktion aus, mit weiterhin steigender Tendenz.[19]

Während sich so die Entwicklung des Schuhs in der Nachkriegszeit in den USA nicht wesentlich von der deutschen unterschied und die verwendeten Materialien auch hier massenindustrielle Verfahren in der Produktion begünstigten, nahm die Schuhtechnik in Großbritannien im Vergleich weiterhin einen Sonderstatus ein. Dort blieben Ledersohlen noch bis Mitte der 50er Jahre bei drei Viertel aller Damen- und Herrenschuhe das bevorzugte Sohlenmaterial. Kinderschuhe waren jedoch bereits 1953 zu über 60 Prozent mit synthetischen Werkstoffen besohlt.[20] Erst allmählich näherte sich die britische Schuhindustrie in der Nachkriegszeit allmählich der deutschen und amerikanischen Entwicklung an. Die geklebte Machart als Herstellungsverfahren von Schuhen führten britische Schuhunternehmen mittels deutscher Schuhmaschinen, Adaptionen der British United Shoe Machinery Corporation sowie deutscher und amerikanischer Klebstoffe Anfang der 50er Jahre ein. Hierfür musste aber neuerdings Wissenschaft in einem Maße in der Industrie eingesetzt werden, das für die britischen Schuhhersteller ganz neu und ungewohnt war. Herstellungsverfahren und chemische Hilfsmittel für die geklebte Machart wurden zum wichtigsten Forschungsbereich des Schuhforschungsinstituts SATRA nach Kriegsende. Bis in die 1960er Jahre entwickelte sich die geklebte Machart auch in Großbritannien zur häufigsten Konstruktion von Schuhen.[21]

Während die im Zweiten Weltkrieg entwickelten Kunststoffe für den Boden des Schuhs das Unterleder innerhalb eines Jahrzehnts nach Kriegsende in weiten Teilen verdrängten, warf der Leder-Ersatz für Schuhschäfte jedoch größere Probleme auf. Denn die Verbraucherinnen und Verbraucher waren, sobald sie wieder eine Wahl hatten, nicht bereit, alle Produktentwicklungen der Unternehmen tatsächlich aufzunehmen. Sie zeigten sich weiterhin mit eigenen Rationalitäten als Einfluss auf den Schuhmärkten. In der Nachkriegszeit beschäftigten sich, ebenso wie in Deutschland die Firmen Bayer, Hoechst, Freudenberg, Bennecke und Glanzstoff, sowohl die Firma DuPont in den USA als auch das Chemieunternehmen Imperial Chemical Industries (ICI) in Großbritannien über Jahrzehnte hinweg mit der Aufgabe, einen geeigneten Ersatzstoff für Oberleder im

18 Nach: Statistical Services Department of the National Shoe Manufacturers' Association (Hg.), Facts and Figures on Footwear 1961. A Series of Leather Statistics, New York 1962, S. 20.

19 Ebd., S. 19.

20 Synthetic Soling as a Competitor to Leather, Notes for Meeting with Ministry of Supply, 20. 5. 1955, NA/PRO London, BT 258, Nr. 428.

21 The Monopolies Commission (1973), S. 19; Footwear. Report of a Visit to the USA in 1950 of a Productivity Team representing the British Footwear Industry, London/New York 1951, bes. S. 71ff.

Abb. 91: Corfam, ein Oberleder-Ersatzstoff wird entwickelt (1950er Jahre). Polizist im Staat New York als Versuchsträger von Schuhen aus diesem Material und ein Wissenschaftler der Forschungs- und Entwicklungsabteilung von DuPont.

Ab. 92: Ein Gebrauchswertforscher unter Tausenden von in Trageversuchen erprobten Schuhpaaren aus Corfam

Schuh zu finden. Als wichtigste Eigenschaft sollte dieser luftdurchlässig, d. h. atmungsaktiv, sein. Diese neue Art von Leder-Ersatzstoffen wurde von DuPont Ende der 50er Jahre *Poromerics* genannt. Konkurrenzfirmen übernahmen dies als Gattungsbegriff luftdurchlässiger Werkstoffe für den Schaft des Schuhs.

An ihrem Beispiel lässt sich zeigen, dass die technokratische Vision und unternehmerische Kalkulation, Leder ließe sich bald vollständig ersetzen, in den 50er und 60er Jahren auf den Eigen-Sinn der Verbraucherinnen und Verbraucher traf. Obwohl die großen Werkstoff-Hersteller jahrzehntelang an solchen Oberleder-Ersatzstoffen forschten und erhebliche Geldmittel in die Entwicklung investierten, waren die Verbraucher bis in die 80er Jahre nicht bereit, normale Straßenschuhe aus solchen Materialien zu kaufen.[22] Ein Beispiel für einen solchen Innovationsflop auf dem Gebiet der Ersatzstoffe für Oberleder stellt das Material *Corfam* des Chemieunternehmens DuPont in den USA dar. *Corfam* wurde seit 1949 in einem vierzehnjährigen Prozess mit Millionenaufwand entwickelt und sollte ursprünglich ein zweiter *Nylon*-Erfolg werden.[23] Bevor das Ma-

22 Zu den »nicht unbeträchtlichen Aversionen gegen Synthetikschuhe« der Verbraucher vgl. Riedt (1974); Hauptverband der Deutschen Schuhindustrie (Hg.), Schuhe 1998/99. Die Schuhwirtschaft in Zahlen, Offenbach 1999, S. 7 und 35.

23 Zur Geschichte des Innovationsflops *Corfam* vgl. Kanigel (2007), S. 112-150; Hounshell/Smith (1988), S. 536-8; W. D. Lawson, Fabrics and Finishes Department, DuPont,

terial 1963 auf den Markt gebracht wurde, fanden über viele Jahre hinweg Trageversuche mit insgesamt 15.000 Paar Schuhen aus dem neuen Oberledermaterial statt (Abb. 91, 92).[24] Das Material war jedoch einer der größten Misserfolge in der Geschichte des Unternehmens. Wichtigste Gründe für die Ablehnung der Verbraucher waren die – trotz gegenteiliger Beteuerungen der Anbieter – zu geringe Luftdurchlässigkeit und paradoxerweise die gute Formbeständigkeit des neuen Materials. *Corfam* verlor auch nach langem Einlaufen nicht seine Form, was zwar zum besseren Aussehen beitrug, von den Verbrauchern jedoch als unbequem und störend empfunden wurde. 1971 gab DuPont bekannt, die Produktion einzustellen, da der Werkstoff »nie einen Gewinn erzielte«.[25] Das Werk und die gesamte Produktionstechnologie wurden nach Polen verkauft, worüber der Werkstoff in Osteuropa weiter in der Schuhherstellung Verwendung fand. Andere *Poromerics*-Hersteller in den USA, in Großbritannien und Westdeutschland stießen beim Absatz ihrer Produkte ebenfalls auf die Ablehnung der Verbraucher.[26] Der Kunststoffanteil stagnierte von den 60er Jahren bis Mitte der 90er Jahre in den drei Vergleichsländern bei etwa 50 Prozent allen Schuhmaterials.[27]

Unternehmen und Mode

Neben dem Material war der modische Wandel von Modellen in den frühen 30er Jahren das wichtigste Rationalisierungshindernis. Für die deutschen Unternehmen machte sich die Mode als Einfluss der eigensinnigen KonsumentInnen

History and Analysis of «Corfam", Nov. 1972, Manuskript, Hagley Archive Wilmington, Imprints Collection.

24 Die Versuchspersonen, die die Schuhe ab Mitte der 50er Jahre freiwillig probetrugen, waren Universitätsstudenten, Krankenschwestern, Handelsvertreter, Laborarbeiter, Briefträger, Polizisten sowie ein *Panel* von 600 Personen in allen klimatischen Zonen der USA. Vgl. Forschungsbericht Marketing Research Section, Fabrics and Finishes Department, DuPont, Wear Test of Men's Shoes Made with Fam Uppers (Satisfaction after Ten Months' Wear of 260-2), Dez. 1962, Hagley Archive Wilmington, DuPont, Joseph B. Leavy Collection, Box 2 (Corfam).

25 Pressemitteilung DuPont v. 10. 3. 1971, Hagley Archive Wilmington, DuPont, Joseph B. Leavy Collection, Box 2 (Corfam).

26 Vgl. F. Brooks/R. Mitton, Wear Trials for the Comparison of Leather and Synthetic Upper Materials in Shoes, in: American Shoemaking, 11. 10. 1967, S. 8-19; ICI Fibres Ltd., The ‚poromeric' synthetics. A Study of Success and Failure in Innovation, Manuskript, März 1971, Hagley Archive Wilmington, DuPont, Joseph B. Leavy Collection, Box 3; und die Beiträge von Klaus Schmidt (*Carl Freudenberg*), D. Popplewell und L. Hole (SATRA), Roland Epstein (*Salamander AG*), in: Foot Comfort and Health, Papers Presented by the Foot Comfort and Health Conference held by SATRA at Corby, Northants, England, 19./20. 4. 1972, Kettering 1973.

27 Vgl. International Labour Organization (Hg.), Recent Developments in the Leather and Footwear Industry. Fourth Tripartite Technical Meeting for the Leather and Footwear Industry, Genf 1992.

auf dem Markt bemerkbar, deren Kaufhandeln für die Unternehmen unberechenbar und wirtschaftlich mitunter verlustreich war. Sie sahen vor allem in den Konsumentinnen die für die Mode verantwortlichen Akteure. Die modisch bestimmte Nachfrage von Modellen musste ihrer Ansicht nach zugunsten eines risikoärmeren Wirtschaftens eingedämmt werden. Wie zu sehen war, wirkte das Produktformat des Modeschuhs sich wesentlich auf die Produktions- und Beschäftigungsstruktur der Fabriken aus. Als problematisch erwiesen sich in der Weimarer Republik grundsätzlich die kleinen Bestellmengen des Einzelhandels sowie die fehlende Koordination der Unternehmen untereinander im Hinblick auf ihre modische Produktion. Zudem wirkten sich das gänzlich mangelnde Interesse der Unternehmen an und das fehlende Wissen um Konsumprozesse und Mechanismen und Verbreitungsweisen der Mode negativ aus. Die modischen Wechsel und die uniformierenden Kräfte der Mode vorsätzlich absatzsteigernd für sich zu nutzen stand daher noch kaum in ihrer Macht.

In ihrer negativen Sicht der Mode unterschieden sich die deutschen Schuhunternehmen nicht grundsätzlich von den britischen oder US-amerikanischen, wie dies etwa Victoria de Grazia mit der Opposition der zwei Modelle des »neomerkantilen« Umgangs mit dem Konsum im kontinentalen Europa und dem »fordistischen« Umgang in den USA annimmt. Auch die britischen Schuhunternehmer sahen die Mode als Gefahr für die Stabilität des Absatzes und bewerteten sie als »Unvollkommenheit des Marktes«. Britische Wirtschaftswissenschaftler, die sich mit der Struktur der Schuhindustrie beschäftigten, erkannten die Herstellung von Modewaren allerdings in der unmittelbaren Vorkriegszeit auch als eine bewusste Vermarktungsstrategie der Unternehmen, die sich damit eine Marktnische schufen und die Gewinnmargen der Produkte erhöhten. Amerikanische Schuhunternehmen waren, was die Lenkung der Mode anging, etwas über eine Dekade schneller in der Entwicklung als die deutschen, aber in ihrer Haltung ebenfalls nicht grundsätzlich verschieden. Sie gründeten bereits Anfang der 20er Jahre einen Modeausschuss, mit dem die Unternehmen ihre modischen Modelle untereinander koordinierten, teilweise vereinheitlichten und die Produktion auf Grundlinien festlegten. Um 1930 war dieser bereits zur wichtigsten, halbjährlichen Brancheninstitution geworden und hatte durch die freiwillige Unterordnung des Großteils der Unternehmen unter seine Beschlüsse für die modische Modellentwicklung nahezu normative Bedeutung erhalten. Ziel der Maßnahmen war es, wie in Deutschland, den radikalen Modellwechsel zu verhindern und so die Verluste durch »Ladenhüter« und das Absatzrisiko zu vermindern. Amerikanische Schuhhersteller griffen bereits seit dem Ersten Weltkrieg zur Vervielfältigung der Modelle als vorsätzlichem Mittel, den Konsum zu erhöhen und Absatzkrisen der Schuhwirtschaft zu überwinden.

Bei der Kontrolle der Mode kamen die deutschen Unternehmen im Nationalsozialismus ein bedeutendes Stück voran. Nach einem früheren, aber erfolglosen Versuch in der Weimarer Republik riefen Schuhhersteller, -händler und Lederproduzenten Anfang 1934 – zunächst ohne staatliche Veranlassung – einen gemeinsamen Modeausschuss ins Leben. Im Rahmen der neuen »organischen« Wirtschaftsorganisation von den Unternehmen gegründet, arbeitete der Ausschuss ab 1935 mit zunehmendem Erfolg. Die Unternehmen beschränkten die Anzahl der Modelle drastisch und verringerten Farben und Formen, die entlang der Produktlinie koordinierbar wurden. Dies geschah nicht etwa gegen den Willen der Schuh- und Handelsunternehmen, sondern – ganz im Gegenteil – auf ihre eigene Initiative hin. Allerdings war die Pflichtmitgliedschaft aller Unternehmen des Industriezweigs in der *Fachgruppe Schuhindustrie* eine wichtige Voraussetzung. Die autoritäre Politik der NS-Regierung wirkte so unterstützend für eine bessere Koordination der Unternehmen untereinander und verstärkte den konsumentenfernen, normativen Umgang mit dem Konsum auf Seiten der Anbieter.

Während sich die Firmen in den Jahren der Weltwirtschaftskrise 1929 bis 1932 angesichts geringer Nachfrage und nachlassender Kaufkraft gezwungen sahen, zusätzliche Produktreihen, meist in den unteren Preisklassen, einzuführen, führten sie zwischen 1934 und 1939 erstmals eine »Typenbereinigung« durch, die aus produktionstechnischer und absatzwirtschaftlicher Sicht für sie wünschenswert war. Sie nutzten dabei die einer Vereinheitlichung günstige Binnenmarktlage der steigenden Nachfrage und relativen Warenknappheit. Dies ging mit einer teilweisen Rückkehr zum Standardschuh als Produktformat einher, während die modische Produktion schon in der Vorkriegszeit eingeschränkt wurde. Die Spannung zwischen KonsumentInnenwünschen auf der einen und Produzentenbedürfnis auf der anderen Seite lösten die Unternehmer im Nationalsozialismus eindeutig zu ihren Gunsten. Die Folge waren immer geringere Wahlmöglichkeiten der Verbraucher und eine größere Einheitlichkeit der Produkte. In ihrem Verständnis war dies ein Sieg der ökonomischen Rationalität über das eigen-sinnige Modebedürfnis vor allem der weiblichen Konsumentinnen.

Opfer dieser Politik waren Letztere, deren Wahlmöglichkeiten sanken und die außerdem die – trotz staatlicher Preisregulierung – in die Höhe schnellenden Preise für die Produkte zu zahlen hatten. Ab 1937 waren Frauen in Deutschland auch in der staatlichen Konsumhierarchie bedeutend schlechter gestellt als männliche Verbraucher. Sie konnten nur noch in eingeschränktem Maße Lederschuhe kaufen, da in Damenschuhen zunehmend Ersatzstoffe vorgeschrieben waren. Sie mussten sich auch bereits in der Vorkriegszeit auf Holzstraßenschuhe umstellen, die zunächst als modische Produkte vermarktet wurden. Die Qualität ziviler Schuhmodelle für Frauen und andere Bevölkerungsgruppen am unteren Ende der Versorgungshierarchie wurde ab 1937 schrittweise reduziert.

So kann hier festgehalten werden, dass die ersten erfolgreichen Maßnahmen zur Koordination der Schuhmode deutschen Unternehmen infolge der staatlichen Wirtschaftspolitik ab 1933 gelangen. Überraschen mag auch die Erkenntnis, dass die Modelenkung als erste Initiative zur Verbrauchslenkung von Schuhen im Nationalsozialismus seit Mitte der 30er Jahre von den Produktions- und Handelsunternehmen selbst ausging. Staatliche Direktiven im Rahmen des

Vierjahresplans kamen erst später, ab 1937, wobei auch hierbei die Interessen der Produktionsunternehmen immer als maßgeblich von den staatlichen Stellen berücksichtigt wurden. Die Regulierung und Qualitätskontrolle der Produkte überließen die Behörden bis ins erste Kriegsjahr den Unternehmen selbst.

Ihre Bemühungen um eine Lenkung der Mode setzten die Unternehmen auch nach Beendigung des Zweiten Weltkriegs fort. 1951 wurde der Modeausschuss als eine der ersten Gemeinschaftsinstitutionen der westdeutschen Schuhbranche erneut ins Leben gerufen. Er besteht seitdem, trotz des Niedergangs der westdeutschen Schuhindustrie seit den 60er Jahren, bis heute. Er übernahm durchgehend zentrale Funktionen bei der Koordination der Firmen untereinander, der Begrenzung der Farben und Modelle pro Saison und bei der Umsetzung internationaler Modetrends in die bundesdeutsche Schuhproduktion.[28] Sein Ziel blieb die »Verhinderung einer hemmungslosen Modewillkür [...] und konkrete Maßnahmen (...), die eine (...) Disziplinierung der Mode sicherstellen«, so die offizielle Jubiläumsschrift zum hundertjährigen Bestehen der deutschen Schuhindustrie 1964.[29]

Mit der Aufgabe, die im Vierjahresplan eingeführte »Gemeinschaftswerbung« für alle Schuhunternehmen auch in der Bundesrepublik weiterzuführen, wurde im Februar 1956 ein Deutsches Schuhinstitut in Frankfurt am Main gegründet. Ihm wurde später der Modeausschuss eingegliedert.[30] Ein weiteres Tätigkeitsfeld, das das Institut für die Unternehmen gemeinsam übernahm, war die Mode- und Marktforschung auf dem Schuhsektor. Seit Ende der 50er Jahre gehörte dazu auch zunehmend die prospektive Marktanalyse, ein zusätzliches Wissenssegment über den Konsum für die Industrie auf dem Weg zu einer größeren Beherrschung der unberechenbaren Modeentwicklung und einer Stabilisierung der Produktion. In der Wirtschaft der DDR wurde die Schuhmode seit 1953 über ein *Zentrales Musterbüro Schuhe* im Institut für Bekleidungskultur, das später in Deutsches Mode-Institut umbenannt wurde, zentral entwickelt und gesteuert. Im Unterschied zur NS-Zeit und zur Bundesrepublik übernahmen hier staatliche Stellen eine Lenkung der Mode, nicht die Unternehmen selbst. Das Musterbüro war im alten Betrieb des Wehrmachtschuhherstellers Firma Oswald Wenzel in Weißenfels an der Saale, nun VEB Banner des Friedens, untergebracht.[31]

Im Hinblick auf die Kompetenzen und Erkenntnisse der Unternehmen im Umgang mit der Mode brachte der Nationalsozialismus in Deutschland noch weitere als die oben genannten Veränderungen mit sich. Im Nationalsozialismus traten gegenüber der Weimarer Republik erstmals die Männer als modisch

28 Zur Geschichte des westdeutschen Modeausschusses nach 1945 vgl. Schreier (2002), S. 124f.; Prill (1964), S. 277.

29 Prill (1964), S. 277.

30 Prill (1964), S. 247ff.

31 Schreier (2002), S. 79f.

orientierte Verbraucher in das Blickfeld der Unternehmen und der in ihrem Auftrag arbeitenden Konsumforscher. An ihrem Beispiel erlangte die Uniformierung des Bedarfs und die Identitätsbildung über Kleidung eine neue Bedeutung für die Erklärung von Konsumprozessen. Dies ging mit der Herausbildung der Forschungsrichtung der »Persönlichkeitsforschung« in der Wirtschaftspsychologie, damals noch »Psychotechnik«, seit Mitte der 30er Jahre einher. Wie diese Untersuchung ergab, muss auch die Vorstellung, dass männliche Bekleidungsgegenstände in der militärischen Praxis ausschließlich an funktionalen Aspekten von Produkten orientiert waren, beträchtlich eingeschränkt werden. Bei der Lederpflege der Marschstiefel der Wehrmacht war die glänzende Erscheinung der Soldaten den Offizieren meist wichtiger als die Lebensdauer des Leders. Die Absatzeisen, die den preußischen Klick beim Hackenzusammenschlagen ermöglichten, wären wegen des Metallmangels besser durch Gummi ersetzt worden, wie die Schuhindustrie dies forderte. Doch behielt die Wehrmachtsführung diese Ausstattung der Stiefel bis Kriegsende bei. An beiden Beispielen lässt sich zeigen, dass in der Verwendung der Militärprodukte in erstaunlich hohem Maße ästhetische und repräsentative Gebrauchsgründe eine Rolle spielten, die rein praktische Gesichtspunkte deutlich überlagerten. Auch dass die wissenschaftlich-technische Forschung und Innovationen in Material und Konstruktion von Schuhen ganz auf dem zivilen Sektor stattfanden, ist eine Besonderheit der Entwicklung des Schuhs in Deutschland. In den beiden anderen Ländern und auf anderen Technologiefeldern war sonst meist das Militär in Forschung und Entwicklung führend.

Produktgestaltung und Wissenschaft als Mediatoren zwischen Konsum und Produktion

Neben dem Handel geriet die Produktgestaltung und ihre Umsetzung internationaler Mode in den einzelnen Unternehmen als Mediator in den Blick. In der Weimarer Republik war die internationale Zirkulation von modischen Modellentwürfen mit der ungenierten und weit verbreiteten Praxis des Kopierens in deutschen Firmen verbunden. Demgegenüber erhielt die innerbetriebliche Produktgestaltung und eigene Produktentwicklung der deutschen Unternehmen im Nationalsozialismus mit der neuen Exportorientierung im Neuen Plan und Vierjahresplan bereits in der Vorkriegszeit ein höheres Gewicht. Auch die Umstellung von Leder auf neue, noch wenig bekannte Werkstoffe in den Produkten erhöhte den Schwierigkeitsgrad der Produktentwicklung und Formgebung von Schuhen. Die erhöhten Anforderungen an die Kompetenzen des Produktgestalters begründeten oft eine feste Anstellung in den Unternehmen bzw. stärkten seine Stellung im Betrieb. Beides hatte Schrittmacherfunktion für die Professionalisierung des Schuhdesigners und des Gestaltungsprozesses in den 40er Jahren. Den einfachen Modellzeichner und Kopisten, der sich auf die praktische Umsetzung seiner Entwürfe durch die Meister in der Produktion stützte, ersetzte ab den 40er Jahren der Entwurfsmodelleur und professionelle Produktgestalter, der in der Produktentwicklung für Form, Passform, modische Bezüge und allgemein die Vermarktbarkeit von Schuhen verantwortlich war und diese mit ihrer Produktion und später der Kostenkalkulation in Einklang brachte. Durch die NS-Wirtschaftpolitik wurde dieser Trend staatlich durch die Einrichtung von »Modeämtern« und neuen Ausbildungsmöglichkeiten für Schuhgestalter sowie durch den kulturpolitischen Anspruch gefördert, eine »deutsche Mode« mit Vorbildcharakter für das ganze unterworfene Europa zu entwickeln. Durch die militärische Unterwerfung Frankreichs als Modezentrum, in deren Folge die Pariser Modeschauen ab Sommer 1940 eingestellt wurden, die vorher Hauptquelle von modischen Modellen für deutsche Unternehmen waren, sowie durch die wirtschaftliche Durchdringung anderer westeuropäischer Länder erhielt diese Entwicklung in den Jahren des Zweiten Weltkriegs eine unvorhergesehene Dynamik, wenn auch der Anspruch, eine eigenständige deutsche Leitmode zu entwickeln, die die französische ersetzten konnte, bei weitem nicht erfüllt wurde.

In Großbritannien ist in den Jahren des Zweiten Weltkriegs aufgrund der unterbrochenen Zirkulation von modischen Modellentwürfen aus Paris und Wien sowie des staatlichen Programms von *Utility*-Standardmodellen mit hohem Gebrauchswert ebenfalls eine Tendenz zur Eigenentwicklung in den Unternehmen zu erkennen. Diese wurde seit 1944 von der neuen staatlichen Einrichtung des *Council of Industrial Design* unterstützt und in deren Folge auch erstmals die Ausbildung von Gestaltungsfachkräften für die Industrie systematisch angegangen. Wie in den USA und Deutschland entstanden in Großbritannien Mitte der 30er Jahre erste berufsständische Organisationen für Produktgestalter. In den USA, dem Pionierland der industriellen Produktgestaltung, stellte bereits um 1930 der Handel die weiblichen *stylists*, ein neues Berufsbild, als Vermittler von KonsumentInnenwünschen bzw. Modetrends in die Schuhherstellung ein. Und ab Mitte der 30er Jahre begann dort der professionelle *Industrial Designer* in der Schuhwirtschaft Fuß zu fassen. Während die Stylistin in den frühen 30er Jahren als Beraterin des Handels und als Mediatorin der Handelsinteressen und Produktinitiativen in die Produktion galt, wurde der *Industrial Designer* in den angelsächsischen Ländern seit den 40er Jahren zunehmend als Repräsentant des Konsumenten (*the consumer interest*) in der Produktion gesehen. Dies galt besonders für die Umsetzung neuer wissenschaftlicher Erkenntnisse in das Produkt.

Auch Wissenschaft, die gemeinhin nicht in dieser Funktion analysiert wird, übernahm Mediationsfunktionen, und zwar zwischen Konsum und Produktion einerseits und – besonders im Deutschen Reich – zwischen den Unternehmen und dem Staat mit seinen Maßnahmen der zentral geplanten Bewirtschaftung andererseits. Sie spielte eine entscheidende Rolle bei der Transmission der staatlichen Politik in die Unternehmen und umgekehrt von unternehmerischen Interessen in die Politik der staatlichen und halbstaatlichen Lenkungsgremien in der Wirtschaft. Verschiedene wissenschaftliche Disziplinen erlangten deswegen in den Jahren 1936 bis 1945 für die deutsche Schuhindustrie eine immense Bedeutung. Neue Wissensformen über die objektiven und die subjektiven Qualitäten der Produkte wurden als Machtfaktor im wirtschaftlichen Kontext des Nationalsozialismus deutlich aufgewertet. Ein äußerer Ausdruck für die mächtige Stellung der Wissenschaft im Wirtschaftsgeschehen der Konsumgüterindustrien war die Tatsache, dass zeitweise ein Wissenschaftler, der Direktor der DVA, Friedrich Stather, den Posten des *Reichsbeauftragten für die Lederwirtschaft* bekleidete, der die oberste Verfügungsgewalt über die Verteilung von Rohstoffen im Leder- und Schuhbereich innehatte. Wissenschaftliche Forschung half Probleme zu lösen, die durch die Autarkiepolitik neu entstanden waren. Sowohl beim Umgang der Schuhunternehmen und des Schuhhandels mit der Mode als auch bei der Entwicklung und Verwendung neuer Werkstoffe ergab sich ein Bedarf an neuen Wissensformen über die Konsumprozesse von Schuhen.

In der Zeit des Nationalsozialismus entstanden so in Deutschland spezifische neue Wissenschaftsdisziplinen, die sich mit dem Verhältnis von Menschen zu ihren Alltagsdingen, den konkreten Nutzungsprozessen und den Auswirkungen des menschlichen Gebrauchs auf die Konsumgüter beschäftigten. Auch hier schlug sich die Dualität von Standard- und Modegebrauch der KonsumentInnen nieder. Mitte der 30er Jahre bildete sich zum einen die Gebrauchswertforschung heraus, die sich mit den objektiven Eigenschaften der Materialien, Konstruktionen und Fertigprodukte im Konsumprozess beschäftigte, mit dem Ziel, Standardisierungen zu erreichen und Qualitätsverbesserungen durchzusetzen. Zum anderen entstand zum selben Zeitpunkt die Verbrauchsforschung, die im Auftrag von Unternehmen die subjektiven Konsummotive der Verbraucherinnen und Verbraucher untersuchte und den modischen Verbrauchsmodus von Produkten zum Gegenstand hatte. Ihr Ziel war vor allem, den modischen Bedarfswandel der Konsumentinnen und Konsumenten besser zu verstehen und letztlich für die Unternehmen und ihre Absatzstrategien zu nutzen.

Wie am Beispiel der beiden wichtigsten Materialforschungsinstitute auf dem Ledersektor im Reich, dem Kaiser-Wilhelm-Institut für Lederforschung in Dresden und der Deutschen Versuchsanstalt für Lederindustrie in Freiberg, zu sehen war, ist bei beiden ab 1936 ein bedeutender Anstieg der Haushaltsbudgets und der Forschungstätigkeit zu verzeichnen. Die schon frühe Priorität der Aufrüstung im gesamtwirtschaftlichen Geschehen und die Rohstoffknappheit in den Konsumgüterindustrien hatte somit keine Einschränkung des Faktors Wissenschaft zur Folge, sondern eine deutliche Steigerung ihrer wirtschaftlichen Bedeutung für die Leder- und die Schuhindustrie. Weder für die Gebrauchswertforschung noch für die Verbrauchs- und Absatzforschung ist eine Behinderung oder Hemmung der Forschungsaktivitäten durch die NS-Politik zu erkennen. Selbst bei der – allgemein am wenigsten durchsetzungsstarken – orthopädischen und physiologischen Forschung an der Passform von Schuhen kam es zu einer Ausweitung und besseren Koordination der Forschungstätigkeit im Reich, wenn die Ergebnisse auch kaum in Produkte umgesetzt wurden. Der

Befund Ute Deichmanns für die naturwissenschaftliche Lederforschung in Deutschland, diese hätte den Anschluss an die internationalen Standards in der NS-Zeit verloren und sei hinter die Lederforschung in den USA zurückgefallen, kann auf Basis dieser Erkenntnisse nicht bestätigt werden. Deichmann untersuchte nur ein einziges Institut, das KWI, und nur einen kleinen Bereich der Lederforschung, die Eiweißforschung. Die ganzen übrigen Forschungsgegenstände dieser Forschungsrichtung, besonders die anwendungsnahen, klammerte sie jedoch aus. Wie diese Studie zeigt, ergibt sich ein ganz anderes Bild von der Entwicklung und Entfaltung dieser Disziplin, wenn alle wichtigen Institute in Deutschland als gesamtes Wissenschaftsfeld untersucht werden. Die Dynamik ihrer Forschungsgegenstände und ihr Verhältnis zu den verschiedenen Einrichtungen der Wissenschaftsorganisation im Nationalsozialismus lassen sich erst in Bezug zueinander und ihrer Arbeitsteilung im Wissensfeld als Ganzem beurteilen.

Die Studie ergab, dass in den 30er und 40er Jahren neben ihren deutschen Kollegen auch englische und amerikanische Wissenschaftler, Unternehmer, staatliche Akteure und nicht zuletzt Verbraucher einerseits den objektiven Gebrauchswert von Dingen thematisierten und andererseits den subjektiven Nutzen von Produkten epistemisch zu ermessen suchten. Beide wissenschaftlichen Richtungen entwickelten in den Vergleichsländern im selben Zeitraum tendenziell dieselben wissenschaftlichen Fragestellungen wie in Deutschland. In der Methodik jedoch, den Motiven für die Herausbildung der Disziplinen und hinsichtliche der gesellschaftlichen Akteure, die sie entwickelten und ihre Ergebnisse nachfragten, unterschieden sie sich von den deutschen und untereinander. Einseitige wissenschaftliche Methodentransfers aus den USA nach Deutschland sind im gesamten hier untersuchten Zeitraum vor 1945 nicht erkennbar. Dies gilt auch für die Marktforschung, die individuell von amerikanischen Schuhunternehmen erst ab 1947 allmählich in Anspruch genommen wurde und viele methodische Impulse von österreichischen Emigranten der Wiener Soziologischen Schule, namentlichvon Paul Lazarsfeld, Marie Jahoda und Ernst Dichter, aufnahm. Prozesse des Wissenschaftstransfers in umgekehrter Richtung, aus Deutschland in die USA, etwa bei den Forschungsgegenständen der Lederforschung oder der Gebrauchswertforschung mit Trageversuchen auf einer standardisierten Prüfstrecke, sind bereits in den frühen 40er Jahren und unmittelbar nach 1945 deutlich nachweisbar. Dies ist umso erstaunlicher, als letztere Forschungen von den amerikanischen Wissenschaftlern von Anfang an als KZ-Forschung erkannt wurden.

Die Gebrauchswertforschung wurde im Deutschen Reich von den um Rohstoffe und Produktionsaufträge konkurrierenden Unternehmen und den staatlichen Stellen begonnen. Dagegen hatten in den USA die Verbraucherschutzverbände, der Staat und das Militär Bedarf an Wissen über die objektiven Eigenschaften von Produkten im Vergleich. Hier riefen – zur selben Zeit wie in Deutschland die Unternehmen – zunächst die Verbraucherschützer komparative Produkttests ins Leben. Sie reagierten damit auf den verlorenen politischen

Machtkampf gegen die Produzenten und Händler um die Kennzeichnungspflicht von Ersatzstoffen in Lederschuhen. In den Jahren des Zweiten Weltkriegs, als Leder weltweit knapp wurde und die Unternehmen von den staatlichen Stellen angehalten waren, neue Kunststoffe als Sohlen in Schuhen zu verwenden, schaltete sich auch in den USA der Staat als Auftraggeber von komparativen Produkttests und mit Zulassungsbedingungen in die Produktion von Schuhen ein, hier mit dem Ziel des Verbraucherschutzes.

Auch die neue Disziplin der qualitativen Verbrauchsforschung, wie sie seit 1936 unter Wilhelm Vershofen und Ludwig Erhard bei der deutschen Gesellschaft für Konsumforschung in Nürnberg praktiziert wurde, hatte ihresgleichen in einem der Vergleichsländer, wenn auch nicht in den USA. Die Organisation Mass-Observation in Großbritannien arbeitete mit fast identischen Methoden, aber in der Vorkriegszeit vor allem aus ethnographischem und soziologischem Erkenntnisinteresse. Dies unterschied sich deutlich von dem eng absatzwirtschaftlichen Bemühen ihrer deutschen Kollegen im direkten Auftrag von Konsumgüterunternehmen. In der Vorkriegs- und Kriegszeit nahm auch Mass-Observation immer mehr Firmenaufträge an. Der spätere Einfluss der jungen wissenschaftlichen Disziplinen auf die staatliche Konsumpolitik im Zweiten Weltkrieg unterschied sich bedeutend in den beiden europäischen Ländern. Während in Deutschland große Teile der Produktionsplanung auf der Gebrauchswertforschung im KZ Sachsenhausen basierten, bestimmten in Großbritannien die Verbrauchsforscher von Mass Observation über die *Consumer Needs Section* mit ihren Methoden der KonsumentInnen-*Panels* entscheidend die staatliche Konsumpolitik des Ministeriums *Board of Trade* mit. Sie bezogen die von den Verbraucherinnen und Verbrauchern regelmäßig eingeholten Stimmungsberichte und Beurteilungen von Produkten tatsächlich in die Wirtschaftsplanung ein, während ihre deutschen Kollegen von der Gesellschaft für Konsumforschung ihren »Korrespondentinnen« und »Korrespondenten« gegenüber nur vorgaben, den Verbrauchern im Vierjahresplan eine Stimme zu verleihen.

Spezifika der deutschen Entwicklung im Nationalsozialismus

Neben den vielen strukturellen Gemeinsamkeiten mit den beiden anderen Ländern traten im Vergleich jedoch auch die Besonderheiten der deutschen Entwicklung im Nationalsozialismus deutlich hervor. Die Geschichte des Produkts Schuh zeigt, wie eng und unlösbar auch die Konsumgüterversorgung und die Konsumgüterindustrien in die deutsche Rassen-, Expansions- und Vernichtungspolitik im Nationalsozialismus eingebunden waren. Dies zeigte sich erstens unmittelbar an der Hierarchie des Konsums, in der bestimmte soziale Gruppen nicht nur keinen Anspruch mehr auf eine Versorgung mit Schuhen oder nur mit Gebrauchtschuhen besaßen. Zweitens wurde den Verfolgten des NS-Regimes im ganzen besetzten Europa systematisch ihre Kleidungs- und Schuhbestände zusammen mit ihrem anderen Hab und Gut geraubt und diese für deutsche Zwecke zweitverwertet. Die unmittelbar politischen Bezüge zeigten sich drittens aber auch am Umgang der deutschen Unternehmen der Leder-und Schuhbranche mit geraubten Ressourcen aus den militärisch besetzten Ländern Europas. Viertens wurden sie an der spezifischen Form der Gebrauchswertforschung mit Häftlingen auf der »Schuhprüfstrecke« im Konzentrationslager Sachsenhausen und – fünftens – an den Methoden der Wiederverwertung von gebrauchten Schuhen durch die Unternehmen deutlich. Die Firmenleitungen bedienten sich der Häftlingsarbeit in verschiedenen Konzentrationslagern und bezogen auch massenhaft Schuhe aus den Vernichtungslagern wie selbstverständlich in den ökonomischen Prozess mit ein.

Das Angebot und die Zuteilung von Produkten bzw. die ungleichen Möglichkeiten des Schuhgebrauchs halfen die sozialen Unterschiede der streng hierarchisch gegliederten, deutschen Gesellschaft während des Nationalsozialismus zu konstituieren und Herrschaft auszuüben. Die materiellen Gegenstände des Alltags wurden zu Strukturelementen der sozialen Stratifizierung und ganz konkreten Mitteln der Integration in die oder Exklusion einzelner KonsumentInnengruppen aus der »Volksgemeinschaft«. Der einfache SA- oder SS-Mann, der hochschaftige Lederstiefel nach dem Vorbild des kaiserzeitlichen Offiziershabitus trug, konnte sich als Herrenmensch fühlen. Ein Zwangsarbeiter in einem deutschen Unternehmen und eine Häftlingsfrau im Konzentrationslager erfuhren ihre Wehrlosigkeit, Entwürdigung und den täglichen folternden Schmerz auch durch die erzwungene alltägliche Praxis des Laufens in Holzpantinen.

Frauen waren in der deutschen Hierarchie der staatlichen Versorgungspolitik seit den 30er Jahren als Konsumentinnen deutlich schlechter gestellt als in Großbritannien und den USA. Konsumenten allgemein hatten in der Wirtschaftspolitik im Deutschen Reich einen beträchtlich schlechteren rechtlichen und gesellschaftlichen Status als in den beiden Vergleichsländern. In den USA formierte sich bereits Ende der 20er Jahre eine politische Verbraucherbewegung, die in den Jahren des *New Deal* als gesellschaftliche Interessengruppe offiziell in Regierungsentscheidungen einbezogen und dadurch rechtlich erheblich aufgewertet wurde. In Großbritannien wurden in der Kriegswirtschaft wissenschaftliche Forschung und Möglichkeiten des Einspruchs für die Verbraucher geschaffen. Im Gegensatz zu den beiden anderen Ländern waren in Deutschland die Verbraucher völlig macht- und rechtlos. Hier setzte sich am ehesten der Handel, besonders der Einzelhandel, als selbsternanntes Sprachrohr für die Interessen der Verbraucher in der Wirtschaftspolitik ein und geriet damit auch in Opposition zur staatlichen Politik, die im Nationalsozialismus seit dem Vierjahresplan weitgehend den Bedürfnissen und Forderungen der industriellen Schuh- und Ersatzstoff-Hersteller entsprach. So kamen die VerbraucherInnen in den hier ausgewerteten Quellen meist nicht direkt zu Wort.

Neben den Verbraucherinnen und Verbrauchern geraten in dieser Studie durch die Methode der Produktlinienanalyse auch andere soziale Gruppen in den Blick, die in der klassischen wirtschafts- und technikgeschichtlichen Produktionsgeschichte sonst ganz ausgeklammert werden. Dies waren etwa die KZ-Häftlinge, die gezwungen waren, als Testpersonen für die Gebrauchswertforschung ihren Körper und ihre Arbeitskraft zur Verfügung zu stellen, und dabei im KZ Sachsenhausen in großer Zahl ermordet wurden. Auch andere Zwangsarbeiterinnen und Zwangsarbeiter, die für die deutsche Schuh und Leder-Ersatzstoff-Industrie wesentliche Arbeiten für die umfassenden Wiederverwertungsmaßnahmen durchführten, konnten auf diese Weise in dieser Studie genau identifiziert werden. Hierbei wurden auch die Funktionen von sechs einzelnen Häftlingsarbeitskommandos in den Konzentrationslagern Auschwitz II, Bergen-Belsen, Flossenbürg, Neuengamme, Ravensbrück und Sachsenhausen, deren Tätigkeit in der Geschichte der einzelnen Lager zum Teil bislang ungeklärt war, näher bestimmt und in ihren weiteren wirtschaftlichen Kontext und gemeinsamen Handlungszusammenhang gestellt. Diese Häftlingskommandos wurden bislang, wenn überhaupt näher indentifiziert, jeweils isoliert betrachtet und nicht als reichsweit sich erstreckendes, ökonomisches Netzwerk gesehen, das unmittelbar den Landeswirtschaftsämtern und deutschen Unternehmen zuarbeitete. So gibt die vergleichende Produktlinienanalyse auch neuen Aufschluss über das KZ-Lagersystem und die Ökonomie der »Endlösung«. Der Weg der geraubten Schuhe der Deportierten und in den Vernichtungslagern Ermordeten zurück ins Reich und ihre ökonomische Funktion für die Aufrechterhaltung der deutschen Kriegswirtschaft ließen sich hier in ihrer Systematik abbilden und ihr Umfang erstmals quantitativ ermessen.

Es wurde offenbar, welch große Bedeutung die industrielle Wiederverwertung von Altschuhen in den Jahren des Zweiten Weltkrieges für die Schuhversorgung von Arbeitskräften in der deutschen Industrie und Landwirtschaft während der Kriegsjahre gewann. Vor allem Zwangsarbeiter wurden aus solchen Beständen beschuht. Die Wiederverwertung basierte auf einem reichsweiten Netzwerk von Sammlungen in der Bevölkerung, aber ebenso auf dem systematischen Raub des Besitzes von Millionen durch das NS-Regime Verfolgter, Vertriebener und Ermordeter im Deutschen Reich und in den besetzten Ländern. Die Raubgüter wurden großenteils mit Wissen der beteiligten Unternehmen in die ökonomischen Maßnahmen einbezogen. Die Koordination und den Abtransport des gesammelten Altgutes führten lokale Parteiorganisationen der NSDAP, die regionalen Wirtschaftsämter und der örtliche Schuhhandel durch. Die Altschuhe kamen entweder zur direkten Reparatur in Zwangsarbeit in deutschen Schuhunternehmen oder zur Lederverwertung durch Häftlingsarbeitskommandos in den sechs Konzentrationslagern. Den gewonnenen Rohstoff nahmen schließlich deutsche Leder-Ersatzstoff- und Schuhunternehmen zur Verarbeitung zu Werkstoffen in Schuhen für die deutsche Zivilbevölkerung ab.

Die Maßnahmen zur Einsparung des kostbaren Rohstoffs Leder im »Dritten Reich« durchdrangen also den gesamten Stoffnutzungsprozess der Produkte. Der Versuch der Autarkisierung beeinflusste langfristig die ganze Produktlinie von den ersten Anfängen der Rohstofferschließung für Leder in Form der Rohhäute und Gerbstoffe über die Produktionsprozesse, die Verwissenschaftlichung von Konsumprozessen bis hinein in die Konsumsphäre und selbst die Wiederverwertung der Produkte. Zu der enormen Steigerung der Produktion von einheimischen Rohstoffen für Leder und die »Chemisierung« des gesamten Rohstoffaufkommens der deutschen Schuhwirtschaft trat im Vierjahresplan die systematische Sekundärnutzung von Abfällen und gebrauchten Konsumgütern als Rohstoffe in neuen industriellen Verfahren. Im Vierjahresplan kam es zu einer grundlegenden Umstrukturierung und einer großen propagandistischen und wirtschaftlichen Aufwertung der Altmaterialwirtschaft.

Gleichzeitig wurde deutlich, dass dieses System der Wiederverwertung in Deutschland nur mit Hilfe von reichsweit organisierter Freiwilligenarbeit und vor allem mit Zwangsarbeit wirtschaftlich durchführbar war. Wie im Vergleich zu sehen ist, wurden auch in Großbritannien und den USA angesichts der großen Lederknappheit Millionen von Altschuhen einer Wiederverwertung zugeführt. Das ausbeuterische Zwangsarbeitssystem und der systematische Raub von gebrauchten Schuhen als wichtiger Teil der Versorgungspolitik waren jedoch in Deutschland einzigartig. Hier wurden, im Vergleich zu Großbritannien und den USA zusammengenommen, in den Jahren des Zweiten Weltkriegs in absoluten Zahlen die doppelte bis die vierfache Menge an Schuhen wiederverwertet. Sowohl das deutsche als auch das britisch-amerikanische Programm der Wiederverwertung fanden mit Ende des Zweiten Weltkriegs einen Abschluss. Keine der direkten Recycling-Maßnahmen an alten Schuhen besaß eine Kontinuität bis in die Nachkriegszeit, wenn auch in Deutschland die Verarbeitung von Produktionsabfällen an Leder zu Lederfaserwerkstoffen erhalten blieb.

Gebrauchswertforschung im Konzentrationslager

NS-spezifisch und für den deutschen Fall im internationalen Vergleich eine Ausnahmeerscheinung war die Art und Methodik der wissenschaftlichen Forschung an Schuhen zwischen 1936 und 1945. Auch hier zeigte sich, dass im System des NS-Staates die wirtschaftliche Tätigkeit der Konsumgüterunternehmen keine »unpolitische Nische« war. In dieser Studie konnte erstmals der wissenschaftliche Hintergrund und ökonomische Zweck der Vorgänge auf der »Schuhprüfstrecke« im Konzentrationslager Sachsenhausen geklärt werden, die bislang in der Lagerhistoriografie allein als Foltermaßnahme der SS galt. Mit der Gebrauchswertforschung entwickelten die Wissenschaftler der Forschungs- und Entwicklungslabors der Leder-, Ersatzstoff- und Schuhunternehmen und deren branchenweite Gemeinschaftsinstitute in Deutschland Mitte der 30er Jahre und Anfang der 40er Jahre eine sehr spezifische Form der Materialforschung und komparativer Produkttests, indem sie Trageversuchsmethoden aus der Militärphysiologie in die zivile Industrieforschung übertrugen. In den Jahren 1940 bis

1945 wurden für diese Produkttests Hunderte von KZ-Häftlingen des Konzentrationslagers Sachsenhausen als Versuchskonsumenten missbraucht. Sie mussten Damen- und Herrenschuhe sowie andere Bekleidungsstücke auf einer hochgradig standardisierten »Schuhprüfstrecke« im Lager probetragen. Zahlreiche – vielleicht bis zu mehreren Hundert – der KZ-Häftlinge verloren dabei infolge der extrem intensivierten Experimentalbedingungen der Versuche, der Lebensumstände im Lager und der brutalen Behandlung seitens des SS-Lagerpersonals und der Mitarbeiter der »Schuhprüfstelle« ihr Leben.

Dennoch erfüllten die auf der »Schuhprüfstrecke« erhobenen Daten und Forschungsergebnisse für die Industrieunternehmen und die staatlichen Stellen ihren vorgesehenen Zweck. Sie ermöglichten es, die Ersatzstoffe für Leder technisch weiterzuentwickeln und eine Hierarchisierung von Produkten und Materialien vorzunehmen. Auf Basis der komparativen Produktprüfungen wurden Produktionsgenehmigungen an die Firmen erteilt und neue Werkstoffe, Konstruktionen und Klebstoffe in Schuhen zugelassen. Den Unternehmen diente die »Schuhprüfstrecke« als zentrales, gemeinschaftliches und vergleichsweise billiges Instrument der Forschung und Entwicklung an einer Vielzahl von Ersatzstoffen für Leder, darunter die ersten Kunststoffe überhaupt in Schuhen. Auch die Passform von Leisten war Gegenstand ihrer Forschung. Die Forschungen erbrachten einen Pool von Erfahrungswissen über das Verhalten von Kunststoff-Produkten und neuen Schuhkonstruktionen im menschlichen Gebrauch, die in den Erfahrungsgemeinschaften und technischen Ausschüssen der beteiligten Industriezweige von den Unternehmen und Wissenschaftlern gemeinsam ausgewertet wurden. Aus ihm schöpften auch die kleinen Firmen ohne eigene Entwicklungsabteilungen technische Expertise. Die umfangreichen Ergebnisse wurden nach dem Ende des Zweiten Weltkriegs weiter wirtschaftlich und wissenschaftlich genutzt. Noch in den 80er Jahren gebrauchten das zentrale »Prüf- und Forschungsinstitut für Schuhe« in Pirmasens und technische Nachschlagewerke zur Schuhtechnik in Westdeutschland die Prüfmethoden und Kennwerte für Materialeigenschaften aus der Zeit des Nationalsozialismus.[32]

Die »Schuhprüfstrecke« war ursprünglich Mittel zur Lösung eines Problems, das durch die Autarkiepolitik der Nationalsozialisten erst erzeugt worden war. Ohne die Einschränkung der Rohhauteinfuhren wären nicht schlagartig so viele Gerbereien und Schuhhersteller auf die Produktion von Lederfaserwerkstoffen umgestiegen. Die Lederhersteller und Gummiverarbeiter hätten wahrscheinlich nicht so schnell die Produktion von Schuhsohlen aus dem Synthesekautschuk *Buna* und schließlich anderen Kunststoffen aufgenommen. Ohne die verschiedenen Anordnungen der *Überwachungsstelle* bzw. *Reichsstelle für Lederwirtschaft* seit 1937 wären auch die Schuhfabriken nicht so schnell und in diesem enormen Ausmaß dazu übergegangen, die neuen Materialien tatsächlich zu Schuhen zu

32 Vgl. Wilhelm Fischer (Prüf- und Forschungsinstitut der Schuhindustrie, Pirmasens), Kunststoffe – Lederaustauschstoffe, in: Besching (1981), bes. S. 554.

verarbeiten. Die Einschätzung früherer Studien wie etwa Petra Bräutigams, dass diese Branchen sich Mitte der 30er Jahre, mit Ausnahme einiger weniger Firmen, eher zögerlich auf die Ersatzstoffproduktion und -verwendung einließen, ja diese »einmütig abgelehnt« hätten,[33] musste hier jedoch relativiert werden. Im Großen und Ganzen waren die Schuhhersteller rasch bereit, die neuen Ersatzstoffe für Leder in Schuhen zu verwenden, da die Homogenisierung des Materials langfristig eine Verbilligung dieses Produktionsfaktors und neue Möglichkeiten zur Rationalisierung der Verfahren versprachen. Sie gingen ab 1937 mit großem Engagement an die Entwicklung und Einführung neuer Werkstoffe. Nur der hohe Preis der neuen Werkstoffe, der anfangs auf gleicher Höhe mit dem für Leder lag, war Stein des Anstoßes für die verarbeitenden Unternehmen. Dies war jedoch angesichts der Lederknappheit kein bedeutender Hinderungsgrund für die Einführung. Gegner der neuen Werkstoffe und Opfer dieser Versorgungspolitik waren der Handel, die Verbraucherinnen und Verbraucher sowie die Reparaturschuhmacher, die in den Materialien die Ursache für eine Verschlechterung der Qualität von zivilem Schuhwerk und des Preis-Leistungs-Verhältnisses sahen. Die Forschungen auf der »Schuhprüfstrecke« verbesserten die Produkte nicht substanziell. Sie half den Unternehmen aber, die periodischen Knappheiten von Grundstoffen mit anderen Rohstoffen zu überbrücken, mit gänzlich neuen Konstruktionen zu experimentieren sowie die Methodik der Standardisierung und Qualitätsmaßstäbe für die Produkte zu entwickeln.

Die Qualität von Schuhen wurde in diesem Prozess naturwissenschaftlich in eine steigende Anzahl von einzelnen Eigenschaften der Werkstoffe zerlegt. Für jede dieser Eigenschaften wurden jeweils Prüfverfahren – labortechnische Apparate und Trageversuche – entwickelt und so die Eigenschaften von Leder und Leder-Ersatz in technischen Parametern definiert und quantitativ erfasst. Mit Ludwik Fleck gesprochen, war dies sozusagen eine asymptotische Annäherung an den Forschungsgegenstand »Qualität« bzw. den »Gebrauchswert«.[34] Die »Wirklichkeit« dessen, was die Qualität von Schuhen für die Verbraucher ausmachte, war darin nur sehr unvollkommen abgebildet.

Die Gebrauchswertpüfung war auch propagandistisch ein Mittel der Vortäuschung staatlicher Maßnahmen zur Qualitätssicherung. Denn unmittelbarer Anlass der Errichtung der »Schuhprüfstrecke« 1940 waren Proteste der Verbraucher und des Reparaturhandwerks gegen die schlechte Qualität von Ersatzstoff-Schuhen, die meist zu gleichen oder sogar höheren Preisen als Lederschuhe verkauft wurden und zudem seit Kriegsbeginn rationiert waren. Der Staat hatte es in der Vorkriegszeit bewusst unterlassen, Maßnahmen des Verbraucherschutzes und der Regulierung der Produktqualität zu ergreifen, um die Unternehmen nicht bei der Entwickung der Ersatzstoffe zu hemmen.

33 Bräutigam (1997), S. 193ff.
34 Fleck (1929/1983), S. 55.

Wie sich in dieser Studie erweist, müssen die Experimente auf der »Schuhprüfstrecke« im KZ Sachsenhausen als eine ganz eigene Gattung von Menschenversuchen in den Konzentrationslagern – Humanexperimente mit technikwissenschaftlichem Erkenntnisinteresse – verstanden werden. Bei den Versuchspersonen handelt es sich um eine Gruppe von Opfern wissenschaftlicher Humanversuche, denen bis heute im Kontext der kollektiven Erinnerung an die Verbrechen zu wissenschaftlichen Zwecken in den Konzentrationslagern ihre Anerkennung versagt blieb. Viele medizinische Menschenversuche im Nationalsozialismus wurden nach Kriegsende Gegenstand juristischer Strafverfahren, historischer Forschung und Anlass für die Entwicklung neuer wissenschaftsethischer Kodices. Die Industrieforschung auf der »Schuhprüfstrecke« wurde im Gegensatz dazu in der Nachkriegszeit nicht historisch oder wissenschaftsethisch aufgearbeitet. Die Verschleierungstaktik der beteiligten deutschen Unternehmen nach dem Zweiten Weltkrieg war hier erfolgreich. Bis heute wurde die technische Entwicklung des Industrieprodukts Schuh in Deutschland nicht mit den Experimenten im KZ Sachsenhausen in Verbindung gebracht. Auch eine Anerkennung der Mitschuld der beteiligten Unternehmen am Missbrauch der KZ-Häftlinge steht bis heute aus.

Konsumgüterunternehmer im Nationalsozialismus

Über die Unternehmer als Akteure und ihre Handlungsbedingungen als Vertreter der Konsumgüterindustrie im Nationalsozialismus gibt diese Studie neuen Aufschluss. Die politisch bedingte Verknappung von wichtigen Rohstoffen erzeugte einen wirtschaftlichen Veränderungsdruck auf die Unternehmen, der direkt auf ihren Kern, ihre technische Basis, wirkte und diese praktisch von innen heraus transformierte. So gelang es dem NS-Regime langfristig, die betriebswirtschaftlichen Ziele der Unternehmer mit den eigenen wirtschaftspolitischen Zielen in Einklang zu bringen. Unternehmen der Leder- und Schuhindustrie, die sich in den Jahren vor dem Zweiten Weltkrieg nicht auf die Produktion oder Verarbeitung von Ersatzstoffen umstellten, hatten deutlich schlechtere Chancen, die Produktionsausfälle zu kompensieren, die sie im Vierjahresplan mit der Kürzung der Rohstoffe für Leder erfuhren.

Durch die Ersatzstoffe konnten in der Vorkriegszeit jedoch auch kleinere Unternehmen der Konsumgüterindustrie an dem Boom der Kriegsproduktion partizipieren. Zudem verursachten die »Arisierungen« einen bis dahin ungekannten Konzentrationsprozess von Unternehmen des Industriezweigs zu großen, vertikal integrierten Konzernen aus Leder- und Ersatzstoffwerken, Schuhfabriken und umfangreichen Filialhandelsketten für die Distribution. Auch dies war ein Spezifikum der deutschen Schuhwirtschaft im Nationalsozialismus. Die meisten Großunternehmen des Industriezweigs expandierten in die besetzten Gebiete durch Aneignung dort bereits bestehender Produktions- und Handelsbetriebe.

Die dortigen Rohstoffbestände wurden in den Kriegsjahren in bedeutendem Maße für die Verarbeitung ins Altreich überführt und hier von den deutschen Unternehmen zu Leder und Schuhen verarbeitet. In den Kriegsjahren kam es unter den kleineren deutschen wie auch unter den britischen Schuhfabriken zu Stilllegungen bis Kriegsende, die in Deutschland bis 1941 ein Fünftel und bis 1944 fast die Hälfte aller Betriebe betraf. In Großbritannien waren die Stilllegungen straffer organisiert, bereits Mitte 1942 abgeschlossen und umfassten ebenfalls die Hälfte der Unternehmen. In den USA verweigerten sich die Schuhfirmen solchen Maßnahmen der kriegswirtschaftlichen Konzentration erfolgreich.

Die großen Unternehmen der Schuh- und Lederbranche gehörten in Deutschland überwiegend zu den Gewinnern und nicht etwa zu den Verlierern der Autarkie- und Aufrüstungspolitik, wie sie selbst und auch Wirtschaftshistoriker dies in der Nachkriegszeit oft darstellten. Noch lässt sich die Produkt-Diversifizierung der Unternehmen vom historischen Kontext der NS-Autarkiepolitik und ihrer Rolle in der Kriegswirtschaft des Zweiten Weltkriegs trennen, wie dies etwa Jochen Streb in klassisch wirtschaftstheoretisch »gereinigter« Form am Fall Freudenberg vorführt.[35] Die Produktion von Ersatzstoffen stieg seit dem Vierjahresplan von 1936 beträchtlich und kompensierte in vielen Bereichen die Ausfälle von Lederrohstoffen seit der Vorkriegszeit. Die Menge der Leder- und »Lederaustauschstoff«-Produktion zusammengenommen übertraf sowohl 1938 als auch 1943 weit die Lederproduktion des besten Jahres der Lederindustrie vor der Weltwirtschaftskrise, 1927. In den zwölf Jahren der nationalsozialistischen Herrschaft erhöhte sich trotz der in den Jahren 1936/37 und 1939/40 sinkenden Ledererzeugung durchgehend die Menge des in Deutschland verarbeiteten Materials auf dem Ledersektor. Unternehmen, die schon frühzeitig und eigeninitiativ die Ersatzstoff-Produktion aufgenommen und bei Kriegsbeginn bereits umfassende technische Erfahrung vorzuweisen hatten, wurden mit führenden Positionen in den Lenkungsgremien des Industriezweiges und entscheidender Verteilungsmacht in der Kriegswirtschaft belohnt. Nach dem Krieg konnten diese Unternehmen an die bedeutenden Entwicklungsarbeiten in den Vorkriegs- und Kriegsjahren sowie ihre Verbindungen zur chemischen Industrie als Entwicklungspartner anknüpfen. Auch in der Konsumgüterindustrie stellte sich so bei den Firmen ein »Komplementaritätseffekt” von kriegswirtschaftlichen Zielen und unternehmerischen Geschäftsinteressen ein, den Paul Erker für die rüstungswichtigen Großunternehmen konstatierte.[36]

35 Streb (2001), Streb (2003).

36 Erker (1993), S. 6; Werner Abelshauser bezeichnete diesen Effekt auch als »symbiotische Verflechtung” von Unternehmens- und staatlichen Interessen. Vgl. Abelshauser (1999), S. 515.

Die Rezeption der Wissenschaft im Nationalsozialismus

Wissenschaftsethisch aus heutiger Sicht besonders verstörend, aber durchaus bezeichnend für die selektive Wahrnehmung von Natur- und Technikwissenschaftlern in der Moderne, ist der Umgang mit der Methodik und den Ergebnissen der KZ-Forschung in der Nachkriegszeit. Ihre Ergebnisse fanden fachliche Akzeptanz und Verwendung nicht nur unter deutschen Fachleuten in der Nachkriegszeit, sondern ebenso im Ausland.

Wissenschaftler, die an den KZ-Versuchen beteiligt waren – als Berater bei der Einrichtung der »Schuhprüfstrecke«, als Organisatoren der zahlreichen Versuchsreihen über den Zeitraum von fünf Jahren und als Mitglieder der Ausschüsse, die die Ergebnisse der Experimente wirtschaftspolitisch auswerteten –, stiegen nach 1945 in wichtige Positionen der deutschen Lederforschung in BRD und DDR auf. Hans Herfeld übernahm 1957 die Leitung der 1953 eröffneten »Westdeutschen Gerberschule« in Reutlingen, der westdeutschen Gegengründung zur mittlerweile im ostdeutschen Freiberg gelegenen Deutschen Versuchsanstalt für Lederindustrie. Friedrich Stather blieb Leiter der DVA in Freiberg und Professor an der Technischen Hochschule Dresden bis zu seiner Pensionierung 1966. Er wurde mehrfach geehrtes Mitglied der Akademie der Wissenschaften der DDR und der Sächsischen Akademie der Wissenschaften. Wolfgang Grassmann gründete 1949 ein neues Institut in Regensburg, das seit 1954 als Max-Planck-Institut für Leder- und Eiweißforschung (ab 1957 in München) die Nachfolge des alten KWI antrat und viele der Forschungsinhalte von vor 1945 weiterverfolgte.[37] Das MPI-Kuratorium war seit seiner konstituierenden Sitzung 1955 vor allem mit Persönlichkeiten besetzt, die schon die NS-Wirtschaft im Lederbereich lenkten und prägten. Hier sind unter anderen Richard Freudenberg und Ludwig Cornelius Freiherr von Heyl zu nennen. Im werkstofftechnischen Bereich kooperierte Grassmann noch 1963 eng mit dem Kuratoriumsvorsitzenden Richard Freudenberg zu Fragen der chemischen Auflösung von Lederfasern und der Möglichkeit der industriellen Fasergewinnung aus solchen Lösungen. Auch Nachfolgefirmen der I.G. Farbenindustrie beteiligten sich wieder an der Finanzierung des MPI und waren durch Leo Kollek von BASF (Ludwigshafen) und Gustav Mauthe von Bayer (Leverkusen) im Kuratorium vertreten. 1959 wurde Graßmann zum Präsidenten der Internationalen Union der Gerbereichemiker-Verbände gewählt und 1963 mit dem Großen Verdienstkreuzes der Bundesrepublik Deutschland ausgezeichnet.

Während und nach dem Zweiten Weltkrieg fand auch durch US-amerikanische und britische Fachleute der Leder- und Schuhwirtschaft eine disziplinäre »Reinigung« der wissenschaftlichen Ergebnisse von dem sozialen und politischen Kontext ihrer Entstehungsbedingungen und der Forschungspraxis deutscher Wissenschaftler statt. Die Ergebnisse und die Experimentalformen der deutschen Gebrauchswertforscher im KZ wurden von amerikanischen Materialfor-

37 Vgl. Sudrow (2010).

schern schon 1944 übernommen und ab 1945 von Schuhforschern der beiden Vergleichsländer im Wesentlichen anerkannt. Dies geschah trotz der hinlänglich bekannten Forschungspraxis im Konzentrationslager, wenn auch die tödlichen Folgen für die Versuchspersonen in ihrem gesamten Ausmaß wahrscheinlich nicht erkannt wurden. Die deutsche Verwendung von KZ-Häftlingen als Testpersonal wurde weder von britischen noch von amerikanischen Wissenschaftlern und Fachleuten ethisch verurteilt, sondern als eine legitime Form der Zwangsarbeit von Inhaftierten eingeschätzt. Selbst die britische *War Crimes Commission*, die 1946 die Ermordung von fünf britischen Soldaten im KZ Sachsenhausen untersuchte, die als Kriegsgefangene »Schuhläufer« auf der »Schuhprüfstrecke« gewesen waren, führte nicht zu einer Überprüfung oder Verurteilung der Praxis der Gebrauchswertforschung. Als sie gegen Kriegsende ihren Forschungs- und Methodenstand mit dem deutschen verglichen, sahen sowohl britische als auch amerikanische Wissenschaftler in den Trageversuchen, die unter kontrollierten und einheitlichen Bedingungen auf der »Schuhprüfstrecke« im KZ Sachsenhausen stattgefunden hatten, die Möglichkeit, einen noch vollkommener standardisierten Versuchsaufbau zu erreichen, während bei ihnen selbst Freiwilligen die Produkte im individuellen Lebensumfeld probetrugen.

Die amerikanischen Materialforscher des Gemeinschaftsforschungsinstituts der amerikanischen Lederwirtschaft, des *Leather Research Laboratory* an der University of Cincinnati, errichteten im letzten Kriegsjahr im Auftrag des staatlichen *Office of Strategic Research and Development* eine eigene »Schuhprüfstrecke« in Camp Lee in Virginia. Sie diente dem *Quartermaster Corps* der U.S. Army bis weit in die Nachkriegszeit als wesentliches Element der militärischen Forschung und Entwicklung von Soldatenstiefeln. Die Versuchspersonen, Soldaten der Armee, wurden für die Produktprüfungen dienstverpflichtet. Auch unter den amerikanischen Wissenschaftlern wurde 1944/45 in diesem Zusammenhang der Einsatz von strafgefangenen Häftlingen als Versuchspersonen diskutiert. Die Teilnahme an Menschenversuchen in amerikanischen Haftanstalten fand jedoch seit Anfang der 40er Jahre größtenteils freiwillig und mit ausdrücklicher Zustimmung der betreffenden Personen statt und waren daher mit der gewaltförmigen Vernutzung von Menschen, wie sie die SS in den deutschen Konzentrationslagern verfolgte, nicht zu vergleichen. Die Briten blieben bei ihren Trageversuchen mit freiwilligen Zivilpersonen bzw. dienstverpflichteten Soldaten, übernahmen aber aus Deutschland Werkstoffe und Klebstoffe, die auf der »Schuhprüfstrecke« entwickelt wurden, als »intellektuelle Kriegsreparationen«.

Trageversuche gehören seither weiterhin zum Repertoire der Standardmethoden in der Schuhforschung. In der militärischen wie der zivilen Forschung und Entwicklung von Schuhen blieben in allen drei Vergleichsländern nach dem Krieg Trageversuche das zentrale Mittel der Industrie- und Materialforschung. Wann immer Schuh- und Chemieunternehmen neue Werkstoffe und Konstruktionen für eine Markteinführung erprobten, griffen sie künftig zum Mittel der Trageversuche mit zivilen freiwilligen bzw. militärisch dienstverpflichteten

Testpersonen. Immer weitere Kunststoffe traten zu den im Zweiten Weltkrieg entwickelten Materialien hinzu und wurden für die Massenproduktion von Schuhen adaptiert. Dies erhöhte den Forschungsaufwand in den 50er Jahren erheblich. Tragversuche gehörten seit seiner Gründung 1956 zum Standard-Methodenrepertoire des neuen Prüf- und Forschungsinstituts für Schuhe in Pirmasens, dessen primäre Aufgabenstellung es war, »Grundlagen für die objektive Materialbeurteilung« von »Leder, Lederaustauschstoffen, Gummi, Textilien, Garnen, Klebstoffe[n], und sonstige[n] Materialien« zu schaffen.[38] In Fragen der Material- und Klebstoff-Forschung trat das Institut zusammen mit der Westdeutschen Gerberschule in Westdeutschland die Nachfolge der Deutschen Versuchsanstalt in Freiberg an.

Das Unternehmen, das sich in den USA wohl weiterhin am intensivsten mit der technischen Entwicklung von Kunststoffen für Schuhsohlen und ihrer Akzeptanz bei den Verbrauchern beschäftigte, war das Chemieunternehmen DuPont. Hier galten Trageversuche bis weit in die 60er Jahre als die verlässlichste Methode der Materialtests von Kunststoffsohlen, die alle Labortests an Apparaten notwendig ergänzte.[39] Als die Unternehmen der amerikanischen Kunststoffindustrie 1960 in ihrer Wirtschaftsorganisation, der Society of Plastics Industry, eine eigene Abteilung für die Standardisierung von Schuhkomponenten einrichteten, gehörten Trageversuche als zentraler Bestandteil zum Methodenkanon.[40] Auch das britische Schuhforschungsinstitut SATRA beschäftigte sich im Auftrag des Chemieunternehmens ICI und mehrerer Schuhunternehmen seit 1947 bis in die 60er Jahre durchgehend mit dem Problem, die als wesentlich erachteten Trageversuche so zu organisieren, dass dadurch statistisch aussagekräftige Ergebnisse erzielt werden konnten.[41] Dies war sowohl für die zivile als auch die militärische Forschung am Schuh in Großbritannien wichtig. Parallel dazu wurden mechanische Prüfapparate weiterentwickelt, die jedoch bis heute nie den menschlichen Gebrauch vollständig simulieren konnten. Ein britischer Wissenschaftler der Firma ICI fasste die Bedeutung von menschlichen VersuchskonsumentInnen gegenüber maschinellen Tests 1968 folgendermaßen zusammen:

38 Vgl. Wirtschaftswunderkind auf Zukunftskurs. 50 Jahre PFI – Gründung im April 1956, in: Newsletter des PFI Nr. 1, Mai 2006, S. 2-3. In der Entwicklung von Sportschuhen ist diese Form der praktischen Tests heute besonders ausgeprägt.

39 Du Pont, Rubber Chemicals Division, Neoprene Crepe Soles, Wilmington/Delaware 1947, S. 5, Hagley Archive Wilmington, DuPont, Imprints Collection.

40 Society of the Plastics Industry, Minutes SPI Shoe Division Organizational Meetings, Jan. 1960-1965, Hagley Archive Wilmington, RG 1929, Society of the Plastics Industry, Series III: Division Records, Roll 12, Shoe Division (1960-1965).

41 J. R. Manning, Forschungsbericht SATRA, The Design of Field Trials for Footwear, undatiert [o. D., Anfang der 60er Jahre], Hagley Archive Wilmington, DuPont, Joseph B. Leavy Collection, Box 2 (Corfam); Service Trials, in: Monthly Bulletin of the BBSATRA 4 (1947), Nr. 1 (Dez. 1947), S. 1f.; Wear Trials of Soling Materials and Other Components, in: Monthly Bulletin of the BBSATRA 4 (1951), Nr. 38 (Jan. 1951), S. 214f.

> »Despite problems of using so fickle and unreliable an instrument as woman, or for that matter man, when compared with the precise engineering tolerances of flexing jaws, the wear trial must be the primary standard for assessing durability in wear, and test machines at best can be secondary standards. The wear trial is, therefore, of paramount importance.«[42]

Im Kontext dieser Einschätzung durch die deutschen zeitgenössischen Wissenschaftler, durch ihre britischen und amerikanischen Kollegen sowie angesichts der späteren Entwicklung der Forschungsmethoden in dieser Konsumgüterbranche waren die Menschenversuche im KZ Sachsenhausen, trotz ihrer Enthumanisierung, die den Mord in den Versuchsaufbau mit einkalkulierte, durchaus funktionaler und erschreckend effektiver Bestandteil moderner Wissenschaft in Deutschland im 20. Jahrhundert.

42 J. C. Bisson, ICI Fibres Ltd., Textile Development Department, Durability of Poromerics in Wear, 2. 10. 1968, Hagley Archive Wilmington, DuPont, Joseph B. Leavy Collection, Box 1 (Corfam).

Anhang

Abkürzungen

AdRW	Amt für deutsche Roh- und Werkstoffe (am 22.10.1936 aus dem Rohstoff- und Devisenstab gebildet; ab 1938 Reichsstelle für Wirtschaftsausbau)
AS	Archiv der Gedenkstätte Sachsenhausen
AwI	Arbeitswissenschaftliches Institut der Deutschen Arbeitsfront
BA	Bundesarchiv Berlin
BA-MA	Bundesarchiv-Militärchiv Freiburg
BIOS	British Intelligence Objectives Sub-Committee
BBSATRA	British Boot, Shoe and Allied Trades' Research Association, London (ab Juli 1940 Kettering) (ab 1945 »SATRA«)
BLMRA	British Leather Manufacturers' Research Association, London
BoT	Board of Trade, London
BStU	Archiv der Bundesbeauftragten für die Unterlagen der ehemaligen Staatssicherheit der DDR
CRMB	Combined Raw Materials Board, Koordinationsinstanz der gemeinsamen Rohstoffbeschaffung der USA, Großbritanniens und später Kanadas ab Januar 1942
DAF	Deutsche Arbeitsfront
DHA	Deutsches Handwerks-Archiv Berlin
DVA	Deutsche Versuchsanstalt für Lederindustrie in Freiberg, Sachsen
Dept	Department
DSIR	Department of Scientific and Industrial Research, London
DVA	Deutsche Versuchsanstalt für Lederindustrie, Freiberg/Sachsen
GfK	Gesellschaft für Konsumforschung, Nürnberg
GS	Gemeinschaft Schuhe
FA LFWS	Fachabteilung Lederfaserwerkstoffe in der Wirtschaftsgruppe Lederindustrie
FG	Fachgruppe
FIAT	Field Information Agency, Technical
GB	Großbritannien
Hagley Archive	Hagley Archive, Wilmington, Delaware, USA
HWA	Hessisches Wirtschaftsarchiv Darmstadt
IfG	Institut für Gerbereichemie der Technischen Hochschule Darmstadt
IfW	Institut für Wirtschaftsbeobachtung der deutschen Fertigware, Nürnberg
IWM	Archiv des Imperial War Museum, London
JfW	Jahrbuch für Wirtschaftsgeschichte
KHJ	Kriegshalbjahr
KWI	Kaiser-Wilhelm-Institut für Lederforschung, Dresden
LAS	Lederaustauschstoff
LEFA I und II	Lederfaserwerkstoff der Güteklasse I bzw. II
lt	Long ton: Englische Tonne, die im metrischen System 1.016 kg entspricht
LFWS	Lederfaserwerkstoff

LWÄ	Landeswirtschaftsämter
MinSupply	Ministry of Supply, London
M-OA	Mass-Observation Archive, University of Sussex, Brighton, Großbritannien
MPG-Archiv	Archiv zur Geschichte der Max-Planck-Gesellschaft, Berlin
NA/PRO	National Archives/Public Record Office, London
NA	National Archives, Washington D. C.
NMAH	National Museum of American History, Washington D. C.
OPA	Office of Price Administration, Washington D. C.
PA	Produktionssausschuss
RA	Reichsanzeiger
RfA	Reichskommissar für die Altmaterialverwertung
RfL	Reichsstelle für Lederwirtschaft, Berlin (18.8.1939-Kriegsende)
RG	Record Group
RGBl	Reichsgesetzblatt
RRüKr	Reichsministerium für Rüstung- und Kriegsproduktion (ab 3.11.1943) (von 17.3.1940 bis 2.11.1943: Reichsministerium für Rüstung und Produktion)
RRüPr	Reichsministerium für Rüstung und Produktion (17.3.1940 bis 2.11.1943)
RWA	Reichsstelle für Wirtschaftsausbau (Feb. 1938-9.12.1939); Reichsamt für Wirtschaftsausbau (10.12.1939-Kriegsende)
RWiMin	Reichswirtschaftsministerium
SATRA	Shoe and Allied Trades' Research Association, Kettering, Großbritannien (seit 1945, vorher »BBSATRA«)
SFZ	Schuhfabrikanten-Zeitung, Deutsches Reich
Sg	Salzgewicht (Gewichtseinheit für Rohhäute in gesalzenem Zustand)
SLN	The Shoe and Leather News, GB
SLR	The Shoe and Leather Reporter, USA
StA	Staatsanwaltschaft
t	metrische Tonne
TEA	Technischer und Entwicklungsausschuss
ÜfL	Überwachungsstelle für Lederwirtschaft (7.9.1934-17.8.1939)
ÜfHF	Überwachungsstelle für Häute und Felle (9.4.1934-6.9.1934)
UNRRA	United Nations Relief and Rehabilitation Administration, Washington D. C.
US HMM	Archiv des United States Holocaust Memorial Museum, Washington D. C.
WABW	Wirtschaftsarchiv Baden-Württemberg, Stuttgart-Hohenheim
WG	Wirtschaftsgruppe
WPB	War Production Board, Washington D. C.
ZS	Zeitschrift

Liste der Firmen, die ihre Produkte auf der »Schuhprüfstrecke« testen ließen[1]

Adler & Oppenheimer AG, Berlin (Werkstoffe)
Ago Goldsiegel (Klebstoffe)
Alkor-Werke Karl Lissmann, Alling bei Regensburg und München Solln
Atlas Ago, Mölkau bei Leipzig (Klebstoffe)
Lederfabrik Gebr. Bader KG, Göppingen (Werkstoffe)
Bat'a, Zlín (Schuhmodelle)
J. H. Benecke, Vinhorst bei Hannover (Werkstoffe)
Blankenburg Mark AG Lederfabrik, Berlin-Buchholz (Werkstoffe)
Borussia, Wermelskirchen (Klebstoffe)
Boston Blacking, Oberursel (Klebstoffe)
Robert Bräuchle Lederfabrik, Metzingen (Werkstoffe)
Continental AG, Hannover (Werkstoffe)
Dartex AG, Frankfurt a. M. (Werkstoffe)
Deutsche Klebstoffwerke (Rödiger und Sohn), Hanau (Klebstoffe)
Deutsche Linoleum-Werke AG, Delmenhorst (Werkstoffe)
Doerr & Reinhart Lederwerke, Worms (Werkstoffe)
Durlacher Lederfabrik, Karlsruhe-Durlach (Werkstoffe)
Erste Saazer Fichtenpechraffinerie, Saaz (Klebstoffe)
Fagus Werk, Alfeld an der Leine (Leisten)
Filmverwertung Fürstenwalde (Klebstoffe)
Carl Freudenberg, Weinheim (Werkstoffe, Schuhmodelle)
Hanauer Gummischuhfabrik, Hanau (Werkstoffe)
Hecker & Greven, Düsseldorf (Klebstoffe)
Heinicke, Erfurt (Klebstoffe)
Herol, Frankfurt am Main (Klebstoffe)
Hey, Offenbach (Klebstoffe)
Cornelius Heyl AG, Worms (Werkstoffe)
I.G. Farben, Uerdingen (Bayer) (Klebstoffe)
I.G. Farben, Ludwigshafen (BASF) (Werkstoffe)
Immalin-Werke, Mettmann (Klebstoffe)
Karola-Werk, Eisenach (Klebstoffe)
Heinrich Koch & Co.KG, Groß-Zimmern (Werkstoffe)
Kossak, Düsseldorf (Klebstoffe)
Kötitzer Ledertuch- und Wachstuchwerke, Coswig bei Dresden (Werkstoffe)
Otto Lache, Rehmsdorf (Werkstoffe)
Ernst Linhardt, Chalowitz (Werkstoffe)
Josef Linhardt Lederfabrik, Rehau (Werkstoffe)
Lorenz, Ingelheim (Klebstoffe)
Mercedes Schuhfabriken, Bad Cannstatt (Schuhmodelle)

1 Vgl. BA Berlin, R 8 VI, Nr. 38 und 84, R 10 VI, Nr. 13 und 80; R 13 XIII, Nr. 49, 67, 270 und 287; Bauhaus-Archiv Berlin, Fagus, Nr. 212; Archiv Sachsenhausen, US HMM RG-006.025*26, Nr. 2189, Vernehmung Brennscheidts am 13.8.1946.

Michels, Cottbus oder Dresden (Textilerzeugnisse)
Firma Möller, Brackwede, Westfalen (Werkstoffe)
Para Gummiwerke, Wuppertal (Werkstoffe)
Plöttner, Zeitz (Klebstoffe)
Gustav Quark (Werkstoffe)
Eduard Rheinberger, Pirmasens (Schuhmodelle)
Rheinische Lederfabrik vorm. Hugo Heusch GmbH, Eschweiler (Werkstoffe)
Rieker & Co., Tuttlingen (Schuhmodelle)
Ferdinand Rinne Schuhfabrik AG, Hessisch-Oldendorf (Schuhmodelle)
C. F. Roser GmbH, Stuttgart-Feuerbach (Werkstoffe)
Rost & Co., Hamburg-Harburg (Werkstoffe)
Christian Rostock (Werkstoffe)
Rothaar, Waldfischbach (Schuhmodelle)
Rudol-Fabrik, Leipzig (Klebstoffe)
Salamander AG, Kornwestheim bei Stuttgart (Schuhmodelle, Schuhpflegemittel)
Salamander AG, Türkheim (Werkstoffe)
Schaffhuber, Hamburg (Klebstoffe)
Dr. Rudolf Schieber Chemische Fabrik, Bopfingen (Werkstoffe)
Schötz & Franke, Wurgwitz bei Dresden (Klebstoffe)
Schrupp & Müller, Betzdorf (Werkstoffe)
Hans Schwarzkopf, Berlin (Klebstoffe, Imprägnierstoffe)
Louis Schweizer, Backnang (Werkstoffe)
Semperit, Wien (Werkstoffe)
Seydel, Dresden (Klebstoffe)
Lederwerke Hermann Simon AG (Werkstoffe)
F.G. Sohre AG Lederfabriken, Dresden (Werkstoffe)
Spohn & Knoell KG, Freiburg (Werkstoffe)
Schuhfabrik Steinhoff, Ahlen (Schuhmodelle)
Conrad Tack, Burg bei Magdeburg (Schuhmodelle)
Trommler, Zwönitz (Schuhmodelle)
UHU-Werk, Bühl (Klebstoffe)
Vereinigte Leder- und Schuhfabrik Löchner und Düppe, Wiesloch (Schuhmodelle)
Julius Votteler [Nachf. GmbH], Reutlingen (Klebstoffe)
Weber & Schulz, Hamburg-Bahrenfeld (Werkstoffe)
Schuhfabrik Oswald Wenzel, Weißenfels (Schuhmodelle)
Westfalia Pickerwerke GmbH, Vreden (Werkstoffe)
Westland Gummiwerke GmbH, Bredenscheid (Werkstoffe)
Alexander Wilisch KG, Lehnamühle (Werkstoffe)
Friedrich Wilop, Hamburg (Werkstoffe)
Chemische Fabrik Zeh & Co., Ludwigsburg (Klebstoffe)

Verzeichnis der Abbildungen

Abb. 85 Der neue *Combat Boot* mit zwei verschiedenen Sohlenarten nach zehnwöchigen Trageversuchen unter »Wüstenbedingungen« mit Rekruten der *Desert Warfare* in Camp Young, Kalifornien: (Links) Paar mit Ledersohle und eisernen Sohlennägeln sowie metallener Schuhspitze und Absatzeisen (alte Konstruktion); der Lederabsatz ist vom Sand ganz ausgehöhlt und die Sohlennägel größtenteils ausgefallen. (Rechts) Paar mit angenähter und zusätzlich genagelter Gummisohle und Gummiabsatz (neue Konstruktion), in wesentlich besserem und noch weiter tragbaren Zustand. In der Mitte ein ungetragenes Paar
Quelle: National Archives, Washington, RG 337, Box 7, Nr. 421/B, General Staff. Requirements Section, Decimal File. Boot, Field M 1943.

Abb. 86 Plan der Schuhprüfstrecke des US-amerikanischen *Quartermaster General* in Camp Lee, Virginia (1944) (nach Erna Risch)
Quelle: Risch (1953), Bd. 1, S. 82.

Abb. 87 Amerikanisches Herrenschuh-Modell ganz aus Leder-Ersatzstoffen: Sohle und Absatz aus Polyvinylchlorid und Schaft aus Cord-Textil, durchgenähte Machart (Juni 1943)
Quelle: Shoe and Leather Reporter (Boston) vom 26.6.1943, S. 47.

Abb. 88 Machart 7: Die spritzgegossene Machart
Quelle: Grafik der Autorin.

Abb. 89 *Igelit*-Schuhe in Ost-Deutschland: Frauen in Premnitz, Sachsen-Anhalt, mit neu erstandenen *Igelit*-Schuhen – ersten gegossenen Schuh-Modellen aus dem thermoplastischen PVC (1948).
Quelle: 30.000 laufen auf Igelit-Sandaletten, Volkssolidarität Nr. 6 (1948), S. 6, abgedruckt in: Auftrag Luftbrücke. Katalog zur Ausstellung im Deutschen Technikmuseum Berlin, Berlin 1998, S. 37.

Abb. 90 *Igelit*-Schuh in Westdeutschland (Hersteller: Jack & Cie, Offenbach) (1949)
Quelle: DLM–Deutsches Ledermuseum Schuhmuseum Offenbach. Fotografie: Corinna Perl-Appel (2001).

Abb. 91 Corfam, ein Oberleder-Ersatzstoff wird entwickelt (1950er Jahre): Polizist im Staat New York als Versuchsträger von Schuhen aus dem Material und ein Wissenschaftler der Forschungs- und Entwicklungsabteilung von DuPont.
Quelle: Courtesy of Hagley Museum and Library.

Abb. 92 Ein Gebrauchswertforscher unter Tausenden von in Trageversuchen erprobten Schuhpaaren aus *Corfam*
Quelle: Courtesy of Hagley Museum and Library.

Tabellen

Quellen:

Für alle drei Länder: Harrison (1998), S. 7; Schnitzer (1937).

Für Deutschland (Gebietsstand ab 1938 einschl. Österreichs, ab 1939 einschl. Sudetenland): Prill (1964); Länderrat (1949), S. 318f.; Niederschrift über die Sitzung des Vertrauensmänner-Ausschusses G XX Wehrmachtsschuhwerk im Hauptausschuß I Wehrmacht und allgemeines Gerät beim RMin für Bewaffnung und Produktion, 29.9.1942, BA Berlin, R 13 XIII, Nr. 195; Harth (1940); Reichsamt für Wehrwirtschaftliche Planung (1939), S. 52 Ausschuss Schuhindustrie (1930).

Für Großbritannien: Business Statistics Office (1978), S. 59, 113; Hargreaves/Gowing (1952); Central Statistical Office (1951), S. 26, 169, 172; Productivity Team (1946); Silverman (1946); MinSupply, Concentration of Production in the Boot and Shoe Industry, 2.5.1941, NA/PRO London, SUPP 14, Nr. 703.

Für die USA: Statistical Services Department of the National Shoe Manufacturers' Association (1961), S. 16; US Dept. of Commerce, Bureau of the Census, Facts for Industry: Shoes and Slippers. Summary for 1948, Aug. 1949; Report on Marshall Plan Says US Able to Boost Exports of Leather, in: SLR v. 25.10.1947, S. 5; US Dept. of Commerce, Boot and Shoe Industry Statistics, Washington 1944, S. 2; Davis (1940); Holt (1938); US Tariff Commission, Boots and Shoes. Report to the President on the Differences in Costs of Production of Boots and Shoes in the United States and in the Principal Competing Country, as Ascertained Pursuant to the Provisions of Section 336 of Title III of the Tariff Act of 1930, Washington 1932.

Tabelle 36: Einwohnerzahl Deutsches Reich, Großbritannien und USA (1938, 1944)

	Deutsches Reich	Großbritannien	USA
1938[1]	69 Mio	48 Mio	131 Mio
1944	70 Mio	49 Mio	138 Mio

1 Zahlen für Gebietsstand des Reichs vom 31.12.1937.

Tabelle 37: Beschäftigte in der Lederschuhindustrie (Deutsches Reich, Großbritannien und USA) (1925-1950)

	Deutsches Reich	Großbritannien	USA
1925	128.000	160.000	207.000
1930	92.000	116.000	
1933	94.000	114.000	191.000
1934	101.000	113.000	
1935	95.000	115.000	202.000
1936	104.000		
1937	104.000	118.000	215.000
1938	117.000		
1939	112.000	135.000	218.000
1940	84.000		
1941	74.000	105.000	216.000
1942	72.000	82.000	
1943	67.000	74.000	187.000
1944	68.000	72.000	
1945		74.000	
1948		110.000	230.000
1950	(BRD) 80.000	120.000	230.000

Tabelle 38: Zahl der Lederschuh-Herstellerbetriebe (Deutsches Reich, Großbritannien und USA) (1927-1958)[2]

	Deutsches Reich	Großbritannien	USA
1927			1.357
1928	1.044		
1929			1.341
1930		1.057	
1931			1.156
1933			1.132
1935		808	1.024
1936	(1.450)		
1937	(1.357)		1.080
1939	1.041 (1.712)		
1941	794 (1.334)	800	1.067
1942	708 (1.308)	408	
1945	513 (906)		1.067
1958	(BRD) 722 (DDR) 211	804	1.115

2 Angaben in Klammern für das Deutsche Reich: Schuhbetriebe insgesamt, inkl. Holzschuhhersteller und Hausschuhhersteller.

Tabelle 39: Lederschuhproduktion in Paar
(Deutsches Reich/BRD und DDR, Großbritannien und USA)

	Deutsches Reich[3]	Großbritannien	USA
1927	78 Mio		367,1 Mio
1928	71 Mio		344,4 Mio
1929	73 Mio		371,5 Mio
1930	64,4 Mio	117 Mio	304,2 Mio
1931			315,5 Mio
1932	54,9 Mio		313,3 Mio
1933	68,8 Mio	125,2 Mio	350,4 Mio
1934	77,0 Mio	124,4 Mio	357,1 Mio
1935	69,5 Mio	124 Mio	383,8 Mio
1936	78,1 Mio	130 Mio	415,2 Mio
1937	76,6 Mio		412,0 Mio
1938	89,7 Mio	125 Mio	390,7 Mio
1939	76,0 Mio	105 Mio	424,2 Mio
1940	55,7 Mio	130,2 Mio	404,2 Mio
1941	70,3 Mio		498,4 Mio
1942	75,6 Mio	105,6 Mio	483,9 Mio
1943	71,6 Mio	101,4 Mio	
1944	56,6 Mio	99,7 Mio	462,5 Mio
1945		99,8 Mio	486,2 Mio
1948	27,6 Mio		462,0 Mio
1949	45,5 Mio	135,6 Mio	473,0 Mio
1950	49,9 Mio		
1955	72,7 Mio	144,3 Mio	585,4 Mio

Tabelle 40: Durchschnittliche Betriebsgröße in Beschäftigten
(Deutsches Reich, Großbritannien und USA)

	Deutsches Reich	Großbritannien	USA
1925-9	78		153
1930-1		115	157
1933			169
1935		144	197
1937			200
1938	117		
1947			167

3 Gebietsstand: ab 1942 einschl. Protektorat Böhmen und Mähren.

Tabelle 41: Export von Lederschuhen in Paar (Deutsches Reich/BRD, Großbritannien und USA)

	Deutsches Reich[4]	Großbritannien	USA
1913	4,7 Mio	17,4 Mio	10,7 Mio
1925	3,6 Mio	11,8 Mio	6,8 Mio
1926	2,1 Mio	11,8 Mio	6,0 Mio
1927	2,2 Mio	11,9 Mio	5,8 Mio
1928	2,0 Mio	13,0 Mio	4,7 Mio
1929	2,7 Mio	13,2 Mio	4,8 Mio
1930	3,9 Mio	11,7 Mio	3,7 Mio
1931	4,8 Mio	9,0 Mio	2,3 Mio
1932	1,6 Mio	8,3 Mio	1,1 Mio
1933	1,1 Mio	7,4 Mio	0,8 Mio
1934	0,8 Mio	6,6 Mio	1,0 Mio
1935	0,7 Mio	5,5 Mio	1,1 Mio
1936	(2,6 Mio)	4,4 Mio	1,6 Mio
1937	(1,2 Mio)	4,7 Mio	1,9 Mio
1938	(1,7 Mio)	4,5 Mio	2,6 Mio
1939	(1,1 Mio)	4,0 Mio	3,5 Mio
1940	(1,3 Mio)	3,2 Mio	2,6 Mio
1941	(2,5 Mio)	5,5 Mio	3,5 Mio
1942	(2,8 Mio)	2,2 Mio	
1943	(2,6 Mio)	1,1 Mio	
1945	(1,1 Mio)[5]	2,7 Mio	
1947			7,2 Mio
1954	2,5 Mio		
1955	2,7 Mio		

4 Angaben in Klammern: Lederschuhe, Holzsohlenschuhe und Hausschuhe insgesamt.
5 Nur Jan. bis einschl. Juli.

Tabelle 42: Import von Lederschuhen in Paar (Deutsches Reich[6]/BRD, Großbritannien und USA)

	Deutsches Reich	Großbritannien[7]	USA
1913	1,2 Mio	2,7 Mio	
1925	1,3 Mio	2,9 Mio	2,0 Mio
1926	1,6 Mio	3,2 Mio	2,4 Mio
1927	3,0 Mio		3,0 Mio
1928	4,3 Mio		4,5 Mio
1929	2,2 Mio		8,4 Mio
1930	0,8 Mio	6,3 Mio	5,7 Mio
1931	0,7 Mio	6,9 Mio	5,9 Mio
1932	0,3 Mio	2,0 Mio	3,3 Mio
1933	0,1 Mio	1,8 Mio	4,2 Mio
1934	0,2 Mio	1,7 Mio	4,9 Mio
1935	0,1 Mio	1,6 Mio	4,6 Mio
1936		2,3 Mio	5,2 Mio
1937		2,9 Mio	7,0 Mio
1938		3,6 Mio	6,3 Mio
1939		(19,2 Mio)	5,1 Mio
1940		(12,0 Mio)	2,8 Mio
1941		(8,4 Mio)	3,0 Mio
1942		(2,4 Mio)	
1943		(1,2 Mio)	
1944		k.A.	
1945		(1,2 Mio)	
1947			2,3 Mio
1954	0,4 Mio		5,6 Mio
1955	0,6 Mio		7,7 Mio

Tabelle 43: Rationierung von Schuhen im Zweiten Weltkrieg (Deutsches Reich, Großbritannien und USA)

Deutschland	Großbritannien	USA
1. Nov. 1939-4. Mai 1949[8]	1. Juni 1941-1952[9]	Feb. 1943-Okt. 1945[10]

6 Die Produktion in den besetzten Gebieten wurde – von Gebiet zu Gebiet unterschiedlich – ab 1938, 1939 bzw. 1942 von deutschen staatlichen Stellen als »deutsche Produktion« kategorisiert. Daher können Angaben zur Einfuhr für die Kriegsjahre hier nicht gemacht werden. Vgl. aber Tabellen 29 und 30 für Einfuhren aus Holland und dem Protektorat.

7 Angaben in Klammern: Lederschuhe und Gummischuhe insgesamt.

8 Schmitz (1956), S. 525-534.

9 Sladen (1995).

10 Office of Price Administration, Rationing in World War II in Washington D. C. 1946, S. 2.

Tabelle 44: Leder- und Schuhforschungsinstitute
(Deutsches Reich, Großbritannien und USA)

Dt. Reich	1897	Deutsche Versuchsanstalt für Lederwirtschaft
	1921	Kaiser-Wilhelm-Institut für Lederforschung, Dresden
	1920	Lehr-Institut für Gerbereichemie, Technische Hochschule Darmstadt
	1938	Prüf- und Forschungsstelle für Leisten- und Schuhbau
	1948/49	Neugründung als »Forschungsstelle Leisten- und Schuhbau«
Großbritannien	1920	British Leather Manufacturers' Research Association, London
	1923	British Boot, Shoe and Allied Trades Research Association, London/ab 1940 Kettering (BBSATRA) (ab 1952 Shoe and Allied Trades Research Association (SATRA))
USA	1901	National Bureau of Standards im US Department of Commerce, Washington D. C.
		Leather and Paper Laboratory, Bureau of Chemistry, US Department of Agriculture, Washington D. C.
	1924	Research Laboratory des Tanners' Council an der University of Cincinnati

Verzeichnis der Tabellen

Im Anhang:

Archivalien und unveröffentlichte Quellen

Bundesarchiv Berlin (BA):

BDC	personenbezogene Dokumente des ehemaligen Berlin Document Center: Wolfgang Graßmann, Arthur Hess, Friedrich Stather, Gotthold Tewes, Wilhelm Thomsen
NS 3	SS-Wirtschaftsverwaltungshauptamt/SS-eigenes Unternehmen Gesellschaft für Textil- und Lederverwertung 125, 1442, 1443
NS 4 FL	SS-Kommandantur Konzentrationslager Flossenbürg 115, 368, 370, 393
NS 19	Persönliche Stab des Reichsführers SS Heinrich Himmler 2622
R 3	Reichsministerium für Rüstung und Kriegsproduktion 311, 320, 321
R 8 VI	Reichsstelle für Lederwirtschaft 32, 33, 36-38, 67, 84
R 10 VI	Gemeinschaft Schuhe 1, 2, 3, 8, 9, 13, 14, 17, 18, 19, 28, 30-33, 35, 36, 44, 52-55, 58, 59, 60, 62- 64, 66, 71-86, 95-99
R 12 I	Reichsgruppe Industrie 335
R 13 XIII	Wirtschaftsgruppen Lederindustrie 28-34, 42, 49, 54-59, 66-68, 98-100, 105, 125, 126, 154, 156, 158, 159, 181, 194, 195, 198, 199, 270-272, 275, 277, 278, 280, 283, 285-291, 316, 324, 370, 380, 504-507, 509-522, 527, 528
R 13 XV	Wirtschaftsgruppe Bekleidungsindustrie 36, 37, 86, 89, 90, 123
R 13 XXIV	Wirtschaftsgruppe Metallindustrie 1
R 3101	Reichswirtschaftsministerium 293-295
R 3112	Amt für Deutsche Roh- und Werkstoffe bzw. Reichstelle/Reichsamt für Wirtschaftsausbau 15-17, 28, 31, 35, 38, 39, 42, 58, 94, 100, 112, 172, 302, 303-305, 307, 309, 315, 324, 325, 329, 333, 335, 351, 352, 355, 379

Bundesarchiv-Militärarchiv Freiburg (BA-MA):

RH 9	Heeresverwaltungsamt des Oberkommandos des Heeres 16, 26, 75, 76
RH 12	Allgemeines Heeresamt des Oberkommandos des Heeres 9 v.7-10
RH 15	Allgemeines Heeresamt des Oberkommandos des Heeres 98, 398
RW 19	Wehrwirtschafts- und Rüstungsamt des Oberkommandos der Wehrmacht 2356, 2474, 2477, 2480, 2478
RW 31	Wirtschaftsstab Ost 87, 254, 264, 370, 982, 1121

National Archives/Public Record Office, London (NA/PRO):

AVIA 44	Ministry of Aviation, Scientific and Technical Monographs 238
BT 28	Board of Trade, Ministry of Production 770, 1074
BT 56	Board of Trade, Office of the Chief Industrial Adviser 16
BT 64	Board of Trade, Industries and Manufactures Department 77, 135, 177, 856, 864, 878, 931, 1539, 1976, 1977, 2009, 2662, 2663, 2747, 2876

BT 94	Board of Trade, Central Price Regulation Committee 54, 70, 104, 254, 442
BT 96	Board of Trade, Industrial Supplies Department 84, 104
BT 103	Board of Trade, Solicitor's Department 599
BT 131	Board of Trade, War Histories (1939-1945) 33, 43, 102
BT 161	Board of Trade, Ministry of Materials 72
BT 258	Board of Trade, Industries and Manufactures Department, Registered Files (IM Series) 428, 429
BT 271	Board of Trade and Department of Trade and Industry, Trading With The Enemy and Administration of Enemy Property Departments 51, 52, 57
CO 852	Colonial Office, Economic General Department 341/1 und 2, 478/10-12
DO 35	Dominions Office and Commonwealth Relations Office 1031/4
DSIR 36	Department of Scientific and Industrial Research, Records Bureau Files 1266, 1268, 1271, 1272, 1276, 1278, 1280, 1285, 1288, 1289, 1291, 1519, 1548, 1569, 1570, 1714, 1898, 1914, 1935, 1959
FO 1031	Foreign Office, Control Commission for Germany, T Force and Field Information Agency Technical 93
LAB 10	Ministry of Labour, Department of Employment and Predecessors 84
SUPP 14	Ministry of Supply 703-707
WO 195	Ministry of Defense, Advisory Council of Scientific Research and Technical Development, Reports and Papers 2241, 5000, 5104, 5195, 5286, 5404, 5434-5436, 5470, 5569, 5666, 6060, 6615, 6652, 6933, 7079, 7227-7229, 7237, 7384, 7491, 7800, 7953, 8594, 8724, 8740, 8978
WO 203	War Office, South East India Command 639
WO 291	Ministry of Supply and War Office, Military Operational Research Unit 1468
WO 309	War Office, War Crimes Group, Case Files 109, 437, 438, 439, 493, 853, 1589

National Archives, Washington D. C. (NA):

RG 92	Office of the Quartermaster General		
	Entry 1890 J,	Box 181	File »Footgear«
		Box 321	File 66 und diverse, nicht nummerierte Files
		Box 223	diverse Files »Leather Miscellaneous«
		Box 322	Files 400.1141/9-35 und 242
		Box 323	diverse, nicht nummerierte Files
		Box 424	Files 400.1141/30 und 79
		Box 508	diverse, nicht nummerierte Files
		Box 566	Files »Footwear«, »Footwear, Leather«
	Entry 2115A	Box 2	diverse, nicht nummerierte Files
RG 165	War Department, Military Intelligence Division Regional Files		

	Entry 77	Box 1149	Files 4350 Germany, 4360 Germany
		Box 1316	Files 6950 Germany I-III
RG 179	War Production Board		
	Policy Documentation Files		
	Entry 1	Box 2199	Files 665.1302, 665.1324, 665.1344
		Box 1805	Files 545.003, 545.005, 545.018, 545.023, 545.024
		Box 1806	Files 545.028, 545.03, 545.034, 545.048, 545.1005/1-3
		Box 1809	Files 545.109, 545.1102, 545.11105, 545.11148/1-2
	Select Documents Files		
	Entry 3	Box 687	File »Requirements, Foreign«
		Box 380	diverse, nicht nummerierte Files
		Box 382	diverse, nicht nummerierte Files
		Box 383	diverse, nicht nummerierte Files
RG 337	Army Ground Forces, Headquarter		
	General Staff. Requirements Section		
	Entry 40	Box 7	Files 421, 421/B, 423
	General Staff. Development and Testing Section		
	Entry 38	Box 36	File 423
	Ground Adjutant. General Section. Records Division		
	Entry 55	Box 911	File 421.3/1-2

Staatsarchiv Hamburg:

371-16 I Behörde für Wirtschaft und Verkehr 400-405

Wirtschaftsarchiv Baden-Württemberg, Stuttgart-Hohenheim (WABW):

Y 110 Unternehmensarchiv Salamander AG

Hessisches Wirtschaftsarchiv, Darmstadt (HWA):

135 Deutsche Vereinigte Schuhmaschinenfabriken GmbH

Bauhaus-Archiv, Berlin (Bauhaus-Archiv):

Fagus-Archiv Alfeld 62-70, 76, 78-83, 138-143, 171-175, 183, 202, 205-210, 212, 213, 215-251, 257-259, 262-265, 266 (Teile I, II und IV), 267-284, 287-289, 291, diverse, nicht nummerierte Akten

Archiv der Gedenkstätte Sachsenhausen (AS):

D 30A VVN-Sammlung (1947-1953)
Provenienz: Brandenburgisches Landeshauptarchiv Potsdam, Pr. Br. Rep. 35H 8/2, 8/3

JD 1 Strafverfahren gegen Heinz Baumkötter u. a. (1961-1962), Provenienz: Staatsanwaltschaft Münster 6 JS 121/56-390.1-41, Staatsarchiv Münster Az 6 Ks 1/61 4 (IX und X), 7 (VII), 29 (XXIX) – 36 (XXXVI)

JD 22 Ermittlungsverfahren gegen Ernst Brennscheidt wegen Mordes (1963-1976), Provenienz: Staatsanwaltschaft Köln (Az 24 Js 45/65 (Z), Bd. 1 und 2), Nordrhein-Westfälisches Hauptstaatsarchiv Düsseldorf, Rep. 118, Nr. 790, 791: 1, 2

JSU 1 Unterlagen zum Sowjetischen Sachsenhausenprozess (Berlin-Pankow, Okt. 1947), Strafverfahren gegen Anton Kaindl und andere.
Provenienz: Zentral-Archiv des FSB, Moskau (N 19092) 1, 3, 5, 6, 9, 10, 17, 21, 23, 26, 43, 44, 45

LAG Lagerarbeitsgemeinschaft
II/10, III/21, IV/3-5, V/20 und 24, VI/12a und 19, VII/9-13, XIII/11, XXIV/28, XXXV/5/5/1

R 200 M 1
R 214 M 53, M 54
R 234 M 168

Archiv der Mahn- und Gedenkstätte Ravensbrück:

KL 18 6, 7, 14
Sammlung Buchmann
SS-Propaganda-Fotoalbum

Archiv der Max-Planck-Gesellschaft, Berlin (MPG-Archiv):

Abteilung I. Akten der Kaiser-Wilhelm-Gesellschaft zur Förderung der Wissenschaften
Rep. IA. Generalverwaltung der KWG 191, 228-230, 191, 538, 1796-1799, 1801, 1802, 1804, 1805, 1807-1810, 1812

Abteilung II. Akten der Max Planck Gesellschaft
Rep. IA. Personalia
Max Bergmann
Wolfgang Graßmann

Abteilung III. Nachlässe
Rep. 39. Nachlass Wolfgang Graßmann 1-4, 5-7, 8, 10-15, 16, 23, 26, 27, 29, 36, 44, 50, 51, 53, 54, 58, 59, 62, 66, 67-77, Z 686

Archiv des Zentralverbands des Deutschen Handwerks, Berlin (DHA):

308	Reichsstand des Deutschen Handwerks	1ÜF, 5ÜF
357	Deutsches Handwerksinstitut, Berlin (1929-1945)	2

Moravsky Zemský Archiv v Brne, Pracoviste Zlín (Mährisches Landesarchiv Brno, Außenstelle Zlín), Tschechien (Mährisches Landesarchiv Brno – Zlín):

Unternehmensarchiv Baťa

I/4	Baťa. Generalverwaltung	
	Box 116	319, 326
	Box 117	330
	Box 118	344, 346, 347
	Box 135	489
	Box 137	505
	Box 138	506, 507, 532
	Box 139	508
	Box 149	535
I/6	Baťa. Rechtsabteilung	
	Box 259	47, 55
II/1	Baťa. Personalmanagement	
	Box 1020	nicht nummerierte Akte
IX	Baťa. Technische Abteilungen	
	Box 1490	15, 16, 17
X	Baťa. Verkaufsabteilung	
	Box 1590	340
	Box 1593	352

Mass-Observation Archive, University of Sussex, Brighton (MO-A):

File Reports 28, 754, 522, 728, 779, 1143, 1266, 2441, 3155, 1605, 1864
Topic Collection Shopping 1941, Box 2

Archiv des Imperial War Museum, London und Duxford (IWM):

Imprints Collection 26094, K 9334, K 9642, K 10100, K 10116, K 11734, K 12135, K 11659, K 12243
British Intelligence Objectives Sub-Committee (BIOS) – BIOS Final Reports 93, 124, 150, 155, 157, 178, 240, 349, 440, 525, 663, 762, 792, 841, 861, 912, 966, 1425, 1813
British Intelligence Objectives Sub-Committee (BIOS) – BIOS Miscellaneous Reports 2, 3/1, 3/2
British Intelligence Objectives Sub-Committee (BIOS) – BIOS Overall Reports 7
British Intelligence Objectives Sub-Committee (BIOS) – BIOS Surveys Reports 27
Field Information Agency, Technical (FIAT) – FIAT Final Reports 174, 942

Hagley Library and Archive, Wilmington/Delaware (Hagley Archive):

Imprints Collection

E. I. du Pont de Nemours and Company

1410	Public Affairs Department	
	Box 9	Files Neoprene, Plastics and Synthetic Resins
	Box 29/30	File Neoprene, Louisville Neoprene Works
	Box 42	File History of DuPont Plastics Department
	Box 49	File Products, Tradenames, Generic Neoprene
	Box 52	Files I.G. Farben, Survey of German Chemical Companies, World War II
	Box 500	Neoprene Notbook, Elastomers Notebook, DuPont Magazine
500	Series II Records of E. I. du Pont de Nemours & Company, Inc. (1902-1974)	
	Box 1013	File Foreign Relations Department, Neoprene 1937-1944; 1946
1785	Central Research and Development	
	Box 25	File The Chemistry and Technology of Neoprene
1850	Project Hounshell	
	Box 6	diverse Files

Society of Plastics Industry

Series I: Corporate Records

Box 1, Roll 2	Files Board of Directors' Minutes 1941ff.; Results: Plastics Molders Questionnaire

Series III: Division Records

Roll 12	Shoe Division

Series IV: Committee Records

Box 9	Molders' Committee Records 1941/2

Ernest Dichter Papers:

2407	Boxes 2, 10-16, 74, 96, 136

Columbia University, Rare Books and Manuscript Library, New York:

Paul Lazarsfeld Collection:

Series I: Personal Papers

Box 33	1-10
Box 34	14-25
Box 35	26-32

Smithsonian Institution Archives Center, National Museum of American History, Washington D. C. (NMAH):

59	Ayer Advertising Agency Collection	
		Boxes OS 156, 296, OS 417
60	Warshaw Collection	
		Boxes 3-6, 11-13, DuPont
277	United Shoe Machinery Corporation, Boston	
		Boxes 71, 153, Industriefilm-Bestand

Ausgewertete Gewerbe- und Fachzeitschriften/
Periodika (1925-1950):

Schuhfabrikanten-Zeitung (Frankfurt am Main)	Deutsche Bibliothek Leipzig, Deutsches Museum, München
The Shoe and Leather News (London)	British Newspaper Library, London
The Shoe and Leather Reporter (Boston, Mass.)	Library of Congress, Washington D. C.
Angewandte Chemie (ab 1942: Chemie)	Deutsche Bibliothek Leipzig
Business Week	Library of Congress, Washington D. C.
Consumer Reports	Library of Congress, Washington D. C.
Consumers' Research Bulletin	Library of Congress, Washington D. C.
Die deutsche Fertigware	Bibliothek des Fachbereichs Wirtschaftswissenschaften, Freie Universität Berlin
Deutsches Handwerk	Deutsches Handwerksarchiv, Berlin
Deutscher Handwerkskalender	Deutsches Handwerksarchiv, Berlin
Foreign Commerce Weekly	Library of Congress, Washington D. C.
Jahrbuch des Deutschen Handwerks	Deutsches Handwerksarchiv, Berlin
Kunststoffe	Staatsbibliothek Berlin
Der Markt der Fertigware	Bibliothek des Fachbereichs Wirtschaftswissenschaften, Freie Universität Berlin
Markt und Verbrauch	Universitätsbibliothek, Humboldt-Universität Berlin
Modern Plastics	Library of Congress, Washington D. C.
Monthly Bulletin of The British Boot, Shoe and Allied Trades' Research Association (London/Kettering)	British Library, London
The Rubber Age	Library of Congress, Washington D. C.
Die Stimme des Verbrauchers. Zeitschrift für denkende Käufer	Staatsbibliothek Berlin
Vertrauliche Nachrichten für Mitglieder der GfK Berlin	Universitätsbibliothek Tübingen

Der Vierjahresplan. Zeitschrift für nationalsozialistische Wirtschaftspolitik	Deutsches Museum, München

Objektsammlungen von Schuhen:

Deutsches Leder-und Schuhmuseum, Offenbach	Schuhsammlung
Northampton Museum and Library, Northampton	Boot and Shoe Collection
National Museum of American History, Washington D. C.	Costume Collection
National Museum of American History, Washington D. C.	Military Collection
Hagley Library and Archive, Wilmington/Delaware	Artifact Collection of Shoes (Corfam)

Literatur

25 Jahre Deutsche Vereinigte Schuhmaschinen Gesellschaft GmbH, 1900-1925. Jubiläumsfestschrift, Frankfurt a. M. 1925.

100 Jahre Schuhindustrie in Hauenstein 1886-1986, Hauenstein 1986.

150 Jahre Freudenberg. Die Entwicklung eines Familienunternehmens von der Gerberei zur internationalen Firmengruppe, Weinheim 1999.

Abelshauser, Werner, Sisyphos und Phönix. Zur Entwicklung des Bergbaus und der chemischen Industrie in beiden deutschen Staaten, in: Tenfelde, Klaus (Hg.), Ein neues Band der Solidarität: Chemie – Bergbau – Leder. Industriearbeiter und Gewerkschaften in Deutschland seit dem Zweiten Weltkrieg, Hannover 1997, S. 145-165.

–, Kriegswirtschaft und Wirtschaftswunder. Deutschlands wirtschaftliche Mobilisierung für den Zweiten Weltkrieg und die Folgen für die Nachkriegszeit, in: Vierteljahrshefte für Zeitgeschichte 47 (1999), Nr. 4, S. 503-539.

–, Umbruch und Persistenz. Das deutsche Produktionsregime in historischer Perspektive, in: Geschichte und Gesellschaft 27 (2001), Nr. 4, S. 503-523.

–, Modernisierung oder institutionelle Revolution? Koordinaten einer Ortsbestimung des »Dritten Reiches« in der deutschen Wirtschaftsgeschichte des 20. Jahrhunderts, in: Ders./Jan-Otmar Hesse/Werner Plumpe (Hg.), Wirtschaftsordnung, Staat und Unternehmen. Neue Forschungen zur Wirtschaftsgeschichte des Nationalsozialismus, Essen 2003, S. 17-39 (zitiert als: Abelshauser 2003).

–/Jan-Otmar Hesse/Werner Plumpe (Hg.), Wirtschaftsordnung, Staat und Unternehmen. Neue Forschungen zur Wirtschaftsgeschichte des Nationalsozialismus, Essen 2003.

Abrams, Mark, Social Survey and Social Action, London 1951.

Akrich, Madeleine, The De-Scription of Technical Artefacts, in: Bijker, Wiebe/John Law (Hg.), Shaping Technology/Building Society. Studies in Sociotechnical Change, Cambridge/Mass. 1994, S. 205-224.

Albrecht, Ulrich u. a., Die Spezialisten. Deutsche Naturwissenschaftler und Techniker in der Sowjetunion nach 1945, Berlin 1992.

Alexander, Jennifer, An Efficiency of Scarcity. Using Food to Increase the Productivity of Soviet Prisoners of War in the Mines of the Third Reich, in: History and Technology 22 (2006), Nr. 4, S. 391-406.

Allen, Ethan, Hide and Leather Policies of the War Production Board and Predecessor Agencies, May 1940 to December 1943, Washington 1946.

Allen, Frederick J., The Shoe Industry, New York 1922.

Allen, George, The Concentration of Production Policy, in: Chester, Daniel Norman (Hg.), Lessons of the British War Economy, Cambridge 1951, S. 167-181.

Allen, Michael Thad, The Puzzle of Nazi Modernism. Modern Technology and Ideological Consensus in an SS Factory at Auschwitz, in: Technology and Culture 37 (1996), Nr. 3, S. 527-571.

–, Flexible Production in Ravensbrück Concentration Camp, in: Past and Present (1999), Nr. 165, S. 182-217.

–, The Business of Genocide. The SS, Slave Labor, and the Concentration Camps, Chapel Hill 2002.

Allen, Roy, Mutual Aid between the US and the British Empire, 1941-1945, in: Journal of the Royal Statistical Society 109 (1946), S. 243-271.

Aly, Götz/Susanne Heim, Vordenker der Vernichtung. Auschwitz und die deutschen Pläne für eine neue europäische Ordnung, Hamburg 1991.
Ambrosius, Gerold, Staat und Wirtschaftsordnung. Eine Einführung in Theorie und Geschichte, Stuttgart 2001.
Andersen, Arne, Chemie als Zukunftstechnologie. Teerfarbenindustrie vor dem Ersten Weltkrieg, in: Jahrbuch für Wirtschaftsgeschichte (1999), Nr. 2, S. 85-101.
Anderson, Adrienne, The Archaeology of Mass-Produced Footwear, in: Historical Archaeology 2 (1968), S. 56-65.
Andritzky, Michael u. a. (Hg.), Z. B. Schuhe. Vom bloßen Fuß zum Stöckelschuh. Eine Kulturgeschichte der Fußbekleidung, Gießen 1988.
Arbeitswissenschaftliches Institut der Deutschen Arbeitsfront (Hg.), Beiträge zur Statistik der Lebenshaltung des deutschen Arbeiters, Berlin 1940.
Ash, Mitchell, Wissenschaft und Politik als Ressourcen für einander, in: Bruch, Rüdiger vom/Kaderas, Brigitte (Hg.), Wissenschaften und Wissenschaftspolitik : Bestandsaufnahmen zu Formationen, Brüchen und Kontinuitäten im Deutschland des 20. Jahrhunderts, Stuttgart 2002, S. 32-51.
–, Wissens- und Wissenschaftstransfer. Einführende Bemerkungen, in: Berichte zur Wissenschaftsgeschichte 29 (2006), S. 181-189.
–, Von Vielschichtigkeiten und Verschränkungen. »Kulturen der Wissenschaft – Wissenschaften in der Kultur«, in: Berichte zur Wissenschaftsgeschichte 30 (2007), S. 91-105.
Attfield, Judy (Hg.), Utility Reassessed. The Role of Ethics in the Practice of Design, Manchester 1999 (zitiert als: Attfield 1999a).
–, Fascinating Fitness: The Dangers of Good Design, in: Attfield, Judy (Hg.), Utility Reassessed. The Role of Ethics in the Practice of Design, Manchester 1999, S. 233-243 (zitiert als: Attfield 1999b).
–, Wild Things. The Material Culture of Everyday Life, Oxford/New York 2000.
Auf Schritt und Tritt…: Schuhe, Ausstellungskatalog, hg. v. der Galerie der Stadt Kornwestheim, Kornwestheim 1999.
Ausschuss zur Untersuchung der Erzeugungs- und Absatzbedingungen der deutschen Wirtschaft, Die deutsche Schuhindustrie, Berlin 1930 (zitiert als: Ausschuss Schuhindustrie (1930)).
–, Das deutsche Handwerk. Generalbericht, Berlin 1930 (zitiert als: Ausschuss Handwerk Generalbericht (1930)).
–, Das deutsche Handwerk. Statistische Grundlagen, Berlin 1930 (zitiert als: Ausschuss Handwerk Grundlagen (1930)).
–, Das deutsche Handwerk. Sonderuntersuchungen über das Bäcker-, Konditor-, Fleischer-, Schuhmacher-, Schneider- und Buchbinderhandwerk, Berlin 1930 (zitiert als: Ausschuss Schuhmacherhandwerk (1930)).
–, Die deutsche Lederindustrie, Berlin 1930 (zitiert als: Ausschuss Lederindustrie 1930).
Auxier, George, Rubber Policies of the National Defense Advisory Commission and the Office of Production Management, May 1940 to December 1941, Washington 1947.
Ay, Karl-Ludwig Art. Typus, in: Lexikon Geschichtswissenschaft, Stuttgart 2002, S. 294-296.
Baader, Gerhard, Das Humanexperiment in den Konzentrationslagern, in: Osnowski, Rainer (Hg.), Menschenversuche. Wahnsinn und Wirklichkeit, Köln 1988, S. 48-69.
–/Susan Lederer/Morris Low/Florian Schmaltz/Alexander von Schwerin, Pathways to

Human Experimentation, 1933-1945: Germany, Japan, and the United States, in: Osiris 20 (2005), S. 205-231.
Backman, Jules, Rationing and Price Control in Great Britain, Washington 1943.
Bajohr, Frank/Michael Wildt (Hg.), Volksgemeinschaft. Neue Forschungen zur Gesellschaft des Nationalsozialismus, Frankfurt a. M. 2009.
Baranowski, Shelley, Strength through Joy. Consumerism and Mass Tourism in the Third Reich, Cambridge 2004.
Barkai, Avraham, Das Wirtschaftssystem des Nationalsozialismus. Ideologie, Theorie, Politik 1933-1945, Frankfurt a. M. 1988.
Bata, Tomas, Knowledge in Action: The Bata System of Management, Amsterdam u. a. 1992.
Baudrillard, Jean, Pour une critique de l'économie du signe, Paris 1982 (Originalausgabe 1972).
–, Das System der Dinge. Über unser Verhältnis zu den alltäglichen Gegenständen, Frankfurt a. M. 2001 (franz. Originalausgabe 1968).
Bauer, Christoph u. a. (Hg.), Faschismus und soziale Ungleichheit, Duisburg 2007.
Bauman, Zygmunt, Dialektik der Ordnung. Die Moderne und der Holocaust, Frankfurt a. M. 1992.
Baumann, Stefanie, Menschenversuche und Wiedergutmachung, München 2009.
Baumgartner, Thomas, Die Produktlinienanalyse als Kern einer ökologischen Produktpolitik, in: Johann Beckmann Journal 5 (1991), S. 40-48.
Bavaj, Riccardo, Die Ambivalenz der Moderne im Nationalsozialismus. Eine Bilanz der Forschung, München 2003.
Bayerl, Günter/Torsten Meyer, Aufgaben einer Sozialgeschichte der Technik, in: Blätter für Technikgeschichte 50/51 (1989/90), S. 9-36.
Beaumont, John, Fitting and Selling of Shoes. A Teacher's Manual for Use in the Vocational Training of Shoe Salesmen, Washington 1945.
Belk, Russell, Studies in the New Consumer Behaviour, in: Miller, Daniel (Hg.), Acknowledging Consumption, New York/London 1995, S. 58-95.
Benad-Wagenhoff, Volker, Fertigungsorganisation im Maschinenbau, in: Wengenroth, Ulrich (Hg.), Technik und Wirtschaft, Düsseldorf 1993, S. 242-256.
Benscheidt, Carl, Unsere Fußbekleidung, deren Fehler und die daraus entstehenden allgemeinen Fußleiden nebst Anleitung zur Herstellung einer rationellen Fußbekleidung für Leien und Fachleute, Lemgo 1883.
–, Das Prüfen von Schuhleisten, Alfeld 1933.
–, Aus meinem Leben, Alfeld 2004.
Benscheidt, Karl, Vortrag des Fabrikanten Karl Benscheidt d. J. aus Alfeld a. d. Leine (Fagus-Werk) bei dem vom Reichswehr-Ministerium einberufenen Lehrgang in der Schuhherstellung in München am 22.8.1933, Alfeld 1933.
–, Der gegenwärtige Stand der Leistenformen und ihre Tendenzen, in: ABC der Schuh-Fabrikation 31 (1935), Nr. 7, S. 565-566.
–, Fuß und Schuhleisten, in: Zeitschrift für Krüppelfürsorge 31 (1938), Nr. 1/2, S. 16-28.
–, Der gesunde Fuß und sein Leben, Alfeld 1957.
Benstock, Shari/Suzanne Ferriss (Hg.), Footnotes: On Shoes, New Brunswick 2001.
Benz, Wolfgang u. a. (Hg.), Enzyklopädie des Nationalsozialismus, München 1997.
–/Barbara Distel (Hg.), Der Ort des Terrors. Geschichte der nationalsozialistischen Konzentrationslager. Bd. 3: Sachsenhausen, Buchenwald, München 2006.

Berghoff, Hartmut, Konsumgüterindustrie im Nationalsozialismus. Marketing im Spannungsfeld von Profit- und Regimeinteressen, in: Archiv für Sozialgeschichte 36 (1996), S. 293-322.
–, Von der »Reklame« zur Verbrauchslenkung. Werbung im nationalsozialistischen Deutschland, in: Ders. (Hg.), Konsumpolitik. Die Regulierung des privaten Verbrauchs im 20. Jahrhundert, Göttingen 1999, S. 77-112.
–, Enticement and Deprivation. The Regulation of Consumption in Pre-War Nazi Germany, in: Daunton, Martin/Matthew Hilton (Hg.), The Politics of Consumption. Material Culture and Citizenship in Europe and America, Oxford 2001, S. 165-184 (zitiert als: Berghoff 2001a).
–, Did Hitler Create a New Society? Continuity and Change in German Social History Before and After 1933, in: Panayi, Panikos (Hg.), Weimar and Nazi Germany. Continuities and Discontinuities, London 2001, S. 74-104 (zitiert als: Berghoff 2001b).
–, Moderne Unternehmensgeschichte, Paderborn 2004.
–, Methoden der Verbrauchslenkung im Nationalsozialismus, in: Gosewinkel, Dieter (Hg.), Wirtschaftskontrolle und Recht in der nationalsozialistischen Diktatur, Frankfurt a. M. 2005, S. 281-316.
Bergler, Georg/Ludwig Erhard (Hg.), Marktwirtschaft und Wirtschaftswissenschaft. Eine Festgabe aus dem Kreise der Nürnberger Schule zum 60. Geburtstage von Wilhelm Vershofen, Berlin 1939.
–, Beiträge zur Absatz- und Verbrauchsforschung, Nürnberg 1957.
–, Die Entwicklung der Verbrauchsforschung in Deutschland und die Gesellschaft für Konsumforschung bis zum Jahre 1945, Kallmünz/Oberpfalz 1959.
– (Hg.), Schrifttum über Verbrauchs- und Modeforschung, Nürnberg 1960.
Bernier, Wilhelm, Die Lebenshaltung, Lohn- und Arbeitsverhältnisse von 145 deutschen Landarbeiterfamilien. Ergebnis einer Erhebung des Deutschen Landarbeiter-Verbandes in der Zeit vom 1.7.1929 bis 30.6.1930, Berlin 1931.
Bertschik, Julia, Mode und Moderne. Kleidung als Spiegel des Zeitgeistes in der deutschsprachigen Literatur (1770-1945), Köln/Weimar/Wien 2005.
Besching, Alexander, Handbuch für die Schuhindustrie, Heidelberg ^{13}1981.
Besching, Oswald, Betriebstaschenbuch für die Schuhindustrie, Erfurt 1948.
–/Konrad Ebert/Kaspar Fleischmann, Das Modellieren, Erfurt 1949.
Betts, Paul, The New Fascination with Fascism. The case of Nazi Modernism, in: Journal of Contemporary History 37 (2002), Nr. 4, S. 541-558.
–, The Authority of Everyday Objects. A Cultural History of West German Industrial Design, Berkeley 2004.
Beyerchen, Alan, Rational Means and Irrational Ends: Thoughts on the Technology of Racism in the Third Reich, in: Central European History 30 (1997), Nr. 3, S. 386-402.
Bijker, Wiebe u. a. (Hg.), The Social Construction of Technological Systems, Cambridge/Mass. 1987.
Bill, Katina, Attitudes Towards Women's Trousers: Britain in the 1930s, in: Journal of Design History 6 (1993), Nr. 1, S. 45-54.
Birkenfeld, Wolfgang, Der synthetische Treibstoff 1933-1945. Ein Beitrag zur nationalsozialistischen Wirtschafts- und Rüstungspolitik, Göttingen 1964.
Bischoff, Hans/Wilhelm Hoffmann/Heinrich Schwienig (Hg.), Lehrbuch der Militärhygiene. Band 1: Wärmeregulierung des Körpers, Berlin 1910.

Blackburn, Burr u. a., Better Buymanship: Shoes, Chicago 1938.

Blackwell, Brian, SATRA. 75 Years of Progress (1919-1994), Kettering 1994.

Blaich, Fritz, Amerikanische Firmen in Deutschland 1890-1918. US-Direktinvestitionen im deutschen Maschinenbau, Wiesbaden 1984.

–, Wirtschaft und Rüstung im »Dritten Reich«, Düsseldorf 1987.

Blaszczyk, Regina Lee, Imagining Consumers. Design and Innovation from Wedgewood to Corning, Baltimore 2000.

Blöcher, Heidi, Zellwolle und Kunstseide, die neuen Spinnstoffe, in: Junker, Almut (Hg.), Frankfurt Macht Mode 1933-1945, Marburg 1999, S. 73-82.

Bluma, Lars, »L'Ersatz ist kein Ersatz«. Das Schaffen von Vertrauen durch Technikvermittlung am Beispiel der deutschen Zellwolle, in: ders./Karl Pichol/Wolfhard Weber (Hg.), Technikvermittlung und Technikpopularisierung, Münster u. a. 2004, S. 121-142.

Board of Trade, Merchandise Marks Act 1926. Report of the Standing Committee Respecting Boots, Shoes and Slippers (Other than Rubber), London 1928.

–, Retail Trade Committee, Second Interim Report, The Impact of the War on the Retail Trades, 20.1.1942, London 1942.

–, Retail Trade Committee, Second Interim Report: The Impact of the War on the Retail Trades in Goods other than Food, London 1942.

–, Retail Trade Committee, Third Report: Concentration in the Retail Non-Food Trades, London 1942.

–, Working Party Reports: Boots and Shoes, London 1946.

–, Utility Rubber Footwear. Production Guide, London 1951.

Boberach, Heinz (Hg.), Meldungen aus dem Reich. Die geheimen Lageberichte des Sicherheitsdienstes der SS 1938-1945, Herrsching 1984.

Bock, Ernst (Hg.), Alte Berufe Niedersachsens, Hannover 1926.

Bock, Günter, Die Städelschule im Dritten Reich, in: Die Städelschule in Frankfurt a. M. Aus der Geschichte einer deutschen Kunsthochschule, Frankfurt a. M. 1982, S. 102-115.

Boelcke, Willi A., Kriegspropaganda 1939-1941. Geheime Ministerkonferenzen im Reichspropagandaministerium, Stuttgart 1966.

– (Hg.), Wollt Ihr den totalen Krieg? Die geheimen Goebbels-Konferenzen 1939-1943, Stuttgart 1967.

Bönig, Jürgen, Die Einführung von Fließbandarbeit in Deutschland bis 1933. Zur Geschichte einer Sozialinnovation, Münster/Hamburg 1993.

Böth, Gitta, Kleidungsforschung, in: Brednich, Rolf (Hg.), Grundriß der Volkskunde, Berlin 1994, S. 211-228.

Bogner, G., Holzsohlenfertigung früher und heute, in: Seebauer, Georg (Hg.), Von der Einzelfertigung zur Massenproduktion, Essen 1944, S. 455-464.

Bonwitt, Gustav, Das Celluloid und seine Ersatzstoffe. Handbuch für Herstellung und Verarbeitung von Celluloid und seinen Ersatzstoffen, Berlin 1933.

Boog, Horst u. a. (Hg.), Der Angriff auf die Sowjetunion, Frankfurt a. M. 1991.

Boorstin, Daniel, The Americans. The Democratic Experience, New York 1973.

Boots and Shoes. Hearing Before a Subcommittee of the Committee on Interstate and Foreign Commerce, House of Representatives on H. R. 5735, a Bill Providing for the Labelling, Marking and Tagging of All Boots and Shoes, 14.2.1936, Washington 1936.

Bourdieu, Pierre, Die feinen Unterschiede. Kritik der gesellschaftlichen Urteilskraft, Frankfurt a. M. 1987.

Bourke, Joanna, The Great Male Renunciation: Men's Dress Reform in Inter-war Britain, in: Journal of Design History 9 (1996), Nr. 1, S. 23-33.

Bovenschen, Silvia, Kleidung, in: Wulf, Christoph (Hg.), Vom Menschen. Handbuch historische Anthropologie, Weinheim/Basel 1997, S. 231-242.

Bowker, Roy, Comparative Wear of Chrome-Tanned, Vegetable-Tanned, and Re-Tanned Sole Leather, in: Journal of Research of the National Bureau of Standards 15 (1935), Nr. 4, S. 363-367.

–, Machine Tests Will Help Women Select Best Wearing Shoes, in: Industrial Standardization and Commercial Standards Monthly 7 (1936), Nr. 5, S. 104-105.

–, Shoe Constructions, Washington 1938.

Boyan, Edwin Arthur, Handbook of War Production, New York/London 1942.

Boydell, Christine, The Training Shoe. »Pump Up the Power«, in: Kirkham, Pat (Hg.), The Gendered Object, Manchester 1996, S. 121-132.

Boyer, Christoph, Das Deutsche Reich und die Tschechoslowakei im Zeichen der Weltwirtschaftskrise, in: Vierteljahreshefte für Zeitgeschichte 39 (1991), Nr. 4, S. 551-587.

Brachert, Eva, »Hausrat aus Plastic«. Alltagsgegenstände aus Kunststoff in Deutschland in der Zeit von 1950-1959, Weimar 2002.

Bräutigam, Petra, Mittelständische Unternehmer im Nationalsozialismus. Wirtschaftliche Entwicklungen und soziale Verhaltensweisen in der Schuh- und Lederindustrie Badens und Württembergs, München 1997.

Braun, Hans Joachim, Failed Innovations. Introduction, in: Social Studies of Science 22 (1992), S. 213-230.

–, Technische Innovation in Krisenzeiten (Einleitung), in: Technikgeschichte 62 (1995), Nr. 4, S. 281-285.

Bravo, Giuseppe/Juliana Trupke, 100.000 Jahre Leder. Eine Monographie, Basel 1970.

Breuer, Luise, Die Lebenshaltung der Bergarbeiter im Ruhrgebiet, Münster 1935.

Breward, Christopher, The Hidden Consumer. Masculinities, Fashion and City Life 1860-1914, Manchester 1999.

–, Fashioning Masculinity: Men's Footwear and Modernity, in: Benstock, Shari/Suzanne Ferriss (Hg.), Footnotes: On Shoes, New Brunswick 2001, S. 116-134.

Breyer, Nike, Erstlingsschuhe. Zwischen Magie und Gebrauch, in: Roder, Hartmut (Hg.), Schuhtick. Von kalten Füßen und heißen Sohlen, Mainz 2008, S. 97-104.

British Intelligence Objectives Sub-Committee, Final Report Nr. 150, Some Aspects of the German Leather Industry, London 1945.

–, Final Report Nr. 173, Gummiwaren-Fabrik Phoenix, Harburg/Hamburg, London 1946.

–, Final Report Nr. 174, Hanauer Gummischuh-Fabrik AG, Hanau am Main, London 1946.

–, Final Report Nr. 240, Synthetic Tanning Agents and Leather Auxiliary Products of the IG Farbenindustrie, London 1946.

–, Final Report Nr. 762, The Manufacture and Practical Application of German Synthetic Tanning Materials and Related Substances, London 1945.

–, Final Report Nr. 861, The Stratton Mission to Germany July 1945 on Hides, Skin, Leather, Footwear, Leather Substitutes and Ancillary Machinery, London 1945 (zitiert als: BIOS Final Report Nr. 861, The Stratton Mission to Germany (1945)).

–, Final Report No. 966, German Rubber Footwear and Various General Rubber Goods Plants, London 1946
–, Final Report Nr. 1425, The German Light Leather Industry, London 1946.
–, Miscellaneous Report Nr. 2, An Investigation of the German Leather Industry, London 1946.
–, Miscellaneous Report Nr. 3, Teil 2: The German Sole and Heel Industry, London 1945.
–, Overall Report Nr. 7, The Rubber Industry in Germany during the period 1939-1945, London 1948.
–, Survey Report Nr. 27, The Leather Manufacturing and Related Industries in Germany during the Period 1939-1945, London 1950.
British Leather Manufacturers' Research Association (Hg.), Progress in Leather Science, 1920-1945, London 1948.
Broadberry, Stephen/Peter Howlett, The United Kingdom: »Victory at All Costs«, in: Harrison, Mark (Hg.), The Economics of World War II. Six Great Powers in International Comparison, Cambridge 1998, S. 43-80.
–/Peter Howlett, Blood, Sweat, and Tears. British Mobilization for World War II, in: Chickering, Roger u. a. (Hg.), A World at Total War. Global Conflict and the Politics of Destruction 1937-1945, Cambridge 2005, S. 157-176.
Bronner, Arnold, British Co-operation. The History, Principles and Organisation of the British Co-operative Movement, Manchester 1961.
Broszat, Martin, Der Staat Hitlers, München 1969.
Brown, Cynthia, Northampton 1835-1985. Shoe Town, New Town, Chichester 1990.
Brown, L. O., Market Research and Analysis, New York 1937 (zitiert als: Brown 1937a).
–, The Technique of Marketing Research, New York 1937 (zitiert als: Brown 1937b).
Browning, Christopher, Ganz normale Männer. Das Reserve-Polizeibataillon 101 und die »Endlösung« in Polen, Reinbek 1993.
Bower, Tom, Verschwörung Paperclip. NS-Wissenschaftler im Dienst der Siegermächte, München 1988.
Bucciarelli, Larry, Design Knowing and Learning: A Socially Mediated Activity, in: Eastman, C. u. a. (Hg.), Design Knowing and Learning: Cognition in Design Education 2001.
Buchheim, Hans, Die SS – das Herrschaftsinstrument, in: ders. u a., Anatomie des SS-Staates, München 1967, S. 15-212.
Buchheim, Christoph, Wirtschaftsentwicklung im Dritten Reich – mehr Desaster als Wunder, in: Vierteljahreshefte für Zeitgeschichte 49 (2001), S. 653-664.
–/Jonas Scherner, Anmerkungen zum Wirtschaftssystem des »Dritten Reichs«, in: Abelshauser, Werner/Jan-Otmar Hesse/Plumpe, Werner (Hg.), Wirtschaftsordnung, Staat und Unternehmen. Neue Forschungen zur Wirtschaftsgeschichte des Nationalsozialismus, Essen 2003, S. 81-97.
–, Das Verhältnis von Staat und Wirtschaft in der NS-Zeit, in: Jahrbuch für Wirtschaftsgeschichte (2004), Nr. 2, S. 237-239.
–, Unternehmen in Deutschland und NS-Regime 1933-1945. Versuch einer Synthese, in: Historische Zeitschrift 282 (2006), Nr. 2, S. 351-390.
–/Jonas Scherner, The Role of Private Property in the Nazi Economy: The Case of Industry, in: Journal of Economic History 66 (2006), Nr. 2, S. 390-416.

– (Hg.), German Industry in the Nazi Period, Stuttgart 2008.
Buchholz, Kai/Justus Theinert, Designlehren. Wege deutscher Gestaltungsausbildung 1897-2007, Stuttgart 2007.
Buchholz, Kai u. a. (Hg.), Die Lebensreform. Entwürfe zur Neugestaltung von Leben und Kunst um 1900, Darmstadt 2001.
Budraß, Lutz, Flugzeugindustrie und Luftrüstung in Deutschland 1918-1945, Düsseldorf 1998.
Bücher, Karl, Das Gesetz der Massenproduktion, in: Zeitschrift für die gesamte Staatswissenschaft 66 (1910), S. 429-444.
–, Die Berufe der Stadt Frankfurt a. M. im Mittelalter, Leipzig 1914.
–, Spezialisierung, Normalisierung, Typisierung, in: Zeitschrift für die gesamte Staatswissenschaft 76 (1921), S. 427-439.
Büld, Bernard, Holzschuhe und Holzschuhmacherhandwerk im westlichen Münsterland, Vreden 1980.
Bundesakademie für Wehrverwaltung und Wehrtechnik Mannheim (Hg.), Wehrtechnisches Symposium: Persönliche Ausrüstung – Leder, Körperschutz, Mannheim 2000.
Burch, Harold A., Boot and Shoe Industry and Trade in Great Britain, Washington 1929.
Burger, Adolf, Unternehmen Bernhard. Die Geldfälscherwerkstatt im KZ Sachsenhausen, Berlin 1992.
Burman, Barbara, Better and Brighter Clothes: The Men's Dress Reform Party, 1929-1940, in: Journal of Design History 8 (1995), Nr. 4, S. 275-290.
Business Statistics Office, Historical Record of the Census of Production, 1907 to 1970, London 1978.
Butman, Arthur B., Shoe and Leather Trade in Germany, Washington 1912 (zitiert als Butman 1912a).
–, Shoe and Leather Trade in the United Kingdom, Washington 1912 (zitiert als Butman 1912b).
Cairncross, Alec/Nina Watts, The Economic Section 1939-1961. A Study in Economic Advising, London 1989.
Campbell, Colin, Consumption and the Rhetorics of Need and Want, in: Journal of Design History 11 (1998), Nr. 3, S. 235-246.
Campbell, Joan, Der Deutsche Werkbund 1907-1934, München 1989.
Camper, Petrus, Abhandlung von der besten Form der Schuhe, in: Sämtliche kleinere Schriften die Arzney-Wundarztkunst und Naturgeschichte betreffend, Band 1, Leipzig 1784, S. 121-184.
Calder, Angus/Dorothy Sheridan (Hg.), Speak for Yourself. A Mass-Observation Anthology 1937-1949, Oxford 1984.
Central Statistical Office, A Statistical Digest of the War, London 1951.
Chandler, Alfred, Scale and Scope. The Dynamics of Industrial Capitalism, Cambridge/Mass. 1990.
– u. a. (Hg.), Big Business and the Wealth of Nations, Cambridge/Mass. 1997.
Chaplin, Charles, Die Geschichte meines Lebens, Frankfurt a. M. 1977.
Chase, Stuart/Frederick J. Schlink, Your Money's Worth. A Study in the Waste of the Consumer's Dollar, New York 1927.
Chester, Daniel Norman (Hg.), Lessons of the British War Economy, Cambridge 1951.
–, The Central Machinery for Economic Policy, in: Ders. (Hg.), Lessons of the British War Economy, Cambridge 1951, S. 5-33.

Church, Roy, Messrs Gotch and Sons and the Rise of the Kettering Footwear Industry, in: Business History 8 (1966), S. 140-149.

–, The Effect of the American Export Invasion on the British Boot and Shoe Industry, in: Journal of Economic History 28 (1968), Nr. 2, S. 223-254.

–, Labour supply and innovation 1800-1860: The boot and shoe industry, in: Business History 12 (1970), Nr. 2, S. 25-45.

–, New Perspectives on the history of products, firms, marketing and consumers in Britain and the United States since the mid-19th century, in: Economic History Review 52 (1999), S. 405-435.

Ciesla, Burghard, Das »Project Paperclip«. Deutsche Naturwissenschaftler und Techniker in den USA (1946 bis 1952), in: Kocka, Jürgen (Hg.), Historische DDR-Forschung. Aufsätze und Studien, Berlin 1993, S. 287-301.

–/Matthias Judt (Hg.), Technology Transfer out of Germany after 1945, Amsterdam u. a. 1996.

Civilian Production Administration, Minutes of the War Production Board (January 20, 1942, to October 9, 1945), Washington 1946.

Clasen, Claus-Peter, Gerber und Schuhmacher in Augsburgs Vergangenheit 1500-1800, Augsburg 2003.

Cleve, Ingeborg, Was können und sollen Konsumenten wollen? Die Formulierung moderner Leitbilder des Konsums als zentrales Problem des europäischen Ausstellungswesens im 19. Jahrhundert, in: Siegrist, Hannes/Hartmut Kaelble/Jürgen Kocka (Hg.), Europäische Konsumgeschichte, Frankfurt a. M. 1997, S. 549-562.

Cohen, Lizabeth, The New Deal State and the Making of Citizen Consumers, in: Strasser, Susan u. a. (Hg.), Getting and Spending. European and American Consumer Societies in the 20th Century, Washington D. C. 2001, S. 111-125.

–, A Consumers' Republic. The Politics of Mass Consumption in Postwar America, New York 2003.

Cohn, Walter E., Modern Footwear Materials and Processes, New York 1969.

Coles, J. V., The Consumer-Buyer and the Market, New York 1938.

Conrad, Christoph, Observer les consommateurs. Études de marché et histoire de la consommation en Allemagne, des années 1930 aux années 1960, in: Le Mouvement Social (2004), Nr. 206, S. 17-39.

Consumer Reports Books (Hg.), Testing. Behind the Scenes at Consumer Reports 1936-1986, Mount Vernon, N. Y. 1986.

Cook, Douglas, Boot and Shoe Industry and Trade in Germany, Washington 1929.

Cooter, Roger u. a. (Hg.), War, Medicine and Modernity, Thrupp 1998.

Couch, Jim/William Shughart, The Political Economy of the New Deal, Cheltenham u. a. 1998.

Cronon, William, Nature's Metropolis. Chicago and the Great West, New York 1991.

Dam, Hendrik van/Ralph Giordano, KZ-Verbrechen vor deutschen Gerichten. Dokumente aus den Prozessen gegen Sommer (KZ Buchenwald), Sorge, Schubert (KZ Sachsenhausen), Unkelbach (Ghetto in Czenstochau), Frankfurt a. M. 1962.

Damals in Sachsenhausen. Solidarität und Widerstand im KZ Sachsenhausen, Berlin o. D.

Daniel, Ute, Suggestive Experten. Zur Etablierung der US-amerikanischen Medienforschung in den 1930er-1950er Jahren, in: Berichte zur Wissenschaftsgeschichte 30 (2007), S. 183-198.

Daunton, Martin/Matthew Hilton, Material Politics. An Introduction, in: Dies. (Hg.),

The Politics of Consumption. Material Culture and Citizenship in Europe and America, Oxford 2001, S. 1-32.
Daute, Ralf, Die elefanten-Story. Gustav Hoffmann und das Jahrhundert der Kinderschuhe, Kleve 2004.
Davis, Horace B., Shoes. The Workers and the Industry, New York 1940.
Deichmann, Ute, Flüchten, Mitmachen, Vergessen. Chemiker und Biochemiker in der NS-Zeit, Weinheim u. a. 2001.
–, Proteinforschung an Kaiser-Wilhelm-Instituten von 1930 bis 1950 im internationalen Vergleich, Berlin 2004.
Deist, Wilhelm u. a., Ursachen und Voraussetzungen des Zweiten Weltkrieges, Frankfurt a. M. 1989.
Department of Scientific and Industrial Research, The Work of the British Leather Manufacturers' Research Association for the Leather Industry, Milton Park/Surrey 1951.
Deutschland-Berichte der Sozialdemokratischen Partei Deutschlands (SOPADE), Frankfurt a. M. 1980.
Devinat, Paul, Die Schuhfabrik Baťa, in: Internationales Arbeitsamt (Hg.), Studien über die Beziehungen zwischen Arbeitgebern und Arbeitnehmern, Genf 1930, Bd. 1, S. 235-286 (zitiert als Devinat 1930a).
–, Die Arbeitsbedingungen in einem rationalisierten Betrieb. Das System Baťa und seine sozialen Auswirkungen, Berlin 1930 (zitiert als Devinat 1930b).
Diehl, Markus, Von der Marktwirtschaft zur nationalsozialistischen Kriegswirtschaft. Die Transformation der deutschen Wirtschaftsordnung 1933-1945, Stuttgart 2005.
Dierkes, Meinolf (Hg.), Technikgenese. Befunde aus einem Forschungsprogramm, Berlin 1997.
Ditterich, Johann Martin, Wilhelm Vershofen – 60 Jahre alt!, in: Bergler, Georg/ Ludwig Erhard (Hg.), Marktwirtschaft und Wirtschaftswissenschaft. Eine Festgabe aus dem Kreise der Nürnberger Schule zum 60. Geburtstage von Wilhelm Vershofen, Berlin 1939, S. 7-25.
Döpfner, Anna, Textiltechnik: Zwei Karrieren, in: Ich diente nur der Technik. Sieben Karrieren zwischen 1940 und 1950, Berlin 1995, S. 89-114.
Döring, Friedrich-Wilhelm, Vom Konfektionsgewerbe zur Bekleidungsindustrie. Zur Geschichte von Technisierung und Organisierung der Massenproduktion von Bekleidung, Frankfurt a. M. 1992.
Drews, Manfred/Max Stoll, Soldaten der ersten Stunde. Fünf Lebensbilder, Berlin 1981.
Duffin, Jacalyn/Charles Hayter, Baring the Sole. The Rise and Fall of the Shoe-Fitting Fluoroscope, in: Isis 91 (2000), Nr. 2, S. 260-282.
Durian-Ress, Saskia, Schuhe. Vom späten Mittelalter bis zur Gegenwart, München 1991.
Eason, Albert V., Saint Crispin's Men. A History of Northamtonshire's Shoemakers, Duston 1994.
Ebbinghaus, Angelika, Der Prozess gegen Tesch & Stabenow. Von der Schädlingsbekämpfung zum Holocaust, in: 1999 13 (1998), Nr. 2, S. 16-71.
Ebert, Friedrich, Probleme der Schuhindustrie, Leipzig 1928.
Eckart, Wolfgang, »Normale Wissenschaft« unter den Bedingungen der Diktatur? Anmerkungen zur humanexperimentellen Forschung, Deutschland/Japan 1933-1945, in: Bruch, Rüdiger vom/Kaderas, Brigitte (Hg.), Wissenschaften und Wissenschaftspolitik: Bestandsaufnahmen zu Formationen, Brüchen und Kontinuitäten im Deutschland des 20. Jahrhunderts, Stuttgart 2002, S. 282-287.

– (Hg.), Man, Medicine and the State. The Human Body as an Object of Government Sponsored Medical Research in the 20th Century, Stuttgart 2006.
–/Alexander Neumann, Medizin im Zweiten Weltkrieg. Militärmedizinische Praxis und medizinische Wissenschaft im »Totalen Krieg«, Paderborn u. a. 2006.
Eckert, Astrid, Kampf um die Akten. Die Westalliierten und die Rückgabe von deutschem Archivgut nach dem Zweiten Weltkrieg, Stuttgart 2004.
Eduard Rheinberger AG, 50 Jahre Eduard Rheinberger AG, 1882-1932, Pirmasens 1932.
–, Das Buch vom Schuh. Den Freunden unseres Hauses aus Anlaß des 75jährigen Firmenjubiläums gewidmet, Mainz 1957.
Eelking, Hermann von, Die Uniformen der Braunhemden. SA, SS, Politische Leiter, Hitlerjugend, Jungvolk und BDM, München 1934.
Egner, Erich, Das Utility-System und seine Lehren. Ein Kapitel moderner Verbraucherschutzpolitik, in: Ders., Studien über Haushalt und Verbrauch, Berlin 1963, S. 328-353.
Eichholtz, Dietrich, Zum Anteil des IG-Farben-Konzerns an der Vorbereitung des zweiten Weltkriegs. Ein Dokument zur staatsmonopolistischen Kriegsplanung des faschistischen deutschen Imperialismus, in: Jahrbuch für Wirtschaftsgeschichte (1969), Nr. 2, S. 83-105.
–, Geschichte der deutschen Kriegswirtschaft, Bände 1-3, Berlin 1971ff.
–, Die »Großraumwehrwirtschaft« für den großen Krieg. Zwei geheime Memoranden der Reichsstelle für Wirtschaftsausbau vom Frühjahr/Sommer 1939, in: Bulletin des Arbeitskreises Zweiter Weltkrieg (1986), Nr. 1-4, S. 70-160.
–, Institutionen und Praxis der deutschen Wirtschaftspolitik im NS-besetzten Europa, in: Overy, Richard u. a. (Hg.), Die »Neuordnung« Europas. NS-Wirtschaftspolitik in den besetzten Gebieten, Berlin 1997, S. 29-62.
Engel, Michael, Max Bergmann und das Kaiser Wilhelm Institut für Lederforschung in Dresden, in: Kroker, Werner (Hg.), Vom Leder zum Chemiewerkstoff, Bochum 2000, S. 75-92.
Engelbourg, Saul, Some Consequences of the Leasing of Industrial Machinery, in: Journal of Business 39 (1966), Nr. 1, S. 52-66.
Entwistle, Joanne, The Fashioned Body. Fashion, Dress and Modern Social Theory, Cambridge 2000.
Erdely, Eugen, Bat'a. Ein Schuster erobert die Welt, Leipzig 1932.
Erker, Paul, Industrie-Eliten in der NS-Zeit. Anpassungsbereitschaft und Eigeninteresse von Unternehmern in der Rüstungs- und Kriegswirtschaft 1936-1945, Passau 1993.
–, Die Rolle der Forschung bei der Ersatzstoff-Produktion. Das Beispiel Continental AG/Reifenindustrie, in: Kaufmann, Doris (Hg.), Geschichte der Kaiser-Wilhelm-Gesellschaft im Nationalsozialismus. Bestandsaufnahme und Perspektiven der Forschung, Göttingen 2000, S. 411-425.
–, Vom nationalen zum globalen Wettbewerb. Die deutsche und die amerikanische Reifenindustrie im 19. und 20. Jahrhundert, Paderborn 2005.
Evers, Bruno/Walter Mohr (Hg.), Die Regelung des Warenverkehrs in der Lederwirtschaft, Berlin 1933ff.
Fackler, Guido, Die Swing-Jugend. Oppositionelle Jugendkultur im nationalsozialistischen Deutschland, in: Barber-Kersovan, Alenka/Gordon Uhlmann (Hg.), Getanzte Freiheit. Swingkultur zwischen NS-Diktatur und Gegenwart, München 2002, S. 33-50.
Fahlbusch, Michael, Wissenschaft im Dienst der nationalsozialistischen Politik? Die »Volksdeutschen Forschungsgemeinschaften« von 1931 bis 1945, Baden-Baden 1999.

Faibairn, Brett, Konsumgenossenschaften in internationaler Perspektive. Ein historischer Überblick, in: Prinz, Michael (Hg.), Der lange Weg in den Überfluss. Anfänge und Entwicklung der Konsumgesellschaft seit der Vormoderne, Paderborn 2003, S. 437-461.
Farquharson, John, Governed or Exploited? The British Acquisition of German Technology, 1945-1948, in: Journal of Contemporary History 32 (1997), Nr. 1, S. 23-42.
Feenberg, Andrew, Questioning Technology, London/New York 1999
Felber, Ulrike, Arisierung und Liquidierung von Betrieben der österreichischen Schuhindustrie, in: Dies. u. a., Zwangsverkauf, Liquidierung und Restitution von Unternehmen in Österreich, 1938-1960. Bd. 10: Ökonomie der Arisierung. Teil 2: Wirtschaftssektoren, Branchen, Falldarstellungen, München 2004.
Felton, Monica, Civilian Supplies in Wartime Britain, London 1945.
Fesler, James W. (Hg.), Industrial Mobilization For War. History of the War Production Board and Predecessor Agencies 1940-1945. Volume 1: Program and Administration, Washington 1947.
Field Information Agancy, Technical, Final Report Nr. 174, Investigation of the New Wehrmacht (1944) Last and Shoe Construction, London 1946.
Fine, Ben, From Political Economy to Consumption, in: Miller, Daniel (Hg.), Acknowledging Consumption, New York/London 1995, S. 127-163.
–/Ellen Leopold, The World of Consumption, London 1993.
Fischer, Paul, Die Lederaustauschstoffe, München/Berlin 1942.
Fischer, W./G. Scheele, Einflüsse auf die Entwicklung von Soldatenbekleidung und -ausrüstung im Wandel der Zeit, in: Wehrmedizinische Monatsschrift 13 (1969), Nr. 10/11, S. 289-293, 316-320.
Fitch, Martha, Die Modebildung in Damenstoffen, Stuttgart 1930.
Flachowsky, Sören, Der Bevollmächtigte für Hochfrequenzforschung des Reichsforschungsrates und die Organisation der deutschen Radarforschung, in: Technikgeschichte 72 (2005), Nr. 3, S. 203-226.
–, Von der Notgemeinschaft zum Reichsforschungsrat. Wissenschaftspolitik im Kontext von Autarkie, Aufrüstung und Krieg, Stuttgart 2008.
Fleck, Ludwik, Zur Krise der »Wirklichkeit«, in: Die Naturwissenschaften 17 (1929), S. 425-430, wiederabgedruckt in: Ders., Erfahrung und Tatsache. Gesammelte Aufsätze, Frankfurt a. M. 1983, S. 46-58.
–, Entstehung und Entwicklung einer wissenschaftlichen Tatsache. Einführung in die Lehre vom Denkstil und Denkkollektiv, Frankfurt a. M. 1980 (Originalausgabe 1935).
Flügel, John Carl, The Psychology of Clothes, London 1930.
Foner, Eric, The Story of American Freedom, New York 1998.
Forschungsstelle für den Handel beim Reichskuratorium für Wirtschaftlichkeit, Lage und Leistungen des Einzelhandels mit Schuhwaren, Berlin 1936.
Frei, Norbert, Wie modern war der Nationalsozialismus?, in: Geschichte und Gesellschaft 19 (1993), S. 367-387.
Fremdling, Rainer, The German Industrial Census of 1936. Statistics as Preparation for the War, Research Memorandum, University of Groningen, Growth and Development Centre (2005), Nr. GD-77.
Frenssen, C., Warum soviel Fußkranke?, in: Medizinische Klinik 33 (1937), S. 867-870.
Freudenberg, Walter, Wandlung im russischen Häutemarkt, Düsseldorf 1952.
–, Die Häute und Fellmärkte der Welt, IV. Europa: Russland, Darmstadt 1954.

Friedel, Robert, Pioneer Plastic. The Making and Selling of Celluloid, Wisconsin 1983.

Friedländer, Vera, Man kann nicht eine halbe Jüdin sein, Kiel 1996.

Friemert, Chup, Der »Deutsche Werkbund« als Agentur der Warenästhetik in der Aufstiegsphase des deutschen Imperialismus, in: Haug, Wolfgang Fritz (Hg.), Warenästhetik. Beiträge zur Diskussion, Weiterentwicklung und Vermittlung ihrer Kritik, Frankfurt a. M. 1975, S. 177-230.

Fuchsloch, Norman, Metamorphosen oder Euphemismen? Vom Wandel der Abfälle zu Wertstoffen, in: Technikgeschichte 68 (2001), Nr. 4, S. 373-394.

–, Recycling, Upcycling, Downcycling. Eine umwelthistorische Ist-Soll-Analyse, in: Ladwig, Roland (Hg.), Recycling in Geschichte und Gegenwart, Freiberg 2003, S. 11-40.

Fullerton, Ronald A., The Art of Marketing Research. Selections from Paul F. Lazarsfeld's »Shoe Buying in Zurich« (1933), in: Journal of the Academy of Marketing Science 18 (1990), Nr. 4, S. 319-327.

Furukawa, Yasu, Inventing Polymer Science. Staudinger, Carothers, and the Emergence of Macromolecular Chemistry, Philadelphia 1998.

Gall, Günter, Die Entwicklung des Absatzes in der Schuhmode, in: Waffen- und Kostümkunde 30 (1971), S. 13-25.

Gall, Lothar/Manfred Pohl (Hg.), Unternehmen im NS, München 1998.

Gausemeier, Bernd, Natürliche Ordnungen und politische Allianzen. Biologische und biochemische Forschung an Kaiser-Wilhelm-Instituten, Göttingen 2005.

Gerhardt, Uta, Idealtypus, Frankfurt a. M. 2001.

Gerlach, Christian, Ludwig Erhard und die »Wirtschaft des neuen deutschen Ostraumes«, in: Hamann, Matthias/Hans Asbek (Hg.), Halbierte Vernunft und totale Medizin, Berlin/Göttingen 1997, S. 241-276.

Gessner, Dieter, Die Industrialisierung des Lederhandwerks am Mittelrhein und Untermain, in: Archiv für Frankfurts Geschichte und Kunst 57 (1980), S. 57-85.

Giddens, Anthony, Die Konstitution der Gesellschaft, Frankfurt a. M. 1995 (zitiert als: Giddens 1995a).

–, Konsequenzen der Moderne, Frankfurt a. M. 1995 (zitiert als: Giddens 1995b).

Giedion, Siegfried, Die Herrschaft der Mechanisierung. Ein Beitrag zur anonymen Geschichte, Frankfurt a. M. 1982 (Originalausgabe Oxford 1948).

Giegold, Alfred, Rationalisierung der Absatzwirtschaft der Pirmasenser Schuhindustrie, Heidelberg 1939.

–, Die Absatzwirtschaft der Pirmasenser Schuhindustrie, in: Schuster, Ernst (Hg.), Monoindustrielle Agglomeration. Die Schuhindustriestadt Pirmasens, Würzburg 1940, S. 198-238.

Giersch, Ulrich/Ulrich Kubisch (Hg.), Gummi. Die elastische Faszination, Ratingen 1995.

Gilboy, Elizabeth, Demand as a Factor in the Industrial Revolution, in: Hartwell, R. (Hg.), The Causes of the Industrial Revolution, London 1967, S. 121-138.

Gimbel, John, Science, Technology, and Reparations, Exploitation and Plunder in Postwar Germany, Stanford 1990.

Gispen, Kees, Poems in Steel. National Socialism and the Politics of Inventing from Weimar to Bonn, New York/Oxford 2002.

Godley, Andrew, The Global Diffusion of the Sewing Machine, 1850-1914, in: Research in Economic History 20 (2001), S. 1-45.

Göbel, Wolfgang, Max Bergmann und das Kaiser-Wilhelm-Institut für Lederforschung in Dresden, in: Brocke, Bernhard vom/Hubert Laitko, (Hg.), Die Kaiser-Wilhelm-/Max-Planck-Gesellschaft und ihre Institute. Studien zu ihrer Geschichte. Das Harnack-Prinzip, Berlin/New York 1996, S. 303-318.

Das goldene Buch der deutschen Schuh- und Lederwirtschaft. Jubiläumsband der Gewerbezeitschrift »Schuh und Leder« zum 75jährigen Bestehen, Berlin o. J. [1932].

Goldstein, Carolyn M., Educating Consumers, Representing Consumers: Reforming the Marketplace through Scientific Expertise at the Bureau of Home Economics, United States Department of Agriculture, 1923-1940, in: Chatriot, Alain u. a. (Hg.), The Expert Consumer. Associations and Professionals in Consumer Society, Aldershot 2006, S. 73-88.

Gomes, Leonard, The Economics and Ideology of Free Trade. A Historical Review, Cheltenham/Northampton, Mass. 2003.

Goubitz, Olaf/Carol van Driel-Murray/Willy Groenman-van Waateringe, Stepping through Time. Archeological Footwear from Prehistoric Times until 1800, Zwolle 2001.

Graßmann, Wolfgang, Rohhautschäden und ihre Verhütung, in: Ledertechnische Rundschau 27 (1935), abgedruckt in: Gesammelte Abhandlungen des KWI für Lederforschung in Dresden, Bd. 5 (1933-36), S. 249-256 (zitiert als: Graßmann 1935).

–, Technische und wissenschaftliche Aufgaben und Ergebnisse auf dem Gebiet einheimischer Pflanzengerbstoffe, in: Chemische Berichte des Reichsamts für Wirtschaftsausbau, August 1942, S. 779-810 (zitiert als: Graßmann 1942a).

–, Die Rohhaut als wissenschaftliches und wirtschaftliches Problem, in: Chemische Berichte des Reichsamts für Wirtschaftsausbau, August 1942, S. 697-728 (zitiert als: Graßmann 1942b).

–, Die Bedeutung des rassenmäßigen Aufbaus unserer Rinderbestände für die Rohstoffversorgung der Lederwirtschaft, in: Züchtungskunde 17 (1942), S. 73ff. (zitiert als: Graßmann 1942c).

–, Physikalische Ledereigenschaften in Abhängigkeit von Hautstruktur und Gerbung, in: Das Leder 1 (1950), S. 57ff.

–, Einige grundsätzliche Werkstoffeigenschaften des Leders, in: Das Leder 5 (1954), S. 303ff.

–, Vom Kaiser-Wilhelm-Institut in Dresden zum Max-Planck-Institut. Ein Rückblick zum 14. 2. 1955, in: Das Leder 6 (1955), S. 39-43.

–, Irrtum und Fortschritt in der Eiweißforschung. Ein Rückblick auf 120 Jahre, in: B. Rajewsky/G. Schreiber (Hg.), Aus der deutschen Forschung der letzten Dezennien, Stuttgart 1956, S. 132-149.

–, Das Max-Planck-Institut für Eiweiß- und Lederforschung in München, in: Jahrbuch der Max-Planck-Gesellschaft 1961, Teil II, Göttingen 1962, S. 258-290.

Grazia, Victoria de, Changing Consumption Regimes in Europe, 1930-1970, in: Strasser, Susan u. a. (Hg.), Getting and Spending. European and American Consumer Societies in the 20th Century, Washington D. C. 2001, S. 59-83.

–, Irresistable Empire. America's Advance through Twentieth-Century Europe, Cambridge/Mass. 2005.

Greenall, R. L., A History of Northamptonshire, London 1979.

Gries, Rainer, Produkte als Medien, Leipzig 2003.

–, Die Geburt des Werbeexperten aus dem Geist der Psychologie. Der »Motivforscher« Ernest W. Dichter als Experte der Moderne, in: Berghoff, Hartmut/Jakob Vogel (Hg.),

Wirtschaftsgeschichte als Kulturgeschichte. Dimensionen eines Perspektivwechsels, Frankfurt a. M. 2004, S. 353-375.
Grießinger, Andreas, Schuhmacher, in: Reith, Reinhold (Hg.), Lexikon des alten Handwerks, München 1991, S. 224-230.
Grimm, Arnulf/Wolfgang Schäfer, Materialien zur Ausstellung über die Kleidungsgeschichte von Lippoldsberg und Vernawahlshausen im Weserbergland, Wahlsburg 1984.
Groll, Heinrich, Der Schuhindustriebetrieb und sein Produktionsprozeß, Stuttgart 1926.
Groß, Günter, Das Lohgerberhandwerk im Erzgebirge, in: Kroker, Werner (Hg.), Vom Leder zum Chemiewerkstoff, Bochum 2000, S. 59-74.
Grossmann, Hermann, Die Lederersatzstoffe und ihre Verwendung in der Pirmasenser Schuhindustrie unter besonderer Berücksichtigung der Kriegs- und Nachkriegszeit, Diss. Hamburg 1923.
Grüttner, Michael, Wissenschaft, in: Benz, Wolfgang u. a. (Hg.), Enzyklopädie des Nationalsozialimus, München ^{4}2001, S. 135-153.
Gruner, Wolf, Poverty and Persecution. The Reichsvereinigung, the Jewish Population, and Anti-Jewish Policy in the Nazi State, 1939-1945, in: Yad Vashem Studies 27 (1999), S. 23-60.
Günther, Dagmar, Wandern und Sozialismus. Zur Geschichte des Touristenvereins »Die Naturfreunde« im Kaiserreich und in der Weimarer Republik, Hamburg 2003.
Guenther, Irene, Nazi »Chic«? Fashioning Women in the Third Reich, Oxford/New York 2004.
Gustavson, Karl, Stiasny-Festschrift. Edmund Stiasny zum 65. Geburtstag am 30. September 1937, Darmstadt 1937.
Habermas, Tilmann, Gebliebte Objekte. Symbole und Instrumente der Identitätsbildung, Frankfurt a. M. 1999.
Hachtmann, Rüdiger, Industriearbeiterschaft und Rationalisierung 1900 bis 1945. Bemerkungen zum Forschungsstand, in: Jahrbuch für Wirtschaftsgeschichte 1996/1, S. 211-257.
–, Eine Erfolgsgeschichte? Schlaglicher auf die Geschichte der Generalverwaltung der Kaiser-Wilhelm-Gesellschaft im »Dritten Reich«, Berlin 2004.
–, Der Ertrag eines erfolgreichen Wissenschaftsmanagements. Die Etat-Entwicklung wichtiger Kaiser-Wilhelm-Institute 1929-1944, in: Maier, Helmut (Hg.), Gemeinschaftsforschung, Bevollmächtigte und der Wissenstransfer, Göttingen 2007, S. 561-598 (zitiert als: Hachtmann 2007a).
–, Wissenschaftsmanagement im »Dritten Reich«. Geschichte der Generalverwaltung der Kaiser-Wilhelm-Gesellschaft, Göttingen 2007 (zitiert als: Hachtmann 2007b).
Die Häutegewinnung Europas. Der Viehbestand als Rohstoffquelle der Lederwirtschaft, DAF-Rohstoff-Dienst Nr. 43, hg. v. Arbeitswissenschaftlichen Institut der Deutschen Arbeitsfront, März 1944.
Hambloch, Sibylle, Das Siegerländer Gerbereigewerbe 1815-1923, St. Katharinen 1997.
Handloser, Siegfried (Hg.), Wehrhygiene, Berlin 1944.
Handwerkskammertag der britischen Zone (Hg.), Entscheidungen des früheren Reichswirtschaftsgerichts über Einsprüche gegen die Eintragung in die Handwerksrolle, Hannover 1950.
Hansen, Hans, Wettbewerbsfragen der deutschen Leder- und Schuhindustrie, Kiel 1936.

Harding, J. S., Boot and Shoe Industry, London 1931.

Hargreaves, Eric/Margaret Gowing, Civil Industry and Trade, History of the Second World War. United Kingdom Civil Series, Bd. 12, London 1952.

Harrison, Mark, The Economics of World War II. Six Great Powers in International Comparison, Cambridge 1998.

Harth, Lorenz, Produktions- und Betriebsprobleme der Pirmasenser Schuhindustrie, in: Schuster, Ernst (Hg.), Monoindustrielle Agglomeration. Die Schuhindustriestadt Pirmasens, Würzburg 1940, S. 135-196.

Hartmann, Hans, Die Pirmasenser Schuhindustrie in der Kriegs- und Nachkriegszeit, München 1935.

Hatley, Victor A., Some Aspects of Northampton History, 1815-1851, in: Northamptonshire Past and Present 3 (1960-1965), S. 243-253.

Hau, Michael, Körperbildung und sozialer Habitus. Soziale Bedeutungen und Körperlichkeit während des Kaiserreichs und der Weimarer Republik, in: Bruch, Rüdiger vom/Brigitte Kaderas (Hg.), Wissenschaften und Wissenschaftspolitik: Bestandsaufnahmen zu Formationen, Brüchen und Kontinuitäten im Deutschland des 20. Jahrhunderts, Stuttgart 2002, S. 125-141.

Haug, Wolfgang Fritz, Kritik der Warenästhetik, Frankfurt a. M. 1971.

Haupt, Heinz-Gerhard, Der Konsument, in: Ders./Ute Frevert (Hg.), Der Mensch des 20. Jahrhunderts, Frankfurt a. M. 1999, S. 301-323.

Hauptverband der Deutschen Schuhindustrie e. V. (Hg.), Schuhe 1998/99. Die Schuhwirtschaft in Zahlen, Offenbach 1999, Bd. 12.

Hausam, Wilhelm, Gegenwartsfragen auf dem Gebiet der Rohhautschäden und der Rohhautkonservierung, in: Chemische Berichte des Reichsamts für Wirtschaftsausbau, August 1942, S. 729-743.

–, Die Bedeutung der Rinderrassen für die Lederherstellung. Eigenschaften und ledertechnische Eignung der Rindshaut in Abhängigkeit von Rasse und Umweltbedingungen, Stuttgart 1952.

Hayes, Peter, Industry and Ideology. IG Farben in the Nazi Era, Cambridge 2001.

–, Die Degussa im Dritten Reich. Von der Zusammenarbeit zur Mittäterschaft, München 2004.

Hazard, Blanche Evans, The Organization of the Boot and Shoe Industry in Massachusetts Before 1875, Cambridge/Mass. 1921.

Head, P., Boots and Shoes, in: Aldcroft, Derek (Hg.), The Development of British Industry and Foreign Competition, 1875-1914, London 1968, S. 158-185.

Hegenauer, Hans, Fachkunde für lederverarbeitende Berufe, Essen 1992.

Heideking, Jürgen, Geschichte der USA, Tübingen 1999.

Heijden, Chris van der, Grijs verleden. Nederland en de Tweede Wereldoorlog, Amsterdam ^{8}2003.

Heim, Hellmut/Heinz Wunderlich, Fußschäden und Kriegstauglichkeit. Wehrmachtsärztliche Erfahrungen und praktische Richtlinien zur Behandlung, Leipzig 1943.

Heim, Susanne, Kalorien, Kautschuk, Karrieren. Pflanzenzüchtung und landwirtschaftliche Forschung in Kaiser-Wilhelm-Instituten 1933-1945, Göttingen 2003.

Heinelt, Peer, PR-Päpste. Die kontinuierlichen Karrieren von Carl Hundhausen, Albert Oeckl und Franz Ronneberger, Berlin 2003.

Hennig, Karl Wilhelm, Thomas Bata. Eine betriebswirtschaftliche Untersuchung, Hannover 1949.

Herbert, Ulrich, Arbeit und Vernichtung. Ökonomisches Interesse und Primat der »Weltanschauung« im Nationalsozialismus, in: Dan Diner (Hg.), Ist der Nationalsozialismus Geschichte? Frankfurt a. M. 1987, S. 198-236.

–, Zwangsarbeiter im »Dritten Reich«. Ein Überblick, in: Barwig, Klaus u. a. (Hg.), Entschädigung für NS-Zwangsarbeit, Baden-Baden 1998, S. 17-32.

–, Fremdarbeiter. Politik und Praxis des »Ausländer-Einsatzes« in der Kriegswirtschaft des Dritten Reiches, Berlin 1999.

–, Europe in High Modernity. Reflections on a Theory of the 20th Century, in: Journal of Modern European History 5 (2007), Nr. 1, S. 5-20.

Herbst, Ludolf, Das nationalsozialistische Deutschland 1933-1945, Frankfurt a. M. 1996.

Herf, Jeffrey, Reactionary Modernism. Technology, Culture, and Politics in Weimar and the Third Reich, Cambridge 1984.

Herf, Jeffrey, Reactionary Modernism and After: Modernity and Nazi Germany Reconsidered, in: Kaufmann, Doris (Hg.), Geschichte der Kaiser-Wilhelm-Gesellschaft im Nationalsozialismus. Bestandsaufnahme und Perspektiven der Forschung, Göttingen 2000, S. 65-76.

Herfeld, Hans, Die Qualitätsbeurteilung von Leder, Lederaustauschstoffen und Lederbehandlungsmitteln, Berlin 1943 (zweite Auflage 1950; dritte Auflage 1982).

–, Grundlagen der Lederherstellung, Dresden 1950.

–/Joachim Lange, Die Qualitätsbeurteilung von Leder, Lederfehler, Lederlagerung und Lederpflege, Frankfurt a. M. 1982.

Hertz, Norman, Shoes, Leather, and Hides in Great Britain, Washington 1924.

Hertz, Walter, Leather Industry and Trade of France, Washington 1931.

Herz, Gabriele, The Women's Camp in Moringen. A Memoir of Imprisonment in Germany 1936-1937, New York 2006.

Hesberg, Walter, Verbraucherberatung durch Konsumgütertests. Erfahrungsbericht über die in den Vereinigten Staaten angewandten Methoden der Gebrauchswertprüfung, Köln 1958.

Heß, Christiane, Der Schuhberg im KZ Neuengamme. »Il y avait comme dans tout ces camps«, in: Beiträge zur Geschichte der nationalsozialistischen Verfolgung in Norddeutschland 10 (2007), S. 200-207.

Heßler, Martina, »Mrs. Modern Woman«. Zur Sozial- und Kulturgeschichte der Haushaltstechnisierung, Frankfurt a. M. 2001.

Highmore, Ben, Everyday Life and Cultural Theory. An Introduction, New York/London 2002.

Hilberg, Raul, Die Vernichtung der europäischen Juden, Frankfurt a. M. 1999.

Hillmann, H. C., Size of Firms in the Boot and Shoe Industry, in: Economic Journal 49 (1939), Nr. 194, S. 276-293.

Hilton, Matthew, Consumerism in Twentieth-Century Britain. The Search for A Historical Movement, Cambridge 2003.

–, Consumer Protection in the United Kingdom, in: Jahrbuch für Wirtschaftsgeschichte (2006), Nr. 1, S. 45-60.

Hirdina, Heinz, Art. Funktionalismus, in: Barck, Karlheinz (Hg.), Ästhetische Grundbegriffe. Historisches Wörterbuch in 7 Bänden, Stuttgart 2001, Bd. 3, S. 588-608.

Hitzler, Ronald u. a. (Hg.), Expertenwissen. Die institutionalisierte Kompetenz zur Konstruktion von Wirklichkeit, Opladen 1994.

Höschle, Gerd, Die deutsche Textilindustrie zwischen 1933 und 1939. Staatsinterventionismus und ökonomische Rationalität, Stuttgart 2004.

Hofer, Max, Die Lebenshaltung des Landarbeiters. Wirtschaftsrechnungen von 130 Landarbeiterfamilien, Berlin 1930.

Hoffmann, Hans, Das Rohstoffproblem der deutschen Lederindustrie, Leipzig 1938.

Hohmann, Georg, Fuß und Bein, München 1923.

Holt, E. G., Export Trade in Rubber Footwear 1925, Washington 1926.

–, The Boot and Shoe Industry of the United States, Washington 1938.

Honeyman, Katrina, Style Monotony and the Business of Fashion. The Marketing of Menswear in Inter-war England, in: Textile History 34 (2003), Nr. 2, S. 171-191.

Hoover, Edgar M., The Location of the Shoe Industry in the United States, in: Quarterly Journal of Economics 47 (1933), Nr. 2, S. 254-276.

–, Location Theory and the Shoe and Leather Industries, Cambridge/Mass. 1937.

Horowitz, Roger/Arwen Mohun (Hg.), His and Hers. Gender, Consumption and Technology, Charlottesville/London 1998.

Hounshell, David, From the American System to Mass Production, 1800-1932. The Development of Manufacturing Technology in the United States, Baltimore/London 1984.

–/John K. Smith, Science and Corporate Strategy. DuPont R&D, 1902-1980, Cambridge 1988.

Howard, Frank A., Buna Rubber. The Birth of an Industry, New York 1947.

Howie, Iain, Serving the Shoemaker for 100 Years. The Official Centenary History of British United Shoe Machinery, Leicester 1999.

Howlett, Peter, New Light Through Old Windows. A New Perspective on the British Economy in the Second World War, in: Journal of Contemporary History 28 (1993), Nr. 2, S. 361-379.

–, The Wartime Economy, 1939-1945, in: Floud, Roderick/Donald Mc Closkey (Hg.), The Economic History of Britain since 1700, Cambridge 1994, Bd. 3, S. 1-31.

Hoyt, E., Consumption in Our Society, New York 1938.

Hrdlicka, M. R., Alltag im KZ. Das Lager Sachsenhausen bei Berlin, Opladen 1992.

Hubble, Nick, Mass-Observation and Everyday Life. Culture, History, Theory, New York 2006.

Huchting, Friedrich, Prüfung alter Verwertungstechnologien aus Mangel- und Kriegszeiten. Forschungsbericht im Auftrag des Umweltbundesamtes, Berlin 1980.

–, Abfallwirtschaft im Dritten Reich, in: Technikgeschichte 48 (1981), Nr. 3, S. 252-273.

Hudson, Kenneth, Towards Precision Shoemaking. C. & J. Clark Limited and the Development of the British Shoe Industry, Newton Abbot 1968.

Hughes, Thomas P., The Evolution of Large Technological Systems, in: Bijker, Wiebe u. a. (Hg.), The Social Construction of Technological Systems. New Directions in the Sociology and History of Technology, Cambridge/Mass. 1987, S. 51-82.

Hunt, Linda, Secret Agenda. The United States Government, Nazi Scientists, and Project Paperclip, 1945 to 1990, New York 1991.

Hurstfield, J., The Control of Raw Materials, London 1953.

Hurton, Andrea, Ein Stiefel, der Karriere machte, in: Horx, Matthias/ Peter Wippermann (Hg.), Markenkult. Wie Waren zu Ikonen werden, Düsseldorf 1995, S. 268-285.

Huxley, Aldous (Hg.), The Letters of D. H. Lawrence, New York 1932.

Institut für Konjunkturforschung (Hg.), Zwischen den Vierjahresplänen. Ein Rechenschaftsbericht, Berlin 1937.

International Labour Organization, Recent Developments in the Leather and Footwear Industry. Fourth Tripartite Technical Meeting for the Leather and Footwear Industry, Genf 1992.

Isherwood, Christopher, Goodbye to Berlin, London 1939.

Iwaszko, Emeryka, Das Außenkommando Chelmek, in: Hefte von Auschwitz 12 (1970), S. 45-54.

Iwaszko, Tadeusz, Die Unterbringung, die Bekleidung und die Ernährung der Häftlinge, in: Ders. u. a. (Hg.), Auschwitz 1940-1945. Studien zur Geschichte des Konzentrations- und Vernichtungslagers Auschwitz, Bd. 2: Die Häftlinge. Existenzbedingungen, Arbeit und Tod, Oswiecim 1999, S. 57-74.

Jacobeit, Sigrid und Wolfgang, Illustrierte Alltags- und Sozialgeschichte Deutschlands 1900-1945, Münster 1995.

Jacobs, Meg, »How About Some Meat?«. The Office of Price Administration, Consumption Politics, and State Building from the Bottom Up, 1941-1946, in: Journal of American History 84 (1997), S. 910-941.

–, Pocketbook Politics. Economic Citizenship in Twentieth Century America, Princeton 2005.

Jäger, Wolfgang, Vom Handwerk zur Industrie: Entstehung und Entwicklung des Ledergewerbes in Offenbach a. M., Offenbach 1992.

Jaeggi, Annemarie, Fagus. Industriekultur zwischen Werkbund und Bauhaus, Berlin 1998.

Jahoda, Marie/Paul Lazarsfeld/Hans Zeisel, Die Arbeitslosen von Marienthal. Ein soziographischer Versuch über die Wirkungen langandauernder Arbeitslosigkeit, Frankfurt a. M. 1975 (Originalausgabe 1933).

Jefferey, Tom, Mass-Observation. A Short History, Brighton 1978.

Jefferys, James B., Retail Trading in Britain 1850-1950, Cambridge 1954.

Jones, Ellen Carol, Empty Shoes, in: Benstock, Shari/Suzanne Ferriss (Hg.), Footnotes: On Shoes, New Brunswick 2001, S. 197-232.

Jones, Geoffrey, Great Britain: Big Business, Management, and Competitiveness in Twentieth Century Britain, in: Chandler, Alfred u. a. (Hg.), Big Business and the Wealth of Nations, Cambridge 1997, S. 102-138.

Jüdisches Historisches Institut Warschau (Hg.), Faschismus – Getto – Massenmord. Dokumentation über Ausrottung und Widerstand der Juden in Polen während des Zweiten Weltkrieges, Berlin 1960.

Junker, Almut (Hg.), Frankfurt Macht Mode 1933-1945, Marburg 1999 (zitiert als: Junker 1999a).

–, Das Frankfurter Modeamt, in: Dies. (Hg.), Frankfurt Macht Mode 1933-1945, Marburg 1999, S. 11-42 (zitiert als: Junker 1999b).

Kaienburg, Hermann, Vernichtung durch Arbeit. Der Fall Neuengamme, Bonn 1990.

–, Der Militär- und Wirtschaftskomplex der SS im KZ-Standort Sachsenhausen-Oranienburg, Berlin 2006 (zitiert als: Kaienburg 2006a).

–, Sachsenhausen Stammlager, in: Benz, Wolfgang/Angelika Königseder (Hg.), Der Ort des Terrors. Geschichte der nationalsozialistischen Konzentrationslager, München 2006, Bd. 3, S. 15-73 (zitiert als: Kaienburg 2006b).

Kaiserliches Statistisches Amt, Abt. Arbeiterstatistik, Beiträge zur Kenntnis der Lebenshaltung im dritten Kriegsjahre, Berlin 1917.

Kalthoff, Jürgen/Martin Werner, Die Händler des Zyklon B. Tesch & Stabenow – Eine Firmengeschichte zwischen Hamburg und Auschwitz, Hamburg 1998.

Kanigel, Robert, Faux Real. Genuine Leather and 200 Years of Inspired Fakes, Washington D. C. 2007.

Karlsch, Rainer, Entscheidungsspielräume und Innovationsverhalten in der Synthesekautschukindustrie. Die Einführung des Kaltkautschukverfahrens in den Chemischen Werken Hüls und im Buna-Werk Schkopau, in: Bähr, Johannes/Dietmar Petzina (Hg.), Innovationsverhalten und Entscheidungsstrukturen. Vergleichende Studien zur wirtschaftlichen Entwicklung im geteilten Deutschland 1945-1990, Berlin 1996, S. 79-108.

–, Hitlers Bombe. Die geheime Geschichte der deutschen Kernwaffenversuche, München 2005.

Katz, Barry, Technology and Design. A New Agenda, in: Technology and Culture 38 (1997), Nr. 2, S. 452-466.

Kaufmann, Doris (Hg.), Geschichte der Kaiser-Wilhelm-Gesellschaft im Nationalsozialismus. Bestandsaufnahmen und Perspektiven der Forschung, Göttingen 2000.

Kaysen, Carl, United States v. United Shoe Machinery Corporation. An Economic Analysis of an Anti-Trust Case, Cambridge/Mass. 1956.

Keene, Charles G., The Army Shoe. Then and Now, in: Quartermaster Review 1 (1921), Nr. 1, S. 5-81.

Kehrl, Hans, Krisenmanager im Dritten Reich. 6 Jahre Frieden – 6 Jahre Krieg. Erinnerungen, Düsseldorf 1973.

Keller, Bernhard, Das Handwerk im faschistischen Deutschland. Zum Problem der Massenbasis. Köln 1980.

Kempke, Friedrich, Die Wirtschaftsgruppe Lederindustrie, Leipzig 1938.

–, Rohstoffwandel in der Lederwirtschaft, Berlin 1939.

Kenzler, Fritz, Die Materialien zur Schuhfabrikation, Heidelberg 1938.

Kern, Horst, Empirische Sozialforschung. Ursprünge, Ansätze, Entwicklungslinien, München 1982.

Kießling, Bernd, Die »Theorie der Strukturierung«. Ein Interview mit Anthoy Giddens, in: Zeitschrift für Soziologie 17 (1988), Nr. 4, S. 286-295.

Kingery, David, The Design Process as a Critical Component of the Anthropology of Technology, Dragoon/Albuquerque 2001.

Kirchner, Carl, Lehrbuch der Militär-Hygiene, Erlangen (1869), S. 333-337.

Klass, Gert von, Salamander. Die Geschichte einer Marke, Wiesbaden 1961.

Kleinschmidt, Christian, »Marmor, Stein und Eisen bricht …« – Westdeutschlands Aufbruch ins Kunststoffzeitalter, in: Technikgeschichte 68 (2001), Nr. 4, S. 355-372.

–, Verbraucherschutz und Wirtschaftsgeschichte. Einführung, in: Jahrbuch für Wirtschaftsgeschichte (2006), Nr. 1, S. 9-12 (zitiert als: Kleinschmidt 2006a).

–, Konsumgesellschaft, Verbraucherschutz und Soziale Marktwirtschaft. Verbraucherpolitische Aspekte des »Modell Deutschland« (1947-1975), in: Jahrbuch für Wirtschaftsgeschichte (2006), Nr. 1, S. 13-28 (zitiert als: Kleinschmidt 2006b).

Klemperer, Victor, LTI. Notizbuch eines Philologen, Leipzig 1975 (Originalausgabe 1946).

Kluckow, Paul, Verarbeitung von Kautschuk, Kunstkautschuk und weichgummiähnlichen Kunststoffen, Berlin 1941.

Kluxen, Kurt, Geschichte Englands, Stuttgart 1985.

Kneipp, Sebastian, Das große Kneippbuch. Ein Volksbuch für Gesunde und Kranke, Kempten 1903.
Kocka, Jürgen, Sozialgeschichte, Göttingen 1986².
Kölling, Otto, Die Betriebskonzentration in der deutschen Schuhindustrie, Halle 1933.
König, Gudrun, Eine Kulturgeschichte des Spazierganges. Spuren einer bürgerlichen Praktik 1780-1850, Köln/Weimar/Wien 1996.
– (Hg.), Alltagsdinge. Erkundungen der materiellen Kultur, Tübingen 2005.
König, René, Menschheit auf dem Laufsteg. Die Mode im Zivilisationsprozess, Frankfurt a. M./Berlin 1988.
König, Wolfgang, Der Drang zur individuellen Mobilität, in: ders. (Hg.), Propyläen-Technikgeschichte, Bd. 4, Berlin 1997, S. 442-9.
–, Produktion und Konsumtion als Gegenstände der Geschichtsforschung, in: Bayerl, Günter/Weber, Wolfhard (Hg.), Sozialgeschichte der Technik, Münster u. a. 1998, S. 35-44.
–, Geschichte der Konsumgesellschaft, Stuttgart 2000.
–, Das Scheitern einer nationalsozialistischen Konsumgesellschaft. »Volksprodukte« in Politik, Propaganda und Gesellschaft des »Dritten Reiches«, in: Zeitschrift für Unternehmensgeschichte 48 (2003), Nr. 2, S. 131-163.
–, Volkswagen, Volksempfänger, Volksgemeinschaft. »Volksprodukte« im Dritten Reich. Vom Scheitern einer nationalsozialistischen Konsumgesellschaft, Paderborn 2004.
Köstering, Susanne, Die NS-Umstrukturierung des Altstoffhandels und die Darstellung dieses Prozesses in der Fachpresse von 1933 bis 1939. Magisterarbeit an der Technischen Universität Berlin, Berlin 1994.
–, »Pioniere der Rohstoffbeschaffung«. Lumpensammler im Nationalsozialismus, 1934-1939, in: Werkstatt Geschichte (1997), Nr. 17, S. 45-65.
Kolb, Eberhard, Bergen-Belsen. Vom »Aufenthaltslager« zum Konzentrationslager 1943-1945, Göttingen 2002.
Kolb, Gerhard, Geschichte der Volkswirtschaftslehre, München 1997.
Korn, Jacob, Boot and Shoe Production, London 1953.
Kotik, Jan, Konsum oder Verbrauch. Versuch über Gebrauchswert und Bedürfnisse, Hamburg 1974.
Kracauer, Siegfried, Die Angestellten, Frankfurt a. M. 1971 (Originalausgabe 1929).
Kraus, Jürgen, Die feldgraue Uniformierung des deutschen Heeres 1907-1918, Osnabrück 1999.
Krausse, Joachim, Volksempfänger. Zur Kulturgeschichte der Monopolware, in: Kunst und Medien. Katalog zur Ausstellung, Berlin 1984, S. 81-110.
Kreglinger, Gustav, Sportärztliche Winke für den Truppenarzt zur Verbesserung der Marschleistung und Haltung der Truppe, in: Münchner Medizinische Wochenschrift 83 (1936), S. 181-182.
–, Haltung und Marschleistung. Sportärztliche Winke zur Jugendertüchtigung für Truppenführer und Truppenärzte, Berlin 1937.
Kroen, Sheryl, A Political History of the Consumer, in: Historical Journal 47 (2004), Nr. 3, S. 709-736.
Kroker, Werner (Hg.), Vom Leder zum Chemiewerkstoff, Bochum 2000.
Kuczynski, Jürgen, Geschichte des Alltags des deutschen Volkes, Bd. 5, Berlin 1983.
Kühn, Rainer, Konzentrationslager Sachsenhausen. Berlin ²1990.

Küntzel, Adolf, Gerbereichemisches Taschenbuch, Dresden/Leipzig 1943.

Kufeke, Kay, Listen und Sachen als Erinnerungsstücke, in: Gedenkstätten-Rundbrief (2001), Nr. 104, S. 3-14.

Kuhn, Thomas, Die Struktur wissenschaftlicher Revolutionen, Frankfurt a. M. 1973.

Kunze, Hugo, Die Maschinen zur Schuhfabrikation, Heidelberg 1939.

Kyrk, Hazel, A Theory of Consumption, London 1924.

Labeling, Marking, and Tagging of All Boots and Shoes. Hearing Before a Subcommittee of the Committee on Interstate Commerce, United States Senate, on S. 2255, a Bill Providing for the Labelling, Marking and Tagging of All Boots and Shoes, May 23rd, 1935, Washington 1935.

Lackner, Helmut, Das System Bata, in: Architekturmuseum Basel (Hg.), Die Bata-Kolonie in Möhlin, Basel 1992, S. 61-67.

–, Die technische Rationalisierung als Thema der Romanliteratur der Zwischenkriegszeit, in: Technikgeschichte 59 (1992), Nr. 3, S. 241-261.

–, Vom Schusterhandwerk zur Großindustrie: Das Beispiel Bata, in: Winkelbauer, Thomas (Hg.), Kontakte und Konflikte. Böhmen, Mähren und Österreich: Aspekte eines Jahrtausends gemeinsamer Geschichte, Waidhofen a. d. Thaya 1993, S. 347-354.

–, »Die Notwendigkeit zur Tugend machen«. Knappheit als Herausforderung für technische Innovation, in: Bayerl, Günter (Hg.), Sozialgeschichte der Technik. Ulrich Troitzsch zum 60. Geburtstag, Münster u. a. 1998, S. 179-188.

–, Ein »blutiges Geschäft«. Kommunale Vieh- und Schlachthöfe im Urbanisierungsprozess des 19. Jahrhunderts. Ein Beitrag zur Geschichte der städtischen Infrastruktur, in: Technikgeschichte 71 (2004), Nr. 2, S. 89-138.

Ladwig, Roland (Hg.), Recycling in Geschichte und Gegenwart, Freiberg 2003.

Laeis, Max Ernst, Der Spritzguß thermoplastischer Massen, München 1956.

Länderrat des Amerikanischen Besatzungsgebiets (Hg.), Statistisches Handbuch von Deutschland 1928-1944, München 1949.

Lambeck, Otto, Vermietung und Verpachtung von Maschinen und anderen beweglichen Sachen, mit besonderer Berücksichtigung des Miet-Systems des amerikanischen Schuhmaschinentrusts, Frankfurt a. M. 1923.

Landes, David, Der entfesselte Prometheus. Technologischer Wandel und industrielle Entwicklung in Westeuropa von 1750 bis zur Gegenwart, Köln 1973.

Landmann, Robert, Ascona, Monte Verità. Auf der Suche nach dem Paradies, Frankfurt a. M./Berlin 1979.

Langbein, Hermann, Der Auschwitz-Prozess. Eine Dokumentation, Wien 1965.

Laqueur, Renata, Bergen-Belsen Tagebuch 1944/45, Hannover 1989.

Lassman, Thomas, Government Science in Postwar America. Henry A. Wallace, Edward U. Condon, and the Transformation of the National Bureau of Standards, 1945-1951, in: Isis 96 (2005), Nr. 1, S. 25-51.

Latour, Bruno, Wir sind nie modern gewesen. Versuch einer symmetrischen Anthropologie, Berlin 1995.

–, Über technische Vermittlung. Philosophie, Soziologie, Genealogie, in: Rammert, Werner (Hg.), Technik und Sozialtheorie, Frankfurt a. M. 1998, S. 29-81.

–, Die Hoffnung der Pandora. Untersuchungen zur Wirklichkeit der Wissenschaft, Frankfurt a. M. 2000.

Le Bot, Florent, La fabrique réactionnaire. Antisémitisme, spoliations et corporatisme dans le cuir (1930-1950), Paris 2007.

Lederer, Susan, Subjected to Science. Human Experimentation in America before the Second World War, Baltimore/London 1995.
–, Experimenting on Humans. A Guide to the Debates, Oxford 2004.
Lederwirtschaft. Sämtliche Anordnungen der Überwachungsstelle für Lederwirtschaft, Berlin 1933ff.
Lees-Maffei, Grace, The Production-Consumption-Mediation Paradigm, in: Journal of Design History 22 (2009), Nr. 4, S. 351-376.
Lehane, Brendan, C. & J. Clark 1825-1975, Street 1975.
Léhar, Bohumil, Dejiny Batova Koncernu (1894-1945), Praha 1960.
–, The Economic Expansion of the Baťa Concern in Czechoslovakia and Abroad (1929-1938), in: Historica 5 (1963), S. 147-188.
Leeuw, A. J. van der, Huiden en Leder 1939-1945. Bijdrage tot de economische Geschiedenis van Nederland in de Tweede Wereldoorlog, 's-Gravenhage 1954.
Lenger, Friedrich, Sozialgeschichte der deutschen Handwerker seit 1800, Frankfurt a. M. 1988.
–, Werner Sombart 1863-1941. Eine Biographie, München 1994.
Lenk, Hans/Günter Ropohl, Technik und Ethik, Stuttgart 1987.
Leßmann, Kurt u. a. (Hg.), Die neue Handwerksordnung, Köln 1954.
Levi, Primo, Ist das ein Mensch?, München 1992 (ital. Original 1958).
Lindner, Stephan, Hoechst. Ein I. G. Farben Werk im Dritten Reich, München 2005.
Link, Adolf, Die Lederindustrie (erzeugende und verarbeitende), Tübingen 1913.
Link, Jürgen, Versuch über den Normalismus. Wie Normalität produziert wird, Opladen 1996.
–, Textil genormte und textil differenziell gestylte Körper? Uniformität zwischen Normativität und Normalität, in: Mentges, Gabriele/Birgit Richard (Hg.), Schönheit der Uniformität, Frankfurt a. M. 2005, S. 43-56.
Linker, Beth, Feet for Fighting. Locating Disability and Social Medicine in First World War America, in: Social History of Medicine 20 (2007), Nr. 1, S. 91-109.
Linne, Karsten, Deutschland jenseits des Äquators? Die NS-Kolonialplanungen für Afrika, Berlin 2008.
Linse, Ulrich, Procrustes ante portas! oder: Wo dem Bürgertum der Schuh drückt, in: Andritzky, Michael u. a. (Hg.), Z. B. Schuhe. Vom bloßen Fuß zum Stöckelschuh. Eine Kulturgeschichte der Fußbekleidung, Gießen (1988), S. 72-80.
Löw, Andrea, Juden im Getto Litzmannstadt. Lebensbedingungen, Selbstwahrnehmung, Verhalten, Göttingen 2006.
Longerich, Peter, Die braunen Bataillone. Geschichte der SA, München 1989.
Loos, Adolf, Trotzdem. Gesammelte Aufsätze aus den Jahren 1900-1930, Wien 1931.
Lorentz, Bernhard/Paul Erker, Chemie und Politik. Die Geschichte der Chemischen Werke Hüls 1938 bis 1979. Eine Studie zum Problem der Corporate Governance, München 2003.
Loscher, Josef/Heinz Schumann (Hg.), Militärhygiene und Feldepidemiologie, Berlin 1987.
Ludwig, Karl-Heinz, Technik und Ingenieure im Dritten Reich, Düsseldorf 1974.
–, Politische Lösungen für technische Innovationen 1933-1945. Eine antitechnische Mobilisierung, Ausformung und Instrumentalisierung der Technik, in: Technikgeschichte 62 (1995), S. 333-344.
–, Art. Technik, in: Wolfgang Benz u. a. (Hg.), Enzyklopädie des Nationalsozialismus. Stuttgart 1997, S. 257-274.

Lübke, Anton, Das deutsche Rohstoffwunder. Wandlungen der deutschen Rohstoffwirtschaft, Stuttgart [4]1939.

Lüdtke, Alf, »Ehre der Arbeit«. Industriearbeiter und Macht der Symbole. Zur Reichweite symbolischer Orientierungen im Nationalsozialismus, in: Tenfelde, Klaus (Hg.), Arbeiter im 20. Jahrhundert, Stuttgart 1991, S. 343-392.

–, Eigen-Sinn. Fabrik-Alltag, Arbeitererfahrungen und die Politik vom Kaiserreich bis in den Faschismus, Hamburg 1993.

–, »Deutsche Qualitätsarbeit«. Ihre Bedeutung für das Mitmachen von Arbeitern und Unternehmern im Nationalsozialismus, in: Assmann, Aleida u. a. (Hg.), Firma Topf & Söhne. Hersteller der Öfen für Auschwitz. Ein Fabrikgelände als Erinnerungsort?, Frankfurt a. M. 2002, S. 123-138 (zitiert als Lüdtke 2002a).

–, Art. Eigensinn, in: Jordan, Stefan (Hg.), Lexikon Geschichtswissenschaft. Hundert Grundbegriffe, Stuttgart 2002, S. 64-67 (zitiert als Lüdtke 2002b).

Lurchi. Dem Feuersalamander auf der Spur, Katalog zur Ausstellung der Galerie der Stadt Kornwestheim, Kornwestheim 1994.

Luxbacher, Günther, Roh- und Werkstoffe für die Autarkie. Textilforschung in der Kaiser-Wilhelm-Gesellschaft, Ergebnisse. Vorabdrucke aus dem Forschungsprogramm »Geschichte der Kaiser-Wilhelm-Gesellschaft im Nationalsozialismus«, Berlin 2004.

Macatee, Robert, British Trade in Rubber and Rubber Products, Washington 1929.

Mäckbach, Frank/Otto Kienzle, Fließarbeit. Beiträge zu ihrer Einführung, Berlin 1926.

Maguire, Paddy, Designs on Reconstruction: British Business, Market Structures and the Role of Design in Post-War Recovery, in: Journal of Design History 4 (1991), Nr. 1, S. 15-30.

–/Jonathan Woodham (Hg.), Design and Cultural Politics: the Britain Can Make It Exhibition of 1946, Leicester 1997.

Maier, Helmut, »Wehrhaftmachung« und »Kriegswichtigkeit«. Zur rüstungstechnologischen Relevanz des Kaiser-Wilhelm-Instituts für Metallforschung in Stuttgart vor und nach 1945, Berlin 2002 (zitiert als: Maier 2002a).

– (Hg.), Rüstungsforschung im Nationalsozialismus, Göttingen 2002 (zitiert als: Maier 2002b).

–, Einleitung, in: ders. (Hg.), Rüstungsforschung im Nationalsozialismus, Göttingen 2002, S. 7-29 (zitiert als: Maier 2002c).

–, Ideologie, Rüstung und Ressourcen. Das Kaiser-Wilhelm-Institut für Metallforschung und die »Deutschen Metalle« 1933-1945, in: Ders. (Hg.), Rüstungsforschung im Nationalsozialismus. Organisation, Mobilisierung und Entgrenzung der Technikwissenschaften, Göttingen 2002, S. 357-388 (zitiert als: Maier 2002d).

–, Gemeinschaftsforschung, Bevollmächtigte und der Wissenstransfer. Die Organisation kriegsrelevanter Forschung und die Kaiser-Wilhelm-Gesellschaft im NS-System, Göttingen 2007 (zitiert als: Maier 2007a).

–, Forschung als Waffe. Rüstungsforschung in der Kaiser-Wilhelm-Gesellschaft und das Kaiser-Wilhelm-Institut für Metallforschung 1900-1945/48, Göttingen 2007 (zitiert als: Maier 2007b).

Marsch, Ulrich, Zwischen Wissenschaft und Wirtschaft. Industrieforschung in Deutschland und Großbritannien 1880-1936., Paderborn 2000.

Marshall, Alfred, Principles of Economics, London 1890.

–, Industry and Trade, London 1919.

Massey, Philip, The Expenditure of 1,360 Britsh Middle-Class Households in 1938-39, in: Journal of the Royal Statistics Society 105 (1942), Nr. III, S. 1-27.

Mauthe, Gustav, Chemische, technische und wirtschaftliche Entwicklung der synthetischen Gerbstoffe und ihre Bedeutung für die Gerbstoffversorgung, in: Chemische Berichte des Reichsamts für Wirtschaftsausbau, August 1942, S. 819-833.

McCauley, Maryclaire, Concentration of Civilian Production By The War Production Board, September 1941 to April 1943, Washington 1946.

McDermott, Kathleen, Retail Revolutionary. Kinney Shoe Corporation's First Century in Footwear, Cambridge/Mass. 1994.

McDowell, Colin, Shoes. Fashion and Fantasy, London 1989.

McGovern, Charles, Consumption and Citizenship in the United States, 1900-1940, in: Strasser, Susan u. a. (Hg.), Getting and Spending. European and American Consumer Societies in the 20th Century, Washington D. C. 1998, S. 37-58.

–, Sold American. Consumption and Citizenship, 1890-1945, Chapel Hill 2006.

McKellar, Susie, ›The Beauty of Stark Utility‹: Rational Consumption in America. Consumer Reports: 1936-1954, in: Attfield, Judy (Hg.), Utility Reassessed. The Role of Ethics in the Practice of Design, Manchester 1999, S. 73-89.

–, Seals of Approval. Consumer Representation in 1930s' America, in: Journal of Design History 15 (2002), Nr. 1, S. 1-13.

McNeil, Peter, ›Put Your Best Face Forward‹: The Impact of the Second World War on British Dress, in: Journal of Design History 6 (1993), Nr. 4, S. 283-299.

Mehrtens, Herbert, Kollaborationsverhältnisse. Natur- und Technikwissenschaften im NS-Staat und ihre Historie, in: Meinel, Christoph/Peter Voswinckel (Hg.), Medizin, Naturwissenschaft, Technik und Nationalsozialismus. Kontinuitäten und Diskontinuitäten, Stuttgart 1994, S. 13-32.

Meikle, Jeffrey L., Twentieth Century Limited. Industrial Design in America, 1925-1939, Philadelphia 1979.

–, American Plastic. A Cultural History, New Brunswick 1995.

Meinl, Susanne/Jutta Zwilling, Legalisierter Raub. Die Ausplünderung der Juden im Nationalsozialismus durch die Reichsfinanzverwaltung in Hessen, Frankfurt a. M. 2004.

Meißner, Else, Der Wille zum Typus. Ein Weg zum Forschritt deutscher Kultur und Wirtschaft, Jena 1918.

Mentges, Gabriele, Die Angst vor der Uniformität, in: Dies./Birgit Richard (Hg.), Schönheit der Uniformität, Frankfurt a. M. 2005, S. 17-42.

Mergel, Thomas, Geht es weiterhin voran? Die Modernisierungstheorie auf dem Weg zu einer Theorie der Moderne, in: Ders./Thomas Welskopp (Hg.), Geschichte zwischen Kultur und Gesellschaft. Beiträge zur Theoriedebatte, München 1997, S. 203-232.

Merryfield, E., Boot and Shoe Repairs, London [1]1934 und [2]1949.

Merz, Eberhard, Die Geschichte des Simmerrings, in: Kroker, Werner (Hg.), Vom Leder zum Chemiewerkstoff, Bochum 2000, S. 93-105.

Meusch, Hans (Hg.), Die Handwerkshochschule. Meisterbuch des gesamten Handwerks, Berlin/Wien 1930.

Meyer, Franz Josef, Von McKay bis California. Ein Antwortbuch der Leder- und Schuhfabrikation, Frankfurt a. M. 1951.

Meyer, Winfried, Stalinistischer Schauprozess gegen KZ-Verbrecher? Der Berliner Sachsenhausen-Prozess vom Oktober 1947, in: Dachauer Hefte 13 (1997), S. 153-180.

–, Britischer oder sowjetischer Sachsenhausen-Prozess? Zur Vorgeschichte des »Berliner Prozesses« vom Oktober 1947, in: Zeitschrift für Geschichtswissenschaft 45 (1997), Nr. 11, S. 965-991.

Micarelli, William, Evolution of the United States Economic Censuses. The Nineteenth and Twentieth Centuries, in: Government Information Quarterly 15 (1998), Nr. 3, S. 335-377.

Michael, Mike, These Boots Are Made for Walking. Mundane Technology, the Body and Human-Environment Relations, in: Body and Society 6 (2000), Nr. 3-4, S. 107-126.

Mick, Christoph, Forschen für Stalin. Deutsche Fachleute in der sowjetischen Rüstungsindustrie 1945-1958, München 2000.

Mierzejewski, Alfred C., Ludwig Erhard. A Biography, Chapel Hill/London 2004.

Miklautz, Elfie, Kristallisierter Sinn. Ein Beitrag zur soziologischen Theorie des Artefakts, Wien 1996.

–, Die Produktwelt als symbolische Form, in: König, Gudrun (Hg.), Alltagsdinge. Erkundungen der materiellen Kultur, Tübingen 2005, S. 43-61.

Milà, Llorenç u. a., Application of Life Cycle Assessment to Footwear, in: International Journal of Life Cycle Assessment 3 (1998), Nr. 4, S. 203-208.

Miller, Daniel, The Poverty of Morality, in: Journal of Consumer Culture 1 (2002), Nr. 2, S. 225-243.

Ministry of Production, Report on the Work of the Combined Materials Board to Jan. 26th, 1943, London 1943.

–, Third Annual Report on the Work of the Combined Materials Board to Jan. 26th, 1945, London 1945

Miranda, José Antonio, American Machinery and European Footwear. Technology Transfer and International Trade, 1860-1939, in: Business History 46 (2004), Nr. 2, S. 195-218.

Mirkes, Adolf (Hg.), Josef Simon. Schuhmacher, Gewerkschafter, Sozialist mit Ecken und Kanten, Köln 1985.

Moede, Walther, Konsumpsychologie, Berlin 1933.

Moffett, Carol W., Shoe Sizing and Fitting. An Analysis of Practices and Trends, Washington 1941.

Mogge, Winfried, Von Trittlingen und Wandervogelsandalen. Anmerkungen zur deutschen Jugendbewegung. Die neue Zeit kam zu Fuß, in: Andritzky, Michael u. a. (Hg.), Z. B. Schuhe. Vom bloßen Fuß zum Stöckelschuh. Eine Kulturgeschichte der Fußbekleidung, Gießen (1988), S. 81-89.

Mommsen, Hans, Der Mythos von der Modernität. Zur Entwicklung der Rüstungsindustrie im Dritten Reich, Essen 1999.

Mokyr, Joel, Demand v. Supply in the Industrial Revolution, in: Journal of Economic History 37 (1977), S. 981-1008.

Moog, Gerhard, Leder, der natürliche Werkstoff für Handschuhe und Schuhe, in: Bundesakademie für Wehrverwaltung und Wehrtechnik (Hg.), Wehrtechnisches Symposium: Persönliche Ausrüstung – Leder, Körperschutz, Mannheim 2000, S. 10.1-3.

Morris, Peter, Transatlantic Transfer of Buna S Synthetic Rubber Technology 1932-1945, in: Jeremy, David (Hg.), The Transfer of International Technology. Europe, Japan and the USA in the Twentieth Century, Manchester 1994, S. 57-89.

Morsch, Günter/Andreas Reckendress (Hg.), Befreiung Sachsenhausen 1945, Berlin 1996.

–, Oranienburg-Sachsenhausen. Sachsenhausen-Oranienburg, in: Herbert, Ulrich u. a. (Hg.), Die nationalsozialistischen Konzentrationslager. Entwicklung und Struktur, Göttingen 1998, S. 111-134.

– (Hg.), Mord und Massenmord im Konzentrationslager Sachsenhausen 1936-1945, Berlin 2005.

–/Astrid Ley, Das Konzentrationslager Sachsenhausen 1936-1945. Ereignisse und Entwicklungen, Berlin ³2010.

Moss, Louis, The Government Social Survey. A History, London 1991.

Müller, Joachim, »Wie die Bewegung, so die Verpflegung«. Die Strafkompanie Schuhläufer, in: Ders./Andreas Sternweiler (Hg.), Homosexuelle Männer im KZ Sachsenhausen, Berlin 2000, S. 181-189.

Müller, Rolf-Dieter, Die deutsche Wirtschaftspolitik in den besetzten sowjetischen Gebieten 1941-1943. Der Abschlußbericht des Wirtschaftsstabes Ost und Aufzeichnungen eines Angehörigen des Wirtschaftskommandos Kiew, Boppard a. Rh. 1991.

–, Albert Speer und die Rüstungspolitik im Totalen Krieg, in: Das Deutsche Reich und der Zweite Weltkrieg, Bd. 5/2: Organisation und Mobilisierung des deutschen Machtbereichs. Kriegsverwaltung, Wirtschaft und personelle Ressourcen, Stuttgart 1999, S. 275-773.

Münzinger, Walter, Kunstleder-Handbuch. Herstellung und Eigenschaften von Kunstleder und lederähnlichen Werkstoffen, Berlin 1940.

Munson, Edward Lyman, The Soldier's Foot and the Military Shoe, Menasha, Wisconsin 1917.

Naegele, Hermann, Entwicklung und Produktionsfaktoren der deutschen Schuh- und Lederpflegemittelindustrie, Erlangen 1944.

Naujoks, Harry, Mein Leben im KZ Sachsenhausen 1936 bis 1942, Berlin 1989.

Nerdinger, Winfried, Bauhausmoderne im Nationalsozialismus. Zwischen Anbiederung und Verfolgung, München 1993.

Neufeld, Michael, Die Rakete und das Reich. Wernher von Braun, Peenemünde und der Beginn des Raketenzeitalters, Berlin ²1999.

Neumann, Alexander, »Arzttum ist immer Kämpfertum«. Die Heeressanitätsinspektion und das Amt »Chef des Wehrmachtsanitätswesens« im Zweiten Weltkrieg (1939-1945), Düsseldorf 2005.

Nolan, Mary, Visions of Modernity. American Business and the Modernization of Germany, New York/Oxford 1994.

Nübling, Eugen, Das Schustergewerbe in Württemberg, in: Untersuchungen über die Lage des Handwerks in Deutschland mit besonderer Rücksicht auf seine Konkurrenzfähigkeit gegenüber der Großindustrie, Studien des Vereins für Socialpolitik, Bd. 3, Leipzig 1895, S. 221-285.

Nystrom, Paul, Economics of Fashion, New York 1928.

–, Economic Principles of Consumption, New York 1929.

O'Flaherty, Fred, Areas of Quartermaster Research in Leather. Office of the Quartermaster General Military Planning Division, Research and Development Branch. Leather Series, Report No. 1, Washington 1946.

– u. a. (Hg.), The Chemistry and Technology of Leather, New York 1958.

Obenaus, Herbert, Der Kampf um das tägliche Brot, in: Herbert, Ulrich u. a. (Hg.), Die nationalsozialistischen Konzentrationslager. Entwicklung und Struktur, Göttingen 1998, S. 841-873.

Oelsner, Reiner F., Formalisierung durch Technik contra Vielfalt durch Natur. Fallstudie zur Geschichte der Kunststoffe am Beispiel des Celluloids, Mannheim 1997.

Oelsner, Reiner/Christel Hess, Oyonnax und Mannheim. Zentren der Kunststoffentwicklung in Geschichte und Gegenwart, Mannheim 1999.

Oetker, Robert, Die betriebliche Werbung im Dienste des Vierjahresplanes. Eine Studie über die Aufgaben der betrieblichen Werbung als Mittel der Verbrauchslenkung im Dienste der Rohstoff- und Nahrungsfreiheit, Würzburg 1938.

Ott, Werner, Die GfK-Gesellschaft für Konsumforschung e. V. nach dem Kriege, in: Jahrbuch für Absatz- und Verbrauchsforschung 5 (1959), Nr. 4, S. 304-325.

Oudshoorn, Nelly/Trevor Pinch (Hg.), How Users Matter. The Co-Construction of Users and Technologies, Cambridge/Mass. 2003.

Overy, Richard u. a. (Hg.), Die »Neuordnung« Europas. NS-Wirtschaftspolitik in den besetzten Gebieten, Berlin 1997, S. 11-29 (zitiert als Overy u. a. 1997).

–, The Economy of the German »New Order«, in: Ders. u. a. (Hg.), Die »Neuordnung« Europas. NS-Wirtschaftspolitik in den besetzten Gebieten, Berlin 1997, S. 11-29 (zitiert als Overy 1997).

–, The German Economy, 1919-1945, in: Panayi, Panikos (Hg.), Weimar and Nazi Germany. Continuities and Discontinuities, Harlow u. a. 2001, S. 33-73.

Pabst, F., Kunststoff-Taschenbuch, 1936 (20. überarb. Aufl. 1977).

Parr, Joy, Domestic Goods. The Material, the Moral, and the Economic in the Postwar Years, Toronto 1999.

Patel, Kiran Klaus, Soldaten der Arbeit. Arbeitsdienste in Deutschland und den USA 1933-1945, Göttingen 2003.

Pear, Tom, Voice and Personality, London 1931.

Peifer, Jürgen, Wissenschaftliches Erkenntnisstreben als Tötungsmotiv? Zur Kennzeichnung von Opfern auf deren Krankenakten und zur Organisation und Unterscheidung von Kinder-»Euthanasie« und T4-Aktion, in: Ergebnisse. Vorabdrucke aus dem Forschungsprogramm »Geschichte der Kaiser-Wilhelm-Gesellschaft im Nationalsozialismus«, Berlin 2005.

Perz, Bertrand/Thomas Sandkühler, Auschwitz und die »Aktion Reinhard« 1942-45. Judenmord und Raubpraxis in neuer Sicht, in: zeitgeschichte 26 (1999), Nr. 5, S. 283-316.

Petzina, Dieter, Autarkiepolitik im Dritten Reich. Der nationalsozialistische Vierjahresplan, Stuttgart 1968 (zitiert als: Petzina 1968a).

Petzina, Dieter, IG Farben und NS-Autarkiepolitik, in: Tradition 13 (1968), S. 250-254 (zitiert als: Petzina 1968b).

Peukert, Detlev, Die Genesis der›Endlösung‹ aus dem Geist der Wissenschaft, in: Ders., Max Webers Diagnose der Moderne, Göttingen 1989, S. 102-121.

Pfister, Ulrich, Vom Kiepenkerl zu Karstadt. Einzelhandel und Warenkultur im 19. und frühen 20. Jahrhundert, in: Vierteljahrsschrift für Sozial- und Wirtschaftsgeschichte 87 (2000), Nr. 1, S. 38-66.

Philipp, Rudolph, Der unbekannte Diktator Thomas Bata, Wien/Berlin 1928.

Pilster, Hans-Jürgen, Militärhygiene im 19. Jahrhundert, Diss. München 1981.

Pimlott, Ben, Hugh Dalton, London 1985.

Piore, Michael/Charles Sabel, Das Ende der Massenproduktion, Frankfurt a. M. 1989.

Piper, František, Die Zahl der Opfer von Auschwitz, Oświęcim 1993.

Pitkin, Thomas M., Quartermaster Equipment for Special Forces, Washington 1944.

Plumpe, Gottfried, Die IG Farbenindustrie AG. Wirtschaft, Technik und Politik 1904-1945, Berlin 1990.

Plumpe, Werner, Unternehmen im Nationalsozialismus. Eine Zwischenbilanz, in: Abelshauser, Werner/Jan-Otmar Hesse/Plumpe, Werner (Hg.), Wirtschaftsordnung, Staat

und Unternehmen. Neue Forschungen zur Wirtschaftsgeschichte des Nationalsozialismus, Essen 2003, S. 243-266.
–, Die Wirtschafts- und Unternehmensgeschichte des Nationalsozialismus. Überlegungen aus systemtheoretischer Perspektive, in: Jahrbuch für Wirtschaftsgeschichte (2004), Nr. 2, S. 241-244.
Pokluda, Zdenek, From Zlín to the World. The Story of Thomas Bata, Zlín 2004.
–, An Outline of the History of Baťa and Zlín in Dates, in: Klingan, Katrin/Kerstin Gust (Hg.), A Utopia of Modernity: Zlín. Revisiting Baťa's Functional City, Berlin 2009, S. 18-36.
Pollard, Sidney, »Made in Germany« – Die Angst vor der deutschen Konkurrenz im spätviktorianischen England, in: Technikgeschichte 53 (1987), Nr. 3, S. 183-195.
–, Britain's Prime and Britain's Decline. The British Economy 1870-1914, London 1989.
Poser, Karl, Austauschstoffe für Leder und ihre sachgemäße Behandlung, Berlin 1941.
Postan, M. M., British War Production, London 1975.
Prill, Carl, 100 Jahre deutsche Schuhwirtschaft, Düsseldorf 1964.
Prinz, Michael/Rainer Zitelmann (Hg.), Nationalsozialismus und Modernisierung, Darmstadt 1991.
–, Konsum und Konsumgesellschaft seit dem 18. Jahrhundert, in: Archiv für Sozialgeschichte 41 (2001), S. 450-514.
Productivity Team, Footwear. Report of a Visit to the USA in 1950 of a Productivity Team representing the British Footwear Industry, London/New York 1951.
Proesler, Hans, Handbuch der Verbrauchsforschung. Zweiter Band: Gesamtauswertung, 1. Teil, Berlin 1940.
–, Über Meinungsforschung, in: Bergler, Georg (Hg.), Kultur und Wirtschaft. Festschrift zum 70. Geburtstag von Wilhelm Vershofen, Nürnberg 1949, S. 155-163.
Projektgruppe Ökologisches Wirtschaften (Hg.), Produktlinienanalyse. Bedürfnisse, Produkte und ihre Folgen, Köln 1987.
Prollius, Michael von, Das Wirtschaftssystem der Nationalsozialisten, Paderborn 2003.
Purchase Tax/Utility Committee, Report of the Purchase Tax/Utility Committee, London 1952.
Putz, H., Die Fußbekleidung der Armee, in: Militär-Wochenblatt 19 (1883), Sp. 353-360.
Quimby, Harold, Pacemakers of Progress. The Story of Shoes and the Shoe Industry, Chicago 1946.
Radkau, Joachim, Technik in Deutschland, Frankfurt a. M. 1990.
Rammert, Werner, Akteure und Technologieentwicklung. Wie ließe sich A. Touraines Aussage von der »Rückkehr des Akteurs« für die techniksoziologische Forschung nutzen?, in: Ders. (Hg.), Technik aus soziologischer Perspektive, Opladen 1993, S. 93-106.
– (Hg.), Technik und Sozialtheorie, Frankfurt a. M. 1998 (zitiert als: Rammert 1998a).
–, Die Form der Technik und die Differenz der Medien. Auf dem Weg zu einer pragmatistischen Techniktheorie, in: Ders. (Hg.), Technik und Sozialtheorie, Frankfurt a. M. 1998, S. 293-326 (zitiert als: Rammert 1998b).
Raphael, Lutz, Die Verwissenschaftlichung des Sozialen als methodische und konzeptionelle Herausforderung für eine Sozialgeschichte des 20. Jahrhunderts, in: Geschichte und Gesellschaft 22 (1996), Nr. 2, S. 165-193.
–, Radikales Ordnungsdenken und die Organisation totalitärer Herrschaft: Weltanschauungseliten und Humanwissenschaftler im NS-Regime, in: Geschichte und Gesellschaft 27 (2001), Nr. 1, S. 5-40.

Reddaway, W. B., Rationing, in: Chester, Daniel Norman (Hg.), Lessons of the British War Economy, Cambridge 1951, S. 182-199.

Rehe, Carl, Die deutsche Schuhgroßindustrie, Jena 1908.

–, Beitrag zur Geschichte der mechanischen Schuhfabrikation, in: Beiträge zur Geschichte der Technik und Industrie 3 (1911), S. 185-214.

Reich, Günter, Max Bergmann und das Kaiser-Wilhelm-Institut für Lederforschung in Dresden, in: Leder und Häutemarkt (2003), Nr. 9, S. 25-31.

Reichardt, Sven, Faschistische Kampfbünde. Gewalt und Gemeinschaft im italienischen Squadrismus und in der deutschen SA, Köln/Weimar/Wien 2002.

Reichsamt für Wehrwirtschaftliche Planung, Die deutsche Industrie. Gesamtergebnisse der amtlichen Produktionsstatistik, Berlin 1939.

Reichsarbeitsgemeinschaft zur Bekämpfung des Krüppeltums (Hg.), Kampf gegen die Fußschwächen und ihre Folgen, Berlin 1936.

Reinhardt, Carsten, Forschung in der chemischen Industrie. Die Entwicklung synthetischer Farbstoffe bei BASF und Hoechst, 1863 bis 1914, Freiberg 1997.

Reith, Reinhold, Vom Umgang mit Rohstoffen in historischer Perspektive. Rohstoffe und ihre Kosten als ökonomische und ökologische Determinanten der Technikentwicklung, in: König, Wolfgang (Hg.), Umorientierungen. Wissenschaft, Technik und Gesellschaft im Wandel, Frankfurt a. M. 1994, S. 47-69.

–, Lohn und Leistung. Lohnformen im Gewerbe 1450-1900, Stuttgart 1999.

–, Lederproduktion und Lederhandel im späten Mittelalter und der frühen Neuzeit, in: Kroker, Werner (Hg.), Vom Leder zum Chemiewerkstoff, Bochum 2000, S. 9-30.

–, Recycling – Stoffströme in der Geschichte, in: Ders./Sylvia Hahn (Hg.), Umwelt-Geschichte, Wien/München 2001, S. 99-120 (zitiert als: Reith 2001a).

–, Von der Materie zum Material. Werkstoffe in der Geschichte: Einleitung, in: Technikgeschichte 68 (2001), Nr. 4, S. 301-306 (zitiert als: Reith 2001b).

–/Birgit Pelzer, Margarine. Die Karriere der Kunstbutter, Berlin 2001.

–/Birgit Pelzer, »Fett aus Kohle«? Die Speisefettsynthese in Deutschland 1933-1945, in: Technikgeschichte 69 (2002), Nr. 3, S. 173-205.

–, Reparieren: Ein Thema der Technikgeschichte?, in: Reith, Reinhold und Dorothea Schmidt (Hg.), Kleine Betriebe, angepasste Technologie? Hoffnungen, Erfahrungen und Ernüchterungen aus sozial- und technikhistorischer Sicht, Münster u. a. 2002, S. 139-161.

–, »Altgewender, humpler, kannenplecker«. Recycling im späten Mittelalter und in der frühen Neuzeit, in: Ladwig, Roland (Hg.), Recycling in Geschichte und Gegenwart, Freiberg 2003, S. 41-74 (zitiert als: Reith 2003a).

–, Recycling im späten Mittelalter und der frühen Neuzeit. Eine Materialsammlung, in: Frühneuzeit-Info (2003), Nr. 14, S. 47-65 (zitiert als: Reith 2003b).

–, Luxus und Konsum. Eine historische Annäherung. Einleitung, in: Ders./Torsten Meyer (Hg.), Luxus und Konsum. Eine historische Annäherung, Münster u. a. 2003, S. 9-27 (zitiert als: Reith 2003c).

– u. a. (Hg.), Innovationskultur. Modelle, Indikatoren und regionale Entwicklungslinien, Innsbruck u. a. 2005.

–, Einleitung: Innovationsforschung und Innovationskultur, in: Ders. u. a. (Hg.), Modelle, Indikatoren und regionale Entwicklungslinien, Innsbruck u. a. 2005, S. 11-20.

–/Birgit Pelzer, Fischkonsum und »Eiweißlücke« im Nationalsozialismus, in: Vierteljahrsschrift für Sozial- und Wirtschaftsgeschichte 96 (2009), Nr. 1, S. 4-26.

Renneberger, Monika/Mark Walker, Science, Technology, and National Socialism, Cambridge 1994.
Renner, Gerhard u. a. (Hg.), »... werden in Kürze anderweitig untergebracht ...«. Das Schicksal der Fuldaer Juden im Nationalsozialismus, Fulda 1990.
Rentrop, Gundula, Von Siebenmeilenstiefeln und Klapperlatschen. Die wunderbare Welt der Schuhe. Kultur-, handwerks- und regionalgeschichtliche Aspekte eines Kleidungsstücks, Syke 2005.
Report of the Purchase Tax/Utility Committee (The Douglas-Committee), Presented by the Chancellor of the Exchequer to Parliament by Command of Her Majesty, Februar 1952, London 1952.
Rexford, Nancy, Women's Shoes in America, 1795-1930, Kent/Ohio 2000.
Rheinberger, Hans-Jörg, Experimentalsysteme und epistemische Dinge. Eine Geschichte der Proteinsynthese im Reagenzglas, Frankfurt a. M. 2006.
–, Kulturen des Experiments, in: Berichte zur Wissenschaftsgeschichte 30 (2007), S. 135-144 (zitiert als: Rheinberger 2007a).
–, Historische Epistemologie zur Einführung, Hamburg 2007 (zitiert als: Rheinberger 2007b).
Richter, Ralf, Netzwerke und ihre Innovationskraft im internationalen Vergleich. Die Cluster der Werkzeugmaschinenbau-Industrie in Chemnitz (Deutschland) und Cincinnati (USA), 1870-1930, in: Boch, Rudolf u. a. (Hg.), Unternehmensgeschichte heute. Theorieangebote, Quellen, Forschungstrends, Leipzig 2005, S. 119-132.
Riedt, Peter vom, Schuhindustrie in der Krise, in: Neumann, Eckard/Sprang, Wolfgang/Hattemer, Klaus (Hg.), Werbung in Deutschland '73. Jahrbuch der deutschen Werbung, Düsseldorf, Wien 1974, S. 284-293.
Riello, Giorgio, La chaussure à la mode. Product Innovation and Marketing Strategies in Parisian and London Boot and Shoemaking in the Early Nineteenth Century, in: Textile History 34 (2003), Nr. 2, S. 107-133.
–, A Foot in the Past. Consumers, Producers and Footwear in the Long Eighteenth Century, Oxford 2006.
Risch, Erna, The Quartermaster Corps: Organization, Supply and Services, United States Army in World War II: Technical Services, Bd. I, Washington D. C. 1953.
–/Chester Kieffer, The Quartermaster Corps: Organization, Supply and Services, United States Army in World War II: Technical Services, Bd. II, Washington D. C. 1953.
Rockoff, Hugh, The United States: From Ploughshares to Swords, in: Harrison, Mark (Hg.), The Economics of World War II. Six Great Powers in International Comparison, Cambridge 1998, S. 81-121.
Roe, Richard, The United Shoe Machinery Company (Teil 1), in: Journal of Political Economy 21 (1913), S. 938-953.
–, The United Shoe Machinery Company (Teil 2), in: Journal of Political Economy 22 (1914), S. 43-63.
Roelcke, Volker, Die Sulfonamid-Experimente in nationalsozialistischen Konzentrationslagern. Eine kritische Neubewertung der epistemologischen und ethischen Dimension, in: Medizinhistorisches Journal 44 (2009), S. 42-60.
Rohde, Horst, Das Eisenbahnverkehrswesen in der deutschen Kriegswirtschaft 1939-1945, in: Forstmeier, Friedrich/ Hans-Erich Volkmann (Hg.), Kriegswirtschaft und Rüstung 1939-1945, Düsseldorf 1977, S. 134-163.
Rohkrämer, Thomas, Eine andere Moderne? Zivilisationskritik, Natur und Technik in Deutschland 1880-1933, Paderborn 1999.

Rosenberg, Nathan, Why in America?, in: Ders., Exploring the Black Box. Technology, Economics, and History, Cambridge/Mass. 1994, S. 109-120.

–, Exploring the Black Box. Technology, Economics, and History, Cambridge/Mass. 1994.

Rosenbusch, G. u. a. (Hg.), Radiologie in der medizinischen Diagnostik, Berlin 1994.

Roth, Karl-Heinz, Pervitin und »Leistungsgemeinschaft«. Pharmakologische Versuche zur Stimulierung der Arbeitsleistung unter dem Nationalsozialismus (1938-1945), in: Schaewen, Isa von (Hg.), Protokolldienst 23/82. Medizin im Nationalsozialismus. Tagung vom 30.4.1982 bis 2.5.1982 in Bad Boll, Bad Boll 1982, S. 200-226.

–, Das Ende eines Mythos. Ludwig Erhard und der Übergang der deutschen Wirtschaft von der Annexions- zur Nachkriegsplanung (1939 bis 1945). Teil I: 1939 bis 1943, in: 1999 10 (1995), Nr. 4, S. 53-93.

–, Strukturen, Paradigmen und Mentalitäten in der luftfahrtmedizinischen Forschung des »Dritten Reichs« 1933 bis 1941: Der Weg ins Konzentrationslager Dachau, in: 1999 15 (2000), Nr. 2, S. 49-77.

–, Tödliche Höhen. Die Unterdruckkammer-Experimente im Konzentrationslager Dachau und ihre Bedeutung für die luftfahrtmedizinische Forschung des »Dritten Reichs«, in: Ebbinghaus, Angelika/Klaus Dörner (Hg.), Vernichten und Heilen. Der Nürnberger Ärzteprozess und seine Folgen, Berlin 2001, S. 110-151.

Roth, Kurt, Das System Bata, Landau 1932.

Rowbotham, Sheila, ›Commanding the Heart‹. Edward Carpenter and Friends, in: Marsden, Gordon (Hg.), Victorian Values, Personalities and Perspectives in 19th Century Society, London/New York 1990, S. 200-210.

Rubin, Eli, Synthetic Socialism. Plastics and Dictatorship in the German Democratic Republic, Chapel Hill 2008.

Rücker, Matthias, Wirtschaftswerbung unter dem Nationalsozialismus. Rechtliche Ausgestaltung der Werbung und Tätigkeit des Werberats der deutschen Wirtschaft, Frankfurt a. M. 2000.

Rumpf, Ernst, Konzentration in der deutschen Schuhindustrie, Butzbach 1929.

Ruske, Walter, 100 Jahre Materialprüfung in Berlin. Ein Beitrag zur Technikgeschichte, Berlin 1971.

Ruskin, John, Unto This Last. Four Essays on the First Principles of Political Economy, London 1900.

Rutherford, Janice, Selling Mrs. Consumer. Christine Frederick and the Rise of Household Efficiency, Athens 2003.

Sachse, Carola (Hg.), Die Verbindung nach Auschwitz. Biowissenschaften und Menschenversuche an Kaiser-Wilhelm-Instituten, Göttingen 2003.

–/Benoit Massin, Biowissenschaftliche Forschung an Kaiser-Wilhelm-Instituten und die Verbrechen des NS-Regimes. Informationen über den gegenwärtigen Wissensstand, Berlin 2000.

Sachsenhausen. Dokumente, Aussagen, Forschungsergebnisse und Erlebnisberichte über das ehemalige Konzentrationslager Sachsenhausen, Berlin [4]1982.

Sahlins, Marshall, Kultur und praktische Vernunft, Frankfurt a. M. 1981.

Sahm, Max, Arbeits- und Fachkunde für Schuhmacher, Geislingen 1978.

Samsom, Fritz, Der Einfluß der Mode auf den Schuheinzelhandel, Köln 1930.

Samuel, Raphael, Theatres of Memory, London 1994.

Sandkühler, Thomas/Hans-Walter Schmuhl, Milgram für Historiker. Reichweite und

Grenzen einer Übertragung des Milgram-Experiments auf den Nationalsozialismus, in: Analyse und Kritik 20 (1998), S. 3-26.

Schäfers, Stefanie, Vom Werkbund zum Vierjahresplan. Die Ausstellung »Schaffendes Volk«, Düsseldorf 1937, Düsseldorf 2001.

Schanz, Alfred, Kranke Füße, gesunde Stiefel, Stuttgart 1916.

Schede, Franz, Die Hygiene des Fußes, Leipzig 1933.

–/Wilhelm Hacker, Die Fußpflege im Heere, in: Münchner Medizinische Wochenschrift 63 (1916), S. 1333-136 und 1375-1377.

Scheiffele, Walter, Wilhelm Wagenfeld und die moderne Glasindustrie, Stuttgart 1994.

Schenkel, Werner, Entstehung, Entsorgung und Wiederverwertung von Müll. Ein globales Problem?, in: Nachtigall, Werner/Charlotte Schönbeck (Hg.), Technik und Natur, Düsseldorf 1994, S. 483-520.

Scherner, Jonas, Zwischen Staat und Markt. Die deutsche halbsynthetische Chemiefaserindustrie in den 1930er Jahren, in: Vierteljahrsschrift für Sozial- und Wirtschaftsgeschichte 89 (2002), Nr. 4, S. 427-448.

–/Jochen Streb, Das Ende eines Mythos? Albert Speer und das so genannte Rüstungswunder, in: Vierteljahrsschrift für Sozial- und Wirtschaftsgeschichte 93 (2006), Nr. 2, S. 172-196.

–, The Beginnings of Nazi Autarky Policy: the National Pulp Programme and the Origin of Regional Staple Fibre Plants, in: Economic History Review 61 (2008), Nr. 4, S. 867-895.

Schieder, Wolfgang/Achim Trunk, Adolf Butenandt und die Kaiser-Wilhelm-Gesellschaft. Wissenschaft, Industrie und Politik im »Dritten Reich«, Göttingen 2004.

Schlachter, A., Schuh, Leder und Schuhzubehör. Fach- und Verkaufskunde für Schuhfertigung und Schuheinzelhandel, Köln/München 1987.

Die Schließung der Lederlücke, DAF-Rohstoff-Dienst Nr. 38, hg. v. Arbeitswissenschaftlichen Institut der Deutschen Arbeitsfront, August 1942.

Schliewiensky, Otto, Die Standardisierung industrieller Erzeugnisse, Diss. Berlin 1931.

Schlottau, Klaus, Von der handwerklichen Lohgerberei zur Lederfabrik des 19. Jahrhunderts. Zur Bedeutung nachwachsender Rohstoffe für die Geschichte der Industrialisierung, Opladen 1993.

Schmaltz, Florian, Kampfstoff-Forschung im Nationalsozialismus. Zur Kooperation von Kaiser-Wilhelm-Instituten, Militär und Industrie, Göttingen 2005.

–, Die IG Farbenindustrie und der Ausbau des Konzentrationslagers Auschwitz 1941-1942, in: Sozial. Geschichte 21 (2006), S. 33-67.

Schmid, Walter, Die wirtschaftliche Entwicklung der C. F. Bally A. G. in Schönenwerd mit besonderer Berücksichtigung des Exportproblems, Schönenwerd 1939.

Schmidt, Dorothea, Massenhafte Produktion? Produkte, Produktion und Beschäftigte im Stammwerk von Siemens vor 1914, Münster 1993.

Schmidt-Lenssen, J. u. a. (Hg.), Verbrauchsregelung in der gewerblichen Wirtschaft. Ein Nachschlagebuch für Wirtschaftsämter und Kartenstellen, Berlin 1940.

Schmidt, Bärbel, Geschichte und Symbolik der gestreiften KZ-Häftlingskleidung, Diss. Oldenburg 2000.

–, Textilien als Quelle der Erinnerung und Dokument der Geschichte. Textile Realien. Teil 1 und 2, in: Gedenkstätten-Rundbrief (2003), Nr. 112, S. 13-23 und Nr. 113, S. 3-9.

Schmitt, Elke, Kunst im Dienste der Industrie. Die Anfänge der »Werbekunst« am Beispiel der Firma Salamander, St. Katharinen 1999.
Schmitz, Britta, Schuhmacherei in Lindlar, Köln 1992.
Schmitz, Hubert, Die Bewirtschaftung der Nahrungsmittel und Verbrauchsgüter 1939-1950. Dargestellt am Beispiel der Stadt Essen, Essen 1956.
Schmuhl, Hans-Walter, Grenzüberschreitungen. Das Kaiser-Wilhelm-Institut für Anthropologie, menschliche Erblehre und Eugenik 1927-1945, Göttingen 2005.
Schnitzer, Julius G., Hides and Skins. World Production and International Trade, Washington 1927.
Schnitzer, Julius G., Million-Dollar Markets for American Leather, Washington 1929.
–, Leather Industry and Trade of Germany, Washington 1931.
–, Leather. World Production and International Trade, Washington 1935.
–, Leather Footwear. World Production and International Trade, Washington 1937.
–/Charlotte Budd, Shoe Repair Business, Washington 1945.
Schoeffler, O. E./William Gale, Esquire's Encyclopedia of 20th Century Men's Fashions, New York/London 1973.
Schreier, Wilfried, Das deutsche Schuhgewerbe, Weißenfels 2002.
Schröder, Wilhelm Heinz, Arbeitergeschichte und Arbeiterbewegung. Industriearbeit und Organisationsverhalten im 19. und 20. Jahrhundert, Frankfurt a. M. 1978.
Schröter, Harm G., Americanization of the European Economy. A Compact Survey of American Economic Influence in Europe since the 1880s, Dordrecht 2005.
Schroeter, Helmut, Grundlagen der industriellen Schuhherstellung, Leipzig 1989.
Schubert, Rudolf, Über Einsatzmöglichkeiten von Schweins-, Kanin- und Fischhäuten bei der Lederbereitung und Lederverarbeitung, in: Chemische Berichte des Reichsamts für Wirtschaftsausbau, August 1942, S. 744-751.
Schütz, W., German Home Front, London 1943.
Schulte, Jan Erik, Zwangsarbeit und Vernichtung. Das Wirtschaftsimperium der SS. Oswald Pohl und das SS-Wirtschaftsverwaltungshauptamt 1933-1945, Paderborn u. a. 2001.
Schulz-Schaeffer, Ingo, Technik und die Dualität von Resourcen und Routinen. Zur sozialen Bedeutung gegenständlicher Technik, in: Zeitschrift für Soziologie 28 (1999), Nr. 6, S. 409-428.
Schuster, Dieter, Die Lederarbeiter und ihre Gewerkschaften bis 1945, in: Tenfelde, Klaus (Hg.), Ein neues Band der Solidarität. Chemie – Bergbau – Leder: Industriearbeiter und Gewerkschaften in Deutschland seit dem Zweiten Weltkrieg, Hannover 1997, S. 39-61.
Schuster, Ernst, Monoindustrielle Agglomeration, in: Schuster, Ernst (Hg.), Monoindustrielle Agglomeration. Die Schuhindustriestadt Pirmasens, Würzburg 1940, S. 1-30.
Schwanitz, Wolfgang, Gold, Bankiers und Diplomaten. Zur Geschichte der Deutschen Orientbank 1906-1946, Berlin 2002.
Schwartz, Frederic, Der Werkbund. Ware und Zeichen 1900-1914, Amsterdam/Dresden 1999.
Scranton, Philip, Manufacturing Diversity: Production Systems, Markets, and an American Consumer Society, 1870-1930, in: Technology and Culture 35 (1994), Nr. 3, S. 476-505.
–, Endless Novelty. Specialty Production and American Industrialization, 1865-1925, Princeton 1997.

Sedler, Irmgard, Der Schuh und die Mode vom späten Mittelalter ins 20. Jahrhundert, in: Auf Schritt und Tritt ...: Schuhe, Ausstellungskatalog, Kornwestheim 1999, S. 49-61.

Seebauer, Georg, Von der Einzelfertigung zur Massenproduktion, Essen 1944.

Selle, Gerd, Design-Geschichte in Deutschland. Produktkultur als Entwurf und Erfahrung, Köln 1987.

Siegel, Günther, Die Entwicklung der deutschen Schuhindustrie während der letzten zwei Jahrzehnte, Berlin 1927.

Silbermann, Heinz, Aufbau und Arbeitsbedingungen der Schuhfabrik Baťa in Zlín (Tschechoslowakei) sowie die Stellung ihrer Filialleiter nach deutschem Recht, Engelsdorf–Leipzig 1934.

Silverman, Herbert, The Optimum Firm in the Boot and Shoe Industry, in: Oxford Economic Papers (1942), Nr. April, S. 95-110.

–, The Boot and Shoe Industry, in: Ders. (Hg.), Studies in Industrial Organization, London 1946, S. 199-284.

Simon, Josef/Mathias Lex, Die Lohn- und Arbeitsverhältnisse der Schuh- und Lederindustrie in Amerika, Nürnberg 1928.

Skidelsky, Robert, John Maynard Keynes. A Biography, London 1983.

Sladen, Christopher, The Conscription of Fashion. Utility Cloth, Clothing and Footwear, 1941-1952, Aldershot 1995.

Smith, John K., The Ten-Year-Invention: Neoprene and Du Pont Research, 1930-1939, in: Technology and Culture 26 (1985), S. 34-55.

Sofsky, Wolfgang, Die Ordnung des Terrors. Das Konzentrationslager, Frankfurt a. M. 1997.

Solnit, Rebecca, Wanderlust. A History of Walking, New York 2000.

Sombart, Werner, Wirtschaft und Mode. Ein Beitrag zur Theorie der modernen Bedarfsgestaltung, Wiesbaden 1902.

Speidel, Helmut, Die Schuhindustrie als Fachgruppe, Würzburg 1939.

Spiekermann, Uwe, Basis der Konsumgesellschaft: Entstehung und Entwicklung des modernen Kleinhandels in Deutschland 1850-1914, München 1999.

–, From Neighbour to Consumer. The Transformation of Retailer-Consumer Relationships in Twentieth-Century Germany, in: Trentmann, Frank (Hg.), The Making of the Consumer. Knowledge, Power and Identity in the Modern World, Oxford 2006, S. 147-174.

Spoerer, Mark, Profitierten Unternehmen von KZ-Arbeit?, in: Historische Zeitschrift 268 (1999), Nr. 1, S. 61-95.

Spuhler, Gregor u. a., »Arisierungen« in Österreich und ihre Bezüge zur Schweiz, Zürich 2002.

Spur, Günter, Industrielle Psychotechnik. Walther Moede. Eine biografische Dokumentation, München 2008.

Spuren aus dem Ghetto Lodz (1940-1944). Dokumente der Sammlung Wolfgang Haney, Berlin (Ausstellungskatalog Haus der Wannsee-Konferenz), Berlin 2000.

SS im Einsatz. Eine Dokumentation über die Verbrechen der SS, Berlin 1960.

Stade, Richard, Niedergang des Schuhmacherhandwerks als Produktionsgewerbe, Halle 1932.

Stadler, Gerhard A./Anita Kuisle (Hg.), Technik zwischen Akzeptanz und Widerstand. Gesprächskreis Technikgeschichte 1982-1996, Münster u. a. 1999.

Die Städelschule in Frankfurt am Main. Aus der Geschichte einer deutschen Kunsthochschule, Frankfurt a. M. 1982.

Stallybrass, Peter, Worn Worlds. Clothes, Mourning, and the Life of Things, in: Yale Review 81 (1993), S. 35-50.

–, Marx's Coat, in: Spyer, Patricia (Hg.), Border Fetishisms. Material Objects in Unstable Spaces, New York/London 1998, S. 183-207.

Starcke, Paul, Der naturgemäße Stiefel. Auf Grund anatomisch-physiologischer Betrachtungen mit specieller Berücksichtigung der Einführung und Controlle rationeller Fussbekleidung bei der Armee, Berlin 1881.

Stather, Friedrich, Sachgemäße Lederlagerung und sachgemäße Lederpflege bei der Wehrmacht, in: Zeitschrift für die Heeresverwaltung 2 (1937), Nr. 1, S. 21ff. (zitiert als: Stather 1937a).

–, Leder als Fußbekleidungsmaterial des Soldaten, in: Zeitschrift für die Heeresverwaltung 2 (1937), Nr. 5, S. 202-204 (zitiert als: Stather 1937b).

–, Leder als Ausrüstungsmaterial des Soldaten, in: Zeitschrift für die Heeresverwaltung 3 (1938), S. 417ff.

–, 50 Jahre Freiberger Gerberei-Institute 1889-1939. Festschrift zum 50jährigen Jubiläum der Deutschen Versuchsanstalt und Fachschule für Lederindustrie, Freiberg/Sa., Freiberg 1939.

–, Gerbereichemie und Gerbereitechnologie, Berlin 1948.

–, Leder und Kunstleder. Fachkunde in Stichworten, Berlin 1959.

Statistisches Reichsamt, Die Lebenshaltung von 2.000 Arbeiter-, Angestellten- und Beamtenhaushaltungen. Erhebungen von Wirtschaftsrechnungen im Deutschen Reich vom Jahre 1927/28, Berlin 1932.

Stavenhagen, Gerhard, Geschichte der Wirtschaftstheorie, Göttingen [4]1969.

Stehr, Nico, Arbeit, Eigentum und Wissen. Zur Theorie von Wissensgesellschaften, Frankfurt a. M. 1994.

–, Wissenschaftspolitik. Die Überwachung des Wissens, Frankfurt a. M. 2003.

–, Wissengesellschaften, in: Jäger, Friedrich/Rüsen, Jörn (Hg.), Handbuch der Kulturwissenschaften. Band 3: Themen und Tendenzen, Stuttgart 2004, S. 34-49.

Steiner, André, Umrisse einer Geschichte der Verbraucherpreispolitik unter dem Nationalsozialismus der Vorkriegszeit, in: Abelshauser, Werner/Jan-Otmar Hesse/Plumpe, Werner (Hg.), Wirtschaftsordnung, Staat und Unternehmen. Neue Forschungen zur Wirtschaftsgeschichte des Nationalsozialismus, Essen 2003, S. 279-303 (zitiert als: Steiner 2003a).

–, Von der Eigenfertigung zum Markterwerb der Kleidung. Ein Beitrag zur Kommerzialisierung des Wirtschaftens privater Haushalte in Deutschland im langen 19. Jahrhundert, in: Prinz, Michael (Hg.), Der lange Weg in den Überfluss. Anfänge und Entwicklung der Konsumgesellschaft seit der Vormoderne, Paderborn 2003, S. 255-271 (zitiert als: Steiner 2003b).

– (Hg.), Preispolitik und Lebensstandard. Nationalsozialismus, DDR und Bundesrepublik im Vergleich, Köln/Weimar/Wien 2006 (zitiert als: Steiner 2006a).

–, Der Reichskommissar für die Preisbildung. »Eine Art wirtschaftlicher Reichskanzler«?, in: Hachtmann, Rüdiger/Winfried Süss (Hg.), Hitlers Kommissare. Sondergewalten in der nationalsozialistischen Diktatur, Göttingen 2006, S. 93-114 (zitiert als: Steiner 2006b).

Steinführer, Annett, Stadt und Utopie. Das Experiment Zlín 1920-1938, in: Bohemia 43 (2002), Nr. 1, S. 33-73.

Stewart, Irvin, Organizing Scientific Research for War. The Administrative History of the Office of Scientific Research and Development, Boston 1948.

Stiftung Brandenburgische Gedenkstätten (Hg.), Informationsblatt Sowjetischer Sachsenhausen-Prozess 1947, Oranienburg 1999.
Stoddard, Lothrop, Into the Darkness. A Sympathetic Report from Hitler's Wartime Reich, New York 1940.
Stokes, Raymond, Divide and Prosper. The Heirs of IG Farben under Allied Authority 1945-1990, Berkeley 1988.
–, Assessing the Damages. Forced Technology Transfer and the German Chemical Industry, in: Judt, Matthias/Burghard Ciesla (Hg.), Technology Transfer Out of Germany After 1945, Amsterdam u. a. 1996, S. 81-151.
–, Plastics and the New Society: The German Democratic Republic in the 1950s and 1960s, in: Reid, Susan E./Crowley, David (Hg.), Style and Socialism. Modernity and Material Culture in Post War Eastern Europe, Oxford/New York 2000, S. 65-80.
–, Von der I. G. Farbenindustrie AG bis zur Neugründung der BASF (1925-1952), in: Abelshauser, Werner (Hg.), Die BASF. Eine Unternehmensgeschichte, München 2003, S. 221-358.
Streb, Jochen, Möglichkeiten und Grenzen der Schumpeterschen Diversifizierung. Die Entwicklung der Firma Freudenberg & Co. Weinheim vom spezialisierten Ledererzeuger zum Kunststoffverarbeiter mit breiter Angebotspalette, in: Zeitschrift für Unternehmensgeschichte 46 (2001), Nr. 2, S. 131-159.
–, Technologiepolitik im Zweiten Weltkrieg. Die staatliche Förderung der Synthesekautschukproduktion im deutsch-amerikanischen Vergleich, in: Vierteljahreshefte für Zeitgeschichte 50 (2002), S. 367-397.
–, Staatliche Technologiepolitik und branchenübergreifender Wissenstransfer. Über die Ursachen der internationalen Innovationserfolge der deutschen Kunststoffindustrie im 20. Jahrhundert, Berlin 2003.
Strebel, Bernhard, Das KZ Ravensbrück. Geschichte eines Lagerkomplexes, Paderborn u. a. 2003.
Strzelecki, Andrzej, Die Verwertung der Leichen, in: Hefte von Auschwitz 21 (2000), S. 101-164.
Strzelecki, Andrzej, Der Raub des Besitzes der Opfer des KL Auschwitz, in: Hefte von Auschwitz 21 (2000), S. 7-99.
Sturm, Hanspeter, Salamander. Die Geschichte eines Unternehmens im Zeitraffer, in: Auf Schritt und Tritt …: Schuhe, Ausstellungskatalog, hg. v. der Galerie der Stadt Kornwestheim, Kornwestheim 1999, S. 27-34.
Sudrow, Anne, Vom Leder zum Kunststoff. Werkstoff-Forschung auf der »Schuhprüfstrecke« im Konzentrationslager Sachsenhausen 1940 bis 1945, in: Helmut Maier (Hg.), Rüstungsforschung im Nationalsozialismus, Göttingen 2002, S. 214-249.
–, Der »Typus« als Ideal der Formgebung. Zur Entstehung der professionellen Produktgestaltung von industriellen Konsumgütern (1914-1933), in: Technikgeschichte 76 (2009), Nr. 3, S. 191-210.
Suhr, Otto, Die Lebenshaltung der Angestellten, Berlin 1928.
–, Die Struktur der deutschen Schuhindustrie, in: Der deutsche Volkswirt 9 (1935), Nr. 39, S. 1810-1813.
–, Der Kleidungsetat, in: Die Wirtschaftskurve (1939), Nr. 3, S. 291-297.
Sultano, Gloria, Wie geistiges Kokain …: Mode unterm Hakenkreuz, Wien 1995.
Statistical Services Department of the National Shoe Manufacturers' Association (Hg.), Facts and Figures on Footwear 1961.

Swann, June, Shoemaking, Aylesbury 1986.
–, Shoes, London 1991.
Szöllösi-Janze, Margit, Notdurft – Bedürfnis. Historische Dimensionen eines Begriffswandels, in: Geschichte in Wissenschaft und Unterricht 48 (1997), Nr. 11, S. 653-673.
–, Fritz Haber 1868-1934. Eine Biographie, München 1998.
–, »Wir Wissenschaftler bauen mit«, in: Sösemann, Bernd (Hg.), Der Nationalsozialismus und die deutsche Gesellschaft, Darmstadt 2002, S. 155-171.
–, Wissensgesellschaft in Deutschland: Überlegungen zur Neubestimmung der deutschen Zeitgeschichte über Verwissenschaftlichungsprozesse, in: Geschichte und Gesellschaft 30 (2004), S. 277-313.
Tanners' Council of America, The Romance of Leather and its Importance to Mankind, New York 1937.
Taylor, Harvey, A Claim on the Countryside. A History of the British Outdoor Movement, Edinburgh 1997.
Teichmann, Eckart, Autarkie und Großraumwirtschaft in Deutschland 1930-1939, München 1984.
Thamer, Hans-Ulrich, Geschichte und Propaganda. Kulturhistorische Ausstellungen in der NS-Zeit, in: Geschichte und Gesellschaft 24 (1998), S. 349-381.
The Monopolies Commission (Hg.), Footwear Manufacture. A Report on the Supply and Exports of Machinery for the Manufacture of Footwear, London 1973.
Thomann, Klaus-Dieter, Von der Entstehung der Orthopädie bis zur Gründung großer orthopädischer Heilanstalten, in: Ders. (Hg.), Tradition und Fortschritt in der Orthopädie. Historische Ausstellung zur 72. Tagung der Deutschen Gesellschaft für Orthopädie und Traumatologie in Frankfurt a. M. 2.-5.10. 1985, Stuttgart 1985, S. 9-53.
–, Die Grenzen medizinischer Volksbelehrung. Gesundheitsaufklärung und Schuhmode, von Pieter Camper bis in das 20. Jahrhundert, in: Würzburger medizinhistorische Mitteilungen 10 (1992), S. 257-287.
Thomas, Georg, Geschichte der deutschen Wehr- und Rüstungswirtschaft (1918-1943/45), Boppard 1966.
Thompson, Edward P., Das Elend der Theorie. Zur Produktion geschichtlicher Erfahrung, Frankfurt a. M./New York 1980.
Thomsen, Wilhelm, Petrus Campers Abhandlung über die beste Form der Schuhe – neu herausgegeben und auf die Gegenwart bezogen, Leipzig 1939 (Neuauflage ²1949).
–, Die Geschichte der Schuhreform Hermann von Meyer's und ihre Beziehungen zur Gegenwart. 1. Teil: Die Ideen Hermann von Meyer's über die Schuhfrage auf Grund seiner Originalschriften, Stuttgart 1940 (zitiert als: Thomsen 1940a).
–, Kampf der Fußschwäche! Ursachen, Mechanismus und Wege zu ihrer Bekämpfung, München/Berlin 1940, (zitiert als: Thomsen 1940b), ²1942 und ³1944.
Thomson, Ross, The Path to Mechanized Shoe Production in the United States, Chapel Hill/London 1989.
Thornton, John Henry, Textbook of Footwear Manufacture, London 1958.
Tidow, Klaus, Neumünsters Textil- und Lederindustrie im 19. Jahrhundert. Fabrikanten, Maschinen, Arbeiter, Neumünster 1984.
Tooze, Adam, Statistics and the German State. The Making of Modern Economic Knowledge, Cambridge 2001.
–, »Punktuelle Modernisierung«. Die Akkumulation von Werkzeugmaschinen im »Dritten Reich«, in: Jahrbuch für Wirtschaftsgeschichte (2003), Nr. 1, S. 79-98.

–, Die Vermessung der Welt. Ansätze zu einer Kulturgeschichte der Wirtschaftsstatistik, in: Berghoff, Hartmut/Jakob Vogel (Hg.), Wirtschaftsgeschichte als Kulturgeschichte. Dimensionen eines Perspektivwechsels, Frankfurt a. M. 2004, S. 325-351.

–, Ökonomie der Zerstörung. Die Geschichte der Wirtschaft im Nationalsozialismus, München 2006.

Torp, Cornelius, Weltwirtschaft vor dem Weltkrieg. Die erste Welle ökonomischer Globalisierung vor 1914, in: Historische Zeitschrift 279 (2004), Nr. 3, S. 561-609.

Trentmann, Frank, Civilization and its Discontents. English Neo-Romanticism and the Transformation of Anti-Modernism in Twentieth-Century Western Culture, in: Journal of Contemporary History 29 (1994), Nr. 4, S. 583-625.

–, Beyond Consumerism. New Historical Perspectives on Consumption, in: Journal of Contemporary History 39 (2004), Nr. 3, S. 373-401.

–, Free Trade Nation. Consumption, Commerce, and Civil Society in Modern Britain, Oxford 2008.

Treue, Wilhelm, Hitlers Denkschrift zum Vierjahresplan 1936, in: Vierteljahreshefte für Zeitgeschichte 3 (1955), S. 184-210.

Trischler, Helmuth, Luft- und Raumfahrtforschung in Deutschland 1900-1970, Frankfurt a. M. 1992.

Troeltsch, Walter, Volkswirtschaftliche Betrachtungen über die Mode, Marburg 1912.

Troitzsch, Ulrich, Technikgeschichte in der Forschung und in der Sachbuchliteratur während des Nationalsozialismus, in: Mehrtens, Herbert/Stefan Richter (Hg.), Naturwissenschaft, Technik und NS-Ideologie. Beiträge zur Wissenschaftsgeschichte des Dritten Reiches, Frankfurt a. M. 1980, S. 215-242.

Trouvé, Christel, Das Klinkerwerk Oranienburg (1938-1945), Dissertation TU Berlin 2004.

Tsuzuki, Chushichi, Edward Carpenter (1844-1929). Prophet of Human Fellowship, Cambridge.

Tuchel, Johannes, Konzentrationslager. Organisationsgeschichte und Funktion der »Inspektion der Konzentrationslager« 1934-1938, Boppard 1991.

Turley, H. G., Replacement Synthetic Tans, in: O'Flaherty, Fred (Hg.), The Chemistry and Technology of Leather. Bd. II: Types of Tannages, New York/London 1958, S. 388-407.

Tuttle, William M., The Birth of an Industry: The Synthetic Rubber »Mess« in World War II, in: Technology and Culture 22 (1981), S. 35-67.

Ugolini, Laura, Ready-to-wear or Made-to-measure? Consumer Choice in the British Menswear Trade, 1900-1939, in: Textile History 34 (2003), Nr. 2, S. 192-213.

Unger, Frank, Der Einsatz von Pervitin im deutschen Heer im 2. Weltkrieg und dessen wissenschaftliche Vorbereitung seit 1937, in: Wehrmedizinische Monatsschrift 38 (1994), Nr. 11, S. 374-380.

Ungewitter, Claus, Verwertung des Wertlosen, Berlin 1938 (zitiert als: Ungewitter 1938a).

–, Chemie in Deutschland, Berlin 1938 (zitiert als: Ungewitter 1938b).

United States Department of Commerce, Bureau of Foreign and Domestic Commerce, Shoe and Leather Manufacturers Division, Foreign Markets for Footwear, Washington 1927.

–, Bureau of the Census, Census of Distribution. Retail Distribution (Trade Series). Shoe Retailing, Washington 1933.

–, Business and Defense Services Administration, World Survey of Plastics 1954-1957, Washington 1959.

United States Department of Labor, Bureau of Labor Statistics, Wages and Hours of Labor in the Boot and Shoe Industry, 1907-1922, Washington 1923.

–, Bureau of Labor Statistics, Time and Labor Costs in Manufacturing 100 Pairs of Shoes 1923, Washington 1924.

–, Bureau of Labor Statistics, Indexes of Output per Manhour. Footwear Industry, 1947-1963, Washington 1965.

United States Federal Trade Commission, Report of the Federal Trade Commission on Shoe and Leather Costs and Prices, Washington 1921.

–, Industrial Corporations Reports: Footwear (Except Rubber) Manufacturing Corporations, Washington 1942.

United States Quartermaster General of the Army, Notes on the Purchase, Manufacture, and Inspection of United States Army Shoes and Shoe Lasts, Washington 1921.

United States Quartermaster Corps, Military Planning Division, Research and Development Branch, German Plastics Practice, November 1945, Washington 1945.

United States Strategic Bombing Survey. The Effects of Strategic Bombing on the German War Economy, New York/London 1976.

United States Tariff Commission, Boots and Shoes. Report to the President on the Differences in Costs of Production of Boots and Shoes in the United States and in the Principal Competing Country, as Ascertained Pursuant to the Provisions of Section 336 of Title III of the Tariff Act of 1930, Washington 1932.

–, Rubber-Soled and Rubber Footwear. Report to the President. With Appendix Proclamation by the President, Washington 1933.

Utility. Furniture and Fashion, 1941-1951, Ausstellungskatalog Geffrye Museum, London 1995.

Valentin-Smith, V., Une réussite industrielle: Zlin, Paris 1937.

Velzen, Susan van, The Consumer and the Good Life. Hazel Kyrk's Ethical Approach to Consumer Theory, in: Dies. (Hg.), Supplements to the Economics of Household Behaviour, Amsterdam 2001, S. 9-58.

Veblen, Thorstein, The Theory of the Leisure Class, New York 1899.

Veillon, Dominique, La mode sous l'Occupation, Paris 1990.

–, Fashion Under the Occupation, Oxford/New York 2002 (überarbeitete und ergänzte englische Version der franz. Originalausgabe von 1990).

Veitch, Fletcher P./R. W. Frey/I. D. Clarke, Wearing Qualities of Shoe Leathers, Washington 1923.

–/R. W. Frey/H. P. Holman, Leather Shoes: Selection and Care, Washington 1927.

Verbeek, Peter-Paul, What Things Do: Philosophical Reflections on Technology, Agency, and Design, University Park 2005.

Verfolgung, Vertreibung, Vernichtung. Dokumente des faschistischen Antisemitismus 1933 bis 1942, Leipzig 1983.

Vershofen, Wilhelm, Über die betriebswirtschaftlichen und wirtschaftpolitischen Aufgaben der Organisation der gewerblichen Wirtschaft, Frankfurt a. M. 1936.

–, Handbuch der Verbrauchsforschung. Erster Band: Grundlegung, Berlin 1940.

Vetter, Rosa, Im Schnittpunkt des Kreuzes. Eine Ordensfrau überlebt Ravensbrück. Autobiografischer Bericht, Annweiler 2003.

Vierjahresplan. Gesetze, Verordnungen, Durchführungsbestimmungen, Erlasse, Verfügungen und Anordnungen, Berlin 1936.

Vigeon, Evelyn, Clogs or Wooden Soled Shoes, in: Journal of the Costume Society 11 (1977), S. 1-27.

Volkmann, Hans-Erich, Die NS-Wirtschaft in Vorbereitung des Krieges, in: W. Deist u. a. (Hg.), Ursachen und Voraussetzungen des Zweiten Weltkriegs, Frankfurt a. M. 1989, S. 226-257.

Voß, Irmgard, Wandlungen im Fischkonsum Deutschlands in der Nachkriegszeit unter besonderer Berücksichtigung des Seefischkonsums, Nürnberg 1939.

Wachsmann, Nikolaus, Hitler's Prisons. Legal Terror in Nazi Germany, New Haven/London 2004.

Wadsworth, H. E., Utility Cloth and Clothing Scheme, in: Review of Economic Studies 16 (1949/50), S. 82-101.

Wagner, Gretel, Das Deutsche Mode-Institut 1933-1941, in: Waffen- und Kostümkunde 39 (1997), Nr. 1/2, S. 84-97.

Wagner, Jens-Christian, Produktion des Todes. Das KZ Mittelbau-Dora, Göttingen 2001.

Wagner, Michael, Hauenstein und die deutsche Schuhindustrie. Ein historischer Überblick, Hauenstein 1997.

Waldmann, Anton/Wilhelm Hoffmann (Hg.), Lehrbuch der Militärhygiene, Berlin 1936.

Walk, Joseph, Kurzbiographien zur Geschichte der Juden 1918-1945, München 1988.

– (Hg.), Das Sonderrecht für die Juden im NS-Staat. Eine Sammlung der gesetzlichen Maßnahmen und Richtlinien. Inhalt und Bedeutung, Heidelberg 1996.

Walker, Mark, German National Socialism and the Quest for Nuclear Power, 1939-1949, Cambridge 1989.

Warneken, Bernd Jürgen, Die Ethnographie popularer Kulturen. Eine Einführung, Köln/Weimar/Wien 2006.

Weber, Heike, Technikkonzeptionen in der populären Sachbuchliteratur des Nationalsozialismus. Die Werke von Anton Zischka, in: Technikgeschichte 66 (1999), S. 205-236.

Weber, Helmut, Walter Gropius und das Faguswerk, München 1961.

Weber, Regina, »Der rechte Mann am rechten Platz«. Psychotechnische Eignungsprüfungen und Rationalisierung der Arbeit bei Osram in den 20er Jahren, in: Technikgeschichte 68 (2001), Nr. 1, S. 21-51.

Weber, Wolfhard, Verkürzung von Zeit und Raum. Techniken ohne Balance zwischen 1840 und 1880, in: ders./Wolfgang König, Netzwerke, Stahl und Strom 1840-1914, Propyläen-Technikgeschichte, Bd. 4, Berlin 1997, S. 11-261.

Weeks, Hugh, Anglo-American Supply Relations, in: Chester, Daniel Norman (Hg.), Lessons of the British War Economy, Cambridge 1951, S. 69-82.

Weigl, Rudolf, Technik und Maschinen in der Schuhindustrie. Eine grundlegende Darstellung der Betriebsorganisation und -einrichtung, Heidelberg 1958.

Weiher, Sigfrid von, 100 Jahre »Made in Germany«. Absicht und Auswirkung eines britischen Gesetzes, in: Technikgeschichte 53 (1987), Nr. 3, S. 175-182.

Weindling, Paul, Die Internationale Wissenschaftskommission für medizinische Kriegsverbrechen 1946/47, in: Ebbinghaus, Angelika/Klaus Dörner (Hg.), Vernichten und Heilen. Der Nürnberger Ärzteprozess und seine Folgen, Berlin 2001, S. 439-451 (zitiert als: Weindling 2001a).

–, Zur Vorgeschichte des Nürnberger Ärzteprozesses, in: Ebbinghaus, Angelika/Klaus Dörner (Hg.), Vernichten und Heilen. Der Nürnberger Ärzteprozess und seine Folgen, Berlin 2001, S. 26-47 (zitiert als: Weindling 2001b).

–, Was wussten die Alliierten während des Krieges und unmittelbar danach über die Menschenversuche in deutschen Konzentrationslagern, in: Ley, Astrid/Marion Ruisinger (Hg.), Gewissenlos. Menschenversuche im Konzentrationslager, Erlangen 2001, S. 52-66 (zitiert als: Weindling 2001c).

–, Nazi Medicine and the Nuremberg Trials. From Medical War Crimes to Informed Consent, Basingstoke 2004.

Weingart, Peter, Die Stunde der Wahrheit? Zum Verhältnis der Wissenschaft zu Politik, Wirtschaft und Medien in der Wissensgesellschaft, Weilerswist 2001.

Weinges, K./P. Plieninger, Erinnerungen an Karl Johann Freudenberg (1886-1983), in: European Journal of Organic Chemistry (1999), S. 707-736.

Weiss, Sheila, Humangenetik und Politik als wechselseitige Ressourcen. Das Kaiser-Wilhelm-Institut für Anthropologie, menschliche Erblehre und Eugenik im »Dritten Reich«, Berlin 2004.

Weißler, Sabine (Hg.), Design in Deutschland 1933-1945. Ästhetik und Organisation des Deutschen Werkbundes im »Dritten Reich«, Gießen 1990.

Welskopp, Thomas, Stolpersteine auf dem Königsweg. Methodenkritische Anmerkungen zum internationalen Vergleich in der Gesellschaftsgeschichte, in: Archiv für Sozialgeschichte 35 (1995), S. 339-367.

–, Der Mensch und die Verhältnisse. »Handeln« und »Struktur« bei Max Weber und Anthony Giddens, in: Ders./Thomas Mergel (Hg.), Geschichte zwischen Kultur und Gesellschaft. Beiträge zur Theoriedebatte, München 1997, S. 39-70.

–, Die Dualität von Struktur und Handeln. Anthony Giddens' Strukturierungstheorie als »praxeologischer« Ansatz in der Geschichtswissenschaft, in: Suter, Andreas/Manfred Hettling (Hg.), Struktur und Ereignis (= Geschichte und Gesellschaft, Sonderheft 19), Göttingen 2001, S. 99-119.

–, Social History, in: Berger, Stefan u. a. (Hg.), Writing History, London 2003, S. 203-222.

–, Unternehmenskulturen im internationalen Vergleich – oder integrale Unternehmensgeschichte in typisierender Absicht?, in: Berghoff, Hartmut/Vogel, Jakob (Hg.), Wirtschaftsgeschichte als Kulturgeschichte. Dimensionen eines Perspektivwechsels, Frankfurt a. M. 2004, S. 265-294.

Wenck, Alexandra-Eileen, Zwischen Menschenhandel und »Endlösung«. Das Konzentrationslager Bergen-Belsen, Paderborn u. a. 2000.

Wengenroth, Ulrich, Motoren für den Kleinbetrieb. Soziale Utopien, technische Entwicklung und Absatzstrategien bei der Motorisierung des Kleingewerbes im Kaiserreich, in: Ders. (Hg.), Prekäre Selbständigkeit. Zur Standortbestimmung von Handwerk, Hausindustrie und Kleingewerbe im Industrialisierungsprozeß, Stuttgart 1989, S. 177-205.

–, Zur Differenz von Wissenschaft und Technik, in: Bieber, Daniel (Hg.), Technikentwicklung und Industriearbeit, Frankfurt a. M. 1997, S. 141-151 (zitiert als: Wengenroth 1997a).

–, Germany: Competion Abroad – Cooperation at Home, 1870-1990, in: Chandler, Alfred D. u. a. (Hg.), Big Business and the Wealth of Nations, Cambridge 1997, S. 139-175 (zitiert als: Wengenroth 1997b).

–, Der aufhaltsame Aufstieg von der klassischen zur reflexiven Moderne in der Technik, in: Hänseroth, Thomas (Hg.), Technik und Wissenschaft als produktive Kraft in der Geschichte, Dresden 1998, S. 129-140.
–, Vom Innovationssystem zur Innovationskultur. Perspektivwechsel in der Innovationsforschung, in: Abele, Johannes u. a. (Hg.), Innovationskulturen und Forschrittserwartungen im geteilten Deutschland, Köln/Weimar/Wien 2001, S. 23-32.
–, Die Flucht in den Käfig. Wissenschafts- und Innovationskultur in Deutschland 1900-1960, in: Bruch, Rüdiger vom/Brigitte Kaderas (Hg.), Wissenschaften und Wissenschaftspolitik: Bestandsaufnahmen zu Formationen, Brüchen und Kontinuitäten im Deutschland des 20. Jahrhunderts, Stuttgart 2002, S. 52-59.
–, Gute Gründe. Technisierung und Konsumentscheidungen, in: Technikgeschichte 71 (2004), Nr. 1, S. 1-18.
–/Hagen Hof, Innovationsforschung. Ansätze, Methoden, Grenzen und Perspektiven, Hamburg 2007.
Werther, Thomas, Menschenversuche in der Fleckfieberforschung, in: Ebbinghaus, Angelika/Klaus Dörner (Hg.), Vernichten und Heilen. Der Nürnberger Ärzteprozess und seine Folgen, Berlin 2001, S. 152-173.
Westermann, Andrea, Plastik und politische Kultur in Westdeutschland, Zürich 2007.
Westphal, Uwe, Berliner Konfektion und Mode, 1836-1939. Die Zerstörung einer Tradition, Berlin 1992.
Wicht, Wolfgang E., Glanzstoff. Zur Geschichte der Chemiefaser, eines Unternehmens und seiner Arbeiterschaft, Neustadt 1992.
Whiteley, Nigel, Utility, Design Principles and the Ethical Tradition, in: Attfield, Judy (Hg.), Utility Reassessed. The Role of Ethics in the Practice of Design, Manchester 1999, S. 190-202.
Wickert, Christl, Täterkarrieren. Die SS-Lagerleitung Sachsenhausen 1942-1945, in: IWK 33 (1997), Nr. 2, S. 173-211.
Wieland, Thomas, »Wir beherrschen den pflanzlichen Organismus besser …«. Wissenschaftliche Pflanzenzüchtung in Deutschland, 1889-1945, München 2004.
–, Innovationskultur: Theoretische und empirische Annäherungen an einen Begriff, in: Reith, Reinhold u. a. (Hg.), Innovationskultur in historischer und ökonomischer Perspektive. Modelle, Indikatoren und regionale Entwicklungslinien, Innsbruck u. a. 2005, S. 21-38.
Wiggen-Jux, Gabriele, Die Versorgung der Kölner Zivilbevölkerung mit Lebensmitteln und Gebrauchsgegenständen im Zweiten Weltkrieg. Die Auswirkungen nationalsozialistischer Versorgungspolitik auf städtischer Ebene, dargestellt anhand ausgewählter Beispiele, Köln 1998.
Willis, Paul, Common Culture. Symbolic Work at Play in the Everyday Cultures of the Young, Milton Keynes 1990.
Windmüller, Sonja, Die Kehrseite der Dinge. Müll, Abfall, Wegwerfen als kulturwissenschaftliches Problem, Münster 2004.
Winship, Janice, Culture of Restraint: The British Chain Store 1920-1939, in: Jackson, Peter u. a. (Hg.), Commercial Cultures. Economies, Practices, Spaces, Oxford/New York 2000, S. 15-34.
Witte, Peter u. a. (Hg.), Der Dienstkalender Heinrich Himmlers 1941/2., Hamburg 1999.

Wohlauf, Gabriele/Ulrich Troitzsch (Hg.), Technik-Geschichte. Historische Beiträge und neuere Ansätze, Frankfurt a. M. 1980.

–, Stand und Aufgaben technikhistorischer Forschung in der BRD. Programmpapier auf dem Gründungstreffen des Gesprächskreises Technikgeschichte in Trier 1982, in: Stadler, Gerhard/Anita Kuisle (Hg.), Technik zwischen Akzeptanz und Widerstand. Gesprächskreis Technikgeschichte 1982-1996, Münster u. a. 1999.

Woll, Hermann, Die Schuhindustrie in Baden-Württemberg, in: Jahrbücher für Statistik und Landeskunde von Baden-Württemberg 4 (1958), S. 27-33.

Woodham, Jonathan, Managing British Design Reform I: Fresh Perspectives on the Early Years of the Council of Industrial Design, in: Journal of Design History 9 (1996), Nr. 1, S. 55-65.

–, Twentieth Century Design, Oxford 1997.

Youngson, A. J., Großbritannien 1920-1970, in: Cipolla, Carlo (Hg.), Europäische Wirtschaftsgeschichte, Stuttgart/New York 1980, Bd. 5, S. 139-173.

Your Money's Worth in Shoes, Consumers' Guide by the Consumers' Councel, Agricultural Adjustment Administration, Dept of Agriculture, Washington D. C. 4 (1937), Nr. 13.

Zachary, Pascal, Endless Frontier. Vannevar Bush, Engineer of the American Century, New York 1997.

Zachmann, Karin, Wirkungsgrad contra Wertgrad. Zur Entstehung des Konflikts zwischen der technischen und der ökonomischen Auffassung des Wirtschaftens, in: Technikgeschichte 62 (1995), Nr. 2, S. 103-131.

–, Die Produktion von Dingen als Herstellung von Bedeutungen. Konsumkultur und Produktinnovationen im Übergang zum Industriezeitalter, in: Meyer, Torsten/Marcus Popplow (Hg.), Technik, Arbeit und Umwelt in der Geschichte, Münster 2006, S. 133-149.

Zahavi, Gerald, Workers, Managers, and Welfare Capitalism. The Shoeworkers and Tanners of Endicott Johnson, 1890-1950, Chicago 1988.

Zeisel, Hans, Der Anfang moderner Sozialforschung in Österreich. Die Österreichische Wirtschaftspsychologische Forschungsstelle, 1925-1938, in: Rosenmayr, Leopold/Sigurd Höllinger (Hg.), Soziologie. Forschung in Österreich, Köln/Weimar/Wien 1969, S. 43-46.

–, Die Wiener Schule der Motivforschung, in: Langer, Josef (Hg.), Geschichte der österreichischen Soziologie. Konstituierung, Entwicklung und europäische Bezüge, Wien 1988, S. 157-166.

Zimmermann, Waldemar, Die Veränderungen der Einkommens- und Lebensverhältnisse der deutschen Arbeiter durch den Krieg, in: Ders. u. a., Die Einwirkung des Krieges auf Bevölkerungsbewegung, Einkommen und Lebenshaltung in Deutschland, Stuttgart/Berlin/Leipzig 1932, S. 281-474.

Zischka, Anton, Wissenschaft bricht Monopole, Leipzig 1936.

–, Erfinder brechen die Blockade, Berlin 1940.

Zündorf, Irmgard, Der Preis der Marktwirtschaft. Staatliche Preispolitik und Lebensstandard in Westdeutschland 1948 bis 1963, Stuttgart 2006.

Zuntz, Nathan/Wilhelm August Schumburg, Studien zur Physiologie des Marsches, Berlin 1901.

–/Adolf Loewy, Lehrbuch der Physiologie des Menschen, Leipzig 1913.

Zweiniger-Bargielowska, Ina, Austerity in Britain: Rationing, Controls and Consumption 1939-1955, Oxford 2000.
–, Raising a Nation of ›Good Animals‹. The New Health Society and Health Education Campaigns in Interwar Britain, in: Social History of Medicine 20 (2007), Nr. 1, S. 73-89.
Zwischen Kunst und Industrie. Der Deutsche Werkbund, München 1975.

Dank

Als ich 1989 im englischen Northampton eine Schuhmacherlehre begann, erfuhr ich dort zu meinem Erstaunen, dass englische Herrenschuhe der Spitzenklasse auf Holzleisten der Firma Fagus aus Alfeld gefertigt wurden und dass als die europaweit besten Oberleder die Kalbsleder der Firma Freudenberg aus Weinheim in ihnen Verwendung fanden. Dass es gerade diese deutschen Traditionsfirmen mit höchster internationaler Reputation waren, die sich im Verlauf meiner historischen Recherchen über die Schuhwirtschaft im Nationalsozialimus als die wichtigsten Akteure der wissenschaftlichen Forschung auf der »Schuhprüfstrecke« im KZ Sachsenhausen erwiesen, kam mir lange Zeit als Widerspruch vor. Aus dieser Spannung ist die vorliegende Studie entstanden. Sie ist die gekürzte Fassung einer an der Technischen Universität München im Wintersemester 2008/09 eingereichten Dissertation.

Außer der Autorin haben der Entstehung der Studie weitere Menschen viel Zeit gewidmet. Diesen Weggefährtinnen und Weggefährten auf der geistigen Reise von der Ursprungsidee zur Endfassung des vorliegenden Buches möchte ich an dieser Stelle meinen herzlichsten Dank aussprechen. Hier ist an erster Stelle Karin Zachmann zu nennen, die die Dissertation als Doktormutter mit großem Engagement, nicht nachlassender Geduld und Ermunterung betreute und wichtige Diskussionspartnerin von inhaltlichen bis hin zu ganz praktischen Fragen der Forschung war. Ihre Kritik veranlasste mich, gerade Punkte, die mir selbstverständlich erschienen, neu zu überdenken. Sehr herzlich möchte ich Ulrich Wengenroth danken, der an zwei kritischen Punkten dieses Projekts zum entscheidenden Zeitpunkt ein offenes Ohr hatte, sich Zeit nahm, guten Rat wusste und unkonventionell »Erste Hilfe« leistete. Auch seiner Übernahme des Zweitgutachtens verdankt diese Arbeit wichtige Hinweise. Reinhold Reith hat die Arbeit nicht nur seit ihren ersten Anfängen in mehreren Stadien gelesen und sowohl methodisch als auch inhaltlich entscheidend mit Kritik und Anregungen bereichert. Er unterstützte mich auch über die Jahre in überhaupt vielfältigster Weise und hat so immer wieder den zur Fertigstellung der Arbeit nötigen Mut gemacht – dafür allerherzlichsten Dank! Unter der Betreuung von Jürgen Kocka entstand die Magisterarbeit, die nun Teil des Buches geworden ist. Ihm danke ich herzlich für die wohlwollende Unterstützung im weiteren Verlauf dieser Arbeit. Wolfgang König ermöglichte es, das Thema schon früh einem Fachpublikum vorzustellen, und zeigte nachfolgend immer ein für die Autorin produktives Interesse am Fortgang der Arbeit. Für unterstützende Gutachten in der Frühphase bin ich außerdem Hartmut Berghoff zu Dank verpflichtet.

Besonders herzlich danken möchte ich den ehemaligen Häftlingen und Überlebenden des KZ Sachsenhausen – Eugeniusz Adamski, Zdzislaw Berdzinski, Björn Egge, Pawel Grebenjuk, Tadeusz Grodecki, Zdzislaw Jasko, Aleksej Kopin, Dmitrij Lobasch, Zbigniew Mazurkiewicz, Jerzy Papaj, Pavel Pavlenko, Chaim

Piotrkowski, Nikolaij Ratschok, Vasilij Sergejev, V. Smiljanec, Peter Josef Snep, E. Sodrenko, Wladyslaw Szatkowski, Marian Szlachcinski und G. Zadnjaulica – die bereit waren und sich die Zeit nahmen, persönlich oder brieflich über ihre Tätigkeit auf der »Schuhprüfstrecke« und ihre oft schmerzlichen Erfahrungen im KZ Sachsenhausen zu berichten. Ich hoffe, die Darstellung wird Ihren Erlebnissen gerecht.

Helmut Maier, Carola Sachse und Susanne Heim gaben mir die Möglichkeit, das Thema der »Leder- und Schuhforschung« über mehrere Jahre im Kontext des »Forschungsprogramms der Präsidentengruppe der Max Planck Gesellschaft – Kaiser Wilhelm Gesellschaft im Nationalsozialismus« in Berlin mit ihnen und den anderen WissenschaftlerInnen im Forschungsprogramm zu diskutieren. Ihnen verdanke ich wertvolle Anstöße, gerade in der Anfangsphase des Projekts, nicht zu vergessen Hinweise auf wichtige Quellen und den Zugang zu Quellenbeständen im MPG-Archiv.

In den Archiven und Bibliotheken ermöglichten und erleichterten Karola Wagner (Bundesarchiv), Monika Liebscher und Winfried Meyer, Barbara Müller, Monika Knop und Astrid Ley (Gedenkstätte und Museum Sachsenhausen), Monika Herzog und Christel Erler (Gedenkstätte Ravensbrück), Wanda Eichel (Deutsches Museum), Peter Belli (Deutsches Handwerksarchiv) und die Mitarbeiterinnen und Mitarbeiter des MPG-Archivs in Berlin den Zugang zu den Quellen - für ihre freundliche und ausdauernde Hilfe bei mitunter kniffligen Bestandsfragen sei ihnen herzlich gedankt. Für ausgedehnte oder kürzere, jedoch durchgehend anregende Gespräche und entscheidende, weiterführende Hinweise während der Archivforschungen in den USA danke ich ganz besonders Philip Scranton sowie Deborah Breen, Astrid Eckert, Robert Friedel, Constance Helfat, Roger Horowitz, David Hounshell, und Daniel Raff sowie den DiskussionteilnehmerInnen des Penn Economic History Forum in Philadelphia im Dezember 2009. Wichtige Diskussionen ergaben sich außerdem auf den Tagungen »Au Nom du Consommateur« im Juni 2004 an der École Nationale d'Administration in Paris, »Towards a Global History of Production I: Machine Tools and the International Transfer of Industrial Technology« im März 2009 am Centre for History and Economics, Cambridge, sowie in den Forschungskolloquien des DHI in Washington D. C., der Gedenkstätte Sachsenhausen in Oranienburg sowie vor allem des Zentralinstituts für Geschichte der Technik in München. Den Teilnehmerinnen und Teilnehmern sei für ihre kritischen und engagierten Einwände herzlich gedankt. In Großbritannien gilt außerdem mein herzlichster Dank Lancelot Clark, der mich in grauer Vorzeit als Schuhmacherlehrling einstellte, der später als Schuhunternehmer nie die kritische Auseinandersetzung um die Schuhwirtschaft in Zeiten der Globalisierung scheute und mir seither immer wieder die Möglichkeit gab, diese praktisch unter die Lupe zu nehmen.

In den amerikanischen Archiven und Sammlungen halfen bei der Quellensuche besonders Marjorie McNinch und Linda Gross im herrlichen Hagley sowie Maggie Dennis, Priscilla Wood und Donald Closter im National Museum of American History in Washington D. C. Für die Unterstützung während des Forschungsaufenthalts in Großbritannien bin ich besonders Sue Constable, Rebecca Shawcross und Vicki Wood (Boot & Shoe Collection, Northampton Museum) zu Dank verpflichtet, sowie Terry Bracher von der Northampton Central Library für den wohltuend unbürokratischen Zugang zu den Zeitschriftenbeständen und Stephen Walton (Imperial War Museum, London) für so manchen Quellenhinweis im Außendepot Duxford. Bei den Archivforschungen im Mährischen Landesarchiv Brno leisteten Vladimir Stroblik und Elisabeth van Meer freundliche und geduldige Hilfe mit den tschechischen Findmitteln. Ihr sowie Helmut Lackner danke ich zudem für unser – sich mittlerweile über Jahre erstreckendes – Gespräch über ein gemeinsames Lieblingsthema, die Firma Baťa. Dank schulde ich Klaus Kreische für eine Übersetzung aus dem Russischen; Kathrin Janka für ihre Übersetzung aus tschechischen Baťa-Katalogen und Guido Fackler für den Hinweis auf ein Sachsenhausen-Lied in polnischer Sprache.

Anfangs wurde diese Studie kurzzeitig von der Deutschen Forschungsgemeinschaft gefördert. Die TU München gewährte im Rahmen des Hochschul- und Wissenschaftsprogramms (HWP II): »Chancengleichheit für Frauen in Forschung und Lehre« ein Stipendium, das für die Abschlussphase von großer Wichtigkeit war. Für Stipendien zu Forschungsaufenthalten in Großbritannien und den USA danke ich dem DAAD, dem Deutschen Historischen Institut in Washington und dem Hagley Center for the History of Business, Technology, and Society. Besonderen Dank schulde ich zudem der Geschwister Böhringer Ingelheim Stiftung für Geisteswissenschaften, dem Förderfonds für Wissenschaftlerinnen und für Genderforschung der TUM School of Education der Technischen Universität München und dem Deutschen Akademikerinnen Bund, die Zuschüsse zu den Druckkosten gewährten. Ohne sie wäre diese Publikation nicht möglich gewesen.

Für Hinweise auf und die anregende Diskussion einzelner Quellen danke ich herzlich Christof Biggeleben, Martina Blum, Marie Chessel, Klaus Dittmer, Sören Flachowsky, Christine Glauning, Alfred Gottwald, Judith Hahn, Insa Eschebach, Arnold Jürgens, Almut Junker, Christian Kehrt, Joachim Müller, Reiner F. Oelsner, Birgit Pelzer-Reith, Ralf Richter, Johannes Schwartz, Uwe Spiekermann, Heike Weber und Regina Weber. Susi Mawani verdanke ich eine Quelle aus der British Library. Für Quellenhinweise zum KZ Flossenbürg und die Diskussionen über die Funktion des dortigen Arbeitskommandos *Gemeinschaft Schuhe* danke ich Ulrich Fritz. Er und Sybe Rispens, Désirée Schauz, Walter Scheiffele und Christel Trouvé waren konzentrierte Leser eines Teils der Kapitel und bereicherten sie mit ihrer Sachkenntnis. Iris Wien, Florian Schmaltz und Klaus Kreische lasen nicht nur in mehreren Phasen die gesamte Arbeit, und trugen mit scharfsinniger Kritik maßgeblich zur Gestalt dieses Buches bei. Sie machten auch mit solidarischem Rat immer wieder Mut, den langen Atem zu behalten, und ihre Freundschaft half über viele Durststrecken hinweg. Auch der Beistand von Johannes Gall, Anna Cordes und Denise Otto war immer wieder wesentlich für den Fortgang des Arbeitsprozesses. Luigi Kurmann half mit einem profunden technischen Wissen, Julia Albert bei der Erstellung des Registers. Otto Sudrow gestaltete die Grafiken zu den Schuhkonstruktionen. Hajo Gevers zeigte verständnisvolle Langmut während des Lektorats. Ihnen allen kann ich hier nur unzureichend Dank zollen.

Dennis Waugh war der früheste und längste Gesprächspartner in diesem Forschungsprojekt. Er hat meine Wahrnehmung des Produkts und seiner Produktionsprozesse sowie des britisch-deutschen Transferverhältnisses entscheidend geprägt und seine Perspektive als »Akteur der Produktion« ist, so meine ich, in vielen Teilen der Arbeit erkennbar. Ihm und meinen Eltern, Otto Sudrow und Antje Sudrow, die – beide auf ihre Weise – die Arbeit an dieser Studie all die Jahre unterstützt haben, ist dieses Buch in großer Dankbarkeit und Liebe gewidmet.

Namenregister

Kursive Seitenzahlen verweisen auf Einträge in Fußnoten

Register der Firmen und Institutionen

Kursive Seitenzahlen verweisen auf Einträge in Fußnoten

Register der Firmen und Institutionen

Kursive Seitenzahlen verweisen auf Einträge in Fußnoten

Sachregister

Kursive Seitenzahlen verweisen auf Einträge in Fußnoten